E.T.A. Hoffmann
Die schaurigsten und spannendsten Erzählungen

W0058432

E.T.A. HOFFMANN
DIE SCHAURIGSTEN UND SPANNENDSTEN ERZÄHLUNGEN

Artemis & Winkler

Bibliografische Information der Deutschen Nationalbibliothek

Die Deutsche Nationalbibliothek verzeichnet diese Publikation
in der Deutschen Nationalbibliografie;
detaillierte bibliografische Daten sind im Internet
über http://dnb.d-nb.de abrufbar.

© 2013 Bibliographisches Institut GmbH, Bouchéstr. 12,
12435 Berlin
Artemis & Winkler Verlag, Berlin
Alle Rechte vorbehalten.
Umschlaggestaltung: butenschoendesign.de
Druckerei: Pustet Grafischer Großbetrieb,
Gutenbergstraße 8, 93051 Regensburg
Printed in Germany
ISBN 978-3-411-16027-3
www.artemisundwinkler.de

INHALT

I
AUS DEN FANTASIE-
STÜCKEN IN
CALLOTS MANIER

DER GOLDNE TOPF

Ein Märchen aus der neuen Zeit

ERSTE VIGILIE

Die Unglücksfälle des Studenten Anselmus – Des Konrektors
Paulmann Sanitätsknaster und die goldgrünen Schlangen

Am Himmelfahrtstage, nachmittags um drei Uhr, rannte ein junger Mensch in Dresden durchs Schwarze Tor, und geradezu in einen Korb mit Äpfeln und Kuchen hinein, die ein altes hässliches Weib feilbot, so, dass alles, was der Quetschung glücklich entgangen, hinausgeschleudert wurde, und die Straßenjungen sich lustig in die Beute teilten, die ihnen der hastige Herr zugeworfen. Auf das Zetergeschrei, das die Alte erhob, verließen die Gevatterinnen ihre Kuchen- und Branntweintische, umringten den jungen Menschen und schimpften mit pöbelhaftem Ungestüm auf ihn hinein, sodass er, vor Ärger und Scham verstummend, nur seinen kleinen nicht eben besonders gefüllten Geldbeutel hinhielt, den die Alte begierig ergriff und schnell einsteckte. Nun öffnete sich der festgeschlossene Kreis, aber indem der junge Mensch hinausschoss, rief ihm die Alte nach: »Ja renne – renne nur zu, Satanskind – ins Kristall bald dein Fall – ins Kristall!« – Die gellende, krächzende Stimme des Weibes hatte etwas Entsetzliches, sodass die Spaziergänger verwundert stillstanden, und das Lachen, das sich erst verbreitet, mit einem Mal verstummte. – Der Student Anselmus (niemand anders war der junge Mensch) fühlte sich, unerachtet er des Weibes sonderbare Worte durchaus nicht verstand, von einem unwillkürlichen Grausen ergriffen, und er beflügelte noch mehr seine Schritte, um sich den auf ihn gerichteten Blicken der neugierigen Menge zu entziehen. Wie er sich nun durch das Gewühl geputzter Menschen durcharbeitete, hörte er überall murmeln: »Der arme junge Mann – Ei! – über das verdammte Weib!« – Auf ganz sonderbare Weise hatten die geheimnisvollen Worte der Alten dem lächerlichen Abenteuer eine gewisse tragische Wendung gegeben, sodass man dem vorhin ganz Unbemerkten jetzt

teilnehmend nachsah. Die Frauenzimmer verziehen dem wohlge-
bildeten Gesichte, dessen Ausdruck die Glut des innern Grimms
noch erhöhte, sowie dem kräftigen Wuchse des Jünglings alles
Ungeschick, sowie den ganz aus dem Gebiete aller Mode liegenden Anzug. Sein hechtgrauer Frack war nämlich so zugeschnitten, als habe der Schneider, der ihn gearbeitet, die moderne Form
nur von Hörensagen gekannt, und das schwarzatlasne wohlge-
schonte Unterkleid gab dem Ganzen einen gewissen magistermä-
ßigen Stil, dem sich nun wieder Gang und Stellung durchaus nicht
fügen wollte. – Als der Student schon beinahe das Ende der Allee
erreicht, die nach dem Linkischen Bade führt, wollte ihm beinahe
der Atem ausgehen. Er war genötigt, langsamer zu wandeln; aber
kaum wagte er den Blick in die Höhe zu richten, denn noch immer
sah er die Äpfel und Kuchen um sich tanzen, und jeder freundliche Blick dieses oder jenes Mädchens war ihm nur der Reflex des
schadenfrohen Gelächters am Schwarzen Tor. So war er bis an den
Eingang des Linkischen Bades gekommen; eine Reihe festlich
gekleideter Menschen nach der andern zog herein. Musik von
Blasinstrumenten ertönte von innen, und immer lauter und lauter
wurde das Gewühl der lustigen Gäste. Die Tränen wären dem
armen Studenten Anselmus beinahe in die Augen getreten, denn
auch *er* hatte, da der Himmelfahrtstag immer ein besonderes
Familienfest für ihn gewesen, an der Glückseligkeit des Linkischen Paradieses teilnehmen, ja er hatte es bis zu einer halben Por-
tion Kaffee mit Rum und einer Bouteille Doppelbier treiben wollen, und um so recht schlampampen zu können, mehr Geld eingesteckt, als eigentlich erlaubt und tunlich war. Und nun hatte ihn
der fatale Tritt in den Äpfelkorb um alles gebracht, was er bei sich
getragen. An Kaffee, an Doppelbier, an Musik, an den Anblick der
geputzten Mädchen – kurz! – an alle geträumten Genüsse war
nicht zu denken; er schlich langsam vorbei und schlug endlich den
Weg an der Elbe ein, der gerade ganz einsam war. Unter einem
Holunderbaume, der aus der Mauer hervorgesprossen, fand er ein
freundliches Rasenplätzchen; da setzte er sich hin und stopfte
eine Pfeife von dem Sanitätsknaster, den ihm sein Freund, der
Konrektor Paulmann geschenkt. – Dicht vor ihm plätscherten
und rauschten die goldgelben Wellen des schönen Elbstroms, hinter demselben streckte das herrliche Dresden kühn und stolz seine
lichten Türme empor in den duftigen Himmelsgrund, der sich hinabsenkte auf die blumigen Wiesen und frisch grünenden Wälder,
und aus tiefer Dämmerung gaben die zackichten Gebirge Kunde
vom fernen Böhmerlande. Aber finster vor sich hinblickend, blies

der Student Anselmus die Dampfwolken in die Luft, und sein Unmut wurde endlich laut, indem er sprach: »Wahr ist es doch, ich bin zu allem möglichen Kreuz und Elend geboren! – Dass ich niemals Bohnen-König geworden, dass ich im Paar oder Unpaar immer falsch geraten, dass mein Butterbrot immer auf die fette Seite gefallen, von allem diesen Jammer will ich gar nicht reden; aber, ist es nicht ein schreckliches Verhängnis, dass ich, als ich denn doch nun dem Satan zum Trotz Student geworden war, ein Kümmeltürke sein und bleiben musste? – Ziehe ich wohl je einen neuen Rock an, ohne gleich das erste Mal einen Talgfleck hineinzubringen, oder mir an einem übel eingeschlagenen Nagel ein verwünschtes Loch hineinzureißen? Grüße ich wohl je einen Herrn Hofrat oder eine Dame, ohne den Hut weit von mir zu schleudern, oder gar auf dem glatten Boden auszugleiten und schändlich umzustülpen? Hatte ich nicht schon in Halle jeden Markttag eine bestimmte Ausgabe von drei bis vier Groschen für zertretene Töpfe, weil mir der Teufel in den Kopf setzt, meinen Gang geradeaus zu nehmen, wie die Laminge? Bin ich denn ein einziges Mal ins Kollegium, oder wo man mich sonst hinbeschieden, zu rechter Zeit gekommen? Was half es, dass ich eine halbe Stunde vorher ausging, und mich vor die Tür hinstellte, den Drücker in der Hand, denn sowie ich mit dem Glockenschlage aufdrücken wollte, goss mir der Satan ein Waschbecken über den Kopf, oder ließ mich mit einem Heraustretenden zusammenrennen, dass ich in tausend Händel verwickelt wurde, und darüber alles versäumte. – Ach! ach! wo seid ihr hin, ihr seligen Träume künftigen Glücks, wie ich stolz wähnte, ich könne es wohl hier noch bis zum Geheimen Sekretär bringen! Aber hat mir mein Unstern nicht die besten Gönner verfeindet? – Ich weiß, dass der Geheime Rat, an den ich empfohlen bin, verschnittenes Haar nicht leiden mag; mit Mühe befestigt der Frisör einen kleinen Zopf an meinem Hinterhaupt, aber bei der ersten Verbeugung springt die unglückselige Schnur, und ein munterer Mops, der mich umschnüffelt, apportiert im Jubel das Zöpfchen dem Geheimen Rate. Ich springe erschrocken nach, und stürze über den Tisch, an dem er frühstückend gearbeitet hat, sodass Tassen, Teller, Tintenfass – Sandbüchse klirrend herabstürzen, und der Strom von Schokolade und Tinte sich über die eben geschriebene Relation ergießt. ›Herr, sind Sie des Teufels!‹ brüllt der erzürnte Geheime Rat, und schiebt mich zur Tür hinaus. – Was hilft es, dass mir der Konrektor Paulmann Hoffnung zu einem Schreiberdienste gemacht hat, wird es denn mein Unstern zulassen, der mich überall verfolgt! –

Nur noch heute! – Ich wollte den lieben Himmelfahrtstag recht in der Gemütlichkeit feiern, ich wollte ordentlich was daraufgehen lassen. Ich hätte ebenso gut wie jeder andere Gast in Linkes Bade stolz rufen können: ›Markör – eine Flasche Doppelbier – aber vom besten bitte ich!‹ – Ich hätte bis spät abends sitzen können, und noch dazu ganz nahe bei dieser oder jener Gesellschaft herrlich geputzter schöner Mädchen. Ich weiß es schon, der Mut wäre mir gekommen, ich wäre ein ganz anderer Mensch geworden; ja, ich hätte es so weit gebracht, dass wenn diese oder jene gefragt: ›Wie spät mag es wohl jetzt sein?‹ oder: ›Was ist denn das, was sie spielen?‹ da wäre ich mit leichtem Anstande aufgesprungen, ohne mein Glas umzuwerfen oder über die Bank zu stolpern; mich in gebeugter Stellung anderthalb Schritte vorwärts bewegend, hätte ich gesagt: ›Erlauben Sie, Mademoiselle, Ihnen zu dienen, es ist die Ouvertüre aus dem Donauweibchen‹, oder: ›Es wird gleich sechs Uhr schlagen.‹ – Hätte mir das ein Mensch in der Welt übel deuten können? – Nein! sage ich, die Mädchen hätten sich so schalkhaft lächelnd angesehen, wie es wohl zu geschehen pflegt, wenn ich mich ermutige zu zeigen, dass ich mich auch wohl auf den leichten Weltton verstehe und mit Damen umzugehen weiß. Aber da führt mich der Satan in den verwünschten Äpfelkorb, und nun muss ich in der Einsamkeit meinen Sanitätsknaster –«. Hier wurde der Student Anselmus in seinem Selbstgespräche durch ein sonderbares Rieseln und Rascheln unterbrochen, das sich dicht neben ihm im Grase erhob, bald aber in die Zweige und Blätter des Holunderbaums hinaufglitt, der sich über seinem Haupte wölbte. Bald war es, als schüttle der Abendwind die Blätter, bald, als kosten Vögelein in den Zweigen, die kleinen Fittige im mutwilligen Hin- und Herflattern rührend. – Da fing es an zu flüstern und zu lispeln, und es war, als ertönten die Blüten wie aufgehangene Kristallglöckchen. Anselmus horchte und horchte. Da wurde, er wusste selbst nicht wie, das Gelispel und Geflüster und Geklingel zu leisen halbverwehten Worten:

»Zwischen durch – zwischen ein – zwischen Zweigen, zwischen schwellenden Blüten, schwingen, schlängeln, schlingen wir uns – Schwesterlein – Schwesterlein, schwinge dich im Schimmer – schnell, schnell herauf – herab – Abendsonne schießt Strahlen, zischelt der Abendwind – raschelt der Tau – Blüten singen – rühren wir Zünglein, singen wir mit Blüten und Zweigen – Sterne bald glänzen – müssen herab – zwischen durch, zwischen ein schlängeln, schlingen, schwingen wir uns Schwesterlein.«

So ging es fort in Sinne verwirrender Rede. Der Student Anselmus dachte: Das ist denn doch nur der Abendwind, der heute mit ordentlich verständlichen Worten flüstert. – Aber in dem Augenblick ertönte es über seinem Haupte, wie ein Dreiklang heller Kristallglocken; er schaute hinauf und erblickte drei in grünem Gold erglänzende Schlänglein, die sich um die Zweige gewickelt hatten, und die Köpfchen der Abendsonne entgegenstreckten. Da flüsterte und lispelte es von neuem in jenen Worten, und die Schlänglein schlüpften und kosten auf und nieder durch die Blätter und Zweige, und wie sie sich so schnell rührten, da war es, als streue der Holunderbusch tausend funkelnde Smaragde durch seine dunklen Blätter. »Das ist die Abendsonne, die so in dem Holunderbusch spielt«, dachte der Student Anselmus, aber da ertönten die Glocken wieder, und Anselmus sah, wie eine Schlange ihr Köpfchen nach ihm herabstreckte. Durch alle Glieder fuhr es ihm wie ein elektrischer Schlag, er erbebte im Innersten – er starrte hinauf, und ein Paar herrliche dunkelblaue Augen blickten ihn an mit unaussprechlicher Sehnsucht, sodass ein nie gekanntes Gefühl der höchsten Seligkeit und des tiefsten Schmerzes seine Brust zersprengen wollte. Und wie er voll heißen Verlangens immer in die holdseligen Augen schaute, da ertönten stärker in lieblichen Akkorden die Kristallglocken, und die funkelnden Smaragde fielen auf ihn herab und umspannen ihn, in tausend Flämmchen um ihn herflackernd und spielend mit schimmernden Goldfaden. Der Holunderbusch rührte sich und sprach: »Du lagst in meinem Schatten, mein Duft umfloss dich, aber du verstandest mich nicht. Der Duft ist meine Sprache, wenn ihn die Liebe entzündet.« Der Abendwind strich vorüber und sprach: »Ich umspielte deine Schläfe, aber du verstandest mich nicht, der Hauch ist meine Sprache, wenn ihn die Liebe entzündet.« Die Sonnenstrahlen brachen durch das Gewölk, und der Schein brannte wie in Worten: »Ich umgoss dich mit glühendem Gold, aber du verstandest mich nicht; Glut ist meine Sprache, wenn sie die Liebe entzündet.«

Und immer inniger und inniger versunken in den Blick des herrlichen Augenpaars, wurde heißer die Sehnsucht, glühender das Verlangen. Da regte und bewegte sich alles, wie zum frohen Leben erwacht. Blumen und Blüten dufteten um ihn her, und ihr Duft war wie herrlicher Gesang von tausend Flötenstimmen und was sie gesungen, trugen im Widerhall die goldenen vorüberfliehenden Abendwolken in ferne Lande. Aber als der letzte Strahl der Sonne schnell hinter den Bergen verschwand, und nun die Dämmerung ihren Flor über die Gegend warf, da rief, wie aus weiter Ferne, eine raue tiefe Stimme:

»Hei, hei, was ist das für ein Gemunkel und Geflüster da drüben? – Hei, hei, wer sucht mir doch den Strahl hinter den Bergen! – genug gesonnt, genug gesungen – Hei, hei, durch Busch und Gras – durch Gras und Strom! – Hei – hei – Her u – u – u nter – Her u – u – u nter!«

So verschwand die Stimme wie im Murmeln eines fernen Donners, aber die Kristallglocken zerbrachen im schneidenden Misston. Alles war verstummt, und Anselmus sah, wie die drei Schlangen schimmernd und blinkend durch das Gras nach dem Strome schlüpften; rischelnd und raschelnd stürzten sie sich in die Elbe, und über den Wogen, wo sie verschwunden, knisterte ein grünes Feuer empor, das in schiefer Richtung nach der Stadt zu leuchtend verdampfte.

ZWEITE VIGILIE

Wie der Student Anselmus für betrunken und wahnwitzig gehalten wurde – Die Fahrt über die Elbe – Die Bravur-Arie des Kapellmeisters Graun – Conradis Magen-Likör und das bronzierte Äpfelweib

»Der Herr ist wohl nicht recht bei Troste!«, sagte eine ehrbare Bürgersfrau, die vom Spaziergange mit der Familie heimkehrend, still stand, und mit übereinander geschlagenen Armen dem tollen Treiben des Studenten Anselmus zusah. *Der* hatte nämlich den Stamm des Holunderbaumes umfasst und rief unaufhörlich in die Zweige und Blätter hinein: »O nur noch einmal blinket und leuchtet, ihr lieblichen goldnen Schlänglein, nur noch einmal lasst eure Glockenstimmchen hören! Nur noch einmal blicket mich an, ihr holdseligen blauen Augen, nur noch einmal, ich muss ja sonst vergehen in Schmerz und heißer Sehnsucht!« Und dabei seufzte und ächzte er aus der tiefsten Brust recht kläglich, und schüttelte vor Verlangen und Ungeduld den Holunderbaum, der aber statt aller Antwort nur ganz dumpf und unvernehmlich mit den Blättern rauschte und so den Schmerz des Studenten Anselmus ordentlich zu verhöhnen schien. – »Der Herr ist wohl nicht recht bei Troste«, sagte die Bürgersfrau, und dem Anselmus war es so, als würde er aus einem tiefen Traum gerüttelt oder gar mit eiskaltem Wasser begossen, um ja recht jähling zu erwachen. Nun sah er erst wieder deutlich, wo er war, und besann sich, wie ein sonderbarer Spuk ihn geneckt und gar dazu getrieben habe, ganz allein für sich selbst in laute Worte auszubrechen. Bestürzt blickte er die Bürgersfrau an, und griff endlich nach dem Hute, der zur Erde gefallen, um davonzueilen. Der Familienvater war unterdessen auch herangekommen und hatte, nachdem er das Kleine, das er auf dem Arm getragen, ins Gras gesetzt, auf seinen Stock sich stützend mit Verwunderung dem Studenten zugehört und zugeschaut. Er hob jetzt Pfeife und Tabaksbeutel auf, die der Student fallen lassen, und sprach, beides ihm hinreichend: »Lamentier der Herr nicht so schrecklich in der Finsternis, und vexier Er nicht die Leute, wenn Ihm sonst nichts fehlt, als dass Er zu viel ins Gläschen gekuckt – geh Er fein ordentlich zu Hause und leg Er sich aufs Ohr!« Der Student Anselmus schämte sich sehr, er stieß ein weinerliches Ach! aus. »Nun nun«, fuhr der Bürgersmann fort, »lass es der Herr nur gut sein, so was geschieht den Besten, und am lieben Himmelfahrtstage kann man wohl in der Freude seines Herzens ein Schlückchen über den Durst tun. Das passiert auch wohl einem Mann Gottes – der Herr ist ja doch wohl ein Kandidat. – Aber wenn es der Herr erlaubt, stopf ich mir ein Pfeifchen von seinem Tabak, meiner ist mir da droben ausgegangen.« Dies sagte der Bürger, als der Student Anselmus schon Pfeife und Beutel einstecken wollte, und nun reinigte der Bürger langsam und bedächtig seine Pfeife, und fing ebenso langsam an zu stopfen. Mehrere Bürgermädchen waren dazugetreten, die sprachen heimlich mit der Frau und kickerten miteinander, indem sie den Anselmus ansahen. *Dem* war es, als stände er auf lauter spitzigen Dornen und glühenden Nadeln. Sowie er nur Pfeife und Tabaksbeutel erhalten, rannte er spornstreichs davon. Alles was er Wunderbares gesehen, war ihm rein aus dem Gedächtnis geschwunden, und er besann sich nur, dass er unter dem Holunderbaum allerlei tolles Zeug ganz laut geschwatzt, was ihm denn um so entsetzlicher war, als er von jeher einen innerlichen Abscheu gegen alle Selbstredner gehegt. »Der Satan schwatzt aus ihnen«, sagte sein Rektor, und daran glaubte er auch in der Tat. Für einen am Himmelfahrtstage betrunkenen Candidatus theologiae gehalten zu werden, der Gedanke war ihm unerträglich. Schon wollte er in die Pappelallee bei dem Koseischen Garten einbiegen, als eine Stimme hinter ihm herrief: »Hr. Anselmus! Hr. Anselmus! wo rennen Sie denn um tausend Himmelswillen hin in solcher Hast!«. Der Student blieb wie in den Boden gewurzelt stehen, denn er war überzeugt, dass nun gleich ein neues Unglück auf ihn einbrechen werde. Die Stimme ließ sich wieder hören: »Hr. Anselmus, so kommen Sie doch zurück, wir warten hier am Wasser!« – Nun vernahm der Student erst, dass es sein Freund der Konrektor Paulmann war, der ihn rief; er ging zurück an die Elbe, und fand den Konrektor mit seinen beiden Töchtern, sowie den Registrator Heerbrand, wie sie eben im Begriff waren in eine Gondel zu steigen. Der Konrektor Paulmann lud den Studenten ein, mit ihm über die Elbe zu fahren, und dann in seiner, auf der Pirnaer Vorstadt gelegenen Wohnung abends über bei ihm zu bleiben. Der Student Anselmus nahm das recht gern an, weil er denn doch so dem bösen Verhängnis, das heute über ihn walte, zu entrinnen glaubte. Als sie nun über den Strom fuhren, begab es sich, dass auf dem jenseitigen Ufer bei dem Antonschen Garten ein Feuerwerk abgebrannt wurde. Prasselnd und zischend fuhren die Raketen in die Höhe und die leuchtenden Sterne zersprangen in den Lüften, tausend knisternde Strahlen und Flammen um sich sprühend. Der Student Anselmus saß in sich gekehrt bei dem rudernden Schiffer, als er nun aber im Wasser den Widerschein der in der Luft herumsprühenden und knisternden Funken und Flammen erblickte: da war es ihm, als zögen die goldnen Schlänglein durch die Flut. Alles was er unter dem Holunderbaum Seltsames geschaut, trat wieder lebendig in Sinn und Gedanken, und aufs neue ergriff ihn die unaussprechliche Sehnsucht, das glühende Verlangen, welches dort seine Brust in krampfhaft schmerzvollem Entzücken erschüttert. »Ach, seid ihr es denn wieder, ihr goldenen Schlänglein, singt nur, singt! In eurem Gesänge erscheinen ja wieder die holden lieblichen dunkelblauen Augen – ach, seid ihr denn unter den Fluten!« – So rief der Student Anselmus und machte dabei eine heftige Bewegung, als wolle er sich gleich aus der Gondel in die Flut stürzen. »Ist der Herr des Teufels?«, rief der Schiffer, und erwischte ihn beim Rockschoß. Die Mädchen, welche bei ihm gesessen, schrien im Schreck auf und flüchteten auf die andere Seite der Gondel; der Registrator Heerbrand sagte dem Konrektor Paulmann etwas ins Ohr, worauf dieser mehreres antwortete, wovon der Student Anselmus aber nur die Worte verstand: »Dergleichen Anfälle – noch nicht bemerkt?« – Gleich nachher stand auch der Konrektor Paulmann auf und setzte sich mit einer gewissen ernsten gravitätischen Amtsmiene zu dem Studenten Anselmus, seine Hand nehmend und sprechend: »Wie ist Ihnen, Herr Anselmus?« Dem Studenten Anselmus vergingen beinahe die Sinne, denn in seinem Innern erhob sich ein toller Zwiespalt, den er vergebens beschwichtigen wollte. Er sah nun wohl deutlich, dass das, was er für das Leuchten der goldenen Schlänglein gehalten, nur der Widerschein des Feuerwerks bei Antons Garten war; aber ein nie gekanntes Gefühl, er wusste selbst nicht, ob Wonne, ob Schmerz, zog krampfhaft seine Brust zusammen, und wenn der Schiffer nun so mit dem Ruder ins Wasser hineinschlug, dass es wie im Zorn sich emporkräuselnd plätscherte und rauschte, da vernahm er in dem Getöse ein heimliches Lispeln und Flüstern: »Anselmus! Anselmus! Siehst du nicht, wie wir stets vor dir herziehen? – Schwesterlein blickt dich wohl wieder an – glaube – glaube – glaube an uns.« – Und es war ihm, als sah er im Widerschein drei grün glühende Streife. Aber als er dann recht wehmütig ins Wasser hineinblickte, ob nun nicht die holdseligen Augen aus der Flut herausschauen würden, da gewahrte er wohl, dass der Schein nur von den erleuchteten Fenstern der nahen Häuser herrührte. Schweigend saß er da und im Innern mit sich kämpfend; aber der Konrektor Paulmann sprach noch heftiger: »Wie ist Ihnen, Hr. Anselmus?« Ganz kleinmütig antwortete der Student: »Ach, lieber Herr Konrektor, wenn Sie wüssten, was ich eben unter einem Holunderbaum bei der Linkeschen Gartenmauer ganz wachend mit offnen Augen für ganz besondere Dinge geträumt habe, ach, Sie würden mir es gar nicht verdenken, dass ich so gleichsam abwesend« – »Ei, ei, Herr Anselmus«, fiel der Konrektor Paulmann ein, »ich habe Sie immer für einen soliden jungen Mann gehalten, aber träumen – mit hellen offenen Augen träumen, und dann mit einem Mal ins Wasser springen wollen, das – verzeihen Sie mir, können nur Wahnwitzige oder Narren!« – Der Student Anselmus wurde ganz betrübt über seines Freundes harte Rede, da sagte Paulmanns älteste Tochter Veronika, ein recht hübsches blühendes Mädchen von sechszehn Jahren: »Aber, lieber Vater! es muss dem Hrn. Anselmus doch was Besonderes begegnet sein, und er glaubt vielleicht nur, dass er gewacht habe, unerachtet er unter dem Holunderbaum wirklich geschlafen und ihm allerlei närrisches Zeug vorgekommen, was ihm noch in Gedanken liegt.« – »Und, teuerste Mademoiselle, werter Konrektor!« nahm der Registrator Heerbrand das Wort, »sollte man denn nicht auch wachend in einen gewissen träumerischen Zustand versinken können? So ist mir in der Tat selbst einmal nachmittags beim Kaffee in einem solchen Hinbrüten, dem eigentlichen Moment körperlicher und geistiger Verdauung, die Lage eines verlornen Aktenstücks wie durch Inspiration eingefallen, und nur noch gestern tanzte auf gleiche Weise eine herrliche große lateinische Frakturschrift vor meinen hellen offenen Augen umher.« – »Ach, geehrtester Registrator«, erwiderte der Konrektor Paulmann, »Sie haben immer solch einen Hang zu den Poeticis gehabt, und da verfällt man leicht in das Fantastische und Romanhafte.« Aber dem Studenten Anselmus tat es wohl, dass man sich seiner in der höchst betrübten Lage, für betrunken oder wahnwitzig gehalten zu werden, annahm, und unerachtet es ziemlich finster geworden, glaubte er doch zum ersten Male zu bemerken, wie Veronika recht schöne dunkelblaue Augen habe, ohne dass ihm jedoch jenes wunderbare Augenpaar, das er in dem Holunderbaum geschaut, in Gedanken kam. Überhaupt war dem Studenten Anselmus mit einem Mal nun wieder das Abenteuer unter dem Holunderbaum ganz verschwunden, er fühlte sich so leicht und froh, ja er trieb es wie im lustigen Übermute so weit, dass er bei dem Heraussteigen aus der Gondel seiner Schutzrednerin Veronika die hülfreiche Hand bot, und ohne weiteres, als sie ihren Arm in den seinigen hing, sie mit so vieler Geschicklichkeit und so vielem Glück zu Hause führte, dass er nur ein einziges Mal ausglitt, und da es gerade der einzige schmutzige Fleck auf dem ganzen Wege war, Veronikas weißes Kleid nur ganz wenig bespritzte. Dem Konrektor Paulmann entging die glückliche Änderung des Studenten Anselmus nicht, er gewann ihn wieder lieb, und bat ihn der harten Worte wegen, die er vorhin gegen ihn fallen lassen, um Verzeihung. »Ja!«, fügte er hinzu, »man hat wohl Beispiele, dass oft gewisse Fantasmata dem Menschen vorkommen und ihn ordentlich ängstigen und quälen können, das ist aber körperliche Krankheit, und es helfen Blutigel, die man, salva venia, dem Hintern appliziert, wie ein berühmter bereits verstorbener Gelehrter bewiesen.« Der Student Anselmus wusste nun in der Tat selbst nicht, ob er betrunken, wahnwitzig oder krank gewesen, auf jeden Fall schienen ihm aber die Blutigel ganz unnütz, da die etwanigen Fantasmata gänzlich verschwunden und er sich immer heiterer fühlte, je mehr es ihm gelang, sich in allerlei Artigkeiten um die hübsche Veronika zu bemühen. Es wurde wie gewöhnlich nach der frugalen Mahlzeit Musik gemacht; der Student Anselmus musste sich ans Klavier setzen und Veronika ließ ihre helle klare Stimme hören. – »Werte Mademoiselle«, sagte der Registrator Heerbrand, »Sie haben eine Stimme, wie eine Kristallglocke!« – »Das nun wohl nicht!«, fuhr es dem Studenten Anselmus heraus, er wusste selbst nicht wie, und alle sahen ihn verwundert und betroffen an. »Kristallglocken tönen in Holunderbäumen wunderbar! wunderbar!«, fuhr der Student Anselmus halbleise murmelnd fort. Da legte Veronika ihre Hand auf seine Schulter und sagte: »Was sprechen Sie denn da, Herr Anselmus?« Gleich wurde der Student wieder ganz munter und fing an zu spielen. Der Konrektor Paulmann sah ihn finster an, aber der Registrator Heerbrand legte ein Notenblatt auf den Pult und sang zum Entzücken eine Bravur-Arie vom Kapellmeister Graun. Der Student Anselmus akkompagnierte noch manches, und ein fugiertes Duett, das er mit Veronika vortrug, und das der Konrektor Paulmann selbst komponiert, setzte alles in die fröhlichste Stimmung. Es war ziemlich spät worden und der Registrator Heerbrand griff nach Hut und Stock, da trat der Konrektor Paulmann geheimnisvoll zu ihm hin und sprach: »Ei, wollten Sie nicht, geehrter Registrator, dem guten Hrn. Anselmus selbst – nun! wovon wir vorhin sprachen« – »Mit tausend Freuden«, erwiderte der Registrator Heerbrand, und begann, nachdem sie sich im Kreise gesetzt, ohne weiteres in folgender Art: »Es ist hier am Orte ein alter wunderlicher merkwürdiger Mann, man sagt, er treibe allerlei geheime Wissenschaften, da es nun aber dergleichen eigentlich nicht gibt, so halte ich ihn eher für einen forschenden Antiquar, auch wohl nebenher für einen experimentierenden Chemiker. Ich meine niemand andern als unsern Geheimen Archivarius Lindhorst. Er lebt, wie Sie wissen, einsam in seinem entlegenen alten Hause, und wenn ihn der Dienst nicht beschäftigt, findet man ihn in seiner Bibliothek oder in seinem chemischen Laboratorio, wo er aber niemanden hineinlässt. Er besitzt außer vielen seltenen Büchern eine Anzahl zum Teil arabischer, koptischer, und gar in sonderbaren Zeichen, die keiner bekannten Sprache angehören, geschriebener Manuskripte. Diese will er auf geschickte Weise kopieren lassen, und es bedarf dazu eines Mannes, der sich darauf versteht mit der Feder zu zeichnen, um mit der höchsten Genauigkeit und Treue alle Zeichen auf Pergament, und zwar mit Tusche, übertragen zu können. Er lässt in einem besondern Zimmer seines Hauses unter seiner Aufsicht arbeiten, bezahlt außer dem freien Tisch während der Arbeit jeden Tag einen Speziestaler, und verspricht noch ein ansehnliches Geschenk, wenn die Abschriften glücklich beendet. Die Zeit der Arbeit ist täglich von zwölf bis sechs Uhr. Von drei bis vier Uhr wird geruht und gegessen. Da er schon mit ein paar jungen Leuten vergeblich den Versuch gemacht hat, jene Manuskripte kopieren zu lassen, so hat er sich endlich an mich gewendet, ihm einen geschickten Zeichner zuzuweisen; da habe ich an Sie gedacht, lieber Hr. Anselmus, denn ich weiß, dass Sie sowohl sehr sauber schreiben, als auch mit der Feder zierlich und rein zeichnen. Wollen Sie daher in dieser schlechten Zeit und bis zu Ihrer etwanigen Anstellung den Speziestaler täglich verdienen und das Geschenk obendrein, so bemühen Sie sich morgen Punkt zwölf Uhr zu dem Hrn. Archivarius, dessen Wohnung Ihnen bekannt sein wird. – Aber hüten Sie sich ja vor jedem Tinteflecken; fällt er auf die Abschrift, so müssen Sie ohne Gnade von vorn anfangen, fällt er auf das Original, so ist der Herr Archivarius im Stande, Sie zum Fenster hinauszuwerfen, denn es ist ein zorniger Mann.« – Der Student Anselmus war voll inniger Freude über den Antrag des Registrators Heerbrand; denn nicht allein, dass er sauber schrieb und mit der Feder zeichnete, so war es auch seine wahre Passion, mit mühsamem kalligrafischen Aufwande abzuschreiben; er dankte daher seinen Gönnern in den verbindlichsten Ausdrücken, und versprach die morgende Mittagsstunde nicht zu versäumen. In der Nacht sah der Student Anselmus nichts als blanke Speziestaler und hörte ihren lieblichen Klang. – Wer mag das dem Armen verargen, der um so manche Hoffnung durch ein launisches Missgeschick betrogen, jeden Heller zurate halten und manchem Genuss, den jugendliche Lebenslust forderte, entsagen musste. Schon am frühen Morgen suchte er seine Bleistifte, seine Rabenfedern, seine chinesische Tusche zusammen; denn besser, dachte er, kann der Archivarius keine Materialien erfinden. Vor allen Dingen musterte und ordnete er seine kalligrafischen Meisterstücke und seine Zeichnungen, um sie dem Archivarius, zum Beweis seiner Fähigkeit das Verlangte zu erfüllen, aufzuweisen. Alles ging glücklich von statten, ein besonderer Glücksstern schien über ihn zu walten, die Halsbinde saß gleich beim ersten Umknüpfen wie sie sollte, keine Naht platzte, keine Masche zerriss in den schwarzseidenen Strümpfen, der Hut fiel nicht noch einmal in den Staub, als er schon sauber abgebürstet. – Kurz! – Punkt halb zwölf Uhr stand der Student Anselmus in seinem hechtgrauen Frack und seinen schwarzatlasnen Unterkleidern, eine Rolle Schönschriften und Federzeichnungen in der Tasche, schon auf der Schlossgasse in Conradis Laden und trank – eins – zwei Gläschen des besten Magenlikörs, denn hier, dachte er, indem er auf die annoch leere Tasche schlug, werden bald Speziestaler erklingen. Unerachtet des weiten Weges bis in die einsame Straße, in der sich das uralte Haus des Archivarius Lindhorst befand, war der Student Anselmus doch vor zwölf Uhr an der Haustür. Da stand er und schaute den großen schönen bronzenen Türklopfer an; aber als er nun auf den letzten die Luft mit mächtigem Klange durchbebenden Schlag der Turm-Uhr an der Kreuzkirche den Türklopfer ergreifen wollte, da verzog sich

das metallene Gesicht im ekelhaften Spiel blau glühender Licht-
blicke zum grinsenden Lächeln. Ach! es war ja das Äpfelweib
vom Schwarzen Tor! Die spitzigen Zähne klappten in dem schlaf-
fen Maule zusammen, und in dem Klappern schnarrte es: »Du
Narre – Narre – Narre – warte, warte! warum warst hinausge-
rannt! Narre!« – Entsetzt taumelte der Student Anselmus zurück,
er wollte den Türpfosten ergreifen, aber seine Hand erfasste die
Klingelschnur und zog sie an, da läutete es stärker und stärker in
gellenden Misstönen, und durch das ganze öde Haus rief und
spottete der Widerhall: »Bald dein Fall ins Kristall!« – Den Studenten Anselmus ergriff ein Grausen, das im krampfhaften Fieberfrost durch alle Glieder bebte. Die Klingelschnur senkte sich
hinab und wurde zur weißen durchsichtigen Riesenschlange, die
umwand und drückte ihn, fester und fester ihr Gewinde schnü-
rend, zusammen, dass die mürben zermalmten Glieder knackend
zerbröckelten und sein Blut aus den Adern spritzte, eindringend
in den durchsichtigen Leib der Schlange und ihn rot färbend. –
»Töte mich, töte mich!« wollte er schreien in der entsetzlichen
Angst, aber sein Geschrei war nur ein dumpfes Röcheln. – Die
Schlange erhob ihr Haupt und legte die lange spitzige Zunge von
glühendem Erz auf die Brust des Anselmus, da zerriss ein schneidender Schmerz jähling die Pulsader des Lebens und es vergingen
ihm die Gedanken. – Als er wieder zu sich selbst kam, lag er auf
seinem dürftigen Bettlein, vor ihm stand aber der Konrektor
Paulmann und sprach: »Was treiben Sie denn um des Himmelswillen für tolles Zeug, lieber Herr Anselmus!«

Dritte Vigilie

Nachrichten von der Familie des Archivarius Lindhorst – Veronikas
blaue Augen – Der Registrator Heerbrand

»Der Geist schaute auf das Wasser, da bewegte es sich und brauste
in schäumenden Wogen, und stürzte sich donnernd in die Abgründe, die ihre schwarzen Rachen aufsperrten, es gierig zu verschlingen. Wie triumphierende Sieger hoben die Granitfelsen ihre
zackicht gekrönten Häupter empor, das Tal schützend, bis es die
Sonne in ihren mütterlichen Schoß nahm und es umfassend mit
ihren Strahlen wie mit glühenden Armen pflegte und wärmte. Da
erwachten tausend Keime, die unter dem öden Sande geschlum-
mert, aus dem tiefen Schlafe, und streckten ihre grüne Blättlein

21

und Halme zum Angesicht der Mutter hinauf, und wie lächelnde Kinder in grüner Wiege, ruhten in den Blüten und Knospen Blümlein, bis auch sie von der Mutter geweckt erwachten und sich schmückten mit den Lichtern, die die Mutter ihnen zur Freude auf tausendfache Weise bunt gefärbt. Aber in der Mitte des Tals war ein schwarzer Hügel, der hob sich auf und nieder wie die Brust des Menschen, wenn glühende Sehnsucht sie schwellt. – Aus den Abgründen rollten die Dünste empor, und sich zusammenballend in gewaltige Massen, strebten sie das Angesicht der Mutter feindlich zu verhüllen; die rief aber den Sturm herbei, der fuhr zerstäubend unter sie, und als der reine Strahl wieder den schwarzen Hügel berührte, da brach im Übermaß des Entzückens eine herrliche Feuerlilie hervor, die schönen Blätter wie holdselige Lippen öffnend, der Mutter süße Küsse zu empfangen. – Nun schritt ein glänzendes Leuchten in das Tal; es war der Jüngling Phosphorus, den sah die Feuerlilie und flehte, von heißer sehnsüchtiger Liebe befangen: ›Sei doch mein ewiglich, du schöner Jüngling! denn ich liebe dich und muss vergehen, wenn du mich verlassest.‹ Da sprach der Jüngling Phosphorus: ›Ich will dein sein, du schöne Blume, aber dann wirst du, wie ein entartet Kind, Vater und Mutter verlassen, du wirst deine Gespielen nicht mehr kennen, du wirst größer und mächtiger sein wollen als alles, was sich jetzt als deinesgleichen mit dir freut. Die Sehnsucht, die jetzt dein ganzes Wesen wohltätig erwärmt, wird in hundert Strahlen zerspaltet, dich quälen und martern, denn der Sinn wird die Sinne gebären, und die höchste Wonne, die der Funke entzündet, den ich in dich hineinwerfe, ist der hoffnungslose Schmerz, in dem du untergehst, um aufs neue fremdartig emporzukeimen. – Dieser Funke ist der Gedanke!‹ – ›Ach!‹ klagte die Lilie, ›kann ich denn nicht in der Glut, wie sie jetzt in mir brennt, dein sein? Kann ich dich denn mehr lieben als jetzt, und kann ich dich denn schauen wie jetzt, wenn du mich vernichtest?‹ Da küsste sie der Jüngling Phosphorus, und wie vom Lichte durchstrahlt loderte sie auf in Flammen, aus denen ein fremdes Wesen hervorbrach, das schnell dem Tale entfliehend im unendlichen Raume herumschwärmte, sich nicht kümmernd um die Gespielen der Jugend und um den geliebten Jüngling. *Der* klagte um die verlorne Geliebte, denn auch ihn brachte ja nur die unendliche Liebe zu der schönen Lilie in das einsame Tal, und die Granitfelsen neigten ihre Häupter teilnehmend vor dem Jammer des Jünglings. Aber einer öffnete seinen Schoß, und es kam ein schwarzer geflügelter Drache rauschend herausgeflattert und sprach:

›Meine Brüder, die Metalle, schlafen da drinnen, aber ich bin stets munter und wach und will dir helfen.‹ Sich auf- und niederschwingend erhaschte endlich der Drache das Wesen, das der Lilie entsprossen, trug es auf den Hügel und umschloss es mit seinem Fittig; da war es wieder die Lilie, aber der bleibende Gedanke zerriss ihr Innerstes, und die Liebe zu dem Jüngling Phosphorus war ein schneidender Jammer, vor dem, von giftigen Dünsten angehaucht, die Blümlein, die sonst sich ihres Blicks gefreut, verwelkten und starben. Der Jüngling Phosphorus legte eine glänzende Rüstung an, die in tausendfarbigen Strahlen spielte, und kämpfte mit dem Drachen, der mit seinem schwarzen Fittig an den Panzer schlug, dass er hell erklang; und von dem mächtigen Klange lebten die Blümlein wieder auf und umflatterten wie bunte Vögel den Drachen, dessen Kräfte schwanden und der besiegt sich in der Tiefe der Erde verbarg. Die Lilie war befreit, der Jüngling Phosphorus umschlang sie voll glühenden Verlangens himmlischer Liebe, und im hochjubelnden Hymnus huldigten ihr die Blumen, die Vögel, ja selbst die hohen Granitfelsen als Königin des Tals.‹ – »Erlauben Sie, das ist orientalischer Schwulst, werter Herr Archivarius!«, sagte der Registrator Heerbrand, »und wir baten denn doch, Sie sollten, wie Sie sonst wohl zu tun pflegen, uns etwas aus Ihrem höchst merkwürdigen Leben, etwa von Ihren Reise-Abenteuern, und zwar etwas Wahrhaftiges, erzählen.« – »Nun was denn«, erwiderte der Archivarius Lindhorst: »das, was ich soeben erzählt, ist das Wahrhaftigste, was ich euch auftischen kann, ihr Leute, und gehört in gewisser Art auch zu meinem Leben. Denn ich stamme eben aus jenem Tale her, und die Feuerlilie, die zuletzt als Königin herrschte, ist meine Ur – ur – ur – ur-Großmutter, weshalb ich denn auch eigentlich ein Prinz bin.« – Alle brachen in ein schallendes Gelächter aus. – »Ja, lacht nur recht herzlich«, fuhr der Archivarius Lindhorst fort, »euch mag wohl das, was ich freilich nur in ganz dürftigen Zügen erzählt habe, unsinnig und toll vorkommen, aber es ist dessen unerachtet nichts weniger als ungereimt oder auch nur allegorisch gemeint, sondern buchstäblich wahr. Hätte ich aber gewusst, dass euch die herrliche Liebesgeschichte, der auch ich meine Entstehung zu verdanken habe, so wenig gefallen würde, so hätte ich lieber manches Neue mitgeteilt, das mir mein Bruder beim gestrigen Besuch mitbrachte.« – »Ei, wie das? Haben Sie denn einen Bruder, Hr. Archivarius? – wo ist er denn – wo lebt er denn? Auch in königlichen Diensten, oder vielleicht ein privatisierender Gelehrter?« so fragte man von allen

23

Seiten. – »Nein!«, erwiderte der Archivarius, ganz kalt und gelassen eine Prise nehmend, »er hat sich auf die schlechte Seite gelegt und ist unter die Drachen gegangen.« – »Wie beliebten Sie doch zu sagen, wertester Archivarius«, nahm der Registratur Heerbrand das Wort: »unter die Drachen?« – »Unter die Drachen?«, hallte es von allen Seiten wie ein Echo nach. – »Ja, unter die Drachen«, fuhr der Archivarius Lindhorst fort; »eigentlich war es Desperation. Sie wissen, meine Herren, dass mein Vater vor ganz kurzer Zeit starb, es sind nur höchstens dreihundertundfünfundachtzig Jahre her, weshalb ich auch noch Trauer trage, der hatte mir, dem Liebling, einen prächtigen Onyx vermacht, den durchaus mein Bruder haben wollte. Wir zankten uns bei der Leiche des Vaters darüber auf eine ungebührliche Weise, bis der Selige, der die Geduld verlor, aufsprang und den bösen Bruder die Treppe hinunterwarf. Das wurmte meinen Bruder und er ging stehenden Fußes unter die Drachen. Jetzt hält er sich in einem Zypressenwalde dicht bei Tunis auf, dort hat er einen berühmten mystischen Karfunkel zu bewachen, dem ein Teufelskerl von Nekromant, der ein Sommerlogis in Lappland bezogen, nachstellt, weshalb er denn nur auf ein Viertelstündchen, wenn gerade der Nekromant im Garten seine Salamanderbeete besorgt, abkommen kann, um mir in der Geschwindigkeit zu erzählen, was es gutes Neues an den Quellen des Nils gibt.« – Zum zweiten Male brachen die Anwesenden in ein schallendes Gelächter aus, aber dem Studenten Anselmus wurde ganz unheimlich zumute, und er konnte dem Archivarius Lindhorst kaum in die starren ernsten Augen sehen, ohne innerlich auf eine ihm selbst unbegreifliche Weise zu erbeben. Zumal hatte die raue, aber sonderbar metallartig tönende Stimme des Archivarius Lindhorst für ihn etwas geheimnisvoll Eindringendes, dass er Mark und Bein erzittern fühlte. Der eigentliche Zweck, weshalb ihn der Registratur Heerbrand mit in das Kaffeehaus genommen hatte, schien heute nicht erreichbar zu sein. Nach jenem Vorfall vor dem Hause des Archivarius Lindhorst war nämlich der Student Anselmus nicht dahin zu vermögen gewesen, den Besuch zum zweiten Male zu wagen; denn nach seiner innigsten Überzeugung hatte nur der Zufall ihn, wo nicht vom Tode, doch von der Gefahr wahnwitzig zu werden, befreit. Der Konrektor Paulmann war eben durch die Straße gegangen, als er ganz von Sinnen vor der Haustür lag, und ein altes Weib, die ihren Kuchen- und Äpfelkorb beiseite gesetzt, um ihn beschäftigt war. Der Konrektor Paulmann hatte sogleich eine Portechaise herbeigerufen und ihn so nach Hause transportiert. »Man mag von mir denken, was man will«, sagte der Student Anselmus, »man mag mich für einen Narren halten oder nicht – genug! – an dem Türklopfer grinste mir das vermaledeite Gesicht der Hexe vom Schwarzen Tore entgegen; was nachher geschah, davon will ich lieber gar nicht reden, aber wäre ich aus meiner Ohnmacht erwacht und hätte das verwünschte Äpfelweib vor mir gesehen (denn niemand anders war doch das alte um mich beschäftigte Weib), mich hätte augenblicklich der Schlag gerührt, oder ich wäre wahnsinnig geworden.« Alles Zureden, alle vernünftige Vorstellungen des Konrektors Paulmann und des Registrators Heerbrand fruchteten gar nichts, und selbst die blauäugige Veronika vermochte nicht ihn aus einem gewissen tiefsinnigen Zu Stande zu reißen, in den er versunken. Man hielt ihn nun in der Tat für seelenkrank und sann auf Mittel, ihn zu zerstreuen, worauf der Registratur Heerbrand meinte, dass nichts dazu dienlicher sein könne als die Beschäftigung bei dem Archivarius Lindhorst, nämlich das Nachmalen der Manuskripte. Es kam nur darauf an, den Studenten Anselmus auf gute Art dem Archivarius Lindhorst bekannt zu machen, und da der Registratur Heerbrand wusste, dass dieser beinahe jeden Abend ein gewisses bekanntes Kaffeehaus besuchte, so lud er den Studenten Anselmus ein, jeden Abend so lange auf seine, des Registrators Kosten in jenem Kaffeehause ein Glas Bier zu trinken und eine Pfeife zu rauchen, bis er auf diese oder jene Art dem Archivarius bekannt und mit ihm über das Geschäft des Abschreibens der Manuskripte einig worden, welches der Student Anselmus dankbarlichst annahm. »Sie verdienen Gottes Lohn, werter Registrator! wenn Sie den jungen Menschen zur Raison bringen«, sagte der Konrektor Paulmann. »Gottes Lohn!« wiederholte Veronika, indem sie die Augen fromm zum Himmel erhub und lebhaft daran dachte, wie der Student Anselmus schon jetzt ein recht artiger junger Mann sei, auch ohne Raison! – Als der Archivarius Lindhorst eben mit Hut und Stock zur Tür hinausschreiten wollte, da ergriff der Registrator Heerbrand den Studenten Anselmus rasch bei der Hand, und mit ihm dem Archivarius den Weg vertretend, sprach er: »Geschätztester Hr. Geheimer Archivarius, – hier ist der Student Anselmus, der ungemein geschickt im Schönschreiben und Zeichnen, Ihre seltenen Manuskripte kopieren will.« – »Das ist mir ganz ungemein lieb«, erwiderte der Archivarius Lindhorst rasch, warf den dreieckigen soldatischen Hut auf den Kopf und eilte, den Registrator Heerbrand und den Studenten Anselmus beiseite schiebend, mit vielem Geräusch die

Treppe hinab, sodass beide ganz verblüfft dastanden und die Stubentür anguckten, die er dicht vor ihnen zugeschlagen, dass die Angeln klirrten. »Das ist ja ein ganz wunderlicher alter Mann«, sagte der Registrator Heerbrand. – »Wunderlicher alter Mann«, stotterte der Student Anselmus nach, fühlend, wie ein Eisstrom ihm durch alle Adern fröstelte, dass er beinahe zur starren Bildsäule worden. Aber alle Gäste lachten und sagten: »Der Archivarius war heute einmal wieder in seiner besonderen Laune, morgen ist er gewiss sanftmütig und spricht kein Wort, sondern sieht in die Dampfwirbel seiner Pfeife oder liest Zeitungen, man muss sich daran gar nicht kehren.« – »Das ist auch wahr«, dachte der Student Anselmus, »wer wird sich an so etwas kehren! Hat der Archivarius nicht gesagt, es sei ihm ganz ungemein lieb, dass ich seine Manuskripte kopieren wolle? – und warum vertrat ihm auch der Registrator Heerbrand den Weg, als er gerade nach Hause gehen wollte? – Nein, nein, es ist ein lieber Mann im Grunde genommen, der Hr. Geheime Archivarius Lindhorst, und liberal erstaunlich – nur kurios in absonderlichen Redensarten. – Allein was schadet das mir? – Morgen gehe ich hin Punkt zwölf Uhr, und setzten sich hundert bronzierte Äpfelweiber dagegen.«

VIERTE VIGILIE

Melancholie des Studenten Anselmus – Der smaragdene Spiegel – Wie der Archivarius Lindhorst als Stoßgeier davonflog und der Student Anselmus niemandem begegnete

Wohl darf ich geradezu dich selbst, günstiger Leser! fragen, ob du in deinem Leben nicht Stunden, ja Tage und Wochen hattest, in denen dir all dein gewöhnliches Tun und Treiben ein recht quälendes Missbehagen erregte, und in denen dir alles, was dir sonst recht wichtig und wert in Sinn und Gedanken zu tragen vorkam, nun läppisch und nichtswürdig erschien? Du wusstest dann selbst nicht, was du tun und wohin du dich wenden solltest; ein dunkles Gefühl, es müsse irgendwo und zu irgend einer Zeit ein hoher, den Kreis alles irdischen Genusses überschreitender Wunsch erfüllt werden, den der Geist, wie ein strenggehaltenes furchtsames Kind, gar nicht auszusprechen wage, erhob deine Brust, und in dieser Sehnsucht nach dem unbekannten Etwas, das dich überall, wo du gingst und standest, wie ein duftiger Traum mit durchsichtigen, vor dem schärferen Blick zerfließenden Gestalten, umschwebte, verstummtest du für alles, was dich hier umgab. Du schlichst mit trübem Blick umher wie ein hoffnungslos Liebender, und alles, was du die Menschen auf allerlei Weise im bunten Gewühl durcheinander treiben sahst, erregte dir keinen Schmerz und keine Freude, als gehörtest du nicht mehr dieser Welt an. Ist dir, günstiger Leser, jemals so zumute gewesen, so kennst du selbst aus eigner Erfahrung den Zustand, in dem sich der Student Anselmus befand. Überhaupt wünschte ich, es wäre mir schon jetzt gelungen, dir, geneigter Leser! den Studenten Anselmus recht lebhaft vor Augen zu bringen. Denn in der Tat, ich habe in den Nachtwachen, die ich dazu verwende, seine höchst sonderbare Geschichte aufzuschreiben, noch so viel Wunderliches, das wie eine spukhafte Erscheinung das alltägliche Leben ganz gewöhnlicher Menschen ins Blaue hinausrückte, zu erzählen, dass mir bange ist, du werdest am Ende weder an den Studenten Anselmus, noch an den Archivarius Lindhorst glauben, ja wohl gar einige ungerechte Zweifel gegen den Konrektor Paulmann und den Registratur Heerbrand hegen, unerachtet wenigstens die letztgenannten achtbaren Männer noch jetzt in Dresden umherwandeln. Versuche es, geneigter Leser! in dem feenhaften Reiche voll herrlicher Wunder, die die höchste Wonne sowie das tiefste Entsetzen in gewaltigen Schlägen hervorrufen, ja, wo die ernste Göttin ihren Schleier lüftet, dass wir ihr Antlitz zu schauen wähnen – aber ein Lächeln schimmert oft aus dem ernsten Blick, und das ist der neckhafte Scherz, der in allerlei verwirrendem Zauber mit uns spielt, so wie die Mutter oft mit ihren liebsten Kindern tändelt – ja! in diesem Reiche, das uns der Geist so oft, wenigstens im Traume aufschließt, versuche es, geneigter Leser! die bekannten Gestalten, wie sie täglich, wie man zu sagen pflegt im gemeinen Leben, um dich herwandeln, wieder zu erkennen. Du wirst dann glauben, dass dir jenes herrliche Reich viel näher liege, als du sonst wohl meintest, welches ich nun eben recht herzlich wünsche, und dir in der seltsamen Geschichte des Studenten Anselmus anzudeuten strebe. – Also, wie gesagt, der Student Anselmus geriet seit jenem Abende, als er den Archivarius Lindhorst gesehen, in ein träumerisches Hinbrüten, das ihn für jede äußere Berührung des gewöhnlichen Lebens unempfindlich machte. Er fühlte, wie ein unbekanntes Etwas in seinem Innersten sich regte und ihm jenen wonnevollen Schmerz verursachte, der eben die Sehnsucht ist, welche dem Menschen ein anderes höheres Sein verheißt. Am liebsten war es ihm, wenn er allein durch Wiesen und Wälder schweifen und wie losgelöst von allem, was ihn an sein dürftiges Leben fesselte, nur im Anschauen der mannigfachen Bilder, die aus seinem Innern stiegen, sich gleichsam selbst wieder finden konnte. So kam es denn, dass er einst, von einem weiten Spaziergange heimkehrend, bei jenem merkwürdigen Holunderbusch vorüberschritt, unter dem er damals, wie von Feerei befangen, so viel Seltsames sah; er fühlte sich wunderbarlich von dem grünen heimatlichen Rasenfleck angezogen, aber kaum hatte er sich daselbst niedergelassen, als alles, was er damals wie in einer himmlischen Verzückung geschaut, und das wie von einer fremden Gewalt aus seiner Seele verdrängt worden, ihm wieder in den lebhaftesten Farben vorschwebte, als sähe er es zum zweiten Mal. Ja, noch deutlicher als damals war es ihm, dass die holdseligen blauen Augen der goldgrünen Schlange angehörten, die in der Mitte des Holunderbaums sich emporwand, und dass in den Windungen des schlanken Leibes all die herrlichen Kristall-Glockentöne hervorblitzen mussten, die ihn mit Wonne und Entzücken erfüllten. So wie damals am Himmelfahrtstage, umfasste er den Holunderbaum und rief in die Zweige und Blätter hinein: »Ach, nur noch einmal schlängle und schlinge und winde dich, du holdes grünes Schlänglein, in den Zweigen, dass ich dich schauen mag. – Nur noch einmal blicke mich an mit deinen holdseligen Augen! Ach, ich liebe dich ja und muss in Trauer und Schmerz vergehen, wenn du nicht wiederkehrst!« Alles blieb jedoch stumm und still, und wie damals rauschte der Holunderbaum nur ganz unvernehmlich mit seinen Zweigen und Blättern. Aber dem Studenten Anselmus war es, als wisse er nun, was sich in seinem Innern so rege und bewege, ja was seine Brust so im Schmerz einer unendlichen Sehnsucht zerreiße. »Ist es denn etwas anderes«, sprach er, »als dass ich dich so ganz mit voller Seele bis zum Tode liebe, du herrliches goldenes Schlänglein, ja dass ich ohne dich nicht zu leben vermag und vergehen muss in hoffnungsloser Not, wenn ich dich nicht wiedersehe, dich nicht habe wie die Geliebte meines Herzens – aber ich weiß es, du wirst mein, und dann alles, was herrliche Träume aus einer andern höhern Welt mir verheißen, erfüllt sein.« – Nun ging der Student Anselmus jeden Abend, wenn die Sonne nur noch in die Spitzen der Bäume ihr funkelndes Gold streute, unter den Holunderbaum, und rief aus tiefer Brust mit ganz kläglichen Tönen in die Blätter und Zweige hinein nach der holden Geliebten, dem goldgrünen Schlänglein. Als er dieses wieder einmal nach gewöhnlicher Weise trieb, stand plötzlich ein langer hagerer Mann in einen weiten lichtgrauen Überrock gehüllt, vor ihm und rief, indem er ihn mit seinen großen feurigen Augen anblitzte: »Hei hei – was klagt und winselt denn da? – Hei hei, das ist ja Hr. Anselmus, der meine Manuskripte kopieren will.« Der Student Anselmus erschrak nicht wenig vor der gewaltigen Stimme, denn es war ja dieselbe, die damals am Himmelfahrtstage gerufen: »Hei hei! was ist das für ein Gemunkel und Geflüster etc.« Er konnte vor Staunen und Schreck kein Wort herausbringen. – »Nun was ist Ihnen denn, Hr. Anselmus«, fuhr der Archivarius Lindhorst fort (niemand anders war der Mann im weißgrauen Überrock), »was wollen Sie von dem Holunderbaum, und warum sind Sie denn nicht zu mir gekommen, um Ihre Arbeit anzufangen?« – Wirklich hatte der Student Anselmus es noch nicht über sich vermocht, den Archivarius Lindhorst wieder in seinem Hause aufzusuchen, unerachtet er sich jenen Abend ganz dazu ermutigt, in diesem Augenblick aber, als er seine schönen Träume und noch dazu durch dieselbe feindselige Stimme, die schon damals ihm die Geliebte geraubt, zerrissen sah, erfasste ihn eine Art Verzweiflung, und er brach ungestüm los: »Sie mögen mich nun für wahnsinnig halten oder nicht, Hr. Archivarius! das gilt mir ganz gleich, aber hier auf diesem Baume erblickte ich am Himmelfahrtstage die goldgrüne Schlange – ach! die ewig Geliebte meiner Seele, und sie sprach zu mir in herrlichen Kristalltönen, aber Sie – Sie! Herr Archivarius, schrien und riefen so erschrecklich übers Wasser her.« – »Wie das, mein Gönner!«, unterbrach ihn der Archivarius Lindhorst, indem er ganz sonderbar lächelnd eine Prise nahm. – Der Student Anselmus fühlte, wie seine Brust sich erleichterte, als es ihm nur gelungen, von jenem wunderbaren Abenteuer anzufangen, und es war ihm, als sei es schon ganz recht, dass er den Archivarius geradezu beschuldigt: *er* sei es gewesen, der so aus der Ferne gedonnert. Er nahm sich zusammen, sprechend: »Nun, so will ich denn alles erzählen, was mir an dem Himmelfahrtsabende Verhängnisvolles begegnet, und dann mögen Sie reden und tun und überhaupt denken über mich was Sie wollen.« – Er erzählte nun wirklich die ganze wunderliche Begebenheit von dem unglücklichen Tritt in den Äpfelkorb an, bis zum Entfliehen der drei goldgrünen Schlangen übers Wasser, und wie ihn nun die Menschen für betrunken oder wahnsinnig gehalten: »Das alles«, schloss der Student Anselmus, »habe ich wirklich gesehen, und tief in der Brust ertönen noch im hellen Nachklang die lieblichen Stimmen, die zu mir sprachen; es war keineswges ein Traum, und soll ich nicht vor Liebe und Sehnsucht sterben, so muss ich an die goldgrünen Schlangen glauben, unerachtet ich an Ihrem Lächeln, werter Herr Archivarius, wahrnehme, dass Sie eben diese Schlangen nur für ein Erzeugnis meiner erhitzten, überspannten Einbildungskraft halten.« – »Mit nichten«, erwiderte der Archivarius in der größten Ruhe und Gelassenheit, »die goldgrünen Schlangen, die Sie, Hr. Anselmus, in dem Holunderbusch gesehen, waren nun eben meine drei Töchter, und dass Sie sich in die blauen Augen der jüngsten, Serpentina genannt, gar sehr verliebt, das ist nun wohl klar. Ich wusste es übrigens schon am Himmelfahrtstage, und da mir zu Hause, am Arbeitstisch sitzend, des Gemunkels und Geklingels zu viel wurde, rief ich den losen Dirnen zu, dass es Zeit sei nach Hause zu eilen, denn die Sonne ging schon unter, und sie hatten sich genug mit Singen und Strahlentrinken erlustigt. « – Dem Studenten Anselmus war es, als würde ihm nur etwas mit deutlichen Worten gesagt, was er längst geahnet, und ob er gleich zu bemerken glaubte, dass sich Holunderbusch, Mauer und Rasenboden und alle Gegenstände rings umher leise zu drehen anfingen, so raffte er sich doch zusammen und wollte etwas reden, aber der Archivarius ließ ihn nicht zu Worte kommen, sondern zog schnell den Handschuh von der linken Hand herunter, und indem er den in wunderbaren Funken und Flammen blitzenden Stein eines Ringes dem Studenten vor die Augen hielt, sprach er: »Schauen Sie her, werter Hr. Anselmus, Sie können darüber, was Sie erblicken, eine Freude haben.« Der Student Anselmus schaute hin, und, o Wunder! der Stein warf wie aus einem brennenden Fokus Strahlen ringsherum, und die Strahlen verspannen sich zum hellen leuchtenden Kristallspiegel, in dem in mancherlei Windungen, bald einander fliehend, bald sich ineinander schlingend, die drei goldgrünen Schlänglein tanzten und hüpften. Und wenn die schlanken in tausend Funken blitzenden Leiber sich berührten, da erklangen herrliche Akkorde wie Kristallglocken, und die mittelste streckte wie voll Sehnsucht und Verlangen das Köpfchen zum Spiegel heraus, und die dunkelblauen Augen sprachen: »Kennst du mich denn – glaubst du denn an mich, Anselmus? – nur in dem Glauben ist die Liebe – kannst du denn lieben?« – »O Serpentina, Serpentina!«, schrie der Student Anselmus in wahnsinnigem Entzücken, aber der Archivarius Lindhorst hauchte schnell auf den Spiegel, da fuhren in elektrischem Geknister die Strahlen in den Fokus zurück, und an der Hand blitzte nur wieder ein kleiner Smaragd, über den der Archivarius den Handschuh zog. »Haben Sie die goldnen Schlänglein gesehen, Hr. Anselmus?«, fragte der Archivarius Lindhorst.

»Ach Gott, ja!«, erwiderte der Student, »und die holde liebliche Serpentina.« – »Still«, fuhr der Archivarius Lindhorst fort,
»genug für heute, übrigens können Sie ja, wenn Sie sich entschließen wollen bei mir zu arbeiten, meine Töchter oft genug sehen,
oder vielmehr, ich will Ihnen dies wahrhaftige Vergnügen verschaffen, wenn Sie sich bei der Arbeit recht brav halten, das heißt:
mit der größten Genauigkeit und Reinheit jedes Zeichen kopieren. Aber Sie kommen ja gar nicht zu mir, unerachtet mir der
Registratur Heerbrand versicherte, Sie würden sich nächstens
einfinden, und ich deshalb mehrere Tage vergebens gewartet.« –
Sowie der Archivarius Lindhorst den Namen Heerbrand nannte,
war es dem Studenten Anselmus erst wieder, als stehe er wirklich mit beiden Füßen auf der Erde und er wäre wirklich der Student Anselmus, und der vor ihm stehende Mann der Archivarius
Lindhorst. Der gleichgültige Ton, in dem dieser sprach, hatte
im grellen Kontrast mit den wunderbaren Erscheinungen, die er
wie ein wahrhafter Nekromant hervorrief, etwas Grauenhaftes,
das durch den stechenden Blick der funkelnden Augen, die aus
den knöchernen Höhlen des magern, runzlichten Gesichts wie
aus einem Gehäuse hervorstrahlten, noch erhöht wurde, und
den Studenten ergriff mit Macht dasselbe unheimliche Gefühl,
welches sich seiner schon auf dem Kaffeehause bemeisterte, als
der Archivarius so viel Abenteuerliches erzählte. Nur mit Mühe
fasste er sich, und als der Archivarius nochmals fragte: »Nun,
warum sind Sie denn nicht zu mir gekommen?« da erhielt er es
über sich, alles zu erzählen, was ihm an der Haustür begegnet.
»Lieber Hr. Anselmus«, sagte der Archivarius, als der Student
seine Erzählung geendet, »lieber Hr. Anselmus, ich kenne wohl
das Äpfelweib, von der Sie zu sprechen belieben; es ist eine fatale
Kreatur, die mir allerhand Possen spielt, und dass sie sich hat
bronzieren lassen, um als Türklopfer die mir angenehmen Besuche zu verscheuchen, das ist in der Tat sehr arg und nicht zu leiden. Wollten Sie doch, werter Hr. Anselmus, wenn Sie morgen
um zwölf Uhr zu mir kommen und wieder etwas von dem
Angrinsen und Anschnarren vermerken, ihr gefälligst was weniges von diesem Liquor auf die Nase tröpfeln, dann wird sich
sogleich alles geben. Und nun Adieu! lieber Hr. Anselmus, ich
gehe etwas rasch, deshalb will ich Ihnen nicht zumuten, mit mir
nach der Stadt zurückzukehren. – Adieu! auf Wiedersehen, morgen um zwölf Uhr.« – Der Archivarius hatte dem Studenten
Anselmus ein kleines Fläschchen mit einem goldgelben Liquor
gegeben, und nun schritt er rasch von dannen, so, dass er in der

tiefen Dämmerung, die unterdessen eingebrochen, mehr in das Tal hinabzuschweben als zu gehen schien. Schon war er in der Nähe des Koseischen Gartens, da setzte sich der Wind in den weiten Überrock und trieb die Schöße auseinander, dass sie wie ein Paar große Flügel in den Lüften flatterten, und es dem Studenten Anselmus, der verwunderungsvoll dem Archivarius nachsah, vorkam, als breite ein großer Vogel die Fittige aus zum raschen Fluge. – Wie der Student nun so in die Dämmerung hineinstarrte, da erhob sich mit krächzendem Geschrei ein weißgrauer Geier hoch in die Lüfte, und er merkte nun wohl, dass das weiße Geflatter, was er noch immer für den davonschreitenden Archivarius gehalten, schon eben der Geier gewesen sein müsse, unerachtet er nicht begreifen konnte, wo denn der Archivarius mit einem Mal hingeschwunden. »Er kann aber auch selbst in Person davongeflogen sein der Herr Archivarius Lindhorst«, sprach der Student Anselmus zu sich selbst, »denn ich sehe und fühle nun wohl, dass alle die fremden Gestalten aus einer fernen wundervollen Welt, die ich sonst nur in ganz besondern merkwürdigen Träumen schaute, jetzt in mein waches reges Leben geschritten sind und ihr Spiel mit mir treiben. – Dem sei aber wie ihm wolle! Du lebst und glühst in meiner Brust, holde, liebliche Serpentina, nur du kannst die unendliche Sehnsucht stillen, die mein Innerstes zerreißt. – Ach, wann werde ich in dein holdseliges Auge blicken – liebe, liebe Serpentina!« – – So rief der Student Anselmus ganz laut. – »Das ist ein schnöder unchristlicher Name«, murmelte eine Bassstimme neben ihm, die einem heimkehrenden Spaziergänger gehörte. Der Student Anselmus, zu rechter Zeit erinnert wo er war, eilte raschen Schrittes von dannen, indem er bei sich selbst dachte: Wäre es nicht ein rechtes Unglück, wenn mir jetzt der Konrektor Paulmann oder der Registrator Heerbrand begegnete? – Aber er begegnete keinem von beiden.

FÜNFTE VIGILIE

Die Frau Hofrätin Anselmus – Cicero de officiis – Meerkatzen und anderes Gesindel – Die alte Liese – Das Aequinoctium

»Mit dem Anselmus ist nun einmal in der Welt nichts anzufangen«, sagte der Konrektor Paulmann; »alle meine guten Lehren, alle meine Ermahnungen sind fruchtlos, er will sich ja zu gar nichts applizieren, unerachtet er die besten Schulstudia besitzt, die denn doch die Grundlage von allem sind.« Aber der Registrator Heerbrand erwiderte schlau und geheimnisvoll lächelnd: »Lassen Sie dem Anselmus doch nur Raum und Zeit, wertester Konrektor! das ist ein kurioses Subjekt, aber es steckt viel in ihm, und wenn ich sage: viel, so heißt das: ein geheimer Sekretär, oder wohl gar ein Hofrat.« – »Hof –« fing der Konrektor im größten Erstaunen an, das Wort blieb ihm stecken. – »Still, still«, fuhr der Registrator Heerbrand fort, »ich weiß, was ich weiß! – Schon seit zwei Tagen sitzt er bei dem Archivarius Lindhorst und kopiert, und der Archivarius sagte gestern Abend auf dem Kaffeehause zu mir: ›Sie haben mir einen wackern Mann empfohlen, Verehrter! – aus dem wird was‹, und nun bedenken Sie des Archivarii Konnexionen – still – still – sprechen wir uns übers Jahr!« – Mit diesen Worten ging der Registrator im fortwährenden schlauen Lächeln zur Tür hinaus und ließ den vor Erstaunen und Neugierde verstummten Konrektor im Stuhle festgebannt sitzen. Aber auf Veronika hatte das Gespräch einen ganz eignen Eindruck gemacht. Habe ich's denn nicht schon immer gewusst, dachte sie, dass der Herr Anselmus ein recht gescheiter, liebenswürdiger junger Mann ist, aus dem noch was Großes wird? Wenn ich nur wüsste, ob er mir wirklich gut ist? – Aber hat er mir nicht jenen Abend, als wir über die Elbe fuhren, zweimal die Hand gedrückt? hat er mich nicht im Duett angesehen mit solchen ganz sonderbaren Blicken, die bis ins Herz drangen? Ja, ja! er ist mir wirklich gut – und ich – Veronika überließ sich ganz, wie junge Mädchen wohl pflegen, den süßen Träumen von einer heitern Zukunft. Sie war Frau Hofrätin, bewohnte ein schönes Logis in der Schlossgasse, oder auf dem Neumarkt, oder auf der Moritzstraße – der moderne Hut, der neue türkische Shawl stand ihr vortrefflich – sie frühstückte im eleganten Neglige im Erker, der Köchin die nötigen Befehle für den Tag erteilend. »Aber dass Sie mir die Schüssel nicht verdirbt, es ist des Herrn Hofrats Leibessen!« – Vorübergehende Elegants schielen herauf, sie hört deutlich: »Es ist doch eine göttliche Frau, die Hofrätin, wie ihr das Spitzenhäubchen so allerliebst steht!« – Die geheime Rätin Ypsilon schickt den Bedienten und lässt fragen, ob es der Frau Hofrätin gefällig wäre, heute ins Linkische Bad zu fahren? – »Viel Empfehlungen, es täte mir unendlich leid, ich sei schon engagiert zum Tee bei der Präsidentin Tz.« – Da kommt der Hofrat Anselmus, der schon früh in Geschäften ausgegangen, zurück; er ist nach der letzten Mode gekleidet; »wahrhaftig schon zehn«, ruft er, indem er die goldene Uhr repetieren lässt und der jungen Frau einen Kuss gibt. »Wie geht's, liebes Weibchen, weißt du auch, was ich für dich habe?« fährt er schäkernd fort und zieht ein Paar herrliche nach der neuesten Art gefasste Ohrringe aus der Westentasche, die er ihr statt der sonst getragenen gewöhnlichen einhängt. »Ach, die schönen niedlichen Ohrringe«, ruft Veronika ganz laut, und springt, die Arbeit wegwerfend, vom Stuhl auf, um in dem Spiegel die Ohrringe wirklich zu beschauen. »Nun was soll denn das sein«, sagte der Konrektor Paulmann, der eben in Cicero de Officiis vertieft, beinahe das Buch fallen lassen, »man hat ja Anfälle wie der Anselmus.« Aber da trat der Student Anselmus, der wider seine Gewohnheit sich mehrere Tage nicht sehen lassen, ins Zimmer, zu Veronikas Schreck und Erstaunen, denn in der Tat war er in seinem ganzen Wesen verändert. Mit einer gewissen Bestimmtheit, die ihm sonst gar nicht eigen, sprach er von ganz andern Tendenzen seines Lebens, die ihm klar worden, von den herrlichen Aussichten, die sich ihm geöffnet, die mancher aber gar nicht zu schauen vermöchte. Der Konrektor Paulmann wurde, der geheimnisvollen Rede des Registrators Heerbrand gedenkend, noch mehr betroffen, und konnte kaum eine Silbe hervorbringen, als der Student Anselmus, nachdem er einige Worte von dringender Arbeit bei dem Archivarius Lindhorst fallen lassen und der Veronika mit eleganter Gewandtheit die Hand geküsst, schon die Treppe hinunter, auf und von dannen war. »Das war ja schon der Hofrat«, murmelte Veronika in sich hinein, »und er hat mir die Hand geküsst, ohne dabei auszugleiten oder mir auf den Fuß zu treten, wie sonst! – er hat mir einen recht zärtlichen Blick zugeworfen – er ist mir wohl in der Tat gut.« – Veronika überließ sich aufs neue jener Träumerei, indessen war es, als träte immer eine feindselige Gestalt unter die lieblichen Erscheinungen, wie sie aus dem künftigen häuslichen Leben als Frau Hofrätin hervorgingen, und die Gestalt lachte recht höhnisch und sprach: »Das ist ja alles recht dummes ordinäres Zeug und noch dazu erlogen, denn der Anselmus wird nimmermehr Hofrat und dein Mann; er hebt dich ja nicht, unerachtet du blaue Augen hast und einen schlanken Wuchs und eine feine Hand.« – Da goss sich ein Eisstrom durch Veronikas Innres, und ein tiefes Entsetzen vernichtete die Behaglichkeit, mit der sie sich nur noch erst im Spitzenhäubchen und den eleganten Ohrringen gesehen. – Die Tränen wären ihr beinahe aus den Augen gestürzt, und sie sprach laut: »Ach, es ist ja wahr, er liebt mich nicht, und ich werde nimmermehr Frau Hofrätin!« – »Romanenstreiche, Romanenstreiche«, schrie der Konrektor Paulmann, nahm Hut und Stock und eilte zornig von dannen! – »Das fehlte noch«, seufzte Veronika, und ärgerte sich recht über die zwölfjährige Schwester, welche teilnehmungslos an ihrem Rahmen sitzend fortgestickt hatte. Unterdessen war es beinahe drei Uhr geworden, und nun gerade Zeit das Zimmer aufzuräumen und den Kaffeetisch zu ordnen; denn die Mademoiselles Osters hatten sich bei der Freundin ansagen lassen. Aber hinter jedem Schränkchen, das Veronika wegrückte, hinter den Notenbüchern, die sie vom Klavier, hinter jeder Tasse, hinter der Kaffeekanne, die sie aus dem Schrank nahm, sprang jene Gestalt wie ein Alräunchen hervor und lachte höhnisch und schlug mit den kleinen Spinnenfingern Schnippchen und schrie: »Er wird doch nicht dein Mann, er wird doch nicht dein Mann!« Und dann, wenn sie alles stehn und liegen ließ und in die Mitte des Zimmers flüchtete, sah es mit langer Nase riesengroß hinter dem Ofen hervor und knurrte und schnurrte: »Er wird doch nicht dein Mann!« – »Hörst du denn nichts, siehst du denn nichts, Schwester?« rief Veronika, die vor Furcht und Zittern gar nichts mehr anrühren mochte. Fränzchen stand ganz ernsthaft und ruhig von ihrem Stickrahmen auf und sagte: »Was ist dir denn heute, Schwester? Du wirfst ja alles durcheinander, dass es klippert und klappert, ich muss dir nur helfen.« Aber da traten schon die muntern Mädchen in vollem Lachen herein, und in dem Augenblick wurde nun auch Veronika gewahr, dass sie den Ofenaufsatz für eine Gestalt und das Knarren der übel verschlossenen Ofentür für die feindseligen Worte gehalten hatte. Von einem innern Entsetzen gewaltsam ergriffen, konnte sie sich aber nicht so schnell erholen, dass die Freundinnen nicht ihre ungewöhnliche Spannung, die selbst ihre Blässe, ihr verstörtes Gesicht verriet, hätten bemerken sollen. Als sie schnell abbrechend von all dem Lustigen, das sie eben erzählen wollten, in die Freundin drangen, was ihr denn um des Himmelswillen widerfahren, musste Veronika eingestehen, wie sie sich ganz besondern Gedanken hingegeben, und plötzlich am hellen Tage von einer sonderbaren Gespensterfurcht, die ihr sonst gar nicht eigen, übermannt worden. Nun erzählte sie so lebhaft, wie aus allen Winkeln des Zimmers ein kleines graues Männchen sie geneckt und gehöhnt habe, dass die Mad. Osters sich schüchtern nach allen Seiten umsahen, und ihnen bald gar unheimlich und grausig zumute wurde. Da trat Fränzchen mit dem dampfenden Kaffee herein, und alle drei sich schnell besinnend, lachten über ihre eigne Albernheit. Angelika, so hieß die älteste Oster, war mit einem Offizier versprochen, der bei der Armee stand, und von dem die

Nachrichten so lange ausgeblieben, dass man an seinem Tode, oder wenigstens an seiner schweren Verwundung kaum zweifeln konnte. Dies hatte Angelika in die tiefste Betrübnis gestürzt, aber heute war sie fröhlich bis zur Ausgelassenheit, worüber Veronika sich nicht wenig wunderte und es ihr unverhohlen äußerte. »Liebes Mädchen«, sagte Angelika, »glaubst du denn nicht, dass ich meinen Viktor immerdar im Herzen, in Sinn und Gedanken trage? aber eben deshalb bin ich so heiter! – ach Gott – so glücklich, so selig in meinem ganzen Gemüte! denn mein Viktor ist wohl, und ich sehe ihn in weniger Zeit als Rittmeister, geschmückt mit den Ehrenzeichen, die ihm seine unbegrenzte Tapferkeit erwarben, wieder. Eine starke, aber durchaus nicht gefährliche Verwundung des rechten Arms, und zwar durch den Säbelhieb eines feindlichen Husaren, verhindert ihn zu schreiben, und der schnelle Wechsel seines Aufenthalts, da er durchaus sein Regiment nicht verlassen will, macht es auch noch immer unmöglich, mir Nachricht zu geben, aber heute Abend erhält er die bestimmte Weisung, sich erst ganz heilen zu lassen. Er reiset morgen ab um herzukommen, und indem er in den Wagen steigen will, erfährt er seine Ernennung zum Rittmeister.« – »Aber, liebe Angelika«, fiel Veronika ein, »das weißt du jetzt schon alles?« – »Lache mich nicht aus, liebe Freundin«, fuhr Angelika fort, »aber du wirst es nicht, denn könnte nicht dir zur Strafe gleich das kleine graue Männchen dorthinter dem Spiegel hervorgucken? – Genug, ich kann mich von dem Glauben an gewisse geheimnisvolle Dinge nicht losmachen, weil sie oft genug ganz sichtbarlich und handgreiflich, möcht ich sagen, in mein Leben getreten. Vorzüglich kommt es mir denn nun gar nicht einmal so wunderbar und unglaublich vor, als manchen andern, dass es Leute geben kann, denen eine gewisse Sehergabe eigen, die sie durch ihnen bekannte untrügliche Mittel in Bewegung zu setzen wissen. Es ist hier am Orte eine alte Frau, die diese Gabe ganz besonders besitzt. Nicht so, wie andere ihres Gelichters, prophezeit sie aus Karten, gegossenem Blei oder aus dem Kaffeesätze, sondern nach gewissen Vorbereitungen, an denen die fragende Person teilnimmt, erscheint in einem hellpolierten Metallspiegel ein wunderliches Gemisch von allerlei Figuren und Gestalten, welche die Alte deutet, und aus ihnen die Antwort auf die Frage schöpft. Ich war gestern Abend bei ihr und erhielt jene Nachrichten von meinem Viktor, an deren Wahrheit ich nicht einen Augenblick zweifle.« – Angelikas Erzählung warf einen Funken in Veronikas Gemüt, der schnell den Gedanken entzündete, die Alte über den Anselmus und über ihre

Hoffnungen zu befragen. Sie erfuhr, dass die Alte Frau Rauerin hieße, in einer entlegenen Straße vor dem Seetor wohne, durchaus nur dienstags, mittwochs und freitags von sieben Uhr abends, dann aber die ganze Nacht hindurch bis zum Sonnenaufgang zu treffen sei, und es gern sähe, wenn man allein komme. – Es war eben Mittwoch, und Veronika beschloss, unter dem Vorwande, die Osters nach Hause zu begleiten, die Alte aufzusuchen, welches sie denn auch in der Tat ausführte. Kaum hatte sie nämlich von den Freundinnen, die in der Neustadt wohnten, vor der Eibbrücke Abschied genommen, als sie geflügelten Schrittes vor das Seetor eilte, und sich bald in der beschriebenen abgelegenen engen Straße befand, an deren Ende sie das kleine rote Häuschen erblickte, in welchem die Frau Rauerin wohnen sollte. Sie konnte sich eines gewissen unheimlichen Gefühls, ja eines innern Erbebens nicht erwehren, als sie vor der Haustür stand. Endlich raffte sie sich, des innern Widerstrebens unerachtet, zusammen, und zog an der Klingel, worauf sich die Tür öffnete und sie durch den finstern Gang nach der Treppe tappte, die zum obern Stock führte, wie es Angelika beschrieben. »Wohnt hier nicht die Frau Rauerin?«, rief sie in den öden Hausflur hinein, als sich niemand zeigte; da erscholl statt der Antwort ein langes klares Miau, und ein großer schwarzer Kater schritt mit hochgekrümmtem Rücken, den Schweif in Wellenringeln hin und her drehend, gravitätisch vor ihr her bis an die Stubentür, die auf ein zweites Miau geöffnet wurde. »Ach, sieh da, Töchterchen, bist schon hier? komm herein – herein!« So rief die heraustretende Gestalt, deren Anblick Veronika an den Boden festbannte. Ein langes, hagres, in schwarze Lumpen gehülltes Weib! – indem sie sprach, wackelte das hervorragende spitze Kinn, verzog sich das zahnlose Maul, von der knöchernen Habichtsnase beschattet, zum grinsenden Lächeln, und leuchtende Katzenaugen flackerten Funken werfend durch die große Brille. Aus dem bunten um den Kopf gewickelten Tuche starrten schwarze borstige Haare hervor, aber zum Grässlichen erhoben das ekle Antlitz zwei große Brandflecke, die sich von der linken Backe über die Nase wegzogen. – Veronikas Atem stockte, und der Schrei, der der gepressten Brust Luft machen sollte, wurde zum tiefen Seufzer, als der Hexe Knochenhand sie ergriff und in das Zimmer hineinzog. Drinnen regte und bewegte sich alles, es war ein Sinne verwirrendes Quieken und Miauen und Gekrächze und Gepiepe durcheinander. Die Alte schlug mit der Faust auf den Tisch und schrie: »Still da, ihr Gesindel!« Und die Meerkatzen kletterten winselnd auf das hohe

Himmelbett, und die Meerschweinchen liefen unter den Ofen, und der Rabe flatterte auf den runden Spiegel; nur der schwarze Kater, als gingen ihn die Scheltworte nichts an, blieb ruhig auf dem großen Polsterstuhle sitzen, auf den er gleich nach dem Eintritt gesprungen. – Sowie es still wurde, ermutigte sich Veronika; es war ihr nicht so unheimlich als draußen auf dem Flur, ja selbst das Weib schien ihr nicht mehr so scheußlich. Jetzt erst blickte sie im Zimmer umher! – Allerhand hässliche ausgestopfte Tiere hingen von der Decke herab, unbekanntes seltsames Geräte lag durcheinander auf dem Boden und in dem Kamin brannte ein blaues sparsames Feuer, das nur dann und wann in gelben Funken emporknisterte; aber dann rauschte es von oben herab, und ekelhafte Fledermäuse wie mit verzerrten lachenden Menschengesichtern schwangen sich hin und her, und zuweilen leckte die Flamme herauf an der rußigen Mauer, und dann erklangen schneidende, heulende Jammertöne, dass Veronika von Angst und Grausen ergriffen wurde. »Mit Verlaub, Mamsellchen«, sagte die Alte schmunzelnd, erfasste einen großen Wedel und besprengte, nachdem sie ihn in einen kupfernen Kessel getaucht, den Kamin. Da erlosch das Feuer, und wie von dickem Rauch erfüllt, wurde es stockfinster in der Stube; aber bald trat die Alte, die in ein Kämmerchen gegangen, mit einem angezündeten Lichte wieder herein, und Veronika erblickte nichts mehr von den Tieren, von den Gerätschaften, es war eine gewöhnliche ärmlich ausstaffierte Stube. Die Alte trat ihr näher und sagte mit schnarrender Stimme: »Ich weiß wohl, was du bei mir willst, mein Töchterchen; was gilt es, du möchtest erfahren, ob du den Anselmus heiraten wirst, wenn er Hofrat worden.« – Veronika erstarrte vor Staunen und Schreck, aber die Alte fuhr fort: »Du hast mir ja schon alles gesagt zu Hause beim Papa, als die Kaffeekanne vor dir stand, *ich* war ja die Kaffeekanne, hast du mich denn nicht gekannt? Töchterchen, höre! Lass ab, lass ab von dem Anselmus, das ist ein garstiger Mensch, der hat meinen Söhnlein ins Gesicht getreten, meinen lieben Söhnlein, den Äpfelchen mit den roten Backen, die, wenn sie die Leute gekauft haben, ihnen wieder aus den Taschen in meinen Korb zurückrollen. Er hält's mit dem Alten, er hat mir vorgestern den verdammten Auripigment ins Gesicht gegossen, dass ich beinahe darüber erblindet, du kannst noch die Brandflecken sehen, Töchterchen! Lass ab von ihm, lass ab! – Er liebt dich nicht, denn er liebt die goldgrüne Schlange, er wird niemals Hofrat werden, weil er sich bei den Salamandern anstellen lassen, und er will die grüne Schlange heiraten, lass ab von ihm, lass ab!« – Veronika, die eigentlich ein festes standhaftes Gemüt hatte und mädchenhaften Schreck bald zu überwinden wusste, trat einen Schritt zurück, und sprach mit ernsthaftem gefassten Ton: »Alte! ich habe von Eurer Gabe in die Zukunft zu blicken gehört, und wollte darum, vielleicht zu neugierig und voreilig, von euch wissen, ob wohl Anselmus, den ich liebe und hoch schätze, jemals mein werden würde. Wollt Ihr mich daher, statt meinen Wunsch zu erfüllen, mit Eurem tollen unsinnigen Geschwätze necken, so tut Ihr unrecht, denn ich habe nur gewollt, was Ihr andern, wie ich weiß, gewährtet. Da Ihr, wie es scheint, meine innigsten Gedanken wisset, so wäre es euch vielleicht ein leichtes gewesen, mir manches zu enthüllen, was mich jetzt quält und ängstigt, aber nach Euern albernen Verleumdungen des guten Anselmus mag ich von euch weiter nichts erfahren. Gute Nacht!« – Veronika wollte davoneilen, da fiel die Alte weinend und jammernd auf die Knie nieder und rief, das Mädchen am Kleide festhaltend: »Veronikchen, kennst du denn die alte Liese nicht mehr, die dich so oft auf die Armen getragen und gepflegt und gehätschelt?« Veronika traute kaum ihren Augen; denn sie erkannte ihre, freilich nur durch hohes Alter und vorzüglich durch die Brandflecke entstellte ehemalige Wärterin, die vor mehreren Jahren aus des Konrektor Paulmanns Hause verschwand. Die Alte sah auch nun ganz anders aus, sie hatte statt des hässlichen bunt gefleckten Tuchs eine ehrbare Haube, und statt der schwarzen Lumpen eine großblumichte Jacke an, wie sie sonst wohl gekleidet gegangen. Sie stand vom Boden auf und fuhr, Veronika in ihre Arme nehmend, fort: »Es mag dir alles, was ich dir gesagt, wohl recht toll vorkommen, aber es ist leider dem so. Der Anselmus hat mir viel zu leide getan, doch wider seinen Willen; er ist dem Archivarius Lindhorst in die Hände gefallen, und der will ihn mit seiner Tochter verheiraten. Der Archivarius ist mein größter Feind, und ich könnte dir allerlei Dinge von ihm sagen, die würdest du aber nicht verstehen, oder dich doch sehr entsetzen. Er ist der weise Mann, aber ich bin die weise Frau – es mag darum sein! – Ich merke nun wohl, dass du den Anselmus recht lieb hast, und ich will dir mit allen Kräften beistehen, dass du recht glücklich werden und fein ins Ehebette kommen sollst, wie du es wünschest.« – »Aber sage Sie mir um des Himmels willen, Liese!« fiel Veronika ein – »Still, Kind – still!«, unterbrach sie die Alte, »ich weiß, was du sagen willst, ich bin das worden, was ich bin, weil ich es werden musste, ich konnte nicht anders. Nun also! – ich kenne das Mittel, das den Anselmus von der törichten Liebe zur grünen Schlange heilt und ihn als den liebenswürdigsten Hofrat in deine Arme führt; aber du musst helfen.« – »Sage es nur gerade heraus, Liese! ich will ja alles tun, denn ich liebe den Anselmus sehr!« lispelte Veronika kaum hörbar. – »Ich kenne dich«, fuhr die Alte fort, »als ein beherztes Kind, vergebens habe ich dich mit dem Wauwau zum Schlaf treiben wollen, denn gerade alsdann öffnetest du die Augen, um den Wauwau zu sehen; du gingst ohne Licht in die hinterste Stube und erschrecktest oft in des Vaters Pudermantel des Nachbars Kinder. Nun also! – ists dir Ernst, durch meine Kunst den Archivarius Lindhorst und die grüne Schlange zu überwinden, ists dir Ernst, den Anselmus als Hofrat deinen Mann zu nennen, so schleiche dich in der künftigen Tag- und Nachtgleiche nachts um eilf Uhr aus des Vaters Hause und komme zu mir; ich werde dann mit dir auf den Kreuzweg gehen, der unfern das Feld durchschneidet, wir bereiten das Nötige, und alles Wunderliche, was du vielleicht erblicken wirst, soll dich nicht anfechten. Und nun Töchterchen, gute Nacht, der Papa wartet schon mit der Suppe.« – Veronika eilte von dannen, fest stand bei ihr der Entschluss, die Nacht des Äquinoktiums nicht zu versäumen, denn, dachte sie, die Liese hat Recht, der Anselmus ist verstrickt in wunderliche Bande, aber ich erlöse ihn daraus und nenne ihn mein immerdar und ewiglich, mein ist und bleibt er, der Hofrat Anselmus.

SECHSTE VIGILIE

Der Garten des Archivarius Lindhorst nebst einigen Spottvögeln – Der goldne Topf – Die englische Kursivschrift – Schnöde Hahnenfüße – Der Geisterfürst

»Es kann aber auch sein«, sprach der Student Anselmus zu sich selbst, »dass der superfeine starke Magenlikör, den ich bei dem Monsieur Conradi etwas begierig genossen, alle die tollen Fantasmata geschaffen, die mich vor der Haustür des Archivarius Lindhorst ängsteten. Deshalb bleibe ich heute ganz nüchtern, und will nun wohl allem weitern Ungemach, das mir begegnen könnte, Trotz bieten.« – So wie damals, als er sich zum ersten Besuch bei dem Archivarius Lindhorst rüstete, steckte er seine Federzeichnungen und kalligrafischen Kunstwerke, seine Tuschstangen, seine wohlgespitzten Rabenfedern ein, und schon wollte er zur Tür hinausschreiten, als ihm das Fläschchen mit dem gelben

Liquor in die Augen fiel, das er von dem Archivarius Lindhorst erhalten. Da gingen ihm wieder all die seltsamen Abenteuer, welche er erlebt, mit glühenden Farben durch den Sinn, und ein namenloses Gefühl von Wonne und Schmerz durchschnitt seine Brust. Unwillkürlich rief er mit recht kläglicher Stimme aus: »Ach, gehe ich denn nicht zum Archivarius, nur um dich zu sehen, du holde liebliche Serpentina?« – Es war ihm in dem Augenblick so, als könne Serpentinas Liebe der Preis einer mühevollen gefährlichen Arbeit sein, die er unternehmen müsste, und diese Arbeit sei keine andere, als das Kopieren der Lindhorstischen Manuskripte. – Dass ihm schon bei dem Eintritt ins Haus, oder vielmehr noch vor demselben allerlei Wunderliches begegnen könne, wie neulich, davon war er überzeugt. Er dachte nicht mehr an Conradis Magenwasser, sondern steckte schnell den Liquor in die Westentasche, um ganz nach des Archivarius Vorschrift zu verfahren, wenn das bronzierte Äpfelweib sich unterstehen sollte, ihn anzugrinsen. – Erhob sich denn nicht auch wirklich gleich die spitze Nase, funkelten nicht die Katzenaugen aus dem Türdrücker, als er ihn auf den Schlag zwölf Uhr ergreifen wollte?

Da spritzte er, ohne sich weiter zu bedenken, den Liquor in das fatale Gesicht hinein, und es glättete und plättete sich augenblicklich aus zum glänzenden kugelrunden Türklopfer. – Die Tür ging auf, die Glocken läuteten gar lieblich durch das ganze Haus: klingling – Jüngling – flink – flink – spring – spring – klingling. – Er stieg getrost die schöne breite Treppe hinauf und weidete sich an dem Duft des seltenen Räucherwerks, der durch das Haus floss. Ungewiss blieb er auf dem Flur stehen, denn er wusste nicht, an welche der vielen schönen Türen er wohl pochen sollte; da trat der Archivarius Lindhorst in einem weiten damastnen Schlafrock heraus und rief: »Nun, es freut mich, Hr. Anselmus, dass Sie endlich Wort halten, kommen Sie mir nur nach, denn ich muss Sie ja doch wohl gleich ins Laboratorium führen.« Damit schritt er schnell den langen Flur hinauf und öffnete eine kleine Seitentür, die in einen Korridor führte. Anselmus schritt getrost hinter dem Archivarius her; sie kamen aus dem Korridor in einen Saal oder vielmehr in ein herrliches Gewächshaus, denn von beiden Seiten bis an die Decke hinauf standen allerlei seltene wunderbare Blumen, ja große Bäume mit sonderbar gestalteten Blättern und Blüten. Ein magisches blendendes Licht verbreitete sich überall, ohne dass man bemerken konnte, wo es herkam, da durchaus kein Fenster zu sehen war. Sowie der Student Anselmus in die

Büsche und Bäume hineinblickte, schienen lange Gänge sich in weiter Ferne auszudehnen. – Im tiefen Dunkel dicker Zypressenstauden schimmerten Marmorbecken, aus denen sich wunderliche Figuren erhoben, Kristallenstrahlen hervorspritzend, die plätschernd niederfielen in leuchtende Lilienkelche; seltsame Stimmen rauschten und säuselten durch den Wald der wunderbaren Gewächse, und herrliche Düfte strömten auf und nieder. Der Archivarius war verschwunden, und Anselmus erblickte nur einen riesenhaften Busch glühender Feuerlilien vor sich. Von dem Anblick, von den süßen Düften des Feengartens berauscht, blieb Anselmus festgezaubert stehen. Da fing es überall an zu kickern und zu lachen, und feine Stimmchen neckten und höhnten: »Hr. Studiosus, Hr. Studiosus! wo kommen Sie denn her? warum haben Sie sich denn so schön geputzt, Hr. Anselmus? – Wollen Sie eins mit uns plappern, wie die Großmutter das Ei mit dem Steiß zerdrückte, und der Junker einen Klecks auf die Sonntagsweste bekam? Können Sie die neue Arie schon auswendig, die Sie vom Papa Starmatz gelernt, Herr Anselmus? – Sie sehen recht possierlich aus in der gläsernen Perücke und den postpapiernen Stülpstiefeln!« – So rief und kickerte und neckte es aus allen Winkeln hervor – ja dicht neben dem Studenten, der nun erst wahrnahm, wie allerlei bunte Vögel ihn umflatterten und ihn so in vollem Gelächter aushöhnten. – In dem Augenblick schritt der Feuerlilienbusch auf ihn zu, und er sah, dass es der Archivarius Lindhorst war, dessen blumichter in Gelb und Rot glänzender Schlafrock ihn nur getäuscht hatte. »Verzeihen Sie, werter Herr Anselmus«, sagte der Archivarius, »dass ich Sie stehen ließ, aber vorübergehend sah ich nur nach meinem schönen *Cactus,* der diese Nacht seine Blüten aufschließen wird – aber wie gefällt Ihnen denn mein kleiner Hausgarten?« – »Ach Gott, über alle Maßen schön ist es hier, geschätztester Herr Archivarius«, erwiderte der Student, »aber die bunten Vögel mokieren sich über meine Wenigkeit gar sehr!« – »Was ist denn das für ein Gewäsche?«, rief der Archivarius zornig in die Büsche hinein. Da flatterte ein großer grauer Papagei hervor, und sich neben dem Archivarius auf einen Myrtenast setzend und ihn ungemein ernsthaft und gravitätisch durch eine Brille, die auf dem krummen Schnabel saß, anblickend, schnarrte er: »Nehmen Sie es nicht übel, Hr. Archivarius, meine mutwilligen Buben sind einmal wieder recht ausgelassen, aber der Hr. Studiosus sind selbst daran schuld, denn« – »Still da, still da!« unterbrach der Archivarius den Alten, »ich kenne die Schelme, aber Er sollte sie besser in Zucht halten, mein Freund! – gehen wir weiter, Hr. Anselmus!« – Noch durch manches fremdartig aufgeputzte Gemach schritt der Archivarius, so, dass der Student ihm kaum folgen und einen Blick auf all die glänzenden sonderbar geformten Mobilien und andere unbekannte Sachen werfen konnte, womit alles überfüllt war. Endlich traten sie in ein großes Gemach, in dem der Archivarius, den Blick in die Höhe gerichtet, stehen blieb, und Anselmus Zeit gewann, sich an dem herrlichen Anblick, den der einfache Schmuck dieses Saals gewährte, zu weiden. Aus den azurblauen Wänden traten die goldbronzenen Stämme hoher Palmbäume hervor, welche ihre kolossalen, wie funkelnde Smaragden glänzenden Blätter oben zur Decke wölbten; in der Mitte des Zimmers ruhte auf drei aus dunkler Bronze gegossenen ägyptischen Löwen eine Porphyrplatte, auf welcher ein einfacher goldener Topf stand, von dem, als er ihn erblickte, Anselmus nun gar nicht mehr die Augen wegwenden konnte. Es war als spielten in tausend schimmernden Reflexen allerlei Gestalten auf dem strahlend polierten Golde – manchmal sah er sich selbst mit sehnsüchtig ausgebreiteten Armen – ach! neben dem Holunderbusch – Serpentina schlängelte sich auf und nieder ihn anblickend mit den holdseligen Augen. Anselmus war außer sich vor wahnsinnigem Entzücken. »Serpentina! – Serpentina!«, schrie er laut auf, da wandte sich der Archivarius Lindhorst schnell um und sprach: »Was meinen Sie, werter Hr. Anselmus? – Ich glaube, Sie beliebten meine Tochter zu rufen, die ist aber ganz auf der andern Seite meines Hauses in ihrem Zimmer, und hat soeben Klavierstunde, kommen Sie nur weiter.« Anselmus folgte beinahe besinnungslos dem davonschreitenden Archivarius, er sah und hörte nichts mehr, bis ihn der Archivarius heftig bei der Hand ergriff und sprach: »Nun sind wir an Ort und Stelle!« Anselmus erwachte wie aus einem Traum, und bemerkte nun, dass er sich in einem hohen rings mit Bücherschränken umstellten Zimmer befand, welches sich in keiner Art von gewöhnlichen Bibliothek- und Studierzimmern unterschied. In der Mitte stand ein großer Arbeitstisch und ein gepolsterter Lehnstuhl vor demselben. »Dieses«, sagte der Archivarius Lindhorst, »ist vorderhand Ihr Arbeitszimmer, ob Sie künftig auch in dem andern blauen Bibliotheksaal, in dem Sie so plötzlich meiner Tochter Namen riefen, arbeiten werden, weiß ich noch nicht; – aber nun wünschte ich mich erst von Ihrer Fähigkeit, die Ihnen zugedachte Arbeit wirklich meinem Wunsch und Bedürfnis gemäß auszuführen, zu überzeugen.« Der Student Anselmus ermutigte sich nun ganz und gar, und zog nicht ohne innere Selbstzufriedenheit und in der Überzeugung, den Archivarius durch sein ungewöhnliches Talent höchlich zu erfreuen, seine Zeichnungen und Schreibereien aus der Tasche. Der Archivarius hatte kaum das erste Blatt, eine Handschrift in der elegantesten englischen Schreibmanier, erblickt, als er recht sonderbar lächelte und mit dem Kopfe schüttelte. Das wiederholte er bei jedem folgenden Blatte, sodass dem Studenten Anselmus das Blut in den Kopf stieg, und er, als das Lächeln zuletzt recht höhnisch und verächtlich wurde, in vollem Unmute losbrach: »Der Hr. Archivarius scheinen mit meinen geringen Talenten nicht ganz zufrieden?« – »Lieber Hr. Anselmus«, sagte der Archivarius Lindhorst, »Sie haben für die Kunst des Schönschreibens wirklich treffliche Anlagen, aber vorderhand, sehe ich wohl, muss ich mehr auf Ihren Fleiß, auf Ihren guten Willen rechnen, als auf Ihre Fertigkeit. Es mag auch wohl an den schlechten Materialien liegen, die Sie verwandt.« – Der Student Anselmus sprach viel von seiner sonst anerkannten Kunstfertigkeit, von chinesischer Tusche und ganz auserlesenen Rabenfedern. Da reichte ihm der Archivarius Lindhorst das englische Blatt hin und sprach: »Urteilen Sie selbst!« – Anselmus wurde wie vom Blitz getroffen, als ihm seine Handschrift so höchst miserabel vorkam. Da war keine Rundе in den Zügen, kein Druck richtig, kein Verhältnis der großen und kleinen Buchstaben, ja! schülermäßige schnöde Hahnenfüße verdarben oft die sonst ziemlich geratene Zeile. »Und dann«, fuhr der Archivarius Lindhorst fort, »ist Ihre Tusche auch nicht haltbar.« Er tunkte den Finger in ein mit Wasser gefülltes Glas, und indem er nur leicht auf die Buchstaben tupfte, war alles spurlos verschwunden. Dem Studenten Anselmus war es, als schnüre ein Ungetüm ihm die Kehle zusammen – er konnte kein Wort herausbringen. So stand er da, das unglückliche Blatt in der Hand, aber der Archivarius Lindhorst lachte laut auf und sagte: »Lassen Sie sich das nicht anfechten, wertester Hr. Anselmus; was Sie bisher nicht vollbringen konnten, wird hier bei mir vielleicht besser sich fügen; ohnedies finden Sie ein besseres Material, als Ihnen sonst wohl zu Gebote stand! – Fangen Sie nur getrost an!« – Der Archivarius Lindhorst holte erst eine flüssige schwarze Masse, die einen ganz eigentümlichen Geruch verbreitete, sonderbar gefärbte scharf zugespitzte Federn und ein Blatt von besonderer Weiße und Glätte, dann aber ein arabisches Manuskript aus einem verschlossenen Schranke herbei, und sowie Anselmus sich zur Arbeit gesetzt, verließ er das Zimmer. Der Student Anselmus hatte schon öfters arabische Schrift kopiert, die erste Aufgabe schien ihm daher nicht so schwer zu lösen. »Wie die Hahnenfüße in meine schöne englische Kursivschrift gekommen, mag Gott und der Archivarius Lindhorst wissen«, sprach er, »aber dass sie nicht von *meiner* Hand sind, darauf will ich sterben.« – Mit jedem Worte, das nun wohlgelungen auf dem Pergamente stand, wuchs sein Mut und mit ihm seine Geschicklichkeit. In der Tat schrieb es sich mit den Federn auch ganz herrlich, und die geheimnisvolle Tinte floss rabenschwarz und gefügig auf das blendend weiße Pergament. Als er nun so emsig und mit angestrengter Aufmerksamkeit arbeitete, wurde es ihm immer heimlicher in dem einsamen Zimmer, und er hatte sich schon ganz in das Geschäft, welches er glücklich zu vollenden hoffte, geschickt, als auf den Schlag drei Uhr ihn der Archivarius in das Nebenzimmer zu dem wohlbereiteten Mittagsmahl rief. Bei Tische war der Archivarius Lindhorst bei ganz besonderer heiterer Laune; er erkundigte sich nach des Studenten Anselmus Freunden, dem Konrektor Paulmann und dem Registrator Heerbrand, und wusste vorzüglich von dem letztern recht viel Ergötzliches zu erzählen. Der gute alte Rheinwein schmeckte dem Anselmus gar sehr und machte ihn gesprächiger, als er wohl sonst zu sein pflegte. Auf den Schlag vier Uhr stand er auf, um an seine Arbeit zu gehen, und diese Pünktlichkeit schien dem Archivarius Lindhorst wohl zu gefallen. War ihm schon vor dem Essen das Kopieren der arabischen Zeichen geglückt, so ging die Arbeit jetzt noch viel besser vonstatten, ja er konnte selbst die Schnelle und Leichtigkeit nicht begreifen, womit er die krausen Züge der fremden Schrift nachzumalen vermochte. – Aber es war, als flüstre aus dem innersten Gemüte eine Stimme in vernehmlichen Worten: »Ach! könntest du denn das vollbringen, wenn du *sie* nicht in Sinn und Gedanken trügest, wenn du nicht an *sie,* an ihre Liebe glaubtest?« – Da wehte es wie in leisen, leisen, lispelnden Kristallklängen durch das Zimmer: »Ich bin dir nahe – nahe – nahe! – ich helfe dir – sei mutig – sei standhaft, lieber Anselmus! – ich mühe mich mit dir, damit du mein werdest!« Und sowie er voll innern Entzückens die Töne vernahm, wurden ihm immer verständlicher die unbekannten Zeichen – er durfte kaum mehr hineinblicken in das Original – ja es war, als stünden schon wie in blasser Schrift die Zeichen auf dem Pergament, und er dürfe sie nur mit geübter Hand schwarz überziehen. So arbeitete er fort von lieblichen tröstenden Klängen, wie vom süßen zarten Hauch umflossen, bis die Glocke sechs Uhr schlug und der Archivarius Lindhorst in das Zimmer trat. Er ging sonderbar lächelnd an den

Tisch, Anselmus stand schweigend auf, der Archivarius sah ihn noch immer so wie in höhnendem Spott lächelnd an, kaum hatte er aber in die Abschrift gebückt, als das Lächeln in dem tiefen feierlichen Ernst unterging, zu dem sich alle Muskeln des Gesichts verzogen. – Bald schien er nicht mehr derselbe. Die Augen, welche sonst funkelndes Feuer strahlten, blickten jetzt mit unbeschreiblicher Milde den Anselmus an, eine sanfte Röte färbte die bleichen Wangen, und statt der Ironie, die sonst den Mund zusammenpresste, schienen die weichgeformten anmutigen Lippen sich zu öffnen zur weisheitvollen ins Gemüt dringenden Rede. – Die ganze Gestalt war höher, würdevoller; der weite Schlafrock legte sich wie ein Königsmantel in breiten Falten um Brust und Schultern, und durch die weißen Löckchen, welche an der hohen offenen Stirn lagen, schlang sich ein schmaler goldner Reif. »Junger Mensch«, fing der Archivarius an im feierlichen Ton, »junger Mensch, ich habe, noch ehe du es atmetest, all die geheimen Beziehungen erkannt, die dich an mein Liebstes, Heiligstes fesseln! – Serpentina hebt dich, und ein seltsames Geschick, dessen verhängnisvollen Faden feindliche Mächte spannen, ist erfüllt, wenn sie dein wird, und wenn du als notwendige Mitgift den goldnen Topf erhältst, der ihr Eigentum ist. Aber nur dem Kampfe entsprießt dein Glück im höheren Leben. Feindliche Prinzipe fallen dich an, und nur die innere Kraft, mit der du den Anfechtungen widerstehst, kann dich retten von Schmach und Verderben. Indem du hier arbeitest, überstehst du deine Lehrzeit; Glauben und Erkenntnis führen dich zum nahen Ziele, wenn du festhältst an dem, was du beginnen musstest. Trage *sie* recht getreulich im Gemüte, *sie,* die dich liebt, und du wirst die herrlichen Wunder des goldnen Topfs schauen und glücklich sein immerdar. – Gehab dich wohl! der Archivarius Lindhorst erwartet dich morgen um zwölf Uhr in deinem Kabinett! – Gehab dich wohl!« – Der Archivarius schob den Studenten Anselmus sanft zur Tür hinaus, die er dann verschloss, und er befand sich in dem Zimmer, in welchem er gespeiset, dessen einzige Tür auf den Flur führte. Ganz betäubt von den wunderbaren Erscheinungen blieb er vor der Haustür stehen, da wurde über ihm ein Fenster geöffnet, er schaute hinauf, es war der Archivarius Lindhorst; ganz der Alte im weißgrauen Rocke, wie er ihn sonst gesehen. – Er rief ihm zu: »Ei, werter Hr. Anselmus, worüber sinnen Sie denn so, was gilt's, das Arabische geht Ihnen nicht aus dem Kopf? Grüßen Sie doch den Herrn Konrektor Paulmann, wenn Sie etwa zu ihm gehen, und kommen Sie morgen Punkt zwölf Uhr wieder.

Das Honorar für heute steckt bereits in Ihrer rechten Westentasche.« – Der Student Anselmus fand wirklich den blanken Speziestaler in der bezeichneten Tasche, aber er freute sich gar nicht darüber. – »Was aus dem allen werden wird, weiß ich nicht«, sprach
er zu sich selbst – »umfängt mich aber auch nur ein toller Wahn
und Spuk, so lebt und webt doch in meinem Innern die liebliche
Serpentina, und ich will, ehe ich von ihr lasse, lieber untergehen
ganz und gar, denn ich weiß doch, dass der Gedanke in mir ewig
ist, und kein feindliches Prinzip kann ihn vernichten; aber ist der
Gedanke denn was anders, als Serpentinas Liebe?«

SIEBENTE VIGILIE

Wie der Konrektor Paulmann die Pfeife ausklopfte und zu Bett
ging – Rembrandt und Höllenbreughel – Der Zauberspiegel und des
Doktors Eckstein Rezept gegen eine unbekannte Krankheit

Endlich klopfte der Konrektor Paulmann die Pfeife aus, sprechend: »Nun ist es doch wohl Zeit, sich zur Ruhe zu begeben.« –
»Jawohl«, erwiderte die durch des Vaters längeres Aufbleiben
beängstete Veronika: denn es schlug längst zehn Uhr. Kaum war
nun der Konrektor in sein Studier- und Schlafzimmer gegangen,
kaum hatten Fränzchens schwerere Atemzüge kund getan, dass
sie wirklich fest eingeschlafen, als Veronika, die sich zum Schein
auch ins Bett gelegt, leise, leise wieder aufstand, sich anzog, den
Mantel umwarf und zum Hause hinausschlüpfte. – Seit dem
Augenblick, als Veronika die alte Liese verlassen, stand ihr unaufhörlich der Anselmus vor Augen, und sie wusste selbst nicht,
welch eine fremde Stimme im Innern ihr immer und ewig wiederholte, dass sein Widerstreben von einer ihr feindlichen Person
herrühre, die ihn in Banden halte, welche Veronika durch geheimnisvolle Mittel der magischen Kunst zerreißen könne. Ihr Vertrauen auf die alte Liese wuchs mit jedem Tage, und selbst der
Eindruck des Unheimlichen, Grausigen stumpfte sich ab, sodass alles Wunderliche, Seltsame ihres Verhältnisses mit der Alten
ihr nur im Schimmer des Ungewöhnlichen, Romanhaften erschien, wovon sie eben recht angezogen wurde. Deshalb stand
auch der Vorsatz bei ihr fest, selbst mit Gefahr vermisst zu werden
und in tausend Unannehmlichkeiten zu geraten, das Abenteuer
der Tag- und Nachtgleiche zu bestehen. Endlich war nun die verhängnisvolle Nacht des Äquinoktiums, in der ihr die alte Liese

Hülfe und Trost verheißen, eingetreten, und Veronika, mit dem Gedanken der nächtlichen Wanderung längst vertraut geworden, fühlte sich ganz ermutigt. Pfeilschnell flog sie durch die einsamen Straßen, des Sturms nicht achtend, der durch die Lüfte brauste und ihr die dicken Regentropfen ins Gesicht warf. – Mit dumpfem dröhnenden Klange schlug die Glocke des Kreuzturms eilf Uhr, als Veronika ganz durchnässt vor dem Hause der Alten stand. »Ei Liebchen, Liebchen, schon da! – nun warte, warte!«, rief es von oben herab – und gleich darauf stand auch die Alte, mit einem Korbe beladen und von ihrem Kater begleitet, vor der Tür. »So wollen wir denn gehen und tun und treiben, was ziemlich ist und gedeiht in der Nacht, die dem Werke günstig«, dies sprechend, ergriff die Alte mit kalter Hand die zitternde Veronika, welcher sie den schweren Korb zu tragen gab, während sie selbst einen Kessel, Dreifuß und Spaten auspackte. Als sie ins Freie kamen, regnete es nicht mehr, aber der Sturm war stärker geworden; tausendstimmig heulte es in den Lüften. Ein entsetzlicher herz-zerschneidender Jammer tönte herab aus den schwarzen Wolken, die sich in schneller Flucht zusammenballten und alles einhüllten in dicke Finsternis. Aber die Alte schritt rasch fort, mit gellender Stimme rufend: »Leuchte – leuchte mein Junge!« Da schlängelten und kreuzten sich blaue Blitze vor ihnen her, und Veronika wurde inne, dass der Kater knisternde Funken sprühend und leuchtend vor ihnen herumsprang, und dessen ängstliches grausiges Zeter-geschrei sie vernahm, wenn der Sturm nur einen Augenblick schwieg. – Ihr wollte der Atem vergehen, es war als griffen eis-kalte Krallen in ihr Inneres, aber gewaltsam raffte sie sich zusam-men, und sich fester an die Alte klammernd sprach sie: »Nun muss alles vollbracht werden, und es mag geschehen, was da will!« – »Recht so, mein Töchterchen!«, erwiderte die Alte, »bleibe fein standhaft, und ich schenke dir was Schönes und den Anselmus obendrein!« Endlich stand die Alte still, und sprach: »Nun sind wir an Ort und Stelle!« Sie grub ein Loch in die Erde, schüttete Kohlen hinein und stellte den Dreifuß darüber, auf den sie den Kessel setzte. Alles dieses begleitete sie mit seltsa-men Gebärden, während der Kater sie umkreiste. Aus seinem Schweif sprühten Funken, die einen Feuerreif bildeten. Bald fin-gen die Kohlen an zu glühen, und endlich schlugen blaue Flam-men unter dem Dreifuß hervor. Veronika musste Mantel und Schleier ablegen und sich bei der Alten niederkauern, die ihre Hände ergriff und fest drückte, mit den funkelnden Augen das Mädchen anstarrend. Nun fingen die sonderbaren Massen –

waren es Blumen – Metalle – Kräuter – Tiere, man konnte es nicht unterscheiden – die die Alte aus dem Korbe genommen und in den Kessel geworfen, an zu sieden und zu brausen. Die Alte ließ Veronika los, sie ergriff einen eisernen Löffel, mit dem sie in die glühende Masse hineinfuhr und darin rührte, während Veronika auf ihr Geheiß festen Blickes in den Kessel hineinschauen und ihre Gedanken auf den Anselmus richten musste. Nun warf die Alte aufs neue blinkende Metalle und auch eine Haarlocke, die sich Veronika vom Kopfwirbel geschnitten, sowie einen kleinen Ring, den sie lange getragen, in den Kessel, indem sie unverständliche, durch die Nacht grausig gellende Töne ausstieß, und der Kater im unaufhörlichen Rennen winselte und ächzte. – Ich wollte, dass du, günstiger Leser! am dreiundzwanzigsten September auf der Reise nach Dresden begriffen gewesen wärest; vergebens suchte man, als der späte Abend hereinbrach, dich auf der letzten Station aufzuhalten; der freundliche Wirt stellte dir vor, es stürme und regne doch gar zu sehr, und überhaupt sei es auch nicht geheuer in der Äquinoktialnacht so ins Dunkle hineinzufahren, aber du achtetest dessen nicht, indem du ganz richtig annahmst: ich zahle dem Postillion einen ganzen Taler Trinkgeld und bin spätestens um ein Uhr in Dresden, wo mich im Goldnen Engel oder im Helm oder in der Stadt Naumburg ein gut zugerichtetes Abendessen und ein weiches Bett erwartet. Wie du nun so in der Finsternis daherfährst, siehst du plötzlich in der Ferne ein ganz seltsames flackerndes Leuchten. Näher gekommen erblickst du einen Feuerreif, in dessen Mitte bei einem Kessel, aus dem dicker Qualm und blitzende rote Strahlen und Funken emporschießen, zwei Gestalten sitzen. Gerade durch das Feuer geht der Weg, aber die Pferde prusten und stampfen und bäumen sich – der Postillion flucht und betet – und peitscht auf die Pferde hinein – sie gehen nicht von der Stelle. – Unwillkürlich springst du aus dem Wagen und rennst einige Schritte vorwärts. Nun siehst du deutlich das schlanke holde Mädchen, die im weißen dünnen Nachtgewande bei dem Kessel kniet. Der Sturm hat die Flechten aufgelöst und das lange kastanienbraune Haar flattert frei in den Lüften. Ganz im blendenden Feuer der unter dem Dreifuß emporflackernden Flammen steht das engelschöne Gesicht, aber in dem Entsetzen, das seinen Eisstrom darüber goss, ist es erstarrt zur Totenbleiche, und in dem stieren Blick, in den hinaufgezogenen Augenbrauen, in dem Munde, der sich vergebens dem Schrei der Todesangst öffnet, welcher sich nicht entwinden kann der von namenloser Folter gepressten Brust, siehst du ihr Grausen, ihr Entsetzen; die kleinen Händchen hält sie krampfhaft zusammengefaltet in die Höhe, als riefe sie betend die Schutzengel herbei, sie zu schirmen vor den Ungetümen der Hölle, die dem mächtigen Zauber gehorchend nun gleich erscheinen werden! – So kniet sie da unbeweglich wie ein Marmorbild. Ihr gegenüber sitzt auf dem Boden niedergekauert ein langes, hageres, kupfergelbes Weib mit spitzer Habichtsnase und funkelnden Katzenaugen; aus dem schwarzen Mantel, den sie umgeworfen, starren die nackten knöchernen Arme hervor, und rührend in dem Höllensud lacht und ruft sie mit krächzender Stimme durch den brausenden tosenden Sturm. – Ich glaube wohl, dass dir, günstiger Leser! kenntest du auch sonst keine Furcht und Scheu, sich doch bei dem Anblick dieses Rembrandtschen oder Höllenbreughelschen Gemäldes, das nun ins Leben getreten, vor Grausen die Haare auf dem Kopfe gesträubt hätten. Aber dein Blick konnte nicht loskommen von dem im höllischen Treiben befangenen Mädchen, und der elektrische Schlag, der durch alle deine Fibern und Nerven zitterte, entzündete mit der Schnelligkeit des Blitzes in dir den mutigen Gedanken Trotz zu bieten den geheimnisvollen Mächten des Feuerkreises; in ihm ging dein Grausen unter, ja der Gedanke selbst keimte auf in diesem Grausen und Entsetzen als dessen Erzeugnis. Es war dir, als seist du selbst der Schutzengel einer, zu denen das zum Tode geängstigte Mädchen flehte, ja als müsstest du nur gleich dein Taschenpistol hervorziehen, und die Alte ohne weiteres totschießen! Aber, indem du das lebhaft dachtest, schriest du laut auf: »Heda!« oder: »Was gibt es dorten«, oder: »Was treibt ihr da!« – Der Postillion stieß schmetternd in sein Horn, die Alte kugelte um in ihren Sud hinein, und alles war mit einem Mal verschwunden in dickem Qualm. – Ob du das Mädchen, das du nun mit recht innigem Verlangen in der Finsternis suchtest, gefunden hättest, mag ich nicht behaupten, aber den Spuk des alten Weibes hattest du zerstört, und den Bann des magischen Kreises, in den sich Veronika leichtsinnig begeben, gelöset. – Weder du, günstiger Leser! noch sonst jemand, fuhr oder ging aber am dreiundzwanzigsten September in der stürmischen, den Hexenkünsten günstigen Nacht des Weges, und Veronika musste ausharren am Kessel in tödlicher Angst, bis das Werk der Vollendung nahe. – Sie vernahm wohl, wie es um sie her heulte und brauste, wie allerlei widrige Stimmen durcheinander blökten und schnatterten, aber sie schlug die Augen nicht auf, denn sie fühlte, wie der Anblick des Grässlichen, des Entsetzlichen, von dem sie umgeben, sie in unheilbaren zerstörenden Wahnsinn stürzen könne. Die Alte hatte aufgehört im Kessel zu rühren, immer schwächer und schwächer wurde der Qualm, und zuletzt brannte nur eine leichte Spiritusflamme im Boden des Kessels. Da rief die Alte:»Veronika, mein Kind! mein Liebchen! schau hinein in den Grund! – was siehst du denn – was siehst du denn?« – Aber Veronika vermochte nicht zu antworten, unerachtet es ihr schien, als drehten sich allerlei verworrene Figuren im Kessel durcheinander; immer deutlicher und deutlicher gingen Gestalten hervor, und mit einem Mal trat, sie freundlich anblickend und die Hand ihr reichend, der Student Anselmus aus der Tiefe des Kessels. Da rief sie laut:»Ach, der Anselmus! – der Anselmus!« – Rasch öffnete die Alte den am Kessel befindlichen Hahn, und glühendes Metall strömte zischend und prasselnd in eine kleine Form, die sie danebengestellt. Nun sprang das Weib auf und kreischte, mit wilder grässlicher Gebärde sich herumschwingend:»Vollendet ist das Werk – Dank dir, mein Junge! – hast Wache gehalten – Hui – Hui – er kommt! – beiß ihn tot – beiß ihn tot!« Aber da brauste es mächtig durch die Lüfte, es war, als rausche ein ungeheurer Adler herab, mit den Fittigen um sich schlagend, und rief mit entsetzlicher Stimme:»Hei, hei! – ihr Gesindel! nun ists aus – nun ists aus – fort zu Haus!« Die Alte stürzte heulend nieder, aber der Veronika vergingen Sinn und Gedanken. – Als sie wieder zu sich selbst kam, war es heller Tag geworden, sie lag in ihrem Bette und Fränzchen stand mit einer Tasse dampfenden Tees vor ihr, sprechend:»Aber sage mir nur, Schwester, was dir ist, da stehe ich nun schon eine Stunde oder länger vor dir, und du liegst wie in der Fieberhitze besinnungslos da und stöhnst und ächzest, dass uns Angst und Bange wird. Der Vater ist deinetwegen heute nicht in die Klasse gegangen, und wird gleich mit dem Herrn Doktor hereinkommen.« – Veronika nahm schweigend den Tee; indem sie ihn hinunterschlürfte, traten ihr die grässlichen Bilder der Nacht lebhaft vor Augen. »So war denn wohl alles nur ein ängstlicher Traum, der mich gequält hat? – Aber ich bin doch gestern Abend wirklich zur Alten gegangen, es war ja der dreiundzwanzigste September? – Doch bin ich wohl schon gestern recht krank geworden und habe mir das alles nur eingebildet, und nichts hat mich krank gemacht, als das ewige Denken an den Anselmus und an die wunderliche alte Frau, die sich für die Liese ausgab und mich wohl nur damit geneckt hat.« – Fränzchen, die hinausgegangen, trat wieder herein mit Veronikas ganz durchnässtem Mantel in der Hand. »Sieh nur, Schwester!«, sagte sie,»wie es deinem Mantel ergangen ist; da hat der Sturm in

51

der Nacht das Fenster aufgerissen und den Stuhl, auf dem der Mantel lag, umgeworfen; da hat es nun wohl hineingeregnet, denn der Mantel ist ganz nass.« – Das fiel der Veronika schwer aufs Herz, denn sie merkte nun wohl, dass nicht ein Traum sie gequält, sondern dass sie wirklich bei der Alten gewesen. Da ergriff sie Angst und Grausen, und ein Fieberfrost zitterte durch alle Glieder. Im krampfhaften Erbeben zog sie die Bettdecke fest über sich; aber da fühlte sie, dass etwas Hartes ihre Brust drückte, und als sie mit der Hand danach fasste, schien es ein Medaillon zu sein; sie zog es hervor, als Fränzchen mit dem Mantel fortgegangen, und es war ein kleiner runder hell polierter Metallspiegel. »Das ist ein Geschenk der Alten«, rief sie lebhaft, und es war, als schössen feurige Strahlen aus dem Spiegel, die in ihr Innerstes drangen und es wohltuend erwärmten. Der Fieberfrost war vorüber und es durchströmte sie ein unbeschreibliches Gefühl von Behaglichkeit und Wohlsein. – An den Anselmus musste sie denken, und als sie immer fester und fester den Gedanken auf ihn richtete, da lächelte er ihr freundlich aus dem Spiegel entgegen wie ein lebhaftes Miniatur-Porträt. Aber bald war es ihr, als sähe sie nicht mehr das Bild – nein! – sondern den Studenten Anselmus selbst leibhaftig. Er saß in einem hohen seltsam ausstaffierten Zimmer und schrieb emsig. Veronika wollte zu ihm hintreten, ihn auf die Schultern klopfen und sprechen: »Herr Anselmus, schauen Sie doch um sich, ich bin ja da!« Aber das ging durchaus nicht an, denn es war, als umgäbe ihn ein leuchtender Feuerstrom, und wenn Veronika recht genau hinsah, waren es doch nur große Bücher mit vergoldetem Schnitt. Aber endlich gelang es der Veronika, den Anselmus ins Auge zu fassen; da war es, als müsse er im Anschauen sich erst auf sie besinnen, doch endlich lächelte er und sprach: »Ach! – sind Sie es, liebe Mademoiselle Paulmann? Aber warum belieben Sie sich denn zuweilen als ein Schlänglein zu gebärden?« Veronika musste über diese seltsamen Worte laut auflachen; darüber erwachte sie wie aus einem tiefen Traume, und sie verbarg schnell den kleinen Spiegel, als die Tür aufging und der Konrektor Paulmann mit dem Doktor Eckstein ins Zimmer kam. Der Doktor Eckstein ging sogleich ans Bett, fasste, lange in tiefem Nachdenken versunken, Veronikas Puls und sagte dann: »Ei! – Ei!« Hierauf schrieb er ein Rezept, fasste noch einmal den Puls, sagte wiederum: »Ei! Ei!« und verließ die Patientin. Aus diesen Äußerungen des Doktors Eckstein konnte aber der Konrektor Paulmann nicht recht deutlich entnehmen, was der Veronika denn wohl eigentlich fehlen möge.

Die Bibliothek der Palmbäume – Schicksale eines unglücklichen Salamanders – Wie die schwarze Feder eine Runkelrübe liebkosete und der Registrator Heerbrand sich sehr betrank

Der Student Anselmus hatte nun schon mehrere Tage bei dem Archivarius Lindhorst gearbeitet; diese Arbeitsstunden waren für ihn die glücklichsten seines Lebens, denn immer von lieblichen Klängen, von Serpentinas tröstenden Worten umflossen, ja oft von einem vorübergleitenden Hauche leise berührt, durchströmte ihn eine nie gefühlte Behaglichkeit, die oft bis zur höchsten Wonne stieg. Jede Not, jede kleinliche Sorge seiner dürftigen Existenz war ihm aus Sinn und Gedanken entschwunden, und in dem neuen Leben, das ihm wie im hellen Sonnenglanze aufgegangen, begriff er alle Wunder einer höheren Welt, die ihn sonst mit Staunen, ja mit Grausen erfüllt hatten. Mit dem Abschreiben ging es sehr schnell, indem es ihn immer mehr dünkte, er schreibe nur längst gekannte Züge auf das Pergament hin und dürfe kaum nach dem Original sehen, um alles mit der größten Genauigkeit nachzumalen. – Außer der Tischzeit ließ sich der Archivarius Lindhorst nur dann und wann sehen, aber jedes Mal erschien er genau in dem Augenblick, wenn Anselmus eben die letzten Zeichen einer Handschrift vollendet hatte, und gab ihm dann eine andere, verließ ihn aber gleich wieder schweigend, nachdem er nur mit einem schwarzen Stäbchen die Tinte umgerührt und die gebrauchten Federn mit neuen schärfer gespitzten vertauscht hatte. Eines Tages, als Anselmus mit dem Glockenschlag Zwölf bereits die Treppe hinaufgestiegen, fand er die Tür, durch die er gewöhnlich hineingegangen, verschlossen, und der Archivarius Lindhorst erschien in seinem wunderlichen wie mit glänzenden Blumen bestreuten Schlafrock von der andern Seite. Er rief laut: »Heute kommen Sie nur hier herein, werter Anselmus, denn wir müssen in das Zimmer, wo Bhogovotgitas Meister unsrer warten.« Er schritt durch den Korridor und führte Anselmus durch dieselben Gemächer und Säle, wie das erste Mal. – Der Student Anselmus erstaunte aufs neue über die wunderbare Herrlichkeit des Gartens, aber er sah nun deutlich, dass manche seltsame Blüten, die an den dunkeln Büschen hingen, eigentlich in glänzenden Farben prunkende Insekten waren, die mit den Flüglein auf und nieder schlugen und durcheinander tanzend und wirbelnd sich mit ihren

Saugrüsseln zu liebkosen schienen. Dagegen waren wieder die rosenfarbnen und himmelblauen Vögel duftende Blumen, und der Geruch, den sie verbreiteten, stieg aus ihren Kelchen empor in leisen lieblichen Tönen, die sich mit dem Geplätscher der fernen Brunnen, mit dem Säuseln der hohen Stauden und Bäume zu geheimnisvollen Akkorden einer tiefklagenden Sehnsucht vermischten. Die Spottvögel, die ihn das erste Mal so geneckt und gehöhnt, flatterten ihm wieder um den Kopf und schrien mit ihren feinen Stimmchen unaufhörlich: »Herr Studiosus, Herr Studiosus, eilen Sie nicht so – kucken Sie nicht so in die Wolken – Sie könnten auf die Nase fallen. – He, he! Herr Studiosus – nehmen Sie den Pudermantel um – Gevatter Schuhu soll Ihnen den Toupet frisieren.« – So ging es fort in allerlei dummem Geschwätz, bis Anselmus den Garten verlassen. Der Archivarius Lindhorst trat endlich in das azurblaue Zimmer; der Porphyr mit dem goldnen Topf war verschwunden, stattdessen stand ein mit violettem Samt behangener Tisch, auf dem die dem Anselmus' bekannten Schreibmaterialien befindlich, in der Mitte des Zimmers, und ein ebenso beschlagener Lehnstuhl stand vor demselben. »Lieber Hr. Anselmus«, sagte der Archivarius Lindhorst, »Sie haben nun schon manches Manuskript schnell und richtig zu meiner großen Zufriedenheit kopiert; Sie haben sich mein Zutrauen erworben; das Wichtigste bleibt aber noch zu tun übrig, und das ist das Abschreiben oder vielmehr Nachmalen gewisser in besonderen Zeichen geschriebener Werke, die ich hier in diesem Zimmer aufbewahre und die nur an Ort und Stelle kopiert werden können. – Sie werden daher künftig hier arbeiten, aber ich muss Ihnen die größte Vorsicht und Aufmerksamkeit empfehlen; ein falscher Strich, oder was der Himmel verhüten möge, ein Tintenfleck auf das Original gespritzt, stürzt Sie ins Unglück.« – Anselmus bemerkte, dass aus den goldnen Stämmen der Palmbäume kleine smaragdgrüne Blätter herausragten; eins dieser Blätter erfasste der Archivarius, und Anselmus wurde gewahr, dass das Blatt eigentlich in einer Pergamentrolle bestand, die der Archivarius aufwickelte und vor ihm auf den Tisch breitete. Anselmus wunderte sich nicht wenig über die seltsam verschlungenen Zeichen, und bei dem Anblick der vielen Pünktchen, Striche und Züge und Schnörkel, die bald Pflanzen, bald Moose, bald Tiergestalten darzustellen schienen, wollte ihm beinahe der Mut sinken, alles so genau nachmalen zu können. Er geriet darüber in tiefe Gedanken. »Mut gefasst, junger Mensch!«, rief der Archivarius, »hast du bewährten Glauben und wahre Liebe, so hilft dir

Serpentina!« Seine Stimme tönte wie klingendes Metall, und als Anselmus in jähem Schreck aufblickte, stand der Archivarius Lindhorst in der königlichen Gestalt vor ihm, wie er ihm bei dem ersten Besuch im Bibliothek-Zimmer erschienen. Es war dem Anselmus, als müsse er von Ehrfurcht durchdrungen auf die Kniee sinken, aber da stieg der Archivarius Lindhorst an dem Stamm eines Palmbaums in die Höhe und verschwand in den smaragdenen Blättern. – Der Student Anselmus begriff, dass der Geisterfürst mit ihm gesprochen und nun in sein Studierzimmer hinaufgestiegen, um vielleicht mit den Strahlen, die einige Planeten als Gesandte zu ihm geschickt, Rücksprache zu halten, was nun mit ihm und der holden Serpentina geschehen solle. – Auch kann es sein, dachte er ferner, dass ihn Neues von den Quellen des Nils erwartet, oder dass ein Magus aus Lappland ihn besucht – mir geziemt es nun, emsig an die Arbeit zu gehen. – Und damit fing er an die fremden Zeichen der Pergamentrolle zu studieren. – Die wunderbare Musik des Gartens tönte zu ihm herüber und umgab ihn mit süßen lieblichen Düften, auch hörte er wohl die Spottvögel kickern, doch verstand er ihre Worte nicht, was ihm auch recht heb war. Zuweilen war es auch, als rauschten die smaragdenen Blätter der Palmbäume, und als strahlten dann die holden Kristallklänge, welche Anselmus an jenem verhängnisvollen Himmelfahrtstage unter dem Holunderbusch hörte, durch das Zimmer. Der Student Anselmus, wunderbar gestärkt durch dies Tönen und Leuchten, richtete immer fester und fester Sinn und Gedanken auf die Überschrift der Pergamentrolle, und bald fühlte er wie aus dem Innersten heraus, dass die Zeichen nichts anders bedeuten könnten, als die Worte: Von der Vermählung des Salamanders mit der grünen Schlange. – Da ertönte ein starker Dreiklang heller Kristallglocken. – »Anselmus, lieber Anselmus«, wehte es ihm zu aus den Blättern, und o Wunder! an dem Stamm des Palmbaums schlängelte sich die grüne Schlange herab. – »Serpentina! holde Serpentina!«, rief Anselmus wie im Wahnsinn des höchsten Entzückens, denn sowie er schärfer hinblickte, da war es ja ein liebliches herrliches Mädchen, die mit den dunkelblauen Augen, wie sie in seinem Innern lebten, voll unaussprechlicher Sehnsucht ihn anschauend, ihm entgegenschwebte. Die Blätter schienen sich herabzulassen und auszudehnen, überall sprossten Stacheln aus den Stämmen, aber Serpentina wand und schlängelte sich geschickt durch, indem sie ihr flatterndes, wie in schillernden Farben glänzendes Gewand nach sich zog, sodass es sich dem schlanken Körper anschmiegend nirgends hängen blieb an den hervorragenden Spitzen und Stacheln der Palmbäume. Sie setzte sich neben dem Anselmus auf denselben Stuhl, ihn mit dem Arm umschlingend und an sich drückend, sodass er den Hauch, der von ihren Lippen strömte, die elektrische Wärme ihres Körpers fühlte. »Lieber Anselmus!« fing Serpentina an, »nun bist du bald ganz mein, durch deinen Glauben, durch deine Liebe erringst du mich, und ich bringe dir den goldnen Topf, der uns beide beglückt immerdar.« – »O du holde liebe Serpentina«, sagte Anselmus, »wenn ich nur dich habe, was kümmert mich sonst alles übrige; wenn du nur mein bist, so will ich gern untergehen in all dem Wunderbaren und Seltsamen, was mich befängt seit dem Augenblick, als ich dich sah.« – »Ich weiß wohl«, fuhr Serpentina fort, »dass das Unbekannte und Wunderbare, womit mein Vater oft nur zum Spiel seiner Laune dich umfangen, Grausen und Entsetzen in dir erregt hat, aber jetzt soll es, wie ich hoffe, nicht wieder geschehen, denn ich bin in diesem Augenblick nur da, um dir, mein lieber Anselmus, alles und jedes aus tiefem Gemüte, aus tiefer Seele haarklein zu erzählen, was dir zu wissen nötig, um meinen Vater ganz zu kennen, und überhaupt recht deutlich einzusehen, was es mit ihm und mit mir für eine Bewandtnis hat.« – Dem Anselmus war es, als sei er von der holden lieblichen Gestalt so ganz und gar umschlungen und umwunden, dass er sich nur mit ihr regen und bewegen könne, und als sei es nur der Schlag ihres Pulses, der durch seine Fibern und Nerven zittere; er horchte auf jedes ihrer Worte, das bis in sein Innerstes hinein erklang, und wie ein leuchtender Strahl die Wonne des Himmels in ihm entzündete. Er hatte den Arm um ihren schlanker als schlanken Leib gelegt, aber der schillernde glänzende Stoff ihres Gewandes war so glatt, so schlüpfrig, dass es ihm schien, als könne sie, sich ihm schnell entwindend, unaufhaltsam entschlüpfen, und er erbebte bei dem Gedanken. »Ach, verlass mich nicht, holde Serpentina«, rief er unwillkürlich aus, »nur du bist mein Leben!« – »Nicht eher heute«, sagte Serpentina, »als bis ich alles erzählt habe, was du in deiner Liebe zu mir begreifen kannst. – Wisse also, Geliebter! dass mein Vater aus dem wunderbaren Geschlecht der Salamander abstammt, und dass ich mein Dasein seiner Liebe zur grünen Schlange verdanke. In uralter Zeit herrschte in dem Wunderlande Atlantis der mächtige Geisterfürst Phosphorus, dem die Elementar-Geister dienten. Einst ging der Salamander, den er vor allen liebte (es war mein Vater), in dem prächtigen Garten, den des Phosphorus Mutter mit ihren schönsten Gaben auf das herrlichste geschmückt hatte, umher, und hörte, wie eine hohe Lilie in leisen Tönen sang: ›Drücke fest die Äuglein zu, bis mein Geliebter, der Morgenwind, dich weckt.‹ Er trat hinzu; von seinem glühenden Hauch berührt, erschloss die Lilie ihre Blätter, und er erblickte der Lilie Tochter, die grüne Schlange, welche in dem Kelch schlummerte. Da wurde der Salamander von heißer Liebe zu der schönen Schlange ergriffen, und er raubte sie der Lilie, deren Düfte in namenloser Klage vergebens im ganzen Garten nach der geliebten Tochter riefen. Denn der Salamander hatte sie in das Schloss des Phosphorus getragen, und bat ihn: ›Vermähle mich mit der Geliebten, denn sie soll mein eigen sein immerdar.‹ – ›Törichter, was verlangst du!‹ sprach der Geisterfürst, ›wisse, dass einst die Lilie meine Geliebte war und mit mir herrschte, aber der Funke, den ich in sie warf, drohte sie zu vernichten, und nur der Sieg über den schwarzen Drachen, den jetzt die Erdgeister in Ketten gebunden halten, erhielt die Lilie, dass ihre Blätter stark genug blieben, den Funken in sich zu schließen und zu bewahren. Aber, wenn du die grüne Schlange umarmst, wird deine Glut den Körper verzehren und ein neues Wesen schnell emporkeimend sich dir entschwingen.‹ Der Salamander achtete der Warnung des Geisterfürsten nicht; voll glühenden Verlangens schloss er die grüne Schlange in seine Arme, sie zerfiel in Asche und ein geflügeltes Wesen aus der Asche geboren rauschte fort durch die Lüfte. Da ergriff den Salamander der Wahnsinn der Verzweiflung, und er rannte Feuer und Flammen sprühend durch den Garten, und verheerte ihn in wilder Wut, dass die schönsten Blumen und Blüten verbrannt niedersanken und ihr Jammer die Luft erfüllte. Der hocherzürnte Geisterfürst erfasste im Grimm den Salamander und sprach: ›Ausgeraset hat dein Feuer – erloschen sind deine Flammen, erblindet deine Strahlen – sinke hinab zu den Erdgeistern, die mögen dich necken und höhnen und gefangen halten, bis der Feuerstoff sich wieder entzündet und mit dir als einem neuen Wesen aus der Erde emporstrahlt.‹ Der arme Salamander sank erloschen hinab, da aber trat der alte mürrische Erdgeist, der des Phosphorus Gärtner war, hinzu und sprach: ›Herr! wer sollte mehr über den Salamander klagen, als ich! – Habe ich nicht all die schönen Blumen, die er verbrannt, mit meinen schönsten Metallen geputzt, habe ich nicht ihre Keime wacker gehegt und gepflegt und an ihnen manche schöne Farbe verschwendet? – und doch nehme ich mich des armen Salamanders an, den nur die Liebe, von der du selbst schon oft, o Herr! befangen, zur Verzweiflung getrieben, in der er den Garten verwüstet. – Erlasse ihm die zu harte Strafe!‹ – ›Sein Feuer ist für jetzt erloschen‹, sprach der Geisterfürst, ›in der unglücklichen Zeit, wenn die Sprache der Natur dem entarteten Geschlecht der Menschen nicht mehr verständlich sein, wenn die Elementargeister in ihre Regionen gebannt nur aus weiter Ferne in dumpfen Anklängen zu dem Menschen sprechen werden, wenn dem harmonischen Kreise entrückt, nur ein unendliches Sehnen ihm die dunkle Kunde von dem wundervollen Reiche geben wird, das er sonst bewohnen durfte, als noch Glaube und Liebe in seinem Gemüte wohnten – in dieser unglücklichen Zeit entzündet sich der Feuerstoff des Salamanders aufs neue, doch nur zum Menschen keimt er empor und muss, ganz eingehend in das dürftige Leben, dessen Bedrängnisse ertragen. Aber nicht allein die Erinnerung an seinen Urzustand soll ihm bleiben, sondern er lebt auch wieder auf in der heiligen Harmonie mit der ganzen Natur, er versteht ihre Wunder und die Macht der verbrüderten Geister steht ihm zu Gebote. In einem Lilienbusch findet er dann die grüne Schlange wieder, und die Frucht seiner Vermählung mit ihr sind drei Töchter, die den Menschen in der Gestalt der Mutter erscheinen. Zur Frühlingszeit sollen sie sich in den dunklen Holunderbusch hängen und ihre lieblichen Kristallstimmen ertönen lassen. Findet sich dann in der dürftigen armseligen Zeit der innern Verstocktheit ein Jüngling, der ihren Gesang vernimmt, ja, blickt ihn eine der Schlänglein mit ihren holdseligen Augen an, entzündet der Blick in ihm die Ahnung des fernen wundervollen Landes, zu dem er sich mutig emporschwingen kann, wenn er die Bürde des Gemeinen abgeworfen, keimt mit der Liebe zur Schlange in ihm der Glaube an die Wunder der Natur, ja an seine eigne Existenz in diesen Wundern glutvoll und lebendig auf, so wird die Schlange sein. Aber nicht eher, bis drei Jünglinge dieser Art erfunden und mit den drei Töchtern vermählt werden, darf der Salamander seine lästige Bürde abwerfen und zu seinen Brüdern gehen.‹ – ›Erlaube, Herr‹, sagte der Erdgeist, ›dass ich diesen drei Töchtern ein Geschenk mache, das ihr Leben mit dem gefundenen Gemahl verherrlicht. Jede erhält von mir einen Topf vom schönsten Metall, das ich besitze, den poliere ich mit Strahlen, die ich dem Diamant entnommen; in seinem Glanze soll sich unser wundervolles Reich, wie es jetzt im Einklang mit der ganzen Natur besteht, in blendendem herrlichen Widerschein abspiegeln, aus seinem Innern aber in dem Augenblick der Vermählung eine Feuerlilie entsprießen, deren ewige Blüte den bewährt befundenen Jüngling süß duftend umfängt. Bald wird er dann ihre Sprache, die Wunder unseres Reichs verstehen und selbst mit der Geliebten in

Atlantis wohnen.‹ – du weißt nun wohl, lieber Anselmus! dass mein Vater eben der Salamander ist, von dem ich dir erzählt. Er musste seiner höheren Natur unerachtet sich den kleinlichsten Bedrängnissen des gemeinen Lebens unterwerfen, und daher kommt wohl oft die schadenfrohe Laune, mit der er manche neckt. Er hat mir oft gesagt, dass für die innere Geistesbeschaffenheit, wie sie der Geisterfürst Phosphorus damals als Bedingnis der Vermählung mit mir und meinen Schwestern aufgestellt, man jetzt einen Ausdruck habe, der aber nur zu oft unschicklicherweise gemissbraucht werde; man nenne das nämlich ein kindliches poetisches Gemüt. – Oft finde man dieses Gemüt bei Jünglingen, die der hohen Einfachheit ihrer Sitten wegen, und weil es ihnen ganz an der so genannten Weltbildung fehle, von dem Pöbel verspottet würden. Ach, lieber Anselmus! – du verstandest ja unter dem Holunderbusch meinen Gesang – meinen Blick – du liebst die grüne Schlange, du glaubst an mich und willst mein sein immerdar! – Die schöne Lilie wird emporblühen aus dem goldnen Topf, und wir werden vereint glücklich und selig in Atlantis wohnen! – Aber nicht verhehlen kann ich dir, dass im grässlichen Kampf mit den Salamandern und Erdgeistern sich der schwarze Drache loswand und durch die Lüfte davonbrauste. Phosphorus hält ihn zwar wieder in Banden, aber aus den schwarzen Federn, die im Kampfe auf die Erde stäubten, keimten feindliche Geister empor, die überall den Salamandern und Erdgeistern widerstreben. Jenes Weib, das dir so feindlich ist, lieber Anselmus! und die, wie mein Vater recht gut weiß, nach dem Besitz des goldnen Topfes strebt, hat ihr Dasein der Liebe einer solchen aus dem Fittig des Drachen herabgestäubten Feder zu einer Runkelrübe zu verdanken. Sie erkennt ihren – Ursprung und ihre Gewalt, denn in dem Stöhnen, in den Zuckungen des gefangenen Drachen werden ihr die Geheimnisse mancher wundervollen Konstellation offenbar, und sie bietet alle Mittel auf, von außen hinein ins Innere zu wirken, wogegen sie mein Vater mit den Blitzen, die aus dem Innern des Salamanders hervorschießen, bekämpft. Alle die feindlichen Prinzipe, die in schädlichen Kräutern und giftigen Tieren wohnen, sammelt sie und erregt, sie mischend in günstiger Konstellation, manchen bösen Spuk, der des Menschen Sinne mit Grauen und Entsetzen befängt und ihn der Macht jener Dämonen, die der Drache im Kampfe unterliegend erzeugte, unterwirft. Nimm dich vor der Alten in acht, lieber Anselmus, sie ist dir Feind, weil dein kindlich frommes Gemüt schon manchen ihrer bösen Zauber vernichtet. – Halte treu – treu – an mir, bald bist du am Ziel!« – »O meine – meine Serpentina!«, rief der Student Anselmus, »wie sollte ich denn nur von dir lassen können, wie sollte ich dich nicht lieben ewiglich!« – Ein Kuss brannte auf seinem Munde, er erwachte wie aus einem tiefen Traume, Serpentina war verschwunden, es schlug sechs Uhr, da fiel es ihm schwer aufs Herz, dass er nicht das mindeste kopiert habe; er blickte voll Besorgnis, was der Archivarius wohl sagen werde, auf das Blatt, und o Wunder! die Kopie des geheimnisvollen Manuskripts war glücklich beendigt, und er glaubte, schärfer die Züge betrachtend, Serpentinas Erzählung von ihrem Vater, dem Liebling des Geisterfürsten Phosphorus im Wunderlande Atlantis, abgeschrieben zu haben. Jetzt trat der Archivarius Lindhorst in seinem weiß-grauen Überrock, den Hut auf dem Kopfe, den Stock in der Hand, herein; er sah in das von dem Anselmus beschriebene Pergament, nahm eine große Prise und sagte lächelnd: »Das dacht ich wohl! – Nun! hier ist der Speziestaler, Hr. Anselmus, jetzt wollen wir noch nach dem Linkeschen Bade gehen – nur mir nach!« – Der Archivarius schritt rasch durch den Garten, in dem ein solcher Lärm von Singen, Pfeifen, Sprechen durcheinander war, dass der Student Anselmus ganz betäubt wurde und dem Himmel dankte, als er sich auf der Straße befand. Kaum waren sie einige Schritte gegangen, als sie dem Registrator Heerbrand begegneten, der freundlich sich anschloss. Vor dem Tore stopften sie die mitgenommenen Pfeifen; der Registrator Heerbrand beklagte kein Feuerzeug bei sich zu tragen, da rief der Archivarius Lindhorst ganz unwillig: »Was Feuerzeug! – hier ist Feuer, so viel Sie wollen!« Und damit schnippte er mit den Fingern, aus denen große Funken strömten, die die Pfeifen schnell anzündeten. »Sehen Sie das chemische Kunststückchen«, sagte der Registrator Heerbrand, aber der Student Anselmus dachte nicht ohne inneres Erbeben an den Salamander. – Im Linkeschen Bade trank der Registrator Heerbrand so viel starkes Doppelbier, dass er, sonst ein gutmütiger stiller Mann, anfing in einem quäkenden Tenor Burschenlieder zu singen, jeden hitzig fragte: ob er sein Freund sei oder nicht, und endlich von dem Studenten Anselmus zu Hause gebracht werden musste, als der Archivarius Lindhorst schon längst auf und davon war.

Wie der Student Anselmus zu einiger Vernunft gelangte – Die Punsch-
gesellschaft – Wie der Student Anselmus den Konrektor Paulmann für
einen Schuhu hielt, und dieser sich darob sehr erzürnte – Der Tinten-
klecks und seine Folgen

Alles das Seltsame und Wundervolle, welches dem Studenten
Anselmus täglich begegnet war, hatte ihn ganz dem gewöhnlichen
Leben entrückt. Er sah keinen seiner Freunde mehr und harrte
jeden Morgen mit Ungeduld auf die zwölfte Stunde, die ihm sein
Paradies aufschloss. Und doch, indem sein ganzes Gemüt der
holden Serpentina und den Wundern des Feenreichs bei dem
Archivarius Lindhorst zugewandt war, musste er zuweilen unwillkürlich an Veronika denken, ja manchmal schien es ihm, als
träte sie zu ihm hin und gestehe errötend, wie herzlich sie ihn liebe
und wie sie danach trachte, ihn den Phantomen, von denen er nur
geneckt und verhöhnt werde, zu entreißen. Zuweilen war es, als
risse eine fremde plötzlich auf ihn einbrechende Macht ihn unwiderstehlich hin zur vergessenen Veronika, und er müsse ihr
folgen, wohin sie nur wolle, als sei er festgekettet an das Mädchen.
Gerade in der Nacht darauf, als er Serpentina zum ersten Mal in
der Gestalt einer wunderbar holdseligen Jungfrau geschaut, als
ihm das wunderbare Geheimnis der Vermählung des Salamanders
mit der grünen Schlange offenbar worden, trat ihm Veronika
lebhafter vor Augen, als jemals. – Ja! – erst als er erwachte, wurde
er deutlich gewahr, dass er nur geträumt habe, da er überzeugt
gewesen, Veronika sei wirklich bei ihm und klage mit dem Ausdruck eines tiefen Schmerzes, der sein Innerstes durchdrang, dass
er ihre innige Liebe den fantastischen Erscheinungen, die nur
seine innere Zerrüttung hervorrufe, aufopfern und noch darüber
in Unglück und Verderben geraten werde. Veronika war liebenswürdiger, als er sie je gesehen; er konnte sie kaum aus den
Gedanken bringen, und dieser Zustand verursachte ihm eine
Qual, der er bei einem Morgenspaziergang zu entrinnen hoffte.
Eine geheime magische Gewalt zog ihn vor das Pirnaer Tor, und
eben wollte er in eine Nebenstraße einbiegen, als der Konrektor
Paulmann hinter ihm herkommend laut rief: »Ei, ei! – wertester
Hr. Anselmus! – Amice! – Amice! wo um des Himmels willen
stecken Sie denn, Sie lassen sich ja gar nicht mehr sehen – wissen

Sie wohl, dass sich Veronika recht sehnt wieder einmal eins mit Ihnen zu singen? – Nun kommen Sie nur, Sie wollten ja doch zu mir!« Der Student Anselmus ging notgedrungen mit dem Konrektor. Als sie in das Haus traten, kam ihnen Veronika sehr sauber und sorgfältig gekleidet entgegen, sodass der Konrektor Paulmann voll Erstaunen fragte:»Nun, warum so geputzt, hat man denn Besuch erwartet? – aber hier bringe ich den Hrn. Anselmus!« – Als der Student Anselmus sittig und artig der Veronika die Hand küsste, fühlte er einen leisen Druck, der wie ein Glutstrom durch alle Fibern und Nerven zuckte. Veronika war die Heiterkeit, die Anmut selbst, und als Paulmann nach seinem Studierzimmer gegangen, wusste sie durch allerhand Neckerei und Schalkheit den Anselmus so hinaufzuschrauben, dass er alle Blödigkeit vergaß und sich zuletzt mit dem ausgelassenen Mädchen im Zimmer herumjagte. Da kam ihm aber wieder einmal der Dämon des Ungeschicks über den Hals, er stieß an den Tisch und Veronikas niedliches Nähkästchen fiel herab. Anselmus hob es auf, der Deckel war aufgesprungen und es blinkte ihm ein kleiner runder Metallspiegel entgegen, in den er mit ganz eigner Lust hineinschaute. Veronika schlich sich leise hinter ihn, legte die Hand auf seinen Arm und schaute sich fest an ihn schmiegend ihm über die Schulter auch in den Spiegel. Da war es dem Anselmus, als beginne ein Kampf in seinem Innern – Gedanken – Bilder – blitzten hervor und vergingen wieder – der Archivarius Lindhorst – Serpentina – die grüne Schlange – endlich wurde es ruhiger und alles Verworrene fügte und gestaltete sich zum deutlichen Bewusstsein. Ihm wurde es nun klar, dass er nur beständig an Veronika gedacht, ja dass die Gestalt, welche ihm gestern in dem blauen Zimmer erschienen, auch eben Veronika gewesen, und dass die fantastische Sage von der Vermählung des Salamanders mit der grünen Schlange ja nur von ihm geschrieben, keinesweges aber erzählt worden sei. Er wunderte sich selbst über seine Träumereien und schrieb sie lediglich seinem durch die Liebe zu Veronika exaltierten Seelenzustande, sowie der Arbeit bei dem Archivarius Lindhorst zu, in dessen Zimmern es noch überdem so sonderbar betäubend dufte. Er musste herzlich über die tolle Einbildung lachen, in eine kleine Schlange verliebt zu sein und einen wohlbestallten Geheimen Archivarius für einen Salamander zu halten. »Ja, ja! – es ist Veronika!«, rief er laut, aber indem er den Kopf umwandte, schaute er gerade in Veronikas blaue Augen hinein, in denen Liebe und Sehnsucht strahlten. Ein dumpfes Ach! entfloh ihren Lippen, die in dem Augenblick auf den seinigen brannten. »O ich Glücklicher«, seufzte der entzückte Student, »was ich gestern nur träumte, wird mir heute wirklich und in der Tat zuteil.« – »Und willst du mich denn wirklich heiraten, wenn du Hofrat worden?«, fragte Veronika. »Allerdings!« antwortete der Student Anselmus; indem knarrte die Tür, und der Konrektor Paulmann trat mit den Worten herein: »Nun, wertester Hr. Anselmus, lasse ich Sie heute nicht fort, Sie nehmen vorlieb bei mir mit einer Suppe, und nachher bereitet uns Veronika einen köstlichen Kaffee, den wir mit dem Registrator Heerbrand, welcher herzukommen versprochen, genießen.« – »Ach, bester Hr. Konrektor«, erwiderte der Student Anselmus, »wissen Sie denn nicht, dass ich zum Archivarius Lindhorst muss, des Abschreibens wegen?« – »Schauen Sie, Amice!«, sagte der Konrektor Paulmann, indem er ihm die Taschenuhr hinhielt, welche auf halb eins wies. Der Student Anselmus sah nun wohl ein, dass es viel zu spät sei zu dem Archivarius Lindhorst zu wandern, und fügte sich den Wünschen des Konrektors um so lieber, als er nun die Veronika den ganzen Tag über schauen und wohl manchen verstohlnen Blick, manchen zärtlichen Händedruck zu erhalten, ja wohl gar einen Kuss zu erobern hoffte. So hoch verstiegen sich jetzt die Wünsche des Studenten Anselmus, und es wurde ihm immer behaglicher zumute, je mehr er sich überzeugte, dass er bald von all den fantastischen Einbildungen befreit sein werde, die ihn wirklich ganz und gar zum wahnwitzigen Narren hätten machen können. Der Registratur Heerbrand fand sich wirklich nach Tische ein, und als der Kaffee genossen und die Dämmerung bereits eingebrochen, gab er schmunzelnd und fröhlich die Hände reibend zu verstehen: er trage etwas mit sich, was durch Veronikas schöne Hände gemischt und in gehörige Form gebracht, gleichsam foliiert und rubriziert, ihnen allen an dem kühlen Oktober-Abende erfreulich sein werde. »So rücken Sie denn nur heraus mit dem geheimnisvollen Wesen, das Sie bei sich tragen, geschätztester Registratur«, rief der Konrektor Paulmann; aber der Registrator Heerbrand griff in die tiefe Tasche seines Matins und brachte in drei Reprisen eine Flasche Arrak, Zitronen und Zucker zum Vorschein. Kaum war eine halbe Stunde vergangen, so dampfte ein köstlicher Punsch auf Paulmanns Tische. Veronika kredenzte das Getränk, und es gab allerlei gemütliche muntre Gespräche unter den Freunden. Aber sowie dem Studenten Anselmus der Geist des Getränks zu Kopfe stieg, kamen auch alle Bilder des Wunderbaren, Seltsamen, was er in kurzer Zeit erlebt, wieder zurück. – Er sah den Archivarius Lindhorst in seinem damastnen Schlafrock, der wie Phosphor erglänzte – er sah das azurblaue Zimmer, die goldnen Palmbäume, ja es wurde ihm wieder so zumute, als müsse er doch an die Serpentina glauben – es brauste, es gärte in seinem Inneren. Veronika reichte ihm ein Glas Punsch, und indem er es fasste, berührte er leise ihre Hand. – »Serpentina! Veronika!« seufzte er in sich hinein. Er versank in tiefe Träume, aber der Registrator Heerbrand rief ganz laut: »Ein«wunderlicher alter Mann, aus dem niemand klug wird, bleibt er doch, der Archivarius Lindhorst. – Nun er soll leben! stoßen Sie an, Hr. Anselmus!« – Da fuhr der Student Anselmus auf aus seinen Träumen und sagte, indem er mit dem Registrator Heerbrand anstieß: »Das kommt daher, verehrungswürdiger Hr. Registrator, weil der Hr. Archivarius Lindhorst eigentlich ein Salamander ist, der den Garten des Geisterfürsten Phosphorus im Zorn verwüstete, weil ihm die grüne Schlange davongeflogen.« – »Wie – was?«, fragte der Konrektor Paulmann. »Ja«, fuhr der Student Anselmus fort, »deshalb muss er nun königlicher Archivarius sein und hier in Dresden mit seinen drei Töchtern wirtschaften, die aber weiter nichts sind, als kleine goldgrüne Schlänglein, die sich in Holunderbüschen sonnen, verführerisch singen und die jungen Leute verlocken wie die Sirenen.« – »Herr Anselmus – Herr Anselmus«, rief der Konrektor Paulmann, »rappelt's Ihnen im Kopfe? – was um des Himmels willen schwatzen Sie für ungewaschenes Zeug?« – »Er hat Recht«, fiel der Registrator Heerbrand ein, »der Kerl, der Archivarius, ist ein verfluchter Salamander, der mit den Fingern feurige Schnippchen schlägt, die einem Löcher in den Überrock brennen wie glühender Schwamm. – Ja, ja, du hast Recht, Brüderchen Anselmus, und wer es nicht glaubt, ist mein Feind!« Und damit schlug der Registrator Heerbrand mit der Faust auf den Tisch, dass die Gläser klirrten. »Registrator! – sind Sie rasend?« schrie der erboste Konrektor. – »Hr. Studiosus – Hr. Studiosus, was richten Sie denn nun wieder an?« – »Ach!«, sagte der Student, »Sie sind auch weiter nichts als ein Vogel – ein Schuhu, der die Toupets frisiert, Herr Konrektor!« – »Was? – ich ein Vogel – ein Schuhu – ein Frisör?«, schrie der Konrektor voller Zorn – »Herr, Sie sind toll – toll!« – »Aber die Alte kommt ihm über den Hals«, rief der Registrator Heerbrand. »Ja, die Alte ist mächtig«, fiel der Student Anselmus ein, »unerachtet sie nur von niederer Herkunft, denn ihr Papa ist nichts als ein lumpichter Flederwisch und ihre Mama eine schnöde Runkelrübe, aber ihre meiste Kraft verdankt sie allerlei feindlichen Kreaturen – giftigen Kanaillen, von denen sie umgeben.« – »Das ist eine abscheuliche Verleumdung«, rief Veronika mit zornglühenden Augen, »die alte Liese ist eine weise Frau und der schwarze Kater keine feindliche Kreatur, sondern ein gebildeter junger Mann von feinen Sitten und ihr Cousin germain.« – »Kann *der* Salamander fressen, ohne sich den Bart zu versengen und elendiglich daraufzugehn?«, sagte der Registrator Heerbrand. »Nein, nein!«, schrie der Student Anselmus, »nun und nimmermehr wird er das können; und die grüne Schlange liebt mich, denn ich bin ein kindliches Gemüt und habe Serpentinas Augen geschaut.« – »Die wird der Kater auskratzen«, rief Veronika. »Salamander – Salamander bezwingt sie alle – alle«, brüllte der Konrektor Paulmann in höchster Wut; – »aber bin ich in einem Tollhause? bin ich selbst toll? – was schwatze ich denn für wahnwitziges Zeug? – ja ich bin auch toll – auch toll!« – Damit sprang der Konrektor Paulmann auf, riss sich die Perücke vom Kopfe und schleuderte sie gegen die Stubendecke, dass die gequetschten Locken ächzten und im gänzlichen Verderben aufgelöst den Puder weit umherstäubten. Da ergriffen der Student Anselmus und der Registrator Heerbrand die Punschterrine, die Gläser, und warfen sie jubelnd und jauchzend an die Stubendecke, dass die Scherben klirrend und klingend umhersprangen. »Vivat Salamander – pereat – pereat die Alte – zerbrecht den Metallspiegel, hackt dem Kater die Augen aus! – Vöglein – Vöglein aus den Lüften – Eheu – Eheu – Evoe – Salamander!« – So schrien und brüllten die drei wie Besessene durcheinander. Laut weinend sprang Fränzchen davon, aber Veronika lag winselnd vor Jammer und Schmerz auf dem Sofa. Da ging die Tür auf, alles war plötzlich still und es trat ein kleiner Mann in einem grauen Mäntelchen herein. Sein Gesicht hatte etwas seltsam Gravitätisches, und vorzüglich zeichnete sich die krummgebogene Nase, auf der eine große Brille saß, vor allen jemals gesehenen aus. Auch trug er solch eine besondere Perücke, dass sie eher eine Federmütze zu sein schien. »Ei, schönen guten Abend«, schnarrte das possierliche Männlein, »hier finde ich ja wohl den Studiosum Hrn. Anselmus? Gehorsamste Empfehlung vom Hrn. Archivarius Lindhorst, und er habe heute vergebens auf den Hrn. Anselmus gewartet, aber morgen lasse er schönstens bitten, ja nicht die gewohnte Stunde zu versäumen.« Damit schritt er wieder zur Tür hinaus, und alle sahen nun wohl, dass das gravitätische Männlein eigentlich ein grauer Papagei war. Der Konrektor Paulmann und der Registrator Heerbrand schlugen eine Lache auf, die durch das Zimmer dröhnte, und dazwischen winselte und ächzte Veronika wie von namenlosem

Jammer zerrissen, aber den Studenten Anselmus durchzuckte der Wahnsinn des innern Entsetzens und er rannte bewusstlos zur Tür hinaus durch die Straßen. Mechanisch fand er seine Wohnung, sein Stäbchen. Bald darauf trat Veronika friedlich und freundlich zu ihm und fragte: warum er sie denn im Rausch so geängstigt habe, und er möge sich nur vor neuen Einbildungen hüten, wenn er bei dem Archivarius Lindhorst arbeite. »Gute Nacht, gute Nacht, mein lieber Freund«, lispelte leise Veronika und hauchte einen Kuss auf seine Lippen. Er wollte sie mit seinen Armen umfangen, aber die Traumgestalt war verschwunden und er erwachte heiter und gestärkt. Nun musste er selbst recht herzlich über die Wirkungen des Punsches lachen, aber indem er an Veronika dachte, fühlte er sich recht von einem behaglichen Gefühl durchdrungen. »Ihr allein«, sprach er zu sich selbst, »habe ich es zu verdanken, dass ich von meinen albernen Grillen zurückgekommen bin. – Wahrhaftig, mir ging es nicht besser als jenem, welcher glaubte, er sei von Glas, oder dem, der die Stube nicht verließ, aus Furcht von den Hühnern gefressen zu werden, weil er sich einbildete ein Gerstenkorn zu sein. Aber, sowie ich Hofrat worden, heirate ich ohne weiteres die Mademoiselle Paulmann und bin glücklich.« – Als er nun mittags durch den Garten des Archivarius Lindhorst ging, konnte er sich nicht genug wundern, wie ihm das alles sonst so seltsam und wundervoll habe vorkommen können. Er sah nichts als gewöhnliche Scherbenpflanzen, allerlei Geranien, Myrtenstöcke u. dergl. Statt der glänzenden bunten Vögel, die ihn sonst geneckt, flatterten nur einige Sperlinge hin und her, die ein unverständliches unangenehmes Geschrei erhoben, als sie den Anselmus gewahr wurden. Das blaue Zimmer kam ihm auch ganz anders vor, und er begriff nicht, wie ihm das grelle Blau und die unnatürlichen goldnen Stämme der Palmbäume mit den unförmlichen blinkenden Blättern nur einen Augenblick hatten gefallen können. – Der Archivarius sah ihn mit einem ganz eignen ironischen Lächeln an und fragte: »Nun, wie hat Ihnen gestern der Punsch geschmeckt, werter Anselmus?« – »Ach, gewiss hat Ihnen der Papagei«, erwiderte der Student Anselmus ganz beschämt, aber er stockte, denn er dachte nun wieder daran, dass auch die Erscheinung des Papageis wohl nur Blendwerk der befangenen Sinne gewesen. »Ei, ich war ja selbst in der Gesellschaft«, fiel der Archivarius Lindhorst ein, »haben Sie mich denn nicht gesehen? Aber bei dem tollen Unwesen, das ihr triebt, wäre ich beinahe hart beschädigt worden; denn ich saß eben in dem Augenblick noch in der Terrine, als der

Registrator Heerbrand danach griff, um sie gegen die Decke zu schleudern, und musste mich schnell in des Konrektors Pfeifenkopf retirieren. Nun adieu, Hr. Anselmus! – sein Sie fleißig, auch für den gestrigen versäumten Tag zahle ich den Speziestaler, da Sie bisher so wacker gearbeitet.« – »Wie kann der Archivarius nur solch tolles Zeug faseln«, sagte der Student Anselmus zu sich selbst und setzte sich an den Tisch, um die Kopie des Manuskripts zu beginnen, das der Archivarius wie gewöhnlich vor ihm ausgebreitet. Aber er sah auf der Pergamentrolle so viele sonderbare krause Züge und Schnörkel durcheinander, die, ohne dem Auge einen einzigen Ruhepunkt zu geben, den Blick verwirrten, dass es ihm beinahe unmöglich schien, das alles genau nachzumalen. Ja, bei dem Überblick des Ganzen schien das Pergament nur ein bunt geäderter Marmor oder ein mit Moosen durchsprenkelter Stein. – Er wollte dessen unerachtet das Mögliche versuchen und tunkte getrost die Feder ein, aber die Tinte wollte durchaus nicht fließen, er spritzte die Feder ungeduldig aus, und – o Himmel! ein großer Klecks fiel auf das ausgebreitete Original. Zischend und brausend fuhr ein blauer Blitz aus dem Fleck und schlängelte sich krachend durch das Zimmer bis zur Decke hinauf. Da quoll ein dicker Dampf aus den Wänden, die Blätter fingen an zu rauschen wie vom Sturme geschüttelt, und aus ihnen schossen blinkende Basilisken im flackernden Feuer herab, den Dampf entzündend, dass die Flammenmassen prasselnd sich um den Anselmus wälzten. Die goldnen Stämme der Palmbäume wurden zu Riesenschlangen, die ihre grässlichen Häupter in schneidendem Metallklange zusammenstießen und mit den geschuppten Leibern den Anselmus umwanden. »Wahnsinniger! erleide nun die Strafe dafür, was du im frechen Frevel tatest!« – So rief die fürchterliche Stimme des gekrönten Salamanders, der über den Schlangen wie ein blendender Strahl in den Flammen erschien, und nun sprühten ihre aufgesperrten Rachen Feuer-Katarakte auf den Anselmus, und es war als verdichteten sich die Feuerströme um seinen Körper und würden zur festen eiskalten Masse. Aber indem des Anselmus Glieder enger und enger sich zusammenziehend erstarrten, vergingen ihm die Gedanken. Als er wieder zu sich selbst kam, konnte er sich nicht regen und bewegen, er war wie von einem glänzenden Schein umgeben, an dem er sich, wollte er nur die Hand erheben oder sonst sich rühren, stieß. – Ach! er saß in einer wohlverstopften Kristallflasche auf einem Repositorium im Bibliothekzimmer des Archivarius Lindhorst.

Die Leiden des Studenten Anselmus in der gläsernen Flasche – Glückliches heben der Kreuzschüler und Praktikanten – Die Schlacht im Bibliothek-Zimmer des Archivarius Lindhorst – Sieg des Salamanders und Befreiung des Studenten Anselmus

Mit Recht darf ich zweifeln, dass du, günstiger Leser! jemals in einer gläsernen Flasche verschlossen gewesen sein solltest, es sei denn, dass ein lebendiger neckhafter Traum dich einmal mit solchem feeischen Unwesen befangen hätte. War das der Fall, so wirst du das Elend des armen Studenten Anselmus recht lebhaft fühlen; hast du aber auch dergleichen nie geträumt, so schließt dich deine rege Fantasie mir und dem Anselmus zu Gefallen wohl auf einige Augenblicke in das Kristall ein. – du bist von blendendem Glanze dicht umflossen, alle Gegenstände rings umher erscheinen dir von strahlenden Regenbogenfarben erleuchtet und umgeben – alles zittert und wankt und dröhnt im Schimmer – du schwimmst regungs- und bewegungslos wie in einem festgefrornen Äther, der dich einpresst, sodass der Geist vergebens dem toten Körper gebietet. Immer gewichtiger und gewichtiger drückt die zentnerschwere Last deine Brust – immer mehr und mehr zehrt jeder Atemzug die Lüftchen weg, die im engen Raum noch auf und niederwallten – deine Pulsadern schwellen auf, und von grässlicher Angst durchschnitten zuckt jeder Nerv im Todeskampfe blutend. – Habe Mitleid, günstiger Leser! mit dem Studenten Anselmus, den diese namenlose Marter in seinem gläsernen Gefängnisse ergriff; aber er fühlte wohl, dass der Tod ihn nicht erlösen könne, denn erwachte er nicht aus der tiefen Ohnmacht, in die er im Übermaß seiner Qual versunken, als die Morgensonne in das Zimmer hell und freundlich hineinschien, und fing seine Marter nicht von neuem an? – Er konnte kein Glied regen, aber seine Gedanken schlugen an das Glas, ihn im misstönenden Klange betäubend, und er vernahm statt der Worte, die der Geist sonst aus dem Innern gesprochen, nur das dumpfe Brausen des Wahnsinns. – Da schrie er auf in Verzweiflung: »O Serpentina – Serpentina, rette mich von dieser Höllenqual!« Und es war als umwehten ihn leise Seufzer, die legten sich um die Flasche wie grüne durchsichtige Holunderblätter, das Tönen hörte auf, der blendende verwirrende Schein war verschwunden und er atmete freier. »Bin ich denn nicht an meinem Elende lediglich selbst schuld, ach! habe ich nicht gegen dich selbst, holde, geliebte Serpentina! gefrevelt? – habe ich nicht schnöde Zweifel gegen dich gehegt? habe ich nicht den Glauben verloren und mit ihm alles, alles was mich hoch beglücken sollte? – Ach, du wirst nun wohl nimmer mein werden, für mich ist der goldne Topf verloren, ich darf seine Wunder nimmermehr schauen. Ach, nur ein einziges Mal möcht ich dich sehen, deine holde süße Stimme hören, liebliche Serpentina!« – So klagte der Student Anselmus von tiefem schneidendem Schmerz ergriffen, da sagte jemand dicht neben ihm: »Ich weiß gar nicht was Sie wollen, Hr. Studiosus, warum lamentieren Sie so über alle Maßen?« – Der Student Anselmus wurde gewahr, dass neben ihm auf demselben Repositorium noch fünf Flaschen standen, in welchen er drei Kreuzschüler und zwei Praktikanten erblickte. – »Ach, meine Herren und Gefährten im Unglück«, rief er aus, »wie ist es Ihnen denn möglich, so gelassen, ja so vergnügt zu sein, wie ich es an Ihren heitern Mienen bemerke? – Sie sitzen ja doch ebenso gut eingesperrt in gläsernen Flaschen als ich, und können sich nicht regen und bewegen, ja nicht einmal was Vernünftiges denken, ohne dass ein Mordlärm entsteht mit Klingen und Schallen, und ohne dass es Ihnen im Kopfe ganz schrecklich saust und braust. Aber Sie glauben gewiss nicht an den Salamander und an die grüne Schlange.« – »Sie faseln wohl, mein Hr. Studiosus«, erwiderte ein Kreuzschüler, »nie haben wir uns besser befunden, als jetzt, denn die Speziestaler, welche wir von dem tollen Archivarius erhalten für allerlei konfuse Abschriften, tun uns wohl; wir dürfen jetzt keine italienische Chöre mehr auswendig lernen, wir gehen jetzt alle Tage zu Josephs oder sonst in andere Kneipen, lassen uns das Doppelbier wohl schmecken, sehen auch wohl einem hübschen Mädchen in die Augen, singen wie wirkliche Studenten: gaudeamus igitur und sind seelenvergnügt.« – »Die Herren haben ganz recht«, fiel ein Praktikant ein, »auch ich bin mit Speziestalern reichlich versehen, wie hier mein teurer Kollege nebenan, und spaziere fleißig auf den Weinberg, statt bei der leidigen Aktenschreiberei zwischen vier Wänden zu sitzen.« – »Aber meine besten wertesten Herren!«, sagte der Student Anselmus, »spüren Sie es denn nicht, dass Sie alle samt und sonders in gläsernen Flaschen sitzen und sich nicht regen und bewegen, viel weniger umherspazieren können?« – Da schlugen die Kreuzschüler und die Praktikanten eine helle Lache auf und schrien: »Der Studiosus ist toll, er bildet sich ein in einer gläsernen Flasche zu sitzen, und steht auf der Eibbrücke und sieht gerade hinein ins Wasser. Gehen wir nur weiter!« – »Ach«, seufzte der Student, »die schauten niemals die holde Serpentina, sie wissen nicht was Freiheit und Leben in Glauben und Liebe ist, deshalb spüren sie nicht den Druck des Gefängnisses, in das sie der Salamander bannte, ihrer Torheit, ihres gemeinen Sinnes wegen, aber ich Unglücklicher werde vergehen in Schmach und Elend, wenn *sie,* die ich so unaussprechlich liebe, mich nicht rettet.« – Da wehte und säuselte Serpentinas Stimme durch das Zimmer: »Anselmus! – glaube, liebe, hoffe!« – Und jeder Laut strahlte in das Gefängnis des Anselmus hinein, und das Kristall musste seiner Gewalt weichen und sich ausdehnen, dass die Brust des Gefangenen sich regen und erheben konnte! – Immer mehr verringerte sich die Qual seines Zustandes, und er merkte wohl, dass ihn Serpentina noch liebe, und dass nur *sie* es sei, die ihm den Aufenthalt in dem Kristall erträglich mache. Er bekümmerte sich nicht mehr um seine leichtsinnigen Unglücksgefährten, sondern richtete Sinn und Gedanken nur auf die holde Serpentina. – Aber plötzlich entstand von der andern Seite her ein dumpfes widriges Gemurmel. Er konnte bald deutlich bemerken, dass dies Gemurmel von einer alten Kaffeekanne mit halbzerbrochenem Deckel herrührte, die ihm gegenüber auf einem kleinen Schrank hingestellt war. Sowie er schärfer hinschaute, entwickelten sich immer mehr die garstigen Züge eines alten verschrumpften Weibergesichts, und bald stand das Äpfelweib vom Schwarzen Tor vor dem Repositorium. Die grinsete und lachte ihn an und rief mit gellender Stimme: »Ei, ei, Kindchen! – musst du nun ausharren? – Ins Kristall nun dein Fall! – hab ich dir's nicht längst vorausgesagt?« – »Höhne und spotte nur, du verdammtes Hexenweib«, sagte der Student Anselmus, »du bist schuld an allem, aber der Salamander wird dich treffen, du schnöde Runkelrübe!« – »Ho, ho!«, erwiderte die Alte, »nur nicht so stolz! Du hast meinen Söhnlein ins Gesicht getreten, du hast mir die Nase verbrannt, aber doch bin ich dir gut, du Schelm, weil du sonst ein artiger Mensch warst, und mein Töchterchen ist dir auch gut. Aus dem Kristall kommst du aber nun einmal nicht, wenn ich dir nicht helfe; hinauflangen zu dir kann ich nicht, aber meine Frau Gevatterin, die Ratte, welche gleich über dir auf dem Boden wohnt, die soll das Brett entzweinagen, auf dem du stehst, dann purzelst du hinunter und ich fange dich auf in der Schürze, damit du dir die Nase nicht zerschlägst, sondern fein dein glattes Gesichtlein erhältst, und ich trage dich flugs zur Mamsell Veronika, die musst du heiraten, wenn du Hofrat worden.« – »Lass ab von mir, Satans-Geburt«, schrie der Student Anselmus voller Grimm, »nur deine höllischen Künste haben mich zu dem Frevel gereizt, den ich nun abbüßen muss. – Aber geduldig ertrage ich alles, denn nur hier kann ich sein, wo die holde Serpentina mich mit Liebe und Trost umfängt! – Hör es Alte und verzweifle! Trotz biete ich deiner Macht, ich liebe ewiglich nur Serpentina – ich will nie Hofrat werden – nie die Veronika schauen, die mich durch dich zum Bösen verlockt! – Kann die grüne Schlange nicht mein werden, so will ich untergehen in Sehnsucht und Schmerz! – Hebe dich weg – hebe dich weg – du schnöder Wechselbalg!« – Da lachte die Alte auf, dass es im Zimmer gellte, und rief: »So sitze denn und verderbe, aber nun ists Zeit ans Werk zu gehen, denn mein Geschäft hier ist noch von anderer Art.« – Sie warf den schwarzen Mantel ab und stand da in ekelhafter Nacktheit, dann fuhr sie in Kreisen umher, und große Folianten stürzten herab, aus denen riss sie Pergamentblätter, und diese im künstlichen Gefüge schnell zusammenheftend und auf den Leib ziehend, war sie bald wie in einen seltsamen bunten Schuppenharnisch gekleidet. Feuersprühend sprang der schwarze Kater aus dem Tintenfasse, das auf dem Schreibtische stand, und heulte der Alten entgegen, die laut aufjubelte und mit ihm durch die Tür verschwand. Anselmus merkte, dass sie nach dem blauen Zimmer gegangen, und bald hörte er es in der Ferne zischen und brausen, die Vögel im Garten schrien, der Papagei schnarrte: »Rette – rette – Raub – Raub!« – In dem Augenblick kam die Alte ins Zimmer zurückgesprungen, den goldnen Topf auf dem Arm tragend und mit grässlicher Gebärde wild durch die Lüfte schreiend: »Glück auf! – Glück auf! – Söhnlein – töte die grüne Schlange! auf, Söhnlein, auf!« – Es war dem Anselmus, als höre er ein tiefes Stöhnen, als höre er Serpentinas Stimme. Da ergriff ihn Entsetzen und Verzweiflung. – Er raffte alle seine Kraft zusammen, er stieß mit Gewalt, als sollten Nerven und Adern zerspringen, gegen das Kristall – ein schneidender Klang fuhr durch das Zimmer und der Archivarius stand in der Tür in seinem glänzenden damastnen Schlafrock: »Hei, hei! Gesindel, toller Spuk – Hexenwerk – hieher – heisa!« So schrie er. Da richteten sich die schwarzen Haare der Alten wie Borsten empor, ihre glutroten Augen erglänzten von höllischem Feuer, und die spitzigen Zähne des weiten Rachens zusammenbeißend zischte sie: »Frisch – frisch raus – zisch aus, zisch aus«, und lachte und meckerte höhnend und spottend, und drückte den goldnen Topf fest an sich und warf daraus Fäuste voll glänzender Erde auf den Archivarius, aber sowie die Erde den Schlafrock berührte, wurden Blumen daraus, die herabfielen. Da flackerten und flammten die Lilien des Schlafrocks empor, und der

Archivarius schleuderte die in knisterndem Feuer brennenden Lilien auf die Hexe, die vor Schmerz heulte; aber indem sie in die Höhe sprang und den pergamentnen Harnisch schüttelte, verlöschten die Lilien und zerfielen in Asche. »Frisch darauf, mein Junge!« kreischte die Alte, da fuhr der Kater auf in die Luft und brauste fort nach der Tür über den Archivarius, aber der graue Papagei flatterte ihm entgegen und fasste ihn mit dem krummen Schnabel im Genick, dass rotes feuriges Blut ihm aus dem Halse stürzte, und Serpentinas Stimme rief: »Gerettet! – gerettet!« – Die Alte sprang voller Wut und Verzweiflung auf den Archivarius los, sie warf den Topf hinter sich und wollte die langen Finger der dürren Fäuste emporspreizend den Archivarius umkrallen, aber dieser riss schnell den Schlafrock herunter und schleuderte ihn der Alten entgegen. Da zischten und sprühten und brausten blaue knisternde Flammen aus den Pergamentblättern, und die Alte wälzte sich im heulenden Jammer und trachtete immer mehr Erde aus dem Topfe zu greifen, immer mehr Pergamentblätter aus den Büchern zu erhaschen, um die lodernden Flammen zu ersticken, und wenn ihr es gelang, Erde oder Pergamentblätter auf sich zu stürzen, verlöschte das Feuer. Aber nun fuhren wie aus dem Innern des Archivarius flackernde zischende Strahlen auf die Alte. »Hei, hei! drauf und dran – Sieg dem Salamander!« dröhnte die Stimme des Archivarius durch das Zimmer, und hundert Blitze schlängelten sich in feurigen Kreisen um die kreischende Alte. Sausend und brausend fuhren in wütendem Kampfe Kater und Papagei umher, aber endlich schlug der Papagei mit den starken Fittigen den Kater zu Boden, und mit den Krallen ihn durchspießend und festhaltend, dass er in der Todesnot grässlich heulte und ächzte, hackte er ihm mit dem scharfen Schnabel die glühenden Augen aus, dass der brennende Gischt herausspritzte. – Dicker Qualm strömte da empor, wo die Alte zur Erde niedergestürzt unter dem Schlafrock gelegen, ihr Geheul, ihr entsetzliches schneidendes Jammergeschrei verhallte in weiter Ferne. Der Rauch, der sich mit durchdringendem Gestank verbreitet, verdampfte, der Archivarius hob den Schlafrock auf und unter demselben lag eine garstige Runkelrübe. »Verehrter Hr. Archivarius, hier bringe ich den überwundenen Feind«, sprach der Papagei, indem er dem Archivarius Lindhorst ein schwarzes Haar im Schnabel darreichte. »Sehr gut, mein Lieber«, antwortete der Archivarius, »hier liegt auch meine überwundene Feindin, besorgen Sie gütigst nunmehr das übrige; noch heute erhalten Sie als ein kleines Douceur sechs Kokusnüsse und eine neue Brille, da, wie

ich sehe, der Kater Ihnen die Gläser schändlich zerbrochen.« –
»Lebenslang der Ihrige, verehrungswürdiger Freund und Gönner!« versetzte der Papagei sehr vergnügt, nahm die Runkelrübe in
den Schnabel und flatterte damit zum Fenster hinaus, das ihm der
Archivarius Lindhorst geöffnet. Dieser ergriff den goldnen Topf
und rief stark: »Serpentina, Serpentina!« – Aber wie nun der Student Anselmus hoch erfreut über den Untergang des schnöden
Weibes, das ihn ins Verderben gestürzt, den Archivarius anblickte,
da war es wieder die hohe majestätische Gestalt des Geisterfürsten,
die mit unbeschreiblicher Anmut und Würde zu ihm hinaufschaute. – »Anselmus«, sprach der Geisterfürst, »nicht du, sondern
nur ein feindliches Prinzip, das zerstörend in dein Inneres zu dringen und dich mit dir selbst zu entzweien trachtete, war schuld an
deinem Unglauben. – du hast deine Treue bewährt, sei frei und
glücklich.« Ein Blitz zuckte durch das Innere des Anselmus, der
herrliche Dreiklang der Kristallglocken ertönte stärker und mächtiger, als er ihn je vernommen – seine Fibern und Nerven erbebten
– aber immer mehr anschwellend dröhnte der Akkord durch das
Zimmer, das Glas, welches den Anselmus umschlossen, zersprang
und er stürzte in die Arme der holden lieblichen Serpentina.

Elfte Vigilie

Des Konrektors Paulmann Unwille über die in seiner Familie ausge-
brochene Tollheit – Wie der Registratur Heerbrand Hofrat worden,
und im stärksten Froste in Schuhen und seidenen Strümpfen ein-
herging – Veronikas Geständnisse – Verlobung bei der dampfenden
Suppenschüssel

»Aber sagen Sie mir nur, wertester Registrator! wie uns gestern
der vermaledeite Punsch so in den Kopf steigen und zu allerlei
Allotriis treiben konnte?« – Dies sprach der Konrektor Paulmann, indem er am andern Morgen in das Zimmer trat, das noch
voll zerbrochener Scherben lag, und in dessen Mitte die unglückliche Perücke in ihre ursprüngliche Bestandteile aufgelöset im
Punsche umherschwamm. Als der Student Anselmus zur Tür hi-
nausgerannt war, kreuzten und wackelten der Konrektor Paulmann und der Registrator Heerbrand durch das Zimmer, schreiend
wie Besessene und mit den Köpfen aneinander rennend, bis Fränzchen den schwindlichten Papa mit vieler Mühe ins Bett brachte und
der Registrator in höchster Ermattung aufs Sofa sank, welches

Veronika, ins Schlafzimmer flüchtend, verlassen. Der Registrator Heerbrand hatte sein blaues Schnupftuch um den Kopf gewickelt, sah ganz blass und melancholisch aus und stöhnte: »Ach, werter Konrektor, nicht der Punsch, den Mamsell Veronika köstlich bereitet, nein! – sondern lediglich der verdammte Student ist an all dem Unwesen schuld. Merken Sie denn nicht, dass er schon längst mente captus ist? Aber wissen Sie denn nicht auch, dass der Wahnsinn ansteckt? – Ein Narr macht viele; verzeihen Sie, das ist ein altes Sprichwort; vorzüglich, wenn man ein Gläschen getrunken, da gerät man leicht in die Tollheit und manövriert unwillkürlich nach und bricht aus in die Exerzitia, die der verrückte Flügelmann vormacht. Glauben Sie denn, Konrektor! dass mir noch ganz schwindlich ist, wenn ich an den grauen Papagei denke?« – »Ach was«, fiel der Konrektor ein, »Possen! – es war ja der alte kleine Famulus des Archivarii, der einen grauen Mantel umgenommen und den Studenten Anselmus suchte.« – »Es kann sein«, versetzte der Registratur Heerbrand, »aber ich muss gestehen, dass mir ganz miserabel zumute ist; die ganze Nacht über hat es so wunderlich georgelt und gepfiffen.« – »Das war ich«, erwiderte der Konrektor; »denn ich schnarche stark.« – »Nun, mag das sein«, fuhr der Registrator fort – »aber Konrektor, Konrektor! nicht ohne Ursache hatte ich gestern dafür gesorgt uns einige Fröhlichkeit zu bereiten – aber der Anselmus hat mir alles verdorben. – Sie wissen nicht – o Konrektor, Konrektor!« – Der Registrator Heerbrand sprang auf, riss das Tuch vom Kopfe, umarmte den Konrektor, drückte ihm feurig die Hand, rief noch einmal ganz herzbrechend: »O Konrektor, Konrektor!« und rannte Hut und Stock ergreifend schnell von dannen. »Der Anselmus soll mir nicht mehr über die Schwelle«, sprach der Konrektor Paulmann zu sich selbst, »denn ich sehe nun wohl, dass er mit seinem verstockten innern Wahnsinn die besten Leute um ihr bisschen Vernunft bringt; der Registrator ist nun auch geliefert – ich habe mich bisher noch gehalten, aber der Teufel, der gestern im Rausch stark anklopfte, könnte doch wohl am Ende einbrechen und sein Spiel treiben. – Also apage Satanas! – fort mit dem Anselmus!« – Veronika war ganz tiefsinnig geworden, sie sprach kein Wort, lächelte nur zuweilen ganz seltsam und war am liebsten allein. »Die hat der Anselmus auch auf der Seele«, sagte der Konrektor voller Bosheit, »aber es ist gut, dass er sich gar nicht sehen lässt, ich weiß, dass er sich vor mir fürchtet – der Anselmus, deshalb kommt er gar nicht her.« Das letzte sprach der Konrektor Paulmann ganz laut, da stürzten der Veronika, die eben gegenwärtig, die Tränen aus den Augen und sie seufzte: »Ach, kann denn der Anselmus herkommen? der ist ja schon längst in die gläserne Flasche eingesperrt.« – »Wie – was?«, rief der Konrektor Paulmann. »Ach Gott – ach Gott, auch sie faselt schon wie der Registrator, es wird bald zum Ausbruch kommen. – Ach du verdammter, abscheulicher Anselmus!« – Er rannte gleich fort zum Doktor Eckstein, der lächelte und sagte wieder: »Ei, ei!« – Er verschrieb aber nichts, sondern setzte dem wenigen, was er geäußert, noch weggehend hinzu: »Nervenzufälle! – wird sich geben von selbst – in die Luft führen – spazieren fahren – sich zerstreuen – Theater – Sonntagskind – Schwestern von Prag – wird sich geben!« – »So beredt war der Doktor selten«, dachte der Konrektor Paulmann, »ordentlich geschwätzig.« – Mehrere Tage und Wochen und Monate waren vergangen, der Anselmus war verschwunden, aber auch der Registrator Heerbrand ließ sich nicht sehen, bis am vierten Februar, da trat er in einem neuen modernen Kleide vom besten Tuch, in Schuhen und seidenen Strümpfen, des starken Frostes unerachtet, einen großen Strauß lebendiger Blumen in der Hand, mittags Punkt zwölf Uhr in das Zimmer des Konrektors Paulmann, der nicht wenig über seinen geputzten Freund erstaunte. Feierlich schritt der Registrator Heerbrand auf den Konrektor Paulmann los, umarmte ihn mit feinem Anstande und sprach dann: »Heute, an dem Namenstage Ihrer lieben verehrten Mamsell Tochter Veronika, will ich denn nun alles gerade heraussagen, was mir längst auf dem Herzen gelegen! Damals, an dem unglücklichen Abend, als ich die Ingredienzen zu dem verderblichen Punsch in der Tasche meines Matins herbeitrug, hatte ich es im Sinn, eine freudige Nachricht Ihnen mitzuteilen und den glückseligen Tag in Fröhlichkeit zu feiern, schon damals hatte ich es erfahren, dass ich Hofrat worden, über welche Standeserhöhung ich jetzt das Patent cum nomine et sigillo principis erhalten und in der Tasche trage.« – »Ach, ach! Herr Registr – Herr Hofrat Heerbrand, wollte ich sagen«, stammelte der Konrektor. – »Aber Sie, verehrter Konrektor«, fuhr der nunmehrige Hofrat Heerbrand fort, »Sie können erst mein Glück vollenden. Schon längst habe ich die Mamsell Veronika im stillen geliebt und kann mich manches freundlichen Blickes rühmen, den sie mir zugeworfen, und der mir deutlich gezeigt, dass sie mir wohl nicht abhold sein dürfte. Kurz, verehrter Konrektor! – ich, der Hofrat Heerbrand, bitte um die Hand Ihrer liebenswürdigen Demoiselle Tochter Veronika, die ich, haben Sie nichts dagegen, in kurzer Zeit heimzuführen gedenke.« – Der Konrektor Paulmann schlug voller

Verwunderung die Hände zusammen und rief: »Ei – Ei – Ei – Herr Registr – Herr Hofrat, wollte ich sagen, wer hätte das gedacht! – Nun, wenn Veronika Sie in der Tat liebt, ich meinesteils habe nichts dagegen; vielleicht ist auch ihre jetzige Schwermut nur eine versteckte Verliebtheit in Sie, verehrter Hofrat! man kennt ja die Possen.« – In dem Augenblick trat Veronika herein, blass und verstört, wie sie jetzt gewöhnlich war. Da schritt der Hofrat Heerbrand auf sie zu, erwähnte in wohlgesetzter Rede ihres Namenstages und überreichte ihr den duftenden Blumenstrauß nebst einem kleinen Päckchen, aus dem ihr, als sie es öffnete, ein Paar glänzende Ohrgehänge entgegenstrahlten. Eine schnelle fliegende Röte färbte ihre Wangen, die Augen blitzten lebhafter und sie rief: »Ei, mein Gott! das sind ja dieselben Ohrgehänge, die ich schon vor mehreren Wochen trug und mich daran ergötzte!« – »Wie ist denn das möglich«, fiel der Hofrat Heerbrand etwas bestürzt und empfindlich ein, »da ich dieses Geschmeide erst seit einer Stunde in der Schlossgasse für schmähliches Geld erkauft?« – Aber die Veronika hörte nicht darauf, sondern stand schon vor dem Spiegel, um die Wirkung des Geschmeides, das sie bereits in die kleinen Öhrchen gehängt, zu erforschen. Der Konrektor Paulmann eröffnete ihr mit gravitätischer Miene und mit ernstem Ton die Standeserhöhung Freund Heerbrands und seinen Antrag. Veronika schaute den Hofrat mit durchdringendem Blick an und sprach: »Das wusste ich längst, dass Sie mich heiraten wollen. – Nun es sei! – ich verspreche Ihnen Herz und Hand, aber ich muss Ihnen nur gleich – Ihnen beiden nämlich, dem Vater und dem Bräutigam, manches entdecken, was mir recht schwer in Sinn und Gedanken liegt – jetzt gleich, und sollte darüber die Suppe kalt werden, die, wie ich sehe, Fränzchen soeben auf den Tisch setzt.« Ohne des Konrektors und des Hofrats Antwort abzuwarten, unerachtet ihnen sichtlich die Worte auf den Lippen schwebten, fuhr Veronika fort: »Sie können es mir glauben, bester Vater! dass ich den Anselmus recht von Herzen liebte, und als der Registrator Heerbrand, der nunmehr selbst Hofrat worden, versicherte, der Anselmus könne es wohl zu so etwas bringen, beschloss ich, *er* und kein anderer solle mein Mann werden. Da schien es aber, als wenn fremde feindliche Wesen ihn mir entreißen wollten, und ich nahm meine Zuflucht zu der alten Liese, die ehemals meine Wärterin war, und jetzt eine weise Frau, eine große Zauberin ist. *Die* versprach mir, zu helfen, und den Anselmus mir ganz in die Hände zu liefern. Wir gingen mitternachts in der Tag- und Nachtgleiche auf den Kreuzweg, sie beschwor die höllischen Geister, und mit Hülfe des schwarzen Katers brachten wir einen kleinen Metallspiegel zu Stande, in den ich, meine Gedanken auf den Anselmus richtend, nur blicken durfte, um ihn ganz in Sinn und Gedanken zu beherrschen. – Aber ich bereue jetzt herzlich das alles getan zu haben, ich schwöre allen Satanskünsten ab. Der Salamander hat über die Alte gesiegt, ich hörte ihr Jammergeschrei, aber es war keine Hülfe möglich; sowie sie als Runkelrübe vom Papagei verzehrt worden, zerbrach mit schneidendem Klange mein Metallspiegel.« Veronika holte die beiden Stücke des zerbrochenen Spiegels und eine Locke aus dem Nähkästchen, und beides dem Hofrat Heerbrand hinreichend, fuhr sie fort: »Hier nehmen Sie, geliebter Hofrat, die Stücke des Spiegels, werfen Sie sie heute Nacht um zwölf Uhr von der Eibbrücke, und zwar von da, wo das Kreuz steht, hinab in den Strom, der dort nicht zugefroren, die Locke aber bewahren Sie auf treuer Brust. Ich schwöre nochmals allen Satanskünsten ab und gönne dem Anselmus herzlich sein Glück, da er nunmehr mit der grünen Schlange verbunden, die viel schöner und reicher ist, als ich. Ich will Sie, geliebter Hofrat, als eine rechtschaffene Frau lieben und verehren!« – »Ach Gott! – ach Gott«, rief der Konrektor Paulmann voller Schmerz, »sie ist wahnsinnig, sie ist wahnsinnig – sie kann nimmermehr Frau Hofrätin werden – sie ist wahnsinnig!« – »Mit nichten«, fiel der Hofrat Heerbrand ein, »ich weiß wohl, dass Mamsell Veronika einige Neigung für den vertrackten Anselmus gehegt, und es mag sein, dass sie vielleicht in einer gewissen Überspannung sich an die weise Frau gewendet, die, wie ich merke, wohl niemand anders sein kann als die Kartenlegerin und Kaffeegießerin vor dem Seetor – kurz, die alte Rauerin. Nun ist auch nicht zu leugnen, dass es wirklich wohl geheime Künste gibt, die auf den Menschen nur gar zu sehr ihren feindlichen Einfluss äußern, man lieset schon davon in den Alten, was aber Mamsell Veronika von dem Sieg des Salamanders und von der Verbindung des Anselmus mit der grünen Schlange gesprochen, ist wohl nur eine poetische Allegorie – gleichsam ein Gedicht, worin sie den gänzlichen Abschied von dem Studenten besungen.« – »Halten Sie das wofür Sie wollen, bester Hofrat!« fiel Veronika ein, »vielleicht für einen recht albernen Traum.« – »Keineswegs tue ich das«, versetzte der Hofrat Heerbrand, »denn ich weiß ja wohl, dass der Anselmus auch von geheimen Mächten befangen, die ihn zu allen möglichen tollen Streichen necken und treiben.« Länger konnte der Konrektor Paulmann nicht an sich halten, er brach los: »Halt, um Gottes willen, halt! haben wir uns denn etwa wieder übernommen im verdammten Punsch, oder wirkt des Anselmi Wahnsinn auf uns? Herr Hofrat, was sprechen Sie denn auch wieder für Zeug? – Ich will indessen glauben, dass es die Liebe ist, die euch in dem Gehirn spukt, das gibt sich aber bald in der Ehe, sonst wäre mir bange, dass auch *Sie* in einigen Wahnsinn verfallen, verehrungswürdiger Hofrat, und würde dann Sorge tragen wegen der Deszendenz, die das Malum der Eltern vererben könnte. – Nun, ich gebe meinen väterlichen Segen zu der fröhlichen Verbindung und erlaube, dass ihr euch als Braut und Bräutigam küsset.« Dies geschah sofort, und es war, noch ehe die aufgetragene Suppe kalt worden, die förmliche Verlobung geschlossen. Wenige Wochen nachher saß die Frau Hofrätin Heerbrand wirklich, wie sie sich schon früher im Geiste erblickt, in dem Erker eines schönen Hauses auf dem Neumarkt und schaute lächelnd auf die Elegants hinab, die vorübergehend und hinauflorgnettierend sprachen: »Es ist doch eine göttliche Frau die Hofrätin Heerbrand!«

Zwölfte Vigilie

Nachricht von dem Rittergut, das der Anselmus als des Archivarius Lindhorst Schwiegersohn bezogen, und wie er dort mit der Serpentina lebt – Beschluss

Wie fühlte ich recht in der Tiefe des Gemüts die hohe Seligkeit des Studenten Anselmus, der mit der holden Serpentina innigst verbunden, nun nach dem geheimnisvollen wunderbaren Reiche gezogen war, das er für die Heimat erkannte, nach der sich seine von seltsamen Ahnungen erfüllte Brust schon so lange gesehnt. Aber vergebens blieb alles Streben, dir, günstiger Leser, all die Herrlichkeiten, von denen der Anselmus umgeben, auch nur einigermaßen in Worten anzudeuten. Mit Widerwillen gewahrte ich die Mattigkeit jedes Ausdrucks. Ich fühlte mich befangen in den Armseligkeiten des kleinlichen Alltagslebens, ich erkrankte in quälendem Missbehagen, ich schlich umher wie ein Träumender, kurz, ich geriet in jenen Zustand des Studenten Anselmus, den ich dir, günstiger Leser! in der vierten Vigilie beschrieben. Ich härmte mich recht ab, wenn ich die eilf Vigilien, die ich glücklich zu Stande gebracht, durchlief, und nun dachte, dass es mir wohl niemals vergönnt sein werde, die zwölfte als Schlussstein hinzuzufügen, denn so oft ich mich zur Nachtzeit hinsetzte, um das Werk zu vollenden, war es, als hielten mir recht tückische Geister (es mochten wohl Verwandte – vielleicht Cousins germains der getöteten Hexe sein) ein glänzend poliertes Metall vor, in dem ich mein Ich erblickte, blass, übernächtig und melancholisch, wie der Registratur Heerbrand nach dem Punsch-Rausch. – Da warf ich denn die Feder hin und eilte ins Bett, um wenigstens von dem glücklichen Anselmus und der holden Serpentina zu träumen. So hatte das schon mehrere Tage und Nächte gedauert, als ich endlich ganz unerwartet von dem Archivarius Lindhorst ein Billet erhielt, worin er mir folgendes schrieb:

Ew. Wohlgeboren haben, wie mir bekannt worden, die seltsamen Schicksale meines guten Schwiegersohnes, des vormaligen Studenten, jetzigen Dichters Anselmus, in eilf Vigilien beschrieben, und quälen sich jetzt sehr ab, in der zwölften und letzten Vigilie einiges von seinem glücklichen Leben in Atlantis zu sagen, wohin er mit meiner Tochter auf das hübsche Rittergut, welches ich dort besitze, gezogen. Unerachtet ich nun nicht eben gern sehe, dass Sie mein eigentliches Wesen der Lesewelt kund getan, da es mich vielleicht in meinem Dienst als Geh. Archivarius tausend Unannehmlichkeiten aussetzen, ja wohl gar im Collegio die zu ventilierende Frage veranlassen wird: inwiefern wohl ein Salamander sich rechtlich und mit verbindenden Folgen als Staatsdiener eidlich verpflichten könne, und inwiefern ihm überhaupt solide Geschäfte anzuvertrauen, da nach Gabalis und Swedenborg den Elementargeistern durchaus nicht zu trauen – unerachtet nun meine besten Freunde meine Umarmung scheuen werden, aus Furcht, ich könnte in plötzlichem Übermut was weniges blitzen und ihnen Frisur und Sonntagsfrack verderben – unerachtet alles dessen, sage ich, will ich Ew. Wohlgeboren doch in der Vollendung des Werks behülflich sein, da darin viel Gutes von mir und von meiner lieben verheirateten Tochter (ich wollte, ich wäre die beiden übrigen auch schon los) enthalten. Wollen Sie daher die zwölfte Vigilie schreiben, so steigen Sie Ihre verdammten fünf Treppen hinunter, verlassen Sie Ihr Stübchen, und kommen Sie zu mir. Im blauen Palmbaumzimmer, das Ihnen schon bekannt, finden Sie die gehörigen Schreibmaterialien, und Sie können dann mit wenigen Worten den Lesern kund tun, was Sie geschaut, das wird Ihnen besser sein, als eine weitläufige Beschreibung eines Lebens, das Sie ja doch nur von Hörensagen kennen. Mit Achtung   Ew. Wohlgeboren   ergebenster
der Salamander Lindhorst
p. t. Königl. Geh. Archivarius

Dies freilich etwas raue, aber doch freundschaftliche Billet des Archivarius Lindhorst war mir höchst angenehm. Zwar schien es gewiss, dass der wunderliche Alte von der seltsamen Art, wie mir die Schicksale seines Schwiegersohns bekannt worden, die ich, zum Geheimnis verpflichtet, dir selbst, günstiger Leser! verschweigen musste, wohl unterrichtet sei, aber er hatte das nicht so übel vermerkt, als ich wohl befürchten konnte. Er bot ja selbst hülfreiche Hand, mein Werk zu vollenden, und daraus konnte ich mit Recht schließen, wie er im Grunde genommen damit einverstanden sei, dass seine wunderliche Existenz in der Geisterwelt durch den Druck bekannt werde. Es kann sein, dachte ich, dass er selbst die Hoffnung daraus schöpft, desto eher seine beiden noch übrigen Töchter an den Mann zu bringen, denn vielleicht fällt doch ein Funke in dieses oder jenes Jünglings Brust, der die Sehnsucht nach der grünen Schlange entzündet, welche er dann in dem Holunderbusch am Himmelfahrtstage sucht und findet. Aus dem Unglück, das den Anselmus betroffen, als er in die gläserne Flasche gebannt wurde, wird er die Warnung entnehmen, sich vor jedem Zweifel, vor jedem Unglauben recht ernstlich zu hüten. Punkt eilf Uhr löschte ich meine Studierlampe aus und schlich zum Archivarius Lindhorst, der mich schon auf dem Flur erwartete. »Sind Sie da – Hochverehrter! – nun das ist mir lieb, dass Sie meine guten Absichten nicht verkennen – kommen Sie nur!« – Und damit führte er mich durch den von blendendem Glanze erfüllten Garten in das azurblaue Zimmer, in welchem ich den violetten Schreibtisch erblickte, an welchem der Anselmus gearbeitet. – Der Archivarius Lindhorst verschwand, erschien aber gleich wieder mit einem schönen goldnen Pokal in der Hand, aus dem eine blaue Flamme hoch emporknisterte. »Hier«, sprach er, »bringe ich Ihnen das Lieblingsgetränk Ihres Freundes des Kapellmeisters Johannes Kreisler. – Es ist angezündeter Arrak, in den ich einigen Zucker geworfen. Nippen Sie was weniges davon, ich will gleich meinen Schlafrock abwerfen und zu meiner Lust, und um, während Sie sitzen und schauen und schreiben, Ihrer werten Gesellschaft zu genießen, in dem Pokale auf- und niedersteigen.« – »Wie es Ihnen gefällig ist, verehrter Herr Archivarius«, versetzte ich, »aber wenn ich nun von dem Getränk genießen will, werden Sie nicht« – »Tragen Sie keine Sorge, mein Bester«, rief der Archivarius, warf den Schlafrock schnell ab, stieg zu meinem nicht geringen Erstaunen in den Pokal und verschwand in den Flammen. – Ohne Scheu kostete ich, die Flamme leise weghauchend, von dem Getränk, es war köstlich!

Rühren sich nicht in sanftem Säuseln und Rauschen die smaragdenen Blätter der Palmbäume, wie vom Hauch des Morgenwindes geliebkost? – Erwacht aus dem Schlafe heben und regen sie sich und flüstern geheimnisvoll von den Wundern, die wie aus weiter Ferne holdselige Harfentöne verkünden! – Das Azur löst sich von den Wänden und wallt wie duftiger Nebel auf und nieder, aber blendende Strahlen schießen durch den Duft, der sich wie in jauchzender kindischer Lust wirbelt und dreht und aufsteigt bis zur unermesslichen Höhe, die sich über den Palmbäumen wölbt. – Aber immer blendender häuft sich Strahl auf Strahl, bis in hellem Sonnenglanze sich der unabsehbare Hain aufschließt, in dem ich den Anselmus erblicke. – Glühende Hyazinthen und Tulipanen und Rosen erheben ihre schönen Häupter und ihre Düfte rufen in gar lieblichen Lauten dem Glücklichen zu: Wandle, wandle unter uns, Geliebter, der du uns verstehst – unser Duft ist die Sehnsucht der Liebe – wir lieben dich und sind dein immerdar! – Die goldnen Strahlen brennen in glühenden Tönen: wir sind Feuer von der Liebe entzündet. – Der Duft ist die Sehnsucht, aber Feuer das Verlangen, und wohnen wir nicht in deiner Brust? wir sind ja dein eigen! Es rischeln und rauschen die dunklen Büsche – die hohen Bäume: Komme zu uns! – Glücklicher – Geliebter! – Feuer ist das Verlangen, aber Hoffnung unser kühler Schatten! wir umsäuseln liebend dein Haupt, denn du verstehst uns, weil die Liebe in deiner Brust wohnet. Die Quellen und Bäche plätschern und sprudeln: Geliebter, wandle nicht so schnell vorüber, schaue in unser Kristall – dein Bild wohnt in uns, das wir liebend bewahren, denn du hast uns verstanden! – Im Jubelchor zwitschern und singen bunte Vögelein: Höre uns, höre uns, wir sind die Freude, die Wonne, das Entzücken der Liebe! – Aber sehnsuchtsvoll schaut Anselmus nach dem herrlichen Tempel, der sich in weiter Ferne erhebt. Die künstlichen Säulen scheinen Bäume und die Kapitaler und Gesimse Akanthusblätter, die in wundervollen Gewinden und Figuren herrliche Verzierungen bilden. Anselmus schreitet dem Tempel zu, er betrachtet mit innerer Wonne den bunten Marmor, die wunderbar bemoosten Stufen. »Ach nein«, ruft er wie im Übermaß des Entzückens, »sie ist nicht mehr fern!« Da tritt in hoher Schönheit und Anmut Serpentina aus dem Innern des Tempels, sie trägt den goldnen Topf, aus dem eine herrliche Lilie entsprossen. Die namenlose Wonne der unendlichen Sehnsucht glüht in den holdseligen Augen, so blickt sie den Anselmus an, sprechend: »Ach, Geliebter! die Lilie hat ihren Kelch erschlossen – das Höchste ist erfüllt, gibt es denn eine Seligkeit, die der unsrigen gleicht?« Anselmus umschlingt sie mit der Inbrunst des glühendsten Verlangens – die Lilie brennt in flammenden Strahlen über seinem Haupte. Und lauter regen sich die Bäume und die Büsche, und heller und freudiger jauchzen die Quellen – die Vögel – allerlei bunte Insekten tanzen in den Luftwirbeln – ein frohes, freudiges, jubelndes Getümmel in der Luft – in den Wässern – auf der Erde feiert das Fest der liebe! – Da zucken Blitze überall leuchtend durch die Büsche – Diamanten blicken wie funkelnde Augen aus der Erde! – hohe Springbäche strahlen aus den Quellen – seltsame Düfte wehen mit rauschendem Flügelschlag daher – es sind die Elementargeister, die der Lilie huldigen und des Anselmus Glück verkünden. – Da erhebt Anselmus das Haupt wie vom Strahlenglanz der Verklärung umflossen. – Sind es Blicke? – sind es Worte? – ist es Gesang? – Vernehmlich klingt es: »Serpentina! – der Glaube an dich, die Liebe hat mir das Innerste der Natur erschlossen! – du brachtest mir die Lilie, die aus dem Golde, aus der Urkraft der Erde, noch ehe Phosphorus den Gedanken entzündete, entspross – sie ist die Erkenntnis des heiligen Einklangs aller Wesen, und in dieser Erkenntnis lebe ich in höchster Seligkeit immerdar. – Ja, ich Hochbeglückter habe das Höchste erkannt – ich muss dich lieben ewiglich, o Serpentina! – nimmer verbleichen die goldnen Strahlen der Lilie, denn wie Glaube und Liebe ist ewig die Erkenntnis.«

Die Vision, in der ich nun den Anselmus leibhaftig auf seinem Rittergute in Atlantis gesehen, verdankte ich wohl den Künsten des Salamanders, und herrlich war es, dass ich sie, als alles wie im Nebel verloschen, auf dem Papier, das auf dem violetten Tische lag, recht sauber und augenscheinlich von mir selbst aufgeschrieben fand. – Aber nun fühlte ich mich von jähem Schmerz durchbohrt und zerrissen. »Ach, glücklicher Anselmus, der du die Bürde des alltäglichen Lebens abgeworfen, der du in der Liebe zu der holden Serpentina die Schwingen rüstig rührtest und nun lebst in Wonne und Freude auf deinem Rittergut in Atlantis! – Aber ich Armer! – bald – ja in wenigen Minuten bin ich selbst aus diesem schönen Saal, der noch lange kein Rittergut in Atlantis ist, versetzt in mein Dachstübchen, und die Armseligkeiten des bedürftigen Lebens befangen meinen Sinn und mein Blick ist von tausend Unheil wie von dickem Nebel umhüllt, dass ich wohl niemals die Lilie schauen werde.« – Da klopfte mir der Archivarius Lindhorst leise auf die Achsel und sprach: »Still, still, Verehrter!

klagen Sie nicht so! – Waren Sie nicht soeben selbst in Atlantis, und haben Sie denn nicht auch dort wenigstens einen artigen Meierhof als poetisches Besitztum Ihres innern Sinns? – Ist denn überhaupt des Anselmus Seligkeit etwas anderes als das Leben in der Poesie, der sich der heilige Einklang aller Wesen als tiefstes Geheimnis der Natur offenbaret?«

Ende des Märchens

DIE ABENTEUER DER
SILVESTER-NACHT

Vorwort des Herausgebers

Der reisende Enthusiast, aus dessen Tagebuche abermals ein Callotsches Fantasiestück mitgeteilt wird, trennt offenbar sein inneres Leben so wenig vom äußern, dass man beider Grenzen kaum zu unterscheiden vermag. Aber eben, weil du, günstiger Leser! diese Grenze nicht deutlich wahrnimmst, lockt der Geisterseher dich vielleicht herüber, und unversehens befindest du dich in dem fremden Zauberreiche, dessen seltsame Gestalten recht in dein äußeres Leben treten und mit dir auf Du und Du umgehen wollen, wie alte Bekannte. Dass du sie wie diese aufnehmen, ja dass du, ihrem wunderbarlichen Treiben ganz hingegeben, manchen kleinen Fieberschauer, den sie, stärker dich fassend, dir erregen könnten, willig ertragen mögest, darum bitte ich, günstiger Leser! recht von Herzen. Was kann ich mehr für den reisenden Enthusiasten tun, dem nun einmal überall, und so auch am Silvester-Abend in Berlin, so viel Seltsames und Tolles begegnet ist?

1. Die Geliebte

Ich hatte den Tod, den eiskalten Tod im Herzen, ja aus dem Innersten, aus dem Herzen heraus stach es wie mit spitzigen Eiszapfen in die glutdurchströmten Nerven. Wild rannte ich, Hut und Mantel vergessend, hinaus in die finstre stürmische Nacht! – Die Turmfahnen knarrten, es war, als rühre die Zeit hörbar ihr ewiges furchtbares Räderwerk und gleich werde das alte Jahr wie ein schweres Gewicht dumpf hinabrollen in den dunkeln Abgrund. – du weißt es ja, dass diese Zeit, Weihnachten und Neujahr, die euch allen in solch heller herrlicher Freudigkeit aufgeht, mich immer aus friedlicher Klause hinauswirft auf ein wogendes tosendes Meer. Weihnachten! das sind Festtage, die mir in freundlichem Schimmer lange entgegenleuchten. Ich kann es nicht erwarten – ich bin besser, kindlicher als das ganze Jahr über, keinen finstern, gehässigen Gedanken nährt die der wahren Himmelsfreude geöffnete Brust; ich bin wieder ein vor Lust jauchzender Knabe. Aus dem bunten vergoldeten Schnitzwerk in den lichten Christbuden lachen mich holde Engelsgesichter an, und durch das lärmende Gewühl auf den Straßen gehen, wie aus weiter Ferne kommend, heilige Orgelklänge: »denn es ist uns ein Kind geboren!« – Aber nach dem Feste ist alles verhallt, erloschen der Schimmer im trüben Dunkel. Immer mehr und mehr Blüten fallen jedes Jahr verwelkt herab, ihr Keim erlosch auf ewig, keine Frühlingssonne entzündet neues Leben in den verdorrten Ästen. Das weiß ich recht gut, aber die feindliche Macht rückt mir das, wenn das Jahr sich zu Ende neigt, mit hämischer Schadenfreude unaufhörlich vor. »Siehe«, lispelt's mir in die Ohren, »siehe, wie viel Freuden schieden in diesem Jahr von dir, die nie wiederkehren, aber dafür bist du auch klüger geworden und hältst überhaupt nicht mehr viel auf schnöde Lustigkeit, sondern wirst immer mehr ein ernster Mann – gänzlich ohne Freude.« Für den Silvester-Abend spart mir der Teufel jedes Mal ein ganz besonderes Feststück auf. Er weiß im richtigen Moment, recht furchtbar höhnend, mit der scharfen Kralle in die Brust hineinzufahren und weidet sich an dem Herzblut, das ihr entquillt. Hülfe findet er überall, so wie gestern der Justizrat ihm wacker zur Hand ging. Bei *dem* (dem Justizrat, meine ich) gibt es am Silvester-Abend immer große Gesellschaft, und dann will er zum lieben Neujahr jedem eine besondere Freude bereiten, wobei er sich so ungeschickt und täppisch anstellt, dass alles Lustige, was er mühsam ersonnen, untergeht in komischem Jammer. – Als ich ins Vorzimmer trat, kam mir der Justizrat schnell entgegen, meinen Eingang ins Heiligtum, aus dem Tee und feines Räucherwerk herausdampfte, hindernd. Er sah überaus wohlgefällig und schlau aus, er lächelte mich ganz seltsam an, sprechend: »Freundchen, Freundchen, etwas Köstliches wartet Ihrer im Zimmer – eine Überraschung sonder gleichen am lieben Silvester-Abend – erschrecken Sie nur nicht!« – Das fiel mir aufs Herz, düstre Ahnungen stiegen auf und es war mir ganz beklommen und ängstlich zumute. Die Türen wurden geöffnet, rasch schritt ich vorwärts, ich trat hinein, aus der Mitte der Damen auf dem Sofa strahlte mir *ihre* Gestalt entgegen. *Sie* war es – *sie* selbst, die ich seit Jahren nicht gesehen, die seligsten Momente des Lebens blitzten in *einem* mächtigen zündenden Strahl durch mein Innres – kein tötender Verlust mehr – vernichtet der Gedanke des Scheidens! – Durch welchen wunderbaren Zufall sie hergekommen, welches Ereignis sie in die Gesellschaft des Justizrats, von dem ich gar nicht wusste, dass er sie jemals gekannt, gebracht, an das alles dachte ich nicht – ich hatte sie wieder! – Regungslos, wie von einem Zauberschlag plötzlich getroffen, mag ich dagestanden haben; der Justizrat stieß mich leise an: »Nun, Freundchen – Freundchen?« Mechanisch trat ich weiter, aber nur *sie* sah ich, und der gepressten Brust entflohen mühsam die Worte: »Mein Gott – mein Gott, Julie hier?« Ich stand dicht am Teetisch, da erst wurde mich Julie gewahr. Sie stand auf und sprach in beinahe fremden Ton: »Es freuet mich recht sehr, Sie hier zu sehen – Sie sehen recht wohl aus!« – und damit setzte sie sich wieder und fragte die neben ihr sitzende Dame: »Haben wir künftige Woche interessantes Theater zu erwarten?« – du nahst dich der herrlichen Blume, die in süßen heimischen Düften dir entgegenleuchtet, aber sowie du dich beugst, ihr liebliches Antlitz recht nahe zu schauen, schießt aus den schimmernden Blättern heraus ein glatter, kalter Basilisk und will dich töten mit feindlichen Blicken! – *Das* war mir jetzt geschehen! – Täppisch verbeugte ich mich gegen die Damen, und damit dem Giftigen auch noch das Alberne hinzugefügt werde, warf ich, schnell zurücktretend, dem Justizrat, der dicht hinter mir stand, die dampfende Tasse Tee aus der Hand in das zierlich gefaltete Jabot. Man lachte über des Justizrats Unstern und wohl noch mehr über meine Tölpelhaftigkeit. So war alles zu gehöriger Tollheit vorbereitet, aber ich ermannte mich in resignierter Verzweiflung. Julie hatte nicht gelacht, meine irren Blicke trafen sie, und es war, als ginge ein Strahl aus herrlicher Vergangenheit, aus dem Leben voll Liebe und Poesie zu mir herüber. Da fing einer an im Nebenzimmer auf dem Flügel zu fantasieren, das brachte die ganze Gesellschaft in Bewegung. Es hieß, jener sei ein fremder großer Virtuose, namens Berger, der ganz göttlich spiele und dem man aufmerksam zuhören müsse. »Klappre nicht so grässlich mit den Teelöffeln, Mienchen«, rief der Justizrat und lud, mit sanft gebeugter Hand nach der Tür zeigend und einem süßen: »Eh bien!« die Damen ein, dem Virtuosen näher zu treten. Auch Julie war aufgestanden und schritt langsam nach dem Nebenzimmer. Ihre ganze Gestalt hat etwas Fremdartiges angenommen, sie schien mir größer, herausgeformter in fast üppiger Schönheit, als sonst. Der besondere Schnitt ihres weißen, faltenreichen Kleides, Brust, Schultern und Nacken nur halb verhüllend, mit weiten bauschigen, bis an die Ellbogen reichenden Ärmeln, das vorn an der Stirn gescheitelte, hinten in vielen Flechten sonderbar heraufgenestelte Haar gab ihr etwas Altertümliches, sie war beinahe anzusehen, wie die Jungfrauen auf den Gemälden von Mieris – und doch auch wieder war es mir, als hab' ich irgendwo deutlich mit hellen Augen das Wesen gesehen, in das Julie verwandelt. Sie hatte die Handschuhe herabgezogen und selbst die künstlichen um die Handgelenke gewundenen Armgehänge fehlten nicht, um durch die völlige Gleichheit der Tracht jene dunkle Erinnerung immer lebendiger und farbiger hervorzurufen. Julie wandte sich, ehe sie in das Nebenzimmer trat, nach mir herum, und es war mir, als sei das engelschöne, jugendlich anmutige Gesicht verzerrt zum höhnenden Spott; etwas Entsetzliches, Grauenvolles regte sich in mir, wie ein alle Nerven durchzuckender Krampf. »O er spielt himmlisch!« lispelte eine durch süßen Tee begeisterte Demoiselle, und ich weiß selbst nicht, wie es kam, dass ihr Arm in dem meinigen hing, und ich sie, oder vielmehr sie mich in das Nebenzimmer führte. Berger ließ gerade den wildesten Orkan daher brausen; wie donnernde Meereswellen stiegen und sanken die mächtigen Akkorde, das tat mir wohl! – Da stand Julie neben mir und sprach mit süßerer, lieblicherer Stimme als je: »Ich wollte, *du* säßest am Flügel und sängest milder von vergangener Lust und Hoffnung!« – Der Feind war von mir gewichen und in dem einzigen Namen, Julie! wollte ich alle Himmelsseligkeit aussprechen, die in mich gekommen. – Andere dazwischentretende Personen hatten sie aber von mir entfernt. – Sie vermied mich nun sichtlich, aber es gelang mir, bald ihr Kleid zu berühren, bald dicht bei ihr ihren Hauch einzuatmen, und mir ging in tausend blinkenden Farben die vergangene Frühlingszeit auf. – Berger hatte den Orkan ausbrausen lassen, der Himmel war hell worden, wie kleine goldne Morgenwölkchen zogen liebliche Melodien daher und verschwebten im Pianissimo. Dem Virtuosen wurde reichlich verdienter Beifall zuteil, die Gesellschaft wogte durcheinander, und so kam es, dass ich unversehens dicht vor Julien stand. Der Geist wurde mächtiger in mir, ich wollte sie festhalten, sie umfassen im wahnsinnigen Schmerz der Liebe, aber das verfluchte Gesicht eines geschäftigen Bedienten drängte sich zwischen uns hinein, der, einen großen Präsentierteller hinhaltend, recht widrig rief: »Befehlen Sie?« – In der Mitte der mit dampfendem Punsch gefüllten Gläser stand ein zierlich geschliffener Pokal, voll desselben Getränkes, wie es schien. Wie *der* unter die gewöhnlichen Gläser kam, – *weiß jener* am besten, den ich allmählig kennen lerne; er macht, wie der Clemens im Oktavian daherschreitend, mit einem Fuß einen angenehmen Schnörkel und liebt ungemein rote Mäntelchen und rote Federn. Diesen fein geschliffenen und seltsam blinkenden Pokal nahm Julie und bot ihn mir dar, sprechend: »Nimmst du denn noch so gern, wie sonst, das Glas aus meiner Hand?« – »Julia – Julia«, seufzte ich auf. Den Pokal erfassend berührte ich ihre zarten Finger, elektrische Feuerstrahlen blitzten durch alle Pulse und Adern – ich trank und trank – es war mir, als knisterten und leckten kleine blaue Flämmchen um Glas und Lippe. Geleert war der Pokal, und ich weiß selbst nicht, wie es kam, dass ich in dem nur von einer Alabaster-Lampe erleuchteten Kabinett auf der Ottomane saß – Julie – Julie neben mir, kindlich und fromm mich anblickend, wie sonst. Berger war aufs neue am Flügel, er spielte das Andante aus Mozarts sublimer Es-dur-Sinfonie, und auf den Schwanenfittigen des Gesanges regte und erhob sich alle Liebe und Lust meines höchsten Sonnenlebens. – Ja es war Julie – Julie selbst, engelschön und mild – unser Gespräch, sehnsüchtige Liebesklage, mehr Blick als Wort, ihre Hand ruhte in der meinigen. – »Nun lasse ich dich nimmer, deine Liebe ist der Funke, der in mir glüht, höheres Leben in Kunst und Poesie entzündend – ohne dich – ohne deine Liebe alles tot und starr – aber bist du denn nicht auch gekommen, damit du mein bleibest immerdar?« – In dem Augenblick schwankte eine tölpische, Spinnenbeinichte Figur mit herausstehenden Froschaugen herein und rief, recht widrig kreischend und damisch lachend: »Wo der Tausend ist denn meine Frau geblieben?« Julie stand auf und sprach mit fremder Stimme: »Wollen wir nicht zur Gesellschaft gehen? mein Mann sucht mich. – Sie waren wieder recht amüsant, mein Lieber, immer noch bei Laune wie vormals, menagieren Sie sich nur im Trinken« – und der spinnenbeinichte Kleinmeister griff nach ihrer Hand; sie folgte ihm lachend in den Saal. – »Auf ewig verloren!«, schrie ich auf- »Ja gewiss, Codille, Liebster!« meckerte eine l'Hombre spielende Bestie. Hinaus – hinaus rannte ich in die stürmische Nacht.

2. Die Gesellschaft im Keller

Unter den Linden auf und ab zu wandeln mag sonst ganz angenehm sein, nur nicht in der Silvester-Nacht bei tüchtigem Frost und Schneegestöber. Das fühlte ich Barköpfiger und Unbemäntelter doch zuletzt, als durch die Fieberglut Eisschauer fuhren. Fort ging es über die Opernbrücke, bei dem Schlosse vorbei. – ich bog ein, lief über die Schleusenbrücke bei der Münze vorüber. – Ich war in der Jägerstraße dicht am Thiermannschen Laden. Da brannten freundliche Lichter in den Zimmern; schon wollte ich hinein, weil zu sehr mich fror und ich nach einem tüchtigen Schluck starken Getränkes durstete; eben strömte eine Gesellschaft in heller Fröhlichkeit heraus. Sie sprachen von prächtigen Austern und dem guten Eilfer-Wein. »Recht hatte jener doch«, rief einer von ihnen, wie ich beim Laternenschein bemerkte, ein stattlicher Ulanenoffizier, »Recht hatte jener doch, der voriges Jahr in Mainz auf die verfluchten Kerle schimpfte, welche Anno 1794 durchaus nicht mit dem Eilfer herausrücken wollten.« – Alle lachten aus voller Kehle. Unwillkürlich war ich einige Schritte weiter gekommen, ich blieb vor einem Keller stehen, aus dem ein einsames Licht herausstrahlte. Fühlte sich der Shakespearsche Heinrich nicht einmal so ermattet und demütig, dass ihm die arme Kreatur Dünnbier in den Sinn kam? In der Tat, mir geschah gleiches, meine Zunge lechzte nach einer Flasche guten englischen Biers. Schnell fuhr ich in den Keller hinein. »Was beliebt?« kam mir der Wirt, freundlich die Mütze rückend, entgegen. Ich forcierte eine Flasche guten englischen Biers nebst einer tüchtigen Pfeife guten Tabaks, und befand mich bald in solch einem sublimen Philistrismus, vor dem selbst der Teufel Respekt hatte und von mir abließ. – O Justizrat! hättest du mich gesehen, wie ich aus deinem hellen Teezimmer herabgestiegen war in den dunkeln Bierkeller, du hättest dich mit recht stolzer verächtlicher Miene von mir abgewendet und gemurmelt: »Ist es denn ein Wunder, dass ein solcher Mensch die zierlichsten Jabots ruiniert?«

Ich mochte ohne Hut und Mantel den Leuten etwas verwunderlich vorkommen. Dem Manne schwebte eine Frage auf den Lippen, da pochte es ans Fenster und eine Stimme rief herab: »Macht auf, macht auf, ich bin da!« Der Wirt lief hinaus und trat bald wieder herein, zwei brennende Lichter hoch in den Händen tragend, ihm folgte ein sehr langer, schlanker Mann. In der niedrigen Tür vergaß er sich zu bücken und stieß sich den Kopf recht derb; eine barettartige schwarze Mütze, die er trug, verhinderte jedoch Beschädigung. Er drückte sich auf ganz eigene Weise der Wand entlang und setzte sich mir gegenüber, indem die Lichter auf den Tisch gestellt wurden. Man hätte beinahe von ihm sagen können, dass er vornehm und unzufrieden aussähe. Er forderte verdrießlich Bier und Pfeife, und erregte mit wenigen Zügen einen solchen Dampf, dass wir bald in einer Wolke schwammen. Übrigens hatte sein Gesicht so etwas Charakteristisches und Anziehendes, dass ich ihn trotz seines finstern Wesens sogleich lieb gewann. Die schwarzen reichen Haare trug er gescheitelt und von beiden Seiten in vielen kleinen Locken herabhängend, sodass er den Bildern von Rubens glich. Als er den großen Mantelkragen abgeworfen, sah ich, dass er in eine schwarze Kurtka mit vielen Schnüren gekleidet war, sehr fiel es mir aber auf, dass er über die Stiefeln zierliche Pantoffeln gezogen hatte. Ich wurde das gewahr, als er die Pfeife ausklopfte, die er in fünf Minuten ausgeraucht. Unser Gespräch wollte nicht recht von statten gehen, der Fremde schien sehr mit allerlei seltenen Pflanzen beschäftigt, die er aus einer Kapsel genommen hatte und wohlgefällig betrachtete. Ich bezeigte ihm meine Verwunderung über die schönen Gewächse und fragte, da sie ganz frisch gepflückt zu sein schienen, ob er vielleicht im botanischen Garten oder bei Boucher gewesen. Er lächelte ziemlich seltsam und antwortete: »Botanik scheint nicht eben Ihr Fach zu sein, sonst hätten Sie nicht so« – er stockte, ich lispelte kleinlaut: »albern« – »gefragt«, setzte er treuherzig hinzu. »Sie würden«, fuhr er fort, »auf den ersten Blick Alpenpflanzen erkannt haben, und zwar, wie sie auf dem Tschimborasso wachsen.« Die letzten Worte sagte der Fremde leise vor sich hin, und du kannst denken, dass mir dabei gar wunderlich zumute wurde, jede Frage erstarb mir auf den Lippen; aber immer mehr regte sich eine Ahnung in meinem Innern, und es war mir, als habe ich den Fremden nicht sowohl oft *gesehen*, als *oh gedacht.* Da pochte es aufs neue ans Fenster, der Wirt öffnete die Tür und eine Stimme rief: »Seid so gut Euern Spiegel zu verhängen.« – »Aha!« sagte der Wirt, »da kommt noch recht spät der General Suwarow.« Der Wirt verhing den Spiegel, und nun sprang mit einer täppischen Geschwindigkeit, schwerfällig hurtig, möcht ich sagen, ein kleiner dürrer Mann herein, in einem Mantel von ganz seltsam bräunlicher Farbe, der, indem der Mann in der Stube herumhüpfte, in vielen Falten und Fältchen auf ganz eigene Weise um den Körper wehte, sodass es im Schein der Lichter beinahe anzusehen war, als führen viele Gestalten aus- und ineinander, wie bei den Enslerschen Fantasmagorien. Dabei rieb er die in den weiten Ärmeln versteckten Hände und rief: »Kalt! – kalt – o wie kalt! In Italia ist es anders, anders!« Endlich setzte er sich zwischen mir und dem Großen, sprechend: »Das ist ein entsetzlicher Dampf – Tabak gegen Tabak – hätt ich nur eine Prise!« – Ich trug die spiegelblank geschliffene Stahldose in der Tasche, die du mir einst schenktest, die zog ich gleich heraus und wollte dem Kleinen Tabak anbieten. Kaum erblickte er *die,* als er mit beiden Händen darauf zufuhr und, sie wegstoßend, rief: »Weg – weg mit dem abscheulichen Spiegel!« Seine Stimme hatte etwas Entsetzliches, und als ich ihn verwundert ansah, war er ein andrer worden. Mit einem gemütlichen jugendlichen Gesicht sprang der Kleine herein, aber nun starrte mich das todblasse, welke, eingefurchte Antlitz eines Greises mit hohlen Augen an. Voll Entsetzen rückte ich hin zum Großen. »Um's Himmelswillen, schauen Sie doch«, wollt ich rufen, aber der Große nahm an allem keinen Anteil, sondern war ganz vertieft in seine Tschimborasso-Pflanzen, und in dem Augenblick forderte der Kleine: »Wein des Nordens«, wie er sich pretiös ausdrückte. Nach und nach wurde das Gespräch lebendiger. Der Kleine war mir zwar sehr unheimlich, aber der Große wusste über geringfügig scheinende Dinge recht viel Tiefes und Ergötzliches zu sagen, unerachtet er mit dem Ausdruck zu kämpfen schien, manchmal auch wohl ein ungehöriges Wort einmischte, das aber oft der Sache eben eine drollige Originalität gab, und so milderte er, mit meinem Innern sich immer mehr befreundend, den Übeln Eindruck des Kleinen. Dieser schien wie von lauter Springfedern getrieben, denn er rückte auf dem Stuhle hin und her, gestikulierte viel mit den Händen, und wohl rieselte mir ein Eisstrom durch die Haare über den Rücken, wenn ich es deutlich bemerkte, dass er wie aus zwei verschiedenen Gesichtern heraussah. Vorzüglich blickte er oft den Großen, dessen bequeme Ruhe sonderbar gegen des Kleinen Beweglichkeit abstach, mit dem alten Gesicht an, wiewohl nicht so entsetzlich als zuvor mich. – In dem Maskenspiel des irdischen Lebens sieht oft der innere Geist mit leuchtenden Augen aus der Larve heraus, das Verwandte erkennend, und so mag es geschehen sein, dass wir drei absonderliche Menschen im Keller uns auch so angeschaut und erkannt hatten. Unser Gespräch fiel in jenen Humor, der nur aus dem tief bis auf den Tod verletzten Gemüte kommt. »Das hat auch seinen Haken«, sagte der Große. »Ach Gott«, fiel ich ein, »wie viel Haken hat der Teufel überall für uns eingeschlagen, in Zimmerwänden, Lauben, Rosenhecken, woran vorbeistreifend wir etwas von unserm teuern Selbst hängen lassen. Es scheint, Verehrte! als ob uns allen auf diese Weise schon etwas abhanden gekommen, wiewohl mir diese Nacht vorzüglich Hut und Mantel fehlte. Beides hängt an einem Haken in des Justizrats Vorzimmer, wie Sie wissen!« Der Kleine und der Große fuhren sichtlich auf, als träfe sie unversehens ein Schlag. Der Kleine schaute mich recht hässlich mit seinem alten Gesichte an, sprang aber gleich auf einen Stuhl und zog das Tuch fester über den Spiegel, während der Große sorgfältig die Lichter putzte. Das Gespräch lebte mühsam wieder auf, man erwähnte eines jungen wackern Malers, namens Philipp, und des Bildes einer Prinzessin, das er mit *dem* Geist der Liebe und *dem* frommen Sehnen nach dem Höchsten, wie der Herrin tiefer heiliger Sinn es ihm entzündet, vollendet hatte. »Zum Sprechen ähnlich, und doch kein Porträt, sondern ein *Bild*«, meinte der Große. »Es ist so ganz wahr«, sprach ich, »man möchte sagen, wie aus dem Spiegel gestohlen.« Da sprang der Kleine wild auf, mit dem alten Gesicht und funkelnden Augen mich anstarrend schrie er: »Das ist albern, das ist toll, wer vermag aus dem Spiegel Bilder zu stehlen? – wer vermag das? meinst du, vielleicht der Teufel? – Hoho Bruder, der zerbricht das Glas mit der tölpischen Kralle, und die feinen weißen Hände des Frauenbildes werden auch wund und bluten. Albern ist das. Heisa! – zeig mir das Spiegelbild, das gestohlne Spiegelbild, und ich mache dir den Meistersprung von tausend Klafter hinab, du betrübter Bursche!« – Der Große erhob sich, schritt auf den Kleinen los und sprach: »Mache Er sich nicht so unnütz, mein Freund! sonst wird Er die Treppe hinaufgeworfen, es mag wohl miserabel aussehen mit Seinem eignen Spiegelbilde.« – »Ha ha ha ha!« lachte und kreischte der Kleine in tollem Hohn, »ha ha ha – meinst du? meinst du? Hab ich doch meinen schönen Schlagschatten, o du jämmerlicher Geselle, hab ich doch meinen Schlagschatten!« – Und damit sprang er fort, noch draußen hörten wir ihn recht hämisch meckern und lachen: »Hab ich doch meinen Schlagschatten!« Der Große war, wie vernichtet, totenbleich in den Stuhl zurückgesunken, er hatte den Kopf in beide Hände gestützt, und aus der tiefsten Brust atmete schwer ein Seufzer auf. »Was ist Ihnen?«, fragte ich teilnehmend. »O mein Herr«, erwiderte der Große, »jener böse Mensch, der uns so feindselig erschien, der mich bis hieher, bis in meine Normalkneipe verfolgte, wo ich sonst einsam blieb, da höchstens nur etwa ein Erdgeist unter dem Tisch aufduckte und Brotkrümchen naschte – jener böse Mensch hat mich zurückgeführt in mein tiefstes Elend. Ach – verloren, unwiederbringlich verloren habe ich meinen – Leben Sie wohl!« – Er stand auf und schritt mitten durch die Stube zur Tür hinaus. Alles blieb hell um ihn – er warf keinen Schlagschatten. Voll Entzücken rannte ich nach – »Peter Schlemihl – Peter Schlemihl[*]!«, rief ich freudig, aber *der* hatte die Pantoffeln weggeworfen. Ich sah, wie er über den Gendarmesturm hinwegschritt und in der Nacht verschwand.

---

[*] Peter Schlemihls wundersame Geschichte, mitgeteilt von Adalbert von Chamisso und herausgegeben von Friedrich Baron de la Motte Fouqué. Nürnberg bei J. L. Schrag, 1814.

Als ich in den Keller zurück wollte, warf mir der Wirt die Tür vor der Nase zu, sprechend: »Vor solchen Gästen bewahre mich der liebe Herrgott!«

3. Erscheinungen

Herr Mathieu ist mein guter Freund, und sein Türsteher ein wachsamer Mann. Der machte mir gleich auf, als ich im Goldnen Adler an der Hausklingel zog. Ich erklärte, wie ich mich aus einer Gesellschaft fortgeschlichen ohne Hut und Mantel, im letztern stecke aber mein Hausschlüssel, und die taube Aufwärterin herauszupochen, sei unmöglich. Der freundliche Mann (den Türsteher mein ich) öffnete ein Zimmer, stellte die Lichter hin und wünschte mir eine gute Nacht. Der schöne breite Spiegel war verhängt, ich weiß selbst nicht, wie ich darauf kam, das Tuch herabzuziehen und beide Lichter auf den Spiegeltisch zu setzen. Ich fand mich, da ich in den Spiegel schaute, so blass und entstellt, dass ich mich kaum selbst wieder erkannte. – Es war mir, als schwebe aus des Spiegels tiefstem Hintergrunde eine dunkle Gestalt hervor; sowie ich fester und fester Blick und Sinn darauf richtete, entwickelten sich in seltsam magischem Schimmer deutlicher die Züge eines holden Frauenbildes – ich erkannte Julien. Von inbrünstiger Liebe und Sehnsucht befangen, seufzte ich laut auf: »Julia! Julia!« Da stöhnte und ächzte es hinter den Gardinen eines Bettes in des Zimmers äußerster Ecke. Ich horchte auf, immer ängstlicher wurde das Stöhnen. Juliens Bild war verschwunden, entschlossen ergriff ich ein Licht, riss die Gardinen des Bettes rasch auf und schaute hinein. Wie kann ich dir denn das Gefühl beschreiben, das mich durchbebte, als ich den Kleinen erblickte, der mit dem jugendlichen, wiewohl schmerzlich verzogenen Gesicht dalag und im Schlaf recht aus tiefster Brust aufseufzte: »Giulietta – Giulietta!« – Der Name fiel zündend in mein Inneres – das Grauen war von mir gewichen, ich fasste und rüttelte den Kleinen recht derb, rufend: »He – guter Freund, wie kommen Sie in mein Zimmer, erwachen Sie und scheren Sie sich gefälligst zum Teufel!« – Der Kleine schlug die Augen auf und blickte mich mit dunklen Blicken an: »Das war ein böser Traum«, sprach er, »Dank sei Ihnen, dass Sie mich weckten.« Die Worte klangen nur wie leise Seufzer. Ich weiß nicht, wie es kam, dass der Kleine mir jetzt ganz anders erschien, ja dass der Schmerz, von dem er ergriffen, in mein eignes Innres drang und all mein Zorn in tiefer Wehmut verging. Weniger Worte bedurfte es nur, um zu erfahren, dass der Türsteher mir aus Versehen dasselbe Zimmer aufgeschlossen, welches der Kleine schon eingenommen hatte, dass *ich* es also war, der, unziemlich eingedrungen, den Kleinen aus dem Schlafe aufstörte.

»Mein Herr«, sprach der Kleine, »ich mag Ihnen im Keller wohl recht toll und ausgelassen vorgekommen sein, schieben Sie mein Betragen darauf, dass mich, wie ich nicht leugnen kann, zuweilen ein toller Spuk befängt, der mich aus allen Kreisen des Sittigen und Gehörigen hinaustreibt. Sollte Ihnen denn nicht zuweilen Gleiches widerfahren?« – »Ach Gott ja«, erwiderte ich kleinmütig, »nur noch heute Abend, als ich Julien wiedersah.« – »Julia?«, krächzte der Kleine mit widriger Stimme und es zuckte über sein Gesicht hin, das wieder plötzlich alt wurde. »O lassen Sie mich ruhen – verhängen Sie doch gütigst den Spiegel, Bester!« – dies sagte er ganz matt aufs Kissen zurückblickend. »Mein Herr«, sprach ich, »der Name meiner auf ewig verlornen liebe scheint seltsame Erinnerungen in Ihnen zu wecken, auch variieren Sie merklich mit Dero angenehmen Gesichtszügen. Doch hoffe ich mit Ihnen ruhig die Nacht zu verbringen, weshalb ich gleich den Spiegel verhängen und mich ins Bett begeben will.« Der Kleine richtete sich auf, sah mich mit überaus milden, gutmütigen Blicken seines Jünglings-Gesichts an, fasste meine Hand und sprach, sie leise drückend: »Schlafen Sie ruhig, mein Herr, ich merke, dass wir Unglücksgefährten sind. – Sollten Sie auch? – Julia – Giulietta – Nun dem sei, wie ihm wolle, Sie üben eine unwiderstehliche Gewalt über mich aus – ich kann nicht anders, ich muss Ihnen mein tiefstes Geheimnis entdecken – dann hassen, dann verachten Sie mich.« Mit diesen Worten stand der Kleine langsam auf, hüllte sich in einen weißen weiten Schlafrock und schlich leise und recht gespensterartig nach dem Spiegel, vor den er sich hinstellte. Ach! – rein und klar warf der Spiegel die beiden Lichter, die Gegenstände im Zimmer, mich selbst zurück, die Gestalt des Kleinen war nicht zu sehen im Spiegel, kein Strahl reflektierte sein dicht herangebogenes Gesicht. Er wandte sich zu mir, die tiefste Verzweiflung in den Mienen, er drückte meine Hände: »Sie kennen nun mein grenzenloses Elend«, sprach er, »Schlemihl, die reine gute Seele, ist beneidenswert gegen mich Verworfenen. Leichtsinnig verkaufte er seinen Schlagschatten, aber ich! – ich gab mein Spiegelbild *ihr* – *ihr!* – oh – oh – oh!« – So tief aufstöhnend, die Hände vor die Augen gedrückt, wankte der Kleine nach dem Bette, in das er sich schnell warf. Erstarrt blieb ich stehen, Argwohn, Verachtung, Grauen, Teilnahme, Mitleiden, ich weiß selbst nicht, was sich alles für und wider den Kleinen in meiner Brust regte. Der Kleine fing indes bald an so anmutig und melodiös zu schnarchen, dass ich der narkotischen Kraft dieser Töne nicht widerstehen konnte. Schnell verhing ich den Spiegel, löschte die Lichter aus, warf mich, so wie der Kleine, ins Bett und fiel bald in tiefen Schlaf. Es mochte wohl schon Morgen sein, als ein blendender Schimmer mich weckte. Ich schlug die Augen auf und erblickte den Kleinen, der im weißen Schlafrock, die Nachtmütze auf dem Kopf, den Rücken mir zugewendet, am Tische saß und bei beiden angezündeten Lichtern emsig schrieb. Er sah recht spukhaft aus, mir wandelte ein Grauen an; der Traum erfasste mich plötzlich und trug mich wieder zum Justizrat, wo ich neben Julien auf der Ottomane saß. Doch bald war es mir, als sei die ganze Gesellschaft eine spaßhafte Weihnachtsausstellung bei Fuchs, Weide, Schoch oder sonst, der Justizrat eine zierliche Figur von Dragant mit postpapiernem Jabot. Höher und höher wurden die Bäume und Rosenbüsche. Julie stand auf und reichte mir den kristallnen Pokal, aus dem blaue Flammen emporleckten. Da zog es mich am Arm, der Kleine stand hinter mir mit dem alten Gesicht und lispelte: »Trink nicht, trink nicht – sieh sie doch recht an! – hast du sie nicht schon gesehen auf den Warnungstafeln von Breughel, von Callot oder von Rembrandt?« – Mir schauerte vor Julien, denn freilich war sie in ihrem faltenreichen Gewande mit den bauschigen Ärmeln, in ihrem Haarschmuck so anzusehen, wie die von höllischen Untieren umgebenen lockenden Jungfrauen auf den Bildern jener Meister. »Warum fürchtest du dich denn«, sprach Julie, »ich habe dich und dein Spiegelbild doch ganz und gar.« Ich ergriff den Pokal, aber der Kleine hüpfte wie ein Eichhörnchen auf meine Schultern und wehte mit dem Schweife in die Flammen, widrig quiekend: »Trink nicht – trink nicht.« Doch nun wurden alle Zuckerfiguren der Ausstellung lebendig und bewegten komisch die Händchen und Füßchen, der dragantne Justizrat trippelte auf mich zu und rief mit einem ganz feinen Stimmchen: »Warum der ganze Rumor, mein Bester? warum der ganze Rumor? Stellen Sie sich doch nur auf Ihre lieben Füße, denn schon lange bemerke ich, dass Sie in den Lüften über Stühle und Tische wegschreiten.« Der Kleine war verschwunden, Julie hatte nicht mehr den Pokal in der Hand. »Warum wolltest du denn nicht trinken?«, sprach sie, »war denn die reine herrliche Flamme, die dir aus dem Pokal entgegenstrahlte, nicht der Kuss, wie du ihn einst von mir empfingst?« Ich wollte sie an mich drücken, Schlemihl trat aber dazwischen, sprechend: »Das ist Mina, die den Raskal geheiratet.« Er hatte einige Zuckerfiguren getreten, die ächzten sehr. – Aber bald vermehrten diese sich zu hunderten und Tausenden, und trippelten um mich her und an mir herauf im bunten hässlichen Gewimmel und umsummten mich wie ein Bienenschwarm. – Der dragantne Justizrat hatte sich bis zur Halsbinde heraufgeschwungen, die zog er immer fester und fester an. »Verdammter dragantner Justizrat!«, schrie ich laut und fuhr auf aus dem Schlafe. Es war heller lichter Tag, schon eilf Uhr mittags. »Das ganze Ding mit dem Kleinen war auch wohl nur ein lebhafter Traum«, dachte ich eben, als der mit dem Frühstück eintretende Kellner mir sagte, dass der fremde Herr, der mit mir in einem Zimmer geschlafen, am frühen Morgen abgereiset sei und sich mir sehr empfehlen lasse. Auf dem Tische, an dem nachts der spukhafte Kleine saß, fand ich ein frisch beschriebenes Blatt, dessen Inhalt ich dir mitteile, da es unbezweifelt des Kleinen wundersame Geschichte ist.

4. Die Geschichte vom verlornen Spiegelbilds

Endlich war es doch so weit gekommen, dass Erasmus Spikher den Wunsch, den er sein Leben lang im Herzen genährt, erfüllen konnte. Mit frohem Herzen und wohlgefülltem Beutel setzte er sich in den Wagen, um die nördliche Heimat zu verlassen und nach dem schönen warmen Welschland zu reisen. Die hebe fromme Hausfrau vergoss tausend Tränen, sie hob den kleinen Rasmus, nachdem sie ihm Nase und Mund sorgfältig geputzt, in den Wagen hinein, damit der Vater zum Abschiede ihn noch sehr küsse. »Lebe wohl, mein lieber Erasmus Spikher«, sprach die Frau schluchzend, »das Haus will ich dir gut bewahren, denke fein fleißig an mich, bleibe mir treu und verliere nicht die schöne Reisemütze, wenn du, wie du wohl pflegst, schlafend zum Wagen herausnickst.« – Spikher versprach das.

In dem schönen Florenz fand Erasmus einige Landsleute, die voll Lebenslust und jugendlichen Muts in den üppigen Genüssen, wie sie das herrliche Land reichlich darbot, schwelgten. Er bewies sich ihnen als ein wackrer Kumpan und es wurden allerlei ergötzliche Gelage veranstaltet, denen Spikhers besonders muntrer Geist und das Talent, dem tollen Ausgelassenen das Sinnige beizufügen, einen eignen Schwung gaben. So kam es denn, dass die jungen Leute (Erasmus erst siebenundzwanzig Jahr alt, war wohl dazu zu rechnen) einmal zur Nachtzeit in eines herrlichen, duftenden Gartens erleuchtetem Boskett ein gar fröhliches Fest begingen. Jeder, nur nicht Erasmus, hatte eine liebliche Donna mitgebracht. Die Männer gingen in zierlicher altteutscher Tracht, die Frauen waren in bunten leuchtenden Gewändern, jede auf andere Art ganz fantastisch gekleidet, sodass sie erschienen wie liebliche wandelnde Blumen. Hatte diese oder jene zu dem Saitengelispel der Mandolinen ein italienisches Liebeslied gesungen, so stimmten die Männer unter dem lustigen Geklingel der mit Syrakuser gefüllten Gläser einen kräftigen deutschen Rundgesang an. – Ist ja doch Italien das Land der Liebe. Der Abendwind säuselte wie in sehnsüchtigen Seufzern, wie Liebeslaute durchwallten die Orange- und Jasmindüfte das Boskett, sich mischend in das lose neckhafte Spiel, das die holden Frauenbilder, all die kleinen zarten Buffonerien, wie sie nur den italienischen Weibern eigen, aufbietend, begonnen hatten. Immer reger und lauter wurde die Lust. Friedrich, der Glühendste vor allen, stand auf, mit einem Arm hatte er seine Donna umschlungen, und das mit perlendem Syrakuser gefüllte Glas mit der andern Hand hoch schwingend, rief er: »Wo ist denn Himmelslust und Seligkeit zu finden als bei euch, ihr holden, herrlichen, italienischen Frauen, ihr seid ja die Liebe selbst. – Aber du, Erasmus«, fuhr er fort, sich zu Spikher wendend, »scheinst das nicht sonderlich zu fühlen, denn nicht allein, dass du, aller Verabredung, Ordnung und Sitte entgegen, keine Donna zu unserm Feste geladen hast, so bist du auch heute so trübe und in dich gekehrt, dass, hättest du nicht wenigstens tapfer getrunken und gesungen, ich glaube würde, du seist mit einem Mal ein langweiliger Melancholikus geworden.« – »Ich muss dir gestehen, Friedrich«, erwiderte Erasmus, »dass ich mich auf *die* Weise nun einmal nicht freuen kann. Du weißt ja, dass ich eine liebe, fromme Hausfrau zurückgelassen habe, die ich recht aus tiefer Seele liebe, und an der ich ja offenbar einen Verrat beginge, wenn ich im losen Spiel auch nur für einen Abend mir eine Donna wählte. Mit euch unbeweibten Jünglingen ist das ein andres, aber ich, als Familienvater« – Die Jünglinge lachten hell auf, da Erasmus bei dem Worte »Familienvater« sich bemühte, das jugendliche gemütliche Gesicht in ernste Falten zu ziehen, welches denn eben sehr possierlich herauskam. Friedrichs Donna ließ sich das, was Erasmus teutsch gesprochen, in das Italienische übersetzen, dann wandte sie sich ernsten Blickes zum Erasmus und sprach, mit aufgehobenem Finger leise drohend: »Du kalter, kalter Teutscher! – verwahre dich wohl, noch hast du Giulietta nicht gesehen!«

In dem Augenblick rauschte es beim Eingange des Bosketts, und aus dunkler Nacht trat in den lichten Kerzenschimmer hinein ein wunderherrliches Frauenbild. Das weiße, Busen, Schultern und Nacken nur halb verhüllende Gewand, mit bauschigen bis an die Ellbogen streifenden Ärmeln, floss in reichen breiten Falten herab, die Haare vorn an der Stirn gescheitelt, hinten in vielen Flechten heraufgenestelt. – Goldene Ketten um den Hals, reiche Armbänder um die Handgelenke geschlungen, vollendeten den altertümlichen Putz der Jungfrau, die anzusehen war, als wandle ein Frauenbild von Rubens oder dem zierlichen Mieris daher. »Giulietta!«, riefen die Mädchen voll Erstaunen. Giulietta, deren Engelsschönheit alle überstrahlte, sprach mit süßer lieblicher Stimme: »Lasst mich doch teilnehmen an euerm schönen Fest, ihr wackern teutschen Jünglinge. Ich will hin zu jenem dort, der unter euch ist so ohne Lust und ohne Liebe.« Damit wandelte sie in hoher Anmut zum Erasmus und setzte sich auf den Sessel, der neben ihm leer geblieben, da man vorausgesetzt hatte, dass auch er eine Donna mitbringen werde. Die Mädchen lispelten unter-einander: »Seht, o seht, wie Giulietta heute wieder so schön Ist!« und die Jünglinge sprachen: »Was ist denn das mit dem Erasmus, er hat ja die Schönste gewonnen und uns nur wohl verhöhnt?«

Dem Erasmus war bei dem ersten Blick, den er auf Giulietta warf, so ganz besonders zumute geworden, dass er selbst nicht wusste, was sich denn so gewaltsam in seinem Innern rege. Als sie sich ihm näherte, fasste ihn eine fremde Gewalt und drückte seine Brust zusammen, dass sein Atem stockte. Das Auge fest gehefet auf Giulietta mit erstarrten Lippen saß er da und konnte kein Wort hervorbringen, als die Jünglinge laut Giuliettas Anmut und Schönheit priesen. Giulietta nahm einen voll geschenkten Pokal und stand auf, ihn dem Erasmus freundlich darreichend; *der* ergriff den Pokal, Giuliettas zarte Finger leise berührend. Er trank, Glut strömte durch seine Adern. Da fragte Giulietta scher-zend: »Soll ich denn Eure Donna sein?« Aber Erasmus warf sich wie im Wahnsinn vor Giulietta nieder, drückte ihre beiden Hände an seine Brust und rief: »Ja, *du* bist es, *dich* habe ich geliebt immer-dar, *dich*, du Engelsbild! – dich habe ich geschaut in meinen Träu-men, *du* bist mein Glück, meine Seligkeit, mein höheres Leben!« – Alle glaubten, der Wein sei dem Erasmus zu Kopf gestiegen, denn so hatten sie ihn nie gesehen, er schien ein anderer worden. »Ja, du – du bist mein Leben, du flammst in mir mit verzehrender Glut. Lass mich untergehen – untergehen, nur in dir, nur du will ich sein«, so schrie Erasmus, aber Giulietta nahm ihn sanft in die

Arme; ruhiger geworden setzte er sich an ihre Seite, und bald begann wieder das heitre Liebesspiel in munteren Scherzen und Liedern, das durch Giulietta und Erasmus unterbrochen worden. Wenn Giulietta sang, war es, als gingen aus tiefster Brust Himmelstöne hervor, nie gekannte, nur geahnte Lust in allen entzündend. Ihre volle wunderbare Kristallstimme trug eine geheimnisvolle Glut in sich, die jedes Gemüt ganz und gar befing. Fester hielt jeder Jüngling seine Donna umschlungen, und feuriger strahlte Aug in Auge. Schon verkündete ein roter Schimmer den Anbruch der Morgenröte, da riet Giulietta das Fest zu enden. Es geschah. Erasmus schickte sich an, Giulietta zu begleiten, sie schlug das ab und bezeichnete ihm das Haus, wo er sie künftig finden könne. Während des teutschen Rundgesanges, den die Jünglinge noch zum Beschluss des Festes anstimmten, war Giulietta aus dem Boskett verschwunden; man sah sie hinter zwei Bedienten, die mit Fackeln voranschritten, durch einen fernen Laubgang wandeln. Erasmus wagte nicht, ihr zu folgen. Die Jünglinge nahmen nun jeder seine Donna unter den Arm und schritten in voller heller Lust von dannen. Ganz verstört und im Innern zerrissen von Sehnsucht und Liebesqual folgte ihnen endlich Erasmus, dem sein kleiner Diener mit der Fackel vorleuchtete. So ging er, da die Freunde ihn verlassen, durch eine entlegene Straße, die nach seiner Wohnung führte. Die Morgenröte war hoch heraufgestiegen, der Diener stieß die Fackel auf dem Steinpflaster aus, aber in den aufsprühenden Funken stand plötzlich eine seltsame Figur vor Erasmus, ein langer dürrer Mann mit spitzer Habichtsnase, funkelnden Augen, hämisch verzogenem Munde, im feuerroten Rock mit strahlenden Stahlknöpfen. *Der* lachte und rief mit unangenehm gellender Stimme: »Ho ho! – Ihr seid wohl aus einem alten Bilderbuch herausgestiegen mit Euerm Mantel, Euerm geschlitzten Wams und Euerm Federnbarrett. – Ihr seht recht schnakisch aus, Hr. Erasmus, aber wollt Ihr denn auf der Straße der Leute Spott werden? Kehrt doch nur ruhig zurück in Euern Pergamentband.« – »Was geht euch meine Kleidung an«, sprach Erasmus verdrießlich und wollte, den roten Kerl beiseite schiebend, vorübergehen, *der* schrie ihm nach: »Nun, nun – eilt nur nicht so, zur Giulietta könnt Ihr doch jetzt gleich nicht hin.« Erasmus drehte sich rasch um. »Was sprecht Ihr von Giulietta«, rief er mit wilder Stimme, den roten Kerl bei der Brust packend. *Der* wandte sich aber pfeilschnell und war, ehe sich's Erasmus versah, verschwunden. Erasmus blieb ganz verblüfft stehen, mit dem Stahlknopf in der Hand, den er dem Roten abgerissen. »Das war der Wunderdoktor, Signor Dapertutto; was der nur von euch wollte?«, sprach der Diener, aber dem Erasmus wandelte ein Grauen an, er eilte sein Haus zu erreichen.

Giulietta empfing den Erasmus mit all der wunderbaren Anmut und Freundlichkeit, die ihr eigen. Der wahnsinnigen Leidenschaft, die den Erasmus entflammt, setzte sie ein mildes, gleichmütiges Betragen entgegen. Nur dann und wann funkelten ihre Augen höher auf, und Erasmus fühlte, wie leise Schauer aus dem Innersten heraus ihn durchbebten, wenn sie manchmal ihn mit einem recht seltsamen Blicke traf. Nie sagte sie ihm, dass sie ihn liebe, aber ihre ganze Art und Weise mit ihm umzugehen, ließ es ihn deutlich ahnen, und so kam es, dass immer festere und festere Bande ihn umstrickten. Ein wahres Sonnenleben ging ihm auf; die Freunde sah er selten, da Giulietta ihn in andere fremde Gesellschaft eingeführt.

Einst begegnete ihm Friedrich, der ließ ihn nicht los, und als der Erasmus durch manche Erinnerung an sein Vaterland und an sein Haus recht mild und weich geworden, da sagte Friedrich: »Weißt du wohl, Spikher, dass du in recht gefährliche Bekanntschaft geraten bist? Du musst es doch wohl schon gemerkt haben, dass die schöne Giulietta eine der schlauesten Courtisanen ist, die es je gab. Man trägt sich dabei mit allerlei geheimnisvollen, seltsamen Geschichten, die sie in gar besonderm Lichte erscheinen lassen. Dass sie über die Menschen, wenn sie will, eine unwiderstehliche Macht übt und sie in unauflösliche Bande verstrickt, seh ich an dir, du bist ganz und gar verändert, du bist ganz der verführerischen Giulietta hingegeben, du denkst nicht mehr an deine liebe fromme Hausfrau.« – Da hielt Erasmus beide Hände vors Gesicht, er schluchzte laut, er rief den Namen seiner Frau. Friedrich merkte wohl, wie ein innerer harter Kampf begonnen. »Spikher«, fuhr er fort, »lass uns schnell abreisen.« – »Ja, Friedrich«, rief Spikher heftig, »du hast Recht. Ich weiß nicht, wie mich so finstre grässliche Ahnungen plötzlich ergreifen – ich muss fort, noch heute fort.« – Beide Freunde eilten über die Straße, quer vorüber schritt Signor Dapertutto, *der* lachte dem Erasmus ins Gesicht und rief: »Ach, eilt doch, eilt doch nur schnell, Giulietta wartet schon, das Herz voll Sehnsucht, die Augen voll Tränen. – Ach, eilt doch, eilt doch!« Erasmus wurde wie vom Blitz getroffen. »Dieser Kerl«, sprach Friedrich, »dieser Ciarlatano ist mir im Grunde der Seele zuwider, und dass *der* bei Giulietta aus- und eingeht und ihr seine Wunderessenzen verkauft« – »Was!« rief Erasmus, »dieser abscheuliche Kerl bei Giulietta – bei Giulietta?« – »Wo bleibt Ihr aber auch so lange, alles wartet auf euch, habt Ihr denn gar nicht an mich gedacht?« so rief eine sanfte Stimme vom Balkon herab. Es war Giulietta, vor deren Hause die Freunde, ohne es bemerkt zu haben, standen. Mit einem Sprunge war Erasmus im Hause. »Der ist nun einmal hin und nicht mehr zu retten«, sprach Friedrich leise und schlich über die Straße fort.

Nie war Giulietta liebenswürdiger gewesen, sie trug dieselbe Kleidung als damals in dem Garten, sie strahlte in voller Schönheit und jugendlicher Anmut. Erasmus hatte alles vergessen, was er mit Friedrich gesprochen, mehr als je riss ihn die höchste Wonne, das höchste Entzücken unwiderstehlich hin, aber auch noch niemals hatte Giulietta so ohne allen Rückhalt ihm ihre innigste Liebe merken lassen. Nur *ihn* schien sie zu beachten, nur für *ihn* zu sein. – Auf einer Villa, die Giulietta für den Sommer gemietet, sollte ein Fest gefeiert werden. Man begab sich dahin. In der Gesellschaft befand sich ein junger Italiener von recht hässlicher Gestalt und noch hässlicheren Sitten, *der* bemühte sich viel um Giulietta und erregte die Eifersucht des Erasmus, der voll Ingrimm sich von den andern entfernte und einsam in einer Seiten-Allee des Gartens auf- und abschlich. Giulietta suchte ihn auf. »Was ist dir? – bist du denn nicht ganz mein?« Damit umfing sie ihn mit den zarten Armen und drückte einen Kuss auf seine Lippen. Feuerstrahlen durchblitzten ihn, in rasender Liebeswut drückte er die Geliebte an sich und rief: »Nein, ich lasse dich nicht, und sollte ich untergehen im schmachvollsten Verderben!« Giulietta lächelte seltsam bei diesen Worten, und ihn traf jener sonderbare Blick, der ihm jederzeit innern Schauer erregte. Sie gingen wieder zur Gesellschaft. Der widrige junge Italiener trat jetzt in die Rolle des Erasmus; von Eifersucht getrieben, stieß er allerlei spitze beleidigende Reden gegen Teutsche und insbesondere gegen Spikher aus. *Der* konnte es endlich nicht länger ertragen; rasch schritt er auf den Italiener los. »Haltet ein«, sprach er, »mit Euern nichtswürdigen Sticheleien auf Teutsche und auf mich, sonst werfe ich euch in jenen Teich, und Ihr könnt euch im Schwimmen versuchen.« In dem Augenblick blitzte ein Dolch in des Italieners Hand, da packte Erasmus ihn wütend bei der Kehle und warf ihn nieder, ein kräftiger Fußtritt ins Genick, und der Italiener gab röchelnd seinen Geist auf. – Alles stürzte auf den Erasmus los, er war ohne Besinnung – er fühlte sich ergriffen, fortgerissen. Als er wie aus tiefer Betäubung erwachte, lag er in einem kleinen Kabinett zu Giuliettas Füßen, die, das Haupt über ihn herabgebeugt, ihn mit beiden Armen umfasst hielt. »Du böser, böser Teutscher«, sprach sie unendlich sanft und mild, »welche Angst hast du mir verursacht! Aus der nächsten Gefahr habe ich dich errettet, aber nicht sicher bist du mehr in Florenz, in Italien. Du musst fort, du musst mich, die dich so sehr liebt, verlassen.« Der Gedanke der Trennung zerriss den Erasmus in namenlosem Schmerz und Jammer. »Lass mich bleiben«, schrie er, »ich will ja gern den Tod leiden, heißt denn sterben mehr als leben ohne dich?« Da war es ihm, als rufe eine leise ferne Stimme schmerzlich seinen Namen. Ach! es war die Stimme der frommen teutschen Hausfrau. Erasmus verstummte, und auf ganz seltsame Weise fragte Giulietta: »Du denkst wohl an dein Weib? – Ach, Erasmus, du wirst mich nur zu bald vergessen.« – »Könnte ich nur ewig und immerdar ganz dein sein«, sprach Erasmus. Sie standen gerade vor dem schönen breiten Spiegel, der in der Wand des Kabinetts angebracht war und an dessen beiden Seiten helle Kerzen brannten. Fester, inniger drückte Giulietta den Erasmus an sich, indem sie leise lispelte: »Lass mir dein Spiegelbild, du innig Geliebter, es soll mein und bei mir bleiben immerdar.« – »Giulietta«, rief Erasmus ganz verwundert, »was meinst du denn? – mein Spiegelbild?« – Er sah dabei in den Spiegel, der ihn und Giulietta in süßer Liebesumarmung zurückwarf. »Wie kannst du denn mein Spiegelbild behalten«, fuhr er fort, »das mit mir wandelt überall, und aus jedem klaren Wasser, aus jeder hellgeschliffnen Fläche mir entgegentritt?« – »Nicht einmal«, sprach Giulietta, »nicht einmal diesen Traum deines Ichs, wie er aus dem Spiegel hervorschimmert, gönnst du mir, der du sonst mein mit Leib und Leben sein wolltest? Nicht einmal dein unstetes Bild soll bei mir bleiben und mit mir wandeln durch das arme Leben, das nun wohl, da du fliehst, ohne Lust und Liebe bleiben wird?« Die heißen Tränen stürzten der Giulietta aus den schönen dunklen Augen. Da rief Erasmus wahnsinnig vor tötendem Liebesschmerz: »Muss ich denn fort von dir? – muss ich fort, so soll mein Spiegelbild dein bleiben auf ewig und immerdar. Keine Macht – der Teufel soll es dir nicht entreißen, bis du mich selbst hast mit Seele und Leib.« – Giuliettas Küsse brannten wie Feuer auf seinem Munde, als er dies gesprochen, dann ließ sie ihn los und streckte sehnsuchtsvoll die Arme aus nach dem Spiegel. Erasmus sah, wie sein Bild unabhängig von seinen Bewegungen hervortrat, wie es in Giuliettas Arme glitt, wie es mit ihr im seltsamen Duft verschwand. Allerlei hässliche Stimmen meckerten und lachten in teuflischem Hohn; erfasst von dem Todeskrampf des tiefsten Entsetzens sank er bewusstlos zu Boden, aber die fürchterliche Angst – das Grausen riss ihn auf aus der Betäubung, in dicker dichter Finsternis taumelte er zur Tür hinaus, die Treppe hinab. Vor dem Hause ergriff man ihn und hob ihn in einen Wagen, der schnell fortrollte. »Dieselben haben sich etwas alteriert, wie es scheint«, sprach der Mann, der sich neben ihn gesetzt hatte, in teutscher Sprache, »Dieselben haben sich etwas alteriert, indessen wird jetzt alles ganz vortrefflich gehen, wenn Sie sich nur mir ganz überlassen wollen. Giuliettchen hat schon das ihrige getan und mir Sie empfohlen. Sie sind auch ein recht lieber junger Mann und inklinieren erstaunlich zu angenehmen Späßen, wie sie uns, mir und Giuliettchen, sehr behagen. Das war mir ein recht tüchtiger teutscher Tritt in den Nacken. Wie dem Amoroso die Zunge kirschblau zum Halse heraushing – es sah recht possierlich aus, und wie er so krächzte und ächzte und nicht gleich abfahren konnte – ha – ha – ha –« Die Stimme des Mannes war so widrig höhnend, sein Schnickschnack so grässlich, dass die Worte Dolchstichen gleich in des Erasmus Brust fuhren. »Wer Ihr auch sein mögt«, sprach Erasmus, »schweigt, schweigt von der entsetzlichen Tat, die ich bereue!« – »Bereuen, bereuen!«, erwiderte der Mann, »so bereut Ihr auch wohl, dass Ihr Giulietta kennen gelernt und ihre süße Liebe erworben habt?« – »Ach, Giulietta, Giulietta!« seufzte Erasmus. »Nun ja«, fuhr der Mann fort, »so seid Ihr nun kindisch, Ihr wünscht und wollt, aber alles soll auf gleichem glatten Wege bleiben. Fatal ist es zwar, dass Ihr Giulietta habt verlassen müssen, aber doch könnte ich wohl, bliebet Ihr hier, euch allen Dolchen Eurer Verfolger und auch der lieben Justiz entziehen.« Der Gedanke bei Giulietta bleiben zu können, ergriff den Erasmus gar mächtig. »Wie wäre das möglich?«, fragte er. – »Ich kenne«, fuhr der Mann fort, »ein sympathetisches Mittel, das eure Verfolger mit Blindheit schlägt, kurz, welches bewirkt, dass Ihr ihnen immer mit einem andern Gesichte erscheint und sie euch niemals wieder erkennen. Sowie es Tag ist, werdet Ihr so gut sein recht lange und aufmerksam in irgend einen Spiegel zu schauen, mit Euerm Spiegelbilde nehme ich dann, ohne es im mindesten zu versehren, gewisse Operationen vor und Ihr seid geborgen, Ihr könnt dann leben mit Giulietta ohne alle Gefahr in aller Lust und Freudigkeit.« – »Fürchterlich, fürchterlich!«, schrie Erasmus auf. »Was ist denn fürchterlich, mein Wertester?«, fragte der Mann höhnisch. »Ach, ich – habe, ich – habe«, fing Erasmus an – »Euer Spiegelbild sitzen lassen«, fiel der Mann schnell ein, »sitzen lassen bei Giulietta? – ha ha ha! Bravissimo, mein Bester! Nun könnt Ihr durch Fluren und Wälder, Städte und Dörfer laufen, bis Ihr Euer Weib gefunden nebst dem kleinen Rasmus und wieder ein Familienvater seid, wiewohl ohne Spiegelbild, worauf es Eurer Frau auch weiter wohl nicht ankommen wird, da sie euch leiblich hat, Giulietta aber nur Euer schimmerndes Traum-Ich.« – »Schweige, du entsetzlicher Mensch«, schrie Erasmus. In dem Augenblick nahte sich ein fröhlich singender Zug mit Fackeln, die ihren Glanz in den Wagen warfen. Erasmus sah seinem Begleiter ins Gesicht und erkannte den hässlichen Doktor Dapertutto. Mit einem Satz sprang er aus dem Wagen und lief dem Zuge entgegen, da er schon in der Ferne Friedrichs wohltönenden Bass erkannt hatte. Die Freunde kehrten von einem ländlichen Mahle zurück. Schnell unterrichtete Erasmus Friedrichen von allem was geschehen, und verschwieg nur den Verlust seines Spiegelbildes. Friedrich eilte mit ihm voran nach der Stadt, und so schnell wurde alles Nötige veranstaltet, dass, als die Morgenröte aufgegangen, Erasmus auf einem raschen Pferde sich schon weit von Florenz entfernt hatte. – Spikher hat manches Abenteuer aufgeschrieben, das ihm auf seiner Reise begegnete. Am merkwürdigsten ist der Vorfall, welcher zuerst den Verlust seines Spiegelbildes ihm recht seltsam fühlen ließ. Er war nämlich gerade, weil sein müdes Pferd Erholung bedurfte, in einer großen Stadt geblieben, und setzte sich ohne Arg an die stark besetzte Wirtstafel, nicht achtend, dass ihm gegenüber ein schöner klarer Spiegel hing. Ein Satan von Kellner, der hinter seinem Stuhle stand, wurde gewahr, dass drüben im Spiegel der Stuhl leer geblieben und sich nichts von der darauf sitzenden Person reflektiere. Er teilte seine Bemerkung dem Nachbar des Erasmus mit, *der* seinem Nebenmann, es lief durch die ganze Tischreihe ein Gemurmel und Geflüster, man sah den Erasmus an, dann in den Spiegel. Noch hatte Erasmus gar nicht bemerkt, dass ihm das alles galt, als ein ernsthafter Mann vom Tische aufstand, ihn vor den Spiegel führte, hineinsah und dann sich zur Gesellschaft wendend laut rief: »Wahrhaftig, er hat kein Spiegelbild!« – »Er hat kein Spiegelbild – er hat kein Spiegelbild!« schrie alles durcheinander; »ein mauvais sujet, ein homo nefas, werft ihn zur Tür hinaus!« – Voll Wut und Scham flüchtete Erasmus auf sein Zimmer; aber kaum war er dort, als ihm von Polizei wegen angekündigt wurde, dass er binnen einer Stunde mit seinem vollständigen, völlig ähnlichen Spiegelbilde vor der Obrigkeit erscheinen oder die Stadt verlassen müsse. Er eilte von dannen, vom müßigen Pöbel, von den Straßenjungen verfolgt, die ihm nachschrien: »Da reitet er hin, der dem Teufel sein Spiegelbild verkauft hat, da reitet er hin!« – Endlich war er im Freien. Nun ließ er überall wo er hinkam, unter dem Vorwande eines natürlichen Abscheus gegen jede Abspiegelung, alle Spiegel schnell ver-

hängen, und man nannte ihn daher spottweise den General Suwarow, der ein gleiches tat.

Freudig empfing ihn, als er seine Vaterstadt und sein Haus
erreicht, die hebe Frau mit dem kleinen Rasmus, und bald schien
es ihm, als sei in ruhiger, friedlicher Häuslichkeit der Verlust des
Spiegelbildes wohl zu verschmerzen. Es begab sich eines Tages,
dass Spikher, der die schöne Giulietta ganz aus Sinn und Gedanken verloren, mit dem kleinen Rasmus spielte; *der* hatte die Händchen voll Ofenruß und fuhr damit dem Papa ins Angesicht. »Ach,
Vater, Vater, wie hab ich dich schwarz gemacht, schau mal her!«
So rief der Kleine und holte, ehe Spikher es hindern konnte, einen
Spiegel herbei, den er, ebenfalls hineinschauend, dem Vater vorhielt. – Aber gleich ließ er den Spiegel weinend fallen und lief
schnell zum Zimmer hinaus. Bald darauf trat die Frau herein,
Staunen und Schreck in den Mienen. »Was hat mir der Rasmus
von dir erzählt«, sprach sie. »Dass ich kein Spiegelbild hätte, nicht
wahr, mein Liebchen?« fiel Spikher mit erzwungenem Lächeln
ein, und bemühte sich zu beweisen, dass es zwar unsinnig sei zu
glauben, man könne überhaupt sein Spiegelbild verlieren, im ganzen sei aber nicht viel daran verloren, da jedes Spiegelbild doch
nur eine Illusion sei, Selbstbetrachtung zur Eitelkeit führe, und
noch dazu ein solches Bild das eigne Ich spalte in Wahrheit und
Traum. Indem er so sprach, hatte die Frau von einem verhängten
Spiegel, der sich in dem Wohnzimmer befand, schnell das Tuch
herabgezogen. Sie schaute hinein, und als träfe sie ein Blitzstrahl, sank sie zu Boden. Spikher hob sie auf, aber kaum hatte die
Frau das Bewusstsein wieder, als sie ihn mit Abscheu von sich
stieß. »Verlasse mich«, schrie sie, »verlasse mich, fürchterlicher
Mensch! Du bist es nicht, du bist nicht mein Mann, nein – ein
höllischer Geist bist du, der mich um meine Seligkeit bringen, der
mich verderben will. – Fort, verlasse mich, du hast keine Macht
über mich, Verdammter!« Ihre Stimme gellte durch das Zimmer,
durch den Saal, die Hausleute liefen entsetzt herbei, in voller Wut
und Verzweiflung stürzte Erasmus zum Hause hinaus. Wie von
wilder Raserei getrieben rannte er durch die einsamen Gänge des
Parks, der sich bei der Stadt befand. Giuliettas Gestalt stieg vor
ihm auf in Engelsschönheit, da rief er laut: »Rächst du dich so,
Giulietta, dafür, dass ich dich verließ und dir statt meines Selbst
nur mein Spiegelbild gab? Ha, Giulietta, ich will ja dein sein mit
Leib und Seele, *sie* hat mich verstoßen, *sie,* der ich dich opferte.
Giulietta, Giulietta, ich will ja dein sein mit Leib und Leben und
Seele.« – »Das können Sie ganz füglich, mein Wertester«, sprach

Signor Dapertutto, der auf einmal in seinem scharlachroten Rocke mit den blitzenden Stahlknöpfen dicht neben ihm stand. Es waren Trostesworte für den unglücklichen Erasmus, deshalb achtete er nicht Dapertuttos hämisches, hässliches Gesicht, er blieb stehen und fragte mit recht kläglichem Ton: »Wie soll ich *sie* denn wieder finden, *sie,* die wohl auf immer für mich verloren ist!« – »Mit nichten«, erwiderte Dapertutto, »sie ist gar nicht weit von hier und sehnt sich erstaunlich nach Ihrem werten Selbst, Verehrter, da doch, wie Sie einsehen, ein Spiegelbild nur eine schnöde Illusion ist. Übrigens gibt sie Ihnen, sobald sie sich Ihrer werten Person, nämlich mit Leib, Leben und Seele sicher weiß, Ihr angenehmes Spiegelbild glatt und unversehrt dankbarlichst zurück.« – »Führe mich zu ihr – zu ihr hin!«, rief Erasmus, »wo ist sie?« – »Noch einer Kleinigkeit bedarf es«, fiel Dapertutto ein, »bevor Sie Giulietta sehen und sich ihr gegen Erstattung des Spiegelbildes ganz ergeben können. Dieselben vermögen nicht so ganz über Dero werte Person zu disponieren, da Sie noch durch gewisse Bande gefesselt sind, die erst gelöset werden müssen. – Dero liebe Frau nebst dem hoffnungsvollen Söhnlein« – »Was soll das?«, fuhr Erasmus wild auf. »Eine unmaßgebliche Trennung dieser Bande«, fuhr Dapertutto fort, »könnte auf ganz leicht menschliche Weise bewirkt werden. Sie wissen ja von Florenz aus, dass ich wundersame Medikamente geschickt zu bereiten weiß, da hab ich denn hier so ein Hausmittelchen in der Hand. Nur ein paar Tropfen dürfen *die* genießen, welche Ihnen und der lieben Giulietta im Wege sind, und sie sinken ohne schmerzliche Gebärde lautlos zusammen. Man nennt das zwar sterben, und der Tod soll bitter sein; aber ist denn der Geschmack bittrer Mandeln nicht lieblich, und nur *diese* Bitterkeit hat *der* Tod, den dieses Fläschchen verschließt. Sogleich nach dem fröhlichen Hinsinken wird die werte Familie einen angenehmen Geruch von bittern Mandeln verbreiten. – Nehmen Sie, Geehrtester.« – Er reichte dem Erasmus eine kleine Phiole hin[*]. »Entsetzlicher Mensch«, schrie dieser, »vergiften soll ich Weib und Kind?« – »Wer spricht denn von Gift«, fiel der Rote ein, »nur ein wohlschmeckendes Hausmittel ist in der Phiole enthalten. Mir stünden andere Mittel, Ihnen Freiheit zu schaffen, zu Gebote, aber durch Sie selbst möcht ich so ganz

---

[*] Dapertuttos Phiole enthielt gewiss rektifiziertes Kirschlorbeerwasser, sogenannte Blausäure. Der Genuss einer sehr geringen Quantität dieses Wassers (weniger als eine Unze) bringt die beschriebenen Wirkungen hervor. Horns Archiv für mediz. Erfahr. 1813. Mai bis Dez. S. 510.

natürlich, so ganz menschlich wirken, das ist nun einmal meine Liebhaberei. Nehmen Sie getrost, mein Bester!« – Erasmus hatte die Phiole in der Hand, er wusste selbst nicht wie. Gedankenlos rannte er nach Hause in sein Zimmer. Die ganze Nacht hatte die Frau unter tausend Ängsten und Qualen zugebracht, sie behauptete fortwährend, der Zurückgekommene sei nicht ihr Mann, sondern ein höllischer Geist, der ihres Mannes Gestalt angenommen. Sowie Spikher ins Haus trat, floh alles scheu zurück, nur der kleine Rasmus wagte es, ihm nahe zu treten und kindisch zu fragen, warum er denn sein Spiegelbild nicht mitgebracht habe, die Mutter würde sich darüber zu Tode grämen. Erasmus starrte den Kleinen wild an, er hatte noch Dapertuttos Phiole in der Hand. Der Kleine trug seine Lieblingstaube auf dem Arm, und so kam es, dass diese mit dem Schnabel sich der Phiole näherte und an dem Propfe pickte; sogleich ließ sie den Kopf sinken, sie war tot. Entsetzt sprang Erasmus auf.»Verräter«, schrie er, »du sollst mich nicht verführen zur Höllentat!« – Er schleuderte die Phiole durch das offene Fenster, dass sie auf dem Steinpflaster des Hofes in tausend Stücke zersprang. Ein lieblicher Mandelgeruch stieg auf und verbreitete sich bis ins Zimmer. Der kleine Rasmus war erschrocken davongelaufen. Spikher brachte den ganzen Tag von tausend Qualen gefoltert zu, bis die Mitternacht eingebrochen. Da wurde immer reger und reger in seinem Innern Giuliettas Bild. Einst zersprang ihr in seiner Gegenwart eine Halsschnur, von jenen kleinen roten Beeren aufgezogen, die die Frauen wie Perlen tragen. Die Beeren auflesend verbarg er schnell eine, weil sie an Giuliettas Halse gelegen, und bewahrte sie treulich. Die zog er jetzt hervor, und sie anstarrend richtete er Sinn und Gedanken auf die verlorne Geliebte. Da war es, als ginge aus der Perle der magische Duft hervor, der ihn sonst umfloss in Giuliettas Nähe. »Ach, Giulietta, dich nur noch ein einziges Mal sehen und dann untergehen in Verderben und Schmach.« – Kaum hatte er diese Worte gesprochen, als es auf dem Gange vor der Tür leise zu rischeln und zu rascheln begann. Er vernahm Fußtritte – es klopfte an die Tür des Zimmers. Der Atem stockte dem Erasmus vor ahnender Angst und Hoffnung. Er öffnete. Giulietta trat herein, in hoher Schönheit und Anmut. Wahnsinnig vor Liebe und Lust schloss er sie in seine Arme. »Nun bin ich da, mein Geliebter«, sprach sie leise und sanft, »aber sieh, wie getreu ich dein Spiegelbild bewahrt!« Sie zog das Tuch vom Spiegel herab, Erasmus sah mit Entzücken sein Bild, der Giulietta sich anschmiegend; unabhängig von ihm selbst warf es aber keine seiner Bewegungen zurück. Schauer durchbebten den Erasmus. »Giulietta«, rief er, »soll ich denn rasend werden in der Liebe zu dir? – Gib mir das Spiegelbild, nimm mich selbst mit Leib, Leben und Seele.« – »Es ist noch etwas zwischen uns, lieber Erasmus«, sprach Giulietta, »du weißt es – hat Dapertutto dir nicht gesagt« – »Um Gott, Giulietta«, fiel Erasmus ein, »kann ich nur auf diese Weise dein werden, so will ich lieber sterben.« – »Auch soll dich«, fuhr Giulietta fort, »Dapertutto keineswegs verleiten zu solcher Tat. Schlimm ist es freilich, dass ein Gelübde und ein Priestersegen nun einmal so viel vermag, aber lösen musst du das Band, was dich bindet, denn sonst wirst du niemals gänzlich mein, und dazu gibt es ein anderes besseres Mittel, als Dapertutto vorgeschlagen.« – »Worin besteht das?«, fragte Erasmus heftig. Da schlang Giulietta den Arm um seinen Nacken, und den Kopf an seine Brust gelehnt lispelte sie leise: »Du schreibst auf ein kleines Blättchen deinen Namen Erasmus Spikher unter die wenigen Worte: Ich gebe meinem guten Freunde Dapertutto Macht über meine Frau und über mein Kind, dass er mit ihnen schalte und walte nach Willkür und löse das Band, das mich bindet, weil ich fortan mit meinem Leibe und mit meiner unsterblichen Seele angehören will der Giulietta, die ich mir zum Weibe erkoren, und der ich mich noch durch ein besonderes Gelübde auf immerdar verbinden werde.« Es rieselte und zuckte dem Erasmus durch alle Nerven. Feuerküsse brannten auf seinen Lippen, er hatte das Blättchen, das ihm Giulietta gegeben, in der Hand. Riesengroß stand plötzlich Dapertutto hinter Giulietta und reichte ihm eine metallene Feder. In dem Augenblick sprang dem Erasmus ein Äderchen an der linken Hand und das Blut spritzte heraus. »Tunke ein, tunke ein – schreib, schreib«, krächzte der Rote. – »Schreib, schreib, mein ewig, einzig Geliebter«, lispelte Giulietta. Schon hatte er die Feder mit Blut gefüllt, er setzte zum Schreiben an – da ging die Tür auf, eine weiße Gestalt trat herein, die gespenstisch starren Augen auf Erasmus gerichtet, rief sie schmerzvoll und dumpf: »Erasmus, Erasmus, was beginnst du – um des Heilandes willen, lass ab von grässlicher Tat!« – Erasmus, in der warnenden Gestalt sein Weib erkennend, warf Blatt und Feder weit von sich. – Funkelnde Blitze schossen aus Giuliettas Augen, grässlich verzerrt war das Gesicht, brennende Glut ihr Körper. »Lass ab von mir, Höllengesindel, du sollst keinen Teil haben an meiner Seele. In des Heilandes Namen, hebe dich von mir hinweg, Schlange – die Hölle glüht aus dir.« – So schrie Erasmus und stieß mit kräftiger Faust Giulietta, die ihn noch immer umschlungen hielt, zurück. Da gellte und heulte es in schneidenden Misstönen, und es rauschte wie mit schwarzen Rabenfittigen im Zimmer umher. – Giulietta – Dapertutto verschwanden im dicken stinkenden Dampf, der wie aus den Wänden quoll, die Lichter verlöschend. Endlich brachen die Strahlen des Morgenrots durch die Fenster. Erasmus begab sich gleich zu seiner Frau. Er fand sie ganz milde und sanftmütig. Der kleine Rasmus saß schon ganz munter auf ihrem Bette; sie reichte dem erschöpften Mann die Hand, sprechend: »Ich weiß nun alles, was dir in Italien Schlimmes begegnet, und bedaure dich von ganzem Herzen. Die Gewalt des Feindes ist sehr groß, und wie er denn nun allen möglichen Lastern ergeben ist, so stiehlt er auch sehr, und hat dem Gelüst nicht widerstehen können, dir dein schönes, vollkommen ähnliches Spiegelbild auf recht hämische Weise zu entwenden. – Sieh doch einmal in jenen Spiegel dort, lieber, guter Mann!« – Spikher tat es, am ganzen Leibe zitternd, mit recht kläglicher Miene. Blank und klar blieb der Spiegel, kein Erasmus Spikher schaute heraus. »Diesmal«, fuhr die Frau fort: »ist es recht gut, dass der Spiegel dein Bild nicht zurückwirft, denn du siehst sehr albern aus, lieber Erasmus. Begreifen wirst du aber übrigens wohl selbst, dass du ohne Spiegelbild ein Spott der Leute bist und kein ordentlicher, vollständiger Familienvater sein kannst, der Respekt einflößt der Frau und den Kindern. Rasmuschen lacht dich auch schon aus, und will dir nächstens einen Schnauzbart malen mit Kohle, weil du das nicht bemerken kannst. Wandre also nur noch ein bisschen in der Welt herum und suche gelegentlich dem Teufel dein Spiegelbild abzujagen. Hast du's wieder, so sollst du mir recht herzlich willkommen sein. Küsse mich, (Spikher tat es) und nun – glückliche Reise! Schicke dem Rasmus dann und wann ein paar neue Höschen, denn er rutscht sehr auf den Knien und braucht dergleichen viel. Kommst du aber nach Nürnberg, so füge einen bunten Husaren hinzu und einen Pfefferkuchen, als liebender Vater. Lebe recht wohl, lieber Erasmus!« – Die Frau drehte sich auf die andere Seite und schlief ein. Spikher hob den kleinen Rasmus in die Höhe und drückte ihn ans Herz; der schrie aber sehr, da setzte Spikher ihn wieder auf die Erde und ging in die weite Welt. Er traf einmal auf einen gewissen Peter Schlemihl, der hatte seinen Schlagschatten verkauft; beide wollten Kompagnie gehen, sodass Erasmus Spikher den nötigen Schlagschatten werfen, Peter Schlemihl dagegen das gehörige Spiegelbild reflektieren sollte; es wurde aber nichts daraus.

Ende der Geschichte vom verlornen Spiegelbilde

– Was schaut denn dort aus jenem Spiegel heraus? – Bin ich es auch wirklich? – O Julie – Giulietta – Himmelsbild – Höllengeist – Entzücken und Qual – Sehnsucht und Verzweiflung. – du siehst, mein lieber Theodor Amadäus Hoffmann, dass nur zu oft eine fremde dunkle Macht sichtbarlich in mein Leben tritt, und den Schlaf um die besten Träume betrügend, mir gar seltsame Gestalten in den Weg schiebt. Ganz erfüllt von den Erscheinungen der Silvester-Nacht, glaube ich beinahe, dass jener Justizrat wirklich von Dragant, sein Tee eine Weihnachts- oder Neujahrs-Ausstellung, die holde Julie aber jenes verführerische Frauenbild von Rembrandt oder Callot war, das den unglücklichen Erasmus Spikher um sein schönes ähnliches Spiegelbild betrog. Vergib mir das!

II
AUS DEN NACHTSTÜCKEN

DER SANDMANN

Nathanael an Lothar

Gewiss seid Ihr alle voll Unruhe, dass ich so lange – lange nicht geschrieben. Mutter zürnt wohl, und Clara mag glauben, ich lebe hier in Saus und Braus und vergesse mein holdes Engelsbild, so tief mir in Herz und Sinn eingeprägt, ganz und gar. – Dem ist aber nicht so; täglich und stündlich gedenke ich Eurer aller und in süßen Träumen geht meines holden Clärchens freundliche Gestalt vorüber und lächelt mich mit ihren hellen Augen so anmutig an, wie sie wohl pflegte, wenn ich zu euch hineintrat. – Ach wie vermochte ich denn euch zu schreiben, in der zerrissenen Stimmung des Geistes, die mir bisher alle Gedanken verstörte! – Etwas Entsetzliches ist in mein Leben getreten! – Dunkle Ahnungen eines grässlichen mir drohenden Geschicks breiten sich wie schwarze Wolkenschatten über mich aus, undurchdringlich jedem freundlichen Sonnenstrahl. – Nun soll ich dir sagen, was mir widerfuhr. Ich muss es, das sehe ich ein, aber nur es denkend, lacht es wie toll aus mir heraus. – Ach mein herzlieber Lothar! wie fange ich es denn an, dich nur einigermaßen empfinden zu lassen, dass das, was mir vor einigen Tagen geschah, denn wirklich mein Leben so feindlich zerstören konnte! Wärst du nur hier, so könntest du selbst schauen; aber jetzt hältst du mich gewiss für einen aberwitzigen Geisterseher. – Kurz und gut, das Entsetzliche, was mir geschah, dessen tödlichen Eindruck zu vermeiden ich mich vergebens bemühe, besteht in nichts anderm, als dass vor einigen Tagen, nämlich am 30. Oktober mittags um 12 Uhr, ein Wetterglashändler in meine Stube trat und mir seine Ware anbot. Ich kaufte nichts und drohte, ihn die Treppe herabzuwerfen, worauf er aber von selbst fortging.

Du ahnest, dass nur ganz eigne, tief in mein Leben eingreifende Beziehungen diesem Vorfall Bedeutung geben können, ja, dass wohl die Person jenes unglückseligen Krämers gar feindlich auf mich wirken muss. So ist es in der Tat. Mit aller Kraft fasse ich mich zusammen, um ruhig und geduldig dir aus meiner frühern Jugendzeit so viel zu erzählen, dass deinem regen Sinn alles klar und deutlich in leuchtenden Bildern aufgehen wird. Indem ich anfangen will, höre ich dich lachen und Clara sagen: »Das sind ja rechte Kindereien!« – Lacht, ich bitte euch, lacht mich recht herzlich aus! – ich bitt euch sehr! – Aber Gott im Himmel! die Haare sträuben sich mir und es ist, als flehe ich euch an, mich auszulachen, in wahnsinniger Verzweiflung, wie Franz Moor den Daniel. – Nun fort zur Sache!

Außer dem Mittagsessen sahen wir, ich und mein Geschwister, tagüber den Vater wenig. Er mochte mit seinem Dienst viel beschäftigt sein. Nach dem Abendessen, das alter Sitte gemäß schon um sieben Uhr aufgetragen wurde, gingen wir alle, die Mutter mit uns, in des Vaters Arbeitszimmer und setzten uns um einen runden Tisch. Der Vater rauchte Tabak und trank ein großes Glas Bier dazu. Oft erzählte er uns viele wunderbare Geschichten und geriet darüber so in Eifer, dass ihm die Pfeife immer ausging, die ich, ihm brennend Papier hinhaltend, wieder anzünden musste, welches mir denn ein Hauptspaß war. Oft gab er uns aber Bilderbücher in die Hände, saß stumm und starr in seinem Lehnstuhl und blies starke Dampfwolken von sich, dass wir alle wie im Nebel schwammen. An solchen Abenden war die Mutter sehr traurig und kaum schlug die Uhr neun, so sprach sie: »Nun Kinder! – zu Bette! zu Bette! der Sandmann kommt, ich merk es schon.« Wirklich hörte ich dann jedes Mal etwas schweren langsamen Tritts die Treppe heraufpoltern; das musste der Sandmann sein. Einmal war mir jenes dumpfe Treten und Poltern besonders graulich; ich frug die Mutter, indem sie uns fortführte: »Ei Mama! wer ist denn der böse Sandmann, der uns immer von Papa forttreibt? – wie sieht er denn aus?« – »Es gibt keinen Sandmann, mein liebes Kind«, erwiderte die Mutter: »wenn ich sage, der Sandmann kommt, so will das nur heißen, ihr seid schläfrig und könnt die Augen nicht offen behalten, als hätte man euch Sand hineingestreut.« – Der Mutter Antwort befriedigte mich nicht, ja in meinem kindischen Gemüt entfaltete sich deutlich der Gedanke, dass die Mutter den Sandmann nur verleugne, damit wir uns vor ihm nicht fürchten sollten, ich hörte ihn ja immer die Treppe heraufkommen. Voll Neugierde, Näheres von diesem Sandmann und seiner Beziehung auf uns Kinder zu erfahren, frug ich endlich die alte Frau, die meine jüngste Schwester wartete: was denn das für ein Mann sei, der Sandmann? »Ei Thanelchen«, erwiderte diese, »weißt du das noch nicht? Das ist ein böser Mann, der kommt zu den Kindern, wenn sie nicht zu Bett gehen wollen und wirft ihnen Händevoll Sand in die Augen, dass sie blutig zum Kopf heraus-

springen, die wirft er dann in den Sack und trägt sie in den Halb-
mond zur Atzung für seine Kinderchen; die sitzen dort im Nest
und haben krumme Schnäbel, wie die Eulen, damit picken sie der
unartigen Menschenkindlein Augen auf.« – Grässlich malte sich
nun im Innern mir das Bild des grausamen Sandmanns aus; sowie
es abends die Treppe heraufpolterte, zitterte ich vor Angst und
Entsetzen. Nichts als den unter Tränen hergestotterten Ruf: »Der
Sandmann! der Sandmann!« konnte die Mutter aus mir herausbringen. Ich lief darauf in das Schlafzimmer, und wohl die
ganze Nacht über quälte mich die fürchterliche Erscheinung des
Sandmanns. – Schon alt genug war ich geworden, um einzusehen,
dass das mit dem Sandmann und seinem Kindernest im Halbmonde, so wie es mir die Wartefrau erzählt hatte, wohl nicht ganz
seine Richtigkeit haben könne; indessen blieb mir der Sandmann
ein fürchterliches Gespenst, und Grauen – Entsetzen ergriff mich,
wenn ich ihn nicht allein die Treppe heraufkommen, sondern
auch meines Vaters Stubentür heftig aufreißen und hineintreten
hörte. Manchmal blieb er lange weg, dann kam er öfter hintereinander. Jahrelang dauerte das, und nicht gewöhnen konnte ich
mich an den unheimlichen Spuk, nicht bleicher wurde in mir das
Bild des grausigen Sandmanns. Sein Umgang mit dem Vater fing
an meine Fantasie immer mehr und mehr zu beschäftigen: den
Vater darum zu befragen hielt mich eine unüberwindliche Scheu
zurück, aber selbst – selbst das Geheimnis zu erforschen, den
fabelhaften Sandmann zu sehen, dazu keimte mit den Jahren
immer mehr die Lust in mir empor. Der Sandmann hatte mich auf
die Bahn des Wunderbaren, Abenteuerlichen gebracht, das so
schon leicht im kindlichen Gemüt sich einnistet. Nichts war mir
lieber, als schauerliche Geschichten von Kobolten, Hexen,
Däumlingen u. s. w. zu hören oder zu lesen; aber obenan stand
immer der Sandmann, den ich in den seltsamsten, abscheulichsten
Gestalten überall auf Tische, Schränke und Wände mit Kreide,
Kohle, hinzeichnete. Als ich zehn Jahre alt geworden, wies mich
die Mutter aus der Kinderstube in ein Kämmerchen, das auf dem
Korridor unfern von meines Vaters Zimmer lag. Noch immer
mussten wir uns, wenn auf den Schlag neun Uhr sich jener Unbekannte im Hause hören ließ, schnell entfernen. In meinem Kämmerchen vernahm ich, wie er bei dem Vater hineintrat und bald
darauf war es mir dann, als verbreite sich im Hause ein feiner seltsam riechender Dampf. Immer höher mit der Neugierde wuchs
der Mut, auf irgend eine Weise des Sandmanns Bekanntschaft zu
machen. Oft schlich ich schnell aus dem Kämmerchen auf den

Korridor, wenn die Mutter vorübergegangen, aber nichts konnte ich erlauschen, denn immer war der Sandmann schon zur Türe hinein, wenn ich den Platz erreicht hatte, wo er mir sichtbar werden musste. Endlich von unwiderstehlichem Drange getrieben, beschloss ich, im Zimmer des Vaters selbst mich zu verbergen und den Sandmann zu erwarten.

An des Vaters Schweigen, an der Mutter Traurigkeit merkte ich eines Abends, dass der Sandmann kommen werde; ich schützte daher große Müdigkeit vor, verließ schon vor neun Uhr das Zimmer und verbarg mich dicht neben der Türe in einen Schlupfwinkel. Die Haustür knarrte, durch den Flur ging es, langsamen, schweren, dröhnenden Schrittes nach der Treppe. Die Mutter eilte mit dem Geschwister mir vorüber. Leise – leise öffnete ich des Vaters Stubentür. Er saß, wie gewöhnlich, stumm und starr den Rücken der Türe zugekehrt, er bemerkte mich nicht, schnell war ich hinein und hinter der Gardine, die einem gleich neben der Türe stehenden offnen Schrank, worin meines Vaters Kleider hingen, vorgezogen war. – Näher – immer näher dröhnten die Tritte – es hustete und scharrte und brummte seltsam draußen. Das Herz bebte mir vor Angst und Erwartung. – Dicht, dicht vor der Türe ein scharfer Tritt – ein heftiger Schlag auf die Klinke, die Tür springt rasselnd auf! – Mit Gewalt mich ermannend gucke ich behutsam hervor. Der Sandmann steht mitten in der Stube vor meinem Vater, der helle Schein der Lichter brennt ihm ins Gesicht! – Der Sandmann, der fürchterliche Sandmann ist der alte Advokat Coppelius, der manchmal bei uns zu Mittage isst!

Aber die grässlichste Gestalt hätte mir nicht tieferes Entsetzen erregen können als eben dieser Coppelius. – Denke dir einen großen breitschultrigen Mann mit einem unförmlich dicken Kopf, erdgelbem Gesicht, buschigen grauen Augenbrauen, unter denen ein Paar grünliche Katzenaugen stechend hervorfunkeln, großer, starker über die Oberlippe gezogener Nase. Das schiefe Maul verzieht sich oft zum hämischen Lachen; dann werden auf den Backen ein paar dunkelrote Flecke sichtbar und ein seltsam zischender Ton fährt durch die zusammengekniffenen Zähne. Coppelius erschien immer in einem altmodisch zugeschnittenen aschgrauen Rocke, ebensolcher Weste und gleichen Beinkleidern, aber dazu schwarze Strümpfe und Schuhe mit kleinen Steinschnallen. Die kleine Perücke reichte kaum bis über den Kopfwirbel heraus, die Kleblocken standen hoch über den großen roten Ohren und ein breiter verschlossener Haarbeutel starrte von dem

Nacken weg, sodass man die silberne Schnalle sah, die die gefältelte Halsbinde schloss. Die ganze Figur war überhaupt widrig und abscheulich; aber vor allem waren uns Kindern seine großen knotigten, haarigten Fäuste zuwider, sodass wir, was er damit berührte, nicht mehr mochten. Das hatte er bemerkt und nun war es seine Freude, irgend ein Stückchen Kuchen, oder eine süße Frucht, die uns die gute Mutter heimlich auf den Teller gelegt, unter diesem, oder jenem Vorwande zu berühren, dass wir, helle Tränen in den Augen, die Näscherei, der wir uns erfreuen sollten, nicht mehr genießen mochten vor Ekel und Abscheu. Ebenso machte er es, wenn uns an Feiertagen der Vater ein klein Gläschen süßen Weins eingeschenkt hatte. Dann fuhr er schnell mit der Faust herüber, oder brachte wohl gar das Glas an die blauen Lippen und lachte recht teuflisch, wenn wir unsern Ärger nur leise schluchzend äußern durften. Er pflegte uns nur immer die kleinen Bestien zu nennen; wir durften, war er zugegen, keinen Laut von uns geben und verwünschten den hässlichen, feindlichen Mann, der uns recht mit Bedacht und Absicht auch die kleinste Freude verdarb. Die Mutter schien ebenso, wie wir, den widerwärtigen Coppelius zu hassen; denn sowie er sich zeigte, war ihr Frohsinn, ihr heiteres unbefangenes Wesen umgewandelt in traurigen, düstern Ernst. Der Vater betrug sich gegen ihn, als sei er ein höheres Wesen, dessen Unarten man dulden und das man auf jede Weise bei guter Laune erhalten müsse. Er durfte nur leise andeuten und Lieblingsgerichte wurden gekocht und seltene Weine kredenzt.

Als ich nun diesen Coppelius sah, ging es grausig und entsetzlich in meiner Seele auf, dass ja niemand anders, als er, der Sandmann sein könne, aber der Sandmann war mir nicht mehr jener Popanz aus dem Ammenmärchen, der dem Eulennest im Halbmonde Kinderaugen zur Atzung holt – nein! – ein hässlicher gespenstischer Unhold, der überall, wo er einschreitet, Jammer – Not – zeitliches, ewiges Verderben bringt.

Ich war festgezaubert. Auf die Gefahr entdeckt, und, wie ich deutlich dachte, hart gestraft zu werden, blieb ich stehen, den Kopf lauschend durch die Gardine hervorgestreckt. Mein Vater empfing den Coppelius feierlich. »Auf! – zum Werk«, rief dieser mit heiserer, schnarrender Stimme und warf den Rock ab. Der Vater zog still und finster seinen Schlafrock aus und beide kleideten sich in lange schwarze Kittel. Wo sie *die* hernahmen, hatte ich übersehen. Der Vater öffnete die Flügeltür eines Wandschranks; aber ich sah, dass das, was ich so lange dafür gehalten, kein Wandschrank, sondern vielmehr eine schwarze Höhlung war, in der ein kleiner Herd stand. Coppelius trat hinzu und eine blaue Flamme knisterte auf dem Herde empor. Allerlei seltsames Geräte stand umher. Ach Gott! – wie sich nun mein alter Vater zum Feuer herabbückte, da sah er ganz anders aus. Ein grässlicher krampfhafter Schmerz schien seine sanften ehrlichen Züge zum hässlichen widerwärtigen Teufelsbilde verzogen zu haben. Er sah dem Coppelius ähnlich. Dieser schwang die glutrote Zange und holte damit hellblinkende Massen aus dem dicken Qualm, die er dann emsig hämmerte. Mir war es als würden Menschengesichter ringsumher sichtbar, aber ohne Augen – scheußliche, tiefe schwarze Höhlen statt ihrer. »Augen her, Augen her!«, rief Coppelius mit dumpfer dröhnender Stimme. Ich kreischte auf von wildem Entsetzen gewaltig erfasst und stürzte aus meinem Versteck heraus auf den Boden. Da ergriff mich Coppelius, »kleine Bestie! – kleine Bestie!« meckerte er zähnfletschend! – riss mich auf und warf mich auf den Herd, dass die Flamme mein Haar zu sengen begann: »Nun haben wir Augen – Augen – ein schön Paar Kinderaugen.« So flüsterte Coppelius, und griff mit den Fäusten glutrote Körner aus der Flamme, die er mir in die Augen streuen wollte. Da hob mein Vater flehend die Hände empor und rief: »Meister! Meister! lass meinem Nathanael die Augen – lass sie ihm!« Coppelius lachte gellend auf und rief: »Mag denn der Junge die Augen behalten und sein Pensum flennen in der Welt; aber nun wollen wir doch den Mechanismus der Hände und der Füße recht observieren.« Und damit fasste er mich gewaltig, dass die Gelenke knackten, und schrob mir die Hände ab und die Füße und setzte sie bald hier, bald dort wieder ein. »'s steht doch überall nicht recht! 's gut so wie es war! – Der Alte hat's verstanden!« So zischte und lispelte Coppelius; aber alles um mich her wurde schwarz und finster, ein jäher Krampf durchzuckte Nerv und Gebein – ich fühlte nichts mehr. Ein sanfter warmer Hauch glitt über mein Gesicht, ich erwachte wie aus dem Todesschlaf, die Mutter hatte sich über mich hingebeugt. »Ist der Sandmann noch da?« stammelte ich. »Nein, mein liebes Kind, der ist lange, lange fort, der tut dir keinen Schaden!« – So sprach die Mutter und küsste und herzte den wiedergewonnenen Liebling.

Was soll ich dich ermüden, mein herzlieber Lothar! was soll ich so weitläuftig einzelnes hererzählen, da noch so vieles zu sagen übrig bleibt? Genug! – ich war bei der Lauscherei entdeckt, und von Coppelius gemisshandelt worden. Angst und Schrecken hatten mir ein hitziges Fieber zugezogen, an dem ich mehrere Wochen krank lag. »Ist der Sandmann noch da?« – Das war mein erstes gesundes Wort und das Zeichen meiner Genesung, meiner Rettung. – Nur noch den schrecklichsten Moment meiner Jugendjahre darf ich dir erzählen; dann wirst du überzeugt sein, dass es nicht meiner Augen Blödigkeit ist, wenn mir nun alles farblos erscheint, sondern, dass ein dunkles Verhängnis wirklich einen trüben Wolkenschleier über mein Leben gehängt hat, den ich vielleicht nur sterbend zerreiße.

Coppelius ließ sich nicht mehr sehen, es hieß, er habe die Stadt verlassen.

Ein Jahr mochte vergangen sein, als wir der alten unveränderten Sitte gemäß abends an dem runden Tische saßen. Der Vater war sehr heiter und erzählte viel Ergötzliches von den Reisen, die er in seiner Jugend gemacht. Da hörten wir, als es neune schlug, plötzlich die Haustür in den Angeln knarren und langsame eisenschwere Schritte dröhnten durch den Hausflur die Treppe herauf. »Das ist Coppelius«, sagte meine Mutter erblassend. »Ja! – es ist Coppelius«, wiederholte der Vater mit matter gebrochener Stimme. Die Tränen stürzten der Mutter aus den Augen. »Aber Vater, Vater!«, rief sie, »muss es denn so sein?« – »Zum letzten Male!«, erwiderte dieser, »zum letzten Male kommt er zu mir, ich verspreche es dir. Geh nur, geh mit den Kindern! – Geht – geht zu Bette! Gute Nacht!«

Mir war es, als sei ich in schweren kalten Stein eingepresst – mein Atem stockte! – Die Mutter ergriff mich beim Arm als ich unbeweglich stehen blieb: »Komm Nathanael, komme nur!« – Ich ließ mich fortführen, ich trat in meine Kammer. »Sei ruhig, sei ruhig, lege dich ins Bette! – schlafe – schlafe«, rief mir die Mutter nach; aber von unbeschreiblicher innerer Angst und Unruhe gequält, konnte ich kein Auge zutun. Der verhasste abscheuliche Coppelius stand vor mir mit funkelnden Augen und lachte mich hämisch an, vergebens trachtete ich sein Bild los zu werden. Es mochte wohl schon Mitternacht sein, als ein entsetzlicher Schlag geschah, wie wenn ein Geschütz losgefeuert würde. Das ganze Haus erdröhnte, es rasselte und rauschte bei meiner Türe vorüber, die Haustüre wurde klirrend zugeworfen. »Das ist Coppelius!«, rief ich entsetzt und sprang aus dem Bette. Da kreischte es auf in schneidendem trostlosen Jammer, fort stürzte ich nach des Vaters Zimmer, die Türe stand offen, erstickender Dampf quoll mir entgegen, das Dienstmädchen schrie: »Ach, der Herr! – der Herr!« – Vor dem dampfenden Herde auf dem Boden lag mein Vater tot mit schwarz verbranntem grässlich verzerrtem Gesicht, um ihn herum heulten und winselten die Schwestern – die Mutter ohnmächtig daneben! – »Coppelius, verruchter Satan, du hast den Vater erschlagen!« – So schrie ich auf; mir vergingen die Sinne. Als man zwei Tage darauf meinen Vater in den Sarg legte, waren seine Gesichtszüge wieder mild und sanft geworden, wie sie im Leben waren. Tröstend ging es in meiner Seele auf, dass sein Bund mit dem teuflischen Coppelius ihn nicht ins ewige Verderben gestürzt haben könne.

Die Explosion hatte die Nachbarn geweckt, der Vorfall wurde ruchtbar und kam vor die Obrigkeit, welche den Coppelius zur Verantwortung vorfordern wollte. Der war aber spurlos vom Orte verschwunden.

Wenn ich dir nun sage, mein herzlieber Freund! dass jener Wetterglashändler eben der verruchte Coppelius war, so wirst du mir es nicht verargen, dass ich die feindliche Erscheinung als schweres Unheil bringend deute. Er war anders gekleidet, aber Coppelius' Figur und Gesichtszüge sind zu tief in mein Innerstes eingeprägt, als dass hier ein Irrtum möglich sein sollte. Zudem hat Coppelius nicht einmal seinen Namen geändert. Er gibt sich hier, wie ich höre, für einen piemontesischen Mechanikus aus, und nennt sich Giuseppe Coppola.

Ich bin entschlossen es mit ihm aufzunehmen und des Vaters Tod zu rächen, mag es denn nun gehen wie es will.

Der Mutter erzähle nichts von dem Erscheinen des grässlichen Unholds – Grüße meine liebe holde Clara, ich schreibe ihr in ruhigerer Gemütsstimmung. Lebe wohl etc. etc.

Clara an Nathanael

Wahr ist es, dass du recht lange mir nicht geschrieben hast, aber dennoch glaube ich, dass du mich in Sinn und Gedanken trägst. Denn meiner gedachtest du wohl recht lebhaft, als du deinen letzten Brief an Bruder Lothar absenden wolltest und die Aufschrift, statt an ihn an mich richtetest. Freudig erbrach ich den Brief und wurde den Irrtum erst bei den Worten inne: »Ach mein herzlieber Lothar!« – Nun hätte ich nicht weiter lesen, sondern den Brief dem Bruder geben sollen. Aber, hast du mir auch sonst manchmal in kindischer Neckerei vorgeworfen, ich hätte solch ruhiges, weiblich besonnenes Gemüt, dass ich wie jene Frau, drohe das Haus den Einsturz, noch vor schneller Flucht ganz geschwinde einen falschen Kniff in der Fenstergardine glatt streichen würde, so darf ich doch wohl kaum versichern, dass deines Briefes Anfang mich tief erschütterte. Ich konnte kaum atmen, es flimmerte mir vor den Augen. – Ach, mein herzgeliebter Nathanael! was konnte so Entsetzliches in dein Leben getreten sein! Trennung von dir, dich niemals wiedersehen, der Gedanke durchfuhr meine Brust wie ein glühender Dolchstich. – Ich las und las! – deine Schilderung des widerwärtigen Coppelius ist grässlich. Erst jetzt vernahm ich, wie dein guter alter Vater solch entsetzlichen, gewaltsamen Todes starb. Bruder Lothar, dem ich sein Eigentum zustellte, suchte mich zu beruhigen, aber es gelang ihm schlecht. Der fatale Wetterglashändler Giuseppe Coppola verfolgte mich auf Schritt und Tritt und beinahe schäme ich mich, es zu gestehen, dass er selbst meinen gesunden, sonst so ruhigen Schlaf in allerlei wunderlichen Traumgebilden zerstören konnte. Doch bald, schon den andern Tag, hatte sich alles anders in mir gestaltet. Sei mir nur nicht böse, mein Inniggeliebter, wenn Lothar dir etwa sagen möchte, dass ich trotz deiner seltsamen Ahnung, Coppelius werde dir etwas Böses antun, ganz heitern unbefangenen Sinnes bin, wie immer.

Geradeheraus will ich es dir nur gestehen, dass, wie ich meine, alles Entsetzliche und Schreckliche, wovon du sprichst, nur in deinem Innern vorging, die wahre wirkliche Außenwelt aber daran wohl wenig teilhatte. Widerwärtig genug mag der alte Coppelius gewesen sein, aber dass er Kinder hasste, das brachte in euch Kindern wahren Abscheu gegen ihn hervor.

Natürlich verknüpfte sich nun in deinem kindischen Gemüt der schreckliche Sandmann aus dem Ammenmärchen mit dem alten Coppelius, der dir, glaubtest du auch nicht an den Sandmann, ein gespenstischer, Kindern vorzüglich gefährlicher, Unhold blieb. Das unheimliche Treiben mit deinem Vater zur Nachtzeit war wohl nichts anders, als dass beide insgeheim alchimistische Versuche machten, womit die Mutter nicht zufrieden sein konnte, da gewiss viel Geld unnütz verschleudert und obendrein, wie es immer mit solchen Laboranten der Fall sein soll, des Vaters Gemüt ganz von dem trügerischen Drange nach hoher Weisheit erfüllt, der Familie abwendig gemacht wurde. Der Vater hat wohl gewiss durch eigne Unvorsichtigkeit seinen Tod herbeigeführt, und Coppelius ist nicht schuld daran: Glaubst du, dass ich den erfahrnen Nachbar Apotheker gestern frug, ob wohl bei chemischen Versuchen eine solche augenblicklich tötende Explosion möglich sei? Der sagte: »Ei allerdings« und beschrieb mir nach seiner Art gar weitläufig und umständlich, wie das zugehen könne, und nannte dabei so viel sonderbar klingende Namen, die ich gar nicht zu behalten vermochte. – Nun wirst du wohl unwillig werden über deine Clara,

du wirst sagen: »In dies kalte Gemüt dringt kein Strahl des Geheimnisvollen, das den Menschen oft mit unsichtbaren Armen umfasst; sie erschaut nur die bunte Oberfläche der Welt und freut sich, wie das kindische Kind über die goldgleißende Frucht, in deren Innerm tödliches Gift verborgen.«

Ach mein herzgeliebter Nathanael! glaubst du denn nicht, dass auch in heitern – unbefangenen – sorglosen Gemütern die Ahnung wohnen könne von einer dunklen Macht, die feindlich uns in unserm eignen Selbst zu verderben strebt? – Aber verzeih es mir, wenn ich einfältig Mädchen mich unterfange, auf irgend eine Weise anzudeuten, was ich eigentlich von solchem Kampfe im Innern glaube. – Ich finde wohl gar am Ende nicht die rechten Worte und du lachst mich aus, nicht weil ich was Dummes meine, sondern weil ich mich so ungeschickt an Stelle, es zu sagen.

Gibt es eine dunkle Macht, die so recht feindlich und verräterisch einen Faden in unser Inneres legt, woran sie uns dann festpackt und fortzieht auf einem gefahrvollen verderblichen Wege, den wir sonst nicht betreten haben würden – gibt es eine solche Macht, so muss sie in uns sich, wie wir selbst gestalten, ja unser Selbst werden; denn nur *so* glauben wir an sie und räumen ihr den Platz ein, dessen sie bedarf, um jenes geheime Werk zu vollbringen. Haben wir festen, durch das heitre Leben gestärkten, Sinn genug, um fremdes feindliches Einwirken als solches stets zu erkennen und den Weg, in den uns Neigung und Beruf geschoben, ruhigen Schrittes zu verfolgen, so geht wohl jene unheimliche Macht unter in dem vergeblichen Ringen nach der Gestaltung, die unser eignes Spiegelbild sein sollte. Es ist auch gewiss, fügt Lothar hinzu, dass die dunkle psychische Macht, haben wir uns durch uns selbst ihr hingegeben, oft fremde Gestalten, die die Außenwelt uns in den Weg wirft, in unser Inneres hineinzieht, so, dass wir selbst nur den Geist entzünden, der, wie wir in wunderlicher Täuschung glauben, aus jener Gestalt spricht. Es ist das Phantom unseres eigenen Ichs, dessen innige Verwandtschaft und dessen tiefe Einwirkung auf unser Gemüt uns in die Hölle wirft, oder in den Himmel verzückt. – du merkst, mein herzlieber Nathanael! dass wir, ich und Bruder Lothar uns recht über die Materie von dunklen Mächten und Gewalten ausgesprochen haben, die mir nun, nachdem ich nicht ohne Mühe das Hauptsächlichste aufgeschrieben, ordentlich tiefsinnig vorkommt. Lothars letzte Worte verstehe ich nicht ganz, ich ahne nur, was er meint, und doch ist es mir, als sei alles sehr wahr. Ich bitte dich, schlage dir den hässlichen Advokaten Coppelius und den Wetterglasmann Giuseppe Coppola ganz aus dem Sinn. Sei überzeugt, dass diese fremden Gestalten nichts über dich vermögen; nur der Glaube an ihre feindliche Gewalt kann sie dir in der Tat feindlich machen. Spräche nicht aus jeder Zeile deines Briefes die tiefste Aufregung deines Gemüts, schmerzte mich nicht dein Zustand recht in innerster Seele, wahrhaftig, ich könnte über den Advokaten Sandmann und den Wetterglashändler Coppelius scherzen. Sei heiter – heiter! – Ich habe mir vorgenommen, bei dir zu erscheinen, wie dein Schutzgeist, und den hässlichen Coppola, sollte er es sich etwa beikommen lassen, dir im Traum beschwerlich zu fallen, mit lautem Lachen fortzubannen. Ganz und gar nicht fürchte ich mich vor ihm und vor seinen garstigen Fäusten, er soll mir weder als Advokat eine Näscherei, noch als Sandmann die Augen verderben.

Ewig, mein herzinnigstgeliebter Nathanael etc. etc. etc.

Nathanael an Lothar

Sehr unlieb ist es mir, dass Clara neulich den Brief an dich aus, freilich durch meine Zerstreutheit veranlasstem, Irrtum erbrach und las. Sie hat mir einen sehr tiefsinnigen philosophischen Brief geschrieben, worin sie ausführlich beweiset, dass Coppelius und Coppola nur in meinem Innern existieren und Phantome meines Ichs sind, die augenblicklich zerstäuben, wenn ich sie als solche erkenne. In der Tat, man sollte gar nicht glauben, dass der Geist, der aus solch hellen holdlächelnden Kindesaugen, oft wie ein lieblicher süßer Traum, hervorleuchtet, so gar verständig, so magistermäßig distinguieren könne. Sie beruft sich auf dich. Ihr habt über mich gesprochen. Du liesest ihr wohl logische Kollegia, damit sie alles fein sichten und sondern lerne. – Lass das bleiben! – Übrigens ist es wohl gewiss, dass der Wetterglashändler Giuseppe Coppola keinesweges der alte Advokat Coppelius ist. Ich höre bei dem erst neuerdings angekommenen Professor der Physik, der, wie jener berühmte Naturforscher, Spalanzani heißt und italienischer Abkunft ist, Kollegia. Der kennt den Coppola schon seit vielen Jahren und überdem hört man es auch seiner Aussprache an, dass er wirklich Piemonteser ist. Coppelius war ein Deutscher, aber wie mich dünkt, kein ehrlicher. Ganz beruhigt bin ich nicht. Haltet Ihr, du und Clara, mich immerhin für einen düstern Träumer, aber nicht los kann ich den Eindruck werden, den Coppelius' verfluchtes Gesicht auf mich macht. Ich bin froh, dass er fort ist aus der Stadt, wie mir Spalanzani sagt. Dieser Professor ist ein wunderlicher Kauz. Ein kleiner rundlicher Mann, das Gesicht mit starken Backenknochen, feiner Nase, aufgeworfenen Lippen, kleinen stechenden Augen. Doch besser, als in jeder Beschreibung, siehst du ihn, wenn du den Cagliostro, wie er von Chodowiecki in irgend einem berlinischen Taschenkalender steht, anschauest. – So sieht Spalanzani aus. – Neulich steige ich die Treppe herauf und nehme wahr, dass die sonst einer Glastüre dicht vorgezogene Gardine zur Seite einen kleinen Spalt lässt. Selbst weiß ich nicht, wie ich dazu kam, neugierig durchzublicken. Ein hohes, sehr schlank im reinsten Ebenmaß gewachsenes, herrlich gekleidetes Frauenzimmer saß im Zimmer vor einem kleinen Tisch, auf den sie beide Arme, die Hände zusammengefaltet, gelegt hatte. Sie saß der Türe gegenüber, so, dass ich ihr engelschönes Gesicht ganz erblickte. Sie schien mich nicht zu bemerken, und überhaupt hatten ihre Augen etwas Starres, beinahe möcht ich sagen, keine Sehkraft, es war mir so, als schliefe sie mit offnen Augen. Mir wurde ganz unheimlich und deshalb schlich ich leise fort ins Auditorium, das daneben gelegen. Nachher erfuhr ich, dass die Gestalt, die ich gesehen, Spalanzanis Tochter, Olimpia war, die er sonderbarer und schlechter Weise einsperrt, so, dass durchaus kein Mensch in ihre Nähe kommen darf. – Am Ende hat es eine Bewandtnis mit ihr, sie ist vielleicht blödsinnig oder sonst. – Weshalb schreibe ich dir aber das alles? Besser und ausführlicher hätte ich dir das mündlich erzählen können. Wisse nämlich, dass ich über vierzehn Tage bei euch bin. Ich muss mein süßes liebes Engelsbild, meine Clara, wiedersehen. Weggehaucht wird dann die Verstimmung sein, die sich (ich muss das gestehen) nach dem fatalen verständigen Briefe meiner bemeistern wollte. Deshalb schreibe ich auch heute nicht an sie.

Tausend Grüße etc. etc. etc.

Seltsamer und wunderlicher kann nichts erfunden werden, als dasjenige ist, was sich mit meinem armen Freunde, dem jungen Studenten Nathanael, zugetragen, und was ich dir, günstiger Leser! zu erzählen unternommen. Hast du, Geneigtester! wohl jemals etwas erlebt, das Deine Brust, Sinn und Gedanken ganz und gar erfüllte, alles andere daraus verdrängend? Es gärte und kochte in dir, zur siedenden Glut entzündet sprang das Blut durch die Adern und färbte höher deine Wangen. Dein Blick war so seltsam als wolle er Gestalten, keinem andern Auge sichtbar, im leeren Raum erfassen und die Rede zerfloss in dunkle Seufzer. Da frugen dich die Freunde: »Wie ist Ihnen, Verehrter? – Was haben Sie, Teurer?« Und nun wolltest du das innere Gebilde mit allen glühenden Farben und Schatten und Lichtern aussprechen und mühtest dich ab, Worte zu finden, um nur anzufangen. Aber es war dir, als müsstest du nun gleich im ersten Wort alles Wunderbare, Herrliche, Entsetzliche, Lustige, Grauenhafte, das sich zugetragen, recht zusammengreifen, sodass es, wie ein elektrischer Schlag, alle treffe. Doch jedes Wort, alles was Rede vermag, schien dir farblos und frostig und tot. Du suchst und suchst, und stotterst und stammelst, und die nüchternen Fragen der Freunde schlagen, wie eisige Windeshauche, hinein in deine innere Glut, bis sie verlöschen will. Hattest du aber, wie ein kecker Maler, erst mit einigen verwegenen Strichen, den Umriss deines innern Bildes hingeworfen, so trugst du mit leichter Mühe immer glühender und glühender die Farben auf und das lebendige Gewühl mannigfacher Gestalten riss die Freunde fort und sie sahen, wie du, sich selbst mitten im Bilde, das aus deinem Gemüt hervorgegangen! – Mich hat, wie ich es dir, geneigter Leser! gestehen muss, eigentlich niemand nach der Geschichte des jungen Nathanael gefragt; du weißt ja aber wohl, dass ich zu dem wunderlichen Geschlechte der Autoren gehöre, denen, tragen sie etwas so in sich, wie ich es vorhin beschrieben, so zumute wird, als frage jeder, der in ihre Nähe kommt und nebenher auch wohl noch die ganze Welt: »Was ist es denn? Erzählen Sie Liebster?« – So trieb es mich denn gar gewaltig, von Nathanaels verhängnisvollem Leben zu dir zu sprechen. Das Wunderbare, Seltsame davon erfüllte meine ganze Seele, aber eben deshalb und weil ich dich, o mein Leser! gleich geneigt machen musste, Wunderliches zu ertragen, welches nichts Geringes ist, quälte ich mich ab, Nathanaels Geschichte, bedeutend – originell, ergreifend, anzufangen: »Es war einmal« – der schönste Anfang jeder Erzählung, zu nüchtern! – »In der kleinen Provinzialstadt S. lebte« – etwas besser, wenigstens ausholend zum Klimax. – Oder gleich medias in res: »›Scher er sich zum Teufel‹, rief, Wut und Entsetzen im wilden Blick, der Student Nathanael, als der Wetterglashändler Giuseppe Coppola« – Das hatte ich in der Tat schon aufgeschrieben, als ich in dem wilden Blick des Studenten Nathanael etwas Possierliches zu verspüren glaubte; die Geschichte ist aber gar nicht spaßhaft. Mir kam keine Rede in den

Sinn, die nur im mindesten etwas von dem Farbenglanz des innern Bildes abzuspiegeln schien. Ich beschloss gar nicht anzufangen. Nimm, geneigter Leser! die drei Briefe, welche Freund Lothar mir gütigst mitteilte, für den Umriss des Gebildes, in das ich nun erzählend immer mehr und mehr Farbe hineinzutragen mich bemühen werde. Vielleicht gelingt es mir, manche Gestalt, wie ein guter Porträtmaler, so aufzufassen, dass du es ähnlich findest, ohne das Original zu kennen, ja dass es dir ist, als hättest du die Person recht oft schon mit leibhaftigen Augen gesehen. Vielleicht wirst du, o mein Leser! dann glauben, dass nichts wunderlicher und toller sei, als das wirkliche Leben und dass dieses der Dichter doch nur, wie in eines matt geschliffnen Spiegels dunklem Widerschein, auffassen könne.

Damit klarer werde, was gleich anfangs zu wissen nötig, ist jenen Briefen noch hinzuzufügen, dass bald darauf, als Nathanaels Vater gestorben, Clara und Lothar, Kinder eines weitläuftigen Verwandten, der ebenfalls gestorben und sie verwaist nachgelassen, von Nathanaels Mutter ins Haus genommen wurden. Clara und Nathanael fassten eine heftige Zuneigung zueinander, wogegen kein Mensch auf Erden etwas einzuwenden hatte; sie waren daher Verlobte, als Nathanael den Ort verließ um seine Studien in G. – fortzusetzen. Da ist er nun in seinem letzten Briefe und hört Kollegia bei dem berühmten Professor Physices, Spalanzani.

Nun könnte ich getrost in der Erzählung fortfahren; aber in dem Augenblick steht Claras Bild so lebendig mir vor Augen, dass ich nicht wegschauen kann, so wie es immer geschah, wenn sie mich holdlächelnd anblickte. – Für schön konnte Clara keinesweges gelten; das meinten alle, die sich von Amtswegen auf Schönheit verstehen. Doch lobten die Architekten die reinen Verhältnisse ihres Wuchses, die Maler fanden Nacken, Schultern und Brust beinahe zu keusch geformt, verliebten sich dagegen sämtlich in das wunderbare Magdalenenhaar und faselten überhaupt viel von Battonischem Kolorit. Einer von ihnen, ein wirklicher Fantast, verglich aber höchstseltsamer Weise Claras Augen mit einem See von Ruisdael, in dem sich des wolkenlosen Himmels reines Azur, Wald- und Blumenflur, der reichen Landschaft ganzes buntes, heitres Leben spiegelt. Dichter und Meister gingen aber weiter und sprachen: »Was See – was Spiegel! – Können wir denn das Mädchen anschauen, ohne dass uns aus ihrem Blick wunderbare himmlische Gesänge und Klänge entgegenstrahlen, die in unser Innerstes dringen, dass da alles wach und rege wird?

Singen wir selbst dann nichts wahrhaft Gescheutes, so ist überhaupt nicht viel an uns und das lesen wir denn auch deutlich in dem um Claras Lippen schwebenden feinen Lächeln, wenn wir uns unterfangen, ihr etwas vorzuquinkelieren, das so tun will als sei es Gesang, unerachtet nur einzelne Töne verworren durcheinander springen.« Es war dem so. Clara hatte die lebenskräftige Fantasie des heitern unbefangenen, kindischen Kindes, ein tiefes weiblich zartes Gemüt, einen gar hellen scharf sichtenden Verstand. Die Nebler und Schwebler hatten bei ihr böses Spiel; denn ohne zu viel zu reden, was überhaupt in Claras schweigsamer Natur nicht lag, sagte ihnen der helle Blick, und jenes feine ironische Lächeln: Lieben Freunde! wie möget ihr mir denn zumuten, dass ich eure verfließende Schattengebilde für wahre Gestalten ansehen soll, mit Leben und Regung? – Clara wurde deshalb von vielen kalt, gefühllos, prosaisch gescholten; aber andere, die das Leben in klarer Tiefe aufgefasst, liebten ungemein das gemütvolle, verständige, kindliche Mädchen, doch keiner so sehr, als Nathanael, der sich in Wissenschaft und Kunst kräftig und heiter bewegte. Clara hing an dem Geliebten mit ganzer Seele; die ersten Wolkenschatten zogen durch ihr Leben, als er sich von ihr trennte. Mit welchem Entzücken flog sie in seine Arme, als er nun, wie er im letzten Briefe an Lothar es verheißen, wirklich in seiner Vaterstadt ins Zimmer der Mutter eintrat. Es geschah so wie Nathanael geglaubt; denn in dem Augenblick, als er Clara wiedersah, dachte er weder an den Advokaten Coppelius, noch an Claras verständigen Brief, jede Verstimmung war verschwunden.

Recht hatte aber Nathanael doch, als er seinem Freunde Lothar schrieb, dass des widerwärtigen Wetterglashändlers Coppola Gestalt recht feindlich in sein Leben getreten sei. Alle fühlten das, da Nathanael gleich in den ersten Tagen in seinem ganzen Wesen durchaus verändert sich zeigte. Er versank in düstre Träumereien, und trieb es bald so seltsam, wie man es niemals von ihm gewohnt gewesen. Alles, das ganze Leben war ihm Traum und Ahnung geworden; immer sprach er davon, wie jeder Mensch, sich frei wähnend, nur dunklen Mächten zum grausamen Spiel diene, vergeblich lehne man sich dagegen auf, demütig müsse man sich dem fügen, was das Schicksal verhängt habe. Er ging so weit, zu behaupten, dass es töricht sei, wenn man glaube, in Kunst und Wissenschaft nach selbsttätiger Willkür zu schaffen; denn die Begeisterung, in der man nur zu schaffen fähig sei, komme nicht aus dem eignen Innern, sondern sei das Einwirken irgend eines außer uns selbst liegenden höheren Prinzips.

Der verständigen Clara war diese mystische Schwärmerei im höchsten Grade zuwider, doch schien es vergebens, sich auf Widerlegung einzulassen. Nur dann, wenn Nathanael bewies, dass Coppelius das böse Prinzip sei, was ihn in dem Augenblick erfasst habe, als er hinter dem Vorhange lauschte, und dass dieser widerwärtige *Dämon* auf entsetzliche Weise ihr Liebesglück stören werde, da wurde Clara sehr ernst und sprach: »Ja Nathanael! du hast Recht, Coppelius ist ein böses feindliches Prinzip, er kann Entsetzliches wirken, wie eine teuflische Macht, die sichtbarlich in das Leben trat, aber nur dann, wenn du ihn nicht aus Sinn und Gedanken verbannst. Solange du an ihn glaubst, *ist* er auch und wirkt, nur dein Glaube ist seine Macht.« – Nathanael, ganz erzürnt, dass Clara die Existenz des *Dämons* nur in seinem eignen Innern statuiere, wollte dann hervorrücken mit der ganzen mystischen Lehre von Teufeln und grausen Mächten, Clara brach aber verdrüsslich ab, indem sie irgendetwas Gleichgültiges dazwischen schob, zu Nathanaels nicht geringem Ärger. *Der* dachte kalten, unempfänglichen Gemütern erschließen sich nicht solche tiefe Geheimnisse, ohne sich deutlich bewusst zu sein, dass er Clara eben zu solchen untergeordneten Naturen zähle, weshalb er nicht abließ mit Versuchen, sie in jene Geheimnisse einzuweihen. Am frühen Morgen, wenn Clara das Frühstück bereiten half, stand er bei ihr und las ihr aus allerlei mystischen Büchern vor, dass Clara bat: »Aber lieber Nathanael, wenn ich *dich* nun das böse Prinzip schelten wollte, das feindlich auf meinen Kaffee wirkt? – Denn, wenn ich, wie du es willst, alles stehen und liegen lassen und dir, indem du liesest, in die Augen schauen soll, so läuft mir der Kaffee ins Feuer und ihr bekommt alle kein Frühstück!« – Nathanael klappte das Buch heftig zu und rannte voll Unmut fort in sein Zimmer. Sonst hatte er eine besondere Stärke in anmutigen, lebendigen Erzählungen, die er aufschrieb, und die Clara mit dem innigsten Vergnügen anhörte, jetzt waren seine Dichtungen düster, unverständlich, gestaltlos, sodass, wenn Clara schonend es auch, nicht sagte, er doch wohl fühlte, wie wenig sie davon angesprochen wurde. Nichts war für Clara tötender, als das Langweilige; in Blick und Rede sprach sich dann ihre nicht zu besiegende geistige Schläfrigkeit aus. Nathanaels Dichtungen waren in der Tat sehr langweilig. Sein Verdruss über Claras kaltes prosaisches Gemüt stieg höher, Clara konnte ihren Unmut über Nathanaels dunkle, düstere, langweilige Mystik nicht überwinden, und so entfernten beide im Innern sich immer mehr voneinander, ohne es selbst zu bemerken. Die Gestalt des hässlichen Coppelius war, wie Nathanael selbst es sich gestehen musste, in seiner Fantasie erbleicht und es kostete ihm oft Mühe, ihn in seinen Dichtungen, wo er als grauser Schicksalspopanz auftrat, recht lebendig zu kolorieren. Es kam ihm endlich ein, jene düstre Ahnung, dass Coppelius sein Liebesglück stören werde, zum Gegenstande eines Gedichts zu machen. Er stellte sich und Clara dar, in treuer Liebe verbunden, aber dann und wann war es, als griffe eine schwarze Faust in ihr Leben und risse irgend eine Freude heraus, die ihnen aufgegangen. Endlich, als sie schon am Traualtar stehen, erscheint der entsetzliche Coppelius und berührt Claras holde Augen; *die* springen in Nathanaels Brust wie blutige Funken sengend und brennend, Coppelius fasst ihn und wirft ihn in einen flammenden Feuerkreis, der sich dreht mit der Schnelligkeit des Sturmes und ihn sausend und brausend fortreißt. Es ist ein Tosen, als wenn der Orkan grimmig hineinpeitscht in die schäumenden Meereswellen, die sich wie schwarze, weißhauptige Riesen emporbäumen in wütendem Kampfe. Aber durch dies wilde Tosen hört er Claras Stimme: »Kannst du mich denn nicht erschauen? Coppelius hat dich getäuscht, das waren ja nicht meine Augen, die so in deiner Brust brannten, das waren ja glühende Tropfen deines eignen Herzbluts – ich habe ja meine Augen, sieh mich doch nur an!« – Nathanael denkt: Das ist Clara, und ich bin ihr eigen ewiglich. – Da ist es, als fasst der Gedanke gewaltig in den Feuerkreis hinein, dass er stehen bleibt, und im schwarzen Abgrund verrauscht dumpf das Getöse. Nathanael blickt in Claras Augen; aber es ist der Tod, der mit Claras Augen ihn freundlich anschaut.

Während Nathanael dies dichtete, war er sehr ruhig und besonnen, er feilte und besserte an jeder Zeile und da er sich dem metrischen Zwange unterworfen, ruhte er nicht, bis alles rein und wohlklingend sich fügte. Als er jedoch nun endlich fertig worden, und das Gedicht für sich laut las, da fasste ihn Grausen und wildes Entsetzen und er schrie auf: »Wessen grauenvolle Stimme ist das?« – Bald schien ihm jedoch das Ganze wieder nur eine sehr gelungene Dichtung, und es war ihm, als müsse Claras kaltes Gemüt dadurch entzündet werden, wiewohl er nicht deutlich dachte, wozu denn Clara entzündet, und wozu es denn nun eigentlich führen solle, sie mit den grauenvollen Bildern zu ängstigen, die ein entsetzliches, ihre Liebe zerstörendes Geschick weissagten. Sie, Nathanael und Clara, saßen in der Mutter kleinem Garten, Clara war sehr heiter, weil Nathanael sie seit drei Tagen, in denen er an jener Dichtung schrieb, nicht mit seinen Träumen und Ahnungen geplagt hatte. Auch Nathanael sprach lebhaft und froh von lustigen Dingen wie sonst, so, dass Clara sagte: »Nun erst habe ich dich ganz wieder, siehst du es wohl, wie wir den hässlichen Coppelius vertrieben haben?« Da fiel dem Nathanael erst ein, dass er ja die Dichtung in der Tasche trage, die er habe vorlesen wollen. Er zog auch sogleich die Blätter hervor und fing an zu lesen: Clara, etwas Langweiliges wie gewöhnlich vermutend und sich darein ergebend, fing an, ruhig zu stricken. Aber so wie immer schwärzer und schwärzer das düstre Gewölk aufstieg, ließ sie den Strickstrumpf sinken und blickte starr dem Nathanael ins Auge. *Den* riss seine Dichtung unaufhaltsam fort, hochrot färbte seine Wangen die innere Glut, Tränen quollen ihm aus den Augen. – Endlich hatte er geschlossen, er stöhnte in tiefer Ermattung – er fasste Claras Hand und seufzte wie aufgelöst in trostlosem Jammer: »Ach! – Clara – Clara!« – Clara drückte ihn sanft an ihren Busen und sagte leise, aber sehr langsam und ernst: »Nathanael – mein herzlieber Nathanael! – wirf das tolle – unsinnige – wahnsinnige Märchen ins Feuer.« Da sprang Nathanael entrüstet auf und rief, Clara von sich stoßend: »Du lebloses, verdammtes Automat!« Er rannte fort, bittre Tränen vergoss die tief verletzte Clara: »Ach er hat mich niemals geliebt, denn er versteht mich nicht«, schluchzte sie laut. – Lothar trat in die Laube; Clara musste ihm erzählen was vorgefallen; er liebte seine Schwester mit ganzer Seele, jedes Wort ihrer Anklage fiel wie ein Funke in sein Inneres, so, dass der Unmut, den er wider den träumerischen Nathanael lange im Herzen getragen, sich entzündete zum wilden Zorn. Er lief zu Nathanael, er warf ihm das unsinnige Betragen gegen die geliebte Schwester in harten Worten vor, die der aufbrausende Nathanael ebenso erwiderte. Ein fantastischer, wahnsinniger Geck wurde mit einem miserablen, gemeinen Alltagsmenschen erwidert. Der Zweikampf war unvermeidlich. Sie beschlossen, sich am folgenden Morgen hinter dem Garten nach dortiger akademischer Sitte mit scharfgeschliffenen Stoßrapieren zu schlagen. Stumm und finster schlichen sie umher, Clara hatte den heftigen Streit gehört und gesehen, dass der Fechtmeister in der Dämmerung die Rapiere brachte. Sie ahnte was geschehen sollte. Auf dem Kampfplatz angekommen hatten Lothar und Nathanael soeben düsterschweigend die Röcke abgeworfen, blutdürstige Kampflust im brennenden Auge wollten sie gegeneinander ausfallen, als Clara durch die Gartentür herbeistürzte. Schluchzend rief sie laut: »Ihr wilden entsetzlichen Menschen! – stoßt mich nur gleich nieder, ehe ihr euch anfallt; denn wie soll ich denn länger leben auf der Welt, wenn der Geliebte den Bruder, oder wenn der Bruder den Geliebten ermordet hat!« – Lothar ließ die Waffe sinken und sah schweigend zur Erde nieder, aber in Nathanaels Innern ging in herzzerreißender Wehmut alle Liebe wieder auf, wie er sie jemals in der herrlichen Jugendzeit schönsten Tagen für die holde Clara empfunden. Das Mordgewehr entfiel seiner Hand, er stürzte zu Claras Füßen. »Kannst du mir denn jemals verzeihen, du meine einzige, meine herzgeliebte Clara! – Kannst du mir verzeihen, mein herzlieber Bruder Lothar!« – Lothar wurde gerührt von des Freundes tiefem Schmerz; unter tausend Tränen umarmten sich die drei versöhnten Menschen und schwuren, nicht voneinander zu lassen in steter Liebe und Treue.

Dem Nathanael war es zumute, als sei eine schwere Last, die ihn zu Boden gedrückt, von ihm abgewälzt, ja als habe er, Widerstand leistend der finstern Macht, die ihn befangen, sein ganzes Sein, dem Vernichtung drohte, gerettet. Noch drei selige Tage verlebte er bei den Lieben, dann kehrte er zurück nach G., wo er noch ein Jahr zu bleiben, dann aber auf immer nach seiner Vaterstadt zurückzukehren gedachte.

Der Mutter war alles, was sich auf Coppelius bezog, verschwiegen worden; denn man wusste, dass sie nicht ohne Entsetzen an ihn denken konnte, weil sie, wie Nathanael, ihm den Tod ihres Mannes schuld gab.

Wie erstaunte Nathanael, als er in seine Wohnung wollte und sah, dass das ganze Haus niedergebrannt war, sodass aus dem Schutthaufen nur die nackten Feuermauern hervorragten. Unerachtet das Feuer in dem Laboratorium des Apothekers, der im untern Stocke wohnte, ausgebrochen war, das Haus daher von unten herauf gebrannt hatte, so war es doch den kühnen, rüstigen Freunden gelungen, noch zu rechter Zeit in Nathanaels im obern Stock gelegenes Zimmer zu dringen, und Bücher, Manuskripte, Instrumente zu retten. Alles hatten sie unversehrt in ein anderes Haus getragen, und dort ein Zimmer in Beschlag genommen, welches Nathanael nun sogleich bezog. Nicht sonderlich achtete er darauf, dass er dem Professor Spalanzani gegenüber wohnte, und ebenso wenig schien es ihm etwas Besonderes, als er bemerkte, dass er aus seinem Fenster gerade hinein in das Zimmer blickte, wo oft Olimpia einsam saß, so, dass er ihre Figur deutlich erkennen konnte, wiewohl die Züge des Gesichts undeutlich und verworren blieben. Wohl fiel es ihm endlich auf, dass Olimpia oft stundenlang in derselben Stellung, wie er sie einst durch die Glastüre entdeckte, ohne irgend eine Beschäftigung an einem kleinen Tische saß und dass sie offenbar unverwandten Blickes nach ihm herüberschaute; er musste sich auch selbst gestehen, dass er nie einen schöneren Wuchs gesehen; indessen, Clara im Herzen, blieb ihm die steife, starre Olimpia höchst gleichgültig und nur zuweilen sah er flüchtig über sein Kompendium herüber nach der schönen Bildsäule, das war alles. – Eben schrieb er an Clara, als es leise an die Türe klopfte; sie öffnete sich auf seinen Zuruf und Coppolas widerwärtiges Gesicht sah hinein. Nathanael fühlte sich im Innersten erbeben; eingedenk dessen, was ihm Spalanzani über den Landsmann Coppola gesagt und was er auch rücksichts des Sandmanns Coppelius der Geliebten so heilig versprochen, schämte er sich aber selbst seiner kindischen Gespensterfurcht, nahm sich mit aller Gewalt zusammen und sprach so sanft und gelassen, als möglich: »Ich kaufe kein Wetterglas, mein lieber Freund! gehen Sie nur!« Da trat aber Coppola vollends in die Stube und sprach mit heiserem Ton, indem sich das weite Maul zum hässlichen Lachen verzog und die kleinen Augen unter den grauen langen Wimpern stechend hervorfunkelten: »Ei, nix Wetterglas, nix Wetterglas! – hab auch sköne Oke – sköne Oke!« – Entsetzt rief Nathanael: »Toller Mensch, wie kannst du Augen haben? – Augen – Augen? –« Aber in dem Augenblick hatte Coppola seine Wettergläser beiseite gesetzt, griff in die weiten Rocktaschen und holte Lorgnetten und Brillen heraus, die er auf den Tisch legte. – »Nu – Nu – Brill – Brill auf der Nas su setze, das sein meine Oke – sköne Oke!« – Und damit holte er immer mehr und mehr Brillen heraus, so, dass es auf dem ganzen Tisch seltsam zu flimmern und zu funkeln begann. Tausend Augen blickten und zuckten krampfhaft und starrten auf zum Nathanael; aber er konnte nicht wegschauen von dem Tisch, und immer mehr Brillen legte Coppola hin, und immer wilder und wilder sprangen flammende Blicke durcheinander und schossen ihre blutrote Strahlen in Nathanaels Brust. Übermannt von tollem Entsetzen schrie er auf: »Halt ein! halt ein, fürchterlicher Mensch!« – Er hatte Coppola, der eben in die Tasche griff, um noch mehr Brillen herauszubringen, unerachtet schon der ganze Tisch überdeckt war, beim Arm festgepackt. Coppola machte sich mit heiserem widrigen Lachen sanft los und mit den Worten: »Ah! – nix für Sie – aber hier sköne Glas« – hatte er alle Brillen zusammengerafft, eingesteckt und aus der Seitentasche des Rocks eine Menge großer und kleiner Perspektive hervorgeholt. Sowie die Brillen fort waren, wurde Nathanael ganz ruhig und an Clara denkend sah er wohl ein, dass der entsetzliche Spuk nur aus seinem Innern hervorgegangen, sowie dass Coppola ein höchst ehrlicher Mechanikus und Optikus, keinesweges aber Coppelii verfluchter Doppeltgänger und Revenant sein könne. Zudem hatten alle Gläser, die Coppola nun auf den Tisch gelegt, gar nichts Besonderes, am wenigsten so etwas Gespenstisches wie die Brillen und, um alles wieder gutzumachen, beschloss Nathanael dem Coppola jetzt wirklich etwas abzukaufen. Er ergriff ein kleines sehr sauber gearbeitetes Taschenperspektiv und sah, um es zu prüfen, durch das Fenster. Noch im Leben war ihm kein Glas vorgekommen, das die Gegenstände so rein, scharf und deutlich dicht vor die Augen rückte. Unwillkürlich sah er hinein in Spalanzanis Zimmer; Olimpia saß, wie gewöhnlich, vor dem kleinen Tisch, die Arme darauf gelegt, die Hände gefaltet. – Nun erschaute Nathanael erst Olimpias wunderschön geformtes Gesicht. Nur die Augen schienen ihm gar seltsam starr und tot. Doch wie er immer schärfer und schärfer durch das Glas hinschaute, war es, als gingen in Olimpias Augen feuchte Mondesstrahlen auf. Es schien, als wenn nun erst die Sehkraft entzündet würde; immer lebendiger und lebendiger flammten die Blicke. Nathanael lag wie festgezaubert im Fenster, immer fort und fort die himmlisch-schöne Olimpia betrachtend. Ein Räuspern und Scharren weckte ihn, wie aus tiefem Traum. Coppola stand hinter ihm: »Tre Zechini – drei Dukat« – Nathanael hatte den Optikus rein vergessen, rasch zahlte er das Verlangte. »Nick so? – sköne Glas – sköne Glas!« frug Coppola mit seiner widerwärtigen heisern Stimme und dem hämischen Lächeln. »Ja ja, ja!«, erwiderte Nathanael verdrießlich. »Adieu, lieber Freund!« – Coppola verließ nicht ohne viele seltsame Seitenblicke auf Nathanael, das Zimmer. Er hörte ihn auf der Treppe laut lachen. »Nun ja«, meinte Nathanael, »er lacht mich aus, weil ich ihm das kleine Perspektiv gewiss viel zu teuer bezahlt habe – zu teuer bezahlt!« – Indem er diese Worte leise sprach, war es, als halle ein tiefer Todesseufzer grauenvoll durch das Zimmer, Nathanaels Atem stockte vor innerer Angst. – Er hatte ja aber selbst so aufgeseufzt, das merkte er wohl. »Clara«, sprach er zu sich selber, »hat wohl recht, dass sie mich für einen abgeschmackten Geisterseher hält; aber närrisch ist es doch – ach wohl mehr, als närrisch, dass mich der dumme Gedanke, ich hätte das Glas dem Coppola zu teuer bezahlt, noch jetzt so sonderbar ängstigt; den Grund davon sehe ich gar nicht ein.« – Jetzt setzte er sich hin, um den Brief an Clara zu enden, aber ein Blick durchs Fenster überzeugte ihn, dass Olimpia noch dasäße und im Augenblick, wie von unwiderstehlicher Gewalt getrieben, sprang er auf, ergriff Coppolas Perspektiv und konnte nicht los von Olimpias verführerischem Anblick, bis ihn Freund und Bruder Siegmund abrief ins Kollegium bei dem Professor Spalanzani. Die Gardine vor dem verhängnisvollen Zimmer war dicht zugezogen, er konnte Olimpia ebenso wenig hier, als die beiden folgenden Tage hindurch in ihrem Zimmer, entdecken, unerachtet er kaum das Fenster verließ und fortwährend durch Coppolas Perspektiv hinüberschaute. Am dritten Tage wurden sogar die Fenster verhängt. Ganz verzweifelt und getrieben von Sehnsucht und glühendem Verlangen lief er hinaus vors Tor. Olimpias Gestalt schwebte vor ihm her in den Lüften und trat aus dem Gebüsch, und guckte ihn an mit großen strahlenden Augen, aus dem hellen Bach. Claras Bild war ganz aus seinem Innern gewichen, er dachte nichts, als Olimpia und klagte ganz laut und weinerlich: »Ach du mein hoher herrlicher Liebesstern, bist du mir denn nur aufgegangen, um gleich wieder zu verschwinden, und mich zu lassen in finstrer hoffnungsloser Nacht?«

Als er zurückkehren wollte in seine Wohnung, wurde er in Spalanzanis Hause ein geräuschvolles Treiben gewahr. Die Türen standen offen, man trug allerlei Geräte hinein, die Fenster des ersten Stocks waren ausgehoben, geschäftige Mägde kehrten und stäubten mit großen Haarbesen hin und her fahrend, inwendig klopften und hämmerten Tischler und Tapezierer. Nathanael blieb in vollem Erstaunen auf der Straße stehen; da trat Siegmund lachend zu ihm und sprach: »Nun, was sagst du zu unserem alten Spalanzani?« Nathanael versicherte, dass er gar nichts sagen könne, da er durchaus nichts vom Professor wisse, vielmehr mit großer Verwunderung wahrnehme, wie in dem stillen düstern Hause ein tolles Treiben und Wirtschaften losgegangen; da erfuhr er denn von Siegmund, dass Spalanzani morgen ein großes Fest geben wolle, Konzert und Ball, und dass die halbe Universität eingeladen sei. Allgemein verbreite man, dass Spalanzani seine Tochter Olimpia, die er so lange jedem menschlichen Auge recht ängstlich entzogen, zum ersten Mal erscheinen lassen werde.

Nathanael fand eine Einladungskarte und ging mit hochklopfendem Herzen zur bestimmten Stunde, als schon die Wagen rollten und die Lichter in den geschmückten Sälen schimmerten, zum Professor. Die Gesellschaft war zahlreich und glänzend. Olimpia erschien sehr reich und geschmackvoll gekleidet. Man musste ihr schöngeformtes Gesicht, ihren Wuchs bewundern. Der etwas seltsam eingebogene Rücken, die wespenartige Dünne des Leibes schien von zu starkem Einschnüren bewirkt zu sein. In Schritt und Stellung hatte sie etwas Abgemessenes und Steifes, das manchem unangenehm auffiel; man schrieb es dem Zwange zu, den ihr die Gesellschaft auflegte. Das Konzert begann. Olimpia spielte den Flügel mit großer Fertigkeit und trug ebenso eine Bravur-Arie mit heller, beinahe schneidender Glasglockenstimme vor. Nathanael war ganz entzückt; er stand in der hintersten Reihe und konnte im blendenden Kerzenlicht Olimpias Züge nicht ganz erkennen. Ganz unvermerkt nahm er deshalb Coppolas Glas hervor und schaute hin nach der schönen Olimpia. Ach! – da wurde er gewahr, wie sie voll Sehnsucht nach ihm herübersah, wie jeder Ton erst deutlich aufging in dem Liebesblick, der zündend sein Inneres durchdrang. Die künstlichen Rouladen schienen dem Nathanael das Himmels jauchzen des in Liebe verklärten Gemüts, und als nun endlich nach der Kadenz der lange Trillo recht schmetternd durch den Saal gellte, konnte er wie von glühenden Armen plötzlich erfasst sich nicht mehr halten, er musste vor Schmerz und Entzücken laut aufschreien: »Olimpia!« – Alle sahen sich um nach ihm, manche lachten. Der Domorganist schnitt aber noch ein finstreres Gesicht, als vorher und sagte bloß: »Nun nun!« – Das Konzert war zu Ende, der Ball fing an. »Mit ihr zu tanzen! – mit ihr!« das war nun dem Nathanael das Ziel aller Wünsche, alles Strebens; aber wie sich erheben zu dem Mut, sie, die Königin des Festes, aufzufordern? Doch! – er selbst wusste nicht wie es geschah, dass er, als schon der Tanz angefangen, dicht neben Olimpia stand, die noch nicht aufgefordert worden, und dass er, kaum vermögend einige Worte zu stammeln, ihre Hand ergriff. Eiskalt war Olimpias Hand, er fühlte sich durchbebt von grausigem Todesfrost, er starrte Olimpia ins Auge, das strahlte ihm voll Liebe und Sehnsucht entgegen und in dem Augenblick war es auch, als fingen an in der kalten Hand Pulse zu schlagen und des Lebensblutes Ströme zu glühen. Und auch in Nathanaels Innerm glühte höher auf die Liebeslust, er umschlang die schöne Olimpia und durchflog mit ihr die Reihen. – Er glaubte sonst recht taktmäßig getanzt zu haben, aber an der ganz eignen rhythmischen Festigkeit, womit Olimpia tanzte und die ihn oft ordentlich aus der Haltung brachte, merkte er bald, wie sehr ihm der Takt gemangelt. Er wollte jedoch mit keinem andern Frauenzimmer mehr tanzen und hätte jeden, der sich Olimpia näherte, um sie aufzufordern, nur gleich ermorden mögen. Doch nur zweimal geschah dies, zu seinem Erstaunen blieb darauf Olimpia bei jedem Tanze sitzen und er ermangelte nicht, immer wieder sie aufzuziehen. Hätte Nathanael außer der schönen Olimpia noch etwas anders zu sehen vermocht, so wäre allerlei fataler Zank und Streit unvermeidlich gewesen; denn offenbar ging das halbleise, mühsam unterdrückte Gelächter, was sich in diesem und jenem Winkel unter den jungen Leuten erhob, auf die schöne Olimpia, die sie mit ganz kuriosen Blicken verfolgten, man konnte gar nicht wissen, warum? Durch den Tanz und durch den reichlich genossenen Wein erhitzt, hatte Nathanael alle ihm sonst eigne Scheu abgelegt. Er saß neben Olimpia, ihre Hand in der seinigen und sprach hochentflammt und begeistert von seiner Liebe in Worten, die keiner verstand, weder er, noch Olimpia. Doch diese vielleicht; denn sie sah ihm unverrückt ins Auge und seufzte einmal übers andere: »Ach – Ach – Ach!« – worauf denn Nathanael also sprach: »O du herrliche, himmlische Frau! – du Strahl aus dem verheißenen Jenseits der Liebe – du tiefes Gemüt, in dem sich mein ganzes Sein spiegelt« und noch mehr dergleichen, aber Olimpia seufzte bloß immer wieder: »Ach, Ach!« – Der Professor Spalanzani ging einige Mal bei den Glücklichen vorüber und lächelte sie ganz seltsam zufrieden an. Dem Nathanael schien es, unerachtet er sich in einer ganz andern Welt befand, mit einem Mal, als würd es hienieden beim Professor Spalanzani merklich finster; er schaute um sich und wurde zu seinem nicht geringen Schreck gewahr, dass eben die zwei letzten Lichter in dem leeren Saal herniederbrennen und ausgehen wollten. Längst hatten Musik und Tanz aufgehört. »Trennung, Trennung«, schrie er ganz wild und verzweifelt, er küsste Olimpias Hand, er neigte sich zu ihrem Munde, eiskalte Lippen begegneten seinen glühenden! – So wie, als er Olimpias kalte Hand berührte, fühlte er sich von innerem Grausen erfasst, die Legende von der toten Braut ging ihm plötzlich durch den Sinn; aber fest hatte ihn Olimpia an sich gedrückt, und in dem Kuss schienen die Lippen zum Leben zu erwarmen. – Der Professor Spalanzani schritt langsam durch den leeren Saal, seine Schritte klangen hohl wider und seine Figur, von flackernden Schlagschatten umspielt, hatte ein grauliches gespenstisches Ansehen. »Liebst du mich – liebst du mich Olimpia? – Nur dies Wort! – Liebst du mich?« So flüsterte Nathanael, aber Olimpia seufzte, indem sie aufstand, nur: »Ach – Ach!« – »Ja du mein holder, herrlicher Liebesstern«, sprach Nathanael, »bist mir aufgegangen und wirst leuchten, wirst verklären mein Inneres immerdar!« – »Ach, ach!« replizierte Olimpia fortschreitend. Nathanael folgte ihr, sie standen vor dem Professor. »Sie haben sich außerordentlich lebhaft mit meiner Tochter unterhalten«, sprach dieser lächelnd: »Nun, nun, lieber Herr Nathanael, finden Sie Geschmack daran, mit dem blöden Mädchen zu konversieren, so sollen mir Ihre Besuche willkommen sein.« – Einen ganzen hellen strahlenden Himmel in der Brust schied Nathanael von dannen. Spalanzanis Fest war der Gegenstand des Gesprächs in den folgenden Tagen. Unerachtet der Professor alles getan hatte, recht splendid zu erscheinen, so wussten doch die lustigen Köpfe von allerlei Unschicklichem und Sonderbarem zu erzählen, das sich begeben, und vorzüglich fiel man über die todstarre, stumme Olimpia her, der man, ihres schönen Äußern unerachtet, totalen Stumpfsinn andichten und darin die Ursache finden wollte, warum Spalanzani sie so lange verborgen gehalten. Nathanael vernahm das nicht ohne innern Grimm, indessen schwieg er; denn, dachte er, würde es wohl verlohnen, diesen Burschen zu beweisen, dass eben ihr eigner Stumpfsinn es ist, der sie Olimpias tiefes herrliches Gemüt zu erkennen hindert? »Tu mir den Gefallen, Bruder«, sprach eines Tages Siegmund, »tu mir den Gefallen und sage, wie es dir gescheuten Kerl möglich war, dich in das Wachsgesicht, in die Holzpuppe da drüben zu vergaffen?« Nathanael wollte zornig auffahren, doch schnell besann er sich und erwiderte: »Sage *du* mir Siegmund, wie deinem, sonst alles Schöne klar auffassenden Blick, deinem regen Sinn, Olimpias himmlischer Liebreiz entgehen konnte? Doch eben deshalb habe ich, Dank sei es dem Geschick, dich nicht zum Nebenbuhler; denn sonst müsste einer von uns blutend fallen.« Siegmund merkte wohl, wie es mit dem Freunde stand, lenkte geschickt ein, und fügte, nachdem er geäußert, dass in der Liebe niemals über den Gegenstand zu richten sei, hinzu: »Wunderlich ist es doch, dass viele von uns über Olimpia ziemlich gleich urteilen. Sie ist uns – nimm es nicht übel, Bruder! – auf seltsame Weise starr und seelenlos erschienen. Ihr Wuchs ist regelmäßig, so wie ihr Gesicht, das ist wahr! – Sie könnte für schön gelten, wenn ihr Blick nicht so ganz ohne Lebensstrahl, ich möchte sagen, ohne Sehkraft wäre. Ihr Schritt ist sonderbar abgemessen, jede Bewegung scheint durch den Gang eines aufgezogenen Räderwerks bedingt. Ihr Spiel, ihr Singen hat den unangenehm richtigen geistlosen Takt der singenden Maschine und ebenso ist ihr Tanz. Uns ist diese Olimpia ganz unheimlich geworden, wir mochten nichts mit ihr zu schaffen haben, es war uns als tue sie nur so wie ein lebendiges Wesen und doch habe es mit ihr eine eigne Bewandtnis.« – Nathanael gab sich dem bittern Gefühl, das ihn bei diesen Worten Siegmunds ergreifen wollte, durchaus nicht hin, er wurde Herr seines Unmuts und sagte bloß sehr ernst:

137

»Wohl mag euch, ihr kalten prosaischen Menschen, Olimpia unheimlich sein. Nur dem poetischen Gemüt entfaltet sich das gleich organisierte! – Nur *mir* ging ihr Liebesblick auf und durchstrahlte Sinn und Gedanken, nur in Olimpias Liebe finde ich mein Selbst wieder. Euch mag es nicht recht sein, dass sie nicht in platter Konversation faselt, wie die andern flachen Gemüter. Sie spricht wenig Worte, das ist wahr; aber diese wenigen Worte erscheinen als echte Hieroglyphe der innern Welt voll Liebe und hoher Erkenntnis des geistigen Lebens in der Anschauung des ewigen Jenseits. Doch für alles das habt ihr keinen Sinn und alles sind verlorne Worte.« – »Behüte dich Gott, Herr Bruder«, sagte Siegmund sehr sanft, beinahe wehmütig, »aber mir scheint es, du seist auf bösem Wege. Auf mich kannst du rechnen, wenn alles – Nein, ich mag nichts weiter sagen! –« Dem Nathanael war es plötzlich, als meine der kalte prosaische Siegmund es sehr treu mit ihm, er schüttelte daher die ihm dargebotene Hand recht herzlich.

Nathanael hatte rein vergessen, dass es eine Clara in der Welt gebe, die er sonst geliebt; – die Mutter – Lothar – alle waren aus seinem Gedächtnis entschwunden, er lebte nur für Olimpia, bei der er täglich stundenlang saß und von seiner Liebe, von zum Leben erglühter Sympathie, von psychischer Wahlverwandtschaft fantasierte, welches alles Olimpia mit großer Andacht anhörte. Aus dem tiefsten Grunde des Schreibpults holte Nathanael alles hervor, was er jemals geschrieben. Gedichte, Fantasien, Visionen, Romane, Erzählungen, das wurde täglich vermehrt mit allerlei ins Blaue fliegenden Sonetten, Stanzen, Kanzonen, und das alles las er der Olimpia stundenlang hintereinander vor, ohne zu ermüden. Aber auch noch nie hatte er eine solche herrliche Zuhörerin gehabt. Sie stickte und strickte nicht, sie sah nicht durchs Fenster, sie fütterte keinen Vogel, sie spielte mit keinem Schoßhündchen, mit keiner Lieblingskatze, sie drehte keine Papierschnitzchen, oder sonst etwas in der Hand, sie durfte kein Gähnen durch einen leisen erzwungenen Husten bezwingen – kurz! – stundenlang sah sie mit starrem Blick unverwandt dem Geliebten ins Auge, ohne sich zu rücken und zu bewegen und immer glühender, immer lebendiger wurde dieser Blick. Nur wenn Nathanael endlich aufstand und ihr die Hand, auch wohl den Mund küsste, sagte sie: »Ach, Ach!« – dann aber: »Gute Nacht, mein Lieber!« – »O du herrliches, du tiefes Gemüt«, rief Nathanael auf seiner Stube: »nur von dir, von dir allein werd ich ganz verstanden.« Er erbebte vor innerm Entzücken, wenn er bedachte, welch wunderbarer Zusammenklang sich in seinem und

Olimpias Gemüt täglich mehr offenbare; denn es schien ihm, als habe Olimpia über seine Werke, über seine Dichtergabe überhaupt recht tief aus seinem Innern gesprochen, ja als habe die Stimme aus seinem Innern selbst herausgetönt. Das musste denn wohl auch sein; denn mehr Worte als vorhin erwähnt, sprach Olimpia niemals. Erinnerte sich aber auch Nathanael in hellen nüchternen Augenblicken, z. B. morgens gleich nach dem Erwachen, wirklich an Olimpias gänzliche Passivität und Wortkargheit, so sprach er doch: »Was sind Worte – Worte! – Der Blick ihres himmlischen Auges sagt mehr als jede Sprache hienieden. Vermag denn überhaupt ein Kind des Himmels sich einzuschichten in den engen Kreis, den ein klägliches irdisches Bedürfnis gezogen?« – Professor Spalanzani schien hocherfreut über das Verhältnis seiner Tochter mit Nathanael; er gab diesem allerlei unzweideutige Zeichen seines Wohlwollens und als es Nathanael endlich wagte von ferne auf eine Verbindung mit Olimpia anzuspielen, lächelte dieser mit dem ganzen Gesicht und meinte: er werde seiner Tochter völlig freie Wahl lassen. – Ermutigt durch diese Worte, brennendes Verlangen im Herzen, beschloss Nathanael, gleich am folgenden Tage Olimpia anzuflehen, dass sie das unumwunden in deutlichen Worten ausspreche, was längst ihr holder Liebesblick ihm gesagt, dass sie sein eigen immerdar sein wolle. Er suchte nach dem Ringe, den ihm beim Abschiede die Mutter geschenkt, um ihn Olimpia als Symbol seiner Hingebung, seines mit ihr aufkeimenden, blühenden Lebens darzureichen. Claras, Lothars Briefe fielen ihm dabei in die Hände; gleichgültig warf er sie beiseite, fand den Ring, steckte ihn ein und rannte herüber zu Olimpia. Schon auf der Treppe, auf dem Flur, vernahm er ein wunderliches Getöse; es schien aus Spalanzanis Studierzimmer herauszuschallen. – Ein Stampfen – ein Klirren – ein Stoßen – Schlagen gegen die Tür, dazwischen Flüche und Verwünschungen. Lass los – lass los – Infamer – Verruchter! – Darum Leib und Leben daran gesetzt? – ha ha ha ha! – so haben wir nicht gewettet – ich, ich hab die Augen gemacht – ich das Räderwerk – dummer Teufel mit deinem Räderwerk – verfluchter Hund von einfältigem Uhrmacher – fort mit dir – Satan – halt – Peipendreher – teuflische Bestie! – halt – fort – lass los! – Es waren Spalanzanis und des grässlichen Coppelius Stimmen, die so durcheinander schwirrten und tobten. Hinein stürzte Nathanael von namenloser Angst ergriffen. Der Professor hatte eine weibliche Figur bei den Schultern gepackt, der Italiener Coppola bei den Füßen, die zerrten und zogen sie hin und her, streitend in voller Wut um den Besitz. Voll tiefen Entsetzens prallte Nathanael zurück, als er die Figur für Olimpia erkannte; aufflammend in wildem Zorn wollte er den Wütenden die Geliebte entreißen, aber in dem Augenblick wand Coppola sich mit Riesenkraft drehend die Figur dem Professor aus den Händen und versetzte ihm mit der Figur selbst einen fürchterlichen Schlag, dass er rücklings über den Tisch, auf dem Phiolen, Retorten, Flaschen, gläserne Zylinder standen, taumelte und hinstürzte; alles Gerät klirrte in tausend Scherben zusammen. Nun warf Coppola die Figur über die Schulter und rannte mit fürchterlich gellendem Gelächter rasch fort die Treppe herab, sodass die hässlich herunterhängenden Füße der Figur auf den Stufen hölzern klapperten und dröhnten. – Erstarrt stand Nathanael – nur zu deutlich hatte er gesehen, Olimpias toderbleichtes Wachsgesicht hatte keine Augen, statt ihrer schwarze Höhlen; sie war eine leblose Puppe. Spalanzani wälzte sich auf der Erde, Glasscherben hatten ihm Kopf, Brust und Arm zerschnitten, wie aus Springquellen strömte das Blut empor. Aber er raffte seine Kräfte zusammen. – »Ihm nach – ihm nach, was zauderst du? – Coppelius – Coppelius, mein bestes Automat hat er mir geraubt – Zwanzig Jahre daran gearbeitet – Leib und Leben daran gesetzt – das Räderwerk – Sprache – Gang – mein – die Augen – die Augen dir gestohlen. – Verdammter – Verfluchter – ihm nach – hol mir Olimpia – da hast du die Augen!« Nun sah Nathanael, wie ein Paar blutige Augen auf dem Boden liegend ihn anstarrten, die ergriff Spalanzani mit der unverletzten Hand und warf sie nach ihm, dass sie seine Brust trafen. – Da packte ihn der Wahnsinn mit glühenden Krallen und fuhr in sein Inneres hinein Sinn und Gedanken zerreißend. »Hui – hui – hui! – *Feuerkreis* – *Feuerkreis!* dreh dich *Feuerkreis* – lustig – lustig! – Holzpüppchen hui schön Holzpüppchen dreh dich –« damit warf er sich auf den Professor und drückte ihm die Kehle zu. Er hätte ihn erwürgt, aber das Getöse hatte viele Menschen herbeigelockt, die drangen ein, rissen den wütenden Nathanael auf und retteten so den Professor, der gleich verbunden wurde. Siegmund, so stark er war, vermochte nicht den Rasenden zu bändigen; der schrie mit fürchterlicher Stimme immerfort: »Holzpüppchen dreh dich« und schlug um sich mit geballten Fäusten. Endlich gelang es der vereinten Kraft mehrerer, ihn zu überwältigen, indem sie ihn zu Boden warfen und banden. Seine Worte gingen unter in entsetzlichem tierischen Gebrüll. So in grässlicher Raserei tobend wurde er nach dem Tollhause gebracht.

Ehe ich, günstiger Leser! dir zu erzählen fortfahre, was sich weiter mit dem unglücklichen Nathanael zugetragen, kann ich dir, solltest du einigen Anteil an dem geschickten Mechanikus und Automat-Fabrikanten Spalanzani nehmen, versichern, dass er von seinen Wunden völlig geheilt wurde. Er musste indes die Universität verlassen, weil Nathanaels Geschichte Aufsehen erregt hatte und es allgemein für gänzlich unerlaubten Betrug gehalten wurde, vernünftigen Teezirkeln (Olimpia hatte sie mit Glück besucht) statt der lebendigen Person eine Holzpuppe einzuschwärzen. Juristen nannten es sogar einen feinen und um so härter zu bestrafenden Betrug, als er gegen das Publikum gerichtet und so schlau angelegt worden, dass kein Mensch (ganz kluge Studenten ausgenommen) es gemerkt habe, unerachtet jetzt alle weise tun und sich auf allerlei Tatsachen berufen wollten, die ihnen verdächtig vorgekommen. Diese letzteren brachten aber eigentlich nichts Gescheutes zu Tage. Denn konnte z. B. wohl irgendjemanden verdächtig vorgekommen sein, dass nach der Aussage eines eleganten Tee-Eisten Olimpia gegen alle Sitte öfter genieset, als gegähnt hatte? Ersteres, meinte der Elegant, sei das Selbstaufziehen des verborgenen Triebwerks gewesen, merklich habe es dabei geknarrt u. s. w. Der Professor der Poesie und Beredsamkeit nahm eine Prise, klappte die Dose zu, räusperte sich und sprach feierlich: »Hochzuverehrende Herren und Damen! merken Sie denn nicht, wo der Hase im Pfeffer liegt? Das Ganze ist eine Allegorie – eine fortgeführte Metapher! – Sie verstehen mich! – Sapienti sat!« Aber viele hochzuverehrende Herren beruhigten sich nicht dabei; die Geschichte mit dem Automat hatte tief in ihrer Seele Wurzel gefasst und es schlich sich in der Tat abscheuliches Misstrauen gegen menschliche Figuren ein. Um nun ganz überzeugt zu werden, dass man keine Holzpuppe liebe, wurde von mehrern Liebhabern verlangt, dass die Geliebte etwas taktlos singe und tanze, dass sie beim Vorlesen sticke, stricke, mit dem Möpschen spiele u. s. w. vor allen Dingen aber, dass sie nicht bloß höre, sondern auch manchmal in *der* Art spreche, dass dies Sprechen wirklich ein Denken und Empfinden voraussetze. Das Liebesbündnis vieler wurde fester und dabei anmutiger, andere dagegen gingen leise auseinander. »Man kann wahrhaftig nicht dafür stehen«, sagte dieser und jener. In den Tees wurde unglaublich gegähnt und niemals genieset, um jedem Verdacht zu begegnen. – Spalanzani musste, wie gesagt, fort, um der Kriminaluntersuchung wegen des der menschlichen Gesellschaft betrüglicherweise eingeschobenen Automats zu entgehen. Coppola war auch verschwunden.

Nathanael erwachte wie aus schwerem, fürchterlichem Traum, er schlug die Augen auf und fühlte wie ein unbeschreibliches Wonnegefühl mit sanfter himmlischer Wärme ihn durchströmte. Er lag in seinem Zimmer in des Vaters Hause auf dem Bette, Clara hatte sich über ihn hingebeugt und unfern standen die Mutter und Lothar. »Endlich, endlich, o mein herzlieber Nathanael – nun bist du genesen von schwerer Krankheit – nun bist du wieder mein!« – So sprach Clara recht aus tiefer Seele und fasste den Nathanael in ihre Arme. Aber dem quollen vor lauter Wehmut und Entzücken die hellen glühenden Tränen aus den Augen und er stöhnte tief auf: »Meine – meine Clara!« – Siegmund, der getreulich ausgeharrt bei dem Freunde in großer Not, trat herein. Nathanael reichte ihm die Hand: »Du treuer Bruder hast mich doch nicht verlassen.« – Jede Spur des Wahnsinns war verschwunden, bald erkräftigte sich Nathanael in der sorglichen Pflege der Mutter, der Geliebten, der Freunde. Das Glück war unterdessen in das Haus eingekehrt; denn ein alter karger Oheim, von dem niemand etwas gehofft, war gestorben und hatte der Mutter nebst einem nicht unbedeutenden Vermögen ein Gütchen in einer angenehmen Gegend unfern der Stadt hinterlassen. Dort wollten sie hinziehen, die Mutter, Nathanael mit seiner Clara, die er nun zu heiraten gedachte, und Lothar. Nathanael war milder, kindlicher geworden, als er je gewesen und erkannte nun erst recht Claras himmlisch reines, herrliches Gemüt. Niemand erinnerte ihn auch nur durch den leisesten Anklang an die Vergangenheit. Nur, als Siegmund von ihm schied, sprach Nathanael: »Bei Gott Bruder! ich war auf schlimmen Wege, aber zu rechter Zeit leitete mich ein Engel auf den lichten Pfad! – Ach es war ja Clara! –« Siegmund ließ ihn nicht weiter reden, aus Besorgnis, tief verletzende Erinnerungen möchten ihm zu hell und flammend aufgehen. – Es war an der Zeit, dass die vier glücklichen Menschen nach dem Gütchen ziehen wollten. Zur Mittagsstunde gingen sie durch die Straßen der Stadt. Sie hatten manches eingekauft, der hohe Ratsturm warf seinen Riesenschatten über den Markt. »Ei!«, sagte Clara: »steigen wir doch noch einmal herauf und schauen in das ferne Gebirge hinein!« Gesagt, getan! Beide, Nathanael und Clara, stiegen herauf, die Mutter ging mit der Dienstmagd nach Hause, und Lothar, nicht geneigt, die vielen Stufen zu erklettern, wollte unten warten. Da standen die beiden Liebenden Arm in Arm auf der höchsten Galerie des Turmes und schauten hinein in die duftigen Waldungen, hinter denen das blaue Gebirge, wie eine Riesenstadt, sich erhob.

»Sieh doch den sonderbaren kleinen grauen Busch, der ordentlich auf uns los zu schreiten scheint«, frug Clara. – Nathanael fasste mechanisch nach der Seitentasche; er fand Coppolas Perspektiv, er schaute seitwärts – Clara stand vor dem Glase! – Da zuckte es krampfhaft in seinen Pulsen und Adern – totenbleich starrte er Clara an, aber bald glühten und sprühten Feuerströme durch die rollenden Augen, grässlich brüllte er auf, wie ein gehetztes Tier; dann sprang er hoch in die Lüfte und grausig dazwischen lachend schrie er in schneidendem Ton: »Holzpüppchen dreh dich – Holzpüppchen dreh dich« – und mit gewaltiger Kraft fasste er Clara und wollte sie herabschleudern, aber Clara krallte sich in verzweifelnder Todesangst fest an das Geländer. Lothar hörte den Rasenden toben, er hörte Claras Angstgeschrei, grässliche Ahnung durchflog ihn, er rannte herauf, die Tür der zweiten Treppe war verschlossen – stärker hallte Claras Jammergeschrei. Unsinnig vor Wut und Angst stieß er gegen die Tür, die endlich aufsprang – Matter und matter wurden nun Claras Laute: »Hülfe – rettet – rettet –« so erstarb die Stimme in den Lüften. »Sie ist hin – ermordet von dem Rasenden«, so schrie Lothar. Auch die Tür zur Galerie war zugeschlagen. – Die Verzweiflung gab ihm Riesenkraft, er sprengte die Tür aus den Angeln. Gott im Himmel – Clara schwebte von dem rasenden Nathanael erfasst über der Galerie in den Lüften – nur mit einer Hand hatte sie noch die Eisenstäbe umklammert. Rasch wie der Blitz erfasste Lothar die Schwester, zog sie hinein, und schlug im demselben Augenblick mit geballter Faust dem Wütenden ins Gesicht, dass er zurückprallte und die Todesbeute fahren ließ.

Lothar rannte herab, die ohnmächtige Schwester in den Armen. – Sie war gerettet. – Nun raste Nathanael herum auf der Galerie und sprang hoch in die Lüfte und schrie »*Feuerkreis* dreh dich – *Feuerkreis* dreh dich« – Die Menschen liefen auf das wilde Geschrei zusammen; unter ihnen ragte riesengroß der Advokat Coppelius hervor, der eben in die Stadt gekommen und gerades Weges nach dem Markt geschritten war. Man wollte herauf, um sich des Rasenden zu bemächtigen, da lachte Coppelius sprechend: »Ha ha – wartet nur, der kommt schon herunter von selbst«, und schaute wie die übrigen hinauf. Nathanael blieb plötzlich wie erstarrt stehen, er bückte sich herab, wurde den Coppelius gewahr und mit dem gellenden Schrei: »Ha! Sköne Oke – Sköne Oke«, sprang er über das Geländer.

Als Nathanael mit zerschmettertem Kopf auf dem Steinpflaster lag, war Coppelius im Gewühl verschwunden.

Nach mehreren Jahren will man in einer entfernten Gegend Clara gesehen haben, wie sie mit einem freundlichen Mann, Hand in Hand vor der Türe eines schönen Landhauses saß und vor ihr zwei muntre Knaben spielten. Es wäre daraus zu schließen, dass Clara das ruhige häusliche Glück noch fand, das ihrem heitern lebenslustigen Sinn zusagte und das ihr der im Innern zerrissene Nathanael niemals hätte gewähren können.

DAS ÖDE HAUS

Man war darüber einig, dass die wirklichen Erscheinungen im Leben oft viel wunderbarer sich gestalteten, als alles, was die regste Fantasie zu erfinden trachte. »Ich meine«, sprach Lelio, »dass die Geschichte davon hinlänglichen Beweis gibt und dass eben deshalb die so genannten historischen Romane, worin der Verfasser, in seinem müßigen Gehirn bei ärmlichem Feuer ausgebrütete Kindereien, den Taten der ewigen, im Universum waltenden Macht beizugesellen sich unterfängt, so abgeschmackt und widerlich sind.« – »Es ist«, nahm Franz das Wort, »die tiefe Wahrheit der unerforschlichen Geheimnisse, von denen wir umgeben, welche uns mit einer Gewalt ergreift, an der wir den über uns herrschenden, uns selbst bedingenden Geist erkennen.« – »Ach!«, fuhr Lelio fort, »die Erkenntnis, von der du sprichst! – Ach das ist ja eben die entsetzlichste Folge unserer Entartung nach dem Sündenfall, dass diese Erkenntnis uns fehlt!« – »Viele«, unterbrach Franz den Freund, »viele sind berufen und wenige auserwählt! Glaubst du denn nicht, dass das Erkennen, das beinahe noch schönere Ahnen der Wunder unseres Lebens manchem verliehen ist, wie ein besonderer Sinn? Um nur gleich aus der dunklen Region, in die wir uns verlieren könnten, heraufzuspringen in den heitren Augenblick, werf ich euch das skurrile Gleichnis hin, dass Menschen, denen die Sehergabe [eigen], das Wunderbare zu schauen, mir wohl wie die Fledermäuse bedünken wollen, an denen der gelehrte Anatom Spalanzani einen vortrefflichen sechsten Sinn entdeckte, der als schalkhafter Stellvertreter nicht allein alles, sondern viel mehr ausrichtet, als alle übrige Sinne zusammengenommen.« – »Ho ho«, rief Franz lächelnd, »so wären denn die Fledermäuse eigentlich recht die gebornen natürlichen Somnambulen! Doch in dem heitern Augenblick, dessen du gedachtest, will ich Posto fassen und bemerken, dass jener sechste bewundrungswürdige Sinn vermag an jeder Erscheinung, sei es Person, Tat oder Begebenheit, sogleich dasjenige Exzentrische zu schauen, zu dem wir in unserm gewöhnlichen Leben keine Gleichung finden und es daher wunderbar nennen. Was ist denn aber gewöhnliches Leben? – Ach das Drehen in dem engen Kreise, an den unsere Nase überall stößt, und doch will man wohl Courbetten versuchen im taktmäßigen Passgang des Alltagsgeschäfts. Ich kenne jemanden, dem jene Sehergabe, von der wir sprechen, ganz vorzüglich eigen scheint. Daher kommt es, dass er oft unbekannten Menschen, die irgendetwas Verwunderliches in Gang, Kleidung, Ton, Blick haben, tagelang nachläuft, dass er über eine Begebenheit, über eine Tat, leichthin erzählt, keiner Beachtung wert und von niemanden beachtet, tiefsinnig wird, dass er antipodische Dinge zusammenstellt und Beziehungen herausfantasiert, an die niemand denkt.« Lelio rief laut: »Halt, halt, das ist ja unser Theodor, der ganz was Besonderes im Kopfe zu haben scheint, da er mit solch seltsamen Blicken in das Blaue herausschaut.« – »In der Tat«, fing Theodor an, der so lange geschwiegen, »in der Tat, waren meine Blicke seltsam, solang darin der Reflex des wahrhaft Seltsamen, das ich im Geiste schaute. Die Erinnerung eines unlängst erlebten Abenteuers« – »O erzähle, erzähle«, unterbrachen ihn die Freunde. »Erzählen«, fuhr Theodor fort, »möcht ich wohl, doch muss ich zuvörderst dir, lieber Lelio, sagen, dass du die Beispiele, die meine Sehergabe dartun sollten, ziemlich schlecht wähltest. Aus Eberhards Synonymik musst du wissen, dass *wunderlich* alle Äußerungen der Erkenntnis und des Begehrens genannt werden, die sich durch keinen vernünftigen Grund rechtfertigen lassen, *wunderbar* aber dasjenige heißt, was man für unmöglich, für unbegreiflich hält, was die bekannten Kräfte der Natur zu übersteigen, oder wie ich hinzufüge, ihrem gewöhnlichen Gange entgegen zu sein scheint. Daraus wirst du entnehmen, dass du vorhin rücksichts meiner angeblichen Sehergabe das Wunderliche mit dem Wunderbaren verwechseltest. Aber gewiss ist es, dass das anscheinend Wunderliche aus dem Wunderbaren sprosst, und dass wir nur oft den wunderbaren Stamm nicht sehen, aus dem die wunderlichen Zweige mit Blättern und Blüten hervorsprossen. In dem Abenteuer, das ich euch mitteilen will, mischt sich beides, das Wunderliche und Wunderbare, auf, wie mich dünkt, recht schauerliche Weise.« Mit diesen Worten zog Theodor sein Taschenbuch hervor, worin er, wie die Freunde wussten, allerlei Notizen von seiner Reise her eingetragen hatte, und erzählte, dann und wann in dies Buch hineinblickend, folgende Begebenheit, die der weiteren Mitteilung nicht unwert scheint.

»Ihr wisst« (so fing Theodor an), »dass ich den ganzen vorigen Sommer in ***n zubrachte. Die Menge alter Freunde und Bekannten, die ich vorfand, das freie gemütliche Leben, die man-

nigfachen Anregungen der Kunst und der Wissenschaft, das alles
hielt mich fest. Nie war ich heitrer, und meiner alten Neigung, oft
allein durch die Straßen zu wandeln, und mich an jedem ausge-
hängten Kupferstich, an jedem Anschlagzettel zu ergötzen, oder
die mir begegnenden Gestalten zu betrachten, ja wohl manchem
in Gedanken das Horoskop zu stellen, hing ich hier mit Leidenschaft nach, da nicht allein der Reichtum der ausgestellten Werke
der Kunst und des Luxus, sondern der Anblick der vielen herrlichen Prachtgebäude unwiderstehlich mich dazu antrieb. Die
mit Gebäuden jener Art eingeschlossene Allee, welche nach
dem ***ger Tore führt, ist der Sammelplatz des höheren, durch
Stand oder Reichtum zum üppigeren Lebensgenuss berechtigten
Publikums. In dem Erdgeschoss der hohen breiten Paläste werden meistenteils Waren des Luxus feilgeboten, indes in den obern
Stockwerken Leute der beschriebenen Klasse hausen. Die vornehmsten Gasthäuser liegen in dieser Straße, die fremden Gesandten wohnen meistens darin, und so könnt ihr denken, dass
hier ein besonderes Leben und Regen mehr als in irgend einem
andern Teile der Residenz stattfinden muss, die sich eben auch
hier volkreicher zeigt, als sie es wirklich ist. Das Zudrängen nach
diesem Orte macht es, dass mancher sich mit einer kleineren
Wohnung, als sein Bedürfnis eigentlich erfordert, begnügt, und so
kommt es, dass manches von mehreren Familien bewohnte Haus
einem Bienenkorbe gleicht. Schon oft war ich die Allee durchwandelt, als mir eines Tages plötzlich ein Haus ins Auge fiel, das
auf ganz wunderliche seltsame Weise von allen übrigen abstach.
Denkt euch ein niedriges, vier Fenster breites, von zwei hohen
schönen Gebäuden eingeklemmtes Haus, dessen Stock über dem
Erdgeschoss nur wenig über die Fenster im Erdgeschoss des
nachbarlichen Hauses hervorragt, dessen schlecht verwahrtes
Dach, dessen zum Teil mit Papier verklebte Fenster, dessen farblose Mauern von gänzlicher Verwahrlosung des Eigentümers zeugen. Denkt euch, wie solch ein Haus zwischen mit geschmack-
vollem Luxus ausstaffierten Prachtgebäuden sich ausnehmen
muss. Ich blieb stehen und bemerkte bei näherer Betrachtung,
dass alle Fenster dicht verzogen waren, ja dass vor die Fenster des
Erdgeschosses eine Mauer aufgeführt schien, dass die gewöhnliche Glocke an dem Torwege, der, an der Seite angebracht, zugleich zur Haustüre diente, fehlte, und dass an dem Torwege
selbst nirgends ein Schloss, ein Drücker zu entdecken war. Ich
wurde überzeugt, dass dieses Haus ganz unbewohnt sein müsse,
da ich niemals, niemals, so oft und zu welcher Tageszeit ich auch

vorübergehen mochte, auch nur die Spur eines menschlichen Wesens darin wahrnahm. Ein unbewohntes Haus in dieser Gegend der Stadt! Eine wunderliche Erscheinung und doch findet das Ding vielleicht darin seinen natürlichen einfachen Grund, dass der Besitzer auf einer lange dauernden Reise begriffen oder auf fernen Gütern hausend, dies Grundstück weder vermieten noch veräußern mag, um, nach ***n zurückkehrend, augenblicklich seine Wohnung dort aufschlagen zu können. – So dacht ich, und doch weiß ich selbst nicht wie es kam, dass bei dem öden Hause vorüberschreitend ich jedes Mal wie festgebannt stehen bleiben und mich in ganz verwunderliche Gedanken nicht sowohl vertiefen, als verstricken musste. – Ihr wisst es ja alle, ihr wackern Kumpane meines fröhlichen Jugendlebens, ihr wisst es ja alle, wie ich mich von jeher als Geisterseher gebärdete und wie *mir* nur einer wunderbaren Welt seltsame Erscheinungen ins Leben treten wollten, die ihr mit derbem Verstände wegzuleugnen wusstet! – Nun! zieht nur eure schlauen spitzfündigen Gesichter, wie ihr wollt, gern zugestehen darf ich ja, dass ich oft mich selbst recht arg mystifiziert habe, und dass mit dem öden Hause sich dasselbe ereignen zu wollen schien, aber – am Ende kommt die Moral, die euch zu Boden schlägt, horcht nur auf! – Zur Sache! – Eines Tages und zwar in der Stunde, wenn der gute Ton gebietet, in der Allee auf und ab zu gehen, stehe ich, wie gewöhnlich, in tiefen Gedanken hinstarrend vor dem öden Hause. Plötzlich bemerke ich, ohne gerade hinzusehen, dass jemand neben mir sich hingestellt und den Blick auf mich gerichtet hatte. Es ist Graf P., der sich schon in vieler Hinsicht als mir geistesverwandt kundgetan hat, und sogleich ist mir nichts gewisser, als dass auch ihm das Geheimnisvolle des Hauses aufgegangen war. Umso mehr fiel es mir auf, dass, als ich von dem seltsamen Eindruck sprach, den dies verödete Gebäude hier in der belebtesten Gegend der Residenz auf mich gemacht hatte, er sehr ironisch lächelte, bald war aber alles erklärt. Graf P. war viel weiter gegangen als ich, aus manchen Bemerkungen, Kombinationen etc. hatte er die Bewandtnis herausgefunden, die es mit dem Hause hatte, und eben diese Bewandtnis lief auf eine solche ganz seltsame Geschichte heraus, die nur die lebendigste Fantasie des Dichters ins Leben treten lassen konnte. Es wäre wohl recht, dass ich euch die Geschichte des Grafen, die ich noch klar und deutlich im Sinn habe, mitteilte, doch schon jetzt fühle ich mich durch das, was sich wirklich mit mir zutrug, so gespannt, dass ich unaufhaltsam fortfahren muss. Wie war aber dem guten Grafen zumute, als er mit der Geschichte fertig, erfuhr, dass das verödete Haus nichts anders enthalte, als die Zuckerbäckerei des Konditors, dessen prachtvoll eingerichteter Laden dicht anstieß. Daher waren die Fenster des Erdgeschosses, wo die Öfen eingerichtet, vermauert und die zum Aufbewahren des Gebacknen im obern Stock bestimmten Zimmer mit dicken Vorhängen gegen Sonne und Ungeziefer verwahrt. Ich erfuhr, als der Graf mir dies mitteilte, so wie er, die Wirkung des Sturzbades, oder es zupfte wenigstens der allem Poetischen feindliche Dämon den Süßträumenden empfindlich und schmerzhaft bei der Nase. – Unerachtet der prosaischen Aufklärung musste ich doch noch immer vorübergehend nach dem öden Hause hinschauen, und noch immer gingen im leisen Frösteln, das mir durch die Glieder bebte, allerlei seltsame Gebilde von dem auf, was dort verschlossen. Durchaus konnte ich mich nicht an den Gedanken der Zuckerbäckerei, des Marzipans, der Bonbons, der Torten, der eingemachten Früchte u. s. w. gewöhnen. Eine seltsame Ideen-Kombination ließ mir das alles erscheinen wie süßes beschwichtigendes Zureden. Ungefähr: ›Erschrecken Sie nicht, Bester! wir alle sind liebe süße Kinderchen, aber der Donner wird gleich ein bisschen einschlagen.‹ Dann dachte ich wieder: ›Bist du nicht ein recht wahnsinniger Tor, dass du das Gewöhnlichste in das Wunderbare zu ziehen trachtest, schelten deine Freunde dich nicht mit Recht einen überspannten Geisterseher?‹ – Das Haus blieb, wie es bei der angeblichen Bestimmung auch nicht anders sein konnte, immer unverändert, und so geschah es, dass mein Blick sich daran gewöhnte, und die tollen Gebilde, die sonst ordentlich aus den Mauern hervorzuschweben schienen, allmählig verschwanden. Ein Zufall weckte alles, was eingeschlummert, wieder auf. – Dass, unerachtet ich mich, so gut es gehen wollte, ins Alltägliche gefügt hatte, ich doch nicht unterließ, das fabelhafte Haus im Auge zu behalten, das könnt ihr euch bei meiner Sinnesart, die nun einmal mit frommer ritterlicher Treue am Wunderbaren festhält, wohl denken. So geschah es, dass ich eines Tages, als ich wie gewöhnlich zur Mittagsstunde in der Allee lustwandelte meinen Blick auf die verhängten Fenster des öden Hauses richtete. Da bemerkte ich, dass die Gardine an dem letzten Fenster dicht neben dem Konditorladen sich zu bewegen begann. Eine Hand, ein Arm kam zum Vorschein. Ich riss meinen Operngucker heraus und gewahrte nun deutlich die blendend weiße, schön geformte Hand eines Frauenzimmers, an deren kleinem Finger ein Brillant mit ungewöhnlichem Feuer funkelte, ein reiches Band blitzte an dem in üppiger Schönheit gerundeten Arm. Die Hand setzte eine hohe seltsam geformte Kristallflasche hin auf die Fensterbank und verschwand hinter dem Vorhange. Erstarrt blieb ich stehen, ein sonderbar bänglich wonniges Gefühl durchströmte mit elektrischer Wärme mein Inneres, unverwandt blickte ich herauf nach dem verhängnisvollen Fenster, und wohl mag ein sehnsuchtsvoller Seufzer meiner Brust entflohen sein. Ich wurde endlich wach und fand mich umringt von vielen Menschen allerlei Standes, die so wie ich mit neugierigen Gesichtern heraufguckten. Das verdross mich, aber gleich fiel mir ein, dass jedes Hauptstadtvolk jenem gleiche, das zahllos vor dem Hause versammelt, nicht zu gaffen und sich darüber zu verwundern aufhören konnte, dass eine Schlafmütze aus dem sechsten Stock herabgestürzt, ohne eine Masche zu zerreißen. – Ich schlich mich leise fort, und der prosaische Dämon flüsterte mir sehr vernehmlich in die Ohren, dass soeben die reiche, sonntäglich geschmückte Konditorsfrau eine geleerte Flasche feinen Rosenwassers o. s. auf die Fensterbank gestellt. – Seltner Fall! – mir kam urplötzlich ein sehr gescheuter Gedanke. – Ich kehrte um und geradezu ein, in den leuchtenden Spiegelladen des dem öden Hause nachbarlichen Konditors. – Mit kühlendem Atem den heißen Schaum von der Schokolade wegblasend, fing ich leicht hingeworfen an: ›In der Tat, Sie haben da nebenbei Ihre Anstalt sehr schön erweitert.‹ – Der Konditor warf noch schnell ein paar bunte Bonbons in die Viertel-Tüte, und diese dem lieblichen Mädchen, das darnach verlangt, hinreichend, lehnte er sich mit aufgestemmtem Arm weit über den Ladentisch herüber und schaute mich mit solch lächelnd fragendem Blick an, als habe er mich gar nicht verstanden. Ich wiederholte, dass er sehr zweckmäßig in dem benachbarten Hause seine Bäckerei angelegt, wiewohl das dadurch verödete Gebäude in der lebendigen Reihe der übrigen düster und traurig absteche. ›Ei mein Herr!‹ fing nun der Konditor an, ›wer hat Ihnen denn gesagt, dass das Haus nebenan uns gehört? – Leider blieb jeder Versuch es zu akquirieren vergebens, und am Ende mag es auch gut sein, denn mit dem Hause nebenan hat es eine eigne Bewandtnis.‹ – Ihr, meine treuen Freunde, könnt wohl denken, wie mich des Konditors Antwort spannte, und wie sehr ich ihn bat, mir mehr von dem Hause zu sagen. Ja, mein Herr!‹ sprach er, ›recht Sonderliches weiß ich selbst nicht davon, so viel ist aber gewiss, dass das Haus der Gräfin von S. gehört, die auf ihren Gütern lebt und seit vielen Jahren nicht in ***n gewesen ist. Als noch keins der Prachtgebäude existierte, die jetzt unsere Straße zieren, stand dies Haus, wie man mir erzählt hat, schon in seiner jetzigen Gestalt da, und seit der Zeit wurd es nur gerade vor dem gänzlichen Verfall gesichert. Nur zwei lebendige Wesen hausen darin, ein steinalter menschenfeindlicher Hausverwalter und ein grämlicher lebenssatter Hund, der zuweilen auf dem Hinterhofe den Mond anheult. Nach der allgemeinen Sage soll es in dem öden Gebäude hässlich spuken, und in der Tat, mein Bruder (der Besitzer des Ladens) und ich, wir beide haben in der Stille der Nacht, vorzüglich zur Weihnachtszeit, wenn uns unser Geschäft hier im Laden wach erhielt, oft seltsame Klagelaute vernommen, die offenbar sich hier hinter der Mauer im Nebenhause erhoben. Und dann fing es an so hässlich zu scharren und zu rumoren, dass uns beiden ganz graulich zumute wurde. Auch ist es nicht lange her, dass sich zur Nachtzeit ein solch sonderbarer Gesang hören ließ, den ich Ihnen nun gar nicht beschreiben kann. Es war offenbar die Stimme eines alten Weibes, die wir vernahmen, aber die Töne waren so gellend klar, und liefen in bunten Kadenzen und langen schneidenden Trillern so hoch hinauf, wie ich es, unerachtet ich doch in Italien, Frankreich und Deutschland so viel Sängerinnen gekannt, noch nie gehört habe. Mir war so, als würden französische Worte gesungen, doch konnt ich das nicht genau unterscheiden, und überhaupt das tolle gespenstige Singen nicht lange anhören, denn mir standen die Haare zu Berge. Zuweilen, wenn das Geräusch auf der Straße nachlässt, hören wir auch in der hintern Stube tiefe Seufzer, und dann ein dumpfes Lachen, das aus dem Boden hervor zu dröhnen scheint, aber das Ohr an die Wand gelegt, vernimmt man bald, dass es eben auch im Hause nebenan so seufzt und lacht. – Bemerken Sie – (er führte mich in das hintere Zimmer und zeigte durchs Fenster), bemerken Sie jene eiserne Röhre, die aus der Mauer hervorragt, die raucht zuweilen so stark, selbst im Sommer, wenn doch gar nicht geheizt wird, dass mein Bruder schon oft wegen Feuersgefahr mit dem alten Hausverwalter gezankt hat, der sich aber damit entschuldigt, dass er sein Essen koche, was *der* aber essen mag, das weiß der Himmel, denn oft verbreitet sich, eben wenn jene Röhre recht stark raucht, ein sonderbarer ganz eigentümlicher Geruch.‹ – Die Glastüre des Ladens knarrte, der Konditor eilte hinein und warf mir, nach der hineingetretenen Figur hinnickend, einen bedeutenden Blick zu. – Ich verstand ihn vollkommen. Konnte denn die sonderbare Gestalt jemand anders sein als der Verwalter des geheimnisvollen Hauses? – Denkt euch einen kleinen dürren Mann mit einem mumienfarbnen Gesichte, spitzer Nase, zusammengekniffenen Lippen, grün funkelnden Katzenaugen, stetem wahnsinnigem Lächeln, altmodig mit aufgetürmtem Toupet und Klebelöckchen frisiertem stark gepudertem Haar, großem Haarbeutel, Postillion d'Amour, kaffeebraunem altem verbleichtem, doch wohlgeschontem, gebürstetem Kleide, grauen Strümpfen, großen abgestumpften Schuhen mit Steinschnällchen. Denkt euch, dass diese kleine dürre Figur doch, vorzüglich was die übergroßen Fäuste mit langen starken Fingern betrifft, robust geformt ist, und kräftig nach dem Ladentisch hinschreitet, dann aber stets lächelnd und starr hinschauend nach den in Kristallgläsern aufbewahrten Süßigkeiten mit ohnmächtiger klagender Stimme herausweint: ›Ein paar eingemachte Pomeranzen – ein paar Makronen – ein paar Zuckerkastanien etc.‹ Denkt euch das und urteilt selbst, ob hier Grund war, Seltsames zu ahnen oder nicht. Der Konditor suchte alles, was der Alte gefordert, zusammen. ›Wiegen Sie, wiegen Sie, verehrter Herr Nachbar‹, jammerte der seltsame Mann, holte ächzend und keuchend einen kleinen ledernen Beutel aus der Tasche, und suchte mühsam Geld hervor. Ich bemerkte, dass das Geld, als er es auf den Ladentisch aufzählte, aus verschiedenen alten zum Teil schon ganz aus dem gewöhnlichen Kurs gekommenen Münzsorten bestand. Er tat dabei sehr kläglich und murmelte: ›Süß – süß – süß soll nun alles sein – süß meinethalben; der Satan schmiert seiner Braut Honig ums Maul – puren Honig.‹ Der Konditor schaute mich lachend an, und sprach dann zu dem Alten: ›Sie scheinen nicht recht wohl zu sein, ja, ja das Alter, das Alter, die Kräfte nehmen ab immer mehr und mehr.‹ Ohne die Miene zu ändern rief der Alte mit erhöhter Stimme: ›Alter? – Alter? – Kräfte abnehmen? – Schwach – matt werden! Ho ho – ho ho – ho ho!‹ Und damit schlug er die Fäuste zusammen, dass die Gelenke knackten und sprang, in der Luft ebenso gewaltig die Füße zusammenklappend, hoch auf, dass der ganze Laden dröhnte und alle Gläser zitternd erklangen. Aber in dem Augenblick erhob sich auch ein grässliches Geschrei, der Alte hatte den schwarzen Hund getreten der hinter ihm hergeschlichen dicht an seine Füße geschmiegt auf dem Boden lag. ›Verruchte Bestie! satanischer Höllenhund‹, stöhnte leise im vorigen Ton der Alte, öffnete die Tüte und reichte dem Hunde eine große Makrone hin. Der Hund, der in ein menschliches Weinen ausgebrochen, war sogleich still, setzte sich auf die Hinterpfoten und knapperte an der Makrone wie ein Eichhörnchen. Beide waren zu gleicher Zeit fertig, der Hund mit seiner Makrone, der Alte mit dem Verschließen und Einstecken seiner Tüte. ›Gute Nacht, verehrter Herr Nachbar‹, sprach er jetzt, reichte dem Konditor die Hand, und drückte die des Konditors so, dass er laut aufschrie vor Schmerz.

›Der alte schwächliche Greis wünscht Ihnen eine gute Nacht, bester Herr Nachbar Konditor‹, wiederholte er dann und schritt zum Laden heraus, hinter ihm der schwarze Hund mit der Zunge die Makronenreste vom Maule wegleckend. Mich schien der Alte gar nicht bemerkt zu haben, ich stand da ganz erstarrt vor Erstaunen. ›Sehn Sie‹, fing der Konditor an, ›sehen Sie, so treibt es der wunderliche Alte hier zuweilen, wenigstens in vier Wochen zwei-, dreimal, aber nichts ist aus ihm herauszubringen, als dass er ehemals Kammerdiener des Grafen von S. war, dass er jetzt hier das Haus verwaltet, und jeden Tag (schon seit vielen Jahren) die Gräflich S-sche Familie erwartet, weshalb auch nichts vermietet werden kann. Mein Bruder ging ihm einmal zu Leibe wegen des wunderlichen Getöns zur Nachtzeit, da sprach er aber sehr gelassen: »Ja! – die Leute sagen alle, es spuke im Hause, glauben Sie es aber nicht, es tut nicht wahr sein.« – Die Stunde war gekommen, in der der gute Ton gebot, diesen Laden zu besuchen, die Tür öffnete sich, elegante Welt strömte hinein und ich konnte nicht weiter fragen.

So viel stand nun fest, dass die Nachrichten des Grafen P. über das Eigentum und die Benutzung des Hauses falsch waren, dass der alte Verwalter dasselbe seines Leugnens unerachtet nicht allein bewohnte, und dass ganz gewiss irgend ein Geheimnis vor der Welt dort verhüllt werden sollte. Musste ich denn nicht die Erzählung von dem seltsamen, schauerlichen Gesänge mit dem Erscheinen des schönen Arms am Fenster in Verbindung setzen? Der Arm saß nicht, konnte nicht sitzen an dem Leibe eines alten verschrumpften Weibes, der Gesang nach des Konditors Beschreibung nicht aus der Kehle des jungen blühenden Mädchens kommen. Doch für das Merkzeichen des Arms entschieden, könnt ich leicht mich selbst überreden, dass vielleicht nur eine akustische Täuschung die Stimme alt und gellend klingen lassen, und dass ebenso vielleicht nur des, vom Graulichen befangenen, Konditors trügliches Ohr die Töne so vernommen. – Nun dacht ich an den Rauch, den seltsamen Geruch, an die wunderlich geformte Kristallflasche, die ich sah, und bald stand das Bild eines herrlichen, aber in verderblichen Zauberdingen befangenen Geschöpfs mir lebendig vor Augen. Der Alte wurde mir zum fatalen Hexenmeister, zum verdammten Zauberkerl, der vielleicht ganz unabhängig von der Gräflich S-schen Familie geworden, nun auf seine eigne Hand in dem veröderten Hause Unheil bringendes Wesen trieb. Meine Fantasie war im Arbeiten und noch in selbiger Nacht nicht sowohl im Traum, als im Delirieren des Einschlafens, sah ich deutlich die Hand mit dem funkelnden Diamant am Finger, den Arm mit der glänzenden Spange. Wie aus dünnen grauen Nebeln trat nach und nach ein holdes Antlitz mit wehmütig flehenden blauen Himmelsaugen, dann die ganze wunderherrliche Gestalt eines Mädchens, in voller anmutiger Jugendblüte hervor. Bald bemerkte ich, dass das, was ich für Nebel hielt, der feine Dampf war, der aus der Kristallflasche, die die Gestalt in den Händen hielt, in sich kreiselndem Gewirbel emporstieg. ›O du holdes Zauberbild‹, rief ich voll Entzücken, ›o du holdes Zauberbild, tu es mir kund, wo du weilst, was dich gefangen hält? – O wie du mich so voll Wehmut und Liebe anblickst! – Ich weiß es, die schwarze Kunst ist es, die dich befangen, du bist die unglückselige Sklavin des boshaften Teufels, der herumwandelt kaffeebraun und behaarbeutelt in Zuckerladen und in gewaltigen Sprüngen alles zerschmeißen will und Höllenhunde tritt, die er mit Makronen füttert, nachdem sie den satanischen Murki im Fünfacheltakt abgeheult. – O ich weiß ja alles, du holdes, anmutiges Wesen! – Der Diamant ist der Reflex innerer Glut! – ach hättst du ihn nicht mit deinem Herzblut getränkt, wie könnt er so funkeln, so tausendfarbig strahlen in den allerherrlichsten Liebestönen, die je ein Sterblicher vernommen. – Aber ich weiß es wohl, das Band, was deinen Arm umschlingt, ist das Glied einer Kette, von der der Kaffeebraune spricht, sie sei magnetisch – Glaub es nicht Herrliche! – ich sehe ja, wie sie herabhängt in die, von blauem Feuer glühende Retorte. – Die werf ich um und du bist befreit! – Weiß ich denn nicht alles – weiß ich denn nicht alles, du Liebliche? Aber nun, Jungfrau! – nun öffne den Rosenmund, o sage. – In dem Augenblick griff eine knotige Faust über meine Schulter weg nach der Kristallflasche, die in tausend Stücke zersplittert in der Luft verstäubte. Mit einem leisen Ton dumpfer Wehklage war die anmutige Gestalt verschwunden in finstrer Nacht. – Ha! – ich merk es an euerm Lächeln, dass ihr schon wieder in mir den träumerischen Geisterseher findet, aber versichern kann ich euch, dass der ganze Traum, wollt ihr nun einmal nicht abgehen von dieser Benennung, den vollendeten Charakter der Vision hatte. Doch da ihr fortfahrt, mich so im prosaischen Unglauben anzulächeln, so will ich lieber gar nichts mehr davon sagen, sondern nur rasch weitergehen. – Kaum war der Morgen angebrochen als ich voll Unruhe und Sehnsucht nach der Allee lief, und mich hinstellte vor das öde Haus! – Außer den innern Vorhängen waren noch dichte Jalousien vorgezogen. Die Straße war noch völlig menschenleer, ich trat dicht an die Fenster des Erdgeschosses und horchte und horchte, aber kein Laut ließ sich hören, still blieb es wie im tiefen Grabe. – Der Tag kam herauf, das Gewerbe rührte sich, ich musste fort. Was soll ich euch damit ermüden, wie ich viele Tage hindurch das Haus zu jeder Zeit umschlich, ohne auch nur das mindeste zu entdecken, wie alle Erkundigung, alles Forschen zu keiner bestimmten Notiz führte, und wie endlich das schöne Bild meiner Vision zu verblassen begann. – Endlich, als ich einst am späten Abend von einem Spaziergange heimkehrend bei dem öden Hause herangekommen, bemerkte ich, dass das Tor halb geöffnet war; ich schritt heran, der Kaffeebraune guckte heraus. Mein Entschluss war gefasst., Wohnt nicht der Geheime Finanzrat Binder hier in diesem Hause?‹ So frug ich den Alten, indem ich ihn beinahe zurückdrängend in den, von einer Lampe matt erleuchteten Vorsaal trat. Der Alte blickte mich an mit seinem stehenden Lächeln und sprach leise und gezogen: ›Nein, *der* wohnt nicht hier, hat niemals hier gewohnt, wird niemals hier wohnen, wohnt auch in der ganzen Allee nicht. – Aber die Leute sagen, es spuke hier in diesem Hause, jedoch kann ich versichern, dass es nicht wahr ist, es ist ein ruhiges, hübsches Haus, und morgen zieht die gnädige Gräfin von S. ein und – Gute Nacht, mein lieber Herr!‹ – Damit manövrierte mich der Alte zum Hause hinaus, und verschloss hinter mir das Tor. Ich vernahm, wie er keuchend und hustend mit dem klirrenden Schlüsselbunde über den Flur wegscharrte und dann Stufen, wie mir vorkam, *herabstieg*. Ich hatte in der kurzen Zeit so viel bemerkt, dass der Flur mit alten bunten Tapeten behängt, und wie ein Saal mit großen, mit rotem Damast beschlagenen Lehnsesseln möbliert war, welches denn doch ganz verwunderlich aussah.

Nun gingen, wie geweckt, durch mein Eindringen in das geheimnisvolle Haus, die Abenteuer auf! – Denkt euch, denkt euch, sowie ich den andern Tag in der Mittagsstunde die Allee durchwandere und mein Blick schon in der Ferne sich unwillkürlich nach dem öden Hause richtet, sehe ich an dem letzten Fenster des obern Stocks etwas schimmern. – Näher getreten bemerke ich, dass die äußere Jalousie ganz, der innere Vorhang halb aufgezogen ist. Der Diamant funkelt mir entgegen. – O Himmel! gestützt auf den Arm blickt mich wehmütig flehend jenes Antlitz meiner Vision an. – War es möglich in der auf- und abwogenden Masse stehen zu bleiben? – In dem Augenblick fiel mir die Bank ins Auge, die für die Lustwandler in der Allee in der Richtung des öden Hauses, wiewohl man sich darauf niederlassend dem Hause den Rücken kehrte, angebracht war. Schnell sprang ich in die

155

Allee, und mich über die Lehne der Bank wegbeugend konnt ich nun ungestört nach dem verhängnisvollen Fenster schauen. Ja! Sie war es, das anmutige, holdselige Mädchen, Zug für Zug! – Nur schien ihr Blick ungewiss. – Nicht nach mir, wie es vorhin schien, blickte sie, vielmehr hatten die Augen etwas Todstarres, und die Täuschung eines lebhaft gemalten Bildes wäre möglich gewesen, hätten sich nicht Arm und Hand zuweilen bewegt. Ganz versunken in den Anblick des verwunderlichen Wesens am Fenster, das mein Innerstes so seltsam aufregte, hatte ich nicht die quäkende Stimme des italienischen Tabulettkrämers gehört, der mir vielleicht schon lange unaufhörlich seine Waren anbot. Er zupfte mich endlich am Arm; schnell mich umdrehend, wies ich ihn ziemlich hart und zornig ab. Er ließ aber nicht nach mit Bitten und Quälen. Noch gar nichts habe er heute verdient, nur ein paar Bleifedern, ein Bündelchen Zahnstocher möge ich ihm abkaufen. Voller Ungeduld, den Überlästigen nur geschwind los zu werden, griff ich in die Tasche nach dem Geldbeutel. Mit den Worten: ›Auch hier hab ich noch schöne Sachen!‹ zog er den untern Schub seines Kastens heraus, und hielt mir einen kleinen runden Taschenspiegel, der in dem Schub unter andern Gläsern lag, in kleiner Entfernung seitwärts vor. – Ich erblickte das öde Haus hinter mir, das Fenster und in den schärfsten deutlichsten Zügen die holde Engelsgestalt meiner Vision. – Schnell kauft ich den kleinen Spiegel, der mir es nun möglich machte, in bequemer Stellung, ohne den Nachbarn aufzufallen, nach dem Fenster hinzuschauen. – Doch, indem ich nun länger und länger das Gesicht im Fenster anblickte, wurd ich von einem seltsamen, ganz unbeschreiblichen Gefühl, das ich beinahe waches Träumen nennen möchte, befangen. Mir war es, als lähme eine Art Starrsucht nicht sowohl mein ganzes Regen und Bewegen als vielmehr nur meinen Blick, den ich nun niemals mehr würde abwenden können von dem Spiegel. Mit Beschämung muss ich euch bekennen, dass mir jenes Ammenmärchen einfiel, womit mich in früher Kindheit meine Wartfrau augenblicklich zu Bette trieb, wenn ich mich etwa gelüsten ließ, abends vor dem großen Spiegel in meines Vaters Zimmer stehen zu bleiben und hinein zu gucken. Sie sagte nämlich, wenn Kinder nachts in den Spiegel blickten, gucke ein fremdes, garstiges Gesicht heraus, und der Kinder Augen blieben dann erstarrt stehen. Mir war das ganz entsetzlich graulich, aber in vollem Grausen konnt ich doch oft nicht unterlassen, wenigstens nach dem Spiegel hinzublinzeln, weil ich neugierig war auf das fremde Gesicht. Einmal glaubt ich ein Paar grässliche glühende

Augen aus dem Spiegel fürchterlich herausfunkeln zu sehen, ich schrie auf und stürzte dann ohnmächtig nieder. In diesem Zufall brach eine langwierige Krankheit aus, aber noch jetzt ist es mir, als hätten jene Augen mich wirklich angefunkelt. – Kurz, alles dieses tolle Zeug aus meiner frühen Kindheit fiel mir ein, Eiskälte bebte durch meine Adern – ich wollte den Spiegel von mir schleudern – ich vermocht es nicht – nun blickten mich die Himmelsaugen der holden Gestalt an – ja ihr Blick war auf mich gerichtet und strahlte bis ins Herz hinein. Jenes Grausen, das mich plötzlich ergriffen, ließ von mir ab und gab Raum dem wonnigen Schmerz süßer Sehnsucht, die mich mit elektrischer Wärme durchglüht. ›Sie haben da einen niedlichen Spiegel‹, sprach eine Stimme neben mir. Ich erwachte aus dem Traum und war nicht wenig betroffen, als ich neben mir von beiden Seiten mich zweideutig anlächelnde Gesichter erblickte. Mehrere Personen hatten auf derselben Bank Platz genommen, und nichts war gewisser, als dass ich ihnen mit dem starren Hineinblicken in den Spiegel und vielleicht auch mit einigen seltsamen Gesichtern, die ich in meinem exaltiertem Zu Stande schnitt, auf meine Kosten ein ergötzliches Schauspiel gegeben. ›Sie haben da einen niedlichen Spiegel‹, wiederholte der Mann, als ich nicht antwortete, mit einem Blick, der jener Frage noch hinzufügte: ›Aber sagen Sie mir, was soll das wahnsinnige Hineinstarren, erscheinen Ihnen Geister etc. Der Mann, schon ziemlich hoch in Jahren, sehr sauber gekleidet, hatte im Ton der Rede, im Blick etwas ungemein Gutmütiges und Zutrauen Erwe ckendes. Ich nahm gar keinen Anstand, ihm geradehin zu sagen, dass ich im Spiegel ein wundervolles Mädchen erblickt, das hinter mir im Fenster des öden Hauses gelegen. – Noch weiter ging ich, ich fragte den Alten, ob er nicht auch das holde Antlitz gesehen. ›Dort drüben? – in dem alten Hause – in dem letzten Fenster?‹ so fragte mich nun wieder ganz verwundert der Alte. ›Allerdings, allerdings‹, sprach ich; da lächelte der Alte sehr und fing an: ›Nun das ist doch eine wunderliche Täuschung – nun meine alten Augen – Gott ehre mir meine alten Augen. Ei ei, mein Herr, wohl habe ich mit unbewaffnetem Auge das hübsche Gesicht dort im Fenster gesehen, aber es war ja ein, wie es mir schien, recht gut und lebendig in Öl gemaltes Porträt.‹ Schnell drehte ich mich um nach dem Fenster, alles war verschwunden, die Jalousie herun tergelassen. ›Ja!‹ fuhr der Alte fort, ›ja, mein Herr, nun ists zu spät, sich davon zu überzeugen, denn eben nahm der Bediente, der dort, wie ich weiß, als Kastellan das Absteigequartier der Gräfin von S. ganz allein bewohnt, das Bild, nachdem er es abgestäubt, vom Fenster fort und ließ die Jalousie herunter.‹ – ›War es denn gewiss ein Bild?‹ fragte ich nochmals ganz bestürzt. ›Trauen Sie meinen Augen‹, erwiderte der Alte. ›Dass Sie nur den Reflex des Bildes im Spiegel sahen, vermehrte gewiss sehr die optische Täuschung und – wie ich noch in Ihren Jahren war, hätt ich nicht auch das Bild eines schönen Mädchens, kraft meiner Fantasie, ins Leben gerufen?‹ – ›Aber Hand und Arm bewegten sich doch‹, fiel ich ein. ›Ja, ja, sie regten sich, alles regte sich‹, sprach der Alte, lächelnd und sanft mich auf die Schulter klopfend. Dann stand er auf und verließ mich, höflich sich verbeugend, mit den Worten: ›Nehmen Sie sich doch vor Taschenspiegeln in acht, die so hässlich lügen. – Ganz gehorsamster Diener.‹ – Ihr könnt denken, wie mir zumute war, als ich mich so als einen törichten, blödsichtigen Fantasten behandelt sah. Mir kam die Überzeugung, dass der Alte Recht hatte, und dass nur in mir selbst das tolle Gaukelspiel aufgegangen, das mich mit dem öden Hause, zu meiner eignen Beschämung, so garstig mystifizierte.

Ganz voller Unmut und Verdruss lief ich nach Hause, fest entschlossen, mich ganz loszusagen von jedem Gedanken an die Mysterien des öden Hauses, und wenigstens einige Tage hindurch die Allee zu vermeiden. Dies hielt ich treulich, und kam noch hinzu, dass mich den Tag über dringend gewordene Geschäfte am Schreibtisch, an den Abenden aber geistreiche fröhliche Freunde in ihrem Kreise festhielten, so musst es wohl geschehen, dass ich beinahe gar nicht mehr an jene Geheimnisse dachte. Nur begab es sich in dieser Zeit, dass ich zuweilen aus dem Schlaf auffuhr, wie plötzlich durch äußere Berührung geweckt, und dann war es mir doch deutlich, dass nur der Gedanke an das geheimnisvolle Wesen, das ich in meiner Vision und in dem Fenster des öden Hauses erblickt, mich geweckt hatte. Ja selbst während der Arbeit, während der lebhaftesten Unterhaltung mit meinen Freunden, durchfuhr mich oft plötzlich, ohne weitern Anlass, jener Gedanke, wie ein elektrischer Blitz. Doch waren dies nur schnell vorübergehende Momente. Den kleinen Taschenspiegel, der mir so täuschend das anmutige Bildnis reflektiert, hatte ich zum prosaischen Hausbedarf bestimmt. Ich pflegte mir vor demselben die Halsbinde festzuknüpfen. So geschah es, dass er mir, als ich einst dies wichtige Geschäft abtun wollte, blind schien, und ich ihn nach bekannter Methode anhauchte, um ihn dann hell zu polieren. – Alle meine Pulse stockten, mein Innerstes bebte vor wonnigem Grauen! – ja so muss ich das Gefühl nennen, das mich übermannte, als ich, sowie mein Hauch den Spiegel überlief, im

bläulichen Nebel das holde Antlitz sah, das mich mit jenem wehmütigem, das Herz durchbohrendem Blick anschaute! – Ihr
lacht? – Ihr seid mit mir fertig, ihr haltet mich für einen unheilbaren Träumer, aber sprecht, denkt was ihr wollt, genug, die Holde
blickte mich an aus dem Spiegel, aber sowie der Hauch zerrann,
verschwand das Gesicht in dem Funkeln des Spiegels. – Ich will
euch nicht ermüden, ich will euch nicht herzählen alle Momente,
die sich, einer aus dem andern, entwickelten. Nur so viel will ich
sagen, dass ich unaufhörlich die Versuche mit dem Spiegel erneuerte, dass es mir oft gelang, das geliebte Bild durch meinen Hauch
hervorzurufen, dass aber manchmal die angestrengtesten Bemühungen ohne Erfolg blieben. Dann rannte ich wie wahnsinnig auf
und ab vor dem öden Hause und starrte in die Fenster, aber kein
menschliches Wesen wollte sich zeigen. – Ich lebte nur in dem
Gedanken an *sie,* alles übrige war abgestorben für mich, ich vernachlässigte meine Freunde, meine Studien. – Dieser Zustand,
wollte er in mildern Schmerz, in träumerische Sehnsucht überge-
hen, ja schien es, als wolle das Bild an Leben und Kraft verlieren,
wurde oft bis zur höchsten Spitze gesteigert, durch Momente, an
die ich noch jetzt mit tiefem Entsetzen denke. – Da ich von einem
*Seelen*zustande rede, der mich hätte ins Verderben stürzen können, so ist für euch, ihr Ungläubigen, da nichts zu belächeln und
zu bespötteln, hört und fühlt mit mir, was ich ausgestanden. – Wie
gesagt, oft, wenn jenes Bild ganz verblasst war, ergriff mich ein
körperliches Übelbefinden, die Gestalt trat, wie sonst niemals,
mit einer Lebendigkeit, mit einem Glanz hervor, dass ich sie zu
erfassen wähnte. Aber dann kam es mir auf grauliche Weise vor,
ich sei selbst die Gestalt, und von den Nebeln des Spiegels umhüllt
und umschlossen. Ein empfindlicher Brustschmerz, und dann
gänzliche Apathie endigte den peinlichen Zustand, der immer
eine, das innerste Mark wegzehrende Erschöpfung hinterließ. In
diesen Momenten misslang jeder Versuch mit dem Spiegel, hatte
ich mich aber erkräftigt, und trat dann das Bild wieder lebendig
aus dem Spiegel hervor, so mag ich nicht leugnen, dass sich damit
ein besonderer, mir sonst fremder physischer Reiz verband. –
Diese ewige Spannung wirkte gar verderblich auf mich ein, blass
wie der Tod und zerstört im ganzen Wesen schwankte ich umher,
meine Freunde hielten mich für krank, und ihre ewigen Mahnungen brachten mich endlich dahin, über meinen Zustand, so wie ich
es nur vermochte, ernstlich nachzusinnen. War es Absicht oder
Zufall, dass einer der Freunde, welcher Arzneikunde studierte,
bei einem Besuch Reils Buch über Geisteszerrüttungen zurück-

ließ. Ich fing an zu lesen, das Werk zog mich unwiderstehlich an, aber wie ward mir, als ich in allem, was über fixen Wahnsinn gesagt wird, mich selbst wieder fand! – Das tiefe Entsetzen, das ich, mich selbst auf dem Wege zum Tollhause erblickend, empfand, brachte mich zur Besinnung und zum festen Entschluss, den ich rasch ausführte. Ich steckte meinen Taschenspiegel ein und eilte schnell zu dem Doktor K., berühmt durch seine Behandlung und Heilung der Wahnsinnigen, durch sein tieferes Eingehen in das psychische Prinzip, welches oft sogar körperliche Krankheiten hervorzubringen und wieder zu heilen vermag. Ich erzählte ihm alles, ich verschwieg ihm nicht den kleinsten Umstand und beschwor ihn mich zu retten, von dem Ungeheuern Schicksal, von dem bedroht ich mich glaubte. Er hörte mich sehr ruhig an, doch bemerkte ich wohl in seinem Blick tiefes Erstaunen. ›Noch‹, fing er an, ›noch ist die Gefahr keinesweges so nahe als Sie glauben und ich kann mit Gewissheit behaupten, dass ich sie ganz abzuwenden vermag. Dass Sie auf unerhörte Weise psychisch angegriffen sind, leidet gar keinen Zweifel, aber die völlige klare Erkenntnis dieses Angriffs irgend eines bösen Prinzips gibt Ihnen selbst die Waffen in die Hand, sich dagegen zu wehren. Lassen Sie mir Ihren Taschenspiegel, zwingen Sie sich zu irgend einer Arbeit, die Ihre Geisteskräfte in Anspruch nimmt, meiden Sie die Allee, arbeiten Sie von der Frühe an, solange Sie es nur auszuhalten vermögen, dann aber, nach einem tüchtigen Spaziergange, fort in die Gesellschaft Ihrer Freunde, die Sie so lange vermisst. Essen Sie nahrhafte Speisen, trinken Sie starken kräftigen Wein. Sie sehen, dass ich bloß die fixe Idee, das heißt, die Erscheinung des Sie betörenden Antlitzes im Fenster des öden Hauses und im Spiegel vertilgen, Ihren Geist auf andere Dinge leiten und Ihren Körper stärken will. Stehen Sie selbst meiner Absicht redlich bei.‹ – Es wurde mir schwer, mich von dem Spiegel zu trennen, der Arzt, der ihn schon genommen, schien es zu bemerken, er hauchte ihn an und frug, indem er mir ihn vorhielt: ›Sehen Sie etwas?‹ – ›Nicht das mindeste‹, erwiderte ich, wie es sich auch in der Tat verhielt. ›Hauchen Sie den Spiegel an‹, sprach dann der Arzt, indem er mir den Spiegel in die Hand gab. Ich tat es, das Wunderbild trat deutlicher als je hervor. ›Da ist sie‹, rief ich laut. Der Arzt schaute hinein und sprach dann: ›Ich sehe nicht das mindeste, aber nicht verhehlen mag ich Ihnen, dass ich in dem Augenblick, als ich in Ihren Spiegel sähe, einen unheimlichen Schauer fühlte, der aber gleich vorüberging. Sie bemerken, dass ich ganz aufrichtig bin, und eben deshalb wohl Ihr ganzes Zutrauen verdiene. Wiederholen Sie doch den Versuch.‹ Ich tat es, der Arzt umfasste mich, ich fühlte seine Hand auf dem Rückenwirbel. – Die Gestalt kam wieder, der Arzt, mit mir in den Spiegel schauend erblasste, dann nahm er mir den Spiegel aus der Hand, schauete nochmals hinein, verschloss ihn in dem Pult, und kehrte erst, als er einige Sekunden hindurch die Hand vor der Stirn schweigend dagestanden, zu mir zurück. ›Befolgen Sie‹, fing er an, ›befolgen Sie genau meine Vorschriften. Ich darf Ihnen bekennen, dass jene Momente, in denen Sie außer sich selbst gesetzt Ihr eignes Ich in physischem Schmerz fühlten, mir noch sehr geheimnisvoll sind, aber ich hoffe Ihnen recht bald mehr darüber sagen zu können.‹ – Mit festem, unabänderlichem Willen, so schwer es mir auch ankam, lebte ich zur Stunde den Vorschriften des Arztes gemäß, und sosehr ich auch bald den wohltätigen Einfluss anderer Geistesanstrengung und der übrigen verordneten Diät verspürte, so blieb ich doch nicht frei von jenen furchtbaren Anfällen, die mittags um zwölf Uhr, viel stärker aber nachts um zwölf Uhr sich einzustellen pflegten. Selbst in munterer Gesellschaft bei Wein und Gesang war es oft, als durchführen plötzlich mein Inneres spitzige glühende Dolche, und alle Macht des Geistes reichte dann nicht hin zum Widerstände, ich musste mich entfernen und durfte erst wiederkehren, wenn ich aus dem ohnmachtähnlichen Zu Stande erwacht. – Es begab sich, dass ich mich einst bei einer Abendgesellschaft befand, in der über psychische Einflüsse und Wirkungen, über das dunkle unbekannte Gebiet des Magnetismus gesprochen wurde. Man kam vorzüglich auf die Möglichkeit der Einwirkung eines entfernten psychischen Prinzips, sie wurde aus vielen Beispielen bewiesen, und vorzüglich führte ein junger, dem Magnetismus ergebener, Arzt an, dass er, wie mehrere andere, oder vielmehr wie *alle* kräftige Magnetiseurs, es vermöge, aus der Ferne bloß durch den festfixierten Gedanken und Willen auf seine Somnambulen zu wirken. Alles was Kluge, Schubert, Bartels u. m. darüber gesagt haben, kam nach und nach zum Vorschein. ›Das Wichtigste‹, fing endlich einer der Anwesenden, ein als scharfsinniger Beobachter bekannter Mediziner, an, ›das Wichtigste von allem bleibt mir immer, dass der Magnetismus manches Geheimnis, das wir als gemeine schlichte Lebenserfahrung nun eben für kein Geheimnis erkennen wollen, zu erschließen scheint. Nur müssen wir freilich behutsam zu Werke gehn. – Wie kommt es denn, dass ohne allen äußern oder innern uns bekannten Anlass, ja unsere Ideenkette zerreißend, irgend eine Person, oder wohl gar das treue Bild irgend einer Begebenheit so lebendig, so sich unsers ganzen Ichs bemeisternd [uns] in den Sinn kommt, dass wir selbst darüber erstaunen. Am merkwürdigsten ist es, dass wir oft im Traume auffahren. Das ganze Traumbild ist in den schwarzen Abgrund versunken, und im neuen, von jenem Bilde ganz unabhängigen Traum tritt uns mit voller Kraft des Lebens ein Bild entgegen, das uns in ferne Gegenden versetzt und plötzlich scheinbar uns ganz fremd gewordene Personen, an die wir seit Jahren nicht mehr dachten, uns entgegenführt. Ja, noch mehr! oft schauen wir auf eben die Weise ganz fremde unbekannte Personen, die wir vielleicht Jahre nachher erst kennen lernen. Das bekannte: ›Mein Gott, der Mann, die Frau, kommt mir so zum Erstaunen bekannt vor, ich dächt, ich hätt ihn, sie, schon irgendwo gesehen‹, ist vielleicht, da dies oft schlechterdings unmöglich, die dunkle Erinnerung an ein solches Traumbild. Wie wenn dies plötzliche Hineinspringen fremder Bilder in unsere Ideenreihe, die uns gleich mit besonderer Kraft zu ergreifen pflegen, eben durch ein fremdes psychisches Prinzip veranlasst würde? Wie wenn es dem fremden Geiste unter gewissen Umständen möglich wäre, den magnetischen Rapport auch ohne Vorbereitung so herbeizuführen, dass wir uns willenlos ihm fügen müssten?‹ – ›So kämen wir‹, fiel ein anderer lachend ein, ›mit einem gar nicht zu großen Schritt auf die Lehre von Verhexungen, Zauberbildern, Spiegeln und andern unsinnigen abergläubischen Fantastereien längst verjährter alberner Zeit.‹ – ›Ei‹, unterbrach der Mediziner den Ungläubigen, ›keine Zeit kann verjähren und noch viel weniger hat es jemals eine alberne Zeit gegeben, wenn wir nicht etwa jede Zeit, in der Menschen zu denken sich unterfangen mögen, mithin auch die unsrige, für albern erkennen wollen. – Es ist ein eignes Ding, etwas geradezu wegleugnen zu wollen, was oft sogar durch streng juristisch geführten Beweis festgestellt ist, und so wenig ich der Meinung bin, dass in dem dunklen geheimnisvollen Reiche, welches unseres Geistes Heimat ist, auch nur ein einziges, unserm blödem Auge recht hell leuchtendes Lämpchen brennt, so ist doch so viel gewiss, dass uns die Natur das Talent und die Neigung der Maulwürfe nicht versagt hat. Wir suchen, verbündet wie wir sind, uns weiterzuarbeiten auf finstern Wegen. Aber so wie der Blinde auf Erden an dem flüsternden Rauschen der Bäume, an dem Murmeln und Plätschern des Wassers, die Nähe des Waldes, der ihn in seinen kühlenden Schatten aufnimmt, des Baches, der den Durstenden labt, erkennt, und so das Ziel seiner Sehnsucht erreicht, so ahnen wir an dem tönenden Flügelschlag unbekannter, uns mit Geisteratem berührender Wesen, dass der Pilgergang uns zur

Quelle des Lichts führt, vor dem unsere Augen sich auftun!‹ – Ich konnte mich nicht länger halten, ›Sie statuieren also‹, wandte ich mich zu dem Mediziner, ›die Einwirkung eines fremden geistigen Prinzips, dem man sich willenlos fügen muss?‹ – ›Ich halte‹, erwiderte der Mediziner, ›ich halte, um nicht zu weit zu gehen, diese Einwirkung nicht allein für möglich, sondern auch andern, durch den magnetischen Zustand deutlicher gewordenen Operationen des psychischen Prinzips für ganz homogen.‹ – ›So könnt es auch‹, fuhr ich fort, ›dämonischen Kräften verstattet sein, feindlich verderbend auf uns zu wirken?‹ – ›Schnöde Kunststücke gefallner Geister‹, erwiderte der Mediziner lächelnd. – ›Nein, denen wollen wir nicht erliegen. Und überhaupt bitt ich, meine Andeutungen für nichts anders zu nehmen, als eben nur für Andeutungen, denen ich noch hinzufüge, dass ich keinesweges an *unbedingte* Herrschaft eines geistigen Prinzips über das andere glaube, sondern vielmehr annehmen will, dass entweder irgend eine Abhängigkeit, Schwäche des innern Willens, oder eine Wechselwirkung stattfinden muss, die jener Herrschaft Raum gibt.‹ – ›Nun erst‹, fing ein ältlicher Mann an, der so lange geschwiegen und nur aufmerksam zugehört, ›nun erst kann ich mich mit Ihren seltsamen Gedanken über Geheimnisse, die uns verschlossen bleiben sollen, einigermaßen befreunden. Gibt es geheimnisvolle tätige Kräfte, die mit bedrohlichen Angriffen auf uns zutreten, so kann uns dagegen nur irgend eine Abnormität im geistigen Organism Kraft und Mut zum sieghaften Widerstande rauben. Mit einem Wort, nur geistige Krankheit – die Sünde macht uns Untertan dem dämonischen Prinzip. Merkwürdig ist es, dass von den ältesten Zeiten her die den Menschen im Innersten verstörendste Gemütsbewegung es war, an der sich dämonische Kräfte übten. Ich meine nichts anders als die Liebesverzauberungen, von denen alle Chroniken voll sind. In tollen Hexenprozessen kommt immer dergleichen vor, und selbst in dem Gesetzbuch eines sehr aufgeklärten Staats wird von den Liebestrünken gehandelt, die insofern auch rein psychisch zu wirken bestimmt sind, als sie nicht Liebeslust im allgemeinen erwecken, sondern unwiderstehlich an eine bestimmte Person bannen sollen. Ich werde in diesen Gesprächen an eine tragische Begebenheit erinnert, die sich in meinem eignen Hause vor weniger Zeit zutrug. Als Bonaparte unser Land mit seinen Truppen überschwemmt hatte, wurde ein Obrister von der italienischen Nobelgarde bei mir einquartiert. Er war einer von den wenigen Offizieren der so genannten Großen Armee, die sich durch ein stilles bescheidnes edles Betragen auszeichneten. Sein todbleiches Gesicht, seine düstern Augen zeugten von Krankheit oder tiefer Schwermut. Nur wenige Tage war er bei mir, als sich auch der besondere Zufall kund tat, von dem er behaftet. Eben befand ich mich auf seinem Zimmer, als er plötzlich mit tiefen Seufzern die Hand auf die Brust, oder vielmehr auf die Stelle des Magens legte, als empfinde er tödliche Schmerzen. Er konnte bald nicht mehr sprechen, er war genötigt sich in den Sofa zu werfen, dann aber verloren plötzlich seine Augen die Sehkraft und er erstarrte zur bewusstlosen Bildsäule. Mit einem Ruck wie aus dem Traume auffahrend, erwachte er endlich, aber vor Mattigkeit konnte er mehrere Zeit hindurch sich nicht regen und bewegen. Mein Arzt, den ich ihm sandte, behandelte ihn, nachdem andere Mittel fruchtlos geblieben, magnetisch, und dies schien zu wirken; wiewohl der Arzt bald davon ablassen musste, da er selbst beim Magnetisieren des Kranken von einem unerträglichen Gefühl des Übelseins ergriffen wurde. Er hatte übrigens des Obristen Zutrauen gewonnen, und dieser sagte ihm, dass in jenen Momenten sich ihm das Bild eines Frauenzimmers nahe, die er in Pisa gekannt; dann würde es ihm als wenn ihre glühenden Blicke in sein Inneres führen, und er fühle die unerträglichsten Schmerzen, bis er in völlige Bewusstlosigkeit versinke. Aus diesem Zustande bleibe ihm ein dumpfer Kopfschmerz, und eine Abspannung, als habe er geschwelgt im Liebesgenuss, zurück. Nie ließ er sich über die näheren Verhältnisse aus, in denen er vielleicht mit jenem Frauenzimmer stand. Die Truppen sollten aufbrechen, gepackt stand der Wagen des Obristen vor der Türe, er frühstückte, aber in dem Augenblicke, als er ein Glas Madera zum Munde führen wollte, stürzte er mit einem dumpfen Schrei vom Stuhle herab. Er war tot. Die Ärzte fanden ihn vom Nervenschlag getroffen. Einige Wochen nachher wurde ein an den Obristen adressierter Brief bei mir abgegeben. Ich hatte gar kein Bedenken ihn zu öffnen, um vielleicht ein Näheres von den Verwandten des Obristen zu erfahren, und ihnen Nachricht von seinem plötzlichen Tode geben zu können. Der Brief kam von Pisa und enthielt ohne Unterschrift die wenigen Worte: ›Unglückseliger! Heute, am 7. – um zwölf Uhr Mittag sank Antonia, dein trügerisches Abbild mit hebenden Armen umschlingend, tot nieder!‹ – Ich sah den Kalender nach, in dem ich des Obristen Tod angemerkt hatte und fand, dass Antonias Todesstunde auch die seinige gewesen.‹ – Ich hörte nicht mehr, was der Mann noch seiner Geschichte hinzusetzte; denn in dem Entsetzen, das mich ergriffen, als ich in des italienischen Obristen Zustand den meinigen erkannte, ging mit wütendem Schmerz eine solche wahnsinnige Sehnsucht nach dem unbekannten Bilde auf, dass ich davon überwältigt aufspringen und hineilen musste nach dem verhängnisvollen Hause. Es war mir in der Ferne, als sah ich Lichter blitzen, durch die festverschlossenen Jalousien, aber der Schein verschwand, als ich näher kam. Rasend vor dürstendem Liebesverlangen stürzte ich auf die Tür; sie wich meinem Druck, ich stand auf dem matt erleuchteten Hausflur, von einer dumpfen, schwülen Luft umfangen. Das Herz pochte mir vor seltsamer Angst und Ungeduld, da ging ein langer, schneidender, aus weiblicher Kehle strömender Ton durch das Haus, und ich weiß selbst nicht, wie es geschah, dass ich mich plötzlich in einem mit vielen Kerzen hellerleuchteten Saale befand, der in altertümlicher Pracht mit vergoldeten Möbeln und seltsamen japanischen Gefäßen verziert war. Starkduftendes Räucherwerk wallte in blauen Nebelwolken auf mich zu., Willkommen – willkommen, süßer Bräutigam – die Stunde ist da, die Hochzeit nah!‹ – So rief laut und lauter die Stimme eines Weibes, und ebenso wenig, als ich weiß, wie ich plötzlich in den Saal kam, ebenso wenig vermag ich zu sagen, wie es sich begab, dass plötzlich aus dem Nebel eine hohe jugendliche Gestalt in reichen Kleidern hervorleuchtete. Mit dem wiederholten gellenden Ruf: ›Willkommen süßer Bräutigam‹, trat sie mit ausgebreiteten Armen mir entgegen – und ein gelbes, von Alter und Wahnsinn grässlich verzerrtes Antlitz starrte mir in die Augen. Von tiefem Entsetzen durchbebt wankte ich zurück; wie durch den glühenden, durchbohrenden Blick der Klapperschlange festgezaubert, konnte ich mein Auge nicht abwenden von dem gräulichen alten Weibe, konnte ich keinen Schritt weiter mich bewegen. Sie trat näher auf mich zu, da war es mir, als sei das scheußliche Gesicht nur eine Maske von dünnem Flor, durch den die Züge jenes holden Spiegelbildes durchblickten. Schon fühlt ich mich von den Händen des Weibes berührt, als sie laut aufkreischend vor mir zu Boden sank und hinter mir eine Stimme rief: ›Hu hu! – treibt schon wieder der Teufel sein Bocksspiel mit Ew. Gnaden, zu Bette, zu Bette, meine Gnädigste, sonst setzt es Hiebe, gewaltige Hiebe!‹ – Ich wandte mich rasch um und erblickte den alten Hausverwalter im bloßen Hemde, eine tüchtige Peitsche über dem Haupte schwingend. Er wollte losschlagen auf die Alte, die sich heulend am Boden krümmte. Ich fiel ihm in den Arm, aber mich von sich schleudernd rief er: ›Donnerwetter, Herr, der alte Satan hätte Sie ermordet, kam ich nicht dazwischen – fort, fort, fort.‹ – Ich stürzte zum Saal heraus, vergebens sucht ich in dicker Finsternis die Tür des Hauses. Nun hört ich die zischenden Hiebe der Peitsche und das Jammergeschrei der Alten. Laut wollte ich um Hülfe rufen, als der Boden unter meinen Füßen schwand, ich fiel eine Treppe herab und traf auf eine Tür so hart, dass sie aufsprang und ich der Länge nach in ein kleines Zimmer stürzte. An dem Bette, das jemand soeben verlassen zu haben schien, an dem kaffeebraunen, über einen Stuhl gehängten Rocke musste ich augenblicklich die Wohnung des alten Hausverwalters erkennen. Wenige Augenblicke nachher polterte es die Treppe herab, der Hausverwalter stürzte herein und hin zu meinen Füßen. ›Um aller Seligkeit willen‹, flehte er mit aufgehobenen Händen, ›um aller Seligkeit willen, wer Sie auch sein mögen, wie der alte gnädige Hexensatan Sie auch hieher gelockt haben mag, verschweigen Sie, was hier geschehen, sonst komme ich um Amt und Brot! – Die wahnsinnige Exzellenz ist abgestraft und liegt gebunden im Bette. O schlafen Sie doch, geehrtester Herr! recht sanft und süß. – Ja ja, das tun Sie doch fein – eine schöne warme Juliusnacht, zwar kein Mondschein, aber beglückter Sternenschimmer. – Nun ruhige, glückliche Nacht.‹ – Unter diesen Reden war der Alte aufgesprungen, hatte ein Licht genommen, mich herausgebracht aus dem Souterrain, mich zur Türe hinausgeschoben und diese fest verschlossen. Ganz verstört eilt ich nach Hause, und ihr könnt wohl denken, dass ich, zu tief von dem grauenvollen Geheimnis ergriffen, auch nicht den mindesten nur wahrscheinlichen Zusammenhang der Sache mir in den ersten Tagen denken konnte. Nur so viel war gewiss, dass, hielt mich so lange ein böser Zauber gefangen, dieser jetzt in der Tat von mir abgelassen hatte. Alle schmerzliche Sehnsucht nach dem Zauberbilde in dem Spiegel war gewichen, und bald gemahnte mich jener Auftritt im öden Gebäude wie das unvermutete Hineingeraten in ein Tollhaus. Dass der Hausverwalter zum tyrannischen Wächter einer wahnsinnigen Frau von vornehmer Geburt, deren Zustand vielleicht der Welt verborgen bleiben sollte, bestimmt worden, daran war nicht zu zweifeln, wie aber der Spiegel – das tolle Zauberwesen überhaupt – doch weiter – weiter!

Später begab es sich, dass ich in zahlreicher Gesellschaft den Grafen P. fand, der mich in eine Ecke zog und lachend sprach: ›Wissen Sie wohl, dass sich die Geheimnisse unseres öden Hauses zu enthüllen anfangen?‹ Ich horchte hoch auf, aber indem der Graf weiter erzählen wollte, öffneten sich die Flügeltüren des Esssaals, man ging zur Tafel. Ganz vertieft in Gedanken an die Geheimnisse, die mir der Graf entwickeln wollte, hatte ich einer jungen Dame den Arm geboten und war mechanisch der in steifem Zeremoniell sehr langsam daherschreitenden Reihe gefolgt. Ich führe meine Dame zu dem offnen Platz, der sich uns darbietet, schaue sie nun erst recht an und – erblicke mein Spiegelbild in den getreusten Zügen, sodass gar keine Täuschung möglich ist. Dass ich im Innersten erbebte, könnt ihr euch wohl denken, aber ebenso muss ich euch versichern, dass sich auch nicht der leiseste Anklang jener verderblichen wahnsinnigen Liebeswut in mir regte, die mich ganz und gar befing, wenn mein Hauch das wunderbare Frauenbild aus dem Spiegel hervorrief. – Meine Befremdung, noch mehr, mein Erschrecken muss Lesbar gewesen sein in meinem Blick, denn das Mädchen sah mich ganz verwundert an, sodass ich für nötig hielt, mich so, wie ich nur konnte, zusammen zu nehmen, und so gelassen als möglich anzuführen, dass eine lebhafte Erinnerung mich gar nicht zweifeln lasse, sie schon irgendwo gesehen zu haben. Die kurze Abfertigung, dass dies wohl nicht gut der Fall sein könne, da sie gestern erst und zwar das erste Mal in ihrem Leben nach ***n gekommen, machte mich im eigentlichsten Sinn des Worts etwas verblüfft. Ich verstummte. Nur der Engelsblick, den die holdseligen Augen des Mädchens mir zuwarfen, half mir wieder auf. Ihr wisst, wie man bei derlei Gelegenheit die geistigen Fühlhörner ausstrecken und leise, leise tasten muss, bis man die Stelle findet, wo der angegebene Ton widerklingt. So macht ich es und fand bald, dass ich ein zartes, holdes, aber in irgend einem psychischen Überreiz verkränkeltes Wesen neben mir hatte. Bei irgend einer heitern Wendung des Gesprächs, vorzüglich wenn ich zur Würze wie scharfen Cayenne-Pfeffer irgend ein keckes bizarres Wort hineinstreute, lächelte sie zwar, aber seltsam schmerzlich, wie zu hart berührt. ›Sie sind nicht heiter, meine Gnädige, vielleicht der Besuch heute Morgen.‹ – So redete ein nicht weit entfernt sitzender Offizier meine Dame an, aber in dem Augenblick fasste ihn sein Nachbar schnell beim Arm und sagte ihm etwas ins Ohr, während eine Frau an der andern Seite des Tisches Glut auf den Wangen und im Blick laut der herrlichen Oper erwähnte, deren Darstellung sie in Paris gesehen und mit der heutigen vergleichen werde. – Meiner Nachbarin stürzten die Tränen aus den Augen: ›Bin ich nicht ein albernes Kind‹, wandte sie sich zu mir. Schon erst hatte sie über Migräne geklagt. ›Die gewöhnliche Folge des nervösen Kopfschmerzes‹, erwiderte ich daher mit unbefangenem Ton, ›wofür nichts besser hilft, als der muntre kecke Geist, der in dem Schaum dieses Dichtergetränks sprudelt.‹ Mit diesen Worten schenkte ich

Champagner, den sie erst abgelehnt, in ihr Glas ein, und indem sie davon nippte, dankte ihr Blick meiner Deutung der Tränen, die sie nicht zu bergen vermochte. Es schien heller geworden in ihrem Innern und alles wäre gut gegangen, wenn ich nicht zuletzt unversehends hart an das vor mir stehende englische Glas gestoßen, sodass es in gellender schneidender Höhe ertönte. Da erbleichte meine Nachbarin bis zum Tode, und auch mich ergriff ein plötzliches Grauen, weil der Ton mir die Stimme der wahnsinnigen Alten im öden Hause schien. – Während dass man Kaffee nahm, fand ich Gelegenheit, mich dem Grafen P. zu nähern; er merkte gut, warum. ›Wissen Sie wohl, dass Ihre Nachbarin die Gräfin Edwine von S. war? – Wissen Sie wohl, dass in dem öden Hause die Schwester ihrer Mutter, schon seit Jahren unheilbar wahnsinnig, eingesperrt gehalten wird? – heute Morgen waren beide, Mutter und Tochter, bei der Unglücklichen. Der alte Hausverwalter, der einzige, der den gewaltsamen Ausbrüchen des Wahnsinns der Gräfin zu steuern wusste, und dem daher die Aufsicht über sie übertragen wurde, liegt todkrank, und man sagt, dass die Schwester endlich dem Doktor K. das Geheimnis anvertraut, und dass dieser noch die letzten Mittel versuchen wird, die Kranke, wo nicht herzustellen, doch von der entsetzlichen Tobsucht, in die sie zuweilen ausbrechen soll, zu retten. Mehr weiß ich vorderhand nicht.‹ – Andere traten hinzu, das Gespräch brach ab. – Doktor K. war nun gerade derjenige, an den ich mich meines rätselhaften Zustandes halber, gewandt, und ihr möget euch wohl vorstellen, dass ich, sobald es sein konnte, zu ihm eilte, und alles, was mir seit der Zeit widerfahren, getreulich erzählte. Ich forderte ihn auf zu meiner Beruhigung, so viel als er von der wahnsinnigen Alten wisse, zu sagen, und er nahm keinen Anstand, mir, nachdem ich ihm strenge Verschwiegenheit gelobt, folgendes anzuvertrauen.

›Angelika, Gräfin von Z.‹ (so fing der Doktor an) ›unerachtet in die dreißig vorgerückt, stand noch in der vollsten Blüte wunderbarer Schönheit, als der Graf von S., der viel jünger an Jahren, sie hier in ***n bei Hofe sah, und sich in ihren Reizen so verfing, dass er zur Stunde die eifrigsten Bewerbungen begann und selbst, als zur Sommerszeit die Gräfin auf die Güter ihres Vaters zurückkehrte, ihr nachreiste, um seine Wünsche, die nach Angelikas Benehmen durchaus nicht hoffnungslos zu sein schienen, dem alten Grafen zu eröffnen. Kaum war Graf S. aber dort angekommen, kaum sah er Angelikas jüngere Schwester Gabriele, als er wie aus einer Bezauberung erwachte. In verblühter Farblosigkeit stand Angelika neben Gabrielen, deren Schönheit und Anmut den Grafen S. unwiderstehlich hinriss, und so kam es, dass er, ohne Angelika weiter zu beachten, um Gabrielens Hand warb, die ihm der alte Graf Z. um so lieber zusagte, als Gabriele gleich die entschiedenste Neigung für den Grafen S. zeigte. Angelika äußerte nicht den mindesten Verdruss über die Untreue ihres Liebhabers. ›Er glaubt mich verlassen zu haben. Der törichte Knabe! er merkt nicht, dass nicht *ich*, dass *er* mein Spielzeug war, das ich wegwarf!‹ – So sprach sie in stolzem Hohn, und in der Tat, ihr ganzes Wesen zeigte, dass es wohl Ernst sein mochte mit der Verachtung des Ungetreuen. Übrigens sah man, sobald das Bündnis Gabrielens mit dem Grafen von S. ausgesprochen war, Angelika sehr selten. Sie erschien nicht bei der Tafel und man sagte, sie schweife einsam im nächsten Walde umher, den sie längst zum Ziel ihrer Spaziergänge gewählt hatte. – Ein sonderbarer Vorfall störte die einförmige Ruhe, die im Schlosse herrschte. Es begab sich, dass die Jäger des Grafen von Z., unterstützt von den in großer Anzahl aufgebotenen Bauern, endlich eine Zigeunerbande eingefangen hatten, der man die Mordbrennereien und Räubereien, welche seit kurzer Zeit so häufig in der Gegend vorfielen, schuld gab. An eine lange Kette geschlossen brachte man die Männer, gebunden auf einen Wagen gepackt die Weiber und Kinder auf den Schlosshof. Manche trotzige Gestalt, die mit wildem funkelnden Blick, wie ein gefesselter Tiger, keck umherschaute, schien den entschlossenen Räuber und Mörder zu bezeichnen, vorzüglich fiel aber ein langes, hageres, entsetzliches Weib, in einen blutroten Shawl vom Kopf bis zu Fuß gewickelt, ins Auge, die aufrecht im Wagen stand, und mit gebietender Stimme rief: man solle sie herabsteigen lassen, welches auch geschah. Der Graf von Z. kam auf den Schlosshof und befahl eben, wie man die Bande abgesondert in den festen Schlossgefängnissen verteilen solle, als mit fliegenden Haaren, Entsetzen und Angst in bleichem Gesicht, Gräfin Angelika aus der Tür hinausstürzte, und auf die Knie geworfen mit schneidender Stimme rief: ›Diese Leute los – diese Leute los – sie sind unschuldig, unschuldig – Vater: lass diese Leute los! – ein Tropfen Bluts vergossen an einem von diesen und ich stoße mir dieses Messer in die Brust!‹ – Damit schwang die Gräfin ein spiegelblankes Messer in den Lüften und sank ohnmächtig nieder. ›Ei mein schönes Püppchen, mein trautes Goldkind, das wüsst ich ja wohl, dass du es nicht leiden würdest!‹ – So meckerte die rote Alte. Dann kauerte sie nieder neben der Gräfin und bedeckte Gesicht und Busen mit ekelhaften Küssen, indem sie fortwährend murmelte: ›Blanke Tochter, blanke Tochter –

wach auf, wach auf, der Bräutigam kommt – hei hei blanker Bräutigam kommt.‹ Damit nahm die Alte eine Phiole hervor, in der ein kleiner Goldfisch in silberhellem Spiritus auf und ab zu gaukeln schien. Diese Phiole hielt die Alte der Gräfin an das Herz, augenblicklich erwachte sie, aber kaum erblickte sie das Zigeunerweib, als sie aufsprang, das Weib heftig und brünstig umarmte und dann mit ihr davoneilte in das Schloss hinein. Der Graf von Z. – Gabriele, ihr Bräutigam, die unterdessen erschienen, schauten ganz erstarrt und von seltsamen Grauen ergriffen, das alles an. Die Zigeuner blieben ganz gleichgültig und ruhig, sie wurden nun abgelöst von der Kette, und einzeln gefesselt in die Schlossgefängnisse geworfen. Am andern Morgen ließ der Graf von Z. die Gemeinde versammeln, die Zigeuner wurden vorgeführt, der Graf erklärte laut, dass sie ganz unschuldig wären an allen Räubereien, die in der Gegend verübt, und dass er ihnen freien Durchzug durch sein Gebiet verstatte, worauf sie entfesselt und zum Erstaunen aller mit Pässen wohl versehen entlassen wurden. Das rote Weib wurde vermisst. Man wollte wissen, dass der Zigeunerhauptmann, kenntlich an den goldnen Ketten um den Hals und dem roten Federbusch an dem spanisch niedergekrempten Hut, nachts auf dem Zimmer des Grafen gewesen. Einige Zeit nachher ward es unbezweifelt dargetan, dass die Zigeuner an dem Rauben und Morden in dem Gebiet umher in der Tat auch nicht den mindesten Anteil hatten. – Gabrieles Hochzeit rückte heran, mit Erstaunen bemerkte sie eines Tages, dass mehrere Rüstwagen mit Meublen, Kleidungsstücken, Wäsche, kurz, mit einer ganz vollständigen Hauseinrichtung bepackt wurden und abfuhren. Andern Morgens erfuhr sie, dass Angelika begleitet von dem Kammerdiener des Grafen S. und einer vermummten Frau, die der alten roten Zigeunerin ähnlich gesehen, nachts abgereist sei. Graf Z. löste das Rätsel, indem er erklärte, dass er sich aus gewissen Ursachen genötiget gesehen, den freilich seltsamen Wünschen Angelikas nachzugeben, und ihr nicht allein das in ***n belegne Haus in der Allee als Eigentum zu schenken, sondern auch zu erlauben, dass sie dort einen eignen, ganz unabhängigen Haushalt führe, wobei sie sich bedungen, dass keiner aus der Familie, ihn selbst nicht ausgenommen, ohne ihre ausdrückliche Erlaubnis das Haus betreten solle. Der Graf von S. fügte hinzu, dass auf Angelikas dringenden Wunsch er seinen Kammerdiener ihr überlassen müssen, der mitgereiset sei nach ***n. Die Hochzeit wurde vollzogen, Graf S. ging mit seiner Gemahlin nach D. und ein Jahr verging ihnen in ungetrübter Heiterkeit. Dann fing aber der Graf an auf ganz eigne Weise zu kränkeln. Es war, als wenn ihm ein geheimer Schmerz alle Lebenslust, alle Lebenskraft raube, und vergebens waren alle Bemühungen seiner Gemahlin, das Geheimnis ihm zu entreißen, das sein Innerstes verderblich zu verstören schien. – Als endlich tiefe Ohnmachten seinen Zustand lebensgefährlich machten, gab er den Ärzten nach und ging angeblich nach Pisa. – Gabriele konnte nicht mitreisen, da sie ihrer Niederkunft entgegensah, die indessen erst nach mehrern Wochen erfolgte. – Hier‹, sprach der Arzt, ›werden die Mitteilungen der Gräfin Gabriele von S. so rhapsodisch, dass nur ein tieferer Blick den näheren Zusammenhang auffassen kann. – Genug – ihr Kind, ein Mädgen, verschwindet auf unbegreifliche Weise aus der Wiege, alle Nachforschungen bleiben vergebens – ihre Trostlosigkeit geht bis zur Verzweiflung, als zur selbigen Zeit Graf von Z. ihr die entsetzliche Nachricht schreibt, dass er den Schwiegersohn, den er auf dem Wege nach Pisa glaubte, in ***n und zwar in Angelikas Hause, vom Nervenschlage zum Tode getroffen, gefunden; dass Angelika in furchtbaren Wahnsinn geraten sei und dass er solchen Jammer wohl nicht lange tragen werde. – Sowie Gabriele von S. nur einige Kräfte gewonnen, eilt sie auf die Güter des Vaters; in schlafloser Nacht das Bild des verlornen Gatten, des verlornen Kindes vor Augen, glaubt sie ein leises Wimmern vor der Türe des Schlafzimmers zu vernehmen; ermutigt, zündet sie die Kerzen des Armleuchters bei der Nachtlampe an und tritt heraus. – Heiliger Gott! niedergekauert zur Erde, in den roten Shawl gewickelt, starrt das Zigeunerweib mit stierem, leblosem Blick ihr in die Augen – in den Armen hält sie ein kleines Kind, das so ängstlich wimmert, das Herz schlägt der Gräfin hoch auf in der Brust! – es ist ihr Kind! – es ist die verlorne Tochter! – Sie reißt das Kind der Zigeunerin aus den Armen, aber in diesem Augenblick kugelt diese um, wie eine leblose Puppe. Auf das Angstgeschrei der Gräfin wird alles wach, man eilt hinzu, man findet das Weib tot auf der Erde, kein Belebungsmittel wirkt und der Graf lässt sie einscharren. – Was bleibt übrig, als nach ***n zur wahnsinnigen Angelika zu eilen, und vielleicht dort das Geheimnis mit dem Kinde zu erforschen. Alles hat sich verändert. Angelikas wilde Raserei hat alle weibliche Dienstboten entfernt, nur der Kammerdiener ist geblieben. Angelika ist ruhig und vernünftig geworden. Als der Graf die Geschichte von Gabrielens Kinde erzählt, schlägt sie die Hände zusammen, und ruft mit lautem Lachen: ›Ists Püppgen angekommen? – richtig angekommen? – eingescharrt, eingescharrt? Ojemine, wie prächtig sich der Goldfasan schüttelt!

wisst ihr nichts vom grünen Löwen mit den blauen Glutaugen?‹ –
Mit Entsetzen bemerkt der Graf die Rückkehr des Wahnsinns,
indem plötzlich Angelikas Gesicht die Züge des Zigeunerweibes
anzunehmen scheint, und beschließt, die Arme mitzunehmen auf
die Güter, welches der alte Kammerdiener widerrät. In der Tat
bricht auch der Wahnsinn Angelikas in Wut und Raserei aus,
sobald man Anstalten macht, sie aus dem Hause zu entfernen. – In
einem lichten Zwischenraum beschwört Angelika mit heißen Tränen den Vater, sie in dem Hause sterben zu lassen, und tiefgerührt
bewilligt er dies, wiewohl er das Geständnis, das dabei ihren Lippen entflieht, nur für das Erzeugnis des aufs neue ausbrechenden
Wahnsinns hält. Sie bekennt, dass Graf S. in ihre Arme zurückgekehrt, und dass das Kind, welches die Zigeunerin ins Haus des
Grafen von Z. brachte, die Frucht dieses Bündnisses sei. – In der
Residenz glaubt man, dass der Graf von Z. die Unglückliche mitgenommen hat auf die Güter, indessen sie hier tiefverborgen und
der Aufsicht des Kammerdieners übergeben in dem verödeten
Hause bleibt. – Graf von Z. ist gestorben vor einiger Zeit, und
Gräfin Gabriele von S. kam mit Edmonden her, um Familienan-
gelegenheiten zu berichten. Sie durfte es sich nicht versagen, die
unglückliche Schwester zu sehen. Bei diesem Besuch muss sich
Wunderliches ereignet haben, doch hat mir die Gräfin nichts darüber vertraut, sondern nur im allgemeinen gesagt, dass es nun
nötig geworden, dem alten Kammerdiener die Unglückliche zu
entreißen. Einmal habe er, wie es herausgekommen, durch harte
grausame Misshandlungen den Ausbrüchen des Wahnsinns zu
steuern gesucht, dann aber, durch Angelikas Vorspieglung, dass
sie Gold zu machen verstehe, sich verleiten lassen, mit ihr allerlei
sonderbare Operationen vorzunehmen und ihr alles Nötige dazu
herbeizuschaffen. – ›Es würde wohl‹ (so schloss der Arzt seine
Erzählung) ›ganz überflüssig sein, *Sie, gerade Sie* auf den tiefern
Zusammenhang aller dieser seltsamen Dinge aufmerksam zu
machen. Es ist mir gewiss, dass *Sie* die Katastrophe herbeigeführt
haben, die der Alten Genesung oder baldigen Tod bringen wird.
Übrigens mag ich jetzt nicht verhehlen, dass ich mich nicht wenig
entsetzte, als ich, nachdem ich mich mit Ihnen in magnetischen
Rapport gesetzt, ebenfalls das Bild im Spiegel sah. Dass dies Bild
Edmonde war, wissen wir nun beide.‹
    Ebenso, wie der Arzt glaubte, für mich nichts hinzufügen zu
dürfen, ebenso halte ich es für ganz unnütz, mich nun noch darüber etwa zu verbreiten, in welchem geheimen Verhältnis Angelika, Edmonde, ich und der alte Kammerdiener standen, und wie

mystische Wechselwirkungen ein dämonisches Spiel trieben. Nur so viel sage ich noch, dass mich nach diesen Begebenheiten ein drückendes, unheimliches Gefühl aus der Residenz trieb, welches erst nach einiger Zeit mich plötzlich verließ. Ich glaube, dass die Alte in dem Augenblick, als ein ganz besonderes Wohlsein mein Innerstes durchströmte, gestorben ist.« So endete Theodor seine Erzählung. Noch manches sprachen die Freunde über Theodors Abenteuer und gaben ihm Recht, dass sich darin das Wunderliche mit dem Wunderbaren auf seltsame grauliche Weise mische. – Als sie schieden, nahm Franz Theodors Hand und sprach, sie leise schüttelnd, mit beinahe wehmütigem Lächeln: »Gute Nacht, du Spalanzanische Fledermaus!«

DAS MAJORAT

Dem Gestade der Ostsee unfern liegt das Stammschloss der Freiherrlich von R .. schen Familie, R .. sitten genannt. Die Gegend ist rau und öde, kaum entsprießt hin und wieder ein Grashalm dem bodenlosen Triebsande, und statt des Gartens, wie er sonst das Herrenhaus zu zieren pflegt, schließt sich an die nackten Mauern nach der Landseite hin ein dürftiger Föhrenwald, dessen ewige, düstre Trauer den bunten Schmuck des Frühlings verschmäht, und in dem, statt des fröhlichen Jauchzens der zu neuer Lust erwachten Vögelein nur das schaurige Gekrächze der Raben, das schwirrende Kreischen der sturmverkündenden Möwen widerhallt. Eine Viertelstunde davon ändert sich plötzlich die Natur. Wie durch einen Zauberschlag ist man in blühende Felder, üppige Äcker und Wiesen versetzt. Man erblickt das große, reiche Dorf mit dem geräumigen Wohnhause des Wirtschaftsinspektors. An der Spitze eines freundlichen Erlenbusches sind die Fundamente eines großen Schlosses sichtbar, das einer der vormaligen Besitzer aufzubauen im Sinne hatte. Die Nachfolger, auf ihren Gütern in Kurland hausend, ließen den Bau liegen, und auch der Freiherr Roderich von R., der wiederum seinen Wohnsitz auf dem Stammgute nahm, mochte nicht weiterbauen, da seinem finstern, menschenscheuen Wesen der Aufenthalt in dem alten, einsam liegenden Schlosse zusagte. Er ließ das verfallene Gebäude, so gut es gehen wollte, herstellen, und sperrte sich darin ein, mit einem grämlichen Hausverwalter und geringer Dienerschaft. Nur selten sah man ihn im Dorfe, dagegen ging und ritt er oft am Meeresstrande hin und her, und man wollte aus der Ferne bemerkt haben, wie er in die Wellen hineinsprach und dem Brausen und Zischen der Brandung zuhorchte, als vernehme er die antwortende Stimme des Meergeistes. Auf der höchsten Spitze des Wartturms hatte er ein Kabinett einrichten und mit Fernröhren – mit einem vollständigen astronomischen Apparat versehen lassen; da beobachtete er Tages, nach dem Meer hinausschauend, die Schiffe, die oft gleich weißbeschwingten Meervögeln am fernen Horizont vorüberflogen. Sternenhelle Nächte brachte er hin mit astronomischer, oder, wie man wissen wollte, mit astrologischer Arbeit, worin ihm der alte Hausverwalter beistand. Überhaupt ging zu seinen Lebzeiten die Sage, dass er geheimer Wissenschaft, der so genannten schwarzen Kunst, ergeben sei, und dass eine verfehlte Operation, durch die ein hohes Fürstenhaus auf das empfindlichste gekränkt wurde, ihn aus Kurland vertrieben habe. Die leiseste Erinnerung an seinen dortigen Aufenthalt erfüllte ihn mit Entsetzen, aber alles sein Leben Verstörende, was ihm dort geschehen, schrieb er lediglich der Schuld der Vorfahren zu, die die Ahnenburg böslich verließen. Um für die Zukunft wenigstens das Haupt der Familie an das Stammhaus zu fesseln, bestimmte er es zu einem Majoratsbesitztum. Der Landesherr bestätigte die Stiftung um so lieber, als dadurch eine, an ritterlicher Tugend reiche Familie, deren Zweige schon in das Ausland herüberrankten, für das Vaterland gewonnen werden sollte. Weder Roderichs Sohn, Hubert, noch der jetzige Majoratsherr, wie sein Großvater Roderich geheißen, mochte indessen in dem Stammschlosse hausen, beide blieben in Kurland. Man musste glauben, dass sie, heitrer und lebenslustiger gesinnt, als der düstre Ahnherr, die schaurige Öde des Aufenthalts scheuten. Freiherr Roderich hatte zwei alten, unverheirateten Schwestern seines Vaters, die mager ausgestattet in Dürftigkeit lebten, Wohnung und Unterhalt auf dem Gute gestattet. Diese saßen mit einer bejahrten Dienerin in den kleinen warmen Zimmern des Nebenflügels, und außer ihnen und dem Koch, der im Erdgeschoss ein großes Gemach neben der Küche inne hatte, wankte in den hohen Zimmern und Sälen des Hauptgebäudes nur noch ein abgelebter Jäger umher, der zugleich die Dienste des Kastellans versah. Die übrige Dienerschaft wohnte im Dorfe bei dem Wirtschaftsinspektor. Nur in später Herbstzeit, wenn der erste Schnee zu fallen begann, und die Wolfs-, die Schweinsjagden aufgingen, wurde das öde, verlassene Schloss lebendig. Dann kam Freiherr Roderich mit seiner Gemahlin, begleitet von Verwandten, Freunden und zahlreichem Jagdgefolge herüber aus Kurland. Der benachbarte Adel, ja selbst jagdlustige Freunde aus der nahe liegenden Stadt fanden sich ein, kaum vermochten Hauptgebäude und Nebenflügel die zuströmenden Gäste zu fassen, in allen Öfen und Kaminen knisterten reichlich zugeschürte Feuer, vom grauen Morgen bis in die Nacht hinein schnurrten die Bratenwender, Trepp auf, Trepp ab liefen hundert lustige Leute, Herren und Diener, dort erklangen angestoßene Pokale und fröhliche Jägerlieder, hier die Tritte der nach gellender Musik

Tanzenden, überall lautes Jauchzen und Gelächter, und so glich vier bis sechs Wochen hindurch das Schloss mehr einer prächtigen, an vielbefahrner Landstraße liegenden Herberge, als der Wohnung des Gutsherrn. Freiherr Roderich widmete diese Zeit, so gut es sich nur tun ließ, ernstem Geschäfte, indem er, zurückgezogen aus dem Strudel der Gäste, die Pflichten des Majoratsherrn erfüllte. Nicht allein, dass er sich vollständige Rechnung der Einkünfte legen ließ, so hörte er auch jeden Vorschlag irgend einer Verbesserung, sowie die kleinste Beschwerde seiner Untertanen an, und suchte alles zu ordnen, jedem Unrechten oder Unbilligen zu steuern, wie er es nur vermochte. In diesen Geschäften stand ihm der alte Advokat V., von Vater auf Sohn vererbter Geschäftsträger des R .. schen Hauses und Justiziarius der in P. liegenden Güter, redlich bei, und V. pflegte daher schon acht Tage vor der bestimmten Ankunft des Freiherrn nach dem Majoratsgute abzureisen. Im Jahre 179- war die Zeit gekommen, dass der alte V. nach R .. sitten reisen sollte. So lebenskräftig der Greis von siebzig Jahren sich auch fühlte, musste er doch glauben, dass eine hülfreiche Hand im Geschäft ihm wohl tun werde. Wie im Scherz sagte er daher eines Tages zu mir: »Vetter!« (so nannte er mich, seinen Großneffen, da ich seine Vornamen erhielt) »Vetter! – ich dächte, du ließest dir einmal etwas Seewind um die Ohren sausen und kämst mit mir nach R .. sitten. Außerdem, dass du mir wacker beistehen kannst in meinem manchmal bösen Geschäft, so magst du dich auch einmal im wilden Jägerleben versuchen und zusehen, wie, nachdem du einen Morgen ein zierliches Protokoll geschrieben, du den andern solch trotzigem Tier, als da ist ein langbehaarter, gräulicher Wolf, oder ein zahnfletschender Eber, ins funkelnde Auge zu schauen, oder gar es mit einem tüchtigen Büchsenschuss zu erlegen verstehest.« Nicht so viel Seltsames von der lustigen Jagdzeit in R .. sitten hätte ich schon hören, nicht so mit ganzer Seele dem herrlichen alten Großonkel anhängen müssen, um nicht hocherfreut zu sein, dass er mich diesmal mitnehmen wolle. Schon ziemlich geübt in derlei Geschäften, wie er sie vorhatte, versprach ich mit tapferm Fleiß ihm alle Mühe und Sorge abzunehmen. Andern Tages saßen wir in tüchtige Pelze eingehüllt im Wagen und fuhren durch dickes, den einbrechenden Winter verkündendes Schneegestöber nach R .. sitten. – Unterwegs erzählte mir der Alte manches Wunderliche von dem Freiherrn Roderich, der das Majorat stiftete und ihn seines Jünglingsalters ungeachtet zu seinem Justiziarius und Testamentsvollzieher ernannte. Er sprach von dem rauen, wilden Wesen, das der alte

Herr gehabt, und das sich auf die ganze Familie zu vererben schiene, da selbst der jetzige Majoratsherr, den er als sanftmütigen, beinahe weichlichen Jüngling gekannt, von Jahr zu Jahr mehr davon ergriffen werde. Er schrieb mir vor, wie ich mich keck und unbefangen betragen müsste, um in des Freiherrn Augen was wert zu sein und kam endlich auf die Wohnung im Schlosse, die er ein für alle Mal gewählt, da sie warm, bequem und so abgelegen sei, dass wir uns, wenn und wie wir wollten, dem tollen Getöse der jubilierenden Gesellschaft entziehen könnten. In zwei kleinen, mit warmen Tapeten behangenen Zimmern, dicht neben dem großen Gerichtssaal im Seitenflügel, dem gegenüber, wo die alten Fräuleins wohnten, da wäre ihm jedes Mal seine Residenz bereitet. Endlich nach schneller, aber beschwerlicher Fahrt kamen wir in tiefer Nacht nach R.. sitten. Wir fuhren durch das Dorf, es war gerade Sonntag, im Kruge Tanzmusik und fröhlicher Jubel, des Wirtschaftsinspektors Haus von unten bis oben erleuchtet, drinnen auch Musik und Gesang; desto schauerlicher wurde die Öde, in die wir nun hineinfuhren. Der Seewind heulte in schneidenden Jammertönen herüber und, als habe er sie aus tiefem Zauberschlaf geweckt, stöhnten die düstern Föhren ihm nach in dumpfer Klage. Die nackten schwarzen Mauern des Schlosses stiegen empor aus dem Schneegrunde, wir hielten an dem verschlossenen Tor. Aber da half kein Rufen, kein Peitschengeknalle, kein Hammern und Pochen, es war, als sei alles ausgestorben, in keinem Fenster ein Licht sichtbar. Der Alte ließ seine starke dröhnende Stimme erschallen: »Franz – Franz! – Wo steckt Ihr denn? – Zum Teufel, rührt euch! – Wir erfrieren hier am Tor! Der Schnee schmeißt einem ja das Gesicht blutrünstig – rührt euch, zum Teufel.« Da fing ein Hofhund zu winseln an, ein wandelndes Licht wurde im Erdgeschosse sichtbar, Schlüssel klapperten und bald knarrten die gewichtigen Torflügel auf. »Ei schön willkommen, schön willkommen Herr Justiziarius, ei in dem unsaubern Wetter!« So rief der alte Franz, indem er die Laterne hoch in die Höhe hob, sodass das volle Licht auf sein verschrumpftes, zum freundlichen Lachen sonderbar verzogenes Gesicht fiel. Der Wagen fuhr in den Hof, wir stiegen aus und nun gewahrte ich erst ganz des alten Bedienten seltsame, in eine altmodische, weite, mit vielen Schnüren wunderlich ausstaffierte Jägerlivrei gehüllte Gestalt. Über die breite weiße Stirn legten sich nur ein paar graue Löckchen, der untere Teil des Gesichts hatte die robuste Jägerfarbe, und unerachtet die verzogenen Muskeln das Gesicht zu einer beinahe abenteuerlichen Maske formten, söhnte doch die etwas dümmliche Gutmütigkeit, die aus den Augen leuchtete und um den Mund spielte, alles wieder aus. »Nun, alter Franz«, fing der Großonkel an, indem er sich im Vorsaal den Schnee vom Pelze abklopfte, »nun, alter Franz, ist alles bereitet, sind die Tapeten in meinen Stuben abgestaubt, sind die Betten hineingetragen, ist gestern und heute tüchtig geheizt worden?« – »Nein«, erwiderte Franz sehr gelassen, »nein, mein wertester Herr Justiziarius, das ist alles nicht geschehen.« – »Herr Gott!«, fuhr der Großonkel auf, »ich habe ja zeitig genug geschrieben, ich komme ja stets nach dem richtigen Datum; das ist ja eine Tölpelei, nun kann ich in eiskalten Zimmern hausen.« – »Ja, wertester Herr Justiziarius«, sprach Franz weiter, indem er sehr sorglich mit der Lichtschere von dem Docht einen glimmenden Räuber abschnippte und ihn mit dem Fuße austrat, »ja sehn Sie, das alles, vorzüglich das Heizen hätte nicht viel geholfen, denn der Wind und der Schnee, die hausen gar zu sehr hinein, durch die zerbrochenen Fensterscheiben, und da« – »Was«, fiel der Großonkel ihm in die Rede, den Pelz weit auseinander schlagend und beide Arme in die Seiten stemmend, »was, die Fenster sind zerbrochen und Ihr, des Hauses Kastellan, habt nichts machen lassen?« – »Ja, wertester Herr Justiziarius«, fuhr der Alte ruhig und gelassen fort, »man kann nur nicht recht hinzu, wegen des vielen Schutts und der vielen Mauersteine, die in den Zimmern herumliegen.« – »Wo zum Tausend Himmel Sapperment kommen Schutt und Steine in meine Zimmer?«, schrie der Großonkel. »Zum beständigen fröhlichen Wohlsein, mein junger Herr!«, rief der Alte, sich höflich bückend, da ich eben nieste, setzte aber gleich hinzu: »Es sind die Steine und der Kalk von der Mittelwand, die von der großen Erschütterung einfiel.« – »Habt ihr ein Erdbeben gehabt«, platzte der Großonkel zornig heraus. »Das nicht, wertester Herr Justiziarius«, erwiderte der Alte mit dem ganzen Gesicht lächelnd, »aber vor drei Tagen ist die schwere, getäfelte Decke des Gerichtssaals mit gewaltigem Krachen eingestürzt.« – »So soll doch das« – Der Großonkel wollte, heftig und aufbrausend, wie er war, einen schweren Fluch ausstoßen; aber indem er mit der Rechten in die Höhe fuhr und mit der Linken die Fuchsmütze von der Stirn rückte, hielt er plötzlich inne, wandte sich nach mir um und sprach laut auflachend: »Wahrhaftig Vetter! wir müssen das Maul halten, wir dürfen nicht weiter fragen; sonst erfahren wir noch ärgeres Unheil, oder das ganze Schloss stürzt uns über den Köpfen zusammen. Aber«, fuhr er fort, sich nach dem Alten umdrehend, »aber, Franz, konntet Ihr denn nicht so gescheut sein, mir ein anderes Zimmer reinigen und heizen zu lassen? Konntet Ihr nicht irgend einen Saal im Hauptgebäude schnell einrichten zum Gerichtstage?« – »Dieses ist auch bereits alles geschehen«, sprach der Alte, indem er freundlich nach der Treppe wies und sofort hinaufzusteigen begann. »Nun seht mir doch den wunderlichen Kauz«, rief der Onkel, indem wir dem Alten nachschritten. Es ging fort durch lange hochgewölbte Korridore, Franzens flackerndes Licht warf einen wunderlichen Schein in die dicke Finsternis. Säulen, Kapitaler und bunte Bogen zeigten sich oft wie in den Lüften schwebend, riesengroß schritten unsere Schatten neben uns her und die seltsamen Gebilde an den Wänden, über die sie wegschlüpften, schienen zu zittern und zu schwanken, und ihre Stimmen wisperten in den dröhnenden Nachhall unserer Tritte hinein: »Weckt uns nicht, weckt uns nicht, uns tolles Zaubervolk, das hier in den alten Steinen schläft!« – Endlich öffnete Franz, nachdem wir eine Reihe kalter, finstrer Gemächer durchgangen, einen Saal, in dem ein hellauflodendes Kaminfeuer uns mit seinem lustigen Knistern wie mit heimatlichem Gruß empfing. Mir wurde gleich, sowie ich eintrat, ganz wohl zu Mute, doch der Großonkel blieb mitten im Saal stehen, schaute ringsumher und sprach mit sehr ernstem, beinahe feierlichem Ton: »Also hier, dies soll der Gerichtssaal sein?« – Franz, in die Höhe leuchtend, sodass an der breiten dunkeln Wand ein heller Fleck, wie eine Türe groß, ins Auge fiel, sprach dumpf und schmerzhaft: »Hier ist ja wohl schon Gericht gehalten worden!« – »Was kommt euch ein, Alter«, rief der Onkel, indem er den Pelz schnell abwarf und an das Kaminfeuer trat. »Es fuhr mir nur so heraus«, sprach Franz, zündete die Lichter an und öffnete das Nebenzimmer, welches zu unsrer Aufnahme ganz heimlich bereitet war. Nicht lange dauerte es, so stand ein gedeckter Tisch vor dem Kamin, der Alte trug wohlzubereitete Schüsseln auf, denen, wie es uns beiden, dem Großonkel und mir, recht behaglich war, eine tüchtige Schale nach echt nordischer Art gebrauten Punsches folgte. Ermüdet von der Reise, suchte der Großonkel, sowie er gegessen, das Bette; das Neue, Seltsame des Aufenthalts, ja selbst der Punsch, hatte aber meine Lebensgeister zu sehr aufgeregt, um an Schlaf zu denken. Franz räumte den Tisch ab, schürte das Kaminfeuer zu und verließ mich mit freundlichen Bücklingen.

Nun saß ich allein in dem hohen, weiten Rittersaal. Das Schneegestöber hatte zu schlackern, der Sturm zu sausen aufgehört, heitrer Himmel war's geworden und der helle Vollmond strahlte durch die breiten Bogenfenster, alle finstre Ecken des wunderlichen Baues, wohin der düstre Schein meiner Kerzen und des Kaminfeuers nicht dringen konnte, magisch erleuchtend. So wie man es wohl noch in alten Schlössern antrifft, waren auf seltsame altertümliche Weise Wände und Decke des Saals verziert, diese mit schwerem Getäfel, jene mit fantastischer Bilderei und buntgemaltem, vergoldetem Schnitzwerk. Aus den großen Gemälden, mehrenteils das wilde Gewühl blutiger Bären- und Wolfsjagden darstellend, sprangen in Holz geschnitzte Tier- und Menschenköpfe hervor, den gemalten Leibern angesetzt, sodass, zumal bei der flackernden, schimmernden Beleuchtung des Feuers und des Mondes, das Ganze in graulicher Wahrheit lebte. Zwischen diesen Gemälden waren lebensgroße Bilder, in Jägertracht daherschreitende Ritter, wahrscheinlich der jagdlustigen Ahnherren, eingefugt. Alles, Malerei und Schnitzwerk, trug die dunkle Farbe lang verjährter Zeit; umso mehr fiel der helle kahle Fleck an derselben Wand, durch die zwei Türen in Nebengemächer führten, auf; bald erkannte ich, dass dort auch eine Tür gewesen sein müsste, die später zugemauert worden, und dass eben dies neue, nicht einmal der übrigen Wand gleich gemalte, oder mit Schnitzwerk verzierte Gemäuer auf jene Art absteche. – Wer weiß es nicht, wie ein ungewöhnlicher, abenteuerlicher Aufenthalt mit geheimnisvoller Macht den Geist zu erfassen vermag, selbst die trägste Fantasie wird wach in dem, von wunderlichen Felsen umschlossenen Tal – in den düstern Mauern einer Kirche o. s., und will sonst nie Erfahrnes ahnen. Setze ich nun noch hinzu, dass ich zwanzig Jahr alt war und mehrere Gläser starken Punsch getrunken hatte, so wird man es glauben, dass mir in meinem Rittersaal seltsamer zu Mute wurde als jemals. Man denke sich die Stille der Nacht, in der das dumpfe Brausen des Meers, das seltsame Pfeifen des Nachtwindes wie die Töne eines mächtigen, von Geistern gerührten Orgelwerks erklangen – die vorüberfliegenden Wolken, die oft, hell und glänzend, wie vorbeistreifende Riesen durch die klirrenden Bogenfenster zu gucken schienen – in der Tat, ich musst es in dem leisen Schauer fühlen, der mich durchbebte, dass ein fremdes Reich nun sichtbarlich und vernehmbar aufgehen könne. Doch dies Gefühl glich dem Frösteln, das man bei einer lebhaft dargestellten Gespenstergeschichte empfindet und das man so gern hat. Dabei fiel mir ein, dass in keiner günstigeren Stimmung das Buch zu lesen sei, das ich, so wie damals jeder, der nur irgend dem Romantischen ergeben, in der Tasche trug. Es war Schillers Geisterseher. Ich las und las, und erhitzte meine Fantasie immer mehr und mehr. Ich kam zu der mit dem mächtigsten Zauber ergreifenden Erzählung von dem Hochzeitfest bei dem Grafen von V. – Gerade wie Jeronimos blutige Gestalt eintritt, springt mit einem gewaltigen Schlage die Tür auf, die in den Vorsaal führt. – Entsetzt fahre ich in die Höhe, das Buch fällt mir aus den Händen – Aber in demselben Augenblick ist alles still und ich schäme mich über mein kindisches Erschrecken! – Mag es sein, dass durch die durchströmende Zugluft, oder auf andere Weise die Tür aufgesprengt wurde. – Es ist nichts – meine überreizte Fantasie bildet jede natürliche Erscheinung gespenstisch! – So beschwichtigt, nehme ich das Buch von der Erde auf und werfe mich wieder in den Lehnstuhl – da geht es leise und langsam mit abgemessenen Tritten quer über den Saal hin, und dazwischen seufzt und ächzt es, und in diesem Seufzen, diesem Ächzen liegt der Ausdruck des tiefsten menschlichen Leidens, des trostlosesten Jammers – Ha! das ist irgend ein eingesperrtes krankes Tier im untern Stock. Man kennt ja die akustische Täuschung der Nacht, die alles entfernt Tönende in die Nähe rückt – wer wird sich nur durch so etwas Grauen erregen lassen. – So beschwichtige ich mich aufs neue, aber nun kratzt es, indem lautere, tiefere Seufzer, wie in der entsetzlichen Angst der Todesnot ausgestoßen, sich hören lassen, an jenem neuen Gemäuer. – »Ja, es ist ein armes eingesperrtes Tier – ich werde jetzt laut rufen, ich werde mit dem Fuß tüchtig auf den Boden stampfen, gleich wird alles schweigen, oder das Tier unten sich deutlicher in seinen natürlichen Tönen hören lassen!« – So denke ich, aber das Blut gerinnt in meinen Adern – kalter Schweiß steht auf der Stirne, erstarrt bleib ich im Lehnstuhle sitzen, nicht vermögend aufzustehen, viel weniger noch zu rufen. Das abscheuliche Kratzen hört endlich auf – die Tritte lassen sich aufs neue vernehmen – es ist, als wenn Leben und Regung in mir erwachte, ich springe auf und trete zwei Schritte vor, aber da streicht eine eiskalte Zugluft durch den Saal, und in demselben Augenblick wirft der Mond sein helles Licht auf das Bildnis eines sehr ernsten, beinahe schauerlich anzusehenden Mannes, und als säusle seine warnende Stimme durch das stärkere Brausen der Meereswellen, durch das gellendere Pfeifen des Nachtwindes, höre ich deutlich: »– Nicht weiter – nicht weiter, sonst bist du verfallen dem entsetzlichen Graus der Geisterwelt!« Nun fällt die Tür zu mit demselben starken Schlage wie zuvor, ich höre die Tritte deutlich auf dem Vorsaal – es geht die Treppe hinab – die Haupttür des Schlosses öffnet sich rasselnd und wird wieder verschlossen. Dann ist es, als würde ein Pferd aus dem Stalle gezogen, und nach einer Weile wieder in den Stall zurückgeführt – dann ist alles still! – In demselben Augenblick vernahm ich, wie der alte Großonkel im Nebengemach ängstlich seufzte und stöhnte, dies gab mir alle Besinnung wieder, ich ergriff die Leuchter und eilte hinein. Der Alte schien mit einem bösen, schweren Traume zu kämpfen. »Erwachen Sie – erwachen Sie«, rief ich laut, indem ich ihn sanft bei der Hand fasste und den hellen Kerzenschein auf sein Gesicht fallen ließ. Der Alte fuhr auf mit einem dumpfen Ruf, dann schaute er mich mit freundlichen Augen an und sprach: »Das hast du gut gemacht, Vetter! dass du mich wecktest. Ei, ich hatte einen sehr hässlichen Traum, und daran ist bloß hier das Gemach und der Saal schuld, denn ich musste dabei an die vergangene Zeit und an manches Verwunderliche denken, was hier sich begab. Aber nun wollen wir recht tüchtig ausschlafen!« Damit hüllte sich der Alte in die Decke und schien sofort einzuschlafen. Als ich die Kerzen ausgelöscht und mich auch ins Bette gelegt hatte, vernahm ich, dass der Alte leise betete. – Am andern Morgen ging die Arbeit los, der Wirtschaftsinspektor kam mit den Rechnungen, und Leute meldeten sich, die irgend einen Streit geschlichtet, irgendeine Angelegenheit geordnet haben wollten. Mittags ging der Großonkel mit mir herüber in den Seitenflügel, um den beiden alten Baronessen in aller Form aufzuwarten. Franz meldete uns, wir mussten einige Augenblicke warten und wurden dann durch ein sechzigjähriges gebeugtes, in bunte Seide gekleidetes Mütterchen, die sich das Kammerfräulein der gnädigen Herrschaft nannte, in das Heiligtum geführt. Da empfingen uns die alten, nach längst verjährter Mode abenteuerlich geputzten Damen mit komischem Zeremoniell, und vorzüglich war ich ein Gegenstand ihrer Verwunderung, als der Großonkel mich mit vieler Laune als einen jungen, ihm beistehenden Justizmann vorstellte. In ihren Mienen lag es, dass sie bei meiner Jugend das Wohl des R .. sittenschen Untertanen gefährdet glaubten. Der ganze Auftritt bei den alten Damen hatte überhaupt viel Lächerliches, die Schauer der vergangenen Nacht fröstelten aber noch in meinem Innern, ich fühlte mich wie von einer unbekannten Macht berührt, oder es war mir vielmehr, als habe ich schon an den Kreis gestreift, den zu überschreiten und rettungslos unterzugehen es nur noch eines Schritts bedürfte, als könne nur das Aufbieten aller mir inwohnenden Kraft mich gegen *das* Entsetzen schützen, das nur dem unheilbaren Wahnsinn zu weichen pflegt. So kam es, dass selbst die alten Baronessen in ihren seltsamen hochaufgetürmten Frisuren, in ihren wunderlichen stoffnen, mit bunten Blumen und Bändern austaffierten Kleidern mir statt lächerlich, ganz graulich und gespenstisch erschienen. In den alten gelbverschrumpften Gesichtern, in den blinzenden Augen wollt ich es lesen, in dem schlechten Französisch, das halb durch die eingekniffenen blauen Lippen, halb durch die spitzen Nasen herausschnarrte, wollt ich es hören, wie sich die Alten mit den unheimlichen, im Schlosse herumspukenden Wesen, wenigstens auf guten Fuß gesetzt hätten, und auch wohl selbst Verstörendes und Entsetzliches zu treiben vermöchten. Der Großonkel, zu allem Lustigen aufgelegt, verstrickte mit seiner Ironie die Alten in ein solches tolles Gewäsche, dass ich in anderer Stimmung nicht gewusst hätte, wie das ausgelassenste Gelächter in mich hineinschlucken, aber wie gesagt, die Baronessen samt ihrem Geplapper waren und blieben gespenstisch, und der Alte, der mir eine besondere Lust bereiten wollte, blickte mich einmal übers andere ganz verwundert an. Sowie wir nach Tische in unserm Zimmer allein waren, brach er los: »Aber, Vetter, sag mir um des Himmels willen, was ist dir? – du lachst nicht, du sprichst nicht, du issest nicht, du trinkst nicht? – Bist du krank? oder fehlt es sonst woran?« – Ich nahm jetzt gar keinen Anstand ihm alles Grauliche, Entsetzliche, was ich in voriger Nacht überstanden, ganz ausführlich zu erzählen. Nichts verschwieg ich, vorzüglich auch nicht, dass ich viel Punsch getrunken und in Schillers Geisterseher gelesen. »Bekennen muss ich dies«, setzte ich hinzu, »denn so wird es glaublich, dass meine überreizte arbeitende Fantasie all die Erscheinungen schuf, die nur innerhalb den Wänden meines Gehirns existierten.« Ich glaubte, dass nun der Großonkel mir derb zusetzen würde mit körnigten Späßen über meine Geisterseherei, stattdessen wurde er sehr ernsthaft, starrte in den Boden hinein, warf dann den Kopf schnell in die Höhe und sprach, mich mit dem brennenden Blick seiner Augen anschauend: »Ich kenne dein Buch nicht, Vetter! aber weder seinem, noch dem Geist des Punsches hast du jenen Geisterspuk zu verdanken. Wisse, dass ich dasselbe, was dir widerfuhr, träumte. Ich saß, so wie du (so kam es mir vor), im Lehnstuhl bei dem Kamin, aber was sich dir nur in Tönen kundgetan, das sah ich, mit dem Innern Auge es deutlich erfassend. Ja! ich erblickte den graulichen Unhold, wie er hereintrat, wie er kraftlos an die vermauerte Tür schlich, wie er in trostloser Verzweiflung an der Wand kratzte, dass das Blut unter den zerrissenen Nägeln herausquoll, wie er dann hinabstieg, das Pferd aus dem Stalle zog und in den Stall zurückbrachte. Hast du es gehört, wie der Hahn im fernen Gehöfte des Dorfes krähte? – Da wecktest du mich und ich widerstand bald dem bösen Spuk des entsetzlichen Menschen, der noch vermag, das heitre Leben grauenhaft zu verstören.« Der Alte hielt inne, aber ich mochte nicht fragen, wohlbedenkend, dass er mir alles aufklären werde, wenn er es geraten finden sollte. Nach einer Weile, in der er tief in sich gekehrt dagesessen, fuhr der Alte fort: »Vetter, hast du Mut genug, jetzt nachdem du weißt, wie sich alles begibt, den Spuk noch einmal zu bestehen? und zwar mit mir zusammen?« Es war natürlich, dass ich erklärte, wie ich mich jetzt dazu ganz erkräftigt fühle. »So wollen wir«, sprach der Alte weiter, »in künftiger Nacht zusammen wachen. Eine innere Stimme sagt mir, dass meiner geistigen Gewalt nicht sowohl, als meinem Mute, der sich auf festes Vertrauen gründet, der böse Spuk weichen muss, und dass es kein freveliches Beginnen, sondern ein frommes, tapferes Werk ist, wenn ich Leib und Leben daran wage, den bösen Unhold zu bannen, der hier die Söhne aus der Stammburg der Ahnherrn treibt. – Doch! von keiner Wagnis ist ja die Rede, denn in solch festem redlichen Sinn, in solch frommen Vertrauen, wie es in mir lebt, ist und bleibt man ein siegreicher Held. – Aber sollt es dennoch Gottes Wille sein, dass die böse Macht mich anzutasten vermag, so sollst du, Vetter! es verkünden, dass ich im redlichen christlichen Kampf mit dem Höllengeist, der hier sein verstörendes Wesen treibt, unterlag! – du! – halt dich ferne! – dir wird dann nichts geschehen!«

Unter mancherlei zerstreuenden Geschäften war der Abend herangekommen. Franz hatte, wie gestern, das Abendessen abgeräumt und uns Punsch gebracht, der Vollmond schien hell durch die glänzenden Wolken, die Meereswellen brausten und der Nachtwind heulte und schüttelte die klirrenden Scheiben der Bogenfenster. Wir zwangen uns, im Innern aufgeregt, zu gleichgültigen Gesprächen. Der Alte hatte seine Schlaguhr auf den Tisch gelegt. Sie schlug zwölfe. Da sprang mit entsetzlichem Krachen die Tür auf und wie gestern schwebten leise und langsam Tritte quer durch den Saal und das Ächzen und Seufzen ließ sich vernehmen. Der Alte war verblasst, aber seine Augen erstrahlten in ungewöhnlichem Feuer, er erhob sich vom Lehnstuhl, und indem er in seiner großen Gestalt, hochaufgerichtet, den linken Arm in die Seite gestemmt, den rechten weit vorstreckend nach der Mitte des Saals dastand, war er anzusehen, wie ein gebietender Held. Doch immer stärker und vernehmlicher wurde das Seufzen und Ächzen, und nun fing es an abscheulicher als gestern an der

Wand hin und her zu kratzen. Da schritt der Alte vorwärts, gerade auf die zugemauerte Tür los, mit festen Tritten, dass der Fußboden erdröhnte. Dicht vor der Stelle, wo es toller und toller kratzte, stand er still und sprach mit starkem, feierlichem Ton, wie ich ihn nie gehört: »Daniel, Daniel! was machst du hier zu dieser Stunde!« Da kreischte es auf grauenvoll und entsetzlich, und ein dumpfer Schlag geschah, wie wenn eine Last zu Boden stürzte. »Suche Gnade und Erbarmen vor dem Thron des Höchsten, dort ist dein Platz! Fort mit dir aus dem Leben, dem du niemals mehr angehören kannst!« – So rief der Alte noch gewaltiger als vorher, es war als ginge ein leises Gewimmer durch die Lüfte und ersterbe im Sausen des Sturms, der sich zu erheben begann. Da schritt der Alte nach der Tür und warf sie zu, dass es laut durch den öden Vorsaal widerhallte. In seiner Sprache, in seinen Gebärden lag etwas Übermenschliches, das mich mit tiefem Schauer erfüllte. Als er sich in den Lehnstuhl setzte, war sein Blick wie verklärt, er faltete seine Hände, er betete im Innern. So mochten einige Minuten vergangen sein, da frug er mit der milden, tief in das Herz dringenden Stimme, die er so sehr in seiner Macht hatte: »Nun, Vetter?« Von Schauer – Entsetzen – Angst – heiliger Ehrfurcht und Liebe durchbebt stürzte ich auf die Kniee und benetzte die mir dargebotene Hand mit heißen Tränen. Der Alte schloss mich in seine Arme, und indem er mich innig an sein Herz drückte, sprach er sehr weich: »Nun wollen wir auch recht sanft schlafen, lieber Vetter!« – Es geschah auch so, und als sich in der folgenden Nacht durchaus nichts Unheimliches verspüren ließ, gewannen wir die alte Heiterkeit wieder, zum Nachteil der alten Baronessen, die, blieben sie auch in der Tat ein wenig gespenstisch, mit ihrem abenteuerlichen Wesen, doch nur ergötzlichen Spuk trieben, den der Alte auf possierliche Weise anzuregen wusste.

Endlich, nach mehreren Tagen, traf der Baron ein mit seiner Gemahlin und zahlreichem Jagdgefolge, die geladenen Gäste sammelten sich und nun ging in dem plötzlich lebendig gewordenen Schlosse das laute wilde Treiben los, wie es vorhin beschrieben. Als der Baron gleich nach seiner Ankunft in unsern Saal trat, schien er über unsern veränderten Aufenthalt auf seltsame Weise befremdet, er warf einen düstern Blick auf die zugemauerte Tür, und schnell sich abwendend, fuhr er mit der Hand über die Stirn, als wolle er irgend eine böse Erinnerung verscheuchen. Der Großonkel sprach von der Verwüstung des Gerichtssaals und der anstoßenden Gemächer, der Baron tadelte es, dass Franz uns nicht

185

besser einlogiert habe, und forderte den Alten recht gemütlich auf, doch nur zu gebieten, wenn ihm irgendetwas in dem neuen Gemach, das doch viel schlechter sei, als das, was er sonst bewohnt, an seiner Bequemlichkeit abginge. Überhaupt war das Betragen des Barons gegen den alten Großonkel nicht allein herzlich, sondern ihm mischte sich eine gewisse kindliche Ehrfurcht bei, als stehe der Baron mit dem Alten in verwandtschaftlichem Respektsverhältnis. Dies war aber auch das Einzige, was mich mit dem rauen, gebieterischen Wesen des Barons, das er immer mehr und mehr entwickelte, einigermaßen zu versöhnen vermochte. Mich schien er wenig oder gar nicht zu beachten, er sah in mir den gewöhnlichen Schreiber. Gleich das erste Mal, als ich eine Verhandlung aufgenommen, wollte er etwas in der Fassung unrichtig finden, das Blut wallte mir auf und ich war im Begriff, irgendetwas Schneidendes zu erwidern, als der Großonkel das Wort nehmend, versicherte, dass *ich* denn nun einmal alles recht nach seinem Sinne mache und dass dieser doch nur hier in gerichtlicher Verhandlung walten könne. Als wir allein waren, beschwerte ich mich bitter über den Baron, der mir immer mehr im Grunde der Seele zuwider werde. »Glaube, mir, Vetter!« erwiderte der Alte, »dass der Baron trotz seines unfreundlichen Wesens der vortrefflichste, gutmütigste Mensch von der Welt ist. Dieses Wesen hat er auch, wie ich dir schon sagte, erst seit der Zeit angenommen, als er Majoratsherr wurde, vorher war er ein sanfter, bescheidener Jüngling. Überhaupt ist es denn doch aber nicht mit ihm so arg, wie du es machst, und ich möchte wohl wissen, warum er dir so gar sehr zuwider ist.« Indem der Alte die letzten Worte sprach, lächelte er recht höhnisch, und das Blut stieg mir siedend heiß ins Gesicht. Musste mir nun nicht mein Innres recht klar werden, musste ich es nicht deutlich fühlen, dass jenes wunderliche Hassen aufkeimte aus dem Lieben, oder vielmehr aus dem Verlieben in ein Wesen, das mir das holdeste, hochherrlichste zu sein schien, was jemals auf Erden gewandelt? Dieses Wesen war niemand, als die Baronesse selbst. Schon gleich als sie angekommen und in einem russischen Zobelpelz, der knapp anschloss an den zierlich gebauten Leib, das Haupt in reiche Schleier gewickelt, durch die Gemächer schritt, wirkte ihre Erscheinung auf mich wie ein mächtiger unwiderstehlicher Zauber. Ja, selbst der Umstand, dass die alten Tanten in verwunderlicheren Kleidern und Fontangen, als ich sie noch gesehen, an beiden Seiten neben ihr her trippelten und ihre französischen Bewillkommungen herschnatterten, während sie, die Baronin, mit unbeschreiblich milden Blicken um sich her schaute, und bald diesem, bald jenem freundlich zunickte, bald in dem rein tönenden kurländischen Dialekt einige deutsche Worte dazwischen flötete, schon dieses gab ein wunderbar fremdartiges Bild, und unwillkürlich reihte die Fantasie dies Bild an jenen unheimlichen Spuk, und die Baronesse wurde der Engel des Lichts, dem sich die bösen gespenstischen Mächte beugen. – Die wunderherrliche Frau tritt lebhaft vor meines Geistes Augen. Sie mochte wohl damals kaum neunzehn Jahre zählen, ihr Gesicht ebenso zart, wie ihr Wuchs, trug den Ausdruck der höchsten Engelsgüte, vorzüglich lag aber in dem Blick der dunklen Augen ein unbeschreiblicher Zauber, wie feuchter Mondesstrahl ging darin eine schwermütige Sehnsucht auf; so wie in ihrem holdseligen Lächeln ein ganzer Himmel voll Wonne und Entzücken. Oft schien sie ganz in sich selbst verloren, und dann gingen düstre Wolkenschatten über ihr holdes Antlitz. Man hätte glauben sollen, irgend ein verstörender Schmerz müsse sie befangen, mir schien es aber, dass wohl die düstere Ahnung einer trüben, unglücksschwangeren Zukunft es sei, von der sie in solchen Augenblicken erfasst werde, und auch damit setzte ich auf seltsame Weise, die ich mir weiter gar nicht zu erklären wusste, den Spuk im Schlosse in Verbindung. – Den andern Morgen, nachdem der Baron angekommen, versammelte sich die Gesellschaft zum Frühstück, der Alte stellte mich der Baronesse vor, und wie es in solcher Stimmung, wie die meinige war, zu geschehen pflegt, ich nahm mich unbeschreiblich albern, indem ich auf die einfachen Fragen der holden Frau, wie es mir auf dem Schlosse gefalle u. s., mich in die wunderlichsten sinnlosesten Reden verfing, sodass die alten Tanten meine Verlegenheit wohl lediglich dem profunden Respekt vor der Herrin zuschrieben, sich meiner huldreich annehmen zu müssen glaubten, und mich in französischer Sprache als einen ganz artigen und geschickten jungen Menschen, als einen garçon très joli anpriesen. Das ärgerte mich, und plötzlich mich ganz beherrschend, fuhr mir ein Witzwort heraus in besserem Französisch, als die Alten es sprachen, worauf sie mich mit großen Augen anguckten und die langen spitzen Nasen reichlich mit Tabak bedienten. An dem ernsteren Blick der Baronesse, mit dem sie sich von mir ab zu einer andern Dame wandte, merkte ich, dass mein Witzwort hart an eine Narrheit streifte, das ärgerte mich noch mehr, und ich verwünschte die Alten in den Abgrund der Hölle. Die Zeit des schäferischen Schmachtens, des Liebesunglücks in kindischer Selbstbetörung hatte mir der alte Großonkel längst wegironiert, und wohl merkt ich, dass die Baronin tiefer und mächtiger, als noch bis jetzt eine Frau, mich in meinem innersten Gemüt gefasst hatte. Ich sah, ich hörte nur sie, aber bewusst war ich mir deutlich und bestimmt, dass es abgeschmackt, ja wahnsinnig sein würde, irgend eine Liebelei zu wagen, wiewohl ich auch die Unmöglichkeit einsah, wie ein verliebter Knabe von weitem zu staunen und anzubeten, dessen ich mich selbst hätte schämen müssen. Der herrlichen Frau näher zu treten, ohne ihr nur mein inneres Gefühl ahnen zu lassen, das süße Gift ihrer Blicke, ihrer Worte einsaugen und dann fern von ihr, sie lange, vielleicht immerdar im Herzen tragen, das wollte und konnte ich. Diese romantische, ja wohl ritterliche Liebe, wie sie mir aufging in schlafloser Nacht, spannte mich dermaßen, dass ich kindisch genug war, mich selbst auf pathetische Weise zu haranguieren und zuletzt sehr kläglich zu seufzen: »Seraphine, ach Seraphine!« sodass der Alte erwachte und mir zurief: »Vetter! – Vetter! ich glaube du fantasierst mit lauter Stimme! – Tu's bei Tage, wenn's möglich ist, aber zur Nachtzeit lass mich schlafen!« Ich war nicht wenig besorgt, dass der Alte, der schon mein aufgeregtes Wesen bei der Ankunft der Baronin wohl bemerkt, den Namen gehört haben und mich mit seinem sarkastischen Spott überschütten werde, er sagte am andern Morgen aber nichts weiter, als bei dem Hineingehen in den Gerichtssaal: »Gott gebe jedem gehörigen Menschenverstand und Sorglichkeit ihn in gutem Verschluss zu halten. Es ist schlimm, mir nichts dir nichts sich in einen Hasenfuß umzusetzen.« Hierauf nahm er Platz an dem großen Tisch und sprach: »Schreibe fein deutlich, lieber Vetter! damit ich's ohne Anstoß zu lesen vermag.«

Die Hochachtung, ja die kindliche Ehrfurcht, die der Baron meinem alten Großonkel erzeigte, sprach sich in allem aus. So musste er auch bei Tische den ihm von vielen beneideten Platz neben der Baronesse einnehmen, mich warf der Zufall bald hierbald dorthin, doch pflegten gewöhnlich ein paar Offiziere aus der nahen Hauptstadt mich in Beschlag zu nehmen, um sich über alles Neue und Lustige, was dort geschehen, recht auszusprechen und dabei wacker zu trinken. So kam es, dass ich mehrere Tage hindurch, ganz fern von der Baronesse, am untern Ende des Tisches saß, bis mich endlich ein Zufall in ihre Nähe brachte. Als der versammelten Gesellschaft der Esssaal geöffnet wurde, hatte mich gerade die Gesellschafterin der Baronin, ein nicht mehr ganz junges Fräulein, aber sonst nicht hässlich und nicht ohne Geist, in ein

Gespräch verwickelt, das ihr zu behagen schien. Der Sitte gemäß musste ich ihr den Arm geben, und nicht wenig erfreut war ich, als sie der Baronin ganz nahe Platz nahm, die ihr freundlich zunickte. Man kann denken, dass nun alle Worte, die ich sprach, nicht mehr der Nachbarin allein, sondern hauptsächlich der Baronin galten. Mag es sein, dass meine innere Spannung allem, was ich sprach, einen besondern Schwung gab, genug, das Fräulein wurde aufmerksamer und aufmerksamer, ja zuletzt unwiderstehlich hineingezogen in die bunte Welt stets wechselnder Bilder, die ich ihr aufgehen ließ. Sie war, wie gesagt, nicht ohne Geist, und so geschah es bald, dass unser Gespräch, ganz unabhängig von den vielen Worten der Gäste, die hin und her streiften, auf seine eigene Hand lebte und dorthin, wohin ich es haben wollte, einige Blitze sandte. Wohl merkt ich nämlich, dass das Fräulein der Baronin bedeutende Blicke zuwarf, und dass diese sich mühte uns zu hören. Vorzüglich war dies der Fall, als ich, da das Gespräch sich auf Musik gewandt, mit voller Begeisterung von der herrlichen, heiligen Kunst sprach und zuletzt nicht verhehlte, dass ich, trockner, langweiliger Juristerei, der ich mich ergeben, unerachtet, den Flügel mit ziemlicher Fertigkeit spiele, singe und auch wohl schon manches Lied gesetzt habe. – Man war in den andern Saal getreten, um Kaffee und Liköre zu nehmen, da stand ich unversehens, selbst wusste ich nicht wie, vor der Baronin, die mit dem Fräulein gesprochen. Sie redete mich sogleich an, indem sie, doch freundlicher und in dem Ton, wie man mit einem Bekannten spricht, jene Fragen, wie mir der Aufenthalt im Schlosse zusage u. s., wiederholte. Ich versicherte, dass in den ersten Tagen die schauerliche Öde der Umgebung, ja selbst das altertümliche Schloss mich seltsam gestimmt habe, dass aber eben in dieser Stimmung viel Herrliches aufgegangen und dass ich nur wünsche, der wilden Jagden, an die ich nicht gewöhnt, überhoben zu sein. Die Baronin lächelte, indem sie sprach: »Wohl kann ich's mir denken, dass Ihnen das wüste Treiben in unsern Föhrenwäldern nicht eben behaglich sein kann. – Sie sind Musiker, und täuscht mich nicht alles, gewiss auch Dichter! – Mit Leidenschaft liebe ich beide Künste! – ich spiele selbst etwas die Harfe, das muss ich nun in R . . sitten entbehren, denn mein Mann mag es nicht, dass ich das Instrument mitnehme, dessen sanftes Getön schlecht sich schicken würde zu dem wilden Hailoh, zu dem gellenden Hörnergetöse der Jagd, das sich hier nur hören lassen soll! – O mein Gott! wie würde mich hier Musik erfreun!« Ich versicherte, dass ich meine ganze Kunst aufbieten werde, ihren Wunsch zu erfüllen, da es doch im Schlosse unbezweifelt ein Instrument, sei es auch nur ein alter Flügel, geben werde. Da lachte aber Fräulein Adelheid (der Baronin Gesellschafterin) hell auf und frug, ob ich denn nicht wisse, dass seit Menschengedenken im Schlosse keine andern Instrumente gehört worden, als krächzende Trompeten, im Jubel lamentierende Hörner der Jäger und heisere Geigen, verstimmte Bässe, meckernde Hoboen herumziehender Musikanten. Die Baronin hielt den Wunsch, Musik und zwar mich zu hören, fest, und beide, sie und Adelheid, erschöpften sich in Vorschlägen, wie ein leidliches Fortepiano herbeigeschafft werden könne. In dem Augenblick schritt der alte Franz durch den Saal. »Da haben wir den, der für alles guten Rat weiß, der alles herbeischafft, selbst das Unerhörte und Ungesehene!« Mit diesen Worten rief ihn Fräulein Adelheid heran und indem sie ihm begreiflich machte, worauf es ankomme, horchte die Baronin mit gefalteten Händen, mit vorwärts gebeugtem Haupt, dem Alten mit mildem Lächeln ins Auge blickend, zu. Gar anmutig war sie anzusehen, wie ein holdes, liebliches Kind, das ein ersehntes Spielzeug nur gar zu gern schon in Händen hätte. Franz, nachdem er in seiner weitläuftigen Manier mehrere Ursachen hergezählt hatte, warum es denn schier unmöglich sei, in der Geschwindigkeit solch ein rares Instrument herbeizuschaffen, strich sich endlich mit behaglichem Schmunzeln den Bart und sprach: »Aber die Frau Wirtschaftsinspektorin drüben im Dorfe schlägt ganz ungemein geschickt das Clavizimbel, oder wie sie es jetzt nennen mit dem ausländischen Namen, und singt dazu so fein und lamentabel, dass einem die Augen rot werden, wie von Zwiebeln und man hüpfen möchte mit beiden Beinen« – »Und besitzt ein Fortepiano!« fiel Fräulein Adelheid ihm in die Rede. »Ei freilich«, fuhr der Alte fort, »direkt aus Dresden ist es gekommen – ein« – »O das ist herrlich«, unterbrach ihn die Baronin. – »Ein schönes Instrument«, sprach der Alte weiter, »aber ein wenig schwächlich, denn als der Organist neulich das Lied: ›In allen meinen Taten‹, darauf spielen wollte, schlug er alles in Grund und Boden, sodass« – »O mein Gott«, riefen beide, die Baronin und Fräulein Adelheid, »sodass«, fuhr der Alte fort, »es mit schweren Kosten nach R .. geschafft und dort repariert werden musste.« – »Ist es denn nun wieder hier«, frug Fräulein Adelheid ungeduldig. »Ei freilich, gnädiges Fräulein! und die Frau Wirtschaftsinspektorin wird es sich zur Ehre rechnen« – In diesem Augenblick streifte der Baron vorüber, er sah sich wie befremdet nach unserer Gruppe um und flüsterte spöttisch lächelnd der Baronin zu: »Muss Franz wieder guten Rat erteilen?« Die Baronin schlug errötend die Augen nieder, und der alte Franz stand erschrocken abbrechend, den Kopf gerade gerichtet, die herabhängenden Arme dicht an den Leib gedrückt, in soldatischer Stellung da. – Die alten Tanten schwammen in ihren stoffnen Kleidern auf uns zu und entführten die Baronin. Ihr folgte Fräulein Adelheid. Ich war wie bezaubert stehen geblieben. Entzücken, dass ich nun ihr, der Angebeteten, die mein ganzes Wesen beherrschte, mich nahen werde, kämpfte mit düsterm Missmut und Ärger über den Baron, der mir als ein rauer Despot erschien. War er dies nicht, durfte dann wohl der alte eisgraue Diener so sklavisch sich benehmen? – »Hörst du, siehst du endlich«, rief der Großonkel mir auf die Schulter klopfend; wir gingen hinauf in unser Gemach. »Dränge dich nicht so an die Baronin«, sprach er, als wir angekommen, »wozu soll das, überlass es den jungen Gecken, die gern den Hof machen und an denen es ja nicht mangelt.« – Ich erzählte, wie alles gekommen und forderte ihn auf mir nun zu sagen: ob ich seinen Vorwurf verdiene, er erwiderte aber darauf nichts als: »Hm hm« – zog den Schlafrock an, setzte sich mit angezündeter Pfeife in den Lehnstuhl und sprach von den Ereignissen der gestrigen Jagd, mich foppend über meine Fehlschüsse. Im Schlosse war es still geworden, Herren und Damen beschäftigten sich in ihren Zimmern mit dem Putz für die Nacht. Jene Musikanten mit den heisern Geigen, mit den verstimmten Bässen und den meckernden Hoboen, von denen Fräulein Adelheid gesprochen, waren nämlich angekommen und es sollte für die Nacht nichts Geringeres geben, als einen Ball in bestmöglichster Form. Der Alte, den ruhigen Schlaf solch faselndem Treiben vorziehend, blieb in seinem Gemach, ich hingegen hatte mich eben zum Ball gekleidet, als es leise an unsere Tür klopfte und Franz hineintrat, der mir mit behaglichem Lächeln verkündete, dass soeben das Clavizimbel von der Frau Wirtschaftsinspektorin in einem Schlitten angekommen und zur gnädigen Frau Baronin getragen worden sei. Fräulein Adelheid ließe mich einladen nur gleich herüber zu kommen. Man kann denken, wie mir alle Pulse schlugen, mit welchem innern süßen Erbeben ich das Zimmer öffnete, in dem ich *sie* fand. Fräulein Adelheid kam mir freudig entgegen. Die Baronin, schon zum Ball völlig geputzt, saß ganz nachdenklich vor dem geheimnisvollen Kasten, in dem die Töne schlummern sollten, die zu wecken ich berufen. Sie stand auf, so in vollem Glanz der Schönheit strahlend, dass ich keines Wortes mächtig sie anstarrte. »Nun Theodor« (nach der gemütlichen Sitte des Nordens, die man im tieferen Süden wieder findet, nannte sie jeden bei seinem Vornamen) »nun, Theodor«, sprach sie freundlich, »das Instrument ist gekommen, gebe der Himmel, dass es Ihrer Kunst nicht ganz unwürdig sein möge.« Sowie ich den Deckel öffnete, rauschten mir eine Menge gesprungener Saiten entgegen, und sowie ich einen Akkord griff, klang es, da alle Saiten, die noch ganz geblieben, durchaus verstimmt waren, widrig und abscheulich. »Der Organist ist wieder mit seinen zarten Händchen drüber her gewesen«, rief Fräulein Adelheid lachend, aber die Baronin sprach ganz missmutig: »Das ist denn doch ein rechtes Unglück! – ach, ich soll denn hier nun einmal keine Freude haben!« – Ich suchte in dem Behälter des Instruments und fand glücklicherweise einige Rollen Saiten, aber durchaus keinen Stimmhammer! – Neue Klagen! – Jeder Schlüssel, dessen Bart in die Wirbel passe, könne gebraucht werden, erklärte ich; da liefen beide, die Baronin und Fräulein Adelheid, freudig hin und wider, und nicht lange dauerte es, so lag ein ganzes Magazin blanker Schlüsselchen vor mir auf dem Resonanzboden.

Nun machte ich mich emsig drüber her – Fräulein Adelheid, die Baronin selbst mühte sich mir beizustehen, diesen – jenen Wirbel probierend – Da zieht einer den trägen Schlüssel an, »es geht, es geht!«, riefen sie freudig – Da rauscht die Saite, die sich schier bis zur Reinheit herangeächzt, gesprungen auf und erschrocken fahren sie zurück! – Die Baronin hantiert mit den kleinen zarten Händchen in den spröden Drahtsaiten, sie reicht mir die Nummern, die ich verlange, und hält sorgsam die Rolle, die ich abwickle; plötzlich schnurrt eine auf, sodass die Baronin ein ungeduldiges Ach! ausstößt – Fräulein Adelheid lacht laut auf, ich verfolge den verwirrten Knäuel bis in die Ecke des Zimmers, und wir alle suchen aus ihm noch eine gerade unzerknickte Saite herauszuziehen, die dann aufgezogen zu unserm Leidwesen wieder springt – aber endlich – endlich sind gute Rollen gefunden, die Saiten fangen an zu stehen und aus dem misstönigen Sumsen gehen allmählich klare, reine Akkorde hervor! »Ach es glückt, es glückt – das Instrument stimmt sich!«, ruft die Baronin, indem sie mich mit holdem Lächeln anblickt! – Wie schnell vertrieb dies gemeinschaftliche Mühen alles Fremde, Nüchterne, das die Konvenienz hinstellt; wie ging unter uns eine heimische Vertraulichkeit auf, die, ein elektrischer Hauch mich durchglühend, die verzagte Beklommenheit, welche wie Eis auf meiner Brust lag, schnell wegzehrte. Jener seltsame Pathos, wie ihn solche Verliebtheit, wie die meinige, wohl erzeugt, hatte mich ganz verlassen und so kam es, dass, als nun endlich das Pianoforte leidlich gestimmt war, ich, statt, wie ich gewollt, meine innern Gefühle in Fantasien recht laut werden zu lassen, in jene süße liebliche Kanzonetten verfiel, wie sie aus dem Süden zu uns herübergeklungen. Während dieser Senza di te – dieser Sentimi idol mio, dieser Almen se non poss'io und hundert morir mi sento's und Addio's und Oh dio's wurden leuchtender und leuchtender Seraphinens Blicke. Sie hatte sich dicht neben mir an das Instrument gesetzt, ich fühlte ihren Atem an meiner Wange spielen; indem sie ihren Arm hinter mir auf die Stuhllehne stützte, fiel ein weißes Band, das sich von dem zierlichen Ballkleide losgenestelt, über meine Schulter und flatterte von meinen Tönen, von Seraphinens leisen Seufzern berührt hin und her, wie ein getreuer Liebesbote! – Es war zu verwundern, dass ich den Verstand behielt! – Als ich mich auf irgend ein neues Lied besinnend in den Akkorden herumfuhr, sprang Fräulein Adelheid, die in einer Ecke des Zimmers gesessen, herbei, kniete vor der Baronin hin, und bat, ihre beiden Hände erfassend und an die Brust drückend: »O liebe Baronin – Seraphinchen, nun musst du auch singen!« – Die Baronin erwiderte: »Wo denkst du aber auch hin, Adelheid! – wie mag ich mich denn vor unserm Virtuosen da mit meiner elenden Singerei hören lassen!« – Es war lieblich anzuschauen, wie sie, gleich einem fromm-verschämten Kinde, die Augen niederschlagend und hocherrötend mit der Lust und mit der Scheu kämpfte. – Man kann denken, wie ich sie anflehte, und, als sie kleine kurländische Volkslieder erwähnte, nicht nachließ, bis sie mit der linken Hand herüberlangend einige Töne auf dem Instrument versuchte, wie zur Einleitung. Ich wollte ihr Platz machen am Instrument, sie ließ es aber nicht zu, indem sie versicherte, dass sie nicht eines einzigen Akkordes mächtig sei, und dass eben deshalb ihr Gesang ohne Begleitung sehr mager und unsicher klingen werde. Nun fing sie mit zarter, glockenreiner, tief aus dem Herzen tönender Stimme ein Lied an, dessen einfache Melodie ganz den Charakter jener Volkslieder trug, die so klar aus dem Innern herausleuchten, dass wir in dem hellen Schein, der uns umfließt, unsere höhere poetische Natur erkennen müssen. Ein geheimnisvoller Zauber liegt in den unbedeutenden Worten des Textes, der zur Hieroglyphe des Unaussprechlichen wird, von dem unsere Brust erfüllt. Wer denkt nicht an jene spanische Kanzonetta, deren Inhalt den Worten nach nicht viel mehr ist, als: Mit meinem Mädchen schifft ich auf dem Meer, da wurd es stürmisch, und mein Mädchen wankte furchtsam hin und her. Nein! – nicht schiff ich wieder mit meinem Mädchen auf dem Meer! – So sagte der Baronin Liedlein nichts weiter: Jüngst tanzt ich mit meinem Schatz auf der Hochzeit, da fiel mir eine Blume aus dem Haar, die hob er auf, und gab sie mir und sprach: Wenn, mein Mädchen, gehn wir wieder zur Hochzeit? – Als ich bei der zweiten Strophe dies Liedchen in harpeggierenden Akkorden begleitete, als ich in der Begeisterung, die mich erfasst, die Melodien der folgenden Lieder gleich von den Lippen der Baronin wegstahl, da erschien ich ihr und der Fräulein Adelheid wie der größte Meister der Tonkunst, sie überhäuften mich mit Lobsprüchen. Die angezündeten Lichter des Ballsaals im Seitenflügel brannten hinein in das Gemach der Baronin, und ein misstöniges Geschrei von Trompeten und Hörnern verkündete, dass es Zeit sei, sich zum Ball zu versammeln. »Ach, nun muss ich fort«, rief die Baronin, ich sprang auf vom Instrument. »Sie haben mir eine herrliche Stunde bereitet – es waren die heitersten Momente, die ich jemals hier in R .. sitzen verlebte.« Mit diesen Worten reichte mir die Baronin die Hand; als ich sie im Rausch des höchsten Entzückens an die Lippen drückte, fühlte ich ihre Finger heftig pulsierend an meiner Hand anschlagen! Ich weiß nicht, wie ich in des Großonkels Zimmer, wie ich dann in den Ballsaal kam. – Jener Gaskogner fürchtete die Schlacht, weil jede Wunde ihm tödlich werden müsse, da er ganz Herz sei! – Ihm mochte ich, ihm mag jeder in meiner Stimmung gleichen! jede Berührung wird tödlich. Der Baronin Hand, die pulsierenden Finger hatten mich getroffen wie vergiftete Pfeile, mein Blut brannte in den Adern! – Ohne mich gerade auszufragen, hatte der Alte am andern Morgen doch bald die Geschichte des mit der Baronin verlebten Abends heraus, und ich war nicht wenig betreten, als er, der mit lachendem Munde und heiterm Tone gesprochen, plötzlich sehr ernst wurde und anfing: »Ich bitte dich, Vetter, widerstehe der Narrheit, die dich mit aller Macht ergriffen! – Wisse, dass dein Beginnen, so harmlos wie es scheint, die entsetzlichsten Folgen haben kann, du stehst in achtlosem Wahnsinn auf dünner Eisdecke, die bricht unter dir ehe du dich es versiehst und du plumpst hinein. Ich werde mich hüten, dich am Rockschoß festzuhalten, denn ich weiß, du rappelst dich selbst wieder heraus und sprichst zum Tode erkrankt: ›Das bisschen Schnupfen bekam ich im Traume‹, aber ein böses Fieber wird zehren an deinem Lebensmark, und Jahre werden hingehen, ehe du dich ermannst. – Hol der Teufel deine Musik, wenn du damit nichts Besseres anzufangen weißt, als empfindelnde Weiber hinauszutrompeten aus friedlicher Ruhe.« – »Aber«, unterbrach ich den Alten, »kommt es mir denn in den Sinn, mich bei der Baronin einzuliebeln?« – »Affe!«, rief der Alte, »wüsst ich das, so würfe ich dich hier durchs Fenster!« – Der Baron unterbrach das peinliche Gespräch, und das beginnende Geschäft riss mich auf aus der Liebesträumerei, in der ich nur Seraphinen sah und dachte. In der Gesellschaft sprach die Baronin nur dann und wann mit mir einige freundliche Worte, aber beinahe kein Abend verging, dass nicht heimliche Botschaft kam von Fräulein Adelheid, die mich hinrief zu Seraphinen. Bald geschah es, dass mannigfache Gespräche mit der Musik wechselten. Fräulein Adelheid, die beinahe nicht jung genug war, um so naiv und drollig zu sein, sprang mit allerlei lustigem und etwas konfusem Zeuge dazwischen, wenn ich und Seraphine uns zu vertiefen begannen in sentimentale Ahnungen und Träumereien. Aus mancher Andeutung musst ich bald erfahren, dass der Baronin wirklich irgendetwas Verstörendes im Sinn liege, wie ich es gleich, als ich sie zum ersten Male sah, in ihrem Blick zu lesen glaubte, und die feindliche Wirkung des Hausgespenstes ging mir ganz klar auf. Irgendetwas Entsetzliches war oder sollte geschehen. Wie oft drängte es mich, Seraphinen zu erzählen, wie mich der unsichtbare Feind berührt, und wie ihn der Alte, gewiss für immer, gebannt habe, aber eine mir selbst unerklärliche Scheu fesselte mir die Zunge im Augenblick als ich reden wollte.

Eines Tages fehlte die Baronin bei der Mittagstafel; es hieß, sie kränkle, und könne das Zimmer nicht verlassen. Teilnehmend frug man den Baron, ob das Übel von Bedeutung sei. Er lächelte auf fatale Art, recht wie bitter höhnend, und sprach: »Nichts als ein leichter Katarr, den ihr die raue Seeluft zugeweht, die nun einmal hier kein süßes Stimmchen duldet, und keine andern Töne leidet, als das derbe Hailoh der Jagd.« – Bei diesen Worten warf der Baron mir, der ihm schräg über saß, einen stechenden Blick zu. Nicht zu dem Nachbar, zu mir hatte er gesprochen. Fräulein Adelheid, die neben mir saß, wurde blutrot; vor sich hin auf den Teller starrend und mit der Gabel darauf herumkritzelnd lispelte sie: »Und noch heute siehst du Seraphinen, und noch heute werden deine süßen Liederchen beruhigend sich an das kranke Herz legen.« – Auch Adelheid sprach diese Worte für mich, aber in dem Augenblick war es mir, als stehe ich mit der Baronin in unlauterm verbotenem Liebesverhältnis, das nur mit dem Entsetzlichen, mit einem Verbrechen, endigen könne. – Die Warnungen des Alten fielen mir schwer aufs Herz. – Was sollte ich beginnen! – Sie nicht mehr sehen? – Das war, solange ich im Schlosse blieb, unmöglich, und durfte ich auch das Schloss verlassen, und nach K. zurückgehen, ich vermochte es nicht. Ach! nur zu sehr fühlt ich, dass ich nicht stark genug war, mich selbst aufzurütteln aus dem Traum, der mich mit fantastischem Liebesglück neckte. Adelheid erschien mir beinahe als gemeine Kupplerin, ich wollte sie deshalb verachten – und doch, mich wieder besinnend, musste ich mich meiner Albernheit schämen. Was geschah in jenen seligen Abendstunden, das nur im mindesten ein näheres Verhältnis mit Seraphinen, als Sitte und Anstand es erlaubten, herbeiführen konnte? Wie durfte es mir einfallen, dass die Baronin irgendetwas für mich fühlen sollte, und doch war ich von der Gefahr meiner Lage überzeugt! – Die Tafel wurde zeitiger aufgehoben, weil es noch auf Wölfe gehen sollte, die sich in dem Föhrenwalde, ganz nahe dem Schlosse, hatten blicken lassen. Die Jagd war mir recht in meiner aufgeregten Stimmung, ich erklärte dem Alten, mitziehn zu wollen, er lächelte mich zufrieden an, sprechend: »Das ist brav, dass du auch einmal dich herausmachst, ich bleibe heim, du kannst meine Büchse nehmen, und schnalle auch meinen Hirschfänger um, im Fall der Not ist das eine gute sichre Waffe, wenn man nur gleichmütig bleibt.« Der Teil des Waldes, in dem die Wölfe lagern mussten, wurde von den Jägern umstellt. Es war schneidend kalt, der Wind heulte durch die Föhren, und trieb mir die hellen Schneeflocken ins Gesicht, dass ich, als nun vollends die Dämmerung einbrach, kaum sechs Schritte vor mir hinschauen konnte. Ganz erstarrt verließ ich den mir angewiesenen Platz, und suchte Schutz tiefer im Walde. Da lehnte ich an einen Baum, die Büchse unterm Arm. Ich vergaß die Jagd, meine Gedanken trugen mich fort zu Seraphinen ins heimische Zimmer. Ganz entfernt fielen Schüsse, in demselben Moment rauschte es im Röhricht, und nicht zehn Schritte von mir erblickte ich einen starken Wolf, der vorüberrennen wollte. Ich legte an, drückte ab – ich hatte gefehlt, das Tier sprang mit glühenden Augen auf mich zu, ich war verloren, hatte ich nicht Besonnenheit genug, das Jagdmesser herauszureißen, das ich dem Tier, als es mich packen wollte, tief in die Gurgel stieß, sodass das Blut mir über Hand und Arm spritzte. Einer von den Jägern des Barons, der mir unfern gestanden, kam nun mit vollem Geschrei herangelaufen, und auf seinen wiederholten Jagdruf sammelten sich alle um uns. Der Baron eilte auf mich zu: »Um des Himmels willen. Sie bluten? – Sie bluten – Sie sind verwundet?« Ich versicherte das Gegenteil; da fiel der Baron über den Jäger her, der mir der nächste gestanden, und überhäufte ihn mit Vorwürfen, dass er nicht nachgeschossen, als ich gefehlt, und, unerachtet dieser versicherte, dass das gar nicht möglich gewesen, weil in derselben Sekunde der Wolf auf mich zugestürzt, sodass jeder Schuss *mich* hätte treffen können, so blieb doch der Baron dabei, dass er mich, als einen minder erfahrnen Jäger, in besondere Obhut hätte nehmen sollen. Unterdessen hatten die Jäger das Tier aufgehoben, es war das größte der Art, das sich seit langer Zeit hatte sehen lassen, und man bewunderte allgemein meinen Mut und meine Entschlossenheit, unerachtet mir mein Benehmen sehr natürlich schien, und ich in der Tat an die Lebensgefahr, in der ich schwebte, gar nicht gedacht hatte. Vorzüglich bewies sich der Baron teilnehmend, er konnte gar nicht aufhören zu fragen, ob ich, sei ich auch nicht von der Bestie verwundet, doch nichts von den Folgen des Schrecks fürchte. Es ging zurück nach dem Schlosse, der Baron fasste mich, wie einen Freund, unter den Arm, die Büchse musste ein Jäger tragen. Er sprach noch immer von meiner heroischen Tat, sodass ich am Ende selbst an meinen Heroismus glaubte, alle Befangenheit verlor, und mich selbst dem Baron gegenüber als ein Mann von Mut und seltener Entschlossenheit festgestellt fühlte. Der Schulknabe hatte sein Examen glücklich bestanden, war kein Schulknabe mehr, und alle demütige Ängstlichkeit des Schulknaben war von ihm gewichen. Erworben schien mir jetzt das Recht, mich um Seraphinens Gunst zu mühen. – Man weiß ja, welcher albernen Zusammenstellungen die Fantasie eines verliebten Jünglings fähig ist. – Im Schlosse, am Kamin bei dem rauchenden Punschnapf, blieb ich der Held des Tages; nur der Baron selbst hatte außer mir noch einen tüchtigen Wolf erlegt, die übrigen mussten sich begnügen, ihre Fehlschüsse dem Wetter – der Dunkelheit zuzuschreiben, und grauliche Geschichten von sonst auf der Jagd erlebtem Glück und überstandener Gefahr zu erzählen. Von dem Alten glaubte ich nun gar sehr gelobt und bewundert zu werden; mit diesem Anspruch erzählte ich ihm mein Abenteuer ziemlich breit, und vergaß nicht, das wilde, blutdürstige Ansehn der wilden Bestie mit recht grellen Farben auszumalen. Der Alte lachte mir aber ins Gesicht, und sprach: »Gott ist mächtig in den Schwachen!«

Als ich des Trinkens, der Gesellschaft überdrüssig, durch den Korridor nach dem Gerichtssaal schlich, sah ich vor mir eine Gestalt, mit dem Licht in der Hand, hineinschlüpfen. In den Saal tretend erkannte ich Fräulein Adelheid. »Muss man nicht umherirren wie ein Gespenst, wie ein Nachtwandler, um Sie, mein tapferer Wolfsjäger, aufzufinden! –« So lispelte sie mir zu, indem sie mich bei der Hand ergriff. Die Worte: »Nachtwandler – Gespenst«, fielen mir, hier an diesem Orte ausgesprochen, schwer aufs Herz; augenblicklich brachten sie mir die gespenstischen Erscheinungen jener beiden graulichen Nächte in Sinn und Gedanken, wie damals heulte der Seewind in tiefen Orgeltönen herüber, es knatterte und pfiff schauerlich durch die Bogenfenster, und der Mond warf sein bleiches Licht gerade auf die geheimnisvolle Wand, an der sich das Kratzen vernehmen ließ. Ich glaubte Blutflecke daran zu erkennen. Fräulein Adelheid musste, mich noch immer bei der Hand haltend, die Eiskälte fühlen, die mich durchschauerte. »Was ist Ihnen, was ist Ihnen«, sprach sie leise, »Sie erstarren ja ganz? – Nun ich will Sie ins Leben rufen. Wissen Sie wohl, dass die Baronin es gar nicht erwarten kann, Sie zu sehen? – Eher glaubt sie nicht, dass der böse Wolf Sie wirklich nicht zerbissen hat. Sie ängstigt sich unglaublich! – Ei, ei, mein Freund, was haben Sie mit Seraphinchen angefangen! Noch niemals habe ich sie so gesehen. – Hu! – wie jetzt der Puls anfängt zu prickeln! – wie der tote Herr so plötzlich erwacht ist! – Nein, kommen Sie – fein leise – wir müssen zur kleinen Baronin!« – Ich ließ mich schweigend fortziehen; die Art, wie Adelheid von der Baronin sprach, schien mir unwürdig, und vorzüglich die Andeutung des Verständnisses zwischen uns gemein. Als ich mit Adelheid eintrat, kam Seraphine mir mit einem leisen Ach! drei – vier Schritte rasch entgegen, dann blieb sie, wie sich besinnend, mitten im Zimmer stehen, ich wagte, ihre Hand zu ergreifen, und sie an meine Lippen zu drücken. Die Baronin ließ ihre Hand in der meinigen ruhen, indem sie sprach: »Aber mein Gott, ist es denn Ihres Berufs, es mit Wölfen aufzunehmen? Wissen Sie denn nicht, dass Orpheus‹, Amphions fabelhafte Zeit, längst vorüber ist, und dass die wilden Tiere allen Respekt vor den vortrefflichsten Sängern ganz verloren haben?« – Diese anmutige Wendung, mit der die Baronin ihrer lebhaften Teilnahme sogleich alle Missdeutung abschnitt, brachte mich augenblicklich in richtigen Ton und Takt. Ich weiß selbst nicht, wie es kam, dass ich nicht, wie gewöhnlich, mich an das Instrument setzte, sondern neben der Baronin auf dem Kanapee Platz nahm. Mit dem Wort: »Und wie kamen Sie denn in Gefahr?«, erwies sich unser Einverständnis, dass es heute nicht auf Musik, sondern auf Gespräch abgesehen sei. Nachdem ich meine Abenteuer im Walde erzählt, und der lebhaften Teilnahme des Barons erwähnt, mit der leisen Andeutung, dass ich ihn deren nicht für fähig gehalten, fing die Baronin mit sehr weicher, beinahe wehmütiger Stimme an: »O wie muss Ihnen der Baron so stürmisch, so rau vorkommen, aber glauben Sie mir, nur während des Aufenthalts in diesen finstern unheimlichen Mauern, nur während des wilden Jagens in den öden Föhrenwäldern ändert er sein ganzes Wesen, wenigstens sein äußeres Betragen. Was ihn vorzüglich so ganz und gar verstimmt, ist der Gedanke, der ihn beständig verfolgt, dass hier irgendetwas Entsetzliches geschehen werde: daher hat ihn Ihr Abenteuer, das zum Glück ohne üble Folgen blieb, gewiss tief erschüttert. Nicht den geringsten seiner Diener will er der mindesten Gefahr ausgesetzt wissen, viel weniger einen lieben neugewonnenen Freund, und ich weiß gewiss, dass Gottlieb, dem er schuld gibt, Sie im Stiche gelassen zu haben, wo nicht mit Gefängnis bestraft werden, doch die beschämende Jägerstrafe dulden wird, ohne Gewehr, mit einem Knittel in der Hand, sich dem Jagdgefolge anschließen zu müssen. Schon, dass solche Jagden, wie hier, nie ohne Gefahr sind, und dass der Baron, immer Unglück befürchtend, doch in der Freude und Lust daran, selbst den bösen Dämon neckt, bringt etwas Zerrissenes in sein Leben, das feindlich selbst auf mich wirken muss. Man erzählt viel Seltsames von dem Ahnherrn, der das Majorat stiftete, und ich weiß es wohl, dass ein düsteres Familiengeheimnis, das in diesen Mauern verschlossen, wie ein entsetzlicher Spuk, die Besitzer wegtreibt, und es ihnen nur möglich macht, eine kurze Zeit hindurch im lauten wilden Gewühl auszudauern. Aber ich! – wie einsam muss ich mich in diesem Gewühl befinden, und wie muss mich das Unheimliche, das aus allen Wänden weht, im Innersten aufregen! Sie, mein lieber Freund! haben mir die ersten heitern Augenblicke, die ich hier verlebte, durch Ihre Kunst verschafft! – wie kann ich Ihnen denn herzlich genug dafür danken! –« Ich küsste die mir dargebotene Hand, indem ich erklärte: dass auch ich gleich am ersten Tage, oder vielmehr in der ersten Nacht, das Unheimliche des Aufenthalts bis zum tiefsten Entsetzen gefühlt habe. Die Baronin blickte mir starr ins Gesicht, als ich jenes Unheimliche der Bauart des ganzen Schlosses, vorzüglich den Verzierungen im Gerichtssaal, dem sausenden Seewinde u. s. w. zuschrieb. Es kann sein, dass Ton und Ausdruck darauf hindeuteten, dass ich noch etwas anderes meine, genug, als ich schwieg, rief die Baronin heftig: »Nein, nein – es ist Ihnen irgendetwas Entsetzliches geschehen in jenem Saal, den ich nie ohne Schauer betrete! – ich beschwöre Sie – sagen Sie mir alles!«

Zur Totenblässe war Seraphinens Gesicht verbleicht, ich sah wohl ein, dass es nun geratener sei, alles, was mir widerfahren, getreulich zu erzählen, als Seraphinens aufgeregter Fantasie es zu überlassen vielleicht einen Spuk, der, in mir unbekannter Beziehung, noch schrecklicher sein konnte, als der erlebte, sich auszubilden: Sie hörte mich an, und immer mehr und mehr stieg ihre Beklommenheit und Angst. Als ich des Kratzens an der Wand erwähnte, schrie sie auf: »Das ist entsetzlich – ja, ja – in dieser Mauer ist jenes fürchterliche Geheimnis verborgen! –« Als ich dann weiter erzählte, wie der Alte mit geistiger Gewalt und Übermacht den Spuk gebannt, seufzte sie tief, als würde sie frei von einer schweren Last, die ihre Brust gedrückt. Sich zurücklehnend, hielt sie beide Hände vors Gesicht. Erst jetzt bemerkte ich, dass Adelheid uns verlassen. Längst hatte ich geendet, und da Seraphine noch immer schwieg, stand ich leise auf, ging an das Instrument, und mühte mich, in anschwellenden Akkorden tröstende Geister heraufzurufen, die Seraphinen dem finstern Reiche, das sich ihr in meiner Erzählung erschlossen, entführen sollten. Bald intonierte ich so zart, als ich es vermochte, eine jener heiligen Kanzonen des Abbate Steffani. In den wehmutsvollen Klängen des: Ochi, perche piangete – erwachte Seraphine aus düstern Träumen, und horchte mild lächelnd, glänzende Perlen in den Augen, mir zu. – Wie geschah es denn, dass ich vor ihr hinkniete, dass sie sich zu mir herabbeugte, dass ich sie mit meinen Armen umschlang, dass ein langer glühender Kuss auf meinen Lippen brannte? – Wie geschah es denn, dass ich nicht die Besinnung verlor, dass ich es fühlte, wie sie sanft mich an sich drückte, dass ich sie aus meinen Armen ließ, und schnell mich emporrichtend an das Instrument trat? Von mir abgewendet ging die Baronin einige Schritte nach dem Fenster hin, dann kehrte sie um, und trat mit einem beinahe stolzen Anstande, der ihr sonst gar nicht eigen, auf mich zu. Mir fest ins Auge blickend, sprach sie: »Ihr Onkel ist der würdigste Greis, den ich kenne, er ist der Schutzengel unserer Familie – möge er mich einschließen in sein frommes Gebet!« – Ich war keines Wortes mächtig, verderbliches Gift, das ich in jenem Kusse eingesogen, gärte und flammte in allen. Pulsen, in allen Nerven! – Fräulein Adelheid trat herein – die Wut des innern Kampfes strömte aus in heißen Tränen, die ich nicht zurückzudrängen vermochte! – Adelheid blickte mich verwundert und zweifelhaft lächelnd an – ich hätte sie ermorden können. Die Baronin reichte mir die Hand und sprach mit unbeschreiblicher Milde: »Leben Sie wohl, mein lieber Freund! – Leben Sie recht wohl, denken Sie daran, dass vielleicht niemand besser, als ich, Ihre Musik verstand. – Ach! diese Töne werden lange – lange in meinem Innern widerklingen.« – Ich zwang mir einige unzusammenhängende alberne Worte ab, und lief nach userm Gemach. Der Alte hatte sich schon zur Ruhe begeben. Ich blieb im Saal, ich stürzte auf die Knie, ich weinte laut – ich rief den Namen der Geliebten, kurz, ich überließ mich den Torheiten des verliebten Wahnsinns trotz einem, und nur der laute Zuruf des über mein Toben aufgewachten Alten: »Vetter, ich glaube du bist verrückt geworden, oder balgst dich aufs neue mit einem Wolf? – Skier dich zu Bette, wenn es dir sonst gefällig ist.« – Nur dieser Zuruf trieb mich hinein ins Gemach, wo ich mich mit dem festen Vorsatz niederlegte, nur von Seraphinen zu träumen. Es mochte schon nach Mitternacht sein, als ich, noch nicht eingeschlafen, entfernte Stimmen, ein Hin- und Herlaufen, und das Öffnen und Zuschlagen von Türen zu vernehmen glaubte. Ich horchte auf, da hörte ich Tritte auf dem Korridor sich nahen, die Tür des Saals wurde geöffnet, und bald klopfte es an unser Gemach. »Wer ist da«, rief ich laut; da sprach es draußen: »Herr Justiziarius – Herr Justiziarius, wachen Sie auf – wachen Sie auf!« – Ich erkannte Franzens Stimme, und indem ich frug: »Brennt es im Schlosse«, wurde der Alte wach, und rief: »Wo brennt es? – wo ist schon wieder verdammter Teufelsspuk los?« – »Ach, stehen Sie auf, Herr Justiziarius«, sprach Franz, »stehen Sie auf, der Herr Baron verlangt nach Ihnen!« – »Was will der Baron von mir«, frug der Alte weiter, »was will er von mir zur Nachtzeit? – weiß er nicht, dass das Justiziariat mit dem Justiziarius zu Bette geht, und ebenso gut schläft, als er?« – »Ach«, rief nun Franz ängstlich, »lieber Herr Justiziarius, stehen Sie doch nur auf- die gnädige Frau Baronin liegt im Sterben!« – Mit einem Schrei des Entsetzens fuhr ich auf. »Öffne Franzen die Tür«, rief mir der Alte zu; besinnungslos wankte ich im Zimmer herum, ohne Tür und Schloss zu finden. Der Alte musste mir beistehen, Franz trat bleich mit verstörtem Gesicht herein, und zündete die Lichter an. Als wir uns kaum in die Kleider geworfen, hörten wir schon den Baron im Saal rufen: »Kann ich Sie sprechen, lieber V.?« – »Warum hast du dich angezogen, Vetter, der Baron hat nur nach mir verlangt?« frug der Alte, im Begriff herauszutreten. »Ich muss hinab – ich muss sie sehen und dann sterben«, sprach ich dumpf und wie vernichtet vom trostlosen Schmerz. »Ja so! da hast du recht, Vetter!« Dies sprechend warf mir der Alte die Tür vor der Nase zu, dass die Angeln klirrten, und verschloss sie von draußen. Im ersten Augenblick, über diesen Zwang empört, wollt ich die Tür einrennen, aber mich schnell besinnend, dass dieses nur die verderblichen Folgen einer ungezügelten Raserei haben könne, beschloss ich, die Rückkehr des Alten abzuwarten, dann aber, koste es was es wolle, seiner Aufsicht zu entschlüpfen. Ich hörte den Alten heftig mit dem Baron reden, ich hörte mehrmals meinen Namen nennen, ohne weiteres verstehen zu können. – Mit jeder Sekunde wurde mir meine Lage tödlicher. – Endlich vernahm ich, wie dem Baron eine Botschaft gebracht wurde, und wie er schnell davonrannte. Der Alte trat wieder in das Zimmer – »Sie ist tot« – mit diesem Schrei stürzte ich dem Alten entgegen – »Und du bist närrisch!« fiel er gelassen ein, fasste mich, und drückte mich in einen Stuhl. »Ich muss hinab«, schrie ich, »ich muss hinab, sie sehen, und sollt es mir das Leben kosten!« – »Tue das, lieber Vetter«, sprach der Alte, indem er die Tür verschloss, den Schlüssel abzog und in die Tasche steckte. Nun flammte ich auf in toller Wut, ich griff nach der geladenen Büchse, und schrie: »Hier vor Ihren Augen jage ich mir die Kugel durch den Kopf, wenn Sie nicht sogleich mir die Tür öffnen.« Da trat der Alte dicht vor mir hin, und sprach, indem er mich mit durchbohrendem Blick ins Auge fasste: »Glaubst du, Knabe, dass du mich mit deiner armseligen Drohung erschrecken kannst? – Glaubst du, dass mir dein Leben was wert ist, wenn du vermagst, es in kindischer Albernheit, wie ein abgenutztes Spielzeug, wegzuwerfen? – Was hast du mit dem Weibe des Barons zu schaffen? – wer gibt dir das Recht, dich, wie ein überlästiger Geck, da hinzudrängen, wo du nicht hingehörst, und wo man dich auch gar nicht mag? – Willst du den liebelnden Schäfer machen in ernster Todesstunde?« – Ich sank vernichtet in den Lehnstuhl. – Nach einer Weile fuhr der Alte mit milderer Stimme fort: »Und damit du es nur weißt, mit der angeblichen Todesgefahr der Baronin ist es wahrscheinlich ganz und gar nichts – Fräulein Adelheid ist denn nun gleich außer sich über alles; wenn ihr ein Regentropfen auf die Nase fällt, so schreit sie: ›Welch ein schreckliches Unwetter!‹ – Zum Unglück ist der Feuerlärm bis zu den alten Tanten gedrungen, die sind unter unziemlichem Weinen mit einem ganzen Arsenal von stärkenden Tropfen – Lebenselixieren, und was weiß ich sonst, angerückt – eine starke Anwandlung von Ohnmacht.« – Der Alte hielt inne, er mochte bemerken, wie ich im Innern kämpfte. Er ging einige Mal die Stube auf und ab, stellte sich wieder vor mir hin, lachte recht herzlich, und sprach: »Vetter, Vetter! was treibst du für närrisches Zeug? – Nun! – es ist einmal nicht anders, der Satan treibt hier seinen Spuk auf mancherlei Weise, du bist ihm ganz lustig in die Krallen gelaufen, und er macht jetzt sein Tänzchen mit dir.« – Er ging wieder einige Schritte auf und ab, dann sprach er weiter: »Mit dem Schlaf ists nun einmal vorbei, und da dächt ich, man rauchte eine Pfeife, und brächte so noch die paar Stündchen Nacht und Finsternis hin!« – Mit diesen Worten nahm der Alte eine tönerne Pfeife vom Wandschrank herab, und stopfte sie, ein Liedchen brummend, langsam und sorgfältig, dann suchte er unter vielen Papieren, bis er ein Blatt herausriss, es zum Fidibus zusammenknetete und ansteckte. Die dicken Rauchwolken von sich blasend, sprach er zwischen den Zähnen: »Nun Vetter, wie war es mit dem Wolf?« – Ich weiß nicht, wie dies ruhige Treiben des Alten seltsam auf mich wirkte. – Es war, als sei ich gar nicht mehr in R.. sitten – die Baronin weit – weit von mir entfernt, sodass ich sie nur mit den geflügelten Gedanken erreichen könne! – Die letzte Frage des Alten verdross mich. »Aber«, fiel ich ein, »finden Sie mein Jagdabenteuer so lustig, so zum Bespötteln geeignet?« – »Mit nichten«, erwiderte der Alte, »mit nichten Herr Vetter, aber du glaubst nicht, welch komisches Gesicht solch ein Kiek in die Welt, wie du, schneidet, und wie er sich überhaupt so possierlich dabei macht, wenn der liebe Gott ihn einmal würdigt, was Besonderes ihm passieren zu lassen. – Ich hatte einen akademischen Freund, der ein stiller, besonnener, mit sich einiger Mensch war. Der Zufall verwickelte ihn, der nie Anlass zu dergleichen gab, in eine Ehrensache, und er, den die mehresten Burschen für einen Schwächling, für einen Pinsel hielten, benahm sich dabei mit solchem ernstem entschlossenem Mute, dass alle ihn höchlich bewunderten. Aber seit der Zeit war er auch umgewandelt. Aus dem fleißigen besonnenen Jünglinge wurde ein prahlhafter, unausstehlicher, Raufbold. Er kommerschierte und jubelte, und schlug, dummer Kinderei halber, sich so lange, bis ihn der Senior einer Landsmannschaft, die er auf pöbelhafte Weise beleidigt, im Duell niederstieß. – Ich erzähle dir das nur so, Vetter, du magst dir dabei denken, was du willst! – Um nun wieder auf die Baronin und ihre Krankheit zu kommen« – Es ließen sich in dem Augenblick leise Tritte auf dem Saal hören, und mir war es, als ginge ein schauerliches Ächzen durch die Lüfte! – »Sie ist hin!« – der Gedanke durchfuhr mich wie ein tötender Blitz! – Der Alte stand rasch auf, und rief laut: »Franz – Franz!« – »Ja, lieber Herr Justiziarius«, antwortete es draußen. »Franz«, fuhr der Alte fort, »schüre ein wenig das Feuer im Kamin zusammen, und ist es tunlich, so magst du für uns ein paar

Tassen guten Tee bereiten! – Es ist verteufelt kalt«, wandte sich der Alte zu mir, »und da wollen wir uns lieber draußen am Kamine was erzählen.« Der Alte schloss die Tür auf, ich folgte ihm mechanisch. »Wie geht's unten«, frug der Alte. »Ach«, erwiderte Franz, »es hatte gar nicht viel zu bedeuten, die gnädige Frau Baronin sind wieder ganz munter, und schieben das bisschen Ohnmacht auf einen bösen Traum!« – Ich wollte aufjauchzen vor Freude und Entzücken, ein sehr ernster Blick des Alten wies mich zur Ruhe. – »Ja«, sprach der Alte, »im Grunde genommen wär's doch besser, wir legten uns noch ein paar Stündchen aufs Ohr. – Lass es nur gut sein mit dem Tee, Franz!« – »Wie Sie befehlen, Herr Justiziarius«, erwiderte Franz, und verließ den Saal mit dem Wunsch einer *geruhsamen* Nacht, unerachtet schon die Hähne krähten. »Höre, Vetter!«, sprach der Alte, indem er die Pfeife im Kamin ausklopfte, »höre, Vetter! gut ists doch, dass dir kein Malheur passiert ist mit Wölfen und geladenen Büchsen!« – Ich verstand jetzt alles und schämte mich, dass ich dem Alten Anlass gab, mich zu behandeln wie ein ungezogenes Kind.

»Sei so gut«, sprach der Alte am andern Morgen, »sei so gut, lieber Vetter, steige herab und erkundige dich, wie es mit der Baronin steht. Du kannst nur immer nach Fräulein Adelheid fragen, die wird dich denn wohl mit einem tüchtigen Bulletin versehen.« – Man kann denken, wie ich hinabeilte. Doch in dem Augenblick, als ich leise an das Vorgemach der Baronin pochen wollte, trat mir der Baron rasch aus demselben entgegen. Er blieb verwundert stehen und maß mich mit finsterm, durchbohrenden Blick. »Was wollen Sie hier!«, fuhr es ihm heraus. Unerachtet mir das Herz im Innersten schlug, nahm ich mich zusammen und erwiderte mit festem Ton: »Mich im Auftrage des Onkels nach dem Befinden der gnädigen Frau erkundigen.« – »O es war ja gar nichts – ihr gewöhnlicher Nervenzufall. Sie schläft sanft, und ich weiß, dass sie wohl und munter bei der Tafel erscheinen wird! – Sagen Sie das – Sagen Sie das« – Dies sprach der Baron mit einer gewissen leidenschaftlichen Heftigkeit, die mir anzudeuten schien, dass er um die Baronin besorgter sei, als er es wolle merken lassen. Ich wandte mich, um zurückzukehren, da ergriff der Baron plötzlich meinen Arm und rief mit flammendem Blick: »Ich habe mit Ihnen zu sprechen, junger Mann!« – Sah ich nicht den schwerbeleidigten Gatten vor mir, und musst ich nicht einen Auftritt befürchten, der vielleicht schmachvoll für mich enden konnte? Ich war unbewaffnet, doch im Moment besann ich mich auf mein künstliches Jagdmesser, das mir der Alte erst in

R .. sitten geschenkt und das ich noch in der Tasche trug. Nun folgte ich dem mich rasch fortziehenden Baron mit dem Entschluss keines Leben zu schonen, wenn ich Gefahr laufen sollte, unwürdig behandelt zu werden. Wir waren in des Barons Zimmer eingetreten, dessen Tür er hinter sich abschloss. Nun schritt er mit übereinander geschlagenen Armen heftig auf und ab, dann blieb er vor mir stehen und wiederholte: »Ich habe mit Ihnen zu sprechen, junger Mann!« – Der verwegenste Mut war mir gekommen, und ich wiederholte mit erhöhtem Ton: »Ich hoffe, dass es Worte sein werden, die ich ungeahndet hören darf!« Der Baron schaute mich verwundert an, als verstehe er mich nicht. Dann blickte er finster zur Erde, schlug die Arme über den Rücken und fing wieder an im Zimmer auf und ab zu rennen. – Er nahm eine Büchse herab und stieß den Ladestock hinein, als wolle er versuchen, ob sie geladen sei oder nicht! – Das Blut stieg mir in den Adern, ich fasste nach dem Messer und schritt dicht auf den Baron zu, um es ihm unmöglich zu machen, auf mich anzulegen. »Ein schönes Gewehr«, sprach der Baron, die Büchse wieder in den Winkel stellend. Ich trat einige Schritte zurück und der Baron an mich heran; kräftiger auf meine Schulter schlagend, als gerade nötig, sprach er dann: »Ich muss Ihnen aufgeregt und verstört vorkommen, Theodor! ich bin es auch wirklich von der in tausend Ängsten durchwachten Nacht. Der Nervenzufall meiner Frau war durchaus nicht gefährlich, das sehe ich jetzt ein, aber hier – hier in diesem Schloss, in das ein finstrer Geist gebannt ist, fürcht ich das Entsetzliche, und dann ist es auch das erste Mal, dass sie hier erkrankte. Sie – Sie allein sind schuld daran!« – Wie das möglich sein könne, davon hätte ich keine Ahnung, erwiderte ich gelassen. »Oh«, fuhr der Baron fort, »o wäre der verdammte Unglückskasten der Inspektorin auf blankem Eise zerbrochen in tausend Stücke, o wären Sie – doch nein! – nein! Es sollte, es musste so sein, und ich allein bin schuld an allem. An mir lag es, in dem Augenblick, als Sie anfingen in dem Gemach meiner Frau Musik zu machen, Sie von der ganzen Lage der Sache, von der Gemütsstimmung meiner Frau zu unterrichten« – ich machte Miene zu sprechen – »lassen Sie mich reden«, rief der Baron, »ich muss im Voraus Ihnen alles voreilige Urteil abschneiden. Sie werden mich für einen rauen, der Kunst abholden Mann halten. Ich bin das keineswegs, aber eine, auf tiefe Überzeugung gebaute Rücksicht nötigt mich, hier womöglich solcher Musik, die jedes Gemüt, und auch gewiss das meinige ergreift, den Eingang zu versagen. Erfahren Sie, dass meine Frau an einer Erregbarkeit kränkelt, die am Ende alle Lebensfreude wegzehren muss. In diesen wunderlichen Mauern kommt sie gar nicht heraus aus dem erhöhten, überreizten Zu Stande, der sonst nur momentan einzutreten pflegt, und zwar oft als Vorbote einer ernsten Krankheit. Sie fragen mit Recht, warum ich der zarten Frau diesen schauerlichen Aufenthalt, dieses wilde verwirrte Jägerleben nicht erspare? Aber nennen Sie es immerhin Schwäche, genug, mir ist es nicht möglich sie allein zurückzulassen. In tausend Ängsten und nicht fähig Ernstes zu unternehmen würde ich sein, denn ich weiß es, die entsetzlichsten Bilder von allerlei verstörendem Ungemach, das ihr widerfahren, verließen mich nicht im Walde, nicht im Gerichtssaal. – Dann aber glaube ich auch, dass dem schwächlichen Weibe gerade diese Wirtschaft hier wie ein erkräftigendes Stahlbad anschlagen muss. – Wahrhaftig, der Seewind, der nach seiner Art tüchtig durch die Föhren saust, das dumpfe Gebelle der Doggen, der keck und munter schmetternde Hörnerklang muss hier siegen über die verweichelnden, schmachtelnden Pinseleien am Klavier, das *so* kein Mann spielen sollte, aber Sie haben es darauf angelegt, meine Frau methodisch zu Tode zu quälen!« – Der Baron sagte dies mit verstärkter Stimme und wildfunkelnden Augen – das Blut stieg mir in den Kopf, ich machte eine heftige Bewegung mit der Hand gegen den Baron, ich wollte sprechen, er ließ mich nicht zu Worte kommen. »Ich weiß, was Sie sagen wollen«, fing er an, »ich weiß es und wiederhole es, dass Sie auf dem Wege waren meine Frau zu töten, und dass ich Ihnen dies auch nicht im mindesten zurechnen kann, wiewohl Sie begreifen, dass ich dem Dinge Einhalt tun muss. – Kurz! – Sie exaltieren meine Frau durch Spiel und Gesang, und als sie in dem bodenlosen Meere träumerischer Visionen und Ahnungen, die Ihre Musik wie ein böser Zauber heraufbeschworen hat, ohne Halt und Steuer umherschwimmt, drücken Sie sie hinunter in die Tiefe mit der Erzählung eines unheimlichen Spuks, der Sie oben im Gerichtssaal geneckt haben soll. Ihr Großonkel hat mir alles erzählt, aber ich bitte Sie, wiederholen Sie mir alles, was Sie sahen oder nicht sahen – hörten – fühlten – ahnten.« Ich nahm mich zusammen und erzählte ruhig, wie es sich damit begeben, von Anfang bis zu Ende. Der Baron warf nur dann und wann einzelne Worte, die sein Erstaunen ausdrückten, dazwischen. Als ich darauf kam, wie der Alte sich mit frommen Mut dem Spuk entgegengestellt und ihn gebannt habe mit kräftigen Worten, schlug er die Hände zusammen, hob sie gefaltet zum Himmel empor und rief begeistert: »Ja, er ist der Schutzgeist der Familie! – ruhen soll in der Gruft der Ahnen seine sterbliche Hülle!« – Ich hatte geendet. »Daniel, Daniel! was machst du hier zu dieser Stunde!«, murmelte der Baron in sich hinein, indem er mit übereinander geschlagenen Armen im Zimmer auf- und abschritt. »Weiter war es also nichts, Herr Baron?« frug ich laut, indem ich Miene machte mich zu entfernen. Der Baron fuhr auf wie aus einem Traum, fasste freundlich mich bei der Hand und sprach: »Ja – lieber Freund! meine Frau, der Sie so arg mitgespielt haben, ohne es zu wollen, die müssen Sie wieder herstellen – Sie allein können das.« Ich fühlte mich errötend, und stand ich dem Spiegel gegenüber, so erblickte ich gewiss in demselben ein sehr albernes verdutztes Gesicht. Der Baron schien sich an meiner Verlegenheit zu weiden, er blickte mir unverwandt ins Auge mit einem recht fatalen ironischen Lächeln. »Wie in aller Welt sollte ich es anfangen«, stotterte ich endlich mühsam heraus. »Nun, nun«, unterbrach mich der Baron, »Sie haben es mit keiner gefährlichen Patientin zu tun. Ich nehme jetzt ausdrücklich Ihre Kunst in Anspruch. Die Baronin ist nun einmal hereingezogen in den Zauberkreis Ihrer Musik, und sie plötzlich herauszureißen, würde töricht und grausam sein. Setzen Sie die Musik fort. Sie werden zur Abendstunde in den Zimmern meiner Frau jedes Mal willkommen sein. Aber gehen Sie nach und nach über zu kräftigerer Musik, verbinden Sie geschickt das Heitere mit dem Ernsten – und dann, vor allen Dingen, wiederholen Sie die Erzählung von dem unheimlichen Spuk recht oft. Die Baronin gewöhnt sich daran, sie vergisst, dass der Spuk hier in diesen Mauern hauset, und die Geschichte wirkt nicht stärker auf sie, als jedes andere Zaubermärchen, das in irgend einem Roman, in irgend einem Gespensterbuch, ihr aufgetischt worden. Das tun Sie, lieber Freund!« – Mit diesen Worten entließ mich der Baron. – Ich ging – ich war vernichtet in meinem eignen Innern, herabgesunken zum bedeutungslosen, törigten Kinde! – Ich Wahnsinniger, der ich glaubte, Eifersucht könne sich in seiner Brust regen; er selbst schickt mich zu Seraphinen, er selbst sieht in mir nur das willenlose Mittel, das er braucht und wegwirft, wie es ihm beliebt! – Vor wenig Minuten fürchtete ich den Baron, es lag in mir tief im Hintergrunde verborgen das Bewusstsein der Schuld, aber diese Schuld ließ mich das höhere, herrlichere Leben deutlich fühlen, dem ich zureifte; nun war alles versunken in schwarze Nacht, und ich sah nur den albernen Knaben, der in kindischer Verkehrtheit die papierne Krone, die er sich auf den heißen Kopf stülpte, für echtes Gold gehalten. – Ich eilte zum Alten, der schon auf mich wartete. »Nun

Vetter, wo bleibst du denn, wo bleibst du denn?«, rief er mir entgegen. »Ich habe mit dem Baron gesprochen«, warf ich schnell und leise hin, ohne den Alten anschauen zu können. »Tausend Sapperlot!«, sprach der Alte wie verwundert, »tausend Sapperlot, dacht ich's doch gleich! – der Baron hat dich gewiss herausgefordert, Vetter?« – Das schallende Gelächter, das der Alte gleich hinterher aufschlug, bewies mir, dass er auch dieses Mal, wie immer, ganz und gar mich durchschaute. – Ich biss die Zähne zusammen – ich mochte kein Wort erwidern, denn wohl wusst ich, dass es dessen nur bedurfte, um sogleich von den tausend Neckereien überschüttet zu werden, die schon auf des Alten Lippen schwebten.

Die Baronin kam zur Tafel im zierlichen Morgenkleide, das, blendend weiß, frisch gefallenen Schnee besiegte. Sie sah matt aus und abgespannt, doch als sie nun leise und melodisch sprechend die dunkeln Augen erhob, da blitzte süßes, sehnsüchtiges Verlangen aus düsterer Glut, und ein flüchtiges Rot überflog das lilienblasse Antlitz. Sie war schöner als jemals. – Wer ermisst die Torheiten eines Jünglings mit zu heißem Blut im Kopf und Herzen! – Den bittern Groll, den der Baron in mir aufgeregt, trug ich über auf die Baronin. Alles erschien mir wie eine heillose Mystifikation, und nun wollt ich beweisen, dass ich gar sehr bei vollem Verstande sei, und über die Maßen scharfsichtig. – Wie ein schmollendes Kind vermied ich die Baronin, und entschlüpfte der mich verfolgenden Adelheid, sodass ich, wie ich gewollt, ganz am Ende der Tafel zwischen den beiden Offizieren meinen Platz fand, mit denen ich wacker zu zechen begann. Beim Nachtisch stießen wir fleißig die Gläser zusammen, und, wie es in solcher Stimmung zu geschehen pflegt, ich war ungewöhnlich laut und lustig. Ein Bedienter hielt mir einen Teller hin, auf dem einige Bonbons lagen, mit den Worten: »Von Fräulein Adelheid.« Ich nahm, und bemerkte bald, dass auf einem der Bonbons mit Silberstift gekritzelt stand: »Und Seraphine?« – Das Blut wallte mir auf in den Adern. Ich schaute hin nach Adelheid, die sah mich an mit überaus schlauer, verschmitzter Miene, nahm das Glas und nickte mir zu mit leisem Kopfnicken. Beinahe willkürlos murmelte ich still: »Seraphine«, nahm mein Glas und leerte es mit einem Zuge. Mein Blick flog hin zu ihr, ich gewahrte, dass sie auch in dem Augenblick getrunken hatte, und ihr Glas eben hinsetzte – ihre Augen trafen die Meinen, und ein schadenfroher Teufel raunte es mir in die Ohren: »Unseliger! – Sie liebt dich doch!« – Einer der Gäste stand auf, und brachte, nordischer Sitte gemäß, die Gesund-

heit der Frau vom Hause aus. – Die Gläser erklangen im lauten
Jubel – Entzücken und Verzweiflung spalteten mir das Herz – die
Glut des Weins flammte in mir auf, alles drehte sich in Kreisen,
es war, als müsste ich vor aller Augen hinstürzen zu ihren Füßen,
und mein Leben aushauchen! – »Was ist Ihnen, lieber Freund?«
Diese Frage meines Nachbars gab mir die Besinnung wieder, aber
Seraphine war verschwunden. – Die Tafel wurde aufgehoben.
Ich wollte fort, Adelheid hielt mich fest, sie sprach allerlei, ich
hörte, ich verstand kein Wort – sie fasste mich bei beiden Händen,
und rief mir laut lachend etwas in die Ohren. – Wie von der Starrsucht gelähmt, blieb ich stumm und regungslos. Ich weiß nur,
dass ich endlich mechanisch ein Glas Likör aus Adelheids Hand
nahm, und es austrank, dass ich mich einsam in einem Fenster
wieder fand, dass ich dann hinausstürzte aus dem Saal, die Treppe
hinab, und hinauslief in den Wald. In dichten Flocken fiel der
Schnee herab, die Föhren seufzten vom Sturm bewegt; wie ein
Wahnsinniger sprang ich umher in weiten Kreisen, und lachte
und schrie wild auf: »Schaut zu, schaut zu! – Heisa! der Teufel
macht sein Tänzchen mit dem Knaben, der zu speisen gedachte
total verbotene Früchte!« – Wer weiß, wie mein tolles Spiel geendet, wenn ich nicht meinen Namen laut in den Wald hinein-
rufen gehört. Das Wetter hatte nachgelassen, der Mond schien
hell durch die zerrissenen Wolken, ich hörte Doggen anschlagen,
und gewahrte eine finstere Gestalt, die sich mir näherte. Es war
der alte Jäger. »Ei, ei, lieber Herr Theodor!« fing er an, »wie
haben Sie sich denn verirrt in dem bösen Schneegestöber, der
Herr Justiziarius warten auf Sie mit vieler Ungeduld!« – Schweigend folgte ich dem Alten. Ich fand den Großonkel im Gerichtssaal arbeitend. »Das hast du gut gemacht«, rief er mir entgegen,
»das hast du sehr gut gemacht, dass du ein wenig ins Freie gingst,
um dich gehörig abzukühlen. Trinke doch nicht so viel Wein, du
bist noch viel zu jung dazu, das taugt nicht.« – Ich brachte kein
Wort hervor, schweigend setzte ich mich hin an den Schreibtisch.
»Aber, sage mir nur, lieber Vetter, was wollte denn eigentlich der
Baron von dir?« – Ich erzählte alles, und schloss damit, dass ich
mich nicht hergeben wollte zu der zweifelhaften Kur, die der
Baron vorgeschlagen. »Würde auch gar nicht angehen«, fiel
der Alte mir in die Rede, »denn wir reisen morgen in aller Frühe
fort, lieber Vetter!« – Es geschah so, ich sah Seraphinen nicht
wieder!
   Kaum angekommen in K. klagte der alte Großonkel, dass er
mehr als jemals sich von der beschwerlichen Fahrt angegriffen

fühle. Sein mürrisches Schweigen, nur unterbrochen von heftigen Ausbrüchen der übelsten Laune, verkündete die Rückkehr seiner podagristischen Zufälle. Eines Tages wurd ich schnell hingerufen, ich fand den Alten, vom Schlage getroffen, sprachlos auf dem Lager einen zerknitterten Brief in der krampfhaft geschlossenen Hand. Ich erkannte die Schriftzüge des Wirtschafts-Inspektors aus R .. sitten, doch, von dem tiefsten Schmerz durchdrungen, wagte ich es nicht, den Brief dem Alten zu entreißen, ich zweifelte nicht an seinem baldigen Tod. Doch, noch ehe der Arzt kam, schlugen die Lebenspulse wieder, die wunderbar kräftige Natur des siebzigjährigen Greises widerstand dem tödlichen Anfall, noch desselben Tages erklärte ihn der Arzt außer Gefahr. Der Winter war hartnäckiger als jemals, ihm folgte ein rauer, düsterer Frühling, und so kam es, dass nicht jener Zufall sowohl, als das Podagra, von dem bösen Klima wohl gehegt, den Alten für lange Zeit auf das Krankenlager warf. In dieser Zeit beschloss er, sich von jedem Geschäft ganz zurückzuziehen. Er trat seine Justiziariate an andere ab, und so war mir jede Hoffnung verschwunden, jemals wieder nach R .. sitten zu kommen. Nur *meine* Pflege litt der Alte, nur von mir verlangte er unterhalten, aufgeheitert zu werden. Aber wenn auch in schmerzlosen Stunden seine Heiterkeit wiedergekehrt war, wenn es an derben Späßen nicht fehlte, wenn es selbst zu Jagdgeschichten kam, und ich jeden Augenblick vermutete, meine Heldentat, wie ich den gräulichen Wolf mit dem Jagdmesser erlegte, würde herhalten müssen; niemals – niemals erwähnte er unseres Aufenthalts in R .. sitten, und wer mag nicht einsehen, dass ich, aus natürlicher Scheu, mich wohl hütete, ihn geradezu darauf zu bringen. – Meine bittere Sorge, meine stete Mühe um den Alten, hatte Seraphinens Bild in den Hintergrund gestellt. Sowie des Alten Krankheit nachließ, gedachte ich lebhafter wieder jenes Moments im Zimmer der Baronin, der mir wie ein leuchtender, auf ewig für mich untergegangener Stern erschien. Ein Ereignis rief allen empfundenen Schmerz hervor, indem es mich zugleich, wie eine Erscheinung aus der Geisterwelt, mit eiskalten Schauern durchbebte! – Als ich nämlich eines Abends die Brieftasche, die ich in R .. sitten getragen, öffne, fällt mir aus den aufgeblätterten Papieren eine dunkle, mit einem weißen Bande umschlungene Locke entgegen, die ich augenblicklich für Seraphinens Haar erkenne! Aber, als ich das Band näher betrachte, sehe ich deutlich die Spur eines Blutstropfens! – Vielleicht wusste Adelheid in jenen Augenblicken des bewusstlosen Wahnsinns, der mich am letzten Tage ergriffen, mir dies Andenken geschickt zuzustellen, aber warum der Blutstropfe, der mich Entsetzliches ahnen ließ, und jenes beinahe zu schäfermäßige Pfand zur schauervollen Mahnung an eine Leidenschaft, die teures Herzblut kosten konnte, hinaufsteigerte? – Das war jenes weiße Band, das mich, zum ersten Mal Seraphinen nahe, wie im leichten losen Spiel umflatterte, und dem nun die dunkle Nacht das Wahrzeichen der Verletzung zum Tode gegeben. Nicht spielen soll der Knabe mit der Waffe, deren Gefährlichkeit er nicht ermisst!

Endlich hatten die Frühlingsstürme zu toben aufgehört, der Sommer behauptete sein Recht, und war erst die Kälte unerträglich, so wurd es nun, als der Julius begonnen, die Hitze. Der Alte erkräftigte sich zusehends, und zog, wie er sonst zu tun pflegte, in einen Garten der Vorstadt. An einem stillen lauen Abende saßen wir in der duftenden Jasminlaube, der Alte war ungewöhnlich heiter, und dabei nicht, wie sonst, voll sarkastischer Ironie, sondern mild, beinahe weich gestimmt. »Vetter«, fing er an, »ich weiß nicht, wie mir heute ist, ein ganz besonderes Wohlsein, wie ich es seit vielen Jahren nicht gefühlt, durchdringt mich mit gleichsam elektrischer Wärme. Ich glaube, das verkündet mir einen baldigen Tod.« Ich mühte mich, ihn von dem düstern Gedanken abzubringen. »Lass es gut sein, Vetter«, sprach er, »lange bleibe ich nicht mehr hier unten, und da will ich dir noch eine Schuld abtragen! – Denkst du noch an die Herbstzeit in R . . sitten?« – Wie ein Blitz durchfuhr mich diese Frage des Alten, noch ehe ich zu antworten vermochte, fuhr er weiter fort: »Der Himmel wollte es, dass du dort auf ganz eigne Weise eintratst, und wider deinen Willen eingeflochten wurdest in die tiefsten Geheimnisse des Hauses. Jetzt ist es an der Zeit, dass du alles erfahren musst. Oft genug, Vetter! haben wir über Dinge gesprochen, die du mehr ahntest, als verstandest. Die Natur stellt den Zyklus des menschlichen Lebens in dem Wechsel der Jahreszeiten symbolisch dar, das sagen sie alle, aber ich meine das auf andere Weise als alle. Die Frühlingsnebel fallen, die Dünste des Sommers verdampfen, und erst des Herbstes reiner Äther zeigt deutlich die ferne Landschaft, bis das Hienieden versinkt in die Nacht des Winters. – Ich meine, dass im Hellsehen des Alters sich deutlicher das Walten der unerforschlichen Macht zeigt. Es sind Blicke vergönnt in das gelobte Land, zu dem die Pilgerfahrt beginnt mit dem zeitlichen Tode. Wie wird mir in diesem Augenblick so klar das dunkle Verhängnis jenes Hauses, dem ich durch festere Bande, als Verwandtschaft sie zu schlingen vermag, ver knüpft wurde. Wie liegt alles so erschlossen vor meines Geistes Augen! – doch, wie ich nun alles so gestaltet vor mir sehe, das Eigentliche, das kann ich dir nicht mit Worten sagen, keines Menschen Zunge ist dessen fähig. Höre mein Sohn das, was ich dir nur wie eine merkwürdige Geschichte, die sich wohl zutragen konnte, zu erzählen vermag. Bewahre tief in deiner Seele die Erkenntnis, dass die geheimnisvollen Beziehungen, in die du dich vielleicht nicht unberufen wagtest, dich verderben konnten! – doch – das ist nun vorüber!«

Die Geschichte des R .. schen Majorats, die der Alte jetzt erzählte, trage ich so treu im Gedächtnis, dass ich sie beinahe mit seinen Worten (er sprach von sich selbst in der dritten Person) zu wiederholen vermag.

In einer stürmischen Herbstnacht des Jahres 1760 weckte ein entsetzlicher Schlag, als falle das ganze weitläuftige Schloss in tausend Trümmer zusammen, das Hausgesinde in R .. sitten aus tiefem Schlafe. Im Nu war alles auf den Beinen, Lichter wurden angezündet, Schrecken und Angst im leichenblassen Gesicht keuchte der Hausverwalter mit den Schlüsseln herbei, aber nicht gering war jedes Erstaunen, als man in tiefer Totenstille, in der das pfeifende Gerassel der mühsam geöffneten Schlösser, jeder Fußtritt, recht schauerlich widerhallte, durch unversehrte Gänge, Säle, Zimmer, fort und fort wandelte. Nirgends die mindeste Spur irgend einer Verwüstung. Eine finstere Ahnung erfasste den alten Hausverwalter. Er schritt hinauf in den großen Rittersaal, in dessen Seitenkabinett der Freiherr Roderich von R. zu ruhen pflegte, wenn er astronomische Beobachtungen angestellt. Eine zwischen der Tür dieses und eines andern Kabinetts angebrachte Pforte führte durch einen engen Gang unmittelbar in den astronomischen Turm. Aber sowie Daniel (so war der Hausverwalter geheißen) diese Pforte öffnete, warf ihm der Sturm, abscheulich heulend und sausend, Schutt und zerbröckelte Mauersteine entgegen, sodass er vor Entsetzen weit zurückprallte, und, indem er den Leuchter, dessen Kerzen prasselnd verlöschten, an die Erde fallen ließ, laut aufschrie: »O Herr des Himmels! der Baron ist jämmerlich zerschmettert!« – In dem Augenblick ließen sich Klagelaute vernehmen, die aus dem Schlafkabinett des Freiherrn kamen. Daniel fand die übrigen Diener um den Leichnam ihres Herrn versammelt. Vollkommen und reicher gekleidet als jemals, ruhigen Ernst im unentstellten Gesichte, fanden sie ihn sitzend in dem großen reich verzierten

Lehnstuhle, als ruhe er aus von gewichtiger Arbeit. Es war aber der Tod, in dem er ausruhte. Als es Tag geworden, gewahrte man, dass die Krone des Turms in sich eingestürzt. Die großen Quadersteine hatten Decke und Fußboden des astronomischen Zimmers eingeschlagen, nebst den nun voranstürzenden mächtigen Balken, mit gedoppelter Kraft des Falles das untere Gewölbe durchbrochen, und einen Teil der Schlossmauer und des engen Ganges mit fortgerissen. Nicht einen Schritt durch die Pforte des Saals durfte man tun, ohne Gefahr wenigstens achtzig Fuß hinabzustürzen in tiefe Gruft.

Der alte Freiherr hatte seinen Tod bis auf die Stunde vorausgesehen und seine Söhne davon benachrichtigt. So geschah es, dass gleich folgenden Tages Wolfgang Freiherr von R., ältester Sohn des Verstorbenen, mithin Majoratsherr, eintraf. Auf die Ahnung des alten Vaters wohl bauend, hatte er, sowie er den verhängnisvollen Brief erhalten, sogleich Wien, wo er auf der Reise sich gerade befand, verlassen, und war, so schnell es nur gehen wollte, nach R . . sitten geeilt. Der Hausverwalter hatte den großen Saal schwarz ausschlagen, und den alten Freiherrn in den Kleidern, wie man ihn gefunden, auf ein prächtiges Paradebette, das hohe silberne Leuchter mit brennenden Kerzen umgaben, legen lassen. Schweigend schritt Wolfgang die Treppe herauf, in den Saal hinein, und dicht hinan an die Leiche des Vaters. Da blieb er mit über die Brust verschränkten Armen stehen, und schaute starr und düster, mit zusammengezogenen Augenbrauen, dem Vater ins bleiche Antlitz. Er glich einer Bildsäule, keine Träne kam in seine Augen. Endlich, mit einer beinahe krampfhaften Bewegung, den rechten Arm hin nach der Leiche zuckend, murmelte er dumpf: »Zwangen dich die Gestirne, den Sohn, den du liebtest, elend zu machen?« – Die Hände zurückgeworfen, einen kleinen Schritt hinter sich getreten, warf nun der Baron den Blick in die Höhe, und sprach mit gesenkter, beinahe weicher Stimme: »Armer, betörter Greis! – Das Fastnachtsspiel mit seinen läppischen Täuschungen ist nun vorüber! – Nun magst du erkennen, dass das kärglich zugemessene Besitztum hienieden nichts gemein hat mit dem Jenseits über den Sternen. – Welcher Wille, welche Kraft reicht hinaus über das Grab?« – Wieder schwieg der Baron einige Sekunden – dann rief er heftig: »Nein, nicht ein Quentlein meines Erdenglücks, das du zu vernichten trachtetest, soll mir dein Starrsinn rauben«, und damit riss er ein zusammengelegtes Papier aus der Tasche, und hielt es zwischen zwei Fingern hoch empor an eine dicht bei der Leiche stehende brennende

Kerze. Das Papier, von der Kerze ergriffen, flackerte hoch auf, und als der Widerschein der Flamme auf dem Gesicht des Leichnams hin und her zuckte und spielte, war es, als rührten sich die Muskeln und der Alte spräche tonlose Worte, sodass der entfernt stehenden Dienerschaft tiefes Grauen und Entsetzen ankam. Der Baron vollendete sein Geschäft mit Ruhe, indem er das letzte Stückchen Papier, das er flammend zu Boden fallen lassen, mit dem Fuße sorglich austrat. Dann warf er noch einen düstern Blick auf den Vater, und eilte mit schnellen Schritten zum Saal hinaus.

Andern Tages machte Daniel den Freiherrn mit der neuerlich geschehenen Verwüstung des Turms bekannt, und schilderte mit vielen Worten, wie sich überhaupt alles in der Todesnacht des alten seligen Herrn zugetragen, indem er damit endete, dass es wohl geraten sein würde, sogleich den Turm herstellen zu lassen, da, stürze er noch mehr zusammen, das ganze Schloss in Gefahr stehe, wo nicht zertrümmert, doch hart beschädigt zu werden.

»Den Turm herstellen?«, fuhr der Freiherr den alten Diener, funkelnden Zorn in den Augen, an, »den Turm herstellen? – Nimmermehr! – Merkst du denn nicht«, fuhr er dann gelassener fort, »merkst du denn nicht Alter, dass der Turm nicht so, ohne weitern Anlass, einstürzen konnte? – Wie, wenn mein Vater selbst die Vernichtung des Orts, wo er seine unheimliche Sterndeuterei trieb, gewünscht, wie, wenn er selbst gewisse Vorrichtungen getroffen hätte, die es ihm möglich machten, die Krone des Turms, wenn er wollte, einstürzen, und so das Innere des Turms zerschmettern zu lassen? Doch dem sei wie ihm wolle, und mag auch das ganze Schloss zusammenstürzen, mir ist es recht. Glaubt ihr denn, dass ich in dem abenteuerlichen Eulenneste hier hausen werde? – Nein! jener kluge Ahnherr, der in dem schönen Talgrunde die Fundamente zu einem neuen Schloss legen ließ, der hat mir vorgearbeitet, dem will ich folgen.« – »Und so werden«, sprach Daniel kleinlaut, »dann auch wohl die alten treuen Diener den Wanderstab zur Hand nehmen müssen.« – »Dass ich«, erwiderte der Freiherr, »mich nicht von unbehülflichen schlotterbeinigten Greisen bedienen lassen werde, versteht sich von selbst, aber verstoßen werde ich keinen. Arbeitslos soll euch das Gnadenbrot gut genug schmecken.« – »Mich«, rief der Alte voller Schmerz, »mich, den Hausverwalter, so außer Aktivität –« Da wandte der Freiherr, der dem Alten den Rücken gekehrt, im Begriff stand, den Saal zu verlassen, sich plötzlich um, blutrot im ganzen Gesichte vor

Zorn, die geballte Faust vorgestreckt, schritt er auf den Alten zu, und schrie mit fürchterlicher Stimme: »Dich, du alter heuchlerischer Schurke, der du mit dem alten Vater das unheimliche Wesen triebst dort oben, der du dich, wie ein Vampir, an sein Herz legtest, der vielleicht des Alten Wahnsinn verbrecherisch nützte, um in ihm die höllischen Entschlüsse zu erzeugen, die mich an den Rand des Abgrunds brachten – dich sollte ich hinausstoßen wie einen räudigen Hund!« – Der Alte war vor Schreck über diese entsetzlichen Reden, dicht neben dem Freiherrn, auf beide Knie gesunken, und so mochte es geschehen, dass dieser, indem er vielleicht unwillkürlich, wie denn im Zorn oft der Körper dem Gedanken mechanisch folgt, und das Gedachte mimisch ausführt, bei den letzten Worten den rechten Fuß vorschleuderte, den Alten so hart an der Brust traf, dass er mit einem dumpfen Schrei umstürzte. Er raffte sich mühsam in die Höhe, und indem er einen sonderbaren Laut, gleich dem heulenden Gewimmer eines auf den Tod wunden Tieres, ausstieß, durchbohrte er den Freiherrn mit einem Blick, in dem Wut und Verzweiflung glühten. Den Beutel mit Geld, den ihm der Freiherr im Davonschreiten zugeworfen, ließ er unberührt auf dem Fußboden liegen.

Unterdessen hatten sich die in der Gegend befindlichen nächsten Verwandten des Hauses eingefunden, mit vielem Prunk wurde der alte Freiherr in der Familiengruft, die in der Kirche von R.. sitten befindlich, beigesetzt, und nun, da die geladenen Gäste sich wieder entfernt, schien der neue Majoratsherr, von der düstern Stimmung verlassen, sich des erworbenen Besitztums recht zu erfreuen. Mit V., dem Justiziarius des alten Freiherrn, dem er gleich, nachdem er ihn nur gesprochen, sein volles Vertrauen schenkte, und ihn in seinem Amt bestätigte, hielt er genaue Rechnung über die Einkünfte des Majorats, und überlegte, wie viel davon verwandt werden könne zu Verbesserungen und zum Aufbau eines neuen Schlosses. V. meinte, dass der alte Freiherr unmöglich seine jährlichen Einkünfte aufgezehrt haben könne, und dass, da sich unter den Briefschaften nur ein paar unbedeutende Kapitalien in Bankoscheinen befanden, und die in einem eisernen Kasten befindliche bare Summe tausend Taler nur um weniges überstiege, gewiss irgendwo noch Geld verborgen sein müsse. Wer anders konnte davon unterrichtet sein, als Daniel, der, störrisch und eigensinnig wie er war, vielleicht nur darauf wartete, dass man ihn darum befrage. Der Baron war nicht wenig besorgt, dass Daniel, den er schwer beleidigt, nun nicht sowohl aus Eigennutz, denn was konnte ihm, dem kinderlosen Greise, der im Stammschlosse R. . sitten sein Leben zu enden wünschte, die größte Summe Geldes helfen, als vielmehr, um Rache zu nehmen für den erlittenen Schimpf, irgendwo versteckte Schätze lieber vermodern lassen, als ihm entdecken werde. Er erzählte V. den ganzen Vorfall mit Daniel umständlich, und schloss damit, dass nach mehreren Nachrichten, die ihm zugekommen, Daniel allein es gewesen sei, der in dem alten Freiherrn einen unerklärlichen Abscheu, seine Söhne in R . . sitten wiederzusehen, zu nähren gewusst habe. Der Justiziarius erklärte diese Nachrichten durchaus für falsch, da kein menschliches Wesen auf der Welt im Stande gewesen sei, des alten Freiherrn Entschlüsse nur einigermaßen zu lenken, viel weniger zu bestimmen, und übernahm es übrigens, dem Daniel das Geheimnis, wegen irgend in einem verborgenen Winkel aufbewahrten Geldes, zu entlocken. Es bedurfte dessen gar nicht, denn kaum fing der Justiziarius an: »Aber wie kommt es denn, Daniel, dass der alte Herr so wenig bares Geld hinterlassen?« so erwiderte Daniel mit widrigem Lächeln: »Meinen Sie die lumpigten paar Taler, Herr Justiziarius, die Sie in dem kleinen Kästchen fanden? – das übrige liegt ja im Gewölbe neben dem Schlafkabinett des alten gnädigen Herrn! – Aber das Beste«, fuhr er dann fort, indem sein Lächeln sich zum abscheulichen Grinsen verzog, und blutrotes Feuer in seinen Augen funkelte, »aber das Beste, viele tausend Goldstücke liegen da unten im Schutt vergraben!« – Der Justiziarius rief sogleich den Freiherrn herbei, man begab sich in das Schlafkabinett, in einer Ecke desselben rückte Daniel an dem Getäfel der Wand, und ein Schloss wurde sichtbar. Indem der Freiherr das Schloss mit gierigen Blicken anstarrte, dann aber Anstalt machte, die Schlüssel, welche an dem großen Bunde hingen, den er mit vielem Geklapper mühsam aus der Tasche gezerrt, an dem glänzenden Schlosse zu versuchen, stand Daniel da hoch aufgerichtet, und wie mit hämischem Stolz herabblickend auf den Freiherrn, der sich niedergebückt hatte, um das Schloss besser in Augenschein zu nehmen. Den Tod im Antlitz, mit bebender Stimme, sprach er dann: »Bin ich ein Hund, hochgnädiger Freiherr! – so bewahr ich auch in mir des Hundes Treue.« Damit reichte er dem Baron einen blanken stählernen Schlüssel hin, den ihm dieser mit hastiger Begier aus der Hand riss, und die Tür mit leichter Mühe öffnete. Man trat in ein kleines, niedriges Gewölbe, in welchem eine große eiserne Truhe mit geöffnetem Deckel stand. Auf den vielen Geldsäcken lag ein Zettel. Der alte Freiherr hatte mit seinen wohl bekannten großen altvaterischen Schriftzügen darauf geschrieben:

Einmal hundert und fünfzig tausend Reichstaler in alten Friedrichsd'or erspartes Geld von den Einkünften des Majoratsgutes R . . sitten, und ist diese Summe bestimmt zum Bau des Schlosses. Es soll ferner der Majoratsherr, der mir folgt, im Besitztum von diesem Gelde auf dem höchsten Hügel östlich gelegen, dem alten Schlossturm, den er eingestürzt finden wird, einen hohen Leuchtturm, zum Besten der Seefahrer, aufführen, und allnächtlich feuern lassen. R . . sitten in der Michaelisnacht des Jahres 1760.

Roderich Freiherr von R.

Erst als der Freiherr die Beutel, einen nach dem andern, gehoben, und wieder in den Kasten fallen lassen, sich ergötzend an dem klirrenden Klingen des Goldes, wandte er sich rasch zu dem alten Hausverwalter, dankte ihm für die bewiesene Treue, und versicherte, dass nur verleumderische Klatschereien schuld daran wären, dass er ihm anfangs übel begegnet. Nicht allein im Schlosse, sondern in vollem Dienst als Hausverwalter, mit verdoppeltem Gehalt, solle er bleiben. »Ich bin dir volle Entschädigung schuldig, willst du Gold, so nimm dir einen von jenen Beuteln!« – So schloss der Freiherr seine Rede, indem er mit niedergeschlagenen Augen, vor dem Alten stehend, mit der Hand nach dem Kasten hinzeigte, an den er nun aber noch einmal hintrat und die Beutel musterte. Dem Hausverwalter trat plötzlich glühende Röte ins Gesicht, und er stieß jenen entsetzlichen, dem heulenden Gewimmer eines auf den Tod wunden Tiers ähnlichen, Laut aus, wie ihn der Freiherr dem Justiziarius beschrieben. Dieser erbebte, denn was der Alte nun zwischen den Zähnen murmelte, klang, wie: »Blut für Gold!« – Der Freiherr, vertieft in dem Anblick des Schatzes, hatte von allem nicht das mindeste bemerkt; Daniel, den es, wie im krampfigten Fieberfrost, durch alle Glieder geschüttelt, nahte sich mit gebeugtem Haupt in demütiger Stellung dem Freiherrn, küsste ihm die Hand, und sprach mit weinerlicher Stimme, indem er mit dem Taschentuch sich über die Augen fuhr, als ob er Tränen wegwische: »Ach, mein lieber gnädiger Herr, was soll ich armer, kinderloser Greis mit dem Golde? – aber das doppelte Gehalt, das nehme ich an mit Freuden, und will mein Amt verwalten rüstig und unverdrossen!«

Der Freiherr, der nicht sonderlich auf die Worte des Alten geachtet, ließ nun den schweren Deckel der Truhe zufallen, dass das ganze Gewölbe krachte und dröhnte, und sprach dann, indem er die Truhe verschloss, und die Schlüssel sorgfältig auszog, schnell hingeworfen: »Schon gut, schon gut Alter! – Aber du hast noch«, fuhr er fort, nachdem sie schon in den Saal getreten waren, »aber du hast noch von vielen Goldstücken gesprochen, die unten im zerstörten Turm liegen sollen?« Der Alte trat schweigend an die Pforte, und schloss sie mit Mühe auf. Aber sowie er die Flügel aufriss, trieb der Sturm dickes Schneegestöber in den Saal; aufgescheucht flatterte ein Rabe kreischend und krächzend umher, schlug mit schwarzen Schwingen gegen die Fenster, und stürzte sich, als er die offne Pforte wieder gewonnen, in den Abgrund. Der Freiherr trat hinaus in den Korridor, bebte aber zurück, als er kaum einen Blick in die Tiefe geworfen. »Abscheulicher Anblick – Schwindel«, stotterte er, und sank, wie ohnmächtig, dem Justiziarius in die Arme. Er raffte sich jedoch wieder gleich zusammen, und frug den Alten mit scharfen Blicken erfassend: »Und da unten?« – Der Alte hatte indessen die Pforte wieder verschlossen, er drückte nun noch mit ganzer Leibeskraft dagegen, sodass er keuchte und ächzte, um nur die großen Schlüssel aus den ganz verrosteten Schlössern loswinden zu können. Dies endlich zustände gebracht, wandte er sich um nach dem Baron, und sprach, die großen Schlüssel in der Hand hin und her schiebend, mit seltsamen Lächeln: »Ja, da unten liegen tausend und tausend – alle schönen Instrumente des seligen Herrn – Teleskope, Quadranten – Globen – Nachtspiegel – alles liegt zertrümmert im Schutt zwischen den Steinen und Balken!« – »Aber, bares Geld, bares Geld«, fiel der Freiherr ein, »du hast von Goldstücken gesprochen, Alter?« – »Ich meinte nur«, erwiderte der Alte, »Sachen, welche viele tausend Goldstücke gekostet.« – Mehr war aus dem Alten nicht herauszubringen.

Der Baron zeigte sich hoch erfreut, nun, mit einem Mal, zu allen Mitteln gelangt zu sein, deren er bedurfte, seinen Lieblingsplan ausführen, nämlich ein neues prächtiges Schloss aufbauen zu können. Zwar meinte der Justiziarius, dass, nach dem Willen des Verstorbenen, nur von der Reparatur, von dem völligen Ausbau des alten Schlosses, die Rede sein könne, und dass in der Tat jeder neue Bau schwerlich die ehrwürdige Größe, den ernsten einfachen Charakter des alten Stammhauses, erreichen werde, der Freiherr blieb aber bei seinem Vorsatz, und meinte, dass in solchen Verfügungen, die nicht durch die Stiftungsurkunde sanktioniert worden, der tote [Wille] des Dahingeschiedenen weichen müsse. Er gab dabei zu verstehen, dass es seine Pflicht sei, den Aufenthalt in R .. sitten so zu verschönern, als es nur Klima, Boden und Umgebung zulasse, da er gedenke, in kurzer Zeit, als sein innig geliebtes Weib ein Wesen heimzuführen, die in jeder Hinsicht der größten Opfer würdig sei.

Die geheimnisvolle Art, wie der Freiherr sich über das vielleicht schon insgeheim geschlossene Bündnis äußerte, schnitt dem Justiziarius jede weitere Frage ab, indessen fand er sich durch die Entscheidung des Freiherrn insofern beruhigt, als er wirklich in seinem Streben nach Reichtum mehr die Begier, eine geliebte Person, das schönere Vaterland, dem sie entsagen musste, ganz vergessen zu lassen, als eigentlichen Geiz, finden wollte. Für geizig, wenigstens für unausstehlich habsüchtig musste er sonst den Baron halten, der, im Golde wühlend, die alten Friedrichsd'or beäugelnd, sich nicht enthalten konnte, mürrisch aufzufahren: »Der alte Halunke hat uns gewiss den reichsten Schatz verschwiegen, aber künftigen Frühling lass ich den Turm ausräumen unter meinen Augen.«

Baumeister kamen, mit denen der Freiherr weitläuftig überlegte, wie mit dem Bau am zweckmäßigsten zu verfahren sei. Er verwarf Zeichnung auf Zeichnung, keine Architektur war ihm reich, großartig genug. Nun fing er an, selbst zu zeichnen, und, aufgeheitert durch diese Beschäftigungen, die ihm beständig das sonnenhelle Bild der glücklichsten Zukunft vor Augen stellten, erfasste ihn eine frohe Laune, die oft an Ausgelassenheit anstreifte, und die er allen mitzuteilen wusste. Seine Freigebigkeit, die Opulenz seiner Bewirtung, widerlegte wenigstens jeden Verdacht des Geizes. Auch Daniel schien nun ganz jenen Tort, der ihm geschehen, vergessen zu haben. Er betrug sich still und demütig gegen den Freiherrn, der ihn, des Schatzes in der Tiefe halber, oft mit misstrauischen Blicken verfolgte. Was aber allen wunderbar vorkam, war, dass der Alte sich zu verjüngen schien von Tage zu Tage. Es mochte sein, dass ihn der Schmerz um den alten Herrn tiefgebeugt hatte, und er nun den Verlust zu verschmerzen begann, wohl aber auch, dass er nun nicht, wie sonst, kalte Nächte schlaflos auf dem Turm zubringen, und bessere Kost, guten Wein, wie es ihm gefiel, genießen durfte, genug, aus dem Greise schien ein rüstiger Mann werden zu wollen mit roten Wangen und wohlgenährtem Körper, der kräftig auftrat, und mit lauter Stimme mitlachte, wo es einen Spaß gab. – Das lustige Leben in R .. sitten wurde durch die Ankunft eines Mannes unterbrochen, von dem man hätte denken sollen, er gehöre nun gerade hin. Wolfgangs jüngerer Bruder, Hubert, war dieser Mann, bei dessen Anblick Wolfgang, im Antlitz den bleichen Tod, laut aufschrie: »Unglücklicher, was willst du hier!« – Hubert stürzte dem Bruder in die

Arme, dieser fasste ihn aber, und zog ihn mit sich fort und hinauf in ein entferntes Zimmer, wo er sich mit ihm einschloss. Mehrere Stunden blieben beide zusammen, bis endlich Hubert herabkam mit verstörtem Wesen, und nach seinen Pferden rief. Der Justiziarius trat ihm in den Weg, er wollte vorüber; V., von der Ahnung ergriffen, dass vielleicht gerade hier ein tödlicher Bruderzwist enden könne, bat ihn, wenigstens ein paar Stunden zu verweilen, und in dem Augenblick kam auch der Freiherr herab, laut rufend: »Bleibe hier, Hubert! – du wirst dich besinnen!« – Huberts Blicke heiterten sich auf, er gewann Fassung, und indem er den reichen Leibpelz, den er, schnell abgezogen, hinter sich dem Bedienten zuwarf, nahm er V-s Hand, und sprach mit ihm, in die Zimmer schreitend, mit einem verhöhnenden Lächeln: »Der Majoratsherr will mich doch also hier leiden.« V. meinte, dass gewiss sich jetzt das unglückliche Missverständnis lösen werde, welches nur bei getrenntem Leben habe gedeihen können. Hubert nahm die stählerne Zange, die beim Kamin stand, zur Hand, und, indem er damit ein astiges, dampfendes Stück Holz auseinander klopfte, und das Feuer besser aufschürte, sprach er zu V.: »Sie merken, Herr Justiziarius, dass ich ein gutmütiger Mensch bin, und geschickt zu allerlei häuslichen Diensten. Aber Wolfgang ist voll der wunderlichsten Vorurteile, und – ein kleiner Geizhals.« – V. fand es nicht geraten, weiter in das Verhältnis der Brüder einzudringen, zumal Wolfgangs Gesicht, sein Benehmen, sein Ton den durch Leidenschaften jeder Art im Innersten zerrissenen Menschen ganz deutlich zeigte.

Um des Freiherrn Entschlüsse in irgend einer das Majorat betreffenden Angelegenheit zu vernehmen, ging V. noch am späten Abend hinauf in sein Gemach. Er fand ihn, wie er die Arme über den Rücken zusammengeschränkt, ganz verstört mit großen Schritten das Zimmer maß. Er blieb stehen als er endlich den Justiziarius erblickte, fasste seine beiden Hände, und düster ihm ins Auge schauend, sprach er mit gebrochener Stimme: »Mein Bruder ist gekommen! – Ich weiß«, fuhr er fort, als V. kaum den Mund zur Frage geöffnet, »ich weiß, was Sie sagen wollen. Ach, Sie wissen nichts. Sie wissen nicht, dass mein unglücklicher Bruder – ja unglücklich nur will ich ihn nennen – dass er, wie ein böser Geist, mir überall in den Weg tritt, und meinen Frieden stört. An ihm liegt es nicht, dass ich nicht unaussprechlich elend wurde, er tat das Seinige dazu, doch der Himmel wollt es nicht. – Seit der Zeit, dass die Stiftung des Majorats bekannt wurde, verfolgt er mich mit tödlichem Hass. Er beneidet mich um das Besitztum, das in seinen Händen wie Spreu verflogen wäre. Er ist der wahnsinnigste Verschwender, den es gibt. Seine Schuldenlast übersteigt bei weitem die Hälfte des freien Vermögens in Kurland, die ihm zufällt, und nun, verfolgt von Gläubigern, die ihn quälen, eilt er her, und bettelt um Geld.« – »Und Sie, der Bruder, verweigern –« wollte ihm V. in die Rede fallen, doch der Freiherr rief, indem er V-s Hände fahren ließ, und einen starken Schritt zurücktrat, laut und heftig: »Halten Sie ein! – ja! ich verweigere! Von den Einkünften des Majorats kann und werde ich keinen Taler verschenken! – Aber hören Sie, welchen Vorschlag ich dem Unsinnigen vor wenigen Stunden vergebens machte, und dann richten Sie über mein Pflichtgefühl. Das freie Vermögen in Kurland ist, wie Sie wissen, bedeutend, auf die mir zufallende Hälfte wollt ich verzichten, aber zu Gunsten seiner Familie. Hubert ist verheiratet in Kurland an ein schönes armes Fräulein. Sie hat ihm Kinder erzeugt, und darbt mit ihnen. Die Güter sollten administriert, aus den Revenuen ihm die nötigen Gelder zum Unterhalt angewiesen, die Gläubiger, vermöge Abkommens, befriedigt werden. Aber was gilt ihm ein ruhiges, sorgenfreies Leben, was gilt ihm Frau und Kind! – Geld, bares Geld in großen Summen will er haben, damit er in verruchtem Leichtsinn es verprassen könne! – Welcher Dämon hat ihm das Geheimnis mit den einhundert und funfzigtausend Talern verraten, davon verlangt er die Hälfte nach seiner wahnsinnigen Weise, behauptend, dies Geld sei, getrennt vom Majorat, als freies Vermögen zu achten. – Ich muss und werde ihm dies verweigern, aber mir ahnt es, mein Verderben brütet er aus im Innern!« – So sehr V. sich auch bemühte, dem Freiherrn den Verdacht wider seinen Bruder auszureden, wobei er sich freilich, uneingeweiht in die näheren Verhältnisse, mit ganz allgemeinen moralischen, ziemlich flachen Gründen behelfen musste, so gelang ihm dies doch ganz und gar nicht. Der Freiherr gab ihm den Auftrag, mit dem feindseligen geldgierigen Hubert zu unterhandeln. V. tat dies mit so viel Vorsicht, als ihm nur möglich war, und freute sich nicht wenig, als Hubert endlich erklärte: »Mag es dann sein, ich nehme die Vorschläge des Majoratsherrn an, doch unter der Bedingung, dass er mir jetzt, da ich auf dem Punkt stehe, durch die Härte meiner Gläubiger, Ehre und guten Namen auf immer zu verlieren, tausend Friedrichsd'or bar vorschieße, und erlaube, dass ich künftig, wenigstens einige Zeit hindurch, meinen Wohnsitz in dem schönen R .. sitzen bei dem gütigen Bruder nehme.« – »Nimmermehr!«, schrie der Freiherr auf, als ihm V. diese Vorschläge des Bruders hinterbrachte,

»nimmermehr werde ich's zugeben, dass Hubert auch nur eine Minute in meinem Hause verweile, sobald ich mein Weib hergebracht! – Gehen Sie, mein teurer Freund, sagen Sie dem Friedenstörer, dass er zweitausend Friedrichsd'or haben soll, nicht als Vorschuss, nein als Geschenk, nur fort – fort!« V. wusste nun mit einem Mal, dass der Freiherr sich ohne Wissen des Vaters schon verheiratet hatte, und dass in dieser Heirat auch der Grund des Bruderzwistes liegen musste. Hubert hörte stolz und gelassen den Justiziarius an, und sprach, nachdem er geendet, dumpf und düster: »Ich werde mich besinnen, vor der Hand aber noch einige Tage hier bleiben!« – V. bemühte sich, dem Unzufriedenen darzutun, dass der Freiherr doch in der Tat alles tue, ihn, durch die Abtretung des freien Vermögens, soviel als möglich, zu entschädigen, und dass er über ihn sich durchaus nicht zu beklagen habe, wenn er gleich bekennen müsse, dass jede Stiftung, die den Erstgebornen so vorwiegend begünstige, und die andern Kinder in den Hintergrund stelle, etwas Gehässiges habe. Hubert riss, wie einer, der Luft machen will der beklemmten Brust, die Weste von oben bis unten auf; die eine Hand in die offne Busenkrause begraben, die andere in die Seite gestemmt, drehte er sich, mit einer raschen Tänzerbewegung, auf einem Fuße um, und rief mit schneidender Stimme: »Pah! – das Gehässige wird geboren vom Hass« – dann schlug er ein gellendes Gelächter auf, und sprach: »Wie gnädig doch der Majoratsherr dem armen Bettler seine Goldstücke zuzuwerfen gedenkt.« – V. sah nun wohl ein, dass von völliger Aussöhnung der Brüder gar nicht die Rede sein könne.

Hubert richtete sich in den Zimmern, die ihm in den Seitenflügeln des Schlosses angewiesen worden, zu des Freiherrn Verdruss, aufrecht langes Bleiben ein. Man bemerkte, dass er oft und lange mit dem Hausverwalter sprach, ja dass dieser sogar zuweilen mit ihm auf die Wolfsjagd zog. Sonst ließ er sich wenig sehen, und mied es ganz, mit dem Bruder allein zusammen zu kommen, welches diesem eben ganz recht war. V. fühlte das Drückende dieses Verhältnisses, ja er musste sich es selbst gestehen, dass die ganz besondere unheimliche Manier Huberts in allem, was er sprach und tat, alle Lust recht geflissentlich zerstörend, eingriff. Jener Schreck des Freiherrn, als er den Bruder eintreten sah, war ihm nun ganz erklärlich.

V. saß allein in der Gerichtsstube unter den Akten, als Hubert eintrat, ernster, gelassener, als sonst, und mit beinahe wehmütiger Stimme sprach: »Ich nehme auch die letzten Vorschläge des Bruders an, bewirken Sie, dass ich die zweitausend Friedrichsd'or noch heute erhalte, in der Nacht will ich fort – zu Pferde – ganz allein!« – »Mit dem Gelde?« frug V. – »Sie haben Recht«, erwiderte Hubert, »ich weiß, was Sie sagen wollen – die Last! – Stellen Sie es in Wechsel auf Isak Lazarus in K.! – Noch in dieser Nacht will ich hin nach K. Es treibt mich von hier fort, der Alte hat seine bösen Geister hier hinein gehext!« – »Sprechen Sie von Ihrem Vater, Herr Baron?« frug V. sehr ernst. Huberts Lippen bebten, er hielt sich an dem Stuhl fest, um nicht umzusinken, dann aber, sich plötzlich ermannend, rief er: »Also noch heute, Herr Justiziarius«, und wankte, nicht ohne Anstrengung, zur Tür hinaus. »Er sieht jetzt ein, dass keine Täuschungen mehr möglich sind, dass er nichts vermag gegen meinen festen Willen«, sprach der Freiherr, indem er den Wechsel auf Isak Lazarus in K. ausstellte. Eine Last wurde seiner Brust entnommen durch die Abreise des feindlichen Bruders, lange war er nicht so froh gewesen, als bei der Abendtafel. Hubert hatte sich entschuldigen lassen, alle vermissten ihn recht gern.

V. wohnte in einem etwas abgelegenen Zimmer, dessen Fenster nach dem Schlosshofe herausgingen. In der Nacht fuhr er plötzlich auf aus dem Schlafe, und es war ihm, als habe ein fernes, klägliches Wimmern ihn aus dem Schlafe geweckt. Mochte er aber auch horchen, wie er wollte, es blieb alles totenstill, und so musste er jenen Ton, der ihm in die Ohren geklungen, für die Täuschung eines Traums halten. Ein ganz besonderes Gefühl von Grauen und Angst bemächtigte sich seiner aber so ganz und gar, dass er nicht im Bette bleiben konnte. Er stand auf und trat ans Fenster. Nicht lange dauerte es, so wurde das Schlosstor geöffnet, und eine Gestalt, mit einer brennenden Kerze in der Hand, trat heraus und schritt über den Schlosshof. V. erkannte in der Gestalt den alten Daniel, und sah, wie er die Stalltür öffnete, in den Stall hineinging, und bald darauf ein gesatteltes Pferd herausbrachte. Nun trat aus der Finsternis eine zweite Gestalt hervor, wohl eingehüllt in einen Pelz, eine Fuchsmütze auf dem Kopf. V. erkannte Hubert, der mit Daniel einige Minuten hindurch heftig sprach, dann aber sich zurückzog. Daniel führte das Pferd wieder in den Stall, verschloss diesen, und ebenso die Tür des Schlosses, nachdem er über den Hof, wie er gekommen, zurückgekehrt. – Hubert hatte wegreiten wollen, und sich in dem Augenblick eines andern besonnen, das war nun klar. Ebenso aber auch, dass Hubert gewiss mit dem alten Hausverwalter in irgend einem gefährlichen Bündnisse stand. V. konnte kaum den Morgen erwarten, um den Freiherrn von den

Ereignissen der Nacht zu unterrichten. Es galt nun wirklich, sich gegen Anschläge des bösartigen Hubert zu waffnen, die sich, wie V. jetzt überzeugt war, schon gestern in seinem verstörten Wesen kund getan.

Andern Morgens zur Stunde, wenn der Freiherr aufzustehen pflegte, vernahm V. ein Hin- und Herrennen, Türauf-, Türzuschlagen, ein verwirrtes Durcheinanderreden und Schreien. Er trat hinaus, und stieß überall auf Bediente, die, ohne auf ihn zu achten, mit leichenblassen Gesichtern ihm vorbei – Trepp auf – Trepp ab – hinaus – hinein durch die Zimmer rannten. Endlich erfuhr er, dass der Freiherr vermisst, und schon stundenlang vergebens gesucht werde. – In Gegenwart des Jägers hatte er sich ins Bette gelegt, er musste dann aufgestanden [sein], und sich im Schlafrock und Pantoffeln, mit dem Armleuchter in der Hand, entfernt haben, denn eben diese Stücke wurden vermisst. V. lief, von düsterer Ahnung getrieben, in den verhängnisvollen Saal, dessen Seitenkabinett gleich dem Vater Wolfgang zu seinem Schlafgemach gewählt hatte. Die Pforte zum Turm stand weit offen, tief entsetzt schrie V. laut auf: »Dort in der Tiefe liegt er zerschmettert!« – Es war dem so. Schnee war gefallen, sodass man von oben herab nur den zwischen den Steinen hervorragenden starren Arm des Unglücklichen deutlich wahrnehmen konnte. Viele Stunden gingen hin, ehe es den Arbeitern gelang, mit Lebensgefahr, auf zusammengebundenen Leitern, herabzusteigen, und dann den Leichnam an Stricken heraufzuziehen. Im Krampf der Todesangst hatte der Baron den silbernen Armleuchter festgepackt, die Hand, die ihn noch festhielt, war der einzige unversehrte Teil des ganzen Körpers, der sonst durch das Anprallen an die spitzen Steine auf das grässlichste zerschellt worden.

Alle Furien der Verzweiflung im Antlitz stürzte Hubert herbei, als die Leiche eben hinaufgeborgen, und in dem Saal, gerade an der Stelle auf einen breiten Tisch gelegt worden, wo vor wenigen Wochen der alte Roderich lag. Niedergeschmettert von dem grässlichen Anblick heulte er: »Bruder – o mein armer Bruder – nein, das hab ich nicht erfleht von den Teufeln, die über mir waren!« – V. erbebte vor dieser verfänglichen Rede, es war ihm so, als müsse er zufahren auf Hubert, als den Mörder seines Bruders. – Hubert lag von Sinnen auf dem Fußboden, man brachte ihn ins Bette, und er erholte sich, nachdem er stärkende Mittel gebraucht, ziemlich bald. Sehr bleich, düstern Gram im halb erloschnen Auge, trat er dann bei V. ins Zimmer, und sprach, indem er vor

Mattigkeit, nicht fähig zu stehen, sich langsam in einen Lehnstuhl niederließ: »Ich habe meines Bruders Tod gewünscht, weil der Vater ihm den besten Teil des Erbes zugewandt durch eine törigte Stiftung – jetzt hat er seinen Tod gefunden auf schreckliche Weise – *ich* bin Majoratsherr, aber mein Herz ist zermalmt, ich kann, ich werde niemals glücklich sein. Ich bestätige Sie im Amte, Sie erhalten die ausgedehntesten Vollmachten, rücksichts der Verwaltung des Majorats, auf dem ich nicht zu hausen vermag!« – Hubert verließ das Zimmer, und war in ein paar Stunden schon auf dem Wege nach K. Es schien, dass der unglückliche Wolfgang in der Nacht aufgestanden war, und sich vielleicht in das andere Kabinett, wo eine Bibliothek aufgestellt, begeben wollen. In der Schlaftrunkenheit verfehlte er die Tür, öffnete statt derselben die Pforte, schritt vor, und stürzte hinab. Diese Erklärung enthielt indessen immer viel Erzwungenes. Konnte der Baron nicht schlafen, wollte er sich noch ein Buch aus der Bibliothek holen, um zu lesen, so schloss dieses alle Schlaftrunkenheit aus, aber nur so war es möglich, die Tür des Kabinetts zu verfehlen, und statt dieser die Pforte zu öffnen. Überdem war diese fest verschlossen und musste erst mit vieler Mühe aufgeschlossen werden. »Ach«, fing endlich, als V. diese Unwahrscheinlichkeit vor versammelter Dienerschaft entwickelte, des Freiherrn Jäger, Franz geheißen, an: »Ach, lieber Herr Justiziarius, so hat es wohl sich nicht zugetragen!« – »Wie denn anders?«, fuhr ihn V. an. Franz, ein ehrlicher treuer Kerl, der seinem Herrn hätte ins Grab folgen mögen, wollte aber nicht vor den andern mit der Sprache heraus, sondern behielt sich vor, das, was er davon zu sagen wisse, dem Justiziarius allein zu vertrauen. V. erfuhr nun, dass der Freiherr zu Franz sehr oft von den vielen Schätzen sprach, die da unten in dem Schutt begraben lägen, und dass er oft, wie vom bösen Geist getrieben, zur Nachtzeit noch die Pforte, zu der den Schlüssel ihm Daniel hatte geben müssen, öffnete und mit Sehnsucht hinabschaute in die Tiefe nach den vermeintlichen Reichtümern. Gewiss war es nun wohl also, dass in jener verhängnisvollen Nacht der Freiherr, nachdem ihn der Jäger schon verlassen, noch einen Gang nach dem Turm gemacht und ihn dort ein plötzlicher Schwindel erfasst und herabgestürzt hatte. Daniel, der von dem entsetzlichen Tode des Freiherrn auch sehr erschüttert schien, meinte, dass es gut sein würde, die gefährliche Pforte fest vermauern zu lassen, welches denn auch gleich geschah. Freiherr Hubert von R., jetziger Majoratsbesitzer, ging, ohne sich wieder in R .. sitzen sehen zu lassen, nach Kurland zurück. V. erhielt alle Vollmachten, die zur unumschränkten Verwaltung des Majorats nötig waren. Der Bau des neuen Schlosses unterblieb, wogegen so viel möglich das alte Gebäude in guten Stand gesetzt wurde. Schon waren mehrere Jahre verflossen, als Hubert zum ersten Mal zur späten Herbstzeit sich in R.. sitten einfand, und nachdem er mehrere Tage mit V. in seinem Zimmer eingeschlossen zugebracht, wieder nach Kurland zurückging. Bei seiner Durchreise durch K. hatte er bei der dortigen Landesregierung sein Testament niedergelegt.

Während seines Aufenthalts in R.. sitten sprach der Freiherr, der in seinem tiefsten Wesen ganz geändert schien, viel von Ahnungen eines nahen Todes. Diese gingen wirklich in Erfüllung; denn er starb schon das Jahr darauf. Sein Sohn, wie *er* Hubert geheißen, kam schnell herüber von Kurland, um das reiche Majorat in Besitz zu nehmen. Ihm folgten Mutter und Schwester. Der Jüngling schien alle bösen Eigenschaften der Vorfahren in sich zu vereinen; er bewies sich als stolz, hochfahrend, ungestüm, habsüchtig gleich in den ersten Augenblicken seines Aufenthalts in R .. Sitten. Er wollte auf der Stelle vieles ändern lassen, welches ihm nicht bequem, nicht gehörig schien; den Koch warf er zum Hause hinaus; den Kutscher versuchte er zu prügeln, welches aber nicht gelang, da der baumstarke Kerl die Frechheit hatte, es nicht leiden zu wollen; kurz, er war im besten Zuge, die Rolle des strengen Majoratsherrn zu beginnen, als V. ihm mit Ernst und Festigkeit entgegentrat, sehr bestimmt versichernd: kein Stuhl solle hier gerückt werden, keine Katze das Haus verlassen, wenn es ihr noch sonst darin gefalle, vor Eröffnung des Testaments. »Sie unterstehen sich hier, dem Majoratsherrn« – fing der Baron an. V. ließ den vor Wut schäumenden Jüngling jedoch nicht ausreden, sondern sprach, indem er ihn mit durchbohrenden Blicken maß: »Keine Übereilung, Herr Baron! – Durchaus dürfen Sie hier nicht regieren wollen vor Eröffnung des Testaments; jetzt bin *ich, ich* allein hier Herr, und werde Gewalt mit Gewalt zu vertreiben wissen. – Erinnern Sie sich, dass ich kraft meiner Vollmacht als Vollzieher des väterlichen Testaments, kraft der getroffenen Verfügungen des Gerichts berechtigt bin, Ihnen den Aufenthalt hier in R .. sitten zu versagen, und ich rate Ihnen, um das Unangenehme zu verhüten, sich ruhig nach K. zu begeben.« Der Ernst des Gerichtshalters, der entschiedene Ton, mit dem er sprach, gab seinen Worten gehörigen Nachdruck, und so kam es, dass der junge Baron, der mit gar zu spitzigen Hörnern anlaufen wollte, wider den festen Bau die Schwäche seiner Waffen fühlte, und für gut fand, im Rückzuge seine Beschämung mit einem höhnischen Gelächter auszugleichen.

Drei Monate waren verflossen und der Tag gekommen, an dem, nach dem Willen des Verstorbenen, das Testament in K., wo es niedergelegt worden, eröffnet werden sollte. Außer den Gerichtspersonen, dem Baron und V. befand sich noch ein junger Mensch von edlem Ansehn in dem Gerichtssaal, den V. mitgebracht, und den man, da ihm ein eingeknöpftes Aktenstück aus dem Busen hervorragte, für V-s Schreiber hielt. Der Baron sah ihn, wie er es beinahe mit allen übrigen machte, über die Achsel an, und verlangte stürmisch, dass man die langweilige überflüssige Zeremonie nur schnell und ohne viele Worte und Schreiberei abmachen solle. Er begreife nicht, wie es überhaupt in dieser Erbangelegenheit, wenigstens hinsichts des Majorats, auf ein Testament ankommen könne, und werde, insofern hier irgendetwas verfügt sein solle, es lediglich von seinem Willen abhängen, das zu beachten oder nicht. Hand und Siegel des verstorbenen Vaters erkannte der Baron an, nachdem er einen flüchtigen mürrischen Blick darauf geworfen, dann, indem der Gerichtsschreiber sich zum lauten Ablesen des Testaments anschickte, schaute er gleichgültig nach dem Fenster hin, den rechten Arm nachlässig über die Stuhllehne geworfen, den linken Arm gelehnt auf den Gerichtstisch, und auf dessen grüner Decke mit den Fingern trommelnd. Nach einem kurzen Eingange erklärte der verstorbene Freiherr Hubert von R., dass er das Majorat niemals als wirklicher Majoratsherr besessen, sondern dasselbe nur namens des einzigen Sohnes des verstorbenen Freiherrn Wolfgang von R., nach seinem Großvater Roderich geheißen, verwaltet habe; dieser sei derjenige, dem nach der Familiensukzession durch seines Vaters Tod das Majorat zugefallen. Die genauesten Rechnungen über Einnahme und Ausgabe, über den vorzufindenden Bestand u. s. w. würde man in seinem Nachlass finden. Wolfgang von R., so erzählte Hubert in dem Testament, lernte auf seinen Reisen in Genf das Fräulein Julie von St. Val kennen, und fasste eine solche heftige Neigung zu ihr, dass er sich nie mehr von ihr zu trennen beschloss. Sie war sehr arm, und ihre Familie, unerachtet von gutem Adel, gehörte eben nicht zu den glänzendsten. Schon deshalb durfte er auf die Einwilligung des alten Roderich, dessen ganzes Streben dahin ging, das Majorathaus auf alle nur mögliche Weise zu erheben, nicht hoffen. Er wagte es dennoch, von Paris aus dem Vater seine Neigung zu entdecken; was aber vorauszusehen, geschah wirklich, indem der Alte bestimmt erklärte, dass er schon selbst die Braut für den Majoratsherrn erkoren, und von einer andern niemals die Rede sein könne. Wolfgang, statt, wie er sollte, nach England hinüberzuschiffen, kehrte unter dem Namen Born nach Genf zurück, und vermählte sich mit Julien, die ihm nach Verlauf eines Jahres den Sohn gebar, der mit dem Tode Wolfgangs Majoratsherr wurde. Darüber, dass Hubert, von der ganzen Sache unterrichtet, so lange schwieg, und sich selbst als Majoratsherr gerierte, waren verschiedene Ursachen angeführt, die sich auf frühere Verabredungen mit Wolfgang bezogen, indessen unzureichend und aus der Luft gegriffen schienen.

Wie vom Donner gerührt starrte der Baron den Gerichtsschreiber an, der mit eintöniger schnarrender Stimme alles Unheil verkündete. Als er geendet, stand V. auf, nahm den jungen Menschen, den er mitgebracht, bei der Hand, und sprach, indem er sich gegen die Anwesenden verbeugte: »Hier, meine Herren, habe ich die Ehre, Ihnen den Freiherrn Roderich von R., Majoratsherrn von R.. sitten vorzustellen!« Baron Hubert blickte den Jüngling, der, wie vom Himmel gefallen, ihn um das reiche Majorat, um die Hälfte des freien Vermögens in Kurland brachte, verhaltenen Grimm im glühenden Auge, an, drohte dann mit geballter Faust, und rannte, ohne ein Wort hervorbringen zu können, zum Gerichtssaal hinaus. Von den Gerichtspersonen dazu aufgefordert, holte jetzt Baron Roderich die Urkunden hervor, die ihn als die Person, für die er sich ausgab, legitimieren sollten. Er überreichte den beglaubigten Auszug aus den Registern der Kirche, wo sein Vater sich trauen lassen, worin bezeugt wurde, dass an dem und dem Tage der Kaufmann Wolfgang Born, gebürtig aus K., mit dem Fräulein Julie von St. Val, in Gegenwart der genannten Personen, durch priesterliche Einsegnung getraut worden. Ebenso hatte er seinen Taufschein (er war in Genf als von dem Kaufmann Born mit seiner Gemahlin Julie, geb. von St. Val, in gültiger Ehe erzeugtes Kind getauft worden), verschiedene Briefe seines Vaters an seine schon längst verstorbene Mutter, die aber alle nur mit W. unterzeichnet waren.

V. sah alle diese Papiere mit finsterm Gesichte durch, und sprach, ziemlich bekümmert, als er sie wieder zusammenschlug: »Nun, Gott wird helfen!«

Schon andern Tages reichte der Freiherr Hubert von R. durch einen Advokaten, den er zu seinem Rechtsfreunde erkoren, bei der Landesregierung in K. eine Vorstellung ein, worin er auf nichts weniger antrug, als sofort die Übergabe des Majorats R.. sitten an ihn zu veranlassen. Es verstehe sich von selbst, sagte der Advokat, dass weder testamentarisch, noch auf irgend eine andere Weise, der verstorbene Freiherr Hubert von R. habe über das

Majorat verfügen können. Jenes Testament sei also nichts anders, als die aufgeschriebene und gerichtlich übergebene Aussage, nach welcher der Freiherr Wolfgang von R. das Majorat an einen Sohn vererbt haben solle, der noch lebe, die keine höhere Beweiskraft, als jede andere irgend eines Zeugen haben, und also unmöglich die Legitimation des angeblichen Freiherrn Roderich von R. bewirken könne. Vielmehr sei es die Sache dieses Prätendenten, sein vorgebliches Erbrecht, dem hiemit ausdrücklich widersprochen werde, im Wege des Prozesses darzutun, und das Majorat, welches jetzt nach dem Recht der Sukzession dem Baron Hubert von R. zugefallen, zu vindizieren. Durch den Tod des Vaters sei der Besitz unmittelbar auf den Sohn übergegangen; es habe keiner Erklärung über den Erbschaftsantritt bedurft, da der nicht entsagt werden könne, mithin dürfe der jetzige Majoratsherr in dem Besitze nicht durch ganz illiquide Ansprüche turbiert werden. Was der Verstorbene für Grund gehabt habe, einen andern Majoratsherrn aufzustellen, sei ganz gleichgültig, nur werde bemerkt, dass er selbst, wie aus den nachgelassenen Papieren erforderlichen Falls nachgewiesen werden könne, eine Liebschaft in der Schweiz gehabt habe, und so sei vielleicht der angebliche Brudersohn der eigne, in einer verbotenen Liebe erzeugte, dem er in einem Anfall von Reue das reiche Majorat zuwenden wollen.

So sehr auch die Wahrscheinlichkeit für die im Testament behaupteten Umstände sprach, so sehr auch die Richter hauptsächlich die letzte Wendung, in der der Sohn sich nicht scheute, den Verstorbenen eines Verbrechens anzuklagen, empörte, so blieb doch die Ansicht der Sache, wie sie aufgestellt worden, die richtige, und nur den rastlosen Bemühungen V-s, der bestimmten Versicherung, dass der die Legitimation des Freiherrn Roderich von R. bewirkende Beweis in kurzer Zeit auf das bündigste geführt werden solle, konnte es gelingen, dass die Übergabe des Majorats noch ausgesetzt und die Fortdauer der Administration bis nach entschiedener Sache verfügt wurde.

V. sah nur zu gut ein, wie schwer es ihm werden würde, sein Versprechen zu halten. Er hatte alle Briefschaften des alten Roderich durchstöbert, ohne die Spur eines Briefes oder sonst eines Aufsatzes zu finden, der Bezug auf jenes Verhältnis Wolfgangs mit dem Fräulein von St. Val gehabt hätte. Gedankenvoll saß er in R .. sitten in dem Schlafkabinett des alten Roderich, das er ganz durchsucht, und arbeitete an einem Aufsatze für den Notar in Genf, der ihm als ein scharfsinniger tätiger Mann empfohlen worden, und der ihm einige Notizen schaffen sollte, die die Sache des jungen Freiherrn ins klare bringen konnten. – Es war Mitternacht worden, der Vollmond schien hell hinein in den anstoßenden Saal, dessen Tür offen stand. Da war es, als schritte jemand langsam und schwer die Treppe herauf, und klirre und klappere mit Schlüsseln. V. wurde aufmerksam, er stand auf, ging in den Saal, und vernahm nun deutlich, dass jemand sich durch den Flur der Türe des Saals nahte. Bald darauf wurde diese geöffnet, und ein Mensch mit leichenblassem entstellten Antlitz in Nachtkleidern, in der einen Hand den Armleuchter mit brennenden Kerzen, in der andern den großen Schlüsselbund, trat langsam hinein. V. erkannte augenblicklich den Hausverwalter, und war im Begriff, ihm zuzurufen, was er so spät in der Nacht wolle, als ihn in dem ganzen Wesen des Alten, in dem zum Tode erstarrten Antlitz etwas Unheimliches Gespenstisches mit Eiskälte anhauchte. Er erkannte, dass er einen Nachtwandler vor sich habe. Der Alte ging mit gemessenen Schritten quer durch den Saal, gerade los auf die vermauerte Tür, die ehemals zum Turm führte. Dicht vor derselben blieb er stehen, und stieß aus tiefer Brust einen heulenden Laut aus, der so entsetzlich in dem ganzen Saale widerhallte, paß V. erbebte vor Grausen. Dann, den Armleuchter auf den Fußboden gestellt, den Schlüsselbund an den Gürtel gehängt, fing Daniel an mit beiden Händen an der Mauer zu kratzen, dass bald das Blut unter den Nägeln hervorquoll, und dabei stöhnte er und ächzte, wie gepeinigt von einer namenlosen Todesqual. Nun legte er das Ohr an die Mauer, als wolle er irgendetwas erlauschen, dann winkte er mit der Hand, wie jemanden beschwichtigend, bückte sich, den Armleuchter wieder vom Boden aufhebend, und schlich mit leisen gemessenen Schritten nach der Türe zurück. V. folgte ihm behutsam mit dem Leuchter in der Hand. Es ging die Treppe herab, der Alte schloss die große Haupttür des Schlosses auf, V. schlüpfte geschickt hindurch; nun begab er sich nach dem Stall, und nachdem er zu V-s tiefem Erstaunen den Armleuchter so geschickt hingestellt hatte, dass das ganze Gebäude genugsam erhellt wurde, ohne irgend eine Gefahr, holte er Sattel und Zeug herbei, und rüstete mit großer Sorglichkeit, den Gurt fest-, die Steigbügel hinaufschnallend, ein Pferd aus, das er losgebunden von der Krippe. Nachdem er noch ein Büschel Haare über den Stirnriemen weg durch die Hand gezogen, nahm er, mit der Zunge schnalzend und mit der einen Hand ihm den Hals klopfend, das Pferd beim Zügel und führte es heraus. Draußen im Hofe blieb er einige Sekunden stehen in der Stellung, als erhalte er Befehle, die er kopfnickend auszuführen versprach. Dann führte er das Pferd zurück in den Stall, sattelte es wieder ab, und band es an die Krippe. Nun nahm er den Armleuchter, verschloss den Stall, kehrte in das Schloss zurück, und verschwand endlich in sein Zimmer, das er sorgfältig verriegelte. V. fühlte sich von diesem Auftritt im Innersten ergriffen, die Ahnung einer entsetzlichen Tat erhob sich vor ihm wie ein schwarzes höllisches Gespenst, das ihn nicht mehr verließ. Ganz erfüllt von der bedrohlichen Lage seines Schützlings, glaubte er wenigstens das, was er gesehen, nützen zu müssen zu seinem Besten. Andern Tages, es wollte schon die Dämmerung einbrechen, kam Daniel in sein Zimmer, um irgend eine sich auf den Hausstand beziehende Anweisung einzuholen. Da fasste ihn V. bei beiden Armen, und fing an, indem er ihn zutraulich in den Sessel niederdrückte: »Höre, alter Freund Daniel! lange habe ich dich fragen wollen, was hältst du denn von dem verworrenen Kram, den uns Huberts sonderbares Testament über den Hals gebracht hat? – Glaubst du denn wohl, dass der junge Mensch wirklich Wolfgangs in rechtsgültiger Ehe erzeugter Sohn ist?« Der Alte, sich über die Lehne des Stuhls wegbeugend und V-s starr auf ihn gerichteten Blicken ausweichend, rief mürrisch: »Pah! – er kann es sein; er kann es auch nicht sein. Was schiert's mich, mag nun hier Herr werden, wer da will.« – »Aber ich meine«, fuhr V. fort, indem er dem Alten näher rückte, und die Hand auf seine Schulter legte, »aber ich meine, da du des alten Freiherrn ganzes Vertrauen hattest, so verschwieg er dir gewiss nicht die Verhältnisse seiner Söhne. Er erzählte dir von dem Bündnis, das Wolfgang wider seinen Willen geschlossen?« – »Ich kann mich auf dergleichen gar nicht besinnen«, erwiderte der Alte, indem er auf ungezogene Art laut gähnte. – »du bist schläfrig, Alter«, sprach V., »hast du vielleicht eine unruhige Nacht gehabt?« – »Dass ich nicht wüsste«, entgegnete der Alte frostig, »aber ich will nun gehen und das Abendessen bestellen.« Hiemit erhob er sich schwerfällig vom Stuhl, indem er sich den gekrümmten Rücken rieb und abermals und zwar noch lauter gähnte als zuvor. »Bleibe doch noch Alter«, rief V. indem er ihn bei der Hand ergriff und zum Sitzen nötigen wollte, der Alte blieb aber vor dem Arbeitstisch stehen, auf den er sich mit beiden Händen stemmte, den Leib übergebogen nach V. hin, und mürrisch fragend: »Nun was soll's denn, was schiert mich das Testament, was schiert mich der Streit um das Majorat« – »Davon«, fiel ihm V. in die Rede, »wollen wir auch gar nicht mehr sprechen: von ganz etwas anderm, lieber Daniel! – du bist mürrisch, du gähnst, das alles zeugt von besonderer Abspannung und nun möcht ich beinahe glauben, dass *du* es wirklich gewesen bist, in dieser Nacht.« – »Was bin ich gewesen in dieser Nacht«, frug der Alte, in seiner Stellung verharrend. »Als ich«, sprach V. weiter, »gestern mitternacht dort oben in dem Kabinett des alten Herrn neben dem großen Saal saß, kamst du zur Türe herein, ganz starr und bleich, schrittest auf die zugemauerte Tür los, kratztest mit beiden Händen an der Mauer und stöhntest, als wenn du große Qualen empfändest. Bist du denn ein Nachtwandler, Daniel?« Der Alte sank zurück in den Stuhl, den ihm V. schnell unterschob. Er gab keinen Laut von sich, die tiefe Dämmerung ließ sein Gesicht nicht erkennen, V. bemerkte nur, dass er kurz Atem holte und mit den Zähnen klapperte. – »Ja«, fuhr V. nach kurzem Schweigen fort, »ja es ist ein eignes Ding mit den Nachtwandlern. Andern Tages wissen sie von diesem sonderbaren Zu Stande, von allem, was sie wie in vollem Wachen begonnen haben, nicht das allermindeste.« – Daniel blieb still. – »Ähnliches«, sprach V. weiter, »wie gestern mit dir, habe ich schon erlebt. Ich hatte einen Freund, der stellte, so wie du, trat der Vollmond ein, regelmäßig nächtliche Wanderungen an. Ja, manchmal setzte er sich hin und schrieb Briefe. Am merkwürdigsten war es aber, dass, fing ich an ihm ganz leise ins Ohr zu flüstern, es mir bald gelang ihn zum Sprechen zu bringen. Er antwortete gehörig auf alle Fragen und selbst das, was er im Wachen sorglich verschwiegen haben würde, floss nun unwillkürlich, als könne er der Kraft nicht widerstehen, die auf ihn einwirkte, von seinen Lippen. – Der Teufel! ich glaube, verschwiege ein Mondsüchtiger irgend eine begangene Untat noch so lange, man könnte sie ihm abfragen in dem seltsamen Zu Stande. – Wohl dem, der ein reines Gewissen hat, wie wir beide, guter Daniel, wir können schon immer Nachtwandler sein, uns wird man kein Verbrechen abfragen. – Aber höre Daniel, gewiss willst du herauf in den astronomischen Turm, wenn du so abscheulich an der zugemauerten Türe kratzest? – du willst gewiss laborieren wie der alte Roderich? – Nun, das werd ich dir nächstens abfragen!« – Der Alte hatte, während V. dieses sprach, immer stärker und stärker gezittert, jetzt flog sein ganzer Körper von heillosem Krampf hin und hergeworfen, und er brach aus in ein gellendes, unverständiges Geplapper. V. schellte die Diener herauf. Man brachte Lichter, der Alte ließ nicht nach, wie ein willkürlos bewegtes Automat hob man ihn auf und brachte ihn ins Bette. Nachdem beinahe eine Stunde dieser heillose Zustand gedauert, verfiel er in tiefer Ohnmacht ähnlichen Schlaf. Als er erwachte, verlangte er Wein zu trinken, und als man ihm diesen gereicht, trieb er den Diener, der bei ihm wachen wollte, fort und verschloss sich, wie gewöhnlich, in sein Zimmer. V. hatte wirklich beschlossen, den Versuch anzustellen, in dem Augenblick als er davon gegen Daniel sprach, wiewohl er sich selbst gestehen musste, einmal, dass Daniel, vielleicht erst jetzt von seiner Mondsucht unterrichtet, alles anwenden werde, ihm zu entgehen, dann aber, dass Geständnisse in diesem Zu Stande abgelegt eben nicht geeignet sein würden, darauf weiter fortzubauen. Demunerachtet begab er sich gegen Mitternacht in den Saal, hoffend, dass Daniel, wie es in dieser Krankheit geschieht, gezwungen werden würde, willkürlos zu handeln. Um Mitternacht erhob sich ein großer Lärm auf dem Hofe. V. hörte deutlich ein Fenster einschlagen, er eilte herab und als er die Gänge durchschritt, wallte ihm ein stinkender Dampf entgegen, der, wie er bald gewahrte, aus dem geöffneten Zimmer des Hausverwalters herausquoll. Diesen brachte man eben todstarr herausgetragen, um ihn in einem andern Zimmer ins Bette zu legen. Um Mitternacht wurde ein Knecht, so erzählten die Diener, durch ein seltsames, dumpfes Pochen geweckt, er glaubte dem Alten sei etwas zugestoßen und schickte sich an aufzustehen, um ihm zu Hülfe zu kommen, als der Wächter auf dem Hofe laut rief: »Feuer, Feuer! in der Stube des Herrn Verwalters brennt's lichterloh!« – Auf dies Geschrei waren gleich mehrere Diener bei der Hand, aber alles Mühen die Tür des Zimmers einzubrechen, blieb umsonst. Nun eilten sie heraus auf den Hof, aber der entschlossene Wächter hatte schon das Fenster des niedrigen, im Erdgeschosse befindlichen Zimmers eingeschlagen und die brennenden Gardinen herabgerissen, worauf ein paar hineingegossene Eimer Wasser den Brand augenblicklich löschten. Den Hausverwalter fand man mitten im Zimmer auf der Erde liegend in tiefer Ohnmacht. Er hielt noch fest den Armleuchter in der Hand, dessen brennende Kerzen die Gardinen erfasst, und so das Feuer veranlasst hatten. Brennende herabfallende Lappen hatten dem Alten die Augenbrauen und ein gut Teil Kopfhaare weggesengt. Bemerkte der Wächter nicht das Feuer, so hätte der Alte hülflos verbrennen müssen. Zu nicht geringer Verwunderung fanden die Diener, dass die Tür des Zimmers von innen durch zwei ganz neu angeschrobene Riegel, die noch den Abend vorher nicht da gewesen, verwahrt war. V. sah ein, dass der Alte sich hatte das Hinausschreiten aus dem Zimmer unmöglich machen wollen; widerstehen konnte er dem blinden Triebe nicht. Der Alte verfiel in eine ernste Krankheit; er sprach nicht, er nahm nur wenig Nahrung zu sich und starrte, wie festgeklammert von einem entsetzlichen Gedanken, mit Blicken, in denen sich der Tod malte, vor sich hin. V. glaubte, dass der Alte von dem Lager nicht erstehen werde. Alles, was sich für seinen Schützling tun ließ, hatte V. getan, er musste ruhig den Erfolg abwarten, und wollte deshalb nach K. zurück. Die Abreise war für den folgenden Morgen bestimmt. V. packte spät abends seine Skripturen zusammen, da fiel ihm ein kleines Paket in die Hände, welches ihm der Freiherr Hubert von R. versiegelt und mit der Aufschrift: »Nach Eröffnung meines Testaments zu lesen«, zugestellt und das er unbegreiflicherweise noch nicht beobachtet hatte. Et war im Begriff dieses Paket zu entsiegeln, als die Tür aufging und mit leisen gespenstischen Schritten Daniel hereintrat. Er legte eine schwarze Mappe, die er unter dem Arm trug, auf den Schreibtisch, dann mit einem tiefen Todesseufzer auf beide Knie sinkend, V-s Hände mit den seinen krampfhaft fassend, sprach er hohl und dumpf, wie aus tiefem Grabe: »Auf dem Schafott stürb ich nicht gern! – der dort oben richtet!« – dann richtete er sich unter angstvollem Keuchen mühsam auf und verließ das Zimmer, wie er gekommen.

V. brachte die ganze Nacht hin, alles das zu lesen, was die schwarze Mappe und Huberts Paket enthielt. Beides hing genau zusammen, und bestimmte von selbst die weitern Maßregeln, die nun zu ergreifen. Sowie V. in K. angekommen, begab er sich zum Freiherrn Hubert von R., der ihn mit rauem Stolz empfing. Die merkwürdige Folge einer Unterredung, welche mittags anfing und bis spät in die Nacht hinein ununterbrochen fortdauerte, war aber, dass der Freiherr andern Tages vor Gericht erklärte, dass er den Prätendenten des Majorats dem Testamente seines Vaters gemäß für den in rechtsgültiger Ehe dem ältesten Sohn des Freiherrn Roderich von R. Wolfgang von R. mit dem Fräulein Julie von St. Val erzeugten Sohn, mithin für den rechtsgültig legitimierten Majorats-Erben anerkenne. Als er von dem Gerichtssaal herabstieg, stand sein Wagen mit Postpferden vor der Türe, er reiste schnell ab und ließ Mutter und Schwester zurück. Sie würden ihn vielleicht nie wiedersehen, hatte er ihnen mit andern rätselhaften Äußerungen geschrieben. Roderichs Erstaunen über diese Wendung, die die Sache nahm, war nicht gering, er drang in V. ihm doch nur zu erklären, wie dies Wunder habe bewirkt werden können, welche geheimnisvolle Macht im Spiele sei. V. verströstete ihn indessen auf künftige Zeiten, und zwar, wenn er

Besitz genommen haben würde von dem Majorat. Die Übergabe des Majorats konnte nämlich deshalb nicht geschehen, weil nun die Gerichte, nicht befriedigt durch jene Erklärung Huberts, außerdem die vollständige Legitimation Roderichs verlangten. V. bot dem Freiherrn die Wohnung in R .. sitten an, und setzte hinzu: dass Huberts Mutter und Schwester, durch seine schnelle Abreise in augenblickliche Verlegenheit gesetzt, den stillen Aufenthalt auf dem Stammgute der geräuschvollen teuren Stadt vorziehen würden. Das Entzücken, womit Roderich den Gedanken ergriff, mit der Baronin und ihrer Tochter wenigstens eine Zeit lang unter einem Dache zu wohnen, bewies, welchen tiefen Eindruck Seraphine, das holde, anmutige Kind, auf ihn gemacht hatte. In der Tat wusste der Freiherr seinen Aufenthalt in R .. sitten so gut zu benutzen, dass er, wenige Wochen waren vergangen, Seraphinens innige Liebe und der Mutter beifällig Wort zur Verbindung mit ihr gewonnen hatte. Dem V. war das alles zu schnell, da bis jetzt Roderichs Legitimation als Majoratsherr von R .. sitten noch immer zweifelhaft geblieben. Briefe aus Kurland unterbrachen das Idyllenleben auf dem Schlosse. Hubert hatte sich gar nicht auf den Gütern sehen lassen, sondern war unmittelbar nach Petersburg gegangen, dort in Militärdienste getreten, und stand jetzt im Felde gegen die Perser, mit denen Russland gerade im Kriege begriffen. Dies machte die schnelle Abreise der Baronin mit ihrer Tochter nach den Gütern, wo Unordnung und Verwirrung herrschte, nötig. Roderich, der sich schon als den aufgenommenen Sohn betrachtete, unterließ nicht die Geliebte zu begleiten und so wurde, da V. ebenfalls nach K. zurückkehrte, das Schloss einsam, wie vorher. Des Hausverwalters böse Krankheit wurde schlimmer und schlimmer, sodass er nicht mehr daraus zu erstehen glaubte, sein Amt wurde einem alten Jäger, Wolfgangs treuem Diener, Franz geheißen, übertragen. Endlich nach langem Harren erhielt V. die günstigsten Nachrichten aus der Schweiz. Der Pfarrer, der Wolfgangs Trauung vollzogen, war längst gestorben, indessen fand sich in dem Kirchenbuche von seiner Hand notiert, dass derjenige, den er unter dem Namen Born mit dem Fräulein Julie St. Val ehelich verbunden, sich bei ihm als Freiherr Wolfgang von R., ältesten Sohn des Freiherrn Roderich von R. auf R .. sitten, vollständig legitimiert habe. Außerdem wurden noch zwei Trauzeugen, ein Kaufmann in Genf, und ein alter französischer Kapitän, der nach Lyon gezogen, ausgemittelt, denen Wolfgang ebenfalls sich entdeckt hatte, und ihre eidlichen Aussagen bekräftigten den Vermerk des Pfarrers im Kirchenbuche. Mit den in rechtlicher Form ausgefertigten Verhandlungen in der Hand führte nun V. den vollständigen Nachweis der Rechte seines Machtgebers und nichts stand der Übergabe des Majorats im Wege, die im künftigen Herbst erfolgen sollte. Hubert war gleich in der ersten Schlacht, der er beiwohnte, geblieben, ihn hatte das Schicksal seines Jüngern Bruders, der ein Jahr vor seines Vaters Tode ebenfalls im Felde blieb, getroffen; so fielen die Güter in Kurland der Baronesse Seraphine von R. zu, und wurden eine schöne Mitgift für den überglücklichen Roderich.

Der November war angebrochen, als die Baronin, Roderich mit seiner Braut in R .. sitten anlangte. Die Übergabe des Majorats erfolgte und dann Roderichs Verbindung mit Seraphinen. Manche Woche verging im Taumel der Lust, bis endlich die übersättigten Gäste nach und nach das Schloss verließen zur großen Zufriedenheit V-s, der von R .. sitten nicht scheiden wollte, ohne den jungen Majoratsherrn auf das genaueste einzuweihen in alle Verhältnisse des neuen Besitztums. Mit der strengsten Genauigkeit hatte Roderichs Oheim die Rechnungen über Einnahme und Ausgabe geführt, sodass, da Roderich nur eine geringe Summe jährlich zu seinem Unterhalt bekam, durch die Überschüsse der Einnahme jenes bare Kapital, das man in des alten Freiherrn Nachlass vorfand, einen bedeutenden Zuschuss erhielt. Nur in den ersten drei Jahren hatte Hubert die Einkünfte des Majorats in seinen Nutzen verwandt, darüber aber ein Schuldinstrument ausgestellt und es auf den ihm zustehenden Anteil der Güter in Kurland versichern lassen. – V. hatte seit der Zeit, als ihm Daniel als Nachtwandler erschien, das Schlafgemach des alten Roderich zu seinem Wohnzimmer gewählt, um desto sicherer das erlauschen zu können, was ihm Daniel nachher freiwillig offenbarte. So kam es, dass dies Gemach und der anstoßende große Saal der Ort blieb, wo der Freiherr mit V. im Geschäft zusammenkam. Da saßen nun beide beim hell lodernden Kaminfeuer an dem großen Tische, V. mit der Feder in der Hand, die Summen notierend und den Reichtum des Majoratsherrn berechnend, dieser mit aufgestemmtem Arm hineinblinzelnd in die aufgeschlagenen Rechnungsbücher, in die gewichtigen Dokumente. Keiner vernahm das dumpfe Brausen der See, das Angstgeschrei der Möwen, die das Unwetter verkündend im Hin- und Herflattern an die Fensterscheiben schlugen, keiner achtete des Sturms, der um Mitternacht heraufgekommen in wildem Tosen das Schloss durchsauste, sodass alle Unkenstimmen in den Kaminen, in den engen Gängen erwachten und widerlich durcheinander pfiffen und heulten. Als endlich nach einem Windstoß, vor dem der ganze Bau erdröhnte, plötzlich der ganze Saal im düstern Feuer des Vollmonds stand, rief V.: »Ein böses Wetter!« – Der Freiherr, ganz vertieft in die Aussicht des Reichtums, der ihm zugefallen, erwiderte gleichgültig, indem er mit zufriedenem Lächeln ein Blatt des Einnahmebuchs umschlug: »In der Tat, sehr stürmisch.« Aber wie fuhr er von der eisigen Faust des Schreckens berührt in die Höhe, als die Tür des Saals aufsprang und eine bleiche, gespenstische Gestalt sichtbar wurde, die den Tod im Antlitz hineinschritt. Daniel, den V. so wie jedermann in tiefer Krankheit ohnmächtig daliegend, nicht für fähig hielt ein Glied zu rühren, war es, der abermals von der Mondsucht befallen seine nächtliche Wanderung begonnen. Lautlos starrte der Freiherr den Alten an, als dieser nun aber unter angstvollen Seufzern der Todesqual an der Wand kratzte, da fasste den Freiherrn tiefes Entsetzen. Bleich im Gesicht wie der Tod, mit emporgesträubtem Haar sprang er auf, schritt in bedrohlicher Stellung zu auf den Alten und rief mit starker Stimme, dass der Saal erdröhnte: »Daniel! – Daniel! – was machst du hier zu dieser Stunde!« Da stieß der Alte jenes grauenvolle heulende Gewimmer aus, gleich dem Todeslaut des getroffenen Tiers, wie damals, als ihm Wolfgang Gold für seine Treue bot und sank zusammen. V. rief die Bedienten herbei, man hob den Alten auf, alle Versuche ihn zu beleben blieben vergebens. Da schrie der Freiherr wie außer sich: »Herr Gott! – Herr Gott! habe ich denn nicht gehört, dass Nachtwandler auf der Stelle des Todes sein können, wenn man sie beim Namen ruft? – Ich! – Ich Unglückseligster – ich habe den armen Greis erschlagen! – Zeit meines Lebens habe ich keine ruhige Stunde mehr!« – V., als die Bedienten den Leichnam fortgetragen und der Saal leer geworden, nahm den immerfort sich anklagenden Freiherrn bei der Hand, führte ihn in tiefem Schweigen vor die zugemauerte Tür und sprach: »Der hier tot zu Ihren Füßen niedersank, Freiherr Roderich, war der verruchte Mörder Ihres Vaters!« – Als sah er Geister der Hölle, starrte der Freiherr den V. an. Dieser fuhr fort: »Es ist nun wohl an der Zeit, Ihnen das grässliche Geheimnis zu enthüllen, das auf diesem Unhold lastete und ihn, den Fluchbeladenen, in den Stunden des Schlafs umhertrieb. Die ewige Macht ließ den Sohn Rache nehmen an dem Mörder des Vaters – die Worte, die Sie dem entsetzlichen Nachtwandler in die Ohren donnerten, waren die letzten, die Ihr unglücklicher Vater sprach!« – Bebend, unfähig ein Wort zu sprechen, hatte der Freiherr neben V., der sich vor den Kamin setzte, Platz genommen. V.

fing mit dem Inhalt des Aufsatzes an, den Hubert für V. zurückgelassen und den er erst nach Eröffnung des Testaments entsiegeln sollte. Hubert klagte sich mit Ausdrücken, die von der tiefsten Reue zeigten, des unversöhnlichen Hasses an, der in ihm gegen den ältern Bruder Wurzel fasste von dem Augenblick, als der alte Roderich das Majorat gestiftet hatte. Jede Waffe war ihm entrissen, denn wär es ihm auch gelungen auf hämische Weise, den Sohn mit dem Vater zu entzweien, so blieb dies ohne Wirkung, da Roderich selbst nicht ermächtigt war, dem ältesten Sohn die Rechte der Erstgeburt zu entreißen, und es, wandte sich auch sein Herz und Sinn ganz ab von ihm, doch nach seinen Grundsätzen nimmermehr getan hätte. Erst als Wolfgang in Genf das Liebesverhältnis mit Julien von St. Val begonnen, glaubte Hubert den Bruder verderben zu können. Da fing die Zeit an, in der er im Einverständnisse mit Daniel auf bübische Weise den Alten zu Entschlüssen nötigen wollte, die den Sohn zur Verzweiflung bringen mussten.

Er wusste, dass nur die Verbindung mit einer der ältesten Familien des Vaterlandes nach dem Sinn des alten Roderich den Glanz des Majorats auf ewige Zeiten begründen konnte. Der Alte hatte diese Verbindung in den Gestirnen gelesen und jedes freveliche Zerstören der Konstellation konnte nur Verderben bringen über die Stiftung. Wolfgangs Verbindung mit Julien erschien in dieser Art dem Alten ein verbrecherisches Attentat, wider Beschlüsse der Macht gerichtet, die ihm beigestanden im irdischen Beginnen, und jeder Anschlag, Julien, die wie ein dämonisches Prinzip sich ihm entgegengeworfen, zu verderben, gerechtfertigt. Hubert kannte des Bruders an Wahnsinn streifende Liebe zu Julien, ihr Verlust musste ihn elend machen, vielleicht töten, und um so lieber wurde er tätiger Helfershelfer bei den Plänen des Alten, als er selbst sträfliche Neigung zu Julien gefasst und sie für sich zu gewinnen hoffte. Eine besondere Schickung des Himmels wollt es, dass die giftigsten Anschläge an Wolfgangs Entschlossenheit scheiterten, ja dass es ihm gelang den Bruder zu täuschen. Für Hubert blieb Wolfgangs wirklich vollzogene Ehe, so wie die Geburt eines Sohnes ein Geheimnis. Mit der Vorahnung des nahen Todes kam dem alten Roderich zugleich der Gedanke, dass Wolfgang jene ihm feindliche Julie geheiratet habe; in dem Briefe, der dem Sohn befahl, am bestimmten Tage nach R. . sitten zu kommen, um das Majorat anzutreten, fluchte er ihm, wenn er nicht jene Verbindung zerreißen werde. Diesen Brief verbrannte Wolfgang bei der Leiche des Vaters.

An Hubert schrieb der Alte, dass Wolfgang Julien geheiratet habe, er werde aber diese Verbindung zerreißen. Hubert hielt dies für die Einbildung des träumerischen Vaters, erschrak aber nicht wenig, als Wolfgang in R.. sitten selbst mit vieler Freimütigkeit die Ahnung des Alten nicht allein bestätigte, sondern auch hinzufügte, dass Julie ihm einen Sohn geboren, und dass er nun in kurzer Zeit Julien, die ihn bis jetzt für den Kaufmann Born aus M. gehalten, mit der Nachricht seines Standes und seines reichen Besitztums hoch erfreuen werde. Selbst wolle er hin nach Genf, um das geliebte Weib zu holen. Noch ehe er diesen Entschluss ausführen konnte, ereilte ihn der Tod. Hubert verschwieg sorglich was ihm von dem Dasein eines in der Ehe mit Julien erzeugten Sohnes bekannt und riss so das Majorat an sich, das diesem gebührte. Doch nur wenige Jahre waren vergangen, als ihn tiefe Reue ergriff. Das Schicksal mahnte ihn an seine Schuld auf fürchterliche Weise durch den Hass, der zwischen seinen beiden Söhnen mehr und mehr emporkeimte. »Du bist ein armer dürftiger Schlucker«, sagte der älteste, ein zwölfjähriger Knabe zu dem jüngsten, »aber ich werde, wenn der Vater stirbt, Majoratsherr von R.. sitten, und da musst du demütig sein und mir die Hand küssen, wenn ich dir Geld geben soll zum neuen Rock.« – Der jüngste, in volle Wut geraten über des Bruders höhnenden Stolz, warf das Messer, das er gerade in der Hand hatte, nach ihm hin und traf ihn beinahe zum Tode. Hubert, großes Unglück fürchtend, schickte den jüngsten fort nach Petersburg, wo er später als Offizier unter Suwarow wider die Franzosen focht und blieb. Vor der Welt das Geheimnis seines unredlichen betrügerischen Besitzes kund zu tun, davon hielt ihn die Scham, die Schande, die über ihn gekommen, zurück, aber entziehen wollte er dem rechtmäßigen Besitzer keinen Groschen mehr. Er zog Erkundigungen ein in Genf, und erfuhr, dass die Frau Born, trostlos über das unbegreifliche Verschwinden ihres Mannes, gestorben, dass aber der junge Roderich Born von einem wackern Mann, der ihn aufgenommen, erzogen werde. Da kündigte sich Hubert unter fremden Namen als Verwandter des auf der See umgekommenen Kaufmann Born an und schickte Summen ein, die hinreichten, den jungen Majoratsherrn sorglich und anständig zu erziehn. Wie er die Überschüsse der Einkünfte des Majorats sorgfältig sammelte; wie er dann testamentarisch verfügte, ist bekannt. Über den Tod seines Bruders sprach Hubert in sonderbaren rätselhaften Ausdrücken, die so viel erraten ließen, dass es damit eine geheimnisvolle Bewandtnis haben musste, und dass Hubert wenigstens mittelbar teilnahm an einer grässlichen Tat. Der Inhalt der schwarzen Mappe klärte alles auf. Der verräterischen Korrespondenz Huberts mit Daniel lag ein Blatt bei, das Daniel beschrieben und unterschrieben hatte. V. las ein Geständnis, vor dem sein Innerstes erbebte. Auf Daniels Veranlassung war Hubert nach R .. sitten gekommen, Daniel war es, der ihm von den gefundenen einhundertundfunfzigtausend Reichstalern geschrieben. Man weiß, wie Hubert von dem Bruder aufgenommen wurde, wie er getäuscht in allen seinen Wünschen und Hoffnungen fort wollte, wie ihn V. zurückhielt. In Daniels Innerm kochte blutige Rache, die er zu nehmen hatte an dem jungen Menschen, der ihn ausstoßen wollen, wie einen räudigen Hund. *Der* schürte und schürte an dem Brande, von dem der verzweifelnde Hubert verzehrt wurde. Im Föhrenwalde auf der Wolfsjagd, im Sturm und Schneegestöber wurden sie einig über Wolfgangs Verderben. »Wegschaffen« – murmelte Hubert, indem er seitwärts wegblickte und die Büchse anlegte. »Ja, wegschaffen«, grinste Daniel, »aber nicht *so,* nicht *so*« – Nun vermaß er sich hoch und teuer, er werde den Freiherrn ermorden und kein Hahn solle darnach krähen. Hubert, als er endlich Geld erhalten, tat der Anschlag leid, er wollte fort, um jeder weitern Versuchung zu widerstehen. Daniel selbst sattelte in der Nacht das Pferd und führte es aus dem Stalle, als aber der Baron sich aufschwingen wollte, sprach Daniel mit schneidender Stimme: »Ich dächte, Freiherr Hubert, du bliebst auf dem Majorat, das dir in diesem Augenblick zugefallen, denn der stolze Majoratsherr liegt zerschmettert in der Gruft des Turms!« – Daniel hatte beobachtet, dass, von Golddurst geplagt, Wolfgang oft in der Nacht aufstand, vor die Tür trat, die sonst zum Turme führte und mit sehnsüchtigen Blicken hinabschaute in die Tiefe, die nach Daniels Versicherung noch bedeutende Schätze bergen sollte. Darauf gefasst stand in jener verhängnisvollen Nacht Daniel vor der Türe des Saals. Sowie er den Freiherrn die zum Turm führende Tür öffnen hörte, trat er hinein und dem Freiherrn nach, der dicht an dem Abgrunde stand. Der Freiherr drehte sich um und rief, als er den verruchten Diener, dem der Mord schon aus den Augen blitzte, gewahrte, entsetzt: »Daniel, Daniel, was machst du hier zu dieser Stunde!« Aber da kreischte Daniel wild auf: »Hinab mit dir, du räudiger Hund«, und schleuderte mit einem kräftigen Fußstoß den Unglücklichen hinunter in die Tiefe! – Ganz erschüttert von der grässlichen Untat fand der Freiherr keine Ruhe auf dem Schlosse, wo sein Vater ermordet. Er ging auf seine Güter nach Kurland und kam nur jedes Jahr zur

Herbstzeit nach R . . Sitten. Franz, der alte Franz, behauptete, dass Daniel, dessen Verbrechen er ahnde, noch oft zurzeit des Vollmonds spuke und beschrieb den Spuk gerade so, wie ihn V. später erfuhr und bannte. – Die Entdeckung dieser Umstände, welche das Andenken des Vaters schändeten, trieben auch den jungen Freiherrn Hubert fort in die Welt.

So hatte der Großonkel alles erzählt, nun nahm er meine Hand und sprach, indem ihm volle Tränen in die Augen traten, mit sehr weicher Stimme: »Vetter – Vetter – auch *sie,* die holde Frau, hat das böse Verhängnis, die unheimliche Macht, die dort auf dem Stammschlosse hauset, ereilt! Zwei Tage nachdem wir R . . sitten verlassen, veranstaltete der Freiherr zum Beschluss eine Schlitten-fahrt. Er selbst fährt seine Gemahlin, doch, als es talabwärts geht, reißen die Pferde plötzlich auf unbegreifliche Weise scheu gewor-den aus in vollem wütenden Schnauben und Toben. ›Der Alte – der Alte ist hinter uns her‹, schreit die Baronin auf mit schneiden-der Stimme! In dem Augenblick wird sie durch den Stoß, der den Schlitten umwirft, weit fortgeschleudert. – Man findet sie leblos – sie ist hin! – Der Freiherr kann sich nimmer trösten, seine Ruhe ist die eines Sterbenden! – Nimmer kommen wir wieder nach R . . sitten, Vetter!«

Der alte Großonkel schwieg, ich schied von ihm mit zerrisse-nem Herzen, und nur die alles beschwichtigende Zeit konnte den tiefen Schmerz lindern, in dem ich vergehen zu müssen glaubte.

Jahre waren vergangen. V. ruhte längst im Grabe, ich hatte mein Vaterland verlassen. Da trieb mich der Sturm des Krieges, der ver-wüstend über ganz Deutschland hinbrauste, in den Norden hinein, fort nach Petersburg. Auf der Rückreise, nicht mehr weit von K., fuhr ich in einer finstern Sommernacht dem Gestade der Ostsee entlang, als ich vor mir am Himmel einen großen funkeln-den Stern erblickte. Näher gekommen gewahrte ich wohl an der roten flackernden Flamme, dass das, was ich für einen Stern gehal-ten, ein starkes Feuer sein müsse, ohne zu begreifen, wie es so hoch in den Lüften schweben könne. »Schwager! was ist das für ein Feuer, dort vor uns?« frug ich den Postillion. »Ei«, erwiderte dieser, »ei, das ist kein Feuer, das ist der Leuchtturm von R . . sit-ten.« R . . sitten! – sowie der Postillion den Namen nannte, sprang in hellem Leben das Bild jener verhängnisvollen Herbsttage her-vor, die ich dort verlebte. Ich sah den Baron – Seraphinen, aber auch die alten wunderlichen Tanten, mich selbst mit blankem Milchgesicht, schön frisiert und gepudert, in zartes Himmelblau gekleidet – ja mich den Verliebten, der wie ein Ofen seufzt, mit Jammerlied auf seiner Liebsten Braue! – In der tiefen Wehmut, die mich durchbebte, flackerten wie bunte Lichterchen V-s derbe Späße auf, die mir nun ergötzlicher waren als damals. So von Schmerz und wunderbarer Lust bewegt, stieg ich am frühen Morgen in R .. sitten aus dem Wagen, der vor der Postexpedition hielt. Ich erkannte das Haus des Ökonomieinspektors, ich frug nach ihm. »Mit Verlaub«, sprach der Postsschreiber, indem er die Pfeife aus dem Munde nahm und an der Nachtmütze rückte, »mit Verlaub, hier ist kein Ökonomieinspektor, es ist ein königliches Amt und der Herr Amtsrat belieben noch zu schlafen.« Auf weiteres Fragen erfuhr ich, dass schon vor sechszehn Jahren der Freiherr Roderich von R., der letzte Majoratsbesitzer, ohne Deszendenten gestorben und das Majorat der Stiftungsurkunde gemäß dem Staate anheim gefallen sei. – Ich ging hinauf nach dem Schlosse, es lag in Ruinen zusammengestürzt. Man hatte einen großen Teil der Steine zu dem Leuchtturm benutzt, so versicherte ein alter Bauer, der aus dem Föhrenwalde kam und mit dem ich mich ins Gespräch einließ. *Der* wusste auch noch von dem Spuk zu erzählen, wie er auf dem Schlosse gehaust haben sollte und versicherte, dass noch jetzt sich oft, zumal beim Vollmonde, grauenvolle Klagelaute in dem Gestein hören ließen.

Armer alter, kurzsichtiger Roderich! welche böse Macht beschworst du herauf, die den Stamm, den du mit fester Wurzel für die Ewigkeit zu pflanzen gedachtest, im ersten Aufkeimen zum Tode vergiftete.

III
Aus den Serapions-Brüdern

DIE BERGWERKE ZU FALUN

An einem heitern sonnenhellen Juliustage hatte sich alles Volk zu
Götaborg auf der Reede versammelt. Ein reicher Ostindienfahrer
glücklich heimgekehrt aus dem fernen Lande lag im Klippa-
Hafen vor Anker und ließ die langen Wimpel, die schwedischen
Flaggen lustig hinauswehen in die azurblaue Luft, während
hunderte von Fahrzeugen, Böten, Kähnen, voll gepfropft mit
jubelnden Seeleuten auf den spiegelblanken Wellen der Götaelf
hin und her schwammen und die Kanonen von Masthuggetorg
ihre weithallenden Grüße hinüberdonnerten in das weite Meer.
Die Herren von der ostindischen Kompagnie wandelten am
Hafen auf und ab, und berechneten mit lächelnden Gesichtern
den reichen Gewinn, der ihnen geworden, und hatten ihre Her-
zensfreude daran, wie ihr gewagtes Unternehmen nun mit jedem
Jahr mehr und mehr gedeihe und das gute Götaborg im schönsten
Handelsflor immer frischer und herrlicher emporblühe. Jeder
sah auch deshalb die wackern Herrn mit Lust und Vergnügen an
und freute sich mit ihnen, denn mit ihrem Gewinn kam ja Saft
und Kraft in das rege Leben der ganzen Stadt.
   Die Besatzung des Ostindienfahrers, wohl an die hundertund-
funfzig Mann stark, landete in vielen Böten die dazu ausgerüstet,
und schickte sich an ihren Hönsning zu halten. So ist nämlich das
Fest geheißen, das bei derlei Gelegenheit von der Schiffsmann-
schaft gefeiert wird, und das oft mehrere Tage dauert. Spielleute in
wunderlicher bunter Tracht zogen vorauf mit Geigen, Pfeifen,
Oboen und Trommeln, die sie wacker rührten, während andere
allerlei lustige Lieder dazu absangen. Ihnen folgten die Matrosen
zu Paar und Paar. Einige mit bunt bebänderten Jacken und Hüten
schwangen flatternde Wimpel, andere tanzten und sprangen und
alle jauchzten und jubelten, dass das helle Getöse weit in den Lüften erhallte.
   So ging der fröhliche Zug fort über die Werfte – durch die Vor-
städte bis nach der Haga-Vorstadt, wo in einem Gästgifvaregard
tapfer geschmaust und gezecht werden sollte.
   Da floss nun das schönste Öl in Strömen und Bumper auf Bumper wurde geleert. Wie es denn nun bei Seeleuten, die heimkehren

von weiter Reise, nicht anders der Fall ist, allerlei schmucke Dirnen gesellten sich alsbald zu ihnen, der Tanz begann und wilder und wilder wurde die Lust und lauter und toller der Jubel.

Nur ein einziger Seemann, ein schlanker hübscher Mensch, kaum mocht er zwanzig Jahr alt sein, hatte sich fortgeschlichen aus dem Getümmel, und draußen einsam hingesetzt auf die Bank, die neben der Tür des Schenkhauses stand.

Ein paar Matrosen traten zu ihm, und einer von ihnen rief laut auflachend: »Elis Fröbom! – Elis Fröbom! – Bist du mal wieder ein recht trauriger Narr worden, und vertrödelst die schöne Zeit mit dummen Gedanken? – Hör Elis, wenn du von unserm Hönsning wegbleibst, so bleib lieber auch ganz weg vom Schiff! – Ein ordentlicher tüchtiger Seemann wird doch so aus dir niemals werden. Mut hast du zwar genug, und tapfer bist du auch in der Gefahr, aber saufen kannst du gar nicht, und behältst lieber die Dukaten in der Tasche, als sie hier gastlich den Landratzen zuzuwerfen. – Trink, Bursche! oder der Seeteufel Nacken – der ganze Troll soll dir über den Hals kommen!«

Elis Fröbom sprang hastig von der Bank auf, schaute den Matrosen an mit glühendem Blick, nahm den mit Branntwein bis an den Rand gefüllten Becher und leerte ihn mit einem Zuge. Dann sprach er: »Du siehst, Joens, dass ich saufen kann wie einer von euch, und ob ich ein tüchtiger Seemann bin mag der Kapitän entscheiden. Aber nun halt dein Lästermaul, und schier dich fort! – Mir ist eure wilde Tollheit zuwider. – Was ich hier draußen treibe, geht dich nichts an!« »Nun, nun«, erwiderte Joens, »ich weiß es ja, du bist ein Neriker von Geburt, und die sind alle trübe und traurig, und haben keine rechte Lust am wackern Seemannsleben! – Wart nur, Elis, ich werde dir jemand herausschicken, du sollst bald weggebracht werden von der verhexten Bank, an die dich der Nacken genagelt hat.«

Nicht lange dauerte es, so trat ein gar feines schmuckes Mädchen aus der Tür des Gästgifvaregård und setzte sich hin neben dem trübsinnigen Elis, der sich wieder verstummt und in sich gekehrt auf die Bank niedergelassen hatte. Man sah es dem Putz, dem ganzen Wesen der Dirne wohl an, dass sie sich leider böser Lust geopfert, aber noch hatte das wilde Leben nicht seine zerstörende Macht geübt an den wunderheblichen sanften Zügen ihres holden Antlitzes. Keine Spur von zurückstoßender Frechheit, nein, eine stille sehnsüchtige Trauer lag in dem Blick der dunkeln Augen.

»Elis! – wollt Ihr denn gar keinen Teil nehmen an der Freude

Eurer Kameraden? – Regt sich denn gar keine Lust in euch, da Ihr wieder heimgekommen und der bedrohlichen Gefahr der trügerischen Meereswellen entronnen nun wieder auf vaterländischem Boden steht?«

So sprach die Dirne mit leiser, sanfter Stimme, indem sie den Arm um den Jüngling schlang. Elis Fröbom, wie aus tiefem Traum erwachend, schaute dem Mädchen ins Auge, er fasste ihre Hand, er drückte sie an seine Brust, man merkte wohl, dass der Dirne süß Gelispel recht in sein Inneres hineingeklungen.

»Ach«, begann er endlich, wie sich besinnend, »ach, mit meiner Freude, mit meiner Lust ist es nun einmal gar nichts. Wenigstens kann ich durchaus nicht einstimmen in die Toberei meiner Kameraden. Geh nur hinein, mein gutes Kind, juble und jauchze mit den andern, wenn du es vermagst, aber lass den trüben, traurigen Elis hier draußen allein; er würde dir nur alle Lust verderben. – Doch wart! – du gefällst mir gar wohl, und sollst an mich fein denken, wenn ich wieder auf dem Meere bin.«

Damit nahm er zwei blanke Dukaten aus der Tasche, zog ein schönes ostindisches Tuch aus dem Busen, und gab beides der Dirne. Der traten aber die hellen Tränen in die Augen, sie stand auf, sie legte die Dukaten auf die Bank, sie sprach: »Ach, behaltet doch nur Eure Dukaten, die machen mich nur traurig, aber das schöne Tuch, das will ich tragen euch zum teuern Andenken, und Ihr werdet mich wohl übers Jahr nicht mehr finden wenn Ihr Hönsning haltet hier in der Haga.«

Damit schlich die Dirne, nicht mehr zurückkehrend in das Schenkhaus, beide Hände vors Gesicht gedrückt, fort über die Straße.

Aufs neue versank Elis Fröbom in seine düstre Träumerei, und rief endlich, als der Jubel in der Schenke recht laut und toll wurde: »Ach lag ich doch nur begraben in dem tiefsten Meeresgrunde! – denn im Leben gibt's keinen Menschen mehr, mit dem ich mich freuen sollte!«

Da sprach eine tiefe raue Stimme dicht hinter ihm: »Ihr müsst gar großes Unglück erfahren haben, junger Mensch, dass Ihr euch schon jetzt, da das Leben euch erst recht aufgehen sollte, den Tod wünschet.«

Elis schaute sich um, und gewahrte einen alten Bergmann, der mit übereinander geschlagenen Armen an die Plankenwand des Schenkhauses angelehnt stand, und mit ernstem durchdringenden Blick auf ihn herabschaute.

Sowie Elis den Alten länger ansah, wurde es ihm, als trete in tiefer wilder Einsamkeit, in die er sich verloren geglaubt, eine bekannte Gestalt ihm freundlich tröstend entgegen. Er sammelte sich, und erzählte, wie sein Vater ein tüchtiger Steuermann gewesen, aber in demselben Sturme umgekommen, aus dem er gerettet worden auf wunderbare Weise. Seine beiden Brüder wären als Soldaten geblieben in der Schlacht, und er allein habe seine arme verlassene Mutter erhalten mit dem reichen Solde, den er nach jeder Ostindienfahrt empfangen. Denn Seemann habe er doch nun einmal, von Kindesbeinen an dazu bestimmt, bleiben müssen, und da habe es ihm ein großes Glück gedünkt, in den Dienst der ostindischen Kompagnie treten zu können. Reicher als jemals sei diesmal der Gewinn ausgefallen, und jeder Matrose habe noch außer dem Sold ein gut Stück Geld erhalten, sodass er, die Tasche voll Dukaten, in heller Freude hingelaufen sei nach dem kleinen Häuschen, wo seine Mutter gewohnt. Aber fremde Gesichter hätten ihn aus dem Fenster angekuckt, und eine junge Frau, die ihm endlich die Tür geöffnet, und der er sich zu erkennen gegeben, habe ihm mit kaltem rauem Ton berichtet, dass seine Mutter schon vor drei Monaten gestorben, und dass er die paar Lumpen, die, nachdem die Begräbniskosten berichtigt, noch übrig geblieben, auf dem Rathause in Empfang nehmen könne. Der Tod seiner Mutter zerreiße ihm das Herz, er fühle sich von aller Welt verlassen, einsam wie auf ein ödes Riff verschlagen, hülf los, elend. Sein ganzes Leben auf der See erscheine ihm wie ein irres zweckloses Treiben, ja, wenn er daran denke, dass seine Mutter vielleicht schlecht gepflegt von fremden Leuten, so ohne Trost sterben müssen, komme es ihm ruchlos und abscheulich vor, dass er überhaupt zur See gegangen, und nicht lieber daheim geblieben, seine arme Mutter nährend und pflegend. Die Kameraden hätten ihn mit Gewalt fortgerissen zum Hönsning, und er selbst habe geglaubt, dass der Jubel um ihn her, ja auch wohl das starke Getränk, seinen Schmerz betäuben werde, aber stattdessen sei es ihm bald geworden, als spröngen alle Adern in seiner Brust, und er müsse sich verbluten.

»Ei«, sprach der alte Bergmann, »ei, du wirst bald wieder in See stechen, Elis, und dann wird dein Schmerz vorüber sein in weniger Zeit. Alte Leute sterben, das ist nun einmal nicht anders, und deine Mutter hat ja, wie du selbst gestehst, nur ein armes mühseliges Leben verlassen.«

»Ach«, erwiderte Elis, »ach, dass niemand an meinen Schmerz glaubt, ja dass man mich wohl albern und töricht schilt, das ist es ja eben, was mich hinausstößt aus der Welt. – Auf die See mag ich nicht mehr, das Leben ekelt mich an. Sonst ging mir wohl das Herz auf, wenn das Schiff die Segel wie stattliche Schwingen ausbreitend, über das Meer dahinfuhr, und die Wellen in gar lustiger Musik plätscherten und sausten, und der Wind dazwischen pfiff durch das knatternde Tauwerk. Da jauchzte ich fröhlich mit den Kameraden auf dem Verdeck, und dann – hatte ich in stiller dunkler Nacht die Wache, da gedachte ich der Heimkehr und meiner guten alten Mutter, wie die sich nun wieder freuen würde, wenn Elis zurückgekommen! – Hei! da könnt ich wohl jubeln auf dem Hönsning, wenn ich dem Mütterchen die Dukaten in den Schoß geschüttet, wenn ich ihr die schönen Tücher und wohl noch manch anderes Stück seltner Ware aus dem fernen Lande hingereicht. Wenn ihr dann vor Freude die Augen hell aufleuchteten, wenn sie die Hände einmal über das andere zusammenschlug, ganz erfüllt von Vergnügen und Lust, wenn sie geschäftig hin und her trippelte, und das schönste Aehl herbeiholte, das sie für Elis aufbewahrt. Und saß ich denn nun abends bei der Alten, dann erzählte ich ihr von den seltsamen Leuten, mit denen ich verkehrt, von ihren Sitten und Gebräuchen, von allem Wunderbaren was mir begegnet, auf der langen Reise. Sie hatte ihre große Lust daran, und redete wieder zu mir von den wunderbaren Fahrten meines Vaters im höchsten Norden, und tischte mir dagegen manches schauerliche Seemannsmärlein auf, das ich schon hundertmal gehört, und an dem ich mich doch gar nicht satt hören konnte! – Ach! wer bringt mir diese Freude wieder! – Nein, niemals mehr auf die See. – Was sollt ich unter den Kameraden, die mich nur aushöhnen würden, und wo sollt ich Lust hernehmen zur Arbeit, die mir nur ein mühseliges Treiben um nichts dünken würde!« –

»Ich höre euch«, sprach der Alte, als Elis schwieg, »ich höre euch mit Vergnügen reden, junger Mensch, so wie ich schon seit ein paar Stunden, ohne dass Ihr mich gewahrtet, Euer ganzes Betragen beobachtete, und meine Freude daran hatte. Alles, was Ihr tatet, was Ihr spracht, beweist, dass Ihr ein tiefes in sich selbst gekehrtes, frommes, kindliches Gemüt habt, und eine schönere Gabe konnte euch der hohe Himmel gar nicht verleihen. Aber zum Seemann habt Ihr Eure Lebetage gar nicht im mindesten getaugt. Wie sollte euch stillem, wohl gar zum Trübsinn geneigten Neriker (dass Ihr das seid, seh ich an den Zügen Eures Gesichts, an Eurer ganzen Haltung) wie sollte euch das wilde unstete Leben auf der See zusagen. Ihr tut wohl daran, dass Ihr dies Leben aufgebt für immer. Aber die Hände werdet Ihr doch nicht in den

Schoß legen? – Folgt meinem Rat, Elis Fröbom! geht nach Falun, werdet ein Bergmann. Ihr seid jung, rüstig, gewiss bald ein tüchtiger Knappe, dann Hauer, Steiger und immer höher herauf. Ihr habt tüchtige Dukaten in der Tasche, die legt Ihr an, verdient dazu, kommt wohl gar zum Besitz eines Bergmannshemmans, habt Eure eigne Kuxe in der Grube. Folgt meinem Rat, Elis Fröbom, werdet ein Bergmann!«

Elis Fröbom erschrak beinahe über die Worte des Alten. »Wie«, rief er, »was ratet Ihr mir? Von der schönen freien Erde, aus dem heitern sonnenhellen Himmel, der mich umgibt, labend, erquickend, soll ich hinaus – hinab in die schauerliche Höllentiefe und dem Maulwurf gleich wühlen und wühlen nach den Erzen und Metallen, schnöden Gewinns halber?«

»So ist«, rief der Alte erzürnt, »so ist nun das Volk, es verachtet das, was es nicht zu erkennen vermag. Schnöder Gewinn! Als ob alle grausame Quälerei auf der Oberfläche der Erde, wie sie der Handel herbeiführt, sich edler gestalte als die Arbeit des Bergmanns, dessen Wissenschaft, dessen unverdrossenem Fleiß die Natur ihre geheimsten Schatzkammern erschließt. Du sprichst von schnödem Gewinn, Elis Fröbom! – ei es möchte hier wohl noch Höheres gelten. Wenn der blinde Maulwurf in blindem Instinkt die Erde durchwühlt, so möcht es wohl sein, dass in der tiefsten Teufe bei dem schwachen Schimmer des Grubenlichts des Menschen Auge hellsehender wird, ja dass es endlich sich mehr und mehr erkräftigend, in dem wunderbaren Gestein die Abspiegelung dessen zu erkennen vermag, was oben über den Wolken verborgen. Du weißt nichts von dem Bergbau, Elis Fröbom, lass dir davon erzählen.«

Mit diesen Worten setzte sich der Alte hin auf die Bank neben Elis, und begann sehr ausführlich zu beschreiben, wie es bei dem Bergbau hergehe, und mühte sich, mit den lebendigsten Farben dem Unwissenden alles recht deutlich vor Augen zu bringen. Er kam auf die Bergwerke von Falun, in denen er, wie er sagte, seit seiner frühen Jugend gearbeitet, er beschrieb die große Tagesöffnung mit den schwarzbraunen Wänden, die dort anzutreffen, er sprach von dem unermesslichen Reichtum der Erzgrube an dem schönsten Gestein. Immer lebendiger und lebendiger wurde seine Rede, immer glühender sein Blick. Er durchwanderte die Schachten wie die Gänge eines Zaubergartens. Das Gestein lebte auf, die Fossile regten sich, der wunderbare Pyrosmalith, der Almandin blitzten im Schein der Grubenlichter – die Bergkristalle leuchteten und flimmerten durcheinander.

Elis horchte hoch auf; des Alten seltsame Weise von den unterirdischen Wundern zu reden, als stehe er gerade in ihrer Mitte, erfasste sein ganzes Ich. Er fühlte seine Brust beklemmt, es war ihm, als sei er schon hinabgefahren mit dem Alten in die Tiefe, und ein mächtiger Zauber halte ihn unten fest, sodass er nie mehr das freundliche Licht des Tages schauen werde. Und doch war es ihm wieder, als habe ihm der Alte eine neue unbekannte Welt erschlossen, in die er hineingehöre, und aller Zauber dieser Welt sei ihm schon zur frühsten Knabenzeit in seltsamen geheimnisvollen Ahnungen aufgegangen.

»Ich habe«, sprach endlich der Alte, »ich habe euch, Elis Fröbom, alle Herrlichkeit eines Standes dargetan, zu dem euch die Natur recht eigentlich bestimmte. Geht nur mit euch selbst zurate, und tut dann, wie Euer Sinn es euch eingibt!«

Damit sprang der Alte hastig auf von der Bank, und schritt von dannen, ohne Elis weiter zu grüßen oder sich nach ihm umzuschauen. Bald war er seinem Blick entschwunden.

In dem Schenkhause war es indessen still worden. Die Macht des starken Aehls (Biers), des Branntweins hatte gesiegt. Manche vom Schiffsvolk waren fortgeschlichen mit ihren Dirnen, andere lagen in den Winkeln und schnarchten. Elis, der nicht mehr einkehren konnte in das gewohnte Obdach, erhielt auf sein Bitten ein kleines Kämmerlein zur Schlafstelle.

Kaum hatte er sich müde und matt wie er war, hingestreckt auf sein Lager, als der Traum über ihm seine Fittiche rührte. Es war ihm, als schwämme er in einem schönen Schiff mit vollen Segeln auf dem spiegelblanken Meer, und über ihm wölbe sich ein dunkler Wolkenhimmel. Doch wie er nun in die Wellen hinabschaute, erkannte er bald, dass das, was er für das Meer gehalten, eine feste durchsichtige funkelnde Masse war, in deren Schimmer das ganze Schiff auf wunderbare Weise zerfloss, sodass er auf dem Kristallboden stand, und über sich ein Gewölbe von schwarz flimmerndem Gestein erblickte. Gestein war das nämlich, was er erst für den Wolkenhimmel gehalten. Von unbekannter Macht fortgetrieben, schritt er vorwärts, aber in dem Augenblick regte sich alles um ihn her, und wie kräuselnde Wogen erhoben sich aus dem Boden wunderbare Blumen und Pflanzen von blinkendem Metall, die ihre Blüten und Blätter aus der tiefsten Tiefe emporrankten, und auf anmutige Weise ineinander verschlangen. Der Boden war so klar, dass Elis die Wurzeln der Pflanzen deutlich erkennen konnte, aber bald immer tiefer mit dem Blick eindringend, erblickte er ganz unten – unzählige holde jungfräuliche

Gestalten, die sich mit weißen glänzenden Armen umschlungen hielten, und aus ihren Herzen sprossten jene Wurzeln, jene Blumen und Pflanzen empor, und wenn die Jungfrauen lächelten, ging ein süßer Wohllaut durch das weite Gewölbe, und höher und freudiger schossen die wunderbaren Metallblüten empor. Ein unbeschreibliches Gefühl von Schmerz und Wollust ergriff den Jüngling, eine Welt von Liebe, Sehnsucht, brünstigem Verlangen ging auf in seinem Innern. »Hinab – hinab zu euch«, rief er, und warf sich mit ausgebreiteten Armen auf den kristallenen Boden nieder. Aber *der* wich unter ihm, und er schwebte wie in schimmerndem Äther. »Nun, Elis Fröbom, wie gefällt es dir in dieser Herrlichkeit?« – So rief eine starke Stimme. Elis gewahrte neben sich den alten Bergmann, aber so wie er ihn mehr und mehr anschaute wurde er zur Riesengestalt aus glühendem Erz gegossen. Elis wollte sich entsetzen, aber in dem Augenblick leuchtete es auf aus der Tiefe wie ein jäher Blitz und das ernste Antlitz einer mächtigen Frau wurde sichtbar. Elis fühlte, wie das Entzücken in seiner Brust immer steigend und steigend zur zermalmenden Angst wurde. Der Alte hatte ihn umfasst und rief: »Nimm dich in acht, Elis Fröbom, das ist die Königin, noch magst du heraufschauen.« – Unwillkürlich drehte er das Haupt, und wurde gewahr wie die Sterne des nächtlichen Himmels durch eine Spalte des Gewölbes leuchteten. Eine sanfte Stimme rief wie in trostlosem Weh seinen Namen. Es war die Stimme seiner Mutter. Er glaubte ihre Gestalt zu schauen oben an der Spalte. Aber es war ein holdes junges Weib die ihre Hand tief hinabstreckte in das Gewölbe und seinen Namen rief. »Trage mich empor«, rief er dem Alten zu, »ich gehöre doch der Oberwelt an und ihrem freundlichen Himmel.« – »Nimm dich in acht«, sprach der Alte dumpf, »nimm dich in acht, Fröbom! – sei treu der Königin der du dich ergeben.« Sowie nun aber der Jüngling wieder hinabschaute in das starre Antlitz der mächtigen Frau, fühlte er, dass sein Ich zerfloss in dem glänzenden Gestein. Er kreischte auf in namenloser Angst und erwachte aus dem wunderbaren Traum, dessen Wonne und Entsetzen tief in seinem Innern widerklang.

»Es konnte«, sprach Elis, als er sich mit Mühe gesammelt, zu sich selbst, »es konnte wohl nicht anders sein, es musste mir solch wunderliches Zeug träumen. Hat mir doch der alte Bergmann so viel erzählt von der Herrlichkeit der unterirdischen Welt, dass mein ganzer Kopf davon erfüllt ist, noch in meinem ganzen Leben war mir nicht so zu Mute als eben jetzt. – Vielleicht träume ich noch fort – Nein nein – ich bin wohl nur krank, hinaus ins Freie, der frische Hauch der Seeluft wird mich heilen!«

Er raffte sich auf und rannte nach dem Klippa-Hafen, wo der Jubel des Hönsnings aufs neue sich erhob. Aber bald gewahrte er, wie alle Lust an ihm vorüberging, wie er keinen Gedanken in der Seele festhalten konnte, wie Ahnungen, Wünsche die er nicht zu nennen vermochte, sein Inneres durchkreuzten. – Er dachte mit tiefer Wehmut an seine verstorbene Mutter, dann war es ihm aber wieder, als sehne er sich nur noch einmal jener Dirne zu begegnen, die ihn gestern so freundlich angesprochen. Und dann fürchtete er wieder, träte auch die Dirne aus dieser oder jener Gasse ihm entgegen, so würd es am Ende der alte Bergmann sein, vor dem er sich, selbst konnte er nicht sagen warum, entsetzen müsse. Und doch hätte er wieder auch von dem Alten sich gern mehr erzählen lassen von den Wundern des Bergbaues.

Von all diesen treibenden Gedanken hin und her geworfen, schaute er hinein in das Wasser. Da wollt es ihm bedünken, als wenn die silbernen Wellen erstarrten zum funkelnden Glimmer, in dem nun die schönen großen Schiffe zerfließen, als wenn die dunklen Wolken, die eben heraufzogen an dem heitern Himmel, sich hinabsenken würden und verdichten zum steinernen Gewölbe. – Er stand wieder in seinem Traum, er schaute wieder das ernste Antlitz der mächtigen Frau, und die verstörende Angst des sehnsüchtigsten Verlangens erfasste ihn aufs Neue. –

Die Kameraden rüttelten ihn auf aus der Träumerei, er musste ihrem Zuge folgen. Aber nun war es, als flüstre eine unbekannte Stimme ihm unaufhörlich ins Ohr: »Was willst du noch hier? – fort! – fort – in den Bergwerken zu Falun ist deine Heimat. – Da geht alle Herrlichkeit dir auf, von der du geträumt – fort, fort nach Falun!«

Drei Tage trieb sich Elis Fröbom in den Straßen von Götaborg umher, unaufhörlich verfolgt von den wunderlichen Gebilden seines Traums, unaufhörlich gemahnt von der unbekannten Stimme.

Am vierten Tage stand Elis an dem Tore durch welches der Weg nach Gefle führt. Da schritt eben ein großer Mann vor ihm hindurch. Elis glaubte den alten Bergmann erkannt zu haben und eilte unwiderstehlich fortgetrieben ihm nach, ohne ihn zu erreichen.

Rastlos ging es nun fort und weiter fort.

Elis wusste deutlich, dass er sich auf dem Wege nach Falun befinde und eben dies beruhigte ihn auf besondere Weise, denn gewiss war es ihm, dass die Stimme des Verhängnisses durch den alten Bergmann zu ihm gesprochen, der ihn nun auch seiner Bestimmung entgegenführe.

In der Tat sah er auch manchmal, vorzüglich wenn der Weg ihm ungewiss werden wollte, den Alten, wie er aus einer Schlucht, aus dickem Gestripp, aus dunklem Gestein plötzlich hervortrat, und vor ihm ohne sich umzuschauen daherschritt, dann aber schnell wieder verschwand.

Endlich nach manchem mühselig durchwanderten Tage erblickte Elis in der Ferne zwei große Seen, zwischen denen ein dicker Dampf aufstieg. So wie er mehr und mehr die Anhöhe westlich erklimmte, unterschied er in dem Rauch ein paar Türme und schwarze Dächer. Der Alte stand vor ihm riesengroß, zeigte mit ausgestrecktem Arm hin nach dem Dampf und verschwand wieder im Gestein.

»Das ist Falun!«, rief Elis, »das ist Falun, das Ziel meiner Reise!« – Er hatte Recht, denn Leute die ihm hinterher wanderten bestätigten es, dass dort zwischen den Seen Runn und Warpann die Stadt Falun liege, und dass er soeben den Guffrisberg hinansteige wo die große Pinge oder Tagesöffnung der Erzgrube befindlich.

Elis Fröbom schritt guten Mutes vorwärts, als er aber vor dem Ungeheuern Höllenschlunde stand, da gefror ihm das Blut in den Adern und er erstarrte bei dem Anblick der fürchterlichen Zerstörung.

Bekanntlich ist die große Tagesöffnung der Erzgrube zu Falun an zwölfhundert Fuß lang, sechshundert Fuß breit und einhundertundachtzig Fuß tief. Die schwarzbraunen Seitenwände gehen anfangs größtenteils senkrecht nieder; dann verflachen sie sich aber gegen die mittlere Tiefe durch Ungeheuern Schutt und Trümmerhalden. In diesen und an den Seitenwänden blickt hin und wieder die Zimmerung alter Schächte hervor, die aus starken, dicht aufeinander gelegten und an den Enden ineinander gefügten Stämmen nach Art des gewöhnlichen Blockhäuserbaues aufgeführt sind. Kein Baum, kein Grashalm sprosst in dem kahlen zerbröckelten Steingeklüft und in wunderlichen Gebilden, manchmal riesenhaften versteinerten Tieren, manchmal menschlichen Kolossen ähnlich, ragen die zackigen Felsenmassen ringsumher empor. Im Abgrunde liegen in wilder Zerstörung durcheinander Steine, Schlacken – ausgebranntes Erz, und ein ewiger betäubender Schwefeldunst steigt aus der Tiefe, als würde unten der Höllensud gekocht, dessen Dämpfe alle grüne Lust der Natur vergiften. Man sollte glauben, hier sei Dante herabgestiegen und habe den Inferno geschaut mit all seiner trostlosen Qual, mit all seinem Entsetzen.*

Als nun Elis Fröbom hinabschaute in den ungeheueren Schlund, kam ihm in den Sinn was ihm vor langer Zeit der alte Steuermann seines Schiffs erzählt. Dem war es, als er einmal im Fieber gelegen, plötzlich gewesen, als seien die Wellen des Aleeres verströmt, und unter ihm habe sich der unermessliche Abgrund geöffnet, sodass er die scheußlichen Untiere der Tiefe erblicke die sich zwischen tausenden von seltsamen Muscheln, Korallenstauden, zwischen wunderlichem Gestein in hässlichen Verschlingungen hin und her wälzten bis sie mit aufgesperrtem Rachen zum Tode erstarrt liegen geblieben. Ein solches Gesicht, meinte der alte Seemann, bedeute den baldigen Tod in den Wellen, und wirklich stürzte er auch bald darauf unversehens von dem Verdeck in das Meer und war rettungslos verschwunden. Daran dachte Elis, denn wohl bedünkte ihm der Abgrund wie der Boden der von den Wellen verlassenen See, und das schwarze Gestein, die bläulichen, roten Schlacken des Erzes schienen ihm abscheuliche Untiere, die ihre hässlichen Polypenarme nach ihm ausstreckten. – Es geschah, dass eben einige Bergleute aus der Teufe emporstiegen, die in ihrer dunklen Grubentracht, mit ihren schwarz verbrannten Gesichtern, wohl anzusehen waren wie hässliche Unholde, die aus der Erde mühsam hervorgekrochen sich den Weg bahnen wollten bis auf die Oberfläche.

Elis fühlte sich von tiefen Schauern durchbebt und was dem Seemann noch niemals geschehen, ihn ergriff der Schwindel; es war ihm als zögen unsichtbare Hände ihn hinab in den Schlund.

Mit geschlossenen Augen rannte er einige Schritte fort, und erst als er weit von der Pinge den Guffrisberg wieder hinabstieg und er hinaufblickte zum heitern sonnenhellen Himmel, war ihm alle Angst jenes schauerlichen Anblicks entnommen. Er atmete wieder frei und rief recht aus tiefer Seele: »O Herr meines Lebens, was sind alle Schauer des Meeres gegen das Entsetzen was dort in dem öden Steingeklüft wohnt! – Mag der Sturm toben, mögen die schwarzen Wolken hinabtauchen in die brausenden Wellen, bald siegt doch wieder die schöne herrliche Sonne und vor ihrem freundlichen Antlitz verstummt das wilde Getöse, aber nie dringt

---

* S. die Beschreibung der großen Pinge zu Falun in Hausmanns Reise durch Skandinavien. V. Teil. Seite 96 ff.

ihr Blick in jene schwarze Höhlen, und kein frischer Frühlingshauch erquickt dort unten jemals die Brust. – Nein, zu euch mag ich mich nicht gesellen, ihr schwarzen Erdwürmer, niemals würd ich mich eingewöhnen können in euer trübes Leben!«

Elis gedachte in Falun zu übernachten und dann mit dem frühesten Morgen seinen Rückweg anzutreten nach Götaborg.

Als er auf den Marktplatz, der Helsingtorget geheißen, kam, fand er eine Menge Volks versammelt.

Ein langer Zug von Bergleuten in vollem Staat mit Grubenlichtern in den Händen, Spielleute voraus, hielt eben vor einem stattlichen Hause. Ein großer schlanker Mann von mittleren Jahren trat heraus, und schaute mit mildem Lächeln umher. An dem freien Anstande, an der offnen Stirn, an den dunkelblau leuchtenden Augen musste man den echten Dalkarl erkennen. Die Bergleute schlossen einen Kreis um ihn, jedem schüttelte er treuherzig die Hand, mit jedem sprach er freundliche Worte.

Elis Fröbom erfuhr auf Befragen, dass der Mann Pehrson Dahlsjö sei, Masmeister Altermann und Besitzer einer schönen Bergsfräle bei Stora-Kopparberg. Bergsfräle sind in Schweden Ländereien geheißen die für die Kupfer- und Silberbergwerke verliehen wurden. Die Besitzer solcher Frälsen haben Kuxe in den Gruben, für deren Betrieb sie zu sorgen gehalten sind.

Man erzählte dem Elis weiter, dass eben heute der Bergsthing (Gerichtstag) geendigt, und dass dann die Bergleute herumzögen bei dem Bergmeister, dem Hüttenmeister und den Altermännern, überall aber gastlich bewirtet würden.

Betrachtete Elis die schönen stattlichen Leute mit den freien freundlichen Gesichtern, so konnte er nicht mehr an jene Erdwürmer in der großen Pinge denken. Die helle Fröhlichkeit, die, als Pehrson Dahlsjö hinaustrat, wie aufs neue angefacht durch den ganzen Kreis aufloderte, war wohl ganz anderer Art als der wilde tobende Jubel der Seeleute beim Hönsning.

Dem stillen ernsten Elis ging die Art, wie sich diese Bergmänner freuten, recht tief ins Herz. Es wurde ihm unbeschreiblich wohl zu Mute, aber der Tränen könnt er sich vor Rührung kaum enthalten, als einige der jüngeren Knappen ein altes Lied anstimmten, das in gar einfacher in Seele und Gemüt dringender Melodie den Segen des Bergbaues pries.

Als das Lied geendet, öffnete Pehrson Dahlsjö die Türe seines Hauses und alle Bergleute traten nacheinander hinein. Elis folgte unwillkürlich und blieb an der Schwelle stehen, sodass er den ganzen geräumigen Flur übersehen konnte, in dem die Bergleute auf

Bänken Platz nahmen. Ein tüchtiges Mahl stand auf einem Tisch bereitet.

Nun ging die hintere Türe dem Elis gegenüber auf, und eine holde festlich geschmückte Jungfrau trat hinein. Hoch und schlank gewachsen, die dunklen Haare in vielen Zöpfen über der Scheitel aufgeflochten, das nette schmucke Mieder mit reichen Spangen zusammengenestelt ging sie daher in der höchsten Anmut der blühendsten Jugend. Alle Bergleute standen auf und ein leises freudiges Gemurmel lief durch die Reihen: »Ulla Dahlsjö – Ulla Dahlsjö! – Wie hat Gott gesegnet unsern wackern Altermann mit dem schönen frommen Himmelskinde!« – Selbst den ältesten Bergleuten funkelten die Augen, als Ulla ihnen sowie allen übrigen die Hand bot zum freundlichen Gruß. Dann brachte sie schöne silberne Krüge, schenkte treffliches Aehl, wie es denn nun in Falun bereitet wird, ein, und reichte es dar den frohen Gästen, indem aller Himmelsglanz der unschuldvollsten Unbefangenheit ihr holdes Antlitz überstrahlte.

Sowie Elis Fröbom die Jungfrau erblickte, war es ihm, als schlüge ein Blitz durch sein Innres und entflamme alle Himmelslust, allen Liebesschmerz – alle Inbrunst die in ihm verschlossen. – Ulla Dahlsjö war es, die ihm in dem verhängnisvollen Traum die rettende Hand geboten; er glaubte nun die tiefe Deutung jenes Traums zu erraten, und pries, des alten Bergmanns vergessend, das Schicksal, dem er nach Falun gefolgt. –

Aber dann fühlte er sich, auf der Türschwelle stehend, ein unbeachteter Fremdling, elend, trostlos, verlassen und wünschte, er sei gestorben ehe er Ulla Dahlsjö geschaut, da er doch nun vergehen müsse in Liebe und Sehnsucht. Nicht das Auge abzuwenden vermochte er von der holden Jungfrau, und als sie nun bei ihm ganz nahe vorüberstreifte, rief er mit leiser bebender Stimme ihren Namen. Ulla schaute sich um und erblickte den armen Elis, der, glühende Röte im ganzen Gesicht, mit niedergesenktem Blick dastand – erstarrt – keines Wortes mächtig.

Ulla trat auf ihn zu und sprach mit süßem Lächeln: »Ei Ihr seid ja wohl ein Fremdling, lieber Freund! das gewahre ich an Eurer seemännischen Tracht! – Nun! – warum steht Ihr denn so auf der Schwelle. – Kommt doch nur hinein und freut euch mit uns!« – Damit nahm sie ihn bei der Hand, zog ihn in den Flur und reichte ihm einen vollen Krug Aehl! »Trinkt«, sprach sie, »trinkt mein lieber Freund auf guten gastlichen Willkommen!«

Dem Elis war es, als läge er in dem wonnigen Paradiese eines herrlichen Traums, aus dem er gleich erwachen und sich unbeschreiblich elend fühlen werde. Mechanisch leerte er den Krug. In dem Augenblick trat Pehrson Dahlsjö an ihn heran und fragte, nachdem er ihm die Hand geschüttelt zum freundlichen Gruß, von wannen er käme und was ihn hingebracht nach Falun.

Elis fühlte die wärmende Kraft des edlen Getränks in allen Adern. Dem wackern Pehrson ins Auge blickend wurde ihm heiter und mutig zu Sinn. Er erzählte, wie er, Sohn eines Seemanns, von Kindesbeinen an auf der See gewesen, wie er eben von Ostindien zurückgekehrt, seine Mutter, die er mit seinem Solde gehegt und gepflegt, nicht mehr am Leben gefunden, wie er sich nun ganz verlassen auf der Welt fühle, wie ihm nun das wilde Leben auf der See ganz und gar zuwider geworden, wie seine innerste Neigung ihn zum Bergbau treibe, und wie er hier in Falun sich mühen werde als Knappe unterzukommen. Das letzte, so sehr allem entgegen was er vor wenigen Augenblicken beschlossen, fuhr ihm ganz unwillkürlich heraus, es war ihm, als hätte er dem Altermann gar nichts anders eröffnen können, ja als wenn er eben seinen innersten Wunsch ausgesprochen, an den er bisher selbst nur nicht geglaubt.

Pehrson Dahlsjö sah den Jüngling mit sehr ernstem Blick an, als wollte er sein Innerstes durchschauen, dann sprach er: »Ich mag nicht vermuten, Elis Fröbom, dass bloßer Leichtsinn euch von Euerem bisherigen Beruf forttreibt, und dass Ihr nicht alle Mühseligkeit, alle Beschwerde des Bergbaues vorher reiflich erwägt habt, ehe Ihr den Entschluss gefasst, sich ihm zu ergeben. Es ist ein alter Glaube bei uns, dass die mächtigen Elemente, in denen der Bergmann kühn waltet, ihn vernichten, strengt er nicht sein ganzes Wesen an, die Herrschaft über sie zu behaupten, gibt er noch andern Gedanken Raum, die die Kraft schwächen, welche er ungeteilt der Arbeit in Erd und Feuer zuwenden soll. Habt Ihr aber Euern innern Beruf genugsam geprüft und ihn bewährt gefunden, so seid Ihr zur guten Stunde gekommen. In meiner Kuxe fehlt es an Arbeitern. Ihr könnt, wenn Ihr wollt, nun gleich bei mir bleiben und morgenden Tages mit dem Steiger anfahren, der euch die Arbeit schon anweisen wird.«

Das Herz ging dem Elis auf bei Pehrson Dahlsjös Rede. Er dachte nicht mehr an die Schrecken des entsetzlichen Höllen Schlundes in den er geschaut. Dass er nun die holde Ulla täglich sehen, dass er mit ihr unter einem Dache wohnen werde, das erfüllte ihn mit Wonne und Entzücken; er gab den süßesten Hoffnungen Raum.

Pehrson Dahlsjö tat den Bergleuten kund, wie sich eben ein

junger Knappe zum Bergdienst bei ihm gemeldet und stellte ihnen den Elis Fröbom vor.

Alle schauten wohlgefällig auf den rüstigen Jüngling und meinten, mit seinem schlanken kräftigen Gliederbau sei er ganz zum Bergmann geboren, und an Fleiß und Frömmigkeit werd es ihm gewiss auch nicht fehlen.

Einer von den Bergleuten, schon hoch in Jahren, näherte sich und schüttelte ihm treuherzig die Hand, indem er sagte, dass er der Obersteiger in der Kuxe Pehrson Dahlsjös sei, und dass er sich's recht angelegen sein lassen werde ihn sorglich in allem zu unterrichten was ihm zu wissen nötig. Elis musste sich zu ihm setzen, und sogleich begann der Alte beim Kruge Aehl weitläuftig über die erste Arbeit der Knappen zu sprechen.

Dem Elis kam wieder der alte Bergmann aus Götaborg in den Sinn und auf besondere Weise wusste er beinahe alles, was der ihm gesagt, zu wiederholen. »Ei«, rief der Obersteiger voll Erstaunen, »Elis Fröbom, wo habt Ihr denn die schönen Kenntnisse her? – Nun da kann es euch ja gar nicht fehlen, Ihr müsst in kurzer Zeit der tüchtigste Knappe in der Zeche sein!«

Die schöne Ulla, unter den Gästen auf und ab wandelnd und sie bewirtend, nickte oft freundlich dem Elis zu und munterte ihn auf recht froh zu sein. Nun sei er, sprach sie, ja nicht mehr fremd, sondern gehöre ins Haus und nicht mehr das trügerische Meer, nein! – Falun mit seinen reichen Bergen sei seine Heimat! – Ein ganzer Himmel voll Wonne und Seligkeit tat sich dem Jüngling auf bei Ullas Worten. Man merkte es wohl dass Ulla gern bei ihm weilte, und auch Pehrson Dahlsjö betrachtete ihn in seinem stillen ernsten Wesen mit sichtlichem Wohlgefallen.

Das Herz wollte dem Elis doch mächtig schlagen, als er wieder bei dem rauchenden Höllenschlunde stand und eingehüllt in die Bergmannstracht, die schweren mit Eisen beschlagenen Dalkarlschuhe an den Füßen mit dem Steiger hinabfuhr in den tiefen Schacht. Bald wollten heiße Dämpfe, die sich auf seine Brust legten, ihn ersticken, bald flackerten die Grubenlichter von dem schneidend kalten Luftzuge, der die Abgründe durchströmte. Immer tiefer und tiefer ging es hinab, zuletzt auf kaum ein Fuß breiten eisernen Leitern, und Elis Fröbom merkte wohl, dass alle Geschicklichkeit, die er sich als Seemann im Klettern erworben, ihm hier nichts helfen könne.

Endlich standen sie in der tiefsten Teufe und der Steiger gab dem Elis die Arbeit an die er hier verrichten sollte.

Elis gedachte der holden Ulla, wie ein leuchtender Engel sah er ihre Gestalt über sich schweben und vergaß alle Schrecken des Abgrundes, alle Beschwerden der mühseligen Arbeit. Es stand nun einmal fest in seiner Seele, dass nur dann,«wenn er sich bei Pehrson Dahlsjö mit aller Macht des Gemüts, mit aller Anstrengung die nur der Körper dulden wolle, dem Bergbau ergebe, vielleicht dereinst die süßesten Hoffnungen erfüllt werden könnten, und so geschah es, dass er in unglaublich kurzer Zeit es dem geübtesten Bergmann in der Arbeit gleichtat.

Mit jedem Tage gewann der wackre Pehrson Dahlsjö den fleißigen frommen Jüngling mehr lieb und sagte es ihm öfters unverhohlen, dass er in ihm nicht sowohl einen tüchtigen Knappen, als einen geliebten Sohn gewonnen. Auch Ullas innige Zuneigung tat sich immer mehr und mehr kund. Oft, wenn Elis zur Arbeit ging und irgend Gefährliches im Werke war, bat, beschwor sie ihn, die hellen Tränen in den Augen, doch nur ja sich vor jedem Unglück zu hüten. Und wenn er dann zurückkam, sprang sie ihm freudig entgegen, und hatte immer das beste Aehl zur Hand oder sonst ein gut Gericht bereitet ihn zu erquicken.

Das Herz bebte dem Elis vor Freude, als Pehrson Dahlsjö einmal zu ihm sprach, dass, da er ohnedies ein gut Stück Geld mitgebracht, es bei seinem Fleiß, bei seiner Sparsamkeit ihm gar nicht fehlen könne, künftig zum Besitztum eines Berghemmans oder wohl gar einer Bergfrälse zu gelangen, und dass dann wohl kein Bergbesitzer zu Falun ihn abweisen werde, wenn er um die Hand der Tochter werbe. Er hätte nun gleich sagen mögen wie unaussprechlich er Ulla liebe, und wie er alle Hoffnung des Lebens auf ihren Besitz gestellt. Doch unüberwindliche Scheu, mehr aber wohl noch der bange Zweifel, ob Ulla, wie er manchmal ahne, ihn auch wirklich liebe, verschlossen ihm den Mund.

Es begab sich, dass Elis Fröbom einmal in der tiefsten Teufe arbeitete in dicken Schwefeldampf gehüllt, sodass sein Grubenlicht nur schwach durchdämmerte und er die Gänge des Gesteins kaum zu unterscheiden vermochte. Da hörte er, wie aus noch tieferm Schacht ein Klopfen heraustönte als werde mit dem Puchhammer gearbeitet. Da dergleichen Arbeit nun nicht wohl in der Teufe möglich, und Elis wohl wusste, dass außer ihm heute niemand herabgefahren, da der Steiger eben die Leute im Förderschacht anstellte, so wollte ihm das Pochen und Hämmern ganz unheimlich bedünken. Er ließ Handfäustel und Eisen ruhen und horchte zu den hohl anschlagenden Tönen, die immer näher und näher zu kommen schienen. Mit eins gewahrte er dicht neben sich einen schwarzen Schatten und erkannte, da eben ein schneidender

Luftstrom den Schwefeldampf verblies, den alten Bergmann von Götaborg, der ihm zur Seite stand. »Glück auf!«, rief der Alte, »Glück auf, Elis Fröbom hier unten im Gestein! – Nun wie gefällt dir das Leben, Kamerad?« – Elis wollte fragen, auf welche wunderbare Art der Alte in den Schacht gekommen; *der* schlug aber mit seinem Hammer an das Gestein mit solcher Kraft, dass Feuerfunken umherstoben und es wie ferner Donner im Schacht widerhallte und rief dann mit entsetzlicher Stimme: »Das ist hier ein herrlicher Trappgang, aber du schnöder schuftiger Geselle schauest nichts als einen Trum, der kaum eines Strohhalms mächtig. – Hier unten bist du ein blinder Maulwurf, dem der Metallfürst ewig abhold bleiben wird, und oben vermagst du auch nichts zu unternehmen, und stellst vergebens dem Garkönig nach. – Hei! des Pehrson Dahlsjö Tochter Ulla willst du zum Weibe gewinnen, deshalb arbeitest du hier ohne Lieb und Gedanken. – Nimm dich in acht du falscher Gesell, dass der Metallfürst, den du verhöhnst, dich nicht fasst und hinabschleudert, dass deine Glieder zerbröckeln am scharfen Gestein. – Und nimmer wird Ulla dein Weib, das sag ich dir!«

Dem Elis wallte der Zorn auf vor den schnöden Worten des Alten. »Was tust du«, rief er, »was tust du hier in dem Schacht meines Herrn Pehrson Dahlsjö, in dem ich arbeite mit aller Kraft und wie es meines Berufs ist? Hebe dich hinweg wie du gekommen oder wir wollen sehen, wer hier unten einer dem andern zuerst das Gehirn einschlägt.« – Damit stellte sich Elis Fröbom trotzig vor den Alten hin und schwang sein eisernes Handfäustel, mit dem er gearbeitet, hoch empor. Der Alte lachte höhnisch auf, und Elis sah mit Entsetzen wie er behände gleich einer Eichkatz die schmalen Sprossen der Leiter heraufhüpfte und in dem schwarzen Geklüft verschwand.

Elis fühlte sich wie gelähmt an allen Gliedern, die Arbeit wollte nicht mehr vonstatten gehen, er stieg herauf. Als der alte Obersteiger der eben aus dem Förderschacht gestiegen, ihn gewahrte, rief er: »Um Christus willen, was ist dir widerfahren, Elis, du siehst blass und verstört aus wie der Tod! – Gelt! – der Schwefeldampf, den du noch nicht gewohnt, hat es dir angetan? – Nun – trink, guter Junge das wird dir wohl tun.« – Elis nahm einen tüchtigen Schluck Branntwein aus der Flasche die ihm der Obersteiger darbot, und erzählte dann erkräftigt alles »was sich unten im Schacht begeben, sowie, auf welche Weise er die Bekanntschaft des alten unheimlichen Bergmanns in Götaborg gemacht.

Der Obersteiger hörte alles ruhig an, dann schüttelte er aber bedenklich den Kopf und sprach: »Elis Fröbom, das ist der alte Torbern gewesen, dem du begegnet, und ich merke nun wohl, dass das mehr als ein Märlein ist, was wir uns hier von ihm erzählen. Vor mehr als hundert Jahren gab es hier in Falun einen Bergmann, namens Torbern. Er soll einer der ersten gewesen sein, der den Bergbau zu Falun recht in Flor gebracht hat, und zu seiner Zeit war die Ausbeute bei weitem reicher als jetzt. Niemand verstand sich damals auf den Bergbau so als Torbern, der in tiefer Wissenschaft erfahren, dem ganzen Bergwesen in Falun vorstand. Als sei er mit besonderer höherer Kraft ausgerüstet, erschlossen sich ihm die reichsten Gänge und kam noch hinzu, dass er ein finstrer tiefsinniger Mann war, der ohne Weib und Kind, ja ohne eigentliches Obdach in Falun zu haben beinahe niemals ans Tageslicht kam, sondern unaufhörlich in den Teufen wühlte, so konnte es nicht fehlen, dass bald von ihm die Sage ging, er stehe mit der geheimen Macht, die im Schoß der Erde waltet und die Metalle kocht, im Bunde. Auf Torberns strenge Ermahnungen nicht achtend, der unaufhörlich Unglück prophezeite, sobald nicht wahre Liebe zum wunderbaren Gestein und Metall den Bergmann zur Arbeit antreibe, weitete man in gewinnsüchtiger Gier die Gruben immer mehr und mehr aus, bis endlich am Johannistage des Jahres eintausendsechshundertundsiebenundachtzig sich der fürchterliche Bergsturz ereignete, der unsere ungeheuere Pinge schuf, und dabei den ganzen Bau dergestalt verwüstete, dass erst nach vielem Mühen und mit vieler Kunst mancher Schacht wieder hergestellt werden konnte. Von Torbern war nichts mehr zu hören und zu sehn, und gewiss schien es, dass er in der Teufe arbeitend durch den Einsturz verschüttet. – Bald darauf, und zwar, als die Arbeit immer besser und besser vonstatten ging, behaupteten die Hauer, sie hätten im Schacht den alten Torbern gesehen, der ihnen allerlei guten Rat erteilt und die schönsten Gänge gezeigt. Andere hatten den Alten oben an der Pinge umherstreichend erblickt, bald wehmütig klagend, bald zornig tobend. Andere Jünglinge kamen so wie du hieher und behaupteten, ein alter Bergmann habe sie ermahnt zum Bergbau und hieher gewiesen. Das geschah allemal wenn es an Arbeitern mangeln wollte, und wohl mochte der alte Torbern auch auf diese Weise für den Bergbau sorgen. – Ist es nun wirklich der alte Torbern gewesen, mit dem du Streit gehabt im Schacht, und hat er von einem herrlichen Trappgange gesprochen, so ist es gewiss dass dort eine reiche Eisenader befindlich, der wir morgen nachspüren wollen. – du hast nämlich nicht vergessen, dass wir hier die eisengehaltige Ader im Gestein, Trappgang nennen, und dass Trum eine Ader von dem Gange ist, die sich in verschiedene Teile zerschlägt und wohl gänzlich auseinander geht.«

Als Elis Fröbom von mancherlei Gedanken hin und her geworfen eintrat in Pehrson Dahlsjös Haus, kam ihm nicht wie sonst Ulla freundlich entgegen. Mit niedergeschlagenem Blick, und wie Elis zu bemerken glaubte mit verweinten Augen saß Ulla da und neben ihr ein stattlicher junger Mann, der ihre Hand festhielt in der seinigen und sich mühte allerlei Freundliches Scherzhaftes vorzubringen, worauf Ulla aber nicht sonderlich ächtete. – Pehrson Dahlsjö zog den Elis, der von trüber Ahnung ergriffen den starren Blick auf das Paar heftete, fort ins andere Gemach und begann: »Nun Elis Fröbom, wirst du bald deine Liebe zu mir, deine Treue beweisen können, 'denn, habe ich dich schon immer wie meinen Sohn gehalten, so wirst du es nun wirklich werden ganz und gar. Der Mann, den du bei mir siehst, ist der reiche Handelsherr Eric Olawsen geheißen aus Götaborg. Ich geb ihm auf sein Werben meine Tochter zum Weibe; er zieht mit ihr nach Göteborg und du bleibst dann allein bei mir Elis, meine einzige Stütze im Alter. – Nun Elis, du bleibst stumm? – du erbleichst, ich hoffe nicht dass dir mein Entschluss missfällt, dass du jetzt, da meine Tochter mich verlassen muss, auch von mir willst! – doch ich höre Herrn Olawsen meinen Namen nennen – ich muss hinein!«

Damit ging Pehrson wieder in das Gemach zurück.

Elis fühlte sein Inneres von tausend glühenden Messern zerfleischt – Er hatte keine Worte – keine Tränen. – In wilder Verzweiflung rannte er aus dem Hause fort – fort – bis zur großen Pinge. Bot das ungeheure Geklüft schon im Tageslicht einen entsetzlichen Anblick dar, so war vollends jetzt, da die Nacht eingebrochen und die Mondesscheibe erst aufdämmerte, das wüste Gestein anzusehen als wühle und wälze unten eine zahllose Schar grässlicher Untiere, die scheußliche Ausgeburt der Hölle, sich durcheinander am rauchenden Boden und blitze herauf mit Flammenaugen und strecke die riesigen Krallen aus nach dem armen Menschenvolk. –

»Torbern – Torbern!«, schrie Elis mit furchtbarer Stimme, dass die öden Schlüfte widerhallten – »Torbern hier bin ich! – du hattest Recht, ich war ein schuftiger Gesell, dass ich alberner Lebenshoffnung auf der Oberfläche der Erde mich hingab! – Unten liegt mein Schatz, mein Leben, mein alles! – Torbern! – steig herab mit mir, zeig mir die reichsten Trappgänge da will ich wühlen und bohren und arbeiten und das Licht des Tages fürder nicht mehr schauen! – Torbern! – Torbern – steig herab mit mir!«

Elis nahm Stahl und Stein aus der Tasche, zündete sein Gruben-licht an und stieg hinab in den Schacht den er gestern befahren, ohne dass sich der Alte sehen ließ. Wie ward ihm, als er in der tiefsten Teufe deutlich und klar den Trappgang er erblickte, so-dass er seiner Salbänder Streichen und Fallen zu erkennen ver-mochte.

Doch als er fester und fester den Blick auf die wunderbare Ader im Gestein richtete, war es als ginge ein blendendes Licht durch den ganzen Schacht, und seine Wände wurden durchsichtig wie der reinste Kristall. Jener verhängnisvolle Traum, den er in Göta-borg geträumt kam zurück. Er blickte in die paradiesischen Gefilde der herrlichsten Metallbäume und Pflanzen, an denen wie Früchte, Blüten und Blumen feuerstrahlende Steine hingen. Er sah die Jungfrauen, er schaute das hohe Antlitz der mächtigen Königin. Sie erfasste ihn, zog ihn hinab, drückte ihn an ihre Brust, da durchzuckte ein glühender Strahl sein Inneres und sein Bewusstsein war nur das Gefühl als schwämme er in den Wogen eines blauen durchsichtig funkelnden Nebels. –

»Elis Fröbom, Elis Fröbom!« – rief eine starke Stimme von oben herab und der Widerschein von Fackeln fiel in den Schacht. Pehrson Dahlsjö selbst war es, der mit dem Steiger hinabkam um den Jüngling den sie wie im hellen Wahnsinn nach der Pinge ren-nen gesehen zu suchen.

Sie fanden ihn wie erstarrt stehend, das Gesicht gedrückt in das kalte Gestein.

»Was«, rief Pehrson ihn an, »was machst du hier unten zur Nachtzeit, unbesonnener junger Mensch! – Nimm deine Kraft zusammen und steige mit uns herauf, wer weiß was du oben Gutes erfahren wirst!«

In tiefem Schweigen stieg Elis herauf, in tiefem Schweigen folgte er dem Pehrson Dahlsjö, der nicht aufhörte ihn tapfer aus-zuschelten, dass er sich in solche Gefahr begeben.

Der Morgen war hell aufgegangen als sie ins Haus traten. Ulla stürzte mit einem lauten Schrei dem Elis an die Brust, und nannte ihn mit den süßesten Namen. Aber Pehrson Dahlsjö sprach zu Elis: »Du Tor! musste ich es denn nicht längst wissen, dass du Ulla liebtest, und wohl nur ihretwegen mit so vielem Fleiß und Eifer in der Grube arbeitetest? Musste ich nicht längst gewahren dass auch Ulla dich liebte recht aus dem tiefsten Herzensgrunde? Konnte ich mir einen bessern Eidam wünschen, als einen tüchtigen fleißigen frommen Bergmann, als eben dich, mein braver Elis? – Aber dass ihr schwiegt, das ärgerte, das kränkte mich.« – »Haben wir«, unterbrach Ulla den Vater, »haben wir denn selbst gewusst, dass wir uns so unaussprechlich liebten?« – »Mag«, fuhr Pehrson Dahlsjö fort, »mag dem sein wie ihm wolle, genug ich ärgerte mich, dass Elis nicht offen und ehrlich von seiner Liebe zu mir sprach und deshalb, und weil ich dein Herz auch prüfen wollte, förderte ich gestern das Märchen mit Herrn Eric Olawsen zu Tage, worüber du bald zu Grunde gegangen wärst. Du toller Mensch! – Herr Eric Olawsen ist ja längst verheiratet und dir, braver Elis Fröbom, gebe ich meine Tochter zum Weibe, denn ich wiederhole es, keinen bessern Schwiegersohn konnt ich mir wünschen.«

Dem Elis rannten die Tränen herab vor lauter Wonne und Freude. Alles Lebensglück war so unerwartet auf ihn herabgekommen und es musste ihm beinahe bedünken, er stehe abermals im süßen Traum! –

Auf Pehrson Dahlsjös Gebot sammelten sich die Bergleute mittags zum frohen Mahl.

Ulla hatte sich in ihren schönsten Schmuck gekleidet und sah anmutiger aus als jemals, sodass alle einmal über das andere riefen: »Ei, welche hochherrliche Braut hat unser wackrer Elis Fröbom erworben! – Nun! – der Himmel segne beide in ihrer Frömmigkeit und Tugend!«

Auf Elis Fröboms bleichem Gesicht lag noch das Entsetzen der Nacht und oft starrte er vor sich hin wie entrückt allem was ihn umgab.

»Was ist dir mein Elis?«, fragte Ulla. Elis drückte sie an seine Brust und sprach: »Ja ja! – du bist wirklich mein und nun ist ja alles gut!«

Mitten in aller Wonne war es dem Elis manchmal als griffe auf einmal eine eiskalte Hand in sein Inneres hinein und eine dunkle Stimme spräche: »Ist es denn nun noch dein Höchstes, dass du Ulla erworben? Du armer Tor! – Hast du nicht das Antlitz der Königin geschaut?«

Er fühlte sich beinahe übermannt von einer unbeschreiblichen Angst, der Gedanke peinigte ihn, es werde nun plötzlich einer von den Bergleuten riesengroß sich vor ihm erheben, und er werde zu seinem Entsetzen den Torbern erkennen, der gekommen ihn fürchterlich zu mahnen an das unterirdische Reich der Steine und Metalle, dem er sich ergeben!

Und doch wusste er wieder gar nicht, warum ihm der gespens-

tische Alte feindlich sein, was überhaupt sein Bergmannshantie-
ren mit seiner Liebe zu schaffen haben solle.

Pehrson merkte wohl Elis Fröboms verstörtes Wesen und
schrieb es dem überstandenen Weh, der nächtlichen Fahrt in den
Schacht zu. Nicht so Ulla die von geheimer Ahnung ergriffen in
den Geliebten drang, ihr doch nur zu sagen, was ihm denn Entsetzliches begegnet, das ihn ganz von ihr hinwegreiße. Dem Elis
wollte die Brust zerspringen. – Vergebens rang er darnach, der
Geliebten von dem wunderbaren Gesicht, das sich ihm in der
Teufe aufgetan, zu erzählen. Es war als verschlösse ihm eine unbekannte Macht mit Gewalt den Mund, als schaue aus seinem
Innern heraus das furchtbare Antlitz der Königin, und nenne er
ihren Namen, so würde, wie bei dem Anblick des entsetzlichen
Medusenhaupts sich alles um ihn her versteinern zum düstern
schwarzen Geklüft! – Alle Herrlichkeit, die ihn unten in der
Teufe mit der höchsten Wonne erfüllt, erschien ihm jetzt wie eine
Hölle voll trostloser Qual trügerisch ausgeschmückt zur verderb-
lichsten Verlockung!

Pehrson Dahlsjö gebot, dass Elis Fröbom einige Tage hindurch daheim bleiben solle, um sich ganz von der Krankheit zu
erholen, in die er gefallen schien. In dieser Zeit verscheuchte
Ullas Liebe, die nun hell und klar aus ihrem kindlichen frommen
Herzen ausströmte das Andenken an die verhängnisvollen Abenteuer im Schacht. Elis lebte ganz auf in Wonne und Freude und
glaubte an sein Glück, das wohl keine böse Macht mehr verstören
könne.

Als er wieder hinabfuhr in den Schacht, kam ihm in der Teufe
alles ganz anders vor wie sonst. Die herrlichsten Gänge lagen
offen ihm vor Augen, er arbeitete mit verdoppeltem Eifer, er vergaß alles, er musste sich, auf die Oberfläche hinaufgestiegen, auf
Pehrson Dahlsjö, ja auf seine Ulla besinnen, er fühlte sich wie in
zwei Hälften geteilt, es war ihm, als stiege sein besseres, sein
eigentliches Ich hinab in den Mittelpunkt der Erdkugel und ruhe
aus in den Armen der Königin, während er in Falun sein düsteres
Lager suche. Sprach Ulla mit ihm von ihrer Liebe und wie sie so
glücklich miteinander leben würden, so begann er von der Pracht
der Teufen zu reden; von den unermesslich reichen Schätzen die
dort verborgen lägen und verwirrte sich dabei in solch wunderliche unverständliche Reden, dass Angst und Beklommenheit das
arme Kind ergriff und sie gar nicht wusste, wie Elis sich auf einmal
so in seinem ganzen Wesen geändert. – Dem Steiger, Pehrson
Dahlsjön selbst verkündete Elis unaufhörlich in voller Lust, wie

er die reichhaltigsten Adern, die herrlichsten Trappgänge entdeckt, und wenn sie dann nichts fanden als taubes Gestein, so lachte er höhnisch und meinte, freilich verstehe er nur allein die geheimen Zeichen, die bedeutungsvolle Schrift, die die Hand der Königin selbst hineingrabe in das Steingeklüft, und genug sei es auch eigentlich, diese Zeichen zu verstehen, ohne das, was sie verkündeten, zu Tage zu fördern.

Wehmütig blickte der alte Steiger den Jüngling an, der mit wild funkelndem Blick von dem glanzvollen Paradiese sprach das im tiefen Schoß der Erde aufleuchte.

»Ach Herr«, lispelte der Alte Pehrson Dahlsjön leise ins Ohr, »ach Herr! dem armen Jungen hat's der böse Torbern angetan!«

»Glaubt«, erwiderte Pehrson Dahlsjö, »glaubt nicht an solche Bergmannsmärlein, Alter! – Dem tiefsinnigen Neriker hat die Liebe den Kopf verrückt, das ist alles. Lasst nur erst die Hochzeit vorüber sein, dann wird's sich schon geben mit den Trappgängen und Schätzen und dem ganzen unterirdischen Paradiese!«

Der von Pehrson Dahlsjö bestimmte Hochzeittag kam endlich heran. Schon einige Tage vorher war Elis Fröbom stiller, ernster, in sich gekehrter gewesen als jemals, aber auch nie hatte er sich so ganz in Liebe der holden Ulla hingegeben als in dieser Zeit. Er mochte sich keinen Augenblick von ihr trennen, deshalb ging er nicht zur Grube; er schien an sein unruhiges Bergmannstreiben gar nicht zu denken, denn kein Wort von dem unterirdischen Reich kam über seine Lippen. Ulla war ganz voll Wonne; alle Angst, wie vielleicht die bedrohlichen Mächte des unterirdischen Geklüfts, von denen sie oft alte Bergleute reden gehört, ihren Elis ins Verderben locken würden, war verschwunden. Auch Pehrson Dahlsjö sprach lächelnd zum alten Steiger: »Seht Ihr wohl, dass Elis Fröbom nur schwindlicht geworden im Kopfe vor Liebe zu meiner Ulla!«

Am frühen Morgen des Hochzeitstages – es war der Johannistag – klopfte Elis an die Kammer seiner Braut. Sie öffnete und fuhr erschrocken zurück, als sie den Elis erblickte schon in den Hochzeitskleidern, todbleich, dunkel sprühendes Feuer in den Augen. »Ich will«, sprach er mit leiser schwankender Stimme, »ich will dir nur sagen, meine herzgeliebte Ulla, dass wir dicht an der Spitze des höchsten Glücks stehen, wie es nur dem Menschen hier auf Erden beschieden. Mir ist in dieser Nacht alles entdeckt worden. Unten in der Teufe liegt in Chlorit und Glimmer eingeschlossen der kirschrot funkelnde Almandin, auf den unsere Lebenstafel eingegraben, den musst du von mir empfangen als Hochzeitsgabe.

Er ist schöner als der herrlichste blutrote Karfunkel, und wenn wir in treuer Liebe verbunden hineinblicken in sein strahlendes Licht, können wir es deutlich erschauen, wie unser Inneres verwachsen ist mit dem wunderbaren Gezweige das aus dem Herzen der Königin im Mittelpunkt der Erde emporkeimt. Es ist nur nötig, dass ich diesen Stein hinauffördere zu Tage, und das will ich nun mehro tun. Gehab dich so lange wohl, meine herzgeliebte Ulla! – bald bin ich wieder hier.«

Ulla beschwor den Geliebten mit heißen Tränen doch abzustehen von diesem träumerischen Unternehmen, da ihr großes Unglück ahne; doch Elis Fröbom versicherte, dass er ohne jenes Gestein niemals eine ruhige Stunde haben würde, und dass an irgendeine bedrohliche Gefahr gar nicht zu denken sei. Er drückte die Braut innig an seine Brust und schied von dannen.

Schon waren die Gäste versammelt um das Brautpaar nach der Kopparbergs-Kirche wo nach gehaltenem Gottesdienst die Trauung vor sich gehen sollte, zu geleiten. Eine ganze Schar zierlich geschmückter Jungfrauen, die, nach der Sitte des Landes, als Brautmädchen der Braut voranziehen sollten, lachten und scherzten um Ulla her. Die Musikanten stimmten ihre Instrumente und versuchten einen fröhlichen Hochzeitsmarsch. – Schon war es beinahe Mittag, noch immer ließ sich Elis Fröbom nicht sehen. Da stürzten plötzlich Bergleute herbei Angst und Entsetzen in den bleichen Gesichtern, und meldeten, wie eben ein fürchterlicher Bergfall die ganze Grube, in der Dahlsjös Kuxe befindlich, verschüttet.

»Elis – mein Elis du bist hin – hin!« – So schrie Ulla laut auf und fiel wie tot nieder. – Nun erfuhr erst Pehrson Dahlsjö von dem Steiger, dass Elis am frühen Morgen nach der großen Pinge gegangen und hinabgefahren, sonst hatte, da Knappen und Steiger zur Hochzeit geladen, niemand in dem Schacht gearbeitet. Pehrson Dahlsjö, alle Bergleute eilten hinaus, aber alle Nachforschungen, so wie sie nur selbst mit der höchsten Gefahr des Lebens möglich, blieben vergebens. Elis Fröbom wurde nicht gefunden. Gewiss war es, dass der Erdsturz den Unglücklichen im Gestein begraben; und so kam Elend und Jammer über das Haus des wackern Pehrson Dahlsjö, in dem Augenblick, als er Ruhe und Frieden für seine alten Tage sich zu bereiten gedacht.

Längst war der wackre Masmeister Altermann Pehrson Dahlsjö gestorben, längst seine Tochter Ulla verschwunden, niemand in Falun wusste von beiden mehr etwas, da seit Fröboms unglückseligem Hochzeitstage wohl an die fünfzig Jahre verflossen. Da geschah es, dass die Bergleute, als sie zwischen zwei Schachten einen Durchschlag versuchten, in einer Teufe von dreihundert Ellen im Vitriolwasser den Leichnam eines jungen Bergmanns fanden, der versteinert schien, als sie ihn zu Tage förderten.

Es war anzusehen als läge der Jüngling in tiefem Schlaf, so frisch, so wohl erhalten waren die Züge seines Antlitzes, so ohne alle Spur der Verwesung seine zierliche Bergmannskleider, ja selbst die Blumen an der Brust. Alles Volk aus der Nähe sammelte sich um den Jüngling, den man heraufgetragen aus der Pinge, aber niemand kannte die Gesichtszüge des Leichnams, und keiner der Bergleute vermochte sich auch zu entsinnen dass irgendeiner der Kameraden verschüttet. Man stand im Begriff den Leichnam weiter fortzubringen nach Falun, als aus der Ferne ein steinaltes eisgraues Mütterchen auf Krücken hinankeuchte. »Dort kommt das Johannismütterchen!«, riefen einige von den Bergleuten. Diesen Namen hatten sie der Alten gegeben, die sie schon seit vielen Jahren bemerkt, wie sie jedes Mal am Johannistage erschien, in die Tiefe schauend, die Hände ringend, in den wehmütigsten Tönen ächzend und klagend an der Pinge umherschlich und dann wieder verschwand.

Kaum hatte die Alte den erstarrten Jüngling erblickt, als sie beide Krücken fallen ließ, die Arme hoch emporstreckte zum Himmel und mit dem herzzerschneidendsten Ton der tiefsten Klage rief: »O Elis Fröbom – o mein Elis – mein süßer Bräutigam!« Und damit kauerte sie neben dem Leichnam nieder und fasste die erstarrten Hände und drückte sie an ihre im Alter erkaltete Brust, in der noch, wie heiliges Naphthafeuer unter der Eisdecke, ein Herz voll heißer Liebe schlug. »Ach«, sprach sie dann, sich im Kreise umschauend, »ach niemand, niemand von euch kennt mehr die arme Ulla Dahlsjö, dieses Jünglings glückliche Braut vor fünfzig Jahren! – Als ich mit Gram und Jammer fortzog nach Ornäs, da tröstete mich der alte Torbern und sprach, ich würde meinen Elis, den das Gestein begrub am Hochzeitstage, noch wiedersehen hier auf Erden, und da bin ich jahraus jahrein hergekommen und habe ganz Sehnsucht und treue Liebe hinabgeschaut in die Tiefe. – Und heute ist mir ja wirklich solch seliges Wiedersehen vergönnt! – O mein Elis – mein geliebter Bräutigam!«

Aufs neue schlug sie die dürren Arme um den Jüngling, als wolle sie ihn nimmer lassen, und alle standen tief bewegt ringsumher.

Leiser und leiser wurden die Seufzer, wurde das Schluchzen der Alten, bis es dumpf vertönte.

Die Bergleute traten hinan, sie wollten die arme Ulla aufrichten, aber sie hatte ihr Leben ausgehaucht auf dem Leichnam des erstarrten Bräutigams. Man bemerkte, dass der Körper des Unglücklichen, der fälschlicherweise für versteinert gehalten, in Staub zu zerfallen begann.

In der Kopparbergs-Kirche, dort wo vor fünfzig Jahren das Paar getraut werden sollte, wurde die Asche des Jünglings beigesetzt und mit ihr die Leiche der bis in den bittern Tod getreuen Braut.

»Ich merke«, sprach Theodor, als er geendet und die Freunde schweigend vor sich hinblickten, »ich merke es wohl, dass euch meine Erzählung nicht ganz recht ist, oder behagte euch nur in diesem Augenblick vielleicht nicht der düstre wehmütige Stoff?«

»Es ist nicht anders«, erwiderte Ottmar, »deine Erzählung lässt einen sehr wehmütigen Eindruck zurück, aber, aufrichtig gestanden, will mir all der Aufwand von schwedischen Bergfrälsebesitzern, Volksfesten, gespenstischen Bergmännern und Visionen gar nicht recht gefallen. Die einfache Beschreibung in Schuberts Ansichten von der Nachtseite der Naturwissenschaft, wie der Jüngling in der Erzgrube zu Falun gefunden wurde, in dem ein altes Mütterchen ihren vor fünfzig Jahren verschütteten Bräutigam wieder erkannte, hat viel tiefer auf mich gewirkt.«

»Ich flehe«, rief Theodor lächelnd, »unsern Patron den Einsiedler Serapion an, dass er mich in Schutz nehme, denn wahrlich, mir ging nun einmal die Geschichte von dem Bergmann mit den lebendigsten Farben gerade so auf wie ich sie erzählt habe.«

»Lasst«, sprach Lothar, »jedem seine Weise. Aber gut ist es, lieber Theodor, dass du *uns* die Geschichte vorlasest, die wir alle, mein ich, etwas von der Bergmannswissenschaft, so wie von den Bergwerken zu Falun und den schwedischen Sitten und Gebräuchen gehört haben. Andere würden dir mit Recht vorwerfen, dass du durch zu viele bergmännische Ausdrücke oft unverständlich wurdest, und manche würden sogar, da du so oft von dem schönen Öl sprichst womit sich die Leute traktieren, auf den Gedanken geraten, dass die guten Faluner und Götaborger schnödes Baumöl saufen, da jenes Öl doch nichts anders ist als ein schönes, starkes Bier.«

»Mir hat«, nahm Cyprian das Wort, »Theodors Erzählung doch im ganzen nicht so sehr missfallen als dir Ottmar. Wie oft stellten Dichter Menschen, welche auf irgendeine entsetzliche Weise untergehen, als im ganzen Leben mit sich entzweit, als von unbekannten finstren Mächten befangen dar. Dies hat Theodor auch getan, und mich wenigstens spricht dies immer deshalb an, weil ich meine, dass es tief in der Natur begründet ist. Ich habe Menschen gekannt, die sich plötzlich im ganzen Wesen veränderten, die entweder in sich hinein erstarrten oder wie von bösen Mächten rastlos verfolgt, in steter Unruhe umhergetrieben wurden und die bald dieses, bald jenes entsetzliche Ereignis aus dem Leben fortriss.« »Halt«, rief Lothar – »halt! – lassen wir dem geisterseherischen Cyprian nur was weniges Raum, so geraten wir gleich in ein Labyrinth von Ahnungen und Träumen! – Erlaubt, dass ich unsere trübe Stimmung mit einem Mal vernichte, indem ich euch zum Schluss unseres heutigen Klubs ein Kindermärchen mitteile, das ich vor einiger Zeit aufschrieb, und das mir, so glaub ich, der tolle Spukgeist Droll selbst eingegeben hat.«

»Ein Kindermärchen – du Lothar ein Kindermärchen!« – So riefen alle.

»Ja«, sprach Lothar, »wahnwitzig mag es euch bedünken, dass ich es unternahm, ein Kindermärchen zu schreiben, aber hört mich erst und dann urteilt.«

Lothar zog ein sauber geschriebenes Heft hervor und las:

NUSSKNACKER UND MAUSEKÖNIG

Der Weihnachtsabend

Am vierundzwanzigsten Dezember durften die Kinder des Medizinalrats Stahlbaum den ganzen Tag über durchaus nicht in die Mittelstube hinein, viel weniger in das daranstoßende Prunkzimmer. In einem Winkel des Hinterstübchens zusammengekauert, saßen Fritz und Marie, die tiefe Abenddämmerung war eingebrochen und es wurde ihnen recht schaurig zu Mute, als man, wie es gewöhnlich an dem Tage geschah, kein Licht hereinbrachte. Fritz entdeckte ganz insgeheim wispernd der Jüngern Schwester (sie war eben erst sieben Jahr alt worden) wie er schon seit frühmorgens es habe in den verschlossenen Stuben rauschen und rasseln, und leise pochen hören. Auch sei nicht längst ein kleiner dunkler Mann mit einem großen Kasten unter dem Arm über den Flur geschlichen, er wisse aber wohl, dass es niemand anders gewesen als Pate Drosselmeier. Da schlug Marie die kleinen Händchen vor Freude zusammen und rief: »Ach was wird nur Pate Drosselmeier für uns Schönes gemacht haben.« Der Obergerichtsrat Drosselmeier war gar kein hübscher Mann, nur klein und mager, hatte viele Runzeln im Gesicht, statt des rechten Auges ein großes schwarzes Pflaster und auch gar keine Haare, weshalb er eine sehr schöne weiße Perücke trug, die war aber von Glas und ein künstliches Stück Arbeit. Überhaupt war der Pate selbst auch ein sehr künstlicher Mann, der sich sogar auf Uhren verstand und selbst welche machen konnte. Wenn daher eine von den schönen Uhren in Stahlbaums Hause krank war und nicht singen konnte, dann kam Pate Drosselmeier, nahm die Glasperücke ab, zog sein gelbes Röckchen aus, band eine blaue Schürze um und stach mit spitzigen Instrumenten in die Uhr hinein, sodass es der kleinen Marie ordentlich wehe tat, aber es verursachte der Uhr gar keinen Schaden, sondern sie wurde vielmehr wieder lebendig und fing gleich an recht lustig zu schnurren, zu schlagen und zu singen, worüber denn alles große Freude hatte. Immer trug er, wenn er kam, was Hübsches für die Kinder in der Tasche, bald ein Männlein, das die Augen verdrehte und Komplimente machte, welches komisch anzusehen war, bald eine Dose, aus der ein Vögelchen heraushüpfte, bald was anderes. Aber zu Weihnachten, da hatte er immer ein schönes künstliches Werk verfertigt, das ihm viel Mühe gekostet, weshalb es auch, nachdem es einbeschert worden, sehr sorglich von den Eltern aufbewahrt wurde. – »Ach, was wird nur Pate Drosselmeier für uns Schönes gemacht haben«, rief nun Marie; Fritz meinte aber, es könne wohl diesmal nichts anders sein, als eine Festung, in der allerlei sehr hübsche Soldaten auf und ab marschierten und exerzierten und dann müssten andere Soldaten kommen, die in die Festung hineinwollten, aber nun schössen die Soldaten von innen tapfer heraus mit Kanonen, dass es tüchtig brauste und knallte. »Nein, nein«, unterbrach Marie den Fritz: »Pate Drosselmeier hat mir von einem schönen Garten erzählt, darin ist ein großer See, auf dem schwimmen sehr herrliche Schwäne mit goldnen Halsbändern herum und singen die hübschesten Lieder. Dann kommt ein kleines Mädchen aus dem Garten an den See und lockt die Schwäne heran, und füttert sie mit süßem Marzipan.« »Schwäne fressen keinen Marzipan«, fiel Fritz etwas rau ein, »und einen ganzen Garten kann Pate Drosselmeier auch nicht machen. Eigentlich haben wir wenig von seinen Spielsachen; es wird uns ja alles gleich wieder weggenommen, da ist mir denn doch das viel lieber, was uns Papa und Mama einbescheren, wir behalten es fein und können damit machen, was wir wollen.« Nun rieten die Kinder hin und her, was es wohl diesmal wieder geben könne. Marie meinte, dass Mamsell Trutchen (ihre große Puppe) sich sehr verändere, denn ungeschickter als jemals fiele sie jeden Augenblick auf den Fußboden, welches ohne garstige Zeichen im Gesicht nicht abginge, und dann sei an Reinlichkeit in der Kleidung gar nicht mehr zu denken. Alles tüchtige Ausschelten helfe nichts. Auch habe Mama gelächelt, als sie sich über Gretchens kleinen Sonnenschirm so gefreut. Fritz versicherte dagegen, ein tüchtiger Fuchs fehle seinem Marstall durchaus so wie seinen Truppen gänzlich an Kavallerie, das sei dem Papa recht gut bekannt. – So wussten die Kinder wohl, dass die Eltern ihnen allerlei schöne Gaben eingekauft hatten, die sie nun aufstellten, es war ihnen aber auch gewiss, dass dabei der liebe Heilige Christ mit gar freundlichen frommen Kindesaugen hineinleuchte und dass wie von segensreicher Hand berührt, jede Weihnachtsgabe herrliche Lust bereite wie keine andere. Daran erinnerte die Kinder, die immerfort von den zu erwartenden Geschenken wisperten, ihre ältere Schwester Luise, hinzufügend, dass es nun aber auch der Heilige Christ sei, der durch die Hand der lieben Eltern den Kindern immer das beschere, was ihnen wahre Freude und Lust bereiten könne, das wisse er viel besser als die Kinder selbst, die müssten daher nicht allerlei wünschen und hoffen, sondern still und fromm erwarten, was ihnen beschert worden. Die kleine Marie wurde ganz nachdenklich, aber Fritz murmelte vor sich hin: »Einen Fuchs und Husaren hätt ich nun einmal gern.«

Es war ganz finster geworden. Fritz und Marie fest aneinander gerückt, wagten kein Wort mehr zu reden, es war ihnen als rausche es mit linden Flügeln um sie her und als ließe sich eine ganz ferne, aber sehr herrliche Musik vernehmen. Ein heller Schein streifte an der Wand hin, da wussten die Kinder, dass nun das Christkind auf glänzenden Wolken fortgeflogen zu andern glücklichen Kindern. In dem Augenblick ging es mit silberhellem Ton: Klingling, klingling, die Türen sprangen auf, und solch ein Glanz strahlte aus dem großen Zimmer hinein, dass die Kinder mit lautem Ausruf: »Ach! – Ach!« wie erstarrt auf der Schwelle stehen blieben. Aber Papa und Mama traten in die Türe, fassten die Kinder bei der Hand und sprachen: »Kommt doch nur, kommt doch nur, ihr lieben Kinder und seht, was euch der Heilige Christ beschert hat.«

Die Gaben

Ich wende mich an dich selbst, sehr geneigter Leser oder Zuhörer Fritz – Theodor – Ernst – oder wie du sonst heißen magst und bitte dich, dass du dir deinen letzten mit schönen bunten Gaben reich geschmückten Weihnachtstisch recht lebhaft vor Augen bringen mögest, dann wirst du es dir wohl auch denken können, wie die Kinder mit glänzenden Augen ganz verstummt stehen blieben, wie erst nach einer Weile Marie mit einem tiefen Seufzer rief: »Ach wie schön – ach wie schön«, und Fritz einige Luftsprünge versuchte, die ihm überaus wohl gerieten. Aber die Kinder mussten auch das ganze Jahr über besonders artig und fromm gewesen sein, denn nie war ihnen so viel Schönes, Herrliches einbeschert worden als dieses Mal. Der große Tannenbaum in der Mitte trug viele goldne und silberne Äpfel, und wie Knospen und Blüten keimten Zuckermandeln und bunte Bonbons und was es sonst noch für schönes Naschwerk gibt, aus allen Ästen. Als das Schönste an dem Wunderbaum musste aber wohl gerühmt werden, dass in seinen dunkeln Zweigen hundert kleine Lichter wie

Sternlein funkelten und er selbst in sich hinein- und herausleuchtend die Kinder freundlich einlud seine Blüten und Früchte zu pflücken. Um den Baum umher glänzte alles sehr bunt und herrlich – was es da alles für schöne Sachen gab – ja, wer das zu beschreiben vermöchte! Marie erblickte die zierlichsten Puppen, allerlei saubere kleine Gerätschaften und was vor allem schön anzusehen war, ein seidenes Kleidchen mit bunten Bändern zierlich geschmückt, hing an einem Gestell so der kleinen Marie vor Augen, dass sie es von allen Seiten betrachten konnte und das tat sie denn auch, indem sie ein Mal über das andere ausrief: »Ach das schöne, ach das liebe – liebe Kleidchen: und das werde ich – ganz gewiss – das werde ich wirklich anziehen dürfen!« – Fritz hatte indessen schon drei- oder viermal um den Tisch herumgaloppierend und -trabend den neuen Fuchs versucht, den er in der Tat am Tische angezäumt gefunden. Wieder absteigend, meinte er: es sei eine wilde Bestie, das täte aber nichts, er wolle ihn schon kriegen, und musterte die neue Schwadron Husaren, die sehr prächtig in Rot und Gold gekleidet waren, lauter silberne Waffen trugen und auf solchen weißglänzenden Pferden ritten, dass man beinahe hätte glauben sollen, auch diese seien von purem Silber. Eben wollten die Kinder, etwas ruhiger geworden, über die Bilderbücher her, die aufgeschlagen waren, dass man allerlei sehr schöne Blumen und bunte Menschen, ja auch allerliebste spielende Kinder, so natürlich gemalt als lebten und sprächen sie wirklich, gleich anschauen konnte. – Ja! eben wollten die Kinder über diese wunderbaren Bücher her, als nochmals geklingelt wurde. Sie wussten, dass nun der Pate Drosselmeier einbescheren würde, und liefen nach dem an der Wand stehenden Tisch. Schnell wurde der Schirm, hinter dem er so lange versteckt gewesen, weggenommen. Was erblickten da die Kinder! – Auf einem grünen mit bunten Blumen geschmückten Rasenplatz stand ein sehr herrliches Schloss mit vielen Spiegelfenstern und goldnen Türmen. Ein Glockenspiel ließ sich hören, Türen und Fenster gingen auf, und man sah, wie sehr kleine aber zierliche Herrn und Damen mit Federhüten und langen Schleppkleidern in den Sälen herumspazierten. In dem Mittelsaal, der ganz in Feuer zu stehen schien – so viel Lichterchen brannten an silbernen Kronleuchtern – tanzten Kinder in kurzen Wämschen und Röckchen nach dem Glockenspiel. Ein Herr in einem smaragdenen Mantel sah oft durch ein Fenster, winkte heraus und verschwand wieder, so wie auch Pate Drosselmeier selbst, aber kaum viel höher als Papas Daumen zuweilen unten an der Tür des Schlosses stand und wieder hineinging. Fritz hatte mit auf den Tisch gestemmten Armen das schöne Schloss und die tanzenden und spazierenden Figürchen angesehen, dann sprach er: »Pate Drosselmeier! Lass mich mal hineingehen in dein Schloss!« – Der Obergerichtsrat bedeutete ihn, dass das nun ganz und gar nicht anginge. Er hatte auch recht, denn es war töricht von Fritzen, dass er in ein Schloss gehen wollte, welches überhaupt mitsamt seinen goldnen Türmen nicht so hoch war, als er selbst. Fritz sah das auch ein. Nach einer Weile, als immerfort auf dieselbe Weise die Herrn und Damen hin und her spazierten, die Kinder tanzten, der smaragdne Mann zu demselben Fenster heraussah, Pate Drosselmeier vor die Türe trat, da rief Fritz ungeduldig: »Pate Drosselmeier, nun komm mal zu der andern Tür da drüben heraus.« »Das geht nicht, liebes Fritzchen«, erwiderte der Obergerichtsrat. »Nun so lass mal«, sprach Fritz weiter, »lass mal den grünen Mann, der so oft herauskuckt, mit den andern herumspazieren.« »Das geht auch nicht«, erwiderte der Obergerichtsrat aufs neue. »So sollen die Kinder herunterkommen«, rief Fritz, »ich will sie näher besehen.« »Ei das geht alles nicht«, sprach der Obergerichtsrat verdrießlich, »wie die Mechanik nun einmal gemacht ist, muss sie bleiben.« – »So-o?«, fragte Fritz mit gedehnten Ton, »das geht alles nicht? Hör mal Pate Drosselmeier, wenn deine kleinen geputzten Dinger in dem Schlosse nichts mehr können als immer dasselbe, da taugen sie nicht viel, und ich frage nicht sonderlich nach ihnen. – Nein, da lob ich mir meine Husaren, die müssen manövrieren vorwärts, rückwärts, wie ich's haben will und sind in kein Haus gesperrt.« Und damit sprang er fort an den Weihnachtstisch und ließ seine Eskadron auf den silbernen Pferden hin und her trottieren und schwenken und einhauen und feuern nach Herzenslust. Auch Marie hatte sich sachte fortgeschlichen, denn auch sie wurde des Herumgehens und Tanzens der Püppchen im Schlosse bald überdrüssig, und mochte es, da sie sehr artig und gut war, nur nicht so merken lassen, wie Bruder Fritz. Der Obergerichtsrat Drosselmeier sprach ziemlich verdrießlich zu den Eltern: »Für unverständige Kinder ist solch künstliches Werk nicht, ich will nur mein Schloss wieder einpacken«; doch die Mutter trat hinzu, und ließ sich den innern Bau und das wunderbare, sehr künstliche Räderwerk zeigen, wodurch die kleinen Püppchen in Bewegung gesetzt wurden. Der Rat nahm alles auseinander, und setzte es wieder zusammen. Dabei war er wieder ganz heiter geworden, und schenkte den Kindern noch einige schöne braune Männer und Frauen mit goldnen Gesichtern, Händen und Beinen. Sie waren sämtlich aus Thorn, und rochen so süß und angenehm wie Pfefferkuchen, worüber Fritz und Marie sich sehr erfreuten. Schwester Luise hatte, wie es die Mutter gewollt, das schöne Kleid angezogen, welches ihr einbeschert worden, und sah wunderhübsch aus, aber Marie meinte, als sie auch ihr Kleid anziehen sollte, sie möchte es lieber noch ein bisschen so ansehen. Man erlaubte ihr das gern.

Der Schützling

Eigentlich mochte Marie sich deshalb gar nicht von dem Weihnachtstisch trennen, weil sie eben etwas noch nicht Bemerktes entdeckt hatte. Durch das Ausrücken von Fritzens Husaren, die dicht an dem Baum in Parade gehalten, war nämlich ein sehr vortrefflicher kleiner Mann sichtbar geworden, der still und bescheiden dastand, als erwarte er ruhig, wenn die Reihe an ihn kommen werde. Gegen seinen Wuchs wäre freilich vieles einzuwenden gewesen, denn abgesehen davon, dass der etwas lange, starke Oberleib nicht recht zu den kleinen dünnen Beinchen passen wollte, so schien auch der Kopf bei weitem zu groß. Vieles machte die propre Kleidung gut, welche auf einen Mann von Geschmack und Bildung schließen ließ. Er trug nämlich ein sehr schönes violettglänzendes Husarenjäckchen mit vielen weißen Schnüren und Knöpfchen, ebensolche Beinkleider, und die schönsten Stiefelchen, die jemals an die Füße eines Studenten, ja wohl gar eines Offiziers gekommen sind. Sie saßen an den zierlichen Beinchen so knapp angegossen, als wären sie darauf gemalt. Komisch war es zwar, dass er zu dieser Kleidung sich hinten einen schmalen unbeholfenen Mantel, der recht aussah wie von Holz, angehängt, und ein Bergmannsmützchen aufgesetzt hatte, indessen dachte Marie daran, dass Pate Drosselmeier ja auch einen sehr schlechten Matin umhänge, und eine fatale Mütze aufsetze, dabei aber doch ein gar lieber Pate sei. Auch stellte Marie die Betrachtung an, dass Pate Drosselmeier, trüge er sich auch übrigens so zierlich wie der Kleine, doch nicht einmal so hübsch als er aussehen werde. Indem Marie den netten Mann, den sie auf den ersten Blick lieb gewonnen, immer mehr und mehr ansah, da wurde sie erst recht inne, welche Gutmütigkeit auf seinem Gesichte lag. Aus den hellgrünen, etwas zu großen hervorstehenden Augen sprach nichts als Freundschaft und Wohlwollen. Es stand dem Manne gut, dass sich um sein Kinn ein wohlfrisierter Bart von weißer

Baumwolle legte, denn umso mehr konnte man das süße Lächeln des hochroten Mundes bemerken. »Ach!«, rief Marie endlich aus: »ach lieber Vater, wem gehört denn der allerliebste kleine Mann dort am Baum?« »Der«, antwortete der Vater, »der, liebes Kind! soll für euch alle tüchtig arbeiten, er soll euch fein die harten Nüsse aufbeißen, und er gehört Luisen ebenso gut, als dir und dem Fritz.« Damit nahm ihn der Vater behutsam vom Tische, und indem er den hölzernen Mantel in die Höhe hob, sperrte das Männlein den Mund weit, weit auf, und zeigte zwei Reihen sehr weißer spitzer Zähnchen. Marie schob auf des Vaters Geheiß eine Nuss hinein, und – knack – hatte sie der Mann zerbissen, dass die Schalen abfielen, und Marie den süßen Kern in die Hand bekam. Nun musste wohl jeder und auch Marie wissen, dass der zierliche kleine Mann aus dem Geschlecht der Nussknacker abstammte, und die Profession seiner Vorfahren trieb. Sie jauchzte auf vor Freude, da sprach der Vater: »Da dir, liebe Marie, Freund Nussknacker so sehr gefällt, so sollst du ihn auch besonders hüten und schützen, unerachtet, wie ich gesagt, Luise und Fritz ihn mit ebenso vielem Recht brauchen können als du!« – Marie nahm ihn sogleich in den Arm, und ließ ihn Nüsse aufknacken, doch suchte sie die kleinsten aus, damit das Männlein nicht so weit den Mund aufsperren durfte, welches ihm doch im Grunde nicht gut stand. Luise gesellte sich zu ihr, und auch für sie musste Freund Nussknacker seine Dienste verrichten, welches er gern zu tun schien, da er immerfort sehr freundlich lächelte. Fritz war unterdessen vom vielen Exerzieren und Reiten müde geworden, und da er so lustig Nüsse knacken hörte, sprang er hin zu den Schwestern, und lachte recht von Herzen über den kleinen drolligen Mann, der nun, da Fritz auch Nüsse essen wollte, von Hand zu Hand ging, und gar nicht aufhören konnte mit Auf- und Zuschnappen. Fritz schob immer die größten und härtesten Nüsse hinein, aber mit einem Male ging es – krack – krack – und drei Zähnchen fielen aus des Nussknackers Munde, und sein ganzes Unterkinn war lose und wacklicht. – »Ach mein armer lieber Nussknacker!«, schrie Marie laut, und nahm ihn dem Fritz aus den Händen. »Das ist ein einfältiger dummer Bursche«, sprach Fritz. »Will Nussknacker sein, und hat kein ordentliches Gebiss – mag wohl auch sein Handwerk gar nicht verstehn. – Gib ihn nur her, Marie! Er soll mir Nüsse zerbeißen, verliert er auch noch die übrigen Zähne, ja das ganze Kinn obendrein, was ist an dem Taugenichts gelegen.« »Nein, nein«, rief Marie weinend, »du bekommst ihn nicht, meinen lieben Nussknacker, sieh nur her, wie er mich so wehmütig anschaut, und mir sein wundes Mündchen zeigt! – Aber du bist ein hartherziger Mensch – du schlägst deine Pferde, und lässt wohl gar einen Soldaten totschießen.« – »Das muss so sein, das verstehst du nicht«, rief Fritz; »aber der Nussknacker gehört ebenso gut mir, als dir, gib ihn nur her.« – Marie fing an heftig zu weinen, und wickelte den kranken Nussknacker schnell in ihr kleines Taschentuch ein. Die Eltern kamen mit dem Paten Drosselmeier herbei. Dieser nahm zu Mariens Leidwesen Fritzens Partie. Der Vater sagte aber: »Ich habe den Nussknacker ausdrücklich unter Mariens Schutz gestellt, und da, wie ich sehe, er dessen eben jetzt bedarf, so hat sie volle Macht über ihn, ohne dass jemand dreinzureden hat. Übrigens wundert es mich sehr von Fritzen, dass er von einem im Dienst Erkrankten noch fernere Dienste verlangt. Als guter Militär sollte er doch wohl wissen, dass man Verwundete niemals in Reihe und Glied stellt?« – Fritz war sehr beschämt, und schlich, ohne sich weiter um Nüsse und Nussknacker zu bekümmern, fort an die andere Seite des Tisches, wo seine Husaren, nachdem sie gehörige Vorposten ausgestellt hatten, ins Nachtquartier gezogen waren. Marie suchte Nussknackers verlorne Zähnchen zusammen, um das kranke Kinn hatte sie ein hübsches weißes Band, das sie von ihrem Kleidchen abgelöst, gebunden, und dann den armen Kleinen, der sehr blass und erschrocken aussah, noch sorgfältiger als vorher in ihr Tuch eingewickelt. So hielt sie ihn wie ein kleines Kind wiegend in den Armen, und besah die schönen Bilder des neuen Bilderbuchs, das heute unter den andern vielen Gaben lag. Sie wurde, wie es sonst gar nicht ihre Art war, recht böse, als Pate Drosselmeier so sehr lachte, und immerfort fragte: wie sie denn mit solch einem grundhässlichen kleinen Kerl so schöntun könne? – Jener sonderbare Vergleich mit Drosselmeier, den sie anstellte, als der Kleine ihr zuerst in die Augen fiel, kam ihr wieder in den Sinn, und sie sprach sehr ernst: »Wer weiß, lieber Pate, ob du denn, putzest du dich auch so heraus wie mein lieber Nussknacker, und hättest du auch solche schöne blanke Stiefelchen an, wer weiß, ob du denn doch so hübsch aussehen würdest, als er!« – Marie wusste gar nicht, warum denn die Eltern so laut auflachten, und warum der Obergerichtsrat solch eine rote Nase bekam, und gar nicht so hell mitlachte, wie zuvor. Es mochte wohl seine besondere Ursache haben.

Bei Medizinalrats in der Wohnstube, wenn man zur Türe hi-
neintritt gleich links an der breiten Wand steht ein hoher Glasschrank, in welchem die Kinder all die schönen Sachen, die ihnen
jedes Jahr einbeschert worden, aufbewahren. Die Luise war noch
ganz klein, als der Vater den Schrank von einem sehr geschickten
Tischler machen ließ, der so himmelhelle Scheiben einsetzte, und
überhaupt das Ganze so geschickt einzurichten wusste, dass alles
drinnen sich beinahe blanker und hübscher ausnahm, als wenn
man es in Händen hatte. Im obersten Fache, für Marien und
Fritzen unerreichbar, standen des Paten Drosselmeier Kunstwerke, gleich darunter war das Fach für die Bilderbücher, die
beiden untersten Fächer durften Marie und Fritz anfüllen wie sie
wollten, jedoch geschah es immer, dass Marie das unterste Fach
ihren Puppen zur Wohnung einräumte, Fritz dagegen in dem
Fache drüber seine Truppen Kantonierungsquartiere beziehen
ließ. So war es auch heute gekommen, denn, indem Fritz seine
Husaren oben aufgestellt, hatte Marie unten Mamsell Trutchen
beiseite gelegt, die neue schön geputzte Puppe in das sehr gut
möblierte Zimmer hineingesetzt, und sich auf Zuckerwerk bei ihr
eingeladen. Sehr gut möbliert war das Zimmer, habe ich gesagt,
und das ist auch wahr, denn ich weiß nicht, ob du, meine aufmerksame Zuhörerin Marie! ebenso wie die kleine Stahlbaum (es ist
dir schon bekannt worden, dass sie auch Marie heißt), ja! – ich
meine, ob du ebenso wie diese, ein kleines schöngeblümtes Sofa,
mehrere allerliebste Stühlchen, einen niedlichen Teetisch, vor
allen Dingen aber ein sehr nettes blankes Bettchen besitzest,
worin die schönsten Puppen ausruhen? Alles dieses stand in der
Ecke des Schranks, dessen Wände hier sogar mit bunten Bilder-
chen tapeziert waren, und du kannst dir wohl denken, dass in *diesem* Zimmer die neue Puppe, welche, wie Marie noch denselben
Abend erfuhr, Mamsell Clärchen hieß, sich sehr wohl befinden
musste.

Es war später Abend geworden, ja Mitternacht im Anzüge, und
Pate Drosselmeier längst fortgegangen, als die Kinder noch gar
nicht wegkommen konnten von dem Glasschrank, so sehr auch
die Mutter mahnte, dass sie doch endlich nun zu Bette gehen
möchten. »Es ist wahr«, rief endlich Fritz, »die armen Kerls«
(seine Husaren meinend) »wollen auch nun Ruhe haben, und
solange ich da bin, wagt's keiner, ein bisschen zu nicken, das weiß
ich schon!« Damit ging er ab; Marie aber bat gar sehr: »Nur noch

ein Weilchen, ein einziges kleines Weilchen lass mich hier, liebe Mutter, hab ich ja doch manches zu besorgen, und ist das geschehen, so will ich ja gleich zu Bette gehen!« Marie war gar ein frommes vernünftiges Kind, und so konnte die gute Mutter wohl ohne Sorgen sie noch bei den Spielsachen allein lassen. Damit aber Marie nicht etwa gar zu sehr verlockt werde von der neuen Puppe und den schönen Spielsachen überhaupt, so aber die Lichter vergäße, die rings um den Wandschrank brennten, löschte die Mutter sie sämtlich aus, sodass nur die Lampe, die in der Mitte des Zimmers von der Decke herabhing, ein sanftes anmutiges Licht verbreitete. »Komm bald hinein, liebe Marie! sonst kannst du ja morgen nicht zu rechter Zeit aufstehen«, rief die Mutter, indem sie sich in das Schlafzimmer entfernte. Sobald sich Marie allein befand, schritt sie schnell dazu, was ihr zu tun recht auf dem Herzen lag, und was sie doch nicht, selbst wusste sie nicht warum, der Mutter zu entdecken vermochte. Noch immer hatte sie den kranken Nussknacker eingewickelt in ihr Taschentuch auf dem Arm getragen. Jetzt legte sie ihn behutsam auf den Tisch, wickelte leise, leise das Tuch ab, und sah nach den Wunden. Nussknacker war sehr bleich, aber dabei lächelte er so sehr wehmütig freundlich, dass es Marien recht durch das Herz ging. »Ach, Nussknackerchen«, sprach sie sehr leise, »sei nur nicht böse, dass Bruder Fritz dir so wehe getan hat, er hat es auch nicht so schlimm gemeint, er ist nur ein bisschen hartherzig geworden durch das wilde Soldatenwesen, aber sonst ein recht guter Junge, das kann ich dich versichern. Nun will ich dich aber auch recht sorglich so lange pflegen, bis du wieder ganz gesund und fröhlich geworden; dir deine Zähnchen recht fest einsetzen, dir die Schultern einrenken, das soll Pate Drosselmeier, der sich auf solche Dinge versteht.« – Aber nicht ausreden konnte Marie, denn indem sie den Namen Drosselmeier nannte, machte Freund Nussknacker ein ganz verdammt schiefes Maul, und aus seinen Augen fuhr es heraus, wie grünfunkelnde Stacheln. In dem Augenblick aber, dass Marie sich recht entsetzen wollte, war es ja wieder des ehrlichen Nussknackers wehmütig lächelndes Gesicht, welches sie anblickte, und sie wusste nun wohl, dass der von der Zugluft berührte, schnell auflodernde Strahl der Lampe im Zimmer Nussknackers Gesicht so entstellt hatte. »Bin ich nicht ein töricht Mädchen, dass ich so leicht erschrecke, sodass ich sogar glaube, das Holzpüppchen da könne mir Gesichter schneiden! Aber lieb ist mir doch Nussknacker gar zu sehr, weil er so komisch ist, und doch so gutmütig, und darum muss er gepflegt werden, wie sich's gehört!« Damit nahm

Marie den Freund Nussknacker in den Arm, näherte sich dem Glasschrank, kauerte vor demselben, und sprach also zur neuen Puppe: »Ich bitte dich recht sehr, Mamsell Clärchen, tritt dein Bettchen dem kranken wunden Nussknacker ab, und behelfe dich, so gut wie es geht, mit dem Sofa. Bedenke, dass du sehr gesund, und recht bei Kräften bist, denn sonst würdest du nicht solche dicke dunkelrote Backen haben, und dass sehr wenige der allerschönsten Puppen solche weiche Sofas besitzen.«

Mamsell Clärchen sah in vollem glänzenden Weihnachtsputz sehr vornehm und verdrießlich aus, und sagte nicht »Muck!« »Was mache ich aber auch für Umstände«, sprach Marie, nahm das Bette hervor, legte sehr leise und sanft Nussknackerchen hinein, wickelte noch ein gar schönes Bändchen, das sie sonst um den Leib getragen, um die wunden Schultern, und bedeckte ihn bis unter die Nase. »Bei der unartigen Cläre darf er aber nicht bleiben«, sprach sie weiter, und hob das Bettchen samt dem darinne liegenden Nussknacker heraus in das obere Fach, sodass es dicht neben dem schönen Dorf zu stehen kam, wo Fritzens Husaren kantonierten. Sie verschloss den Schrank und wollte ins Schlafzimmer, da – horcht auf Kinder! – da fing es an leise – leise zu wispern und zu flüstern und zu rascheln ringsherum, hinter dem Ofen, hinter den Stühlen, hinter den Schränken. – Die Wanduhr schnurrte dazwischen lauter und lauter, aber sie konnte nicht schlagen. Marie blickte hin, da hatte die große vergoldete Eule, die darauf saß, ihre Flügel herabgesenkt, sodass sie die ganze Uhr überdeckten und den hässlichen Katzenkopf mit krummen Schnabel weit vorgestreckt. Und stärker schnurrte es mit vernehmlichen Worten: »Uhr, Uhre, Uhre, Uhren, müsst alle nur leise schnurren, leise schnurren. – Mausekönig hat jawohl ein feines Ohr – purrpurr – pum pum singt nur, singt ihm altes Liedlein vor – purr purr – pum pum schlag an Glöcklein, schlag an, bald ist es um ihn getan!« Und pum pum ging es ganz dumpf und heiser zwölfmal! – Marien fing an sehr zu grauen, und entsetzt war sie beinahe davongelaufen, als sie Pate Drosselmeier erblickte, der statt der Eule auf der Wanduhr saß und seine gelben Rockschöße von beiden Seiten wie Flügel herabgehängt hatte, aber sie ermannte sich und rief laut und weinerlich: »Pate Drosselmeier, Pate Drosselmeier, was willst du da oben? Komm herunter zu mir und erschrecke mich nicht so, du böser Pate Drosselmeier!« – Aber da ging ein tolles Kichern und Gepfeife los rundumher, und bald trottierte und lief es hinter den Wänden wie mit tausend kleinen Füßchen und tausend kleine Lichterchen blickten aus den

Ritzen der Dielen. Aber nicht Lichterchen waren es, nein! kleine funkelnde Augen, und Marie wurde gewahr, dass überall Mäuse hervorguckten und sich hervorarbeiteten. Bald ging es trott – trott – hopp hopp in der Stube umher – immer lichtere und dichtere Haufen Mäuse galoppierten hin und her, und stellten sich endlich in Reihe und Glied, so wie Fritz seine Soldaten zu stellen pflegte, wenn es zur Schlacht gehen sollte. Das kam nun Marien sehr possierlich vor, und da sie nicht, wie manche andere Kinder, einen natürlichen Abscheu gegen Mäuse hatte, wollte ihr eben alles Grauen vergehen, als es mit einem Mal so entsetzlich und so schneidend zu pfeifen begann, dass es ihr eiskalt über den Rücken lief! – Ach was erblickte sie jetzt! – Nein, wahrhaftig, geehrter Leser Fritz, ich weiß, dass ebenso gut wie dem weisen und mutigen Feldherrn Fritz Stahlbaum dir das Herz auf dem rechten Flecke sitzt, aber, hättest du *das* gesehen, was Marien jetzt vor Augen kam, wahrhaftig du wärst davongelaufen, ich glaube sogar, du wärst schnell ins Bett gesprungen und hättest die Decke viel weiter über die Ohren gezogen als gerade nötig. – Ach! – das konnte die arme Marie ja nicht einmal tun, denn hört nur Kinder! – dicht dicht vor ihren Füßen sprühte es wie von unterirdischer Gewalt getrieben, Sand und Kalk und zerbröckelte Mauersteine hervor und sieben Mäuseköpfe mit sieben hellfunkelnden Kronen erhoben sich recht grässlich zischend und pfeifend aus dem Boden. Bald arbeitete sich auch der Mausekörper, an dessen Hals die sieben Köpfe angewachsen waren, vollends hervor und der großen mit sieben Diademen geschmückten Maus jauchzte in vollem Chorus dreimal laut aufquiekend das ganze Heer entgegen, das sich nun auf einmal in Bewegung setzte und hott, hott – trott – trott ging es – ach geradezu auf den Schrank – geradezu auf Marien los, die noch dicht an der Glastüre des Schrankes stand. Vor Angst und Grauen hatte Marien das Herz schon so gepocht, dass sie glaubte, es müsse nun gleich aus der Brust herausspringen und dann müsste sie sterben; aber nun war es ihr, als stehe ihr das Blut in den Adern still. Halb ohnmächtig wankte sie zurück, da ging es klirr – klirr – prr und in Scherben fiel die Glasscheibe des Schranks herab, die sie mit dem Ellbogen eingestoßen. Sie fühlte wohl in dem Augenblick einen recht stechenden Schmerz am linken Arm, aber es war ihr auch plötzlich viel leichter ums Herz, sie hörte kein Quieken und Pfeifen mehr, es war alles ganz still geworden, und, obschon sie nicht hinblicken mochte, glaubte sie doch, die Mäuse wären von dem Klirren der Scheibe erschreckt wieder abgezogen in ihre Löcher. – Aber was war denn das wieder? – Dicht hinter Marien fing es an im Schrank auf seltsame Weise zu rumoren und ganz feine Stimmchen fingen an: »Aufgewacht – aufgewacht – wolln zur Schlacht – noch diese Nacht – aufgewacht – auf zur Schlacht.« – Und dabei klingelte es mit harmonischen Glöcklein gar hübsch und anmutig! »Ach das ist ja mein kleines Glockenspiel«, rief Marie freudig, und sprang schnell zur Seite. Da sah sie wie es im Schrank ganz sonderbar leuchtete und herumwirtschaftete und hantierte. Es waren mehrere Puppen, die durcheinander liefen und mit den kleinen Armen herumfochten. Mit einem Mal erhob sich jetzt Nussknacker, warf die Decke weit von sich und sprang mit beiden Füßen zugleich aus dem Bette, indem er laut rief: »Knack – knack – knack – dummes Mausepack – dummer toller Schnack – Mausepack – Knack – Knack – Mausepack – Krick und Krack – wahrer Schnack.« Und damit zog er sein kleines Schwert und schwang es in den Lüften und rief: »Ihr meine lieben Vasallen, Freunde und Brüder, wollt ihr mir beistehen im harten Kampf?« – Sogleich schrien heftig drei Skaramuzze, ein Pantalon, vier Schornsteinfeger, zwei Zitherspielmänner und ein Tambour: »Ja Herr – wir hängen euch an in standhafter Treue – mit euch ziehen wir in Tod, Sieg und Kampf!« und stürzten sich nach dem begeisterten Nussknacker, der den gefährlichen Sprung wagte, vom obern Fach herab. Ja! jene hatten gut sich herabstürzen, denn nicht allein dass sie reiche Kleider von Tuch und Seide trugen, so war inwendig im Leibe auch nicht viel anders als Baumwolle und Häcksel, daher plumpten sie auch herab wie Wollsäckchen. Aber der arme Nussknacker, der hätte gewiss Arm und Beine gebrochen, denn, denkt euch, es war beinahe zwei Fuß hoch vom Fache, wo er stand, bis zum untersten, und sein Körper war so spröde als sei er geradezu aus Lindenholz geschnitzt. Ja Nussknacker hätte gewiss Arm und Beine gebrochen, wäre, im Augenblick als er sprang, nicht auch Mamsell Clärchen schnell vom Sofa aufgesprungen und hätte den Helden mit dem gezogenen Schwert in ihren weichen Armen aufgefangen. »Ach du liebes gutes Clärchen!« schluchzte Marie, »wie habe ich dich verkannt, gewiss gabst du Freund Nussknackern dein Bettchen recht gerne her!« Doch Mamsell Clärchen sprach jetzt, indem sie den jungen Helden sanft an ihre seidene Brust drückte: »Wollet euch, o Herr! krank und wund wie Ihr seid, doch nicht in Kampf und Gefahr begeben, seht wie Eure tapferen Vasallen kampflustig und des Sieges gewiss sich sammeln. Skaramuz, Pantalon, Schornsteinfeger, Zitherspielmann und Tambour sind schon unten und die Devisen-Figuren in meinem

Fache rühren und regen sich merklich! Wollet, o Herr! in meinen Armen ausruhen, oder von meinem Federhut herab Euern Sieg anschaun!« So sprach Clärchen, doch Nussknacker tat ganz ungebärdig und strampelte so sehr mit den Beinen, dass Clärchen ihn schnell herab auf den Boden setzen musste. In dem Augenblick ließ er sich aber sehr artig auf ein Knie nieder und lispelte: »O Dame! stets werd ich Eurer mir bewiesenen Gnade und Huld gedenken in Kampf und Streit!« Da bückte sich Clärchen so tief herab, dass sie ihn beim Ärmchen ergreifen konnte, hob ihn sanft auf, löste schnell ihren mit vielen Füttern gezierten Leibgürtel los und wollte ihn dem Kleinen umhängen, doch der wich zwei Schritte zurück, legte die Hand auf die Brust, und sprach sehr feierlich: »Nicht so wollet o Dame, Eure Gunst an mir verschwenden, denn –« er stockte, seufzte tief auf, riss dann schnell das Bändchen, womit ihn Marie verbunden hatte, von den Schultern, drückte es an die Lippen, hing es wie eine Feldbinde um, und sprang, das blankgezogene Schwertlein mutig schwenkend, schnell und behände wie ein Vögelchen über die Leiste des Schranks auf den Fußboden. – Ihr merkt wohl höchst geneigte und sehr vortreffliche Zuhörer, dass Nussknacker schon früher als er wirklich lebendig worden, alles Liebe und Gute, was ihm Marie erzeigte, recht deutlich fühlte, und dass er nur deshalb, weil er Marien so gar gut worden, auch nicht einmal ein Band von Mamsell Clärchen annehmen und tragen wollte, unerachtet es sehr glänzte und sehr hübsch aussah. Der treue gute Nussknacker putzte sich lieber mit Mariens schlichtem Bändchen. – Aber wie wird es nun weiter werden? – Sowie Nussknacker herabspringt, geht auch das Quieken und Piepen wieder los. Ach! unter dem großen Tische halten ja die fatalen Rotten unzähliger Mäuse und über alle ragt die abscheuliche Maus mit den sieben Köpfen hervor! – Wie wird das nun werden! –

Die Schlacht

»Schlagt den Generalmarsch, getreuer Vasalle Tambour!«, schrie Nussknacker sehr laut und sogleich fing der Tambour an, auf die künstlichste Weise zu wirbeln, dass die Fenster des Glasschranks zitterten und dröhnten. Nun krackte und klapperte es drinnen und Marie wurde gewahr, dass die Deckel sämtlicher Schachteln worin Fritzens Armee einquartiert war mit Gewalt auf – und die Soldaten heraus und herab ins unterste Fach sprangen, dort sich aber in blanken Rotten sammelten. Nussknacker lief auf und nieder, begeisterte Worte zu den Truppen sprechend: »Kein Hund von Trompeter regt und rührt sich«, schrie Nussknacker erbost, wandte sich aber dann schnell zum Pantalon, der etwas blass geworden, mit dem langen Kinn sehr wackelte, und sprach feierlich: »General, ich kenne Ihren Mut und Ihre Erfahrung, hier gilt's schnellen Überblick und Benutzung des Moments – ich vertraue Ihnen das Kommando sämtlicher Kavallerie und Artillerie an – ein Pferd brauchen Sie nicht, Sie haben sehr lange Beine und galoppieren damit leidlich. – Tun Sie jetzt was Ihres Berufs ist.« Sogleich drückte Pantalon die dürren langen Fingerchen an den Mund und krähte so durchdringend, dass es klang als würden hundert helle Trompetlein lustig geblasen. Da ging es im Schrank an ein Wiehern und Stampfen, und siehe, Fritzens Kürassiere und Dragoner, vor allen Dingen aber die neuen glänzenden Husaren rückten aus, und hielten bald unten auf dem Fußboden. Nun defilierte Regiment auf Regiment mit fliegenden Fahnen und klingendem Spiel bei Nussknacker vorüber und stellte sich in breiter Reihe quer über den Boden des Zimmers. Aber vor ihnen her fuhren rasselnd Fritzens Kanonen auf, von den Kanonieren umgeben, und bald ging es bum – bum und Marie sah wie die Zuckererbsen einschlugen in den dicken Haufen der Mäuse, die davon ganz weiß überpudert wurden und sich sehr schämten. Vorzüglich tat ihnen aber eine schwere Batterie viel Schaden, die auf Mamas Fußbank aufgefahren war und Pum – Pum – Pum, immer hintereinander fort Pfeffernüsse unter die Mäuse schoss, wovon sie umfielen. Die Mäuse kamen aber doch immer näher und überrannten sogar einige Kanonen, aber da ging es Prr – Prr, Prr, und vor Rauch und Staub konnte Marie kaum sehen, was nun geschah. Doch so viel war gewiss, dass jedes Korps sich mit der höchsten Erbitterung schlug, und der Sieg lange hin und her schwankte. Die Mäuse entwickelten immer mehr und mehr Massen, und ihre kleinen silbernen Pillen, die sie sehr geschickt zu schleudern wussten, schlugen schon bis in den Glasschrank hinein. Verzweiflungsvoll liefen Clärchen und Trutchen umher, und rangen sich die Händchen wund. »Soll ich in meiner blühendsten Jugend sterben! – ich die schönste der Puppen!«, schrie Clärchen. »Hab ich darum mich so gut konserviert, um hier in meinen vier Wänden umzukommen?«, rief Trutchen. Dann fielen sie sich um den Hals, und heulten so sehr, dass man es trotz des tollen Lärms doch hören konnte. Denn von dem Spektakel, der nun losging, habt ihr kaum einen Begriff, werte Zuhörer. – Das ging – Prr –

Prr – Puff, Piff – Schnetterdeng – Schnetterdeng – Bum, Burum, Bum – Burum – Bum – durcheinander und dabei quiekten und schrien Mauskönig und Mäuse, und dann hörte man wieder Nussknackers gewaltige Stimme, wie er nützliche Befehle austeilte und sah ihn, wie er über die im Feuer stehenden Bataillone hinwegschritt! – Pantalon hatte einige sehr glänzende Kavallerieangriffe gemacht und sich mit Ruhm bedeckt, aber Fritzens Husaren wurden von der Mäuseartillerie mit hässlichen, übel riechenden Kugeln beworfen, die ganz fatale Flecke in ihren roten Wämsern machten, weshalb sie nicht recht vor wollten. Pantalon ließ sie links abschwenken und in der Begeisterung des Kommandierens machte er es ebenso und seine Kürassiere und Dragoner auch, das heißt, sie schwenkten alle links ab, und gingen nach Hause. Dadurch geriet die auf der Fußbank postierte Batterie in Gefahr, und es dauerte auch gar nicht lange, so kam ein dicker Haufe sehr hässlicher Mäuse und rannte so stark an, dass die ganze Fußbank mitsamt den Kanonieren und Kanonen umfiel. Nussknacker schien sehr bestürzt, und befahl, dass der rechte Flügel eine rückgängige Bewegung machen solle. Du weißt, o mein kriegserfahrner Zuhörer Fritz! dass eine solche Bewegung machen, beinahe so viel heißt als davonlaufen und betrauerst mit mir schon jetzt das Unglück, was über die Armee des kleinen von Marie geliebten Nussknackers kommen sollte! – Wende jedoch dein Auge von diesem Unheil ab, und beschaue den linken Flügel der Nussknackerischen Armee, wo alles noch sehr gut steht und für Feldherrn und Armee viel zu hoffen ist. Während des hitzigsten Gefechts waren leise leise Mäuse-Kavalleriemassen unter der Kommode herausdebouchiert, und hatten sich unter lautem grässlichen Gequiek mit Wut auf den linken Flügel der Nussknackerischen Armee geworfen, aber welchen Widerstand fanden sie da! – Langsam, wie es die Schwierigkeit des Terrains nur erlaubte, da die Leiste des Schranks zu passieren, war das Devisen-Korps unter der Anführung zweier chinesischer Kaiser vorgerückt, und hatte sich *en quarre piain* formiert. – Diese wackern, sehr bunten und herrlichen Truppen, die aus vielen Gärtnern, Tirolern, Tungusen, Frisörs, Harlekins, Kupidos, Löwen, Tigern, Meerkatzen und Affen bestanden, fochten mit Fassung, Mut und Ausdauer. Mit spartanischer Tapferkeit hätte dies Bataillon von Eliten dem Feinde den Sieg entrissen, wenn nicht ein verwegener feindlicher Rittmeister tollkühn vordringend einem der chinesischen Kaiser den Kopf abgebissen und dieser im Fallen zwei Tungusen und eine Meerkatze erschlagen hätte. Dadurch entstand eine Lücke, durch die der Feind eindrang und bald war das ganze Bataillon zerbissen. Doch wenig Vorteil hatte der Feind von dieser Untat. Sowie ein Mäusekavallerist mordlustig einen der tapfern Gegner mittendurch zerbiss, bekam er einen kleinen gedruckten Zettel in den Hals, wovon er augenblicklich starb. – Half dies aber wohl auch der Nussknackerischen Armee, die, einmal rückgängig geworden, immer rückgängiger wurde und immer mehr Leute verlor, sodass der unglückliche Nussknacker nur mit einem gar kleinen Häufchen dicht vor dem Glasschranke hielt? »Die Reserve soll heran! – Pantalon – Skaramuz, Tambour – wo seid ihr?« – So schrie Nussknacker, der noch auf neue Truppen hoffte, die sich aus dem Glasschrank entwickeln sollten. Es kamen auch wirklich einige braune Männer und Frauen aus Thorn mit goldnen Gesichtern, Hüten und Helmen heran, die fochten aber so ungeschickt um sich herum, dass sie keinen der Feinde trafen und bald ihrem Feldherrn Nussknacker selbst die Mütze vom Kopfe heruntergefochten hätten. Die feindlichen Chasseurs bissen ihnen auch bald die Beine ab, sodass sie umstülpten und noch dazu einige von Nussknackers Waffenbrüdern erschlugen. Nun war Nussknacker vom Feinde dicht umringt, in der höchsten Angst und Not. Er wollte über die Leiste des Schranks springen, aber die Beine waren zu kurz, Clärchen und Trutchen lagen in Ohnmacht, sie konnten ihm nicht helfen – Husaren – Dragoner sprangen lustig bei ihm vorbei und hinein, da schrie er auf in heller Verzweiflung: »Ein Pferd – ein Pferd – ein Königreich für ein Pferd!« – In dem Augenblick packten ihn zwei feindliche Tirailleurs bei dem hölzernen Mantel und im Triumph aus sieben Kehlen aufquiekend, sprengte Mausekönig heran. Marie wusste sich nicht mehr zu fassen, »o mein armer Nussknacker – mein armer Nussknacker!« so rief sie schluchzend, fasste, ohne sich deutlich ihres Tuns bewusst zu sein, nach ihrem linken Schuh, und warf ihn mit Gewalt in den dicksten Haufen der Mäuse hinein auf ihren König. In dem Augenblick schien alles verstoben und verflogen, aber Marie empfand am linken Arm einen noch stechendem Schmerz als vorher und sank ohnmächtig zur Erde nieder.

Die Krankheit

Als Marie wie aus tiefem Todesschlaf erwachte, lag sie in ihrem Bettchen und die Sonne schien hell und funkelnd durch die mit Eis belegten Fenster in das Zimmer hinein. Dicht neben ihr saß ein fremder Mann, den sie aber bald für den Chirurgus Wendelstern erkannte. Der sprach leise: »Nun ist sie aufgewacht!« Da kam die Mutter herbei und sah sie mit recht ängstlich forschenden Blicken an. »Ach liebe Mutter«, lispelte die kleine Marie: »sind denn nun die hässlichen Mäuse alle fort, und ist denn der gute Nussknacker gerettet?« »Sprich nicht solch albernes Zeug, liebe Marie«, erwiderte die Mutter, »was haben die Mäuse mit dem Nussknacker zu tun. Aber du böses Kind, hast uns allen recht viel Angst und Sorge gemacht. Das kommt davon her, wenn die Kinder eigenwillig sind und den Eltern nicht folgen. Du spieltest gestern bis in die tiefe Nacht hinein mit deinen Puppen. Du wurdest schläfrig, und mag es sein, dass ein hervorspringendes Mäuschen, deren es doch sonst hier nicht gibt, dich erschreckt hat; genug du stießest mit dem Arm eine Glasscheibe des Schranks ein und schnittest dich so sehr in den Arm, dass Herr Wendelstern, der dir eben die noch in den Wunden steckenden Glasscherbchen herausgenommen hat, meint, du hättest, zerschnitt das Glas eine Ader, einen steifen Arm behalten, oder dich gar verbluten können. Gott sei gedankt, dass ich um Mitternacht erwachend, und dich noch so spät vermissend, aufstand, und in die Wohnstube ging. Da lagst du dicht neben dem Glasschrank ohnmächtig auf der Erde und blutetest sehr. Bald war ich vor Schreck auch ohnmächtig geworden. Da lagst du nun, und um dich her zerstreut erblickte ich viele von Fritzens bleiernen Soldaten und andere Puppen, zerbrochene Devisen, Pfefferkuchenmänner; Nussknacker lag aber auf deinem blutenden Arme und nicht weit von dir dein linker Schuh.« »Ach Mütterchen, Mütterchen«, fiel Marie ein: »sehen Sie wohl, das waren ja noch die Spuren von der großen Schlacht zwischen den Puppen und Mäusen, und nur darüber bin ich so sehr erschrocken, als die Mäuse den armen Nussknacker, der die Puppenarmee kommandierte, gefangen nehmen wollten. Da warf ich meinen Schuh unter die Mäuse und dann weiß ich weiter nicht was vorgegangen.« Der Chirurgus Wendelstern winkte der Mutter mit den Augen und diese sprach sehr sanft zu Marien: »Lass es nur gut sein, mein liebes Kind! – beruhige dich, die Mäuse sind alle fort und Nussknackerchen steht gesund und lustig im Glasschrank.« Nun trat der Medizinalrat ins Zimmer und sprach lange mit dem Chirurgus Wendelstern; dann fühlte er Mariens Puls und sie hörte wohl, dass von einem Wundfieber die Rede war. Sie musste im Bette bleiben und Arzenei nehmen und so dauerte es einige Tage, wiewohl sie außer einigem Schmerz am Arm sich eben nicht krank und unbehaglich fühlte. Sie wusste, dass Nussknackerchen gesund aus der Schlacht sich gerettet hatte, und es kam ihr manchmal wie im Traume vor, dass er ganz vernehmlich, wiewohl mit sehr wehmütiger Stimme sprach: »Marie, teuerste Dame, Ihnen verdanke ich viel, doch noch mehr können Sie für mich tun!« Marie dachte vergebens darüber nach, was das wohl sein könnte, es fiel ihr durchaus nicht ein. – Spielen konnte Marie gar nicht recht, wegen des wunden Arms, und wollte sie lesen, oder in den Bilderbüchern blättern, so flimmerte es ihr seltsam vor den Augen, und sie musste davon ablassen. So musste ihr nun wohl die Zeit recht herzlich lang werden, und sie konnte kaum die Dämmerung erwarten, weil dann die Mutter sich an ihr Bett setzte, und ihr sehr viel Schönes vorlas und erzählte. Eben hatte die Mutter die vorzügliche Geschichte vom Prinzen Fakardin vollendet, als die Türe aufging, und der Pate Drosselmeier mit den Worten hineintrat: »Nun muss ich doch wirklich einmal selbst sehen, wie es mit der kranken und wunden Marie zusteht.« Sowie Marie den Paten Drosselmeier in seinem gelben Röckchen erblickte, kam ihr das Bild jener Nacht, als Nussknacker die Schlacht wider die Mäuse verlor, gar lebendig vor Augen, und unwillkürlich rief sie laut dem Obergerichtsrat entgegen: »O Pate Drosselmeier, du bist recht hässlich gewesen, ich habe dich wohl gesehen, wie du auf der Uhr saßest, und sie mit deinen Flügeln bedecktest, dass sie nicht laut schlagen sollte, weil sonst die Mäuse verscheucht worden wären – ich habe es wohl gehört, wie du dem Mausekönig riefest! – warum kamst du dem Nussknacker, warum kamst du mir nicht zu Hülfe, du hässlicher Pate Drosselmeier, bist du denn nicht allein schuld, dass ich verwundet und krank im Bette liegen muss?« – Die Mutter fragte ganz erschrocken: »Was ist dir denn, liebe Marie?« Aber der Pate Drosselmeier schnitt sehr seltsame Gesichter, und sprach mit schnarrender, eintöniger Stimme: »Perpendikel musste schnurren – picken – wollte sich nicht schicken – Uhren – Uhren – Uhrenperpendikel müssen schnurren – leise schnurren – schlagen Glocken laut kling klang – Hink und Honk, und Flonk und Hank – Puppenmädel sei nicht bang! – schlagen Glöcklein, ist geschlagen, Mausekönig fortzujagen, kommt die Eul im schnellen Flug – Pak und Pik, und Pik und Puk – Glöcklein bim bim – Uhren – schnurr schnurr – Perpendikel müssen schnurren – picken wollte sich nicht schicken – Schnarr und schnurr, und pirr und purr!« – Marie sah den Paten Drosselmeier starr mit großen Augen an, weil er ganz anders, und noch viel hässlicher aussah, als sonst, und mit dem rechten Arm hin und her schlug, als würd er gleich einer Drahtpuppe gezogen.

Es hätte ihr ordentlich grauen können vor dem Paten, wenn die Mutter nicht zugegen gewesen wäre, und wenn nicht endlich Fritz, der sich unterdessen hineingeschlichen, ihn mit lautem Gelächter unterbrochen hätte. »Ei, Pate Drosselmeier«, rief Fritz, »du bist heute wieder auch gar zu possierlich, du gebärdest dich ja wie mein Hampelmann, den ich längst hinter den Ofen geworfen.« Die Mutter blieb sehr ernsthaft, und sprach: »Lieber Herr Obergerichtsrat, das ist ja ein recht seltsamer Spaß, was meinen Sie denn eigentlich?« »Mein Himmel!«, erwiderte Drosselmeier lachend, »kennen Sie denn nicht mehr mein hübsches Uhrmacherliedchen? Das pfleg ich immer zu singen bei solchen Patienten wie Marie.« Damit setzte er sich schnell dicht an Mariens Bette, und sprach: »Sei nur nicht böse, dass ich nicht gleich dem Mausekönig alle vierzehn Augen ausgehackt, aber es konnte nicht sein, ich will dir auch stattdessen eine rechte Freude machen.« Der Obergerichtsrat langte mit diesen Worten in die Tasche, und was er nun leise, leise hervorzog, war – der Nussknacker, dem er sehr geschickt die verlornen Zähnchen fest eingesetzt, und den lahmen Kinnbacken eingerenkt hatte. Marie jauchzte laut auf vor Freude, aber die Mutter sagte lächelnd: »Siehst du nun wohl, wie gut es Pate Drosselmeier mit deinem Nussknacker meint?« »Du musst es aber doch eingestehen, Marie«, unterbrach der Obergerichtsrat die Medizinalrätin, »du musst es aber doch eingestehen, dass Nussknacker nicht eben zum besten gewachsen, und sein Gesicht nicht eben schön zu nennen ist. Wie sotane Hässlichkeit in seine Familie gekommen und vererbt worden ist, das will ich dir wohl erzählen, wenn du es anhören willst. Oder weißt du vielleicht schon die Geschichte von der Prinzessin Pirlipat, der Hexe Mauserinks und dem künstlichen Uhrmacher?« »Hör mal«, fiel hier Fritz unversehens ein, »hör mal, Pate Drosselmeier, die Zähne hast du dem Nussknacker richtig eingesetzt, und der Kinnbacken ist auch nicht mehr so wackelig, aber warum fehlt ihm das Schwert, warum hast du ihm kein Schwert umgehängt?« »Ei«, erwiderte der Obergerichtsrat ganz unwillig, »du musst an allem mäkeln und tadeln, Junge! – Was geht mich Nussknackers Schwert an, ich habe ihn am Leibe kuriert, mag er sich nun selbst ein Schwert schaffen wie er will.« »Das ist wahr«, rief Fritz, »ists ein tüchtiger Kerl, so wird er schon Waffen zu finden wissen.« »Also Marie«, fuhr der Obergerichtsrat fort, »sage mir, ob du die Geschichte weißt von der Prinzessin Pirlipat?« »Ach nein«, erwiderte Marie, »erzähle, lieber Pate Drosselmeier, erzähle!« »Ich hoffe«, sprach die Medizinalrätin, »ich hoffe, lieber Herr Obergerichtsrat, dass Ihre Geschichte nicht so graulich sein wird, wie gewöhnlich alles ist, was Sie erzählen?« »Mitnichten, teuerste Frau Medizinalrätin«, erwiderte Drosselmeier, »im Gegenteil ist das gar spaßhaft, was ich vorzutragen die Ehre haben werde.« »Erzähle, o erzähle, lieber Pate«, so riefen die Kinder, und der Obergerichtsrat fing also an:

Das Märchen von der harten Nuss

»Pirlipats Mutter war die Frau eines Königs, mithin eine Königin, und Pirlipat selbst in demselben Augenblick, als sie geboren wurde, eine geborne Prinzessin. Der König war außer sich vor Freude über das schöne Töchterchen, das in der Wiege lag, er jubelte laut auf, er tanzte und schwenkte sich auf einem Beine, und schrie ein Mal über das andere: ›Heisa! – hat man was Schöneres jemals gesehen, als mein Pirlipatchen?‹ – Aber alle Minister, Generale und Präsidenten und Stabsoffiziere sprangen, wie der Landesvater, auf einem Beine herum, und schrien sehr: ›Nein, niemals!‹ Zu leugnen war es aber auch in der Tat gar nicht, dass wohl, solange die Welt steht, kein schöneres Kind geboren wurde, als eben Prinzessin Pirlipat. Ihr Gesichtchen war wie von zarten lilienweißen und rosenroten Seidenflocken gewebt, die Äugelein lebendige funkelnde Azure, und es stand hübsch, dass die Löckchen sich in lauter glänzenden Goldfaden kräuselten. Dazu hatte Pirlipatchen zwei Reihen kleiner Perlzähnchen auf die Welt gebracht, womit sie zwei Stunden nach der Geburt dem Reichskanzler in den Finger biss, als er die Lineamente näher untersuchen wollte, sodass er laut aufschrie: ›O jemine!‹ – Andere behaupten, er habe: ›Au weh!‹ geschrien, die Stimmen sind noch heutzutage darüber sehr geteilt. – Kurz, Pirlipatchen biss wirklich dem Reichskanzler in den Finger, und das entzückte Land wusste nun, dass auch Geist, Gemüt und Verstand in Pirlipats kleinem engelschönen Körperchen wohne. – Wie gesagt, alles war vergnügt, nur die Königin war sehr ängstlich und unruhig, niemand wusste warum? Vorzüglich fiel es auf, dass sie Pirlipats Wiege so sorglich bewachen ließ. Außerdem, dass die Türen von Trabanten besetzt waren, mussten, die beiden Wärterinnen dicht an der Wiege abgerechnet, noch sechs andere, Nacht für Nacht ringsumher in der Stube sitzen. Was aber ganz närrisch schien, und was niemand begreifen konnte, jede dieser sechs Wärterinnen musste einen Kater auf den Schoß nehmen, und ihn die ganze Nacht streicheln, dass er immerfort zu spinnen genötigt wurde. Es ist unmöglich, dass ihr, lieben Kinder, erraten könnt, warum Pirlipats Mutter all diese Anstalten machte, ich weiß es aber, und will es euch gleich sagen. – Es begab sich, dass einmal an dem Hofe von Pirlipats Vater viele vortreffliche Könige und sehr angenehme Prinzen versammelt waren, weshalb es denn sehr glänzend herging, und viel Ritterspiele, Komödien und Hofballe gegeben wurden. Der König, um recht zu zeigen, dass es ihm an Gold und Silber gar nicht mangle, wollte nun einmal einen recht tüchtigen Griff in den Kronschatz tun, und was Ordentliches darauf gehen lassen. Er ordnete daher, zumal er von dem Oberhofküchenmeister insgeheim erfahren, dass der Hofastronom die Zeit des Einschlachtens angekündigt, einen großen Wurstschmaus an, warf sich in den Wagen, und lud selbst sämtliche Könige und Prinzen – nur auf einen Löffel Suppe ein, um sich der Überraschung mit dem Köstlichen zu erfreuen. Nun sprach er sehr freundlich zur Frau Königin: ›Dir ist ja schon bekannt, Liebchen! wie ich die Würste gern habe!‹ – Die Königin wusste schon, was er damit sagen wollte, es hieß nämlich nichts anders, als sie selbst sollte sich, wie sie auch sonst schon getan, dem sehr nützlichen Geschäft des Wurstmachens unterziehen. Der Oberschatzmeister musste sogleich den großen goldnen Wurstkessel und die silbernen Kasserollen zur Küche abliefern; es wurde ein großes Feuer von Sandelholz angemacht, die Königin band ihre damastene Küchenschürze um, und bald dampften aus dem Kessel die süßen Wohlgerüche der Wurstsuppe. Bis in den Staatsrat drang der anmutige Geruch; der König, von innerem Entzücken erfasst, konnte sich nicht halten. ›Mit Erlaubnis, meine Herren!‹ rief er, sprang schnell nach der Küche, umarmte die Königin, rührte etwas mit dem goldnen Szepter in dem Kessel, und kehrte dann beruhigt in den Staatsrat zurück. Eben nun war der wichtige Punkt gekommen, dass der Speck in Würfel geschnitten, und auf silbernen Rosten geröstet werden sollte. Die Hofdamen traten ab, weil die Königin dies Geschäft aus treuer Anhänglichkeit und Ehrfurcht vor dem königlichen Gemahl allein unternehmen wollte. Allein sowie der Speck zu braten anfing, ließ sich ein ganz feines wisperndes Stimmchen vernehmen: ›Von dem Brätlein gib mir auch, Schwester! – will auch schmausen, bin ja auch Königin – gib mir von dem Brätlein!‹ – Die Königin wusste wohl, dass es Frau Mauserinks war, die also sprach. Frau Mauserinks wohnte schon seit vielen Jahren in des Königs Palast. Sie behauptete, mit der königlichen Familie verwandt und selbst Königin in dem Reiche Mausolien zu sein, deshalb hatte sie auch eine große Hofhaltung unter dem Herde. Die Königin war eine gute mildtätige Frau, wollte sie daher auch sonst Frau Mauserinks nicht gerade als Königin und als ihre Schwester anerkennen, so gönnte sie ihr doch von Herzen an dem festlichen Tage die Schmauserei, und rief: ›Kommt nur hervor, Frau Mauserinks, Ihr möget immerhin von meinem Speck genießen.‹ Da kam auch Frau Mauserinks sehr schnell und lustig hervorgehüpft, sprang auf den Herd, und ergriff mit den zierlichen kleinen Pfötchen ein Stückchen Speck nach dem andern, das ihr die Königin hinlangte. Aber nun kamen alle Gevattern und Muhmen der Frau Mauserinks hervorgesprungen, und auch sogar ihre sieben Söhne, recht unartige Schlingel, die machten sich über den Speck her, und nicht wehren konnte ihnen die erschrockene Königin. Zum Glück kam die Oberhofmeisterin dazu, und verjagte die zudringlichen Gäste, sodass noch etwas Speck übrig blieb, welcher, nach Anweisung des herbeigerufenen Hofmathematikers sehr künstlich auf alle Würste verteilt wurde. – Pauken und Trompeten erschallten, alle anwesenden Potentaten und Prinzen zogen in glänzenden Feierkleidern zum Teil auf weißen Zeltern, zum Teil in kristallnen Kutschen zum Wurstschmause. Der König empfing sie mit herzlicher Freundlichkeit und Huld, und setzte sich dann, als Landesherr mit Kron und Szepter angetan, an die Spitze des Tisches. Schon in der Station der Leberwürste sah man, wie der König immer mehr und mehr erblasste, wie er die Augen gen Himmel hob – leise Seufzer entflohen seiner Brust – ein gewaltiger Schmerz schien in seinem Innern zu wühlen! Doch in der Station der Blutwürste sank er laut schluchzend und ächzend, in den Lehnsessel zurück, er hielt beide Hände vors Gesicht, er jammerte und stöhnte. – Alles sprang auf von der Tafel, der Leibarzt bemühte sich vergebens des unglücklichen Königs Puls zu erfassen, ein tiefer, namenloser Jammer schien ihn zu zerreißen. Endlich, endlich, nach vielem Zureden, nach Anwendung starker Mittel, als da sind, gebrannte Federposen und dergleichen, schien der König etwas zu sich selbst zu kommen, er stammelte kaum hörbar die Worte: ›Zu wenig Speck.‹ Da warf sich die Königin trostlos ihm zu Füßen und schluchzte: ›O mein armer unglücklicher königlicher Gemahl! – o welchen Schmerz mussten Sie dulden! – Aber sehen Sie hier die Schuldige zu Ihren Füßen – strafen, strafen Sie sie hart – ach – Frau Mauserinks mit ihren sieben Söhnen, Gevattern und Muhmen hat den Speck aufgefressen und –‹ damit fiel die Königin rücklings über in Ohnmacht. Aber der König sprang voller Zorn auf und rief laut:

›Oberhofmeisterin, wie ging das zu?‹ Die Oberhofmeisterin erzählte, soviel sie wusste, und der König beschloss Rache zu nehmen an der Frau Mauserinks und ihrer Familie, die ihm den Speck aus der Wurst weggefressen hatten. Der Geheime Staatsrat wurde berufen, man beschloss, der Frau Mauserinks den Prozess zu machen, und ihre sämtliche Güter einzuziehen; da aber der König meinte, dass sie unterdessen ihm doch noch immer den Speck wegfressen könnte, so wurde die ganze Sache dem Hofuhrmacher und Arkanisten übertragen. Dieser Mann, der ebenso hieß, als ich, nämlich Christian Elias Drosselmeier, versprach durch eine ganz besonders staatskluge Operation die Frau Mauserinks mit ihrer Familie auf ewige Zeiten aus dem Palast zu vertreiben. Er erfand auch wirklich kleine, sehr künstliche Maschinen, in die an einem Fädchen gebratener Speck getan wurde, und die Drosselmeier rings um die Wohnung der Frau Speckfresserin aufstellte. Frau Mauserinks war viel zu weise, um nicht Drosselmeiers List einzusehen, aber alle ihre Warnungen, alle ihre Vorstellungen halfen nichts, von dem süßen Geruch des gebratenen Specks verlockt, gingen alle sieben Söhne und viele, viele Gevattern und Muhmen der Frau Mauserinks in Drosselmeiers Maschinen hinein, und wurden, als sie eben den Speck wegnaschen wollten, durch ein plötzlich vorfallendes Gitter gefangen, dann aber in der Küche selbst schmachvoll hingerichtet. Frau Mauserinks verließ mit ihrem kleinen Häufchen den Ort des Schreckens. Gram, Verzweiflung, Rache erfüllte ihre Brust. Der Hof jubelte sehr, aber die Königin war besorgt, weil sie die Gemütsart der Frau Mauserinks kannte, und wohl wusste, dass sie den Tod ihrer Söhne und Verwandten nicht unge-rächt hingehen lassen würde. In der Tat erschien auch Frau Mauserinks, als die Königin eben für den königlichen Gemahl einen Lungenmus bereitete, den er sehr gern aß, und sprach: ›Meine Söhne – meine Gevattern und Muhmen sind erschlagen, gib wohl acht, Frau Königin, dass Mausekönigin dir nicht dein Prinzesschen entzweibeißt – gib wohl acht.‹ Darauf verschwand sie wieder, und ließ sich nicht mehr sehen, aber die Königin war so erschrocken, dass sie den Lungenmus ins Feuer fallen ließ, und zum zweiten Mal verdarb Frau Mauserinks dem Könige eine Lieblingsspeise, worüber er sehr zornig war. – Nun ists aber genug für heute Abend, künftig das übrige.«

Sosehr auch Marie, die bei der Geschichte ihre ganz eignen Gedanken hatte, den Pate Drosselmeier bat, doch nur ja weiterzuerzählen, so ließ er sich doch nicht erbitten, sondern sprang auf, sprechend: »Zu viel auf einmal ist ungesund, morgen das übrige.«

Eben als der Obergerichtsrat im Begriff stand, zur Tür hinauszu-schreiten, fragte Fritz: »Aber sag mal, Pate Drosselmeier, ists denn wirklich wahr, dass du die Mausefallen erfunden hast?« »Wie kann man nur so albern fragen«, rief die Mutter, aber der Ober-gerichtsrat lächelte sehr seltsam, und sprach leise: »Bin ich denn nicht ein künstlicher Uhrmacher, und sollt nicht einmal Mause-fallen erfinden können.«

Fortsetzung des Märchens von der harten Nuss

»Nun wisst ihr wohl, Kinder«, so fuhr der Obergerichtsrat Dros-selmeier am nächsten Abende fort, »nun wisst ihr wohl Kinder, warum die Königin das wunderschöne Prinzesschen Pirlipat so sorglich bewachen ließ. Musste sie nicht fürchten, dass Frau Mau-serinks ihre Drohung erfüllen, wiederkommen, und das Prinzess-chen totbeißen würde? Drosselmeiers Maschinen halfen gegen die kluge und gewitzigte Frau Mauserinks ganz und gar nichts, und nur der Astronom des Hofes, der zugleich Geheimer Ober-zeichen- und Sterndeuter war, wollte wissen, dass die Familie des Katers Schnurr im Stande sein werde, die Frau Mauserinks von der Wiege abzuhalten; demnach geschah es also, dass jede der Wärterinnen einen der Söhne jener Familie, die übrigens bei Hofe als Geheime Legationsräte angestellt waren, auf dem Schoße halten, und durch schickliches Krauen ihm den beschwerlichen Staatsdienst zu versüßen suchen musste. Es war einmal schon Mitternacht, als die eine der beiden Geheimen Oberwärterinnen, die dicht an der Wiege saßen, wie aus tiefem Schläfe auffuhr. – Alles rundumher lag vom Schlafe befangen – kein Schnurren – tiefe Totenstille, in der man das Picken des Holzwurms vernahm! – doch wie ward der Geheimen Oberwärterin, als sie dicht vor sich eine große, sehr hässliche Maus erblickte, die auf den Hinter-füßen aufgerichtet stand, und den fatalen Kopf auf das Gesicht der Prinzessin gelegt hatte. Mit einem Schrei des Entsetzens sprang sie auf, alles erwachte, aber in dem Augenblick rannte Frau Mau-serinks (niemand anders war die große Maus an Pirlipats Wiege) schnell nach der Ecke des Zimmers. Die Legationsräte stürzten ihr nach, aber zu spät – durch eine Ritze in dem Fußboden des Zimmers war sie verschwunden. Pirlipatchen erwachte von dem Rumor, und weinte sehr kläglich. ›Dank dem Himmel‹, riefen die Wärterinnen, ›sie lebt!‹ Doch wie groß war ihr Schrecken, als sie hinblickten nach Pirlipatchen, und wahrnahmen, was aus dem

schönen zarten Kinde geworden. Statt des weiß und roten goldge-
lockten Engelsköpfchens saß ein unförmlicher dicker Kopf auf
einem winzig kleinen zusammengekrümmten Leibe, die azurblauen Äugelein hatten sich verwandelt in grüne hervorstehende
starrblickende Augen, und das Mündchen hatte sich verzogen
von einem Ohr zum andern. Die Königin wollte vergehen in
Wehklagen und Jammer, und des Königs Studierzimmer musste
mit wattierten Tapeten ausgeschlagen werden, weil er ein Mal
über das andere mit dem Kopf gegen die Wand rannte, und dabei
mit sehr jämmerlicher Stimme rief: ›O ich unglückseliger
Monarch!‹ – Er konnte zwar nun einsehen, dass es besser gewesen
wäre, die Würste ohne Speck zu essen, und die Frau Mauserinks
mit ihrer Sippschaft unter dem Herde in Ruhe zu lassen, daran
dachte aber Pirlipats königlicher Vater nicht, sondern er schob
einmal alle Schuld auf den Hofuhrmacher und Arkanisten Christian Elias Drosselmeier aus Nürnberg. Deshalb erließ er den weisen Befehl: Drosselmeier habe binnen vier Wochen die Prinzessin
Pirlipat in den vorigen Zustand herzustellen, oder wenigstens ein
bestimmtes untrügliches Mittel anzugeben, wie dies zu bewerk-
stelligen sei, widrigenfalls er dem schmachvollen Tode unter dem
Beil des Henkers verfallen sein solle. – Drosselmeier erschrak
nicht wenig, indessen vertraute er bald seiner Kunst und seinem
Glück und schritt sogleich zu der ersten Operation, die ihm nützlich schien. Er nahm Prinzesschen Pirlipat sehr geschickt auseinander, schrob ihr Händchen und Füßchen ab, und besah
sogleich die innere Struktur, aber da fand er leider, dass die Prinzessin, je größer, desto unförmlicher werden würde, und wusste
sich nicht zu raten nicht zu helfen. Er setzte die Prinzessin behutsam wieder zusammen, und versank an ihrer Wiege, die er nie verlassen durfte, in Schwermut. Schon war die vierte Woche ange-
gangen – ja bereits Mittwoch, als der König mit zornfunkelnden
Augen hineinblickte, und mit dem Szepter drohend rief: ›Christian Elias Drosselmeier, kuriere die Prinzessin, oder du musst
sterben!‹ Drosselmeier fing an bitterlich zu weinen, aber Prinzesschen Pirlipat knackte vergnügt Nüsse. Zum ersten Mal fiel dem
Arkanisten Pirlipats ungewöhnlicher Appetit nach Nüssen, und
der Umstand auf, dass sie mit Zähnchen zur Welt gekommen. In
der Tat hatte sie gleich nach der Verwandlung so lange geschrien,
bis ihr zufällig eine Nuss vorkam, die sie sogleich aufknackte, den
Kern aß, und dann ruhig wurde. Seit der Zeit fanden die Wärterinnen nichts geraten, als ihr Nüsse zu bringen. ›O heiliger Instinkt
der Natur, ewig unerforschliche Sympathie aller Wesen‹, rief

Johann Elias Drosselmeier aus: ›du zeigst mir die Pforte zum Geheimnis, ich will anklopfen, und sie wird sich öffnen!‹ Er bat sogleich um die Erlaubnis, mit dem Hofastronom sprechen zu können, und wurde mit starker Wache hingeführt. Beide Herren umarmten sich unter vielen Tränen, da sie zärtliche Freunde waren, zogen sich dann in ein geheimes Kabinett zurück, und schlugen viele Bücher nach, die von dem Instinkt, von den Sympathien und Antipathien und andern geheimnisvollen Dingen handelten. Die Nacht brach herein, der Hofastronom sah nach den Sternen, und stellte mit Hülfe des auch hierin sehr geschickten Drosselmeiers das Horoskop der Prinzessin Pirlipat. Das war eine große Mühe, denn die Linien verwirrten sich immer mehr und mehr, endlich aber – welche Freude, endlich lag es klar vor ihnen, dass die Prinzessin Pirlipat, um den Zauber, der sie verhässlicht, zu lösen, und um wieder so schön zu werden, als vorher, nichts zu tun hätte, als den süßen Kern der Nuss Krakatuk zu genießen.

Die Nuss Krakatuk hatte eine solche harte Schale, dass eine achtundvierzigpfündige Kanone darüber wegfahren konnte, ohne sie zu zerbrechen. Diese harte Nuss musste aber von einem Manne, der noch nie rasiert worden und der niemals Stiefeln getragen, vor der Prinzessin aufgebissen und ihr von ihm mit geschlossenen Augen der Kern dargereicht werden. Erst nachdem er sieben Schritte rückwärts gegangen, ohne zu stolpern, durfte der junge Mann wieder die Augen erschließen. Drei Tage und drei Nächte hatte Drosselmeier mit dem Astronomen ununterbrochen gearbeitet und es saß gerade des Sonnabends der König bei dem Mittagstisch, als Drosselmeier, der Sonntag in aller Frühe geköpft werden sollte, voller Freude und Jubel hineinstürzte, und das gefundene Mittel, der Prinzessin Pirlipat die verlorene Schönheit wiederzugeben, verkündete. Der König umarmte ihn mit heftigem Wohlwollen, versprach ihm einen diamantenen Degen, vier Orden und zwei neue Sonntagsröcke. ›Gleich nach Tische‹, setzte er freundlich hinzu, ›soll es ans Werk gehen, sorgen Sie, teurer Arkanist, dass der junge unrasierte Mann in Schuhen mit der Nuss Krakatuk gehörig bei der Hand sei, und lassen Sie ihn vorher keinen Wein trinken, damit er nicht stolpert, wenn er sieben Schritte rückwärts geht wie ein Krebs, nachher kann er erklecklich saufen!‹ Drosselmeier wurde über diese Rede des Königs sehr bestürzt, und nicht ohne Zittern und Zagen brachte er es stammelnd heraus, dass das Mittel zwar gefunden wäre, beides, die Nuss Krakatuk und der junge Mann zum Aufbeißen derselben aber erst gesucht werden müssten, wobei es noch obenein zweifelhaft bliebe, ob Nuss und Nussknacker jemals gefunden werden dürften. Hocherzürnt schwang der König den Szepter über das gekrönte Haupt, und schrie mit einer Löwenstimme: ›So bleibt es bei dem Köpfen.‹ Ein Glück war es für den in Angst und Not versetzten Drosselmeier, dass dem Könige das Essen gerade den Tag sehr wohl geschmeckt hatte, er mithin in der guten Laune war, vernünftigen Vorstellungen Gehör zu geben, an denen es die großmütige und von Drosselmeiers Schicksal gerührte Königin nicht mangeln ließ. Drosselmeier fasste Mut und stellte zuletzt vor, dass er doch eigentlich die Aufgabe, das Mittel, wodurch die Prinzessin geheilt werden könne, zu nennen, gelöst, und sein Leben gewonnen habe. Der König nannte das dumme Ausreden und einfältigen Schnickschnack, beschloss aber endlich, nachdem er ein Gläschen Magenwasser zu sich genommen, dass beide, der Uhrmacher und der Astronom, sich auf die Beine machen und nicht anders als mit der Nuss Krakatuk in der Tasche wiederkehren sollten. Der Mann zum Aufbeißen derselben sollte, wie es die Königin vermittelte, durch mehrmaliges Einrücken einer Aufforderung in einheimische und auswärtige Zeitungen und Intelligenz-Blätter herbeigeschafft werden.« – Der Obergerichtsrat brach hier wieder ab, und versprach den andern Abend das übrige zu erzählen.

Beschluss des Märchens von der harten Nuss

Am andern Abende, sowie kaum die Lichter angesteckt worden, fand sich Pate Drosselmeier wirklich wieder ein, und erzählte also weiter. »Drosselmeier und der Hofastronom waren schon fünfzehn Jahre unterwegs, ohne der Nuss Krakatuk auf die Spur gekommen zu sein. Wo sie überall waren, welche sonderbare seltsame Dinge ihnen widerfuhren, davon könnt ich euch, ihr Kinder, vier Wochen lang erzählen, ich will es aber nicht tun, sondern nur gleich sagen, dass Drosselmeier in seiner tiefen Betrübnis zuletzt eine sehr große Sehnsucht nach seiner lieben Vaterstadt Nürnberg empfand. Ganz besonders überfiel ihn diese Sehnsucht, als er gerade einmal mit seinem Freunde mitten in einem großen Walde in Asien ein Pfeifchen Knaster rauchte. ›O schöne – schöne Vaterstadt Nürnberg – schöne Stadt, wer dich nicht gesehen hat, mag er auch viel gereist sein nach London, Paris und Peterwardein, ist ihm das Herz doch nicht aufgegangen, muss er doch stets nach dir verlangen – nach dir, o Nürnberg, schöne Stadt, die schöne Häuser mit Fenstern hat.‹ – Als Drosselmeier so sehr wehmütig klagte, wurde der Astronom von tiefem Mitleiden ergriffen und fing so jämmerlich zu heulen an, dass man es weit und breit in Asien hören konnte. Doch fasste er sich wieder, wischte sich die Tränen aus den Augen und fragte: ›Aber wertgeschätzter Kollege, warum sitzen wir hier und heulen? warum gehen wir nicht nach Nürnberg, ists denn nicht gänzlich egal, wo und wie wir die fatale Nuss Krakatuk suchen?‹ ›Das ist auch wahr‹, erwiderte Drosselmeier getröstet. Beide standen alsbald auf, klopften die Pfeifen aus, und gingen schnurgerade in einem Strich fort, aus dem Walde mitten in Asien, nach Nürnberg. Kaum waren sie dort angekommen, so lief Drosselmeier schnell zu seinem Vetter, dem Puppendrechsler, Lackierer und Vergolder Christoph Zacharias Drosselmeier, den er in vielen vielen Jahren nicht mehr gesehen. *Dem* erzählte nun der Uhrmacher die ganze Geschichte von der Prinzessin Pirlipat, der Frau Mauserinks, und der Nuss Krakatuk, sodass der ein Mal über das andere die Hände zusammenschlug und voll Erstaunen ausrief: ›Ei Vetter, Vetter, was sind das für wunderbare Dinge!‹ Drosselmeier erzählte weiter von den Abenteuern seiner weiten Reise, wie er zwei Jahre bei dem Dattelkönig zugebracht, wie er vom Mandelfürsten schnöde abgewiesen, wie er bei der naturforschenden Gesellschaft in Eichhornshausen vergebens angefragt, kurz wie es ihm überall misslungen sei, auch nur eine Spur von der Nuss Krakatuk zu erhalten. Während dieser Erzählung hatte Christoph Zacharias oftmals mit den Fingern geschnippt – sich auf einem Fuße herumgedreht – mit der Zunge geschnalzt – dann gerufen – ›Hm hm –! – Ei – O – das wäre der Teufel!‹ – Endlich warf er Mütze und Perücke in die Höhe, umhalste den Vetter mit Heftigkeit und rief: ›Vetter – Vetter! Ihr seid geborgen, geborgen seid Ihr, sag ich, denn alles müsste mich trügen, oder ich besitze selbst die Nuss Krakatuk.‹ Er holte alsbald eine Schachtel hervor, aus der er eine vergoldete Nuss von mittelmäßiger Größe hervorzog. ›Seht‹, sprach er, indem er die Nuss dem Vetter zeigte, ›seht, mit dieser Nuss hat es folgende Bewandtnis: Vor vielen Jahren kam einst zur Weihnachtszeit ein fremder Mann mit einem Sack voll Nüssen hieher, die er feilbot. Gerade vor meiner Puppenbude geriet er in Streit, und setzte den Sack ab, um sich besser gegen den hiesigen Nussverkäufer, der nicht leiden wollte, dass der Fremde Nüsse verkaufe, und ihn deshalb angriff, zu wehren. In dem Augenblick fuhr ein schwer beladener Lastwagen über den Sack, alle Nüsse wurden zerbrochen bis auf eine, die mir der fremde

Mann, seltsam lächelnd, für einen blanken Zwanziger vom Jahre 1720 feilbot. Mir schien das wunderbar, ich fand gerade einen solchen Zwanziger in meiner Tasche, wie ihn der Mann haben wollte, kaufte die Nuss und vergoldete sie, selbst nicht recht wissend, warum ich die Nuss so teuer bezahlte und dann so werthielt.‹ Jeder Zweifel, dass des Vetters Nuss wirklich die gesuchte Nuss Krakatuk war, wurde augenblicklich gehoben, als der herbeigerufene Hofastronom das Gold sauber abschabte, und in der Rinde der Nuss das Wort Krakatuk mit chinesischen Charakteren eingegraben fand. Die Freude der Reisenden war groß, und der Vetter der glücklichste Mensch unter der Sonne, als Drosselmeier ihm versicherte, dass sein Glück gemacht sei, da er außer einer ansehnlichen Pension hinfüro alles Gold zum Vergolden umsonst erhalten werde. Beide, der Arkanist und der Astronom, hatten schon die Schlafmützen aufgesetzt und wollten zu Bette gehen, als letzterer, nämlich der Astronom, also anhob: ›Bester Herr Kollege, ein Glück kommt nie allein – Glauben Sie, nicht nur die Nuss Krakatuk, sondern auch den jungen Mann, der sie aufbeißt und den Schönheitskern der Prinzessin darreicht, haben wir gefunden! – Ich meine niemanden anders, als den Sohn Ihres Herrn Vetters! – Nein, nicht schlafen will ich‹, fuhr er begeistert fort, ›sondern noch in dieser Nacht des Jünglings Horoskop stellen!‹ – Damit riss er die Nachtmütze vom Kopf und fing gleich an zu observieren. – Des Vetters Sohn war in der Tat ein netter wohlgewachsener Junge, der noch nie rasiert worden und niemals Stiefel getragen. In früher Jugend war er zwar ein paar Weihnachten hindurch ein Hampelmann gewesen, das merkte man ihm aber nicht im mindesten an, so war er durch des Vaters Bemühungen ausgebildet worden. An den Weihnachtstagen trug er einen schönen roten Rock mit Gold, einen Degen, den Hut unter dem Arm und eine vorzügliche Frisur mit einem Haarbeutel. So stand er sehr glänzend in seines Vaters Bude und knackte aus angeborner Galanterie den jungen Mädchen die Nüsse auf, weshalb sie ihn auch schön Nussknackerchen nannten. – Den andern Morgen fiel der Astronom dem Arkanisten entzückt um den Hals und rief: ›Er ist es, wir haben ihn, er ist gefunden; nur zwei Dinge, liebster Kollege, dürfen wir nicht außer Acht lassen. Fürs erste müssen Sie Ihrem vortrefflichen Neffen einen robusten hölzernen Zopf flechten, der mit dem untern Kinnbacken so in Verbindung steht, dass dieser dadurch stark angezogen werden kann; dann müssen wir aber, kommen wir nach der Residenz, auch sorgfältig verschweigen, dass wir den jungen Mann, der die Nuss Krakatuk aufbeißt, gleich mitgebracht haben; er muss sich vielmehr lange nach uns einfinden. Ich lese in dem Horoskop, dass der König, zerbeißen sich erst einige die Zähne ohne weitern Erfolg, dem, der die Nuss aufbeißt und der Prinzessin die verlorene Schönheit wiedergibt, Prinzessin und Nachfolge im Reich zum Lohn versprechen wird.‹ Der Vetter Puppendrechsler war gar höchlich damit zufrieden, dass sein Söhnchen die Prinzessin Pirlipat heiraten und Prinz und König werden sollte, und überließ ihn daher den Gesandten gänzlich. Der Zopf, den Drosselmeier dem jungen hoffnungsvollen Neffen ansetzte, geriet überaus wohl, sodass er mit dem Aufbeißen der härtesten Pfirsichkerne die glänzendsten Versuche anstellte.

Da Drosselmeier und der Astronom das Auffinden der Nuss Krakatuk sogleich nach der Residenz berichtet, so waren dort auch auf der Stelle die nötigen Aufforderungen erlassen worden, und als die Reisenden mit dem Schönheitsmittel ankamen, hatten sich schon viele hübsche Leute, unter denen es sogar Prinzen gab, eingefunden, die ihrem gesunden Gebiss vertrauend, die Entzauberung der Prinzessin versuchen wollten. Die Gesandten erschraken nicht wenig, als sie die Prinzessin wiedersahen. Der kleine Körper mit den winzigen Händchen und Füßchen konnte kaum den unförmlichen Kopf tragen. Die Hässlichkeit des Gesichts wurde noch durch einen weißen baumwollenen Bart vermehrt, der sich um Mund und Kinn gelegt hatte. Es kam alles so, wie es der Hofastronom im Horoskop gelesen. Ein Milchbart in Schuhen nach dem andern biss sich an der Nuss Krakatuk Zähne und Kinnbacken wund, ohne der Prinzessin im mindesten zu helfen, und wenn er dann von den dazu bestellten Zahnärzten halb ohnmächtig weggetragen wurde, seufzte er: ›Das war eine harte Nuss!‹ – Als nun der König in der Angst seines Herzens dem, der die Entzauberung vollenden werde, Tochter und Reich versprochen, meldete sich der artige sanfte Jüngling Drosselmeier und bat auch den Versuch beginnen zu dürfen. Keiner als der junge Drosselmeier hatte so sehr der Prinzessin Pirlipat gefallen; sie legte die kleinen Händchen auf das Herz, und seufzte recht innig: ›Ach wenn es doch *der* wäre, der die Nuss Krakatuk wirklich aufbeißt und mein Mann wird.‹ Nachdem der junge Drosselmeier den König und die Königin, dann aber die Prinzessin Pirlipat, sehr höflich gegrüßt, empfing er aus den Händen des Oberzeremonienmeisters die Nuss Krakatuk, nahm sie ohne weiteres zwischen die Zähne, zog stark den Zopf an, und Krak – Krak zerbröckelte die Schale in viele Stücke. Geschickt reinigte er den Kern von den noch daranhängenden Fasern und überreichte ihn mit einem untertänigen Kratzfuß der Prinzessin, worauf er die Augen verschloss und rückwärts zu schreiten begann. Die Prinzessin verschluckte alsbald den Kern und o Wunder! – verschwunden war die Missgestalt, und statt ihrer stand ein engelschönes Frauenbild da, das Gesicht wie von lilienweißen und rosaroten Seidenflocken gewebt, die Augen wie glänzende Azure, die vollen Locken wie von Goldfaden gekräuselt. Trompeten und Pauken mischten sich in den lauten Jubel des Volks. Der König, sein ganzer Hof, tanzte wie bei Pirlipats Geburt auf einem Beine, und die Königin musste mit *Eau de Cologne* bedient werden, weil sie in Ohnmacht gefallen vor Freude und Entzücken. Der große Tumult brachte den jungen Drosselmeier, der noch seine sieben Schritte zu vollenden hatte, nicht wenig aus der Fassung, doch hielt er sich und streckte eben den rechten Fuß aus zum siebenten Schritt, da erhob sich, hässlich piepend und quiekend, Frau Mauserinks aus dem Fußboden, sodass Drosselmeier, als er den Fuß niedersetzen wollte, auf sie trat und dermaßen stolperte, dass er beinahe gefallen wäre. – O Missgeschick! – urplötzlich war der Jüngling ebenso missgestaltet, als es vorher Prinzessin Pirlipat gewesen. Der Körper war zusammengeschrumpft und konnte kaum den dicken ungestalteten Kopf mit großen hervorstechenden Augen und dem breiten entsetzlich aufgähnenden Maule tragen. Statt des Zopfes hing ihm hinten ein schmaler hölzerner Mantel herab, mit dem er den untern Kinnbacken regierte. – Uhrmacher und Astronom waren außer sich vor Schreck und Entsetzen, sie sahen aber wie Frau Mauserinks sich blutend auf dem Boden wälzte. Ihre Bosheit war nicht ungerächt geblieben, denn der junge Drosselmeier hatte sie mit dem spitzen Absatz seines Schuhes so derb in den Hals getroffen, dass sie sterben musste. Aber indem Frau Mauserinks von der Todesnot erfasst wurde, da piepte und quiekte sie ganz erbärmlich: ›O Krakatuk, harte Nuss – an der ich nun sterben muss – hi hi – pipi fein Nussknackerlein wirst auch bald des Todes sein – Söhnlein mit den sieben Kronen, wird's dem Nussknacker lohnen, wird die Mutter rächen fein, an dir du klein Nussknacker-lein – o Leben so frisch und rot, von dir scheid ich, o Todesnot! – Quiek – Mit diesem Schrei starb Frau Mauserinks und wurde von dem königlichen Ofenheizer fortgebracht. – Um den jungen Drosselmeier hatte sich niemand bekümmert, die Prinzessin erinnerte aber den König an sein Versprechen, und sogleich befahl er, dass man den jungen Helden herbeischaffe. Als nun aber der Unglückliche in seiner Missgestalt hervortrat, da hielt die

Prinzessin beide Hände vors Gesicht und schrie: ›Fort, fort mit dem abscheulichen Nussknacker!‹ Alsbald ergriff ihn auch der Hofmarschall bei den kleinen Schultern und warf ihn zur Türe heraus. Der König war voller Wut, dass man ihm habe einen Nussknacker als Eidam aufdringen wollen, schob alles auf das Ungeschick des Uhrmachers und des Astronomen, und verwies beide auf ewige Zeiten aus der Residenz. Das hatte nun nicht in dem Horoskop gestanden, welches der Astronom in Nürnberg gestellt, er ließ sich aber nicht abhalten, aufs neue zu observieren und da wollte er in den Sternen lesen, dass der junge Drosselmeier sich in seinem neuen Stande so gut nehmen werde, dass er trotz seiner Ungestalt Prinz und König werden würde. Seine Missgestalt könne aber nur dann verschwinden, wenn der Sohn der Frau Mauserinks, den sie nach dem Tode ihrer sieben Söhne, mit sieben Köpfen geboren, und welcher Mausekönig geworden, von seiner Hand gefallen seie, und eine Dame ihn, trotz seiner Missgestalt, lieb gewinnen werde. Man soll denn auch wirklich den jungen Drosselmeier in Nürnberg zur Weihnachtszeit in seines Vaters Bude, zwar als Nussknacker, aber doch als Prinzen gesehen haben! – Das ist, ihr Kinder! das Märchen von der harten Nuss, und ihr wisst nun warum die Leute so oft sagen: ›Das war eine harte Nuss!‹ und wie es kommt, dass die Nussknacker so hässlich sind.«

So schloss der Obergerichtsrat seine Erzählung. Marie meinte, dass die Prinzessin Pirlipat doch eigentlich ein garstiges undankbares Ding sei; Fritz versicherte dagegen, dass, wenn Nussknacker nur sonst ein braver Kerl sein wolle, er mit dem Mausekönig nicht viel Federlesens machen, und seine vorige hübsche Gestalt bald wiedererlangen werde.

Onkel und Neffe

Hat jemand von meinen hochverehrtesten Lesern oder Zuhörern jemals den Zufall erlebt, sich mit Glas zu schneiden, so wird er selbst wissen, wie wehe es tut, und welch schlimmes Ding es überhaupt ist, da es so langsam heilt. Hatte doch Marie beinahe eine ganze Woche im Bett zubringen müssen, weil es ihr immer ganz schwindlicht zu Mute wurde, sobald sie aufstand. Endlich aber wurde sie ganz gesund, und konnte lustig, wie sonst, in der Stube umherspringen. Im Glasschrank sah es ganz hübsch aus, denn neu und blank standen da, Bäume und Blumen und Häuser, und schöne glänzende Puppen. Vor allen Dingen fand Marie ihren lieben Nussknacker wieder, der, n dem zweiten Fache stehend, mit ganz gesunden Zähnchen sie anlächelte. Als sie nun den Liebling so recht mit Herzenslust anblickte, da fiel es ihr mit einem Mal sehr bänglich aufs Herz, dass; alles, was Pate Drosselmeier erzählt habe, ja nur die Geschichte des Nussknackers und seines Zwistes mit der Frau Mauserinks und ihrem Sohne gewesen. Nun wusste sie, dass ihr Nussknacker kein anderer sein könne, als der junge Drosselmeier aus Nürnberg, des Pate Drosselmeiers angenehmer, aber leider von der Frau Mauserinks verhexter Neffe. Denn dass der künstliche Uhrmacher am Hofe von Pirlipats Vater niemand anders gewesen, als der Obergerichtsrat Drosselmeier selbst, daran hatte Marie schon bei der Erzählung nicht einen Augenblick gezweifelt. »Aber warum half dir der Onkel denn nicht, warum half er dir nicht«, so klagte Marie, als sich es immer lebendiger und lebendiger in ihr gestaltete, dass es in jener Schlacht, die sie mit ansah, Nussknackers Reich und Krone galt. Waren denn nicht alle übrigen Puppen ihm Untertan, und war es denn nicht gewiss, dass die Prophezeiung des Hofastronomen eingetroffen, und der junge Drosselmeier König des Puppenreichs geworden? Indem die kluge Marie das alles so recht im Sinn erwägte, glaubte sie auch, dass Nussknacker und seine Vasallen in dem Augenblick, dass sie ihnen Leben und Bewegung zutraute, auch wirklich leben und sich bewegen müssten. Dem war aber nicht so, alles im Schranke blieb vielmehr starr und regungslos, und Marie weit entfernt, ihre innere Überzeugung aufzugeben, schob das nur auf die fortwirkende Verhexung der Frau Mauserinks und ihres siebenköpfigen Sohnes. »Doch«, sprach sie laut zum Nussknacker: »wenn Sie auch nicht im Stande sind, sich zu bewegen, oder ein Wörtchen mit mir zu sprechen, lieber Herr Drosselmeier! so weiß ich doch, dass Sie mich verstehen, und es wissen, wie gut ich es mit Ihnen meine; rechnen Sie auf meinen Beistand, wenn Sie dessen bedürfen. – Wenigstens will ich den Onkel bitten, dass er Ihnen mit seiner Geschicklichkeit beispringe, wo es nötig ist.« Nussknacker blieb still und ruhig, aber Marien war es so, als atme ein leiser Seufzer durch den Glasschrank, wovon die Glasscheiben kaum hörbar, aber wunderlieblich ertönten, und es war, als sänge ein kleines Glockenstimmchen: »Maria klein – Schutzenglein mein – dein werd ich sein – Maria mein.« Marie fühlte in den eiskalten Schauern, die sie überliefen, doch ein seltsames Wohlbehagen. Die Dämmerung war eingebrochen, der Medizinalrat trat mit dem Paten Drosselmeier hinein, und nicht lange dauerte es, so hatte Luise den Teetisch geordnet, und die Familie saß ringsumher, allerlei Lustiges miteinander sprechend. Marie hatte ganz still ihr kleines Lehnstühlchen herbeigeholt, und sich zu den Füßen des Paten Drosselmeier gesetzt. Als nun gerade einmal alle schwiegen, da sah Marie mit ihren großen blauen Augen dem Obergerichtsrat starr ins Gesicht und sprach:»Ich weiß jetzt, lieber Pate Drosselmeier, dass mein Nussknacker dein Neffe, der junge Drosselmeier aus Nürnberg ist; Prinz, oder vielmehr König ist er geworden, das ist richtig eingetroffen, wie es dein Begleiter, der Astronom, vorausgesagt hat; aber du weißt es ja, dass er mit dem Sohne der Frau Mauserinks, mit dem hässlichen Mausekönig, in offnem Kriege steht. Warum hilfst du ihm nicht?« Marie erzählte nun nochmals den ganzen Verlauf der Schlacht, wie sie es angesehen, und wurde oft durch das laute Gelächter der Mutter und Luisens unterbrochen. Nur Fritz und Drosselmeier blieben ernsthaft. »Aber wo kriegt das Mädchen all das tolle Zeug in den Kopf«, sagte der Medizinalrat. »Ei nun«, erwiderte die Mutter, »hat sie doch eine lebhafte Fantasie – eigentlich sind es nur Träume, die das heftige Wundfieber erzeugte.« »Es ist alles nicht wahr«, sprach Fritz, »solche Poltrons sind meine roten Husaren nicht, Potz Bassa Manelka, wie würd ich sonst darunterfahren.« Seltsam lächelnd nahm aber Pate Drosselmeier die kleine Marie auf den Schoß, und sprach sanfter als je: »Ei, dir liebe Marie ist ja mehr gegeben, als mir und uns allen; du bist, wie Pirlipat, eine geborne Prinzessin, denn du regierst in einem schönen blanken Reich. – Aber viel hast du zu leiden, wenn du dich des armen missgestalteten Nussknackers annehmen willst, da ihn der Mausekönig auf allen Wegen und Stegen verfolgt. – Doch nicht ich – du du allein kannst ihn retten, sei standhaft und treu.« Weder Marie noch irgendjemand wusste, was Drosselmeier mit diesen Worten sagen wollte, vielmehr kam es dem Medizinalrat so sonderbar vor, dass er dem Obergerichtsrat an den Puls fühlte und sagte: »Sie haben, wertester Freund, starke Kongestionen nach dem Kopfe, ich will Ihnen etwas aufschreiben.« Nur die Medizinalrätin schüttelte bedächtlich den Kopf, und sprach leise: »Ich ahne wohl, was der Obergerichtsrat meint, doch mit deutlichen Worten sagen kann ich's nicht.«

Nicht lange dauerte es, als Marie in der mondhellen Nacht durch ein seltsames Poltern geweckt wurde, das aus einer Ecke des Zimmers zu kommen schien. Es war, als würden kleine Steine hin und her geworfen und gerollt, und recht widrig pfiff und quiekte es dazwischen. »Ach die Mäuse, die Mäuse kommen wieder«, rief Marie erschrocken, und wollte die Mutter wecken, aber jeder Laut stockte, ja sie vermochte kein Glied zu regen, als sie sah, wie der Mausekönig sich durch ein Loch der Mauer hervorarbeitete, und endlich mit funkelnden Augen und Kronen im Zimmer herum, dann aber mit einem gewaltigen Satz auf den kleinen Tisch, der dicht neben Mariens Bette stand, heraufsprang. »Hi – hi – hi – musst mir deine Zuckererbsen – deinen Marzipan geben, klein Ding – sonst zerbeiß ich deinen Nussknacker – deinen Nussknacker!« – So pfiff Mausekönig, knapperte und knirschte dabei sehr hässlich mit den Zähnen, und sprang dann schnell wieder fort durch das Mauerloch. Marie war so geängstet von der graulichen Erscheinung, dass sie den andern Morgen ganz blass aussah, und im Innersten aufgeregt, kaum ein Wort zu reden vermochte. Hundertmal wollte sie der Mutter oder der Luise, oder wenigstens dem Fritz klagen, was ihr geschehen, aber sie dachte: »Glaubt's mir denn einer, und werd ich nicht obendrein tüchtig ausgelacht?« – Das war ihr denn aber wohl klar, dass sie um den Nussknacker zu retten, Zuckererbsen und Marzipan hergeben müsse. So viel sie davon besaß, legte sie daher den andern Abend hin vor der Leiste des Schranks. Am Morgen sagte die Medizinalrätin: »Ich weiß nicht, woher die Mäuse mit einem Mal in unser Wohnzimmer kommen, sieh nur, arme Marie! sie haben dir all dein Zuckerwerk aufgefressen.« Wirklich war es so. Den gefüllten Marzipan hatte der gefräßige Mausekönig nicht nach seinem Geschmack gefunden, aber mit scharfen Zähnen benagt, sodass er weggeworfen werden musste. Marie machte sich gar nichts mehr aus dem Zuckerwerk, sondern war vielmehr im Innersten erfreut, da sie ihren Nussknacker gerettet glaubte. Doch wie ward ihr, als in der folgenden Nacht es dicht an ihren Ohren pfiff und quiekte. Ach der Mausekönig war wieder da, und noch abscheulicher, wie in der vorvorigen Nacht, funkelten seine Augen, und noch widriger pfiff er zwischen den Zähnen. »Musst mir deine Zucker-, deine Dragantpuppen geben, klein Ding, sonst zerbeiß ich deinen Nussknacker, deinen Nussknacker«, und damit sprang der grauliche Mausekönig wieder fort – Marie war sehr betrübt, sie ging den andern Morgen an den Schrank, und sah mit den wehmütigsten Blicken ihre Zucker- und Dragantpüppchen an. Aber ihr Schmerz war auch gerecht, denn nicht glauben magst du's, meine aufmerksame Zuhörerin Marie! was für ganz allerliebste Figürchen aus Zucker oder Dragant geformt die kleine Marie Stahlbaum besaß. Nächstdem, dass ein sehr hübscher Schäfer mit seiner Schäferin eine ganze Herde milchweißer Schäflein weidete, und dabei sein muntres Hündchen herumsprang, so traten auch zwei Briefträger mit Briefen in der Hand einher, und vier sehr hübsche Paare, sauber gekleidete Jünglinge mit überaus herrlich geputzten Mädchen schaukelten sich in einer russischen Schaukel. Hinter einigen Tänzern stand noch der Pachter Feldkümmel mit der Jungfrau von Orleans, aus denen sich Marie nicht viel machte, aber ganz im Winkelchen stand ein rotbäckiges Kindlein, Mariens Liebling, die Tränen stürzten der kleinen Marie aus den Augen. »Ach«, rief sie, sich zu dem Nussknacker wendend, »lieber Herr Drosselmeier, was will ich nicht alles tun, um Sie zu retten; aber es ist doch sehr hart!« – Nussknacker sah indessen so weinerlich aus, dass Marie, da es überdem ihr war, als sähe sie Mausekönigs sieben Rachen geöffnet, den unglücklichen Jüngling zu verschlingen, alles aufzuopfern beschloss. Alle Zuckerpüppchen setzte sie daher abends, wie zuvor das Zuckerwerk, an die Leiste des Schranks. Sie küsste den Schäfer, die Schäferin, die Lämmerchen, und holte auch zuletzt ihren Liebling, das kleine rotbäckige Kindlein von Dragant aus dem Winkel, welches sie jedoch ganz hinterwärts stellte. Pachter Feldkümmel und die Jungfrau von Orleans mussten in die erste Reihe. »Nein das ist zu arg«, rief die Medizinalrätin am andern Morgen. »Es muss durchaus eine große garstige Maus in dem Glasschrank hausen, denn alle schöne Zuckerpüppchen der armen Marie sind zernagt und zerbissen.« Marie konnte sich zwar der Tränen nicht enthalten, sie lächelte aber doch bald wieder, denn sie dachte: »Was tut's, ist doch Nussknacker gerettet.« Der Medizinalrat sagte am Abend, als die Mutter dem Obergerichtsrat von dem Unfug erzählte, den eine Maus im Glasschrank der Kinder treibe: »Es ist doch aber abscheulich, dass wir die fatale Maus nicht vertilgen können, die im Glasschrank so ihr Wesen treibt, und der armen Marie alles Zuckerwerk wegfrisst.« »Ei«, fiel Fritz ganz lustig ein: »der Bäcker unten hat einen ganz vortrefflichen grauen Legationsrat, den will ich heraufholen. Er wird dem Dinge bald ein Ende machen, und der Maus den Kopf abbeißen, ist sie auch die Frau Mauserinks selbst, oder ihr Sohn, der Mausekönig.« »Und«, fuhr die Medizinalrätin lachend fort, »auf Stühle und Tische herumspringen, und Gläser und Tassen herabwerfen und tausend andern Schaden anrichten.« »Ach nein doch«, erwiderte Fritz, »Bäckers Legationsrat ist ein geschickter Mann, ich möchte nur so zierlich auf dem spitzen Dach gehen können, wie er.« »Nur keinen Kater zu Nachtzeit«, bat Luise, die keine Katzen leiden konnte. »Eigentlich«, sprach der Medizinalrat, »eigentlich hat Fritz recht, indessen können wir ja auch eine Falle aufstellen; haben wir denn keine?« – »Die kann uns Pate Drosselmeier am besten machen, der hat sie ja erfunden«, rief Fritz. Alle lachten, und auf die Versicherung der Medizinalrätin, dass keine Falle im Hause sei, verkündete der Obergerichtsrat, dass er mehrere dergleichen besitze, und ließ wirklich zur Stunde eine ganz vortreffliche Mausfalle von Hause herbeiholen. Dem Fritz und der Marie ging nun des Paten Märchen von der harten Nuss ganz lebendig auf. Als die Köchin den Speck röstete, zitterte und bebte Marie, und sprach ganz erfüllt von dem Märchen und den Wunderdingen darin, zur wohl bekannten Dore: »Ach Frau Königin, hüten Sie sich doch nur vor der Frau Mauserinks und ihrer Familie.« Fritz hatte aber seinen Säbel gezogen, und sprach: »Ja die sollten nur kommen, denen wollt ich eins auswischen.« Es blieb aber alles unter und auf dem Herde ruhig. Als nun der Obergerichtsrat den Speck an ein feines Fädchen band, und leise, leise die Falle an den Glasschrank setzte, da rief Fritz: »Nimm dich in acht, Pate Uhrmacher, dass dir Mausekönig keinen Possen spielt.« – Ach wie ging es der armen Marie in der folgenden Nacht! Eiskalt tupfte es auf ihrem Arm hin und her, und rau und ekelhaft legte es sich an ihre Wange, und piepte und quiekte ihr ins Ohr. – Der abscheuliche Mausekönig saß auf ihrer Schulter, und blutrot geiferte er aus den sieben geöffneten Rachen, und mit den Zähnen knatternd und knirschend, zischte er der vor Grauen und Schreck erstarrten Marie ins Ohr: »Zisch aus – zisch aus, geh nicht ins Haus – geh nicht zum Schmaus – werd nicht gefangen – zisch aus – gib heraus, gib heraus, deine Bilderbücher all, dein Kleidchen dazu, sonst hast keine Ruh. – magst's nur wissen, Nussknackerlein wirst sonst missen, der wird zerbissen – hi hi – pi pi – quiek quiek!« – Nun war Marie voll Jammer und Betrübnis – sie sah ganz blass und verstört aus, als die Mutter am andern Morgen sagte: »Die böse Maus hat sich noch nicht gefangen«, sodass die Mutter in dem Glauben, dass Marie um ihr Zuckerwerk traure, und sich überdem vor der Maus fürchte, hinzufügte: »Aber sei nur ruhig, liebes Kind, die böse Maus wollen wir schon vertreiben. Helfen die Fallen nichts, so soll Fritz seinen grauen Legationsrat herbeibringen.« Kaum befand sich Marie im Wohnzimmer allein, als sie vor den Glasschrank trat, und schluchzend also zum Nussknacker sprach: »Ach mein lieber guter Herr Drosselmeier, was kann ich armes unglückliches Mädchen für Sie tun? – Gab ich nun auch alle meine Bilderbücher, ja selbst mein schönes neues Kleidchen, das mir der Heilige Christ einbeschert hat, dem abscheulichen Mausekönig zum Zerbeißen her, wird er denn nicht doch noch immer mehr verlangen, sodass ich zuletzt nichts mehr haben werde, und er gar mich selbst statt Ihrer zerbeißen wollen wird? – O ich armes Kind, was soll ich denn nun tun – was soll ich denn nun tun?« – Als die kleine Marie so jammerte und klagte, bemerkte sie, dass dem Nussknacker von jener Nacht her ein großer Blutfleck am Halse sitzen geblieben war. Seit der Zeit, dass Marie wusste, wie ihr Nussknacker eigentlich der junge Drosselmeier, des Obergerichtsrats Neffe sei, trug sie ihn nicht mehr auf dem Arm, und herzte und küsste ihn nicht mehr, ja sie mochte ihn aus einer gewissen Scheu gar nicht einmal viel anrühren; jetzt nahm sie ihn aber sehr behutsam aus dem Fache, und fing an, den Blutfleck am Halse mit ihrem Schnupftuch abzureiben. Aber wie ward ihr, als sie plötzlich fühlte, dass Nussknackerlein in ihrer Hand erwärmte, und sich zu regen begann. Schnell setzte sie ihn wieder ins Fach, da wackelte das Mündchen hin und her, und mühsam lispelte Nussknackerlein: »Ach, werteste Demoiselle Stahlbaum – vortreffliche Freundin, was verdanke ich Ihnen alles – Nein, kein Bilderbuch, kein Christkleidchen sollen Sie für mich opfern – schaffen Sie nur ein Schwert – ein Schwert, für das übrige will ich sorgen, mag er –« Hier ging dem Nussknacker die Sprache aus, und seine erst zum Ausdruck der innigsten Wehmut beseelten Augen wurden wieder starr und leblos. Marie empfand gar kein Grauen, vielmehr hüpfte sie vor Freuden, da sie nun ein Mittel wusste, den Nussknacker ohne weitere schmerzhafte Aufopferungen zu retten. Aber wo nun ein Schwert für den Kleinen hernehmen? – Marie beschloss, Fritzen zurate zu ziehen, und erzählte ihm abends, als sie, da die Eltern ausgegangen, einsam in der Wohnstube am Glasschrank saßen, alles, was ihr mit dem Nussknacker und dem Mausekönig widerfahren, und worauf es nun ankomme, den Nussknacker zu retten. Über nichts wurde Fritz nachdenklicher, als darüber, dass sich, nach Mariens Bericht, seine Husaren in der Schlacht so schlecht genommen haben sollten. Er frug noch einmal sehr ernst, ob es sich wirklich so verhalte, und nachdem es Marie auf ihr Wort versichert, so ging Fritz schnell nach dem Glasschrank, hielt seinen Husaren eine pathetische Rede, und schnitt dann, zur Strafe ihrer Selbstsucht und Feigheit, einem nach dem andern das Feldzeichen von der Mütze, und untersagte ihnen auch, binnen einem Jahr den Gardehusarenmarsch zu blasen. Nachdem er sein Strafamt vollendet, wandte er sich wieder zu Marien, sprechend: »Was den Säbel betrifft, so kann ich dem Nussknacker helfen, da ich einen alten Obristen von den Kürassiers gestern mit Pension in Ruhestand versetzt habe, der folglich seinen schönen scharfen Säbel nicht mehr braucht.« Besagter Obrister verzehrte die ihm von Fritzen angewiesene Pension in der hintersten Ecke des dritten Faches. Dort wurde er hervorgeholt, ihm der in der Tat schmucke silberne Säbel abgenommen, und dem Nussknacker umgehängt.

Vor bangem Grauen konnte Marie in der folgenden Nacht nicht einschlafen, es war ihr um Mitternacht so, als höre sie im Wohnzimmer ein seltsames Rumoren, Klirren und Rauschen. – Mit einem Mal ging es: »Quiek!« – »Der Mausekönig! der Mausekönig!«, rief Marie, und sprang voll Entsetzen aus dem Bette. Alles blieb still; aber bald klopfte es leise, leise an die Türe, und ein feines Stimmchen ließ sich vernehmen: »Allerbeste Demoiselle Stahlbaum, machen Sie nur getrost auf – gute fröhliche Botschaft!« Marie erkannte die Stimme des jungen Drosselmeier, warf ihr Röckchen über, und öffnete flugs die Türe. Nussknackerlein stand draußen, das blutige Schwert in der rechten, ein Wachslichtchen in der linken Hand. Sowie er Marien erblickte, ließ er sich auf ein Knie nieder, und sprach also: »Ihr, o Dame! seid es allein, die mich mit Rittermut stählte, und meinem Arme Kraft gab, den Übermütigen zu bekämpfen, der es wagte, euch zu höhnen. Überwunden liegt der verräterische Mausekönig und wälzt sich in seinem Blute! – Wollet, o Dame! die Zeichen des Sieges aus der Hand Eures euch bis in den Tod ergebenen Ritters anzunehmen nicht verschmähen!« Damit streifte Nussknackerchen die sieben goldenen Kronen des Mausekönigs, die er auf den linken Arm heraufgestreift hatte, sehr geschickt herunter, und überreichte sie Marien, welche sie voller Freude annahm. Nussknacker stand auf, und fuhr also fort: »Ach meine allerbeste Demoiselle Stahlbaum, was könnte ich in diesem Augenblicke, da ich meinen Feind überwunden, Sie für herrliche Dinge schauen lassen, wenn Sie die Gewogenheit hätten, mir nun ein paar Schrittchen zu folgen! – O tun Sie es – tun Sie es, beste Demoiselle!«

Ich glaube, keins von euch, ihr Kinder, hätte auch nur einen Augenblick angestanden, dem ehrlichen gutmütigen Nussknacker, der nie Böses im Sinn haben konnte, zu folgen. Marie tat dies umso mehr, da sie wohl wusste, wie sehr sie auf Nussknackers Dankbarkeit Anspruch machen könne, und überzeugt war, dass er Wort halten, und viel Herrliches ihr zeigen werde. Sie sprach daher: »Ich gehe mit Ihnen, Herr Drosselmeier, doch muss es nicht weit sein, und nicht lange dauern, da ich ja noch gar nicht ausgeschlafen habe.« »Ich wähle deshalb«, erwiderte Nussknacker, »den nächsten, wiewohl etwas beschwerlichen Weg.« Er schritt voran, Marie ihm nach, bis er vor dem alten mächtigen Kleiderschrank auf dem Hausflur stehen blieb. Marie wurde zu ihrem Erstaunen gewahr, dass die Türen dieses sonst wohl verschlossenen Schranks offen standen, sodass sie deutlich des Vaters Reisefuchspelz erblickte, der ganz vorne hing. Nussknacker kletterte sehr geschickt an den Leisten und Verzierungen herauf, dass er die große Troddel, die an einer dicken Schnur befestigt, auf dem Rückteile jenes Pelzes hing, erfassen konnte. Sowie Nussknacker diese Troddel stark anzog, ließ sich schnell eine sehr zierliche Treppe von Zedernholz durch den Pelzärmel herab. »Steigen Sie nur gefälligst aufwärts, teuerste Demoiselle«, rief Nussknacker. Marie tat es, aber kaum war sie durch den Ärmel gestiegen, kaum sah sie zum Kragen heraus, als ein blendendes Licht ihr entgegenstrahlte, und sie mit einem Mal auf einer herrlich duftenden Wiese stand, von der Millionen Funken, wie blinkende Edelsteine emporstrahlten. »Wir befinden uns auf der Kandiswiese«, sprach Nussknacker, »wollen aber alsbald jenes Tor passieren.« Nun wurde Marie, indem sie aufblickte, erst das schöne Tor gewahr, welches sich nur wenige Schritte vorwärts auf der Wiese erhob. Es schien ganz von weiß, braun und rosinfarben gesprenkeltem Marmor erbaut zu sein, aber als Marie näher kam, sah sie wohl, dass die ganze Masse aus zusammengebackenen Zuckermandeln und Rosinen bestand, weshalb denn auch, wie Nussknacker versicherte, das Tor, durch welches sie nun durchgingen, das Mandeln- und Rosinentor hieß. Gemeine Leute hießen es sehr unziemlich, die Studentenfutterpforte. Auf einer herausgebauten Galerie dieses Tores, augenscheinlich aus Gerstenzucker, machten sechs in rote Wämserchen gekleidete Äffchen die allerschönste Janitscharenmusik, die man hören konnte, sodass Marie kaum bemerkte, wie sie immer weiter, weiter auf bunten Marmorfliesen, die aber

nichts anders waren, als schön gearbeitete Morschellen, fortschritt. Bald umwehten sie die süßesten Gerüche, die aus einem
wunderbaren Wäldchen strömten, das sich von beiden Seiten auftat. In dem dunkeln Laube glänzte und funkelte es so hell hervor,
dass man deutlich sehen konnte, wie goldene und silberne Früchte
an bunt gefärbten Stängeln herabhingen, und Stamm und Äste
sich mit Bändern und Blumensträußen geschmückt hatten, gleich
fröhlichen Brautleuten und lustigen Hochzeitsgästen. Und wenn
die Orangendüfte sich wie wallende Zephire rührten, da sauste es
in den Zweigen und Blättern, und das Rauschgold knitterte und
knatterte, dass es klang wie jubelnde Musik, nach der die funkelnden Lichterchen hüpfen und tanzen müssten. »Ach, wie schön ist
es hier«, rief Marie ganz selig und entzückt. »Wir sind im Weih-
nachtswalde, beste Demoiselle«, sprach Nussknackerlein. »Ach«,
fuhr Marie fort, »dürft ich hier nur etwas verweilen, o es ist ja hier
gar zu schön.« Nussknacker klatschte in die kleinen Händchen
und sogleich kamen einige kleine Schäfer und Schäferinnen, Jäger
und Jägerinnen herbei, die so zart und weiß waren, dass man hätte
glauben sollen, sie wären von purem Zucker und die Marie, unerachtet sie im Walde umherspazierten, noch nicht bemerkt hatte.
Sie brachten einen allerliebsten ganz goldenen Lehnsessel herbei,
legten ein weißes Kissen von Reglisse darauf, und luden Marien
sehr höflich ein, sich darauf niederzulassen. Kaum hatte sie es
getan, als Schäfer und Schäferinnen ein sehr artiges Ballett tanzten, wozu die Jäger ganz manierlich bliesen, dann verschwanden
sie aber alle in dem Gebüsche. »Verzeihen Sie«, sprach Nussknacker, »verzeihen Sie, werteste Demoiselle Stahlbaum, dass der
Tanz so miserabel ausfiel, aber die Leute waren alle von unserm
Drahtballett, die können nichts anders machen als immer und
ewig dasselbe: und dass die Jäger so schläfrig und flau dazu bliesen, das hat auch seine Ursachen. Der Zuckerkorb hängt zwar
über ihrer Nase in den Weihnachtsbäumen, aber etwas hoch! –
Doch wollen wir nicht was weniges weiterspazieren?« »Ach es
war doch alles recht hübsch und mir hat es sehr wohl gefallen!« so
sprach Marie, indem sie aufstand und dem voranschreitenden
Nussknacker folgte. Sie gingen entlang eines süß rauschenden,
flüsternden Baches, aus dem nun eben all die herrlichen Wohlgerüche zu duften schienen, die den ganzen Wald erfüllten. »Es ist
der Orangenbach«, sprach Nussknacker auf Befragen, »doch seinen schönen Duft ausgenommen, gleicht er nicht an Größe und
Schönheit dem Limonadenstrom, der sich gleich ihm in den Man-
delmilchsee ergießt.« In der Tat vernahm Marie bald ein stärkeres

Plätschern und Rauschen und erblickte den breiten Limonaden-strom, der sich in stolzen isabellfarbenen Wellen zwischen gleich grün glühenden Karfunkeln leuchtendem Gesträuch fortkräuselte. Eine ausnehmend frische, Brust und Herz stärkende Kühlung wogte aus dem herrlichen Wasser. Nicht weit davon schleppte sich mühsam ein dunkelgelbes Wasser fort, das aber ungemein süße Düfte verbreitete und an dessen Ufer allerlei sehr hübsche Kinder-chen saßen, welche kleine dicke Fische angelten und sie alsbald ver-zehrten. Näher gekommen bemerkte Marie, dass diese Fische aus-sahen wie Lampertsnüsse. In einiger Entfernung lag ein sehr nettes Dörfchen an diesem Strome, Häuser, Kirche, Pfarrhaus, Scheuern, alles war dunkelbraun, jedoch mit goldenen Dächern geschmückt, auch waren viele Mauern so bunt gemalt, als seien Zitronat und Mandelkerne daraufgeklebt. »Das ist Pfefferkuchheim«, sagte Nussknacker, »welches am Honigstrome liegt, es wohnen ganz hübsche Leute darin, aber sie sind meistens verdrießlich, weil sie sehr an Zahnschmerzen leiden, wir wollen daher nicht erst hi-neingehen.« In dem Augenblick bemerkte Marie ein Städtchen, das aus lauter bunten durchsichtigen Häusern bestand, und sehr hübsch anzusehen war. Nussknacker ging geradezu darauf los, und nun hörte Marie ein tolles lustiges Getöse und sah wie tausend niedliche kleine Leutchen viele hochbepackte Wagen, die auf dem Markte hielten, untersuchten und abzupacken im Begriff standen. Was sie aber hervorbrachten, war anzusehen wie buntes gefärbtes Papier und wie Schokoladetafeln. »Wir sind in Bonbonshausen«, sagte Nussknacker, »eben ist eine Sendung aus dem Papierlande und vom Schokoladenkönige angekommen. Die armen Bonbons-häuser wurden neulich von der Armee des Mückenadmirals hart bedroht, deshalb überziehen sie ihre Häuser mit den Gaben des Papierlandes und führen Schanzen auf, von den tüchtigen Werk-stücken, die ihnen der Schokoladenkönig sandte. Aber beste Demoiselle Stahlbaum, nicht alle kleinen Städte und Dörfer die-ses Landes wollen wir besuchen – zur Hauptstadt – zur Haupt-stadt!« – Rasch eilte Nussknacker vorwärts, und Marie voller Neugierde ihm nach. Nicht lange dauerte es, so stieg ein herrlicher Rosenduft auf und alles war wie von einem sanften hinhauchenden Rosenschimmer umflossen. Marie bemerkte, dass dies der Wider-schein eines rosenrot glänzenden Wassers war, das in kleinen rosa-silbernen Wellchen vor ihnen her wie in wunderlieblichen Tönen und Melodien plätscherte und rauschte. Auf diesem anmutigen Gewässer, das sich immer mehr und mehr wie ein großer See aus-breitete, schwammen sehr herrliche silberweiße Schwäne mit goldnen Halsbändern, und sangen miteinander um die Wette die hübschesten Lieder, wozu diamantne Fischlein aus den Rosenfluten auf- und niedertauchten wie im lustigen Tanze. »Ach«, rief Marie ganz begeistert aus, »ach das ist der See, wie ihn Pate Drosselmeier mir einst machen wollte, wirklich, und ich selbst bin das Mädchen, das mit den lieben Schwänchen kosen wird.« Nussknackerlein lächelte so spöttisch, wie es Marie noch niemals an ihm bemerkt hatte, und sprach dann: »So etwas kann denn doch wohl der Onkel niemals zu Stande bringen; Sie selbst viel eher, liebe Demoiselle Stahlbaum, doch lassen Sie uns darüber nicht grübeln, sondern vielmehr über den Rosensee hinüber nach der Hauptstadt schiffen.«

Die Hauptstadt

Nussknackerlein klatschte abermals in die kleinen Händchen, da fing der Rosensee an stärker zu rauschen, die Wellen plätscherten höher auf, und Marie nahm wahr, wie aus der Ferne ein aus lauter bunten, sonnenhell funkelnden Edelsteinen geformter Muschelwagen, von zwei goldschuppigen Delfinen gezogen, sich nahte. Zwölf kleine allerliebste Mohren mit Mützchen und Schürzchen, aus glänzenden Kolibrifedern gewebt, sprangen ans Ufer und trugen erst Marien, dann Nussknackern, sanft über die Wellen gleitend, in den Wagen, der sich alsbald durch den See fortbewegte. Ei wie war das so schön, als Marie im Muschelwagen, von Rosenduft umhaucht, von Rosenwellen umflossen, dahinfuhr. Die beiden goldschuppigen Delfine erhoben ihre Nüstern und spritzten kristallene Strahlen hoch in die Höhe, und wie die in flimmernden und funkelnden Bogen niederfielen, da war es, als sängen zwei holde feine Silberstimmchen: »Wer schwimmt auf rosigem See? – die Fee! Mücklein! bim bim Fischlein, sim sim – Schwäne! Schwa schwa, Goldvogel! trarah, Wellenströme – rührt euch, klinget, singet, wehet, spähet – Feelein, Feelein kommt gezogen; Rosenwogen, wühlet, kühlet, spület – spült hinan – hinan!« – Aber die zwölf kleinen Mohren, die hinten auf den Muschelwagen aufgesprungen waren, schienen das Gesinge der Wasserstrahlen ordentlich übel zu nehmen, denn sie schüttelten ihre Sonnenschirme so sehr, dass die Dattelblätter, aus denen sie geformt waren, durcheinander knitterten und knatterten, und dabei stampften sie mit den Füßen einen ganz seltsamen Takt, und sangen: »Klapp und klipp und klipp und klapp, auf und ab – Mohrenreigen darf nicht schweigen; rührt euch Fische – rührt euch Schwäne, dröhne Muschelwagen, dröhne, klapp und klipp und klipp und klapp und auf und ab!« – »Mohren sind gar lustige Leute«, sprach Nussknacker etwas betreten, »aber sie werden mir den ganzen See rebellisch machen.« In der Tat ging auch bald ein sinnverwirrendes Getöse wunderbarer Stimmen los, die in See und Luft zu schwimmen schienen, doch Marie achtete dessen nicht, sondern sah in die duftenden Rosenwellen, aus deren jeder ihr ein holdes anmutiges Mädchenantlitz entgegenlächelte. »Ach«, rief sie freudig, indem sie die kleinen Händchen zusammenschlug: »ach schauen Sie nur, lieber Herr Drosselmeier! Da unten ist die Prinzessin Pirlipat, die lächelt mich an so wunderhold. – Ach schauen Sie doch nur, lieber Herr Drosselmeier!« – Nussknacker seufzte aber fast kläglich und sagte: »O beste Demoiselle Stahlbaum, das ist nicht die Prinzessin Pirlipat, das sind Sie und immer nur Sie selbst, immer nur Ihr eignes holdes Antlitz, das so lieb aus jeder Rosenwelle lächelt.« Da fuhr Marie schnell mit dem Kopf zurück, schloss die Augen fest zu und schämte sich sehr. In demselben Augenblick wurde sie auch von den zwölf Mohren aus dem Muschelwagen gehoben und an das Land getragen. Sie befand sich in einem kleinen Gebüsch, das beinahe noch schöner war als der Weihnachtswald, so glänzte und funkelte alles darin, vorzüglich waren aber die seltsamen Früchte zu bewundern, die an allen Bäumen hingen, und nicht allein seltsam gefärbt waren, sondern auch ganz wunderbar dufteten. »Wir sind im Konfitürenhain«, sprach Nussknacker, »aber dort ist die Hauptstadt.« Was erblickte Marie nun! Wie werd ich es denn anfangen, euch, ihr Kinder die Schönheit und Herrlichkeit der Stadt zu beschreiben, die sich jetzt breit über einen reichen Blumenanger hin vor Mariens Augen auftat. Nicht allein dass Mauern und Türme in den herrlichsten Farben prangten, so war auch wohl, was die Form der Gebäude anlangt, gar nichts Ähnliches auf Erden zu finden. Denn statt der Dächer hatten die Häuser zierlich geflochtene Kronen aufgesetzt, und die Türme sich mit dem zierlichsten buntesten Laubwerk gekränzt, das man nur sehen kann. Als sie durch das Tor, welches so aussah, als sei es von lauter Makronen und überzuckerten Früchten erbaut, gingen, präsentierten silberne Soldaten das Gewehr und ein Männlein in einem brokatnen Schlafrock warf sich dem Nussknacker an den Hals mit den Worten: »Willkommen, bester Prinz, willkommen in Konfektburg!« Marie wunderte sich nicht wenig, als sie merkte, dass der junge Drosselmeier von einem sehr vornehmen

Mann als Prinz anerkannt wurde. Nun hörte sie aber so viel feine Stimmchen durcheinander toben, solche ein Gejuchze und Gelächter, solch ein Spielen und Singen, dass sie an nichts anders denken konnte, sondern nur gleich Nussknackerchen fragte, was denn das zu bedeuten habe? »O beste Demoiselle Stahlbaum«, erwiderte Nussknacker: »das ist nichts Besonderes, Konfektburg ist eine volkreiche lustige Stadt, da geht's alle Tage so her, kommen Sie aber nur gefälligst weiter.« Kaum waren sie einige Schritte gegangen, als sie auf den großen Marktplatz kamen, der den herrlichsten Anblick gewährte. Alle Häuser ringsumher waren von durchbrochener Zuckerarbeit, Galerie über Galerie getürmt, in der Mitte stand ein hoher überzuckerter Baumkuchen als Obelisk und um ihn her sprützten vier sehr künstliche Fontänen, Orsade, Limonade und andere herrliche süße Getränke in die Lüfte; und in dem Becken sammelte sich lauter Creme, den man gleich hätte auslöffeln mögen. Aber hübscher als alles das, waren die allerliebsten kleinen Leutchen, die sich zu tausenden Kopf an Kopf durcheinander drängten und juchzten und lachten und scherzten und sangen, kurz jenes lustige Getöse erhoben, das Marie schon in der Ferne gehört hatte. Da gab es schöngekleidete Herren und Damen, Armenier und Griechen, Juden und Tiroler, Offiziere und Soldaten, und Prediger und Schäfer und Hanswürste, kurz alle nur mögliche Leute, wie sie in der Welt zu finden sind. An der einen Ecke wurde größer der Tumult, das Volk strömte auseinander, denn eben ließ sich der Großmogul auf einem Palankin vorübertragen, begleitet von dreiundneunzig Großen des Reichs und siebenhundert Sklaven. Es begab sich aber, dass an der andern Ecke die Fischerzunft, an fünfhundert Köpfe stark, ihren Festzug hielt und übel war es auch, dass der türkische Großherr gerade den Einfall hatte, mit dreitausend Janitscharen über den Markt spazieren zu reiten, wozu noch der große Zug aus dem unterbrochenen Opferfeste kam, der mit klingendem Spiel und dem Gesange: »Auf danket der mächtigen Sonne«, gerade auf den Baumkuchen zuwallte. Das war ein Drängen und Stoßen und Treiben und Gequieke! – Bald gab es auch viel Jammergeschrei, denn ein Fischer hatte im Gedränge einem Brahmin den Kopf abgestoßen und der Großmogul wäre beinahe von einem Hanswurst überrannt worden. Toller und toller wurde der Lärm und man fing bereits an sich zu stoßen und zu prügeln, als der Mann im brokatnen Schlafrock, der am Tor den Nussknacker als Prinz begrüßt hatte, auf den Baumkuchen kletterte, und nachdem eine sehr hell klingende Glocke dreimal angezogen worden, dreimal laut rief: »Konditor! Konditor! – Konditor!« – Sogleich legte sich der Tumult, ein jeder suchte sich zu behelfen wie er konnte, und nachdem die verwickelten Züge sich entwickelt hatten, der besudelte Großmogul abgebürstet, und dem Brahmin der Kopf wieder aufgesetzt worden, ging das vorige lustige Getöse aufs neue los. »Was bedeutet das mit dem Konditor, guter Herr Drosselmeier«, fragte Marie. »Ach beste Demoiselle Stahlbaum«, erwiderte Nussknacker, »Konditor wird hier eine unbekannte, aber sehr grauliche Macht genannt, von der man glaubt, dass sie aus dem Menschen machen könne was sie wolle; es ist das Verhängnis, welches über dies kleine lustige Volk regiert, und sie fürchten dieses so sehr, dass durch die bloße Nennung des Namens der größte Tumult gestillt werden kann, wie es eben der Herr Bürgermeister bewiesen hat. Ein jeder denkt dann nicht mehr an Irdisches, an Rippenstöße und Kopfbeulen, sondern geht in sich und spricht: ›Was ist der Mensch und was kann aus ihm werden?‹« – Eines lauten Rufs der Bewunderung, ja des höchsten Erstaunens konnte sich Marie nicht enthalten, als sie jetzt mit einem Mal vor einem in rosenrotem Schimmer hell leuchtenden Schlosse mit hundert luftigen Türmen stand. Nur hin und wieder waren reiche Bouquets von Veilchen, Narzissen, Tulpen, Levkojen auf die Mauern gestreut, deren dunkelbrennende Farben nur die blendende, ins Rosa spielende Weiße des Grundes erhöhten. Die große Kuppel des Mittelgebäudes, sowie die pyramidenförmigen Dächer der Türme waren mit tausend golden und silbern funkelnden Sternlein besäet. »Nun sind wir vor dem Marzipanschloss«, sprach Nussknacker. Marie war ganz verloren in dem Anblick des Zauberpalastes, doch entging es ihr nicht, dass das Dach eines großen Turmes gänzlich fehlte, welches kleine Männerchen, die auf einem von Zimtstangen erbauten Gerüste standen, wiederherstellen zu wollen schienen. Noch ehe sie den Nussknacker darum befragte, fuhr dieser fort. »Vor kurzer Zeit drohte diesem schönen Schloss arge Verwüstung, wo nicht gänzlicher Untergang. Der Riese Leckermaul kam des Weges gegangen, biss schnell das Dach jenes Turmes herunter und nagte schon an der großen Kuppel, die Konfektbürger brachten ihm aber ein ganzes Stadtviertel, sowie einen ansehnlichen Teil des Konfitürenhains als Tribut, womit er sich abspeisen ließ und weiterging.« In dem Augenblick ließ sich eine sehr angenehme sanfte Musik hören, die Tore des Schlosses öffneten sich und es traten zwölf kleine Pagen heraus mit angezündeten Gewürznelkstängeln, die sie wie Fackeln in den kleinen Händchen trugen. Ihre Köpfe bestanden aus einer Perle, die Leiber aus

Rubinen und Smaragden und dazu gingen sie auf sehr schön aus purem Gold gearbeiteten Füßchen einher. Ihnen folgten vier Damen, beinahe so groß als Mariens Clärchen, aber so über die Maßen herrlich und glänzend geputzt, dass Marie nicht einen Augenblick in ihnen die gebornen Prinzessinnen verkannte. Sie umarmten den Nussknacker auf das zärtlichste und riefen dabei wehmütig freudig: »O mein Prinz! – mein bester Prinz! – o mein Bruder!« Nussknacker schien sehr gerührt, er wischte sich die sehr häufigen Tränen aus den Augen, ergriff dann Marien bei der Hand und sprach pathetisch »Dies ist die Demoiselle Marie Stahlbaum, die Tochter eines sehr achtungswerten Medizinalrates, und die Retterin meines Lebens! Warf sie nicht den Pantoffel zur rechten Zeit, verschaffte sie mir nicht den Säbel des pensionierten Obristen, so lag ich, zerbissen von dem fluchwürdigen Mausekönig, im Grabe. – Oh! dieser Demoiselle Stahlbaum! gleicht ihr wohl Pirlipat, obschon sie eine geborne Prinzessin ist, an Schönheit, Güte und Tugend? – Nein, sag ich, nein!« Alle Damen riefen: »Nein!« und fielen der Marie um den Hals und riefen schluchzend: »O Sie edle Retterin des geliebten prinzlichen Bruders – vortreffliche Demoiselle Stahlbaum!« – Nun geleiteten die Damen Marien und den Nussknacker in das Innere des Schlosses, und zwar in einen Saal, dessen Wände aus lauter farbig funkelnden Kristallen bestanden. Was aber vor allem übrigen der Marie so wohlgefiel, waren die allerliebsten kleinen Stühle, Tische, Kommoden, Sekretärs u. s. w. die ringsherum standen, und die alle von Zedern- oder Brasilienholz mit daraufgestreuten goldnen Blumen verfertigt waren. Die Prinzessinnen nötigten Marien und den Nussknacker zum Sitzen, und sagten, dass sie sogleich selbst ein Mahl bereiten wollten. Nun holten sie eine Menge kleiner Töpfchen und Schüsselchen von dem feinsten japanischen Porzellan, Löffel, Messer und Gabeln, Reibeisen, Kasserollen und andere Küchenbedürfnisse von Gold und Silber herbei. Dann brachten sie die schönsten Früchte und Zuckerwerk, wie es Marie noch niemals gesehen hatte, und fingen an, auf das zierlichste mit den kleinen schneeweißen Händchen die Früchte auszupressen, das Gewürz zu stoßen, die Zuckermandeln zu reiben, kurz so zu wirtschaften, dass Marie wohl einsehen konnte, wie gut sich die Prinzessinnen auf das Küchenwesen verstanden, und was das für ein köstliches Mahl geben würde. Im lebhaften Gefühl, sich auf dergleichen Dinge ebenfalls recht gut zu verstehen, wünschte sie heimlich, bei dem Geschäft der Prinzessinnen selbst tätig sein zu können. Die schönste von Nussknackers Schwestern, als ob sie

Mariens geheimen Wunsch erraten hätte, reichte ihr einen kleinen goldnen Mörser mit den Worten hin: »O süße Freundin, teure Retterin meines Bruders, stoße eine Wenigkeit von diesem Zuckerkandel!« Als Marie nun so wohlgemut in den Mörser stieß, dass er gar anmutig und lieblich, wie ein hübsches Liedlein ertönte, fing Nussknacker an sehr weitläuftig zu erzählen, wie es bei der grausenvollen Schlacht zwischen seinem und des Mausekönigs Heer ergangen, wie er der Feigheit seiner Truppen halber geschlagen worden, wie dann der abscheuliche Mause-könig ihn durchaus zerbeißen wollen, und Marie deshalb mehrere seiner Untertanen, die in ihre Dienste gegangen, aufopfern müs-sen u. s. w. Marien war es bei dieser Erzählung, als klängen seine Worte, ja selbst ihre Mörserstöße, immer ferner und unvernehm-licher, bald sah sie silberne Flöre wie dünne Nebelwolken auf-steigen, in denen die Prinzessinnen – die Pagen, der Nussknacker, ja sie selbst schwammen – ein seltsames Singen und Schwirren und Summen ließ sich vernehmen, das wie in die Weite hin ver-rauschte; nun hob sich Marie wie auf steigenden Wellen immer höher und höher – höher und höher – höher und höher –

Beschluss

Prr – Puff ging es! – Marie fiel herab aus unermesslicher Höhe. – *Das* war ein Ruck! – Aber gleich schlug sie auch die Augen auf, da lag sie in ihrem Bettchen, es war heller Tag, und die Mutter stand vor ihr, sprechend: »Aber wie kann man auch so lange schlafen, längst ist das Frühstück da!« Du merkst es wohl, versammeltes, höchst geehrtes Publikum, dass Marie ganz betäubt von all den Wunderdingen, die sie gesehen, endlich im Saal des Marzipan-schlosses eingeschlafen war, und dass die Mohren, oder die Pagen oder gar die Prinzessinnen selbst, sie zu Hause getragen und ins Bett gelegt hatten. »O Mutter, liebe Mutter, wo hat mich der junge Herr Drosselmeier diese Nacht überall hingeführt, was habe ich alles Schönes gesehen!« Nun erzählte sie alles beinahe so genau, wie ich es soeben erzählt habe, und die Mutter sah sie ganz ver-wundert an. Als Marie geendet, sagte die Mutter: »Du hast einen langen sehr schönen Traum gehabt, liebe Marie, aber schlag dir das alles nur aus dem Sinn.« Marie bestand hartnäckig darauf, dass sie nicht geträumt, sondern alles wirklich gesehen habe, da führte die Mutter sie an den Glasschrank, nahm den Nussknacker, der, wie gewöhnlich, im dritten Fache stand, heraus und sprach: »Wie kannst du, du albernes Mädchen nur glauben, dass diese Nürnberger Holzpuppe Leben und Bewegung haben kann.« »Aber, lieber Mutter«, fiel Marie ein, »ich weiß es ja wohl, dass der kleine Nussknacker der junge Herr Drosselmeier aus Nürnberg, Pate Drosselmeiers Neffe ist.« Da brachen beide der Medizinalrat und die Medizinalrätin in ein schallendes Gelächter aus. »Ach«, fuhr Marie beinahe weinend fort, »nun lachst du gar meinen Nussknacker aus, lieber Vater! und er hat doch von dir sehr gut gesprochen, denn als wir im Marzipanschloss ankamen, und er mich seinen Schwestern, den Prinzessinnen, vorstellte, sagte er, du seist ein sehr achtungswerter Medizinalrat!« – Noch stärker wurde das Gelächter, in das auch Luise, ja sogar Fritz einstimmte. Da lief Marie ins andere Zimmer, holte schnell aus ihrem kleinen Kästchen die sieben Kronen des Mausekönigs herbei, und überreichte sie der Mutter mit den Worten: »Da sieh nur, liebe Mutter, das sind die sieben Kronen des Mausekönigs, die mir in voriger Nacht der junge Herr Drosselmeier zum Zeichen seines Sieges überreichte.« Voll Erstaunen betrachtete die Medizinalrätin die kleinen Krönchen, die von einem ganz unbekannten aber sehr funkelnden Metall so sauber gearbeitet waren, als hätten Menschenhände das unmöglich vollbringen können. Auch der Medizinalrat konnte sich nicht satt sehen an den Krönchen, und beide, Vater und Mutter, drangen sehr ernst in Marien, zu gestehen, wo sie die Krönchen herhabe? Sie konnte ja aber nur bei dem, was sie gesagt, stehen bleiben, und als sie nun der Vater hart anließ, und sie sogar eine kleine Lügnerin schalt, da fing sie an heftig zu weinen, und klagte: »Ach ich armes Kind, ich armes Kind! was soll ich denn nun sagen!« In dem Augenblick ging die Tür auf. Der Obergerichtsrat trat hinein, und rief: »Was ist da – was ist da? mein Patchen Marie weint und schluchzt? – Was ist da – was ist da?« Der Medizinalrat unterrichtete ihn von allem, was geschehen, indem er ihm die Krönchen zeigte. Kaum hatte der Obergerichtsrat aber diese angesehen, als er lachte, und rief: »Toller Schnack, toller Schnack, das sind ja die Krönchen, die ich vor Jahren an meiner Uhrkette trug, und die ich der kleinen Marie an ihrem Geburtstage, als sie zwei Jahre alt worden, schenkte. Wisst ihr's denn nicht mehr?« Weder der Medizinalrat noch die Medizinalrätin konnten sich dessen erinnern, als aber Marie wahrnahm, dass die Gesichter der Eltern wieder freundlich geworden, da sprang sie los auf Pate Drosselmeier und rief: »Ach, du weißt ja alles, Pate Drosselmeier, sag es doch nur selbst, dass mein Nussknacker dein Neffe, der junge Herr Drosselmeier aus Nürnberg ist, und dass er mir die

Krönchen geschenkt hat!« – Der Obergerichtsrat machte aber ein sehr finsteres Gesicht und murmelte: »Dummer einfältiger Schnack.« Darauf nahm der Medizinalrat die kleine Marie vor sich und sprach sehr ernsthaft: »Hör mal, Marie, lass nun einmal die Einbildungen und Possen, und wenn du noch einmal sprichst, dass der einfältige missgestaltete Nussknacker der Neffe des Herrn Obergerichtsrats sei, so werf ich nicht allein den Nussknacker, sondern auch alle deine übrigen Puppen, Mamsell Clärchen nicht ausgenommen, durchs Fenster.« – Nun durfte freilich die arme Marie gar nicht mehr davon sprechen, wovon denn doch ihr ganzes Gemüt erfüllt war, denn ihr möget es euch wohl denken, dass man solch Herrliches und Schönes, wie es Marien widerfahren, gar nicht vergessen kann. Selbst – sehr geehrter Leser oder Zuhörer Fritz – selbst dein Kamerad Fritz Stahlbaum drehte der Schwester sogleich den Rücken, wenn sie ihm von dem Wunderreiche, in dem sie so glücklich war, erzählen wollte. Er soll sogar manchmal zwischen den Zähnen gemurmelt haben: »Einfältige Gans!« doch das kann ich seiner sonst erprobten guten Gemütsart halber nicht glauben, so viel ist aber gewiss, dass, da er nun an nichts mehr, was ihm Marie erzählte, glaubte, er seinen Husaren bei öffentlicher Parade das ihnen geschehene Unrecht förmlich abbat, ihnen statt der verlornen Feldzeichen viel höhere, schönere Büsche von Gänsekielen anheftete, und ihnen auch – wieder erlaubte, den Gardehusarenmarsch zu blasen. Nun! – wir wissen am besten, wie es mit dem Mut der Husaren aussah, als sie von den hässlichen Kugeln Flecke auf die roten Wämser kriegten!

Sprechen durfte nun Marie nicht mehr von ihrem Abenteuer, aber die Bilder jenes wunderbaren Feenreichs umgaukelten sie in süßwogendem Rauschen und in holden lieblichen Klängen; sie sah alles noch einmal, sowie sie nur ihren Sinn fest darauf richtete, und so kam es, dass sie, statt zu spielen, wie sonst, starr und still, tief in sich gekehrt, dasitzen konnte, weshalb sie von allen eine kleine Träumerin gescholten wurde. Es begab sich, dass der Obergerichtsrat einmal eine Uhr in dem Hause des Medizinalrats reparierte, Marie saß am Glasschrank, und schaute, in ihre Träume vertieft, den Nussknacker an, da fuhr es ihr wie unwillkürlich heraus: »Ach, lieber Herr Drosselmeier, wenn Sie doch nur wirklich lebten, ich würd's nicht so machen, wie Prinzessin Pirlipat, und Sie verschmähen, weil Sie, um meinetwillen, aufgehört haben, ein hübscher junger Mann zu sein!« In dem Augenblick schrie der Obergerichtsrat: »Hei, hei – toller Schnack.« – Aber in dem Augenblick geschah auch ein solcher Knall und Ruck, dass Marie ohnmächtig vom Stuhle sank. Als sie wieder erwachte, war die Mutter um sie beschäftigt, und sprach: »Aber wie kannst du nur vom Stuhle fallen, ein so großes Mädchen! – Hier ist der Neffe des Herrn Obergerichtsrats aus Nürnberg angekommen – sei hübsch artig!« – Sie blickte auf, der Obergerichtsrat hatte wieder seine Glasperücke aufgesetzt, seinen gelben Rock angezogen, und lächelte sehr zufrieden, aber an seiner Hand hielt er einen zwar kleinen, aber sehr wohlgewachsenen jungen Mann. Wie Milch und Blut war sein Gesichtchen, er trug einen herrlichen roten Rock mit Gold, weißseidene Strümpfe und Schuhe, hatte im Jabot ein allerliebstes Blumenbouquet, war sehr zierlich frisiert und gepudert, und hinten über den Rücken hing ihm ein ganz vortrefflicher Zopf herab. Der kleine Degen an seiner Seite schien von lauter Juwelen, so blitzte er, und das Hütlein unterm Arm von Seidenflocken gewebt. Welche angenehme Sitten der junge Mann besaß, bewies er gleich dadurch, dass er Marien eine Menge herrlicher Spielsachen, vorzüglich aber den schönsten Marzipan und dieselben Figuren, welche der Mausekönig zerbissen, dem Fritz aber einen wunderschönen Säbel mitgebracht hatte. Bei Tische knackte der Artige für die ganze Gesellschaft Nüsse auf, die härtesten widerstanden ihm nicht, mit der rechten Hand steckte er sie in den Mund, mit der linken zog er den Zopf an – Krak – zerfiel die Nuss in Stücke! – Marie war glutrot geworden, als sie den jungen artigen Mann erblickte, und noch röter wurde sie, als nach Tische der junge Drosselmeier sie einlud, mit ihm in das Wohnzimmer an den Glasschrank zu gehen. »Spielt nur hübsch miteinander, ihr Kinder, ich habe nun, da alle meine Uhren richtig gehen, nichts dagegen«, rief der Obergerichtsrat. Kaum war aber der junge Drosselmeier mit Marien allein, als er sich auf ein Knie niederließ, und also sprach: »O meine allervortrefflichste Demoiselle Stahlbaum sehn Sie hier zu Ihren Füßen den beglückten Drosselmeier, dem Sie an dieser Stelle das Leben retteten! – Sie sprachen es gütigst aus, dass Sie mich nicht wie die garstige Prinzessin Pirlipat verschmähen wollten, wenn ich Ihretwillen hässlich geworden! – sogleich hörte ich auf ein schnöder Nussknacker zu sein, und erhielt meine vorige nicht unangenehme Gestalt wieder. O vortreffliche Demoiselle, beglücken Sie mich mit Ihrer werten Hand, teilen Sie mit mir Reich und Krone, herrschen Sie mit mir auf Marzipanschloss, denn dort bin ich jetzt König!« – Marie hob den Jüngling auf, und sprach leise: »Lieber Herr Drosselmeier! Sie sind ein sanftmütiger guter Mensch, und da Sie dazu noch ein anmutiges Land mit sehr hübschen lustigen Leuten regieren, so nehme ich Sie zum Bräutigam an!« – Hierauf wurde Marie sogleich Drosselmeiers Braut. Nach Jahresfrist hat er sie, wie man sagt, auf einem goldnen von silbernen Pferden gezogenen Wagen abgeholt. Auf der Hochzeit tanzten zweiundzwanzigtausend der glänzendsten mit Perlen und Diamanten geschmückten Figuren, und Marie soll noch zur Stunde Königin eines Landes sein, in dem man überall funkelnde Weihnachtswälder, durchsichtige Marzipanschlösser, kurz, die allerherrlichsten wunderbarsten Dinge erblicken kann, wenn man nur darnach Augen hat.

Das war das Märchen vom Nussknacker und Mausekönig.

»Sage mir«, sprach Theodor, »sage mir, lieber Lothar, wie du nur deinen Nussknacker und Mausekönig ein Kindermärchen nennen magst, da es ganz unmöglich ist, dass Kinder die feinen Fäden die sich durch das Ganze ziehen, und in seinen scheinbar völlig heterogenen Teilen zusammenhalten, erkennen können. Sie werden sich höchstens am einzelnen halten, und sich hin und wieder daran ergötzen.«

»Und ist dies nicht genug?«, erwiderte Lothar. »Es ist«, fuhr er fort, »überhaupt meines Bedünkens ein großer Irrtum, wenn man glaubt dass lebhafte fantasiereiche Kinder, von denen hier nur die Rede sein kann, sich mit inhaltsleeren Faseleien, wie sie oft unter dem Namen Märchen vorkommen, begnügen. Ei – sie verlangen wohl was Besseres und es ist zum Erstaunen, wie richtig, wie lebendig sie manches im Geiste auffassen, das manchem grundgescheuten Papa gänzlich entgeht. Erfahrt es und habt Respekt! – Ich las mein Märchen schon Leuten vor die ich allein für meine kompetenten Kunstrichter anerkennen kann, nämlich den Kindern meiner Schwester. Fritz, ein großer Militär, war entzückt über die Armee seines Namensvetters, die Schlacht riss ihn ganz hin – Er machte mir das Prr und Puff und Schnetterdeng und Bum Burum mit gellender Stimme nach, rutschte unruhig auf dem Stuhle hin und her, ja! – blickte nach seinem Säbel hin, als wolle er dem armen Nussknacker zu Hülfe eilen, da dessen Gefahr immer höher und höher stieg. Weder die neueren Kriegsberichte noch den Shakespeare hat aber Neffe Fritz zurzeit gelesen, wie ich euch versichern kann, was es mit den militärischen Evolutionen jener entsetzlichsten aller Schlachten, so wie, was es mit dem: ›Ein Pferd – ein Pferd – ein Königreich für ein Pferd –‹ für eine Bewandtnis hat, ist ihm daher gewiss ganz und gar entgangen. Ebenso begriff meine liebe Eugenie von Haus aus in ihrem zarten

Gemüt Mariens süße Zuneigung zum kleinen Nussknacker, wurde bis zu Tränen gerührt, als Marie Zuckerwerk – Bilderbücher ja ihr Weihnachtskleidchen opfert, nur um ihren Liebling zu retten, zweifelte nicht einen Augenblick an die schöne herrlich funkelnde Kandis-Wiese, auf die Marie aus dem Kragen des verhängnisvollen Fuchspelzes in ihres Vaters Kleiderschrank hinaussteigt. Das Puppenreich machte die Kinder überglücklich.«

»Dieser Teil deines Märchens«, nahm Ottmar das Wort, »ist, behält man die Kinder als Leser oder Zuhörer im Auge, auch unbedenklich der gelungenste. Die Einschaltung des Märchens von der harten Nuss, unerachtet wieder darin die Bindungsmittel des Ganzen liegen, halte ich deshalb für fehlerhaft, weil die Sache wenigstens scheinbar sich dadurch verwirrt und die Fäden sich auch zu sehr dehnen und ausbreiten. Du hast uns nun zwar für inkompetente Richter erklärt und dadurch Schweigen geboten, verhehlen kann ich's dir aber nicht, dass, solltest du dein Werk ins große Publikum schicken, viele sehr vernünftige Leute, vorzüglich solche die niemals Kinder gewesen, welches sich bei manchen ereignet, mit Achselzucken und Kopfschütteln zu erkennen geben werden, dass alles tolles, buntscheckiges, aberwitziges Zeug sei, oder wenigstens, dass dir ein tüchtiges Fieber zu Hülfe gekommen sein müsse, da ein gesunder Mensch solch Unding nicht schaffen könne.« »Da würd ich«, rief Lothar lachend, »da würd ich mein Haupt beugen vor dem vornehmen Kopfschüttler, meine Hand auf die Brust legen und wehmütig versichern, dass es dem armen Autor gar wenig helfe, wenn ihm wie im wirren Traum allerlei Fantastisches aufgehe, sondern dass dergleichen, ohne dass es der ordnende richtende Verstand wohl erwäge, durcharbeite und den Faden zierlich und fest daraus erst spinne, ganz und gar nicht zu brauchen. Zu keinem Werk würd ich ferner sagen, gehöre mehr ein klares ruhiges Gemüt, als zu einem solchen, das wie in regelloser spielender Willkür von allen Seiten ins Blaue hinausblitzend, doch einen festen Kern in sich tragen solle und müsse.«

»Wer«, sprach Cyprian, »wer vermag dir darin zu widersprechen. Doch bleibt es ein gewagtes Unternehmen das durchaus Fantastische ins gewöhnliche Leben hineinzuspielen und ernsthaften Leuten, Obergerichtsräten, Archivarien und Studenten tolle Zauberkappen überzuwerfen, dass sie wie fabelhafte Spukgeister am hellen lichten Tage durch die lebhaftesten Straßen der bekanntesten Städte schleichen und man irrewerden kann an jedem ehrlichen Nachbar. Wahr ist es, dass sich daraus ein gewisser ironisierender Ton von selbst bildet, der den trägen Geist stachelt oder ihn vielmehr ganz unvermerkt mit gutmütiger Miene wie ein böser Schalk hineinverlockt in das fremde Gebiet.«

»Dieser ironische Ton«, sprach Theodor, »möchte die gefährlichste Klippe sein, da an ihr sehr leicht die Anmut der Erfindung und Darstellung welche wir von jedem Märchen verlangen scheitern, rettungslos zu Grunde gehen kann.«

»Ist es denn möglich«, nahm Lothar das Wort, »die Bedingnisse solcher Dichtungen festzustellen? – Tieck, der herrliche tiefe Meister, der Schöpfer der anmutigsten Märchen, die es geben mag, hat darüber den Personen die im Phantasus auftreten auch nur einzelne geistreiche und belehrende Bemerkungen in den Mund gelegt. Nach diesen soll Bedingnis des Märchens ein still fortschreitender Ton der Erzählung, eine gewisse Unschuld der Darstellung sein, die wie sanft fantasierende Musik ohne Lärm und Geräusch die Seele fesselt. Das Werk der Fantasie soll keinen bittern Nachgeschmack zurücklassen, aber doch ein Nachgenießen, ein Nachtönen. – Doch reicht dies wohl aus, den einzig richtigen Ton dieser Dichtungsart anzugeben? – An meinen Nussknacker will ich nun gar nicht mehr denken, da ich selbst eingestehe, dass ein gewisser unverzeihlicher Übermut darin herrscht, und ich zu sehr an die erwachsenen Leute und ihre Taten gedacht; aber bemerken muss ich, dass das Märchen unsers entfernten Freundes, der goldene Topf benannt, auf das du, Cyprian vorhin anspieltest, vielleicht etwas mehr von dem, was der Meister verlangt, in sich trägt und eben deshalb viel Gnade gefunden hat vor den Stühlen der Kunstrichter. – Übrigens habe ich den kleinen Kunstrichtern in meiner Schwester Kinderstube versprechen müssen, ihnen zum künftigen Weihnachten ein neues Märchen einzubescheren, und ich gelobe euch, weniger in fantastischem Übermut zu luxurieren, frömmer, kindlicher zu sein. – Für heute seid zufrieden, dass ich euch aus der entsetzlichen schauervollen Pinge zu Falun ans Tageslicht gefördert habe und dass ihr so fröhlich und guter Dinge geworden seid, wie es den Serapions-Brüdern ziemt, vorzüglich im Augenblick des Scheidens. Denn eben hör ich die Mitternachtsstunde schlagen.«

»Serapion«, rief Theodor indem er aufstand und das voll geschenkte Glas hoch erhob, »Serapion möge uns fernerhin beistehen und uns erkräftigen, das wacker zu erzählen, was wir mit dem Auge unsers Geistes erschaut!«

»Mit dieser Anrufung unseres Heiligen scheiden wir auch heute als würdige Serapions-Brüder!«

So sprach Cyprian und alle ließen noch einmal die Gläser erklingen, sich der Innigkeit und Gemütlichkeit, die ihren schönen Bund immer fester und fester verknüpfte, recht aus dem tiefsten Herzen heraus erfreuend.

DAS FRÄULEIN VON SCUDERI

Erzählung aus dem Zeitalter Ludwig des Vierzehnten

In der Straße St. Honore war das kleine Haus gelegen, welches Magdaleine von Scuderi, bekannt durch ihre anmutigen Verse, durch die Gunst Ludwig des XIV. und der Maintenon, bewohnte.

Spät um Mitternacht – es mochte im Herbste des Jahres 1680 sein – wurde an dieses Haus hart und heftig angeschlagen, dass es im ganzen Flur laut widerhallte. – Baptiste, der in des Fräuleins kleinem Haushalt Koch, Bedienten und Türsteher zugleich vorstellte, war mit Erlaubnis seiner Herrschaft über Land gegangen zur Hochzeit seiner Schwester, und so kam es, dass die Martiniere, des Fräuleins Kammerfrau, allein im Hause noch wachte. Sie hörte die wiederholten Schläge, es fiel ihr ein, dass Baptiste fortgegangen, und sie mit dem Fräulein ohne weitern Schutz im Hause geblieben sei; aller Frevel von Einbruch, Diebstahl und Mord, wie er jemals in Paris verübt worden, kam ihr in den Sinn, es wurde ihr gewiss, dass irgendein Haufen Meuter, von der Einsamkeit des Hauses unterrichtet, da draußen tobe, und eingelassen ein böses Vorhaben gegen die Herrschaft ausführen wolle, und so blieb sie in ihrem Zimmer zitternd und zagend, und den Baptiste verwünschend samt seiner Schwester Hochzeit. Unterdessen donnerten die Schläge immer fort, und es war ihr, als rufe eine Stimme dazwischen: »So macht doch nur auf um Christus willen, so macht doch nur auf!« Endlich in steigender Angst ergriff die Martiniere schnell den Leuchter mit der brennenden Kerze, und rannte hinaus auf den Flur; da vernahm sie ganz deutlich die Stimme des Anpochenden: »Um Christus willen, so macht doch nur auf!« »In der Tat«, dachte die Martiniere, »so spricht doch wohl kein Räuber; wer weiß, ob nicht gar ein Verfolgter Zuflucht sucht bei meiner Herrschaft, die ja geneigt ist zu jeder Wohltat. Aber lasst uns vorsichtig sein!« – Sie öffnete ein Fenster und rief hinab, wer denn da unten in später Nacht so an der Haustür tobe, und alles aus dem Schlafe wecke, indem sie ihrer tiefen Stimme so viel Männliches zu geben sich bemühte, als nur möglich. In dem Schimmer der Mondesstrahlen, die eben durch die finstern Wolken brachen, gewahrte sie eine lange, in einen hellgrauen Mantel gewickelte Gestalt, die den breiten Hut tief in die Augen gedrückt hatte. Sie rief nun mit lauter Stimme, so, dass es der unten vernehmen konnte: »Baptiste, Claude, Pierre, steht auf, und seht einmal zu, welcher Taugenichts uns das Haus einschlagen will!« Da sprach es aber mit sanfter, beinahe klagender Stimme von unten herauf: »Ach! la Martiniere, ich weiß ja, dass Ihr es seid, liebe Frau, so sehr Ihr Eure Stimme zu verstellen trachtet, ich weiß ja, dass Baptiste über Land gegangen ist, und Ihr mit Eurer Herrschaft allein im Hause seid. Macht mir nur getrost auf, befürchtet nichts. Ich muss durchaus mit Eurem Fräulein sprechen, noch in dieser Minute.« »Wo denkt Ihr hin«, erwiderte die Martiniere, »mein Fräulein wollt Ihr sprechen mitten in der Nacht? Wisst Ihr denn nicht, dass sie längst schläft, und dass ich sie um keinen Preis wecken werde aus dem ersten süßesten Schlummer, dessen sie in ihren Jahren wohl bedarf.« »Ich weiß«, sprach der Untenstehende, »ich weiß, dass Euer Fräulein soeben das Manuskript ihres Romans, Clelia geheißen, an dem sie rastlos arbeitet, beiseite gelegt hat, und jetzt noch einige Verse aufschreibt, die sie morgen bei der Marquise de Maintenon vorzulesen gedenkt. Ich beschwöre euch, Frau Martiniere, habt die Barmherzigkeit, und öffnet mir die Türe. Wisst, dass es darauf ankommt, einen Unglücklichen vom Verderben zu retten, wisst, dass Ehre, Freiheit, ja das Leben eines Menschen abhängt von diesem Augenblick, in dem ich Euer Fräulein sprechen muss. Bedenkt, dass Eurer Gebieterin Zorn ewig auf euch lasten würde, wenn sie erführe, dass Ihr es wäret, die den Unglücklichen, welcher kam, ihre Hülfe zu erflehen, hartherzig von der Türe wieset.« »Aber warum sprecht Ihr denn meines Fräuleins Mitleid an in dieser ungewöhnlichen Stunde, kommt morgen zu guter Zeit wieder«, so sprach die Martiniere herab; da erwiderte der unten: »Kehrt sich denn das Schicksal, wenn es verderbend wie der tötende Blitz einschlägt, an Zeit und Stunde? Darf, wenn nur ein Augenblick Rettung noch möglich ist, die Hülfe aufgeschoben werden? Öffnet mir die Türe, fürchtet doch nur nichts von einem Elenden, der schutzlos, verlassen von aller Welt, verfolgt, bedrängt von einem Ungeheuern Geschick Euer Fräulein um Rettung anflehen will aus drohender Gefahr!« Die Martiniere vernahm, wie der Untenstehende bei diesen Worten vor tiefem Schmerz stöhnte und schluchzte; dabei war der Ton von seiner Stimme der eines Jünglings, sanft und eindringend tief in die

Brust. Sie fühlte sich im Innersten bewegt, ohne sich weiter lange zu besinnen, holte sie die Schlüssel herbei.

Sowie sie die Türe kaum geöffnet, drängte sich ungestüm die im Mantel gehüllte Gestalt hinein und rief, der Martiniere vorbeischreitend in den Flur, mit wilder Stimme: »Führt mich zu Euerm Fräulein!« Erschrocken hob die Martiniere den Leuchter in die Höhe, und der Kerzenschimmer fiel in ein todbleiches, furchtbar entstelltes Jünglingsantlitz. Vor Schrecken hätte die Martiniere zu Boden sinken mögen, als nun der Mensch den Mantel auseinander schlug, und der blanke Griff eines Stiletts aus dem Brustlatz hervorragte. Es blitzte der Mensch sie an mit funkelnden Augen und rief noch wilder als zuvor: »Führt mich zu Euerm Fräulein, sage ich euch!« Nun sah die Martiniere ihr Fräulein in der dringendsten Gefahr, alle Liebe zu der teuren Herrschaft, in der sie zugleich die fromme, treue Mutter ehrte, flammte stärker auf im Innern, und erzeugte einen Mut, dessen sie wohl selbst sich nicht fähig geglaubt hätte. Sie warf die Türe ihres Gemachs, die sie offen gelassen, schnell zu, trat vor dieselbe und sprach stark und fest: »In der Tat, Euer tolles Betragen hier im Hause passt schlecht zu Euern kläglichen Worten da draußen, die, wie ich nun wohl merke, mein Mitleiden sehr zu unrechter Zeit erweckt haben. Mein Fräulein sollt und werdet Ihr jetzt nicht sprechen. Habt Ihr nichts Böses im Sinn, dürft Ihr den Tag nicht scheuen, so kommt morgen wieder, und bringt Eure Sache an! – jetzt schert euch aus dem Hause!« Der Mensch stieß einen dumpfen Seufzer aus, blickte die Martiniere starr an mit entsetzlichem Blick, und griff nach dem Stilett. Die Martiniere befahl im stillen ihre Seele dem Herrn, doch blieb sie standhaft, und sah dem Menschen keck ins Auge, indem sie sich fester an die Türe des Gemachs drückte, durch welches der Mensch gehen musste, um zu dem Fräulein zu gelangen. »Lasst mich zu Euerm Fräulein, sage ich euch«, rief der Mensch nochmals. »Tut was Ihr wollt«, erwiderte die Martiniere, »ich weiche nicht von diesem Platz, vollendet nur die böse Tat, die Ihr begonnen, auch Ihr werdet den schmachvollen Tod finden auf dem Greveplatz, wie Eure verruchten Spießgesellen.« »Ha«, schrie der Mensch auf, »Ihr habt Recht, la Martiniere! ich sehe aus, ich bin bewaffnet wie ein verruchter Räuber und Mörder, aber meine Spießgesellen sind nicht gerichtet, sind nicht gerichtet!« – Und damit zog er, giftige Blicke schießend, auf die zum Tode geängstete Frau, das Stilett heraus. »Jesus!«, rief sie, den Todesstoß erwartend, aber in dem Augenblick ließ sich auf der Straße das Geklirr von Waffen, der Huftritt von Pferden hören. »Die Marechaussee – die Marechaussee. Hülfe, Hülfe!«, schrie die Martiniere. »Entsetzliches Weib, du willst mein Verderben – nun ist alles aus, alles aus! nimm! – nimm; gib das dem Fräulein heute noch – morgen wenn du willst –« dies leise murmelnd hatte der Mensch der Martiniere den Leuchter weggerissen, die Kerzen verlöscht und ihr ein Kästchen in die Hände gedrückt. »Um deiner Seligkeit willen, gib das Kästchen dem Fräulein«, rief der Mensch und sprang zum Hause hinaus. Die Martiniere war zu Boden gesunken, mit Mühe stand sie auf, und tappte sich in der Finsternis zurück in ihr Gemach, wo sie ganz erschöpft, keines Lautes mächtig, in den Lehnstuhl sank. Nun hörte sie die Schlüssel klirren, die sie im Schloss der Haustüre hatte stecken lassen. Das Haus wurde zugeschlossen und leise unsichere Tritte nahten sich dem Gemach. Festgebannt, ohne Kraft sich zu regen, erwartete sie das Grässliche; doch wie geschah ihr, als die Türe aufging und sie bei dem Scheine der Nachtlampe auf den ersten Blick den ehrlichen Baptiste erkannte; der sah leichenblass aus und ganz verstört. »Um aller Heiligen willen«, fing er an, »um aller Heiligen willen, sagt mir Frau Martiniere, was ist geschehen? Ach die Angst! die Angst! – Ich weiß nicht was es war, aber fortgetrieben hat es mich von der Hochzeit gestern Abend mit Gewalt! – Und nun komme ich in die Straße. Frau Martiniere, denk ich, hat einen leisen Schlaf, die wird's wohl hören, wenn ich leise und säuberlich anpoche an die Haustüre, und mich hineinlassen. Da kommt mir eine starke Patrouille entgegen, Reuter, Fußvolk bis an die Zähne bewaffnet, und hält mich an und will mich nicht fortlassen. Aber zum Glück ist Desgrais dabei, der Marechaussee-Lieutnant, der mich recht gut kennt; der spricht, als sie mir die Laterne unter die Nase halten: ›Ei Baptiste, wo kommst du her des Wegs in der Nacht? Du musst fein im Hause bleiben und es hüten. Hier ist es nicht geheuer, wir denken noch in dieser Nacht einen guten Fang zu machen.‹ Ihr glaubt gar nicht, Frau Martiniere, wie mir diese Worte aufs Herz fielen. Und nun trete ich auf die Schwelle, und da stürzt ein verhüllter Mensch aus dem Hause, das blanke Stilett in der Faust, und rennt mich um und um – das Haus ist offen, die Schlüssel stecken im Schlosse – sagt, was hat das alles zu bedeuten?« Die Martiniere, von ihrer Todesangst befreit, erzählte, wie sich alles begeben. Beide, sie und Baptiste, gingen in den Hausflur, sie fanden den Leuchter auf dem Boden, wo der fremde Mensch ihn im Entfliehen hingeworfen. »Es ist nur zu gewiss«, sprach Baptiste, »dass unser Fräulein beraubt und wohl gar ermordet werden sollte. Der Mensch wusste, wie Ihr erzählt, dass Ihr allein wart mit dem Fräulein, ja sogar, dass sie noch wachte bei ihren Schriften; gewiss war es einer von den verfluchten Gaunern und Spitzbuben, die bis ins Innere der Häuser dringen, alles listig aus-kundschaftend, was ihnen zur Ausführung ihrer teuflischen Anschläge dienlich. Und das kleine Kästchen, Frau Martiniere, das, denk ich, werfen wir in die seine, wo sie am tiefsten ist. Wer steht uns dafür, dass nicht irgendein verruchter Unhold unserm guten Fräulein nach dem Leben trachtet, dass sie, das Kästchen öffnend, nicht tot niedersinkt, wie der alte Marquis von Tournay, als er den Brief aufmachte, den er von unbekannter Hand erhal-ten! –« Lange ratschlagend, beschlossen die Getreuen endlich, dem Fräulein am andern Morgen alles zu erzählen und ihr auch das geheimnisvolle Kästchen einzuhändigen, das ja mit gehöriger Vorsicht geöffnet werden könne. Beide, erwägten sie genau jeden Umstand der Erscheinung des verdächtigen Fremden, meinten, dass wohl ein besonderes Geheimnis im Spiele sein könne, über das sie eigenmächtig nicht schalten dürften, sondern die Enthül-lung ihrer Herrschaft überlassen müssten. –

Baptistes Besorgnisse hatten ihren guten Grund. Gerade zu der Zeit war Paris der Schauplatz der verruchtesten Gräueltaten, gerade zu der Zeit bot die teuflischste Erfindung der Hölle die leichtesten Mittel dazu dar.

Glaser, ein teutscher Apotheker, der beste Chemiker seiner Zeit, beschäftigte sich, wie es bei Leuten von seiner Wissenschaft wohl zu geschehen pflegt, mit alchimistischen Versuchen. Er hatte es darauf abgesehen, den Stein der Weisen zu finden. Ihm gesellte sich ein Italiener zu, namens *Exili.* Diesem diente aber die Goldmacherkunst nur zum Vorwande. Nur das Mischen, Ko-chen, Sublimieren der Giftstoffe, in denen Glaser sein Heil zu finden hoffte, wollt er erlernen, und es gelang ihm endlich, jenes feine Gift zu bereiten, das ohne Geruch, ohne Geschmack, ent-weder auf der Stelle oder langsam tötend, durchaus keine Spur im menschlichen Körper zurücklässt, und alle Kunst, alle Wissen-schaft der Ärzte täuscht, die, den Giftmord nicht ahnend, den Tod einer natürlichen Ursache zuschreiben müssen. So vorsichtig Exili auch zu Werke ging, so kam er doch in den Verdacht des Giftverkaufs, und wurde nach der Bastille gebracht. In dasselbe Zimmer sperrte man bald darauf den Hauptmann Godin de Sainte Croix ein. Dieser hatte mit der Marquise de Brinvillier lange Zeit in einem Verhältnisse gelebt, welches Schande über die ganze Familie brachte, und endlich, da der Marquis unempfindlich blieb für die Verbrechen seiner Gemahlin, ihren Vater, Dreux d'Aubray, Zivil-Lieutnant zu Paris, nötigte, das verbrecherische Paar durch einen Verhaftsbefehl zu trennen, den er wider den Hauptmann auswirkte. Leidenschaftlich, ohne Charakter, Frömmigkeit heuchelnd und zu Lastern aller Art geneigt von Jugend auf, eifersüchtig, rachsüchtig bis zur Wut, konnte dem Hauptmann nichts willkommner sein als Exilis teuflisches Geheimnis, das ihm die Macht gab, alle seine Feinde zu vernichten. Er wurde Exilis eifriger Schüler, und tat es bald seinem Meister gleich, sodass er, aus der Bastille entlassen, allein fortzuarbeiten im Stande war.

Die Brinvillier war ein entartetes Weib, durch Sainte Croix wurde sie zum Ungeheuer. Er vermochte sie nach und nach, erst ihren eignen Vater, bei dem sie sich befand, ihn mit verruchter Heuchelei im Alter pflegend, dann ihre beiden Brüder, und endlich ihre Schwester zu vergiften; den Vater aus Rache, die andern der reichen Erbschaft wegen. Die Geschichte mehrerer Giftmörder gibt das entsetzliche Beispiel, dass Verbrechen der Art zur unwiderstehlichen Leidenschaft werden. Ohne weitern Zweck, aus reiner Lust daran, wie der Chemiker Experimente macht zu seinem Vergnügen, haben oft Giftmörder Personen gemordet, deren Leben oder Tod ihnen völlig gleich sein konnte. Das plötzliche Hinsterben mehrerer Armen im Hotel Dieu erregte später den Verdacht, dass die Brote, welche die Brinvillier dort wöchentlich auszuteilen pflegte, um als Muster der Frömmigkeit und des Wohltuns zu gelten, vergiftet waren. Gewiss ist es aber, dass sie Taubenpasteten vergiftete, und sie den Gästen, die sie geladen, vorsetzte. Der Chevalier du Guet und mehrere andere Personen fielen als Opfer dieser höllischen Mahlzeiten. Sainte Croix, sein Gehülfe la Chaussee, die Brinvillier wussten lange Zeit hindurch ihre grässliche Untaten in undurchdringliche Schleier zu hüllen; doch welche verruchte List verworfener Menschen vermag zu bestehen, hat die ewige Macht des Himmels beschlossen, schon hier auf Erden die Frevler zu richten! – Die Gifte, welche Sainte Croix bereitete, waren so fein, dass, lag das Pulver (*poudre de succession* nannten es die Pariser) bei der Bereitung offen, ein einziger Atemzug hinreichte, sich augenblicklich den Tod zu geben. Sainte Croix trug deshalb bei seinen Operationen eine Maske von feinem Glase. Diese fiel eines Tags, als er eben ein fertiges Giftpulver in eine Phiole schütten wollte, herab, und er sank, den feinen Staub des Giftes einatmend, augenblicklich tot nieder. Da er ohne Erben verstorben, eilten die Gerichte herbei, um den Nachlass unter Siegel zu nehmen. Da fand sich in einer Kiste verschlossen das ganze höllische Arsenal des Giftmords, das dem verruchten Sainte Croix zu Gebote gestanden, aber auch die Briefe der Brinvillier wurden aufgefunden, die über ihre Untaten keinen Zweifel ließen. Sie floh nach Lüttich in ein Kloster. Desgrais, ein Beamter der Marechaussee, wurde ihr nachgesendet. Als Geistlicher verkleidet, erschien er in dem Kloster, wo sie sich verborgen. Es gelang ihm, mit dem entsetzlichen Weibe einen Liebeshandel anzuknüpfen, und sie zu einer heimlichen Zusammenkunft in einem einsamen Garten vor der Stadt zu verlocken. Kaum dort angekommen, wurde sie aber von Desgrais' Häschern umringt, der geistliche Liebhaber verwandelte sich plötzlich in den Beamten der Marechaussee, und nötigte sie in den Wagen zu steigen, der vor dem Garten bereit stand, und von den Häschern umringt, geradeswegs nach Paris abfuhr. La Chaussee war schon früher enthauptet worden, die Brinvillier litt denselben Tod, ihr Körper wurde nach der Hinrichtung verbrannt, und die Asche in die Lüfte zerstreut.

Die Pariser atmeten auf, als das Ungeheuer von der Welt war, das die heimliche mörderische Waffe ungestraft richten konnte gegen Feind und Freund. Doch bald tat es sich kund, dass des verruchten La Croix entsetzliche Kunst sich fortvererbt hatte. Wie ein unsichtbares tückisches Gespenst schlich der Mord sich ein in die engsten Kreise, wie sie Verwandtschaft – Liebe – Freundschaft nur bilden können, und erfasste sicher und schnell die unglücklichen Opfer. Der, den man heute in blühender Gesundheit gesehen, wankte morgen krank und siech umher, und keine Kunst der Ärzte konnte ihn vor dem Tode retten. Reichtum – ein einträgliches Amt – ein schönes, vielleicht zu jugendliches Weib – das genügte zur Verfolgung auf den Tod. Das grausamste Misstrauen trennte die heiligsten Bande. Der Gatte zitterte vor der Gattin – der Vater vor dem Sohn – die Schwester vor dem Bruder. – Unberührt blieben die Speisen, blieb der Wein bei dem Mahl, das der Freund den Freunden gab, und wo sonst Lust und Scherz gewaltet, spähten verwilderte Blicke nach dem verkappten Mörder. Man sah Familienväter ängstlich in entfernten Gegenden Lebensmittel einkaufen, und in dieser, jener schmutzigen Garküche selbst bereiten, in ihrem eigenen Hause teuflischen Verrat fürchtend. Und doch war manchmal die größte, bedachteste Vorsicht vergebens.

Der König, dem Unwesen, das immer mehr überhand nahm, zu steuern, ernannte einen eigenen Gerichtshof, dem er ausschließlich die Untersuchung und Bestrafung dieser heimlichen Verbrechen übertrug. Das war die so genannte *Chambre ardente,* die ihre Sitzungen unfern der Bastille hielt, und welcher la Regnie als Präsident vorstand. Mehrere Zeit hindurch blieben Regnies Bemühungen, so eifrig sie auch sein mochten, fruchtlos, dem verschlagenen Desgrais war es vorbehalten, den geheimsten Schlupfwinkel des Verbrechens zu entdecken. – In der Vorstadt Saint Germain wohnte ein altes Weib, la Voisin geheißen, die sich mit Wahrsagen und Geisterbeschwören abgab, und mit Hülfe ihrer Spießgesellen, le Sage und le Vigoureux, auch selbst Personen, die eben nicht schwach und leichtgläubig zu nennen, in Furcht und Erstaunen zu setzen wusste. Aber sie tat mehr als dieses. Exilis Schülerin wie la Croix, bereitete sie wie dieser, das feine, spurlose Gift, und half auf diese Weise ruchlosen Söhnen zur frühen Erbschaft, entarteten Weibern zum andern Jüngern Gemahl. Desgrais drang in ihr Geheimnis ein, sie gestand alles, die *Chambre ardente* verurteilte sie zum Feuertode, den sie auf dem Greveplatz erlitt. Man fand bei ihr eine Liste aller Personen, die sich ihrer Hülfe bedient hatten; und so kam es, dass nicht allein Hinrichtung auf Hinrichtung folgte, sondern auch schwerer Verdacht selbst auf Personen von hohem Ansehen lastete. So glaubte man, dass der Kardinal Bonzy bei der la Voisin das Mittel gefunden, alle Personen, denen er als Erzbischof von Narbonne Pensionen bezahlen musste, in kurzer Zeit hinsterben zu lassen. So wurden die Herzogin von Bouillon, die Gräfin von Soissons, deren Namen man auf der Liste gefunden, der Verbindung mit dem teuflischen Weibe angeklagt, und selbst François Henri de Montmonrenci, Boudebelle, Herzog von Luxemburg, Pair und Marschall des Reichs, blieb nicht verschont. Auch ihn verfolgte die furchtbare *Chambre ardente.* Er stellte sich selbst zum Gefängnis in der Bastille, wo ihn Louvois und la Regnies Hass in ein sechs Fuß langes Loch einsperren ließ. Monate vergingen, ehe es sich vollkommen ausmittelte, dass des Herzogs Verbrechen keine Rüge verdienen konnte. Er hatte sich einmal von le Sage das Horoskop stellen lassen.

Gewiss ist es, dass blinder Eifer den Präsidenten la Regnie zu Gewaltstreichen und Grausamkeiten verleitete. Das Tribunal nahm ganz den Charakter der Inquisition an, der geringfügigste Verdacht reichte hin zu strenger Einkerkerung, und oft war es dem Zufall überlassen, die Unschuld des auf den Tod Angeklagten darzutun. Dabei war Regnie von garstigem Ansehen und heimtückischem Wesen, sodass er bald den Hass derer auf sich lud, deren Rächer oder Schützer zu sein er berufen wurde. Die Herzogin von Bouillon, von ihm im Verhöre gefragt, ob sie den Teufel gesehen? erwiderte: »Mich dünkt, ich sehe ihn in diesem Augenblick!«

Während nun auf dem Greveplatz das Blut Schuldiger und Verdächtiger in Strömen floss, und endlich der heimliche Giftmord seltner und seltner wurde, zeigte sich ein Unheil andrer Art, welches neue Bestürzung verbreitete. Eine Gaunerbande schien es darauf angelegt zu haben, alle Juwelen in ihren Besitz zu bringen. Der reiche Schmuck, kaum gekauft, verschwand auf unbegreifliche Weise, mochte er verwahrt sein wie er wollte. Noch viel ärger war es aber, dass jeder, der es wagte, zur Abendzeit Juwelen bei sich zu tragen, auf offener Straße oder in finstern Gängen der Häuser beraubt, ja wohl gar ermordet wurde. Die mit dem Leben davongekommen, sagten aus, ein Faustschlag auf den Kopf habe sie wie ein Wetterstrahl niedergestürzt, und aus der Betäubung erwacht, hätten sie sich beraubt, und am ganz andern Orte als da, wo sie der Schlag getroffen, wieder gefunden. Die Ermordeten, wie sie beinahe jeden Morgen auf der Straße oder in den Häusern lagen, hatten alle dieselbe tödliche Wunde. Einen Dolchstich ins Herz, nach dem Urteil der Ärzte so schnell und sicher tötend, dass der Verwundete keines Lautes mächtig zu Boden sinken musste. Wer war an dem üppigen Hofe Ludwig des XIV., der nicht in einen geheimen Liebeshandel verstrickt, spät zur Geliebten schlich, und manchmal ein reiches Geschenk bei sich trug? – Als stünden die Gauner mit Geistern im Bunde, wussten sie genau, wenn sich so etwas zutragen sollte. Oft erreichte der Unglückliche nicht das Haus, wo er Liebesglück zu genießen dachte, oft fiel er auf der Schwelle, ja vor dem Zimmer der Geliebten, die mit Entsetzen den blutigen Leichnam fand.

Vergebens ließ Argenson, der Polizeiminister, alles aufgreifen in Paris, was von dem Volk nur irgend verdächtig schien, vergebens wütete la Regnie, und suchte Geständnisse zu erpressen, vergebens wurden Wachen, Patrouillen verstärkt, die Spur der Täter war nicht zu finden. Nur die Vorsicht, sich bis an die Zähne zu bewaffnen, und sich eine Leuchte vortragen zu lassen, half einigermaßen, und doch fanden sich Beispiele, dass der Diener mit Steinwürfen geängstet, und der Herr in demselben Augenblick ermordet und beraubt wurde.

Merkwürdig war es, dass aller Nachforschungen auf allen Plätzen, wo Juwelenhandel nur möglich war, unerachtet nicht das mindeste von den geraubten Kleinodien zum Vorschein kam, und also auch hier keine Spur sich zeigte, die hätte verfolgt werden können.

Desgrais schäumte vor Wut, dass selbst seiner List die Spitzbuben zu entgehen wussten. Das Viertel der Stadt, in dem er sich gerade befand, blieb verschont, während in dem andern, wo keiner Böses geahnt, der Raubmord seine reichen Opfer erspähte.

Desgrais besann sich auf das Kunststück, mehrere Desgrais zu schaffen, sich untereinander so ähnlich an Gang, Stellung, Sprache, Figur, Gesicht, dass selbst die Häscher nicht wussten, wo der rechte Desgrais stecke. Unterdessen lauschte er, sein Leben wagend, allein in den geheimsten Schlupfwinkeln, und folgte von weitem diesem oder jenem, der auf seinen Anlass einen reichen Schmuck bei sich trug. *Der* blieb unangefochten; also auch von *dieser* Maßregel waren die Gauner unterrichtet, Desgrais geriet in Verzweiflung.

Eines Morgens kommt Desgrais zu dem Präsidenten la Regnie, blass, entstellt, außer sich. – »Was habt Ihr, was für Nachrichten? – Fandet Ihr die Spur?«, ruft ihm der Präsident entgegen. »Ha – gnädiger Herr«, fängt Desgrais an, vor Wut stammelnd, »ha gnädiger Herr – gestern in der Nacht – unfern des Louvres ist der Marquis de la Fare angefallen worden in meiner Gegenwart.« »Himmel und Erde«, jauchzt la Regnie auf vor Freude – »wir haben sie!« – »O hört nur«, fällt Desgrais mit bitterm Lächeln ein, »o hört nur erst, wie sich alles begeben. – Am Louvre steh ich also, und passe, die ganze Hölle in der Brust, auf die Teufel, die meiner spotten. Da kommt mit unsicherm Schritt immer hinter sich schauend eine Gestalt dicht bei mir vorüber, ohne mich zu sehen. Im Mondesschimmer erkenne ich den Marquis de la Fare. Ich konnt ihn da erwarten, ich wusste, wo er hinschlich. Kaum ist er zehn – zwölf Schritte bei mir vorüber, da springt wie aus der Erde herauf eine Figur, schmettert ihn nieder und fällt über ihn her. Unbesonnen, überrascht von dem Augenblick, der den Mörder in meine Hand liefern konnte, schrie ich laut auf, und will mit einem gewaltigen Sprunge aus meinem Schlupfwinkel heraus auf ihn zusetzen; da verwickle ich mich in den Mantel und falle hin. Ich sehe den Menschen wie auf den Flügeln des Windes forteilen, ich rapple mich auf, ich renne ihm nach – laufend stoße ich in mein Horn – aus der Ferne antworten die Pfeifen der Häscher – es wird lebendig – Waffengeklirr, Pferdegetrappel von allen Seiten. – ›Hierher – hierher – Desgrais – Desgrais!‹ schreie ich, dass es durch die Straßen hallt. – Immer sehe ich den Menschen vor mir im hellen Mondschein, wie er, mich zu täuschen, da – dort – einbiegt; wir kommen in die Straße Nicaise, da scheinen seine Kräfte zu sinken, ich strenge die meinigen doppelt an – noch fünfzehn Schritte höchstens hat er Vorsprung –« »Ihr holt ihn ein – Ihr packt ihn, die Häscher kommen«, ruft la Regnie mit blitzenden Augen, indem er Desgrais beim Arm ergreift, als sei *der* der fliehende Mörder selbst. – »Fünfzehn Schritte«, fährt Desgrais mit dumpfer Stimme und mühsam atmend fort, »fünfzehn Schritte vor mir springt der Mensch auf die Seite in den Schatten und verschwindet durch die Mauer.« »Verschwindet? – durch die Mauer! – Seid Ihr rasend«, ruft la Regnie, indem er zwei Schritte zurücktritt und die Hände zusammenschlägt. »Nennt mich«, fährt Desgrais fort, sich die Stirne reibend wie einer, den böse Gedanken plagen, »nennt mich, gnädiger Herr, immerhin einen Rasenden, einen törichten Geisterseher, aber es ist nicht anders, als wie ich es euch erzähle. Erstarrt stehe ich vor der Mauer, als mehrere Häscher atemlos herbeikommen; mit ihnen der Marquis de la Fare, der sich aufgerafft, den bloßen Degen in der Hand. Wir zünden die Fackeln an, wir tappen an der Mauer hin und her; keine Spur einer Türe, eines Fensters, einer Öffnung. Es ist eine starke steinerne Hofmauer, die sich an ein Haus lehnt, in dem Leute wohnen, gegen die auch nicht der leiseste Verdacht aufkommt. Noch heute habe ich alles in genauen Augenschein genommen. – Der Teufel selbst ist es, der uns foppt.« Desgrais' Geschichte wurde in Paris bekannt. Die Köpfe waren erfüllt von den Zaubereien, Geisterbeschwörungen, Teufelsbündnissen der Voisin, des Vigoureux, des berüchtigten Priesters le Sage; und wie es denn nun in unserer ewigen Natur liegt, dass der Hang zum Übernatürlichen, zum Wunderbaren alle Vernunft überbietet, so glaubte man bald nichts Geringeres, als dass, wie Desgrais nur im Unmut gesagt, wirklich der Teufel selbst die Verruchten schütze, die ihm ihre Seelen verkauft. Man kann es sich denken, dass Desgrais' Geschichte mancherlei tollen Schmuck erhielt. Die Erzählung davon mit einem Holzschnitt darüber, eine grässliche Teufelsgestalt vorstellend, die vor dem erschrockenen Desgrais in die Erde versinkt, wurde gedruckt und an allen Ecken verkauft. Genug, das Volk einzuschüchtern, und selbst den Häschern allen Mut zu nehmen, die nun zur Nachtzeit mit Zittern und Zagen die Straßen durchirrten, mit Amuletten behängt, und eingeweicht in Weihwasser.

Argenson sah die Bemühungen der *Chambre ardente* scheitern, und ging den König an, für das neue Verbrechen einen

Gerichtshof zu ernennen, der mit noch ausgedehnterer Macht den Tätern nachspüre und sie strafe. Der König, überzeugt, schon der *Chambre ardente* zu viel Gewalt gegeben zu haben, erschüttert von dem Gräuel unzähliger Hinrichtungen, die der blutgierige la Regnie veranlasst, wies den Vorschlag gänzlich von der Hand.

Man wählte ein anderes Mittel, den König für die Sache zu beleben.

In den Zimmern der Maintenon, wo sich der König nachmittags aufzuhalten, und wohl auch mit seinen Ministern bis in die späte Nacht hinein zu arbeiten pflegte, wurde ihm ein Gedicht überreicht im Namen der gefährdeten Liebhaber, welche klagten, dass, gebiete ihnen die Galanterie, der Geliebten ein reiches Geschenk zu bringen, sie allemal ihr Leben daransetzen müssten. Ehre und Lust sei es, im ritterlichen Kampf sein Blut für die Geliebte zu verspritzen; anders verhalte es sich aber mit dem heimtückischen Anfall des Mörders, wider den man sich nicht wappnen könne. Ludwig, der leuchtende Polarstern aller Liebe und Galanterie, der möge hellaufstrahlend die finstre Nacht zerstreuen, und so das schwarze Geheimnis, das darin verborgen, enthüllen. Der göttliche Held, der seine Feinde niedergeschmettert, werde nun auch sein siegreich funkelndes Schwert zücken, und wie Herkules die Lernäische Schlange, wie Theseus den Minotaur, das bedrohliche Ungeheuer bekämpfen, das alle Liebeslust wegzehre, und alle Freude verdüstre in tiefes Leid, in trostlose Trauer.

So ernst die Sache auch war, so fehlte es diesem Gedicht doch nicht, vorzüglich in der Schilderung, wie die Liebhaber auf dem heimlichen Schleichwege zur Geliebten sich ängstigen müssten, wie die Angst schon alle Liebeslust, jedes schöne Abenteuer der Galanterie im Aufkeimen töte, an geistreichwitzigen Wendungen. Kam nun noch hinzu, dass beim Schluss alles in einen hochtrabenden Panegyrikus auf Ludwig den XIV. ausging, so konnte es nicht fehlen, dass der König das Gedicht mit sichtlichem Wohlgefallen durchlas. Damit zu Stande gekommen, drehte er sich, die Augen nicht wegwendend von dem Papier, rasch um zur Maintenon, las das Gedicht noch einmal mit lauter Stimme ab, und fragte dann anmutig lächelnd, was sie von den Wünschen der gefährdeten Liebhaber halte? Die Maintenon, ihrem ernsten Sinne treu und immer in der Farbe einer gewissen Frömmigkeit, erwiderte, dass geheime verbotene Wege eben keines besondern Schutzes würdig, die entsetzlichen Verbrecher aber wohl besonderer Maßregeln zu ihrer Vertilgung wert wären. Der König, mit dieser schwankenden Antwort unzufrieden, schlug das Papier zusammen, und wollte zurück zu dem Staatssekretär, der in dem andern Zimmer arbeitete, als ihm bei einem Blick, den er seitwärts warf, die Scuderi ins Auge fiel, die zugegen war, und eben unfern der Maintenon auf einem kleinen Lehnsessel Platz genommen hatte. Auf diese schritt er nun los; das anmutige Lächeln, das erst um Mund und Wangen spielte, und das verschwunden, gewann wieder Oberhand, und dicht vor dem Fräulein stehend, und das Gedicht wieder auseinander faltend, sprach et sanft: »Die Marquise mag nun einmal von den Galanterien unserer verliebten Herren nichts wissen, und weicht mir aus auf Wegen, die nichts weniger als verboten sind. Aber Ihr, mein Fräulein, was haltet Ihr von dieser dichterischen Supplik?« – Die Scuderi stand ehrerbietig auf von ihrem Lehnsessel, ein flüchtiges Rot überflog wie Abendpurpur die blassen Wangen der alten würdigen Dame, sie sprach, sich leise verneigend, mit niedergeschlagenen Augen:

>»Un amant qui craint les voleurs
>n'est point digne d'amour.«

Der König, ganz erstaunt über den ritterlichen Geist dieser wenigen Worte, die das ganze Gedicht mit seinen ellenlangen Tiraden zu Boden schlugen, rief mit blitzenden Augen: »Beim heiligen Dionys, Ihr habt Recht, Fräulein! Keine blinde Maßregel, die den Unschuldigen trifft mit dem Schuldigen, soll die Feigheit schützen; mögen Argenson und la Regnie das Ihrige tun!«

Alle die Gräuel der Zeit schilderte nun die Martiniere mit den lebhaftesten Farben, als sie am andern Morgen ihrem Fräulein erzählte, was sich in voriger Nacht zugetragen, und übergab ihr zitternd und zagend das geheimnisvolle Kästchen. Sowohl sie als Baptiste, der ganz verblasst in der Ecke stand, und vor Angst und Beklommenheit die Nachtmütze in den Händen knetend, kaum sprechen konnte, baten das Fräulein auf das wehmütigste um aller Heiligen willen, doch nur mit möglichster Behutsamkeit das Kästchen zu öffnen. Die Scuderi, das verschlossene Geheimnis in der Hand wiegend und prüfend, sprach lächelnd: »Ihr seht beide Gespenster! – Dass ich nicht reich bin, dass bei mir keine Schätze, eines Mordes wert, zu holen sind, das wissen die verruchten Meuchelmörder da draußen, die, wie ihr selbst sagt, das Innerste der Häuser erspähen, wohl ebenso gut als ich und ihr. Auf mein

Leben soll es abgesehen sein? Wem kann was an dem Tode liegen einer Person von dreiundsiebzig Jahren, die niemals andere verfolgte als die Bösewichter und Friedenstörer in den Romanen, die sie selbst schuf, die mittelmäßige Verse macht, welche niemandes Neid erregen können, die nichts hinterlassen wird, als den Staat des alten Fräuleins, das bisweilen an den Hof ging, und ein paar Dutzend gut eingebundener Bücher mit vergoldetem Schnitt! Und du, Martiniere! du magst nun die Erscheinung des fremden Menschen so schreckhaft beschreiben wie du willst, doch kann ich nicht glauben, dass er Böses im Sinne getragen.

Also! –«

Die Martiniere prallte drei Schritte zurück, Baptiste sank mit einem dumpfen »Ach!«, halb in die Knie, als das Fräulein nun an einen hervorragenden stählernen Knopf drückte, und der Deckel des Kästchens mit Geräusch aufsprang.

Wie erstaunte das Fräulein, als ihr aus dem Kästchen ein Paar goldne, reich mit Juwelen besetzte Armbänder, und eben ein solcher Halsschmuck entgegenfunkelten. Sie nahm das Geschmeide heraus, und indem sie die wundervolle Arbeit des Halsschmucks lobte, beäugelte die Martiniere die reichen Armbänder, und rief ein Mal über das andere, dass ja selbst die eitle Montespan nicht solchen Schmuck besitze. »Aber was soll das, was hat das zu bedeuten«, sprach die Scuderi. In dem Augenblick gewahrte sie auf dem Boden des Kästchens einen kleinen zusammengefalteten Zettel. Mit Recht hoffte sie den Aufschluss des Geheimnisses darin zu finden. Der Zettel, kaum hatte sie, was er enthielt, gelesen, entfiel ihren zitternden Händen. Sie warf einen sprechenden Blick zum Himmel, und sank dann wie halb ohnmächtig in den Lehnsessel zurück. Erschrocken sprang die Martiniere, sprang Baptiste ihr bei. »Oh«, rief sie nun mit von Tränen halb erstickter Stimme, »o der Kränkung, o der tiefen Beschämung! Muss mir das noch geschehen im hohen Alter! Hab ich denn im törichten Leichtsinn gefrevelt, wie ein junges, unbesonnenes Ding? – O Gott, sind Worte, halb im Scherz hingeworfen, solcher grässlichen Deutung fähig! – Darf dann mich, die ich der Tugend getreu und der Frömmigkeit tadellos blieb von Kindheit an, darf dann mich das Verbrechen des teuflischen Bündnisses zeihen?«

Das Fräulein hielt das Schnupftuch vor die Augen und weinte und schluchzte heftig, sodass die Martiniere und Baptiste ganz verwirrt und beklommen nicht wussten, wie ihrer guten Herrschaft beistehen in ihrem großen Schmerz.

Die Martiniere hatte den verhängnisvollen Zettel von der Erde aufgehoben. Auf demselben stand:

> Un amant qui craint les voleurs
> n'est point digne d'amour.

Euer scharfsinniger Geist, hoch geehrte Dame, hat uns, die wir an der Schwäche und Feigheit das Recht des Stärkern üben, und uns Schätze zueignen, die auf unwürdige Weise vergeudet werden sollten, von großer Verfolgung errettet. Als einen Beweis unserer Dankbarkeit nehmet gütig diesen Schmuck an. Es ist das Kostbarste, was wir seit langer Zeit haben auftreiben können, wiewohl euch, würdige Dame! viel schöneres Geschmeide zieren sollte, als dieses nun eben ist. Wir bitten, dass Ihr uns Eure Freundschaft und Euer huldvolles Andenken nicht entziehen möget.

Die Unsichtbaren.

»Ist es möglich«, rief die Scuderi, als sie sich einigermaßen erholt hatte, »ist es möglich, dass man die schamlose Frechheit, den verruchten Hohn so weit treiben kann?« – Die Sonne schien hell durch die Fenstergardinen von hochroter Seide, und so kam es, dass die Brillanten, welche auf dem Tische neben dem offenen Kästchen lagen, in rötlichem Schimmer aufblitzten. Hinblickend verhüllte die Scuderi voll Entsetzen das Gesicht, und befahl der Martiniere, das fürchterliche Geschmeide, an dem das Blut der Ermordeten klebe, augenblicklich fortzuschaffen. Die Martiniere, nachdem sie Halsschmuck und Armbänder sogleich in das Kästchen verschlossen, meinte, dass es wohl am geratensten sein würde, die Juwelen dem Polizeiminister zu übergeben, und ihm zu vertrauen, wie sich alles mit der beängstigenden Erscheinung des jungen Menschen und der Einhändigung des Kästchens zugetragen.

Die Scuderi stand auf und schritt schweigend langsam im Zimmer auf und nieder, als sinne sie erst nach, was nun zu tun sei. Dann befahl sie dem Baptiste, einen Tragsessel zu holen, der Martiniere aber, sie anzukleiden, weil sie auf der Stelle hin wolle zur Marquise de Maintenon.

Sie ließ sich hintragen zur Marquise gerade zu der Stunde, wenn diese, wie die Scuderi wusste, sich allein in ihren Gemächern befand. Das Kästchen mit den Juwelen nahm sie mit sich.

Wohl musste die Marquise sich hoch verwundern, als sie das

Fräulein, sonst die Würde, ja trotz ihrer hohen Jahre, die Liebens-würdigkeit, die Anmut selbst, eintreten sah blass, entstellt, mit wankenden Schritten. »Was um aller Heiligen willen ist euch widerfahren?«, rief sie der armen, beängsteten Dame entgegen, die, ganz außer sich selbst, kaum im Stande, sich aufrecht zu erhal-ten, nur schnell den Lehnsessel zu erreichen suchte, den ihr die Marquise hinschob. Endlich des Wortes wieder mächtig, erzählte das Fräulein, welche tiefe, nicht zu verschmerzende Kränkung ihr jener unbedachtsame Scherz, mit dem sie die Supplik der gefähr-deten Liebhaber beantwortet, zugezogen habe. Die Marquise, nachdem sie alles von Moment zu Moment erfahren, urteilte, dass die Scuderi sich das sonderbare Ereignis viel zu sehr zu Herzen nehme, dass der Hohn verruchten Gesindels nie ein frommes, edles Gemüt treffen könne, und verlangte zuletzt den Schmuck zu sehen.

Die Scuderi gab ihr das geöffnete Kästchen, und die Marquise konnte sich, als sie das köstliche Geschmeide erblickte, des lauten Ausrufs der Verwunderung nicht erwehren. Sie nahm den Hals-schmuck, die Armbänder heraus und trat damit an das Fenster, wo sie bald die Juwelen an der Sonne spielen ließ, bald die zier-liche Goldarbeit ganz nahe vor die Augen hielt, um nur recht zu erschauen, mit welcher wundervollen Kunst jedes kleine Häk-chen der verschlungenen Ketten gearbeitet war.

Auf einmal wandte sich die Marquise rasch um nach dem Fräu-lein und rief: »Wisst Ihr wohl, Fräulein! dass diese Armbänder, diesen Halsschmuck niemand anders gearbeitet haben kann, als Rene Cardillac?« – Rene Cardillac war damals der geschickteste Goldarbeiter in Paris, einer der kunstreichsten und zugleich son-derbarsten Menschen seiner Zeit. Eher klein als groß, aber breit-schultrig und von starkem, muskulösem Körperbau hatte Cardil-lac, hoch in die Fünfzigerjahre vorgerückt, noch die Kraft, die Beweglichkeit des Jünglings. Von dieser Kraft, die ungewöhnlich zu nennen, zeugte auch das dicke, krause, rötliche Haupthaar und das gedrungene, gleißende Antlitz. Wäre Cardillac nicht in ganz Paris als der rechtlichste Ehrenmann, uneigennützig, offen, ohne Hinterhalt, stets zu helfen bereit, bekannt gewesen, sein ganz besonderer Blick aus kleinen, tiefliegenden, grün funkelnden Augen hätte ihn in den Verdacht heimlicher Tücke und Bosheit bringen können. Wie gesagt, Cardillac war in seiner Kunst der Geschickteste nicht sowohl in Paris, als vielleicht überhaupt sei-ner Zeit. Innig vertraut mit der Natur der Edelsteine, wusste er sie auf eine Art zu behandeln und zu fassen, dass der Schmuck, der erst für unscheinbar gegolten, aus Cardillacs Werkstatt hervorging in glänzender Pracht. Jeden Auftrag übernahm er mit brennender Begierde und machte einen Preis, der, so geringe war er, mit der Arbeit in keinem Verhältnis zu stehen schien. Dann ließ ihm das Werk keine Ruhe, Tag und Nacht hörte man ihn in seiner Werkstatt hämmern und oft, war die Arbeit beinahe vollendet, missfiel ihm plötzlich die Form, er zweifelte an der Zierlichkeit irgendeiner Fassung der Juwelen, irgendeines kleinen Häkchens – Anlass genug, die ganze Arbeit wieder in den Schmelztiegel zu werfen und von neuem anzufangen. So wurde jede Arbeit ein reines, unübertreffliches Meisterwerk, das den Besteller in Erstaunen setzte. Aber nun war es kaum möglich, die fertige Arbeit von ihm zu erhalten. Unter tausend Vorwänden hielt er den Besteller hin von Woche zu Woche, von Monat zu Monat. Vergebens bot man ihm das Doppelte für die Arbeit, nicht einen Louis mehr als den bedungenen Preis wollte er nehmen. Musste er dann endlich dem Andringen des Bestellers weichen, und den Schmuck herausgeben, so konnte er sich aller Zeichen des tiefsten Verdrusses, ja einer innern Wut, die in ihm kochte, nicht erwehren. Hatte er ein bedeutenderes, vorzüglich reiches Werk, vielleicht viele tausende an Wert, bei der Kostbarkeit der Juwelen, bei der überzierlichen Goldarbeit abliefern müssen, so war er im Stande, wie unsinnig umherzulaufen, sich, seine Arbeit, alles um sich her verwünschend. Aber sowie einer hinter ihm herrannte und laut schrie: »Rene Cardillac, möchtet Ihr nicht einen schönen Halsschmuck machen für meine Braut – Armbänder für mein Mädchen u. s. w.«, dann stand er plötzlich still, blitzte den an mit seinen kleinen Augen und fragte, die Hände reibend: »Was habt Ihr denn?« Der zieht nun ein Schächtelchen hervor und spricht: »Hier sind Juwelen, viel Sonderliches ist es nicht, gemeines Zeug, doch unter Euern Händen –« Cardillac lässt ihn nicht ausreden, reißt ihm das Schächtelchen aus den Händen, nimmt die Juwelen heraus, die wirklich nicht viel wert sind, hält sie gegen das Licht und ruft voll Entzücken: »Ho ho – gemeines Zeug? – mitnichten! – hübsche Steine – herrliche Steine, lasst mich nur machen! – und wenn es euch auf eine Hand voll Louis nicht ankommt, so will ich noch ein paar Steinchen hineinbringen, die euch in die Augen funkeln sollen wie die liebe Sonne selbst –« Der spricht: »Ich überlasse euch alles, Meister Rene, und zahle, was Ihr wollt!« Ohne Unterschied, mag er nun ein reicher Bürgersmann oder ein vornehmer Herr vom Hofe sein, wirft sich Cardillac ungestüm an seinen Hals, und drückt und küsst ihn und spricht, nun sei er wieder ganz glücklich und in acht Tagen werde die Arbeit fertig sein. Er rennt über Hals und Kopf nach Hause, hinein in die Werkstatt, und hämmert darauf los, und in acht Tagen ist ein Meisterwerk zu Stande gebracht. Aber sowie der, der es bestellte, kommt, mit Freuden die geforderte geringe Summe bezahlen, und den fertigen Schmuck mitnehmen will, wird Cardillac verdrüsslich, grob, trotzig. – »Aber Meister Cardillac, bedenkt, morgen ist meine Hochzeit.« »Was schert mich Eure Hochzeit, fragt in vierzehn Tagen wieder nach.« – »Der Schmuck ist fertig, hier liegt das Geld, ich muss ihn haben.« – »Und *ich* sage euch, dass ich noch manches an dem Schmuck ändern muss, und ihn heute nicht herausgeben werde.« – »Und *ich* sage euch, dass wenn Ihr mir den Schmuck, den ich euch allenfalls doppelt bezahlen will, nicht herausgebt im guten, Ihr mich gleich mit Argensons dienstbaren Trabanten anrücken sehen sollt.« »Nun so quäle euch der Satan mit hundert glühenden Kneipzangen, und hänge drei Zentner an den Halsschmuck, damit er Eure Braut erdrossle!« – Und damit steckt Cardillac dem Bräutigam den Schmuck in die Busentasche, ergreift ihn beim Arm, wirft ihn zur Stubentür hinaus, dass er die ganze Treppe hinabpoltert, und lacht wie der Teufel zum Fenster hinaus, wenn er sieht, wie der arme junge Mensch, das Schnupftuch vor der blutigen Nase, aus dem Hause hinaushinkt. – Gar nicht zu erklären war es auch, dass Cardillac oft, wenn er mit Enthusiasmus eine Arbeit übernahm, plötzlich den Besteller mit allen Zeichen des im Innersten aufgeregten Gemüts, mit den erschütterndsten Beteurungen, ja unter Schluchzen und Tränen, bei der Jungfrau und allen Heiligen beschwor, ihm das unternommene Werk zu erlassen. Manche der von dem Könige, von dem Volke hoch geachtetsten Personen hatten vergebens große Summen geboten, um nur das kleinste Werk von Cardillac zu erhalten. Er warf sich dem Könige zu Füßen und flehte um die Huld, nichts für ihn arbeiten zu dürfen. Ebenso verweigerte er der Maintenon jede Bestellung, ja mit dem Ausdruck des Abscheues und Entsetzens verwarf er den Antrag derselben, einen kleinen, mit den Emblemen der Kunst verzierten Ring zu fertigen, den Racine von ihr erhalten sollte.

»Ich wette«, sprach daher die Maintenon, »ich wette, dass Cardillac, schicke ich auch hin zu ihm, um wenigstens zu erfahren, für wen er diesen Schmuck fertigte, sich weigert herzukommen, weil er vielleicht eine Bestellung fürchtet und doch durchaus nichts für mich arbeiten will. Wiewohl er seit einiger Zeit abzulassen scheint von seinem starren Eigensinn, denn wie ich höre, arbeitet er jetzt fleißiger als je, und liefert seine Arbeit ab auf der Stelle, jedoch noch immer mit tiefem Verdruss und weggewandtem Gesicht.« Die Scuderi, der auch viel daran gelegen, dass, sei es noch möglich, der Schmuck bald in die Hände des rechtmäßigen Eigentümers komme, meinte, dass man dem Meister Sonderling ja gleich sagen lassen könne, wie man keine Arbeit, sondern nur sein Urteil über Juwelen verlange. Das billigte die Marquise. Es wurde nach Cardillac geschickt, und, als sei er schon auf dem Wege gewesen, trat er nach Verlauf weniger Zeit in das Zimmer.

Er schien, als er die Scuderi erblickte, betreten und wie einer, der, von dem Unerwarteten plötzlich getroffen, die Ansprüche des Schicklichen, wie sie der Augenblick darbietet, vergisst, neigte er sich zuerst tief und ehrfurchtsvoll vor dieser ehrwürdigen Dame, und wandte sich dann erst zur Marquise. *Die* frug ihn hastig, indem sie auf das Geschmeide wies, das auf dem dunkelgrün behängten Tisch funkelte, ob das seine Arbeit sei? Cardillac warf kaum einen Blick darauf und packte, der Marquise ins Gesicht starrend, Armbänder und Halsschmuck schnell ein in das Kästchen, das daneben stand, und das er mit Heftigkeit von sich wegschob. Nun sprach er, indem ein hässliches Lächeln auf seinem roten Antlitze gleißte: »In der Tat, Frau Marquise, man muss Rene Cardillacs Arbeit schlecht kennen, um nur einen Augenblick zu glauben, dass irgendein anderer Goldschmied in der Welt solchen Schmuck fassen könne. Freilich ist das meine Arbeit.« »So sagt denn«, fuhr die Marquise fort, »für wen Ihr diesen Schmuck gefertigt habt.« »Für mich ganz allein«, erwiderte Cardillac, »ja Ihr möget«, fuhr er fort, als beide, die Maintenon und die Scuderi ihn ganz verwundert anblickten, jene voll Misstrauen, diese voll banger Erwartung, wie sich nun die Sache wenden würde, »ja Ihr möget das nun seltsam finden, Frau Marquise, aber es ist dem so. Bloß der schönen Arbeit willen suchte ich meine besten Steine zusammen, und arbeitete aus Freude daran fleißiger und sorgfältiger als jemals. Vor weniger Zeit verschwand der Schmuck aus meiner Werkstatt auf unbegreifliche Weise.« »Dem Himmel sei es gedankt«, rief die Scuderi, indem ihr die Augen vor Freude funkelten, und sie rasch und behände wie ein junges Mädchen von ihrem Lehnsessel aufsprang, auf den Cardillac losschritt, und beide Hände auf seine Schultern legte, »empfangt«, sprach sie dann, »empfangt, Meister Rene, das Eigentum, das euch verruchte Spitzbuben raubten, wieder zurück.« Nun erzählte sie ausführlich, wie sie zu dem Schmuck gekommen. Cardillac hörte alles schweigend mit niedergeschlagenen Augen an. Nur mitunter stieß er ein unvernehmliches »Hm! – So! – Ei! – Hoho!« – aus und warf bald die Hände auf den Rücken, bald streichelte er leise Kinn und Wange. Als nun die Scuderi geendet, war es, als kämpfe Cardillac mit ganz besondern Gedanken, die währenddessen ihm gekommen, und als wolle irgendein Entschluss sich nicht fügen und fördern. Er rieb sich die Stirne, er seufzte, er fuhr mit der Hand über die Augen, wohl gar um hervorbrechenden Tränen zu steuern. Endlich ergriff er das Kästchen, das ihm die Scuderi darbot, ließ sich auf ein Knie langsam nieder und sprach: »Euch, edles, würdiges Fräulein! hat das Verhängnis diesen Schmuck bestimmt. Ja nun weiß ich es erst, dass ich während der Arbeit an euch dachte, ja für euch arbeitete. Verschmäht es nicht, diesen Schmuck als das Beste, was ich wohl seit langer Zeit gemacht, von mir anzunehmen und zu tragen.«

»Ei, ei«, erwiderte die Scuderi anmutig scherzend, »wo denkt Ihr hin, Meister Rene, steht es mir denn an, in meinen Jahren mich noch so herauszuputzen mit blanken Steinen? – Und wie kömmt Ihr denn dazu, mich so überreich zu beschenken? Geht, geht, Meister Rene, wär ich schön wie die Marquise de Fontange und reich, in der Tat, ich ließe den Schmuck nicht aus den Händen, aber was soll diesen welken Armen die eitle Pracht, was soll diesem verhüllten Hals der glänzende Putz?« Cardillac hatte sich indessen erhoben und sprach, wie außer sich, mit verwildertem Blick, indem er fortwährend das Kästchen der Scuderi hinhielt: »Tut mir die Barmherzigkeit, Fräulein, und nehmt den Schmuck. Ihr glaubt es nicht, welche tiefe Verehrung ich für Eure Tugend, für Eure hohe Verdienste im Herzen trage! Nehmt doch mein geringes Geschenk nur für das Bestreben an, euch recht meine innerste Gesinnung zu beweisen.« – Als nun die Scuderi immer noch zögerte und zögerte, nahm die Maintenon das Kästchen aus Cardillacs Händen, sprechend: »Nun beim Himmel, Fräulein, immer redet Ihr von Euern hohen Jahren, was haben wir, ich und Ihr mit den Jahren zu schaffen und ihrer Last! – Und tut Ihr denn nicht eben wie ein junges verschämtes Ding, das gern zulangen möchte nach der dargebotnen süßen Frucht, könnte das nur geschehen ohne Hand und ohne Finger. – Schlagt dem wackern Meister Rene nicht ab, das freiwillig als Geschenk zu empfangen, was tausend andere nicht erhalten können, alles Goldes, alles Bittens und Flehens unerachtet.«

Die Maintenon hatte der Scuderi das Kästchen währenddessen aufgedrungen und nun stürzte Cardillac nieder auf die Knie – küsste der Scuderi den Rock – die Hände – stöhnte – seufzte –

weinte – schluchzte – sprang auf – rannte wie unsinnig, Sessel – Tische umstürzend, dass Porzellan, Gläser zusammenklirrten, in toller Hast von dannen. –

Ganz erschrocken rief die Scuderi: »Um aller Heiligen willen, was widerfährt dem Menschen!« Doch die Marquise, in besonderer heiterer Laune bis zu sonst ihr ganz fremdem Mutwillen, schlug eine helle Lache auf und sprach: »Da haben wir's Fräulein, Meister Rene ist in euch sterblich verliebt, und beginnt nach richtigem Brauch und bewährter Sitte echter Galanterie Euer Herz zu bestürmen mit reichen Geschenken.« Die Maintenon führte diesen Scherz weiter aus, indem sie die Scuderi ermahnte, nicht zu grausam zu sein gegen den verzweifelten Liebhaber, und diese wurde, Raum gebend angeborner Laune, hingerissen in den sprudelnden Strom tausend lustiger Einfälle. Sie meinte, dass sie, stünden die Sachen nun einmal so, endlich besiegt wohl nicht werde umhin können, der Welt das unerhörte Beispiel einer dreiundsiebzigjährigen Goldschmiedsbraut von untadelichem Adel aufzustellen. Die Maintenon erbot sich, die Brautkrone zu flechten und sie über die Pflichten einer guten Hausfrau zu belehren, wovon freilich so ein kleiner Kiek-in-die-Welt von Mädchen nicht viel wissen könne.

Da nun endlich die Scuderi aufstand, um die Marquise zu verlassen, wurde sie alles lachenden Scherzes ungeachtet doch wieder sehr ernst, als ihr das Schmuckkästchen zur Hand kam. Sie sprach: »Doch, Frau Marquise! werde ich mich dieses Schmuckes niemals bedienen können. Er ist, mag es sich nun zugetragen haben wie es will, einmal in den Händen jener höllischen Gesellen gewesen, die mit der Frechheit des Teufels, ja wohl gar in verdammtem Bündnis mit ihm, rauben und morden. Mir graust vor dem Blute, das an dem funkelnden Geschmeide zu kleben scheint. – Und nun hat selbst Cardillacs Betragen, ich muss es gestehen, für mich etwas sonderbar Ängstliches und Unheimliches. Nicht erwehren kann ich mir einer dunklen Ahnung, dass hinter diesem allem irgendein grauenvolles, entsetzliches Geheimnis verborgen, und bringe ich mir die ganze Sache recht deutlich vor Augen mit jedem Umstände, so kann ich doch wieder gar nicht auch nur ahnen, worin das Geheimnis bestehe, und wie überhaupt der ehrliche, wackere Meister Rene, das Vorbild eines guten, frommen Bürgers, mit irgendetwas Bösem, Verdammlichem zu tun haben soll. So viel ist aber gewiss, dass ich niemals mich unterstehen werde, den Schmuck anzulegen.«

Die Marquise meinte, das hieße die Skrupel zu weit treiben; als nun aber die Scuderi sie auf ihr Gewissen fragte, was sie in ihrer, der Scuderi Lage, wohl tun würde, antwortete sie ernst und fest: »Weit eher den Schmuck in die seine werfen, als ihn jemals tragen.«

Den Auftritt mit dem Meister Rene brachte die Scuderi in gar anmutige Verse, die sie den folgenden Abend in den Gemächern der Maintenon dem Könige vorlas. Wohl mag es sein, dass sie auf Kosten Meister Renes, alle Schauer unheimlicher Ahnung besiegend, das ergötzliche Bild der dreiundsiebzigjährigen Goldschmiedsbraut von uraltem Adel mit lebendigen Farben darzustellen gewusst. Genug, der König lachte bis ins Innerste hinein und schwur, dass Boileau Despreaux seinen Meister gefunden, weshalb der Scuderi Gedicht für das Witzigste galt, das jemals geschrieben.

Mehrere Monate waren vergangen, als der Zufall es wollte, dass die Scuderi in der Glaskutsche der Herzogin von Montanster über den Pontneuf fuhr. Noch war die Erfindung der zierlichen Glaskutschen so neu, dass das neugierige Volk sich zudrängte, wenn ein Fuhrwerk der Art auf den Straßen erschien. So kam es denn auch, dass der gaffende Pöbel auf dem Pontneuf die Kutsche der Montansier umringte, beinahe den Schritt der Pferde hemmend. Da vernahm die Scuderi plötzlich ein Geschimpfe und Gefluche und gewahrte, wie ein Mensch mit Faustschlägen und Rippenstößen sich Platz machte durch die dickste Masse. Und wie er näher kam, trafen sie die durchbohrenden Blicke eines todbleichen, gramverstörten Jünglingsantlitzes. Unverwandt schaute der junge Mensch sie an, während er mit Ellbogen und Fäusten rüstig vor sich wegarbeitete, bis er an den Schlag des Wagens kam, den er mit stürmender Hastigkeit aufriss, der Scuderi einen Zettel in den Schoß warf, und Stöße, Faustschläge austeilend und empfangend, verschwand wie er gekommen. Mit einem Schrei des Entsetzens war, sowie der Mensch am Kutschenschlage erschien, die Martiniere, die sich bei der Scuderi befand, entseelt in die Wagenkissen zurückgesunken. Vergebens riss die Scuderi an der Schnur, rief dem Kutscher zu, *der*, wie vom bösen Geiste getrieben, peitschte auf die Pferde los, die den Schaum von den Mäulern wegspritzend, um sich schlugen, sich bäumten, endlich in scharfem Trab fortdonnerten über die Brücke. Die Scuderi goss ihr Riechfläschchen über die ohnmächtige Frau aus, die endlich die Augen aufschlug und zitternd und bebend, sich krampfhaft festklammernd an die Herrschaft, Angst und Entsetzen im bleichen Antlitz, mühsam stöhnte: »Um der heiligen Jungfrau willen! was wollte der fürchterliche Mensch? – Ach! er war es ja, er war es, derselbe, der euch in jener schauervollen Nacht das Kästchen brachte!« – Die Scuderi beruhigte die Arme, indem sie ihr vorstellte, dass ja durchaus nichts Böses geschehen, und dass es nur darauf ankomme, zu wissen, was der Zettel enthalte. Sie schlug das Blättchen auseinander und fand die Worte:

Ein böses Verhängnis, das Ihr abwenden konntet, stößt mich in den Abgrund! – Ich beschwöre euch, wie der Sohn die Mutter, von der er nicht lassen kann, in der vollsten Glut kindlicher Liebe, den Halsschmuck und die Armbänder, die Ihr durch mich erhieltet, unter irgendeinem Vorwand – um irgendetwas daran bessern – ändern zu lassen, zum Meister Rene Cardillac zu schaffen; Euer Wohl, Euer Leben hängt davon ab. Tut Ihr es nicht bis übermorgen, so dringe ich in Eure Wohnung und ermorde mich vor Euern Augen!

»Nun ist es gewiss«, sprach die Scuderi, als sie dies gelesen, »dass, mag der geheimnisvolle Mensch auch wirklich zu der Bande verruchter Diebe und Mörder gehören, er doch gegen mich nichts Böses im Schilde führt. Wäre es ihm gelungen, mich in jener Nacht zu sprechen, wer weiß, welches sonderbare Ereignis, welch dunkles Verhältnis der Dinge mir klar worden, von dem ich jetzt auch nur die leiseste Ahnung vergebens in meiner Seele suche. Mag aber auch die Sache sich nun verhalten, wie sie will, das was mir in diesem Blatt geboten wird, werde ich tun, und geschähe es auch nur, um den unseligen Schmuck loszuwerden, der mir ein höllischer Talisman des Bösen selbst dünkt. Cardillac wird ihn doch wohl nun, seiner alten Sitte getreu, nicht so leicht wieder aus den Händen geben wollen.«

Schon andern Tages gedachte die Scuderi, sich mit dem Schmuck zu dem Goldschmied zu begeben. Doch war es, als hätten alle schönen Geister von ganz Paris sich verabredet, gerade an dem Morgen das Fräulein mit Versen, Schauspielen, Anekdoten zu bestürmen. Kaum hatte la Chapelle die Szene eines Trauerspiels geendet, und schlau versichert, dass er nun wohl Racine zu schlagen gedenke, als dieser selbst eintrat, und ihn mit irgendeines Königs pathetischer Rede zu Boden schlug, bis Boileau seine Leuchtkugeln in den schwarzen tragischen Himmel steigen ließ, um nur nicht ewig von der Kolonnade des Louvre schwatzen zu hören, in die ihn der architektische Doktor Perrault hineingeengt.

Hoher Mittag war geworden, die Scuderi musste zur Herzogin Montansier, und so blieb der Besuch bei Meister Rene Cardillac bis zum andern Morgen verschoben.

Die Scuderi fühlte sich von einer besondern Unruhe gepeinigt. Beständig vor Augen stand ihr der Jüngling und aus dem tiefsten Innern wollte sich eine dunkle Erinnerung aufregen, als habe sie dies Antlitz, diese Züge schon gesehen. Den leisesten Schlummer störten ängstliche Träume, es war ihr, als habe sie leichtsinnig, ja strafwürdig versäumt, die Hand hülfreich zu erfassen, die der Unglückliche, in den Abgrund versinkend, nach ihr emporge-streckt, ja als sei es an ihr gewesen, irgendeinem verderblichen Ereignis, einem heillosen Verbrechen zu steuern! – Sowie es nur hoher Morgen, ließ sie sich ankleiden, und fuhr, mit dem Schmuckkästchen versehen, zu dem Goldschmied hin.

Nach der Straße Nicaise, dorthin, wo Cardillac wohnte, strömte das Volk, sammelte sich vor der Haustüre – schrie, lärmte, tobte – wollte stürmend hinein, mit Mühe abgehalten von der Marechaussee, die das Haus umstellt. Im wilden, verwirrten Ge-töse riefen zornige Stimmen: »Zerreißt, zermalmt den verfluchten Mörder!« – Endlich erscheint Desgrais mit zahlreicher Mann-schaft, *die* bildet durch den dicksten Haufen eine Gasse. Die Haustüre springt auf, ein Mensch mit Ketten belastet, wird hi-nausgebracht und unter den gräulichsten Verwünschungen des wütenden Pöbels fortgeschleppt. – In dem Augenblick, als die Scuderi halb entseelt vor Schreck und furchtbarer Ahnung dies gewahrt, dringt ein gellendes Jammergeschrei ihr in die Ohren. »Vor! – weiter vor!«, ruft sie ganz außer sich dem Kutscher zu, der mit einer geschickten, raschen Wendung den dicken Haufen auseinander stäubt und dicht vor Cardillacs Haustüre hält. Da sieht die Scuderi Desgrais und zu seinen Füßen ein junges Mäd-chen, schön wie der Tag, mit aufgelösten Haaren, halb entkleidet, wilde Angst, trostlose Verzweiflung im Antlitz, die hält seine Knie umschlungen und ruft mit dem Ton des entsetzlichsten, schneidendsten Todesschmerzes: »Er ist ja unschuldig! – er ist unschuldig!« Vergebens sind Desgrais', vergebens seiner Leute Bemühungen, sie loszureißen, sie vom Boden aufzurichten. Ein starker, ungeschlachter Kerl ergreift endlich mit plumpen Fäusten die Arme, zerrt sie mit Gewalt weg von Desgrais, strauchelt unge-schickt, lässt das Mädchen fahren, die hinabschlägt die steinernen Stufen, und lautlos – tot auf der Straße liegen bleibt. Länger kann die Scuderi sich nicht halten. »In Christus Namen, was ist gesche-hen, was geht hier vor?«, ruft sie, öffnet rasch den Schlag, steigt aus. – Ehrerbietig weicht das Volk der würdigen Dame, die, als sie sieht, wie ein paar mitleidige Weiber das Mädchen aufgehoben, auf die Stufen gesetzt haben, ihr die Stirne mit starkem Wasser reiben, sich dem Desgrais nähert, und mit Heftigkeit ihre Frage wiederholt. »Es ist das Entsetzliche geschehen«, spricht Desgrais, »Rene Cardillac wurde heute Morgen durch einen Dolchstich ermordet gefunden. Sein Geselle Olivier Brusson ist der Mörder. Eben wurde er fortgeführt ins Gefängnis.« »Und das Mädchen?«, ruft die Scuderi, »ist«, fällt Desgrais ein, »ist Madeion, Cardillacs Tochter. Der verruchte Mensch war ihr Geliebter. Nun weint und heult sie, und schreit ein Mal übers andere, dass Olivier unschuldig sei, ganz unschuldig. Am Ende weiß sie von der Tat und ich muss sie auch nach der Conciergerie bringen lassen.« Desgrais warf, als er dies sprach, einen tückischen, schadenfrohen Blick auf das Mädchen, vor dem die Scuderi erbebte. Eben begann das Mädchen leise zu atmen, doch keines Lauts, keiner Bewegung mächtig, mit geschlossenen Augen lag sie da, und man wusste nicht, was zu tun, sie ins Haus bringen, oder ihr noch länger beistehen bis zum Erwachen. Tief bewegt, Tränen in den Augen, blickte die Scuderi den unschuldsvollen Engel an, ihr graute vor Desgrais und seinen Gesellen. Da polterte es dumpf die Treppe herab, man brachte Cardillacs Leichnam. Schnell entschlossen rief die Scuderi laut: »Ich nehme das Mädchen mit mir, Ihr möget für das übrige sorgen, Desgrais!« Ein dumpfes Murmeln des Beifalls lief durch das Volk. Die Weiber hoben das Mädchen in die Höhe, alles drängte sich hinzu, hundert Hände mühten sich, ihnen beizustehen, und wie in den Lüften schwebend wurde das Mädchen in die Kutsche getragen, indem Segnungen der würdigen Dame, die die Unschuld dem Blutgericht entrissen, von allen Lippen strömten.

Serons, des berühmtesten Arztes in Paris, Bemühungen gelang es endlich, Madeion, die stundenlang in starrer Bewusstlosigkeit gelegen, wieder zu sich selbst zu bringen. Die Scuderi vollendete, was der Arzt begonnen, indem sie manchen milden Hoffnungsstrahl leuchten ließ in des Mädchens Seele, bis ein heftiger Tränenstrom, der ihr aus den Augen stürzte, ihr Luft machte. Sie vermochte, indem nur dann und wann die Übermacht des durchbohrendsten Schmerzes die Worte in tiefem Schluchzen erstickte, zu erzählen, wie sich alles begeben.

Um Mitternacht war sie durch leises Klopfen an ihrer Stubentüre geweckt worden, und hatte Oliviers Stimme vernommen, der sie beschworen, doch nur gleich aufzustehen, weil der Vater im

Sterben liege. Entsetzt sei sie aufgesprungen und habe die Tür geöffnet. Olivier, bleich und entstellt, von Schweiß triefend, sei, das Licht in der Hand, mit wankenden Schritten nach der Werkstatt gegangen, sie ihm gefolgt. Da habe der Vater gelegen mit starren Augen und geröchelt im Todeskampfe. Jammernd habe sie sich auf ihn gestürzt, und nun erst sein blutiges Hemde bemerkt. Olivier habe sie sanft weggezogen und sich dann bemüht, eine Wunde auf der linken Brust des Vaters mit Wundbalsam zu waschen und zu verbinden. Währenddessen sei des Vaters Besinnung zurück gekehrt, er habe zu röcheln aufgehört, und sie, dann aber Olivier mit seelenvollem Blick angeschaut, ihre Hand ergriffen, sie in Oliviers Hand gelegt und beide heftig gedrückt. Beide, Olivier und sie, wären bei dem Lager des Vaters auf die Knie gefallen, er habe sich mit einem schneidenden Laut in die Höhe gerichtet, sei aber gleich wieder zurückgesunken und mit einem tiefen Seufzer verschieden. Nun hätten sie beide laut gejammert und geklagt. Olivier habe erzählt, wie der Meister auf einem Gange, den er mit ihm auf sein Geheiß in der Nacht habe machen müssen, in seiner Gegenwart ermordet worden, und wie er mit der größten Anstrengung den schweren Mann, den er nicht auf den Tod verwundet gehalten, nach Hause getragen. Sowie der Morgen angebrochen, wären die Hausleute, denen das Gepolter, das laute Weinen und Jammern in der Nacht aufgefallen, heraufgekommen und hätten sie noch ganz trostlos bei der Leiche des Vaters kniend gefunden. Nun sei Lärm entstanden; die Marechaussee eingedrungen und Olivier als Mörder seines Meisters ins Gefängnis geschleppt worden. Madeion fügte nun die rührendste Schilderung von der Tugend, der Frömmigkeit, der Treue ihres geliebten Oliviers hinzu. Wie er den Meister, als sei er sein eigener Vater, hoch in Ehren gehalten, wie dieser seine Liebe in vollem Maß erwidert, wie er ihn trotz seiner Armut zum Eidam erkoren, weil seine Geschicklichkeit seiner Treue, seinem edlen Gemüt gleichgekommen. Das alles erzählte Madeion aus dem innersten Herzen heraus und schloss damit, dass, wenn Olivier in ihrem Beisein dem Vater den Dolch in die Brust gestoßen hätte, sie dies eher für ein Blendwerk des Satans halten, als daran glauben würde, dass Olivier eines solchen entsetzlichen, grauenvollen Verbrechens fähig sein könne.

Die Scuderi, von Madeions namenlosen Leiden auf das tiefste gerührt und ganz geneigt, den armen Olivier für unschuldig zu halten, zog Erkundigungen ein, und fand alles bestätigt, was Madeion über das häusliche Verhältnis des Meisters mit seinem

Gesellen erzählt hatte. Die Hausleute, die Nachbaren rühmten einstimmig den Olivier als das Muster eines sittigen, frommen, treuen, fleißigen Betragens, niemand wusste Böses von ihm, und doch, war von der grässlichen Tat die Rede, zuckte jeder die Achseln und meinte, darin liege etwas Unbegreifliches.

Olivier, vor die *Chambre ardente* gestellt, leugnete, wie die Scuderi vernahm, mit der größten Standhaftigkeit, mit dem hellsten Freimut die ihm angeschuldigte Tat, und behauptete, dass sein Meister in seiner Gegenwart auf der Straße angefallen und niedergestoßen worden, dass er ihn aber noch lebendig nach Hause geschleppt, wo er sehr bald verschieden sei. Auch dies stimmte also mit Madeions Erzählung überein.

Immer und immer wieder ließ sich die Scuderi die kleinsten Umstände des schrecklichen Ereignisses wiederholen. Sie forschte genau, ob jemals ein Streit zwischen Meister und Gesellen vorgefallen, ob vielleicht Olivier nicht ganz frei von jenem Jähzorn sei, der oft wie ein blinder Wahnsinn die gutmütigsten Menschen überfällt und zu Taten verleitet, die alle Willkür des Handelns auszuschließen scheinen. Doch je begeisterter Madeion von dem ruhigen häuslichen Glück sprach, in dem die drei Menschen in innigster Liebe verbunden lebten, desto mehr verschwand jeder Schatten des Verdachts wider den auf den Tod angeklagten Olivier. Genau alles prüfend, davon ausgehend, dass Olivier unerachtet alles dessen, was laut für seine Unschuld spräche, dennoch Cardillacs Mörder gewesen, fand die Scuderi im Reich der Möglichkeit keinen Beweggrund zu der entsetzlichen Tat, die in jedem Fall Oliviers Glück zerstören musste. – Er ist arm, aber geschickt. – Es gelingt ihm, die Zuneigung des berühmtesten Meisters zu gewinnen, er liebt die Tochter, der Meister begünstigt seine Liebe, Glück, Wohlstand für sein ganzes Leben wird ihm erschlossen! – Sei es aber nun, dass, Gott weiß, auf welche Weise gereizt, Olivier vom Zorn übermannt, seinen Wohltäter, seinen Vater mörderisch anfiel, welche teuflische Heuchelei gehört dazu, nach der Tat sich so zu betragen, als es wirklich geschah! – Mit der festen Überzeugung von Oliviers Unschuld fasste die Scuderi den Entschluss, den unschuldigen Jüngling zu retten, koste es, was es wolle.

Es schien ihr, ehe sie die Huld des Königs selbst vielleicht anrufe, am geratensten, sich an den Präsidenten la Regnie zu wenden, ihn auf alle Umstände, die für Oliviers Unschuld sprechen mussten, aufmerksam zu machen, und so vielleicht in des Präsidenten Seele eine innere, dem Angeklagten günstige Überzeugung zu erwecken, die sich wohltätig den Richtern mitteilen sollte.

La Regnie empfing die Scuderi mit der hohen Achtung, auf die die würdige Dame, von dem Könige selbst hoch geehrt, gerechten Anspruch machen konnte. Er hörte ruhig alles an, was sie über die entsetzliche Tat, über Oliviers Verhältnisse, über seinen Charakter vorbrachte. Ein feines, beinahe hämisches Lächeln war indessen alles, womit er bewies, dass die Beteurungen, die von häufigen Tränen begleiteten Ermahnungen, wie jeder Richter nicht der Feind des Angeklagten sein, sondern auch auf alles achten müsse, was zu seinen Gunsten spräche, nicht an gänzlich tauben Ohren vorüberglitten. Als das Fräulein nun endlich ganz erschöpft, die Tränen von den Augen wegtrocknend, schwieg, fing Regnie an: »Es ist ganz Eures vortrefflichen Herzens würdig, mein Fräulein, dass Ihr, gerührt von den Tränen eines jungen, verliebten Mädchens, alles glaubt, was sie vorbringt, ja dass Ihr nicht fähig seid, den Gedanken einer entsetzlichen Untat zu fassen, aber anders ist es mit dem Richter, der gewohnt ist, frecher Heuchelei die Larve abzureißen. Wohl mag es nicht meines Amts sein, jedem, der mich fragt, den Gang eines Kriminalprozesses zu entwickeln. Fräulein! ich tue meine Pflicht, wenig kümmert mich das Urteil der Welt. Zittern sollen die Bösewichter vor der *Chambre ardente,* die keine Strafe kennt als Blut und Feuer. Aber vor euch, mein würdiges Fräulein, möcht ich nicht für ein Ungeheuer gehalten werden an Härte und Grausamkeit, darum vergönnt mir, dass ich euch mit wenigen Worten die Blutschuld des jungen Bösewichts, der, dem Himmel sei es gedankt! der Rache verfallen ist, klar vor Augen lege. Euer scharfsinniger Geist wird dann selbst die Gutmütigkeit verschmähen, die euch Ehre macht, mir aber gar nicht anstehen würde. – Also! – Am Morgen wird Rene Cardillac durch einen Dolchstoß ermordet gefunden. Niemand ist bei ihm, als sein Geselle Olivier Brusson und die Tochter. In Oliviers Kammer, unter andern, findet man einen Dolch von frischem Blute gefärbt, der genau in die Wunde passt. ›Cardillac ist‹, spricht Olivier, ›in der Nacht vor meinen Augen niedergestoßen worden.‹ – ›Man wollte ihn berauben?‹ ›Das weiß ich nicht!‹ – ›du gingst mit ihm, und es war dir nicht möglich, dem Mörder zu wehren? – ihn festzuhalten? um Hülfe zu rufen?‹ ›Fünfzehn, wohl zwanzig Schritte vor mir ging der Meister, ich folgte ihm.‹ ›Warum in aller Welt so entfernt?‹ – ›Der Meister wollt es so.‹ ›Was hatte überhaupt Meister Cardillac so spät auf der Straße zu tun?‹ – ›Das kann ich nicht sagen.‹ ›Sonst ist er aber doch niemals nach neun Uhr abends aus dem Hause gekommen?‹ – Hier stockt Olivier, er ist bestürzt, er seufzt, er vergießt Tränen, er beteuert bei allem, was heilig, dass Cardillac wirklich in jener Nacht ausgegangen sei, und seinen Tod gefunden habe. Nun merkt aber wohl auf, mein Fräulein. Erwiesen ist es bis zur vollkommensten Gewissheit, dass Cardillac in jener Nacht das Haus nicht verließ, mithin ist Oliviers Behauptung, er sei mit ihm wirklich ausgegangen, eine freche Lüge. Die Haustüre ist mit einem schweren Schloss versehen, welches bei dem Auf- und Zuschließen ein durchdringendes Geräusch macht, dann aber bewegt sich der Türflügel widrig knarrend und heulend in den Angeln, sodass, wie es angestellte Versuche bewährt haben, selbst im obersten Stock des Hauses das Getöse widerhallt. Nun wohnt in dem untersten Stock, also dicht neben der Haustüre, der alte Meister Claude Padru mit seiner Aufwärterin, einer Person von beinahe achtzig Jahren, aber noch munter und rührig. Diese beiden Personen hörten, wie Cardillac nach seiner gewöhnlichen Weise an jenem Abend Punkt neun Uhr die Treppe hinabkam, die Türe mit vielem Geräusch verschloss und verrammelte, dann wieder hinaufstieg, den Abendsegen laut las und dann, wie man es an dem Zuschlagen der Türe vernehmen konnte, in sein Schlafzimmer ging. Meister Claude leidet an Schlaflosigkeit, wie es alten Leuten wohl zu gehen pflegt. Auch in jener Nacht konnte er kein Auge zutun. Die Aufwärterin schlug daher, es mochte halb zehn Uhr sein, in der Küche, in die sie über den Hausflur gehend gelangt, Licht an und setzte sich zum Meister Claude an den Tisch mit einer alten Chronik, in der sie las, während der Alte seinen Gedanken nachhängend bald sich in den Lehnstuhl setzte, bald wieder aufstand, und um Müdigkeit und Schlaf zu gewinnen, im Zimmer leise und langsam auf und ab schritt. Es blieb alles still und ruhig bis nach Mitternacht. Da hörte sie über sich scharfe Tritte, einen harten Fall, als stürze eine schwere Last zu Boden, und gleich darauf ein dumpfes Stöhnen. In beide kam eine seltsame Angst und Beklommenheit. Die Schauer der entsetzlichen Tat, die eben begangen, gingen bei ihnen vorüber. – Mit dem hellen Morgen trat dann ans Licht, was in der Finsternis begonnen.« – »Aber«, fiel die Scuderi ein, »aber um aller Heiligen willen, könnt Ihr bei allen Umständen, die ich erst weitläuftig erzählte, euch denn irgendeinen Anlass zu dieser Tat der Hölle denken?« – »Hm«, erwiderte la Regnie, »Cardillac war nicht arm – im Besitz vortrefflicher Steine.« »Bekam«, fuhr die Scuderi fort, »bekam denn nicht alles die Tochter? – Ihr vergesst, dass Olivier Cardillacs Schwiegersohn werden sollte.« »Er musste vielleicht teilen oder gar nur für andere morden«, sprach la Regnie.

»Teilen, für andere morden?«, fragte die Scuderi in vollem Erstaunen. »Wisst«, fuhr der Präsident fort, »wisst mein Fräulein! dass Olivier schon längst geblutet hätte auf dem Greveplatz, stünde seine Tat nicht in Beziehung mit dem dicht verschleierten Geheimnis, das bisher so bedrohlich über ganz Paris waltete. Olivier gehört offenbar zu jener verruchten Bande, die alle Aufmerksamkeit, alle Mühe, alles Forschen der Gerichtshöfe verspottend ihre Streiche sicher und ungestraft zu führen wusste. Durch ihn wird – muss alles klar werden. Die Wunde Cardillacs ist denen ganz ähnlich, die alle auf der Straße, in den Häusern Ermordete und Beraubte trugen. Dann aber das Entscheidendste, seit der Zeit, dass Olivier Brusson verhaftet ist, haben alle Mordtaten, alle Beraubungen aufgehört. Sicher sind die Straßen zur Nachtzeit wie am Tage. Beweis genug, dass Olivier vielleicht an der Spitze jener Mordbande stand. Noch will er nicht bekennen, aber es gibt Mittel, ihn sprechen zu machen wider seinen Willen.« »Und Madeion«, rief die Scuderi, »und Madeion, die treue, unschuldige Taube.« – »Ei«, sprach la Regnie mit einem giftigen Lächeln, »ei wer steht mir dafür, dass sie nicht mit im Komplott ist. Was ist ihr an dem Vater gelegen, nur dem Mordbuben gelten ihre Tränen.« »Was sagt Ihr«, schrie die Scuderi, »es ist nicht möglich; den Vater! dieses Mädchen!« – »Oh!«, fuhr la Regnie fort, »oh! denkt doch nur an die Brinvillier! Ihr möget es mir verzeihen, wenn ich mich vielleicht bald genötigt sehe, euch Euern Schützling zu entreißen und in die Conciergerie werfen zu lassen.« – Der Scuderi ging ein Grausen an bei diesem entsetzlichen Verdacht. Es war ihr, als könne vor diesem schrecklichen Manne keine Treue, keine Tugend bestehen, als spähe er in den tiefsten, geheimsten Gedanken Mord und Blutschuld. Sie stand auf. »Seid menschlich«, das war alles, was sie beklommen, mühsam atmend hervorbringen konnte. Schon im Begriff, die Treppe hinabzusteigen, bis zu der der Präsident sie mit zeremoniöser Artigkeit begleitet hatte, kam ihr, selbst wusste sie nicht wie, ein seltsamer Gedanke. »Würd es mir wohl erlaubt sein, den unglücklichen Olivier Brusson zu sehen?« So fragte sie den Präsidenten sich rasch umwendend. Dieser schaute sie mit bedenklicher Miene an, dann verzog sich sein Gesicht in jenes widrige Lächeln, das ihm eigen. »Gewiss«, sprach er, »gewiss wollt Ihr nun, mein würdiges Fräulein, Euerm Gefühl, der innern Stimme mehr vertrauend als dem, was vor unsern Augen geschehen, selbst Oliviers Schuld oder Unschuld prüfen. Scheut Ihr nicht den düstern Aufenthalt des Verbrechens, ist es euch nicht gehässig, die Bilder der Verworfenheit in allen

Abstufungen zu sehen, so sollen für euch in zwei Stunden die Tore der Conciergerie offen sein. Man wird euch diesen Olivier, dessen Schicksal Eure Teilnahme erregt, vorstellen.«

In der Tat konnte sich die Scuderi von der Schuld des jungen Menschen nicht überzeugen. Alles sprach wider ihn, ja kein Richter in der Welt hätte anders gehandelt, wie la Regnie, bei solch entscheidenden Tatsachen. Aber das Bild häuslichen Glücks, wie es Madeion mit den lebendigsten Zügen der Scuderi vor Augen gestellt, überstrahlte jeden bösen Verdacht, und so mochte sie lieber ein unerklärliches Geheimnis annehmen, als daran glauben, wogegen ihr ganzes Inneres sich empörte.

Sie gedachte, sich von Olivier noch einmal alles, wie es sich in jener verhängnisvollen Nacht begeben, erzählen zu lassen, und so viel möglich in ein Geheimnis zu dringen, das vielleicht den Richtern verschlossen geblieben, weil es wertlos schien, sich weiter darum zu bekümmern.

In der Conciergerie angekommen, führte man die Scuderi in ein großes, helles Gemach. Nicht lange darauf vernahm sie Kettengerassel. Olivier Brusson wurde gebracht. Doch sowie er in die Türe trat, sank auch die Scuderi ohnmächtig nieder. Als sie sich erholt hatte, war Olivier verschwunden. Sie verlangte mit Heftigkeit, dass man sie nach dem Wagen bringe, fort, augenblicklich fort wollte sie aus den Gemächern der frevelnden Verruchtheit. Ach! – auf den ersten Blick hatte sie in Olivier Brusson den jungen Menschen erkannt, der auf dem Pontneuf jenes Blatt ihr in den Wagen geworfen, der ihr das Kästchen mit den Juwelen gebracht hatte. – Nun war ja jeder Zweifel gehoben, la Regnies schreckliche Vermutung ganz bestätigt. Olivier Brusson gehört zu der fürchterlichen Mordbande, gewiss ermordete er auch den Meister! – Und Madeion? – So bitter noch nie vom innern Gefühl getäuscht, auf den Tod angepackt von der höllischen Macht auf Erden, an deren Dasein sie nicht geglaubt, verzweifelte die Scuderi an aller Wahrheit. Sie gab Raum dem entsetzlichen Verdacht, dass Madeion mitverschworen sein und teilhaben könne an der grässlichen Blutschuld. Wie es denn geschieht, dass der menschliche Geist, ist ihm ein Bild aufgegangen, emsig Farben sucht und findet, es greller und greller auszumalen, so fand auch die Scuderi, jeden Umstand der Tat, Madeions Betragen in den kleinsten Zügen erwägend, gar vieles, jenen Verdacht zu nähren. So wurde manches,«was ihr bisher als Beweis der Unschuld und Reinheit gegolten, sicheres Merkmal frevelicher Bosheit, studierter Heuchelei. Jener herzzerreißende Jammer, die blutigen Tränen konnten wohl erpresst sein von der Todesangst, nicht den Geliebten bluten zu sehen, nein – selbst zu fallen unter der Hand des Henkers. Gleich sich die Schlange, die sie im Busen nähre, vom Halse zu schaffen; mit diesem Entschluss stieg die Scuderi aus dem Wagen. In ihr Gemach eingetreten, warf Madeion sich ihr zu Füßen. Die Himmelsaugen, ein Engel Gottes hat sie nicht treuer, zu ihr emporgerichtet, die Hände vor der wallenden Brust zusammengefaltet, jammerte und flehte sie laut um Hülfe und Trost. Die Scuderi sich mühsam zusammenfassend, sprach, indem sie dem Ton ihrer Stimme so viel Ernst und Ruhe zu geben suchte, als ihr möglich: »Geh – geh – tröste dich nur über den Mörder, den die gerechte Strafe seiner Schandtaten erwartet – Die heilige Jungfrau möge verhüten, dass nicht auf dir selbst eine Blutschuld schwer laste.« »Ach nun ist alles verloren!« – Mit diesem gellenden Ausruf stürzte Madeion ohnmächtig zu Boden. Die Scuderi überließ die Sorge um das Mädchen der Martiniere und entfernte sich in ein anderes Gemach.

Ganz zerrissen im Innern, entzweit mit allem Irdischen wünschte die Scuderi, nicht mehr in einer Welt voll höllischen Truges zu leben. Sie klagte das Verhängnis an, das in bitterm Hohn ihr so viele Jahre vergönnt, ihren Glauben an Tugend und Treue zu stärken, und nun in ihrem Alter das schöne Bild vernichte, welches ihr im Leben geleuchtet.

Sie vernahm, wie die Martiniere Madeion fortbrachte, die leise seufzte und jammerte: »Ach! – auch *sie* – auch *sie* haben die Grausamen betört. – Ich Elende – armer, unglücklicher Olivier!« – Die Töne drangen der Scuderi ins Herz, und aufs neue regte sich aus dem tiefsten Innern heraus die Ahnung eines Geheimnisses, der Glaube an Oliviers Unschuld. Bedrängt von den widersprechendsten Gefühlen, ganz außer sich rief die Scuderi: »Welcher Geist der Hölle hat mich in die entsetzliche Geschichte verwickelt, die mir das Leben kosten wird!« – In dem Augenblick trat Baptiste hinein, bleich und erschrocken, mit der Nachricht, dass Desgrais draußen sei. Seit dem abscheulichen Prozess der la Voisin war Desgrais' Erscheinung in einem Hause der gewisse Vorbote irgendeiner peinlichen Anklage, daher kam Baptistes Schreck, deshalb fragte ihn das Fräulein mit mildem Lächeln: »Was ist dir, Baptiste? – Nicht wahr! – der Name Scuderi befand sich auf der Liste der la Voisin?« »Ach um Christus willen«, erwiderte Baptiste, am ganzen Leibe zitternd, »wie möget Ihr nur so etwas aussprechen, aber Desgrais – der entsetzliche Desgrais, tut so geheimnisvoll, so dringend, er scheint es gar nicht erwarten zu können, euch zu sehen!« – »Nun«, sprach die Scuderi, »nun Baptiste, so führt ihn nur gleich herein den Menschen, der euch so fürchterlich ist, und der *mir* wenigstens keine Besorgnis erregen kann.« – »Der Präsident«, sprach Desgrais, als er ins Gemach getreten, »der Präsident la Regnie schickt mich zu euch, mein Fräulein, mit einer Bitte, auf deren Erfüllung er gar nicht hoffen würde, kennte er nicht Euere Tugend, Euern Mut, läge nicht das letzte Mittel, eine böse Blutschuld an den Tag zu bringen, in Euern Händen, hättet Ihr nicht selbst schon teilgenommen an dem bösen Prozess, der die *Chambre ardente*, uns alle in Atem hält. Olivier Brusson, seitdem er euch gesehen hat, ist halb rasend. Sosehr er schon zum Bekenntnis sich zu neigen schien, so schwört er doch jetzt aufs neue bei Christus und allen Heiligen, dass er an dem Morde Cardillacs ganz unschuldig sei, wiewohl er den Tod gern leiden wolle, den er verdient habe. Bemerkt, mein Fräulein, dass der letzte Zusatz offenbar auf andere Verbrechen deutet, die auf ihm lasten. Doch vergebens ist alle Mühe, nur ein Wort weiter herauszubringen, selbst die Drohung mit der Tortur hat nichts gefruchtet. Er fleht, er beschwört uns, ihm eine Unterredung mit euch zu verschaffen, *euch* nur, *euch* allein will er alles gestehen. Lasst euch herab, mein Fräulein, Brussons Bekenntnis zu hören.« »Wie!«, rief die Scuderi ganz entrüstet, »soll ich dem Blutgericht zum Organ dienen, soll ich das Vertrauen des unglücklichen Menschen missbrauchen, ihn aufs Blutgerüst zu bringen? – Nein Desgrais! mag Brusson auch ein verruchter Mörder sein, nie wär es mir doch möglich, ihn so spitzbübisch zu hintergehen. Nichts mag ich von seinen Geheimnissen erfahren, die wie eine heilige Beichte in meiner Brust verschlossen bleiben würden.« »Vielleicht«, versetzte Desgrais mit einem feinen Lächeln, »vielleicht, mein Fräulein, ändert sich Eure Gesinnung, wenn Ihr Brusson gehört habt. Batet Ihr den Präsident nicht selbst, er sollte menschlich sein? Er tut es, indem er dem törichten Verlangen Brussons nachgibt, und so das letzte Mittel versucht, ehe er die Tortur verhängt, zu der Brusson längst reif ist.« Die Scuderi schrak unwillkürlich zusammen. »Seht«, fuhr Desgrais fort, »seht, würdige Dame, man wird euch keineswegs zumuten, noch einmal in jene finstere Gemächer zu treten, die euch mit Grausen und Abscheu erfüllen. In der Stille der Nacht, ohne alles Aufsehen bringt man Olivier Brusson wie einen freien Menschen zu euch in Euer Haus. Nicht einmal belauscht, doch wohl bewacht, mag er euch dann zwanglos alles bekennen. Dass Ihr für euch selbst nichts von dem Elenden zu fürchten habt, dafür stehe ich euch mit meinem Leben ein. Er spricht von euch mit inbrünstiger Verehrung. Er schwört, dass nur das düstre Verhängnis, welches ihm verwehrt habe, euch früher zu sehen, ihn in den Tod gestürzt. Und dann steht es ja bei euch, von dem, was euch Brusson entdeckt, so viel zu sagen, als euch beliebt. Kann man euch zu mehrerem zwingen?«

Die Scuderi sah tief sinnend vor sich nieder. Es war ihr, als müsse sie der höheren Macht gehorchen, die den Aufschluss irgendeines entsetzlichen Geheimnisses von ihr verlange, als könne sie sich nicht mehr den wunderbaren Verschlingungen entziehen, in die sie willenlos geraten. Plötzlich entschlossen sprach sie mit Würde: »Gott wird mir Fassung und Standhaftigkeit geben; führt den Brusson her, ich will ihn sprechen.«

So wie damals, als Brusson das Kästchen brachte, wurde um Mitternacht an die Haustüre der Scuderi gepocht. Baptiste, von dem nächtlichen Besuch unterrichtet, öffnete. Eiskalter Schauer überlief die Scuderi, als sie an den leisen Tritten, an dem dumpfen Gemurmel wahrnahm, dass die Wächter, die den Brusson gebracht, sich in den Gängen des Hauses verteilten.

Endlich ging leise die Türe des Gemachs auf. Desgrais trat herein, hinter ihm Olivier Brusson, fesselfrei, in anständigen Kleidern. »Hier ist«, sprach Desgrais, sich ehrerbietig verneigend, »hier ist Brusson, mein würdiges Fräulein!« und verließ das Zimmer.

Brusson sank vor der Scuderi nieder auf beide Knie, flehend erhob er die gefalteten Hände, indem häufige Tränen ihm aus den Augen rannen.

Die Scuderi schaute erblasst, keines Wortes mächtig, auf ihn herab. Selbst bei den entstellten, ja durch Gram, durch grimmen Schmerz verzerrten Zügen strahlte der reine Ausdruck des treusten Gemüts aus dem Jünglingsantlitz. Je länger die Scuderi ihre Augen auf Brussons Gesicht ruhen ließ, desto lebhafter trat die Erinnerung an irgendeine geliebte Person hervor, auf die sie sich nur nicht deutlich zu besinnen vermochte. Alle Schauer wichen von ihr, sie vergaß, dass Cardillacs Mörder vor ihr kniee, sie sprach mit dem anmutigen Tone des ruhigen Wohlwollens, der ihr Eigen: »Nun Brusson, was habt Ihr mir zu sagen?« Dieser, noch immer kniend, seufzte auf vor tiefer, inbrünstiger Wehmut und sprach dann: »O mein würdiges, mein hochverehrtes Fräulein, ist denn jede Spur der Erinnerung an mich verflogen?« Die Scuderi, ihn noch aufmerksamer betrachtend, erwiderte, dass sie allerdings in seinen Zügen die Ähnlichkeit mit einer von ihr geliebten Person gefunden, und dass er nur dieser Ähnlichkeit es verdanke, wenn sie den tiefen. Abscheu vor dem Mörder überwinde und ihn ruhig anhöre. Brusson, schwer verletzt durch diese Worte, erhob sich schnell und trat, den finstern Blick zu Boden gesenkt, einen Schritt zurück. Dann sprach er mit dumpfer Stimme: »Habt Ihr denn Anne Guiot ganz vergessen? – ihr Sohn Olivier – der Knabe, den Ihr oft auf Euern Knien schaukeltet, ist es, der vor euch steht.« »O um aller Heiligen willen!«, rief die Scuderi, indem sie mit beiden Händen das Gesicht bedeckend in die Polster zurücksank. Das Fräulein hatte wohl Ursache genug, sich auf diese Weise zu entsetzen. Anne Guiot, die Tochter eines verarmten Bürgers, war von klein auf bei der Scuderi, die sie, wie die Mutter das liebe Kind, erzog mit aller Treue und Sorgfalt. Als sie nun herangewachsen, fand sich ein hübscher sittiger Jüngling, Claude Brusson geheißen, ein, der um das Mädchen warb. Da er nun ein grundgeschickter Uhrmacher war, der sein reichliches Brot in Paris finden musste, Anne ihn auch herzlich lieb gewonnen hatte, so trug die Scuderi gar kein Bedenken, in die Heirat ihrer Pflegetochter zu willigen. Die jungen Leute richteten sich ein, lebten in stiller, glücklicher Häuslichkeit, und was den Liebesbund noch fester knüpfte, war die Geburt eines wunderschönen Knaben, der holden Mutter treues Ebenbild.

Einen Abgott machte die Scuderi aus dem kleinen Olivier, den sie stunden-, tagelang der Mutter entriss, um ihn zu liebkosen, zu hätscheln. Daher kam es, dass der Junge sich ganz an sie gewöhnte, und ebenso gern bei ihr war, als bei der Mutter. Drei Jahre waren vorüber, als der Brotneid der Kunstgenossen Brussons es dahin brachte, dass seine Arbeit mit jedem Tage abnahm, sodass er zuletzt kaum sich kümmerlich ernähren konnte. Dazu kam die Sehnsucht nach seinem schönen heimatlichen Genf, und so geschah es, dass die kleine Familie dorthin zog, des Widerstrebens der Scuderi, die alle nur mögliche Unterstützung versprach, unerachtet. Noch ein paar Mal schrieb Anne an ihre Pflegmutter, dann schwieg sie, und diese musste glauben, dass das glückliche Leben in Brussons Heimat das Andenken an die früher verlebten Tage nicht mehr aufkommen lasse.

Es waren jetzt gerade dreiundzwanzig Jahre her, als Brusson mit seinem Weibe und Kinde Paris verlassen und nach Genf gezogen.

»O entsetzlich«, rief die Scuderi, als sie sich einigermaßen wieder erholt hatte, »o entsetzlich! – Olivier bist du? – der Sohn meiner Anne! – Und jetzt!« – »Wohl«, versetzte Olivier ruhig und gefasst, »wohl, mein würdiges Fräulein, hättet Ihr nimmermehr ahnen können, dass der Knabe, den Ihr wie die zärtlichste Mutter hätscheltet, dem Ihr, auf Euerm Schoß ihn schaukelnd, Näscherei auf Näscherei in den Mund stecktet, dem Ihr die süßesten Namen gabt, zum Jünglinge gereift dereinst vor euch stehen würde, grässlicher Blutschuld angeklagt! – Ich bin nicht vorwurfsfrei, die *Chambre ardente* kann mich mit Recht eines Verbrechens zeihen; aber, so wahr ich selig zu sterben hoffe, sei es auch durch des Henkers Hand, rein bin ich von jeder Blutschuld, nicht durch mich, nicht durch mein Verschulden fiel der unglückliche Cardillac!« – Olivier geriet bei diesen Worten in ein Zittern und Schwanken. Stillschweigend wies die Scuderi auf einen kleinen Sessel, der Olivier zur Seite stand. Er ließ sich langsam nieder.

»Ich hatte Zeit genug«, fing er an, »mich auf die Unterredung mit euch, die ich als die letzte Gunst des versöhnten Himmels betrachte, vorzubereiten, und so viel Ruhe und Fassung zu gewinnen als nötig, euch die Geschichte meines entsetzlichen, unerhörten Missgeschicks zu erzählen. Erzeigt mir die Barmherzigkeit, mich ruhig anzuhören, sosehr euch auch die Entdeckung eines Geheimnisses, das Ihr gewiss nicht geahnet, überraschen, ja mit Grausen erfüllen mag. – Hätte mein armer Vater Paris doch niemals verlassen! – Soweit meine Erinnerung an Genf reicht, finde ich mich wieder, von den trostlosen Eltern mit Tränen benetzt, von ihren Klagen, die ich nicht verstand, selbst zu Tränen gebracht. Später kam mir das deutliche Gefühl, das volle Bewusstsein des drückendsten Mangels, des tiefen Elends, in dem meine Eltern lebten. Mein Vater fand sich in allen seinen Hoffnungen getäuscht. Von tiefem Gram niedergebeugt, erdrückt, starb er in dem Augenblick, als es ihm gelungen war, mich bei einem Goldschmied als Lehrjunge unterzubringen. Meine Mutter sprach viel von euch, sie wollte euch alles klagen, aber dann überfiel sie die Mutlosigkeit, welche vom Elend erzeugt wird. *Das* und auch wohl falsche Scham, die oft an dem todwunden Gemüte nagt, hielt sie von ihrem Entschluss zurück. Wenige Monden nach dem Tode meines Vaters folgte ihm meine Mutter ins Grab.« »Arme Anne! arme Anne!«, rief die Scuderi von Schmerz überwältigt. »Dank und Preis der ewigen Macht des Himmels, dass sie hinüber ist, und nicht fallen sieht den geliebten Sohn unter der Hand des Henkers, mit Schande gebrandmarkt.« So schrie Olivier laut auf, indem er einen wilden, entsetzlichen Blick in die Höhe warf. Es wurde draußen unruhig, man ging hin und her. »Ho ho«, sprach Olivier mit einem bittern Lächeln, »Desgrais weckt seine Spießgesellen, als ob ich *hier* entfliehen könnte. – Doch weiter! – Ich wurde von meinem Meister hart gehalten, unerachtet ich bald am besten arbeitete, ja wohl endlich den Meister weit übertraf. Es begab sich, dass einst ein Fremder in unsere Werkstatt kam, um einiges Geschmeide zu kaufen. Als der nun einen schönen Halsschmuck sah, den ich gearbeitet, klopfte er mir mit freundlicher Miene auf die Schultern, indem er, den Schmuck beäugelnd, sprach: ›Ei, ei! mein junger Freund, das ist ja ganz vortreffliche Arbeit. Ich wüsste in der Tat nicht, wer euch noch anders übertreffen sollte, als Rene Cardillac, der freilich der erste Goldschmied ist, den es auf der Welt gibt. Zu dem solltet Ihr hingehen; mit Freuden nimmt er euch in seine Werkstatt, denn nur *Ihr* könnt ihm beistehen in seiner kunstvollen Arbeit, und nur von ihm allein könnt Ihr dagegen noch lernen.‹ Die Worte des Fremden waren tief in meine Seele gefallen. Ich hatte keine Ruhe mehr in Genf, mich zog es fort mit Gewalt. Endlich gelang es mir, mich von meinem Meister loszumachen. Ich kam nach Paris. Rene Cardillac empfing mich kalt und barsch. Ich ließ nicht nach, er musste mir Arbeit geben, so geringfügig sie auch sein mochte. Ich sollte einen kleinen Ring fertigen. Als ich ihm die Arbeit brachte, sah er mich starr an mit seinen funkelnden Augen, als wollt er hineinschauen in mein Innerstes. Dann sprach er: ›Du bist ein tüchtiger, wackerer Geselle, du kannst zu mir ziehen und mir helfen in der Werkstatt. Ich zahle dir gut, du wirst mit mir zufrieden sein.‹ Cardillac hielt Wort. Schon mehrere Wochen war ich bei ihm, ohne Madeion gesehen zu haben, die, irr ich nicht, auf dem Lande bei irgendeiner Muhme Cardillacs damals sich aufhielt. Endlich kam sie. O du ewige Macht des Himmels, wie geschah mir, als ich das Engelsbild sah! – Hat je ein Mensch so geliebt als ich! Und nun! – O Madeion!«

Olivier konnte vor Wehmut nicht weitersprechen. Er hielt beide Hände vors Gesicht und schluchzte heftig. Endlich mit Gewalt den wilden Schmerz, der ihn erfasst, niederkämpfend sprach er weiter.

»Madeion blickte mich an mit freundlichen Augen. Sie kam öfter und öfter in die Werkstatt. Mit Entzücken gewahrte ich ihre Liebe. So streng der Vater uns bewachte, mancher verstohlne Händedruck galt als Zeichen des geschlossenen Bundes, Cardillac schien nichts zu merken. Ich gedachte, hätte ich erst seine Gunst gewonnen, und konnte ich die Meisterschaft erlangen, um Madeion zu werben. Eines Morgens, als ich meine Arbeit beginnen wollte, trat Cardillac vor mich hin, Zorn und Verachtung im finstern Blick. ›Ich bedarf deiner Arbeit nicht mehr‹, fing er an,

›fort aus dem Hause noch in dieser Stunde, und lass dich nie mehr vor meinen Augen sehen. Warum ich dich hier nicht mehr dulden kann, brauche ich dir nicht zu sagen. Für dich armen Schlucker hängt die süße Frucht zu hoch, nach der du trachtest!‹ Ich wollte reden, er packte mich aber mit starker Faust und warf mich zur Türe hinaus, dass ich niederstürzte und mich hart verwundete an Kopf und Arm. – Empört, zerrissen vom grimmen Schmerz verließ ich das Haus, und fand endlich am äußersten Ende der Vorstadt St. Martin einen gutmütigen Bekannten, der mich aufnahm in seine Bodenkammer. Ich hatte keine Ruhe, keine Rast. Zur Nachtzeit umschlich ich Cardillacs Haus, wähnend, dass Madeion meine Seufzer, meine Klage vernehmen, dass es ihr vielleicht gelingen werde, mich vom Fenster herab unbelauscht zu sprechen. Allerlei verwogene Pläne kreuzten in meinem Gehirn, zu deren Ausführung ich sie zu bereden hoffte. An Cardillacs Haus in der Straße Nicaise schließt sich eine hohe Mauer mit Blenden und alten, halb zerstückelten Steinbildern darin. Dicht bei einem solchen Steinbilde stehe ich in einer Nacht und sehe hinauf nach den Fenstern des Hauses, die in den Hof gehen, den die Mauer einschließt. Da gewahre ich plötzlich Licht in Cardillacs Werkstatt. Es ist Mitternacht, nie war sonst Cardillac zu dieser Stunde wach, er pflegte sich auf den Schlag neun Uhr zur Ruhe zu begeben. Mir pocht das Herz vor banger Ahnung, ich denke an irgendein Ereignis, das mir vielleicht den Eingang bahnt. Doch gleich verschwindet das Licht wieder. Ich drücke mich an das Steinbild, in die Blende hinein, doch entsetzt pralle ich zurück, als ich einen Gegendruck fühle, als sei das Bild lebendig worden. In dem dämmernden Schimmer der Nacht gewahre ich nun, dass der Stein sich langsam dreht, und hinter demselben eine finstere Gestalt hervorschlüpft, die leisen Trittes die Straße hinabgeht. Ich springe an das Steinbild hinan, es steht wie zuvor dicht an der Mauer. Unwillkürlich, wie von einer innern Macht getrieben, schleiche ich hinter der Gestalt her. Gerade bei einem Marienbilde schaut die Gestalt sich um, der volle Schein der hellen Lampe, die vor dem Bilde brennt, fällt ihr ins Antlitz. Es ist Cardillac! Eine unbegreifliche Angst, ein unheimliches Grauen überfällt mich. Wie durch Zauber festgebannt muss ich fort – nach – dem gespenstischen Nachtwanderer. Dafür halte ich den Meister, unerachtet nicht die Zeit des Vollmonds ist, in der solcher Spuk die Schlafenden betört. Endlich verschwindet Cardillac seitwärts in die tiefen Schatten. An einem kleinen, wiewohl bekannten Räuspern gewahre ich indessen, dass er in die Einfahrt eines

Hauses getreten ist. Was bedeutet das, was wird er beginnen? – So frage ich mich selbst voll Erstaunen, und drücke mich dicht an die Häuser. Nicht lange dauert's, so kommt singend und trillerierend ein Mann daher mit leuchtendem Federbusch und klirrenden Sporen. Wie ein Tiger auf seinen Raub, stürzt sich Cardillac aus seinem Schlupfwinkel auf den Mann, der in demselben Augenblick röchelnd zu Boden sinkt. Mit einem Schrei des Entsetzens springe ich heran, Cardillac ist über den Mann, der zu Boden liegt, her. ›Meister Cardillac, was tut Ihr‹, rufe ich laut. ›Vermaledeiter!‹ brüllt Cardillac, rennt mit Blitzesschnelle bei mir vorbei und verschwindet. Ganz außer mir, kaum der Schritte mächtig, nähere ich mich dem Niedergeworfenen. Ich knie bei ihm nieder, vielleicht, denk ich, ist er noch zu retten, aber keine Spur des Lebens ist mehr in ihm. In meiner Todesangst gewahre ich kaum, dass mich die Marechaussee umringt hat. ›Schon wieder einer von den Teufeln niedergestreckt – he he – junger Mensch, was machst du da – bist einer von der Bande? – fort mit dir!‹ So schrien sie durcheinander und packen mich an. Kaum vermag ich zu stammeln, dass ich solche grässliche Untat ja gar nicht hätte begehen können, und dass sie mich im Frieden ziehen lassen möchten. Da leuchtet mir einer ins Gesicht und ruft: lachend: ›Das ist Olivier Brusson, der Goldschmiedsgeselle, der bei unserm ehrlichen, braven Meister Rene Cardillac arbeitet! – ja *der* wird die Leute auf der Straße morden! – sieht mir recht darnach aus – ist recht nach der Art der Mordbuben, dass sie beim Leichnam lamentieren und sich fangen lassen werden. – Wie war's Junge? – erzähle dreist.‹ ›Dicht vor mir‹, sprach ich, ›sprang ein Mensch auf den dort los, stieß ihn nieder und rannte blitzschnell davon, als ich laut aufschrie. Ich wollt doch sehen, ob der Niedergeworfene noch zu retten wäre.‹ ›Nein, mein Sohn‹, ruft einer von denen, die den Leichnam aufgehoben, ›der ist hin, durchs Herz, wie gewöhnlich, geht der Dolchstich.‹ ›Teufel‹, spricht ein anderer, ›kamen wir doch wieder zu spät wie vorgestern‹; damit entfernen sie sich mit dem Leichnam.

Wie mir zu Mute war, kann ich gar nicht sagen; ich fühlte mich an, ob nicht ein böser Traum mich necke, es war mir, als müsst ich nun gleich erwachen und mich wundern über das tolle Trugbild. – Cardillac – der Vater meiner Madeion, ein verruchter Mörder! – Ich war kraftlos auf die steinernen Stufen eines Hauses gesunken. Immer mehr und mehr dämmerte der Morgen herauf, ein Offizierhut, reich mit Federn geschmückt, lag vor mir auf dem Pflaster. Cardillacs blutige Tat, auf der Stelle begangen, wo ich saß, ging vor mir hell auf. Entsetzt rannte ich von dannen.

Ganz verwirrt, beinahe besinnungslos sitze ich in meiner Dachkammer, da geht die Tür auf und Rene Cardillac tritt herein. ›Um Christus willen! was wollt Ihr?‹ schrie ich ihm entgegen. Er, das gar nicht achtend, kommt auf mich zu und lächelt mich an mit einer Ruhe und Leutseligkeit, die Meinen innern Abscheu vermehrt. Er rückt einen alten, gebrechlichen Schemel heran und setzt sich zu mir, der ich nicht vermag, mich von dem Strohlager zu erheben, auf das ich mich geworfen. ›Nun Olivier‹, fängt er an, ›\vie geht es dir, armer Junge? Ich habe mich in der Tat garstig übereilt, als ich dich aus dem Hause stieß, du fehlst mir an allen Ecken und Enden. Eben jetzt habe ich ein Werk vor, das ich ohne deine Hülfe gar nicht vollenden kann. Wie wär's, wenn du – wieder in meiner Werkstatt arbeitetest? – du schweigst? – Ja ich weiß, ich habe dich beleidigt. Nicht verhehlen wollt ich's dir, dass ich auf dich zornig war, wegen der Liebelei mit meiner Madeion. Doch recht überlegt habe ich mir das Ding nachher, und gefunden, dass bei deiner Geschicklichkeit, deinem Fleiß, deiner Treue ich mir keinen bessern Eidam wünschen kann als eben dich. Komm also mit mir und siehe zu, wie du Madeion zur Frau gewinnen magst.‹

Cardillacs Worte durchschnitten mir das Herz, ich erbebte vor seiner Bosheit, ich konnte kein Wort hervorbringen. ›Du zauderst‹, fuhr er nun fort mit scharfem Ton, indem seine funkelnden Augen mich durchbohren, ›du zauderst? – du kannst vielleicht heute noch nicht mit mir kommen, du hast andere Dinge vor! – du willst vielleicht Desgrais besuchen, oder dich gar einführen lassen bei d'Argenson oder la Regnie. Nimm dich in acht, Bursche, dass die Krallen, die du hervorlocken willst zu anderer Leute Verderben, dich nicht selbst fassen und zerreißen.‹ Da macht sich mein tief empörtes Gemüt plötzlich Luft. ›Mögen die‹, rufe ich, ›mögen die, die sich grässlicher Untat bewusst sind, jene Namen fühlen, die Ihr eben nanntet, ich darf das nicht – ich habe nichts mit ihnen zu schaffen.‹ ›Eigentlich‹, spricht Cardillac weiter, ›eigentlich, Olivier, macht es dir Ehre, wenn du bei mir arbeitest, bei mir, dem berühmtesten Meister seiner Zeit, überall hoch geachtet wegen seiner Treue und Rechtschaffenheit, sodass jede böse Verleumdung schwer zurückfallen würde auf das Haupt des Verleumders. – Was nun Madeion betrifft, so muss ich dir nur gestehen, dass du meine Nachgiebigkeit ihr allein verdankest. Sie liebt dich mit einer Heftigkeit, die ich dem zarten Kinde gar nicht zutrauen konnte. Gleich als du fort warst, fiel sie mir zu Füßen, umschlang meine Knie und gestand unter tausend Tränen, dass sie ohne dich nicht leben könne. Ich dachte, sie bilde sich das nur ein, wie es denn bei jungen verliebten Dingern zu geschehen pflegt, dass sie gleich sterben wollen, wenn das erste Milchgesicht sie freundlich angeblickt. Aber in der Tat, meine Madeion wurde siech und krank, und wie ich ihr denn das tolle Zeug ausreden wollte, rief sie hundertmal deinen Namen. Was konnt ich endlich tun, wollt ich sie nicht verzweifeln lassen. Gestern Abend sagt ich ihr, ich willige in alles und werde dich heute holen. Da ist sie über Nacht aufgeblüht wie eine Rose, und harrt nun auf dich ganz außer sich vor Liebessehnsucht.‹ – Mag es mir die ewige Macht des Himmels verzeihen, aber selbst weiß ich nicht, wie es geschah, dass ich plötzlich in Cardillacs Hause stand, dass Madeion laut aufjauchzend: ›Olivier – mein Olivier – mein Geliebter – mein Gatte‹, auf mich gestürzt, mich mit beiden Armen umschlang, mich fest an ihre Brust drückte, dass ich im Übermaß des höchsten Entzückens bei der Jungfrau und allen Heiligen schwor, sie nimmer, nimmer zu verlassen!«

Erschüttert von dem Andenken an diesen entscheidenden Augenblick musste Olivier innehalten. Die Scuderi, von Grausen erfüllt über die Untat eines Mannes, den sie für die Tugend, die Rechtschaffenheit selbst gehalten, rief: »Entsetzlich! – Rene Cardillac gehört zu der Mordbande, die unsere gute Stadt so lange zur Räuberhöhle machte?« »Was sagt Ihr, mein Fräulein«, sprach Olivier, »zur *Bande*? Nie hat es eine solche Bande gegeben. Cardillac *allein* war es, der mit verruchter Tätigkeit in der ganzen Stadt seine Schlachtopfer suchte und fand. Dass er es *allein* war, darin liegt die Sicherheit, womit er seine Streiche führte, die unüberwundene Schwierigkeit, dem Mörder auf die Spur zu kommen. – Doch lasst mich fortfahren, der Verfolg wird euch die Geheimnisse des verruchtesten und zugleich unglücklichsten aller Menschen aufklären. – Die Lage, in der ich mich nun bei dem Meister befand, jeder mag *die* sich leicht denken. Der Schritt war geschehen, ich konnte nicht mehr zurück. Zuweilen war es mir, als sei ich selbst Cardillacs Mordgehülfe geworden, nur in Madeions Liebe vergaß ich die innere Pein, die mich quälte, nur bei ihr konnt es mir gelingen, jede äußere Spur namenlosen Grams wegzutilgen. Arbeitete ich mit dem Alten in der Werkstatt, nicht ins Antlitz vermochte ich ihm zu schauen, kaum ein Wort zu reden vor dem Grausen, das mich durchbebte in der Nähe des entsetzlichen Menschen, der alle Tugenden des treuen, zärtlichen Vaters, des guten Bürgers erfüllte, während die Nacht seine Untaten verschleierte. Madeion, das fromme, engelsreine Kind, hing an ihm mit abgöttischer Liebe. Das Herz durchbohrt es mir, wenn ich daran dachte, dass, träfe einmal die Rache den verlangten Bösewicht, sie ja, mit aller höllischen List des Satans getäuscht, der grässlichsten Verzweiflung unterliegen müsse. Schon das verschloss mir den Mund, und hätt ich den Tod des Verbrechers darum dulden müssen. Unerachtet ich aus den Reden der Marechaussee genug entnehmen konnte, waren mir Cardillacs Untaten, ihr Motiv, die Art, sie auszuführen, ein Rätsel: die Aufklärung blieb nicht lange aus. Eines Tages war Cardillac, der sonst meinen Abscheu erregend, bei der Arbeit in der heitersten Laune, scherzte und lachte, sehr ernst und sich in gekehrt. Plötzlich warf er das Geschmeide, woran er eben arbeitete, beiseite, dass Stein und Perlen auseinander rollten, stand heftig auf und sprach: ›Olivier! – es kann zwischen uns beiden nicht so bleiben, dies Verhältnis ist mir unerträglich. – Was der feinsten Schlaugkeit Desgrais' und seiner Spießgesellen nicht gelang zu entdecken, das spielte dir der Zufall in die Hände. Du hast mich geschaut in der nächtlichen Arbeit, zu der mich mein böser Stern treibt, kein Widerstand ist möglich. – Auch dein böser Stern war es, der dich mir folgen ließ, der dich in undurchdringliche Schleier hüllte, der deinem Fußtritt die Leichtigkeit gab, dass du unhörbar wandeltest wie das kleinste Tier, sodass ich, der ich in der tiefsten Nacht klar schaue wie der Tiger, der ich Straßen weit das kleinste Geräusch, das Sumsen der Mücke vernehme, dich nicht bemerkte. Dein böser Stern hat dich, meinen Gefährten, mir zugeführt. An Verrat ist, so wie du jetzt stehst, nicht mehr zu denken. Darum magst du alles wissen.‹ ›Nimmermehr werd ich dein Gefährte sein, heuchlerischer Bösewicht.‹ So wollt ich aufschreien, aber das innere Entsetzen, das mich bei Cardillacs Worten erfasst, schnürte mir die Kehle zu. Statt der Worte vermochte ich nur einen unverständigen Laut auszustoßen. Cardillac setzte sich wieder in seinen Arbeitsstuhl. Er trocknete sich den Schweiß von der Stirne. Er schien, von der Erinnerung des Vergangenen hart berührt, sich mühsam zu fassen. Endlich fing er an: ›Weise Männer sprechen viel von den seltsamen Eindrücken, deren Frauen in guter Hoffnung fähig sind, von dem wunderbaren Einfluss solch lebhaften, willenlosen Eindrucks von außen her auf das Kind. Von meiner Mutter erzählte man mir eine wunderliche Geschichte. Als *die* mit mir im ersten Monat schwanger ging, schaute sie mit andern Weibern einem glänzenden Hoffest zu, das in Trianon gegeben wurde. Da fiel ihr Blick auf einen Kavalier in spanischer Kleidung mit einer blitzenden Juwelenkette um den Hals, von der sie die Augen gar nicht mehr abwenden konnte. Ihr ganzes Wesen war Begierde nach den funkelnden Steinen, die ihr ein überirdisches Gut dünkten. Derselbe Kavalier hatte vor mehreren Jahren, als meine Mutter noch nicht verheiratet, ihrer Tugend nachgestellt, war aber mit Abscheu zurückgewiesen worden. Meine Mutter erkannte ihn wieder, aber jetzt war es ihr, als sei er im Glanz der strahlenden Diamanten ein Wesen höherer Art, der Inbegriff aller Schönheit. Der Kavalier bemerkte die sehnsuchtsvollen, feurigen Blicke meiner Mutter. Er glaubte jetzt glücklicher zu sein als vormals. Er wusste sich ihr zu nähern, noch mehr, sie von ihren Bekannten fort an einen einsamen Ort zu locken. Dort schloss er sie brünstig in seine Arme, meine Mutter fasste nach der schönen Kette, aber in demselben Augenblick sank er nieder und riss meine Mutter mit sich zu Boden. Sei es, dass ihn der Schlag plötzlich getroffen, oder aus einer andern Ursache; genug, er war tot. Vergebens war das Mühen meiner Mutter, sich den im Todeskrampf erstarrten Armen des Leichnams zu entwinden. Die hohlen Augen, deren Sehkraft erloschen, auf sie gerichtet, wälzte der Tote sich mit ihr auf dem Boden. Ihr gellendes Hülfsgeschrei drang endlich bis zu in der Ferne Vorübergehenden, die herbeieilten und sie retteten aus den Armen des grausigen Liebhabers. Das Entsetzen warf meine Mutter auf ein schweres Krankenlager. Man gab sie, mich verloren, doch sie gesundete und die Entbindung war glücklicher, als man je hatte hoffen können. Aber die Schrecken jenes fürchterlichen Augenblicks hatten *mich* getroffen. Mein böser Stern war aufgegangen und hatte den Funken hinabgeschossen, der in mir eine der seltsamsten und verderblichsten Leidenschaften entzündet. Schon in der frühesten Kindheit gingen mir glänzende Diamanten, goldenes Geschmeide über alles. Man hielt das für gewöhnliche kindische Neigung. Aber es zeigte sich anders, denn als Knabe stahl ich Gold und Juwelen, wo ich sie habhaft werden konnte. Wie der geübteste Kenner unterschied ich aus Instinkt unechtes Geschmeide von echtem. Nur dieses lockte mich, unechtes sowie geprägtes Gold ließ ich unbeachtet liegen. Den grausamsten Züchtigungen des Vaters musste die angeborne Begierde weichen. Um nur mit Gold und edlen Steinen hantieren zu können, wandte ich mich zur Goldschmiedsprofession. Ich arbeitete mit Leidenschaft und wurde bald der erste Meister dieser Art. Nun begann eine Periode, in der der angeborne Trieb, so lange niedergedrückt, mit Gewalt empordrang und mit Macht wuchs, alles um sich her wegzehrend. Sowie ich ein Geschmeide gefertigt und abgeliefert, fiel ich in eine

Unruhe, in eine Trostlosigkeit, die mir Schlaf, Gesundheit – Lebensmut raubte. – Wie ein Gespenst stand Tag und Nacht die Person, für die ich gearbeitet, mir vor Augen, geschmückt mit meinem Geschmeide, und eine Stimme raunte mir in die Ohren: ›Es ist ja dein – es ist ja dein – nimm es doch – was sollen die Diamanten dem Toten!‹ – Da legt ich mich endlich auf Diebeskünste. Ich hatte Zutritt in den Häusern der Großen, ich nützte schnell jede Gelegenheit, kein Schloss widerstand meinem Geschick und bald war der Schmuck, den ich gearbeitet, wieder in meinen Händen. – Aber nun vertrieb selbst das nicht meine Unruhe. Jene unheimliche Stimme ließ sich dennoch vernehmen und höhnte mich und rief: ›Ho ho, dein Geschmeide trägt ein Toter!‹ – Selbst wusste ich nicht, wie es kam, dass ich einen unaussprechlichen Hass auf die warf, denen ich Schmuck gefertigt. Ja! im tiefsten Innern regte sich eine Mordlust gegen sie, vor der ich selbst erbebte. – In dieser Zeit kaufte ich dieses Haus. Ich war mit dem Besitzer handelseinig geworden, hier in diesem Gemach saßen wir erfreut über das geschlossene Geschäft beisammen, und tranken eine Flasche Wein. Es war Nacht worden, ich wollte aufbrechen, da sprach mein Verkäufer: ›Hört, Meister Rene, ehe Ihr fortgeht, muss ich euch mit einem Geheimnis dieses Hauses bekannt machen.‹ Darauf schloss er jenen in die Mauer eingeführten Schrank auf, schob die Hinterwand fort, trat in ein kleines Gemach, bückte sich nieder, hob eine Falltür auf. Eine steile, schmale Treppe stiegen wir hinab, kamen an ein schmales Pförtchen, das er aufschloss, traten hinaus in den freien Hof. Nun schritt der alte Herr, mein Verkäufer, hinan an die Mauer, schob an einem nur wenig hervorragenden Eisen, und alsbald drehte sich ein Stück Mauer los, sodass ein Mensch bequem durch die Öffnung schlüpfen und auf die Straße gelangen konnte. Du magst einmal das Kunststück sehen, Olivier, das wahrscheinlich schlaue Mönche des Klosters, welches ehemals hier lag, fertigen ließen, um heimlich aus- und einschlüpfen zu können. Es ist ein Stück Holz, nur von außen gemörtelt und getüncht, in das von außenher eine Bildsäule, auch nur von Holz, doch ganz wie Stein, eingefügt ist, welches sich mitsamt der Bildsäule auf verborgenen Angeln dreht. – Dunkle Gedanken stiegen in mir auf, als ich diese Einrichtung sah, es war mir, als sei vorgearbeitet solchen Taten, die mir selbst noch Geheimnis blieben. Eben hatt ich einem Herrn vom Hofe einen reichen Schmuck abgeliefert, der, ich weiß es, einer Operntänzerin bestimmt war. Die Todesfolter blieb nicht aus – das Gespenst hing sich an meine Schritte – der lispelnde Satan an mein

Ohr! – Ich zog ein in das Haus. In blutigem Angstschweiß geba-
det, wälzte ich mich schlaflos auf dem Lager! Ich seh im Geiste
den Menschen zu der Tänzerin schleichen mit meinem Schmuck.
Voller Wut springe ich auf – werfe den Mantel um – steige herab
die geheime Treppe – fort durch die Mauer nach der Straße
Nicaise. – Er kommt, ich falle über ihn her, er schreit auf, doch
von hinten festgepackt stoße ich ihm den Dolch ins Herz – der
Schmuck ist mein! – Dies getan fühlte ich eine Ruhe, eine Zufriedenheit in meiner Seele, wie sonst niemals. Das Gespenst war verschwunden, die Stimme des Satans schwieg. Nun wusste ich, was
mein böser Stern wollte, ich musst ihm nachgeben oder untergehen! – du begreifst jetzt mein ganzes Tun und Treiben, Olivier! –
Glaube nicht, dass ich darum, weil ich tun muss, was ich nicht
lassen kann, jenem Gefühl des Mitleids, des Erbarmens, was in der
Natur des Menschen bedingt sein soll, rein entsagt habe. Du
weißt, wie schwer es mir wird, einen Schmuck abzuliefern; wie ich
für manche, deren Tod ich nicht will, gar nicht arbeite, ja wie
ich sogar, weiß ich, dass am morgenden Tage Blut mein Gespenst
verbannen wird, heute es bei einem tüchtigen Faustschlage be-
wenden lasse, der den Besitzer meines Kleinods zu Boden streckt,
und mir dieses in die Hand liefert.‹ – Dies alles gesprochen, führte
mich Cardillac in das geheime Gewölbe und gönnte mir den
Anblick seines Juwelenkabinetts. Der König besitzt es nicht reicher. Bei jedem Schmuck war auf einem kleinen, daran gehängten
Zettel genau bemerkt, für wen es gearbeitet, wann es durch Diebstahl, Raub oder Mord genommen worden. ›An deinem Hochzeitstage‹, sprach Cardillac dumpf und feierlich, ›an deinem
Hochzeitstage, Olivier, wirst du mir, die Hand gelegt auf des
gekreuzigten Christus Bild, einen heiligen Eid schwören, sowie
ich gestorben, alle diese Reichtümer in Staub zu vernichten durch
Mittel, die ich dir dann bekannt machen werde. Ich will nicht, dass
irgendein menschlich Wesen, und am wenigsten Madelon und du,
in den Besitz des mit Blut erkauften Horts komme.‹ Gefangen in
diesem Labyrinth des Verbrechens, zerrissen von Liebe und
Abscheu, von Wonne und Entsetzen, war ich dem Verdammten
zu vergleichen, dem ein holder Engel mild lächelnd hinaufwinkt,
aber mit glühenden Krallen festgepackt hält ihn der Satan, und
des frommen Engels Liebeslächeln, in dem sich alle Seligkeit des
hohen Himmels abspiegelt, wird ihm zur grimmigsten seiner
Qualen. – Ich dachte an Flucht – ja an Selbstmord – aber
Madelon! – Tadelt mich, tadelt mich, mein würdiges Fräulein,
dass ich zu schwach war, mit Gewalt eine Leidenschaft niederzu-

kämpfen, die mich an das Verbrechen fesselte; aber büße ich nicht dafür mit schmachvollem Tode? – Eines Tages kam Cardillac nach Hause ungewöhnlich heiter. Er liebkoste Madeion, warf mir die freundlichsten Blicke zu, trank bei Tische eine Flasche edlen Weins, wie er es nur an hohen Fest- und Feiertagen zu tun pflegte, sang und jubilierte. Madelon hatte uns verlassen, ich wollte in die Werkstatt: ›Bleib sitzen, Junge‹, rief Cardillac, ›heut keine Arbeit mehr, lass uns noch eins trinken auf das Wohl der allerwürdigsten, vortrefflichsten Dame in Paris.‹ Nachdem ich mit ihm angestoßen und er ein volles Glas geleert hatte, sprach er: ›Sag an, Olivier! wie gefallen dir die Verse:

> Un amant qui craint les voleurs
> n'est point digne d'amour!‹

Er erzählte nun, was sich in den Gemächern der Maintenon mit euch und dem Könige begeben und fügte hinzu, dass er euch von jeher verehrt habe, wie sonst kein, menschliches Wesen, und dass Ihr, mit solch hoher Tugend begabt, vor der der böse Stern kraftlos erbleiche, selbst den schönsten von ihm gefertigten Schmuck tragend, niemals ein böses Gespenst, Mordgedanken in ihm erregen würdet. ›Höre, Olivier‹, sprach er, ›wozu ich entschlossen. Vor langer Zeit sollt ich Halsschmuck und Armbänder fertigen für Henriette von England und selbst die Steine dazu liefern. Die Arbeit gelang mir wie keine andere, aber es zerriss mir die Brust, wenn ich daran dachte, mich von dem Schmuck, der mein Herzenskleinod geworden, trennen zu müssen. Du weißt der Prinzessin unglücklichen Tod durch Meuchelmord. Ich behielt den Schmuck und will ihn nun als ein Zeichen meiner Ehrfurcht, meiner Dankbarkeit dem Fräulein von Scuderi senden im Namen der verfolgten Bande. – Außerdem, dass die Scuderi das sprechende Zeichen ihres Triumphs erhält, verhöhne ich auch Desgrais und seine Gesellen, wie sie es verdienen. – du sollst ihr den Schmuck hintragen.‹ Sowie Cardillac Euern Namen nannte, Fräulein, war es, als würden schwarze Schleier weggezogen, und das schöne, lichte Bild meiner glücklichen frühen Kinderzeit ginge wieder auf in bunten, glänzenden Farben. Es kam ein wunderbarer Trost in meine Seele, ein Hoffnungsstrahl, vor dem die finstern Geister schwanden. Cardillac mochte den Eindruck, den seine Worte auf mich gemacht, wahrnehmen und nach seiner Art deuten. ›Dir scheint‹, sprach er, ›mein Vorhaben zu behagen. Gestehen kann ich wohl, dass eine tief innere Stimme, sehr verschieden von der, welche Blutopfer verlangt wie ein gefräßiges Raubtier, mir befohlen hat, dass ich solches tue. – Manchmal wird mir wunderlich im Gemüte – eine innere Angst, die Furcht vor irgendetwas Entsetzlichem, dessen Schauer aus einem fernen Jenseits herüberwehen in die Zeit, ergreift mich gewaltsam. Es ist mir dann sogar, als ob das, was der böse Stern begonnen durch mich, meiner unsterblichen Seele, die daran keinen Teil hat, zugerechnet werden könne. In solcher Stimmung beschloss ich, für die Heilige Jungfrau in der Kirche St. Eustache eine schöne Diamantenkrone zu fertigen. Aber jene unbegreifliche Angst überfiel mich stärker, so oft ich die Arbeit beginnen wollte, da unterließ ich's ganz. Jetzt ist es mir, als wenn ich der Tugend und Frömmigkeit selbst demutsvoll ein Opfer bringe und wirksame Fürsprache erflehe, indem ich der Scuderi den schönsten Schmuck sende, den ich jemals gearbeitet. – Cardillac, mit Eurer ganzen Lebensweise, mein Fräulein, auf das genaueste bekannt, gab mir nun Art und Weise sowie die Stunde an, wie und wann ich den Schmuck, den er in ein sauberes Kästchen schloss, abliefern solle. Mein ganzes Wesen war Entzücken, denn der Himmel selbst zeigte mir durch den frevelichen Cardillac den Weg, mich zu retten aus der Hölle, in der ich, ein verstoßener Sünder, schmachte. So dacht ich. Ganz gegen Cardillacs Willen wollt ich bis zu euch dringen. Als Anne Brussons Sohn, als Euer Pflegling gedacht ich, mich euch zu Füßen zu werfen und euch alles – alles zu entdecken. Ihr hättet, gerührt von dem namenlosen Elend, das der armen, unschuldigen Madelon drohte bei der Entdeckung, das Geheimnis beachtet, aber Euer hoher, scharfsinniger Geist fand gewiss sichre Mittel, ohne jene Entdeckung der verruchten Bosheit Cardillacs zu steuern. Fragt mich nicht, worin diese Mittel hätten bestehen sollen, ich weiß es nicht – aber dass Ihr Madelon und mich retten würdet, davon lag die Überzeugung fest in meiner Seele, wie der Glaube an die trostreiche Hülfe der Heiligen Jungfrau. – Ihr wisst, Fräulein, dass meine Absicht in jener Nacht fehlschlug. Ich verlor nicht die Hoffnung, ein andermal glücklicher zu sein. Da geschah es, dass Cardillac plötzlich alle Munterkeit verlor. Er schlich trübe umher, starrte vor sich hin, murmelte unverständliche Worte, focht mit den Händen, Feindliches von sich abwehrend, sein Geist schien gequält von bösen Gedanken. So hatte er es einen ganzen Morgen getrieben. Endlich setzte er sich an den Werktisch, sprang unmutig wieder auf, schaute durchs Fenster, sprach ernst und düster: ›Ich wollte doch, Henriette von England hätte meinen Schmuck getragen!‹ – Die Worte erfüllten mich mit Entsetzen. Nun wüsst ich, dass sein irrer Geist wieder erfasst war von dem abscheulichen Mordgespenst, dass des Satans Stimme wieder laut worden vor seinen Ohren. Ich sah Euer Leberr bedroht von dem verruchten Mordteufel. Hatte Cardillac nur seinen Schmuck wieder in Händen, so wart Ihr gerettet. Mit jedem Augenblick wuchs die Gefahr. Da begegnete ich euch auf dem Pontneuf, drängte mich an Eure Kutsche, warf euch jenen Zettel zu, der euch beschwor, doch nur gleich den erhaltenen Schmuck in Cardillacs Hände zu bringen. Ihr kamt nicht. Meine Angst stieg bis zur Verzweiflung, als andern Tages Cardillac von nichts anderm sprach, als von dem köstlichen Schmuck, der ihm in der Nacht vor Augen gekommen. Ich konnte das nur auf Euern Schmuck deuten, und es wurde mir gewiss, dass er über irgend-einen Mordanschlag brüte, den er gewiss schon in der Nacht aus-zuführen sich vorgenommen. Euch retten musst ich, und sollt es Cardillacs Leben kosten. Sowie Cardillac nach dem Abendgebet sich wie gewöhnlich eingeschlossen, stieg ich durch ein Fenster in den Hof, schlüpfte durch die Öffnung in der Mauer und stellte mich unfern in den tiefen Schatten. Nicht lange dauerte es, so kam Cardillac heraus und schlich leise durch die Straße fort. Ich hinter ihm her. Es ging nach der Straße St. Honore, mir bebte das Herz. Cardillac war mit einem Mal mir entschwunden. Ich be-schloss, mich an Eure Haustüre zu stellen. Da kommt singend und trillernd, wie damals, als der Zufall mich zum Zuschauer von Cardillacs Mordtat machte, ein Offizier bei mir vorüber, ohne mich zu gewahren. Aber in demselben Augenblick springt eine schwarze Gestalt hervor und fällt über ihn her. Es ist Cardillac. Diesen Mord will ich hindern, mit einem lauten Schrei bin ich in zwei – drei Sätzen zur Stelle – Nicht der Offizier – Cardillac sinkt zum Tode getroffen röchelnd zu Boden. Der Offizier lässt den Dolch fallen, reißt den Degen aus der Scheide, stellt sich, wähnend ich sei des Mörders Geselle, kampffertig mir entgegen, eilt aber schnell davon, als er gewahrt, dass ich, ohne mich um ihn zu kümmern, nur den Leichnam untersuche. Cardillac lebte noch. Ich lud ihn, nachdem ich den Dolch, den der Offizier hatte fallen lassen, zu mir gesteckt, auf die Schultern und schleppte ihn müh-sam fort nach Hause, und durch den geheimen Gang hinauf in die Werkstatt. – Das übrige ist euch bekannt. Ihr seht, mein würdiges Fräulein, dass mein einziges Verbrechen nur darin besteht, dass ich Madeions Vater nicht den Gerichten verriet und so seinen Untaten ein Ende machte. Rein bin ich von jeder Blutschuld. –

Keine Marter wird mir das Geheimnis von Cardillacs Untaten abzwingen. Ich will nicht, dass der ewigen Macht, die der tugendhaften Tochter des Vaters grässliche Blutschuld verschleierte, zum Trotz, das ganze Elend der Vergangenheit, ihres ganzen Seins noch jetzt tötend auf sie einbreche, dass noch jetzt die weltliche Rache den Leichnam aufwühle aus der Erde, die ihn deckt, dass noch jetzt der Henker die vermoderten Gebeine mit Schande brandmarke. – Nein! – mich wird die Geliebte meiner Seele beweinen als den unschuldig Gefallenen, die Zeit wird ihren Schmerz lindern, aber unüberwindlich würde der Jammer sein über des geliebten Vaters entsetzliche Taten der Hölle!«

Olivier schwieg, aber nun stürzte plötzlich ein Tränenstrom aus seinen Augen, er warf sich der Scuderi zu Füßen und flehte: »Ihr seid von meiner Unschuld überzeugt – gewiss Ihr seid es! – Habt Erbarmen mit mir, sagt, wie steht es um Madelon? –« Die Scuderi rief der Martiniere, und nach wenigen Augenblicken flog Madelon an Oliviers Hals. »Nun ist alles gut, da du hier bist – ich wüsst es ja, dass die edelmütigste Dame dich retten würde!« So rief Madelon ein Mal über das andere, und Olivier vergaß sein Schicksal, alles was ihm drohte, er war frei und selig. Auf das rührendste klagten beide sich, was sie um einander gelitten, und umarmten sich dann aufs neue und weinten vor Entzücken, dass sie sich wieder gefunden.

Wäre die Scuderi nicht von Oliviers Unschuld schon überzeugt gewesen, der Glaube daran müsste ihr jetzt gekommen sein, da sie die beiden betrachtete, die in der Seligkeit des innigsten Liebesbündnisses die Welt vergaßen und ihr Elend und ihr namenloses Leiden. »Nein«, rief sie, »solch seliger Vergessenheit ist nur ein reines Herz fähig.«

Die hellen Strahlen des Morgens brachen durch die Fenster. Desgrais klopfte leise an die Türe des Gemachs und erinnerte, dass es Zeit sei, Olivier Brusson fortzuschaffen, da ohne Aufsehen zu erregen das später nicht geschehen könne. Die Liebenden mussten sich trennen. –

Die dunklen Ahnungen, von denen der Scuderi Gemüt befangen seit Brussons erstem Eintritt in ihr Haus, hatten sich nun zum Leben gestaltet auf furchtbare Weise. Den Sohn ihrer geliebten Anne sah sie schuldlos verstrickt auf eine Art, dass ihn vom schmachvollen Tod zu retten kaum denkbar schien. Sie ehrte des Jünglings Heldensinn, der lieber schuldbeladen sterben, als ein Geheimnis verraten wollte, das seiner Madelon den Tod bringen musste. Im ganzen Reiche der Möglichkeit fand sie kein Mittel, den Ärmsten dem grausamen Gerichtshofe zu entreißen. Und doch stand es fest in ihrer Seele, dass sie kein Opfer scheuen müsse, das himmelschreiende Unrecht abzuwenden, das man zu begehen im Begriffe war. – Sie quälte sich ab mit allerlei Entwürfen und Plänen, die bis an das Abenteuerliche streiften, und die sie ebenso schnell verwarf als auffasste. Immer mehr verschwand jeder Hoffnungsschimmer, sodass sie verzweifeln wollte. Aber Madeions unbedingtes, frommes kindliches Vertrauen, die Verklärung, mit der sie von dem Geliebten sprach, der nun bald, freigesprochen von jeder Schuld, sie als Gattin umarmen werde, richtete die Scuderi in eben dem Grad wieder auf, als sie davon bis tief ins Herz gerührt wurde.

Um nun endlich etwas zu tun, schrieb die Scuderi an la Regnie einen langen Brief, worin sie ihm sagte, dass Olivier Brusson ihr auf die glaubwürdigste Weise seine völlige Unschuld an Cardillacs Tode dargetan habe, und dass nur der heldenmütige Entschluss, ein Geheimnis in das Grab zu nehmen, dessen Enthüllung die Unschuld und Tugend selbst verderben würde, ihn zurückhalte, dem Gericht ein Geständnis abzulegen, das ihn von dem entsetzlichen Verdacht nicht allein, dass er Cardillac ermordet, sondern dass er auch zur Bande verruchter Mörder gehöre, befreien müsse. Alles was glühender Eifer, was geistvolle Beredsamkeit vermag, hatte die Scuderi aufgeboten, la Regnies hartes Herz zu erweichen. Nach wenigen Stunden antwortete la Regnie, wie es ihn herzlich freue, wenn Olivier Brusson sich bei seiner hohen, würdigen Gönnerin gänzlich gerechtfertigt habe. Was Oliviers heldenmütigen Entschluss betreffe, ein Geheimnis, das sich auf die Tat beziehe, mit ins Grab nehmen zu wollen, so tue es ihm leid, dass die *Chambre ardente* dergleichen Heldenmut nicht ehren könne, denselben vielmehr durch die kräftigsten Mittel zu brechen suchen müsse. Nach drei Tagen hoffe er in dem Besitz des seltsamen Geheimnisses zu sein, das wahrscheinlich geschehene Wunder an den Tag bringen werde.

Nur zu gut wusste die Scuderi, was der fürchterliche la Regnie mit jenen Mitteln, die Brussons Heldenmut brechen sollen, meinte. Nun war es gewiss, dass die Tortur über den Unglücklichen verhängt war. In der Todesangst fiel der Scuderi endlich ein, dass, um nur Aufschub zu erlangen, der Rat eines Rechtsverständigen dienlich sein könne. Pierre Arnaud d'Andilly war damals der berühmteste Advokat in Paris. Seiner tiefen Wissenschaft, seinem umfassenden Verstände war seine Rechtschaffenheit, seine Tugend gleich. Zu dem begab sich die Scuderi und sagte ihm alles, so weit es möglich war, ohne Brussons Geheimnis zu verletzen. Sie glaubte, dass d'Andilly mit Eifer sich des Unschuldigen annehmen werde, ihre Hoffnung wurde aber auf das bitterste getäuscht. D'Andilly hatte ruhig alles angehört und erwiderte dann lächelnd mit Boileaus Worten: »*Le vrai peut quelque fois n'être pas vraisemblable.*« – Er bewies der Scuderi, dass die auffallendsten Verdachtsgründe wider Brusson sprächen, dass la Regnies Verfahren keineswegs grausam und übereilt zu nennen, vielmehr ganz gesetzlich sei, ja dass er nicht anders handeln könne, ohne die Pflichten des Richters zu verletzen. Er, d'Andilly, selbst getraue sich nicht durch die geschickteste Verteidigung Brusson von der Tortur zu retten. Nur Brusson selbst könne das entweder durch aufrichtiges Geständnis oder wenigstens durch die genaueste Erzählung der Umstände bei dem Morde Cardillacs, die dann vielleicht erst zu neuen Ausmittelungen Anlass geben würden. »So werfe ich mich dem Könige zu Füßen, und flehe um Gnade«, sprach die Scuderi ganz außer sich mit von Tränen halb erstickter Stimme. »Tut das«, rief d'Andilly, »tut das um des Himmels willen nicht, mein Fräulein! – Spart euch dieses letzte Hülfsmittel auf, das, schlug es einmal fehl, euch für immer verloren ist. Der König wird nimmer einen Verbrecher *der* Art begnadigen, der bitterste Vorwurf des gefährdeten Volks würde ihn treffen. Möglich ist es, dass Brusson durch Entdeckung seines Geheimnisses oder sonst Mittel findet, den wider ihn streitenden Verdacht aufzuheben. Dann ist es Zeit, des Königs Gnade zu erflehen, der nicht darnach fragen, was vor Gericht bewiesen ist, oder nicht, sondern seine innere Überzeugung zurate ziehen wird.« – Die Scuderi musste dem tief erfahrnen d'Andilly notgedrungen beipflichten. – In tiefen Kummer versenkt, sinnend und sinnend, was um der Jungfrau und aller Heiligen willen sie nun anfangen solle, um den unglücklichen Brusson zu retten, saß sie am späten Abend in ihrem Gemach, als die Martiniere eintrat und den Grafen von Miossens, Obristen von der Garde des Königs, meldete, der dringend wünsche, das Fräulein zu sprechen.

»Verzeiht«, sprach Miossens, indem er sich mit soldatischem Anstande verbeugte, »verzeiht, mein Fräulein, wenn ich euch so spät, so zu ungelegener Zeit überlaufe. Wir Soldaten machen es nicht anders, und zudem bin ich mit zwei Worten entschuldigt. – Olivier Brusson führt mich zu euch.« Die Scuderi, hochgespannt, was sie jetzt wieder erfahren werde, rief laut: »Olivier Brusson? der Unglücklichste aller Menschen? – was habt Ihr mit dem?« – »Dacht ich's doch«, sprach Miossens lächelnd weiter, »dass Eures

Schützlings Namen hinreichen würde, mir bei euch ein geneigtes Ohr zu verschaffen. Die ganze Welt ist von Brussons Schuld überzeugt. Ich weiß, dass Ihr eine andere Meinung hegt, die sich freilich nur auf die Beteurungen des Angeklagten stützen soll, wie man gesagt hat. Mit mir ist es anders. Niemand als ich kann besser überzeugt sein von Brussons Unschuld an dem Tode Cardillacs.«

»Redet, o redet«, rief die Scuderi, indem ihr die Augen glänzten vor Entzücken. »Ich«, sprach Miossens mit Nachdruck, »ich war es selbst, der den alten Goldschmied niederstieß in der Straße St. Honoré unfern Eurem Hause.« »Um aller Heiligen willen, Ihr – Ihr!«, rief die Scuderi. »Und«, fuhr Miossens fort, »und ich schwöre es euch, mein Fräulein, dass ich stolz bin auf meine Tat. Wisset, dass Cardillac der verruchteste, heuchlerischte Bösewicht, dass er es war, der in der Nacht heimtückisch mordete und raubte, und so lange allen Schlingen entging. Ich weiß selbst nicht, wie es kam, dass ein innerer Verdacht sich in mir gegen den alten Bösewicht regte, als er voll sichtlicher Unruhe den Schmuck brachte, den ich bestellt, als er sich genau erkundigte, für wen ich den Schmuck bestimmt, und als er auf recht listige Art meinen Kammerdiener ausgefragt hatte, wenn ich eine gewisse Dame zu besuchen pflege. – Längst war es mir aufgefallen, dass die unglücklichen Schlachtopfer der abscheulichsten Raubgier alle dieselbe Todeswunde trugen. Es war mir gewiss, dass der Mörder auf den Stoß, der augenblicklich töten musste, eingeübt war und darauf rechnete. Schlug der fehl, so galt es den gleichen Kampf. Dies ließ mich eine Vorsichtsmaßregel brauchen, die so einfach ist, dass ich nicht begreife, wie andere nicht längst darauf fielen und sich retteten von dem bedrohlichen Mordwesen. Ich trug einen leichten Brustharnisch unter der Weste. Cardillac fiel mich von hinten an. Er umfasste mich mit Riesenkraft, aber der sicher geführte Stoß glitt ab an dem Eisen. In demselben Augenblick entwand ich mich ihm, und stieß ihm den Dolch, den ich in Bereitschaft hatte, in die Brust.« »Und Ihr schwiegt«, fragte die Scuderi, »Ihr zeigtet den Gerichten nicht an, was geschehen?« »Erlaubt«, sprach Miossens weiter, »erlaubt, mein Fräulein, zu bemerken, dass eine solche Anzeige mich, wo nicht geradezu ins Verderben, doch in den abscheulichsten Prozess verwickeln konnte. Hätte la Regnie, überall Verbrechen witternd, mir's denn geradehin geglaubt, wenn ich den rechtschaffenen Cardillac, das Muster aller Frömmigkeit und Tugend, des versuchten Mordes angeklagt? Wie wenn das Schwert der Gerechtigkeit seine Spitze wider mich selbst gewandt?« »Das war nicht möglich«, rief die

Scuderi, »Eure Geburt – Euer Stand –« »Oh«, fuhr Miossens fort, »denkt doch an den Marschall von Luxemburg, den der Einfall, sich von le Sage das Horoskop stellen zu lassen, in den Verdacht des Giftmordes und in die Bastille brachte. Nein, beim St. Dionys, nicht eine Stunde Freiheit, nicht meinen Ohrzipfel geb ich preis dem rasenden la Regnie, der sein Messer gern an unserer aller Kehlen setzte.« »Aber so bringt Ihr ja den unschuldigen Brusson aufs Schafott?« fiel ihm die Scuderi ins Wort. »Unschuldig«, erwiderte Miossens, »unschuldig, mein Fräulein, nennt Ihr des verruchten Cardillacs Spießgesellen? – der ihm beistand in seinen Taten? der den Tod hundertmal verdient hat? – Nein in der Tat, *der* blutet mit Recht, und dass ich euch, mein hochverehrtes Fräulein, den wahren Zusammenhang der Sache entdeckte, geschah in der Voraussetzung, dass Ihr, ohne mich in die Hände der *Chambre ardente* zu liefern, doch mein Geheimnis auf irgendeine Weise für Euren Schützling zu nützen verstehen würdet.«

Die Scuderi, im Innersten entzückt, ihre Überzeugung von Brussons Unschuld auf solch entscheidende Weise bestätigt zu sehen, nahm gar keinen Anstand, dem Grafen, der Cardillacs Verbrechen ja schon kannte, alles zu entdecken und ihn aufzufordern, sich mit ihr zu d'Andilly zu begeben. *Dem* sollte unter dem Siegel der Verschwiegenheit alles entdeckt werden, *der* solle dann Rat erteilen, was nun zu beginnen.

D'Andilly, nachdem die Scuderi ihm alles auf das genaueste erzählt hatte, erkundigte sich nochmals nach den geringfügigsten Umständen. Insbesondere fragte er den Grafen Miossens, ob er auch die feste Überzeugung habe, dass er von Cardillac angefallen, und ob er Olivier Brusson als denjenigen würde wieder erkennen können, der den Leichnam fortgetragen. »Außerdem«, erwiderte Miossens, »dass ich in der mondhellen Nacht den Goldschmied recht gut erkannte, habe ich auch bei la Regnie selbst den Dolch gesehen, mit dem Cardillac niedergestoßen wurde. Es ist der meinige, ausgezeichnet durch die zierliche Arbeit des Griffs. Nur einen Schritt von ihm stehend gewahrte ich alle Züge des Jünglings, dem der Hut vom Kopf gefallen, und würde ihn allerdings wieder erkennen können.«

D'Andilly sah schweigend einige Augenblicke vor sich nieder, dann sprach er: »Auf gewöhnlichem Wege ist Brusson aus den Händen der Justiz nun ganz und gar nicht zu retten. Er will Madeions halber Cardillac nicht als Mordräuber nennen. Das mag er tun, denn selbst, wenn es ihm gelingen müsste, durch Entdeckung des heimlichen Ausgangs, des zusammengeraubten Schatzes dies nachzuweisen, würde ihn doch als Mitverbundenen der Tod treffen. Dasselbe Verhältnis bleibt stehen, wenn der Graf Miossens die Begebenheit mit dem Goldschmied, wie sie wirklich sich zutrug, den Richtern entdecken sollte. *Aufschub* ist das Einzige, wornach getrachtet werden muss. Graf Miossens begibt sich nach der Conciergerie, lässt sich Olivier Brusson vorstellen und erkennt ihn für den, der den Leichnam Cardillacs fortschaffte. Er eilt zu la Regnie und sagt: ›In der Straße St. Honore sah ich einen Menschen niederstoßen, ich stand dicht neben dem Leichnam, als ein anderer hinzusprang, sich zum Leichnam niederbückte, ihn, da er noch Leben spürte, auf die Schultern lud und forttrug. In Olivier Brusson habe ich diesen Menschen erkannt.‹ Diese Aussage veranlasst Brussons nochmalige Vernehmung, Zusammenstellung mit dem Grafen Miossens. Genug, die Tortur unterbleibt und man forscht weiter nach. Dann ist es Zeit, sich an den König selbst zu wenden. Euerm Scharfsinn, mein Fräulein! bleibt es überlassen, dies auf die geschickteste Weise zu tun. Nach meinem Dafürhalten würd es gut sein, dem Könige das ganze Geheimnis zu entdecken. Durch diese Aussage des Grafen Miossens werden Brussons Geständnisse unterstützt. Dasselbe geschieht vielleicht durch geheime Nachforschungen in Cardillacs Hause. Keinen Rechtsspruch, aber des Königs Entscheidung, auf inneres Gefühl, das da, wo der Richter strafen muss, Gnade ausspricht, gestützt, kann das alles begründen. –« Graf Miossens befolgte genau, was d'Andilly geraten, und es geschah wirklich, was dieser vorhergesehen.

Nun kam es darauf an, den König anzugehen, und dies war der schwierigste Punkt, da er gegen Brusson, den er allein für den entsetzlichen Raubmörder hielt, welcher so lange Zeit hindurch ganz Paris in Angst und Schrecken gesetzt hatte, solchen Abscheu hegte, dass er, nur leise erinnert an den berüchtigten Prozess, in den heftigsten Zorn geriet. Die Maintenon, ihrem Grundsatz, dem Könige nie von unangenehmen Dingen zu reden, getreu, verwarf jede Vermittlung, und so war Brussons Schicksal ganz in die Hand der Scuderi gelegt. Nach langem Sinnen fasste sie einen Entschluss ebenso schnell als sie ihn ausführte. Sie kleidete sich in eine schwarze Robe von schwerem Seidenzeug, schmückte sich mit Cardillacs köstlichem Geschmeide, hing einen langen, schwarzen Schleier über, und erschien so in den Gemächern der Maintenon zur Stunde, da eben der König zugegen. Die edle Gestalt des ehrwürdigen Fräuleins in diesem feierlichen Anzüge hatte eine Majestät, die tiefe Ehrfurcht erwecken musste selbst bei dem losen Volk, das gewohnt ist, in den Vorzimmern sein leichtsinnig nichts beachtendes Wesen zu treiben. Alles wich scheu zur Seite, und als sie nun eintrat, stand selbst der König ganz verwundert auf und kam ihr entgegen. Da blitzten ihm die köstlichen Diamanten des Halsbands, der Armbänder ins Auge und er rief: »Beim Himmel, das ist Cardillacs Geschmeide!« Und dann sich zur Maintenon wendend, fügte er mit anmutigem Lächeln hinzu: »Seht Frau Marquise, wie unsere schöne Braut um ihren Bräutigam trauert.« »Ei gnädiger Herr«, fiel die Scuderi wie den Scherz fortsetzend ein, »wie würd es ziemen einer schmerzerfüllten Braut, sich so glanzvoll zu schmücken? Nein, ich habe mich ganz losgesagt von diesem Goldschmied, und dächte nicht mehr an ihn, träte mir nicht manchmal das abscheuliche Bild, wie er ermordet dicht bei mir vorübergetragen wurde, vor Augen.« »Wie«, fragte der König, »wie! Ihr habt ihn gesehen, den armen Teufel?« Die Scuderi erzählte nun mit kurzen Worten, wie sie der Zufall (noch erwähnte sie nicht der Einmischung Brussons) vor Cardillacs Haus gebracht, als eben der Mord entdeckt worden. Sie schilderte Madeions wilden Schmerz, den tiefen Eindruck, den das Himmelskind auf sie gemacht, die Art, wie sie die Arme unter Zujauchzen des Volks aus Desgrais' Händen gerettet. Mit immer steigendem und steigendem Interesse begannen nun die Szenen mit la Regnie – mit Desgrais – mit Olivier Brusson selbst. Der König, hingerissen von der Gewalt des lebendigsten Lebens, das in der Scuderi Rede glühte, gewahrte nicht, dass von dem gehässigen Prozess des ihm abscheulichen Brussons die Rede war, vermochte nicht ein Wort hervorzubringen, konnte nur dann und wann mit einem Ausruf Luft machen der innern Bewegung. Ehe er sich's versah, ganz außer sich über das Unerhörte, was er erfahren und noch nicht vermögend alles zu ordnen, lag die Scuderi schon zu seinen Füßen und flehte um Gnade für Olivier Brusson. »Was tut Ihr«, brach der König los, indem er sie bei beiden Händen fasste und in den Sessel nötigte, »was tut Ihr, mein Fräulein! – Ihr überrascht mich auf seltsame Weise! – Das ist ja eine entsetzliche Geschichte! – Wer bürgt für die Wahrheit der abenteuerlichen Erzählung Brussons?« Darauf die Scuderi: »Miossens Aussage – die Untersuchung in Cardillacs Hause – innere Überzeugung – ach! Madeions tugendhaftes Herz, das gleiche Tugend in dem unglücklichen Brusson erkannte!« – Der König, im Begriff, etwas zu erwidern, wandte sich auf ein Geräusch um, das an der Türe entstand. Louvois, der eben im andern Gemach arbeitete, sah hinein mit besorglicher Miene. Der König stand auf und verließ, Louvois folgend, das Zimmer. Beide, die Scuderi, die Maintenon hielten diese Unterbrechung für gefährlich, denn einmal überrascht, mochte der König sich hüten, in die gestellte Falle zum zweiten Mal zu gehen. Doch nach einigen Minuten trat der König wieder hinein, schritt rasch ein paar Mal im Zimmer auf und ab, stellte sich dann, die Hände über den Rücken geschlagen, dicht vor der Scuderi hin und sprach, ohne sie anzublicken, halb leise: »Wohl möcht ich Eure Madeion sehen!« – Darauf die Scuderi: »O mein gnädiger Herr, welches hohen – hohen Glücks würdigt Ihr das arme, unglückliche Kind – ach, nur Eures Winks bedurft es ja, die Kleine zu Euren Füßen zu sehen.« Und trippelte dann, so schnell sie es in den schweren Kleidern vermochte, nach der Tür und rief hinaus, der König wolle Madeion Cardillac vor sich lassen, und kam zurück und weinte und schluchzte vor Entzücken und Rührung. Die Scuderi hatte solche Gunst geahnet, und daher Madeion mitgenommen, die bei der Marquise Kammerfrau wartete mit einer kurzen Bittschrift in den Händen, die ihr d'Andilly aufgesetzt. In wenig Augenblicken lag sie sprachlos dem Könige zu Füßen. Angst – Bestürzung – scheue Ehrfurcht – Liebe und Schmerz – trieben der Armen rascher und rascher das siedende Blut durch alle Adern. Ihre Wangen glühten in hohem Purpur – die Augen glänzten von hellen Tränenperlen, die dann und wann hinabfielen durch die seidenen Wimpern auf den schönen Lilienbusen. Der König schien betroffen über die wunderbare Schönheit des Engelskinds. Er hob das Mädchen sanft auf, dann machte er eine Bewegung, als wolle er ihre Hand, die er gefasst, küssen. Er ließ sie wieder und schaute das holde Kind an mit tränenfeuchtem Blick, der von der tiefsten innern Rührung zeugte. Leise lispelte die Maintenon der Scuderi zu: »Sieht sie nicht der la Valliere ähnlich auf ein Haar, das kleine Ding? – Der König schwelgt in den süßesten Erinnerungen. Euer Spiel ist gewonnen.« – So leise dies auch die Maintenon sprach, doch schien es der König vernommen zu haben. Eine Röte überflog sein Gesicht, sein Blick streifte bei der Maintenon vorüber, er las die Supplik, die Madeion ihm überreicht, und sprach dann mild und gütig: »Ich will's wohl glauben, dass du, mein liebes Kind, von deines Geliebten Unschuld überzeugt bist, aber hören wir, was die *Chambre ardente* dazu sagt!« – Eine sanfte Bewegung mit der Hand verabschiedete die Kleine, die in Tränen verschwimmen wollte. – Die Scuderi gewahrte zu ihrem Schreck, dass die Erinnerung an die Valliere, so ersprießlich sie anfangs geschienen, des Königs Sinn geändert hatte, sowie die Maintenon den Namen genannt. Mocht es sein, dass der König sich auf unzarte Weise daran erinnert fühlte, dass er im Begriff stehe, das strenge Recht der Schönheit aufzuopfern, oder vielleicht ging es dem Könige wie dem Träumer, dem, hart angerufen, die schönen Zauberbilder, die er zu umfassen gedachte, schnell verschwinden. Vielleicht sah er nun nicht mehr seine Valliere vor sich, sondern dachte nur an die *Soeur Louise de la miséricorde* (der Valliere Klostername bei den Karmeliternonnen), die ihn peinigte mit ihrer Frömmigkeit und Buße. – Was war jetzt anders zu tun, als des Königs Beschlüsse ruhig abzuwarten.

Des Grafen Miossens Aussage vor der *Chambre ardente* war indessen bekannt geworden, und wie es zu geschehen pflegt, dass das Volk leicht getrieben wird von einem Extrem zum andern, so wurde derselbe, den man erst als den verruchtesten Mörder verfluchte und den man zu zerreißen drohte, noch ehe er die Blutbühne bestiegen, als unschuldiges Opfer einer barbarischen Justiz beklagt. Nun erst erinnerten sich die Nachbarsleute seines tugendhaften Wandels, der großen Liebe zu Madelon, der Treue, der Ergebenheit mit Leib und Seele, die er zu dem alten Goldschmied gehegt. – Ganze Züge des Volks erschienen oft auf bedrohliche Weise vor la Regnies Palast und schrien: »Gib uns Olivier Brusson heraus, er ist unschuldig«, und warfen wohl gar Steine nach den Fenstern, sodass la Regnie genötigt war, bei der Marechaussee Schutz zu suchen vor dem erzürnten Pöbel.

Mehrere Tage vergingen, ohne dass der Scuderi von Olivier Brussons Prozess nur das mindeste bekannt wurde. Ganz trostlos begab sie sich zur Maintenon, die aber versicherte, dass der König über die Sache schweige, und es gar nicht geraten scheine, ihn daran zu erinnern. Fragte sie nun noch mit sonderbarem Lächeln, was denn die kleine Valliere mache? so überzeugte sich die Scuderi, dass tief im Innern der stolzen Frau sich ein Verdruss über eine Angelegenheit regte, die den reizbaren König in ein Gebiet locken konnte, auf dessen Zauber sie sich nicht verstand. Von der Maintenon konnte sie daher gar nichts hoffen.

Endlich mit d'Andillys Hülfe gelang es der Scuderi, auszukundschaften, dass der König eine lange geheime Unterredung mit dem Grafen Miossens gehabt. Ferner, dass Bontems, des Königs vertrautester Kammerdiener und Geschäftsträger in der Conciergerie gewesen, und mit Brusson gesprochen, dass endlich in einer Nacht eben derselbe Bontems mit mehreren Leuten in Cardillacs Hause gewesen und sich lange darin aufgehalten.

Claude Patru, der Bewohner des untern Stocks, versicherte, die ganze Nacht habe es über seinem Kopfe gepoltert, und gewiss sei Olivier dabei gewesen, denn er habe seine Stimme genau erkannt. So viel war also gewiss, dass der König selbst dem wahren Zusammenhange der Sache nachforschen ließ, unbegreiflich blieb aber die lange Verzögerung des Beschlusses. La Regnie mochte alles aufbieten, das Opfer, das ihm entrissen werden sollte, zwischen den Zähnen festzuhalten. Das verdarb jede Hoffnung im Aufkeimen.

Beinahe ein Monat war vergangen, da ließ die Maintenon der Scuderi sagen, der König wünsche sie heute Abend in ihren, der Maintenon, Gemächern zu sehen.

Das Herz schlug der Scuderi hochauf, sie wusste, dass Brussons Sache sich nun entscheiden würde. Sie sagte es der armen Madeion, die zur Jungfrau, zu allen Heiligen inbrünstig betete, dass sie doch nur in dem König die Überzeugung von Brussons Unschuld erwecken möchten.

Und doch schien es, als habe der König die ganze Sache vergessen, denn wie sonst, weilend in anmutigen Gesprächen mit der Maintenon und der Scuderi, gedachte er nicht mit einer Silbe des armen Brussons. Endlich erschien Bontems, näherte sich dem Könige und sprach einige Worte so leise, dass beide Damen nichts davon verstanden. – Die Scuderi erbebte im Innern. Da stand der König auf, schritt auf die Scuderi zu und sprach mit leuchtenden Blicken: »Ich wünsche euch Glück, mein Fräulein! – Euer Schützling, Olivier Brusson, ist frei!« – Die Scuderi, der die Tränen aus den Augen stützten, keines Wortes mächtig, wollte sich dem Könige zu Füßen werfen. *Der* hinderte sie daran, sprechend: »Geht, geht! Fräulein, Ihr solltet Parlamentsadvokat sein, und meine Rechtshändel ausfechten, denn, beim heiligen Dionys, Eurer Beredsamkeit widersteht niemand auf Erden. – Doch«, fügte er ernster hinzu, »doch, wen die Tugend selbst in Schutz nimmt, mag der nicht sicher sein vor jeder bösen Anklage, vor der *Chambre ardente* und allen Gerichtshöfen in der Welt!« – Die Scuderi fand nun Worte, die sich in den glühendsten Dank ergossen. Der König unterbrach sie, ihr ankündigend, dass in ihrem Hause sie selbst viel feurigerer Dank erwarte, als er von ihr fordern könne, denn wahrscheinlich umarme in diesem Augenblick der glückliche Olivier schon seine Madeion. »Bontems«, so schloss der König, »Bontems soll euch tausend Louis auszahlen, die gebt in meinem Namen der Kleinen als Brautschatz. Mag sie ihren Brusson, der solch ein Glück gar nicht verdient, heiraten, aber dann sollen beide fort aus Paris. Das ist mein Wille.«

Die Martiniere kam der Scuderi entgegen mit raschen Schritten, hinter ihr her Baptiste, beide mit vor Freude glänzenden Gesichtern, beide jauchzend, schreiend: »Er ist hier – er ist frei! – o die lieben jungen Leute!« Das selige Paar stürzte der Scuderi zu Füßen. »O ich habe es ja gewusst, dass Ihr, Ihr allein mir den Gatten retten würdet«, rief Madeion. »Ach der Glaube an euch, meine Mutter, stand ja fest in meiner Seele«, rief Olivier, und beide küssten der würdigen Dame die Hände und vergossen tausend heiße Tränen. Und dann umarmten sie sich wieder und beteuerten, dass die überirdische Seligkeit dieses Augenblicks alle namenlose Leiden der vergangenen Tage aufwiege; und schworen, nicht voneinander zu lassen bis in den Tod.

Nach wenigen Tagen wurden sie verbunden durch den Segen, des Priesters. Wäre es auch nicht des Königs Wille gewesen, Brusson hätte doch nicht in Paris bleiben können, wo ihn alles an jene entsetzliche Zeit der Untaten Cardillacs erinnerte, wo irgendein Zufall das böse Geheimnis, nun noch mehreren Personen bekannt worden, feindselig enthüllen und sein friedliches Leben auf immer verstören konnte. Gleich nach der Hochzeit zog er, von den Segnungen der Scuderi begleitet, mit seinem jungen Weibe nach Genf. Reich ausgestattet durch Madelons Brautschatz, begabt mit seltner Geschicklichkeit in seinem Handwerk, mit jeder bürgerlichen Tugend, ward ihm dort ein glückliches, sorgenfreies Leben. Ihm wurden die Hoffnungen erfüllt, die den Vater getäuscht hatten bis in das Grab hinein.

Ein Jahr war vergangen seit der Abreise Brussons, als eine öffentliche Bekanntmachung erschien, gezeichnet von Harloy de Chauvalon, Erzbischof von Paris, und von dem Parlamentsadvokaten Pierre Arnaud d'Andilly, des Inhalts, dass ein reuiger Sünder unter dem Siegel der Beichte, der Kirche einen reichen geraubten Schatz an Juwelen und. Geschmeide übergeben. Jeder, dem etwa bis zum Ende des Jahres 1680 vorzüglich durch mörderischen Anfall auf öffentlicher Straße ein Schmuck geraubt worden, solle sich bei d'Andilly melden, und werde, treffe die Beschreibung des ihm geraubten Schmucks mit irgendeinem vorgefundenen Kleinod genau überein, und finde sonst kein Zweifel gegen die Rechtmäßigkeit des Anspruchs statt, den Schmuck wiedererhalten. – Viele, die in Cardillacs Liste als nicht ermordet, sondern bloß durch einen Faustschlag betäubt aufgeführt waren, fanden sich nach und nach bei dem Parlamentsadvokaten ein, und erhielten zu ihrem nicht geringen Erstaunen das ihnen geraubte Geschmeide zurück. Das übrige fiel dem Schatz der Kirche zu St. Eustache anheim.

Sylvesters Erzählung erhielt den vollen Beifall der Freunde. Man nannte sie deshalb wahrhaft serapiontisch, weil sie auf geschichtlichen Grund gebaut, doch hinaufsteige ins Fantastische.

»Es ist«, sprach Lothar, »unserm Sylvester in der Tat ein missliches Wagestück gut genug gelungen. Für ein solches halte ich nämlich die Schilderung eines alten gelehrten Fräuleins, die in der Straße St. Honore eine Art von *Bureau d'Esprit* aufgeschlagen, in das uns Sylvester blicken lassen. Unsere Schriftstellerinnen, denen ich übrigens, sind sie zu hohen Jahren gekommen, alle Liebenswürdigkeit, Würde und Anmut der alten Dame in der schwarzen Robe recht herzlich wünsche, würden gewiss mit dir, o mein Sylvester, hätten sie deine Geschichte angehört, zufrieden sein und dir auch allenfalls den etwas grässlichen und grausigen Cardillac verzeihen, den du wahrscheinlich ganz und gar fantastischer Inspiration verdankest.«

»Doch«, nahm Ottmar das Wort, »doch erinnere ich mich irgendwo von einem alten Schuster zu Venedig gelesen zu haben, den die ganze Stadt für einen fleißigen frommen Mann hielt und der der verruchteste Mörder und Räuber war. So wie Cardillac, schlich er sich zur Nachtzeit fort aus seiner Wohnung und hinein in die Paläste der Reichen. In der tiefsten Finsternis traf sein sicher geführter Dolchstoß den, den er berauben wollte, ins Herz, sodass er auf der Stelle lautlos niedersank. Vergebens blieb alles Mühen der schlausten und tätigsten Polizei, den Mörder, vor dem zuletzt ganz Venedig erbebte, zu erspähen, bis endlich ein Umstand die Aufmerksamkeit der Polizei erregte und den Verdacht auf den Schuster leitete. Der Schuster erkrankte nämlich und sonderbar schien es, dass solange er sein Lager nicht verlassen konnte, die Mordtaten aufhörten, sowie er gesundet, aber wieder begannen. Unter irgendeinem Vorwande warf man ihn ins Gefängnis und das Vermutete traf ein. Solange der Schuster verhaftet, blieben die Paläste sicher, sowie man ihn, da es an jedem Beweise seiner Untaten mangelte, losgelassen, fielen die unglücklichen Opfer verruchter Raubsucht aufs Neue. Endlich erpresste ihm die Folter das Geständnis und er wurde hingerichtet. Merkwürdig genug war es, dass er von dem geraubten Gut, das man unter dem Fußboden seines Zimmers fand, durchaus keinen Gebrauch gemacht hatte. Sehr naiv versicherte der Kerl, er habe dem Schutzpatron seines Handwerks, dem heiligen Rochus gelobt, nur ein gewisses rundes Sümmchen zusammenzurauben, dann aber einzuhalten, und schade sei es nur, dass man ihn ergriffen, ehe er es zu jenem Sümmchen gebracht.«

»Von dem venezianischen Schuster«, sprach Sylvester, »weiß ich nichts, soll ich euch aber treu und ehrlich die Quellen angeben, aus denen ich schöpfte, so muss ich euch sagen, dass die Worte der Scuderi: *Un amant qui craint etc.* wirklich von ihr und zwar beinahe auf denselben Anlass, wie ich es erzählt, gesprochen worden sind. Auch ist die Sache mit dem Geschenk von Räuberhänden durchaus keine Geburt des von günstiger Luft befruchteten Dichters. Die Nachricht davon findet ihr in einem Buche, wo ihr sie gewiss nicht suchen würdet, nämlich in Wagenseils Chronik von Nürnberg. Der alte Herr erzählt nämlich von einem Besuch, den er während seines Aufenthalts in Paris bei dem Fräulein von Scuderi abgestattet, und ist es mir gelungen, das Fräulein würdig und anmutig darzustellen, so habe ich das lediglich der angenehmen Courtoisie zu verdanken, mit der Wagenseilius von der alten geistreichen Dame spricht.«

»Wahrhaftig«, rief Theodor lächelnd, »wahrhaftig, in einer Nürnberger Chronik das Fräulein von Scuderi anzutreffen, dazu gehört ein Dichterglück, wie es unserm Sylvester beschieden. Überleuchtet er uns heute nicht in seiner Zweiheit als Theaterdichter und Erzähler wie das Gestirn der Dioskuren?«

»Das ist«, sprach Vinzenz, »das ist das, was ich eben impertinent finde. Der, der ein gutes Stück geschrieben, muss sich auch nicht noch herausnehmen wollen, gut zu erzählen.«

»Seltsam«, nahm Cyprian das Wort, »seltsam ist es aber doch, dass Schriftsteller, die lebendig erzählen, die Charakter und Situation gut zu halten wissen, oft an dem Dramatischen gänzlich scheitern.«

»Sind«, sprach Lothar, »sind die Bedingnisse des Dramas und der Erzählung aber nicht in ihren Grundelementen so voneinander verschieden, dass selbst der Versuch, den Stoff einer Erzählung zu einem Drama zu verarbeiten, oft misslingt und misslingen muss? – Ihr versteht mich, dass ich von der eigentlichen Erzählung spreche und alles Novellenartige ausschließe, das oft den Keim in sich trägt, aus dem das wahre Drama hervorsprießt, wie ein schöner herrlicher Baum.«

»Was haltet«, begann Vinzenz, »was haltet ihr von der angenehmen Idee, aus einem Schauspiel eine Erzählung zu machen? – Vor mehreren Jahren las ich Ifflands Jäger als Erzählung bearbeitet, und ihr könnt gar nicht glauben, wie ungemein allerliebst und rührend sich das Antonchen mit dem blanken Hirschfänger und das Riekchen mit dem verlornen Schuh ausnahmen. Sehr herrlich war es auch, dass der Verfasser oder Bearbeiter ganze Szenen beibehalten und nur das: ›sprach er – erwiderte sie – zwischen die verschiedenen Reden gesetzt hatte. Ich versichere euch, dass ich erst dann, als ich diese Erzählung gelesen, die wahrhafte poetische Schwärmerei, das Tiefgefühlte und großartig Rührende von Ifflands Jägern eingesehen. Nebenher ist mir aber auch die wissenschaftliche Tendenz dieses Dramas aufgegangen und ich kann es nicht tadeln, dass in jener Bibliothek unter der Rubrik: Forstwissenschaft, sich auch Ifflands Jäger befanden.«

»Schweige«, rief Lothar, »schweige Skurrilität, und gönne mit uns ein gütiges Ohr dem würdigen Serapions-Bruder, der, wie ich bemerke, soeben ein Manuskript aus der Tasche gezogen hat.«

»Ich habe«, sprach Theodor, »mich diesmal in ein anderes Feld gewagt, und bitte im Voraus um eure Nachsicht. Übrigens liegt meiner Erzählung eine wirkliche Begebenheit zum Grunde, die mir indessen durch kein Buch, sondern durch Tradition zugekommen.«

IV
Aus den späten Werken

IV

Aus den späten Werken

KLEIN ZACHES GENANNT ZINNOBER

Erstes Kapitel

Der kleine Wechselbalg. – Dringende Gefahr einer Pfarrersnase. –
Wie Fürst Paphnutius in seinem Lande die Aufklärung einführte
und die Fee Rosabelverde in ein Fräuleinstift kam.

Unfern eines anmutigen Dorfes, hart am Wege, lag auf dem von
der Sonnenglut erhitzten Boden hingestreckt ein armes zerlump-
tes Bauerweib. Vom Hunger gequält, vor Durst lechzend, ganz
verschmachtet war die Unglückliche unter der Last des im Korbe
hoch aufgetürmten dürren Holzes, das sie im Walde unter den
Bäumen und Sträuchern mühsam aufgelesen, niedergesunken,
und da sie kaum zu atmen vermochte, glaubte sie nicht anders, als
dass sie nun wohl sterben, so sich aber ihr trostloses Elend auf
einmal enden werde. Doch gewann sie bald so viel Kraft, die
Stricke, womit sie den Holzkorb auf ihrem Rücken befestigt,
loszunesteln und sich langsam heraufzuschieben auf einen Gras-
fleck, der gerade in der Nähe stand. Da brach sie nun aus in laute
Klagen: »Muss«, jammerte sie, »muss mich und meinen armen
Mann allein denn alle Not und alles Elend treffen? Sind wir denn
nicht im ganzen Dorfe die einzigen, die aller Arbeit, alles sauer
vergossenen Schweißes ungeachtet in steter Armut bleiben und
kaum so viel erwerben, um unsern Hunger zu stillen? – Vor drei
Jahren, als mein Mann beim Umgraben unseres Gartens die
Goldstücke in der Erde fand, ja da glaubten wir, das Glück sei
endlich eingekehrt bei uns und nun kämen die guten Tage; aber
was geschah! – Diebe stahlen das Geld, Haus und Scheune brannten uns über dem Kopfe weg, das Getreide auf dem Acker zer-
schlug der Hagel, und um das Maß unseres Herzeleids voll zu
machen bis über den Rand, strafte uns der Himmel noch mit diesem kleinen Wechselbalg, den ich zu Schand und Spott des ganzen Dorfs gebar. – Zu St. Laurenz Tag ist nun der Junge drittehalb
Jahre gewesen, und kann auf seinen Spinnenbeinchen nicht stehen, nicht gehen, und knurrt und miaut, statt zu reden, wie eine
Katze. Und dabei frisst die unselige Missgeburt wie der stärkste

Knabe von wenigstens acht Jahren, ohne dass es ihm im mindesten was anschlägt. Gott erbarme sich über ihn und über uns,
dass wir den Jungen großfüttern müssen uns selbst zur Qual und
größerer Not; denn essen und trinken immer mehr und mehr
wird der Meine Däumling wohl, aber arbeiten sein Lebetage
nicht! – Nein nein, das ist mehr als ein Mensch aushalten kann
auf dieser Erde! – Ach könnt ich nur sterben – nur sterben!« –
Und damit fing die Arme an zu weinen und zu schluchzen, bis
sie endlich vom Schmerz übermannt, ganz entkräftet, ein-
schlief. –

Mit Recht konnte das Weib über den abscheulichen Wechselbalg klagen, den sie vor drittehalb Jahren geboren. Das, was man
auf den ersten Blick sehr gut für ein seltsam verknorpeltes
Stückchen Holz hätte ansehen können, war nämlich ein kaum
zwei Spannen hoher, missgestalteter junge, der von dem Korbe,
wo er querüber gelegen, heruntergekrochen, sich jetzt knurrend im Grase wälzte. Der Kopf stak dem Dinge tief zwischen
den Schultern, die Stelle des Rückens vertrat ein kürbisähn-
licher Auswuchs, und gleich unter der Brust hingen die haselgert-
dünnen Beinchen herab, dass der Junge aussah wie ein gespalteter
Rettich. Vom Gesicht konnte ein stumpfes Auge nicht viel entdecken, schärfer hinblickend wurde man aber wohl die lange
spitze Nase, die aus schwarzen struppigen Haaren hervorstarrte,
und ein Paar kleine schwarz funkelnde Äuglein gewahr, die,
zumal bei den übrigens ganz alten eingefurchten Zügen des
Gesichts, ein klein Alräunchen kundzutun schienen. –

Als nun, wie gesagt, das Weib über ihren Gram in tiefen Schlaf
gesunken war und ihr Söhnlein sich dicht an sie herangewälzt
hatte, begab es sich, dass das Fräulein von Rosenschön, Dame des
nahe gelegenen Stifts, von einem Spaziergange heimkehrend des
Weges daherwandelte. Sie blieb stehen, und wurde, da sie von
Natur fromm und mitleidig, bei dem Anblick des Elends, der sich
ihr darbot, sehr gerührt. »O du gerechter Himmel«, fing sie an,
»wie viel Jammer und Not gibt es doch auf dieser Erde! – Das
arme unglückliche Weib! – Ich weiß, dass sie kaum das liebe
Leben hat, da arbeitet sie über ihre Kräfte und ist vor Hunger und
Kummer hingesunken! – Wie fühle ich jetzt erst recht empfindlich meine Armut und Ohnmacht! – Ach könnt ich doch nur
helfen wie ich wollte! – Doch das, was mir noch übrig blieb, die
wenigen Gaben, die das feindselige Verhängnis mir nicht zu
rauben, nicht zu zerstören vermochte, die mir noch zu Gebote
stehen, die will ich kräftig und getreu nützen, um dem Leidwesen

zu steuern. Geld, hätte ich auch darüber zu gebieten, würde dir gar nichts helfen, arme Frau, sondern deinen Zustand vielleicht noch gar verschlimmern. Dir und deinem Mann, euch beiden ist nun einmal Reichtum nicht beschert, und wem Reichtum nicht beschert ist, dem verschwinden die Goldstücke aus der Tasche, er weiß selbst nicht wie, er hat davon nichts als großen Verdruss, und wird, je mehr Geld ihm zuströmt, nur desto ärmer. Aber ich weiß es, mehr als alle Armut, als alle Not, nagt an deinem Herzen, dass du jenes kleine Untierchen gebarst, das sich wie eine böse unheimliche Last an dich hängt, die du durch das Leben tragen musst. – Groß – schön – stark – verständig, ja das alles kann der Junge nun einmal nicht werden, aber es ist ihm vielleicht noch auf andere Weise zu helfen.« – Damit setzte sich das Fräulein nieder ins Gras und nahm den Kleinen auf den Schoß. Das böse Alräunchen sträubte und spreizte sich, knurrte und wollte das Fräulein in den Finger beißen, *die* sprach aber: »Ruhig ruhig, kleiner Maikäfer!« und strich leise und linde mit der flachen Hand ihm über den Kopf von der Stirn herüber bis in den Nacken. Allmählich glättete sich während des Streicheins das struppige Haar des Kleinen aus, bis es gescheitelt, an der Stirne fest anliegend in hübschen weichen Locken hinabwallte auf die hohen Schultern und den Kürbisrücken. Der Kleine war immer ruhiger geworden und endlich fest eingeschlafen. Da legte ihn das Fräulein Rosenschön behutsam dicht neben der Mutter hin ins Gras, besprengte diese mit einem geistigen Wasser aus dem Riechfläschchen, das sie aus der Tasche gezogen, und entfernte sich dann schnellen Schrittes.

Als die Frau bald darauf erwachte, fühlte sie sich auf wunderbare Weise erquickt und gestärkt. Es war ihr, als habe sie eine tüchtige Mahlzeit gehalten und einen guten Schluck Wein getrunken. »Ei«, rief sie aus, »wie ist mir doch in dem bisschen Schlaf so viel Trost, so viel Munterkeit gekommen! – Aber die Sonne ist schon bald herab hinter den Bergen, nun fort nach Hause!« – Damit wollte sie den Korb aufpacken, vermisste aber, als sie hineinsah, den Kleinen, der in demselben Augenblick sich aus dem Grase aufrichtete und weinerlich quäkte. Als nun die Mutter sich nach ihm umschaute, schlug sie vor Erstaunen die Hände zusammen und rief: »Zaches – Klein Zaches, wer hat dir denn unterdessen die Haare so schön gekämmt! – Zaches – Klein Zaches, wie hübsch würden dir die Locken kleiden, wenn du nicht solch ein abscheulich garstiger Junge wärst! – Nun komm nur, komm! – hinein in den Korb!« Sie wollte ihn fassen und quer über das Holz legen, da strampelte aber Klein Zaches mit den Beinen, grinste die Mutter an und miaute sehr vernehmlich: »Ich mag nicht!« – »Zaches! – Klein Zaches«, schrie die Frau ganz außer sich, »wer hat dich denn unterdessen reden gelehrt? Nun! wenn du solch schön gekämmte Haare hast, – wenn du so artig redest, so wirst du auch wohl laufen können.« Die Frau huckte den Korb auf den Rücken, Klein Zaches hing sich an ihre Schürze, und so ging es fort nach dem Dorfe.

Sie mussten bei dem Pfarrhause vorüber, da begab es sich, dass der Pfarrer mit seinem jüngsten Knaben, einem bildschönen goldlockigen Jungen von drei Jahren, in seiner Haustüre stand. Als *der* nun die Frau mit dem schweren Holzkorbe und mit Klein Zaches, der an ihrer Schürze baumelte, daherkommen sah, rief er ihr entgegen: »Guten Abend, Frau Liese, wie geht es euch – Ihr habt ja eine gar zu schwere Bürde geladen, Ihr könnt ja kaum mehr fort, kommt her, ruht euch ein wenig aus auf dieser Bank vor meiner Türe, meine Magd soll euch einen frischen Trunk reichen!« – Frau Liese ließ sich das nicht zweimal sagen, sie setzte ihren Korb ab, und wollte eben den Mund öffnen, um dem ehrwürdigen Herrn all ihren Jammer, ihre Not zu klagen, als Klein Zaches bei der raschen Wendung der Mutter das Gleichgewicht verlor und dem Pfarrer vor die Füße flog. Der bückte sich rasch nieder und hob den Kleinen auf, indem er sprach: »Ei Frau Liese, Frau Liese, was habt Ihr da für einen bildschönen allerliebsten Knaben. Das ist ja ein wahrer Segen des Himmels, ein solch«- wunderbar schönes Kind zu besitzen.« Und damit nahm er den Kleinen in die Arme und liebkoste ihn, und schien es gar nicht zu bemerken, dass der unartige Däumling gar hässlich knurrte und mauzte und den ehrwürdigen Herrn sogar in die Nase beißen wollte. Aber Frau Liese stand ganz verblüfft vor dem Geistlichen und schaute ihn an mit aufgerissenen starren Augen, und wusste gar nicht was sie denken sollte: »Ach lieber Herr Pfarrer«, begann sie endlich mit weinerlicher Stimme, »ein Mann Gottes, wie Sie, treibt doch wohl nicht seinen Spott mit einem armen unglücklichen Weibe, das der Himmel, mag er selbst wissen warum, mit diesem abscheulichen Wechselbalge gestraft hat!« »Was spricht«, erwiderte der Geistliche sehr ernst, »was spricht Sie da für tolles Zeug, liebe Frau! von Spott – Wechselbalg – Strafe des Himmels – ich verstehe Sie gar nicht, und weiß nur, dass Sie ganz verblendet sein muss, wenn Sie ihren hübschen Knaben nicht recht herzlich liebt. – Küsse mich, artiger kleiner Mann!« – Der Pfarrer herzte den Kleinen, aber Zaches knurrte: »Ich mag nicht!« und schnappte aufs neue nach des Geistlichen Nase. – »Seht die arge Bestie!«, rief Liese erschrocken; aber in dem Augenblick sprach der Knabe des Pfarrers: »Ach lieber Vater, du bist so gut, du tust so schön mit den Kindern, die müssen wohl alle dich recht herzlich lieb haben!« »O hört doch nur«, rief der Pfarrer, indem ihm die Augen vor Freude glänzten, »o hört doch nur, Frau Liese, den hübschen verständigen Knaben, Euren lieben Zaches, dem Ihr so übel wollt. Ich merk es schon, Ihr werdet euch nimmermehr was aus dem Knaben machen, sei er auch noch so hübsch und verständig. Hört, Frau Liese, überlasst mir Euer hoffnungsvolles Kind zur Pflege und Erziehung. Bei Eurer drückenden Armut ist euch der Knabe nur eine Last, und mir macht es Freude ihn zu erziehen wie meinen eignen Sohn!«

Liese konnte vor Erstaunen gar nicht zu sich selbst kommen, ein Mal über das andere rief sie: »Aber, lieber Herr Pfarrer – lieber Herr Pfarrer, ist denn das wirklich Ihr Ernst, dass Sie die kleine Ungestalt zu sich nehmen und erziehen und mich von der Not befreien wollen, die ich mit dem Wechselbalg habe?« – Doch, je mehr die Frau die abscheuliche Hässlichkeit ihres Alräunchens dem Pfarrer vorhielt, desto eifriger behauptete dieser, dass sie in ihrer tollen Verblendung gar nicht verdiene, vom Himmel mit dem herrlichen Geschenk eines solchen Wunderknaben gesegnet zu sein, bis er zuletzt ganz zornig mit Klein Zaches auf dem Arm hineinlief in das Haus und die Türe von innen verriegelte.

Da stand nun Frau Liese wie versteinert vor des Pfarrers Haustüre, und wusste gar nicht was sie von dem allem denken sollte. »Was um aller Welt willen«, sprach sie zu sich selbst, »ist denn mit unserm würdigen Herrn Pfarrer geschehen, dass er in meinen Klein Zaches so ganz und gar vernarrt ist, und den einfältigen Knirps für einen hübschen verständigen Knaben hält? – Nun! helfe Gott dem lieben Herrn, er hat mir die Last von den Schultern genommen und sie sich selbst aufgeladen, mag er nun zusehen, wie er sie trägt! – Hei! wie leicht geworden ist nun der Holzkorb, da Klein Zaches nicht mehr darauf sitzt und mit ihm die schwerste Sorge!« –

Damit schritt Frau Liese, den Holzkorb auf dem Rücken, lustig und guter Dinge fort ihres Weges! –

Wollte ich auch zurzeit noch gänzlich darüber schweigen, du würdest, günstiger Leser, dennoch wohl ahnen, dass es mit dem Stiftsfräulein von Rosenschön, oder wie sie sich sonst nannte, Rosengrünschön, eine ganz besondere Bewandtnis haben müsse.

Denn nichts anders war es wohl, als die geheimnisvolle Wirkung ihres Kopfstreichelns und Haarausglättens, dass Klein Zaches von dem gutmütigen Pfarrer für ein schönes und kluges Kind angesehn und gleich wie sein eignes aufgenommen wurde. Du könntest, lieber Leser, aber doch, trotz deines vortrefflichen Scharfsinns, in falsche Vermutungen geraten oder gar zum großen Nachteil der Geschichte viele Blätter überschlagen, um nur gleich mehr von dem mystischen Stiftsfräulein zu erfahren; besser ist es daher wohl, ich erzähle dir gleich alles, was ich selbst von der würdigen Dame weiß.

Fräulein von Rosenschön war von großer Gestalt, edlem majestätischen Wuchs, und etwas stolzem, gebietendem Wesen. Ihr Gesicht, musste man es gleich vollendet schön nennen, machte, zumal wenn sie wie gewöhnlich in starrem Ernst vor sich hinschaute, einen seltsamen, beinahe unheimlichen Eindruck, was vorzüglich einem ganz besondern fremden Zuge zwischen den Augenbrauen zuzuschreiben, von dem man durchaus nicht recht wusste, ob ein Stiftsfräulein dergleichen wirklich auf der Stirne tragen könne. Dabei lag aber auch oft, vorzüglich zur Rosenzeit bei heiterm schönen Wetter, so viel Huld und Anmut in ihrem Blick, dass jeder sich von süßem unwiderstehlichen Zauber befangen fühlte. Als ich die Gnädige zum ersten und letzten Mal zu schauen das Vergnügen hatte, war sie dem Ansehen nach eine Frau in der höchsten vollendetsten Blüte ihrer Jahre, auf der höchsten Spitze des Wendepunktes, und ich meinte, dass mir großes Glück beschieden, die Dame noch eben auf dieser Spitze zu erblicken und über ihre wunderbare Schönheit gewissermaßen zu erschrecken, welches sich dann sehr bald nicht mehr würde zutragen können. Ich war im Irrtum. Die ältesten Leute im Dorfe versicherten, dass sie das gnädige Fräulein gekannt hätten schon so lange als sie dächten, und dass die Dame niemals anders ausgesehen habe, nicht älter, nicht jünger, nicht hässlicher, nicht hübscher als eben jetzt. Die Zeit schien also keine Macht zu haben über sie, und schon dieses konnte manchem verwunderlich vorkommen. Aber noch manches andere trat hinzu, worüber sich jeder, überlegte er es recht ernstlich, ebenso sehr wundern, ja zuletzt aus der Verwunderung, in die er verstrickt, gar nicht herauskommen musste. Fürs erste offenbarte sich ganz deutlich bei dem Fräulein die Verwandtschaft mit den Blumen, deren Namen sie trug. Denn nicht allein, dass kein Mensch auf Erden solche herrliche tausendblättrige Rosen zu ziehen vermochte, als sie, so sprießten auch aus dem schlechtesten dürresten Dorn, den sie in die Erde steckte, jene Blumen in der höchsten Fülle und Pracht hervor. Dann war es gewiss, dass sie auf einsamen Spaziergängen im Walde laute Gespräche führte mit wunderbaren Stimmen, die aus den Bäumen, aus den Büschen, aus den Quellen und Bächen zu tönen schienen. Ja ein junger Jägersmann hatte sie belauscht, wie sie einmal mitten im dicksten Gehölz stand und seltsame Vögel mit buntem glänzenden Gefieder, die gar nicht im Lande heimisch, sie umflatterten und liebkosten, und in lustigem Singen und Zwitschern ihr allerlei fröhliche Dinge zu erzählen schienen, worüber sie lachte und sich freute. Daher kam es denn auch, dass Fräulein von Rosenschön zu jener Zeit, als sie in das Stift gekommen, bald die Aufmerksamkeit aller Leute in der Gegend anregte. Ihre Aufnahme in das Fräuleinstift hatte der Fürst befohlen; der Baron Prätextatus von Mondschein, Besitzer des Gutes, in dessen Nähe jenes Stift lag, dem er als Verweser vorstand, konnte daher nichts dagegen einwenden, ungeachtet ihn die entsetzlichsten Zweifel quälten. Vergebens war nämlich sein Mühen geblieben, in Rixners Turnierbuch und andern Chroniken die Familie Rosengrünschön aufzufinden. Mit Recht zweifelte er aus diesem Grunde an der Stiftsfähigkeit des Fräuleins, die keinen Stammbaum mit zweiunddreißig Ahnen aufzuweisen hatte, und bat sie zuletzt ganz zerknirscht, die hellen Tränen in den Augen, doch sich um des Himmels willen wenigstens nicht Rosengrünschön, sondern Rosenschön zu nennen, denn in diesem Namen sei doch noch einiger Verstand und ein Ahnherr möglich. – Sie tat ihm das zu Gefallen. – Vielleicht äußerte sich des gekränkten Prätextatus Groll gegen das ahnenlose Fräulein auf diese – jene Weise und gab zuerst Anlass zu der bösen Nachrede, die sich immer mehr und mehr im Dorfe verbreitete. Zu jenen zauberhaften Unterhaltungen im Walde, die indessen sonst nichts auf sich hatten, kamen nämlich allerlei bedenkliche Umstände, die von Mund zu Mund gingen und des Fräuleins eigentliches Wesen in gar zweideutiges Licht stellten. Mutter Anne, des Schulzen Frau, behauptete keck, dass, wenn das Fräulein stark zum Fenster heraus niese, allemal die Milch im ganzen Dorfe sauer würde. Kaum hatte sich dies aber bestätigt, als sich das Schreckliche begab. Schulmeisters Michel hatte in der Stiftsküche gebratene Kartoffeln genascht und war von dem Fräulein darüber betroffen worden, die ihm lächelnd mit dem Finger drohte. Da war dem Jungen das Maul offen stehen geblieben, gerade als hätt er eine gebratene brennende Kartoffel darin sitzen immerdar, und er musste fortan einen Hut mit vorstehender breiter Krempe tragen, weil es sonst dem Armen ins Maul geregnet hätte. Bald schien es gewiss zu sein, dass das Fräulein sich darauf verstand, Feuer und Wasser zu besprechen, Sturm und Hagelwolken zusammenzutreiben, Wechselzöpfe zu flechten etc., und niemand zweifelte an der Aussage des Schafhirten, der zur Mitternachtsstunde mit Schauer und Entsetzen gesehen haben wollte, wie das Fräulein auf einem Besen brausend durch die Lüfte fuhr, vor ihr her ein ungeheurer Hirschkäfer, zwischen dessen Hörnern blaue Flammen hoch aufleuchteten! – Nun kam alles in Aufruhr, man wollte der Hexe zu Leibe und die Dorfgerichte beschlossen nichts Geringeres, als das Fräulein aus dem Stift zu holen und sie ins Wasser zu werfen, damit sie die gewöhnliche Hexenprobe bestehe. Der Baron Prätextatus ließ alles geschehen und sprach lächelnd zu sich selbst: »So geht es simplen Leuten ohne Ahnen, die nicht von solch altem guten Herkommen sind, wie der Mondschein.« Das Fräulein, unterrichtet von dem bedrohlichen Unwesen, flüchtete nach der Residenz, und bald darauf erhielt der Baron Prätextatus einen Kabinettsbefehl vom Fürsten des Landes, mittelst dessen ihm bekannt gemacht, dass es keine Hexen gäbe, und befohlen wurde, die Dorfgerichte für die naseweise Gier, Schwimmkünste eines Stiftsfräuleins zu schauen, in den Turm werfen, den übrigen Bauern und ihren Weibern aber andeuten zu lassen, bei empfindlicher Leibesstrafe von dem Fräulein Rosenschön nicht schlecht zu denken. Sie gingen in sich, fürchteten sich vor der angedrohten Strafe und dachten fortan gut von dem Fräulein, welches für beide, für das Dorf und für die Dame Rosenschön die ersprießlichsten Folgen hatte.

In dem Kabinett des Fürsten wusste man recht gut, dass das Fräulein von Rosenschön niemand anders war, als die sonst berühmte weltbekannte Fee Rosabelverde. Es hatte mit der Sache folgende Bewandtnis:

Auf der ganzen weiten Erde war wohl sonst kaum ein anmutigeres Land zu finden, als das kleine Fürstentum, worin das Gut des Baron Prätextatus von Mondschein lag, worin das Fräulein von Rosenschön hauste, kurz, worin sich das alles begab, was ich dir, geliebter Leser! des breiteren zu erzählen eben im Begriff stehe.

Von einem hohen Gebirge umschlossen, glich das Ländchen mit seinen grünen, duftenden Wäldern, mit seinen blumigen Auen, mit seinen rauschenden Strömen und lustig plätschernden Springquellen, zumal da es gar keine Städte, sondern nur freundliche Dörfer und hin und wieder einzeln stehende Paläste darin gab, einem wunderbar herrlichen Garten, in dem die Bewohner wie zu ihrer Lust wandelten, frei von jeder drückenden Bürde des Lebens. Jeder wusste, dass Fürst Demetrius das Land beherrsche; niemand merkte indessen das mindeste von der Regierung, und alle waren damit gar wohl zufrieden. Personen, die die volle Freiheit in all ihrem Beginnen, eine schöne Gegend, ein mildes Klima liebten, konnten ihren Aufenthalt gar nicht besser wählen, als in dem Fürstentum, und so geschah es denn, dass unter andern auch verschiedene vortreffliche Feen von der guten Art, denen Wärme und Freiheit bekanntlich über alles geht, sich dort angesiedelt hatten. Ihnen mocht es zuzuschreiben sein, dass sich beinahe in jedem Dorfe, vorzüglich aber in den Wäldern, sehr oft die angenehmsten Wunder begaben, und dass jeder, von dem Entzücken, von der Wonne dieser Wunder ganz umflossen, völlig an das Wunderbare glaubte, und ohne es selbst zu wissen, eben deshalb ein froher, mithin guter Staatsbürger blieb. Die guten Feen, die sich in freier Willkür ganz dschinnistanisch eingerichtet, hätten dem vortrefflichen Demetrius gern ein ewiges Leben bereitet. Das stand indessen nicht in ihrer Macht. Demetrius starb und ihm folgte der junge Paphnutius in der Regierung. Paphnutius hatte schon zu Lebzeiten seines Herrn Vaters einen stillen innerlichen Gram darüber genährt, dass Volk und Staat nach seiner Meinung auf die heilloseste Weise vernachlässigt, verwahrlost wurde. Er beschloss zu regieren, und ernannte sofort seinen Kammerdiener Andres, der ihm einmal, als er im Wirtshause hinter den Bergen seine Börse liegen lassen, sechs Dukaten geborgt und dadurch aus großer Not gerissen hatte, zum ersten Minister des Reichs. »Ich will regieren, mein Guter!«, rief ihm Paphnutius zu. Andres las in den Blicken seines Herrn, was in ihm vorging, warf sich ihm zu Füßen und sprach feierlich: »Sire! die große Stunde hat geschlagen! – durch Sie steigt schimmernd ein Reich aus nächtigem Chaos empor! – Sire! hier fleht der treueste Vasall, tausend Stimmen des armen unglücklichen Volks in Brust und Kehle! – Sire! – führen Sie die Aufklärung ein!« – Paphnutius fühlte sich durch und durch erschüttert von dem erhabenen Gedanken seines Ministers. Er hob ihn auf, riss ihn stürmisch an seine Brust und sprach schluchzend: »Minister – Andres – ich bin dir sechs Dukaten schuldig – noch mehr – mein Glück – mein Reich! – o treuer, gescheuter Diener!« –

Paphnutius wollte sofort ein Edikt mit großen Buchstaben drucken und an allen Ecken anschlagen lassen, dass von Stund an die

Aufklärung eingeführt sei und ein jeder sich darnach zu achten habe. »Bester Sire!«, rief indessen Andres, »bester Sire! so geht es nicht!« – »Wie geht es denn, mein Guter?«, sprach Paphnutius, nahm seinen Minister beim Knopfloch und zog ihn hinein in das Kabinett, dessen Türe er abschloss.

»Sehen Sie«, begann Andres, als er seinem Fürsten gegenüber, auf einem kleinen Taburett Platz genommen, »sehen Sie, gnädigster Herr! – die Wirkung Ihres fürstlichen Edikts wegen der Aufklärung würde vielleicht verstört werden auf hässliche Weise, wenn wir nicht damit eine Maßregel verbinden, die zwar hart scheint, die indessen die Klugheit gebietet. – Ehe wir mit der Aufklärung vorschreiten, d. h. ehe wir die Wälder umhauen, den Strom schiffbar machen, Kartoffeln anbauen, die Dorfschulen verbessern, Akazien und Pappeln anpflanzen, die Jugend ihr Morgen- und Abendlied zweistimmig absingen, Chausseen anlegen und die Kuhpocken einimpfen lassen, ist es nötig, alle Leute von gefährlichen Gesinnungen, die keiner Vernunft Gehör geben und das Volk durch lauter Albernheiten verführen, aus dem Staate zu verbannen. – Sie haben Tausendundeine Nacht gelesen, bester Fürst! denn ich weiß, dass Ihr durchlauchtig seliger Herr Papa, dem der Himmel eine sanfte Ruhe im Grabe schenken möge, dergleichen fatale Bücher liebte und Ihnen, als Sie sich noch der Steckenpferde bedienten und vergoldete Pfefferkuchen verzehrten, in die Hände gab. Nun also! – Aus jenem völlig konfusen Buche werden Sie, gnädigster Herr, wohl die so genannten Feen kennen, gewiss aber nicht ahnen, dass sich verschiedene von diesen gefährlichen Personen in Ihrem eignen lieben Lande hier ganz in der Nähe Ihres Palastes angesiedelt haben und allerlei Unfug treiben.« »Wie? – was sagt Er? – Andres! Minister! – Feen! – hier in meinem Lande?« – So rief der Fürst, indem er ganz erblasst in die Stuhllehne zurücksank. – »Ruhig, mein gnädigster Herr!«, fuhr Andres fort, »ruhig können wir bleiben, sobald wir mit Klugheit gegen jene Feinde der Aufklärung zu Felde ziehen. Ja! – Feinde der Aufklärung nenne ich sie, denn nur sie sind, die Güte Ihres seligen Herrn Papas missbrauchend, daran schuld, dass der liebe Staat noch in gänzlicher Finsternis darniederliegt. Sie treiben ein gefährliches Gewerbe mit dem Wunderbaren und scheuen sich nicht, unter dem Namen Poesie, ein heimliches Gift zu verbreiten, das die Leute ganz unfähig macht zum Dienste in der Aufklärung. Dann haben sie solche unleidliche polizeiwidrige Gewohnheiten, dass sie schon deshalb in keinem kultivierten Staate geduldet werden dürften. So z. B. entblöden sich die

Frechen nicht, so wie es ihnen einfällt, in den Lüften spazieren zu fahren mit vorgespannten Tauben, Schwänen, ja sogar geflügelten Pferden. Nun frage ich aber, gnädigster Herr! verlohnt es sich der Mühe, einen gescheuten Akzise-Tarif zu entwerfen und einzuführen, wenn es Leute im Staate gibt, die im Stande sind, jedem leichtsinnigem Bürger unversteuerte Waren in den Schornstein zu werfen, wie sie nur wollen? – Darum, gnädigster Herr! – sowie die Aufklärung angekündigt wird, fort mit den Feen! – Ihre Paläste werden umzingelt von der Polizei, man nimmt ihnen ihre gefährliche Habe und schafft sie als Vagabonden fort nach ihrem Vaterlande, welches, wie Sie, gnädigster Herr, aus Tausendundeiner Nacht wissen werden, das Ländchen Dschinnistan ist.«
»Gehen Posten nach diesem Lande, Andres?« so fragte der Fürst. »Zur Zeit nicht«, erwiderte Andres, »aber vielleicht lässt sich nach eingeführter Aufklärung eine Journaliere dorthin mit Nutzen einrichten.« – »Aber Andres«, fuhr der Fürst fort, »wird man unser Verfahren gegen die Feen nicht hart finden? – Wird das verwöhnte Volk nicht murren?« – »Auch dafür«, sprach Andres, »auch dafür weiß ich ein Mittel. Nicht alle Feen, gnädigster Herr! wollen wir fortschicken nach Dschinnistan, sondern einige im Lande behalten, sie aber nicht allein aller Mittel berauben, der Aufklärung schädlich zu werden, sondern auch zweckdienliche Mittel anwenden, sie zu nützlichen Mitgliedern des aufgeklärten Staats umzuschauen. Wollen sie sich nicht auf solide Heiraten einlassen, so mögen sie unter strenger Aufsicht irgendein nützliches Geschäft treiben, Socken stricken für die Armee, wenn es Krieg gibt, oder sonst. Geben Sie acht, gnädigster Herr, die Leute werden sehr bald an die Feen, wenn sie unter ihnen wandeln, gar nicht mehr glauben, und das ist das Beste. So gibt sich alles etwanige Murren von selbst. – Was übrigens die Utensilien der Feen betrifft, so fallen sie der fürstlichen Schatzkammer heim, die Tauben und Schwäne werden als köstliche Braten in die fürstliche Küche geliefert, mit den geflügelten Pferden kann man aber auch Versuche machen, sie zu kultivieren und zu bilden zu nützlichen Bestien, indem man ihnen die Flügel abschneidet und sie zur Stallfütterung gibt, die wir doch hoffentlich zugleich mit der Aufklärung einführen werden.« –
Paphnutius war mit allen Vorschlägen seines Ministers auf das höchste zufrieden, und schon andern Tages wurde ausgeführt, was beschlossen war.
An allen Ecken prangte das Edikt wegen der eingeführten Aufklärung, und zu gleicher Zeit brach die Polizei in die Paläste der

Feen, nahm ihr ganzes Eigentum in Beschlag und führte sie gefangen fort.

Mag der Himmel wissen, wie es sich begab, dass die Fee Rosabelverde die einzige von allen war, die wenige Stunden vorher, ehe die Aufklärung hereinbrach, Wind davon bekam und die Zeit nutzte, ihre Schwäne in Freiheit zu setzen, ihre magischen Rosenstöcke und andere Kostbarkeiten beiseite zu schaffen. Sie wusste nämlich auch, dass sie dazu erkoren war, im Lande zu bleiben, worin sie sich, wiewohl mit großem Widerwillen, fügte.

Überhaupt konnten es weder Paphnutius noch Andres begreifen, warum die Feen, die nach Dschinnistan transportiert wurden, eine solche übertriebene Freude äußerten und ein Mal über das andere versicherten, dass ihnen an aller Habe, die sie zurücklassen müssen, nicht das mindeste gelegen. »Am Ende«, sprach Paphnutius entrüstet, »am Ende ist Dschinnistan ein viel hübscherer Staat wie der meinige, und sie lachen mich aus mitsamt meinem Edikt und meiner Aufklärung, die jetzt erst recht gedeihen soll!« –

Der Geograf sollte mit dem Historiker des Reichs über das Land umständlich berichten.

Beide stimmten darin überein, dass Dschinnistan ein erbärmliches Land sei, ohne Kultur, Aufklärung, Gelehrsamkeit, Akazien und Kuhpocken, eigentlich auch gar nicht existiere. Schlimmeres könne aber einem Menschen oder einem ganzen Lande wohl nicht begegnen, als gar nicht zu existieren.

Paphnutius fühlte sich beruhigt.

Als der schöne blumige Hain, in dem der verlassene Palast der Fee Rosabelverde lag, umgehauen wurde, und Beispiels halber Paphnutius selbst sämtlichen Bauerlümmeln im nächsten Dorfe die Kuhpocken eingeimpft hatte, passte die Fee dem Fürsten in dem Walde auf, durch den er mit dem Minister Andres nach seinem Schloss zurückkehren wollte. Da trieb sie ihn mit allerlei Redensarten, vorzüglich aber mit einigen unheimlichen Kunststückchen, die sie vor der Polizei geborgen, dermaßen in die Enge, dass er sie um des Himmels willen bat, doch mit einer Stelle des einzigen und daher besten Fräuleinstifts im ganzen Lande vorlieb zu nehmen, wo sie, ohne sich an das Aufklärungs-Edikt zu kehren, schalten und walten könne nach Belieben.

Die Fee Rosabelverde nahm den Vorschlag an, und kam auf diese Weise in das Fräuleinstift, wo sie sich, wie schon erzählt worden, das Fräulein von Rosengrünschön, dann aber, auf dringendes Bitten des Baron Prätextatus von Mondschein, das Fräulein von Rosenschön nannte.

ZWEITES KAPITEL

Von der unbekannten Völkerschaft, die der Gelehrte Ptolomäus Philadelphus auf seinen Reisen entdeckte. – Die Universität Kerepes. – Wie dem Studenten Fabian ein Paar Reitstiefel um den Kopf flogen und der Professor Mosch Terpin den Studenten Balthasar zum Tee einlud.

In den vertrauten Briefen, die der weltberühmte Gelehrte Ptolomäus Philadelphus an seinen Freund Rufin schrieb, als er sich auf weiten Reisen befand, ist folgende merkwürdige Stelle enthalten:

»Du weißt, mein lieber Rufin, dass ich nichts in der Welt so fürchte und scheue, als die brennenden Sonnenstrahlen des Tages, welche die Kräfte meines Körpers aufzehren und meinen Geist dermaßen abspannen und ermatten, dass alle Gedanken in ein verworrenes Bild zusammenfließen und ich vergebens darnach ringe, auch nur irgendeine deutliche Gestaltung in meiner Seele zu erfassen. Ich pflege daher in dieser heißen Jahreszeit des Tages zu ruhen, nachts aber meine Reise fortzusetzen, und so befand ich mich denn auch in voriger Nacht auf der Reise. Mein Fuhrmann hatte sich in der dicken Finsternis von dem rechten, bequemen Wege verirrt und war unversehens auf die Chaussee geraten. Ungeachtet ich aber durch die harten Stöße, die es hier gab, in dem Wagen hin und her geschleudert wurde, sodass mein Kopf voller Beulen einem mit Walnüssen gefüllten Sack nicht unähnlich war, erwachte ich doch aus dem tiefen Schlafe, in den ich versunken, nicht eher, bis ich mit einem entsetzlichen Ruck aus dem Wagen heraus auf den harten Boden stürzte. Die Sonne schien mir hell ins Gesicht, und durch den Schlagbaum, der dicht vor mir stand, gewahrte ich die hohen Türme einer ansehnlichen Stadt. Der Fuhrmann lamentierte sehr, da nicht allein die Deichsel, sondern auch ein Hinterrad des Wagens an dem großen Stein, der mitten auf der Chaussee lag, gebrochen, und schien sich wenig oder gar nicht um mich zu kümmern. Ich hielt, wie es dem Weisen ziemt, meinen Zorn zurück und rief dem Kerl bloß sanftmütig zu, er sei ein verfluchter Schlingel, er möge bedenken, dass Ptolomäus Philadelphus, der berühmteste Gelehrte seiner

Zeit, auf dem St – säße, und Deichsel Deichsel und Rad Rad sein lassen. Du kennst, mein lieber Rufin, die Gewalt, die ich über das menschliche Herz übe, und so geschah es denn auch, dass der Fuhrmann augenblicklich aufhörte zu lamentieren und mir mit Hülfe des Chaussee-Einnehmers, vor dessen Häuslein sich der Unfall begeben, auf die Beine half. Ich hatte zum Glück keinen sonderlichen Schaden gelitten und war im Stande langsam auf der Straße fortzuwandeln, während der Fuhrmann den zerbrochenen Wagen mühsam nachschleppte. Unfern des Tors der Stadt, die ich in blauer Ferne gesehen, begegneten mir nun aber viele Leute von solch wunderlichem Wesen und in solch seltsamer Kleidung, dass ich mir die Augen rieb, um zu erforschen, ob ich wirklich wache, oder ob nicht vielleicht ein toller neckhafter Traum mich eben in ein fremdes fabelhaftes Land versetze. – Diese Leute, die ich mit Recht für Bewohner der Stadt, aus deren Tor ich sie kommen sah, halten durfte, trugen lange, sehr weite Hosen nach Art der Japaneser zugeschnitten, von köstlichem Zeuge, Samt, Manchester, feinem Tuch oder auch wohl bunt durchwirkter Leinwand mit Tressen oder hübschen Bändern und Schnüren reichlich besetzt, dazu kleine Kinderröcklein, kaum den Unterleib bedeckend, meistens von sonnenheller Farbe, nur wenige gingen schwarz. Die Haare hingen ungekämmt in natürlicher Wildheit auf Schultern und Rücken herab, und auf dem Kopf saß ein kleines seltsames Mützchen. Manche hatten den Hals ganz entblößt nach der Weise der Türken und Neugriechen, andere dagegen trugen um Hals und Brust ein Stückchen weiße Leinwand, beinahe einem Hemdekragen ähnlich, wie du, geliebter Rufin! sie auf den Bildern unserer Vorfahren gesehen haben wirst. Ungeachtet diese Leute sämtlich sehr jung zu sein schienen, war doch ihre Sprache tief und rau, jede ihrer Bewegungen ungelenk und mancher hatte einen schmalen Schatten unter der Nase, als sitze dort ein Stutzbärtchen. Aus den Hinterteilen der kleinen Röcke mancher ragte ein langes Rohr hervor, an dem große seidene Quasten baumelten. Andere hatten diese Röhre hervorgezogen, und kleine – größere – manchmal auch sehr große wunderlich geformte Köpfe unten daran befestigt, aus denen sie, oben durch ein ganz spitz zulaufendes Röhrchen hineinblasend, auf geschickte Weise künstliche Dampfwolken aufsteigen zu lassen wussten. Andre trugen breite blitzende Schwerter in den Händen, als wollten sie dem Feinde entgegenziehen; noch andere hatten kleine Behältnisse von Leder oder Blech umgehängt oder über den Rücken geschnallt. Du kannst denken, Heber Rufin! dass ich, der ich durch sorgliches Betrachten jeder mir neuen Erscheinung mein Wissen zu bereichern suche, still stand und mein Auge fest auf die seltsamen Leute heftete. Da versammelten sie sich um mich her, schrien ganz gewaltig: ›Philister – Philister!‹ – und schlugen eine entsetzliche Lache auf. – Das verdross mich. Denn, geliebter Rufin! gibt es für einen großen Gelehrten etwas Kränkenderes, als für einen von dem Volke gehalten zu werden, das vor vielen tausend Jahren mittelst eines Eselkinnbackens erschlagen wurde? – Ich nahm mich zusammen in der mir angebornen Würde, und sprach laut zu dem sonderbaren Volk um mich her, dass ich hoffe, mich in einem zivilisierten Staat zu befinden, und dass ich mich an Polizei und Gerichtshöfe wenden würde, um die mir zugefügte Unbill zu rächen. Da brummten sie alle; auch die, die bisher noch nicht gedampft, zogen die dazu bestimmten Maschinen aus der Tasche und alle bliesen mir die dicken Dampfwolken ins Gesicht, welche, wie ich nun erst merkte, ganz unerträglich stanken und meine Sinne betäubten. Dann sprachen sie eine Art Fluch über mich aus, dessen Worte ich ihrer Grässlichkeit halber dir, geliebter Rufin! gar nicht wiederholen mag. Nur mit tiefem Grausen kann ich selbst daran denken. Endlich verließen sie mich unter lautem Hohngelächter, und mir war's, als wenn das Wort: Hetzpeitsche, in den Lüften verhalle! – Mein Fuhrmann, der alles mit angehört, mit angesehen, rang die Hände und sprach: ›Ach mein lieber Herr! nun das geschehen ist was geschah, so gehen Sie beileibe nicht in jene Stadt hinein! Kein Hund, wie man zu sagen pflegt, würde ein Stück Brot von Ihnen nehmen und stete Gefahr Sie bedrohen, geprü –‹ Ich ließ den Wackern nicht ausreden, sondern wandte meine Schritte so schnell als es nur gehen mochte, nach dem nächsten Dorfe. In dem einsamen Kämmerlein des einzigen Wirtshauses dieses Dorfs sitze ich, und schreibe dir, mein geliebter Rufin, dieses alles! – Soviel es möglich ist, werde ich Nachrichten einziehen von dem fremden barbarischen Volke, das in jener Stadt hauset. Von ihren Sitten – Gebräuchen – von ihrer Sprache u. s. w. habe ich mir schon manches höchst Seltsame erzählen lassen und werde dir getreulich alles mitteilen etc. etc.«

– Du gewahrst, o mein geliebter Leser, dass man ein großer Gelehrter und doch mit sehr gewöhnlichen Erscheinungen im Leben unbekannt sein, und doch über Weltbekanntes in die wunderlichsten Träume geraten kann. Ptolomäus Philadelphus hatte studiert und kannte nicht einmal Studenten, und wusste nicht einmal, dass er in dem Dorfe Hoch-Jakobsheim saß, das bekanntlich dicht bei der berühmten Universität Kerepes liegt, als er seinem Freunde von einer Begebenheit schrieb, die sich in seinem Kopfe zum seltsamsten Abenteuer umgeformt hatte. Der gute Ptolomäus erschrak, als er Studenten begegnete, die fröhlich und guter Dinge über Land zogen zu ihrer Lust. Welche Angst hätte ihn überfallen, wäre er eine Stunde früher in Kerepes angekommen, und hätte ihn der Zufall vor das Haus des Professors der Naturkunde Mosch Terpin geführt! – hunderte von Studenten hätten aus dem Hause herausströmend ihn umringt, lärmend disputierend etc., und noch wunderlichere Träume wären ihm in den Kopf gekommen über diesem Gewirr, über diesem Getreibe.

Die Kollegia Mosch Terpins wurden nämlich in ganz Kerepes am häufigsten besucht. Er war, wie gesagt, Professor der Naturkunde, er erklärte, wie es regnet, donnert, blitzt, warum die Sonne scheint bei Tage und der Mond des Nachts, wie und warum das Gras wächst etc., sodass jedes Kind es begreifen musste. Er hatte die ganze Natur in ein kleines niedliches Kompendium zusammengefasst, sodass er sie bequem nach Gefallen handhaben und daraus für jede Frage die Antwort wie aus einem Schubkasten herausziehen konnte. Seinen Ruf begründete er zuerst dadurch, als er es nach vielen physikalischen Versuchen glücklich herausgebracht hatte, dass die Finsternis hauptsächlich von Mangel an Licht herrühre. Dies, so wie, dass er eben jene physikalischen Versuche mit vieler Gewandtheit in nette Kunststückchen umzusetzen wusste und gar ergötzlichen Hokuspokus trieb, verschaffte ihm den unglaublichen Zulauf. – Erlaube, mein günstiger Leser, dass, da du viel besser wie der berühmte Gelehrte Ptolomäus Philadelphias Studenten kennst, da du nichts von seiner träumerischen Furchtsamkeit weißt, ich dich nun nach Kerepes führe vor das Haus des Professors Mosch Terpin, als er eben sein Kollegium beendet. Einer unter den herausströmenden Studenten fesselt sogleich deine Aufmerksamkeit. Du gewahrst einen wohlgestalteten Jüngling von drei- bis vierundzwanzig Jahren, aus dessen dunkel leuchtenden Augen ein innerer reger, herrlicher Geist mit beredten Worten spricht. Beinahe keck würde sein Blick zu nennen sein, wenn nicht die schwärmerische Trauer, wie sie auf dem ganzen blassen Antlitz liegt, einem Schleier gleich die brennenden Strahlen verhüllte. Sein Rock von schwarzem feinen Tuch mit gerissenem Samt besetzt ist beinahe nach altteutscher Art zugeschnitten, wozu der zierliche blendend weiße Spitzenkragen, so wie das Samtbarett, das auf den schönen kastanienbraunen Locken sitzt, ganz gut passt. Gar hübsch steht ihm diese Tracht deshalb, weil er seinem ganzen Wesen, seinem Anstande in Gang und Stellung, seiner bedeutungsvollen Gesichtsbildung nach wirklich einer schönen frommen Vorzeit anzugehören scheint und man daher nicht eben an die Ziererei denken mag, wie sie in kleinlichem Nachäffen missverstandener Vorbilder in ebenso missverstandenen Ansprüchen der Gegenwart oft an der Tagesordnung ist. Dieser junge Mann, der dir, geliebter Leser, auf den ersten Blick so wohlgefällt, ist niemand anders, als der Student Balthasar, anständiger, vermögender Leute Kind, fromm – verständig – fleißig – von dem ich dir, o mein Leser! in der merkwürdigen Geschichte, die ich aufzuschreiben unternommen, gar vieles zu erzählen gedenke. –

Ernst, in Gedanken vertieft, wie es seine Art war, wandelte Balthasar aus dem Kollegium des Professors Mosch Terpin dem Tore zu, um sich, statt auf den Fechtboden, in das anmutige Wäldchen zu begeben, das kaum ein paar hundert Schritte von Kerepes liegt. Sein Freund Fabian, ein hübscher Bursche von muntrem Ansehen und ebensolcher Gesinnung, rannte ihm nach und ereilte ihn dicht vor dem Tore.

»Balthasar!« – rief nun Fabian laut, »Balthasar, nun, willst du wieder heraus in den Wald und wie ein melancholischer Philister einsam umherirren, während tüchtige Bursche sich wacker üben in der edlen Fechtkunst! – Ich bitte dich, Balthasar, lass doch endlich ab von deinem närrischen, unheimlichen Treiben, und sei wieder recht munter und froh, wie du es sonst wohl warst. Komm! – wir wollen uns in ein paar Gängen versuchen, und willst du denn noch heraus, so lauf ich wohl mit dir.«

»Du meinst es gut«, erwiderte Balthasar, »du meinst es gut, Fabian, und deswegen will ich nicht mit dir grollen, dass du mir manchmal auf Steg und Weg nachläufst wie ein Besessener und mich um manche Lust bringst, von der du keinen Begriff hast. Du gehörst nun einmal zu den seltsamen Leuten, die jeden, den sie einsam wandeln sehn, für einen melancholischen Narren halten und ihn auf ihre Weise handhaben und kurieren wollen, wie jener Hofschranz den würdigen Prinzen Hamlet, der dem Männlein dann, als er versicherte sich nicht auf das Flötenblasen zu verstehen, eine tüchtige Lehre gab. Damit will ich dich, lieber Fabian, nun zwar verschonen, übrigens dich aber recht herzlich bitten, dass du dir zu deiner edlen Fechterei mit Rapier und Hieber einen andern Kumpan suchen und mich ruhig meinen

Weg fortwandeln lassen mögest.« – »Nein nein«, rief Fabian lachend, »so entkommst du mir nicht, mein teurer Freund! – Willst du mit mir nicht auf den Fechtboden, so gehe ich mit dir heraus in das Wäldchen. Es ist die Pflicht des treuen Freundes, dich in deinem Trübsinn aufzuheitern. Komm nur, lieber Balthasar, komm nur, wenn du es denn nicht anders haben willst.« Damit fasste er den Freund unter den Arm, und schritt rüstig mit ihm von dannen. Balthasar biss in stillem Ingrimm die Zähne zusammen und beharrte in finsterm Schweigen, während Fabian in einem Zuge Lustiges und Lustiges erzählte. Es lief viel Albernes mit unter, welches immer zu geschehen pflegt beim lustigen Erzählen in einem Zuge.

Als sie nun endlich in die kühlen Schatten des duftenden Waldes traten, als die Büsche wie in sehnsüchtigen Seufzern flüsterten, als die wunderbaren Melodien der rauschenden Bäche, die Lieder des Waldgeflügels fernhin tönten und den Widerhall weckten, der ihnen aus den Bergen antwortete, da stand Balthasar plötzlich still und rief, indem er die Arme weit ausbreitete, als woll er Baum und Gebüsch liebend umfangen: »O nun ist mir wieder wohl! – unbeschreiblich wohl!« – Fabian schaute den Freund etwas verblüfft an, wie einer, der nicht klug werden kann aus des andern Rede, der gar nicht weiß, was er damit anfangen soll. Da fasste Balthasar seine Hand und rief voll Entzücken: »Nicht wahr, Bruder, nun geht dir auch das Herz auf, nun begreifst du auch das selige Geheimnis der Waldeinsamkeit?« – »Ich verstehe dich nicht ganz, lieber Bruder«, erwiderte Fabian, »aber wenn du meinst, dass dir ein Spaziergang hier im Walde wohl tut, so bin ich völlig deiner Meinung. Gehe ich nicht auch gern spazieren, zumal in guter Gesellschaft, in der man ein vernünftiges lehrreiches Gespräch führen kann? – Z. B. ist es wohl eine wahre Lust mit unserm Professor Mosch Terpin über Land zu gehen. Der kennt jedes Pflänzchen, jedes Gräschen, und weiß wie es heißt mit Namen und in welche Klasse es gehört, und versteht sich auf Wind und Wetter –« »Halt ein«, rief Balthasar, »ich bitte dich, halt ein! – du berührst etwas, das mich toll machen könnte, gab es sonst keinen Trost dafür. Die Art, wie der Professor über die Natur spricht, zerreißt mein Inneres. Oder vielmehr mich fasst dabei ein unheimliches Grauen, als sah ich den Wahnsinnigen, der in geckenhafter Narrheit König und Herrscher ein selbst gedrehtes Strohpüppchen liebkost, während, die königliche Braut zu umhalsen! Seine so genannten Experimente kommen mir vor wie eine abscheuliche Verhöh-

nung des göttlichen Wesens, dessen Atem uns in der Natur an-
weht und in unserm innersten Gemüt die tiefsten heiligsten
Ahnungen aufregt. Oft gerat ich in Versuchung, ihm seine Gläser,
seine Phiolen, seinen ganzen Kram zu zerschmeißen, dächt ich
nicht daran, dass der Affe ja nicht ablässt mit dem Feuer zu spielen, bis er sich die Pfoten verbrennt. – Sieh, Fabian, diese Gefühle
ängstigen mich, pressen mir das Herz zusammen in Mosch Terpins Vorlesungen, und wohl mag ich euch dann tiefsinniger und
menschenscheuer vorkommen als jemals. Mir ist dann zu Mute,
als wollten die Häuser über meinem Kopf zusammenstürzen,
eine unbeschreibliche Angst treibt mich heraus aus der Stadt.
Aber hier, hier erfüllt bald mein Gemüt eine süße Ruhe. Auf den
blumigen Rasen gelagert, schaue ich herauf in das weite Blaue
des Himmels, und über mir, über den jubelnden Wald hinweg
ziehen die goldnen Wolken wie herrliche Träume aus einer fernen
Welt voll seliger Freuden! – O mein Fabian, dann erhebt sich aus
meiner eignen Brust ein wunderbarer Geist, und ich vernehm es,
wie er in geheimnisvollen Worten spricht mit den Büschen – mit
den Bäumen, mit den Wogen des Waldbachs und nicht vermag ich
die Wonne zu nennen, die dann in süßem wehmütigen Bangen
mein ganzes Wesen durchströmt!« – »Ei«, rief Fabian, »ei das ist
nun wieder das alte ewige Lied von Wehmut und Wonne und
sprechenden Bäumen und Waldbächen. Alle deine Verse strotzen
von diesen artigen Dingen, die ganz passabel ins Ohr fallen und
mit Nutzen verbraucht werden, sobald man nichts weiter dahinter sucht. – Aber sage mir, mein vortrefflichster Melancholikus, wenn dich Mosch Terpins Vorlesungen in der Tat so entsetzlich kränken und ärgern, sage mir nur, warum in aller Welt du
in jede hineinläufst, warum du keine einzige versäumst, und dann
freilich jedes Mal stumm und starr mit geschlossenen Augen
dasitzest wie ein Träumender?« – »Frage mich«, erwiderte Balthasar, indem er die Augen niederschlug, »frage mich darum
nicht, lieber Freund! – Eine unbekannte Gewalt zieht mich jeden
Morgen hinein in Mosch Terpins Haus. Ich fühle im Voraus
meine Qualen und doch kann ich nicht widerstehen, ein dunkles
Verhängnis reißt mich fort!« – »Ha – ha –« lachte Fabian hell auf,
»ha ha ha – wie fein – wie poetisch, wie mystisch! Die unbekannte
Gewalt, die dich hineinzieht in Mosch Terpins Haus, liegt in den
dunkelblauen Augen der schönen Candida! – Dass du bis über
die Ohren verliebt bist in des Professors niedliches Töchterlein,
das wissen wir alle längst, und darum halten wir dir deine Fantasterei, dein närrisches Wesen zugute. Mit Verliebten ist es nun

nicht anders. Du befindest dich im ersten Stadium der Liebes-
krankheit und musst in späten Jünglingsjahren dich zu all den
seltsamen Possen bequemen, die wir, ich und viele andere, dem
Himmel sei es gedankt! ohne ein großes zuschauendes Publikum
auf der Schule durchmachten. Aber glaube mir, mein süßes
Herz –«

Fabian hatte indessen seinen Freund Balthasar wieder beim
Arme gefasst und war mit ihm rasch weitergeschritten. Eben jetzt
traten sie heraus aus dem Dickicht auf den breiten Weg, der mitten
durch den Wald führte. Da gewahrte Fabian, wie aus der Ferne ein
Pferd ohne Reiter in eine Staubwolke gehüllt herantrabte. – »Hei
hei! –« rief er, sich in seiner Rede unterbrechend, »hei hei, da ist
eine verfluchte Schindmähre durchgegangen und hat ihren Reiter
abgesetzt – *die* müssen wir fangen und nachher den Reiter suchen
im Walde.« Damit stellte er sich mitten in den Weg.

Näher und näher kam das Pferd, da war es, als wenn von beiden
Seiten ein Paar Reitstiefel in der Luft auf und nieder baumelten und auf dem Sattel etwas Schwarzes sich rege und bewege.
Dicht vor Fabian erschallte ein langes gellendes Prrr – Prrr – und
in demselben Augenblick flogen ihm auch ein Paar Reitstiefel
um den Kopf und ein kleines seltsames schwarzes Ding kugelte
hin, ihm zwischen die Beine. Mauerstill stand das große Pferd
und beschnüffelte mit lang vorgestrecktem Halse sein winziges
Herrlein, das sich im Sande wälzte und endlich mühsam auf die
Beine richtete. Dem kleinen Knirps steckte der Kopf tief zwischen den hohen Schultern, er war mit seinem Auswuchs auf
Brust und Rücken, mit seinem kurzen Leibe und seinen hohen
Spinnenbeinchen anzusehen wie ein auf eine Gabel gespießter
Apfel, dem man ein Fratzengesicht eingeschnitten. Als nun
Fabian dies seltsame kleine Ungetüm vor sich stehen sah, brach
er in ein lautes Gelächter aus. Aber der Kleine drückte sich das
Barettlein, das er vom Boden aufgerafft, trotzig in die Augen und
fragte, indem er Fabian mit wilden Blicken durchbohrte, in
rauem tief heiserem Ton: »Ist dies der rechte Weg nach Kerepes?«
»Ja, mein Herr!« antwortete Balthasar mild und ernst, und
reichte dem Kleinen die Stiefel hin, die er zusammengesucht
hatte. Alles Mühen des Kleinen, die Stiefel anzuziehen, blieb
vergebens, er stülpte ein Mal übers andere um und wälzte sich
stöhnend im Sande. Balthasar stellte beide Stiefel aufrecht zusammen, hob den Kleinen sanft in die Höhe und steckte ihn ebenso niederlassend, beide Füßchen in die zu schwere und weite
Futterale. Mit stolzem Wesen, die eine Hand in die Seite ge-

stemmt, die andere ans Barett gelegt, rief der Kleine: »*Gratias,* mein Herr!« und schritt nach dem Pferde hin, dessen Zügel er fasste. Alle Versuche, den Steigbügel zu erreichen oder hinaufzuklimmen auf das große Tier, blieben indessen vergebens. Balthasar, immer ernst und mild, trat hinzu und hob den Kleinen in den Steigbügel. Er mochte sich wohl einen zu starken Schwung gegeben haben, denn in demselben Augenblick, als er oben saß, lag er auf der andern Seite auch wieder unten. »Nicht so hitzig, allerliebster Mosje!«, rief Fabian, indem er aufs neue in ein schallendes Gelächter ausbrach. »Der Teufel ist Ihr allerliebster Mosje«, schrie der Kleine ganz erbost, indem er sich den Sand von den Kleidern klopfte, »ich bin Studiosus, und wenn Sie desgleichen sind, so ist es Tusch, dass Sie mir wie ein Hasenfuß ins Gesicht lachen, und Sie müssen sich morgen in Kerepes mit mir schlagen!« »Donner«, rief Fabian immerfort lachend, »Donner, das ist mal ein tüchtiger Bursche, ein Allerweltskerl, was Courage betrifft und echten Komment.« Und damit hob er den Kleinen, alles Zappelns und Sträubens ungeachtet, in die Höhe und setzte ihn aufs Pferd, das sofort mit seinem Herrlein lustig wiehernd davontrabte! – Fabian hielt sich beide Seiten, er wollte vor Lachen ersticken. – »Es ist grausam«, sprach Balthasar, »einen Menschen auszulachen, den die Natur auf solche entsetzliche Weise verwahrlost hat, wie den kleinen Reiter dort. Ist er wirklich Student, so musst du dich mit ihm schlagen, und zwar, läuft's auch sonst gegen alle akademische Sitte, auf Pistolen, da er weder Rapier noch Hieber zu führen vermag.« – »Wie ernst«, sprach Fabian, »wie ernst, wie trübselig du das alles wieder nimmst, mein lieber Freund Balthasar. Nie ists mir eingefallen, eine Missgeburt auszulachen. Aber sage mir, darf solch ein knorpliger Däumling sich auf ein Pferd setzen, über dessen Hals er nicht wegzuschauen vermag? Darf er die Füßlein in solch verrucht weite Stiefeln stecken? darf er eine knapp anschließende Kurtka mit tausend Schnüren und Troddeln und Quasten, darf er solch ein verwunderliches Samtbarett tragen? darf er solch ein hochmütiges trotziges Wesen annehmen? darf er sich solche barbarische heisere Laute abzwingen? – Darf er das alles, frage ich, ohne mit Recht als eingefleischter Hasenfuß ausgelacht zu werden? – Aber ich muss hinein, ich muss den Rumor mit anschauen, den es geben wird, wenn der ritterliche Studiosus einzieht auf seinem stolzen Rosse! – Mit dir ist doch heute einmal nichts anzufangen! – Gehab dich wohl!« – Spornstreichs rannte Fabian durch den Wald nach der Stadt zurück. –

Balthasar verließ den offenen Weg und verlor sich in das dichteste Gebüsch, da sank er hin auf einen Moossitz, erfasst, ja überwältigt von den bittersten Gefühlen. Wohl mocht es sein, dass er die holde Candida wirklich liebte, aber er hatte diese Liebe wie ein tiefes, zartes Geheimnis in dem Innersten seiner Seele vor allen Menschen, ja vor sich selbst verschlossen. Als nun Fabian so ohne Hehl, so leichtsinnig darüber sprach, war es ihm, als rissen rohe Hände in frechem Übermut die Schleier von dem Heiligenbilde herab, die zu berühren er nicht gewagt, als müsse nun die Heilige auf *ihn* selbst ewig zürnen. Ja Fabians Worte schienen ihm eine abscheuliche Verhöhnung seines ganzen Wesens, seiner süßesten Träume.

»Also«, rief er im Übermaß seines Unmuts aus, »also für einen verliebten Gecken hältst du mich, Fabian! – für einen Narren, der in Mosch Terpins Vorlesungen läuft, um wenigstens eine Stunde hindurch mit der schönen Candida unter einem Dache zu sein, der in dem Walde einsam umherstreift, um auf elende Verse zu sinnen an die Geliebte und sie noch erbärmlicher aufzuschreiben, der die Bäume verdirbt, alberne Namenszüge in ihre glatten Rinden einschneidend, der in Gegenwart des Mädchens kein gescheutes Wort zu Markte bringt, sondern nur seufzt und ächzt und weinerliche Gesichter schneidet, als litt er an Krämpfen, der verwelkte Blumen, die sie am Busen trug, oder gar den Handschuh, den sie verlor, auf der bloßen Brust trägt – kurz, der tausend kindische Torheiten begeht! – Und darum, Fabian, neckst du mich, und darum lachen mich wohl alle Bursche aus, und darum bin ich samt der innern Welt, die mir aufgegangen, vielleicht ein Gegenstand der Verspottung. – Und die holde – liebliche – herrliche Candida –«

Als er diesen Namen aussprach, fuhr es ihm durchs Herz, wie ein glühender Dolchstich! – Ach! – eine innere Stimme flüsterte ihm in dem Augenblick sehr vernehmlich zu, dass er ja nur eben Candidas wegen in Mosch Terpins Haus gehe, dass er Verse mache an die Geliebte, dass er ihre Namen einschneide in das Laubholz, dass er in ihrer Gegenwart verstumme, seufze, ächze, dass er verwelkte Blumen, die sie verlor, auf der Brust trage, dass er mithin ja wirklich in alle Torheiten verfalle, wie sie ihm Fabian nur vorrücken könne. – Erst jetzt fühlte er es recht, wie unaussprechlich er die schöne Candida liebe, aber auch zugleich, dass seltsam genug sich die reinste innigste Liebe im äußern Leben etwas geckenhaft gestalte, welches wohl der tiefen Ironie zuzurechnen, die die Natur in alles menschliche Treiben gelegt. Er mochte Recht haben, ganz unrecht war es indessen, dass er sich darüber sehr zu ärgern begann. Träume, die ihn sonst umfingen, waren verloren, die Stimmen des Waldes klangen ihm wie Hohn und Spott, er rannte zurück nach Kerepes.

»Herr Balthasar – mon cher Balthasar« – rief es ihn an. Er schlug den Blick auf und blieb festgezaubert stehen, denn ihm entgegen kam der Professor Mosch Terpin, der seine Tochter Candida am Arme führte. Candida begrüßte den zur Bildsäule Erstarrten mit der heitern freundlichen Unbefangenheit, die ihr eigen. »Balthasar, mon cher Balthasar«, rief der Professor, »Sie sind in der Tat der fleißigste, mir der liebste von meinen Zuhörern! – O mein Bester, ich merk es Ihnen an, Sie lieben die Natur mit all ihren Wundern, wie ich, der ich einen wahren Narren daran gefressen! – Gewiss wieder botanisiert in unserm Wäldchen! – Was Ersprießliches gefunden? – Nun! – lassen Sie uns nähere Bekanntschaft machen. – Besuchen Sie mich – jederzeit willkommen – Können zusammen experimentieren – Haben Sie schon meine Luftpumpe gesehen? – Nun! – mon cher – morgen Abend versammelt sich ein freundschaftlicher Zirkel in meinem Hause, welcher Tee mit Butterbrot konsumieren und sich in angenehmen Gesprächen erlustigen wird, vermehren Sie ihn durch Ihre werte Person – Sie werden einen sehr anziehenden jungen Mann kennen lernen, der mir ganz besonders empfohlen – Bon soir, mon cher – Guten Abend, Vortrefflicher – au revoir – Auf Wiedersehen! – Sie kommen doch morgen in die Vorlesung? – Nun – mon cher, Adieu!« – Ohne Balthasars Antwort abzuwarten, schritt der Professor Mosch Terpin mit seiner Tochter von dannen.

Balthasar hatte in seiner Bestürzung nicht gewagt, die Augen aufzuschlagen, aber Candidas Blicke brannten hinein in seine Brust, er fühlte den Hauch ihres Atems und süße Schauer durchbebten sein innerstes Wesen.

Entnommen war ihm aller Unmut, er schaute voll Entzücken der holden Candida nach, bis sie in den Laubgängen verschwand. Dann kehrte er langsam in den Wald zurück, um herrlicher zu träumen als jemals.

DRITTES KAPITEL

Wie Fabian nicht wusste was er sagen sollte. – Candida und Jung-
frauen, die nicht Fische essen dürfen. – Mosch Terpins literarischer
Tee. – Der junge Prinz.

Fabian gedachte, als er den Richtsteig quer durch den Wald lief,
dem kleinen wunderlichen Knirps, der vor ihm davongetrabt,
doch wohl noch zuvorzukommen. Er hatte sich geirrt, denn aus
dem Gebüsch heraustretend, gewahrte er ganz in der Ferne,
wie noch ein anderer stattlicher Reiter sich zu dem Kleinen
gesellte und wie nun beide in das Tor von Kerepes hineinritten. –
»Hm!« – sprach Fabian zu sich selbst, »ist der Nussknacker auf
seinem großen Pferde auch schon vor mir angelangt, so komme
ich doch noch zeitig genug zu dem Spektakel, den es geben wird
bei seiner Ankunft. Ist das seltsame Ding wirklich ein Studiosus,
so weiset man nach dem geflügelten Ross, und hält er dort an mit
seinem gellenden Prr – Prr! – und wirft die Reitstiefel voran und
sich selbst nach, und tut, wenn die Bursche lachen, wild und trotzig – nun! – dann ist das tolle Possenspiel fertig!« –

Als Fabian nun die Stadt erreicht, glaubte er in den Straßen, auf
dem Wege nach dem geflügelten Ross, lauter lachenden Gesichtern zu begegnen. Dem war aber nicht so. Alle Leute gingen ruhig
und ernst vorüber. Ebenso ernsthaft spazierten auf dem Platz vor
dem geflügelten Ross mehrere Akademiker, die sich dort versammelt, miteinander sprechend auf und nieder. Fabian war überzeugt, dass der Kleine wenigstens hier nicht angekommen sein
müsse, da gewahrte er, einen Blick ins Tor des Gasthauses werfend, dass soeben das sehr kennbare Pferd des Kleinen nach dem
Stall geführt wurde. Auf den ersten besten seiner Bekannten
sprang er nun los und fragte, ob denn nicht ein ganz seltsamer
wunderlicher Knirps herangetrabt sei? – Der, den Fabian fragte,
wusste ebenso wenig etwas davon als die übrigen, denen Fabian
nun erzählte, was sich mit ihm und dem Däumling, der ein Student sein wollen, begeben. Alle lachten sehr, versicherten indessen, dass ein solches Ding, wie das, was er beschreibe, keinesweges angelangt. Wohl wären aber vor kaum zehn Minuten zwei
sehr stattliche Reiter auf schönen Pferden im Gasthause zum
geflügelten Ross abgestiegen. »Sass der eine von ihnen auf dem
Pferde, das eben nach dem Stall geführt wurde?« So fragte Fabian.
»Allerdings«, erwiderte einer, »allerdings. Der, der auf jenem
Pferde saß, war von etwas kleiner Statur, aber von zierlichem Kör-

perbau, angenehmen Gesichtszügen und hatte die schönsten Lockenhaare, die man sehen kann. Dabei zeigte er sich als den vortrefflichsten Reiter, denn er schwang sich mit einer Behändigkeit, mit einem Anstande vom Pferde herab, wie der erste Stallmeister unseres Fürsten.« »Und«, rief Fabian, »und verlor nicht die Reitstiefel und kugelte euch nicht vor die Füße?« – »Gott behüte«, erwiderten alle einstimmig, »Gott behüte! – was denkst du Bruder! solch ein tüchtiger Reiter wie der Kleine!« – Fabian wusste gar nicht was er sagen sollte. Da kam Balthasar die Straße herab. Auf den stürzte Fabian los, zog ihn heran und erzählte, wie der kleine Knirps, der ihnen vor dem Tor begegnet und vom Pferde herabgefallen, hier eben angekommen sei und von allen für einen schönen Mann von zierlichem Gliederbau und für den vortrefflichsten Reiter gehalten werde. »Du siehst«, erwiderte Balthasar ernst und gelassen, »du siehst, lieber Bruder Fabian, dass nicht alle so wie du, über unglückliche von der Natur verwahrloste Menschen lieblos spottend herfallen« – »Aber du mein Himmel«, fiel ihm Fabian ins Wort, »hier ist ja gar nicht von Spott und Lieblosigkeit die Rede, sondern nur davon, ob ein drei Fuß hohes Kerlein, der einem Rettich gar nicht unähnlich, ein schöner zierlicher Mann zu nennen?« – Balthasar musste, was Wuchs und Ansehen des kleinen Studenten betraf, Fabians Aussage bestätigen. Die andern versicherten, dass der kleine Reiter ein hübscher zierlicher Mann sei, wogegen Fabian und Balthasar fortwährend behaupteten, sie hätten nie einen scheußlicheren Däumling erblickt. Dabei blieb es, und alle gingen voll Verwunderung auseinander.

Der späte Abend brach ein, die beiden Freunde begaben sich zusammen nach ihrer Wohnung. Da fuhr es dem Balthasar, selbst wusste er nicht wie, heraus, dass er dem Professor Mosch Terpin begegnet, der ihn auf den folgenden Abend zu sich geladen. »Ei du glücklicher«, rief Fabian, »ei du überglücklicher Mensch! – da wirst du dein Liebchen, die hübsche Mamsell Candida sehen, hören, sprechen!« – Balthasar, aufs neue tief verletzt, riss sich los von Fabian und wollte fort. Doch besann er sich, blieb stehen und sprach, seinen Verdruss mit Gewalt niederkämpfend: »Du magst Recht haben, lieber Bruder, dass du mich für einen albernen verliebten Gecken hältst, ich bin es vielleicht wirklich. Aber diese Albernheit ist eine tiefe schmerzhafte Wunde, die meinem Gemüt geschlagen, und die, auf unvorsichtige Weise berührt, im heftigeren Weh mich zu allerlei Tollheit aufreizen könnte. Darum Bruder! wenn du mich wirklich lieb hast, so nenne mir nicht mehr den Namen Candida!« – »du nimmst«, erwiderte Fabian, »du nimmst, mein lieber Freund Balthasar, die Sache wieder entsetzlich tragisch, und anders lässt sich das auch in deinem Zu Stande nicht erwarten. Aber um mit dir nicht in allerlei hässlichen Zwiespalt zu geraten, verspreche ich, dass der Name Candida nicht eher über meine Lippen kommen soll, bis du selbst mir Gelegenheit dazu gibst. Nur so viel erlaube mir heute noch zu sagen, dass ich allerlei Verdruss voraussehe, in den dich dein Verliebtsein stürzen wird. Candida ist ein gar hübsches herrliches Mägdlein, aber zu deiner melancholischen, schwärmerischen Gemütsart passt sie ganz und gar nicht. Wirst du näher mit ihr bekannt, so wird ihr unbefangenes heitres Wesen dir Mangel an Poesie, die du überall vermissest, scheinen. Du wirst in allerlei wunderliche Träumereien geraten, und das Ganze wird mit entsetzlichem eingebildeten Weh und genügender Verzweiflung tumultuarisch enden. – Übrigens bin ich ebenso wie du auf morgen zu unserm Professor eingeladen, der uns mit sehr schönen Experimenten unterhalten wird! – Nun gute Nacht, fabelhafter Träumer! Schlafe, wenn du schlafen kannst vor solch wichtigem Tage wie der morgende!«

Damit verließ Fabian den Freund, der in tiefes Nachdenken versunken. – Fabian mochte nicht ohne Grund allerlei pathetische Unglücksmomente voraussehen, die sich mit Candida und Balthasar wohl zutragen konnten; denn beider Wesen und Gemütsart schien in der Tat Anlass genug dazu zu geben.

Candida war, jeder musste das eingestehen, ein bildhübsches Mädchen, mit recht ins Herz hinein strahlenden Augen und etwas aufgeworfenen Rosenlippen. Ob ihre übrigens schönen Haare, die sie in wunderlichen Flechten gar fantastisch aufzunesteln wusste, mehr blond oder mehr braun zu nennen, habe ich vergessen, nur erinnere ich mich sehr gut der seltsamen Eigenschaft, dass sie immer dunkler und dunkler wurden, je länger man sie anschaute. Von schlankem hohen Wuchs, leichter Bewegung, war das Mädchen, zumal in lebenslustiger Umgebung die Huld, die Anmut selbst, und man übersah es bei so vielem körperlichen Reiz sehr gern, dass Hand und Fuß vielleicht kleiner und zierlicher hätten gebaut sein können. Dabei hatte Candida Goethes Wilhelm Meister, Schillers Gedichte und Fouqués Zauberring gelesen, und beinahe alles, was darin enthalten, wieder vergessen; spielte ganz passabel das Pianoforte, sang sogar zuweilen dazu; tanzte die neuesten Françoisen und Gavotten, und schrieb die Waschzettel mit einer feinen leserlichen Hand. Wollte man durchaus an dem lieben Mädchen etwas aussetzen, so war es vielleicht, dass sie etwas zu tief sprach, sich zu fest einschnürte, sich zu lange über einen neuen Hut freute und zu viel Kuchen zum Tee verzehrte. Überschwänglichen Dichtern war freilich noch vieles andere an der hübschen Candida nicht recht, aber was verlangen die auch alles. Fürs erste wollen sie, dass das Fräulein über alles, was sie von sich verlauten lassen, in ein somnambules Entzücken gerate, tief seufze, die Augen verdrehe, gelegentlich auch wohl was weniges ohnmächtle oder gar zurzeit erblinde als höchste Stufe der weiblichsten Weiblichkeit. Dann muss besagtes Fräulein des Dichters Lieder singen nach der Melodie, die ihm (dem Fräulein) selbst aus dem Herzen geströmt, augenblicklich aber davon krank werden, und selbst auch wohl Verse machen, sich aber sehr schämen wenn es herauskommt, ungeachtet die Dame dem Dichter ihre Verse auf sehr feinem wohlriechenden Papier mit zarten Buchstaben geschrieben selbst in die Hände spielte, der dann auch seinerseits vor Entzücken darüber erkrankt, welches ihm gar nicht zu verdenken ist. Es gibt poetische Aszetiker, die noch weiter gehen und es aller weiblichen Zartheit entgegen finden, dass ein Mädchen lachen, essen und trinken und sich zierlich nach der Mode kleiden sollte. Sie gleichen beinahe dem heiligen Hieronymus, der den Jungfrauen verbietet Ohrgehänge zu tragen und Fische zu essen. Sie sollen, so gebietet der Heilige, nur etwas zubereitetes Gras genießen, beständig hungrig sein ohne es zu fühlen, sich in grobe, schlecht genähte Kleider hüllen, die ihren Wuchs verbergen, vorzüglich aber eine Person zur Gefährtin wählen, die ernsthaft, bleich, traurig und etwas schmutzig ist! –

Candida war durch und durch ein heiteres unbefangenes Wesen, deshalb ging ihr nichts über ein Gespräch, das sich auf den leichten luftigen Schwingen des unverfänglichsten Humors bewegte. Sie lachte recht herzlich über alles Drollige; sie seufzte nie, als wenn Regenwetter ihr den gehofften Spaziergang verdarb, oder aller Vorsicht ungeachtet, der neue Shawl einen Fleck bekommen hatte. Dabei blickte, gab es wirklichen Anlass dazu, ein tiefes inniges Gefühl hindurch, das nie in schale Empfindelei ausarten durfte, und so mochte mir und dir, geliebter Leser! die wir nicht zu den Überschwänglichen gehören, das Mädchen eben ganz recht sein. Sehr leicht konnte es mit Balthasar sich anders verhalten! – Doch bald muss es sich ja wohl zeigen, inwiefern der prosaische Fabian richtig prophezeit hatte oder nicht! –

Dass Balthasar vor lauter Unruhe, vor unbeschreiblichem

süßen Bangen die ganze Nacht hindurch nicht schlafen konnte: was war natürlicher als das. Ganz erfüllt von dem Bilde der Geliebten, setzte er sich hin an den Tisch und schrieb eine ziemliche Anzahl artiger wohlklingender Verse nieder, die in einer mystischen Erzählung von der Liebe der Nachtigall zur Purpurrose seinen Zustand schilderten. Die wollt er mitnehmen in Mosch Terpins literarischen Tee und damit losfahren auf Candidas unbewahrtes Herz, wenn und wie es nur möglich.

Fabian lächelte ein wenig, als er der Verabredung gemäß zur bestimmten Stunde kam, um seinen Freund Balthasar abzuholen, und ihn zierlicher geputzt fand, als er ihn jemals gesehen. Er hatte einen gezackten Kragen von den feinsten Brüßler Kanten umgetan, sein kurzes Kleid mit geschlitzten Ärmeln war von gerissenem Samt. Und dazu trug er französische Stiefeln mit hohen spitzen Absätzen und silbernen Franzen, einen englischen Hut vom feinsten Kastor, und dänische Handschuhe. So war er ganz deutsch gekleidet, und der Anzug stand ihm über alle Maßen gut, zumal er sein Haar schön kräuseln lassen und das kleine Stutzbärtchen wohl aufgekämmt hatte.

Das Herz bebte dem Balthasar vor Entzücken, als in Mosch Terpins Hause Candida ihm entgegentrat, ganz in der Tracht der altdeutschen Jungfrau, freundlich, anmutig in Bück und Wort, im ganzen Wesen, wie man sie immer zu sehen gewohnt. »Mein holdseligstes Fräulein!« seufzte Balthasar aus dem Innersten auf, als Candida, die süße Candida selbst, eine Tasse dampfenden Tee ihm darbot. Candida schaute ihn aber an mit leuchtenden Augen und sprach: »Hier ist Rum und Maraschino, Zwieback und Pumpernickel, lieber Herr Balthasar! greifen Sie doch nur gefälligst zu nach Ihrem Belieben!« Statt aber auf Rum und Maraschino, Zwieback oder Pumpernickel zu schauen oder gar zuzugreifen, konnte der begeisterte Balthasar den Blick voll schmerzlicher Wehmut der innigsten Liebe nicht abwenden von der holden Jungfrau, und rang nach Worten, die aus tiefster Seele aussprechen sollten, was er eben empfand. Da fasste ihn aber der Professor der Ästhetik, ein großer baumstarker Mann, mit gewaltiger Faust von hinten, drehte ihn herum, dass er mehr Teewasser auf den Boden verschüttete, als eben schicklich, und rief mit donnernder Stimme: »Bester Lukas Kranach, saufen Sie nicht das schnöde Wasser, Sie verderben sich den deutschen Magen total – dort im andern Zimmer hat unser tapfere Mosch eine Batterie der schönsten Flaschen mit edlem Rheinwein aufgepflanzt, die wollen wir sofort spielen lassen!« – Er schleppte den unglücklichen Jüngling fort.

Doch aus dem Nebenzimmer trat ihnen der Professor Mosch Terpin entgegen, ein kleines sehr seltsames Männlein an der Hand führend und laut rufend: »Hier, meine Damen und Herren, stelle ich Ihnen einen mit den seltensten Eigenschaften hoch begabten Jüngling vor, dem es nicht schwer fallen wird, sich Ihr Wohlwollen, Ihre Achtung zu erwerben. Es ist der junge Herr Zinnober, der erst gestern auf unsere Universität gekommen, und die Rechte zu studieren gedenkt!« – Fabian und Balthasar erkannten auf den ersten Blick den kleinen wunderlichen Knirps, der vor dem Tore ihnen entgegengesprengt und vom Pferde gestürzt war.

»Soll ich«, sprach Fabian leise zu Balthasar, »soll ich denn noch das Aküunchen herausfordern auf Blasrohr oder Schusterpfriem? Anderer Waffen kann ich mich doch nicht bedienen wider diesen furchtbaren Gegner.«

»Schäme dich«, erwiderte Balthasar, »schäme dich, dass du den verwahrlosten Mann verspottest, der, wie du hörst, die seltensten Eigenschaften besitzt, und *so* durch geistigen Wert das ersetzt, was die Natur ihm an körperlichen Vorzügen versagte.« Dann wandte er sich *zum*. Kleinen und sprach: »Ich hoffe nicht, bester Herr Zinnober, dass Ihr gestriger Fall vom Pferde etwa schlimme Folgen gehabt haben wird?« Zinnober hob sich aber, indem er einen kleinen Stock, den er in der Hand trug, hinten unterstemmte, auf den Fußspitzen in die Höhe, sodass er dem Balthasar beinahe bis an den Gürtel reichte, warf den Kopf in den Nacken, schaute mit wildfunkelnden Augen herauf und sprach in seltsam schnarrendem Basston: »Ich weiß nicht was Sie wollen, wovon Sie sprechen, mein Herr! – Vom Pferde gefallen? – *ich* vom Pferde gefallen? – Sie wissen wahrscheinlich nicht, dass ich der beste Reiter bin, den es geben kann, dass ich niemals vom Pferde falle, dass ich als Freiwilliger unter den Kürassieren den Feldzug mitgemacht und Offizieren und Gemeinen Unterricht gab im Reiten auf der Manege! – hm hm – vom Pferde fallen – ich vom Pferde fallen!« – Damit wollte er sich rasch umwenden, der Stock, auf den er sich gestützt, glitt aber aus, und der Kleine torkelte um und um, dem Balthasar vor die Füße. Balthasar griff herab nach dem Kleinen, ihm aufzuhelfen, und berührte dabei unversehens sein Haupt. Da stieß der Kleine einen gellenden Schrei aus, dass es im ganzen Saal widerhallte und die Gäste erschrocken auffuhren von ihren Sitzen. Man umringte den Balthasar und fragte durcheinander, warum er denn um des Himmels willen so entsetzlich geschrien. »Nehmen Sie es nicht übel, bester Herr Balthasar«, sprach der Professor Mosch Terpin, »aber das war ein etwas wunderlicher Spaß. Denn wahrscheinlich wollten Sie uns doch glauben machen, es trete hier jemand einer Katze auf den Schwanz!«

»Katze – Katze – weg mit der Katze!«, rief eine nervenschwache Dame und fiel sofort in Ohnmacht, und mit dem Geschrei: »Katze – Katze –« rannten ein paar alte Herren, die an derselben Idiosynkrasie litten, zur Türe hinaus.

Candida, die ihr ganzes Riechfläschchen auf die ohnmächtige Dame ausgegossen, sprach leise zu Balthasar: »Aber was richten Sie auch für Unheil an mit Ihrem hässlichen gellenden Miau, lieber Herr Balthasar!«

Dieser wusste gar nicht, wie ihm geschah. Glutrot im ganzen Gesicht vor Unwillen und Scham, vermochte er kein Wort herauszubringen, nicht zu sagen, dass es ja der kleine Herr Zinnober und nicht *er* gewesen, der so entsetzlich gemauzt.

Der Professor Mosch Terpin sah des Jünglings schlimme Verlegenheit. Er nahte sich ihm freundlich und sprach: »Nun nun, lieber Herr Balthasar, sein Sie doch nur ruhig. Ich habe wohl alles bemerkt. Sich zur Erde bückend, auf allen vieren hüpfend, ahmten Sie den gemisshandelten grimmigen Kater herrlich nach. Ich liebe sonst sehr dergleichen naturhistorische Spiele, doch hier im literarischen Tee« – »Aber«, platzte Balthasar heraus, »aber vortrefflichster Herr Professor, ich war es ja nicht« – »Schon gut – schon gut«, fiel ihm der Professor in die Rede. Candida trat zu ihnen. »Tröste mir«, sprach der Professor zu dieser, »tröste mir doch den guten Balthasar, der ganz betreten ist über alles Unheil, was geschehen.«

Der gutmütigen Candida tat der arme Balthasar, der ganz verwirrt mit niedergesenktem Blick vor ihr stand, herzlich leid. Sie reichte ihm die Hand und lispelte mit anmutigem Lächeln: »Es sind aber auch recht komische Leute, die sich so entsetzlich vor Katzen fürchten.«

Balthasar drückte Candidas Hand mit Inbrunst an die Lippen. Candida ließ den seelenvollen Blick ihrer Himmelsaugen auf ihm ruhen. Er war verzückt in den höchsten Himmel und dachte nicht mehr an Zinnober und Katzengeschrei. – Der Tumult war vorüber, die Ruhe wiederhergestellt. Am Teetisch saß die nervenschwache Dame und genoss mehreren Zwieback, den sie in Rum tunkte, versichernd, an dergleichen erlabe sich das von feindlicher Macht bedrohte Gemüt, und dem jähen Schreck folge sehnsüchtig Hoffen! –

Auch die beiden alten Herren, denen draußen wirklich ein

flüchtiger Kater zwischen die Beine gelaufen, kehrten beruhigt zurück, und suchten, wie mehrere andere, den Spieltisch.

Balthasar, Fabian, der Professor der Ästhetik, mehrere junge Leute setzten sich zu den Frauen. Herr Zinnober hatte sich indessen eine Fußbank herangerückt und war mittelst derselben auf den Sofa gestiegen, wo er nun in der Mitte zwischen zwei Frauen saß und stolze funkelnde Blicke um sich warf.

Balthasar glaubte, dass der rechte Augenblick gekommen, mit seinem Gedicht von der Liebe der Nachtigall zur Purpurrose hervorzurücken. Er äußerte daher mit der gehörigen Verschämtheit, wie sie bei jungen Dichtern im Brauch ist, dass er, dürfe er nicht fürchten, Überdruss und Langeweile zu erregen, dürfe er auf gütige Nachsicht der geehrten Versammlung hoffen, es wagen wolle, ein Gedicht, das jüngste Erzeugnis seiner Muse, vorzulesen.

Da die Frauen schon hinlänglich über alles verhandelt, was sich Neues in der Stadt zugetragen, da die Mädchen den letzten Ball bei dem Präsidenten gehörig durchgesprochen und sogar über die Normalform der neuesten Hüte einig worden, da die Männer unter zwei Stunden nicht auf weitere Speis- und Tränkung rechnen durften: so wurde Balthasar einstimmig aufgefordert, der Gesellschaft ja den herrlichen Genuss nicht vorzuenthalten.

Balthasar zog das sauber geschriebene Manuskript hervor und las.

Sein eignes Werk, das in der Tat aus wahrhaftem Dichtergemüt mit voller Kraft, mit regem Leben hervorgeströmt, begeisterte ihn mehr und mehr. Sein Vortrag, immer leidenschaftlicher steigend, verriet die innere Glut des liebenden Herzens. Er bebte vor Entzücken, als leise Seufzer – manches leise Ach – der Frauen, mancher Ausruf der Männer: »Herrlich – vortrefflich – göttlich!« ihn überzeugten, dass sein Gedicht alle hinriss.

Endlich hatte er geendet. Da riefen alle: »Welch ein Gedicht! – welche Gedanken – welche Fantasie – was für schöne Verse – welcher Wohlklang – Dank – Dank Ihnen, bester Herr Zinnober für den göttlichen Genuss –«

»Was? wie?«, rief Balthasar; aber niemand achtete auf ihn, sondern stürzte auf Zinnober zu, der sich auf dem Sofa blähte wie ein kleiner Puter und mit widriger Stimme schnarchte: »Bitte recht sehr – bitte recht sehr – müssen so vorlieb nehmen! – ist eine Kleinigkeit, die ich erst vorige Nacht aufschrieb in aller Eil!« – Aber der Professor der Ästhetik schrie: »Vortrefflicher – göttlicher Zinnober! – Herzensfreund, außer mir bist du der erste Dichter, den es jetzt gibt auf Erden! – Komm an meine Brust, schöne Seele!« – Damit riss er den Kleinen vom Sofa auf in die Höhe und herzte und küsste ihn. Zinnober betrug sich dabei sehr ungebärdig. Er arbeitete mit den kleinen Beinchen auf des Professors dickem Bauch herum und quäkte: »Lass mich los – lass mich los – es tut mir weh – weh – weh – ich kratz dir die Augen aus – ich beiß dir die Nase entzwei!« – »Nein«, rief der Professor, indem er den Kleinen niedersetzte auf den Sofa, »nein, holder Freund, keine zu weit getriebene Bescheidenheit!« – Mosch Terpin war nun auch vom Spieltisch herangetreten, der nahm Zinnobers Händchen, drückte es und sprach sehr ernst: »Vortrefflich junger Mann! – nicht zu viel, nein, nicht genug sprach man mir von dem hohen Genius, der Sie beseelt« – »Wer ists«, rief nun wieder der Professor der Ästhetik in voller Begeisterung aus, »wer ists von euch Jungfrauen, der dem herrlichen Zinnober sein Gedicht, das das innigste Gefühl der reinsten Liebe ausspricht, lohnt durch einen Kuss?«

Da stand Candida auf, nahete sich, volle Glut auf den Wangen, dem Kleinen, kniete nieder und küsste ihn auf den garstigen Mund mit blauen Lippen. »Ja«, schrie nun Balthasar wie vom Wahnsinn plötzlich erfasst, »ja Zinnober – göttlicher Zinnober, du hast das tiefsinnige Gedicht gemacht von der Nachtigall und der Purpurrose, dir gebührt der herrliche Lohn, den du erhalten!« –

Und damit riss er den Fabian ins Nebenzimmer hinein und sprach: »Tu mir den Gefallen und schaue mich recht fest an und dann sage mir offen und ehrlich, ob ich der Student Balthasar bin oder nicht, ob du wirklich Fabian bist, ob wir in Mosch Terpins Hause sind, ob wir im Traume liegen – ob wir närrisch sind – zupfe mich an der Nase oder rüttle mich zusammen, damit ich nur erwache aus diesem verfluchten Spuk!«

»Wie magst«, erwiderte Fabian, »wie magst du dich denn nur so toll gebärden aus purer heller Eifersucht, weil Candida den Kleinen küsste. Gestehen musst du doch selbst, dass das Gedicht, welches der Kleine vorlas, in der Tat vortrefflich war.« – »Fabian«, rief Balthasar mit dem Ausdruck des tiefsten Erstaunens, »was sprichst du denn?« »Nun ja«, fuhr Fabian fort, »nun ja, das Gedicht des Kleinen war vortrefflich, und gegönnt hab ich ihm Candidas Kuss. – Überhaupt scheint hinter dem seltsamen Männlein allerlei zu stecken, das mehr wert ist als eine schöne Gestalt. Aber was auch selbst seine Figur betrifft, so kommt er mir jetzt nichts weniger als so abscheulich vor wie anfangs. Beim Ablesen des Gedichts verschönerte die innere Begeisterung seine Gesichtszüge, sodass er mir oft ein anmutiger wohlgewachsener Jüngling zu sein schien, ungeachtet er doch kaum über den Tisch hervorragte. Gib deine unnütze Eifersucht auf, befreunde dich als Dichter mit dem Dichter!«

»Was«, schrie Balthasar voll Zorn, »was? – noch befreunden mit dem verfluchten Wechselbalge, den ich erwürgen möchte mit diesen Fäusten?«

»So«, sprach Fabian, »so verschließest du dich denn aller Vernunft. Doch lass uns in den Saal zurückkehren, wo sich etwas Neues begeben muss, da ich laute Beifallsrufe vernehme.«

Mechanisch folgte Balthasar dem Freunde in den Saal.

Als sie eintraten, stand der Professor Mosch Terpin allein in der Mitte, die Instrumente noch in der Hand, womit er irgendein physikalisches Experiment gemacht, starres Staunen im Gesicht. Die ganze Gesellschaft hatte sich um den kleinen Zinnober gesammelt, der, den Stock untergestemmt, auf den Fußspitzen dastand und mit stolzem Blick den Beifall einnahm, der ihm von allen Seiten zuströmte. Man wandte sich wieder zum Professor, der ein anderes sehr artiges Kunststückchen machte. Kaum war er fertig, als wiederum alle den Kleinen umringend riefen: »Herrlich – vortrefflich, lieber Herr Zinnober!« –

Endlich sprang auch Mosch Terpin zu dem Kleinen hin und rief zehnmal stärker als die übrigen: »Herrlich – vortrefflich, lieber Herr Zinnober!«

Es befand sich in der Gesellschaft der junge Fürst Gregor, der auf der Universität studierte. Der Fürst war von der anmutigsten Gestalt, die man nur sehen konnte, und dabei war sein Betragen so edel und ungezwungen, dass sich die hohe Abkunft, die Gewohnheit, sich in den vornehmsten Kreisen zu bewegen, darin deutlich aussprach.

Fürst Gregor war es nun, der gar nicht von Zinnober wich und ihn als den herrlichsten Dichter, den geschicktesten Physiker über alle Maßen lobte.

Seltsam war die Gruppe, die beide zusammenstehend bildeten. Gegen den herrlich gestalteten Gregor stach gar wunderlich das winzige Männlein ab, das mit hoch emporgereckter Nase sich kaum auf den dünnen Beinchen zu erhalten vermochte. Alle Blicke der Frauen waren hingerichtet, aber nicht auf den Fürsten, sondern auf den Kleinen, der sich auf den Fußspitzen hebend immer wieder hinabsank und so hinauf und hinunter wankte wie ein Cartesianisches Teufelchen.

Der Professor Mosch Terpin trat zu Balthasar und sprach: »Was sagen Sie zu meinem Schützling, zu meinem lieben Zinnober? Viel steckt hinter dem Mann, und nun ich ihn so recht anschaue, ahne ich wohl die eigentliche Bewandtnis, die es mit ihm haben mag. Der Prediger, der ihn erzogen und mir empfohlen hat, drückt sich über seine Abkunft sehr geheimnisvoll aus. Betrachten Sie aber nur den edlen Anstand, sein vornehmes ungezwungenes Betragen. Er ist gewiss von fürstlichem Geblüt, vielleicht gar ein Königssohn!« – In dem Augenblick wurde gemeldet, das Mahl sei angerichtet. Zinnober torkelte ungeschickt hin zur Candida, ergriff täppisch ihre Hand und führte sie nach dem Speisesaal.

In voller Wut rannte der unglückliche Balthasar durch die finstre Nacht, durch Sturmwind und Regen fort nach Hause.

Viertes Kapitel

Wie der italienische Geiger Sbiocca den Herrn Zinnober in den Kontrabass zu werfen drohte, und der Referendarius Pulcher nicht zu auswärtigen Angelegenheiten gelangen konnte. – Von Maut-Offizianten und zurückbehaltenen Wundern fürs Haus. – Balthasars Bezauberung durch einen Stockknopf.

Auf einem hervorragenden bemoosten Gestein im einsamsten Walde saß Balthasar und schaute gedankenvoll hinab in die Tiefe, in der ein Bach schäumend fortbrauste zwischen Felsstücken und dichtverwachsenem Gesträpp. Dunkle Wolken zogen daher und tauchten nieder hinter den Bergen; das Rauschen der Bäume, der Gewässer ertönte wie ein dumpfes Winseln, und dazwischen kreischten Raubvögel, die aus dem finstern Dickicht aufstiegen in den weiten Himmelsraum und sich nachschwangen dem fliehenden Gewölk. –

Dem Balthasar war, als vernehme er in den wunderbaren Stimmen des Waldes die trostlose Klage der Natur, als müsse er selbst untergehen in dieser Klage, als sei sein ganzes Sein nur das Gefühl des tiefsten unverwindlichsten Schmerzes. Das Herz wollte ihm springen vor Wehmut, und indem häufige Tränen aus seinen Augen tröpfelten, war es, als blickten die Geister des Waldstroms zu ihm herauf und streckten schneeweiße Arme empor aus den Wellen, ihn hinabzuziehen in den kühlen Grund.

Da schwebte aus weiter Ferne durch die Lüfte daher heller

fröhlicher Hörnerklang und legte sich tröstend an seine Brust, und die Sehnsucht erwachte in ihm und mit ihr süßes Hoffen. Er sah umher, und indem die Hörner forttönten, dünkten ihm die grünen Schatten des Waldes nicht mehr so traurig, nicht mehr so klagend das Rauschen des Windes, das Flüstern der Gebüsche. Er kam zu Worten.

»Nein«, rief er aus, indem er aufsprang von seinem Sitz und mit leuchtendem Blick in die Ferne schaute, »nein, noch verschwand nicht alle Hoffnung! – Nur zu gewiss ist es, dass irgendein düstres Geheimnis, irgendein böser Zauber verstörend in mein Leben getreten ist, aber ich breche diesen Zauber, und sollt ich darüber untergehen! – Als ich endlich hingerissen, übermannt von dem Gefühl, das meine Brust zersprengen wollte, der holden, süßen Candida meine Liebe gestand, las ich denn nicht in ihren Blicken, fühlte ich nicht an dem Druck ihrer Hand meine Seligkeit? – Aber sowie das verdammte kleine Ungetüm sich sehen lässt, ist *ihm* alle Liebe zugewandt. An ihr, der vermaledeiten Missgeburt, hängen Candidas Augen, und sehnsüchtige Seufzer entfliehen ihrer Brust, wenn der täppische Junge sich ihr nähert, oder gar ihre Hand berührt. – Es muss mit ihm irgendeine geheimnisvolle Bewandtnis haben, und sollt ich an alberne Ammenmärchen glauben, ich würde behaupten, der Junge sei verhext und könne es, wie man zu sagen pflegt, den Leuten antun. Ist es nicht toll, dass alle über das missgestaltete, durch und durch verwahrloste Männlein spotten und lachen, und dann wieder, tritt der Kleine dazwischen, ihn als den verständigsten, gelehrtesten, ja wohlgestaltesten Herrn Studiosum ausschreien, der sich eben unter uns befindet? – Was sage ich! geht es mir nicht beinahe selbst so, kommt es mir nicht auch oft vor, als sei Zinnober gescheut und hübsch? – Nur in Candidas Gegenwart hat der Zauber keine Macht über mich, da ist und bleibt Herr Zinnober ein dummes, abscheuliches Alräunchen. – Doch! – ich stemme mich entgegen der feindlichen Macht, eine dunkle Ahnung ruht tief in meinem Innern, irgendetwas Unerwartetes werde mir die Waffe in die Hand geben – wider den bösen Unhold!« –

Balthasar suchte den Rückweg nach Kerepes. In einem Baumgange fortwandernd bemerkte er auf der Landstraße einen kleinen bepackten Reisewagen, aus dem ihm jemand mit einem weißen Tuch freundlich zuwinkte. Er trat heran und erkannte Herrn Vincenzo Sbiocca, weltberühmten Virtuosen auf der Geige, den er wegen seines vortrefflichen ausdrucksvollen Spiels über alle Maßen hoch schätzte und bei dem er schon seit zwei Jahren

Unterricht genommen. »Gut«, rief Sbiocca, indem er aus dem Wagen sprang, »gut, mein lieber Herr Balthasar, mein teurer Freund und Schüler, gut, dass ich Sie hier noch treffe, um von Ihnen herzlichen Abschied nehmen zu können.«

»Wie«, sprach Balthasar, »wie Herr Sbiocca, Sie verlassen doch nicht Kerepes, wo alles Sie ehrt und achtet, wo keiner Sie missen mag?«

»Ja«, erwiderte Sbiocca, indem ihm alle Glut des innern Zorns ins Gesicht trat, »ja Herr Balthasar, ich verlasse einen Ort, in dem die Leute sämtlich närrisch sind, der einem großen Irrenhause gleicht. – Sie waren gestern nicht in meinem Konzert, da Sie über Land gegangen, sonst hätten Sie mir beistehen können gegen das rasende Volk, dem ich unterlegen!«

»Was ist geschehen, um tausend Himmels willen, was ist geschehen!« rief Balthasar.

»Ich spiele«, fuhr Sbiocca fort, »das schwierigste Konzert von Viotti. Es ist mein Stolz, meine Freude. Sie haben es von mir gehört, es hat Sie nie unbegeistert gelassen. Gestern war ich, wohl mag ich es sagen, ganz vorzüglich bei guter Laune – *anima* mein ich, heitren Geistes – *spirito alato* mein ich. Kein Violinspieler auf der ganzen weiten Erde, Viotti selbst hätte mir nicht nachgespielt. Als ich geendet, bricht der Beifall mit aller Wut los – *furore* mein ich, wie ich erwartet. Geige unter dem Arm trete ich vor, mich höflichst zu bedanken. – Aber! was muss ich sehen, was muss ich hören! – Alles, ohne mich nur im mindesten zu beachten, drängt sich nach einer Ecke des Saals und schreit: ›Bravo – *bravissimo,* göttlicher Zinnober! – welch ein Spiel – welche Haltung, welcher Ausdruck, welche Fertigkeit!‹ – Ich renne hin, dränge mich durch! – da steht ein drei Spannen hoher verwachsener Kerl und schnarrt mit widriger Stimme: ›Bitte, bitte recht sehr, habe gespielt wie es in meinen Kräften stand, bin freilich nunmehr der stärkste Violinist in Europa und den übrigen bekannten Weltteilen.‹ ›Tausend Teufel‹, schrie ich, ›wer hat denn gespielt, ich oder der Erdwurm da!‹ – Und als der Kleine immer fortschnarcht: ›Bitte, bitte ergebenst‹, will ich auf ihn los und ihn fassen, in die ganze Applikator greifend. Aber da stürzen sie auf mich los, und reden wahnsinniges Zeug von Neid, Eifersucht und Missgunst. Unterdessen ruft einer: ›Und welche Komposition!‹ und alle einstimmig rufen hinterdrein: ›Und welche Komposition – göttlicher Zinnober! – sublimer Komponist!‹ Noch ärger als zuvor schrie ich: ›Ist denn alles rasend – besessen? das Konzert war von Viotti, und ich – ich – der weltberühmte Vincenzo Sbiocca hat es gespielt!‹ Aber nun packen sie mich fest, sprechen von italienischer Tollheit – *rabbia* mein ich, von seltsamen Zufällen, bringen mich mit Gewalt in ein Nebenzimmer, behandeln mich wie einen Kranken, wie einen Wahnsinnigen. Nicht lange dauert es, so stürzt Signora Bragazzi hinein und fällt ohnmächtig nieder. Ihr war es ergangen wie mir. Sowie sie ihre Arie geendet, erdröhnte der Saal von dem: ›*Brava – bravissima* – Zinnober‹, und alle schrien, keine solche Sängerin gab es mehr auf Erden als Zinnober, und der schnarchte wieder sein verfluchtes: ›Bitte – bitte!‹ – Signora Bragazzi hegt im Fieber und wird baldigst verscheiden; ich meinesteils rette mich durch die Flucht vor dem wahnsinnigen Volke. Leben Sie wohl, bester Herr Balthasar! – Sehn Sie etwa den Signorino Zinnober, so sagen Sie ihm gefälligst, er möge sich nicht irgendwo in einem Konzert blicken lassen, in dem ich zugegen. Unfehlbar würd ich ihn sonst bei seinen Käferbeinchen packen und durchs F-Loch in den Kontrabass schmeißen, da könne er denn zeit seines Lebens Konzerte spielen und Arien singen, wie er nur Lust hätte. Leben Sie wohl, mein geliebter Balthasar, und legen Sie die Violine nicht beiseite!« – Damit umarmte Herr Vincenzo Sbiocca den vor Staunen erstarrten Balthasar und stieg in den Wagen, der schnell davonrollte.

»Hab ich denn nicht recht«, sprach Balthasar zu sich selbst, »hab ich denn nicht recht, das unheimliche Ding, der Zinnober, ist verhext und tut es den Leuten an.« – In dem Augenblick rannte ein junger Mensch vorüber, bleich – verstört, Wahnsinn und Verzweiflung im Antlitz. Dem Balthasar fiel es schwer aufs Herz. Er glaubte in dem Jünglinge einen seiner Freunde erkannt zu haben und sprang ihm daher schnell nach in den Wald.

Kaum zwanzig – dreißig Schritte gelaufen, wurde er den Referendarius Pulcher gewahr, der unter einem großen Baume stehen geblieben und mit himmelwärts gerichtetem Blick also sprach: »Nein! – nicht länger dulden diese Schmach! – Alle Hoffnung des Lebens ist dahin! – jede Aussicht nur ins Grab gerichtet – Fahre wohl – Leben – Welt – Hoffnung – Geliebte – «

Und damit riss der verzweiflungsvolle Referendarius eine Pistole aus dem Busen und drückte sie sich an die Stirne.

Balthasar stürzte mit Blitzesschnelle auf ihn zu, schleuderte ihm die Pistole weit weg aus der Hand und rief: »Pulcher! um Gottes willen, was ist dir, was tust du!«

Der Referendarius konnte einige Minuten hindurch nicht zu sich selbst kommen. Er war halb ohnmächtig niedergesunken auf den Rasen; Balthasar hatte sich zu ihm gesetzt und sprach tröstende Worte, wie er es nur vermochte, ohne die Ursache von Pulchers Verzweiflung zu wissen.

Hundertmal hatte Balthasar gefragt, was dem Referendarius denn Schreckliches geschehen, das den schwarzen Gedanken des Selbstmords in ihm rege gemacht. Da seufzte Pulcher endlich tief auf und begann: »Du kennst, lieber Freund Balthasar, meine bedrängte Lage, du weißt, wie ich all meine Hoffnung auf die Stelle des geheimen Expedienten gesetzt, die bei dem Minister der auswärtigen Angelegenheiten offen; du weißt, mit welchem Eifer, mit welchem Fleiß ich mich darauf vorbereitet. Ich hatte meine Ausarbeitungen eingereicht, die, wie ich zu meiner Freude erfuhr, den vollsten Beifall des Ministers erhalten. Mit welcher Zuversicht stellte ich mich heute Vormittag zur mündlichen Prüfung! – Ich fand im Zimmer einen kleinen, missgeschaffenen Kerl, den du wohl unter dem Namen des Herrn Zinnober kennen wirst. Der Legationsrat, dem die Prüfung übertragen, trat mir freundlich entgegen und sagte mir, zu derselben Stelle, die ich zu erhalten wünsche, habe sich auch Herr Zinnober gemeldet, er werde uns *beide* daher prüfen. Dann raunte er mir leise ins Ohr: ›Sie haben von Ihrem Mitbewerber nichts zu befürchten, bester Referendarius, die Arbeiten, die der kleine Zinnober eingereicht, sind erbärmlich!‹ – Die Prüfung begann, keine Frage des Rats ließ ich unbeantwortet. Zinnober wusste nichts, gar nichts; statt zu antworten, schnarchte und quäkte er unvernehmliches Zeug, das niemand verstand, fiel auch, indem er ungebärdig mit den Beinchen strampelte, ein paar Mal vom hohen Stuhl herab, sodass ich ihn wieder hinaufheben musste. Mir bebte das Herz vor Vergnügen; die freundlichen Blicke, die der Rat dem Kleinen zuwarf, hielt ich für die bitterste Ironie. – Die Prüfung war beendigt. Wer schildert meinen Schreck, mir war es, als wenn ein jäher Blitz mich klaftertief hineinschlüge in den Boden, als der Rat den Kleinen umarmte, zu ihm sprach: ›Herrlicher Mensch! – welche Kenntnis – welcher Verstand – welcher Scharfsinn!‹ – dann zu mir: ›Sie haben mich sehr getäuscht, Herr Referendarius Pulcher – Sie wissen ja gar nichts! – Und – nehmen Sie es mir nicht übel, die Art, wie Sie sich zur Prüfung ermutigt haben mögen, läuft gegen alle Sitte, gegen allen Anstand! – Sie konnten sich ja gar nicht auf dem Stuhl erhalten, Sie fielen ja herab, und Herr Zinnober musste Sie aufrichten. Diplomatische Personen müssen fein nüchtern sein und besonnen. – Adieu Herr Referendarius!‹ – Noch hielt ich alles für ein tolles Gaukelspiel. Ich wagte es, ich ging hin zum Minister. Er ließ mir heraus sagen, wie ich mich unterstehen könne, ihn noch mit meinem Besuch zu behelligen, nach der Art, wie ich mich in der Prüfung bewiesen – er wisse schon alles! Der Posten, zu dem ich mich gedrängt, sei schon vergeben an Herrn Zinnober! – So hat mir irgendeine höllische Macht alle Hoffnung geraubt und ich will ein Leben freiwillig opfern, das dem dunklen Verhängnis anheim gefallen! – Verlass mich!« –

»Nimmermehr«, rief Balthasar, »erst höre mich an!«

Er erzählte nun alles, was er von Zinnober wusste seit seiner ersten Erscheinung vor dem Tor von Kerepes; wie es ihm mit dem Kleinen ergangen in Mosch Terpins Hause; was er eben jetzt von Vincenzo Sbiocca vernommen. »Es ist nur zu gewiss«, sprach er dann, »dass allem Beginnen der unseligen Missgeburt irgendetwas Geheimnisvolles zum Grunde liegt, und glaube mir Freund Pulcher! – ist irgendein höllischer Zauber im Spiele, so kommt es nur darauf an, ihm mit festem Sinn entgegenzutreten, der Sieg ist gewiss, wenn nur der Mut vorhanden. – Darum nicht verzagt, kein zu rascher Entschluss. Lass uns vereint dem kleinen Hexenkerl zu Leibe gehen!« –

»Hexenkerl«, rief der Referendarius mit Begeisterung, »ja Hexenkerl, ein ganz verfluchter Hexenkerl ist der Kleine, das ist gewiss! – Doch Bruder Balthasar, was ist uns denn, liegen wir im Traume? – Hexenwesen – Zaubereien – ist es denn damit nicht vorbei seit langer Zeit? Hat denn nicht vor vielen Jahren Fürst Paphnutius der Große die Aufklärung eingeführt, und alles tolle Unwesen, alles Unbegreifliche aus dem Lande verbannt, und doch soll noch dergleichen verwünschte Contrebande sich eingeschlichen haben? – Wetter! das müsste man ja gleich der Polizei anzeigen und dem Maut-Offizianten! – Aber nein, nein – nur der Wahnsinn der Leute oder, wie ich beinahe fürchte, ungeheure Bestechung ist schuld an unserm Unglück. Der verwünschte Zinnober soll unermesslich reich sein. Er stand neulich vor der Münze und da zeigten die Leute mit Fingern nach ihm und riefen: ›Seht den kleinen hübschen Papa! – dem gehört alles blanke Gold, was da drinnen geprägt wird!‹«

»Still«, erwiderte Balthasar, »still Freund Referendarius, mit dem Golde zwingt es der Unhold nicht, es ist etwas anderes dahinter! – Wahr, dass Fürst Paphnutius die Aufklärung einführte zu Nutz und Frommen seines Volks, seiner Nachkommenschaft, aber manches Wunderbare, Unbegreifliche ist doch noch zurückgeblieben. Ich meine, man hat noch so fürs Haus einige hübsche Wunder zurückbehalten. Z. B. noch immer wachsen aus lumpichten Samenkörnern die höchsten, herrlichsten Bäume, ja sogar die mannigfaltigsten Früchte und Getreidearten, womit wir uns den Leib stopfen. Erlaubt man ja wohl noch gar den bunten Blumen, den Insekten auf ihren Blättern und Flügeln die glänzendsten Farben, selbst die allerverwunderlichsten Schriftzüge zu tragen, von denen kein Mensch weiß, ob es Öl ist, Gouache oder Aquarell-Manier, und kein Teufel von Schreibmeister kann die schmucke Kurrentschrift lesen, geschweige denn nachschreiben! – Hoho! Referendarius, ich sage dir, es geht in meinem Innern zuweilen Absonderliches vor! – Ich lege die Pfeife weg und schreite im Zimmer auf und ab, und eine seltsame Stimme flüstert, ich sei selbst ein Wunder, der Zauberer Mikrokosmus hantiere in mir und treibe mich an zu allerlei tollen Streichen! – Aber Referendarius, dann laufe ich fort und schaue hinein in die Natur, und verstehe alles, was die Blumen, die Gewässer zu mir sprechen, und mich umfängt selige Himmelslust!«

»Du sprichst im Fieber«, rief Pulcher; aber Balthasar, ohne auf ihn zu achten, streckte die Arme aus wie von inbrünstiger Sehnsucht erfasst, nach der Ferne. »Horche doch nur«, rief Balthasar, »horche doch nur, o Referendarius! welche himmlische Musik im Rauschen des Abendwindes durch den Wald ertönt! – Hörst du wohl, wie die Quellen stärker erheben ihren Gesang? wie die Büsche, die Blumen einfallen mit lieblichen Stimmen?« –

Der Referendarius hielt das Ohr hin, um die Musik zu erhorchen, von der Balthasar sprach. »In der Tat«, fing er dann an, »in der Tat, es wehen Töne durch den Wald, die die anmutigsten, herrlichsten sind, welche ich in meinem Leben gehört und die mir tief in die Seele dringen. Doch ist es nicht der Abendwind, nicht die Büsche, nicht die Blumen sind es, die so singen, vielmehr deucht es mir, als wenn jemand in der Ferne die tiefsten Glocken einer Harmonika anstriche.«

Pulcher hatte Recht. Wirklich glichen die vollen, immer stärker und stärker anschwellenden Akkorde, die immer näher hallten, den Tönen einer Harmonika, deren Größe und Stärke aber unerhört sein musste. Als nun die Freunde weiter vorschritten, bot sich ihnen ein Schauspiel dar, so zauberhaft, dass sie vor Erstaunen erstarrt – festgewurzelt – stehen blieben. In geringer Entfernung fuhr ein Mann langsam durch den Wald, beinahe chinesisch gekleidet, nur trug er ein weitbauschiges Barett mit schönen Schwungfedern auf dem Haupte. Der Wagen glich einer offenen Muschel von funkelndem Kristall, die beiden hohen Räder schienen von gleicher Masse. Sowie sie sich drehten, erklangen die herrlichen Harmonikatöne, die die Freunde schon aus der Ferne gehört. Zwei schneeweiße Einhörner mit goldenem Geschirr zogen den Wagen, auf dem statt des Fuhrmanns ein Silberfasan saß, die goldnen Leinen im Schnabel haltend. Hinten auf saß ein großer Goldkäfer, der mit den flimmernden Flügeln flatternd dem wunderbaren Mann in der Muschel Kühlung zuzuwehen schien. Sowie er bei den Freunden vorüberkam, nickte er ihnen freundlich zu. In dem Augenblick fiel aus dem funkelnden Knopf des langen Rohrs, das der Mann in der Hand trug, ein Strahl auf Balthasar, sodass er einen brennenden Stich tief in der Brust fühlte und mit einem dumpfen Ach! zusammenfuhr. –

Der Mann blickte ihn an und lächelte und winkte noch freundlicher als zuvor. Sowie das zauberische Fuhrwerk im dichten Gebüsch verschwand, noch im sanften Nachhallen der Harmonikatöne, fiel Balthasar ganz außer sich vor Wonne und Entzücken dem Freunde um den Hals und rief: »Referendarius! wir sind gerettet! – jener ists, der Zinnobers verruchten Zauber bricht!«

»Ich weiß nicht«, sprach Pulcher, »ich weiß nicht, wie mir in diesem Augenblick zu Mute, ob ich wache, ob ich träume; aber so viel ist gewiss, dass ein unbekanntes Wonnegefühl mich durchdringt und dass Trost und Hoffnung in meine Seele wiederkehrt.«

FÜNFTES KAPITEL

Wie Fürst Barsanuph Leipziger Lerchen und Danziger Goldwasser frühstückte, einen Butterfleck auf die Kasimirhose bekam und den Geheimen Sekretär Zinnober zum Geheimen Spezialrat erhob. – Die Bilderbücher des Doktors Prosper Alpanus. – Wie ein Portier den Studenten Fabian in den Finger biss, dieser ein Schleppkleid trug und deshalb verhöhnt wurde. – Balthasars Flucht.

Es ist nicht länger zu verhehlen, dass der Minister der auswärtigen Angelegenheiten, bei dem Herr Zinnober als Geheimer Expedient angenommen, ein Abkömmling jenes Barons Prätextatus von Mondschein war, der den Stammbaum der Fee Rosabelverde in den Turnierbüchern und Chroniken vergebens suchte. Er hieß, wie sein Ahnherr, Prätextatus von Mondschein, war von der feinsten Bildung, den angenehmsten Sitten, verwechselte niemals das Mich und Mir, das Ihnen und Sie, schrieb seinen Namen mit französischen Lettern, so wie überhaupt eine leserliche Hand, und arbeitete sogar zuweilen *selbst,* vorzüglich wenn das Wetter schlecht war. Fürst Barsanuph, ein Nachfolger des großen Paphnutz, liebte ihn zärtlich, denn er hatte auf jede Frage eine Antwort, spielte in den Erholungsstunden mit dem Fürsten Kegel, verstand sich herrlich aufs Geld-Negoz, und suchte in der Gavotte seinesgleichen.

Es begab sich, dass Baron Prätextatus von Mondschein den Fürsten eingeladen hatte zum Frühstück auf Leipziger Lerchen und ein Gläschen Danziger Goldwasser. Als er nun hinkam in Mondscheins Haus, fand er im Vorsaal unter mehreren angenehmen diplomatischen Herren den kleinen Zinnober, der auf seinem Stock gestemmt ihn mit seinen Äugelein anfunkelte und ohne sich weiter an ihn zu kehren eine gebratene Lerche ins Maul steckte, die er soeben vom Tische gemaust. Sowie der Fürst den Kleinen erblickte, lächelte er ihn gnädig an und sprach zum Minister: »Mondschein! was haben Sie da für einen kleinen, hübschen, verständigen Mann in Ihrem Hause? – Es ist gewiss derselbe, der die wohl stilisierten und schön geschriebenen Berichte verfertigt, die ich seit einiger Zeit von Ihnen erhalte?« »Allerdings, gnädigster Herr«, erwiderte Mondschein. »Mir hat das Geschick ihn zugeführt als den geistreichsten, geschicktesten Arbeiter in meinem Bureau. Er nennt sich Zinnober, und ich empfehle den jungen herrlichen Mann ganz vorzüglich Ihrer Huld und Gnade, mein bester Fürst! – Erst seit wenigen Tagen ist er bei mir.« »Und eben deshalb«, sprach ein junger hübscher Mann, der sich indessen genähert, »und eben deshalb hat, wie Ew. Exzellenz zu bemerken erlauben werden, mein kleiner Kollege noch gar nichts expediert. Die Berichte, die das Glück hatten, von Ihnen, mein durchlauchtigster Fürst, mit Wohlgefallen bemerkt zu werden, sind von mir verfasst.« »Was wollen Sie!«, fuhr der Fürst ihn zornig an. – Zinnober hatte sich dicht an den Fürsten geschoben und schmatzte, die Lerche verzehrend, vor Gier und Appetit. – Der junge Mensch war es wirklich, der jene Berichte verfasst, aber: »Was wollen Sie«, rief der Fürst, »Sie haben ja noch gar nicht die Feder angerührt? – Und dass Sie dicht bei mir gebratene Lerchen verzehren, sodass, wie ich zu meinem großen Ärger bemerken muss, meine neue Kasimirhose bereits einen Butterfleck bekommen, dass Sie dabei so unbillig schmatzen, ja! – alles das beweiset hinlänglich Ihre völlige Untauglichkeit zu jeder diplomatischen Laufbahn! – Gehen Sie fein nach Hause und lassen Sie sich nicht wieder vor mir sehen, es sei denn, Sie brächten mir eine nützliche Fleckkugel für meine Kasimirhose – Vielleicht wird mir dann wieder gnädig zu Mute!« Dann zum Zinnober: »Solche Jünglinge, wie Sie, werter Zinnober, sind eine Zierde des Staats und verdienen ehrenvoll ausgezeichnet zu werden! – Sie sind Geheimer Spezialrat, mein Bester!« – »Danke schönstens«, schnarrte Zinnober, indem er den letzten Bissen hinunterschluckte und sich das Maul wischte mit beiden Händchen, »danke schönstens, ich werd das Ding schon machen wie es mir zukommt.«

»Wackres Selbstvertrauen«, sprach der Fürst mit erhobener Stimme, »wackres Selbstvertrauen zeugt von der innern Kraft, die dem – würdigen Staatsmann inwohnen muss!« – Und auf diesen Spruch nahm der Fürst ein Schnäpschen Goldwasser, welches der Minister selbst ihm darreichte und das ihm sehr wohl bekam. – Der neue Rat musste Platz nehmen zwischen dem Fürsten und Minister. Er verzehrte unglaublich viel Lerchen und trank Malaga und Goldwasser durcheinander und schnarrte und brummte zwischen den Zähnen, und hantierte, da er kaum mit der spitzen Nase über den Tisch reichen konnte, gewaltig mit den Händchen und Beinchen.

Als das Frühstück beendigt, riefen beide, der Fürst und der Minister: »Es ist ein englischer Mensch, dieser Geheime Spezialrat!« –

»Du siehst«, sprach Fabian, zu seinem Freunde Balthasar, »du siehst so fröhlich aus, deine Blicke leuchten in besonderm Feuer. – du fühlst dich glücklich? – Ach Balthasar, du träumst vielleicht einen schönen Traum, aber ich muss dich daraus erwecken, es ist Freundes Pflicht!« –

»Was hast du, was ist geschehen?«, fragte Balthasar bestürzt.

»Ja«, fuhr Fabian fort, »ja! – ich muss es dir sagen! Fasse dich nur, mein Freund! – Bedenke, dass vielleicht kein Unfall in der Welt schmerzlicher trifft und doch leichter zu verwinden ist, als eben dieser! – Candida –«

»Um Gott«, schrie Balthasar entsetzt, »Candida! – was ist mit Candida? – ist sie hin – ist sie tot?«

»Ruhig«, sprach Fabian weiter, »ruhig mein Freund! – nicht tot ist Candida, aber so gut als tot für dich! – Wisse, dass der kleine Zinnober Geheimer Spezialrat geworden und so gut als versprochen ist mit der schönen Candida, die, Gott weiß wie, in ihn ganz vernarrt sein soll.«

Fabian glaubte, dass Balthasar nun losbrechen werde in ungestüme, verzweiflungsvolle Klagen und Verwünschungen. Stattdessen sprach er mit ruhigem Lächeln: »Ist es nichts weiter als das, so gibt es keinen Unfall, der mich betrüben könnte.«

»Du liebst Candida nicht mehr?«, fragte Fabian voll Erstaunen.

»Ich liebe«, erwiderte Balthasar, »ich liebe das Himmelskind, das herrliche Mädchen mit aller Inbrunst, mit aller Schwärmerei, die nur in eines Jünglings Brust sich entzünden kann! Und ich weiß – ach ich weiß es, dass Candida mich wiederliebt, dass nur ein verruchter Zauber sie umstrickt hält, aber bald löse ich die Bande dieses Hexenwesens, bald vernichte ich den Unhold, der die Arme betört.« –

Balthasar erzählte nun dem Freunde ausführlich von dem wunderbaren Mann, dem er in dem seltsamsten Fuhrwerk im Walde begegnet. Er schloss damit, dass, sowie aus dem Stockknopf des zauberischen Wesens ein Strahl in seine Brust gefunkelt, der feste Gedanke in ihm aufgegangen, dass Zinnober nichts sei als ein Hexenmännlein, dessen Macht jener Mann vernichten werde.

»Aber«, rief Fabian, als der Freund geendet, »aber Balthasar, wie kannst du nur auf solches tolles wunderliches Zeug verfallen? – Der Mann, den du für einen Zauberer hältst, ist niemand anders, als der Doktor Prosper Alpanus, der unfern der Stadt auf seinem Landhause wohnt. Wahr ist es, dass die wunderlichsten Gerüchte von ihm verbreitet werden, sodass man ihn beinahe für einen zweiten Cagliostro halten möchte; aber daran ist er selbst schuld. Er liebt es, sich in mystisches Dunkel zu hüllen, den Schein eines mit den tiefsten Geheimnissen der Natur vertrauten Mannes anzunehmen, der unbekannten Kräften gebietet, und dabei hat er die bizarrsten Einfälle. So ist zum Beispiel sein Fuhrwerk so seltsam beschaffen, dass ein Mensch, der von lebhafter feuriger Fantasie ist, wie du mein Freund, wohl dahin gebracht werden kann, alles für eine Erscheinung aus irgendeinem tollen Märchen zu halten. Höre also! – Sein Kabriolett hat die Form einer Muschel und ist über und über versilbert, zwischen den Rädern ist eine Drehorgel angebracht, welche, sowie der Wagen fährt, von selbst spielt. Das, was du für einen Silberfasan hieltest, war gewiss sein kleiner weiß gekleideter Jockey, so wie du gewiss die Blätter des ausgespreizten Sonnenschirms für die Flügeldecken eines Goldkäfers hieltest. Seinen beiden weißen Pferdchen lässt er große Hörner anschrauben, damit es nur recht fabelhaft aussehn soll. Übrigens ist es richtig, dass der Doktor Alpanus ein schönes spanisches Rohr trägt mit einem herrlich funkelnden Kristall, der oben darauf sitzt als Knopf und von dessen wunderlicher Wirkung man viel Fabelhaftes erzählt oder vielmehr lügt. Den Strahl dieses Kristalls soll nämlich kaum ein Auge ertragen. Verhüllt ihn der Doktor mit einem dünnen Schleier und richtet man nun den festen Blick darauf, so soll das Bild der Person, das man in dem innersten Gedanken trägt, außerhalb wie in einem Hohlspiegel erscheinen.«

»In der Tat«, fiel Balthasar dem Freunde ins Wort, »in der Tat? Erzählt man das? – Was spricht man denn wohl noch weiter von dem Herrn Doktor Prosper Alpanus?«

»Ach«, erwiderte Fabian, »verlange doch nur nicht, dass ich von den tollen Fratzen und Possen viel reden soll. Du weißt ja, dass es noch bis jetzt abenteuerliche Leute gibt, die der gesunden Vernunft entgegen an alle so genannte Wunder alberner Ammenmärchen glauben.«

»Ich will dir gestehen«, fuhr Balthasar fort, »dass ich genötigt bin, mich selbst zu der Partie dieser abenteuerlichen Leute ohne gesunde Vernunft zu schlagen. Versilbertes Holz ist kein glänzendes durchsichtiges Kristall, eine Drehorgel tönt nicht wie eine Harmonika, ein Silberfasan ist kein Jockey und ein Sonnenschirm kein Goldkäfer. Entweder war der wunderbare Mann, dem ich begegnete, nicht der Doktor Prosper Alpanus, von dem du sprichst, oder der Doktor herrscht wirklich über die außerordentlichsten Geheimnisse.«

»Um«, sprach Fabian, »um dich ganz von deinen seltsamen Träumereien zu heilen, ist es am besten, dass ich dich geradezu hinführe zu dem Doktor Prosper Alpanus. Dann wirst du es selbst verspüren, dass der Herr Doktor ein ganz gewöhnlicher Arzt ist, und keineswegs spazieren fährt mit Einhörnern, Silberfasanen und Goldkäfern.«

»Du sprichst«, erwiderte Balthasar, indem ihm die Augen hell auffunkelten, »du sprichst, mein Freund, den innigsten Wunsch meiner Seele aus. – Wir wollen uns nur gleich auf den Weg machen.«

Bald standen sie vor dem verschlossenen Gattertor des Parks, in dessen Mitte das Landhaus des Doktor Alpanus lag. »Wie kommen wir nur hinein«, sprach Fabian. »Ich denke, wir klopfen«, erwiderte Balthasar und fasste den metallenen Klöpfel, der dicht beim Schlosse angebracht war.

Sowie er den Klöpfel aufhob, begann ein unterirdisches Murmeln wie ein ferner Donner und schien zu verhallen in der tiefsten Tiefe. Das Gattertor drehte sich langsam auf, sie traten ein, und wanderten fort durch einen langen, breiten Baumgang, durch den sie das Landhaus erblickten. »Spürst du«, sprach Fabian, »hier etwas Außerordentliches, Zauberisches?« »Ich dächte«, erwiderte Balthasar, »die Art, wie sich das Gattertor öffnete, wäre doch nicht so ganz gewöhnlich gewesen, und denn weiß ich nicht, wie mich hier alles so wunderbar, so magisch anspricht. – Gibt es denn wohl auf weit und breit solche herrliche Bäume, als eben hier in diesem Park? – Ja mancher Baum, manches Gebüsch scheint ja mit seinen glänzenden Stämmen und smaragdenen Blättern einem fremden unbekannten Lande anzugehören.« –

Fabian bemerkte zwei Frösche von ungewöhnlicher Größe, die schon von dem Gattertor an zu beiden Seiten der Wandelnden mitgehüpft waren. »Schöner Park«, rief Fabian, »in dem es solch Ungeziefer gibt!« und bückte sich nieder, um einen kleinen Stein aufzuheben, mit dem er nach den lustigen Fröschen zu werfen gedachte. Beide sprangen ins Gebüsch und kuckten ihn mit glänzenden menschlichen Augen an. »Wartet, wartet!«, rief Fabian, zielte nach dem einen und warf. In dem Augenblick quäkte aber ein kleines hässliches Weib, das am Wege saß: »Grobian! schmeiß Er nicht ehrliche Leute, die hier im Garten mit saurer Arbeit ihr bisschen Brot verdienen müssen.« – »Komm nur, komm«, murmelte Balthasar entsetzt, denn er merkte wohl, dass der Frosch sich gestaltet zum alten Weibe. Ein Blick ins Gebüsch überzeugte ihn, dass der andere Frosch, jetzt ein kleines Männlein geworden, sich mit Ausjäten des Unkrauts beschäftigte. –

Vor dem Landhause befand sich ein großer schöner Rasenplatz, auf dem die beiden Einhörner weideten, während die herrlichsten Akkorde in den Lüften erklangen.

»Siehst du wohl, hörst du wohl?«, sprach Balthasar.

»Ich sehe nichts weiter«, erwiderte Fabian, »als zwei kleine Schimmel, die Gras fressen, und was so in den Lüften tönt, sind wahrscheinlich aufgehängte Äolsharfen.«

Die herrliche einfache Architektur des mäßig großen, einstöckigen Landhauses entzückte den Balthasar. Er zog an der Klingelschnur, sogleich ging die Türe auf, und ein großer straußartiger, ganz goldgelb gleißender Vogel stand als Portier vor den Freunden.

»Nun seh«, sprach Fabian zu Balthasar, »nun seh einmal einer die tolle Livree! – Will man auch nachher dem Kerl ein Trinkgeld geben, hat er wohl eine Hand, es in die Westentasche zu schieben?«

Und damit wandte er sich zu dem Strauß, packte ihn bei den glänzenden Pflaumfedern, die unter dem Schnabel an der Kehle wie ein reiches Jabot sich aufplusterten, und sprach: »Meld Er uns bei dem Herrn Doktor, mein scharmanter Freund!« – Der Strauß sagte aber nichts als: »Quirrrr« – und biss den Fabian in den Finger. »Tausend Sapperment«, schrie Fabian, »der Kerl ist doch wohl am Ende ein verfluchter Vogel!«

In demselben Augenblick ging eine innere Türe auf, und der Doktor selbst trat den Freunden entgegen. – Ein kleiner dünner blasser Mann! – Er trug ein kleines samtnes Mützchen auf dem Haupte, unter dem schönes Haar in langen Locken hervorströmte, ein langes erdgelbes indisches Gewand und kleine rote Schnürstiefelchen, ob mit buntem Pelz oder dem glänzenden Federbalg eines Vogels besetzt, war nicht zu unterscheiden. Auf seinem Antlitz lag die Ruhe, die Gutmütigkeit selbst, nur schien es seltsam, dass, wenn man ihn recht nahe, recht scharf anblickte, es war, als schaue aus dem Gesicht noch ein kleineres Gesichtchen wie aus einem gläsernen Gehäuse heraus.

»Ich erblickte«, sprach nun leise und etwas gedehnt mit anmutigem Lächeln Prosper Alpanus, »ich erblickte Sie, meine Herrn! aus dem Fenster, ich wusste auch wohl schon früher, wenigstens was Sie betrifft, lieber Herr Balthasar, dass Sie zu mir kommen würden. – Folgen Sie mir gefälligst!« –

Prosper Alpanus führte sie in ein hohes rundes Zimmer, ringsumher mit himmelblauen Gardinen behängt. Das Licht fiel durch ein oben in der Kuppel angebrachtes Fenster herab und warf seine Strahlen auf den glänzend polierten von einer Sphinx getragenen Marmortisch, der mitten im Zimmer stand. Sonst war durchaus nichts Außerordentliches in dem Gemach zu bemerken.

»Worin kann ich Ihnen dienen?«, fragte Prosper Alpanus.

Da fasste sich Balthasar zusammen, erzählte, was sich mit dem kleinen Zinnober begeben von seinem ersten Erscheinen in Kerepes an, und schloss mit der Versicherung, wie in ihm der feste Gedanke aufgegangen, dass er, Prosper Alpanus, der wohltätige Magus sei, der Zinnobers verworfenem, abscheulichem Zauberwerk Einhalt tun werde.

Prosper Alpanus blieb schweigend in tiefen Gedanken stehen. Endlich, nachdem wohl ein paar Minuten vergangen, begann er mit ernster Miene und tiefem Ton: »Nach allem, was Sie mir erzählt, Balthasar! unterliegt es gar keinem Zweifel, dass es mit dem kleinen Zinnober eine besondere geheimnisvolle Bewandtnis hat. – Aber man muss fürs erste den Feind kennen, den man bekämpfen, die Ursache wissen, deren Wirkung man zerstören will. – Es steht zu vermuten, dass der kleine Zinnober nichts anders ist, als ein Wurzelmännlein. Wir wollen doch gleich nachsehen.«

Damit zog Prosper Alpanus an einer von den seidenen Schnüren, die rundumher an der Decke des Zimmers herabhingen. Eine Gardine rauschte auseinander, große Folianten in ganz vergoldeten Einbänden wurden sichtbar und eine zierliche luftig leichte Treppe von Zedernholz rollte hinab. Prosper Alpanus stieg diese Treppe heran und holte aus der obersten Reihe einen Folianten, den er auf den Marmortisch legte, nachdem er ihn mit einem großen Büschel blinkender Pfauenfedern sorgfältig abgestäubt. »Dies Werk«, sprach er dann, »handelt von den Wurzelmännern, die sämtlich darin abgebildet; vielleicht finden Sie Ihren feindlichen Zinnober darunter, und dann ist er in unsere Hände geliefert.«

Als Prosper Alpanus das Buch aufschlug, erblickten die Freunde eine Menge sauber illuminierter Kupfertafeln, die die allerverwunderlichsten missgestalteten Männlein mit den tollsten Fratzengesichtern darstellten, die man nur sehen konnte. Aber sowie Prosper eins dieser Männlein auf dem Blatt berührte, wurd es lebendig, sprang heraus und gaukelte und hüpfte auf dem Marmortisch gar possierlich umher, und schnippte mit den Fingerchen und machte mit den krummen Beinchen die allerschönsten Pirouetten und Entrechats, und sang dazu Quirr, Quapp, Pirr, Papp, bis es Prosper bei dem Kopfe ergriff und wieder ins Buch legte, wo es sich alsbald ausglättete und ausplättete zum bunten Bilde.

Auf dieselbe Weise wurden alle Bilder des Buchs durchgesehen, aber so oft schon Balthasar rufen wollte: »Dies ist er, dies ist Zinnober!« so musste er doch, genauer hinblickend, zu seinem Leidwesenwahrnehmen, dass das Männlein keineswegs Zinnober war.

»Das ist doch wunderlich genug«, sprach Prosper Alpanus, als das Buch zu Ende. – »Doch«, fuhr er fort, »mag Zinnober vielleicht gar ein Erdgeist sein. Sehen wir nach.«

Damit hüpfte er mit seltener Behändigkeit abermals die Zederntreppe herauf, holte einen andern Folianten, stäubte ihn säuberlich ab, legte ihn auf den Marmortisch und schlug ihn auf, sprechend: »Dies Werk handelt von den Erdgeistern, vielleicht

haschen wir den Zinnober in diesem Buche.« Die Freunde erblickten wiederum eine Menge sauber illuminierter Kupfertafeln,
die abscheulich hässliche braungelbe Unholde darstellten. Und
wie sie Prosper Alpanus berührte, erhoben sie weinerlich quäkende Klagen, und krochen endlich schwerfällig heraus und
wälzten sich knurrend und ächzend auf dem Marmortische herum, bis der Doktor sie wieder hineindrückte ins Buch.

Auch unter diesen hatte Balthasar den Zinnober nicht gefunden.

»Wunderlich, höchst wunderlich«, sprach der Doktor, und versank in stummes Nachdenken.

»Der Käferkönig«, fuhr er dann fort, »der Käferkönig kann es
nicht sein, denn der ist, wie ich gewiss weiß, eben jetzt anderswo
beschäftigt; Spinnenmarschall auch nicht, denn Spinnenmarschall
ist zwar hässlich, aber verständig und geschickt, lebt auch von
seiner Hände Arbeit, ohne sich andrer Taten anzumaßen. – Wunderlich – sehr wunderlich –«

Er schwieg wieder einige Minuten, sodass man allerlei wunderbare Stimmen, die bald in einzelnen Lauten, bald in vollen anschwellenden Akkorden ringsumher ertönten, deutlich vernahm.

»Sie haben überall und immerfort recht artige Musik, lieber Herr
Doktor«, sprach Fabian. Prosper Alpanus schien gar nicht auf
Fabian zu achten, er fasste nur den Balthasar ins Auge, indem er
erst beide Arme nach ihm ausstreckte und dann die Fingerspitzen
gegen ihn hin bewegte, als besprenge er ihn mit unsichtbaren
Tropfen.

Endlich fasste der Doktor Balthasars beide Hände und sprach
mit freundlichem Ernst: »Nur die reinste Konsonanz des psychischen Prinzips im Gesetz des Dualismus begünstigt die Operation, die ich jetzt unternehmen werde. Folgen Sie mir!«

Die Freunde folgten dem Doktor durch mehrere Zimmer, die
außer einigen seltsamen Tieren, die sich mit Lesen – Schreiben –
Malen – Tanzen beschäftigten, eben nichts Merkwürdiges enthielten, bis sich zwei Flügeltüren öffneten, und die Freunde vor
einen dichten Vorhang traten, hinter den Prosper Alpanus verschwand, und sie in dicker Finsternis ließ. Der Vorhang rauschte
auseinander, und die Freunde befanden sich in einem, wie es
schien, eirunden Saal, in dem ein magisches Helldunkel verbreitet.
Es war, betrachtete man die Wände, als verlöre sich der Blick in
unabsehbare grüne Haine und Blumenauen mit plätschernden
Quellen und Bächen. Der geheimnisvolle Duft eines unbekannten
Aroma wallte auf und nieder und schien die süßen Töne der Har-

monika hin und her zu tragen. Prosper Alpanus erschien ganz weiß gekleidet wie ein Brahmin und stellte in die Mitte des Saals einen großen runden Kristallspiegel, über den er einen Flor warf.

»Treten Sie«, sprach er dumpf und feierlich, »treten Sie vor diesen Spiegel, Balthasar, richten Sie Ihre festen Gedanken auf Candida – *wollen* Sie mit ganzer Seele, dass sie sich Ihnen zeige in dem Moment, der jetzt existiert in Raum und Zeit« –

Balthasar tat wie ihm geheißen, indem Prosper Alpanus sich hinter ihn stellte und mit beiden Händen Kreise um ihn beschrieb.

Wenige Sekunden hatte es gedauert, als ein bläulicher Duft aus dem Spiegel wallte. Candida, die holde Candida erschien in ihrer lieblichen Gestalt mit aller Fülle des Lebens! Aber neben ihr, dicht neben ihr saß der abscheuliche Zinnober und drückte ihr die Hände, küsste sie – Und Candida hielt den Unhold mit einem Arm umschlungen und liebkoste ihn! – Balthasar wollte laut aufschreien, aber Prosper Alpanus fasste ihn bei beiden Schultern hart an, und der Schrei erstickte in der Brust. »Ruhig«, sprach Prosper leise, »ruhig Balthasar! – Nehmen Sie dies Rohr und führen Sie Streiche gegen den Kleinen, doch ohne sich von der Stelle zu rühren.« Balthasar tat es, und gewahrte zu seiner Lust, wie der Kleine sich krümmte, umstülpte, sich auf der Erde wälzte! – In der Wut sprang er vorwärts, da zerrann das Bild in Dunst und Nebel, und Prosper Alpanus riss den tollen Balthasar mit Gewalt zurück, laut rufend: »Halten Sie ein! – zerschlagen Sie den magischen Spiegel, so sind wir alle verloren! – Wir wollen in das Helle zurück.« – Die Freunde verließen auf des Doktors Geheiß den Saal und traten in ein anstoßendes helles Zimmer.

»Dem Himmel«, rief Fabian tief Atem schöpfend, »dem Himmel sei gedankt, dass wir aus dem verwünschten Saal heraus sind. Die schwüle Luft hat mir beinahe das Herz abgedrückt, und dann die albernen Taschenspielereien dazu, die mir in tiefer Seele zuwider sind.« –

Balthasar wollte antworten, als Prosper Alpanus eintrat.

»Es ist«, sprach er, »es ist nunmehr gewiss, dass der missgestaltete Zinnober weder ein Wurzelmann noch ein Erdgeist ist, sondern ein gewöhnlicher Mensch. Aber es ist eine geheime zauberische Macht im Spiele, die zu erkennen mir bis jetzt noch nicht gelungen, und eben deshalb kann ich auch noch nicht helfen – Besuchen Sie mich bald wieder, Balthasar, wir wollen dann sehen, was weiter zu beginnen. Auf Wiedersehn!«

»Also«, sprach Fabian dicht an den Doktor hinantretend, »also ein Zauberer sind Sie, Herr Doktor, und können mit all Ihrer Zauberkunst nicht einmal dem kleinen erbärmlichen Zinnober zu Leibe? – Wissen Sie wohl, dass ich Sie mitsamt Ihren bunten Bildern, Püppchen, magischen Spiegeln, mit all ihrem fratzenhaften Kram für einen rechten ausgemachten Scharlatan halte? – Der Balthasar, der ist verliebt und macht Verse, dem können Sie allerlei Zeug einreden, aber bei mir kommen Sie schlecht an! – Ich bin ein aufgeklärter Mensch und statuiere durchaus keine Wunder!«

»Halten Sie«, erwiderte Prosper Alpanus, indem er stärker und herzlicher lachte, als man es ihm nach seinem ganzen Wesen wohl zutrauen konnte, »halten Sie das wie Sie wollen. Aber – bin ich gleich nicht eben ein Zauberer, so gebiete ich doch über hübsche Kunststückchen« –

»Aus Wieglebs Magie wohl oder sonst!« – rief Fabian. »Nun da finden Sie an unserm Professor Mosch Terpin Ihren Meister und dürfen sich mit ihm nicht vergleichen, denn der ehrliche Mann zeigt uns immer, dass alles natürlich zugeht und umgibt sich gar nicht mit solcher geheimnisvoller Wirtschaft, als Sie, mein Herr Doktor. – Nun, ich empfehle mich Ihnen gehorsamst!«

»Ei«, sprach der Doktor, »Sie werden doch nicht so im Zorn von mir scheiden?«

Und damit strich er dem Fabian an beiden Armen einige Mal leise herab von der Schulter bis zum Handgelenk, dass diesem ganz besonders zu Mute wurde und er beklommen rief: »Was machen Sie denn, Herr Doktor!« – »Gehen Sie meine Herrn«, sprach der Doktor, »Sie Herr Balthasar hoffe ich recht bald wiederzusehen. – Bald wird die Hülfe gefunden sein!«

»Er bekommt *doch* kein Trinkgeld, mein Freund«, rief Fabian im Herausgehen dem goldgelben Portier zu, und fasste ihm nach dem Jabot. Der Portier sagte aber wieder nichts als: »*Quirrr*«, und biss abermals den Fabian in den Finger.

»Bestie!«, rief Fabian, und rannte von dannen.

Die beiden Frösche ermangelten nicht, die beiden Freunde höflich zu geleiten bis ans Gattertor, das sich mit einem dumpfen Donner öffnete und schloss. – »Ich weiß«, sprach Balthasar, als er auf der Landstraße hinter dem Fabian herwandelte, »ich weiß gar nicht Bruder, was du heute für einen seltsamen Rock angezogen hast mit solch entsetzlich langen Schößen und solch kurzen Ärmeln.«

Fabian gewahrte zu seinem Erstaunen, dass sein kurzes Röckchen hinterwärts bis zur Erde herabgewachsen, dass dagegen die sonst über die Gnüge langen Ärmel hinaufgeschrumpft waren bis an den Ellbogen.

»Tausend Donner, was ist das!«, rief er, und zog und zupfte an den Ärmeln und rückte die Schultern. Das schien auch zu helfen, aber wie sie nun durchs Stadttor gingen, so schrumpften die Ärmel herauf, so wuchsen die Rockschöße, dass alles Ziehens und Zupfens und Rückens ungeachtet die Ärmel bald hoch oben an der Schulter saßen, Fabians nackte Arme preisgebend, dass bald sich ihm eine Schleppe nachwälzte, länger und länger sich dehnend. Alle Leute standen still und lachten aus vollem Halse, die Straßenbuben rannten dutzendweise jubelnd und jauchzend über den langen Talar und rissen Fabian um, und wie er sich wieder aufraffte, fehlte kein Stückchen von der Schleppe, nein! – sie war noch länger geworden. Und immer toller und toller wurde Gelächter, Jubel und Geschrei, bis sich endlich Fabian halb wahnsinnig in ein offnes Haus stürzte. – Sogleich war auch die Schleppe verschwunden.

Balthasar hatte gar nicht Zeit, sich über Fabians seltsame Verzauberung viel zu verwundern; denn der Referendarius Pulcher fasste ihn, riss ihn fort in eine abgelegene Straße und sprach: »Wie ist es möglich, dass du nicht schon fort bist, dass du dich hier noch sehen lassen kannst, da der Pedell mit dem Verhaftsbefehl dich schon verfolgt.« – »Was ist das, wovon sprichst du?« fragte Balthasar voll Erstaunen. »So weit«, fuhr der Referendarius fort, »so weit riss dich der Wahnsinn der Eifersucht hin, dass du das Hausrecht verletztest, feindlich einbrechend in Mosch Terpins Haus, dass du den Zinnober überfielst bei seiner Braut, dass du den missgestalteten Däumling halb tot prügeltest!« – »Ich bitte dich«, schrie Balthasar, »den ganzen Tag war ich ja nicht in Kerepes, schändliche Lügen.« – »O still still«, fiel ihm Pulcher ins Wort, »Fabians toller unsinniger Einfall, ein Schleppkleid anzuziehen, rettet dich. Niemand achtet jetzt deiner! – Entziehe dich nur der schimpflichen Verhaftung, das übrige wollen wir denn schon ausfechten. Du darfst nicht mehr in deine Wohnung! – Gib mir die Schlüssel, ich schicke dir alles nach. – Fort nach Hoch-Jakobsheim!«

Und damit riss der Referendarius den Balthasar fort durch entlegene Gassen, durchs Tor hin nach dem Dorfe Hoch-Jakobsheim, wo der berühmte Gelehrte Ptolomäus Philadelphus sein merkwürdiges Buch über die unbekannte Völkerschaft der Studenten schrieb.

Wie der Geheime Spezialrat Zinnober in seinem Garten frisiert wurde und im Grase ein Taubad nahm. – Der Orden des grün gefleckten Tigers. – Glücklicher Einfall eines Theaterschneiders. – Wie das Fräulein von Rosenschön sich mit Kaffee begoss und Prosper Alpanus ihr seine Freundschaft versicherte.

Der Professor Mosch Terpin schwamm in lauter Wonne. »Konnte«, sprach er zu sich selbst, »konnte mir denn etwas Glücklicheres begegnen, als dass der vortreffliche Geheime Spezialrat in mein Haus kam als Studiosus? – Er heiratet meine Tochter – er wird mein Schwiegersohn, durch ihn erlange ich die Gunst des vortrefflichen Fürsten Barsanuph und steige nach auf der Leiter, die mein herrliches Zinnoberchen hinauf klimmt. – Wahr ist es, dass es mir oft selbst unbegreiflich vorkommt, wie das Mädchen, die Candida, so ganz und gar vernarrt sein kann in den Kleinen. Sonst sieht das Frauenzimmer wohl mehr auf ein hübsches Äußere, als auf besondere Geistesgaben, und schaue ich denn nun zuweilen das Spezialmännlein an, so ist es mir, als ob er nicht ganz hübsch zu nennen – sogar – *bossu* – still – St – St – die Wände haben Ohren – Er ist des Fürsten Liebling, wird immer höher steigen – höher hinauf, und ist mein Schwiegersohn!« –

Mosch Terpin hatte Recht, Candida äußerte die entschiedenste Neigung für den Kleinen, und sprach, gab hie und da einer, den Zinnobers seltsamer Spuk nicht berückt hatte, zu verstehen, dass der geheime Spezialrat doch eigentlich ein fatales missgestaltetes Ding sei, sogleich von den wunderschönen Haaren, womit ihn die Natur begabt.

Niemand lächelte aber, wenn Candida also sprach, hämischer, als der Referendarius Pulcher.

Dieser stellte dem Zinnober nach auf Schritten und Tritten, und hierin stand ihm getreulich der Geheime Sekretär Adrian bei, eben derselbe junge Mensch, den Zinnobers Zauber beinahe aus dem Bureau des Ministers verdrängt hätte, und der des Fürsten Gunst nur durch die vortreffliche Fleckkugel wiedergewann, die er ihm überreichte.

Der Geheime Spezialrat Zinnober bewohnte ein schönes Haus mit einem noch schöneren Garten, in dessen Mitte sich ein mit dichtem Gebüsch umgebener Platz befand, auf dem die herrlichsten Rosen blühten. Man hatte bemerkt, dass allemal den neunten

Tag Zinnober bei Tages Anbruch leise aufstand, sich, so sauer es ihm werden mochte, ohne alle Hülfe des Bedienten ankleidete, in den Garten hinabstieg und in den Gebüschen verschwand, die jenen Platz umgaben.

Pulcher und Adrian, irgendein Geheimnis ahnend, wagten es in einer Nacht, als Zinnober, wie sie von seinem Kammerdiener erfahren, vor neun Tagen jenen Platz besucht hatte, die Gartenmauer zu übersteigen und sich in den Gebüschen zu verbergen.

Kaum war der Morgen angebrochen, als sie den Kleinen daherwandeln sahen, schnupfend und prustend, weil ihm, da er mitten durch ein Blumenbeet ging, die tauichten Halme und Stauden um die Nase schlugen.

Als er auf dem Rasenplatz bei den Rosen angekommen, ging ein süßtönendes Wehen durch die Büsche und durchdringender wurde der Rosenduft. Eine schöne verschleierte Frau mit Flügeln an den Schultern schwebte herab, setzte sich auf den zierlichen Stuhl, der mitten unter den Rosenbüschen stand, nahm mit den leisen Worten: »Komm mein liebes Kind«, den kleinen Zinnober und kämmte ihm mit einem goldenen Kamm sein langes Haar, das den Rücken hinabwallte. Das schien dem Kleinen sehr wohl zu tun, denn er blinzelte mit den Äugelein und streckte die Beinchen lang aus, und knurrte und murrte beinahe wie ein Kater. Das hatte wohl fünf Minuten gedauert, da strich noch einmal die zauberische Frau mit einem Finger dem Kleinen die Scheitel entlang, und Pulcher und Adrian gewahrten einen schmalen feuerfarb glänzenden Streif auf dem Haupte Zinnobers. Nun sprach die Frau: »Lebe wohl, mein süßes Kind! – Sei klug, sei klug, so wie du kannst!« Der Kleine sprach: »Adieu Mütterchen, klug bin ich genug, du brauchst mir das gar nicht so oft zu wiederholen.«

Die Frau erhob sich langsam und verschwand in den Lüften. –

Pulcher und Adrian waren starr vor Erstaunen. Als nun aber Zinnober davonschreiten wollte, sprang der Referendarius hervor und rief laut: »Guten Morgen, Herr Geheimer Spezialrat! ei, wie schön haben Sie sich frisieren lassen!« Zinnober schaute sich um, und wollte, als er den Referendarius erblickte, schnell davonrennen. Ungeschickt und schwächlich auf den Beinchen, wie er nun aber war, stolperte er und fiel in das hohe Gras, das die Halme über ihn zusammenschlug, und er lag im Taubade. Pulcher sprang hinzu und half ihm auf die Beine, aber Zinnober schnarrte ihn an:

»Herr, wie kommen Sie hier in meinen Garten! scheren Sie sich zum Teufel!« Und damit hüpfte und rannte er, so rasch er nur vermochte, hinein ins Haus.

Pulcher schrieb dem Balthasar diese wunderbare Begebenheit und versprach seine Aufmerksamkeit auf das kleine zauberische Ungetüm zu verdoppeln. Zinnober schien über das, was ihm widerfahren, trostlos. Er ließ sich zu Bette bringen und stöhnte und ächzte so, dass die Kunde, wie er plötzlich erkrankt, bald zum Minister Mondschein, zum Fürsten Barsanuph gelangte.

Fürst Barsanuph schickte sogleich seinen Leibarzt zu dem kleinen Liebling.

»Mein vortrefflichster Geheimer Spezialrat«, sprach der Leibarzt, als er den Puls befühlt, »Sie opfern sich auf für den Staat. Angestrengte Arbeit hat Sie aufs Krankenbett geworfen, anhaltendes Denken Ihnen das unsägliche Leiden verursacht, das Sie empfinden müssen. Sie sehen im Antlitz sehr blass und eingefallen aus, aber Ihr wertes Haupt glüht schrecklich! – Ei ei! – doch keine Gehirnentzündung? Sollte das Wohl des Staats dergleichen hervorgebracht haben? Kaum möglich – Erlauben Sie doch!« –

Der Leibarzt mochte wohl denselben roten Streif auf Zinnobers Haupte gewahren, den Pulcher und Adrian entdeckt hatten. Er wollte, nachdem er einige magnetische Striche aus der Ferne versucht, den Kranken auch verschiedentlich angehaucht, worüber dieser merklich mauzte und quinkelierte, nun mit der Hand hinfahren über das Haupt, und berührte dasselbe unversehens. Da sprang Zinnober schäumend vor Wut in die Höhe und gab mit seinem kleinen Knochenhändchen dem Leibarzt, der sich gerade ganz über ihn hingebeugt, eine solche derbe Ohrfeige, dass es im ganzen Zimmer widerhallte.

»Was wollen Sie«, schrie Zinnober, »was wollen Sie von mir, was krabbeln Sie mir herum auf meinem Kopfe! Ich bin gar nicht krank, ich bin gesund, ganz gesund, werde gleich aufstehen und zum Minister fahren in die Konferenz; scheren Sie sich fort!« –

Der Leibarzt eilte ganz erschrocken von dannen. Als er aber dem Fürsten Barsanuph erzählte, wie es ihm ergangen, rief dieser entzückt aus: »Was für ein Eifer für den Dienst des Staats! Welche Würde, welche Hoheit im Betragen! – welch ein Mensch, dieser Zinnober!« –

»Mein bester Geheimer Spezialrat«, sprach der Minister Prätextatus von Mondschein zu dem kleinen Zinnober, »wie herrlich ist es, dass Sie Ihrer Krankheit nicht achtend in die Konferenz kommen. Ich habe in der wichtigen Angelegenheit mit dem Kakatucker Hofe ein Memoire entworfen – *selbst* entworfen, und bitte, dass *Sie* es dem Fürsten vortragen, denn Ihr geistreicher Vortrag hebt das Ganze, für dessen Verfasser mich dann der Fürst anerkennen soll.« – Das Memoire, womit Prätextatus glänzen wollte, hatte aber niemand anders verfasst, als Adrian.

Der Minister begab sich mit dem Kleinen zum Fürsten. – Zinnober zog das Memoire, das ihm der Minister gegeben, aus der Tasche, und fing an zu lesen. Da es damit aber nun gar nicht recht gehen wollte und er nur lauter unverständliches Zeug murrte und schnurrte, nahm ihm der Minister das Papier aus den Händen und las selbst.

Der Fürst schien ganz entzückt, er gab seinen Beifall zu erkennen, ein Mal über das andere rufend: »Schön – gut gesagt – herrlich – treffend!« –

Sowie der Minister geendet, schritt der Fürst geradezu los auf den kleinen Zinnober, hob ihn in die Höhe, drückte ihn an seine Brust, gerade dahin, wo ihm (dem Fürsten) der große Stern des grün gefleckten Tigers saß, und stammelte und schluchzte, während ihm häufige Tränen aus den Augen flossen: »Nein! – solch ein Mann – solch ein Talent! – solcher Eifer – solche Liebe – es ist zu viel – zu viel!« Dann gefasster: »Zinnober! – ich erhebe Sie hiermit zu meinem Minister! – Bleiben Sie dem Vaterlande hold und treu, bleiben Sie ein wackrer Diener der Barsanuphe, von denen Sie geehrt – geliebt werden.« Und nun sich mit verdrüsslichem Blick zum Minister wendend: »Ich bemerke, lieber Baron von Mondschein, dass seit einiger Zeit Ihre Kräfte nachlassen. Ruhe auf Ihren Gütern wird Ihnen heilbringend sein! – Leben Sie wohl!« –

Der Minister von Mondschein entfernte sich, unverständliche Worte zwischen den Zähnen murmelnd und funkelnde Blicke – werfend auf Zinnober, der sich nach seiner Art sein Stöckchen in den Rücken gestemmt, auf den w Fußspitzen hoch in die Höhe hob und stolz und keck umherblickte.

»Ich muss«, sprach nun der Fürst, »ich muss Sie, mein lieber Zinnober, gleich Ihrem hohen Verdienst gemäß auszeichnen; empfangen Sie daher aus meinen Händen den Orden des grün gefleckten Tigers!«

Der Fürst wollte ihm nun das Ordensband, das er sich in der Schnelligkeit von dem Kammerdiener reichen lassen, umhängen; aber Zinnobers missgestalteter Körperbau bewirkte, dass das Band durchaus nicht normalmäßig sitzen wollte, indem es sich bald ungebührlich heraufschrob, bald ebenso hinabschlotterte.

Der Fürst war in dieser so wie in jeder andern solchen Sache, die das eigentlichste Wohl des Staats betraf, sehr genau. Zwischen dem Hüftknochen und dem Steißbein, in schräger Richtung drei Sechszehnteil Zoll aufwärts vom letztern, musste das am Bande befindliche Ordenszeichen des grün gefleckten Tigers sitzen. Das war nicht herauszubringen. Der Kammerdiener, drei Pagen, der Fürst legten Hand an, alles Mühen blieb vergebens. Das verräterische Band rutschte hin und her, und Zinnober begann unmutig zu quäken: »Was hantieren Sie doch so schrecklich an meinem Leibe herum, lassen Sie doch das dumme Ding hängen wie es will, Minister bin ich doch nun einmal und bleib es!«

»Wofür«, sprach nun der Fürst zornig, »wofür habe ich denn Ordensräte, wenn rücksichts der Bänder solche tolle Einrichtungen existieren, die ganz meinem Willen entgegenlaufen? – Geduld, mein Heber Minister Zinnober! bald soll das anders werden!«

Auf Befehl des Fürsten musste sich nun der Ordensrat versammeln, dem noch zwei Philosophen, so wie ein Naturforscher, der eben vom Nordpol kommend durchreiste, beigesellt wurden, die über die Frage, wie auf die geschickteste Weise dem Minister Zinnober das Band des grün gefleckten Tigers anzubringen, beratschlagen sollten. Um für diese wichtige Beratung gehörige Kräfte zu sammeln, wurde sämtlichen Mitgliedern aufgegeben, acht Tage vorher nicht zu denken; um dies besser ausführen zu können, und doch tätig zu bleiben im Dienste des Staats, aber sich indessen mit dem Rechnungswesen zu beschäftigen. Die Straßen vor dem Palast, wo die Ordensräte, Philosophen und Naturforscher ihre Sitzung halten sollten, wurden mit dickem Stroh belegt, damit das Gerassel der Wagen die weisen Männer nicht störe, und eben daher durfte auch nicht getrommelt, Musik gemacht, ja nicht einmal laut gesprochen werden in der Nähe des Palastes. Im Palast selbst tappte alles auf dicken Filzschuhen umher und man verständigte sich durch Zeichen.

Sieben Tage hindurch vom frühsten Morgen bis in den späten Abend hatten die Sitzungen gedauert, und noch war an keinen Beschluss zu denken.

Der Fürst, ganz ungeduldig, schickte ein Mal über das andere hin und ließ ihnen sagen, es solle in des Teufels Namen ihnen doch endlich etwas Gescheutes einfallen. Das half aber ganz und gar nichts.

Der Naturforscher hatte soviel möglich Zinnobers Natur erforscht, Höhe und Breite seines Rückenauswuchses genommen

und die genaueste Berechnung darüber dem Ordensrat eingereicht. Er war es auch, der endlich vorschlug, ob man nicht den
Theaterschneider bei der Beratung zuziehen wolle.

So seltsam dieser Vorschlag erscheinen mochte, wurde er doch
in der Angst und Not, in der sich alle befanden, einstimmig angenommen.

Der Theaterschneider Herr Kees war ein überaus gewandter,
pfiffiger Mann. Sowie ihm der schwierige Fall vorgetragen worden,
sowie er die Berechnungen des Naturforschers durchgesehen, war
er mit dem herrlichsten Mittel, wie das Ordensband zum normal-
mäßigen Sitzen gebracht werden könne, bei der Hand.

An Brust und Rücken sollten nämlich eine gewisse Anzahl
Knöpfe angebracht und das Ordensband darangeknöpft werden.
Der Versuch gelang über die Maßen wohl.

Der Fürst war entzückt, und billigte den Vorschlag des Ordens-
rates, den Orden des grün gefleckten Tigers nunmehro in verschiedene Klassen zu teilen, nach der Anzahl der Knöpfe, womit
er gegeben wurde. Z. B. Orden des grün gefleckten Tigers mit
zwei Knöpfen – mit drei Knöpfen etc. Der Minister Zinnober
erhielt als ganz besondere Auszeichnung, die sonst kein anderer
verlangen könne, den Orden mit zwanzig brillantierten Knöpfen,
denn gerade zwanzig Knöpfe erforderte die wunderliche Form
seines Körpers.

Der Schneider Kees erhielt den Orden des grün gefleckten
Tigers mit zwei goldnen Knöpfen, und wurde, da der Fürst ihn
seines glücklichen Einfalls ungeachtet für einen schlechten
Schneider hielt und sich daher nicht von ihm kleiden lassen
wollte, zum Wirklichen Geheimen Groß-Kostümierer des Fürsten ernannt. –

Aus dem Fenster seines Landhauses sah der Doktor Prosper
Alpanus gedankenvoll herab in seinen Park. Er hatte die ganze
Nacht hindurch sich damit beschäftigt, Balthasars Horoskop
zu stellen und manches dabei herausgebracht, was sich auf den
kleinen Zinnober bezog. Am wichtigsten war ihm aber das, was
sich mit dem Kleinen im Garten begeben, als er von Adrian und
Pulcher belauscht wurde. Eben wollte Prosper Alpanus seinen
Einhörnern zurufen, dass sie die Muschel herbeiführen möchten,
weil er fort wolle nach Hoch-Jakobsheim, als ein Wagen da-
herrasselte und vor dem Gattertor des Parks stillhielt. Es hieß,
das Stiftsfräulein von Rosenschön wünsche den Herrn Doktor zu
sprechen. »Sehr willkommen«, sprach Prosper Alpanus, und die

Dame trat hinein. Sie trug ein langes schwarzes Kleid und war in Schleier gehüllt wie eine Matrone. Prosper Alpanus, von einer seltsamen Ahnung ergriffen, nahm sein Rohr und ließ die funkelnden Strahlen des Knopfs auf die Dame fallen. Da war es, als zuckten rauschend Blitze um sie her, und sie stand da im weißen durchsichtigen Gewande, glänzende Libellenflügel an den Schultern, weiße und rote Rosen durch das Haar geflochten. – »Ei ei«, lispelte Prosper, nahm das Rohr unter seinen Schlafrock, und sogleich stand die Dame wieder im vorigen Kostüm da.

Prosper Alpanus lud sie freundlich ein, sich niederzulassen. Fräulein von Rosenschön sagte nun, wie es längst ihre Absicht gewesen, den Herrn Doktor in seinem Landhause aufzusuchen, um die Bekanntschaft eines Mannes zu machen, den die ganze Gegend als einen hoch begabten, wohltätigen Weisen rühme. Gewiss werde er ihre Bitte gewähren, sich des nahe gelegenen Fräuleinstifts ärztlich anzunehmen, da die alten Damen darin oft kränkelten und ohne Hülfe blieben. Prosper Alpanus erwiderte höflich, dass er zwar schon längst die Praxis aufgegeben, aber doch ausnahmsweise die Stiftsdamen besuchen wolle, wenn es not täte, und fragte dann, ob sie selbst, das Fräulein von Rosenschön, vielleicht an irgendeinem Übel leide? Das Fräulein versicherte, dass sie nur dann und wann ein rheumatisches Zucken in den Gliedern fühle, wenn sie sich in der Morgenluft erkältet, jetzt aber ganz gesund sei; und begann irgendein gleichgültiges Gespräch. Prosper fragte, ob sie, da es noch früher Morgen, vielleicht eine Tasse Kaffee nehmen wolle; die Rosenschön meinte, dass Stiftsfräuleins dergleichen niemals verschmähten. Der Kaffee wurde gebracht, aber sosehr sich auch Prosper mühen mochte, einzuschenken, die Tassen blieben leer, ungeachtet der Kaffee aus der Kanne strömte. »Ei ei –« lächelte Prosper Alpanus, »das ist böser Kaffee! – Wollten Sie, mein bestes Fräulein, doch nur Heber selbst den Kaffee eingießen.«

»Mit Vergnügen«, erwiderte das Fräulein, und ergriff die Kanne. Aber ungeachtet kein Tropfen aus der Kanne quoll, wurde doch die Tasse voller und voller, und der Kaffee strömte über auf den Tisch, auf das Kleid des Stiftsfräuleins. – Sie setzte schnell die Kanne hin, sogleich war der Kaffee spurlos verschwunden. Beide, Prosper Alpanus und das Stiftsfräulein, schauten sich nun eine Weile schweigend an mit seltsamen Blicken.

»Sie waren«, begann nun die Dame, »Sie waren, mein Herr Doktor, gewiss mit einem sehr anziehenden Buche beschäftigt, als ich eintrat.«

»In der Tat«, erwiderte der Doktor, »enthält dieses Buch gar merkwürdige Dinge.«

Damit wollte er das kleine Buch in vergoldetem Einbande, das vor ihm auf dem Tische lag, aufschlagen. Doch das blieb ein ganz vergebliches Mühen, denn mit einem lauten Klipp Klapp schlug das Buch sich immer wieder zusammen. »Ei ei«, sprach Prosper Alpanus, »versuchen Sie sich doch mit dem eigensinnigen Dinge hier, mein wertes Fräulein!«

Er reichte der Dame das Buch hin, das, sowie sie es nur berührte, sich von selbst aufschlug. Aber alle Blätter lösten sich los und dehnten sich aus zum Riesenfolio und rauschten umher im Zimmer.

Erschrocken fuhr das Fräulein zurück. Nun schlug der Doktor das Buch zu mit Gewalt und alle Blätter verschwanden.

»Aber«, sprach nun Prosper Alpanus mit sanftem Lächeln, indem er sich von seinem Sitze erhob, »aber mein bestes gnädiges Fräulein, was verderben wir die Zeit mit solchen schnöden Tafelkünsten; denn anders als ordinäre Tafelkunststücke sind es doch nicht, die wir bis jetzt getrieben, schreiten wir doch lieber zu höheren Dingen.«

»Ich will fort!«, rief das Fräulein, und erhob sich vom Sitze.

»Ei«, sprach Prosper Alpanus, »das möchte doch wohl nicht recht gut angehen ohne meinen Willen; denn meine Gnädige, ich muss es Ihnen nur sagen, Sie sind jetzt ganz und gar in meiner Gewalt.«

»In Ihrer Gewalt«, rief das Fräulein zornig, »in Ihrer Gewalt, Herr Doktor? – Törichte Einbildung!«

Und damit breitete sich ihr seidnes Kleid aus und sie schwebte als der schönste Trauermantel auf zur Decke des Zimmers. Doch sogleich sauste und brauste auch Prosper Alpanus ihr nach als tüchtiger Hirschkäfer. Ganz ermattet flatterte der Trauermantel herab und rannte als kleines Mäuschen auf dem Boden umher. Aber der Hirschkäfer sprang miauend und prustend ihm nach als grauer Kater. Das Mäuschen erhob sich wieder als glänzender Kolibri, da erhoben sich allerlei seltsame Stimmen rings um das Landhaus und allerlei wunderbare Insekten sumseten herbei, mit ihnen seltsames Waldgeflügel, und ein goldnes Netz spann sich um die Fenster. Da stand mit einem Mal die Fee Rosabelverde in aller Pracht und Hoheit strahlend im glänzenden weißen Gewande, den funkelnden Diamantgürtel umgetan, weiße und rote Rosen durch die dunkeln Locken geflochten, mitten im Zimmer. Vor ihr der Magus im goldgestickten Talar, eine glänzende Krone auf dem Haupt, das Rohr mit dem feuerstrahlenden Knopf in der Hand.

Rosabelverde schritt zu auf den Magus, da entfiel ihrem Haar ein goldner Kamm und zerbrach, als sei er von Glas, auf dem Marmorboden.

»Weh mir! – weh mir!«, rief die Fee.

Plötzlich saß wieder das Stiftsfräulein von Rosenschön im schwarzen langen Kleide am Kaffeetisch, und ihr gegenüber der Doktor Prosper Alpanus.

»Ich dächte«, sprach Prosper Alpanus sehr ruhig, indem er in die chinesischen Tassen den herrlichsten dampfenden Kaffee von Mokka ohne Hindernis einschenkte, »ich dächte, mein bestes gnädiges Fräulein, wir wüssten beide nun hinlänglich, wie wir miteinander daran sind. – Sehr Leid tut es mir, dass Ihr schöner Haarkamm zerbrach auf meinem harten Fußboden.«

»Nur meine Ungeschicklichkeit«, erwiderte das Fräulein, mit Behagen den Kaffee einschlürfend, »ist schuld daran. Auf *diesen* Boden muss man sich hüten etwas fallen zu lassen, denn irr ich nicht, so sind diese Steine mit den wunderbarsten Hieroglyphen beschrieben, welche manchem nur gewöhnliche Marmoradern bedünken möchten.«

»Abgenutzte Talismane, meine Gnädige«, sprach Prosper, »abgenutzte Talismane sind diese Steine, nichts weiter.«

»Aber bester Doktor«, rief das Fräulein, »wie ist es möglich, dass wir uns nicht kennen lernten seit der frühesten Zeit, dass wir nicht ein einziges Mal zusammentrafen auf unseren Wegen?«

»Diverse Erziehung, beste Dame«, erwiderte Prosper Alpanus, »diverse Erziehung ist lediglich daran schuld! Während Sie als das hoffnungsvollste Mädchen in Dschinnistan sich ganz Ihrer reichen Natur, Ihrem glücklichen Genie überlassen konnten, war ich, ein trübseliger Student, in den Pyramiden eingeschlossen und hörte Kollegia bei dem Professor Zoroaster, einem alten Knasterbart, der aber verdammt viel wusste. Unter der Regierung des würdigen Fürsten Demetrius nahm ich meinen Wohnsitz in diesem kleinen anmutigen Ländchen.«

»Wie«, sprach das Fräulein, »und wurden nicht verwiesen, als Fürst Paphnutius die Aufklärung einführte.«

»Keinesweges«, antwortete Prosper, »es gelang mir vielmehr, mein eignes Ich ganz zu verhüllen, indem ich mich mühte, Aufklärungssachen betreffend, ganz besondere Kenntnisse zu beweisen in allerlei Schriften, die ich verbreitete. Ich bewies, dass ohne des Fürsten Willen es niemals donnern und blitzen müsse, und dass wir schönes Wetter und eine gute Ernte einzig und allein seinen und seiner Noblesse Bemühungen zu verdanken, die in den innern Gemächern darüber sehr weise beratschlagt, während das gemeine Volk draußen auf dem Acker gepflügt und gesäet. Fürst Paphnutius erhob mich damals zum Geheimen Ober-aufklärungs-Präsidenten, eine Stelle, die ich mit meiner Hülle wie eine lästige Bürde abwarf, als der Sturm vorüber. – Insgeheim war ich nützlich wie ich konnte. Das heißt, was *wir*, ich und Sie, meine Gnädige, wahrhaft nützlich nennen. – Wissen Sie wohl, bestes Fräulein, dass *ich* es war, der Sie warnte vor dem Ein-brechen der Aufklärungs-Polizei? – dass *ich* es bin, dem Sie noch das Besitztum der artigen Sächelchen verdanken, die Sie mir vor-hin gezeigt? – O mein Gott! liebe Stiftsdame, schauen Sie doch nur aus diesen Fenstern! – Erkennen Sie denn nicht mehr diesen Park, in dem Sie so oft lustwandelten und mit den freundlichen Geistern sprachen, die in den Büschen – Blumen – Quellen wohnen? – Diesen Park hab ich gerettet durch meine Wissen-schaft. Er steht noch da wie zurzeit des alten Demetrius. Fürst Barsanuph bekümmert sich, dem Himmel sei es gedankt, nicht viel um das Zauberwesen, er ist ein leutseliger Herr und lässt jeden gewähren, jeden zaubern soviel er Lust hat, sobald er es sich nur nicht merken lässt und die Abgaben richtig zahlt. So leb ich hier, wie Sie, liebe Dame, in Ihrem Stift, glücklich und sorgen-frei!«

»Doktor«, rief das Fräulein, indem ihr die Tränen aus den Augen stürzten, »Doktor, was sagen Sie! – welche Aufklärun-gen! – Ja ich erkenne diesen Hain, wo ich die seligsten Freuden genoss! – Doktor! – edelster Mann, dem ich so viel zu verdan-ken! – Und Sie können meinen kleinen Schützling so hart ver-folgen?«

»Sie haben«, erwiderte der Doktor, »Sie haben, mein bestes Fräulein, von Ihrer angebornen Gutmütigkeit hingerissen, Ihre Gaben an einen Unwürdigen verschleudert. Zinnober ist und bleibt, Ihrer gütigen Hülfe ungeachtet, ein kleiner missgestalteter Schlingel, der nun, da der goldne Kamm zerbrochen, ganz in meine Hand gegeben ist.«

»Haben Sie Mitleiden, o Doktor!« flehte das Fräulein.

»Aber schauen Sie doch nur gefälligst her«, sprach Prosper, indem er dem Fräulein Balthasars Horoskop, das er gestellt hatte, vorhielt.

Das Fräulein blickte hinein und rief dann voll Schmerz: »Ja! –

wenn es so beschaffen ist, so muss ich wohl weichen der höheren Macht. – Armer Zinnober!«

»Gestehen Sie, bestes Fräulein«, sprach der Doktor lächelnd, »gestehen Sie, dass die Damen oft sich in dem Bizarrsten sehr wohl gefallen, den Einfall, den der Augenblick gebar, rastlos und rücksichtslos verfolgend und jedes schmerzliche Berühren anderer Verhältnisse nicht achtend! – Zinnober muss sein Schicksal verbüßen, aber *dann* soll er noch zu unverdienter Ehre gelangen. Damit huldige ich Ihrer Macht, Ihrer Güte, Ihrer Tugend, mein sehr wertes gnädigstes Fräulein!«

»Herrlicher, vortrefflicher Mann«, rief das Fräulein, »bleiben Sie mein Freund!«

»Immerdar«, erwiderte der Doktor. »Meine Freundschaft, meine innige Zuneigung zu Ihnen, holde Fee, wird nie aufhören. Wenden Sie sich getrost an mich in allen bedenklichen Fällen des Lebens, und – o trinken Sie Kaffee bei mir, so oft es Ihnen zu Sinne kommt.«

»Leben Sie wohl, mein würdigster Magus, nie werd ich Ihre Huld, nie diesen Kaffee vergessen!« So sprach das Fräulein und erhob sich, von innerer Rührung ergriffen, zum Scheiden.

Prosper Alpanus begleitete sie ans Gattertor, während alle wunderbare Stimmen des Waldes auf die lieblichste Weise erklangen.

Vor dem Tor stand, statt des Fräuleins Wagen, die mit den Einhörnern bespannte Kristall-Muschel des Doktors, hinter der der Goldkäfer seine glänzenden Flügel ausbreitete. Auf dem Bock saß der Silberfasan und kuckte, die goldnen Zügel im Schnabel haltend, das Fräulein mit klugen Augen an.

In die seligste Zeit ihres herrlichsten Feenlebens fühlte sich die Stiftsdame versetzt, als der Wagen herrlich tönend durch den duftenden Wald rauschte.

SIEBENTES KAPITEL

Wie der Professor Mosch Terpin im fürstlichen Weinkeller die Natur erforschte. – Mycetes Belzebub. – Verzweiflung des Studenten Balthasar. – Vorteilhafter Einfluss eines wohleingerichteten Landhauses auf das häusliche Glück. – Wie Prosper Alpanus dem Balthasar eine schildkrötene Dose überreichte und davonritt.

Balthasar, der sich in dem Dorfe Hoch-Jakobsheim versteckt hielt, bekam von dem Referendarius Pulcher aus Kerepes einen

Brief des Inhalts: »Unsere Angelegenheiten, bester Freund Balthasar! gehen immer schlechter und schlechter. Unser Feind, der abscheuliche Zinnober, ist Minister der auswärtigen Angelegenheiten geworden und hat den großen Orden des grün gefleckten Tigers mit zwanzig Knöpfen erhalten. Er hat sich aufgeschwungen zum Liebling des Fürsten und setzt alles durch, was er will. Professor Mosch Terpin ist ganz außer sich, er bläht sich auf im dummen Stolz. Durch seines künftigen Schwiegersohns Vermittlung hat er die Stelle des Generaldirektors sämtlicher natürlicher Angelegenheiten im Staate erhalten, eine Stelle, die ihm viel Geld und eine Menge anderer Emolumente einbringt. Als benannter Generaldirektor zensiert und revidiert er die Sonnen- und Mondfinsternisse, so wie die Wetterprophezeiungen in den im Staate erlaubten Kalendern, und erforscht insbesondere die Natur in der Residenz und deren Bereich. Dieser Beschäftigung halber bekommt er aus den fürstlichen Waldungen das seltenste Geflügel, die raresten Tiere, die er, um eben ihre Natur zu erforschen, braten lässt und auffrisst. Ebenso schreibt er jetzt (wenigstens gibt er es vor) eine Abhandlung darüber, warum der Wein anders schmeckt als Wasser und auch andere Wirkungen äußert, die er seinem Schwiegersohn zueignen will. Zinnober hat es bewirkt, dass Mosch Terpin der Abhandlung wegen alle Tage im fürstlichen Weinkeller studieren darf. Er hat schon einen halben Oxhoft alten Rheinwein, so wie mehrere Dutzend Flaschen Champagner verstudiert, und ist jetzt an ein Fass Alikante geraten. – Der Kellermeister ringt die Hände! – So ist dem Professor, der, wie du weißt, das größte Leckermaul auf Erden, geholfen, und er würde das bequemste Leben von der Welt führen, müsste er oft nicht, wenn ein Hagelschlag die Felder verwüstet hat, plötzlich über Land, um den fürstlichen Pächtern zu erklären, warum es gehagelt hat, damit die dummen Teufel ein bisschen Wissenschaft bekommen, sich künftig vor dergleichen hüten können und nicht immer Erlass der Pacht verlangen dürfen, einer Sache halber, die niemand verschuldet, als sie selbst.

Der Minister kann die Tracht Schläge, die du ihm erteilt, nicht verwinden. Er hat dir Rache geschworen. Du wirst dich gar nicht mehr in Kerepes sehen lassen dürfen. Auch mich verfolgt er sehr, weil ich seine geheimnisvolle Art, sich von einer geflügelten Dame frisieren zu lassen, erlauscht habe. – Solange Zinnober des Fürsten Liebling bleibt, werde ich wohl auf keinen ordentlichen Posten Anspruch machen können. Mein Unstern will es, dass ich immer mit der Missgeburt zusammengerate, wo ich es gar nicht ahne, und auf eine Weise, die mir fatal werden muss. Neulich ist der Minister in vollem Staat, mit Degen, Stern und Ordensband im zoologischen Kabinett, und hat sich nach seiner gewöhnlichen Weise, den Stock untergestemmt, auf den Fußspitzen schwebend, an den Glasschrank hingestellt, wo die seltensten amerikanischen Affen stehen. Fremde, die das Kabinett besehen, treten heran, und einer, den kleinen Wurzelmann, erblickend, ruft laut aus: ›Ei! – was für ein allerliebster Affe! – welch niedliches Tier! – die Zierde des ganzen Kabinetts! – Ei wie heißt das hübsche Äfflein? woher des Landes?‹

Da spricht der Aufseher des Kabinetts sehr ernsthaft, indem er Zinnobers Schulter berührt: ›Ja ein sehr schönes Exemplar, ein vortrefflicher Brasilianer, der so genannte *Mycetes Belzebub – Simia Belzebub Linneiniger, barbatus, podiis candaque apice brunneis* – Brüllaffe –‹

›Herr –‹ prustet nun der Kleine den Aufseher an, ›Herr, ich glaube Sie sind wahnsinnig oder neunmal des Teufels, ich bin kein *Belzebub caudaque* – kein Brüllaffe, ich bin Zinnober, der Minister Zinnober, Ritter des grün gefleckten Tigers mit zwanzig Knöpfen!‹ – Nicht weit davon stehe ich, und breche – hätt es das Leben gekostet auf der Stelle, ich konnte mich nicht zurückhalten – aus in ein wieherndes Gelächter.

›Sind Sie auch da, Herr Referendarius?‹ schnarcht er mich an, indem rote Glut aus seinen Hexenaugen funkelt.

Gott weiß, wie es kam, dass die Fremden ihn immerfort für den schönsten seltensten Affen hielten, den sie jemals gesehen, und ihn durchaus mit Lampertsnüssen füttern wollten, die sie aus der Tasche gezogen. Zinnober geriet nun so ganz außer sich, dass er vergebens nach Atem schnappte und die Beinchen ihm den Dienst versagten. Der herbeigerufene Kammerdiener musste ihn auf den Arm nehmen und hinabtragen in die Kutsche.

Selbst kann ich mir aber nicht erklären, warum mir diese Geschichte einen Schimmer von Hoffnung gibt. Es ist der erste Tort, der dem kleinen verhexten Unding geschehen.

So viel ist gewiss, dass Zinnober neulich am frühen Morgen sehr verstört aus dem Garten gekommen ist. Die geflügelte Frau muss ausgeblieben sein, denn vorbei ist es mit den schönen Locken. Das Haar soll ihm struppig auf dem Rücken herabhängen und Fürst Barsanuph gesagt haben: ›Vernachlässigen Sie nicht so sehr Ihre Toilette, bester Minister, ich werde Ihnen meinen Frisör schicken!‹ – worauf denn Zinnober sehr höflich geäußert, er werde den Kerl zum Fenster herausschmeißen lassen, wenn er käme. ›Große Seele! man kommt Ihnen nicht bei‹, hat dann der Fürst gesprochen und dabei sehr geweint!

Lebe wohl, liebster Balthasar! gib nicht alle Hoffnung auf, und verstecke dich gut, damit sie dich nicht greifen!« –

Ganz in Verzweiflung darüber, was ihm der Freund geschrieben, rannte Balthasar tief hinein in den Wald und brach aus in laute Klagen.

»Hoffen soll ich«, rief er, »hoffen soll ich noch, da jede Hoffnung verschwunden, da alle Sterne untergegangen und düstere – düstere Nacht mich Trostlosen umfängt? – Unseliges Verhängnis! – ich unterliege der finstren Macht, die verderblich in mein Leben getreten! – Wahnsinn, dass ich auf Rettung hoffte von Prosper Alpanus, von diesem Prosper Alpanus, der mich selbst mit höllischen Künsten verlockte und mich forttrieb von Kerepes, indem er die Prügel, die ich dem Spiegelbilde erteilen musste, auf Zinnobers wahrhaftigen Rücken regnen ließ! – Ach Candida! – Könnt ich nur das Himmelskind vergessen! – Aber mächtiger, stärker als jemals glüht der Liebesfunke in mir! – Überall sehe ich die holde Gestalt der Geliebten, die mit süßem Lächeln sehnsüchtig die Arme nach mir ausstreckt! – Ich weiß es ja! – du liebst mich, holde süße Candida, und das ist eben mein hoffnungsloser tötender Schmerz, dass ich dich nicht zu retten vermag aus der heillosen Verzauberung, die dich befangen! – Verräterischer Prosper! was tat ich dir, dass du mich so grausam äfftest!« –

Die tiefe Dämmerung war eingebrochen, alle Farben des Waldes schwanden hin in dumpfes Grau. Da war es, als leuchte ein besonderer Glanz wie aufflammender Abendschein durch Baum und Gebüsch, und tausend Insektlein erhoben sich mit rauschendem Flügelschlage sumsend in die Lüfte. Leuchtende Goldkäfer schwangen sich hin und her, und dazwischen flatterten buntgeputzte Schmetterlinge und streuten duftenden Blumenstaub um sich her. Das Wispern und Sumsen wurde zu sanfter, süßflüsternder Musik, die sich tröstend legte an Balthasars zerrissene Brust. Über ihm funkelte stärker strahlend der Glanz. Er schaute hinauf, und erblickte staunend Prosper Alpanus, der auf einem wunderbaren Insekt, das einer in den herrlichsten Farben prunkenden Libelle nicht unähnlich, daherschwebte.

Prosper Alpanus senkte sich herab zu dem Jüngling, an dessen Seite er Platz nahm, während die Libelle aufflog in ein Gebüsch und in den Gesang einstimmte, der durch den ganzen Wald tönte.

Er berührte des Jünglings Stirne mit den wundervoll glänzenden Blumen, die er in der Hand trug, und sogleich entzündete sich in Balthasars Innerm frischer Lebensmut.

»Du tust«, sprach nun Prosper Alpanus mit sanfter Stimme, »du tust mir großes Unrecht, lieber Balthasar, da du mich grausam und verräterisch schiltst in dem Augenblick, als es mir gelungen ist, Herr zu werden des Zaubers, der dein Leben verstört, als ich, um nur schneller dich zu finden, dich zu trösten, mich auf mein buntes Lieblingsrösslein schwinge und herbeireite, mit allem versehen, was zu deinem Heil dienen kann. – Doch nichts ist bittrer als Liebesschmerz, nichts gleicht der Ungeduld eines in Liebe und Sehnsucht verzweifelnden Gemüts. – Ich verzeihe dir, denn mir ist es selbst nicht besser gegangen, als ich vor ungefähr zweitausend Jahren eine indische Prinzessin liebte, Balsamine geheißen, und dem Zauberer Lothos, der mein bester Freund war, in der Verzweiflung den Bart ausriss, weshalb ich, wie du siehst, selbst keinen trage, damit mir nicht Ähnliches geschehe. – Doch dir dies alles weitläuftig zu erzählen, würde wohl hier an sehr unrechtem Orte sein, da jeder Liebende nur von *seiner* Liebe hören mag, die er allein der Rede wert hält, so wie jeder Dichter nur *seine* Verse gern vernimmt. Also zur Sache! – Wisse, dass Zinnober die verwahrloste Missgeburt eines armen Bauerweibes ist und eigentlich Klein Zaches heißt. Nur aus Eitelkeit hat er den stolzen Namen Zinnober angenommen. Das Stiftsfräulein von Rosenschön, oder eigentlich die berühmte Fee Rosabelverde, denn niemand anders ist jene Dame, fand das kleine Ungetüm am Wege. Sie glaubte, alles, was die Natur dem Kleinen stiefmütterlich versagt, dadurch zu ersetzen, wenn sie ihn mit der seltsamen geheimnisvollen Gabe beschenkte, vermöge der alles, was in seiner Gegenwart irgendein anderer Vortreffliches denkt, spricht oder tut, auf *seine* Rechnung kommen, ja dass er in der Gesellschaft wohlgebildeter, verständiger, geistreicher Personen auch für wohlgebildet, verständig und geistreich geachtet werden und überhaupt allemal für den vollkommensten der Gattung, mit der er im Konflikt, gelten muss.

Dieser sonderbare Zauber liegt in drei feuerfarbglänzenden Haaren, die sich über den Scheitel des Kleinen ziehen. Jede Berührung dieser Haare, so wie überhaupt des Hauptes, musste dem Kleinen schmerzhaft, ja verderblich sein. Deshalb ließ die Fee sein von Natur dünnes, struppiges Haar in dicken anmutigen Locken hinabwallen, die des Kleinen Haupt schützend zugleich jenen roten Streif versteckten und den Zauber stärkten. Jeden neunten Tag frisierte die Fee selbst den Kleinen mit einem goldnen magischen Kamm, und diese Frisur vernichtete jedes auf Zerstörung des Zaubers gerichtete Unternehmen. Aber den Kamm selbst hat ein kräftiger Talisman, den ich der guten Fee, als sie mich besuchte, unterzuschieben wusste, vernichtet.

Es kommt jetzt nur darauf an, ihm jene drei feuerfarbnen Haare auszureißen, und er sinkt zurück in sein voriges Nichts! – dir, mein lieber Balthasar, ist diese Entzauberung vorbehalten. Du hast Mut, Kraft und Geschicklichkeit, du wirst die Sache ausführen, wie es sich gehört. Nimm dieses kleine geschliffene Glas, nähere dich dem kleinen Zinnober, wo du ihn findest, richte deinen scharfen Blick durch dieses Glas auf sein Haupt, frei und offen werden die drei roten Haare sich über das Haupt des Kleinen ziehen. Packe ihn fest an, achte nicht auf das gellende Katzengeschrei, das er ausstoßen wird, reiße ihm mit einem Ruck die drei Haare aus und verbrenne sie auf der Stelle. Es ist notwendig, dass die Haare mit *einem* Ruck ausgerissen und *sogleich* verbrannt werden, denn sonst könnten sie noch allerlei verderbliche Wirkungen äußern. Richte daher dein vorzüglichstes Augenmerk darauf, dass du die Haare geschickt und fest erfassest und den Kleinen überfällst, wenn gerade ein Feuer oder ein Licht in der Nähe befindlich.«

»O Prosper Alpanus«, rief Balthasar, »wie schlecht habe ich diese Güte, diesen Edelmut durch mein Misstrauen verdient. – Wie fühle ich es so in tiefer Brust, dass nun mein Leiden endigt, dass alles Himmelsglück mir die goldnen Tore erschließt!«

»Ich liebe«, fuhr Prosper Alpanus fort, »ich liebe Jünglinge, die so wie du, mein Balthasar, Sehnsucht und Liebe im reinen Herzen tragen, in deren Innerm noch jene herrlichen Akkorde widerhallen, die dem fernen Lande voll göttlicher Wunder angehören, das meine Heimat ist. Die glücklichen mit dieser inneren Musik begabten Menschen sind die einzigen, die man Dichter nennen kann, wiewohl viele auch so gescholten werden, die den ersten besten Brummbass zur Hand nehmen, darauf herumstreichen und das verworrene Gerassel der unter ihrer Faust stöhnenden Saiten für herrliche Musik halten, die aus ihrem eignen Innern heraustönt. – dir ist, ich weiß es, mein geliebter Balthasar, dir ist es zuweilen so, als verstündest du die murmelnden Quellen, die rauschenden Bäume, ja als spräche das aufflammende Abendrot zu dir mit verständlichen Worten! – Ja mein Balthasar! – in diesen Momenten verstehst du wirklich die wunderbaren Stimmen der Natur, denn aus deinem eignen Innern erhebt sich der göttliche Ton, den die wundervolle Harmonie des tiefsten Wesens der

Natur entzündet. – Da du Klavier spielst, o Dichter, so wirst du wissen, dass dem angeschlagenen Ton die ihm verwandten Töne nachklingen. – Dieses Naturgesetz dient zu mehr als zum schalen Gleichnis! – Ja, o Dichter, du bist ein viel besserer, als es manche glauben, denen du deine Versuche, die innere Musik mit Feder und Tinte zu Papier zu bringen, vorgelesen. Mit diesen Versuchen ist es nicht weit her. Doch hast du im historischen Stil einen guten Wurf getan, als du mit pragmatischer Breite und Genauigkeit die Geschichte von der Liebe der Nachtigall zur Purpurrose auf-schriebst, welche sich unter meinen Augen begeben. – Das ist eine ganz artige Arbeit –«

Prosper Alpanus hielt inne, Balthasar blickte ihn ganz verwundert an mit großen Augen, er wusste gar nicht, was er dazu sagen sollte, dass Prosper das Gedicht, welches er für das fantastischte hielt, das er jemals aufgeschrieben, für einen historischen Versuch erklärte.

»Du magst«, fuhr Prosper Alpanus fort, indem ein anmutiges Lächeln sein Gesicht überstrahlte, »du magst dich wohl über meine Reden verwundern, dir mag überhaupt manches seltsam an mir vorkommen. Bedenke aber, dass ich nach dem Urteil aller vernünftigen Leute eine Person bin, die nur im Märchen auftreten darf, und du weißt, geliebter Balthasar, dass solche Personen sich wunderlich gebärden und tolles Zeug schwatzen können, wie sie nur mögen, vorzüglich wenn hinter allem doch etwas steckt, was gerade nicht zu verwerfen. – Nun aber weiter! – Nahm sich die Fee Rosabelverde des missgestalteten Zinnober so eifrig an, so bist du, mein Balthasar, nun ganz und gar mein lieber Schützling. Höre also, was ich für dich zu tun gesonnen! – Der Zauberer Lothos besuchte mich gestern, er brachte mir tausend Grüße, aber auch tausend Klagen von der Prinzessin Balsamine, die aus dem Schlafe erwacht ist, und in den süßen Tönen des Chartah Bhade, jenes herrlichen Gedichts, das unsere erste Liebe war, sehnende Arme nach mir ausstreckt. Auch mein alter Freund, der Minister Yuchi, winkt mir freundlich zu vom Polarstern. – Ich muss fort nach dem fernsten Indien! – Mein Landgut, das ich verlasse, wünsche ich in keines andern Besitz zu sehen, als in dem deinigen. Morgen gehe ich nach Kerepes und lasse eine förmliche Schenkungsurkunde ausfertigen, in der ich als dein Oheim auftrete. Ist nun Zinnobers Zauber gelöst; trittst du vor den Professor Mosch Terpin hin als Besitzer eines vortrefflichen Landguts, eines beträchtlichen Vermögens, und wirbst du um die Hand der schönen Candida, so wird er in voller Freude dir alles gewähren. Aber noch mehr! – Ziehst du mit deiner Candida ein in mein Landhaus, so ist das Glück deiner Ehe gesichert. Hinter den schönen Bäumen wächst alles, was das Haus bedarf; außer den herrlichsten Früchten, der schönste Kohl und tüchtiges schmackhaftes Gemüse überhaupt, wie man es weit und breit nicht findet. Deine Frau wird immer den ersten Salat, die ersten Spargel haben. Die Küche ist so eingerichtet, dass die Töpfe niemals überlaufen, und keine Schüssel verdirbt, solltest du auch einmal eine ganze Stunde über die Essenszeit ausbleiben. Teppiche, Stuhl- und Sofa-Bezüge sind von der Beschaffenheit, dass es bei der größten Ungeschicklichkeit der Dienstboten unmöglich bleibt, einen Fleck hineinzubringen, ebenso zerbricht kein Porzellan, kein Glas, sollte sich auch die Dienerschaft deshalb die größte Mühe geben und es auf den härtesten Boden werfen. Jedes Mal endlich, wenn deine Frau waschen lässt, ist auf dem großen Wiesenplan hinter dem Hause das allerschönste heiterste Wetter, sollte es auch ringsumher regnen, donnern und blitzen. Kurz, mein Balthasar! es ist dafür gesorgt, dass du das häusliche Glück an deiner holden Candida Seite ruhig und ungestört genießest! –

Doch nun ist es wohl an der Zeit, dass ich heimkehre und in Gemeinschaft mit meinem Freunde Lothos die Anstalten zu meiner baldigen Abreise beginne. Lebe wohl, mein Balthasar!« –

Damit pfiff Prosper ein- zweimal der Libelle, die alsbald summend herbeiflog. Er zäumte sie auf und schwang sich in den Sattel. Aber schon im Davonschweben hielt er plötzlich an und kehrte um zu Balthasar. –

»Beinahe«, sprach er, »hätte ich deinen Freund Fabian vergessen. In einem Anfall schalkischer Laune habe ich ihn für seinen Vorwitz zu hart gestraft. In dieser Dose ist das enthalten, was ihn tröstet!« –

Prosper reichte dem Balthasar ein kleines blank poliertes schildkrötenes Döschen hin, das er ebenso einsteckte, wie die kleine Lorgnette, die er erst zur Entzauberung Zinnobers von Prosper erhalten.

Prosper Alpanus rauschte nun fort durch das Gebüsch, indem die Stimmen des Waldes stärker und anmutiger ertönten.

Balthasar kehrte zurück nach Hoch-Jakobsheim, alle Wonne, alles Entzücken der süßesten Hoffnung im Herzen.

Wie Fabian seiner langen Rockschöße halber für einen Sektierer und Tumulluanten gehalten wurde. – Wie Fürst Barsanuph hinter den Kaminschirm trat und den Generaldirektor der natürlichen Angelegenheiten kassierte. – Zinnobers Flucht aus Mosch Terpins Hause. – Wie Mosch Terpin auf einem Sommervogel ausreifen und Kaiser werden wollte, dann aber zu Bette ging.

In der frühesten Morgendämmerung, als Wege und Straßen noch einsam, schlich sich Balthasar hinein nach Kerepes und lief augenblicklich zu seinem Freunde Fabian. Als er an die Stubentüre pochte, rief eine kranke matte Stimme: »Herein!« –

Bleich – entstellt, hoffnungslosen Schmerz im Antlitz, lag Fabian auf dem Bette. »Um des Himmels willen«, rief Balthasar, »um des Himmels willen – Freund! sprich! – was ist dir widerfahren?«

»Ach Freund«, sprach Fabian mit gebrochener Stimme, indem er sich mühsam in die Höhe richtete, »mit mir ist es aus, rein aus. Der verfluchte Hexenspuk, den, ich weiß es, der rachsüchtige Prosper Alpanus über mich gebracht, stürzt mich ins Verderben!«

»Wie ist das möglich?«, fragte Balthasar; »Zauberei, Hexenspuk, du glaubtest sonst an dergleichen nicht.«

»Ach«, fuhr Fabian mit weinerlicher Stimme fort, »ach ich glaube jetzt an alles, an Zauberer und Hexen und Erdgeister und Wassergeister, an den Rattenkönig und die Alraunwurzel – an alles was du willst. Wem das Ding so auf den Hals tritt, wie mir, der gibt sich wohl! – du erinnerst dich an den höllischen Skandal mit meinem Rocke, als wir von Prosper Alpanus kamen! – Ja! war es nur dabei geblieben! – Sieh dich doch etwas um in meinem Zimmer, lieber Balthasar!« –

Balthasar tat es, und gewahrte an allen Wänden ringsumher eine Unzahl von Fracks, Überröcken, Kurtken, von allem möglichen Zuschnitt, von allen möglichen Farben. »Wie«, rief er, »willst du einen Kleiderkram anlegen, Fabian?«

»Spotte nicht«, erwiderte Fabian, »spotte nicht, lieber Freund. Alle diese Kleider ließ ich anfertigen von den berühmtesten Schneidern, immer hoffend, endlich einmal der unseligen Verdammnis zu entgehen, die auf meinen Röcken ruht, aber umsonst. Sowie ich den schönsten Rock, der mir steht wie angegossen an den Leib, nur einige Minuten trage, rutschen die Ärmel mir an die

Schultern herauf und die Schöße schwänzeln mir nach sechs Ellen lang. In der Verzweiflung ließ ich mir jenen Spenzer mit den eine Welt langen Pierrots-Ärmeln machen: ›Rutscht nur Ärmel‹, dacht ich, ›dehnt euch nur aus Schöße, so kommt alles ins gleiche‹; aber! – ganz dasselbe wie mit allen andern Röcken war es in wenigen Minuten! Alle Kunst und Kraft der mächtigsten Schneider richtete nichts aus gegen den verwünschten Zauber! Dass ich verhöhnt, verspottet wurde, wo ich mich nur blicken ließ, versteht sich von selbst, aber bald veranlasste meine unverschuldete Hartnäckigkeit, immer wieder in einem solch verteufelten Rock zu erscheinen, ganz andere Urteile. Das geringste war noch, dass die Frauen mich grenzenlos eitel und abgeschmackt schalten, da ich aller Sitte entgegen mich durchaus mit nackten Armen, sie wahrscheinlich für sehr schön haltend, sehen lassen wolle. Die Theologen aber schrien mich bald für einen Sektierer aus, stritten sich nur, ob ich zur Sekte der Ärmelianer oder Schößianer zu rechnen, waren aber darin einig, dass beide Sekten höchst gefährlich zu nennen, da beide vollkommene Freiheit des Willens statuierten und sich erfrechten zu denken was sie wollten. Diplomatiker hielten mich für einen schnöden Aufwiegler. Sie behaupteten, ich wolle durch meine langen Rockschöße Unzufriedenheit im Volke erregen und es aufsässig machen gegen die Regierung, gehöre überhaupt zu einem geheimen Bunde, dessen Zeichen ein kurzer Ärmel sei. Schon seit langer Zeit fänden sich hie und da Spuren der Kurzärmler, die ebenso zu fürchten als die Jesuiten, ja noch mehr, da sie sich bemühten, überall die jedem Staate schädliche Poesie einzuführen und an der Infallibilität der Fürsten zweifelten. Kurz! – das Ding wurde ernster und ernster, bis mich der Rektor zitieren ließ. Ich sah mein Unglück vorher, wenn ich einen Rock anzog, erschien also in der Weste. Darüber wurde der Mann zornig, er glaubte, ich wolle ihn verhöhnen, und fuhr auf mich los: ich solle binnen acht Tagen in einem vernünftigen anständigen Rock vor ihm erscheinen, widrigenfalls er ohne alle Gnade die Relegation über mich aussprechen würde. – Heute geht der Termin zu Ende! – O ich Unglücklicher! – O verdammter Prosper Alpanus –«

»Halt ein«, rief Balthasar, »halt ein, lieber Freund Fabian, schmäle nicht auf meinen teuern lieben Oheim, der mir ein Landgut geschenkt hat. Auch mit *dir* meint er es gar nicht so böse, ungeachtet er, ich muss es gestehen, den Vorwitz, womit du ihm begegnetest, zu hart gestraft hat. – Doch ich bringe Hülfe! – er sendet dir dies Döschen, welches alle deine Leiden enden soll.«

Damit zog Balthasar das kleine schildkrötene Döschen, welches er von Prosper Alpanus erhalten, aus der Tasche und überreichte es dem trostlosen Fabian.

»Was soll«, sprach dieser, »was soll mir denn der dumme Quark helfen? wie kann ein kleines schildkrötenes Döschen Einfluss haben auf die Gestaltung meiner Röcke?«

»Das weiß ich nicht«, erwiderte Balthasar, »aber mein lieber Oheim kann und wird mich nicht täuschen, ich habe das vollste Zutrauen zu ihm; darum öffne nur die Dose, lieber Fabian, wir wollen sehen, was darin enthalten.«

Fabian tat es – und aus der Dose quoll ein herrlich gemachter schwarzer Frack von dem feinsten Tuche hervor. Beide, Fabian und Balthasar, konnten sich des lauten Ausrufs der höchsten Verwunderung nicht erwehren.

»Ha, ich verstehe dich«, rief Balthasar begeistert, »ha ich verstehe dich, mein Prosper, mein teurer Oheim! Dieser Rock wird passen, wird allen Zauber lösen.« –

Fabian zog den Rock ohne weiteres an, und was Balthasar geahnet, traf wirklich ein. Das schöne Kleid saß dem Fabian, wie noch niemals ihm eins gesessen, und an Rutschen der Ärmel, an Verlängerung der Schöße war nicht zu denken.

Ganz außer sich vor Freude, beschloss Fabian nun sogleich in seinem neuen wohlpassenden Rock zum Rektor hinzulaufen und alles ins gleiche zu bringen.

Balthasar erzählte nun seinem Freunde Fabian ausführlich, wie sich alles begeben mit Prosper Alpanus, und wie dieser ihm die Mittel in die Hand gegeben, dem heillosen Unwesen des missgestalteten Däumlings ein Ende zu machen. Fabian, der ein ganz anderer worden, da ihn alle Zweifelsucht ganz verlassen, rühmte Prospers hohen Edelmut über alle Maßen, und erbot sich bei Zinnobers Entzauberung hülfreiche Hand zu leisten. In dem Augenblick gewahrte Balthasar aus dem Fenster seinen Freund, den Referendarius Pulcher, der ganz trübsinnig um die Ecke schleichen wollte.

Fabian steckte auf Balthasars Geheiß den Kopf zum Fenster heraus und winkte und rief dem Referendarius zu, er möge doch nur gleich heraufkommen.

Sowie Pulcher eintrat, rief er gleich: »Was hast du denn für einen herrlichen Rock an, lieber Fabian!« Dieser sagte aber, Balthasar werde ihm alles erklären, und lief fort zum Rektor.

Als nun Balthasar dem Referendarius alles ausführlich erzählt, was sich zugetragen, sprach dieser: »Gerade an der Zeit ist es nun, dass der abscheuliche Unhold totgemacht wird. Wisse, dass er heute seine feierliche Verlobung mit Candida feiert, dass der eitle Mosch Terpin ein großes Fest gibt, wozu er selbst den Fürsten geladen. Gerade bei diesem Feste wollen wir eindringen in des Professors Haus und den Kleinen überfallen. An Lichtern im Saal wird's nicht fehlen zum augenblicklichen Verbrennen der feindseligen Haare.« –

Noch manches hatten die Freunde gesprochen und miteinander verabredet, als Fabian eintrat mit vor Freude glänzendem Gesicht.

»Die Kraft«, sprach er, »die Kraft des Rocks, der der schildkrötenen Dose entquollen, hat sich herrlich bewährt. Sowie ich eintrat bei dem Rektor, lächelte er zufrieden. ›Ha‹, redete er mich an, ›ha! – ich gewahre, mein lieber Fabian, dass Sie zurückgekommen sind von Ihrer seltsamen Verirrung! – Nun! Feuerköpfe wie* Sie, lassen sich leicht hinreißen zu dem Extremen! – Für religiöse Schwärmerei habe ich Ihr Beginnen niemals gehalten – mehr falsch verstandener Patriotismus – Hang zum Außerordentlichen, gestützt auf das Beispiel der Heroen des Altertums. – Ja das lasse ich gelten, solch ein schöner, wohlpassender Rock! – Heil dem Staate, Heil der Welt, wenn hochherzige Jünglinge solche Röcke tragen, mit solchen passenden Ärmeln und Schößen. Bleiben Sie treu, Fabian, bleiben Sie treu solcher Tugend, solchem wackren Sinn, daraus entsprosst wahre Heldengröße!‹ – Der Rektor umarmte mich, indem helle Tränen ihm in die Augen traten. Selbst weiß ich nicht, wie ich dazu kam, die kleine schildkrötene Dose, aus der der Rock entstanden und die ich nun in dessen Tasche gesteckt, hervorzuziehen. ›Bitte!‹ sprach der Rektor, indem er Daum und Zeigefinger zusammenspitzte. Ohne zu wissen, ob wohl Tabak darin enthalten, klappte ich die Dose auf. Der Rektor griff hinein, schnupfte, fasste meine Hand, drückte sie stark, Tränen liefen ihm über die Wangen; er sprach tiefgerührt: ›Edler Jüngling! – eine schöne Prise! – Alles ist vergeben und vergessen, speisen Sie bei mir heut mittags!‹ – Ihr seht, Freunde! all mein Leiden hat ein Ende, und gelingt uns heute, wie es anders gar nicht zu erwarten steht, die Entzauberung Zinnobers, so seid auch *ihr* fortan glücklich!« –

In dem mit hundert Kerzen erleuchteten Saal stand der kleine Zinnober im scharlachroten gestickten Kleide, den großen Orden des grün gefleckten Tigers mit zwanzig Knöpfen umgetan, Degen an der Seite, Federhut unterm Arm. Neben ihm die holde Candida bräutlich geschmückt, in aller Anmut und Jugend strahlend. Zinnober hatte ihre Hand gefasst, die er zuweilen an den

Mund drückte und dabei recht widrig grinste und lächelte. Und jedes Mal überflog dann ein höheres Rot Candidas Wangen und sie blickte den Kleinen an mit dem Ausdruck der innigsten Liebe. Das war denn wohl recht graulich anzusehen, und nur die Verblendung, in die Zinnobers Zauber alle versetzte, war schuld daran, dass man nicht, ergrimmt über Candidas heillose Verstrickung, den kleinen Hexenkerl packte und ins Kaminfeuer warf. Rings um das Paar im Kreise in ehrerbietiger Entfernung hatte sich die Gesellschaft gesammelt. Nur Fürst Barsanuph stand neben Candida und mühte sich, bedeutungsvolle gnädige Blicke umherzuwerfen, auf die indessen niemand sonderlich achtete. Alles hatte nur Auge für das Brautpaar und hing an Zinnobers Lippen, der hin und wieder einige unverständliche Worte schnurrte, denen jedes Mal ein leises Ach! der höchsten Bewunderung, das die Gesellschaft ausstieß, folgte.

Es war an dem, dass die Verlobungsringe gewechselt werden sollten. Mosch Terpin trat in den Kreis mit einem Präsentierteller, auf dem die Ringe funkelten. Er räusperte sich – Zinnober hob sich auf den Fußspitzen so hoch als möglich, beinahe reichte er der Braut an den Ellbogen. – Alles stand in der gespanntesten Erwartung – da lassen sich plötzlich fremde Stimmen hören, die Türe des Saals springt auf, Balthasar dringt ein, mit ihm Pulcher – Fabian! – Sie brechen durch den Kreis – »Was ist das, was wollen die Fremden?«, ruft alles durcheinander.

Fürst Barsanuph schreit entsetzt: »Aufruhr – Rebellion – Wache!« und springt hinter den Kaminschirm. – Mosch Terpin erkennt den Balthasar, der dicht bis zum Zinnober vorgedrungen, und ruft: »Herr Studiosus! – Sind Sie rasend – sind Sie von Sinnen? – wie können Sie sich unterstehen hier einzudringen in die Verlobung! – Leute – Gesellschaft – Bediente, werft den Grobian zur Türe hinaus!« –

Aber ohne sich nur im mindesten an irgendetwas zu kehren, hat Balthasar schon Prospers Lorgnette hervorgezogen und richtet durch dieselbe den festen Blick auf Zinnobers Haupt. Wie vom elektrischen Strahl getroffen, stößt Zinnober ein gellendes Katzengeschrei aus, dass der ganze Saal widerhallt. Candida fällt ohnmächtig auf einen Stuhl; der eng geschlossene Kreis der Gesellschaft stäubt auseinander. – Klar vor Balthasars Augen liegt der feuerfarbglänzende Haarstreif, er springt zu auf Zinnober – fasst ihn, *der* strampelt mit den Beinchen und sträubt sich und kratzt und beißt.

»Angepackt – angepackt!«, ruft Balthasar; da fassen Fabian und

Pulcher den Kleinen, dass er sich nicht zu regen und zu bewegen vermag, und Balthasar fasst sicher und behutsam die roten Haare, reißt sie mit einem Ruck vom Haupte herab, springt an den Kamin, wirft sie ins Feuer, sie prasseln auf, es geschieht ein betäubender Schlag, alle erwachen wie aus dem Traum. – Da steht der kleine Zinnober, der sich mühsam aufgerafft von der Erde, und schimpft und schmält, und befiehlt, man solle die frechen Ruhestörer, die sich an der geheiligten Person des ersten Ministers im Staate vergriffen, sogleich packen und ins tiefste Gefängnis werfen! Aber einer fragt den andern: »Wo kommt denn mit einem Mal der kleine purzelbäumige Kerl her? – was will das kleine Ungetüm?« – Und wie der Däumling immerfort tobt und mit den Füßchen den Boden stampft und immer dazwischen ruft: »Ich bin der Minister Zinnober – ich bin der Minister Zinnober – der grün gefleckte Tiger mit zwanzig Knöpfen!« da bricht alles in ein tolles Gelächter aus. Man umringt den Kleinen, die Männer heben ihn auf und werfen sich ihn zu wie einen Fangball; ein Ordensknopf nach dem andern springt ihm vom Leibe – er verliert den Hut – den Degen, die Schuhe. – Fürst Barsanuph kommt hinter dem Kaminschirm hervor und tritt hinein mitten in den Tumult. Da kreischt der Kleine: »Fürst Barsanuph – Durchlaucht – retten Sie Ihren Minister – Ihren Liebling! – Hülfe – Hülfe – der Staat ist in Gefahr – der grün gefleckte Tiger – Weh – weh!« – Der Fürst wirft einen grimmigen Blick auf den Kleinen und schreitet dann rasch vorwärts nach der Türe. Mosch Terpin kommt ihm in den Weg, den fasst er, zieht ihn in die Ecke und spricht mit zornfunkelnden Augen: »Sie erdreisten sich, Ihrem Fürsten, Ihrem Landesvater hier eine dumme Komödie vorspielen zu wollen? – Sie laden mich ein zur Verlobung Ihrer Tochter mit meinem würdigen Minister Zinnober, und statt meines Ministers finde ich hier eine abscheuliche Missgeburt, die Sie in glänzende Kleider gesteckt? – Herr, wissen Sie, dass das ein landesverräterischer Spaß ist, den ich strenge ahnden würde, wenn Sie nicht ein ganz alberner Mensch wären, der ins Tollhaus gehört. – Ich entsetze Sie des Amts als Generaldirektor der natürlichen Angelegenheiten, und verbitte mir alles weitere Studieren in meinem Keller! – Adieu!«

Damit stürmte er fort.

Aber Mosch Terpin stürzte zitternd vor Wut los auf den Kleinen, fasste ihn bei den langen struppigen Haaren und rannte mit ihm hin nach dem Fenster: »Hinunter mit dir«, schrie er, »hinunter mit dir, schändliche heillose Missgeburt, die mich so schmachvoll hintergangen, mich um alles Glück des Lebens gebracht hat!«

Er wollte den Kleinen hinabstürzen durch das geöffnete Fenster, doch der Aufseher des zoologischen Kabinetts, der auch zugegen, sprang mit Blitzesschnelle hinzu, fasste den Kleinen und entriss ihn Mosch Terpins Fäusten. »Halten Sie ein«, sprach der Aufseher, »halten Sie ein, Herr Professor, vergreifen Sie sich nicht an fürstlichem Eigentum. Es ist keine Missgeburt, es ist der *Mycetes Belzebub, Simia Belzebub,* der dem Museo entlaufen.« »*Simia Belzebub – Simia Belzebub!*« ertönte es von allen Seiten unter schallendem Gelächter. Doch kaum hatte der Aufseher den Kleinen auf den Arm genommen und ihn recht angesehen, als er unmutig ausrief: »Was sehe ich! – das ist ja nicht *Simia Belzebub,* das ist ja ein schnöder hässlicher Wurzelmann! Pfui! – pfui!« –

Und damit warf er den Kleinen in die Mitte des Saals. Unter dem lauten Hohngelächter der Gesellschaft rannte der Kleine quiekend und knurrend durch die Türe fort – die Treppe herab – fort fort nach seinem Hause, ohne dass ihn ein einziger von seinen Dienern bemerkt.

Währenddessen, dass sich dies alles im Saale begab, hatte sich Balthasar in das Kabinett entfernt, wo man, wie er wahrgenommen, die ohnmächtige Candida hingebracht. Er warf sich ihr zu Füßen, drückte ihre Hände an seine Lippen, nannte sie mit den süßesten Namen. Sie erwachte endlich mit einem tiefen Seufzer, und als sie den Balthasar erblickte, da rief sie voll Entzücken: »Bist du endlich – endlich da, mein geliebter Balthasar! Ach ich bin ja beinahe vergangen vor Sehnsucht und Liebesschmerz! – und immer erklangen mir die Töne der Nachtigall, von denen berührt der Purpurrose das Herzblut entquillt!« –

Nun erzählte sie, alles alles um sich her vergessend, wie ein böser abscheulicher Traum sie verstrickt, wie es ihr vorgekommen, als habe sich ein hässlicher Unhold an ihr Herz gelegt, dem sie ihre Liebe schenken müssen, weil sie nicht anders gekonnt. Der Unhold habe sich zu verstellen gewusst, dass er ausgesehen wie Balthasar; und wenn sie recht lebhaft an Balthasar gedacht, habe sie zwar gewusst, dass der Unhold nicht Balthasar, aber dann sei es ihr wieder auf unbegreifliche Weise gewesen, als müsse sie den Unhold lieben, eben um Balthasars willen.

Balthasar klärte ihr so viel auf, als es geschehen konnte, ohne ihre ohnehin aufgeregten Sinne ganz und gar zu verwirren. Dann folgten, wie es unter Liebesleuten nicht anders zu geschehen pflegt, tausend Versicherungen, tausend Schwüre ewiger Liebe und Treue. Und dabei umfingen sie sich und drückten sich mit der Inbrunst der innigsten Zärtlichkeit an die Brust, und waren ganz und gar umflossen von aller Wonne, von allem Entzücken des höchsten Himmels.

Mosch Terpin trat ein händeringend und lamentierend, mit ihm kamen Pulcher und Fabian, die immerfort jedoch vergebens trösteten.

»Nein«, rief Mosch Terpin, »nein, ich bin ein total geschlagener Mann! – nicht mehr Generaldirektor der natürlichen Angelegenheiten im Staate. – Kein Studium mehr im fürstlichen Keller – die Ungnade des Fürsten – ich gedachte Ritter zu werden des grün gefleckten Tigers wenigstens mit fünf Knöpfen – Alles aus! – Was wird nur Se. Exzellenz der würdige Minister Zinnober dazu sagen, wenn er hört, dass ich eine schnöde Missgeburt, den *Simia Belzebub cauda prehensili*, oder was weiß ich sonst, für ihn gehalten! – O Gott, auch sein Hass wird auf mich lasten! – Alikante! – Alikante!« –

»Aber, bester Professor«, trösteten die Freunde – »verehrter Generaldirektor, bedenken Sie doch nur, dass es gar keinen Minister Zinnober mehr gibt! – Sie haben sich ganz und gar nicht vergriffen, der ungestalte Knirps hat vermöge der Zaubergabe, die er von der Fee Rosabelverde erhalten, Sie ebenso gut getäuscht, wie uns alle!« –

Nun erzählte Balthasar, wie sich alles begeben von Anfang an. Der Professor horchte und horchte, bis Balthasar geendet, da rief er: »Wach ich! – träum ich – Hexen – Zauberer – Feen – magische Spiegel – Sympathien – soll ich an den Unsinn glauben –«

»Ach liebster Herr Professor«, fiel Fabian ein, »hätten Sie nur eine Zeit lang einen Rock getragen mit kurzen Ärmeln und langer Schleppe, so wie ich, Sie würden schon an alles glauben, dass es eine Lust wäre!«

»Ja«, rief Mosch Terpin, »ja es ist alles so – ja! – ein verhextes Untier hat mich getäuscht – ich stehe nicht mehr auf den Füßen – ich schwebe auf zur Decke – Prosper Alpanus holt mich ab – ich reite aus auf einem Sommervogel – ich lass mich frisieren von der Fee Rosabelverde – von dem Stiftsfräulein Rosenschön, und werde Minister! – König – Kaiser!« –

Und damit sprang er im Zimmer umher und schrie und juchzte, dass alle für seinen Verstand fürchteten, bis er ganz erschöpft in einen Lehnsessel sank. Da nahten sich ihm Candida und Balthasar. Sie sprachen davon, wie sie sich so innig, so über alles liebten, wie sie gar nicht ohne einander leben könnten, und das war recht wehmütig anzuhören, weshalb Mosch Terpin auch wirklich etwas weinte. »Alles«, sprach er schluchzend, »alles was ihr wollt, Kinder! – heiratet euch, liebt euch – hungert zusammen, denn ich gebe der Candida keinen Groschen mit –«

Was das Hungern beträfe, sprach Balthasar lächelnd, so hoffe er morgen den Herrn Professor zu überzeugen, dass davon wohl niemals die Rede sein könne, da sein Oheim Prosper Alpanus hinlänglich für ihn gesorgt.

»Tue das«, sprach der Professor matt, »tue das, mein lieber Sohn, wenn du kannst, und zwar morgen; denn soll ich nicht in Wahnsinn verfallen, soll mir der Kopf nicht zerspringen, so muss ich sofort zu Bette gehen!« –

Er tat das wirklich auf der Stelle.

Neuntes Kapitel

Verlegenheit eines treuen Kammerdieners. – Wie die alte Liese eine Rebellion anbettelte und der Minister Zinnober auf der Flucht ausglitschte. – Auf welche merkwürdige Weise der Leibarzt des Fürsten Zinnobers jähen Tod erklärte. – Wie Fürst Barsanuph sich betrübte, Zwiebeln aß, und wie Zinnobers Verlust unersetzlich blieb.

Der Wagen des Ministers Zinnober hatte beinahe die ganze Nacht vergeblich vor Mosch Terpins Hause gehalten. Ein Mal über das andere versicherte man dem Jäger, Se. Exzellenz müssten schon lange die Gesellschaft verlassen haben; der meinte aber dagegen, das sei ganz unmöglich, da Se. Exzellenz doch wohl nicht im Regen und Sturm zu Fuß nach Hause gerannt sein würden. Als nun endlich alle Lichter ausgelöscht und die Türen verschlossen wurden, musste der Jäger zwar fortfahren mit dem leeren Wagen, im Hause des Ministers weckte er aber sogleich den Kammerdiener, und fragte, ob denn ums Himmels willen und auf welche Art der Minister nach Hause gekommen. »Se. Exzellenz«, erwiderte der Kammerdiener leise dem Jäger ins Ohr, »Se. Exzellenz sind gestern eingetroffen in später Dämmerung, das ist ganz gewiss – liegen im Bette und schlafen. – Aber! – o mein guter Jäger! – wie – auf welche Weise! – ich will Ihnen alles erzählen – doch Siegel auf den Mund – ich bin ein verlorner Mann, wenn Se. Exzellenz erfahren, dass ich es war, auf dem finstern Korridor! – ich komme um meinen Dienst, denn Se. Exzellenz sind zwar von kleiner Statur, besitzen aber außerordentlich viel Wildheit, alterieren sich leicht, kennen sich selbst nicht im Zorn, haben noch gestern eine schnöde Maus, die durch Sr. Exzellenz Schlafzimmer zu hüpfen sich unterfangen, mit dem blankgezogenen Degen durch und durch gerannt. – Nun gut! – Also in der Dämmerung nehme ich mein Mäntelchen um, und will ganz sachte hinüberschleichen ins Weinstübchen zu einer Partie Tric-Trac, da schurrt und schlurrt mir etwas auf der Treppe entgegen, und kommt mir auf dem finstern Korridor zwischen die Beine und schlägt hin auf den Boden und erhebt ein gellendes Katzengeschrei, und grunzt dann wie – o Gott – Jäger! – halten Sie das Maul, edler Mann, sonst bin ich hin! – kommen Sie ein wenig näher – und grunzt dann wie unsere gnädige Exzellenz zu grunzen pflegt, wenn der Koch die Kälberkeule verbraten oder ihm sonst im Staate was nicht recht ist.«

Die letzten Worte hatte der Kammerdiener dem Jäger mit vorgehaltener Hand ins Ohr gesprochen. Der Jäger fuhr zurück, schnitt ein bedenkliches Gesicht und rief: »Ist es möglich!«

»Ja«, fuhr der Kammerdiener fort, »es war unbezweifelt unsere gnädige Exzellenz, was mir auf dem Korridor durch die Beine fuhr. Ich vernahm nun deutlich, wie der Gnädige in den Zimmern die Stühle heranrückte und sich die Türe eines Zimmers nach dem andern öffnete, bis er in sein Schlafkabinett angekommen. Ich wagt es nicht nachzugehen, aber ein paar Stündchen nachher schlich ich mich an die Türe des Schlafkabinetts und horchte. Da schnarchten die liebe Exzellenz ganz auf die Weise, wie es zu geschehen pflegt, wenn Großes im Werke. – Jäger! es gibt mehr Dinge im Himmel und auf Erden, als unsere Weisheit sich träumt, das hört ich einmal auf dem Theater einen melancholischen Prinzen sagen, der ganz schwarz ging und sich vor einem ganz in grauen Pappendeckel gekleideten Mann sehr fürchtete. – Jäger! – es ist gestern irgendetwas Erstaunliches geschehen, das die Exzellenz nach Hause trieb. Der Fürst ist bei dem Professor gewesen, vielleicht äußerte er das und das – irgendein hübsches Reformchen – und da ist nun der Minister gleich drüber her, läuft aus der Verlobung heraus, und fängt an zu arbeiten für das Wohl der Regierung. – Ich hört's gleich am Schnarchen; ja Großes, Entscheidendes wird geschehen! – O Jäger – vielleicht lassen wir alle über kurz oder lang uns wieder die Zöpfe wachsen! – Doch, teurer Freund, lassen Sie uns hinabgehen und als treue Diener an der Türe des Schlafzimmers lauschen, ob Se. Exzellenz auch noch ruhig im Bette liegen und die inneren Gedanken ausarbeiten.«

Beide, der Kammerdiener und der Jäger, schlichen sich hin an die Türe und horchten. Zinnober schnurrte und orgelte und pfiff durch die wundersamsten Tonarten. Beide Diener standen in stummer Ehrfurcht, und der Kammerdiener sprach tief gerührt: »Ein großer Mann ist doch unser gnädige Herr Minister!« –

Schon am frühsten Morgen entstand unten im Hause des Ministers ein gewaltiger Lärm. Ein altes erbärmlich in längst verblichenen Sonntagsstaat gekleidetes Bauerweib hatte sich ins Haus gedrängt und dem Portier angelegen, sie sogleich zu ihrem Söhnlein, zu Klein Zaches zu führen. Der Portier hatte sie bedeutet, dass Se. Exzellenz der Herr Minister von Zinnober, Ritter des grün gefleckten Tigers mit zwanzig Knöpfen, im Hause wohne, und niemand von der Dienerschaft Klein Zaches heiße oder so genannt werde. Da hatte das Weib aber ganz toll jubelnd geschrien, der Herr Minister Zinnober mit zwanzig Knöpfen das sei eben ihr liebes Söhnlein, der Klein Zaches. Auf das Geschrei des Weibes, auf die donnernden Flüche des Portiers war alles aus dem ganzen Hause zusammengelaufen und das Getöse wurde ärger und ärger. Als der Kammerdiener hinabkam, um die Leute auseinanderzujagen, die Se. Exzellenz so unverschämt in der Morgenruhe störten, warf man eben das Weib, die alle für wahnsinnig hielten, zum Hause heraus.

Auf die steinernen Stufen des gegenüberstehenden Hauses setzte sich nun das Weib hin, und schluchzte und lamentierte, dass das grobe Volk da drinnen sie nicht zu ihrem Herzenssöhnlein, zu dem Klein Zaches, der Minister geworden, lassen wolle. Viele Leute versammelten sich nach und nach um sie her, denen sie immer und immer wiederholte, dass der Minister Zinnober niemand anders sei, als ihr Sohn, den sie in der Jugend Klein Zaches geheißen; sodass die Leute zuletzt nicht wussten, ob sie die Frau für toll halten, oder gar ahnen sollten, dass wirklich was an der Sache.

Die Frau wandte nicht die Augen weg von Zinnobers Fenster. Da schlug sie mit einem Mal eine helle Lache auf, klopfte die Hände zusammen und rief jubelnd überlaut: »Da ist er – da ist er, mein Herzensmännlein – mein kleines Koboldchen – Guten Morgen Klein Zaches! – Guten Morgen Klein Zaches!« – Alle Leute kuckten hin, und als sie den kleinen Zinnober gewahrten, der in seinem gestickten Scharlachkleide, das Ordensband des grün gefleckten Tigers umgehängt, vor dem Fenster stand, das hinabging bis an den Fußboden, sodass seine ganze Figur durch die großen Scheiben deutlich zu sehen, lachten sie ganz übermäßig und lärmten und schrien: »Klein Zaches – Klein Zaches! Ha, seht doch den kleinen geputzten Pavian – die tolle Missgeburt – das Wurzelmännlein – Klein Zaches! Klein Zaches!« – Der Portier, alle Diener Zinnobers rannten heraus, um zu erschauen, worüber das Volk denn so unmäßig lache und jubiliere. Aber kaum erblickten sie ihren Herrn, als sie noch ärger als das Volk im tollsten Gelächter schrien: »Klein Zaches – Klein Zaches – Wurzelmann – Däumling – Alraun!« –

Der Minister schien erst jetzt zu gewahren, dass der tolle Spuk auf der Straße niemand anderm gelte, als ihm selbst. Er riss das Fenster auf, schaute mit zornfunkelnden Augen herab, schrie, raste, machte seltsame Sprünge vor Wut – drohte mit Wache – Polizei – Stockhaus und Festung.

Aber je mehr die Exzellenz tobte im Zorn, desto ärger wurde Tumult und Gelächter, man fing an mit Steinen – Obst – Gemüse, oder was man eben zur Hand bekam, nach dem unglücklichen Minister zu werfen – er musste hinein! –

»Gott im Himmel«, rief der Kammerdiener entsetzt, »aus dem Fenster der gnädigen Exzellenz kuckte ja das kleine abscheuliche Ungetüm heraus – Was ist das? – wie ist der kleine Hexenkerl in die Zimmer gekommen?« – Damit rannte er hinauf, aber so wie vorher fand er das Schlafkabinett des Ministers fest verschlossen. Er wagte leise zu pochen! – Keine Antwort! – Indessen war, der Himmel weiß, auf welche Weise, ein dumpfes Gemurmel im Volke entstanden, das kleine lächerliche Ungetüm dort oben sei wirklich Klein Zaches, der den stolzen Namen Zinnober angenommen und sich durch allerlei schändlichen Lug und Trug aufgeschwungen. Immer lauter und lauter erhoben sich die Stimmen. »Hinunter mit der kleinen Bestie – hinunter – klopft dem Klein Zaches die Ministerjacke aus – sperrt ihn in den Käficht – lasst ihn für Geld sehen auf dem Jahrmarkt! – Beklebt ihn mit Goldschaum und beschert ihn den Kindern zum Spielzeug! – Hinauf – hinauf!« – Und damit stürmte das Volk an gegen das Haus.

Der Kammerdiener rang verzweiflungsvoll die Hände. »Rebellion – Tumult – Exzellenz – machen Sie auf – retten Sie sich!« – so schrie er; aber keine Antwort, nur ein leises Stöhnen ließ sich vernehmen.

Die Haustüre wurde eingeschlagen, das Volk polterte unter wildem Gelächter die Treppe herauf.

»Nun gilt's«, sprach der Kammerdiener, und rannte mit aller Macht an gegen die Türe des Kabinetts, dass sie klirrend und rasselnd aus den Angeln sprang. – Keine Exzellenz – kein Zinnober zu finden! –

»Exzellenz – gnädigste Exzellenz – vernehmen Sie denn nicht die Rebellion? – Exzellenz – gnädigste Exzellenz, wo hat Sie denn der – Gott verzeih' mir die Sünde, wo geruhen Sie sich denn zu befinden!«

So schrie der Kammerdiener in heller Verzweiflung durch die Zimmer rennend. Aber keine Antwort, kein Laut, nur der spottende Widerhall tönte von den Marmorwänden. Zinnober schien spurlos, tonlos verschwunden. – Draußen war es ruhiger geworden, der Kammerdiener vernahm die tiefe klangvolle Stimme eines Frauenzimmers, die zum Volke sprach, und gewahrte durchs Fenster blickend, wie die Menschen nach und nach leise miteinander murmelnd das Haus verließen, bedenkliche Blicke hinaufwerfend nach den Fenstern.

»Die Rebellion scheint vorüber«, sprach der Kammerdiener, »nun wird die gnädige Exzellenz wohl hervorkommen aus ihrem Schlupfwinkel.«

Er ging nach dem Schlafkabinett zurück, vermutend, dort werde der Minister sich doch wohl am Ende befinden.

Er warf spähende Blicke ringsumher, da wurde er gewahr, wie aus einem schönen silbernen Henkelgefäß, das immer dicht neben der Toilette zu stehen pflegte, weil es der Minister als ein teures Geschenk des Fürsten sehr werthielt, ganz kleine dünne Beinchen hervorstarrten. –

»Gott – Gott«, schrie der Kammerdiener entsetzt, »Gott! – Gott! – täuscht mich nicht alles, so gehören die Beinchen dort Sr. Exzellenz dem Herrn Minister Zinnober, meinem gnädigen Herrn!« – Er trat hinan, er rief, durchbebt von allen Schauern des Schrecks, indem er herabschaute: »Exzellenz – Exzellenz – um Gott, was machen Sie – was treiben Sie da unten in der Tiefe!« –

Da aber Zinnober still blieb, sah der Kammerdiener wohl die Gefahr ein, in der die Exzellenz schwebte und dass es an der Zeit sei, allen Respekt beiseite zu setzen. Er packte den Zinnober bei den Beinchen – zog ihn heraus! – Ach tot – tot war die kleine Exzellenz! Der Kammerdiener brach aus in lautes jammern; der Jäger, die Dienerschaft eilte herbei, man rannte nach dem Leibarzt des Fürsten. Indessen trocknete der Kammerdiener seinen armen unglücklichen Herrn ab mit saubern Handtüchern, legte ihn ins

Bette, bedeckte ihn mit seidenen Kissen, sodass nur das kleine verschrumpfte Gesichtchen sichtbar blieb.

Hinein trat nun das Fräulein von Rosenschön. Sie hatte erst, der Himmel weiß auf welche Art, das Volk beruhigt. Nun schritt sie zu auf den entseelten Zinnober, ihr folgte die alte Liese, des kleinen Zaches leibliche Mutter. – Zinnober sah in der Tat hübscher aus im Tode, als er jemals in seinem ganzen Leben ausgesehen. Die kleinen Äugelein waren geschlossen, das Näschen sehr weiß, der Mund zum sanften Lächeln ein wenig verzogen, aber vor allen Dingen wallte das dunkelbraune Haar in den schönsten Locken herab. Über das Haupt hin strich das Fräulein den Kleinen, und in dem Augenblick blitzte in mattem Schimmer ein roter Streif hervor.

»Ha«, rief das Fräulein, indem ihr die Augen vor Freude glänzten, »ha, Prosper Alpanus! – hoher Meister, du hältst Wort! – Verbüßt ist sein Verhängnis und mit ihm alle Schmach!«

»Ach«, sprach die alte Liese, »ach du lieber Gott, das ist ja doch wohl nicht mein kleiner Zaches, so hübsch hat *der* niemals ausgesehen. Da bin ich doch nun ganz umsonst nach der Stadt gegangen und Ihr habt mir gar nicht gut geraten, mein gnädiges Fräulein!«

»Murrt nur nicht, Alte«, erwiderte das Fräulein, »hättet Ihr nur meinen Rat ordentlich befolgt, und wäret Ihr nicht früher, als ich hier war, in dies Haus gedrungen, alles stünde für euch besser. – Ich wiederhole es, der Kleine, der dort tot im Bette liegt, ist gewiss und wahrhaftig Euer Sohn, Klein Zaches!«

»Nun«, rief die Frau mit leuchtenden Augen, »nun wenn die kleine Exzellenz dort wirklich mein Kind ist, so erb ich ja wohl all die schönen Sachen, die hier rings umherstehen, das ganze Haus mit allem, was drinnen ist?«

»Nein«, sprach das Fräulein »das ist nun ganz und gar vorbei, Ihr habt den rechten Augenblick verfehlt, Geld und Gut zu gewinnen. – euch ist, ich habe es gleich gesagt, euch ist nun einmal Reichtum nicht beschieden.«

»So darf ich«, fuhr die Frau fort, indem ihr die Tränen in die Augen traten, »so darf ich denn nicht wenigstens mein armes kleines Männlein in die Schürze nehmen und nach Hause tragen? – Unser Herr Pfarrer hat so viel hübsche ausgestopfte Vögelein und Eichkätzchen, der soll mir meinen Klein Zaches ausstopfen lassen, und ich will ihn auf meinen Schrank stellen, wie er da ist im roten Rock mit dem breiten Bande und dem großen Stern auf der Brust, zum ewigen Andenken!«

»Das ist«, rief das Fräulein beinahe unwillig, »das ist ein ganz einfältiger Gedanke, das geht ganz und gar nicht an!« –

Da fing das Weib an zu schluchzen, zu klagen, zu lamentieren. »Was hab ich«, sprach sie, »nun davon, dass mein Klein Zaches zu hohen Würden, zu großem Reichtum gelangt ist! – War er nur bei mir geblieben, hätt ich ihn nur aufgezogen in meiner Armut, niemals wär er in jenes verdammte silberne Ding gefallen, er lebte noch, und ich hätt vielleicht Freude und Segen von ihm gehabt. Trug ich ihn so herum in meinem Holzkorb, Mitleiden hätten die Leute gefühlt und mir manches schöne Stücklein Geld zugeworfen, aber nun –«

Es ließen sich Tritte im Vorsaal vernehmen, das Fräulein trieb die Alte heraus, mit der Weisung, sie solle unten vor der Türe warten, im Wegfahren wolle sie ihr ein untrügliches Mittel vertrauen, wie sie all ihre Not, all ihr Elend mit einem Mal enden könne.

Nun trat Rosabelverde noch einmal dicht an den Kleinen heran, und sprach mit der weichen bebenden Stimme des tiefen Mitleids:

»Armer Zaches! – Stiefkind der Natur! – ich hatt es gut mit dir gemeint! – Wohl mocht es Torheit sein, dass ich glaubte, die äußere schöne Gabe, womit ich dich beschenkt, würde hineinstrahlen in dein Inneres, und eine Stimme erwecken, die dir sagen müsste: ›Du bist nicht der, für den man dich hält, aber strebe doch nur an, es dem gleichzutun, auf dessen Fittigen du Lahmer, Unbefiederter dich aufschwingst!‹ – Doch keine innere Stimme erwachte. Dein träger toter Geist vermochte sich nicht emporzurichten, du ließest nicht nach in deiner Dummheit, Grobheit, Ungebärdigkeit – Ach! – wärst du nur ein geringes Etwas weniger, ein kleiner ungeschlachter Rüpel geblieben, du entgingst dem schmachvollen Tode! – Prosper Alpanus hat dafür gesorgt, dass man dich jetzt im Tode wieder dafür hält, was du im Leben durch meine Macht zu sein schienst. Sollt ich dich vielleicht gar noch wiederschauen als kleiner Käfer – flinke Maus, oder behände Eichkatze, so soll es mich freuen! – Schlafe wohl, Klein Zaches!« –

Indem Rosabelverde das Zimmer verließ, trat der Leibarzt des Fürsten mit dem Kammerdiener hinein.

»Um Gott«, rief der Arzt, als er den toten Zinnober erblickte und sich überzeugte, dass alle Mittel ihn ins Leben zu rufen vergeblich bleiben würden, »um Gott, wie ist das zugegangen, Herr Kämmerer?«

»Ach«, erwiderte dieser, »ach lieber Herr Doktor, die Rebellion oder die Revolution, es ist all eins, wie Sie es nennen wollen, tobte und hantierte draußen auf dem Vorsaale ganz fürchterlich. Se. Exzellenz, besorgt um ihr teures Leben, wollten gewiss in die Toilette hineinflüchten, glitschten aus, und –«

»So ist«, sprach der Doktor feierlich und bewegt, »so ist er aus Furcht zu sterben gar gestorben!«

Die Türe sprang auf und hinein stürzte Fürst Barsanuph mit verbleichtem Antlitz, hinter ihm her sieben noch bleichere Kammerherrn.

»Ist es wahr, ist es wahr?«, rief der Fürst; aber sowie er des Kleinen Leichnam erblickte, prallte er zurück und sprach, die Augen gen Himmel gerichtet, mit dem Ausdruck des tiefsten Schmerzes: »O Zinnober!« – Und die sieben Kammerherrn riefen dem Fürsten nach: »O Zinnober!« und holten, wie es der Fürst tat, die Schnupftücher aus der Tasche und hielten sie sich vor die Augen.

»Welch ein Verlust«, begann nach einer Weile des lautlosen Jammers der Fürst, »welch ein unersetzlicher Verlust für den Staat! – Wo einen Mann finden, der den Orden des grün gefleckten Tigers mit zwanzig Knöpfen mit *der* Würde trägt, als mein Zinnober! – Leibarzt, und Sie konnten mir *den* Mann sterben lassen! – Sagen Sie – wie ging das zu, wie mochte das geschehen – was war die Ursache – woran starb der Vortreffliche?« –

Der Leibarzt beschaute den Kleinen sehr sorgsam, befühlte manche Stellen ehemaliger Pulse, strich das Haupt entlang, räusperte sich und begann: »Mein gnädigster Herr! Sollte ich mich begnügen auf der Oberfläche zu schwimmen, ich könnte sagen, der Minister sei an dem gänzlichen Ausbleiben des Atems gestorben, dies Ausbleiben des Atems sei bewirkt durch die Unmöglichkeit Atem zu schöpfen, und diese Unmöglichkeit wieder nur herbeigeführt durch das Element, durch den Humor, in den der Minister stürzte. Ich könnte sagen, der Minister sei auf diese Weise einen humoristischen Tod gestorben, aber fern von mir sei diese Seichtigkeit, fern von mir die Sucht alles aus schnöden physischen Prinzipen erklären zu wollen, was nur im Gebiet des rein Psychischen seinen natürlichen unumstößlichen Grund findet. – Mein gnädigster Fürst, frei sei des Mannes Wort! – Den ersten Keim des Todes fand der Minister im Orden des grün gefleckten Tigers mit zwanzig Knöpfen!«

»Wie«, rief der Fürst, indem er den Leibarzt mit zornglühenden Augen anfunkelte, »wie! – was sprechen Sie? – der Orden des grün gefleckten Tigers mit zwanzig Knöpfen, den der Selige zum Wohl des Staats mit so vieler Anmut, mit so vieler Würde trug? – *der* Ursache seines Todes? – Beweisen Sie mir das, oder – Kammerherrn, was sagt ihr dazu?«

»Er muss beweisen, er muss beweisen, oder –« riefen die sieben blassen Kammerherrn, und der Leibarzt fuhr fort:

»Mein bester gnädigster Fürst, ich werd es beweisen, also kein *oder* – Die Sache hängt folgendermaßen zusammen: Das schwere Ordenszeichen am Bande, vorzüglich aber die Knöpfe auf dem Rücken, wirkten nachteilig auf die Ganglien des Rückgrats. Zu gleicher Zeit verursachte der Ordensstern einen Druck auf jenes knotige fadichte Ding zwischen dem Dreifuß und der obern Gekröspulsader, das wir das Sonnengeflecht nennen, und das in dem labyrinthischen Gewebe der Nervengeflechte prädominiert. Dies dominierende Organ steht in der mannigfaltigsten Beziehung mit dem Zerebralsystem, und natürlich war der Angriff auf die Ganglien auch diesem feindlich. Ist aber nicht die freie Leitung des Zerebralsystems die Bedingung des Bewusstseins, der Persönlichkeit, als Ausdruck der vollkommensten Vereinigung des Ganzen in einem Brennpunkt? Ist nicht der Lebensprozess die Tätigkeit in beiden Sphären, in dem Ganglien- und Zerebralsystem? – Nun! genug, jener Angriff störte die Funktionen des psychischen Organismus. Erst kamen finstre Ideen von unerkannten Aufopferungen für den Staat durch das schmerzhafte Tragen jenes Ordens u. s. w., immer verfänglicher wurde der Zustand, bis gänzliche Disharmonie des Ganglien- und Zerebralsystems endlich gänzliches Aufhören des Bewusstseins, gänzliches Aufgeben der Persönlichkeit herbeiführte. Diesen Zustand bezeichnen wir aber mit dem Worte *Tod!* – Ja, gnädigster Herr! – der Minister hatte bereits seine Persönlichkeit aufgegeben, war also schon mausetot, als er hineinstürzte in jenes verhängnisvolle Gefäß. – So hatte sein Tod keine physische, wohl aber eine unermesslich tiefe psychische Ursache.«

»Leibarzt«, sprach der Fürst unmutig, »Leibarzt, Sie schwatzen nun schon eine halbe Stunde, und ich will verdammt sein, wenn ich eine Silbe davon verstehe. Was wollen Sie mit Ihrem Physischen und Psychischen?«

»Das physische Prinzip«, nahm der Arzt wieder das Wort, »ist die Bedingung des rein vegetativen Lebens, das psychische bedingt dagegen den menschlichen Organismus, der nur in dem Geiste, in der Denkkraft das Triebrad der Existenz findet.«

»Noch immer«, rief der Fürst im höchsten Unmut, »noch immer verstehe ich Sie nicht, Unverständlicher!«

»Ich meine«, sprach der Doktor, »ich meine, Durchlauchtiger, dass das Physische sich bloß auf das rein vegetative Leben ohne Denkkraft, wie es in Pflanzen stattfindet, das Psychische aber auf die Denkkraft bezieht. Da diese nun im menschlichen Organism vorwaltet, so muss der Arzt immer bei der Denkkraft, bei dem Geist anfangen und den Leib nur als Vasallen des Geistes betrachten, der sich fügen muss, sobald der Gebieter es will.«

»Hoho!«, rief der Fürst, »hoho Leibarzt, lassen Sie das gut sein! – Kurieren Sie meinen Leib, und lassen Sie meinen Geist ungeschoren, von dem habe ich noch niemals Inkommoditäten verspürt. Überhaupt Leibarzt, Sie sind ein konfuser Mann, und stünde ich hier nicht an der Leiche meines Ministers und wäre gerührt, ich wüsste was ich täte! – Nun Kammerherrn! vergießen wir noch einige Zähren hier am Katafalk des Verewigten und gehen wir dann zur Tafel.«

Der Fürst hielt das Schnupftuch vor die Augen und schluchzte, die Kammerherrn taten desgleichen, dann schritten sie alle von dannen.

Vor der Türe stand die alte Liese, welche einige Reihen der allerschönsten goldgelben Zwiebeln über den Arm gehängt hatte, die man nur sehen konnte. Des Fürsten Blick fiel zufällig auf diese Früchte. Er blieb stehen, der Schmerz verschwand aus seinem Antlitz, er lächelte mild und gnädig, er sprach: »Hab ich doch in meinem Leben keine solche schöne Zwiebeln gesehen, die müssen von dem herrlichsten Geschmack sein. Verkauft Sie die Ware, Hebe Frau?«

»O ja«, erwiderte Liese mit einem tiefen Knix, »o ja, gnädigste Durchlaucht, von dem Verkauf der Zwiebeln nähre ich mich dürftig, so gut es gehn will! – Sie sind süß wie purer Honig, belieben Sie, gnädigster Herr?«

Damit reichte sie eine Reihe der stärksten glänzendsten Zwiebeln dem Fürsten hin. Der nahm sie, lächelte, schmatzte ein wenig und rief dann: »Kammerherrn! geb mir einer einmal sein Taschenmesser her.« Ein Messer erhalten, schälte der Fürst nett und sauber eine Zwiebel ab und kostete etwas von dem Mark.

»Welch ein Geschmack, welche Süße, welche Kraft, welches Feuer!«, rief er, indem ihm die Augen glänzten vor Entzücken, »und dabei ist es mir, als sah ich den verewigten Zinnober vor mir stehen, der mir zuwinkte und zulispelte: ›Kaufen Sie – essen Sie diese Zwiebeln, mein Fürst – das Wohl des Staats erfordert es!‹« – Der Fürst drückte der alten Liese ein paar Goldstücke in die Hand und die Kammerherrn mussten sämtliche Reihen Zwiebeln in die

Taschen schieben. Noch mehr! – er verordnete, dass niemand anders die Zwiebellieferung für die fürstlichen Dejeuners haben sollte, als Liese. So kam die Mutter des Klein Zaches, ohne gerade reich zu werden, aus aller Not, aus allem Elend, und gewiss war es wohl, dass ihr ein geheimer Zauber der guten Fee Rosabelverde dazu verhalf.

Das Leichenbegängnis des Ministers Zinnober war eins der prächtigsten, das man jemals in Kerepes gesehen; der Fürst, alle Ritter des grün gefleckten Tigers folgten der Leiche in tiefer Trauer. Alle Glocken wurden gezogen, ja sogar die beiden Böller, die der Fürst behufs der Feuerwerke mit schweren Kosten angeschafft, mehrmals gelöst. Bürger – Volk – alles weinte und lamentierte, dass der Staat seine beste Stütze verloren und wohl niemals mehr ein Mann von dem tiefen Verstande, von der Seelengröße, von der Milde, von dem unermüdlichen Eifer für das allgemeine Wohl, wie Zinnober, an das Ruder der Regierung kommen werde.

In der Tat blieb auch der Verlust unersetzlich; denn niemals fand sich wieder ein Minister, dem der Orden des grün gefleckten Tigers mit zwanzig Knöpfen so an den Leib gepasst haben sollte, wie dem verewigten unvergesslichen Zinnober.

LETZTES KAPITEL

Wehmütige Bitten des Autors. – Wie der Professor Mosch Terpin sich beruhigte und Candida niemals verdrießlich werden konnte. – Wie ein Goldkäfer dem Doktor Prosper Alpanus etwas ins Ohr summte, dieser Abschied nahm und Balthasar eine glückliche Ehe führte.

Es ist nun an dem, dass der, der für dich, geliebter Leser! diese Blätter aufschreibt, von dir scheiden will, und dabei überfällt ihn Wehmut und Bangen. – Noch vieles, vieles wüsste er von den merkwürdigen Taten des kleinen Zinnober, und er hätte, wie er denn nun überhaupt zu der Geschichte aus dem Innern heraus unwiderstehlich angeregt wurde, wahre Lust daran gehabt, dir, o mein Leser, noch das alles zu erzählen. Doch! – rückblickend auf alle Ereignisse, wie sie in den neun Kapiteln vorgekommen, fühlt er wohl, dass darin schon so viel Wunderliches, Tolles, der nüchternen Vernunft Widerstrebendes enthalten, dass er, noch mehr dergleichen anhäufend, Gefahr laufen müsste, es mit dir, geliebter Leser, deine Nachsicht missbrauchend, ganz und gar zu verderben. Er bittet dich in jener Wehmut, in jenem Bangen, das plötzlich seine Brust beengte, als er die Worte: Letztes Kapitel, schrieb, du mögest mit recht heiterm unbefangenem Gemüt es dir gefallen lassen, die seltsamen Gestaltungen zu betrachten, ja sich mit ihnen zu befreunden, die der Dichter der Eingebung des spukhaften Geistes, Phantasus geheißen, verdankt, und dessen bizarrem launischem Wesen er sich vielleicht zu sehr überließ. – Schmolle deshalb nicht mit beiden, mit dem Dichter und mit dem launischen Geiste! – Hast du, geliebter Leser! hin und wieder über manches recht im Innern gelächelt, so warst du in *der* Stimmung, wie sie der Schreiber dieser Blätter wünschte, und dann, so glaubt er, wirst du ihm – wohl vieles zugute halten! –

Eigentlich hätte die Geschichte mit dem tragischen Tode des kleinen Zinnober schließen können. Doch, ist es nicht anmutiger, wenn statt eines traurigen Leichenbegängnisses, eine fröhliche Hochzeit am Ende steht?

So werde denn noch kürzlich der holden Candida und des glücklichen Balthasars gedacht. –

Der Professor Mosch Terpin war sonst ein aufgeklärter, welterfahrner Mann, der dem weisen Spruch: *Nil admirari,* gemäß sich seit vielen vielen Jahren über nichts in der Welt zu verwundern pflegte. Aber jetzt geschah es, dass er, all seine Weisheit aufgebend, sich immer fort und fort verwundern musste, sodass er zuletzt klagte, wie er nicht mehr wisse, ob er wirklich der Professor Mosch Terpin sei, der ehemals die natürlichen Angelegenheiten im Staate dirigiert, und ob er noch wirklich, Kopf in die Höhe, auf seinen lieben Füßen einherspaziere.

Zuerst verwunderte er sich, als Balthasar ihm den Doktor Prosper Alpanus als seinen Oheim vorstellte und dieser ihm die Schenkungsurkunde vorwies, vermöge der Balthasar Besitzer des eine Stunde von Kerepes entfernten Landhauses nebst Waldung, Äcker und Wiesen wurde; als er in dem Inventario, kaum seinen Augen trauend, köstliche Gerätschaften, ja Gold- und Silberbarren erwähnt gewahrte, deren Wert den Reichtum der fürstlichen Schatzkammer bei weitem überstieg. Dann verwunderte er sich, als er den prächtigen Sarg, in dem Zinnober lag, durch Balthasars Lorgnette anschaute, und es ihm auf einmal war, als habe es nie einen Minister Zinnober, sondern nur einen kleinen ungeschlachten ungebärdigen Knirps gegeben, den man fälschlicherweise für einen verständigen, weisen Minister Zinnober gehalten.

Bis auf den höchsten Grad stieg aber Mosch Terpins Verwunderung, als Prosper Alpanus ihn im Landhause umherführte, ihm seine Bibliothek und andere sehr wunderbare Dinge zeigte, ja selbst einige sehr anmutige Experimente machte mit seltsamen Pflanzen und Tieren.

Dem Professor ging der Gedanke auf, es sei wohl mit seinem Naturforschen ganz und gar nichts, und er säße in einer herrlichen bunten Zauberwelt wie in einem Ei eingeschlossen. Dieser Gedanke beunruhigte ihn so sehr, dass er zuletzt klagte und weinte wie ein Kind. Balthasar führte ihn sofort in den geräumigen Weinkeller, in dem er glänzende Fässer und blinkende Flaschen erblickte. Besser als in dem fürstlichen Weinkeller, meinte Balthasar, könne er hier studieren, und in dem schönen Park die Natur hinlänglich erforschen.

Hierauf beruhigte sich der Professor.

Balthasars Hochzeit wurde auf dem Landhause gefeiert. Er – die Freunde Fabian – Pulcher – alle erstaunten über Candidas hohe Schönheit, über den zauberischen Reiz, der in ihrem Anzuge, in ihrem ganzen Wesen lag. – Es war auch wirklich ein Zauber, der sie umfloss, denn die Fee Rosabelverde, die allen Groll vergessend der Hochzeit als Stiftsfräulein von Rosenschön beiwohnte, hatte sie selbst gekleidet und mit den schönsten herrlichsten Rosen geschmückt. Nun weiß man aber wohl, dass der Anzug gut stehen muss, wenn eine Fee dabei Hand anlegt. Außerdem hatte Rosabelverde der holden Braut einen prächtig funkelnden Halsschmuck verehrt, der eine magische Wirkung dahin äußerte, dass sie, hatte sie ihn umgetan, niemals über Kleinigkeiten, über ein schlecht genesteltes Band, über einen missratenen Haarschmuck, über einen Fleck in der Wäsche oder sonst verdrießlich werden konnte. Diese Eigenschaft, die ihr der Halsschmuck gab, verbreitete eine besondere Anmut und Heiterkeit auf ihrem ganzen Antlitz.

Das Brautpaar stand im höchsten Himmel der Wonne, und – so herrlich wirkte der geheime weise Zauber Alpans – hatte doch noch Blick und Wort für die Herzensfreunde, welche versammelt. Prosper Alpanus und Rosabelverde, beide sorgten dafür, dass die schönsten Wunder den Hochzeitstag verherrlichten. Überall tönten aus Büschen und Bäumen süße Liebeslaute, während sich schimmernde Tafeln erhoben mit den herrlichsten Speisen, mit Kristallflaschen belastet, aus denen der edelste Wein strömte, welcher Lebensglut durch alle Adern der Gäste goss.

Die Nacht war eingebrochen, da spannen sich feuerflammende Regenbogen über den ganzen Park, und man sah schimmernde Vögel und Insekten, die sich auf und ab schwangen, und wenn sie die Flügel schüttelten, stäubten Millionen Funken hervor, die in ewigem Wechsel allerlei holde Gestalten bildeten, welche in der Luft tanzten und gaukelten und im Gebüsch verschwanden. Und dabei tönte stärker die Musik des Waldes, und der Nachtwind strich daher, geheimnisvoll säuselnd und süße Düfte aushauchend.

Balthasar, Candida, die Freunde erkannten den mächtigen Zauber Alpans, aber Mosch Terpin halb berauscht, lachte laut, und meinte, hinter allem stecke niemand anders, als der Teufelskerl, der Operndekorateur und Feuerwerker des Fürsten.

Schneidende Glockentöne erhallten. Ein glänzender Goldkäfer schwang sich herab, setzte sich auf Prosper Alpanus' Schulter und schien ihm leise etwas ins Ohr zu sumsen.

Prosper Alpanus erhob sich von seinem Sitz und sprach ernst und feierlich: »Geliebter Balthasar – holde Candida – meine Freunde! – Es ist nun an der Zeit – Lothos ruft – ich muss scheiden.« –

Darauf nahte er sich dem Brautpaar und sprach leise mit ihnen. Beide, Balthasar und Candida, waren sehr gerührt, Prosper schien ihnen allerlei gute Lehren zu geben, er umarmte sie beide mit Inbrunst.

Dann wandte er sich an das Fräulein von Rosenschön und sprach ebenfalls leise mit ihr – wahrscheinlich gab sie ihm Aufträge in Zauber- und Feen-Angelegenheiten, die er willig übernahm.

Indessen hatte sich ein kleiner kristallner Wagen, mit zwei schimmernden Libellen bespannt, die der Silberfasan führte, aus den Lüften hinabgesenkt.

»Lebt wohl – lebt wohl!«, rief Prosper Alpanus, stieg in den Wagen und schwebte empor über die flammenden Regenbogen hinweg, bis sein Fuhrwerk zuletzt in den höchsten Lüften erschien wie ein kleiner funkelnder Stern, der sich endlich hinter den Wolken verbarg.

»Schöne Mongolfiere«, schnarchte Mosch Terpin, und versank von der Kraft des Weines übermannt in tiefen Schlaf.

– Balthasar, der Lehren des Prosper Alpanus eingedenk, den Besitz des wunderbaren Landhauses wohl nutzend, wurde in der Tat ein guter Dichter, und da die übrigen Eigenschaften, die Prosper rücksichts der holden Candida an dem Besitztum gerühmt, sich ganz und gar bewährten, Candida auch niemals den

Halsschmuck, den ihr das Stiftsfräulein von Rosenschön als Hochzeitsgabe beschert, ablegte, so konnt es nicht fehlen, dass Balthasar die glücklichste Ehe in aller Wonne und Herrlichkeit führte, wie sie nur jemals ein Dichter mit einer hübschen jungen Frau geführt haben mag –

So hat aber das Märchen von Klein Zaches genannt Zinnober nun wirklich ganz und gar ein fröhliches

Ende.

PRINZESSIN BRAMBILLA

VORWORT

Das Märchen Klein-Zaches, genannt Zinnober (Berlin bei F. Dümmler 1819) enthält nichts weiter, als die lose, lockre Ausführung einer scherzhaften Idee. Nicht wenig erstaunte indessen der Autor, als er auf eine Rezension stieß, in der dieser zu augenblicklicher Belustigung ohne allen weitern Anspruch leicht hingeworfene Scherz, mit ernsthafter wichtiger Miene zergliedert und sorgfältig jeder Quelle erwähnt wurde, aus der der Autor geschöpft haben sollte. Letzteres war ihm freilich insofern angenehm, als er dadurch Anlass erhielt, jene Quellen selbst aufzusuchen und sein Wissen zu bereichern. – Um nun jedem Missverständnis vorzubeugen, erklärt der Herausgeber dieser Blätter im Voraus, dass ebenso wenig, wie Klein-Zaches, die Prinzessin Brambilla ein Buch ist für Leute, die alles gern ernst und wichtig nehmen. Den geneigten Leser, der etwa willig und bereit sein sollte, auf einige Stunden dem Ernst zu entsagen und sich dem kecken launischen Spiel eines vielleicht manchmal zu frechen Spukgeistes zu überlassen, bittet aber der Herausgeber demütiglich, doch ja die Basis des Ganzen, nämlich Callots fantastisch karikierte Blätter nicht aus dem Auge zu verlieren und auch daran zu denken, was der Musiker etwa von einem Capriccio verlangen mag.

Wagt es der Herausgeber an jenen Ausspruch Carlo Gozzis (in der Vorrede zum *Ré de' geni)* zu erinnern, nach welchem ein ganzes Arsenal von Ungereimtheiten und Spukereien nicht hinreicht, dem Märchen Seele zu schaffen, die es erst durch den tiefen Grund, durch die aus irgendeiner philosophischen Ansicht des Lebens geschöpfte Hauptidee erhält, so möge das nur darauf hindeuten, was er gewollt, nicht was ihm gelungen.

Berlin im September 1820.

ERSTES KAPITEL

Zauberische Wirkungen eines reichen Kleides auf eine junge Putz-
macherin. – Definition des Schauspielers, der Liebhaber darstellt.
– Von der Smorfia italischer Mädchen. – Wie ein kleiner ehrwürdi-
ger Mann in einer Tulpe sitzend den Wissenschaften obliegt und
anständige Damen zwischen Maultierohren Filet machen. – Der
Marktschreier Celionati und der Zahn des assyrischen Prinzen. –
Himmelblau und Rosa. – Pantalon und die Weinflasche mit wun-
derbarem Inhalt. –

Die Dämmerung brach ein, es läutete in den Klöstern zum Ave: da
warf das holde hübsche Kind, Giacinta Soardi geheißen, das reiche Frauenkleid von rotem schweren Atlas, an dessen Besatz sie
emsig gearbeitet, beiseite und schaute aus dem hohen Fenster
unmutig hinab, in die enge, öde, menschenleere Gasse.

Die alte Beatrice räumte indessen die bunten Maskenanzüge
jeder Art, die in dem kleinen Stübchen auf Tischen und Stühlen
umherlagen, sorglich zusammen und hing sie der Reihe nach auf.
Beide Arme in die Seiten gestemmt, stellte sie sich dann hin vor
den offenen Schrank und sprach schmunzelnd: »In der Tat,
Giacinta, wir sind diesmal fleißig gewesen; mich dünkt, die ich
sehe halbe lustige Welt des Korso hier vor Augen. – Aber auch
noch niemals hat Meister Bescapi bei uns solch reiche Bestellun-
gen gemacht. – Nun, er weiß, dass unser schönes Rom dieses Jahr
wieder recht aufglänzen wird, in aller Lust, Pracht und Herrlichkeit. Gib acht, Giacinta, wie der Jubel morgen, an dem ersten Tage
unsers Karnevals, sich erheben wird! Und morgen – morgen
schüttet uns Meister Bescapi eine ganze Hand voll Dukaten in
den Schoß – Gib acht, Giacinta! Aber was ist dir, Kind? du
hängst den Kopf, du bist verdrießlich – mürrisch? und morgen ist
Karneval?«

Giacinta hatte sich in den Arbeitssessel gesetzt und starrte,
den Kopf in die Hand gestützt, zum Boden nieder, ohne auf die
Worte der Alten zu achten. Als diese aber gar nicht aufhörte, von
der bevorstehenden Lust des Karnevals zu schwatzen, da begann
sie: »Schweigt doch nur, Alte, schweigt doch nur von einer Zeit,
die für andere lustig genug sein mag, mir aber nichts bringt
als Verdruss und Langeweile. Was hilft mir mein Arbeiten bei
Tag und Nacht? was helfen uns Meister Bescapis Dukaten? –
Sind wir nicht bitterarm? müssen wir nicht sorgen, dass der Verdienst dieser Tage vorhalte, das ganze Jahr hindurch uns kümmer-

lich genug zu ernähren? was bleibt uns übrig für unser Vergnügen?«

»Was hat«, erwiderte die Alte, »was hat unsere Armut mit dem Karneval zu schaffen? Sind wir nicht voriges Jahr umhergelaufen vom Morgen bis in die späte Nacht, und sah ich nicht fein aus und stattlich als Dottore? – Und ich hatte dich am Arm und du warst allerliebst als Gärtnermädchen – hihi! und die schönsten Masken liefen dir nach und sprachen zu dir mit zuckersüßen Worten. Nun, war das nicht lustig? Und was hält uns ab, dieses Jahr dasselbe zu unternehmen? Meinen Dottore darf ich nur gehörig ausbürsten, dann verschwinden wohl alle Spuren der bösen Konfetti, mit denen er beworfen und deine Gärtnerin hängt auch noch da. Ein paar neue Bänder, ein paar frische Blumen – was bedarf es mehr für euch, um hübsch und schmuck zu sein?« – »Was sprecht Ihr«, rief Giacinta, »was sprecht Ihr, Alte? – In den armseligen Lumpen sollt ich mich hinauswagen? – Nein! – ein schönes spanisches Kleid, das sich eng an den Leib schließt und dann hinabwallt in reichen dicken Falten, weite geschlitzte Ärmel, aus denen herrliche Spitzen hervorbauschen – ein Hütlein mit keck wehenden Federn, ein Gürtel, ein Halsband von strahlenden Diamanten – so möchte Giacinta hinaus in den Korso und sich niederlassen vor dem Palast Ruspoli. – Wie die Kavaliere sich hinandrängen würden – ›wer ist die Dame? – Gewiss eine Gräfin – eine Prinzessin‹, und selbst Pulcinella würde ergriffen von Ehrfurcht und vergäße seine tollsten Neckereien!« – »Ich höre«, nahm die Alte das Wort, »ich höre euch zu, mit großer Verwunderung. Sagt, seit wann ist denn solch ein verwünschter Hochmutsteufel in euch gefahren? – Nun, wenn euch denn der Sinn so gar hoch steht, dass Ihr es Gräfinnen, Prinzessinnen nachtun wollt, so seid so gut und schafft euch einen Liebhaber an, der um Eurer schönen Augen willen tapfer in den Fortunatussäckel zu greifen vermag und jagt den Signor Giglio fort, den Habenichts, der, geschieht es ihm, dass er ein paar Dukaten in der Tasche verspürt, alles vertrödelt in wohlriechenden Pomaden und Näschereien und der mir noch zwei Paoli schuldig ist für den neugewaschnen Spitzenkragen.« –

Während dieser Reden hatte die Alte die Lampe in Ordnung gebracht und angezündet. Als nun der helle Schein Giacinten ins Gesicht fiel, gewahrte die Alte, dass ihr die bittren Tränen aus den Augen perlten: »Giacinta«, rief die Alte, »um aller Heiligen, Giacinta, was ist dir, was hast du? – Ei Kind, so böse habe ich es ja gar nicht gemeint. Sei nur ruhig, arbeite nicht so emsig; das Kleid wird ja doch wohl noch fertig zur bestimmten Zeit.« – »Ach«, sprach Giacinta, ohne von der Arbeit, die sie wieder begonnen, aufzusehen, »ach eben das Kleid, das böse Kleid ist es, glaub ich, das mich erfüllt hat mit allerlei törichten Gedanken. Sagt, Alte, habt Ihr wohl in Euerm ganzen Leben ein Kleid gesehen, das diesem an Schönheit und Pracht zu vergleichen ist? Meister Bescapi hat sich in der Tat selbst übertreffen; ein besonderer Geist waltete über ihn, als er diesen herrlichen Atlas zuschnitt. Und dann die prächtigen Spitzen, die glänzenden Tressen, die kostbaren Steine, die er zum Besatz uns anvertraut hat. Um alle Welt möcht ich wissen, wer die Glückliche ist, die sich mit diesem Götterkleide schmücken wird.« »Was«, fiel die Alte dem Mädchen ins Wort, »was kümmert uns das? wir machen die Arbeit und erhalten unser Geld. Aber wahr ist es, Meister Bescapi tat so geheimnisvoll, so seltsam – Nun, eine Prinzessin muss es wenigstens sein, die dieses Kleid trägt und, bin ich auch sonst eben nicht neugierig, so war mir's doch lieb, wenn Meister Bescapi mir den Namen sagte und ich werde ihm morgen schon so lange zusetzen, bis er's tut.« »Ach nein, nein«, rief Giacinta, »ich will es gar nicht wissen, ich will mir Heber einbilden, keine Sterbliche werde jemals dies Kleid anlegen, sondern ich arbeite an einem geheimnisvollen Feenschmuck. Mir ist wahrhaftig schon, als guckten mich aus den glänzenden Steinen allerlei kleine Geisterchen lächelnd an und lispelten mir zu: ›Nähe – nähe frisch für unsere schöne Königin, wir helfen dir – wir helfen dir!‹ – Und wenn ich so die Spitzen und Tressen ineinander schlinge, dann dünkt es mich, als hüpften kleine liebliche Elflein mit goldgeharnischten Gnomen durcheinander und – O weh!« – So schrie Giacinta auf; eben den Busenstreif nähend, hatte sie sich heftig in den Finger gestochen, dass das Blut wie aus einem Springquell hervorspritzte. »Hilf Himmel«, schrie die Alte, »hilf Himmel, das schöne Kleid!« nahm die Lampe, leuchtete nahe hin, und reichliche Tropfen Öls flossen über. »Hilf Himmel, das schöne Kleid!«, rief Giacinta, halb ohnmächtig vor Schreck. Unerachtet es aber gewiss, dass beides, Blut und Öl, sich auf das Kleid ergossen, so konnte doch weder die Alte, noch Giacinta auch nur die mindeste Spur eines Flecks entdecken. Nun nähte Giacinta flugs weiter, bis sie mit einem freudigen: »Fertig – fertig!« aufsprang und das Kleid hoch in die Höhe hielt.

»Ei wie schön«, rief die Alte, »ei wie herrlich – wie prächtig! – Nein, Giacinta, nie haben deine lieben Händchen so etwas gefertigt – Und weißt du wohl, Giacinta, dass es mir scheint, als sei das

Kleid ganz und gar nach deinem Wuchs geschnitten, als habe Meister Bescapi niemandem anders als dir selbst das Maß dazu genommen?« »Warum nicht gar?«, erwiderte Giacinta über und über errötend, »du träumst, Alte; bin ich denn so groß und schlank, wie die Dame, für welche das Kleid bestimmt sein muss? – Nimm es hin, nimm es hin, verwahre es sorglich bis morgen! Gebe der Himmel, dass beim Tageslicht kein böser Fleck zu entdecken! – Was würden wir Ärmste nur anfangen? – Nehmt es hin!« – Die Alte zögerte.

»Freilich«, sprach Giacinta, das Kleid betrachtend, weiter, »freilich, bei der Arbeit ist mir manchmal es so vorgekommen, als müsse mir das Kleid passen. In der Taille möcht ich schlank genug sein, und was die Länge betrifft –« »Giacinina«, rief die Alte mit leuchtenden Augen, »Giacinina, du errätst meine Gedanken, ich die deinigen – Mag das Kleid anlegen, wer da will, Prinzessin, Königin, Fee, gleichviel, meine Giacinina muss sich zuerst darin putzen –« »Nimmermehr«, sprach Giacinta; aber die Alte nahm ihr das Kleid aus den Händen, hing es sorglich über den Lehnstuhl und begann des Mädchens Haar loszuflechten, das sie dann gar zierlich aufzunesteln wusste: dann holte sie das mit Blumen und Federn geschmückte Hütchen, das sie auf Bescapis Geheiß zu dem Anzüge aufputzen müssen, aus dem Schranke und befestigte es in Giacintas kastanienbraunen Locken. – »Kind, wie dir schon das Hütchen allerliebst steht! Aber nun herunter mit dem Jäckchen!« So rief die Alte und begann Giacinta zu entkleiden, die in holder Verschämtheit nicht mehr zu widersprechen vermochte.

»Hm«, murmelte die Alte, »dieser sanft gewölbte Nacken, dieser Lilienbusen, diese Alabasterärme, die Mediceerin hat sie nicht schöner geformt, Giulio Romano sie nicht herrlicher gemalt – Möcht doch wissen, welche Prinzessin nicht mein süßes Kind darum beneiden würde!« – Als sie aber nun dem Mädchen das prächtige Kleid anlegte, war es, als ständen ihr unsichtbare Geister bei. Alles fügte und schickte sich, jede Nadel saß im Augenblick recht, jede Falte legte sich wie von selbst, es war nicht möglich zu glauben, dass das Kleid für jemanden anders gemacht sein könnte, als eben für Giacinta.

»O all ihr Heiligen«, rief die Alte, als Giacinta nun so prächtig geputzt vor ihr stand, »o all ihr Heiligen, du bist wohl gar nicht meine Giacinta – ach – ach – wie schön seid Ihr, meine gnädigste Prinzessin! – Aber warte – warte! hell muss es sein, ganz hell muss es sein im Stübchen!« – Und damit holte die Alte alle geweihte

Kerzen herbei, die sie von den Marienfesten erspart, und zündete sie an, sodass Giacinta dastand von strahlendem Glanz umflossen.

Vor Erstaunen über Giacintas hohe Schönheit und noch mehr über die anmutige und dabei vornehme Weise, womit sie in der Stube auf und ab schritt, schlug die Alte die Hände zusammen und rief:»O wenn euch doch nur jemand, wenn euch doch nur der ganze Korso schauen könnte!«

In dem Augenblick sprang die Türe auf, Giacinta floh mit einem Schrei ans Fenster, zwei Schritte ins Zimmer hineingetreten blieb ein junger Mensch an den Boden gewurzelt stehen, wie zur Bildsäule erstarrt.

Du kannst, vielgeliebter Leser, den jungen Menschen, während er so laut- und regungslos dasteht, mit Muße betrachten. Du wirst finden, dass er kaum vier- bis fünfundzwanzig Jahre alt sein kann und dabei von ganz artigem hübschen Ansehen ist. Seltsam scheint wohl deshalb sein Anzug zu nennen, weil jedes Stück desselben an Farbe und Schnitt nicht zu tadeln ist, das Ganze aber durchaus nicht zusammenpassen will, sondern ein grell abstechendes Farbenspiel darbietet. Dabei wird, unerachtet alles sauber gehalten, doch eine gewisse Armseligkeit sichtbar; man merkt's der Spitzenkrause an, dass zum Wechseln nur noch eine vorhanden, und den Federn, womit der schief auf den Kopf gedrückte Hut fantastisch geschmückt, dass sie mühsam mit Draht und Nadel zusammengehalten. Du gewahrst es wohl, geneigter Leser, der junge also gekleidete Mensch kann nichts anders sein, als ein etwas eitler Schauspieler, dessen Verdienste eben nicht zu hoch angeschlagen werden; und das ist er auch wirklich. Mit einem Wort – es ist derselbe Giglio Fava, der der alten Beatrice noch zwei Paoli für einen gewaschenen Spitzenkragen schuldet.

»Ha! was seh ich?«, begann Giglio Fava endlich so emphatisch, als stände er auf dem Theater Argentina, »ha! was seh ich – ist es ein Traum, der mich von neuem täuscht? – Nein! sie ist es selbst, die Göttliche – ich darf es wagen sie anzureden mit kühnen Liebesworten? – Prinzessin – o Prinzessin!« – »Sei kein Hase«, rief Giacinta, sich rasch umwendend, »und spare die Possen auf für die folgenden Tage!«

»Weiß ich denn nicht«, erwiderte Giglio, nachdem er Atem geschöpft mit erzwungenem Lächeln, »weiß ich denn nicht, dass du es bist, meine holde Giacinta, aber sage, was bedeutet dieser prächtige Anzug? – In der Tat, noch nie bist du mir so reizend erschienen, ich möchte dich nie anders sehen.«

»So?«, sprach Giacinta erzürnt; »also meinem Atlaskleide, meinem Federhütchen gilt deine Liebe?« – Und damit entschlüpfte sie schnell in das Nebenstübchen und trat bald darauf alles Schmucks entledigt in ihren gewöhnlichen Kleidern wieder hinein. Die Alte hatte indessen die Kerzen ausgelöscht und den vorwitzigen Giglio tüchtig heruntergescholten, dass er die Freude, die Giacinta an dem Kleide gehabt, das für irgendeine vornehme Dame bestimmt, so verstört und noch dazu ungalant genug zu verstehen gegeben, dass solcher Prunk Giacintas Reize zu erhöhen und sie liebenswürdiger, als sonst, erscheinen zu lassen vermöge. Giacinta stimmte in diese Lektion tüchtig ein, bis der arme Giglio ganz Demut und Reue endlich so viel Ruhe errang, um wenigstens mit der Versicherung gehört zu werden, dass seinem Erstaunen ein seltsames Zusammentreffen ganz besonderer Umstände zum Grunde gelegen. »Lass dir's erzählen!«, begann er. »Lass dir's erzählen, mein holdes Kind, mein süßes Leben, welch ein märchenhafter Traum mir gestern Nachts aufging, als ich ganz müde und ermattet von der Rolle des Prinzen Taer, den ich, du weißt es, ebenso die Welt, über alle Maßen vortrefflich spiele, mich auf mein Lager geworfen. Mich dünkte, ich sei noch auf der Bühne und zanke sehr mit dem schmutzigen Geizhals von Impresario, der mir ein paar lumpichte Dukaten Vorschuss hartnäckig verweigerte. Er überhäufte mich mit allerlei dummen Vorwürfen; da wollte ich, um mich besser zu verteidigen, einen schönen Gestus machen, meine Hand traf aber unversehens des Impresario rechte Wange, sodass dabei Klang und Melodie einer derben Ohrfeige herauskam; der Impresario ging ohne weiteres mit einem großen Messer auf mich los, ich wich zurück und dabei fiel meine schöne Prinzenmütze, die du selbst, mein süßes Hoffen, so artig mit den schönsten Federn schmücktest, die jemals einem Strauß entrupft, zu Boden. In voller Wut warf sich der Unmensch, der Barbar über sie her und durchstach die Ärmste mit dem Messer, dass sie sich im qualvollen Sterben winselnd zu meinen Füßen krümmte. – Ich wollte – musste die Unglückliche rächen. Den Mantel über den linken Arm geworfen, das fürstliche Schwert gezückt, drang ich ein auf den ruchlosen Mörder. Der floh aber schnell in ein Haus und drückte vom Balkon herunter Truffaldinos Flinte auf mich ab. Seltsam war es, dass der Blitz des Feuergewehrs stehen blieb und mich anstrahlte wie funkelnde Diamanten. Und so wie sich mehr und mehr der Dampf verlor, gewahrte ich wohl, dass das, was ich für den Blitz von Truffaldinos Flinte gehalten, nichts anders war, als der köstliche

Schmuck am Hütlein einer Dame – O all ihr Götter! ihr seligen Himmel allesamt! – eine süße Stimme sprach – nein! sang – nein! hauchte Liebesduft in Klang und Ton – ›O Giglio – mein Giglio!‹ – Und ich schaute ein Wesen in solch göttlichem Liebreiz, in solch hoher Anmut, dass der sengende Schirokko inbrünstiger Liebe mir durch alle Adern und Nerven fuhr und der Glutstrom erstarrte zur Lava, die dem Vulkan des aufflammenden Herzens entquollen – ›Ich bin‹, sprach die Göttin sich mir nahend, ›ich bin die Prinzessin –‹« »Wie?«, unterbrach Giacinta den Verzückten zornig; »wie? du unterstehst dich von einer andern zu träumen, als von mir? du unterstehst dich in Liebe zu kommen, ein dummes einfältiges Traumbild schauend, das aus Truffaldinos Flinte geschossen?« – Und nun regnete es Vorwürfe und Klagen und Scheltworte und Verwünschungen, und alles Beteuern und alles Versichern des armen Giglio, dass die Traumprinzessin gerade so gekleidet gewesen, wie er eben seine Giacinta getroffen, wollte ganz und gar nichts helfen. Selbst die alte Beatrice, sonst eben nicht geneigt, des Signor Habenichts, wie sie den Giglio nannte, Partie zu nehmen, fühlte sich von Mitleid durchdrungen und ließ nicht ab von der störrischen Giacinta, bis sie dem Geliebten den Traum unter der Bedingung verzieh, dass er niemals mehr ein Wörtlein davon erwähnen sollte. Die Alte brachte ein gutes Gericht Mackaroni zu Stande und Giglio holte, da, dem Traum entgegen, der Impresario ihm wirklich ein paar Dukaten vorgeschossen, eine Tüte Zuckerwerk und eine mit in der Tat ziemlich trinkbarem Wein gefüllte Phiole aus der Manteltasche hervor. »Ich sehe doch, dass du an mich denkst, guter Giglio«, sprach Giacinta, indem sie eine überzuckerte Frucht in das Mündchen steckte. Giglio durfte ihr sogar den Finger küssen, den die böse Nadel verletzt und alle Wonne und Seligkeit kehrte wieder. Tanzt aber einmal der Teufel mit, so helfen die artigsten Sprünge nicht. Der böse Feind selbst war es nämlich wohl, der dem Giglio eingab, nachdem er ein paar Gläser Wein getrunken, also zu reden: »Nicht geglaubt hätt ich, dass du, mein süßes Leben, so eifersüchtig auf mich sein könntest. Aber du hast Recht. Ich bin ganz hübsch von Ansehn, begabt von der Natur mit allerlei angenehmen Talenten; aber mehr als das – ich bin Schauspieler. Der junge Schauspieler, welcher so wie ich, verliebte Prinzen göttlich spielt, mit geziemlichen O und Ach, ist ein wandelnder Roman, eine Intrige auf zwei Beinen, ein Liebeslied mit Lippen zum Küssen, mit Armen zum Umfangen, ein aus dem Einband ins Leben gesprungenes Abenteuer, das der Schönsten vor Augen steht, wenn sie das Buch zugeklappt. Daher kommt es, dass wir unwiderstehlichen Zauber üben an den armen Weibern, die vernarrt sind in alles, was in und an uns ist, in unser Gemüt, in unsre Augen, in unsre falschen Steine, Federn und Bänder. Da gilt nicht Rang, nicht Stand; Wäschermädchen oder Prinzessin – gleichviel! – Nun sage ich dir, mein holdes Kind, dass, täuschen mich nicht gewisse geheimnisvolle Ahnungen, neckt mich nicht ein böser Spuk, wirklich das Herz der schönsten Prinzessin entbrannt ist in Liebe zu mir. Hat sich das begeben, oder begibt es sich noch, so wirst du, mein schönstes Hoffen, es mir nicht verdenken, wenn ich den Goldschacht, der sich mir auftut, nicht ungenützt lasse, wenn ich dich ein wenig vernachlässige, da doch ein armes Ding von Putzmacherin –« Giacinta hatte mit immer steigender Aufmerksamkeit zugehört, war dem Giglio, in dessen schimmernden Augen sich das Traumbild der Nacht spiegelte, immer näher und näher gerückt; jetzt sprang sie rasch auf, gab dem beglückten Liebhaber der schönsten Prinzessin eine solche Ohrfeige, dass alle Feuerfunken aus jener verhängnisvollen Flinte Truffaldinos vor seinen Augen hüpften und entsprang schnell in die Kammer. Alles fernere Bitten und Flehen half nun nichts mehr. »Geht nur fein nach Hause, sie hat ihre Smorfia und dann ists aus«, sprach die Alte und leuchtete dem betrübten Giglio die enge Treppe hinab. – Es muss mit der Smorfia, mit dem seltsam launischen, etwas ungescheuten Wesen junger italischer Mädchen eine eigne Bewandtnis haben; denn Kenner versichern einmütiglich, dass eben aus diesem Wesen sich ein wunderbarer Zauber solch unwiderstehlicher Liebenswürdigkeit entfalte, dass der Gefangene, statt unmutig die Bande zu zerreißen, sich noch fester und fester darin verstricke, dass der auf schnöde Weise abgefertigte Amante, statt ein ewiges Addio zu unternehmen, nur desto inbrünstiger seufze und flehe, wie es in jenem Volksliedlein heißt: *Vien quà, Dorina bella, non far la smorfiosella!* – Der, der mit dir, geliebter Leser, also spricht, will vermuten, dass jene Lust aus Unlust nur erblühen könne in dem fröhlichen Süden, dass aber solch schöne Blüte aus friedlichem Stoff nicht aufzukommen vermöge in unserm Norden. Wenigstens an dem Orte, wo er lebt, will er denjenigen Gemütszustand, wie er ihn oft an jungen, eben der Kindheit entronnenen Mädchen bemerkt hat, gar nicht mit jener artigen Smorfiosität vergleichen. Hat ihnen der Himmel angenehme Gesichtszüge verliehen, so verzerren sie dieselben auf ungeziemliche Weise; alles ist ihnen in der Welt bald zu schmal, bald zu breit, kein schicklicher Platz für ihr kleines Figürlein hienieden, sie ertragen lieber die Qual eines zu engen Schuhs, als ein freundliches, oder gar ein geistreiches Wort und nehmen es entsetzlich übel, dass sämtliche Jünglinge und Männer in dem Weichbilde der Stadt sterblich in sie verhebt sind, welches sie denn doch wieder meinen, ohne sich zu ärgern. – Es gibt für diesen Seelenzustand des zartesten Geschlechts keinen Ausdruck. Das Substrat der Ungezogenheit, die darin enthalten, reflektiert sich hohlspiegelartig bei Knaben in *der* Zeit, die grobe Schulmeister mit dem Wort: Lümmeljahre bezeichnen. – – – Und doch war es dem armen Giglio ganz und gar nicht zu verdenken, dass er, auf seltsame Weise gespannt, auch wachend von Prinzessinnen und wunderbaren Abenteuern träumte. – Eben denselben Tag hatte, als er im Äußern schon halb und halb, im Innern aber ganz und gar Prinz Taer, durch den Korso wandelte, sich in der Tat viel Abenteuerliches ereignet.

Es begab sich, dass bei der Kirche S. Carlo, gerade da, wo die Straße Condotti den Korso durchkreuzt, mitten unter den Buden der Wurstkrämer und Mackaroniköche, der in ganz Rom bekannte Ciarlatano, Signor Celionati geheißen, sein Gerüst aufgeschlagen hatte und dem um ihn her versammelten Volk tolles Märchenzeug vorschwatzte, von geflügelten Katzen, springenden Erdmännlein, Alraunwurzeln u. s. w. und dabei manches Arkanum verkaufte für trostlose Liebe und Zahnschmerz, für Lotterienieten und Podagra. Da ließ sich ganz in der Ferne eine seltsame Musik von Zimbeln, Pfeifen und Trommeln hören, und das Volk sprengte auseinander und strömte, stürzte durch den Korso der Porta del popolo zu, laut schreiend: »Schaut, schaut! – ei ist denn schon der Karneval los? – schaut – schaut!«

Das Volk hatte Recht; denn der Zug, der sich durch die Porta del popolo langsam den Korso hinauf bewegte, konnte füglich für nichts anders gehalten werden, als für die seltsamste Maskerade, die man jemals gesehen. Auf zwölf kleinen schneeweißen Einhörnern mit goldnen Hufen saßen in rote atlasne Talare eingehüllte Wesen, die gar artig auf silbernen Pfeifen bliesen und Zimbeln und kleine Trommeln schlugen. Beinahe nach Art der büßenden Brüder waren in den Talaren nur die Augen ausgeschnitten und ringsum mit goldnen Tressen besetzt, welches sich wunderlich genug ausnahm. Als der Wind dem einen der kleinen Reiter den Talar etwas aufhob, starrte ein Vogelfuß hervor, dessen Krallen mit Brillantringen besteckt waren. Hinter diesen zwölf anmutigen Musikanten zogen zwei mächtige Strauße eine große auf einem Rädergestell befestigte goldgleißende Tulpe, in der ein kleiner

alter Mann saß mit langem weißen Bart, in einen Talar von Silberstoff gekleidet, einen silbernen Trichter als Mütze auf das ehrwürdige Haupt gestülpt. Der Alte las, eine ungeheure Brille auf der
Nase, sehr aufmerksam in einem großen Buche, das er vor sich
aufgeschlagen. Ihm folgten zwölf reichgekleidete Mohren mit
langen Spießen und kurzen Säbeln bewaffnet, die jedes Mal, wenn
der kleine Alte ein Blatt im Buche umschlug und dabei ein sehr
feines scharf durchdringendes: »Kurri – pire – ksi – li – i i i« vernehmen ließ, mit gewaltig dröhnenden Stimmen sangen: »Bram –
bure – bil – bal – Ala monsa Kikiburra – son – ton!« Hinter den
Mohren ritten auf zwölf Zeltern, deren Farbe reines Silber schien,
zwölf Gestalten, beinahe so verhüllt wie die Musikanten, nur dass
die Talare auf Silbergrund reich mit Perlen und Diamanten
gestickt und die Arme bis an die Schulter entblößt waren. Die
wunderbare Fülle und Schönheit dieser mit den herrlichsten
Armspangen geschmückten Arme hätten schon verraten, dass
unter den Talaren die schönsten Damen versteckt sein mussten;
überdem machte aber auch jede reitend sehr emsig Filet, wozu
zwischen den Ohren der Zelter große Samtkissen befestigt waren.
Nun folgte eine große Kutsche, die ganz Gold schien und von
acht der schönsten, mit goldnen Schabracken behängten Maultieren gezogen wurde, welche kleine sehr artig in bunte Federwäm-
ser gekleidete Pagen an mit Diamanten besetzten Zügeln führten.
Die Tiere wussten mit unbeschreiblicher Würde die stattlichen
Ohren zu schütteln und dann ließen sich Töne hören der Harmonika ähnlich, wozu die Tiere selbst, so wie die Pagen, die sie führten, ein passliches Geschrei erhoben, welches zusammenklang auf
die anmutigste Weise. Das Volk drängte sich heran und wollte in
die Kutsche hineinschauen, sah aber nichts, als den Korso, und
sich selbst; denn die Fenster waren reine Spiegel. Mancher, der auf
diese Art sich schaute, glaubte im Augenblick, er säße selbst in der
prächtigen Kutsche und kam darüber vor Freuden ganz außer
sich, so wie es mit dem ganzen Volk geschah, als es von einem
kleinen äußerst angenehmen Pulcinella, der auf dem Kutschendeckel stand, ungemein artig und verbindlich begrüßt wurde. In
diesem allgemeinen ausgelassensten Jubel wurde kaum mehr das
glänzende Gefolge beachtet, das wieder aus Musikanten, Mohren
und Pagen, den ersten gleich gekleidet, bestand, bei welchen nur
noch einige in den zartesten Farben geschmackvoll gekleidete
Affen befindlich, die mit sprechender Mimik in den Hinterbeinen
tanzten und im Koboldschießen ihresgleichen suchten. So zog das
Abenteuer den Korso herab durch die Straßen bis auf den Platz

Navona, wo es stillstand vor dem Palast des Prinzen Bastianello di Pistoja.

Die Torflügel des Palastes sprangen auf und plötzlich verstummte der Jubel des Volks und in der Totenstille des tiefsten Erstaunens schaute man das Wunder, das sich nun begab. Die Marmorstufen hinauf durch das enge Tor zog alles, Einhörner, Pferde, Maultiere, Kutsche, Strauße, Damen, Mohren, Pagen, ohne alle Schwierigkeit hinein und ein tausendstimmiges »Ah!« erfüllte die Lüfte, als das Tor, nachdem die letzten vierundzwanzig Mohren in blanker Reihe hineingeschritten, sich mit donnerndem Getöse schloss.

Das Volk, nachdem es lange genug vergebens gegafft und im Palast alles still und ruhig blieb, bezeigte nicht üble Lust, den Aufenthalt des Märchens zu stürmen und wurde nur mit Mühe von den Sbirren auseinander getrieben.

Da strömte alles wieder den Korso herauf. Vor der Kirche S. Carlo stand aber noch der verlassene Signor Celionati auf seinem Gerüst und schrie und tobte entsetzlich: »Dummes Volk – einfältiges Volk! – Leute, was lauft, was rennt ihr in tollem Unverstand und verlasst euern wackern Celionati? – Hier hättet ihr bleiben sollen und hören aus dem Munde des Weisesten, des erfahrensten Philosophen und Adepten, was es auf sich hat mit dem allen, was ihr geschaut mit aufgerissenen Augen und Mäulern, wie törichtes Knabenvolk! – Aber noch will ich euch alles verkünden – hört – hört, wer eingezogen ist in den Palast Pistoja – hört, hört – wer sich den Staub von den Ärmeln klopfen lässt im Palast Pistoja!« – Diese Worte hemmten plötzlich den kreisenden Strudel des Volks, das nun sich hinandrängte an Celionatis Gerüst und hinaufschaute mit neugierigen Blicken.

»Bürger Roms!«, begann Celionati nun emphatisch, »Bürger Roms! jauchzt, jubelt, werft Mützen, Hüte, oder was ihr sonst eben auf dem Kopfe tragen möget, hoch in die Höhe! Euch ist großes Heil widerfahren; denn eingezogen in eure Mauern ist die weltberühmte Prinzessin Brambilla aus dem fernen Äthiopien, ein Wunder an Schönheit und dabei so reich an unermesslichen Schätzen, dass sie ohne Beschwerde den ganzen Korso pflastern lassen könnte mit den herrlichsten Diamanten und Brillanten – und wer weiß was sie tut zu eurer Freude! – Ich weiß es, unter euch befinden sich gar viele, die keine Esel sind, sondern bewandert in der Geschichte. Die werden wissen, dass die durchlauchtigste Prinzessin Brambilla eine Urenkelin ist des weisen Königs Cophetua, der Troja erbaut hat und dass ihr Großonkel der große

König von Serendippo, ein freundlicher Herr, hier vor S. Carlo unter euch, ihr lieben Kinder, sich oft in Mackaroni übernahm! – Füge ich noch hinzu, dass niemand anders die hohe Dame Brambilla aus der Taufe gehoben, als die Königin der Tarocke, Tartagliona mit Namen, und dass Pulcinella sie das Lautenspiel gelehrt, so wisst ihr genug, um außer euch zu geraten – tut es, Leute! – Vermöge meiner geheimen Wissenschaften, der weißen, schwarzen, gelben und blauen Magie, weiß ich, dass sie gekommen ist, weil sie glaubt, unter den Masken des Korso ihren Herzensfreund und Bräutigam, den assyrischen Prinzen Cornelio Chiapperi aufzufinden, der Äthiopien verließ, um sich hier in Rom einen Backzahn ausreißen zu lassen, welches ich glücklich vollbrachte! – Seht ihn hier vor Augen!« – Celionati öffnete ein kleines goldnes Schächtelchen, holte einen sehr weißen langen spitzen Zahn heraus und hielt ihn hoch in die Höhe. Das Volk schrie laut auf vor Freude und Entzücken und kaufte begierig die Modelle des prinzlichen Zahns, die der Ciarlatano nun feilbot. »Seht«, fuhr Celionati dann fort, »seht, ihr Guten, nachdem der assyrische Prinz Cornelio Chiapperi die Operation mit Standhaftigkeit und Sanftmut ausgehalten, kam er sich selbst, er wusste nicht wie, abhanden. – Sucht, Leute, sucht, Leute, den assyrischen Prinzen Cornelio Chiapperi, sucht ihn in euern Stuben, Kammern, Küchen, Kellern, Schränken und Schubladen! – Wer ihn findet und der Prinzessin Brambilla unversehrt wiederbringt, erhält ein Fundgeld von fünfmal hunderttausend Dukaten. So viel hat Prinzessin Brambilla auf seinen Kopf gesetzt, den angenehmen, nicht geringen Inhalt an Verstand und Witz ungerechnet. – Sucht, Leute, sucht! – Aber vermöget ihr den assyrischen Prinzen, Cornelio Chiapperi, zu entdecken, wenn er euch auch vor der Nase steht? – Ja! – vermöget ihr die durchlauchtigste Prinzessin zu erschauen, wenn sie auch dicht vor euch wandelt? – Nein, das vermöget ihr nicht, wenn ihr euch nicht der Brillen bedient, die der weise indische Magier Ruffiamonte selbst geschliffen; und damit will ich euch aus purer Nächstenliebe und Barmherzigkeit aufwarten, insofern ihr die Paoli nicht achtet –« Und damit öffnete der Ciarlatano eine Kiste und brachte eine Menge unmäßig großer Brillen zum Vorschein.

Hatte das Volk sich schon um die prinzlichen Backzähne gar arg gezankt, so geschah es nun noch viel ärger um die Brillen. Vom Zanken kam es zum Stoßen und Schlagen, bis zuletzt, nach italischer Art und Weise, die Messer blinkten, sodass die Sbirren abermals ins Mittel treten und das Volk, wie erst vor dem Palast Pistoja, auseinander treiben mussten.

Während sich dies alles begab, stand Giglio Fava, in tiefe Träume versunken, noch immer vor dem Palast Pistoja und starrte die Mauern an, die den seltsamsten aller Maskenzüge, und zwar auf ganz unerklärliche Weise, verschlungen. Wunderbar wollt es ihm gemuten, dass er eines gewissen unheimlichen und dabei doch süßen Gefühls, das sich seines Innern ganz und gar bemeistert, nicht Herr werden konnte; noch wunderbarer, dass er willkürlich den Traum von der Prinzessin, die, dem Blitz des Feuergewehrs entfunkelt, sich ihm in die Arme warf, mit dem abenteuerlichen Zuge in Verbindung setzte, ja dass eine Ahndung in ihm aufging, in der Kutsche mit den Spiegelfenstern habe eben niemand anders gesessen, als sein Traumbild. – Ein sanfter Schlag auf die Schulter weckte ihn aus seinen Träumereien; der Ciarlatano stand vor ihm.

»Ei«, begann Celionati, »ei, mein guter Giglio, Ihr habt nicht wohl getan, mich zu verlassen, mir keinen prinzlichen Backzahn, keine magische Brille abzukaufen –« »Geht doch«, erwiderte Giglio, »geht doch mit Euern Kinderpossen, mit dem wahnsinnigen Zeuge, das Ihr dem Volke aufschwatzt, um Euren nichtswürdigen Kram loszuwerden!« – »Hoho«, sprach Celionati weiter, »tut nur nicht so stolz, mein junger Herr! Ich wollte, Ihr hättet aus meinem Kram, den nichtswürdig zu nennen euch beliebt, manch treffliches Arkanum, vorzüglich aber denjenigen Talisman, der euch die Kraft verliehe, ein vortrefflicher, guter, oder wenigstens leidlicher Schauspieler zu sein, da es euch nun wieder beliebt, zurzeit gar erbärmlich zu tragieren!« »Was?«, rief Giglio ganz erbost, »was? Signor Celionati, Ihr untersteht euch, mich für einen erbärmlichen Schauspieler zu halten? mich, der ich der Abgott Roms bin?« »Püppchen!« erwiderte Celionati sehr ruhig, »Püppchen, das bildet Ihr euch nur ein; es ist kein wahres Wort daran. Ist euch aber auch manchmal ein besonderer Geist aufgegangen, der euch manche Rolle gelingen ließ, so werdet Ihr das bisschen Beifall, oder Ruhm, das Ihr dadurch gewannt, heute unwiederbringlich verlieren. Denn seht, Ihr habt Euern Prinzen ganz und gar vergessen, und, steht vielleicht sein Bildnis noch in Euerm Innern, so ist es farblos, stumm und starr geworden, und Ihr vermöget nicht, es ins Leben zu rufen. Euer ganzer Sinn ist erfüllt von einem seltsamen Traumbild, von dem Ihr nun meint, es sei in der Glaskutsche dort in den Palast Pistoja hineingefahren. – Merkt Ihr, dass ich Euer Inneres durchschaue?« –

Giglio schlug errötend die Augen nieder. »Signor Celionati«, murmelte er, »Ihr seid in der Tat ein sehr seltsamer Mensch. Es müssen euch Wunderkräfte zu Gebote stehen, die euch meine geheimsten Gedanken erraten lassen – Und dann wieder Euer närrisches Tun und Treiben vor dem Volk – Ich kann das nicht zusammenreimen – doch – gebt mir eine von Euern großen Brillen!« –

Celionati lachte laut auf. »So«, rief er, »so seid ihr nun alle, ihr Leute! Lauft ihr umher mit hellem Kopf und gesundem Magen, so glaubt ihr an nichts, als was ihr mit euern Händen fassen könnt; packt euch aber geistige, oder leibliche Indigestion, so greift ihr begierig nach allem, was man euch darbietet. Hoho! Jener Professore, der auf meine und auf alle sympathetische Mittel in der Welt seinen Bannstrahl schießen ließ, schlich Tages darauf in grämlich pathetischem Ernst nach der Tiber und warf, wie es ihm ein altes Bettelweib geraten, seinen linken Pantoffel ins Wasser, weil er glaubte damit das böse Fieber zu ertränken, das ihn so arg plagte; und jener weiseste Signor aller weiser Signoris trug Kreuzwurzelpulver in dem Mantelzipfel, um besser Ballon zu schlagen. – Ich weiß es, Signor Fava, Ihr wollt durch meine Brille die Prinzessin Brambilla, Euer Traumbild, schauen; doch das wird euch zur Stunde nicht gelingen! – Indessen nehmt und versucht's!«

Voll Begier ergriff Giglio die schöne glänzende übergroße Brille, die ihm Celionati darbot und schaute nach dem Palast. Wunderbar genug schienen die Mauern des Palastes durchsichtiges Kristall zu werden; aber nichts, als ein buntes undeutliches Gewirre von allerlei seltsamen Gestalten stellte sich ihm dar und nur zuweilen zuckte ein elektrischer Strahl durch sein Innres, das holde Traumbild verkündend, das sich vergebens dem tollen Chaos entringen zu wollen schien.

»Alle böse Teufel der Hölle, euch in den Hals zu jagen!«, schrie plötzlich eine fürchterliche Stimme, dicht neben dem ins Schauen versunkenen Giglio, der sich zugleich bei den Schultern gepackt fühlte, »alle böse Teufel euch in den Hals! – Ihr stürzt mich ins Verderben. In zehn Minuten muss der Vorhang in die Höhe; Ihr habt die erste Szene und Ihr steht hier und gafft, ein aberwitziger Narr, die alten Mauern des öden Palastes an!« –

Es war der Impresario des Theaters, auf dem Giglio spielte, der im Schweiß der Todesangst ganz Rom durchlaufen, um den verschollenen *primo amoroso* zu suchen und ihn endlich da fand, wo er ihn am wenigsten vermutet.

»Halt einen Augenblick!«, rief Celionati und packte ebenfalls mit ziemlicher Handfestigkeit den armen Giglio bei den Schultern, der, ein eingerammter Pfahl, sich nicht zu rühren vermochte, »halt einen Augenblick!« Und dann leiser: »Signor Giglio, es ist möglich, dass Ihr morgen auf dem Korso Euer Traumbild seht. Aber Ihr wäret ein großer Tor, wenn Ihr euch in einer schönen Maske herausschniegeln wolltet, das würde euch um den Anblick der Schönsten bringen. Je abenteuerlicher, je abscheulicher, desto besser! eine tüchtige Nase, die mit Anstand und Seelenruhe meine Brille trägt! denn die dürft Ihr ja nicht vergessen!« –

Celionati ließ den Giglio los und im Nu brauste der Impresario mit seinem Amoroso fort, wie ein Sturmwind.

Gleich andern Tages unterließ Giglio nicht, sich eine Maske zu verschaffen, die ihm, nach Celionatis Rat, abenteuerlich und abscheulich genug schien. Eine seltsame mit zwei hohen Hahnfedern geschmückte Kappe, dazu eine Larve mit einer roten, in hakenförmigem Bau und unbilliger Länge und Spitze alle Exzesse der ausgelassensten Nasen überbietend, ein Wams mit dicken Knöpfen, dem des Brighella nicht unähnlich, ein breites hölzernes Schwert – Giglios Selbstverleugnung, alles dieses anzulegen, hörte auf, als nun erstlich ein weites, bis auf die Pantoffeln herabreichendes Beinkleid, das zierlichste Piedestal verhüllen sollte, auf dem jemals ein *primo amoroso* gestanden und einhergegangen. »Nein«, rief Giglio, »nein, es ist nicht möglich, dass die Durchlauchtige nichts halten auf proportionierten Wuchs, dass sie nicht zurückgeschreckt werden sollte durch solch böse Entstellung. Nachahmen will ich jenen Schauspieler, der, als er in grässlicher Verkappung im Gozzischen Stück das blaue Ungeheuer spielte, die zierlich gebaute Hand, die ihm die Natur verliehen, unter der bunten Tigerkatzenpfote hervorzustrecken wusste und dadurch die Herzen der Damen schon vor seiner Verwandlung gewann! – Was bei ihm die Hand, ist bei mir der Fuß!« – Darauf legte Giglio ein hübsches himmelblau seidnes Beinkleid mit dunkelroten Schleifen, dazu aber rosenfarbne Strümpfe und weiße Schuhe mit luftigen dunkelroten Bändern an, welches wohl ganz hübsch aussah, doch aber ziemlich seltsam abstach gegen den übrigen Anzug.

Giglio glaubte nicht anders, als dass ihm Prinzessin Brambilla entgegentreten werde in voller Pracht und Herrlichkeit, umgeben von dem glänzendsten Gefolge; da er aber nichts davon gewahrte, dachte er wohl daran, dass, da Celionati gesagt, er werde nur mittelst der magischen Brille die Prinzessin zu erschauen vermögen, dies auf irgendeine seltsame Verkappung deute, in die sich die Schönste gehüllt.

Nun lief Giglio den Korso auf und ab, jede weibliche Maske musternd, aller Neckereien nicht achtend, bis er endlich in eine entlegenere Gegend geriet. »Bester Signor, mein teurer, bester Signor!« hörte er sich angeschnarrt. Ein Kerl stand vor ihm, der in toller Possierlichkeit alles überbot, was er jemals von dergleichen gesehen. Die Maske mit dem spitzen Bart, der Brille, dem Ziegenhaar, so wie die Stellung des Körpers, vorgebeugt mit krummem Rücken, den rechten Fuß vorgeschoben, schien einen Pantalon anzudeuten; dazu wollte aber der vorne spitzzulaufende, mit zwei Hahnfedern geschmückte Hut nicht passen. Wams, Beinkleid, das kleine hölzerne Schwert an der Seite, gehörte offenbar dem werten Pulcinell an.

»Bester Signor«, redete Pantalon (so wollen wir die Maske, trotz des veränderten Kostüms, nennen) den Giglio an, »mein bester Signor! ein glücklicher Tag, der mir das Vergnügen, die Ehre schenkt, Sie zu erblicken! Sollten Sie nicht zu meiner Familie gehören?« »Sosehr«, erwiderte Giglio, sich höflich verbeugend, »sosehr mich das entzücken würde, da Sie, mein bester Signor, mir über alle Maßen Wohlgefallen, so weiß ich doch nicht, in welcher Art irgendeine Verwandtschaft –« »O Gott!«, unterbrach Pantalon den Giglio, »o Gott! bester Signor, waren Sie jemals in Assyrien?« »Eine dunkle Erinnerung«, antwortete Giglio, »schwebt mir vor, als sei ich einmal auf der Reise dahin begriffen gewesen, aber nur bis nach Frascati gekommen, wo der Spitzbube von Vetturin mich vor dem Tore umwarf, sodass diese Nase –« »O Gott!«, schrie Pantalon, »so ist es denn wahr? – Diese Nase, diese Hahnfedern – mein teuerster Prinz – o mein Cornelio! – Doch ich sehe, Sie erbleichen vor Freude, mich wieder gefunden zu haben – o mein Prinz! nur ein Schlückchen, ein einziges Schlückchen!« –

Damit hob Pantalon die große Korbflasche auf, die vor ihm stand und reichte sie dem Giglio hin. Und in dem Augenblick stieg ein feiner rötlicher Duft aus der Flasche, und verdichtete sich zum holden Antlitz der Prinzessin Brambilla und das liebe kleine Bildlein stieg herauf, doch nur bis an den Leib, und streckte die kleinen Ärmchen aus nach dem Giglio. Der, vor Entzücken ganz außer sich, rief: »O steige doch nur ganz herauf, dass ich dich erschauen möge in deiner Schönheit!« Da dröhnte ihm eine starke Stimme in die Ohren: »Du hasenfüßiger Geck mit deinem Himmelblau und Rosa, wie magst du dich nur für den Prinzen Cornelio ausgeben wollen! – Geh nach Haus, schlaf aus, du Tölpel!« – »Grobian!«, fuhr Giglio auf; doch Masken wogten, drängten dazwischen und spurlos war Pantalon samt der Flasche verschwunden.

Zweites Kapitel

Von dem seltsamen Zu Stande, in den geraten, man sich die Füße an spitzen Steinen wund stößt, vornehme Leute zu grüßen unterlässt und mit dem Kopf an verschlossene Türen anrennt. – Einfluss eines Gerichts Mackaroni auf Liebe und Schwärmerei. – Entsetzliche Qualen der Schauspieler-Hölle und Arlecchino. – Wie Giglio sein Mädchen nicht fand, sondern von Schneidern überwältigt und zur Ader gelassen wurde. – Der Prinz in dir Konfektschachtel und die verlorne Geliebte. – Wie Giglio der Ritter der Prinzessin Brambilla sein wollte, weil ihm eine Fahne aus dem Rücken gewachsen.

Du magst, geliebter Leser! nicht zürnen, wenn der, der es unternommen, dir die abenteuerliche Geschichte von der Prinzessin Brambilla gerade so zu erzählen, wie er sie in Meister Callots kecken Federstrichen angedeutet fand, dir geradehin zumutet, dass du wenigstens bis zu den letzten Worten des Büchleins dich willig dem Wunderbaren hingeben, ja sogar was weniges davon glauben mögest. – Doch vielleicht hast du schon in dem Augenblick, als das Märchen sich einlogiert im Palast Pistoja, oder als die Prinzessin aus dem bläulichen Duft der Weinflasche gestiegen, ausgerufen: »Tolles fratzenhaftes Zeug!« und das Buch ohne Rücksicht auf die artigen Kupferblätter unmutig weggeworfen? – Da käme denn alles, was ich dir zu sagen im Begriff stehe, um dich für die seltsamlichen Zaubereien des Callotschen Capriccios zu gewinnen, zu spät und das wäre in der Tat schlimm genug für mich und für die Prinzessin Brambilla! Doch vielleicht hofftest du, dass der Autor, nur scheu geworden durch irgendein tolles Gebilde, das ihm wieder plötzlich in den Weg trat, einen Seitenweg machte ins wilde Dickicht und dass er, zur Besonnenheit gelangt, wieder einlenken würde in den breiten ebenen Weg, und das vermochte dich, weiterzulesen! – Glück zu! – Nun kann ich dir sagen, günstiger Leser! dass es mir (vielleicht weißt du es auch aus eigner Erfahrung) schon hin und wieder gelang, märchenhafte Abenteuer gerade in dem Moment, als sie, Luftbilder des aufgeregten Geistes, in nichts verschwimmen wollten, zu erfassen und zu gestalten, dass jedes Auge, mit Sehkraft begabt für dergleichen, sie wirklich im Leben schaute und eben deshalb daran glaubte.

Daher mag mir der Mut kommen, meinen gemütlichen Umgang mit allerlei abenteuerlichen Gestalten und zu vielen genugsam tollen Bildern fernerhin öffentlich zu treiben, selbst die ernsthaftesten Leute zu dieser seltsam bunten Gesellschaft einzuladen und du wirst, sehr geliebter Leser, diesen Mut kaum für *Übermut,* sondern nur für das verzeihliche Streben halten können, dich aus dem engen Kreise gewöhnlicher Alltäglichkeit zu verlocken und dich in fremdem Gebiet, das am Ende doch eingehegt ist in das Reich, welches der menschliche Geist im wahren Leben und Sein nach freier Willkür beherrscht, auf ganz eigne Weise zu vergnügen. – Doch, sollte dies alles nicht gelten dürfen, so kann ich in der Angst, die mich befallen, mich nur auf sehr ernsthafte Bücher berufen, in denen Ähnliches vorkommt und gegen deren vollkommene Glaubwürdigkeit man nicht den mindesten Zweifel zu erheben vermag. Was nämlich den Zug der Prinzessin Brambilla betrifft, der mit allen Einhörnern, Pferden und sonstigem Fuhrwerk ohne Hindernis durch die engen Pforten des Palastes Pistoja passiert, so ist schon in Peter Schlemihls wundersamer Geschichte, deren Mitteilung wir dem wackern Weltumsegler Adalbert von Chamisso verdanken, von einem gewissen gemütlichen grauen Mann die Rede, der ein Kunststück machte, welches jenen Zauber beschämt. Er zog nämlich, wie bekannt, auf Begehren, englisches Pflaster, Tubus, Teppich, Zelt, zuletzt Wagen und Rosse, ganz bequem ohne Hindernis, aus derselben Rocktasche. – Was nun aber die Prinzessin betrifft – Doch genug! – Zu erwähnen wäre freilich noch, dass wir im Leben oft plötzlich vor dem geöffneten Tor eines wunderbaren Zauberreichs stehen, dass uns Blicke vergönnt sind in den innersten Haushalt des mächtigen Geistes, dessen Atem uns in den seltsamsten Ahnungen geheimnisvoll umweht; du könntest aber, geliebter Leser, vielleicht mit vollem Recht behaupten, du hättest niemals aus jenem Tor ein solches tolle Capriccio ziehen sehen, als ich es geschaut zu haben vermeine. Fragen will ich dich daher lieber, ob dir niemals in deinem Leben ein seltsamer Traum aufstieg, dessen Geburt du weder dem verdorbenen Magen, noch dem Geist des Weins, oder des Fiebers zuschreiben konntest? aber es war, als habe das holde magische Zauberbild, das sonst nur in fernen Ahnungen zu dir sprach, in geheimnisvoller Vermählung mit deinem Geist sich deines ganzen Innern bemächtigt, und in scheuer Liebeslust trachtetest und wagtest du nicht, die süße Braut zu umfangen, die im glänzenden Schmuck eingezogen in die trübe, düstre Werkstatt der Gedanken – *die* aber ginge auf vor dem Glanz des Zauberbildes in hellem Schimmer, und alles Sehnen, alles Hoffen, die inbrünstige Begier, das Unaussprechliche zu fahen, würde wach und rege und zuckte auf in glühenden Blitzen, und du wolltest untergehen in unnennbarem Weh, und nur *sie,* nur das holde Zauberbild sein! – Half es, dass du aus dem Traum erwachtest? – Blieb dir nicht das namenlose Entzücken, das im äußern Leben, ein schneidender Schmerz, die Seele durchwühlt, blieb dir das nicht zurück? Und alles um dich her erschien dir öde, traurig, farblos? und du wähntest, nur jener Traum sei dein eigentliches Sein, was du aber sonst für dein Leben gehalten, nur der Missverstand des betörten Sinns? und alle deine Gedanken strahlten zusammen in den Brennpunkt, der, Feuerkelch der höchsten Inbrunst, dein süßes Geheimnis verschlossen hielt vor dem blinden, wüsten Treiben der Alltagswelt? – Hm! – in solcher träumerischer Stimmung stößt man sich wohl die Füße wund an spitzen Steinen, vergisst den Hut abzunehmen vor vornehmen Leuten, bietet den Freunden einen guten Morgen in später Mitternacht, rennt mit dem Kopf gegen die erste beste Haustüre, weil man vergaß sie aufzumachen; kurz der Geist trägt den Körper wie ein unbequemes Kleid, das überall zu breit, zu lang, zu ungefügig ist. –

In diesen Zustand geriet nun der junge Schauspieler, Giglio Fava, als er mehrere Tage hintereinander vergebens darnach trachtete, auch nur das mindeste von der Prinzessin Brambilla zu erspüren. Alles was ihm im Korso Wunderbares begegnet, schien ihm nur die Fortsetzung jenes Traums, der ihm die Holde zugeführt, deren Bild nun aufstieg aus dem bodenlosen Meer der Sehnsucht, in dem er untergehen, verschwimmen wollte. Nur sein Traum war sein Leben, alles übrige ein unbedeutendes leeres Nichts; und so kann man denken, dass er auch den Schauspieler ganz vernachlässigte. Ja noch mehr, statt die Worte seiner Rolle herzusagen, sprach er von seinem Traumbilde, von der Prinzessin Brambilla, schwor, des assyrischen Prinzen sich zu bemächtigen, im Irrsal der Gedanken, sodass er selbst dann der Prinz sein werde, geriet in ein Labyrinth wirrer, ausschweifender Reden. Jeder musste ihn für wahnsinnig halten; am ersten aber der Impresario, der ihn zuletzt ohne weiteres fortjagte; und sein spärliches Einkommen schwand ganz dahin. Die wenigen Dukaten, die ihm der Impresario aus purer Großmut bei dem Abschiede hingeworfen, konnten nur ausreichen für geringe Zeit, der bitterste Mangel war im Anzuge. Sonst hätte das dem armen Giglio große Sorge und Angst verursacht; jetzt dachte er nicht daran, da er in einem Himmel schwebte, wo man irdischer Dukaten nicht bedarf.

Was die gewöhnlichen Bedürfnisse des Lebens betrifft, eben nicht lecker, pflegte Giglio seinen Hunger im Vorübergehen bei irgendeinem der Fritterolis, die bekanntlich ihre Garküchen auf offner Straße halten, zu stillen. So begab es sich, dass er eines Tages ein gutes Gericht Mackaroni zu verzehren gedachte, das ihm aus der Bude entgegendampfte. Er trat hinan; als er aber, um den spärlichen Mittag zu bezahlen, den Beutel hervorzog, machte ihn die Entdeckung nicht wenig bestürzt, dass darin auch kein einziger Bajock enthalten. In dem Augenblick wurde aber auch das leibliche Prinzip, von welchem das geistige, mag es auch noch so stolz tun, hier auf Erden in schnöder Sklaverei gehalten wird, recht rege und mächtig. Giglio fühlte, wie es sonst nie geschehen, wenn er, von den sublimsten Gedanken erfüllt, wirklich eine tüchtige Schüssel Mackaroni verzehrt, dass es ihn ungemein hungre und er versicherte dem Garküchler, dass er zwar zufällig kein Geld bei sich trage, das Gericht, das er zu verzehren gedenke, aber ganz gewiss andern Tages bezahlen werde. Der Garküchler lachte ihm indessen ins Gesicht und meinte: habe er auch kein Geld, so könne er doch seinen Appetit stillen; er dürfe ja nur das schöne Paar Handschuhe, das er trage, oder den Hut, oder das Mäntelchen zurücklassen. Nun erst trat dem armen Giglio die schlimme Lage, in der er sich befand, recht lebhaft vor Augen. Er sah sich bald, ein zerlumpter Bettler, die Suppe vor den Klöstern einlöffeln. Doch tiefer schnitt es ihm ins Herz, als er, aus dem Traum erwacht, nun erst den Celionati gewahrte, der auf seinem gewöhnlichen Platz vor der Kirche S. Carlo das Volk mit seinen Fratzen unterhielt und ihm, als er hinschaute, einen Blick zuwarf, in dem er die ärgste Verhöhnung zu lesen glaubte. – Zerronnen in nichts war das holde Traumbild, untergegangen jede süße Ahnung; es war ihm gewiss, dass der verruchte Celionati ihn durch allerlei teuflische Zauberkünste verlockt, ihn, seine törichte Eitelkeit in höhnischer Schadenfreude nützend, mit der Prinzessin Brambilla auf unwürdige Weise gefoppt habe.

Wild rannte er von dannen; ihn hungerte nicht mehr, er dachte nur daran, wie er sich an dem alten Hexenmeister rächen könne.

Selbst wusste er nicht, welches seltsame Gefühl durch allen Zorn, durch alle Wut im Innern durchdrang und ihn stillzustehen nötigte, als banne ihn plötzlich ein unbekannter Zauber fest. – »Giacinta!«, rief es aus ihm heraus. Er stand vor dem Hause, in dem das Mädchen wohnte und dessen steile Treppe er so oft in heimlicher Dämmerung erstiegen. Da dachte er, wie das trügerische Traumbild zuerst des holden Mädchens Unmut erregt, wie er sie dann verlassen, nicht mehr wiedergesehen, nicht mehr an sie gedacht, wie er die Geliebte verloren, sich in Not und Elend gestürzt habe, Celionatis toller unseliger Fopperei halber. Ganz aufgelöst in Wehmut und Schmerz, konnte er nicht zu sich selbst kommen, bis endlich der Entschluss durchbrach, auf der Stelle hinaufzugehen und, koste es was es wolle, Giacintas Gunst wiederzugewinnen. – Gedacht, getan! – Als er nun aber an Giacintas Türe klopfte, blieb drinnen alles mäuschenstill. – Er legte das Ohr an, kein Atemzug ließ sich vernehmen. Da rief er ganz kläglich Giacintas Namen mehrmals; und als nun auch keine Antwort erfolgte, begann er die rührendsten Bekenntnisse seiner Torheit; er versicherte, dass der Teufel selbst in der Gestalt des verdammten Quacksalbers Celionati ihn verlockt und geriet dann in die hochgestelltesten Beteurungen seiner tiefen Reue und inbrünstigen Liebe.

Da erschallte eine Stimme von unten herauf: »Ich möchte nur wissen, welcher Esel hier in meinem Hause seine Lamentationen abächzt und heult vor der Zeit, da es noch lange hin ist bis zum Aschermittwoch!« – Es war Signor Pasquale, der dicke Hauswirt, der mühsam die Treppe hinaufstieg und, als er den Giglio erblickte, ihm zurief: »Ah! – seid Ihr es, Signor Giglio? – Sagt mir nun, welcher böse Geist euch treibt, hier eine O- und Achs-Rolle irgendeines läppischen Trauerspiels ins leere Zimmer hineinzuwinseln?« – »Leeres Zimmer!« – schrie Giglio auf, »leeres Zimmer? Um aller Heiligen willen, Signor Pasquale, sagt, wo ist Giacinta? – wo ist sie, mein Leben, mein Alles?« – Signor Pasquale sah dem Giglio starr ins Gesicht und sprach dann ruhig: »Signor Giglio, ich weiß, wie es mit euch steht; ganz Rom hat erfahren, wie Ihr von der Bühne abtreten müssen, weil es euch im Kopfe rappelt – Geht zum Arzt, geht zum Arzt, lasst euch ein paar Pfund Blut abzapfen, steckt den Kopf ins kalte Wasser!« »Bin ich!«, rief Giglio heftig, »bin ich noch nicht wahnsinnig, so werde ich es, wenn Ihr mir nicht augenblicklich sagt, wo Giacinta geblieben.« »Macht mir«, fuhr Signor Pasquale ruhig fort, »macht mir doch nicht weis, Signor Giglio, dass Ihr nicht davon unterrichtet sein solltet, auf welche Weise schon vor acht Tagen Giacinta aus meinem Hause kam und die alte Beatrice ihr dann folgte.« –

Als nun aber Giglio in voller Wut schrie: »Wo ist Giacinta?« und dabei den dicken Hauswirt hart anpackte, brüllte dieser dermaßen: »Hülfe! Hülfe! Mörder!« dass das ganze Haus rege wurde. Ein vierschrötiger Lümmel von Hausknecht sprang herbei, fasste den armen Giglio, fuhr mit ihm die Treppe herab und warf ihn mit einer Behändigkeit zum Hause heraus, als habe er ein Wickelpüppchen in den Fäusten.

Des harten Falls nicht achtend, raffte sich Giglio auf und rannte, nun in der Tat von halbem Wahnsinn getrieben, durch die Straßen von Rom. Ein gewisser Instinkt, erzeugt von der Gewohnheit, brachte ihn, als gerade die Stunde schlug, in der er sonst in das Theater eilen musste, eben dahin und in die Garderobe der Schauspieler. Da erst besann er sich v/o er war, um in die tiefste Verwunderung zu geraten, als er an dem Ort, wo sonst tragische Helden, aufgestutzt in Silber und Gold, in voller Gravität einherschreitend, die hochtrabenden Verse repetierten, mit denen sie das Publikum in Staunen, in *Furore* zu setzen gedachten, sich von Pantalon und Arlecchino, von Truffaldino und Colombine, kurz von allen Masken der italienischen Komödie und Pantomime umschwärmt sah. Er stand da festgepflöckt in den Boden und schaute umher mit weit aufgerissenen Augen, wie einer, der plötzlich aus dem Schlafe erwacht und sich umringt sieht von fremder, ihm unbekannter toller Gesellschaft.

Giglios wirres, gramverstörtes Ansehen mochte in dem Innern des Impresario so etwas von Gewissensbissen rege machen, das ihn plötzlich umsetzte in einen sehr herzlichen weichmütigen Mann.

»Ihr wundert«, sprach er den Jüngling an, »Ihr wundert euch wohl, Signor Fava, dass Ihr hier alles so ganz anders findet, als damals, da Ihr mich verließet? Gestehen muss ich euch, dass all die pathetischen Aktionen, mit denen sich sonst mein Theater brüstete, dem Publikum viel Langeweile zu machen begannen, und dass diese Langeweile umso mehr auch mich ergriff, da mein Beutel darüber in den miserablen Zustand wahrer Auszehrung verfiel. Nun hab ich all das tragische Zeug fahren lassen und mein Theater dem freien Scherz, der anmutigen Neckerei unserer Masken hingegeben und befinde mich wohl dabei.«

»Ha!«, rief Giglio mit brennenden Wangen, »ha, Signor Impresario, gesteht es nur, mein Verlust zerstörte Euer Trauerspiel – Mit dem Fall des Helden fiel auch die Masse, die sein Atem belebte, in ein totes Nichts zusammen?«

»Wir wollen«, erwiderte der Impresario lächelnd, »wir wollen das nicht so genau untersuchen! doch Ihr scheint in übler Laune, drum bitte ich euch, geht hinab und schaut meine Pantomime! Vielleicht heitert euch das auf, oder Ihr ändert vielleicht Eure

Gesinnung und werdet wieder mein, wiewohl auf ganz andere Weise; denn möglich war es ja, dass – doch geht nur, geht! – Hier habt Ihr eine Marke, besucht mein Theater, so oft es euch gefällt!«

Giglio tat, wie ihm geheißen, mehr aus dumpfer Gleichgültigkeit gegen alles, was ihn umgab, als aus Lust, die Pantomime wirklich zu schauen.

Unfern von ihm standen zwei Masken in eifrigem Gespräch begriffen. Giglio hörte öfters seinen Namen nennen; das weckte ihn aus seiner Betäubung, er schlich näher heran, indem er den Mantel bis an die Augen übers Gesicht schlug, um unerkannt alles zu erlauschen.

»Ihr habt Recht«, sprach der eine, »Ihr habt Recht: der Fava ist schuld daran, dass wir auf diesem Theater keine Trauerspiele mehr sehen. Diese Schuld möchte ich aber keinesweges, wie Ihr, in seinem Abtreten von der Bühne, sondern vielmehr in seinem Auftreten suchen und finden.« »Wie meint Ihr das?«, fragte der andere. »Nun«, fuhr der erste fort, »ich für mein Teil habe diesen Fava, unerachtet es ihm nur zu oft gelang, Furore zu erregen, immer für den erbärmlichsten Schauspieler gehalten, den es jemals gab. Machen ein paar blitzende Augen, wohlgestaltete Beine, ein zierlicher Anzug, bunte Federn auf der Mütze und tüchtige Bänder auf den Schuhen denn den jungen tragischen Helden? In der Tat, wenn der Fava so mit abgemessenen Tänzerschritten vorkam aus dem Grunde des Theaters, wenn er, keinen Mitspieler beachtend, nach den Logen schielte und, in seltsam gezierter Stellung verharrend, den Schönsten Raum gab, ihn zu bewundern, wahrhaftig, dann kam er mir vor, wie ein junger, närrisch bunter Haushahn, der in der Sonne stolz und sich gütlich tut. Und wenn er dann mit verdrehten Augen, mit den Händen die Lüfte durchsägend, bald sich auf den Fußspitzen erhebend, bald wie ein Taschenmesser zusammenklappend, mit hohler Stimme die Verse holpricht und schlecht hertragierte, sagt, welches vernünftigen Menschen Brust konnte dadurch wahrhaft erregt werden? – Aber wir Italiener sind nun einmal so; wir wollen das Übertriebene, das uns einen Moment gewaltsam erschüttere und das wir verachten, sobald wir innewerden, dass das, was wir für Fleisch und Bein hielten, nur eine leblose Puppe ist, die an künstlichen Drähten von außen her gezogen, uns mit ihren seltsamen Bewegungen täuschte. So wär's auch mit dem Fava gegangen; nach und nach war er elendiglich dahingestorben, hätt er nicht selbst seinen frühern Tod beschleunigt.« »Mich dünkt«, nahm der andere das Wort, »mich dünkt, Ihr beurteilt den armen Fava viel zu hart. Wenn Ihr ihn eitel, geziert scheltet, wenn Ihr behauptet, dass er niemals seine Rolle, sondern nur sich selbst spielte, dass er auf eben nicht lobenswerte Weise nach Beifall haschte, so möget Ihr allerdings Recht haben; doch war er ein ganz artiges Talent zu nennen, und, dass er zuletzt in tollen Wahnsinn verfiel, das nimmt doch wohl unser Mitleid in Anspruch und zwar umso mehr, als die Anstrengung des Spiels doch wohl die Ursache seines Wahnsinns ist.« »Glaubt das«, erwiderte der erste lachend, »glaubt doch das ja nicht! Möget Ihr es euch wohl vorstellen, dass Fava wahnsinnig wurde aus purer Liebeseitelkeit? – Er glaubt, dass eine Prinzessin in ihn verliebt ist, der er jetzt nachläuft auf Stegen und Wegen. – Und dabei ist er aus purer Taugenichtserei verarmt, sodass er heute bei den Fritterolis Handschuhe und Hut zurücklassen musste, für ein Gericht zäher Mackaroni.« »Was sagt Ihr?«, rief der andere, »ist es möglich, dass es solche Tollheiten gibt? – Aber man sollte dem armen Giglio, der uns doch manchen Abend vergnügt hat, etwas zufließen lassen, auf diese und jene Weise. Der Hund von Impresario, dem er manchen Dukaten in die Tasche gespielt, sollte sich seiner annehmen und ihn wenigstens nicht darben lassen.« »Ist nicht nötig«, sprach der erste; »denn die Prinzessin Brambilla, die seinen Wahnsinn und seine Not kennt, hat, wie nun Weiber jede Liebestorheit nicht allein verzeihlich, sondern gar hübsch finden und dem Mitleid sich dann nur zu gern hingeben, ihm soeben einen kleinen, mit Dukaten gefüllten Beutel zustecken lassen.« – Mechanisch, willenlos, fasste Giglio, als der Fremde diese Worte sprach, nach der Tasche und fühlte in der Tat den kleinen mit klimpernden Golde gefüllten Beutel, den er von der träumerischen Prinzessin Brambilla empfangen haben sollte. Wie ein elektrischer Schlag fuhr es ihm durch alle Glieder. Nicht der Freude über das willkommene Wunder, das ihn auf einmal aus seiner trostlosen Lage rettete, konnte er Raum geben, da das Entsetzen ihn eiskalt anwehte. Er sah sich unbekannten Mächten zum Spielwerk hingegeben, er wollte losstürzen auf die fremde Maske, bemerkte aber auch in demselben Augenblick, dass die beiden Masken, die das verhängnisvolle Gespräch führten, spurlos verschwunden.

Den Beutel aus der Tasche zu ziehen und sich noch triftiger von seiner Existenz zu überzeugen, das wagte Giglio gar nicht, fürchtend, das Blendwerk würde in seinen Händen zerfließen in nichts. Indem er sich nun aber ganz seinen Gedanken überließ und nach und nach ruhiger wurde, dachte er daran, dass alles das, was er für den Spuk neckhafter Zaubermächte zu halten geneigt, auf ein Possenspiel hinauslaufen könne, das am Ende der abenteuerliche, launische Celionati aus dem tiefen dunklen Hintergrunde heraus an *ihm* nur unsichtbaren Faden leite. Er dachte daran, dass der Fremde ja selbst ihm sehr gut im Gewühl der Menschenmasse das Beutelchen habe zustecken können, und dass alles, was er von der Prinzessin Brambilla gesagt, eben die Fortsetzung der Neckerei sei, welche Celionati begonnen. Indem sich nun aber in seinem Innern der ganze Zauber ganz natürlich zum Gemeinen wenden und darin auflösen wollte, kam ihm auch der ganze Schmerz der Wunden wieder, die der scharfe Kritiker ihm schonungslos geschlagen. Die Hölle der Schauspieler kann keine entsetzlichern Qualen haben, als recht ins Herz hineingeführte Angriffe auf ihre Eitelkeit. Und selbst das Angreifbare dieses Punkts, das Gefühl der Blöße, mehrt im gesteigerten Unmut den Schmerz der Streiche, der es dem Getroffenen, sucht er ihn auch zu verbeißen, oder ihn durch schickliche Mittel zu beschwichtigen, eben recht fühlbar macht, dass er wirklich getroffen wurde. – So konnte Giglio das fatale Bild von dem jungen, närrisch bunten Haushahn, der sich wohlgefällig in der Sonne spreizt, nicht loswerden und ärgerte und grämte sich darüber ganz gewaltig eben deshalb, weil er im Innern, ohne es zu wollen, vielleicht anerkennen musste, dass die Karikatur wirklich dem Urbilde entnommen.

Gar nicht fehlen könnt es, dass Giglio in dieser gereizten Stimmung kaum auf das Theater sah und der Pantomime nicht achtete, wenn auch der Saal oft vom Lachen, von dem Beifall, von dem Freudengeschrei der Zuschauer erdröhnte.

Die Pantomime stellte nichts anderes dar, als die in hundert und abermal hundert Variationen wiederholten Liebesabenteuer des vortrefflichen Arlecchino, mit der süßen, neckisch holden Colombina. Schon hatte des alten reichen Pantalons reizende Tochter die Hand des blanken geputzten Ritters, des weisen Dottores ausgeschlagen und rundweg erklärt, sie werde nun durchaus keinen andern lieben und heiraten, als den kleinen, gewandten Mann mit schwarzem Gesicht und im aus hundert Lappen zusammengeflickten Wams; schon hatte Arlecchino mit seinem treuen Mädchen die Flucht ergriffen und war, von einem mächtigen Zauber beschirmt, den Verfolgungen Pantalons, Truffaldins, des Dottore, des Ritters glücklich entronnen. Es stand an dem, dass doch endlich Arlecchino mit seiner Trauten kosend von den Sbirren ertappt und samt ihr ins Gefängnis geschleppt werden sollte. Das geschah nun auch wirklich; aber in dem Augenblick, da

Pantalon mit seinem Anhang das arme Paar recht verhöhnen wollte, da Colombina, ganz Schmerz, unter tausend Tränen auf den Knien um ihren Arlecchino flehte, schwang dieser die Pritsche und es kamen von allen Seiten, aus der Erde, aus den Lüften, sehr schmucke blanke Leute, von dem schönsten Ansehen, bückten sich tief vor Arlecchino und führten ihn samt der Colombina im Triumph davon. Pantalon, starr vor Erstaunen, lässt sich nun ganz erschöpft auf eine steinerne Bank nieder, die im Gefängnisse befindlich, ladet den Ritter und den Dottore ein, ebenfalls Platz zu nehmen; alle drei beratschlagen, was nun zu tun noch möglich. Truffaldin stellt sich hinter sie, steckt neugierig den Kopf dazwischen, will nicht weichen, unerachtet es reichliche Ohrfeigen regnet von allen Seiten. Nun wollen sie aufstehen, sind aber festgezaubert an die Bank, der augenblicklich ein Paar mächtige Flügel wachsen. Auf einem Ungeheuern Geier fährt unter lautem Hülfsgeschrei die ganze Gesellschaft fort, durch die Lüfte. – Nun verwandelt sich das Gefängnis in einen offnen, mit Blumenkränzen geschmückten Säulensaal, in dessen Mitte ein hoher, reich verzierter Thron errichtet. Man hört eine anmutige Musik von Trommeln, Pfeifen und Zimbeln. Es naht sich ein glänzender Zug; Arlecchino wird auf einem Palankin von Mohren getragen, ihm folgt Colombina auf einem prächtigen Triumphwagen. Beide werden von reichgekleideten Ministern auf den Thron geführt, Arlecchino erhebt die Pritsche als Szepter, alles huldigt ihm kniend, auch Pantalon mit seinem Anhange erblickt man unter dem huldigenden Volke auf den Knien. Arlecchino herrscht, gewaltiger Kaiser, mit seiner Colombina über ein schönes, herrliches, glänzendes Reich! –

Sowie der Zug auf das Theater kam, warf Giglio einen Blick hinauf und konnte nun ganz Verwunderung und Erstaunen den Blick nicht mehr abwenden, als er alle Personen aus dem Aufzuge der Prinzessin Brambilla wahrnahm, die Einhörner, die Mohren, die Filet machenden Damen auf Maultieren u. s. Auch fehlte nicht der ehrwürdige Gelehrte und Staatsmann in der goldgleißenden Tulpe, der vorüberfahrend aufsah von dem Buch und dem Giglio freundlich zuzunicken schien. Nur statt der verschlossenen Spiegelkutsche der Prinzessin, fuhr Colombina daher auf dem offnen Triumphwagen! –

Aus Giglios Innersten heraus wollte sich eine dunkle Ahnung gestalten, dass auch diese Pantomime mit allem dem Wunderlichen, das ihm geschehen, wohl im geheimnisvollen Zusammenhang stehen möge; aber so wie der Träumende vergebens strebt die Bilder festzuhalten, die aus seinem eignen Ich aufsteigen, so konnte auch Giglio zu keinen deutlichen Gedanken kommen, auf welche Weise jener Zusammenhang möglich. –

Im nächsten Caffè überzeugte Giglio sich, dass die Dukaten der Prinzessin Brambilla kein Blendwerk, vielmehr von gutem Klange und Gepräge waren. – »Hm!«, dachte er, »Celionati hat mir das Beutelchen zugesteckt aus großer Gnade und Barmherzigkeit, und ich will ihm die Schuld abtragen, sobald ich auf der Argentina glänzen werde, was mir wohl nicht fehlen kann, da nur der grimmigste Neid, die schonungsloseste Kabale, mich für einen schlechten Schauspieler ausschreien darf!« – Die Vermutung, dass das Geld wohl von Celionati herrühre, hatte ihren richtigen Grund; denn in der Tat hatte der Alte ihm schon manchmal aus großer Not geholfen. Sonderbar wollt es ihm indessen doch gemuten, als er auf dem zierlichen Beutel die Worte gestickt fand: Gedenke deines Traumbilds! – Gedankenvoll betrachtete er die Inschrift, als ihm einer ins Ohr schrie: »Endlich treffe ich dich, du Verräter, du Treuloser, du Ungeheuer von Falschheit und Undank!« – Ein unförmlicher Dottore hatte ihn gefasst, nahm nun ohne Umstände neben ihm Platz und fuhr fort in allerlei Verwünschungen. »Was wollt Ihr von mir? seid Ihr toll, rasend?« So rief Giglio; doch nun nahm der Dottore die hässliche Larve vom Gesicht und Giglio erkannte die alte Beatrice. »Um aller Heiligen willen«, rief Giglio ganz außer sich! »seid Ihr es, Beatrice? – wo ist Giacinta? wo ist das holde, süße Kind? – mein Herz bricht in Liebe und Sehnsucht! wo ist Giacinta?« – »Fragt nur«, erwiderte die Alte mürrisch, »fragt nur, unseliger, verruchter Mensch! Im Gefängnis sitzt die arme Giacinta und verschmachtet ihr junges Leben und Ihr seid an allem schuld. Denn, hatte sie nicht das Köpfchen voll von euch, konnte sie die Abendstunde erwarten, so stach sie sich nicht, als sie den Besatz an dem Kleide der Prinzessin Brambilla nähte, in den Finger, so kam der garstige Fleck nicht hinein, so konnte der würdige Meister Bescapi, den die Hölle verschlingen möge, nicht den Ersatz des Schadens von ihr verlangen, konnte sie nicht, da wir das viele Geld, das er verlangte, nicht aufzubringen vermochten, ins Gefängnis stecken lassen. – Ihr hättet Hülfe schaffen können – aber da zog der Herr Schauspieler Taugenichts die Nase zurück –« »Halt!« unterbrach Giglio die geschwätzige Alte, »deine Schuld ist es, dass du nicht zu mir ranntest, mir alles sagtest. Mein Leben für die Holde! – Wär es nicht Mitternacht, ich liefe hin zu dem abscheulichen Bescapi – diese Dukaten – mein Mädchen wäre frei in der nächsten Stunde; doch, was Mitternacht? Fort, fort, sie zu retten!« – Und damit stürmte Giglio fort. Die Alte lachte ihm höhnisch nach. –

Wie es sich aber wohl begibt, dass wir in gar zu großem Eifer, etwas zu tun, gerade die Hauptsache vergessen, so fiel es auch dem Giglio erst dann ein, als er durch die Straßen von Rom sich atemlos gerannt, dass er sich nach Bescapis Wohnung bei der Alten hätte erkundigen sollen, da dieselbe ihm durchaus unbekannt war. Das Schicksal, oder der Zufall wollte es jedoch, dass er, endlich auf den spanischen Platz geraten, gerade vor Bescapis Hause stand, als er laut ausrief: »Wo nur der Teufel, der Bescapi wohnen mag!« – Denn sogleich nahm ihn ein Unbekannter unter den Arm und führte ihn ins Haus, indem er ihm sagte, dass Meister Bescapi eben dort wohne und er noch sehr gut die vielleicht bestellte Maske erhalten könne. Ins Zimmer hineingetreten bat ihn der Mann, da Meister Bescapi nicht zu Hause, selbst den Anzug zu bezeichnen, den er für sich bestimmt; vielleicht wär's ein simpler Tabarro oder sonst – Giglio fuhr aber dem Mann, der nichts anders war, als ein sehr würdiger Schneidergeselle, über den Hals und sprach so viel durcheinander von Blutfleck und Gefängnis und Bezahlen und augenblicklicher Befreiung, dass der Geselle ganz starr und verblüfft ihm in die Augen sah, ohne ihm eine Silbe erwidern zu können. »Verdammter! du willst mich nicht verstehen; schaff mir deinen Herrn, den teuflischen Hund zur Stelle!« So schrie Giglio, und packte den Gesellen. Da ging es ihm aber gerade wie in Signor Pasqualis Hause. Der Geselle brüllte dermaßen, dass von allen Seiten die Leute herbeiströmten. Bescapi selbst stürzte hinein; sowie aber *der* den Giglio erblickte, rief er: »Um aller Heiligen willen, es ist der wahnsinnige Schauspieler, der arme Signor Fava. Packt an, Leute, packt an!« – Nun fiel alles über ihn her, man überwältigte ihn leicht, band ihm Hände und Füße und legte ihn auf ein Bett. Bescapi trat zu ihm; *den* sprudelte er an mit tausend bittern Vorwürfen über seinen Geiz, über seine Grausamkeit und sprach vom Kleide der Prinzessin Brambilla, vom Blutfleck, vom Bezahlen u. s. »Beruhigt euch doch nur«, sprach Bescapi sanft, »beruhigt euch doch nur, bester Signor Giglio, lasst die Gespenster fahren, die euch quälen! In wenigen Augenblicken wird euch alles ganz anders vorkommen.« –

Was Bescapi damit gemeint, zeigte sich bald; denn ein Chirurgus trat hinein und schlug dem armen Giglio, alles Sträubens unerachtet, eine Ader. – Erschöpft von allen Begebnissen des Tages, von dem Blutverlust sank der arme Giglio in tiefen ohnmachtähnlichen Schlaf.

Als er erwachte, war es tiefe Nacht um ihn her; nur mit Mühe vermochte er sich darauf zu besinnen, was zuletzt mit ihm vorgegangen, er fühlte, dass man ihn losgebunden, vor Mattigkeit konnte er sich aber doch nicht viel regen und bewegen. Durch eine Ritze, die wahrscheinlich in einer Türe befindlich, fiel endlich ein schwacher Strahl ins Zimmer und es war ihm, als vernehme er ein tiefes Atmen, dann aber ein leises Flüstern, das endlich zu verständlichen Worten wurde: – »Seid Ihr es wirklich, mein teurer Prinz? – und in diesem Zu Stande? so klein, so klein, dass ich glaube, Ihr hättet Platz in meinem Konfektschächtelchen! – Aber glaubt etwa nicht, dass ich euch deshalb weniger schätze und achte; weiß ich denn nicht, dass Ihr ein stattlicher liebenswürdiger Herr seid, und, dass ich das alles jetzt nur träume? – Habt doch nur die Güte, euch morgen mir zu zeigen, geschieht es auch nur als Stimme! – Warft Ihr Eure Augen auf mich arme Magd, so musste es ja eben geschehen, da sonst –« Hier gingen die Worte wieder unter in undeutlichem Flüstern! – Die Stimme hatte ungemein was Süßes, Holdes; Giglio fühlte sich von heimlichen Schauern durchbebt; indem er aber recht scharf aufzuhorchen sich bemühte, wiegte ihn das Flüstern, das beinahe dem Plätschern einer nahen Quelle zu vergleichen, wiederum in tiefen Schlaf. – Die Sonne schien hell ins Zimmer, als ein sanftes Rütteln den Giglio aus dem Schlafe weckte. Meister Bescapi stand vor ihm und sprach, indem er seine Hand fasste, mit gutmütigem Lächeln: »Nicht wahr, Ihr befindet euch besser, liebster Signor? – Ja, den Heiligen Dank! Ihr seht zwar ein wenig blass, aber Euer Puls geht ruhig. Der Himmel führte euch in Euerm bösen Paroxysmus in mein Haus und erlaubte mir, euch, den ich für den herrlichsten Schauspieler in Rom halte und dessen Verlust uns alle in die tiefste Trauer versetzt hat, einen kleinen Dienst erweisen zu können.« Bescapis letzte Worte waren freilich kräftiger Balsam für die geschlagenen Wunden; indessen begann Giglio doch ernst und finster genug: »Signor Bescapi, ich war weder krank, noch wahnsinnig, als ich Euer Haus betrat. Ihr wäret hartherzig genug, meine holde Braut, die arme Giacinta Soardi, ins Gefängnis stecken zu lassen, weil sie euch ein schönes Kleid, das sie verdorben, nein das sie geheiligt, indem sie aus der Nähnadelstichwunde des zartesten Fingers rosigen Ichor darüber verspritzte, nicht bezahlen konnte. Sagt mir augenblicklich, was Ihr für das Kleid verlangt; ich bezahle die Summe und dann gehen wir hin auf der Stelle und befreien das holde, süße Kind aus dem Gefängnis, in dem sie Eures Geizes halber schmachtet.« – Damit erhob sich Giglio so rasch, als er es nur vermochte, aus dem Bette und zog den Beutel mit Dukaten aus der Tasche, den er, sollt es darauf ankommen, ganz und gar zu leeren entschlossen war. Doch Bescapi starrte ihn an mit großen Augen und sprach: »Wie möget Ihr euch doch nur solch tolles Zeug einbilden, Signor Giglio? Ich weiß kein Wort von einem Kleide, das mir Giacinta verdorben haben sollte, kein Wort vom Blutfleck, von ins Gefängnis Stecken!« – Als nun aber Giglio nochmals alles erzählte, wie er es von Beatricen vernommen und insbesondere sehr genau das Kleid beschrieb, welches er selbst bei Giacinta gesehen, da meinte Meister Bescapi, es sei nur zu gewiss, dass ihn die Alte genarrt habe; denn an der ganzen saubern Geschichte sei, wie er hoch beteuern könne, ganz und gar nichts, und habe er auch niemals ein solches Kleid, wie Giglio es geschaut haben wolle, bei Giacinta in Arbeit gegeben. Giglio konnte in Bescapis Worte kein Misstrauen setzen, da es nicht zu begreifen gewesen, warum er das ihm dargebotene Gold nicht habe annehmen sollen und er überzeugte sich, dass auch hier der tolle Spuk wirke, in dem er nun einmal befangen. Was blieb übrig, als Meister Bescapi zu verlassen und auf das gute Glück zu warten, das ihm vielleicht die holde Giacinta, für die er nun wieder recht in Liebe entbrannt, in die Arme führen werde.

Vor Bescapis Türe stand eine Person, die er tausend Meilen fortgewünscht hätte, nämlich der alte Celionati. »Ei!«, rief er den Giglio lachend an, »ei, Ihr seid doch in der Tat eine recht gute Seele, dass Ihr die Dukaten, die euch die Gunst des Schicksals zugeworfen, hingeben wolltet für Euer Liebchen, das ja nicht mehr Euer Liebchen ist.« »Ihr seid«, erwiderte Giglio, »Ihr seid ein fürchterlicher graulicher Mensch! – Was dringt Ihr ein in mein Leben? was wollt Ihr euch meines Seins bemächtigen? – Ihr prahlt mit einer Allwissenheit, die euch vielleicht wenig Mühe kostet – Ihr umringt mich mit Spionen, die jeden meiner Schritte und Tritte belauern – Ihr hetzt alles wider mich auf – euch verdank ich den Verlust Giacintens, meiner Stelle – mit tausend Künsten –« »Das«, rief Celionati laut lachend, »das verlohnte sich der Mühe, die hochwichtige Person des Herrn Exschauspielers Giglio Fava dermaßen einzuhegen! – Doch, mein Sohn Giglio, du bedarfst in der Tat eines Vormundes, der dich auf den rechten Weg leitet, welcher zum Ziele führt« – »Ich bin mündig«, sprach Giglio, »und bitte euch, mein Herr Ciarlatano, mich getrost mir selbst zu überlassen.« »Hoho«, erwiderte Celionati, »nur nicht so trotzig! Wie? wenn ich das Gute, Beste mit dir vorhätte, wenn ich dein höchstes Erdenglück wollte, wenn ich als Mittler stünde zwischen dir und der Prinzessin Brambilla?« – »O Giacinta, Giacinta, o ich Unglückseliger habe sie verloren! Gab es einen Tag, der mir schwärzeres Unheil brachte, als der gestrige?« So rief Giglio ganz außer sich. »Nun nun«, sprach Celionati beruhigend, »so ganz Unheil bringend war denn doch der Tag nicht. Schon die guten Lehren, die Ihr im Theater erhieltet, konnten euch sehr heilsam sein, nachdem Ihr darüber beruhigt, dass Ihr wirklich noch nicht Handschuhe, Hut und Mantel im Stich gelassen, um ein Gericht zäher Mackaroni; dann saht Ihr die herrlichste Darstellung, die schon darum die erste in der Welt zu nennen, weil sie das Tiefste ausspricht, ohne der Worte zu bedürfen; dann fandet Ihr die Dukaten in der Tasche, die euch fehlten –« »Von euch, von euch, ich weiß es«, unterbrach ihn Giglio. »Wenn das auch wirklich wäre«, fuhr Celionati fort, »so ändert das in der Sache nichts; genug, Ihr erhieltet das Gold, stelltet euch mit Euerm Magen wieder auf guten Fuß, traft glücklich in Bescapis Haus ein, wurdet mit einem euch sehr nötigen und nützlichen Aderlass bedient und schlieft endlich mit Eurer Geliebten unter einem Dache!« »Was sagt Ihr?«, rief Giglio, »was sagt Ihr? mit meiner Geliebten? mit meiner Geliebten unter einem Dache?« »Es ist dem so«, erwiderte Celionati, »schaut nur herauf!«

Giglio tat es und hundert Blitze fuhren durch seine Brust, als er seine holde Giacinta auf dem Balkon erblickte, zierlich geputzt, hübscher, reizender, als er sie jemals gesehen, hinter ihr die alte Beatrice. »Giacinta, meine Giacinta, mein süßes Leben!«, rief er sehnsuchtsvoll herauf. Doch Giacinta warf ihm einen verächtlichen Blick herab und verließ den Balkon, Beatrice folgte ihr auf dem Fuße.

»Sie beharrt noch in ihrer verdammten Smorfiosität«, sprach Giglio unmutig; »doch das wird sich geben.« »Schwerlich!« nahm Celionati das Wort; »denn, mein guter Giglio, Ihr wisst wohl nicht, dass zu derselben Zeit, als Ihr der Prinzessin Brambilla nachtrachtetet auf kühne Manier, sich ein hübscher stattlicher Prinz um Eure Donna bewarb und wie es scheint –« »Alle Teufel der Hölle«, schrie Giglio, »der alte Satan, die Beatrice, hat die Arme verkuppelt; aber mit Rattenpulver vergifte ich das heillose Weib, einen Dolch ins Herz stoß ich dem verfluchten Prinzen –« »Unterlasst das alles!«, unterbrach ihn Celionati, »unterlasst das alles, guter Giglio, geht fein ruhig nach Hause und lasst noch ein wenig Blut, wenn euch böse Gedanken kommen! Gott geleite euch. Im Korso sehen wir uns wohl wieder.« – Damit eilte Celionati fort über die Straße.

Giglio blieb wie eingewurzelt stehen, warf wütende Blicke nach dem Balkon, biss die Zähne zusammen, murmelte die grässlichsten Verwünschungen. Als nun aber Meister Bescapi den Kopf zum Fenster hinaussteckte und ihn höflich bat, doch hineinzutreten und die neue Krisis, die sich zu nahen schien, abzuwarten, warf er ihm, den er auch wider sich verschworen, im Komplott mit der Alten glaubte, ein »verdammter Kuppler!« an den Hals und rannte wild von dannen.

Am Korso traf er auf einige vormalige Kameraden, mit denen er in ein nahgelegenes Weinhaus trat, um allen seinen Unmut, allen seinen Liebesschmerz, all seine Trostlosigkeit untergehen zu lassen in der Glut feurigen Syrakusers.

Sonst ist solch ein Entschluss eben nicht der ratsamste; denn dieselbe Glut, welche den Unmut verschlingt, pflegt unbezähmbar auflodernd alles im Innern zu entzünden, das man sonst gern vor der Flamme wahrt; doch mit Giglio ging es ganz gut. Im muntern gemütlichen Gespräch mit den Schauspielern, in allerlei Erinnerungen und lustigen Abenteuern vom Theater her schwelgend, vergaß er wirklich alles Unheil, das ihm begegnet. Man verabredete beim Abschiede, abends auf dem Korso in den tollsten Masken zu erscheinen, die nur ersinnlich.

Der Anzug den er schon einmal angelegt, schien dem Giglio hinlänglich fratzenhaft; nur verschmähte er diesmal auch nicht das lange seltsame Beinkleid, und trug außerdem noch den Mantel hinterwärts auf einen Stock gespießt, sodass es beinahe anzusehen war, als wüchse ihm eine Fahne aus dem Rücken. So angeputzt durchschwärmte er die Straßen und überließ sich ausgelassener Lustigkeit, weder seines Traumbilds, noch des verlornen Liebchens zu gedenken.

Doch festgewurzelt an den Boden blieb er stehen, als unweit des Palastes Pistoja ihm plötzlich eine hohe edle Gestalt entgegentrat, in jenen prächtigen Kleidern, in denen ihn einst Giacinta überrascht hatte, oder besser, als er sein Traumbild im hellen wahrhaften Leben vor sich erblickte. Wie ein Blitz fuhr es ihm durch alle Glieder; aber selbst wusste er nicht, wie es geschah, dass die Beklommenheit, die Angst der Liebessehnsucht, die sonst den Sinn zu lähmen pflegt, wenn das holde Bild der Geliebten plötzlich dasteht, unterging in dem fröhlichen Mut solcher Lust, wie er sie noch nie im Innern gefühlt. Den rechten Fuß vor, Brust heraus, Schultern eingezogen, setzte er sich sofort in die zierlichste Positur, in der er jemals die außerordentlichsten Reden tragiert, zog das Barett mit den langen spitzen Hahnenfedern von der steifen

Perücke und begann, den schnarrenden Ton beibehaltend, der zu seiner Vermummung passte, und, die Prinzessin Brambilla, (dass sie es war, litt keinen Zweifel) durch die große Brille starr anblickend: »Die holdeste der Feen, die hehrste der Göttinnen wandelt auf der Erde; ein neidisches Wachs verbirgt die siegende Schönheit ihres Antlitzes, aber aus dem Glanz, von dem sie umflossen, schießen tausend Blitze und fahren in die Brust des Alters, der Jugend und alles huldigt der Himmlischen, aufgeflammt in Liebe und Entzücken.«

»Aus welchem«, erwiderte die Prinzessin, »aus welchem hochtrabenden Schauspiele habt Ihr diese schöne Redensart her, mein Herr Pantalon Capitano, oder wer Ihr sonst sein wollen möget? – Sagt mir lieber, auf welche Siege die Trophäen deuten, die Ihr so stolz auf dem Rücken traget?« »Keine Trophäe«, rief Giglio, »denn noch kämpfe ich um den Sieg! – Es ist die Fahne der Hoffnung, des sehnsüchtigsten Verlangens, zu der ich geschworen, das Notzeichen der Ergebung auf Gnad und Ungnade, das ich aufgesteckt, das: ›Erbarmt euch mein‹, das euch die Lüfte aus diesen Falten zuwehen sollen. Nehmt mich zu Euerm Ritter an, Prinzessin! dann will ich kämpfen, siegen und Trophäen tragen, Eurer Huld und Schönheit zum Ruhm.« »Wollt Ihr mein Ritter sein«, sprach die Prinzessin, »so wappnet euch, wie es sich ziemt! Bedeckt Euer Haupt mit der drohenden Sturmhaube, ergreift das breite gute Schwert! Dann werd ich an euch glauben.« »Wollt Ihr meine Dame sein«, erwiderte Giglio, »Rinaldos Armida, so seid es ganz! Legt diesen prunkenden Schmuck ab, der mich betört, befängt, wie gefährliche Zauberei. Dieser gleißende Blutfleck –« »Ihr seid von Sinnen!« rief die Prinzessin lebhaft und ließ den Giglio stehen, indem sie sich schnell entfernte.

Dem Giglio war es, als sei er es gar nicht gewesen der mit der Prinzessin gesprochen, als habe er ganz willenlos das herausgesagt, was er selbst nun nicht einmal verstand; er war nahe daran zu glauben, Signor Pasquale und Meister Bescapi hätten recht, ihn für was weniges verrückt zu halten. Da sich nun aber ein Zug Masken nahte, die in den tollsten Fratzen die missgeschaffensten Ausgeburten der Fantasie darstellten und er augenblicklich seine Kameraden erkannte, so kam ihm die ausgelassene Lustigkeit wieder. Er mischte sich in den springenden und tanzenden Haufen, indem er laut rief: »Rühre dich, rühre dich, toller Spuk! regt euch, mächtige, schälkische Geister des frechsten Spottes! ich bin nun ganz euer und ihr möget mich ansehen für euresgleichen!«

Giglio glaubte, unter seinen Kameraden auch den Alten zu bemerken, aus dessen Flasche Brambillas Gestalt gestiegen. Ehe er sich's versah, wurde er von ihm erfasst, im Kreise herumgedreht und dazu kreischte ihm der Alte in die Ohren: »Brüderchen, ich habe dich, Brüderchen, ich habe dich!« –

DRITTES KAPITEL

Von Blondköpfen, die sich erkühnen, den Pulcinell langweilig zu finden und abgeschmackt. – Deutscher und italienischer Spaß. – Wie Celionati im Caffè greco sitzend, behauptete, er säße nicht im Caffè greco, sondern fabriziere an dem Ufer des Ganges Pariser Rappe. – Wunderbare Geschichte von dem König Ophioch, der im Lande Urdargarten herrschte und der Königin Liris. – Wie König Cophetua ein Bettelmädchen heiratete, eine vornehme Prinzessin einem schlechten Komödianten nachlief, und Giglio ein hölzernes Schwert ansteckte, dann aber hundert Masken im Korso umrannte, bis er endlich stehen blieb, weil sein Ich zu tanzen begonnen.

»Ihr Blondköpfe! – Ihr Blauaugen! Ihr jungen stolzen Leute, vor deren ›Guten Abend, mein schönstes Kind!‹ im dröhnenden Bass gesprochen, die keckste Dirne erschrickt, kann denn euer im ewigen Winterfrost erstarrtes Blut wohl auftauen in dem wilden Wehen der Tramontana, oder in der Glut eines Liebesliedes? Was prahlt ihr mit eurer gewaltigen Lebenslust, mit euerm frischen Lebensmut, da ihr doch keinen Sinn in euch traget für den tollsten, spaßhaftesten Spaß alles Spaßes, wie ihn unser gesegnetes Karneval in der reichsten Fülle darbietet? – Da ihr es sogar wagt, unsern wackern Pulcinell manchmal langweilig, abgeschmackt zu finden und die ergetzlichsten Missgeburten, die der lachende Hohn gebar, Erzeugnisse nennt eines wirren Geistes!« – So sprach Celionati in dem Caffè greco, wo er sich, wie es seine Gewohnheit war, zur Abendzeit hinbegeben und mitten unter den teutschen Künstlern Platz genommen, die zur selben Stunde dies in der Strada Condotti gelegene Haus zu besuchen pflegten und soeben über die Fratzen des Karnevals eine scharfe Kritik ergehen lassen.

»Wie«, nahm der teutsche Maler, Franz Reinhold, das Wort, »wie möget Ihr doch nur so sprechen Meister Celionati! Das stimmt schlecht mit dem überein, was Ihr sonst zu Gunsten des deutschen Sinns und Wesens behauptet. Wahr ist es, immer habt

Ihr uns Deutschen vorgeworfen, dass wir von jedem Scherz verlangten, er solle noch etwas anderes bedeuten, als eben den Scherz selbst und ich will euch Recht geben, wiewohl in ganz anderm Sinn, als Ihr es wohl meinen möget. Gott tröste euch, wenn Ihr uns etwa die Dummheit zutrauen solltet, die Ironie nur allegorisch gelten zu lassen! Ihr wäret dann in großem Irrtum. Recht gut sehen wir ein, dass bei euch Italienern der reine Scherz, als solcher, viel mehr zu Hause scheint, als bei uns; vermocht ich aber nur euch recht deutlich zu erklären, welchen Unterschied ich zwischen euerm und unserm Scherz, oder besser gesagt, zwischen eurer und unserer Ironie finde. – Nun, wir sprechen eben von den tollen fratzenhaften Gestalten, wie sie sich auf dem Korso umhertreiben; da kann ich wenigstens so ungefähr ein Gleichnis anknüpfen. – Seh ich solch einen tollen Kerl durch gräuliche Grimassen das Volk zum Lachen reizen, so kommt es mir vor, als spräche ein ihm sichtbar gewordenes Urbild zu ihm, aber er verstände die Worte nicht und ahme, wie es im Leben zu geschehen pflegt, wenn man sich müht, den Sinn fremder, unverständlicher Rede zu fassen, unwillkürlich die Gesten jenes sprechenden Urbildes nach, wiewohl auf übertriebene Weise, der Mühe halber, die es kostet. Unser Scherz ist die Sprache jenes Urbildes selbst, die aus unserm Innern heraustönt und den Gestus notwendig bedingt durch jenes im Innern liegende Prinzip der Ironie, so wie das in der Tiefe liegende Felsstück den darüber fortströmenden Bach zwingt, auf der Oberfläche kräuselnde Wellen zu schlagen. – Glaubt ja nicht, Meister Celionati, dass ich keinen Sinn habe für das Possenhafte, das eben nur in der äußern Erscheinung liegt und seine Motive nur von außen her erhält, und, dass ich Euerm Volk nicht eine überwiegende Kraft einräume, eben dies Possenhafte ins Leben treten zu lassen. Aber verzeiht, Celionati, wenn ich auch dem Possenhaften, soll es geduldet werden, einen Zusatz von Gemütlichkeit für notwendig erkläre, den ich bei euern komischen Personen vermisse. Das Gemütliche, was unsern Scherz rein erhält, geht unter in dem Prinzip der Obszönität, das eure Pulcinelle und hundert andere Masken der Art in Bewegung setzt, und dann blickt mitten durch alle Fratzen und Possen jene grauenhafte, entsetzliche Furie der Wut, des Hasses, der Verzweiflung hervor, die euch zum Wahnsinn, zum Morde treibt. Wenn an jenem Tage des Karnevals, an dem jeder ein Licht trägt und jeder versucht dem andern das Licht auszublasen, wenn dann im tollsten ausgelassensten Jubel, im schallendsten Gelächter der ganze Korso erbebt von dem wilden Geschrei: ›*Ammazzato sia, chi non porta moccolo*‹, glaubt nur, Celionati, dass mich dann in demselben Augenblick, da ich ganz hingerissen von der wahnsinnigen Lust des Volks ärger, als jeder andere, um mich her blase und schreie: ›*Ammazzato sia!*‹ unheimliche Schauer erfassen, vor denen jene Gemütlichkeit, die nun einmal unserm deutschen Sinn eigen, ja gar nicht aufkommen kann.«

»Gemütlichkeit«, sprach Celionati lächelnd, »Gemütlichkeit! – Sagt mir nur, mein gemütlicher Herr Deutscher, was Ihr von unsern Masken des Theaters haltet? – von unserm Pantalon, Brighella, Tartaglia?«

»Ei«, erwiderte Reinhold, »ich meine, dass diese Masken eine Fundgrube öffnen des ergetzlichsten Spottes, der treffendsten Ironie, der freiesten, beinahe möcht ich sagen, der frechsten Laune, wiewohl ich denke, dass sie mehr die verschiedenen äußern Erscheinungen in der menschlichen Natur, als die menschliche Natur selbst, oder kürzer und besser, mehr *die* Menschen, als *den* Menschen in Anspruch nehmen. – Übrigens bitte ich euch, Celionati, mich nicht für toll zu halten, dass ich etwa daran zweifelte, in Eurer Nation von dem tiefsten Humor begabte Männer zu finden. Die unsichtbare Kirche kennt keinen Unterschied der Nation; sie hat ihre Glieder überall. – Und, Meister Celionati, dass ich es euch nur sage, mit Euerm ganzen Wesen und Treiben seid Ihr uns schon seit langer Zeit gar absonderlich vorgekommen. Wie Ihr euch vor dem Volk als der abenteuerlichste Ciarlatano gebärdet, wie Ihr dann euch wieder in unsrer Gesellschaft gefallt, alles Italische vergessend und ergetzend mit wunderbaren Geschichten, die uns recht tief ins Gemüt dringen und dann wieder faselnd und fabelnd doch zu verstricken und festzuhalten wisst, in seltsamen Zauberbanden. In der Tat, das Volk hat Recht, wenn es euch für einen Hexenmeister ausschreit; ich meinesteils denke bloß, dass Ihr der unsichtbaren Kirche angehört, die sehr wunderliche Glieder zählt, unerachtet alle aus einem Rumpf gewachsen.«

»Was könnt«, rief Celionati heftig, »was könnt Ihr von mir denken, mein Herr Maler, was könnt Ihr von mir meinen, vermuten, ahnen? – Wisst ihr alle denn so gewiss, dass ich hier unter euch sitze und unnützerweise unnützig Zeug schwatze über Dinge, von denen ihr alle gar nichts versteht, wenn ihr nicht in den hellen Wasserspiegel der Quelle Urdar geschaut, wenn Liris euch nicht angelächelt?«

»Hoho!«, riefen alle durcheinander, »nun kommt er auf seine alten Sprünge, auf seine alten Sprünge – Vorwärts, Herr Hexenmeister! – Vorwärts.«

»Ist wohl Verstand in dem Volke?«, rief Celionati dazwischen, indem er mit der Faust heftig auf den Tisch schlug, sodass plötzlich alles schwieg.

»Ist wohl Verstand in dem Volke?«, fuhr er dann ruhiger fort. »Was Sprünge? was Tänze? Ich frage nur, woher ihr so überzeugt seid, dass ich wirklich hier unter euch sitze und allerlei Gespräche führe, die ihr alle mit leiblichen Ohren zu vernehmen vermeint, unerachtet euch vielleicht nur ein schälkischer Luftgeist neckt? Wer steht euch dafür, dass *der* Celionati, dem ihr weismachen wollt, die Italiener verstünden sich nicht auf die Ironie, nicht eben jetzt am Ganges spazieren geht und duftige Blumen pflückt, um Pariser Rappé daraus zu bereiten für die Nase irgendeines mystischen Idols? – Oder, dass er die finstern schauerlichen Gräber zu Memphis durchwandelt, um den ältesten der Könige anzusprechen um die kleine Zehe seines linken Fußes zum offizinellen Gebrauch der stolzesten Prinzessin auf der Argentina? – Oder, dass er mit seinem intimsten Freunde, dem Zauberer Ruffiamonte, im tiefen Gespräch sitzt an der Quelle Urdar? – Doch halt, ich will wirklich so tun, als säße Celionati hier im Caffè greco und euch erzählen von dem Könige Ophioch, der Königin Liris und von dem Wasserspiegel der Quelle Urdar, wenn ihr dergleichen hören wollt.«

»Erzählt«, sprach einer der jungen Künstler, »erzählt nur, Celionati; ich merke schon, das wird eine von Euern Geschichten sein, die hinlänglich toll und abenteuerlich, doch ganz angenehm zu hören sind.«

»Dass«, begann Celionati, »dass nur niemand von euch glaubt, ich wolle unsinnige Märchen auftischen und daran zweifelt, dass sich alles so begeben, wie ich es erzählen werde! Jeder Zweifel wird gehoben sein, wenn ich versichere, dass ich alles aus dem Munde meines Freundes Ruffiamonte habe, der selbst in gewisser Art die Hauptperson der Geschichte ist. Kaum sind es ein paar hundert Jahre her, als wir gerade die Feuer von Island durchwandelnd und, einem von Flut und Glut gebornen Talisman nachforschend, viel von der Quelle Urdar sprachen. Also, Ohren auf, Sinn auf!« –

– Hier musst du, sehr geneigter Leser! es dir also gefallen lassen, eine Geschichte zu hören, die ganz aus dem Gebiet derjenigen Begebenheiten zu hegen scheint, die ich dir zu erzählen unternommen, mithin als verwerfliche Episode dasteht. Wie es manchmal aber zu geschehen pflegt, dass man den Weg, der scheinbar irreleitete, rüstig verfolgend plötzlich zum Ziel gelangt, das man aus den Augen verlor, so möcht es vielleicht auch sein, dass diese Episode, nur scheinbarer Irrweg, recht hineinleitet in den Kern der Hauptgeschichte. Vernimm also, o mein Leser, die wunderbare

Geschichte von dem Könige Ophioch und der Königin Liris

Vor gar langer, langer Zeit, man möchte sagen, in einer Zeit, die so genau auf die Urzeit folgte, wie Aschermittwoch auf Fastnachtsdienstag – herrschte über das Land Urdargarten der junge König Ophioch. – Ich weiß nicht, ob der deutsche Büsching das Land Urdargarten mit einiger geografischer Genauigkeit beschrieben; doch so viel ist gewiss, dass, wie der Zauberer Ruffiamonte mir tausendmal versichert hat, es zu den gesegnetsten Ländern gehörte, die es jemals gab und geben wird. Es hatte so üppigen Wieswachs und Kleebau, dass das leckerste Vieh sich nicht wegsehnte aus dem lieben Vaterlande, ansehnliche Forsten mit Bäumen, Pflanzen, herrlichem Wilde und solch süßen Düften, dass die Morgen- und Abendwinde gar nicht satt wurden, darin herumzutosen. Wein gab es und Öl und Früchte jeder Art in Hülle und Fülle. Silberhelle Wässer durchströmten das ganze Land, Gold und Silber spendeten Berge, die, wie wahrhaft reiche Männer, sich ganz einfach kleideten in ein fahles Dunkelgrau, und wer sich nur ein wenig Mühe gab, scharrte aus dem Sande die schönsten Edelsteine, die er, wollt er's, verbrauchen konnte zu zierlichen Hemd- oder Westenknöpfen. Fehlte es außer der von Marmor und Alabaster erbauten Residenz an gehörigen Städten von Backstein, so lag dies an dem Mangel der Kultur, der damals die Menschen noch nicht einsehen ließ, dass es doch besser sei, von tüchtigen Mauern geschützt, im Lehnstuhl zu sitzen, als am murmelnden Bach, umgeben von rauschendem Gebüsch in niedriger Hütte zu wohnen und sich der Gefahr auszusetzen, dass dieser oder jener unverschämte Baum sein Laub hineinhänge in die Fenster, und, ungebetener Gast, zu allem sein Wörtlein mitrede, oder gar Wein und Efeu den Tapezierer spielte. Kam nun noch hinzu, dass die Bewohner des Landes Urdargarten die vorzüglichsten Patrioten waren, den König, auch wenn er nicht gerade ihnen zu Gesicht kam, ungemein liebten und auch an andern Tagen, als an seinem Geburtstage riefen: »Er lebe!« so musste wohl König Ophioch, der glücklichste Monarch unter der Sonne sein. – Das hätte er auch wirklich sein können, wenn nicht allein er, sondern gar viele im Lande, die man zu den Weisesten rechnen durfte, von einer gewissen seltsamen Traurigkeit befallen worden wären, die mitten in aller Herrlichkeit keine Lust aufkommen ließ. König Ophioch war ein verständiger Jüngling von guten Einsichten, von hellem Verstande und hatte sogar poetischen Sinn. Dies müsste ganz unglaublich scheinen und unzulässig, würd es nicht denkbar und entschuldigt der Zeit halber, in der er lebte.

Es mochten wohl noch Anklänge aus jener wunderbaren Vorzeit der höchsten Lust, als die Natur dem Menschen, ihn als ihr liebstes Schoßkind hegend und pflegend, die unmittelbare Anschauung alles Seins und mit derselben das Verständnis des höchsten Ideals, der reinsten Harmonie verstattete, in König Ophiochs Seele widerhallen. Denn oft war es ihm, als sprächen holde Stimmen zu ihm in geheimnisvollem Rauschen des Waldes, im Geflüster der Büsche, der Quellen, als langten aus den goldnen Wolken schimmernde Arme herab, ihn zu erfassen, und ihm schwoll die Brust vor glühender Sehnsucht. Aber dann ging alles unter in wirren wüsten Trümmern, mit eisigen Fittigen wehte ihn der finstre furchtbare Dämon an, der ihn mit der Mutter entzweit und er sah sich von ihr im Zorn hülflos verlassen. Die Stimme des Waldes, der fernen Berge, die sonst die Sehnsucht weckten und süßes Ahnen vergangener Lust, verklangen im Hohn jenes finstern Dämons. Aber der brennende Gluthauch dieses Hohns entzündete in König Ophiochs Innerm den Wahn, dass des Dämons Stimme die Stimme der zürnenden Mutter sei, die nun feindlich das eigne entartete Kind zu vernichten trachte. –

Wie gesagt, manche im Lande begriffen die Melancholie des Königs Ophioch und wurden, sie begreifend, selbst davon erfasst. Die mehrsten begriffen jene Melancholie aber nicht und vorzüglich nicht im allermindesten der ganze Staatsrat, der zum Wohl des Königreichs gesund blieb.

In diesem gesunden Zu Stande glaubte der Staatsrat einzusehen, dass den König Ophioch nichts anderes von seinem Tiefsinn retten könne, als wenn ihm ein hübsches durchaus munteres, vergnügtes Gemahl zuteil würde. Man warf die Augen auf die Prinzessin Litis, die Tochter eines benachbarten Königs. – Prinzessin Liris war in der Tat so schön, als man sich nur irgendeine Königstochter denken mag. Unerachtet alles was sie umgab, alles was sie sah, erfuhr, spurlos an ihrem Geiste vorüberging, so lachte sie doch beständig und da man im Lande Hirdargarten, (so war das Land ihres Vaters geheißen) ebenso wenig einen Grund dieser Lustigkeit anzugeben wusste, als im Lande Urdargarten den

Grund von König Ophiochs Traurigkeit, so schienen schon deshalb beide königliche Seelen füreinander geschaffen. Übrigens war der Prinzessin einzige Lust, die sich wirklich als Lust gestaltete, Filet zu machen von ihren Hofdamen umgeben, die gleichfalls Filet machen mussten, so wie König Ophioch nur daran Vergnügen zu finden schien, in tiefer Einsamkeit den Tieren des Waldes nachzustellen. – König Ophioch hatte wider die ihm zugedachte Gemahlin nicht das mindeste einzuwenden; ihm erschien die ganze Heirat als ein gleichgültiges Staatsgeschäft, dessen Besorgung er den Ministern überließ, die sich so eifrig darum bemüht.

Das Beilager wurde bald mit aller nur möglichen Pracht vollzogen. Alles ging sehr herrlich und glücklich vonstatten, bis auf den kleinen Unfall, dass der Hofpoet, welchem König Ophioch das Hochzeitskarmen, das er ihm überreichen wollte, an den Kopf warf, vor Schreck und Zorn auf der Stelle in unglücklichen Wahnsinn verfiel und sich einbildete, er sei ein poetisches Gemüt, welches ihn denn verhinderte, forthin zu dichten und untauglich machte zum ferneren Dienst als Hofpoet.

Wochen und Monde vergingen; doch keine Spur geänderter Seelenstimmung zeigte sich bei König Ophioch. Die Minister, denen die lachende Königin ungemein wohlgefiel, trösteten aber immer noch das Volk und sich selbst und sprachen: »Es wird schon kommen!«

Es kam aber nicht; denn König Ophioch wurde mit jedem Tage noch ernster und trauriger, als er gewesen und, was das ärgste war, ein tiefer Widerwille gegen die lachende Königin keimte auf in seinem Innern; welches diese indessen gar nicht zu bemerken schien, wie denn überhaupt niemals zu ergründen war, ob sie noch irgendetwas in der Welt bemerkte, außer den Maschen des Filets.

Es begab sich, dass König Ophioch eines Tages auf der Jagd in den rauen verwilderten Teil des Waldes geriet, wo ein Turm von schwarzem Gestein, uralt wie die Schöpfung, als sei er emporgewachsen aus dem Felsen, hoch emporragte in die Luft. Ein dumpfes Brausen ging durch die Gipfel der Bäume und aus dem tiefen Steingeklüft antworteten heulende Stimmen des herzzerschneidenden Jammers. König Ophiochs Brust wurde an diesem schauerlichen Ort bewegt auf wunderbare Weise. Es war ihm aber, als leuchte in jenen entsetzlichen Lauten des tiefsten Wehs ein Hoffnungsschimmer der Versöhnung auf und nicht mehr den höhnenden Zorn, nein! nur die rührende Klage der Mutter um das verlorne entartete Kind vernehme er und diese Klage bringe ihm den Trost, dass die Mutter nicht ewig zürnen werde.

Als König Ophioch nun so ganz in sich verloren dastand, brauste ein Adler auf und schwebte über der Zinne des Turms. Unwillkürlich ergriff König Ophioch sein Geschoss und drückte den Pfeil ab nach dem Adler; statt aber diesen zu treffen blieb der Pfeil stecken in der Brust eines alten ehrwürdigen Mannes, den nun erst König Ophioch auf der Zinne des Turms gewahrte. Entsetzen fasste den König Ophioch, als er sich besann, dass der Turm die Sternwarte sei, welche, wie die Sage ging, sonst die alten Könige des Landes in geheimnisvollen Nächten bestiegen und, geweihte Mittler zwischen dem Volk und der Herrscherin alles Seins, den Willen, die Sprüche der Mächtigen dem Volk verkündet hatten. Er wurde inne, dass er sich an dem Orte befand, den jeder sorglich mied, weil es hieß, der alte Magus Hermod stehe, in tausendjährigem Schlaf versunken, auf der Zinne des Turms und, würde er geweckt aus dem Schlafe, so gäre der Zorn der Elemente auf, sie träten kämpfend gegeneinander und alles müsse untergehen in diesem Kampf.

Ganz betrübt wollte König Ophioch niedersinken; da fühlte er sich sanft berührt, der Magus Hermod stand vor ihm, mit dem Pfeil in der Hand, der seine Brust getroffen und sprach, indem ein mildes Lächeln die ernsten ehrwürdigen Züge seines Antlitzes erheiterte: »Du hast mich aus einem langen Seherschlaf geweckt, König Ophioch! Habe Dank dafür! denn es geschah zur rechten Stunde. Es ist nun an der Zeit, dass ich nach Atlantis wandle und aus der Hand der hohen mächtigen Königin das Geschenk empfange, das sie zum Zeichen der Versöhnung mir versprach und das dem Schmerz, der Deine Brust, o König Ophioch, zerreißt, den vernichtenden Stachel rauben wird. – Der Gedanke zerstörte die Anschauung, aber dem Prisma des Kristalls, zu dem die feurige Flut im Vermählungskampf mit dem feindlichen Gift gerann, entstrahlt die Anschauung neugeboren, selbst Fötus des Gedankens! – Lebe wohl, König Ophioch! in dreizehnmal dreizehn Monden siehst du mich wieder, ich bringe dir die schönste Gabe der versöhnten Mutter, die Deinen Schmerz auflöst in höchste Lust, vor der der Eiskerker zerschmilzt, in dem dein Gemahl, die Königin Liris, der feindlichste aller Dämonen so lange gefangen hielt. – Lebe wohl, König Ophioch!« –

Mit diesen geheimnisvollen Worten verließ der alte Magus den jungen König, in der Tiefe des Waldes verschwindend.

War König Ophioch vorher traurig und tiefsinnig gewesen, so

wurde er es jetzt noch viel mehr. Fest in seiner Seele waren die Worte des alten Hermod geblieben; er wiederholte sie dem Hofastrologen, der den ihm unverständlichen Sinn deuten sollte. Der Hofastrolog erklärte indessen, es sei gar kein Sinn darin enthalten; denn es gäbe gar kein Prisma und auch kein Kristall, wenigstens könne solches, wie jeder Apotheker wisse, nicht aus feuriger Flut und feindlichem Gift entstehen und was ferner von Gedanke und neugeborner Anschauung in Hermods wirrer Rede vorkomme, müsse schon deshalb unverständlich bleiben, weil kein Astrolog, oder Philosoph von einiger honetter Bildung, sich auf die bedeutungslose Sprache des rohen Zeitalters einlassen könne, dem der Magus Hermod angehöre. König Ophioch war mit dieser Ausrede nicht allein ganz und gar nicht zufrieden, sondern fuhr den Astrolog überdies im großen Zorn gar hart an und es war gut, dass er gerade nichts zur Hand hatte, um es, wie jenes Karmen dem Hofdichter, dem unglücklichen Hofastrologen an den Kopf zu werfen. Ruffiamonte behauptet, dass, stehe auch in der Chronik nichts davon, es doch nach der Volkssage in Urdargarten gewiss sei, dass König Ophioch bei dieser Gelegenheit den Hofastrologen einen – Esel geheißen. – Da nun dem jungen tiefsinnigen Könige jene mystischen Worte des Magus Hermod gar nicht aus der Seele kamen, so beschloss er endlich, koste es was es wolle, die Bedeutung davon selbst aufzufinden. Auf eine schwarze Marmortafel ließ er daher mit goldnen Buchstaben die Worte setzen: »der Gedanke zerstörte die Anschauung« – und wie der Magus weitergesprochen, und die Tafel in die Mauer eines entlegenen düstern Saals in seinem Palast einfügen. Vor diese Tafel setzte er sich dann hin auf ein weichgepolstertes Ruhbett, stützte den Kopf in die Hand und überließ sich, die Inschrift betrachtend, tiefem Nachdenken.

Es geschah, dass die Königin Liris ganz zufällig in den Saal geriet, in dem sich König Ophioch befand nebst der Inschrift. Unerachtet sie aber ihrer Gewohnheit gemäß so laut lachte, dass die Wände dröhnten, so schien der König die teure muntre Gemahlin doch ganz und gar nicht zu bemerken. Er wandte den starren Blick nicht ab von der schwarzen Marmortafel. Endlich richtete Königin Litis auch ihren Blick dahin. Kaum hatte sie indessen die geheimnisvollen Worte gelesen, als ihre Lache verstummte und sie schweigend neben dem Könige hinsank auf die Polster. Nachdem beide, König Ophioch und Königin Liris, eine geraume Zeit hindurch die Inschrift angestarrt hatten, begannen sie stark und immer stärker zu gähnen, schlossen die Augen und sanken in einen solchen festen Todesschlaf, dass keine menschliche Kunst sie daraus zu erwecken vermochte. Man hätte sie für tot gehalten und mit den im Lande Urdargarten üblichen Zeremonien in die königliche Gruft gebracht, wären nicht leise Atemzüge, der schlagende Puls, die Farbe des Gesichts untrügliche Kennzeichen des fortdauernden Lebens gewesen. Da es nun überdies an Nachkommenschaft zurzeit noch fehlte, so beschloss der Staatsrat zu regieren statt des schlummernden Königs Ophioch und wusste dies so geschickt anzufangen, dass niemand die Lethargie des Monarchen auch nur ahnte. – Dreizehnmal dreizehn Monden waren verflossen nach dem Tage, als König Ophioch die wichtige Unterredung mit dem Magus Hermod gehabt hatte; da ging den Einwohnern des Landes Urdargarten ein Schauspiel auf, so herrlich, als sie noch niemals eins gesehen.

Der große Magus Hermod zog herbei auf einer feurigen Wolke umgeben von Elementargeistern jedes Geschlechts und ließ sich, während in den Lüften aller Wohllaut der ganzen Natur in geheimnisvollen Akkorden ertönte, herab auf den buntgewirkten Teppich einer schönen duftigen Wiese. Über seinem Haupte schien ein leuchtendes Gestirn zu schweben, dessen Feuerglanz das Auge nicht zu ertragen vermochte. Das war aber ein Prisma von schimmerndem Kristall, welches nun, da es der Magus hoch in die Lüfte erhob, in blitzenden Tropfen zerfloss in die Erde hinein, um augenblicklich als die herrlichste Silberquelle in fröhlichem Rauschen emporzusprudeln.

Nun rührte sich alles um den Magus her. Während die Erdgeister in die Tiefe fuhren und blinkende Metallblumen emporwarfen, wogten die Feuer- und Wassergeister in mächtigen Strahlen ihrer Elemente, sausten und brausten die Luftgeister durcheinander, wie in lustigem Turnier kämpfend und ringend. Der Magus stieg wieder auf und breitete seinen weiten Mantel aus; da verhüllte alles ein dichter aufsteigender Duft, und als der zerflossen, hatte sich auf dem Kampfplatz der Geister ein herrlicher himmelsklarer Wasserspiegel gebildet, den blinkendes Gestein, wunderbare Kräuter und Blumen einschlossen und in dessen Mitte die Quelle fröhlich sprudelte und wie in schalkhafter Neckerei die kräuselnden Wellen ringsumher forttrieb.

In demselben Augenblick, als das geheimnisvolle Prisma des Magus Hermod zur Quelle zerfloss, war das Königspaar aus seinem langen Zauberschlafe erwacht. Beide, König Ophioch und Königin Liris, eilten von unwiderstehlicher Begier getrieben schnell herbei. Sie waren die ersten, die hineinschauten in das

Wasser. Als sie nun aber in der unendlichen Tiefe den blauen glänzenden Himmel, die Büsche, die Bäume, die Blumen, die ganze Natur, ihr eignes Ich in verkehrter Abspiegelung erschauten, da war es, als rollten dunkle Schleier auf, eine neue herrliche Welt voll Leben und Lust wurde klar vor ihren Augen und mit der Erkenntnis dieser Welt entzündete sich ein Entzücken in ihrem Innern, das sie nie gekannt, nie geahnet. Lange hatten sie hineingeschaut, dann erhoben sie sich, sahen einander an und – lachten, muss man nämlich den physischen Ausdruck des innigsten Wohlbehagens nicht sowohl, als der Freude über den Sieg innerer geistiger Kraft Lachen nennen. – Hätte nicht schon die Verklärung, die auf dem Antlitz der Königin Liris lag und den schönen Zügen desselben erst wahres Leben, wahrhaften Himmelsreiz verlieh, von ihrer gänzlichen Sinnesänderung gezeugt, so hätte das jeder schon aus der Art abnehmen müssen, wie sie lachte. Denn so himmelweit war dieses Lachen von dem Gelächter verschieden, womit sie sonst den König quälte, dass viele gescheute Leute behaupteten, sie sei es gar nicht, die da lache, sondern ein anderes in ihrem Innern verstecktes wunderbares Wesen. Mit König Ophiochs Lachen hatte es dieselbe Bewandtnis. Als beide nun auf solch eigne Weise gelacht, riefen sie beinahe zu gleicher Zeit: »Oh! – wir lagen in öder unwirtbarer Fremde in schweren Träumen und sind erwacht in der Heimat – nun erkennen wir uns in uns selbst und sind nicht mehr verwaiste Kinder!« – dann aber fielen sie sich mit dem Ausdruck der innigsten Liebe an die Brust. – Während dieser Umarmung schauten alle, die sich nur hinandrängen konnten, in das Wasser; die, welche von des Königs Traurigkeit angesteckt worden waren und in den Wasserspiegel schauten, spürten dieselben Wirkungen, wie das königliche Paar; diejenigen, die schon sonst lustig gewesen, blieben aber ganz in vorigem Zu Stande. Viele Ärzte fanden das Wasser gemein, ohne mineralischen Zusatz, so wie manche Philosophen das Hineinschauen in den Wasserspiegel gänzlich widerrieten, weil der Mensch wenn er sich und die Welt verkehrt erblicke, leicht schwindlicht werde. Es gab sogar einige von der gebildetsten Klasse des Reichs, welche behaupteten, es gäbe gar keine Urdarquelle – Urdarquelle wurde nämlich von König und Volk sogleich das herrliche Wasser genannt, das aus Hermods geheimnisvollem Prisma entstanden. – Der König Ophioch und die Königin Liris, beide sanken dem großen Magus Hermod, der ihnen Glück und Heil gebracht, zu Füßen und dankten ihm in den schönsten Worten und Redensarten, die sie nur eben zur Hand hatten. Der

Magus Hermod hob sie mit sittigem Anstand auf, drückte erst die Königin, hierauf den König an seine Brust und versprach, da ihm das Wohl des Landes Urdargarten sehr am Herzen liege, sich zuweilen in vorkommenden kritischen Fällen auf der Sternwarte blicken zu lassen. König Ophioch wollte ihm durchaus die würdige Hand küssen; das litt er aber durchaus nicht, sondern erhob sich augenblicklich in die Lüfte. Von oben herab rief er noch mit einer Stimme, welche erklang wie stark angeschlagene Metallglocken, die Worte herab:

»Der Gedanke zerstört die Anschauung und losgerissen von der Mutter Brust wankt in irrem Wahn, in blinder Betäubtheit der Mensch heimatlos umher, bis des Gedankens eignes Spiegelbild dem Gedanken selbst die Erkenntnis schafft, dass er *ist* und dass er in dem tiefsten reichsten Schacht, den ihm die mütterliche Königin geöffnet, als Herrscher gebietet, muss er auch als Vasall gehorchen.«

Ende der Geschichte von dem Könige Ophioch und der Königin Liris

Celionati schwieg und die Jünglinge blieben auch im Schweigen der Betrachtung versunken, zu der sie das Märlein des alten Ciarlatano, das sie sich ganz anders gedacht hatten, aufgeregt.

»Meister Celionati«, unterbrach endlich Franz Reinhold die Stille, »Meister Celionati, Euer Märlein schmeckt nach der Edda, nach der Voluspa, nach der Somskritt und was weiß ich, nach welchen andern alten mythischen Büchern; aber, hab ich euch recht verstanden, so ist die Urdarquelle, womit die Bewohner des Landes Urdargarten beglückt wurden, nichts anders, als was wir Deutschen Humor nennen, die wunderbare, aus der tiefsten Anschauung der Natur geborne Kraft des Gedankens, seinen eignen ironischen Doppeltgänger zu machen, an dessen seltsamlichen Faxen er die seinigen und – ich will das freche Wort beibehalten – die Faxen des ganzen Seins hienieden erkennt und sich daran ergetzt – Doch in der Tat, Meister Celionati, durch Euern Mythos habt Ihr gezeigt, dass Ihr euch noch auf andern Spaß versteht, als auf den Eures Karnevals; ich rechne euch von nun an zur unsichtbaren Kirche und beuge meine Knie vor euch, wie König Ophioch vor dem großen Magus Hermod; denn auch Ihr seid ein gewaltiger Hexenmeister.«

»Was«, rief Celionati, »was sprecht Ihr denn von Märchen, von Mythos? Hab ich euch denn was anderes erzählt, was anderes erzählen wollen, als eine hübsche Geschichte aus dem Leben meines Freundes Ruffiamonte? – Ihr müsst wissen, dass dieser, mein Intimus, eben der große Magus Hermod ist, der den König Ophioch von seiner Traurigkeit herstellte. Wollt Ihr mir nichts glauben, so könnt Ihr ihn selbst fragen nach allem; denn er befindet sich hier und wohnt im Palast Pistoja.« – Kaum hatte Celionati den Palast Pistoja genannt, als alle sich des abenteuerlichsten aller Maskenzüge, der vor wenigen Tagen in jenen Palast eingezogen, erinnerten, und den seltsamlichen Ciarlatano mit hundert Fragen bestürmten, was es damit für eine Bewandtnis habe, indem sie voraussetzten, dass er, selbst ein Abenteuer, von dem Abenteuerlichen, wie es sich in dem Zuge gestaltet, besser unterrichtet sein müsse, als jeder andere.

»Ganz gewiss«, rief Reinhold lachend, »ganz gewiss war der hübsche Alte, der in der Tulpe den Wissenschaften oblag, Euer Intimus, der große Magus Hermod, oder der Schwarzkünstler Ruffiamonte?«

»Es ist«, erwiderte Celionati gelassen, »es ist dem so, mein guter Sohn! Übrigens mag es aber noch nicht an der Zeit sein, viel von dem zu sprechen, was in dem Palast Pistoja hauset – Nun! – wenn König Cophetua ein Bettlermädchen heiratete, so kann ja auch wohl die große mächtige Prinzessin Brambilla einem schlechten Komödianten nachlaufen« – Damit verließ Celionati das Kaffeehaus und niemand wusste, oder ahnte, was er mit den letzten Worten hatte sagen wollen; da dies aber sehr oft mit den Reden Celionatis der Fall war, so gab sich auch keiner sonderliche Mühe darüber weiter nachzudenken. – Während sich dies auf dem Caffè greco begab, schwärmte Giglio in seiner tollen Maske den Korso auf und ab. Er hatte nicht unterlassen, so wie es Prinzessin Brambilla verlangt, einen Hut aufzusetzen, der mit hoch emporragender Krempe einer sonderbaren Sturmhaube glich, und sich mit einem breiten hölzernen Schwert zu bewaffnen. Sein ganzes Innres war erfüllt von der Dame seines Herzens; aber selbst wusste er nicht, wie es geschehen konnte, dass es nun ihm gar nicht als etwas Besonderes, als ein träumerisches Glück vorkam, die Liebe der Prinzessin zu gewinnen, dass er im frechen Übermut an die Notwendigkeit glaubte, dass sie sein werden müsse, weil sie gar nicht anders könne. Und dieser Gedanke entzündete in ihm eine tolle Lustigkeit, die sich Luft machte in den übertriebensten Grimassen und vor der ihm selbst im Innersten graute.

Prinzessin Brambilla ließ sich nirgends sehen; aber Giglio schrie ganz außer sich: »Prinzessin – Täubchen – Herzkind – ich finde dich doch, ich finde dich doch!« und rannte wie wahnsinnig hundert Masken um und um, bis ein tanzendes Paar ihm in die Augen fiel und seine ganze Aufmerksamkeit fesselte.

Ein possierlicher Kerl, bis auf die geringste Kleinigkeit geklei-det, wie Giglio, ja was Größe, Stellung u. s. betrifft, sein zweites Ich, tanzte nämlich, Chitarre spielend, mit einem sehr zierlich gekleideten Frauenzimmer welche Kastagnetten schlug. Ver-steinerte den Giglio der Anblick seines tanzenden Ichs, so glühte ihm wieder die Brust auf, wenn er das Mädchen betrachtete. Er glaubte nie so viel Anmut und Schönheit gesehen zu haben; jede ihrer Bewegungen verriet die Begeisterung einer ganz be-sonderen Lust und eben diese Begeisterung war es, die selbst der wilden Ausgelassenheit des Tanzes einen unnennbaren Reiz ver-lieh.

Nicht zu leugnen war es, dass sich eben durch den tollen Kon-trast des tanzenden Paars eine Skurrilität erzeugte, die jeden mit-ten in anbetender Bewunderung des holden Mädchens zum Lachen reizen musste; aber eben dies aus den widersprechendsten Elementen gemischte Gefühl war es, in dem jene Begeisterung einer fremden unnennbaren Lust, von der die Tänzerin und auch der possierliche Kerl ergriffen, auflebte im eignen Innern. Dem Giglio wollte eine Ahnung aufsteigen, wer die Tänzerin sein könne, als eine Maske neben ihm sprach: »Das ist die Prinzessin Brambilla, welche mit ihrem Geliebten, dem assyrischen Prinzen, Cornelio Chiapperi, tanzt!« –

VIERTES KAPITEL

Von der nützlichen Erfindung des Schlafs und des Traums, und was Sancho Pansa darüber denkt. – Wie ein württembergischer Beamter die Treppe hinabfiel und Giglio sein Ich nicht durch-schauen konnte. Rhetorische Ofenschirme, doppelter Galimathias und der weiße Mohr. – Wie der alte Fürst Bastianelli di Pistoja Apfelsinenkerne in dem Korso aussäete und die Masken in Schutz nahm. Der beaujour hässlicher Mädchen. – Nachrichten von der berühmten Schwarzkünstlerin Circe, welche Bandschleifen nes-telt, so wie von dem artigen Schlangenkraut, das im blühenden Arkadien wächst. – Wie sich Giglio aus purer Verzweiflung

erdolchte, hierauf an den Tisch setzte, ohne Zwang zugriff, dann
aber der Prinzessin eine gute Nacht wünschte.

Es darf dir, vielgeliebter Leser, nicht befremdlich erscheinen, wenn in einem Ding, das sich zwar Capriccio nennt, das aber einem Märchen so auf ein Haar gleicht, als sei es selbst eins, viel vorkommt von seltsamem Spuk, von träumerischem Wahn, wie ihn der menschliche Geist wohl hegt und pflegt, oder besser, wenn der Schauplatz manchmal in das eigne Innere der auftretenden Gestalten verlegt wird. – Möchte das aber nicht eben der rechte Schauplatz sein? – Vielleicht bist du, o mein Leser! auch so wie ich, des Sinnes, dass der menschliche Geist selbst das allerwunderbarste Märchen ist, das es nur geben kann. – Welch eine herrliche Welt liegt in unserer Brust verschlossen! Kein Sonnenkreis engt sie ein, der ganzen sichtbaren Schöpfung unerforschlichen Reichtum überwiegen ihre Schätze! – Wie so tot, so bettelarm, so maulwurfsblind, war unser Leben, hätte der Weltgeist uns Söldlinge der Natur nicht ausgestattet mit jener unversieglichen Diamantgrube in unserm Innern, aus der uns in Schimmer und Glanz das wunderbare Reich aufstrahlt, das unser Eigentum geworden! Hochbegabt die, die sich dieses Eigentums recht bewusst! Noch hoch begabter und selig zu preisen die, die ihres innern Perus Edelsteine nicht allein zu erschauen, sondern auch heraufzubringen, zu schleifen und ihnen prächtigeres Feuer zu entlocken verstehen. – Nun! – Sancho meinte, Gott solle den ehren, der den Schlaf erfunden, es müsse ein gescheuter Kerl gewesen sein; noch mehr mag aber wohl der geehrt werden, der den Traum erfand. Nicht *den* Traum, der aus unserm Innern nur dann aufsteigt, wenn wir unter des Schlafes weicher Decke liegen – nein! *den* Traum, den wir durch das ganze Leben fort träumen, der oft die drückende Last des Irdischen auf seine Schwingen nimmt, vor dem jeder bittre Schmerz, jede trostlose Klage getäuschter Hoffnung verstummt, da er selbst, Strahl des Himmels in unserer Brust entglommen, mit der unendlichen Sehnsucht die Erfüllung verheißt. –

Diese Gedanken kamen dem, der es unternommen, für dich, sehr geliebter Leser! das seltsame Capriccio von der Prinzessin Brambilla aufzustellen, in dem Augenblick zu Sinn, als er darangehen wollte, den merkwürdigen Gemütszustand zu beschreiben, in den der verkappte Giglio Fava geriet, als ihm die Worte zugeflüstert wurden: »Das ist die Prinzessin Brambilla, die mit ihrem Geliebten, dem assyrischen Prinzen, Cornelio Chiapperi, tanzt!« – Selten vermögen Autoren es über sich, dem Leser zu verschweigen, was sie bei diesem oder jenem Stadium, in das ihre Helden treten, denken; sie machen gar zu gern den Chorus ihres eignen Buchs und nennen Reflektion alles das, was zwar nicht zur Geschichte nötig, aber doch als ein angenehmer Schnörkel dastehen kann. Als angenehmer Schnörkel mögen daher auch die Gedanken gelten, womit dieses Kapitel begann; denn in der Tat, sie waren zur Geschichte ebenso wenig nötig, als zur Schilderung von Giglios Gemütszustand, der gar nicht so seltsam und ungewöhnlich war, als man es nach dem Anlauf, den der Autor genommen, wohl denken sollte. – Kurz! es geschah dem Giglio Fava, als er jene Worte vernahm, nichts weiter, als dass er sich augenblicklich selbst für den assyrischen Cornelio Chiapperi hielt, der mit der Prinzessin Brambilla tanze. Jeder tüchtige Philosoph von einiger faustgerechter Erfahrung wird dies so leicht ganz und gar erklären können, dass Quintaner das Experiment des innern Geistes verstehen müssen. Besagter Psycholog wird nämlich nichts Besseres tun, als aus Mauchardts Repertorium der empirischen Psychologie den württembergischen Beamten anführen können, der in der Trunkenheit die Treppe hinabstürzte und dann seinen Schreiber, der ihn geleitete, sehr bedauerte, dass er so hart gefallen. »Nach allem«, fährt der Psycholog dann fort, »was wir bis jetzt von dem Giglio Fava vernommen, leidet derselbe an einem Zu Stande, der dem des Rausches völlig zu vergleichen, gewissermaßen an einer geistigen Trunkenheit, erzeugt durch die nervenreizende Kraft gewisser exzentrischer Vorstellungen von seinem Ich, und da nun vorzüglich Schauspieler sehr geneigt sind, sich auf diese Art zu berauschen, so –« u. s. w.

Also für den assyrischen Prinzen, Cornelio Chiapperi, hielt sich Giglio; und war dies eben auch nichts Besonderes, so möchte doch schwerer zu erklären sein, woher die seltene, nie empfundene Lust kam, die mit flammender Glut sein ganzes Inneres durchdrang. Stärker und stärker schlug er die Saiten der Chitarre, toller und ausgelassener wurden die Grimassen, die Sprünge des wilden Tanzes. Aber sein Ich stand ihm gegenüber und führte, ebenso tanzend und springend, ebensolche Fratzen schneidend, als er, mit dem breiten hölzernen Schwert Streiche nach ihm durch die Luft. – Brambilla war verschwunden! – »Hoho«, dachte Giglio, »nur mein Ich ist schuld daran, dass ich meine Braut, die Prinzessin, nicht sehe; ich kann mein Ich nicht durchschauen und mein verdammtes Ich will mir zu Leibe mit gefährlicher Waffe, aber ich spiele und tanze es zu Tod und dann bin ich erst ich, und die Prinzessin ist mein!« –

Während dieser etwas konfuser Gedanken wurden Giglios Sprünge immer unerhörter, aber in dem Augenblick traf des Ichs hölzernes Schwert die Chitarre so hart, dass sie in tausend Stücke zersprang und Giglio rücklings über sehr unsanft zu Boden fiel. Das brüllende Gelächter des Volks, das die Tanzenden umringt hatte, weckte den Giglio aus seiner Träumerei. Bei dem Sturz war ihm Brille und Maske entfallen, man erkannte ihn und hundert Stimmen riefen: »*Bravo, bravissimo, Signor Giglio!*« – Giglio raffte sich auf und eilte, da ihm plötzlich es einkam, dass es für einen tragischen Schauspieler höchst unschicklich, dem Volk ein groteskes Schauspiel gegeben zu haben, schnell von dannen. In seiner Wohnung angekommen warf er die tolle Maske ab, hüllte sich in einen Tabarro und kehrte zurück nach dem Korso.

Im Hin- und Herwandern geriet er endlich vor den Palast Pistoja und hier fühlte er sich plötzlich von hinten umfasst und eine Stimme flüsterte ihm zu: »Täuscht mich nicht Gang und Stellung, so seid Ihr es, mein werter Signor Giglio Fava?«

Giglio erkannte den Abbate Antonio Chiari. Bei des Abbates Anblick ging ihm plötzlich die ganze schöne frühere Zeit auf, als er noch tragische Helden spielte und dann, nachdem er sich des Kothurns entledigt, die enge Treppe hinaufschlich zur lieblichen Giacinta. Der Abbate Chiari (vielleicht ein Vorfahr des berühmten Chiari, der in Fehde trat mit dem Grafen Gozzi und die Waffen strecken musste) hatte von Jugend auf mit nicht geringer Mühe Geist und Finger dazu abgerichtet, Trauerspiele zu verfertigen, die, was die Erfindung, enorm, was die Ausführung betrifft, aber höchst angenehm und lieblich waren. Er vermied sorglich irgendeine entsetzliche Begebenheit anders, als unter mild vermittelnden Umständen vor den Augen der Zuschauer sich wirklich zutragen zu lassen und alle Schauer irgendeiner grässlichen Tat wickelte er in den zähen Kleister so vieler schönen Worte und Redensarten ein, dass die Zuhörer ohne Schauer die süße Pappe zu sich nahmen und den bittern Kern nicht herausschmeckten. Selbst die Flammen der Hölle wusste er nützlich anzuwenden zum freundlichen Transparent, indem er den ölgetränkten Ofenschirm seiner Rhetorik davor stellte und in die rauchenden Wellen des Acheron goss er das Rosenwasser seiner martellianischen Verse, damit der Höllenfluss sanft und fein flute und ein Dichterfluss werde. – So was gefällt vielen und kein Wunder daher, dass der Abbate Antonio Chiari ein beliebter Dichter zu nennen war. Hatte er nun noch dazu ein besonderes Geschick, so genannte dankbare Rollen zu schreiben, so konnt es gar nicht fehlen, dass der dichterische Abbate auch der Abgott der Schauspieler wurde. – Irgendein geistreicher französischer Dichter sagt, es gäbe zwei Arten von Galimathias, einen solchen, den Leser und Zuhörer nicht verständen, einen zweiten höhern, den der Schöpfer (Dichter oder Schriftsteller) selbst nicht verstände. Von dieser letztern sublimem Art ist der dramatische Galimathias, aus dem mehrenteils die so genannten dankbaren Rollen im Trauerspiel bestehen. – Reden voll hochtönender Worte, die weder der Zuhörer, noch der Schauspieler versteht und die der Dichter selbst nicht verstanden hat, werden am mehrsten beklatscht. Solchen Galimathias zu machen, darauf verstand sich der Abbate Chiari vortrefflich, so wie Giglio Fava eine besondere Stärke besaß ihn zu sprechen, und dabei solche Gesichter zu schneiden und solch fürchterlich verrückte Stellungen anzunehmen, dass die Zuschauer schon deshalb aufschrien in tragischem Entzücken. Beide, Giglio und Chiari, standen hiernach in höchst angenehmer Wechselwirkung, und ehrten sich über alle Maßen – es konnte gar nicht anders sein.

»Gut«, sprach der Abbate, »gut, dass ich euch endlich treffe, Signor Giglio! Nun kann ich von euch selbst alles erfahren, was man mir hin und wieder von Euerm Tun und Treiben zugebröckelt hat und das hinlänglich toll und albern ist. – Sagt, man hat euch übel mitgespielt, nicht wahr? Der Esel von Impresario jagte euch vom Theater weg, weil er die Begeisterung, in die euch meine Trauerspiele setzten, für Wahnsinn hielt, weil Ihr nichts anders mehr sprechen wolltet, als meine Verse? – Es ist arg! – Ihr wisst es, der Unsinnige hat das Trauerspiel ganz aufgegeben und lässt nichts anders auf seiner Bühne darstellen, als die albernen Masken-Pantomimen, die mir in den Tod zuwider sind. – Keines meiner Trauerspiele mag daher der einfältigste aller Impresarios mehr annehmen, unerachtet ich euch, Signor Giglio, als ehrlicher Mann versichern darf, dass es mir in meinen beiden Arbeiten gelungen ist, den Italienern zu zeigen, was eigentlich ein Trauerspiel heißt. Was die alten Tragiker betrifft, ich meine den Äschylos, Sophokles u. a., Ihr werdet von ihnen gehört haben, so versteht es sich von selbst, dass ihr schroffes, hartes Wesen völlig unästhetisch ist und sich nur durch die damalige Kindheit der Kunst entschuldigen lässt, für uns aber völlig unverdaulich bleibt. Von Trissinos Sophonische, Speronis Canace, den aus Unverstand als hohe Meisterwerke ausgeschrienen Produkten unserer älteren

Dichterperiode, wird aber auch wohl nicht mehr die Rede sein, wenn meine Stücke das Volk über die Stärke, die hinreißende Kraft des wahrhaft Tragischen, das durch den Ausdruck erzeugt wird, belehrt haben werden. – Es ist nur in dem Augenblick fatal, dass kein einziges Theater meine Stücke aufführen will, seitdem Euer vormaliger Impresario, der Bösewicht, umgesattelt hat. – Aber wartet, *il trotto d'asino dura poco*. Bald wird Euer Impresario auf die Nase fallen samt seinem Arlecchino und Pantalon und Brighella und wie die schnöden Ausgeburten eines niederträchtigen Wahnwitzes alle heißen mögen und dann – Fürwahr, Signor Giglio, Euer Abgang vom Theater hat mir einen Dolchstoß ins Herz gegeben; denn kein Schauspieler auf Erden hat es im Auffassen meiner ganz originellen unerhörten Gedanken so weit gebracht, als Ihr – Doch lasst uns fort aus diesem wüsten Gedränge, das mich betäubt! Kommt mit mir in meine Wohnung! Dort les ich euch mein neuestes Trauerspiel vor, das euch in das größte Erstaunen setzen wird, das Ihr jemals empfunden. – Ich hab es *Il moro bianco* betitelt. Stoßt euch nicht an die Seltsamkeit des Namens! Er entspricht dem Außerordentlichen, dem Unerhörten des Stücks ganz und gar.« –

Mit jedem Worte des geschwätzigen Abbate fühlte sich Giglio mehr aus dem gespannten Zu Stande gerissen, in dem er sich befunden. Sein ganzes Herz ging auf in Freude, wenn er sich wieder dachte als tragischen Helden, die unvergleichlichen Verse des Herrn Abbate Antonio Chiari deklamierend. Er fragte den Dichter sehr angelegentlich, ob in dem *moro bianco* auch eine recht schöne dankbare Rolle enthalten, die er spielen könne. »Hab ich«, erwiderte der Abbate in voller Hitze, »hab ich jemals in irgendeinem Trauerspiel andere Rollen gedichtet, als dankbare? – Es ist ein Unglück, dass meine Stücke nicht bis auf die kleinste Rolle von lauter Meistern dargestellt werden können. In dem *moro bianco* kommt ein Sklave vor, und zwar erst bei dem Beginn der Katastrophe, der die Verse spricht:

›Ah! giorno di dolori! crudel inganno!
Ah signore infelice, la tua morte
mi fa piangere e subito partire!‹ –

dann aber wirklich schnell abgeht und nicht wieder erscheint. Die Rolle ist von geringerm Umfang, ich gestehe es; aber Ihr könnt es mir glauben, Signor Giglio, beinahe ein Menschenalter gehört für den besten Schauspieler dazu, jene Verse in dem Geist vorzutragen, wie ich sie empfangen, wie ich sie gedichtet, wie sie das Volk bezaubern, hinreißen müssen zum wahnsinnigen Entzücken.«

Unter diesen Gesprächen waren beide, der Abbate und Giglio, in die Straße del Babuino gelangt, wo der Abbate wohnte. Die Treppe, die sie erstiegen, war so hühnersteigartig, dass Giglio zum zweiten Mal recht lebhaft an Giacinta dachte und im Innern wünschte, doch lieber das holde Ding anzutreffen, als des Abbate weißen Mohren.

Der Abbate zündete zwei Kerzen an, rückte dem Giglio einen Lehnstuhl vor den Tisch, holte ein ziemlich dickleibiges Manuskript hervor, setzte sich dem Giglio gegenüber und begann sehr feierlich: »*Il moro bianco, tragedia etc.*«

Die erste Szene begann mit einem langen Monolog irgendeiner wichtigen Person des Stücks, die erst über das Wetter, über die zu hoffende Ergiebigkeit der bevorstehenden Weinlese sprach, dann aber Betrachtungen über das Unzulässige eines Brudermords anstellte.

Giglio wusste selbst nicht, wie es kam, dass ihm des Abbate Verse, die er sonst für hochherrlich gehalten, heute so läppisch, so albern, so langweilig vorkamen. Ja! – unerachtet der Abbate alles mit der dröhnenden gewaltigen Stimme des übertriebensten Pathos vortrug, sodass die Wände erbebten, so geriet doch Giglio in einen träumerischen Zustand, in dem ihm alles seltsam zu Sinn kam, was ihm seit dem Tage begegnet, als der Palast Pistoja den abenteuerlichsten aller Maskenzüge in sich aufnahm. Sich ganz diesen Gedanken überlassend drückte er sich tief in die Lehne des Sessels, schlug die Arme übereinander und ließ den Kopf tiefer und tiefer sinken auf die Brust.

Ein starker Schlag auf die Schulter riss ihn aus den träumerischen Gedanken. »Was?«, schrie der Abbate, der aufgesprungen war und ihm jenen Schlag versetzt hatte, ganz erbost, »was? – ich glaube gar, Ihr schlaft? – Ihr wollt meinen *moro bianco* nicht hören? – Ha, nun verstehe ich alles. Euer Impresario hatte Recht, euch fortzujagen; denn Ihr seid ein miserabler Bursche worden ohne Sinn und Verstand für das Höchste der Poesie. – Wisst Ihr, dass nun Euer Schicksal entschieden ist, dass Ihr niemals mehr euch erheben könnt aus dem Schlamm, in den Ihr versunken? – Ihr seid über meinem *moro bianco* eingeschlafen; das ist ein nie zu sühnendes Verbrechen, eine Sünde wider den heiligen Geist. Schert euch zum Teufel!«

Giglio war sehr erschrocken über des Abbate ausgelassenen

Zorn. Er stellte ihm de- und wehmütig vor, dass ein starkes festes Gemüt dazu gehöre, seine Trauerspiele aufzufassen, dass aber, was ihn (den Giglio) betreffe, sein ganzes Innere zermalmt und zerknirscht sei von den zum Teil seltsamen spukhaften, zum Teil unglückseligen Begebenheiten, in die er seit den letzten Tagen verwickelt.

»Glaubt es mir«, sprach Giglio, »glaubt es mir, Signor Abbate, ein geheimnisvolles Verhängnis hat mich erfasst. Ich gleiche einer zerschlagenen Zither, die keinen Wohllaut in sich aufzunehmen, keinen Wohllaut aus sich heraus ertönen zu lassen vermag. Wähntet Ihr, dass ich während Eurer herrlichen Verse eingeschlafen, so ist so viel gewiss, dass eine krankhafte, unbezwingliche Schlaftrunkenheit dermaßen mich übernahm, dass selbst die kräftigsten Reden Eures unübertrefflichen weißen Mohren mir matt und langweilig vorkamen.« – »Seid Ihr rasend?«, schrie der Abbate. – »Geratet doch nur nicht in solchen Zorn!«, fuhr Giglio fort. »Ich ehre euch ja als den höchsten Meister, dem ich meine ganze Kunst zu verdanken und suche bei euch Rat und Hülfe. Erlaubt, dass ich euch alles erzähle, wie es sich mit mir begeben, und steht mir bei in höchster Not! Schafft, dass ich mich in den Sonnenglanz des Ruhms, in dem Euer weiße Mohr aufstrahlen wird, stelle und von dem bösesten aller Fieber genese!«

Der Abbate ward durch diese Rede Giglios besänftigt und ließ sich alles erzählen, von dem verrückten Celionati, von der Prinzessin Brambilla u. s. w.

Als Giglio geendet, begann der Abbate, nachdem er einige Augenblicke sich tiefem Nachdenken überlassen, mit ernster feierlicher Stimme: »Aus allem, was du mir erzählt, mein Sohn Giglio, entnehme ich mit Recht, dass du völlig unschuldig bist. Ich verzeihe dir, und damit du gewahrest, dass meine Großmut, meine Herzensgüte grenzenlos ist, so werde dir durch mich das höchste Glück, das dir auf deiner irdischen Laufbahn begegnen kann! – Nimm hin die Rolle des *moro bianco* und die glühendste Sehnsucht deines Innern nach dem Höchsten werde gestillt, wenn du ihn spielest! – Doch, o mein Sohn Giglio, du liegst in den Schlingen des Teufels. Eine höllische Kabale gegen das Höchste der Dichtkunst, gegen meine Trauerspiele, gegen mich, will dich nützen als tötendes Werkzeug. – Hast du nie sprechen gehört von dem alten Fürsten Bastianello di Pistoja, der in jenem alten Palast, wo die maskierten Hasenfüße hineingezogen, hauste und der, schon mehrere Jahre sind es her, aus Rom spurlos verschwand? – Nun, dieser alte Fürst Bastianello war ein gar närrischer Kauz und auf alberne Art seltsam in allem, was er sprach und begann. So behauptete er aus dem Königsstamm eines fernen unbekannten Landes entsprossen und drei- bis vierhundert Jahre alt zu sein, unerachtet ich den Priester selbst kannte, der ihn hier in Rom getauft. Oft sprach er von Besuchen, die er von seiner Familie auf geheimnisvolle Weise erhalte und in der Tat sah man oft plötzlich die abenteuerlichsten Gestalten in seinem Hause, die dann ebenso plötzlich verschwanden, wie sie gekommen. – Gibt es etwas Leichteres, als Bedienten und Mägde seltsam zu kleiden? – denn andere waren doch nicht jene Gestalten, die das dumme Volk voll Erstaunen angaffte und den Fürsten für etwas ganz Besonderes hielt, wohl gar für einen Zauberer. Närrisches Zeug machte er genug, und so viel ist gewiss, dass er einmal zur Karnevalszeit mitten im Korso Pomeranzenkerne ausstreute, woraus sogleich kleine nette Pulcinells emporschossen zum Jubel der Menge und er meinte, das wären die süßesten Früchte der Römer. – Was soll ich euch indessen mit dem verrückten Unsinn des Fürsten langweilen und nicht lieber gleich das sagen, was ihn als den gefährlichsten Menschen darstellt? Könnt Ihr es euch wohl denken, dass der verwünschte Alte es darauf abgesehen hatte, allen guten Geschmack in der Literatur und Kunst zu untergraben? – Könnt Ihr es euch denken, dass er, was vorzüglich das Theater betrifft, die Masken in Schutz nahm und nur das alte Trauerspiel gelten lassen wollte, dann aber von einer Gattung des Trauerspiels sprach, die nur ein verbranntes Gehirn ausbrüten kann? Eigentlich hab ich niemals recht verstanden, was er wollte; aber es kam beinahe so heraus, als behaupte er, dass die höchste Tragik durch eine besondere Art des Spaßes hervorgebracht werden müsse. Und – nein es ist unglaublich, es ist beinahe unmöglich zu sagen – meine Trauerspiele – – – versteht Ihr wohl? – *meine* Trauerspiele, meinte er, wären ungemein spaßhaft, wiewohl auf andere Weise, indem das tragische Pathos sich darin unwillkürlich selbst parodiere. – Was vermögen alberne Gedanken und Meinungen? Hätte der Fürst sich nur damit begnügt; aber in Tat – in grause Tat ging sein Hass über gegen mich und meine Trauerspiele! – Noch ehe Ihr nach Rom gekommen, geschah mir das Entsetzliche. – Das herrlichste meiner Trauerspiele (ich nehme den *moro bianco* aus) *Lo spettro fraterno vendicato*, wurde gegeben. Die Schauspieler übertrafen sich selbst; nie hatten sie so den innern Sinn meiner Worte aufgefasst, nie waren sie in Bewegung und Stellung so wahrhaft tragisch gewesen – Lasst es euch bei dieser Gelegenheit sagen, Signor Giglio, dass, was Eure Gebärden, vorzüglich aber

Eure Stellungen betrifft, Ihr noch etwas zurück seid. Signor Zechielli, mein damaliger Tragiker, vermochte mit voneinander gespreizten Beinen, Füße in den Boden gewurzelt feststehend, Arme in die Lüfte erhoben, den Leib so nach und nach herumzudrehen, dass er mit dem Gesicht über den Rücken hinwegschaute und so in Gebärde und Mienenspiel den Zuschauern ein doppelt wirkender Janus erschien. – So was ist vielfältig von der frappantesten Wirkung, muss aber jedes Mal angebracht werden, wenn ich vorschreibe: Er beginnt zu verzweifeln! – Schreibt euch das hinter die Ohren, mein guter Sohn, und gebt euch Mühe zu verzweifeln, wie Signor Zechielli! Nun! ich komme auf mein *spettro fraterno* zurück. – Die Vorstellung war die vortrefflichste, die ich jemals sah, und doch brach das Publikum bei jeder Rede meines Helden aus in ein unmäßiges Gelächter. Da ich den Fürsten Pistoja in der Loge erblickte, der dieses Lachen jedes Mal intonierte, so hatte es gar keinen Zweifel, dass er es allein war, der, Gott weiß durch welche höllische Ränke und Schwänke, mir diesen fürchterlichen Tort über den Hals zog. Wie froh war ich, als der Fürst aus Rom verschwunden! Aber sein Geist lebt fort in dem alten verfluchten Ciarlatano, in dem verrückten Celionati, der, wiewohl vergeblich, schon auf Marionettentheatern meine Trauerspiele lächerlich zu machen versucht hat. Es ist nur zu gewiss, dass auch Fürst Bastianello wieder in Rom spukt, denn darauf deutet die tolle Maskerade, die in seinen Palast gezogen. – euch stellt Celionati nach, um mir zu schaden. Schon gelang es ihm, euch von den Brettern zu bringen und das Trauerspiel Eures Impresario zu zerstören. Nun sollt Ihr der Kunst ganz und gar abwendig gemacht werden, dadurch, dass man euch allerlei tolles Zeug, Fantasmata von Prinzessinnen, grotesken Gespenstern u. dgl. in den Kopf setzt. Folgt meinem Rat, Signor Giglio, bleibt fein zu Hause, trinkt mehr Wasser als Wein und studiert mit dem sorglichsten Fleiß meinen *moro bianco*, den ich euch mitgeben will! Nur in dem *moro bianco* ist Trost, ist Ruhe und dann Glück, Ehre und Ruhm für euch zu suchen und zu finden. – Gehabt euch wohl, Signor Giglio!« –

Den andern Morgen wollte Giglio tun, wie ihm der Abbate geheißen, nämlich die vortreffliche Tragödia von dem *moro bianco* studieren. Er konnte es aber deshalb nicht dahin bringen, weil alle Buchstaben auf jedem Blatte vor seinen Augen zerflossen in das Bild der holden, lieblichen Giacinta Soardi. »Nein«, rief Giglio endlich voll Ungeduld, »nein, ich ertrag es nicht länger, ich muss hin zu ihr, zu der Holden. Ich weiß es, sie liebt mich noch, sie muss mich lieben, und aller Smorfia zum Trotz wird sie es mir nicht verhehlen können, wenn sie mich wiedersieht. Dann werd ich wohl das Fieber los, das der verwünschte Kerl, der Celionati, mir an den Hals gehext, und aus dem tollen Wirrwarr aller Träume und Einbildungen erstehe ich neugeboren, als *moro bianco,* wie der Phönix aus der Asche! – Gesegneter Abbate Chiari, du hast mich auf den rechten Weg zurückgeleitet.«

Giglio putzte sich sofort auf das schönste heraus, um sich nach Meister Bescapis Wohnung zu begeben, wo sein Mädchen, wie er glaubte, jetzt anzutreffen. Schon im Begriff aus der Türe herauszutreten, spürte er plötzlich die Wirkungen des *moro bianco,* den er lesen wollen. Es überfiel ihn, wie ein starker Fieberschauer, das tragische Pathos! »Wie«, rief er, indem er, den rechten Fuß weit vorschleudernd, mit dem Oberleib zurückfuhr und beide Arme vorstreckte, die Finger voneinander spreizte, wie ein Gespenst abwehrend. »Wie? – wenn sie mich nicht mehr liebte? wenn sie, verlockt von den zauberischen Truggestalten des Orkus vornehmer Welt, berauscht von dem Lethetrank des Vergessens im Aufhören des Gedankens an mich, mich wirklich vergessen? – Wenn ein Nebenbuhler – Entsetzlicher Gedanke, den der schwarze Tartarus gebar aus todesschwangren Klüften! – Ha Verzweiflung – Mord und Tod! – Her mit dir, du lieblicher Freund, der in blutigen Rosengluten alle Schmach sühnend, Ruhe gibt und Trost – und *Rache.*« – Die letzten Worte brüllte Giglio dermaßen, dass das ganze Haus widerhallte. Zugleich griff er nach dem blanken Dolch, der auf dem Tische lag und steckte ihn ein. Es war aber nur ein Theaterdolch.

Meister Bescapi schien nicht wenig verwundert, als Giglio nach Giacinta fragte. Er wollte durchaus nichts davon wissen, dass sie jemals in seinem Hause gewohnt und alle Versicherungen Giglios, dass er sie ja vor wenigen Tagen auf dem Balkon gesehen und mit ihr gesprochen, halfen nicht das allermindeste; Bescapi brach vielmehr das Gespräch ganz ab und erkundigte sich lächelnd, wie dem Giglio der neuerliche Aderlass bekommen. – Sowie Giglio des Aderlasses erwähnen hörte, rannte er über Hals und Kopf von dannen. Als er über den spanischen Platz kam, sah er ein altes Weib vor sich herschreiten, die mühsam einen bedeckten Korb forttrug und die er für die alte Beatrice erkannte. »Ha«, murmelte er, »du sollst mein Leitstern sein, dir will ich folgen!« – Nicht wenig verwundert war er, als die Alte nach der Straße mehr schlich, als ging, wo sonst Giacinta wohnte, als sie vor Signor Pasquales Haustür stillstand und den schweren Korb absetzte. In dem Augenblick fiel ihr Giglio, der ihr auf dem Fuße gefolgt, in die Augen. »Ha!«, rief sie laut, »ha, mein süßer Herr Taugenichts, lasst Ihr euch endlich wieder einmal blicken? – Nun, Ihr seid mir ein schöner treuer Liebhaber, der sich herumtreibt an allen Ecken und Orten, wo er nicht hingehört, und sein Mädchen vergisst in der schönen lustigen Zeit des Karnevals! – Nun, helft mir nur jetzt den schweren Korb herauftragen und dann möget Ihr zusehen, ob Giacintchen noch einige Ohrfeigen für euch aufbewahrt hat, die euch den wackligen Kopf zurechtsetzen.« – Giglio überhäufte die Alte mit den bittersten Vorwürfen, dass sie ihn mit der albernen Lüge, wie Giacinta im Gefängnis sitze, gefoppt; die Alte wollte dagegen nicht das mindeste davon wissen, sondern behauptete, dass Giglio sich das alles nur eingebildet, nie habe Giacinta die Stübchen in Signor Pasquales Hause verlassen, und sei in diesem Karneval fleißiger gewesen, als jemals. Giglio rieb sich die Stirne, zupfte sich an der Nase, als wolle er sich selbst erwecken aus dem Schlafe. »Es ist nur zu gewiss«, sprach er, »entweder liege ich jetzt im Traum, oder ich habe die ganze Zeit über den verwirrtesten Traum geträumt –« »Seid«, unterbrach ihn die Alte, »seid nur so gut und packt an! Ihr werdet dann an der Last, die Euern Rücken drückt, am besten merken können, ob Ihr träumt, oder nicht.« Giglio lud nun ohne weiteres den Korb auf, und stieg, die wunderbarsten Empfindungen in der Brust, die schmale Treppe hinan. »Was in aller Welt habt Ihr aber in dem Korbe?« fragte er die Alte, die vor ihm hinauf schritt. »Dumme Frage!«, erwiderte diese, »Ihr habt es wohl noch gar nicht erlebt, dass ich auf den Markt gegangen bin um einzukaufen für mein Giacintchen? und zudem erwarten wir heute Gäste« – »Gäste?«, fragte Giglio mit langgedehntem Tone. In dem Augenblick waren sie aber oben, die Alte hieß dem Giglio den Korb niedersetzen und hineingehen in das Stübchen, wo er Giacinta antreffen würde.

Das Herz pochte dem Giglio vor banger Erwartung, vor süßer Angst. Er klopfte leise an, öffnete die Türe. Da saß Giacinta, wie sonst, emsig arbeitend an dem Tisch, der voll gepackt war mit Blumen, Bändern, allerlei Zeugen u. s. w. »Ei«, rief Giacinta, indem sie Giglio mit leuchtenden Augen anblickte, »ei Signor Giglio, wo kommt Ihr auf einmal wieder her? Ich glaubte, Ihr hättet Rom längst verlassen?« – Giglio fand sein Mädchen so über alle Maßen hübsch, dass er ganz verdutzt, keines Wortes mächtig, in der Türe stehen blieb. Wirklich schien auch ein ganz besonderer Zauber der Anmut über ihr ganzes Wesen ausgegossen; höheres Inkarnat glühte auf ihren Wangen und die Augen, ja eben die Augen leuchteten, wie gesagt, dem Giglio recht ins Herz hinein. – Es wäre nur zu sagen gewesen, Giacinta hatte ihren *beaujour;* da dieses französische Wort aber jetzt nicht mehr zu dulden, so mag nur beiläufig bemerkt werden, dass es mit dem *beaujour* nicht nur seine Richtigkeit, sondern auch seine eigene Bewandtnis hat. Jedes artige Fräulein von weniger Schönheit, oder auch passabler Hässlichkeit, darf nur, sei es von außen, oder von innen dazu aufgeregt, lebendiger als sonst denken: »Ich bin doch ein bildschönes Mädchen!« und überzeugt sein, dass mit diesem herrlichen Gedanken, mit dem sublimen Wohlbehagen im Innern sich auch der *beaujour* von selbst einstellt. –

Endlich stürzte Giglio ganz außer sich hin zu seinem Mädchen, warf sich auf die Knie und ergriff mit einem tragischen: »Meine Giacinta, mein süßes Leben!« ihre Hände. Plötzlich fühlte er aber einen tiefen Nadelstich seinen Finger durchbohren, sodass er vor Schmerz in die Höhe fuhr und sich genötigt fühlte unter dem Ausruf: »Teufel! Teufel!« – einige Sprünge zu verführen. Giacinta schlug ein helles Gelächter auf, dann sprach sie sehr ruhig und gelassen: »Seht, lieber Signor Giglio, das war etwas für Euer unartiges, ungestümes Betragen. Sonst ist es recht hübsch von euch, dass Ihr mich besucht; denn bald werdet Ihr mich vielleicht nicht so ohne alle Zeremonie sehen können. Ich erlaube euch bei mir zu verweilen. Setzt euch dort auf den Stuhl mir gegenüber und erzählt mir, wie es euch so lange gegangen, was Ihr für neue schöne Rollen spielt und dergleichen! Ihr wisst, ich höre das gern und wenn Ihr nicht in Euer verdammtes weinerliches Pathos, das euch der Signor Abbate Chiari – Gott möge ihm dafür nicht die ewige Seligkeit entziehen! – angehext hat, verfallt, so hört es sich euch ganz leidlich zu.« »Meine Giacinta«, sprach Giglio im Schmerz der Liebe und des Nadelstichs, »meine Giacinta, lass uns alle Qual der Trennung vergessen! – Sie sind wiedergekommen, die süßen seligen Stunden des Glücks, der Liebe –« »Ich weiß nicht«, unterbrach ihn Giacinta, »ich weiß nicht, was Ihr für albernes Zeug schwatzt. Ihr sprecht von Qual der Trennung und ich kann euch versichern, dass ich meinesteils, glaubt ich nämlich in der Tat, dass Ihr euch von mir trenntet, gar nichts und am wenigsten einige Qual dabei empfunden. Nennt Ihr selige Stunden die, in denen Ihr euch bemühtet mich zu langweilen, so glaube ich nicht, dass sie jemals wiederkehren werden. Doch im Vertrauen, Signor Giglio, Ihr habt manches, was mir gefällt, Ihr seid mir manchmal gar nicht unlieb gewesen und so will ich euch gern verstatten, dass Ihr mich künftig, soviel es geschehen darf, sehet, wiewohl die Verhältnisse, die jede Zutraulichkeit hemmend, Entfernung zwischen uns gebieten, euch einigen Zwang auflegen werden.« »Giacinta!« – rief Giglio, »welche sonderbare Reden?« »Nichts Sonderbares«, erwiderte Giacinta, »ist hier im Spiel. Setzt euch nur ruhig hin, guter Giglio! es ist ja doch vielleicht das letzte Mal, dass wir so traulich miteinander sind – Aber auf meine Gnade könnt Ihr immer rechnen; denn, wie gesagt, ich werde euch nie das Wohlwollen, das ich für euch gehegt, entziehen.« – Beatrice trat hinein, ein paar Teller in den Händen, worauf die köstlichsten Früchte lagen, auch hatte sie eine ganz ansehnliche Phiole unter dem Arm gekniffen. Der Inhalt des Korbes schien sich aufgetan zu haben. Durch die offene Türe sah Giglio ein muntres Feuer auf dem Herde knistern, und von allerlei Leckerbissen war der Küchentisch ganz voll und schwer. »Giacintchen«, sprach Beatrice schmunzelnd, »soll unser kleines Mahl den Gast recht ehren, so ist mir noch etwas Geld vonnöten.« »Nimm, Alte, so viel du bedarfst«, erwiderte Giacinta, indem sie der Alten einen kleinen Beutel hinreiche, aus dessen Gewebe schöne Dukaten hervorblinkten. Giglio erstarrte, als er in dem Beutel den Zwillingsbruder des Beutels erkannte, den ihm, wie er nicht anders glauben konnte, Celionati zugesteckt und dessen Dukaten bereits auf der Neige waren. »Ist es ein Blendwerk der Hölle?«, schrie er auf, riss schnell den Beutel der Alten aus der Hand und hielt ihn dicht vor die Augen. Ganz erschöpft sank er aber in den Stuhl, als er auf dem Beutel die Inschrift las: Gedenke deines Traumbildes! – »Hoho«, knurrte ihn die Alte an, indem sie den Beutel, den Giglio ihr mit weit vorgestrecktem Arm hinhielt, zurücknahm. »Hoho, Signor Habenichts! Euch setzt wohl solch schöner Anblick ganz in Erstaunen und Verwunderung? – Hört doch die liebliche Musik und ergötzt euch dran!« Damit schüttelte sie den Beutel, dass das Gold darin erklang, und verließ das Zimmer. »Giacinta«, sprach Giglio, ganz aufgelöst in Trostlosigkeit und Schmerz, »Giacinta! welch grässliches entsetzliches Geheimnis – Sprecht es aus! – sprecht aus meinen Tod!« »Ihr seid«, erwiderte Giacinta, indem sie die feine Nähnadel zwischen den spitzen Fingern gegen das Fenster hielt und geschickt den Silberfaden durch das Öhr stieß, »Ihr seid und bleibt der alte. Euch ist es so geläufig geworden über alles in Ekstase zu geraten, dass Ihr umherwandelt, ein stetes langweiliges Trauerspiel mit noch langweiligerem Oh, Ach und Weh! – Es ist hier gar nicht die Rede von grässlichen, entsetzlichen Dingen; ist es euch aber möglich, artig zu sein und euch nicht zu gebärden, wie ein halbverrückter Mensch, so möcht ich wohl mancherlei erzählen.« »Sprecht, gebt mir den Tod!« murmelte Giglio mit halb erstickter Stimme vor sich hin. – »Erinnert«, begann Giacinta, »erinnert Ihr euch wohl, Signor Giglio, was Ihr, es ist gar nicht lange her, mir einmal über das Wunder eines jungen Schauspielers sagtet? Ihr nanntet solch einen vortrefflichen Helden ein wandelndes Liebesabenteuer, einen lebendigen Roman auf zwei Beinen und was weiß ich wie sonst noch. Nun will ich behaupten, dass eine junge Putzmacherin, der der gütige Himmel eine hübsche Gestalt, ein artiges Gesicht und vorzüglich jene innere magische Gewalt verlieh, vermöge der ein Mädchen sich erst eigentlich als wahrhaftes Mädchen gestaltet, noch ein viel größeres Wunder zu nennen. Solch ein Nestkind der gütigen Natur ist erst recht ein in den Lüften schwebendes liebliches Abenteuer und die schmale Stiege zu ihr herauf, ist die Himmelsleiter, die in das Reich kindisch kecker Liebesträume führt. Sie ist selbst das zarte Geheimnis des weiblichen Putzes, das bald im schimmernden Glanz üppiger Farbenpracht, bald im milden Schein weißer Mondesstrahlen, rosiger Nebel, blauer Abenddüfte lieblichen Zauber übt über euch Männer. Verlockt von Sehnsucht und Verlangen naht ihr euch dem wunderbaren Geheimnis, ihr schaut die mächtige Fee mitten unter ihrem Zaubergerät; aber da wird, von ihren kleinen weißen Fingern berührt, jede Spitze zum Liebesnetz, jedes Band, das sie nestelt, zur Schlinge, in der ihr euch verfangt. Und in ihren Augen spiegelt sich alle entzückende Liebestorheit und erkennt sich selbst und hat an sich selbst herzinnigliche Freude. Ihr hört eure Seufzer aus der innersten Brust der Holden widertönen, aber leise und lieblich, wie die sehnsüchtige Echo den Geliebten ruft aus den fernen magischen Bergen. Da gilt nicht Rang, nicht Stand; dem reichen Prinzen, dem armen Schauspieler ist das kleine Gemach der anmutigen Circe das blumige blühende Arkadien in der unwirtbaren Wüste seines Lebens, in das er sich hineinrettet. Und wächst auch unter den schönen Blumen dieses Arkadiens etwas Schlangenkraut, was tut's? es gehört zu der verführerischen Gattung, die herrlich blüht und noch schöner duftet –« »O ja«, unterbrach Giglio Giacinten, »o ja, und aus der Blüte selbst fährt das Tierlein, dessen Namen das schön blühende und duftende Kraut trägt und sticht plötzlich mit der Zunge, wie mit spitzer Nähnadel –« »Jedes Mal«, nahm Giacinta wieder das Wort, »wenn irgendein fremder Mann, der nicht hineingehört in das Arkadien, tölpisch mit der Nase zufährt.« »Schön gesagt«, fuhr Giglio ganz

Ärger und Ingrimm fort, »schön gesagt, meine holde Giacinta! Ich muss überhaupt gestehen, dass du in der Zeit, während der ich dich nicht sah, auf wunderbare Art klug geworden bist. Du philosophierst über dich selbst auf eine Weise, die mich in Erstaunen setzt. Wahrscheinlich gefällst du dir ganz ungemein als zauberische Circe in dem reizenden Arkadien deines Dachstübchens, das der Schneidermeister Bescapi mit nötiger Zaubergerätschaft zu versehen nicht unterlässt.« »Es mag«, sprach Giacinta sehr gelassen weiter, »es mag mir ganz so gehen, wie dir. Auch ich habe allerlei hübsche Träume gehabt. – Doch, mein guter Giglio, alles was ich da von dem Wesen einer hübschen Putzmacherin gesprochen, nimm es wenigstens halb und halb für Scherz, für schälkische Neckerei und beziehe es umso weniger auf mich selbst, als dies hier vielleicht meine letzte Putzarbeit ist. – Erschrick nicht, mein guter Giglio! aber sehr leicht ist es möglich, dass ich am letzten Tage des Karnevals dies dürftige Kleid mit einem Purpurmantel, diesen kleinen Schemel mit einem Thron vertausche!« – »Himmel und Hölle«, schrie Giglio, indem er heftig aufsprang, die geballte Faust an der Stirn, »Himmel und Hölle! Tod und Verderben! So ist es wahr, was jener heuchlerische Bösewicht mir ins Ohr raunte? – Ha! öffne dich, flammenspeiender Abgrund des Orkus! Steigt herauf, schwarz gefiederte Geister des Acheron! – Genug!« – Giglio verfiel in den grässlichen Verzweiflungsmonolog irgendeines Trauerspiels des Abbate Chiari. Giacinta hatte diesen Monolog, den ihr Giglio sonst hundertfältig vordeklamiert, bis auf den kleinsten Vers im Gedächtnis und soufflierte, ohne von der Arbeit aufzusehen, dem verzweifelnden Geliebten jedes Wort, wenn er hie und da ins Stocken geraten wollte. Zuletzt zog er den Dolch, stieß ihn sich in die Brust, sank hin, dass das Zimmer dröhnte, stand wieder auf, klopfte sich den Staub ab, wischte sich den Schweiß von der Stirne, fragte lächelnd: »Nicht wahr, Giacinta, das bewährt den Meister?« »Allerdings«, erwiderte Giacinta, ohne sich zu rühren, »allerdings. Du hast vortrefflich tragiert, guter Giglio; aber nun wollen wir, dächt ich, uns zu Tische setzen.«

Die alte Beatrice hatte indessen den Tisch gedeckt, ein paar herrlich duftende Schüsseln aufgetragen und die geheimnisvolle Phiole aufgesetzt nebst blinkenden Kristallgläsern. Sowie Giglio das erblickte, schien er ganz außer sich: »Ha, der Gast – der Prinz – Wie ist mir? Gott! – ich habe ja nicht Komödie gespielt, ich bin ja wirklich in Verzweiflung geraten – ja in helle tolle Verzweiflung hast du mich gestürzt, treulose Verräterin, Schlange, Basilisk –

Krokodil! Aber Rache-Rache!« Damit schwang er den Theaterdolch, den er von der Erde aufgerafft, in den Lüften. Aber Giacinta, die ihre Arbeit auf den Nähtisch geworfen und aufgestanden, nahm ihn beim Arm und sprach: »Sei kein Hase, guter Giglio! gib dein Mordinstrument der alten Beatrice, damit sie Zahnstocher daraus schneide und setze dich mit mir zu Tisch; denn am Ende bist du der einzige Gast, den ich erwartet habe.« Giglio ließ sich plötzlich, besänftigt, die Geduld selbst, zu Tische führen und tat, was das Zulangen betrifft, sich dann weiter keinen Zwang an.

Giacinta fuhr fort ganz ruhig und gemütlich von dem ihr bevorstehenden Glück zu erzählen, und versicherte dem Giglio ein Mal über das andere, dass sie durchaus nicht in übermäßigen Stolz verfallen und Giglios Gesicht ganz und gar vergessen, vielmehr, solle er sich ihr von ferne zeigen, sich ganz gewiss seiner erinnern und ihm manchen Dukaten zufließen lassen werde, sodass es ihm nie an rosmarinfarbnen Strümpfen und parfümierten Handschuhen mangeln dürfe. Giglio, dem, als er einige Gläser Wein getrunken, die ganze wunderbare Fabel von der Prinzessin Brambilla wieder in den Kopf gekommen, versicherte dagegen freundlich, dass er Giacintas gute herzliche Gesinnungen hoch zu schätzen wisse; was aber den Stolz und die Dukaten betreffe, so werde er von beiden keinen Gebrauch machen können, da er, Giglio, selbst im Begriff stehe, mit beiden Füßen hineinzuspringen ins Prinzentum. Er erzählte nun, wie ihn bereits die vornehmste und reichste Prinzessin der Welt zu ihrem Ritter erkoren, und, dass er hoffe, noch bei dem Schluss des Karnevals als der Gemahl seiner fürstlichen Dame, dem armseligen Leben, das er bis jetzt geführt, auf immer Valet sagen zu können. Giacinta schien über Giglios Glück höchlich erfreut und beide schwatzten nun ganz vergnüglich von der künftigen schönen Zeit der Freude und des Reichtumes. »Ich möchte nur«, sprach Giglio endlich, »dass die Reiche, die wir künftig beherrschen werden, fein aneinander grenzten, damit wir gute Nachbarschaft halten könnten; aber, irr ich nicht, so liegt das Fürstentum meiner angebeteten Prinzessin über Indien weg, gleich linker Hand um die Erde nach Persien zu.« – »Das ist schlimm«, erwiderte Giacinta, »auch ich werde wohl weit fort müssen; denn das Reich meines fürstlichen Gemahls soll dicht bei Bergamo liegen. Doch wird sich das wohl machen lassen, dass wir künftig Nachbarn werden und bleiben« – Beide, Giacinta und Giglio, kamen dahin überein, dass ihre künftigen Reiche durchaus in die Gegend von Frascati verlegt werden müssten. – »Gute

Nacht, teure Prinzessin!«, sprach Giglio; »wohl zu ruhen, teurer Prinz!«, erwiderte Giacinta, und so schieden sie, als der Abend einbrach, friedlich und freundlich auseinander.

FÜNFTES KAPITEL

Wie Giglio in der Zeit gänzlicher Trockenheit des menschlichen Geistes zu einem weisen Entschluss gelangte, den Fortunatus- säckel einsteckte und dem demütigsten aller Schneider einen stol- zen Blick zuwarf. – Der Palast Pistoja und seine Wunder. – Vorle- sung des weisen Mannes aus der Tulpe. – König Salomo der Geis- terfürst und Prinzessin Mystilis. – Wie ein alter Magus einen schwarzen Schlafrock umwarf, eine Zobelmütze aufsetzte und mit ungekämmtem Bart Prophezeiungen vernehmen ließ in schlech- ten Versen. – Unglückliches Schicksal eines Gelbschnabels. – Wie der geneigte Leser in diesem Kapitel nicht erfährt, was sich bei Giglios Tanz mit der unbekannten Schönen weiter begeben.

Jeder, der mit einiger Fantasie begabt, soll, wie es in irgendeinem lebensklugheitschweren Buche geschrieben steht, an einer Ver- rücktheit leiden, die immer steigt und schwindet, wie Ebbe und Flut. Die Zeit der letzteren, wenn immer höher und stärker die Wellen daherbrausen, ist die einbrechende Nacht, so wie die Mor- genstunden gleich nach dem Erwachen, bei der Tasse Kaffee, für den höchsten Punkt der Ebbe gelten. Daher gibt jenes Buch auch den vernünftigen Rat, diese Zeit als den Moment der herrlichsten klarsten Nüchternheit zu benutzen, zu den wichtigsten Angele- genheiten des Lebens. Nur des Morgens soll man z. B. sich verhei- raten, tadelnde Rezensionen lesen, testieren, den Bedienten prü- geln u. s. w.

In dieser schönen Zeit der Ebbe, in der sich der menschliche Geist gänzlicher Trockenheit erfreuen darf, war es, als Giglio Fava über seine Torheit erschrak und selbst gar nicht wusste, wie er das nicht längst habe tun können, wozu die Aufforderung ihm doch, so zu sagen, dicht vor die Nase geschoben war. – »Es ist nur zu gewiss«, so dachte er im frohen Bewusstsein des vollen Verstan- des, »es ist nur zu gewiss, dass der alte Celionati halb wahnsinnig zu nennen, dass er sich in diesem Wahnsinn nicht nur ungemein gefällt, sondern auch recht eigentlich darauf ausgeht, andere ganz verständige Leute darin zu verstricken. Ebenso gewiss ist es aber, dass die schönste, reichste aller Prinzessinnen, die göttliche Brambilla, eingezogen ist in den Palast Pistoja und – o Himmel und Erde! kann diese Hoffnung durch Ahnungen, Träume, ja durch den Rosenmund der reizendsten aller Masken bestätigt, wohl täuschen – dass sie ihrer himmlischen Augen süßen Liebesstrahl gerichtet hat auf mich Glücklichen? – Unerkannt, verschleiert, hinter dem verschlossenen Gitter einer Loge, erblickte sie mich, als ich irgendeinen Prinzen spielte und ihr Herz war mein! – Kann sie denn wohl mir nahen auf geradem Wege? Bedarf das holde Wesen nicht Mittelspersonen, Vertrauter, die den Faden anspinnen, der sich zuletzt verschlingt zum süßesten Bande? – Mag es sich nun begeben haben, wie es will, unbezweifelt ist Celionati derjenige, der mich der Prinzessin in die Arme führen soll – Aber statt fein ordentlich den geraden Weg zu gehen, stürzt er mich kopfüber in ein ganzes Meer von Tollheit und Fopperei, will mir einreden, in eine Fratze vermummt müsse ich die schönste der Prinzessinnen aufsuchen im Korso, erzählt mir von assyrischen Prinzen, von Zauberern – Fort – fort mit allem tollen Zeuge, fort mit dem wahnsinnigen Celionati! – Was hält mich denn ab, mich sauber anzuputzen, gerade hineinzutreten in den Palast Pistoja, mich der Durchlauchtigsten zu Füßen zu werfen? O Gott, warum tat ich das nicht schon gestern – vorgestern?« –

Es war dem Giglio unangenehm, dass, als er nun eiligst seine beste Garderobe musterte, er nicht umhinkonnte, selbst zu gestehen, dass das Federbarett auf ein Haar einem gerupften Haushahn glich, dass das dreimal gefärbte Wams in allen möglichen Regenbogenfarben schillerte, dass der Mantel die Kunst des Schneiders, der durch die kühnsten Nähte der fressenden Zeit getrotzt, zu sehr verriet, dass das wohl bekannte blauseidne Beinkleid, die Rosastrümpfe sich herbstlich entfärbt. Wehmütig griff er nach dem Beutel, den er beinahe geleert glaubte und – in schönster Fülle strotzend vorfand. – »Göttliche Brambilla«, rief er entzückt aus, »göttliche Brambilla, ja ich gedenke deiner, ich gedenke des holden Traumbildes!«

Man kann sich vorstellen, dass Giglio, den angenehmen Beutel, der eine Art Fortunatussäckel schien, in der Tasche, sofort alle Läden der Trödler und Schneider durchrannte, um sich einen Anzug so schön, als ihn jemals ein Theaterprinz angelegt, zu verschaffen. Alles was man ihm zeigte, – war ihm nicht reich, nicht prächtig genug. Endlich besann er sich, dass ihm wohl kein anderer Anzug genügen werde, als den Bescapis Meisterhand geschaffen, und begab sich sofort zu ihm hin. Als Meister Bescapi Giglios Anliegen vernommen, rief er ganz Sonne im Antlitz: »O mein bester Signor Giglio, damit kann ich aufwarten«, und führte den kauflustigen Kunden in ein anderes Kabinett. Giglio war aber nicht wenig verwundert, als er hier keine andern Anzüge fand, als die vollständige italienische Komödie und außerdem noch die tollsten fratzenhaftesten Masken. Er glaubte von Meister Bescapi missverstanden zu sein und beschrieb ziemlich heftig die vornehme reiche Tracht, in die er sich zu putzen wünsche. »Ach Gott!«, rief Bescapi wehmütig, »ach Gott! was ist denn das wieder? Mein bester Signor, ich glaube doch nicht, dass wieder gewisse Anfälle –« »Wollt«, unterbrach ihn Giglio ungeduldig, indem er den Beutel mit den Dukaten schüttelte, »wollt Ihr mir, Meister Schneider, einen Anzug verkaufen, wie ich ihn wünsche, so ists gut; wo nicht, so lasst es bleiben« – »Nun, nun«, sprach Meister Bescapi kleinlaut, »werdet nur nicht böse, Signor Giglio! – Ach, Ihr wisst nicht, wie gut ich es mit euch meine, ach hättet Ihr nur ein wenig, ein ganz wenig Verstand!« – »Was untersteht Ihr euch, Meister Schneider?«, rief Giglio zornig. »Ei«, fuhr Bescapi fort, »bin ich ein Meister Schneider, so wollt ich, ich könnte euch das Kleid anmessen mit dem richtigen Maß, das euch passlich und dienlich. Ihr rennt in Euer Verderben, Signor Giglio, und mir tut es Leid, dass ich euch nicht alles wiedersagen kann, was der weise Celionati mir über euch und Euer bevorstehendes Schicksal erzählt hat.« »Hoho?«, sprach Giglio, »der *weise* Signor Celionati, der saubre Herr Marktschreier, der mich verfolgt auf alle mögliche Weise, der mich um mein schönstes Glück betrügen will, weil er mein Talent, mich selbst hasst, weil er sich auflehnt gegen den Ernst höherer Naturen, weil er alles in die alberne Mummerei des hirnlosen Spaßes hineinfoppen möchte! – O mein guter Meister Bescapi, ich weiß alles, der würdige Abbate Chiari hat mir alle Hinterlist entdeckt. Der Abbate ist der herrlichste Mensch, die poetischste Natur die man finden kann; denn für *mich* hat er den weißen Mohren geschaffen und niemand auf der ganzen weiten Erde, sag ich, kann den weißen Mohren spielen, als ich.« »Was sagt Ihr?«, rief Meister Bescapi laut lachend, »hat der würdige Abbate, den der Himmel recht bald abrufen möge zur Versammlung höherer Naturen, hat er mit seinem Tränenwasser, das er so reichlich ausströmen lässt, einen Mohren weiß gewaschen?« – »Ich frage«, sprach Giglio, mit Mühe seinen Zorn unterdrückend, »ich frage euch noch einmal, Meister Bescapi, ob Ihr mir für meine vollwichtigen Dukaten

einen Anzug, wie ich ihn wünsche, verkaufen wollt, oder nicht?«
»Mit Vergnügen«, erwiderte Bescapi ganz fröhlich, »mit Vergnügen, mein bester Signor Giglio!«

Darauf öffnete der Meister ein Kabinett, in dem die reichsten herrlichsten Anzüge hingen. Dem Giglio fiel sogleich ein vollständiges Kleid ins Auge, das in der Tat sehr reich, wiewohl, der seltsamen Buntheit halber, etwas fantastisch ins Auge fiel. Meister Bescapi meinte, dieses Kleid käme hoch zu stehen und würde dem Giglio wohl zu teuer sein. Als aber Giglio darauf bestand, das Kleid zu kaufen, den Beutel hervorzog und den Meister aufforderte, den Preis zu setzen, wie er wolle, da erklärte Bescapi, dass er den Anzug durchaus nicht fortgeben könne, da derselbe schon für einen fremden Prinzen bestimmt und zwar für den Prinzen Cornelio Chiapperi. – »Wie«, rief Giglio, ganz Begeisterung, ganz Ekstase, »wie? – was sagt Ihr? – so ist das Kleid für mich gemacht und keinen andern. Glücklicher Bescapi! – Eben der Prinz Cornelio Chiapperi ist es, der vor euch steht und bei euch sein innerstes Wesen, sein Ich vorgefunden!« –

Sowie Giglio diese Worte sprach, riss Meister Bescapi den Anzug von der Wand, rief einen seiner Burschen herbei und befahl ihm, den Korb, in den er schnell alles eingepackt, dem durchlauchtigsten Prinzen nachzutragen.

»Behaltet«, rief der Meister, als Giglio zahlen wollte, »behaltet Euer Geld, mein hochverehrtester Prinz! – Ihr werdet Eile haben. Euer untertänigster Diener wird schon zu seinen Gelde kommen; vielleicht berichtigt der weiße Mohr die kleine Auslage! – Gott beschütze euch mein vortrefflicher Fürst!« –

Giglio warf dem Meister, der ein Mal übers andere in den zierlichsten Bücklingen niedertauchte, einen stolzen Blick zu, steckte das Fortunatussäckel ein und begab sich mit dem schönen Prinzenkleide von dannen.

Der Anzug passte so vortrefflich, dass Giglio in der ausgelassensten Freude dem Schneiderjungen, der ihn auskleiden geholfen, einen blanken Dukaten in die Hand drückte. Der Schneiderjunge bat, ihm stattdessen ein paar gute Paolis zu geben, da er gehört, dass das Gold der Theaterprinzen nichts tauge und dass ihre Dukaten nur Knöpfe, oder Rechenpfennige wären. Giglio warf den superklugen Jungen aber zur Türe hinaus.

Nachdem Giglio genugsam die schönsten anmutigsten Gesten vor dem Spiegel probiert, nachdem er sich auf die fantastischen Redensarten liebekranker Helden besonnen und die volle Überzeugung gewonnen, dass er total unwiderstehlich sei, begab er sich, als schon die Abenddämmerung einzubrechen begann, getrost nach dem Palast Pistoja.

Die unverschlossene Türe wich dem Druck seiner Hand und er gelangte in eine geräumige Säulenflur, in der die Stille des Grabes herrschte. Als er verwundert ringsumher schaute, gingen aus dem tiefsten Hintergrunde seines Innern dunkle Bilder der Vergangenheit auf. Es war ihm, als sei er schon einmal hier gewesen und, da doch in seiner Seele sich durchaus nichts deutlich gestalten wollte, da alles Mühen, jene Bilder ins Auge zu fassen, vergebens blieb, da überfiel ihn ein Bangen, eine Beklommenheit, die ihm allen Mut benahm, sein Abenteuer weiter zu verfolgen.

Schon im Begriff, den Palast zu verlassen, wäre er vor Schreck beinahe zu Boden gesunken, als ihm plötzlich sein Ich, wie in Nebel gehüllt, entgegentrat. Bald gewahrte er indessen, dass das, was er für seinen Doppelgänger hielt, sein Bild war, das ihm ein dunkler Wandspiegel entgegenwarf. Doch in dem Augenblick war es ihm aber auch, als flüsterten hundert süße Stimmchen: »O Signor Giglio, wie seid Ihr doch so hübsch, so wunderschön!« – Giglio warf sich vor dem Spiegel in die Brust, erhob das Haupt, stemmte den linken Arm in die Seite, und rief indem er die Rechte erhob, pathetisch: »Mut, Giglio, Mut! dein Glück ist dir gewiss, eile es zu erfassen!« – Damit begann er auf und ab zu schreiten mit schärferen und schärferen Tritten, sich zu räuspern, zu husten, aber grabesstill blieb es, kein lebendiges Wesen ließ sich vernehmen. Da versuchte er diese und jene Türe, die in die Gemächer führen musste, zu öffnen; alle waren fest verschlossen.

Was blieb übrig, als die breite Marmortreppe zu ersteigen, die an beiden Seiten der Flur sich zierlich hinaufwand?

Auf dem obern Korridor, dessen Schmuck der einfachen Pracht des Ganzen entsprach, angekommen, war es dem Giglio, als vernähme er ganz aus der Ferne die Töne eines fremden seltsam klingenden Instruments – Behutsam schlich er weiter vor und bemerkte bald einen blendenden Strahl, der durch das Schlüsselloch der Türe ihm gegenüber in den Korridor fiel. Jetzt unterschied er auch, dass das, was er für den Ton eines unbekannten Instruments gehalten, die Stimme eines redenden Mannes war, die freilich gar verwunderlich klang, da es bald war, als würde eine Zimbel angeschlagen, bald als würde eine tiefe dumpfe Pfeife geblasen. Sowie Giglio sich an der Türe befand, öffnete sie sich leise – leise von selbst. Giglio trat hinein und blieb festgewurzelt stehen, im tiefsten Erstaunen –

Giglio befand sich in einem mächtigen Saal, dessen Wände mit purpurgesprenkeltem Marmor bekleidet waren und aus dessen hoher Kuppel sich eine Ampel hinabsenkte, deren strahlendes Feuer alles mit glühendem Gold übergoss. Im Hintergrunde bildete eine reiche Draperie von Goldstoff einen Thronhimmel, unter dem auf einer Erhöhung von fünf Stufen ein vergoldeter Armsessel mit bunten Teppichen stand. Auf demselben saß jener kleine alte Mann mit langem weißen Bart, in einen Talar von Silberstoff gekleidet, der bei dem Einzüge der Prinzessin Brambilla in der goldgleißenden Tulpe den Wissenschaften oblag. So wie damals, trug er einen silbernen Trichter auf dem ehrwürdigen Haupte; so wie damals, saß eine ungeheure Brille auf seiner Nase; so wie damals, las er, wiewohl jetzt mit lauter Stimme, die eben diejenige war, welche Giglio aus der Ferne vernommen, in einem großen Buche, das aufgeschlagen vor ihm auf dem Rücken eines knienden Mohren lag. An beiden Seiten standen die Strauße wie mächtige Trabanten und schlugen, einer um den andern, dem Alten, wenn er die Seite vollendet, mit den Schnäbeln das Blatt um.

Ringsumher im geschlossenen Halbkreis saßen wohl an hundert Damen so wunderbar schön, wie Feen und ebenso reich und herrlich gekleidet, wie diese bekanntlich einhergehen. Alle machten sehr emsig Filet. In der Mitte des Halbkreises, vor dem Alten, standen auf einem kleinen Altar von Porphyr, in der Stellung in tiefen Schlaf Versunkener, zwei kleine seltsame Püppchen mit Königskronen auf dem Haupte.

Als Giglio sich einigermaßen von seinem Erstaunen erholt, wollte er seine Gegenwart kundtun. Kaum hatte er aber auch nur den Gedanken gefasst zu sprechen, als er einen derben Faustschlag auf den Rücken erhielt. Zu seinem nicht geringem Schrecken wurde er jetzt erst die Reihe mit langen Spießen und kurzen Säbeln bewaffneter Mohren gewahr, in deren Mitte er stand und die ihn mit funkelnden Augen anblitzten, mit elfenbeinernen Zähnen anfletschten. Giglio sah ein, dass Geduld üben hier das beste sei. –

Das was der Alte den Filet machenden Damen vorlas, lautete aber ungefähr, wie folgt:

»Das feurige Zeichen des Wassermanns steht über uns, der Delfin schwimmt auf brausenden Wellen gen Osten und spritzt aus seinen Nüstern das reine Kristall in die dunstige Flut! – Es ist an der Zeit, dass ich zu euch rede von den großen Geheimnissen, die sich begaben, von dem wunderbaren Rätsel, dessen Auflösung euch rettet von unseligem Verderben. – Auf der Zinne des Turms stand der Magus Hermod und beobachtete den Lauf der Gestirne. Da schritten vier alte Männer in Talare gehüllt, deren Farbe gefallnem Laube glich, durch den Wald auf den Turm los und erhoben, als sie an den Fuß des Turms gelangt, ein gewaltiges Wehklagen. ›Höre uns! – Höre uns, großer Hermod! – Sei nicht taub für unser Flehen, erwache aus deinem tiefen Schlaf! – Hätten wir nur die Kraft, König Ophiochs Bogen zu spannen, so schössen wir dir einen Pfeil durch das Herz, wie er es getan und du müsstest herabkommen und dürftest da oben nicht im Sturmwinde stehen, wie ein unempfindlicher Klotz! – Aber würdigster Greis! wenn du nicht aufwachen willst, so halten wir einiges Wurfgeschütz in Bereitschaft und wollen an deine Brust anpochen mit einigen mäßigen Steinen, damit sich das menschliche Gefühl rege, das darin verschlossen! – Erwache, herrlicher Greis!‹ –

Der Magus Hermod schaute herab, lehnte sich übers Geländer und sprach mit einer Stimme, die dem dumpfen Tosen des Meeres, dem Heulen des nahenden Orkans glich: ›Ihr Leute da unten, seid keine Esel! Ich schlafe nicht und darf nicht geweckt werden durch Pfeile und Felsenstücke. Beinahe weiß ich schon, was ihr wollt, ihr lieben Menschen! Wartet ein wenig, ich komme gleich herab. – Ihr könnt euch indessen einige Erdbeeren pflücken, oder Haschemann spielen auf dem grasichten Gestein – ich komme gleich.‹ –

Als Hermod herabgekommen und Platz genommen auf einem großen Stein, den der weiche bunte Teppich des schönsten Mooses überzog, begann der von den Männern, der der älteste schien, da sein weißer Bart ihm bis an den Gürtel herabreichte, also: ›Großer Hermod, du weißt gewiss alles, was ich dir sagen will, schon im Voraus besser, als ich selbst; aber eben damit du erfahren mögest, dass ich es auch weiß, muss ich es dir sagen.‹ ›Rede!‹ erwiderte Hermod, ›rede, o Jüngling! Gern will ich dich anhören; denn das, was du eben sagtest, verrät, dass dir durchdringender Verstand beiwohnt, wo nicht tiefe Weisheit, unerachtet du kaum die Kinderschuhe vertreten.‹ ›Ihr wisst‹, fuhr der Sprecher fort, ›Ihr wisst es, großer Magus, dass König Ophioch eines Tages im Rat, als eben die Rede davon war, dass jeder Vasall gehalten sein solle, jährlich eine bestimmte Quantität Witz zum Hauptmagazin alles Spaßes im Königreich beizusteuern, woraus bei eintretender Hungers- oder Durstnot die Armen verpflegt werden, plötzlich sprach: »Der Moment, in dem der Mensch umfällt, ist der erste, in dem sein wahrhaftes Ich sich aufrichtet.« Ihr wisst es, dass König Ophioch, kaum hatte er diese Worte gesprochen, wirklich umfiel und nicht mehr aufstand, weil er gestorben war. Traf es sich nun, dass Königin Liris auch in demselben Augenblick die Augen geschlossen, um sie nie wieder zu öffnen, so geriet der Staatsrat, da es dem königlichen Paar an einiger Deszendenz gänzlich fehlte, wegen der Thronfolge in nicht geringe Verlegenheit. Der Hofastronom, ein sinnreicher Mann, fiel endlich auf ein Mittel, die weise Regierung des Königs Ophioch dem Lande noch auf lange Jahre zu erhalten. Er schlug nämlich vor, ebenso zu verfahren, wie es mit einem bekannten Geisterfürsten (König Salomo) geschah, dem, als er schon längst gestorben, die Geister noch lange gehorchten. Der Hoftischlermeister wurde, diesem Vorschlag gemäß, in den Staatsrat gezogen; der verfertigte ein zierliches Gestell von Buchsbaum, das wurde dem König Ophioch, nachdem sein Körper gehörige Speisung der trefflichsten Spezereien erhalten, unter den Steiß geschoben, sodass er ganz staatlich dasaß; vermöge eines geheimen Zuges, dessen Ende wie eine Glockenschnur im Konferenzzimmer des großen Rats herabhing, wurde aber sein Arm regiert, sodass er das Szepter hin und her schwenkte. Niemand zweifelte, dass König Ophioch lebe und regiere. Wunderbares trug sich aber nun mit der Urdarquelle zu. Das Wasser des Sees, den sie gebildet, blieb hell und klar; doch statt dass sonst alle diejenigen, die hineinschauten, eine besondere Lust empfanden, gab es jetzt viele, welche, indem sie die ganze Natur und sich selbst darin erblickten, darüber in Unmut und Zorn gerieten, weil es aller Würde, ja allem Menschenverstande, aller mühsam erworbenen Weisheit entgegen sei, die Dinge und vorzüglich das eigne Ich verkehrt zu schauen. Und immer mehrere und mehrere wurden derer, die zuletzt behaupteten, dass die Dünste des hellen Sees den Sinn betörten und den schicklichen Ernst umwandelten in Narrheit. Im Ärger warfen sie nun allerlei garstiges Zeug in den See, sodass er seine Spiegelhelle verlor und immer trüber und trüber wurde, bis er zuletzt einem garstigen Sumpfe glich. Dies, o weiser Magus, hat viel Unheil über das Land gebracht; denn die vornehmsten Leute schlagen sich jetzt ins Gesicht und meinen denn, das sei die wahre Ironie der Weisen. Das größte Unheil ist aber gestern geschehen, da es dem guten König Ophioch ebenso ergangen, wie jenem Geisterfürsten. Der böse Holzwurm hatte unbemerkt das Gestell zernagt und plötzlich stürzte die Majestät im besten Regieren um, vor den Augen vieles Volks, das sich in den Thronsaal gedrängt, sodass nun sein Hinscheiden nicht länger zu verbergen. Ich selbst, großer Magus, zog gerade die Szepterschnure, welche, als die Majestät umstülpte, mir im Zerreißen dermaßen ins Gesicht schnellte, dass ich dergleichen Schnurziehen auf zeitlebens satt bekommen. – du hast, o weiser Hermod! dich immer des Landes Urdargarten getreulich angenommen; sage, was fangen wir an, dass ein würdiger Thronfolger die Regierung übernehme und der Urdarsee wieder hell und klar werde?‹ – Der Magus Hermod versank in tiefes Nachdenken, dann aber sprach er: ›Harret neunmal neun Nächte, dann entblüht aus dem Urdarsee die Königin des Landes! Unterdessen regiert aber das Land, so gut ihr es vermöget!‹ Und es geschah, dass feurige Strahlen aufgingen über dem Sumpf, der sonst die Urdarquelle gewesen. Das waren aber die Feuergeister, die mit glühenden Augen hineinblickten und aus der Tiefe wühlten sich die Erdgeister herauf. Aus dem trocken gewordenen Boden blühte aber eine schöne Lotusblume empor, in deren Kelch ein holdes schlummerndes Kind lag. Das war die Prinzessin Mystilis, die von jenen vier Ministern, die die Kunde von dem Magus Hermod geholt hatten, behutsam aus ihrer schönen Wiege herausgenommen und zur Regentin des Landes erhoben wurde. – Die gedachten vier Minister übernahmen die Vormundschaft über die Prinzessin und suchten das liebe Kind so zu hegen und zu pflegen, als es nur in ihrer Macht stand. In großen Kummer versanken sie aber, als die Prinzessin, da sie nun so alt geworden, um gehörig sprechen zu können, eine Sprache zu reden begann, die niemand verstand. Von weit und breit her wurden Sprachkundige verschrieben, um die Sprache der Prinzessin zu erforschen, aber das böse entsetzliche Verhängnis wollte, dass die Sprachkundigen, je gelehrter, je weiser sie waren, desto weniger die Reden des Kindes verstanden, die noch dazu ganz verständig und verständlich klangen. Die Lotusblume hatte indessen ihren Kelch wieder geschlossen; um sie her sprudelte aber in kleinen Quellchen das Kristall des reinsten Wassers empor. Darüber hatten die Minister große Freude; denn sie konnten nicht anders glauben, als dass statt des Sumpfs bald wieder der schöne Wasserspiegel der Urdarquelle aufleuchten werde. Wegen der Sprache der Prinzessin beschlossen die weisen Minister, sich, was sie schon längst hätten tun sollen, von dem Magus Hermod Rat zu holen. – Als sie in das schaurige Dunkel des geheimnisvollen Waldes getreten, als schon das Gestein des Turms durch das dichte Gesträuch blickte, stießen sie auf einen alten Mann, der, nachdenklich in einem großen Buche lesend, auf einem Felsstück saß und den sie für den Magus Hermod erkennen mussten. Der Kühle des Abends wegen, hatte Hermod einen schwarzen Schlafrock umgeworfen und eine

Zobelmütze aufgesetzt, welches ihm zwar nicht übel kleidete, ihm aber doch ein fremdartiges, etwas finsteres Ansehen gab. Auch schien es den Ministern, als sei Hermods Bart etwas in Unordnung geraten; denn er glich struppigem Buschwerk. Als die Minister demütiglich ihr Anliegen vorgebracht hatten, erhob sich Hermod, blitzte sie mit solch einem entsetzlich funkelnden Blick an, dass sie beinahe stracks in die Knie gesunken wären, und schlug dann eine Lache auf, die durch den ganzen Wald dröhnte und gellte, sodass die Tiere verschüchtert, fliehend durch die Büsche rauschten und das Geflügel, wie in Todesangst aufkreischend, emporbrauste aus dem Dickicht! Den Ministern, die den Magus Hermod in dieser etwas verwilderten Stimmung niemals gesehen und gesprochen, wurde nicht wohl zu Mute; indessen harrten sie in ehrfurchtsvollem Schweigen dessen, was der große Magus beginnen werde. Der Magus setzte sich aber wieder auf den großen Stein, schlug das Buch auf und las mit feierlicher Stimme:

>Es liegt ein schwarzer Stein in dunkler Halle,
  Wo einst das Königspaar, von Schlaf befangen
  Den stummen bleichen Tod auf Stirn und Wangen,
Geharrt der Zauberkunde mächtgem Schalle!

Und unter diesem Steine tief begraben
  Liegt, was zu aller Lebenslust erkoren
  Für Mystilis, aus Blut und Blum geboren,
Aufstrahlt für sie, die köstlichste der Gaben.

Der bunte Vogel fängt sich dann in Netzen,
  Die Feenkunst mit zarter Hand gewoben.
  Verblendung weicht, die Nebel sind zerstoben
Und selbst der Feind muss sich zum Tod verletzen!

Zum bessern Hören spitzet dann die Ohren!
  Zum bessern Schauen nehmt die Brill vor Augen,
  Wollt ihr Minister sein, was Rechtes taugen!
Doch, bleibt ihr Esel, seid ihr rein verloren!<

Damit klappte der Magus das Buch mit solcher Gewalt zu, dass es erklang, wie ein starker Donnerschlag und sämtliche Minister rücklings überstürzten. Da sie sich erholt hatten, war der Magus verschwunden. Sie wurden darüber einig, dass man um des Vaterlandes Wohls willen viel leiden müsse; denn sonst sei es ganz unausstehlich, dass der grobe Kumpan von Sterndeuter und Zauberer die vortrefflichsten Stützen des Staats heute schon zum zweiten Mal Esel genannt. Übrigens erstaunten sie selbst über die Weisheit, mit der sie das Rätsel des Magus durchschauten. In Urdargarten angekommen, gingen sie augenblicklich in die Halle, wo König Ophioch und Königin Liris dreizehnmal dreizehn Monden schlafend zugebracht, hoben den schwarzen Stein auf, der in der Mitte des Fußbodens eingefugt, und fanden in tiefer Erde ein kleines gar herrlich geschnitztes Kästchen von dem schönsten Elfenbein. *Das* gaben sie der Prinzessin Mystilis in die Hände, die augenblicklich eine Feder andrückte, sodass der Deckel aufsprang und sie das hübsche zierliche Filetzeug herausnehmen konnte, das in dem Kästchen befindlich. Kaum hatte sie aber das Filetzeug in Händen, als sie laut auflachte vor Freuden und dann ganz vernehmlich sprach: ›Großmütterlein hatte es mir in die Wiege gelegt; aber ihr Schelme habt mir das Kleinod gestohlen und hättet mir's nicht wiedergegeben, wärt ihr nicht auf die Nase gefallen im Walde!‹ – Darauf begann die Prinzessin sogleich auf das emsigste Filet zu machen. Die Minister schickten sich, ganz Entzücken, schon an, einen gemeinschaftlichen Freudensprung zu verführen, als die Prinzessin plötzlich erstarrte und zusammenschrumpfte zum kleinen niedlichen Porzellanpüppchen. War erst die Freude der Minister groß gewesen, so war es auch nun um desto mehr ihr Jammer. Sie weinten und schluchzten so sehr, dass man es im ganzen Palast hören konnte, bis einer von ihnen plötzlich, in Gedanken vertieft, einhielt, sich mit den beiden Zipfeln seines Talars die Augen trocknete und also sprach: ›Ministers – Kollegen – Kameraden – beinahe glaub ich, der große Magus hat Recht und wir sind – nun mögen wir sein, was wir wollen! – Ist denn das Rätsel aufgelöst? – ist denn der bunte Vogel gefangen? – Der Filet, das ist das Netz von zarter Hand gewoben, in dem er sich fangen muss.‹ Auf Befehl der Minister wurden nun die schönsten Damen des Reichs, wahre Feen an Reiz und Anmut, im Palast versammelt, welche im prächtigsten Schmuck unablässig Filet machen mussten. – Doch was half es? Der bunte Vogel ließ sich nicht blicken; die Prinzessin Mystilis blieb ein Porzellanpüppchen, die sprudelnden Quellen des Urdarbrunnens trockneten immer mehr ein und alle Vasallen des Reichs versanken in den bittersten Unmut. Da geschah es, dass die vier Minister, der Verzweiflung nahe, sich hinsetzten an den Sumpf, der sonst der schöne spiegelhelle Urdarsee gewesen, in lautes Wehklagen ausbrachen und in den rührendsten Redensarten den Magus Hermod anflehten, sich ihrer und des armen Urdarlandes zu erbarmen. Ein dumpfes Stöhnen stieg aus der Tiefe, die Lotosblume öffnete den Kelch und empor aus ihm erhob sich der Magus Hermod, der mit zürnender Stimme also sprach: unglückliche! – Verblendete! – Nicht ich war es, mit dem ihr im Walde sprachet; es war der böse Dämon, Typhon selbst war es, der euch in schlimmem Zauberspiel geneckt, der das unselige Geheimnis des Filetkästchens hinaufbeschworen hat! – Doch sich selbst zum Tort hat et mehr Wahrheit gesprochen, als er wollte. Mögen die zarten Hände feeischer Damen Filet machen, mag der bunte Vogel gefangen werden; aber vernehmt das eigentliche Rätsel, dessen Lösung auch die Verzauberung der Prinzessin löst.‹« –

So weit hatte der Alte gelesen, als er innehielt, sich von seinem Sitze erhob und zu den kleinen Püppchen, die auf dem Porphyr-Altar in der Mitte des Kreises standen, also sprach:

»Gutes vortreffliches Königspaar, teurer Ophioch, verehrteste Liris, verschmäht es nicht länger, uns zu folgen auf der Pilgerfahrt in dem bequemen Reiseanzug, den ich euch gegeben! – Ich, euer Freund Ruffiamonte, werde erfüllen, was ich versprach!«

Dann schaute Ruffiamonte im Kreise der Damen umher und sprach: »Es ist nun an der Zeit, dass ihr das Gespinst beiseite legt und den geheimnisvollen Spruch des großen Magus Hermod sprecht, wie er ihn gesprochen aus dem Kelch der wunderbaren Lotosblume heraus.«

Während nun Ruffiamonte mit einem silbernen Stabe den Takt schlug mit heftigen Schlägen, die laut schallend auf das offne Buch niederfielen, sprachen die Damen, die ihre Sitze verlassen und einen dichteren Kreis um den Magus geschlossen, im Chor Folgendes:

> »Wo ist das Land, des blauer Sonnenhimmel
> Der Erde Lust in reicher Blut entzündet?
> Wo ist die Stadt, wo lustiges Getümmel
> In schönster Zeit den Ernst vom Ernst entbindet?
> Wo gaukeln froh der Fantasei Gestalten,
> In bunter Welt, die klein zum Ei gerundet?
> Wo mag die Macht anmutgen Spukes walten?
> Wer ist der Ich, der aus dem Ich gebären
> Das Nicht-Ich kann, die eigne Brust zerspalten,
> Und schmerzlos hoch Entzücken mag bewähren?

Das Land, die Stadt, die Welt, das Ich, gefunden
  Ist alles das, erschaut in voller Klarheit
  Das Ich die Welt, der keck, es sich entwunden,
Umwandelt des betörten Sinnes Narrheit,
  Trifft ihn der bleichen Unlust matter Tadel,
  Der innre Geist in kräftge Lebenswahrheit,
Erschleußt das Reich die wunderbare Nadel
  Des Meisters, gibt in schelmisch tollem Necken,
  Dem, was nur niedrig schien, des Herrschers Adel
Der, der das Paar aus süßem Traum wird wecken.

Dann Heil dem schönen fernen Urdarlande!
  Gereinigt, spiegelhell erglänzt sein Bronnen,
  Zerrissen sind des Dämons Kettenbande,
Und aus der Tiefe steigen tausend Wonnen.
  Wie will sich jede Brust voll Inbrunst regen?
  In hohe Lust ist jede Qual zerronnen.
Was strahlt dort in des dunklen Waldes Wegen?
  Ha, welch ein Jauchzen aus der Fern ertönet!
  Die Königin, sie kommt! – auf ihr entgegen!
Sie fand das Ich! und Hermod ist versöhnet!« –

Jetzt erhoben die Strauße und die Mohren ein verwirrtes Geschrei und dazwischen quiekten und piepten noch viele andre seltsame Vogelstimmen. Stärker, als alle, schrie aber Giglio, der, wie aus einer Betäubung erwacht, plötzlich alle Fassung gewonnen und dem es nun war, als sei er in irgendeinem burlesken Schauspiel: »Um tausend Gotteswillen! was ist denn das? Hört doch nur endlich auf mit dem tollen verrückten Zeuge! Seid doch vernünftig, sagt mir doch nur, wo ich die durchlauchtige Prinzessin finde, die hochherrliche Brambilla! Ich bin Giglio Fava, der berühmteste Schauspieler auf der Erde, den die Prinzessin Brambilla liebt und zu hohen Ehren bringen wird – So hört mich doch nur! Damen, Mohren, Strauße, lasst euch nicht albernes Zeug vorschwatzen! Ich weiß das alles besser, als der Alte dort; denn ich bin der weiße Mohr und kein andrer!«

Sowie die Damen endlich den Fava gewahr wurden, erhoben sie ein langes durchdringendes Gelächter und fuhren auf ihn los. Selbst wusste Giglio nicht, warum ihn auf einmal eine schreckliche Angst überfiel und er mit aller Mühe suchte den Damen auszuweichen. Unmöglich konnt ihm das gelingen, wäre es ihm nicht geglückt, indem er den Mantel auseinander spreizte, emporzuflattern in die hohe Kuppel des Saals. Nun scheuchten die Damen ihn hin und her und warfen mit großen Tüchern nach ihm, bis er ermattet niedersank. Da warfen die Damen ihm aber ein Filetnetz über den Kopf und die Strauße brachten ein stattliches goldnes Bauer herbei, worein Giglio ohne Gnade gesperrt wurde. In dem Augenblick verlosch die Ampel und alles war wie mit einem Zauberschlag verschwunden.

Da das Bauer an einem großen geöffneten Fenster stand, so konnte Giglio hinabschauen in die Straße, die aber, da das Volk eben nach den Schauspielhäusern und Osterien geströmt, ganz öde und menschenleer war, sodass der arme Giglio, hineingepresst in das enge Behältnis, sich in trostloser Einsamkeit befand. »Ist das«, so brach er wehklagend los, »ist das das geträumte Glück? Verhält es sich so mit dem zarten wunderbaren Geheimnis, das in dem Palast Pistoja verschlossen? – Ich habe sie gesehen, die Mohren, die Damen, den kleinen alten Tulpenkerl, die Strauße, wie sie hineingezogen sind durch das enge Tor; nur die Maulesel fehlten und die Federpagen! – Aber Brambilla war nicht unter ihnen – nein, es ist nicht hier, das holde Bild meines sehnsüchtigen Verlangens, meiner Liebesinbrunst! – O Brambilla! – Brambilla! – Und in diesem schnöden Kerker muss ich elendiglich verschmachten und werde nimmermehr den weißen Mohren spielen! – Oh! Oh! – Oh!«

»Wer lamentiert denn da oben so gewaltig?« – So rief es von der Straße herauf. Giglio erkannte augenblicklich die Stimme des alten Ciarlatano und ein Strahl der Hoffnung fiel in seine beängstete Brust.

»Celionati«, sprach Giglio ganz beweglich herab, »teurer Signor Celionati, seid Ihr es, den ich dort im Mondschein erblicke? – Ich sitze hier im Bauer, in einem trostlosen Zu Stande. – Sie haben mich hier eingesperrt, wie einen Vogel! – O Gott! Signor Celionati, Ihr seid ein tugendhafter Mann, der den Nächsten nicht verlässt; euch stehen wunderbare Kräfte zu Gebote, helft mir, ach helft mir aus meiner verfluchten peinlichen Lage! – O Freiheit, goldne Freiheit, wer schätzt dich mehr, als der, der im Käfig sitzt, sind seine Stäbe auch von Gold?« – Celionati lachte laut auf, dann aber sprach er: »Seht, Giglio, das habt Ihr alles Eurer verfluchten Narrheit, Euern tollen Einbildungen zu verdanken! – Wer heißt euch in abgeschmackter Mummerei den Palast Pistoja betreten? Wie möget Ihr euch einschleichen in eine Versammlung, zu der Ihr nicht geladen?« »Wie?«, rief Giglio, »den schönsten aller Anzüge, den einzigen, in dem ich mich vor der angebeteten Prinzessin würdig zeigen konnte, den nennt Ihr abgeschmackte Mummerei?« – »Eben«, erwiderte Celionati, »eben Euer schöner Anzug ist schuld daran, dass man euch so behandelt hat.« »Aber bin ich denn ein Vogel?«, rief Giglio voll Unmut und Zorn. »Allerdings«, fuhr Celionati fort, »haben die Damen euch für einen Vogel gehalten und zwar für einen solchen, auf dessen Besitz sie ganz versessen sind, nämlich für einen Gelbschnabel!« – »O Gott!«, sprach Giglio ganz außer sich, »ich, der Giglio Fava, der berühmte tragische Held, der weiße Mohr! – ich ein Gelbschnabel!« »Nun, Signor Giglio«, rief Celionati, »fasst nur Geduld, schlaft, wenn Ihr könnt, recht sanft und ruhig! Wer weiß, was der kommende Tag euch Gutes bringt!« »Habt Barmherzigkeit«, schrie Giglio, »habt Barmherzigkeit, Signor Celionati, befreit mich aus diesem verfluchten Kerker! Nimmermehr betret ich wieder den verwünschten Palast Pistoja.« – »Eigentlich«, erwiderte der Ciarlatano, »eigentlich habt Ihr es gar nicht um mich verdient, dass ich mich Eurer annehme, da Ihr alle meine guten Lehren verschmäht und euch meinem Todfeinde, dem Abbate Chiari, in die Arme werfen wollt, der euch, Ihr möget es nur wissen, durch schnöde Afterverse, die voll Lug und Trug sind, in dies Unglück gestürzt hat. Doch – Ihr seid eigentlich ein gutes Kind und ich bin ein ehrlicher weichmütiger Narr, das hab ich schon oft bewiesen; darum will ich euch retten. Ich hoffe dagegen, dass Ihr mir morgen eine neue Brille und ein Exemplar des assyrischen Zahns abkaufen werdet.« »Alles kaufe ich euch ab, was Ihr wollt; nur Freiheit, Freiheit schafft mir! Ich bin schon beinahe erstickt!« – So sprach Giglio und auf einer unsichtbaren Leiter stieg der Ciarlatano zu ihm herauf, öffnete eine große Klappe des Käfichts; durch die Öffnung drängte mit Mühe sich der unglückselige Gelbschnabel.

Doch in dem Augenblick erhob sich im Palast ein verwirrtes Getöse und widerwärtige Stimmen quiekten und plärrten durcheinander. »Alle Geister!«, rief Celionati, »man merkt Eure Flucht, Giglio, macht, dass Ihr fortkommt!« Mit der Kraft der Verzweiflung drängte sich Giglio vollends durch, warf sich rücksichtslos auf die Straße, raffte sich, da er durchaus nicht den mindesten Schaden genommen, auf, und rannte in voller Furie von dannen.

»Ja«, rief er ganz außer sich, als er, in seinem Stübchen angekommen, den närrischen Anzug erblickte, in dem er mit seinem Ich gekämpft; »ja, der tolle Unhold, der dort körperlos hegt, das ist mein Ich und diese prinzlichen Kleider, die hat der finstre

Dämon dem Gelbschnabel gestohlen und mir anvexiert, damit die schönsten Damen in unseliger Täuschung mich selbst für den Gelbschnabel halten sollen! – Ich rede Unsinn, ich weiß es; aber das ist recht, denn ich bin eigentlich toll geworden, weil der Ich keinen Körper hat – Ho ho! frisch darauf, frisch darauf, mein liebes holdes Ich!« – Damit riss er sich wütend die schönen Kleider vom Leibe, fuhr in den tollsten aller Maskenanzüge und lief nach dem Korso.

Alle Lust des Himmels durchströmte ihn aber, als eine anmutige Engelsgestalt von Mädchen, das Tambourin in der Hand, ihn zum Tanz aufforderte.

Die Kupfertafel, die diesem Kapitel beigeheftet, zeigt diesen Tanz des Giglio mit der unbekannten Schönen; was sich aber ferner dabei begab, wird der geneigte Leser im folgenden Kapitel erfahren.

SECHSTES KAPITEL

Wie einer tanzend zum Prinzen wurde, ohnmächtig einem Scharlatan in die Arme sank und dann beim Abendessen an den Talenten seines Kochs zweifelte. – Liquor anodynus und großer Lärm ohne Ursache. – Ritterlicher Zweikampf der in Lieb und Wehmut versunkenen Freunde und dessen tragischer Ausgang. – Nachteil und Unschicklichkeit des Tabakschnupfens. – Freimaurerei eines Mädchens und neu erfundener Flugapparat. Wie die alte Beatrice eine Brille aufsetzte und wieder herunternahm von der Nase.

Sie: Drehe dich, drehe dich stärker, wirble rastlos fort, lustiger toller Tanz! – Ha wie so blitzesschnell alles vorüberflieht! Keine Ruhe, kein Halt! – Mannigfache bunte Gestalten knistern auf, wie sprühende Funken eines Feuerwerks und verschwinden in die schwarze Nacht hinein. – Die Lust jagt nach der Lust und kann sie nicht erfassen, und darin besteht ja eben wieder die Lust. – Nichts ist langweiliger, als festgewurzelt in den Boden jedem Blick, jedem Wort Rede stehen zu müssen! Möcht deshalb keine Blume sein; viel lieber ein goldner Käfer, der dir um den Kopf schwirrt und sumset, dass du vor dem Getöse deinen eignen Verstand nicht zu vernehmen vermagst! Wo bleibt aber auch überhaupt der Verstand, wenn die Strudel wilder Lust ihn fortreißen? Bald zu schwer zerreißt er die Fäden und versinkt in den Abgrund; bald zu leicht fliegt er mit auf in den dunstgen Himmelskreis. Es ist nicht möglich, im Tanz einen recht verständigen Verstand zu behaupten; darum wollen wir ihn Heber, solange unsere Touren, unsere Pas fortdauern, ganz aufgeben. – Und darum mag ich dir auch gar nicht Rede stehen, du schmucker, flinker Geselle! – Sieh, wie dich umkreisend ich dir entschlüpfe in dem Augenblick, da du mich zu erhaschen, mich festzuhalten gedachtest! – Und nun! – und nun wieder! –

Er: Und doch! – nein, verfehlt! – Aber es kommt nur darauf an, dass man im Tanz das rechte Gleichgewicht zu beobachten, zu behalten versteht. – Darum ist es nötig, dass jeder Tänzer etwas zur Hand nehme, als Äquilibrierstange; und darum will ich mein breites Schwert ziehen und es in den Lüften schwenken – So! – Was hältst du von diesem Sprunge, von dieser Stellung, bei der ich mein ganzes Ich dem Schwerpunkt meiner linken Fußspitze anvertraue? – du nennst das närrischen Leichtsinn; aber das ist eben der Verstand, von dem du nichts hältst, unerachtet man ohne denselben nichts versteht und auch das Äquilibrium, das zu manchen Dingen nütze! – Aber wie? – von bunten Bändern umflattert, wie ich, auf der linken Fußspitze schwebend, das Tambourin hoch emporgehoben, verlangst du, ich solle mich begeben alles Verstandes, alles Äquilibriums? – Ich werfe dir meinen Mantelzipfel zu, damit du geblendet, strauchelnd mir in die Arme fällst! – Doch nein, nein! – sowie ich dich erfasste, wärst du ja nicht mehr – schwändest hin in nichts! Wer bist du denn, geheimnisvolles Wesen, das aus Luft und Feuer geboren der Erde angehört und verlockend hinausschaut aus dem Gewässer! – du kannst mir nicht entfliehen. Doch – du willst hinab, ich wähne dich festzuhalten, da schwebst du auf in die Lüfte. Bist du wirklich der wackre Elementargeist, der das Leben entzündet zum Leben? – Bist du die Wehmut, das brünstige Verlangen, das Entzücken, die Himmelslust des Seins? – Aber immer dieselben Pas – dieselben Touren! Und doch, Schönste, bleibt ewig nur dein Tanz und das ist gewiss das Wunderbarste an dir –

Das Tambourin: Wenn du, o Tänzer! mich so durcheinander klappern, klirren, klingen hörst, so meinst du entweder, ich wollte dir was weismachen mit allerlei dummem einfältigen Gewäsche, oder ich wäre ein tölpisch Ding, das Ton und Takt deiner Melodien nicht fassen könnte, und doch bin ich es allein, was dich in Ton und Takt hält. Darum horche – horche – horche auf mich!

Das Schwert: Du meinst o Tänzerin, dass hölzern, dumpf und stumpf, takt- und tonlos, ich dir nichts nützen kann. Aber wisse, dass es nur meine Schwingungen sind, denen der Ton, der Takt deines Tanzes entschwebt. – Ich bin Schwert und Zither und darf die Luft verwunden mit Sang und Klang, Hieb und Stoß. – Und ich halte dich in Ton und Takt; darum horche – horche – horche auf mich! –

Sie: Wie immer höher der Einklang unseres Tanzes steigt! – Ei, welche Schritte, welche Sprünge! – Stets gewagter – stets gewagter und doch gelingt's, weil wir uns immer besser auf den Tanz verstehen!

Er: Ha! wie tausend funkelnde Feuerkreise uns umzingeln! Welche Lust! – Stattliches Feuerwerk, nimmer kannst du verpuffen; denn dein Material ist ewig, wie die Zeit – Doch – halt – halt; ich brenne – ich falle ins Feuer. –

Tambourin und Schwert: Haltet euch fest – haltet euch fest an uns, Tänzer!

Sie und Er: Weh mir – Schwindel – Strudel – Wirbel – erfasst uns – hinab! –

– So lautete Wort für Wort der wunderliche Tanz, den Giglio Fava mit der Schönsten, die doch niemand anders sein konnte, als die Prinzessin Brambilla selbst, auf die anmutigste Weise durchtanzte, bis ihm in dem Taumel der jauchzenden Lust die Sinne schwinden wollten. Das geschah aber nicht; vielmehr war es dem Giglio, da Tambourin und Schwert nochmals ermahnten, sich festzuhalten, als sänke er der Schönsten in die Arme. Und auch dieses geschah nicht; wem er an der Brust lag, war keinesweges die Prinzessin, sondern der alte Celionati.

»Ich weiß nicht«, begann Celionati, »ich weiß nicht, mein bester Prinz (denn trotz Eurer absonderlichen Vermummung habe ich euch auf den ersten Blick erkannt) wie Ihr dazu kommt, euch auf solch grobe Weise täuschen zu lassen, da Ihr doch sonst ein gescheuter vernünftiger Herr seid. Gut nur, dass ich gerade hier stand und euch in meinen Armen auffing, als die lose Dirne gerade im Begriff stand, euch, Euern Schwindel benutzend, zu entführen.«

»Ich danke euch«, erwiderte Giglio, »ich danke euch recht sehr für Euren guten Willen, bester Signor Celionati; aber was Ihr da sprecht von grober Täuschung, verstehe ich ganz und gar nicht und es tut mir nur leid, dass der fatale Schwindel mich verhinderte, den Tanz mit der holdesten, schönsten aller Prinzessinnen, der mich ganz glücklich gemacht hätte, zu vollenden.«

»Was sagt«, fuhr Celionati fort, »was sagt Ihr? – Glaubt Ihr denn wohl, dass das wirklich die Prinzessin Brambilla war, die mit euch tanzte? – Nein! – Darin liegt eben der schnöde Betrug, dass die Prinzessin euch eine Person gemeines Standes unterschob, um desto ungestörter anderm Liebeshandel nachhängen zu können.« »Wäre es möglich«, rief Giglio, »dass ich getäuscht werden konnte? –«

»Bedenkt«, sprach Celionati weiter, »bedenkt, dass, wenn Eure Tänzerin wirklich die Prinzessin Brambilla gewesen wäre, wenn Ihr glücklich Euren Tanz beendigt hättet, in demselben Augenblick der große Magus Hermod erschienen sein müsste, um euch mit Eurer hohen Braut einzuführen in Euer Reich.«

»Das ist wahr«, erwiderte Giglio; »aber sagt mir, wie alles sich begab, mit wem ich eigentlich tanzte!«

»Ihr sollt«, sprach Celionati, »Ihr müsst alles erfahren. Doch, ist es euch recht, so begleite ich euch in Euern Palast, um dort ruhiger mit euch, o fürstlicher Herr, reden zu können.«

»Seid«, sprach Giglio, »seid so gut, mich dorthin zu führen! denn gestehen muss ich euch, dass mich der Tanz mit der vermeintlichen Prinzessin dermaßen angegriffen hat, dass ich wandle, wie im Traum, und in Wahrheit augenblicklich nicht weiß, wo hier in unserm Rom mein Palast gelegen.« »Kommt nur mit mir, gnädigster Herr!«, rief Celionati, indem er den Giglio beim Arm ergriff und mit ihm von dannen schritt.

Es ging schnurgerade los auf den Palast Pistoja. Schon auf den Marmorstufen des Portals stehend, schaute Giglio den Palast an von oben bis unten, und sprach darauf zu Celionati: »Ist das wirklich mein Palast, woran ich gar nicht zweifeln will, so sind mir wunderliche Wirtsleute über den Hals gekommen, die da oben in den schönsten Sälen tolle Wirtschaft treiben und sich gebärden, als gehöre ihnen das Haus und nicht mir. Kecke Frauenzimmer, die sich herausgeputzt mit fremdem Staat, halten vornehme verständige Leute – und, mögen mich die Heiligen schützen, ich glaube, mir selbst, dem Wirt des Hauses, ist es geschehen – für den seltenen Vogel, den sie fangen müssen in Netzen, die die Feenkunst mit zarter Hand gewoben und das verursacht denn große Unruhe und Störung. Mir ist es, als war ich hier eingesperrt gewesen in ein schnödes Gebauer; darum möcht ich nicht gern wieder hinein. Wär's möglich, bester Celionati, dass für heute mein Palast anderswo liegen könnte, so würd es mir ganz angenehm sein.«

»Euer Palast, gnädigster Herr!«, erwiderte Celionati, »kann nun einmal nirgends anders liegen, als eben hier, und es würde gegen allen Anstand laufen, umzukehren in ein fremdes Haus. Ihr dürft, o mein Prinz! nur daran denken, dass alles, was wir treiben und was hier getrieben wird, nicht wahr, sondern ein durchaus erlogenes Capriccio ist und Ihr werdet von dem tollen Volke, das dort oben sein Wesen treibt, nicht die mindeste Inkommodität erfahren. Schreiten wir getrost hinein!«

»Aber sagt mir«, rief Giglio, den Celionati, der die Türe öffnen wollte, zurückhaltend, »aber sagt mir, ist denn nicht die Prinzessin Brambilla mit dem Zauberer Ruffiamonte und einem zahlreichen Gefolge an Damen, Pagen, Straußen und Eseln hier eingezogen?«

»Allerdings«, erwiderte Celionati; »doch kann das euch, der Ihr doch den Palast wenigstens ebenso gut besitzt, wie die Prinzessin, nicht abhalten, ebenfalls einzukehren, geschieht es auch vor der Hand in aller Stille. Ihr werdet euch bald darin ganz heimatlich befinden.«

Damit öffnete Celionati die Türe des Palastes und schob den Giglio vor sich hinein. Es war im Vorsaal alles ganz finster und grabesstill; doch erschien, als Celionati leise an eine Türe klopfte, bald ein kleiner sehr angenehmer Pulcinell mit brennenden Kerzen in den Händen.

»Irr ich nicht«, sprach Giglio zu dem Kleinen, »irr ich nicht, so habe ich schon die Ehre gehabt, euch zu sehn, bester Signor, auf dem Kutschendeckel der Prinzessin Brambilla.« »So ist es«, erwiderte der Kleine; »ich war damals in den Diensten der Prinzessin, bin es gewissermaßen noch jetzt, doch vorzüglich der unwandelbare Kammerdiener Eures gnädigsten Ichs, bester Prinz!«

Pulcinella leuchtete die beiden Ankömmlinge hinein in ein prächtiges Zimmer und zog sich dann bescheiden zurück, bemerkend, dass er überall, wo und wenn es der Prinz befehle, auf den Druck einer Feder sogleich hervorspringen werde; denn, unerachtet er hier im untern Stock der einzige in Liverei gesteckte Spaß sei, so ersetze er doch eine ganze Dienerschaft vermöge seiner Keckheit und Beweglichkeit.

»Ha!«, rief Giglio, sich in dem reich und prächtig geschmückten Zimmer umschauend, »ha! nun erkenne ich erst, dass ich wirklich in meinem Palast, in meinem fürstlichen Zimmer bin. Mein Impresario ließ es malen, blieb das Geld schuldig und gab dem Maler, als er ihn mahnte, eine Ohrfeige, worauf der Maschinist den Impresario mit einer Furienfackel abprügelte! – Ja! – ich bin in meiner fürstlichen Heimat! – Doch Ihr wolltet mich wegen des Tanzes aus fürchterlicher Täuschung reißen, bester Signor Celionati. Redet, ich bitte, redet! Aber nehmen wir Platz!« –

Nachdem beide, Giglio und Celionati, auf weichen Polstern

sich niedergelassen, begann dieser: »Wisst mein Fürst, dass diejenige Person, die man euch unterschob statt der Prinzessin, niemand anders ist, als eine artige Putzmacherin, Giacinta Soardi geheißen!«

»Ist es möglich?«, rief Giglio. – »Aber mich dünkt, dies Mädchen hat zum Liebhaber einen miserablen bettelarmen Komödianten, Giglio Fava?« »Allerdings«, erwiderte Celionati; »doch könnt Ihr es euch wohl denken, dass eben diesem miserablen bettelarmen Komödianten, diesem Theaterprinzen die Prinzessin Brambilla nachläuft auf Stegen und Wegen und eben nur darum euch die Putzmacherin entgegenstellt, damit Ihr vielleicht gar in tollem wahnsinnigen Missverständnis euch verlieben in diese und sie abwendig machen sollt dem Theaterhelden?«

»Welch ein Gedanke«, sprach Giglio, »welch ein frevelicher Gedanke! – Aber glaubt es mir, Celionati, es ist nur ein böser dämonischer Zauber, der alles verwirrt und toll durcheinander jagt und diesen Zauber zerstöre ich mit diesem Schwert, das ich mit tapfrer Hand führen und jenen Elenden vernichten werde, der sich untersteht, es zu dulden, dass meine Prinzessin ihn liebt.«

»Tut das«, erwiderte Celionati mit schälkischem Lachen, »tut das, bester Prinz! Mir selbst ist viel daran gelegen, dass der alberne Mensch je eher, desto besser, aus dem Wege geräumt wird.«

Jetzt dachte Giglio an Pulcinella und an die Dienste, zu denen er sich erboten. Er drückte daher an irgendeine verborgene Feder; Pulcinella sprang alsbald hervor und da er, wie er versprochen, eine ganze Zahl der unterschiedlichsten Dienerschaft zu ersetzen wusste, so war Koch, Kellermeister, Tafeldecker, Mundschenk beisammen und ein leckeres Mahl in wenigen Sekunden bereitet.

Giglio fand, nachdem er sich gütlich getan, dass man doch, was Speisen und Wein betreffe, gar zu sehr spüre, wie alles nur *einer* bereitet, herbeigeholt und aufgetragen; denn alles käme im Geschmack auf eins heraus. Celionati meinte, die Prinzessin Brambilla möge vielleicht eben deshalb Pulcinella zurzeit aus ihrem Dienst entlassen haben, weil er in vorschnellem Eigendünkel alles selbst und allein besorgen wolle, worüber er schon oft mit Arlecchino in Streit geraten, der sich dergleichen ebenfalls anmaße. –

In dem höchst merkwürdigen Originalcapriccio, dem der Erzähler genau nacharbeitet, befindet sich hier eine Lücke. Um musikalisch *zu* reden, fehlt der Übergang von einer Tonart zur andern, sodass der neue Akkord ohne alle gehörige Vorbereitung losschlägt. Ja man könnte sagen, das Capriccio bräche ab mit einer unaufgelösten Dissonanz. Es heißt nämlich, der Prinz (es kann kein andrer gemeint sein, als Giglio Fava, der dem Giglio Fava den Tod drohte) sei plötzlich von entsetzlichem Bauchgrimmen heimgesucht worden, welches er Pulcinellas Gerichten zugeschrieben, dann aber, nachdem ihn Celionati mit *Liquor anodynus* bedient, eingeschlafen, worauf ein großer Lärm entstanden. – Man erfährt weder, was dieser Lärm bedeutet, noch wie der Prinz, oder Giglio Fava, nebst Celionati aus dem Palast Pistoja gekommen.

Die fernere Fortsetzung lautet ungefähr wie folgt:

Sowie der Tag zu sinken begann, erschien eine Maske im Korso, die die Aufmerksamkeit aller erregte, ihrer Seltsamkeit und Tollheit halber. Sie trug auf dem Haupt eine wunderliche, mit zwei hohen Hahnfedern geschmückte Kappe, dazu eine Larve mit elefantenrüsselförmiger Nase, auf der eine große Brille saß, ein Wams mit dicken Knöpfen, dazu aber ein hübsches himmelblau seidnes Beinkleid mit dunkelroten Schleifen, rosenfarbene Strümpfe, weiße Schuhe mit dunkelroten Bändern und ein schönes spitzes Schwert an der Seite.

Der geneigte Leser kennt diese Maske schon aus dem ersten Kapitel und weiß daher, dass dahinter niemand anders stecken kann, als Giglio Fava. Kaum hatte aber diese Maske den Korso ein paar Mal durchwandelt, als ein toller Capitan Pantalon Brighella, wie er auch schon oftmals in diesem Capriccio sich gezeigt, hervor und mit zornfunkelnden Augen auf die Maske zusprang, schreiend: »Treffe ich dich endlich, verruchter Theaterheld! – schnöder weißer Mohr! – Nicht entgehen sollst du mir jetzt! – Zieh dein Schwert, Hasenfuß, verteidige dich, oder ich stoße dir mein Holz in den Leib!«

Dabei schwenkte der abenteuerliche Capitan Pantalon sein breites hölzernes Schwert in den Lüften; Giglio geriet indessen über diesen unerwarteten Anfall nicht im mindesten außer Fassung, sondern sprach vielmehr ruhig und gelassen: »Was ist denn das für ein ungeschlachter Grobian, der sich mit mir hier duellieren will, ohne das geringste davon zu verstehen, was echte Rittersitte heißt? Hört, mein Freund! erkennt Ihr mich wirklich an, als den weißen Mohren, so müsst Ihr ja wissen, dass ich Held und Ritter bin, wie einer, und dass nur wahre Courtoisie mich heißt, einherzugehen in himmelblauen Beinkleidern, Rosastrümpfen und weißen Schuhen. Es ist der Ballanzug in König Arthurs Manier. Dabei blitzt aber mein gutes Schwert an meiner Seite und ich werde euch ritterlich stehen, wenn Ihr ritterlich mich angreift und wenn Ihr was Rechtes seid und kein ins Römische übersetzter Hanswurst! –«

»Verzeiht«, sprach die Maske, »verzeiht, o weißer Mohr, dass ich auch nur einen Augenblick außer Augen setzte, was ich dem Helden, dem Ritter schuldig bin! Aber so wahr fürstliches Blut in meinen Adern fließt, ich werde euch zeigen, dass ich mit ebensolchem Nutzen vortreffliche Ritterbücher gelesen, als Ihr.«

Darauf trat der fürstliche Capitan Pantalon einige Schritte zurück, hielt sein Schwert in Fechterstellung dem Giglio entgegen und sprach mit dem Ausdruck des innigsten Wohlwollens: »Ist es gefällig?« – Giglio riss, seinen Gegner zierlich grüßend, den Degen aus der Scheide und das Gefecht hub an. Man merkte bald, dass beide, der Capitan Pantalon und Giglio, sich auf solch ritterliches Beginnen gar gut verstanden. Fest in dem Boden wurzelten die linken Füße, während die rechten bald stampfend ausschritten zum kühnen Anfall, bald sich zurückzogen in die verteidigende Stellung. Leuchtend fuhren die Klingen durcheinander, blitzschnell folgte Stoß auf Stoß. Nach einem heißen bedrohlichen Gange mussten die Kämpfer ruhen. Sie blickten einander an und es ging mit der Wut des Zweikampfs solch eine Liebe in ihnen auf, dass sie sich in die Arme fielen und sehr weinten. Dann begann der Kampf aufs neue mit verdoppelter Kraft und Gewandtheit. Aber als nun Giglio einen wohlberechneten Stoß seines Gegners wegschleudern wollte, saß dieser fest in der Bandschleife des linken Beinkleids, sodass sie ächzend hinabfiel. »Halt!«, schrie der Capitan Pantalon. Man untersuchte die Wunde und fand sie unbedeutend. Ein paar Stecknadeln reichten hin, die Schleife wieder zu befestigen. »Ich will«, sprach nun der Capitan Pantalon, »mein Schwert in die linke Hand nehmen, weil die Schwere des Holzes meinen rechten Arm ermattet. *Du* kannst deinen leichten Degen immer in der rechten Hand behalten.« »Der Himmel sei vor«, erwiderte Giglio, »dass ich dir solche Unbill antue! Auch ich nehme meinen Degen in die linke Hand; denn so ist es recht und nützlich, da ich dich so besser treffen kann.« »Komm an meine Brust, guter edler Kamerad«, rief der Capitan Pantalon. Die Kämpfer umarmten sich wiederum und heulten und schluchzten ungemein vor Rührung über die Herrlichkeit ihres Beginnens und fielen sich grimmig an. »Halt!« schrie nun Giglio, als er bemerkte, dass sein Stoß saß in der Hutkrempe des Gegners. Dieser wollte anfangs von keiner Verletzung was wissen; da ihm aber die Krempe über die Nase herabhing, musste er wohl Giglios edelmütige Hülfleistungen annehmen. Die Wunde war unbedeutend; der Hut, nachdem ihn Giglio zurechtgerückt, blieb noch immer ein nobler Filz. Mit vermehrter Liebe blickten sich die Kämpfer an, jeder hatte den andern als rühmlich und tapfer erprobt. Sie umarmten sich, weinten, und hoch flammte die Glut des erneuerten Zweikampfs. Giglio gab eine Blöße, an seine Brust prallte des Gegners Schwert und er fiel entseelt rücklings zu Boden.

Des tragischen Ausgangs unerachtet schlug doch das Volk, als man Giglios Leichnam wegtrug, ein Gelächter auf, vor dem der ganze Korso erbebte, während, der Capitan Pantalon kaltblütig sein breites hölzernes Schwert in die Scheide stieß und mit stolzen Schritten den Korso hinabwandelte. –

»Ja«, sprach die alte Beatrice, »ja es ist beschlossen, den Weg weise ich dem alten hässlichen Scharlatan, dem Signor Celionati, wenn er sich wieder hier blicken lässt und meinem süßen holden Kinde den Kopf verrücken will. Und am Ende ist auch Meister Bescapi einverstanden mit seinen Narrheiten.« – Die alte Beatrice mochte in gewisser Art Recht haben; denn seit der Zeit, dass Celionati es sich angelegen sein ließ, die anmutige Putzmacherin, Giacinta Soardi, zu besuchen, schien ihr ganzes Innres wie umgekehrt. Sie war wie im ewig fortdauernden Traum befangen und sprach zuweilen solch abenteuerliches verwirrtes Zeug, dass die Alte um ihren Verstand besorgt wurde. Die Hauptidee Giacintas, um die sich alles drehte, war, wie der geneigte Leser schon nach dem vierten Kapitel vermuten kann, dass der reiche herrliche Prinz Cornelio Chiapperi sie liebe und um sie freien würde. Beatrice meinte dagegen, dass Celionati, der Himmel wisse warum, darauf ausgehe, der Giacinta was weiszumachen; denn, hätte es seine Richtigkeit mit der Liebe des Prinzen, so sei gar nicht zu begreifen, warum er nicht schon längst die Geliebte aufgesucht in ihrer Wohnung, da die Prinzen darin sonst gar nicht so blöde. Und dann wären doch auch die paar Dukaten, die Celionati ihnen zusteckte, durchaus nicht der Freigebigkeit eines Fürsten würdig. Am Ende gab es gar keinen Prinzen Cornelio Chiapperi; und gab es auch wirklich einen, so habe ja der alte Celionati selbst, sie wisse es, auf seinem Gerüst vor S. Carlo dem Volke verkündigt, dass der assyrische Prinz, Cornelio Chiapperi, nachdem er sich einen Backzahn ausreißen lassen, abhanden gekommen und von seiner Braut, der Prinzessin Brambilla, aufgesucht würde.

»Seht Ihr wohl«, rief Giancinta, indem ihr die Augen leuchteten, »seht Ihr wohl? da habt Ihr den Schlüssel zum ganzen Geheimnis, da habt Ihr die Ursache warum der gute edle Prinz sich so sorglich verbirgt. Da er in Liebe zu mir ganz und gar glüht, fürchtet er die Prinzessin Brambilla und ihre Ansprüche, und kann sich doch nicht entschließen, Rom zu verlassen. Nur in der seltsamsten Vermummung wagt er es sich im Korso sehen zu lassen und eben der Korso ist es, wo er mir die unzweideutigsten Beweise seiner zärtlichsten Liebe gegeben. Bald geht aber ihm, dem teuern Prinzen und mir der goldne Glücksstern auf in voller Klarheit. – Erinnert Ihr euch wohl eines geckenhaften Komödianten, der mir sonst den Hof machte, eines gewissen Giglio Fava?«

Die Alte meinte, dass dazu eben kein besonderes Gedächtnis gehöre, da der arme Giglio, der ihr noch immer lieber sei, als ein ungebildeter Prinz, erst vorgestern bei ihr gewesen und sich das leckere Mahl, das sie ihm bereitet, wohl schmecken lassen.

»Wollt«, fuhr Giacinta fort, »wollt Ihr's wohl glauben, Alte, dass die Prinzessin Brambilla diesem armseligen Schlucker nachläuft? – So hat es Celionati mir versichert. Aber so wie sich der Prinz noch scheut, öffentlich aufzutreten als der meinige, so trägt die Prinzessin noch allerlei Bedenken, ihrer vorigen Liebe zu entsagen und den Komödianten Giglio Fava zu erheben auf ihren Thron. Doch in dem Augenblick, wenn die Prinzessin dem Giglio ihre Hand reicht, empfängt der Prinz hochbeglückt die meinige.«

»Giacinta«, rief die Alte, »was für Torheiten, was für Einbildungen!«

»Und was«, sprach Giacinta weiter, »und was Ihr davon sagt, dass der Prinz es bis jetzt verschmäht hat, die Geliebte aufzusuchen in ihrem eigenen Kämmerlein, so ist das grundfalsch. Ihr glaubt es nicht, welcher anmutigen Künste sich der Prinz bedient, um mich unbelauscht zu sehen. Denn Ihr müsst wissen, dass mein Prinz nebst andern löblichen Eigenschaften und Kenntnissen, die er besitzt, auch ein großer Zauberer ist. Dass er einmal zur Nacht mich besuchte, so klein, so niedlich, so allerliebst, dass ich ihn hätte aufessen mögen, daran – will ich gar nicht denken. Aber oft erscheint er ja, selbst wenn Ihr zugegen, plötzlich hier mitten in unserem kleinen Gemach und es liegt nur an euch, dass Ihr weder den Prinzen, noch all die Herrlichkeiten erblickt, die sich dann auftun. Dass unser enges Gemach sich dann ausdehnt zum großen herrlichen Prachtsaal mit Marmorwänden, golddurchwirkten Teppichen, damastnen Ruhebetten, Tischen und Stühlen von Ebenholz und Elfenbein, will mir noch nicht so gefallen, als wenn die Mauern gänzlich schwinden, wenn ich mit dem Geliebten

Hand in Hand wandle in dem schönsten Garten, wie man ihn sich nur denken mag. Dass du, Alte, die himmlischen Düfte nicht einzuatmen vermagst, die in diesem Paradiese wehen, wundert mich gar nicht, da du die hässliche Gewohnheit hast, dir die Nase mit Tabak voll zu stopfen und nicht unterlassen kannst, selbst in Gegenwart des Prinzen dein Döschen herauszuziehen. Aber das Backentuch solltest du wenigstens wegtun von den Ohren, um den Gesang des Gartens zu vernehmen, der den Sinn gefangen nimmt ganz und gar und vor dem jedes irdische Leid schwindet und auch der Zahnschmerz. Du kannst es durchaus nicht unschicklich finden, wenn ich es dulde, dass der Prinz mich auf beide Schultern küsst; denn du siehst es ja, wie dann mir augenblicklich die schönsten, buntesten, gleißendsten Schmetterlingsflügel herauswachsen und wie ich mich emporschwinge hoch – hoch, in die Lüfte. – Ha! – das ist erst die rechte Lust, wenn ich mit dem Prinzen so durch das Azur des Himmels segle. – Alles, was Erd und Himmel Herrliches hat, allen Reichtum, alle Schätze, die, verborgen im tiefsten Schacht der Schöpfung, nur geahnet wurden, gehen dann auf vor meinem trunknen Blick und alles – alles ist mein! – Und du sagst, Alte, dass der Prinz karg sei und mich in Armut lasse, unerachtet seiner Liebe? – Aber du meinst vielleicht, nur wenn der Prinz zugegen, sei ich reich; und auch das ist nicht einmal wahr. Sieh, Alte, wie in diesem Augenblick, da ich nur von dem Prinzen rede und von seiner Herrlichkeit, sich unser Gemach so schön geschmückt hat. Sieh diese seidnen Vorhänge, diese Teppiche, diese Spiegel, vor allen Dingen aber jenen köstlichen Schrank, dessen Äußeres würdig ist des reichen Inhalts! Denn du darfst ihn nur öffnen und die Goldrollen fallen dir in den Schoß. Und was meinst du zu diesen schmucken Hofdamen, Zofen, Pagen, die mir der Prinz indessen, ehe der ganze glänzende Hofstaat meinen Thron umgibt, zur Bedienung angewiesen hat?«

Bei diesen Worten trat Giacinta vor jenen Schrank, den der geneigte Leser schon im ersten Kapitel geschaut hat und in dem sehr reiche, aber auch sehr seltsame abenteuerliche Anzüge hingen, die Giacinta auf Bescapis Bestellung ausstaffiert hatte und mit denen sie jetzt ein leises Gespräch begann.

Die Alte schaute kopfschüttelnd dem Treiben Giacintas zu, dann begann sie: »Gott tröste euch, Giacinta! aber Ihr seid befangen in argem Wahn und ich werde den Beichtvater holen, damit er den Teufel vertreibe, der hier spukt. – Aber ich sag es, alles ist die Schuld des verrückten Scharlatans, der euch den Prinzen in den

Kopf gesetzt und des albernen Schneiders, der euch die tollen Maskenkleider in Arbeit gegeben hat. – Doch nicht schelten will ich! – Besinne dich, mein holdes Kind, meine liebe Giacintinetta, komm zu dir, sei artig, wie zuvor!«

Giacinta setzte sich schweigend in ihren Sessel, stützte das Köpfchen auf die Hand und schaute sinnend vor sich nieder!

»Und wenn«, sprach die Alte weiter, »und wenn unser gute Giglio seine Seitensprünge lässt – Doch halt – Giglio! – Ei! indem ich dich so anschaue, Giacintchen, kommt mir in den Sinn, was er uns einmal vorlas aus dem Meinen Buche – Warte – warte – warte – das passt auf dich vortrefflich.« – Die Alte holte aus einem Korbe unter Bändern, Spitzen, Seidenlappen und andern Materialien des Putzes, ein kleines sauber gebundenes Büchelchen hervor, setzte ihre Brille auf die Nase, kauerte nieder vor Giacinta und las:

»War es an dem einsamen Moosufer eines Waldbachs, war es in einer duftenden Jasminlaube? – Nein – ich besinne mich jetzt, es war in einem kleinen freundlichen Gemach, das die Strahlen der Abendsonne durchleuchteten, wo ich sie erblickte. Sie saß in einem niedrigen Lehnsessel, den Kopf auf die rechte Hand gestützt, sodass die dunklen Locken mutwillig sich sträubten und hervorquollen zwischen den weißen Fingern. Die Linke lag auf dem Schoße und zupfte spielend an dem seidnen Bande, das sich losgenestelt von dem schlanken Leib, den es umgürtet. Willkürlos schien der Bewegung dieser Hand das Füßchen zu folgen, dessen Spitze nur eben unter dem faltenreichen Gewande hervorguckte und leise leise auf und nieder schlug. Ich sag es euch, so viel Anmut, so viel himmlischer Liebreiz war über ihre ganze Gestalt hingegossen, dass mir das Herz bebte vor namenlosem Entzücken. Den Ring des Gyges wünscht ich mir: sie sollte mich nicht sehen; denn von meinem Blick berührt würde sie, fürchtete ich, in die Luft verschwinden, wie ein Traumbild! – Ein süßes holdseliges Lächeln spielte um Mund und Wange, leise Seufzer drängten sich durch die rubinroten Lippen und trafen mich wie glühende Liebespfeile. Ich erschrak; denn ich glaubte, ich hätte laut ihren Namen gerufen im jähen Schmerz inbrünstiger Wonne! – Doch, sie gewahrte mich nicht, sie sah mich nicht. – Da wagt ich es ihr in die Augen zu blicken, die starr auf mich gerichtet schienen und in dem Widerschein dieses holdseligen Spiegels ging mir erst der wundervolle Zaubergarten auf, in den das Engelsbild entrückt war. Glänzende Luftschlösser öffneten ihre Tore und aus diesen strömte ein lustiges buntes Volk, das fröhlich jauchzend der

Schönsten die herrlichsten reichsten Gaben darbrachte. Aber diese Gaben waren ja eben alle Hoffnungen, alle sehnsüchtigen Wünsche, die aus der innersten Tiefe des Gemüts heraus ihre Brust bewegten. Höher und heftiger schwollen, gleich Lilienwogen, die Spitzen über dem blendenden Busen und ein schimmerndes Inkarnat leuchtete auf den Wangen. Denn nun erst wurde das Geheimnis der Musik wach und sprach in Himmelslauten das Höchste aus – Ihr könnet mir glauben, dass ich nun wirklich selbst im Widerschein jenes wunderbaren Spiegels, mitten im Zaubergarten stand. –

Das ist«, sprach die Alte, indem sie das Buch zuklappte und die Brille von der Nase nahm, »das ist alles nun sehr hübsch und artig gesagt; aber du lieber Himmel, was für ausschweifende Redensarten, um doch eigentlich weiter nichts auszudrücken, als dass es nichts Anmutigeres, und für Männer von Sinn und Verstand nichts Verführerischeres gibt, als ein schönes Mädchen, das in sich vertieft dasitzt und Luftschlösser baut. Und das passt, wie gesagt, sehr gut auf dich, meine Giacintina und alles, was du mir da vorgeschwatzt hast vom Prinzen und seinen Kunststücken, ist weiter nichts, als der lautgewordene Traum, in den du versunken.«

»Und«, erwiderte Giacinta, indem sie sich vom Sessel erhob und wie ein fröhliches Kind in die Händchen klatschte, »und wenn es denn wirklich so wäre, gliche ich denn nicht eben deshalb dem anmutigen Zauberbilde, von dem Ihr eben laset? – Und dass Ihr's nur wisst, Worte des Prinzen waren es, die, als Ihr aus Giglios Buch etwas vorlesen wolltet, willkürlos über Eure Lippen flossen.«

SIEBENTES KAPITEL

Wie einem jungen artigen Menschen auf dem Caffè greco abscheuliche Dinge zugemutet wurden, ein Impresario Reue empfand und ein Schauspielermodell an Trauerspielen des Abbate Chiari starb. – Chronischer Dualismus und der Doppelprinz, der in die Quere dachte, – Wie jemand eines Augenübels halber verkehrt sah, sein Land verlor und nicht spazieren ging. – Zank, Streit und Trennung.

Unmöglich wird sich der geneigte Leser darüber beschweren können, dass der Autor ihn in dieser Geschichte durch zu weite

Gänge hin und her ermüde. In einem kleinen Kreise, den man mit wenigen hundert Schritten durchmisst, liegt alles hübsch beisammen: der Korso, der Palast Pistoja, der Caffè greco u. s w., und, den geringen Sprung nach dem Lande Urdargarten abgerechnet, bleibt es immer bei jenem kleinen, leicht zu durchwandelnden Kreise. So bedarf es jetzt nur weniger Schritte und der geneigte Leser befindet sich wieder in dem Caffè greco, wo, es sind erst vier Kapitel her, der Marktschreier Celionati deutschen Jünglingen die wunderliche und wunderbare Geschichte von dem Könige Ophioch und der Königin Liris erzählte.

Also! – In dem Caffè greco saß ganz einsam ein junger hübscher, artig gekleideter Mensch, und schien in tiefe Gedanken versunken; sodass er erst, nachdem zwei Männer, die unterdessen hineingetreten und sich ihm genaht, zwei-, dreimal hintereinander gerufen hatten »Signor – Signor – mein bester Signor!« wie aus dem Traum erwachte und mit höflich vornehmem Anstande fragte, was den Herren zu Diensten stehe! –

Der Abbate Chiari – es ist nämlich zu sagen, dass die beiden Männer niemand anders waren, als eben der Abbate Chiari, der berühmte Dichter des noch berühmteren weißen Mohren und jener Impresario, der das Trauerspiel mit der Farce vertauscht – der Abbate Chiari begann alsbald: »Mein bester Signor Giglio, wie kommt es, dass Ihr euch gar nicht mehr sehen lasset, dass man euch mühsam aufsuchen muss durch ganz Rom? – Seht hier einen reuigen Sünder, den die Kraft, die Macht meines Worts bekehrt hat, der alles Unrecht, das er euch angetan, wieder gutmachen, der euch allen Schaden reichlich ersetzen will!« »Ja«, nahm der Impresario das Wort, »ja, Signor Giglio, ich bekenne frei meinen Unverstand, meine Verblendung. – Wie war es möglich, dass ich Euer Genie verkennen, dass ich nur einen Augenblick daran zweifeln konnte, in euch allein meine ganze Stütze zu finden! – Kehrt zurück zu mir, empfangt auf meinem Theater aufs neue die Bewunderung, den lauten stürmischen Beifall der Welt!«

»Ich weiß nicht«, erwiderte der junge artige Mensch, indem er beide, den Abbate und den Impresario ganz verwundert anblickte, »ich weiß nicht, meine Herrn, was ihr eigentlich von mir wollt. – Ihr redet mich mit einem fremden Namen an, ihr sprecht von mir ganz unbekannten Dingen – ihr tut, als wäre ich euch bekannt, unerachtet ich mich kaum erinnere, euch jemals in meinem Leben gesehen zu haben! –«

»Recht«, sprach der Impresario, dem die hellen Tränen in die Augen kamen, »recht tust du, Giglio, mich so schnöde zu behandeln, so zu tun, als ob du mich gar nicht kenntest; denn ein Esel war ich, als ich dich fortjagte von den Brettern. Doch – Giglio! sei nicht unversöhnlich, mein Junge! – Her die Hand!«

»Denkt«, fiel der Abbate dem Impresario in die Rede, »denkt, guter Signor Giglio, an mich, an den weißen Mohren, und dass Ihr denn doch auf andere Weise nicht mehr Ruhm und Ehre einernten könnet, als auf der Bühne dieses wackern Mannes, der den Arlecchino samt seinem ganzen saubern Anhang zum Teufel gejagt, und aufs neue das Glück errungen hat, Trauerspiele von mir zu erhalten und aufzuführen.«

»Signor Giglio«, sprach der Impresario weiter, »Ihr sollt selbst Euern Gehalt bestimmen; ja Ihr sollt selbst nach freier Willkür Euern Anzug zum weißen Mohren wählen und es soll dabei mir auf ein paar Ellen unechter Tressen, auf ein Päckchen Füttern mehr durchaus nicht ankommen.«

»Und ich sage euch«, rief der junge Mensch, »dass alles, was ihr da vorbringt, mir unauflösbares Rätsel ist und bleibt.«

»Ha«, schrie nun der Impresario voller Wut, »ha ich verstehe euch, Signor Giglio Fava, ich verstehe euch ganz, ich verstehe euch ganz; ich weiß nun alles. – Der verfluchte Satan von – nun, ich mag seinen Namen nicht nennen, damit nicht Gift auf meine Lippen komme – *der* hat euch gefangen in seinen Netzen, der hält euch fest in seinen Klauen. – Ihr seid engagiert – Ihr seid engagiert. Aber ha ha ha – zu spät werdet Ihr es bereuen, wenn Ihr bei dem Schuft, bei dem erbärmlichen Schneidermeister, den ein toller Wahnsinn lächerliches Dünkels treibt, wenn Ihr bei dem –«

»Ich bitte euch«, unterbrach der junge Mensch den zornigen Impresario, »ich bitte euch, bester Signor! geratet nicht in Hitze, bleibet fein gelassen! Ich errate jetzt das ganze Missverständnis. Nicht wahr, Ihr haltet mich für einen Schauspieler, namens Giglio Fava, der, wie ich vernommen, ehemals in Rom als ein vortrefflicher Schauspieler geglänzt haben soll, unerachtet er im Grunde niemals was getaugt hat?«

Beide, der Abbate und der Impresario, starrten den jungen Menschen an, als erblickten sie ein Gespenst.

»Wahrscheinlich«, fuhr der junge Mensch fort, »wahrscheinlich waret ihr, meine Herrn, von Rom abwesend und kehrtet erst in diesem Augenblick zurück; denn sonst würd es mich wundernehmen, dass ihr das nicht vernommen haben solltet, wovon ganz Rom spricht. Leid sollte es mir tun, wenn ich der erste wäre, von dem ihr erfahret, dass jener Schauspieler, Giglio Fava, den ihr sucht und der euch so wert zu sein scheint, gestern auf dem Korso im Zweikampf niedergestoßen wurde. – Ich selbst bin nur zu sehr von seinem Tode überzeugt.«

»O schön!«, rief der Abbate, »o schön, o über alle Maßen schön und herrlich! – Also das war der berühmte Schauspieler Giglio Fava, den ein unsinniger fratzenhafter Kerl gestern niederstieß, dass er beide Beine in die Höhe kehrte? Wahrlich, mein bester Signor, Ihr müsst Fremdling in Rom und wenig bekannt sein mit unsern Karnevalsspäßen; denn sonst würdet Ihr es wissen, dass die Leute, als sie den vermeintlichen Leichnam aufheben und forttragen wollten, nur ein hübsches, aus Pappendeckel geformtes Modell in Händen hatten, worüber denn das Volk ausbrach in ein unmäßiges Gelächter.«

»Mir ist«, sprach der junge Mensch weiter, »mir ist unbekannt, inwiefern der tragische Schauspieler Giglio Fava nicht wirklich Fleisch und Blut hatte, sondern nur aus Pappendeckel geformt war; gewiss ist es aber, dass sein ganzes Inneres, bei der Sektion, mit Rollen aus den Trauerspielen eines gewissen Abbate Chiari erfüllt gefunden wurde, und dass die Ärzte nur der schrecklichen Übersättigung, der völligen Zerrüttung aller verdauenden Prinzipe durch den Genuss gänzlich kraft- und saftloser Nährmittel, die Tödlichkeit des Stoßes, den Giglio Fava vom Gegner erhalten, zuschrieben.«

Bei diesen Worten des jungen Menschen brach der ganze Kreis aus in ein schallendes Gelächter.

Unvermerkt hatte sich nämlich während des merkwürdigen Gesprächs der Gaffe greco mit den gewöhnlichen Gästen gefüllt und vornehmlich waren es die deutschen Künstler, die einen Kreis um die Sprechenden geschlossen.

War erst der Impresario in Zorn geraten, so brach nun bei dem Abbate noch viel ärger die innere Wut aus. »Ha!«, schrie er, »ha, Giglio Fava! darauf hattet Ihr es abgesehen; euch verdanke ich allen Skandal auf dem Korso! – Wartet – meine Rache soll euch treffen – zerschmettern –«

Da nun aber der beleidigte Poet ausbrach in niedrige Schimpfwörter, und sogar Miene machte, mit dem Impresario gemeinschaftlich den jungen artigen Menschen anzupacken, so erfassten die deutschen Künstler beide und warfen sie ziemlich unsanft zur Türe heraus, sodass sie blitzschnell bei dem alten Celionati vorüberflogen, der soeben eintreten wollte und der ihnen ein »glückliche Reise!« nachrief.

Sowie der junge artige Mensch den Ciarlatano gewahrte, ging er schnell auf ihn los, nahm ihn bei der Hand, führte ihn in eine entfernte Ecke des Zimmers und begann: »Wäret Ihr doch nur früher gekommen, bester Signor Celionati, um mich von zwei Überlästigen zu befreien, die mich durchaus für den Schauspieler Giglio Fava hielten, den ich – ach Ihr wisst es ja! – gestern in meinem unglücklichen Paroxysmus auf dem Korso niederstieß, und die mir allerlei abscheuliche Dinge zumuteten. – Sagt mir, bin ich denn wirklich jenem Fava so ähnlich, dass man mich für ihn ansehen kann?«

»Zweifelt«, erwiderte der Ciarlatano höflich, ja beinahe ehrerbietig grüßend, »zweifelt nicht, gnädigster Herr, dass Ihr, was Eure angenehmen Gesichtszüge betrifft, in der Tat jenem Schauspieler ähnlich genug sehet, und es war daher sehr geraten, Euern Doppeltgänger aus dem Wege zu räumen, welches Ihr sehr geschickt anzufangen wusstet. Was den albernen Abbate Chiari samt seinem Impresario betrifft, so rechnet ganz auf mich, mein Prinz! Ich werde euch allen Anfechtungen, die eure vollkommene Genesung aufhalten könnten, zu entziehen wissen. Es ist nichts leichter, als einen Schauspieldirektor mit einem Schauspieldichter dermaßen zu entzweien, dass sie grimmig aufeinander losgehen und im wütenden Kampf einander auffressen, wie jene beiden Löwen, von denen nichts übrig blieb, als die beiden Schweife, die, schreckliches Denkmal verübtes Mords, auf dem Kampfplatz gefunden wurden. – Nehmt euch doch ja nicht Eure Ähnlichkeit mit dem Trauerspieler aus Pappendeckel zu Herzen! Denn soeben vernehme ich, dass die jungen Leute dort, die euch von Euern Verfolgern befreiten, ebenfalls glauben, Ihr wäret nun einmal kein anderer, als eben der Giglio Fava.«

»O!«, sprach der junge artige Mensch leise, »o mein bester Signor Celionati, verratet doch nur um des Himmels willen nicht, wer ich bin! Ihr wisst es ja, warum ich so lange verborgen bleiben muss, bis ich völlig genesen.«

»Seid«, erwiderte der Scharlatan, »seid unbesorgt, mein Prinz, ich werde, ohne euch zu verraten, so viel von euch sagen, als nötig ist, um die Achtung und Freundschaft jener jungen Leute zu gewinnen, ohne dass es ihnen einfallen darf zu fragen, wes Namens und Standes Ihr seid. Tut fürs erste so, als wenn Ihr uns gar nicht beachtet! schaut zum Fenster heraus, oder leset Zeitungen, dann könnet Ihr euch später in unser Gespräch mischen. Damit euch aber das, was ich spreche, gar nicht geniert, werde ich in der Sprache reden, die eigentlich nur für die Dinge passt, die euch und Eure Krankheit betreffen und die Ihr zurzeit nicht versteht.«

Signor Celionati nahm, wie gewöhnlich, Platz unter den jungen Deutschen, die noch unter lautem Lachen davon redeten, wie sie den Abbate und den Impresario, als sie dem jungen artigen Mann zu Leibe gewollt, in möglichster Eile hinausbefördert hätten. Mehrere fragten dann den Alten, ob es denn nicht wirklich der bekannte Schauspieler Giglio Fava sei, der dort zum Fenster hinauslehne, und als dieser es verneint und vielmehr erklärt, dass es ein junger Fremder von hoher Abkunft sei, meinte der Maler Franz Reinhold, (der geneigte Leser hat ihn schon in dem dritten Kapitel gesehen und gehört) dass er es gar nicht begreifen könne, wie man eine Ähnlichkeit zwischen jenem Fremden und dem Schauspieler Giglio Fava finden wollte. Zugeben müsse er, dass Mund, Nase, Stirn, Auge, Wuchs beider sich in der äußern Form gleichen könnten; aber der geistige Ausdruck des Antlitzes, der eigentlich die Ähnlichkeit erst schaffe und den die mehrsten Porträtmaler, oder vielmehr Gesichtabschreiber, nicht aufzufassen und daher wahrhaft ähnliche Bilder zu liefern niemals vermöchten, eben dieser Ausdruck sei zwischen beiden so himmelweit verschieden, dass er seinerseits den Fremden nie für den Giglio Fava gehalten hätte. Der Fava habe eigentlich ein nichtssagendes Gesicht, wogegen in dem Gesicht des Fremden etwas Seltsames liege, dessen Bedeutung er selbst nicht verstehe.

Die jungen Leute forderten den alten Scharlatan auf, ihnen wiederum etwas, das der wunderbaren Geschichte von dem Könige Ophioch und der Königin Liris gliche, die ihnen überaus Wohlgefallen, oder vielmehr den zweiten Teil dieser Geschichte selbst vorzutragen, den er ja von seinem Freunde, dem Zauberer Ruffiamonte oder Hermod im Palast Pistoja, erfahren haben müsse.

»Was«, rief der Scharlatan, »was zweiter Teil – was zweiter Teil? Hab ich denn neuerdings plötzlich innegehalten, mich geräuspert und dann mich verbeugend gesagt: ›Die Fortsetzung folgt künftig?‹ – Und überdem hat mein Freund, der Zauberer Ruffiamonte, den weitern Verlauf jener Geschichte bereits vorgelesen im Palast Pistoja. Eure Schuld ist es und nicht die meinige, dass ihr das Kollegium versäumtet, dem auch, wie es jetzt Mode ist, wissbegierige Damen beiwohnten; und sollte ich das alles jetzt noch einmal wiederholen, so würde das einer Person entsetzliche Langeweile erregen, die uns nie verlässt und die sich auch in jenem Kollegio befand, mithin schon alles weiß. Ich meine nämlich den Leser des Capriccios, Prinzessin Brambilla geheißen, einer Geschichte, in der wir selbst vorkommen und mitspielen. – Also nichts von dem Könige Ophioch und der Königin Liris und der Prinzessin Mystilis und dem bunten Vogel! Aber von mir, von mir will ich reden, wenn euch anders damit gedient ist, ihr leichtsinnigen Leute!«

»Warum leichtsinnig?«, fragte Reinhold. – »Darum«, sprach Meister Celionati auf Deutsch weiter, »weil ihr mich betrachtet wie einen, der nur eben darum da ist, euch zuweilen Märchen zu erzählen, die bloß ihrer Possierlichkeit halber possierlich klingen und euch die Zeit, die ihr daran wenden wollt, vertreiben. Aber, ich sage euch, als mich der Dichter erfand, hatte er ganz was anders mit mir im Sinn und wenn er es mit ansehen sollte, wie ihr mich manchmal so gleichgültig behandelt, könnte er gar glauben, ich sei ihm aus der Art geschlagen. – Nun genug, ihr erzeigt mir alle nicht die Ehrfurcht und Achtung, die ich verdiene meiner tiefen Kenntnisse halber. So z. B. seid ihr der schnöden Meinung, dass, was die Wissenschaft der Medizin betrifft, ich, ohne alles gründliche Studium, Hausmittel als Arkana verkaufe und alle Krankheiten mit denselben Mitteln heilen wolle. Doch nun ist die Zeit gekommen, euch eines Bessern zu belehren. Weit, weit her, aus einem Lande so fern, dass Peter Schlemihl, trotz seinen Siebenmeilenstiefeln ein ganzes Jahr laufen müsste, um es zu erreichen, ist ein junger sehr ausgezeichneter Mann hiehergereiset, um sich meiner hülfreichen Kunst zu bedienen, da er an einer Krankheit leidet, die wohl die seltsamste und zugleich gefährlichste genannt werden darf, die es gibt und deren Heilung nun wirklich auf einem Arkanum beruht, dessen Besitz magische Weihe voraussetzt. Der junge Mann leidet nämlich an dem chronischen Dualismus.«

»Wie«, riefen alle durcheinander lachend, »wie? was sagt Ihr, Meister Celionati, chronischen Dualismus? – Ist das erhört? – «

»Ich merke wohl«, sprach Reinhold, »dass Ihr uns wieder etwas Tolles, Abenteuerliches auftischen wollt, und nachher bleibt Ihr nicht mehr bei der Stange.«

»Ei«, erwiderte der Scharlatan, »ei mein Sohn Reinhold, du gerade solltest mir solchen Vorwurf nicht machen; denn eben dir habe ich immer wacker die Stange gehalten und da du, wie ich glaube, die Geschichte von dem Könige Ophioch richtig verstanden und auch wohl selbst in den hellen Wasserspiegel der Urdarquelle geschaut hast, so – Doch ehe ich weitersprreche über die Krankheit, so erfahrt, ihr Herren, dass der Kranke, dessen Kur ich unternommen, eben jener junge Mann ist, der zum Fenster hinausschaut und den ihr für den Schauspieler Giglio Fava gehalten.«

Alle schauten neugierig hin nach dem Fremden und kamen darin überein, dass in den übrigens geistreichen Zügen seines Antlitzes doch etwas Ungewisses, Verworrenes liege, das auf eine gefährliche Krankheit schließen lasse, welche am Ende in einem versteckten Wahnsinn bestehe. »Ich glaube«, sprach Reinhold, »ich glaube, dass Ihr, Meister Celionati, mit Euerm chronischen Dualismus nichts anders meint, als jene seltsame Narrheit, in der das eigene Ich sich mit sich selbst entzweit, worüber denn die eigne Persönlichkeit sich nicht mehr festhalten kann.«

»Nicht übel«, erwiderte der Scharlatan, »nicht übel, mein Sohn! aber dennoch fehlgeschossen. Soll ich euch aber über die seltsame Krankheit meines Patienten Rechenschaft geben, so fürchte ich beinahe, dass es mir nicht gelingen wird, euch darüber klar und deutlich zu belehren, vorzüglich da ihr keine Ärzte seid, ich mich also jedes Kunstausdrucks enthalten muss. – Nun! – ich will es darauf ankommen lassen, wie es wird und euch zuvörderst bemerklich machen, dass der Dichter, der uns erfand und dem wir, wollen wir wirklich existieren, dienstbar bleiben müssen, uns durchaus für unser Sein und Treiben keine bestimmte Zeit vorgeschrieben hat. Sehr angenehm ist es mir daher, dass ich, ohne einen Anachronismus zu begehen, voraussetzen darf, dass ihr aus den Schriften eines gewissen deutschen, sehr geistreichen Schriftstellers[*] Kunde erhalten habt von dem doppelten Kronprinzen. Eine Prinzessin befand sich (um wieder mit einem dito geistreichen deutschen Schriftsteller[**] zu reden) in andern Umständen, als das Land, nämlich in gesegneten. Das Volk harrte und hoffte auf einen Prinzen; die Prinzessin übertraf aber diese Hoffnung gerade um das Doppelte, indem sie zwei allerliebste Prinzlein gebar, die, Zwillinge, doch ein Einling zu nennen waren, da sie mit den Sitzteilen zusammengewachsen. Unerachtet nun der Hofpoet behauptete, die Natur habe in *einem* menschlichen Körper nicht Raum genug gefunden für all die Tugenden, die der künftige Thronerbe in sich tragen solle, unerachtet die Minister den über den Doppelsegen etwas betretenen Fürsten damit trösteten, dass vier Hände doch Szepter und Schwert kräftiger handhaben würden, als zwei, so wie überhaupt die ganze Regierungssonate *à quatre mains* voller und prächtiger klingen würde – ja! – alles dessen unerachtet, fanden sich doch Umstände genug, die manches gerechte Bedenken veranlassten. Fürs erste erregte schon die große Schwierigkeit, ein praktikables und zugleich zierliches Modell zu einem gewissen Stühlchen zu erfinden, die gegründete

---

[*] Lichtenberg.
[**] Jean Paul.

Besorgnis, wie es künftig mit der schicklichen Form des Throns aussehen würde; ebenso vermochte eine aus Philosophen und Schneidern zusammengesetzte Kommission nur nach dreihundertundfünfundsechzig Sitzungen die bequemste und dabei anmutigste Form der Doppelhosen herauszubringen; was aber das Schlimmste schien, war die gänzliche Verschiedenheit des Sinns, die sich in beiden immer mehr und mehr offenbarte. War der eine Prinz traurig, so war der andere lustig; wollte der eine sitzen, so wollte der andere laufen, genug – nie stimmten ihre Neigungen überein. Und dabei konnte man durchaus nicht behaupten, der eine sei dieser, der andere jener bestimmten Gemütsart; denn in dem Widerspiel eines ewigen Wechsels schien eine Natur hinüberzugehen in die andre, welches wohl daher kommen musste, dass sich, nächst dem körperlichen Zusammenwachsen, auch ein geistiges offenbarte, das eben den größten Zwiespalt verursachte. – Sie dachten nämlich in die Quere, sodass keiner jemals recht wusste, ob er das, was er gedacht, auch wirklich selbst gedacht, oder sein Zwilling; und heißt das nicht Konfusion, so gibt es keine. Nehmt ihr nun an, dass einem Menschen solch ein in die Quere denkender Doppelprinz im Leibe sitzt, als *materia peccans,* so habt ihr die Krankheit heraus, von der ich rede und deren Wirkung sich vornehmlich dahin äußert, dass der Kranke aus sich selber nicht klug wird.« –

Indessen hatte sich der junge Mensch unvermerkt der Gesellschaft genähert und da nun alle schweigend den Scharlatan anblickten, als erwarteten sie, dass er fortfahren werde, begann er, nachdem er sich höflich verbeugt:»Ich weiß nicht, meine Herrn, ob es euch recht ist, wenn ich mich in eure Gesellschaft mische. Man hat mich wohl sonst überall gern, wenn ich ganz gesund bin und munter; aber gewiss hat euch Meister Celionati so viel Wunderliches von meiner Krankheit erzählt, dass ihr nicht wünschen werdet, von mir selbst belästigt zu werden.«

Reinhold versicherte im Namen aller, dass der neue Gast ihnen willkommen und der junge Mensch nahm Platz in dem Kreise.

Der Scharlatan entfernte sich, nachdem er dem jungen Menschen nochmals eingeschärft hatte, doch ja die vorgeschriebene Diät zu halten.

Es geschah, wie immer es zu geschehen pflegt, dass man sofort über den, der das Zimmer verlassen, zu sprechen begann und vorzüglich den jungen Menschen über seinen abenteuerlichen Arzt befragte. Der junge Mensch versicherte, dass Meister Celionati sehr schöne Schulkenntnisse erworben, auch in Halle und Jena mit Nutzen Kollegia gehört, sodass man ihm vollkommen vertrauen könne. Auch sonst sei es, seiner Meinung nach, ein ganz hübscher leidlicher Mann, der nur den einzigen, freilich sehr großen, Fehler habe, oftmals zu sehr ins Allegorische zu fallen, welches ihm denn wirklich schade. Gewiss habe Meister Celionati auch von der Krankheit, die er zu heilen unternommen, sehr abenteuerlich gesprochen. Reinhold erklärte, wie, nach des Scharlatans Ausspruch, ihm, dem jungen Menschen, ein doppelter Kronprinz im Leibe sitze.

»Seht«, sprach nun der junge Mensch anmutig lächelnd, »seht ihr es wohl, ihr Herren? Das ist nun wieder eine pure Allegorie und doch kennt Meister Celionati meine Krankheit sehr genau, und doch weiß er, dass ich nur an einem Augenübel leide, welches ich mir durch zu frühzeitiges Brillentragen zugezogen. Es muss sich etwas in meinem Augenspiegel verrückt haben; denn ich sehe leider meistens alles verkehrt und so kommt es, dass mir die ernsthaftesten Dinge oft ganz ungemein spaßhaft, und umgekehrt die spaßhaftesten Dinge oft ganz ungemein ernsthaft vorkommen. Das aber erregt mir oft entsetzliche Angst und solchen Schwindel, dass ich mich kaum aufrecht erhalten kann. Hauptsächlich, meint Meister Celionati, komme es zu meiner Genesung darauf an, dass ich mir häufige starke Bewegung mache; aber du lieber Himmel, wie soll ich das anfangen?«

»Nun«, rief einer, »da Ihr, bester Signor, wie ich sehe, ganz gesund auf den Beinen seid, so weiß ich doch –« In dem Augenblick trat eine dem geneigten Leser schon bekannt gewordene Person herein, der berühmte Schneidermeister Bescapi.

Bescapi ging auf den jungen Menschen los, verbeugte sich sehr tief und begann: »Mein gnädigster Prinz!« – »Gnädigster Prinz?«, riefen alle durcheinander und blickten den jungen Menschen mit Erstaunen an. *Der* aber sprach mit ruhiger Miene: »Mein Geheimnis hat wider meinen Willen der Zufall verraten. Ja, meine Herrn! ich bin wirklich ein Prinz und noch dazu ein unglücklicher, da ich vergebens nach dem herrlichen mächtigen Reich trachte, das mein Erbteil. Sagt ich daher zuvor, dass es nicht möglich sei, mir die gehörige Bewegung zu machen, so kommt es daher, weil es mir gänzlich an Land, mithin an Raum dazu mangelt. Eben daher, weil ich in solch kleinem Behältnis eingeschlossen, verwirren sich auch die vielen Figuren und schießen und kopfkegeln durcheinander, sodass ich zu keiner Deutlichkeit gelange; welches ein sehr übles Ding ist, da ich meiner innersten eigentlichsten Natur nach, nur im Klaren existieren kann. Durch die Bemühungen meines Arztes, so wie dieses würdigsten aller würdigen Minister, glaube ich aber mittels eines erfreulichen Bündnisses mit der schönsten der Prinzessinnen wieder gesund, groß und mächtig zu werden, wie ich es eigentlich sein sollte. Feierlichst lade ich euch meine Herrn, ein, mich in meinen Staaten, in meiner Hauptstadt zu besuchen. Ihr werdet finden, dass ihr dort ganz eigentlich zu Hause gehört und mich nicht verlassen wollen, weil ihr nur bei mir ein wahres Künstlerleben zu führen vermöget. Glaubt nicht, beste Herrn, dass ich den Mund zu voll nehme, dass ich ein eitler Prahlhans bin! Lasst mich nur erst wieder ein gesunder Prinz sein, der seine Leute kennt, sollten sie sich auch auf den Kopf stellen, so werdet ihr erfahren, wie gut ich es mit euch allen meine. Ich halte Wort so wahr ich der assyrische Prinz Cornelio Chiapperi bin! – Namen und Vaterland will ich euch vor der Hand verschweigen, ihr erfahret beides zur rechten Zeit. – Nun muss ich mich mit diesem vortrefflichen Minister über einige wichtige Staatsangelegenheiten beraten, dann aber bei der Narrheit einsprechen und durch den Hof wandelnd nachsehen, ob den Mistbeeten einige gute Witzwörter entkeimt sind.« – Damit fasste der junge Mensch den Schneidermeister unter den Arm, und beide zogen ab.

»Was sagt ihr«, sprach Reinhold, »was sagt ihr, Leute, zu dem allem? Mich will es bedünken, als hetze das bunte Maskenspiel eines tollen märchenhaften Spaßes allerlei Gestalten in immer schnelleren und schnelleren Kreisen dermaßen durcheinander, dass man sie gar nicht mehr zu erkennen, gar nicht mehr zu unterscheiden vermag. Doch lasst uns Masken nehmen und nach dem Korso gehen! Ich ahne, dass der tolle Capitan Pantalon, der gestern den wütenden Zweikampf bestand, sich heute wieder sehen lassen und allerlei Abenteuerliches beginnen wird.«

Reinhold hatte Recht. Der Capitan Pantalon schritt sehr gravitätisch, wie noch in der glänzenden Glorie seines gestrigen Sieges den Korso auf und nieder, ohne aber irgend Tolles zu beginnen, wie sonst, wiewohl eben seine grenzenlose Gravität ihm beinahe noch ein komischeres Ansehen gab, als er es sonst behauptete. – Der geneigte Leser erriet es schon früher, weiß es aber jetzt mit Bestimmtheit, wer unter dieser Maske steckt. Niemand anders nämlich, als der Prinz Cornelio Chiapperi, der glückselige Bräutigam der Prinzessin Brambilla. – Und die Prinzessin Brambilla, ja sie selbst musste wohl die schöne Dame sein, die die Wachsmaske vor dem Gesicht in reichen prächtigen Kleidern majestätisch in dem Korso wandelte. Die Dame schien es abgesehen zu haben auf den Capitan Pantalon; denn geschickt wusste sie ihn einzukreisen, sodass es schien, er könne ihr nicht ausweichen und doch wand er sich heraus und setzte seinen gravitätischen Spaziergang fort. Endlich aber, als er eben im Begriff stand, mit einem raschen Schritt vorzuschreiten, fasste ihn die Dame beim Arme und sprach mit süßer, lieblicher Stimme: »Ja, Ihr seid es, mein Prinz! Euer Gang und die Eures Standes würdige Kleidung (nie trüget Ihr eine schönere) haben euch verraten! – O sagt, warum flieht Ihr mich? – Erkennet Ihr nicht Euer Leben, Euer Hoffen in mir?« – »Ich weiß«, sprach der Capitan Pantalon, »ich weiß in der Tat nicht recht, wer Ihr seid, schöne Dame! Oder vielmehr ich wage es nicht zu erraten, da ich so oft schnöder Täuschung erlegen. Prinzessinnen verwandelten sich vor meinen Augen in Putzmacherinnen, Komödianten in Pappendeckelfiguren und dennoch hab ich beschlossen, länger keine Illusion und Fantasterei zu ertragen, sondern beide schonungslos zu vernichten, wo ich sie treffe.«

»So macht«, rief die Dame erzürnt, »so macht mit euch selbst den Anfang! Denn Ihr selbst, mein werter Signor, seid weiter gar nichts, als eine Illusion! – Doch nein«, fuhr die Dame sanft und zärtlich fort, »doch nein, geliebter Cornelio, du weißt, welch eine Prinzessin dich liebt, wie sie aus fernen Landen hergezogen ist, dich aufzusuchen, dein zu sein! – Und hast du denn nicht geschworen, mein Ritter zu bleiben? – Sprich Geliebter!«

Die Dame hatte aufs neue Pantalons Arm gefasst; der hielt ihr aber seinen spitzen Hut entgegen, zog sein breites Schwert an und sprach: »Seht her! – herab ist das Zeichen meiner Ritterschaft, herunter sind die Hahnfedern von meinem offnen Helm; ich habe den Damen meinen Dienst aufgekündigt; denn sie lohnen alle mit Undank und Untreue!« – »Was sprecht Ihr?«, rief die Dame zürnend, »seid Ihr wahnsinnig?« »Leuchtet«, sprach der Capitan Pantalon weiter, »leuchtet nur an mit dem funkelnden Demant da auf Eurer Stirne! Weht mir nur entgegen mit der Feder, die Ihr dem bunten Vogel ausgerupft – Ich widerstehe jedem Zauber und weiß es und bleibe dabei, dass der alte Mann in der Zobelmütze Recht hat, dass mein Minister ein Esel ist, und dass die Prinzessin Brambilla einem miserablen Schauspieler nachläuft.« »Ho ho!« rief nun die Dame noch zorniger, als vorher, »ho ho, wagt Ihr es aus diesem Ton mit mir zu sprechen, so will ich euch nur sagen, dass, wenn Ihr ein trauriger Prinz sein wollt, mir jener Schauspieler, den Ihr erbärmlich nennt und den ich mir, ist er auch zurzeit auseinander genommen, immer wieder zusammennähen lassen kann, noch immer viel werter erscheint, als Ihr.

Geht doch fein zu Eurer Putzmacherin, zu der kleinen Giacinta Soardi, der Ihr ja sonst, wie ich höre auch nachgelaufen seid und erhebt sie auf Euern Thron, den irgendwo hinzustellen, es euch noch gänzlich an einem Stückchen Land mangelt! – Gott befohlen für jetzt!« –

Damit ging die Dame rasches Schrittes von dannen, indem der Capitan Pantalon ihr mit kreischendem Ton nachrief: »Stolze – Ungetreue! so belohnst du meine innige Liebe? – Doch ich weiß mich zu trösten! –«

Wie der Prinz Cornelio Chiapperi sich nicht trösten konnte, der Prinzessin Brambilla Samtpantoffel küsste, beide dann aber eingefangen wurden in Filet. – Neue Wunder des Palastes Pistoja. – Wie zwei Zauberer auf Straußen durch den Urdarsee ritten und Platz nahmen in der Lotosblume. – Die Königin Mystilis. – Wie bekannte Leute wieder auftreten und das Capriccio, Prinzessin Brambilla genannt, ein fröhliches Ende erreicht.

Es schien indessen, als wenn Freund Capitan Pantalon, oder vielmehr der assyrische Prinz Cornelio Chiapperi, (denn der geneigte Leser weiß doch nun einmal, dass in der tollen fratzenhaften Maske eben niemand anders steckte, als diese verehrte fürstliche Person) ja! – es schien, als ob er sich ganz und gar nicht zu trösten gewusst hätte. Denn anderes Tages klagte er laut auf dem Korso, dass er die schönste der Prinzessinnen verloren, und dass er, fände er sie gar nicht wieder, sich in heller Verzweiflung sein hölzernes Schwert durch den Leib rennen wolle. Da aber bei diesem Weh sein Gebärdespiel das possierlichste war, das man sehen konnte, so fehlte es nicht, dass er sich bald von Masken aller Art umringt sah, die ihre Lust an ihm hatten. »Wo ist sie?« rief er mit kläglicher Stimme, »wo ist sie geblieben, meine holde Braut, mein süßes Leben! – Habe ich darum mir meinen schönsten Backzahn ausreißen lassen von Meister Celionati? bin ich deshalb mir selbst nachgelaufen aus einem Winkel in den andern, um mich aufzufinden? ja! – habe ich darum mich wirklich aufgefunden, um ohne alles Besitztum an Liebe und Lust und gehöriger Länderei ein armseliges Leben hinzuschmachten? Leute! – weiß einer von euch, wo die Prinzessin steckt, so öffne er das Maul und sag es mir und lasse mich nicht hier so lamentieren unnützerweise, oder laufe hin zu der Schönsten und verkünde ihr, dass der treueste aller Ritter, der schmuckste aller Bräutigame hier vor lauter Sehnsucht, vor inbrünstigem Verlangen, hinlänglich wüte, und dass in den Flammen seines Liebesgrimms ganz Rom, ein zweites Troja, aufgehen könnte, wenn sie nicht alsbald komme und mit den feuchten Mondes strahlen ihrer holdseligen Augen die Glut lösche!« – Das Volk schlug ein unmäßiges Gelächter auf, aber eine gellende Stimme rief dazwischen: »Verrückter Prinz, meint Ihr, dass euch die Prinzessin Brambilla entgegenkommen soll? – Habt Ihr den Palast Pistoja vergessen?« »Ho ho«, erwiderte der Prinz, »schweigt, vorwitziger Gelbschnabel! Seid froh, dass Ihr dem Käficht entronnen! – Leute, schaut mich an und sagt, ob nicht *ich* der eigentliche bunte Vogel bin, der in Filetnetzen gefangen werden soll?« Das Volk erhob abermals ein unmäßiges Gelächter; doch in demselben Augenblick stürzte der Capitan Pantalon wie ganz außer sich nieder auf die Knie; denn vor ihm stand sie selbst, die Schönste, in voller Pracht aller Holdseligkeit und Anmut und in denselben Kleidern, wie sie sich zum ersten Mal auf dem Korso hatte bücken lassen, nur dass sie statt des Hütleins ein herrlich funkelndes Diadem auf der Stirne trug, aus dem bunte Federn emporstiegen. »Dein bin ich«, rief der Prinz im höchsten Entzücken, »dein bin ich nun ganz und gar. Sieh diese Federn auf meiner Sturmhaube! Sie sind die weiße Fahne, die ich aufgesteckt, das Zeichen, dass ich mich dir, du himmlisches Wesen, ergebe, rücksichtslos, auf Gnad und Ungnade!« »So muss es kommen«, erwiderte die Prinzessin; »unterwerfen musstest du dich mir, der reichen Herrscherin, denn sonst fehlte es dir ja an der eigentlichen Heimat und du bliebst ein miserabler Prinz. Doch schwöre mir jetzt ewige Treue, bei diesem Symbol meiner unumschränkten Regentschaft!« –

Damit zog die Prinzessin einen kleinen zierlichen Samtpantoffel hervor und reichte ihn dem Prinzen hin, der ihn, nachdem er feierlich der Prinzessin ewige unwandelbare Treue geschworen, so wahr er zu existieren gedenke, dreimal küsste. Sowie dies geschehen, erscholl ein lautes, durchdringendes: »Brambure bil bal – Alamonsa kikiburva son-ton –!« Das Paar war umringt von jenen, in reiche Talare verhüllten Damen, die, wie der geneigte Leser sich erinnern wird, im ersten Kapitel eingezogen in den Palast Pistoja, und hinter denen die zwölf reichgekleideten Mohren standen, welche aber, statt der langen Spieße, hohe wunderbar glänzende Pfauenfedern in den Händen hielten, die sie in den Lüften hin und her schwangen. Die Damen warfen aber Filetschleier über das Paar, die immer dichter und dichter es zuletzt verhüllten in tiefe Nacht.

Als nun aber unter lautem Klang von Hörnern, Zimbeln und kleinen Pauken die Nebel des Filets hinabfielen, befand sich das Paar in dem Palast Pistoja und zwar in demselben Saal, in den vor wenigen Tagen der vorwitzige Schauspieler Giglio Fava eindrang.

Aber herrlicher, viel herrlicher sah es jetzt in diesem Saal aus, als damals. Denn statt der einzigen Ampel, die den Saal erleuchtete, hingen jetzt wohl hundert ringsumher, sodass alles ganz und gar in Feuer zu stehen schien. Die Marmorsäulen, welche die hohe Kuppel trugen, waren mit üppigen Blumenkränzen umwunden; das seltsame Laubwerk der Decke, man wusste nicht, waren es bald bunt gefiederte Vögel, bald anmutige Kinder, bald wunderbare Tiergestalten, die darin verflochten, schien sich lebendig zu regen und aus den Falten der goldnen Draperie des Thronhimmels leuchteten bald hier, bald dort freundlich lachende Antlitze holder Jungfrauen hervor. Die Damen standen, wie damals, aber noch prächtiger gekleidet, im Kreise ringsumher, machten aber nicht Filet, sondern streuten bald aus goldnen Vasen herrliche Blumen in den Saal, bald schwangen sie Rauchfässer, aus denen ein köstlicher Geruch emordampfte. Auf dem Throne standen aber in zärtlicher Umarmung der Zauberer Ruffiamonte und der Fürst Bastianello di Pistoja. Dass dieser kein anderer war, als eben der Marktschreier Celionati, darf kaum gesagt werden. Hinter dem fürstlichen Paar, das heißt, hinter dem Prinzen Cornelio Chiapperi und der Prinzessin Brambilla, stand ein kleiner Mann in einem sehr bunten Talar und hielt ein saubres Elfenbeinkästchen in den Händen, dessen Deckel offen stand und in dem nichts weiter befindlich, als eine kleine funkelnde Nähnadel, die er mit sehr heiterm Lächeln unverwandt anblickte.

Der Zauberer Ruffiamonte und der Fürst Bastianello di Pistoja ließen endlich ab von der Umarmung und drückten sich nur noch was weniges die Hände. Dann aber rief der Fürst mit starker Stimme den Straußen zu: »Heda, ihr guten Leute! bringt doch einmal das große Buch herbei, damit mein Freund hier, der ehrliche Ruffiamonte, fein ablese, was noch zu lesen übrig!« Die Strauße hüpften mit den Flügeln schlagend von dannen, und brachten das große Buch, das sie einem knienden Mohren auf den Rücken legten und dann aufschlugen.

Der Magus, der unerachtet seines langen weißen Barts, ungemein hübsch und jugendlich aussah, trat hinan, räusperte sich und las folgende Verse:

»Italien! – Land, des heitrer Sonnenhimmel
Der Erde Lust in reicher Blut entzündet!
O schönes Rom, wo lustiges Getümmel,

Zur Maskenzeit, den Ernst vom Ernst entbindet!
Es gaukeln froh der Fantasei Gestalten
Auf bunter Bühne klein zum Ei gerundet;

Das ist die Welt, anmutgen Spukes Walten.
Der Genius mag aus dem Ich gebären
Das Nicht-Ich, mag die eigne Brust zerspalten,

Den Schmerz des Seins in hohe Lust verkehren.
Das Land, die Stadt, die Welt, das Ich – gefunden
Ist alles nun. In reiner Himmelsklarheit

Erkennt das Paar sich selbst, nur treu verbunden
Aufstrahlet ihm des Lebens tiefe Wahrheit.
Nicht mehr mit bleicher Unlust mattem Tadel

Betört den Sinn die überweise Narrheit;
Erschlossen hat das Reich die Wundernadel
Des Meisters. Tolles zauberisches Necken,

Dem Genius gibt's hohen Herrscheradel,
Und darf zum Leben aus dem Traum ihn wecken.
Horch! schon beginnt der Töne süßes Wogen,

Verstummt ist alles, ihnen zuzulauschen;
Schimmernd Azur erglänzt am Himmelsbogen
Und ferne Quellen, Wälder, flüstern, rauschen.

Geh auf, du Zauberland voll tausend Wonnen,
Geh auf der Sehnsucht, Sehnsucht auszutauschen,
Wenn sie sich selbst erschaut im Liebesbronnen!

Das Wasser schwillt – Fort! stürzt euch in die Fluten!
Kämpft an mit Macht! Bald ist der Strand gewonnen,
Und hoch Entzücken strahlt in Feuergluten!«

Der Magus klappte das Buch zu; aber in dem Augenblick stieg ein
feuriger Dunst aus dem silbernen Trichter, den er auf dem Kopfe

trug und erfüllte den Saal mehr und mehr. Und unter harmonischem Glockengetön, Harfen- und Posaunenklang, begann sich alles zu regen und wogte durcheinander. Die Kuppel stieg auf und wurde zum heitern Himmelsbogen, die Säulen wurden zu hohen Palmbäumen, der Goldstoff fiel nieder und wurde zum bunten gleißenden Blumengrund und der große Kristallspiegel zerfloss in einen hellen herrlichen See. Der feurige Dunst, der aus dem Trichter des Magus gestiegen, hatte sich nun auch ganz verzogen und kühle balsamische Lüfte wehten durch den unabsehbaren Zaubergarten voll der herrlichsten anmutigsten Büsche und Bäume und Blumen. Stärker tönte die Musik, es ging ein frohes Jauchzen auf, tausend Stimmen sangen:

> »Heil! hohes Heil dem schönen Urdarlande!
> Gereinigt, spiegelhell erglänzt sein Bronnen,
> Zerrissen sind des Dämons Kettenbande!«

Plötzlich verstummte alles, Musik, Jauchzen, Gesang; in tiefem Schweigen schwangen der Magus Ruffiamonte und der Fürst Bastianello di Pistoja sich auf die beiden Strauße und schwammen nach der Lotosblume, die wie eine leuchtende Insel aus der Mitte des Sees emporragte. Sie stiegen in den Kelch dieser Lotosblume und diejenigen von den um den See versammelten Leuten, welche ein gutes Auge hatten, bemerkten ganz deutlich, dass die Zauberer aus einem Kästchen eine sehr kleine, aber auch sehr artige Porzellanpuppe hervornahmen und mitten in den Kelch der Blume schoben.

Es begab sich, dass das Liebespaar, nämlich der Prinz Cornelio Chiapperi und die Prinzessin Brambilla, aus der Betäubung erwachten, in die sie versunken und unwillkürlich in den klaren spiegelhellen See schauten, an dessen Ufer sie sich befanden. Doch wie sie sich in dem See erblickten, da *erkannten* sie sich erst, schauten einander an, brachen in ein Lachen aus, das aber nach seiner wunderbaren Art nur jenem Lachen Königs Ophiochs und der Königin Liris zu vergleichen war, und fielen dann im höchsten Entzücken einander in die Arme.

Und sowie das Paar lachte, da, o des herrlichen Wunders! stieg aus dem Kelch der Lotosblume ein göttlich Frauenbild empor und wurde höher und höher, bis das Haupt in das Himmelblau ragte, während man gewahrte, wie die Füße in der tiefsten Tiefe des Sees festwurzelten. In der funkelnden Krone auf ihrem Haupte saßen der Magus und der Fürst, schauten hinab auf das

Volk, das ganz ausgelassen, ganz trunken vor Entzücken jauchzte und schrie: »Es lebe unsere hohe Königin Mystilis!« während die Musik des Zaubergartens in vollen Akkorden ertönte.

Und wiederum sangen tausend Stimmen:

>»Ja aus der Tiefe steigen selge Wonnen
> Und fliegen leuchtend in die Himmelsräume.
> Erschaut die Königin die uns gewonnen!

> Das Götterhaupt umschweben süße Träume,
> Dem Fußtritt öffnen sich die reichen Schachten. –
> Das wahre Sein im schönsten Lebenskeime
> Verstanden die, die sich erkannten – lachten!« –

Mitternacht war vorüber, das Volk strömte aus den Theatern. Da schlug die alte Beatrice das Fenster zu, aus dem sie hinausgeschaut, und sprach: »Es ist nun Zeit, dass ich alles bereite; denn bald kommt die Herrschaft, und bringt wohl noch gar den guten Signor Bescapi mit.« So wie damals, als Giglio ihr den mit Leckerbissen gefüllten Korb hinauftragen musste, hatte die Alte heute alles eingekauft zum leckern Mahl. Aber nicht wie damals durfte sie sich herumquälen in dem engen Loch, das eine Küche vorstellen sollte, und in dem engen armseligen Stübchen des Signor Pasquale. Sie hatte vielmehr über einen geräumigen Herd zu gebieten und über eine helle Kammer, so wie die Herrschaft wirklich in drei bis vier nicht zu großen Zimmern, in denen mehrere hübsche Tische, Stühle und sonstiges ganz leidliches Gerät befindlich, sich sattsam bewegen konnte.

Indem die Alte nun ein feines Linnen über den Tisch breitete, den sie in die Mitte des Zimmers gerückt, sprach sie schmunzelnd: »Hm! – es ist doch ganz hübsch von dem Signor Bescapi, dass er uns nicht allein die artige Wohnung eingeräumt, sondern uns auch mit allem Notwendigen so reichlich versorgt hat. Nun ist wohl die Armut auf immer von uns gewichen!«

Die Türe ging auf, und hinein trat Giglio Fava mit seiner Giacinta.

»Lass dich«, sprach Giglio, »lass dich umarmen, mein süßes, holdes Weib! Lass es mich dir recht aus voller Seele sagen, dass erst seit dem Augenblick, da ich mit dir verbunden, mich die reinste herrlichste Lust des Lebens beseelt. – Jedes Mal, wenn ich dich deine Smeraldinen, oder andere Rollen, die der wahre Scherz geboren, spielen sehe, oder dir als Brighella, als Truffaldino, oder als ein anderer humoristischer Fantast zur Seite stehe, geht mir im Innern eine ganze Welt der kecksten, sinnigsten Ironie auf und befeuert mein Spiel. – Doch sage mir, mein Leben, welch ein ganz besonderer Geist war heute über dich gekommen? – Nie hast du so recht aus dem Innersten heraus Blitze des anmutigsten weiblichen Humors geschleudert; nie warst du in der kecksten, fantastischten Laune so über alle Maßen liebenswürdig.«

»Dasselbe«, erwiderte Giacinta, indem sie einen leichten Kuss auf Giglios Lippen drückte, »dasselbe möcht ich von dir sagen, mein geliebter Giglio! Auch du warst heute herrlicher, als je und hast vielleicht selbst nicht bemerkt, dass wir unsere Hauptszene unter dem anhaltenden gemütlichen Lachen der Zuschauer über eine halbe Stunde fort improvisierten. – Aber denkst du denn nicht daran, welch ein Tag heute ist? Ahndest du nicht, in welchen verhängnisvollen Stunden die besondere Begeisterung uns erfasste? Erinnerst du dich nicht, dass es heute gerade ein Jahr her ist, da wir in den herrlichen hellen Urdarsee schauten und uns erkannten?«

»Giacinta«, rief Giglio in freudigem Erstaunen, »Giacinta, was sprichst du? – Es liegt wie ein schöner Traum hinter mir, das Urdarland – der Urdarsee! – Aber nein! – es war kein Traum – wir haben uns erkannt! – O meine teuerste Prinzessin!«

»Oh«, erwiderte Giacinta, »mein teuerster Prinz!« – Und nun umarmten sie sich aufs neue und lachten laut auf und riefen durcheinander: »Dort liegt Persien – dort Indien – aber hier Bergamo – hier Frascati – unsere Reiche grenzen – nein nein, es ist ein und dasselbe Reich, in dem wir herrschen, ein mächtiges Fürstenpaar, es ist das schöne herrliche Urdarland selbst – Ha, welche Lust!« –

Und nun jauchzten sie im Zimmer umher und fielen sich wieder in die Arme und küssten sich und lachten. –

»Sind sie«, brummte die alte Beatrice dazwischen, »sind sie nicht wie die ausgelassenen Kinder! – Ein ganzes Jahr schon verheiratet und liebeln noch und schnäbeln sich und springen umher und – o Heiland! werfen mir hier beinahe die Gläser vom Tische! – Ho ho – Signor Giglio, fahrt mir nicht mit Euerm Mantelzipfel hier ins Ragout – Signora Giacinta, habt Erbarmen mit dem Porzellan und lasst es leben!«

Aber die beiden achteten nicht auf die Alte, sondern trieben ihr Wesen fort. Giacinta fasste den Giglio endlich bei den Armen, schaute ihm in die Augen und sprach: »Aber sage mir, lieber Giglio, du hast ihn doch erkannt, den kleinen Mann hinter uns, im bunten Talar mit der elfenbeinernen Schachtel?« – »Warum«, erwiderte Giglio, »warum denn nicht, meine liebe Giacinta? Es war ja der gute Signor Bescapi mit seiner schöpferischen Nadel, unser jetziger treuer Impresario, der uns zuerst in der Gestalt, wie sie durch unser innerstes Wesen bedingt ist, auf die Bühne brachte. Und wer hätte denken sollen, dass dieser alte wahnsinnige Scharlatan –«

»Ja«, fiel Giacinta dem Giglio in die Rede, »ja dieser alte Celionati in seinem zerrissenen Mantel und durchlöcherten Hute –«

»– Dass dieses wirklich der alte fabelhafte Fürst Bastianello di Pistoja gewesen sein sollte?« – So sprach der stattliche glänzend gekleidete Mann, der in das Zimmer getreten.

»Ach!«, rief Giacinta, indem ihr die Augen vor Freude leuchteten, »ach, gnädigster Herr, seid Ihr es selbst? – Wie glücklich sind wir, ich und mein Giglio, dass Ihr uns aufsucht in unserer kleinen Wohnung! – Verschmäht es nicht, mit uns ein kleines Mahl einzunehmen, und dann könnet Ihr uns fein erklären, was es denn eigentlich für eine Bewandtnis hat mit der Königin Mystilis, dem Urdarlande und Euerm Freunde, dem Zauberer Hermod, oder Ruffiamonte; ich werde aus dem allem noch nicht recht klug.«

»Es bedarf«, sprach der Fürst von Pistoja mit mildem Lächeln, »es bedarf, mein holdes süßes Kind, keiner weitern Erklärung; es genügt, dass du aus dir selber klug geworden bist, und auch jenen kecken Patron, dem es ziemlich, dein Gemahl zu sein, klug gemacht hast – Sieh, ich könnte, meines Marktschreiertums eingedenk, mit allerlei geheimnisvollen und zugleich prahlerisch klingenden Worten um mich werfen; ich könnte sagen, du seist die Fantasie, deren Flügel erst der Humor bedürfe um sich emporzuschwingen, aber ohne den Körper des Humors wärst du nichts, als Flügel und verschwebtest, ein Spiel der Winde, in den Lüften. Aber ich will es nicht tun, und zwar auch schon aus dem Grunde nicht, weil ich zu sehr ins Allegorische, mithin in einen Fehler fallen würde, den schon der Prinz Cornelio Chiapperi auf dem Caffè greco mit Recht an dem alten Celionati gerügt hat. Ich will bloß sagen, dass es wirklich einen bösen Dämon gibt, der Zobelmützen und schwarze Schlafröcke trägt, und sich für den großen Magus Hermod ausgebend, nicht allein gute Leute gewöhnlichen Schlages, sondern auch Königinnen, wie Mystilis, zu verhexen im Stande ist. Sehr boshaft war es, dass der Dämon die Entzauberung der Prinzessin von einem Wunder abhängig gemacht hatte, das er für unmöglich hielt. In der kleinen Welt, das Theater genannt, sollte nämlich ein Paar gefunden werden, das nicht allein von wahrer Fantasie, von wahrem Humor im Innern beseelt, sondern auch im Stande wäre, diese Stimmung des Gemüts objektiv, wie in einem Spiegel, zu erkennen und sie *so* ins äußere Leben treten zu lassen, dass sie auf die große Welt, in der jene kleine Welt eingeschlossen, [wirke, wie ein mächtiger Zauber. So sollte, wenn ihr wollt, wenigstens in gewisser Art das Theater den Urdarbronnen vorstellen, in den die Leute kucken können. – An euch, ihr lieben Kinder, glaubt ich bestimmt jene Entzauberung zu vollbringen und schrieb's sogleich meinem Freunde, dem Magus Hermod. Wie er sogleich anlangte, in meinem Palast abstieg, was für Mühe wir uns mit euch gaben, nun das wisst ihr, und wenn nicht Meister Callot ins Mittel getreten wäre und euch, Giglio, herausgeneckt hätte aus Eurer Heldenjacke –«

»Ja«, fiel hier Signor Bescapi dem Fürsten, dem er auf dem Fuße gefolgt, in die Rede, »ja, gnädigster Herr, bunte Heldenjacke – Gedenkt doch auch bei diesem lieben Paar ein wenig meiner, wie ich auch bei dem großen Werk mitgewirkt!«

»Allerdings«, erwiderte der Fürst »und darum weil Ihr auch an und für euch selbst ein wunderbarer Mann waret, nämlich ein Schneider, der sich in die fantastischen Habite, die er zu verfertigen wusste, auch fantastische Menschen hineinwünschte, bediente ich mich Eurer Hülfe und machte euch zuletzt zum Impresario des seltnen Theaters, wo Ironie gilt und echter Humor.«

»Ich bin«, sprach Signor Bescapi, sehr heiter lächelnd, »ich bin mir immer so vorgekommen, wie einer, der dafür sorgt, dass nicht gleich alles im Zuschnitt verdorben werde, gleichsam wie Form und Stil!«

»Gilt gesagt«, rief der Fürst von Pistoja, »gut gesagt, Meister Bescapi!«

Während nun der Fürst von Pistoja, Giglio und Bescapi von diesem und jenem sprachen,: schmückte in anmutiger Geschäftigkeit Giacinta Zimmer und Tisch mit Blumen, die die alte Beatrice in der Eil herbeibringen müssen, zündete viele Kerzen an und nötigte, da nun alles hell und festlich aussah, den Fürsten in den Lehnstuhl, den sie mit reichen Tüchern und Teppichen so herausgeputzt hatte, dass er beinahe einem Thron zu vergleichen war.

»Jemand«, sprach der Fürst, ehe er sich niederließ, »jemand, den wir alle sehr zu fürchten haben, da er gewiss eine strenge Kritik über uns ergehen lässt und uns vielleicht gar die Existenz bestreitet, könnte vielleicht sagen, dass ich ohne allen weitern

Anlass mitten in der Nacht hiehergekommen sei bloß seinethalben, und um ihm hoch zu erzählen, was ihr mit der Entzauberung der Königin Mystilis, die am Ende gar ganz eigentlich die Prinzessin Brambilk ist, zu schaffen hattet. Der Jemand hat unrecht; denn ich sage euch, dass ich herkam und jedes Mal in der verhängnisvollen Stunde eurer Erkenntnis herkommen werde, um mich mit euch an dem Gedanken zu erlaben, dass wir und alle diejenigen als reich und glücklich zu preisen, denen es gelang, das Leben, sich selbst, ihr ganzes Sein in dem wunderbaren sonnenhellen Spiegel des Urdarsees zu erschauen und zu erkennen.« –

Hier versiegt plötzlich die Quelle, aus der, o geneigter Leser! der Herausgeber dieser Blätter geschöpft hat. Nur eine dunkle Sage gehet, dass sowohl dem Fürsten von Pistoja, als dem Impresario Bescapi die Mackaroni und der Syrakuser bei dem jungen Ehepaar sehr wohl geschmeckt haben sollen. Es ist auch zu vermuten, dass an demselben Abende sowohl, als nachher, mit dem beglückten Schauspielerpaar, da es mit der Königin Mystilis und großem Zaubern in mannigfache Berührung gekommen, sich noch manches Wunderbare zugetragen haben wird.

Meister Callot wäre der einzige, der darüber fernere Auskunft geben könnte.

MEISTER FLOH

Erstes Abenteuer

Einleitung

Worin der geneigte Leser so viel aus dem Leben des Herrn Peregrinus Tyß erfährt, als ihm zu wissen nötig. – Die Weihnachtsbescherung bei dem Buchbinder Lämmerhirt in der Kalbächer Gasse und Beginn des ersten Abenteuers. – Die beiden Alinen.

Es war einmal – welcher Autor darf es jetzt wohl noch wagen, sein Geschichtlein also zu beginnen. – Veraltet! – Langweilig! – so ruft der geneigte oder vielmehr ungeneigte Leser, der nach des alten römischen Dichters weisen Rat, gleich *medias in res* versetzt sein will. Es wird ihm dabei zu Mute, als nehme irgendein weitschweifiger Schwätzer von Gast, der eben eingetreten, breiten Platz und räuspre sich aus, um seinen endlosen Sermon zu beginnen und er klappt unwillig das Buch zu, das er kaum aufgeschlagen! Gegenwärtiger Herausgeber des wunderbaren Märchens von Meister Floh, meint nun zwar, dass jener Anfang sehr gut und eigentlich der beste jeder Geschichte sei, weshalb auch die vortrefflichsten Märchenerzähler, als da sind, Ammen, alte Weiber u. a. sich desselben jederzeit bedient haben, da aber jeder Autor vorzugsweise schreibt, um gelesen zu werden, so will er (besagter Herausgeber nämlich) dem günstigen Leser durchaus nicht die Lust benehmen, wirklich sein Leser zu sein. Er sagt«- demselben daher gleich ohne alle weitere Umschweife, dass demselben Peregrinus Tyß, von dessen seltsamen Schicksalen diese Geschichte handeln wird, an keinem Weihnachtsabende das Herz so geklopft hatte vor banger freudiger Erwartung, als gerade an demjenigen, mit welchem die Erzählung seiner Abenteuer beginnt.

Peregrinus befand sich in einer dunklen Kammer, die neben dem Prunkzimmer belegen,: wo ihm der Heilige Christ einbeschert zu werden pflegte. Dort schlich er bald leise auf und ab, lauschte auch wohl ein wenig an der Türe, bald setzte er sich still hin in den Winkel und zog mit geschlossenen Augen die mystischen Düfte des Marzipans, der Pfefferkuchen, ein, die aus dem Zimmer strömten. Dann durchbebten ihn süße heimliche Schauer, wenn, indem er schnell wieder die Augen öffnete, ihn die hellen Lichtstrahlen blendeten, die, durch die Ritzen der Türe hineinfallend, an der Wand hin und her hüpften.

Endlich erklang das silberne Glöcklein, die Türe des Zimmers wurde geöffnet und hinein stürzte Peregrinus in ein ganzes Feuermeer von bunt flackernden Weihnachtslichtern. – Ganz erstarrt blieb Peregrinus vor dem Tische stehen, auf dem die schönsten Gaben in gar hübscher zierlicher Ordnung aufgestellt waren, nur ein lautes – Ach! drängte sich aus seiner Brust hervor. Noch nie hatte der Weihnachtsbaum solche reiche Früchte getragen, denn alles Zuckerwerk, wie es nur Namen haben mag und dazwischen manche goldne Nuss, mancher goldne Apfel aus den Gärten der Hesperiden, hing an den Ästen, die sich beugten unter der süßen Last. Der Vorrat von dem auserlesensten Spielzeug, schönem bleiernen Militär, ebensolcher Jägerei, aufgeschlagenen Bilderbüchern u. s. w. ist gar nicht zu beschreiben. Noch wagte er es nicht, irgendetwas von dem ihm bescherten Reichtum zu berühren, er konnte sich nur mühen sein Staunen zu besiegen, den Gedanken des Glücks zu erfassen, dass das alles nun wirklich sein sei.

»O meine heben Eltern! – o meine gute Aline!« So rief Peregrinus im Gefühl des höchsten Entzückens. »Nun«, erwiderte Aline, »hab ich's so recht gemacht Peregrinchen? – Freuest du dich auch recht von Herzen mein Kind? – Willst du nicht all die schöne Ware näher betrachten, willst du nicht das neue Reitpferd, den hübschen Fuchs hier versuchen?«

»Ein herrliches Pferd«, sprach Peregrinus, das aufgezäumte Steckenpferd mit Freudentränen in den Augen betrachtend, »ein herrliches Pferd, echt arabische Race.« Er bestieg denn auch sogleich das edle stolze Ross; mochte Peregrinus aber sonst auch ein vortrefflicher Reuter sein, er musste es diesmal in irgendetwas verfehlt haben, denn der wilde Pontifex (so war das Pferd geheißen) bäumte sich schnaubend und warf ihn ab, dass er kläglich die Beine in die Höhe streckte. Noch ehe indessen die zum Tode erschrockene Aline ihm zu Hülfe springen konnte, hatte Peregrinus sich schon emporgerafft und den Zügel des Pferdes ergriffen, das eben hinten auschlagend, durchgehen wollte. Aufs neue schwang sich Peregrinus nun auf und brachte, alle Reiterkünste aufbietend und mit Kraft und Geschick anwendend, den wilden

Hengst so zur Vernunft, dass er zitterte, keuchte, stöhnte, in Peregrinus seinen mächtigen Zwangherrn erkannte. – Aline führte, als Peregrinus abgesessen, den Gebeugten in den Stall.

Die etwas stürmische Reiterei, die im Zimmer, vielleicht im ganzen Hause einen unbilligen Lärm verursacht, war nun vorüber und Peregrinus setzte; sich an den Tisch, um ruhig die andern glänzenden Gaben in näheren Augenschein zu nehmen. Mit Wohlbehagen verzehrte Peregrinus einigen Marzipan, indem er diese, jene Gliederpuppe ihre Künste machen ließ, in dieses, jenes Bilderbuch kuckte, dann Heerschau hielt über seine Armee, die er sehr zweckmäßig uniformiert und mit Recht deshalb unüberwindlich fand, weil kein einziger Soldat einen Magen im Leibe, zuletzt aber fortschritt zum Jagdwesen. Mit Verdruss gewahrte er jetzt, dass nur eine Hasen- und Fuchsjagd vorhanden, die Hirschjagd so wie die wilde Schweinsjagd aber durchaus fehlte. Auch diese Jagd musste ja da sein, keiner konnte das besser wissen als Peregrinus, der alles selbst mit unsäglicher Mühe und Sorgfalt eingekauft. –

Doch! – höchst nötig scheint es, den günstigen Leser vor den ärgsten Missverständnissen zu bewahren, in die er geraten könnte, wenn der Autor ins Gelag hinein weitererzählte, ohne daran zu denken, dass er wohl weiß, was es mit der ganzen Weihnachts-Ausstellung, von der gesprochen wird, für ein Bewandtnis hat, nicht aber der gütige Leser, der eben erfahren will, was er nicht weiß.

Sehr irren würde jeder, welcher glauben sollte, dass Peregrinus Tyß ein Kind sei, dem die gütige Mutter oder sonst ein ihm zugewandtes weibliches Wesen, romantischer Weise Aline geheißen, den Heiligen Christ beschert. – Nichts weniger als das! –

Herr Peregrinus Tyß hatte sechsunddreißig Jahre erreicht und daher beinahe die besten. Sechs Jahre früher hieß es von ihm, er sei ein recht hübscher Mensch, jetzt nannte man ihn mit Recht einen Mann von feinem Ansehen, immer, damals und jetzt wurde aber von allen getadelt, dass Peregrinus zu sehr sich zurückziehe, dass er das Leben nicht kenne und dass er offenbar an einem krankhaften Trübsinn leide. Väter, deren Töchter eben mannbar, meinten, dass der gute Tyß, um sich von seinem Trübsinn zu heilen, nichts Besseres tun könne, als heiraten, er habe ja freie Wahl und einen Korb nicht so leicht zu fürchten. Der Väter Meinung war wenigstens hinsichts des letztern Punkts insofern richtig, als Herr Peregrinus Tyß außerdem, dass er, wie gesagt, ein Mann von feinem

Ansehen war, ein sehr beträchtliches Vermögen besaß, das ihm sein Vater, Herr Balthasar Tyß, ein sehr angesehener Kaufherr hinterlassen. Solchen hoch begabten Männern pflegt ein Mädchen, das, was Liebe betrifft, über die Überschwänglichkeit hinaus, das heißt wenigstens drei- bis vierundzwanzig Jahre alt geworden ist, auf die unschuldige Frage: »Wollen Sie mich mit Ihrer Hand beglücken o Teure?« selten anders, als mit roten Wangen und niedergeschlagenen Augen zu antworten: »Sprechen Sie mit meinen lieben Eltern, ihrem Befehl gehorche ich allein, ich habe keinen Willen!« Die Eltern falten aber die Hände und sprechen: »Wenn es Gottes Wille ist, wir haben nichts dagegen, Herr Sohn!« –

Zu nichts weniger schien aber Herr Peregrinus Tyß aufgelegt, als zum Heiraten. Denn außerdem, dass er überhaupt im allgemeinen menschenscheu war, so bewies er insbesondere eine seltsame Idiosynkrasie gegen das weibliche Geschlecht. Die Nähe eines Frauenzimmers trieb ihm Schweißtropfen auf die Stirne und wurde er vollends von einem jungen genugsam hübschen Mädchen angeredet, so geriet er in eine Angst, die ihm die Zunge band und ein krampfhaftes Zittern durch alle Glieder verursachte. Eben daher mocht es auch kommen, dass seine alte Aufwärterin von solch seltener Hässlichkeit war, dass sie in dem Revier, wo Herr Peregrinus Tyß wohnte, vielen für eine naturhistorische Merkwürdigkeit galt. Sehr gut stand das schwarze struppige halb ergraute Haar zu den roten triefenden Augen, sehr gut die dicke Kupfernase zu den bleichblauen Lippen um das Bild einer Blocksbergs-Aspirantin zu vollenden, sodass sie ein paar Jahrhunderte früher schwerlich dem Scheiterhaufen entgangen sein würde, statt dass sie jetzt von Herrn Peregrinus Tyß und wohl auch noch von andern für eine sehr gutmütige Person gehalten wurde. Dies war sie auch in der Tat und ihr daher wohl nachzusehen, dass sie zu ihres Leibes Nahrung und Notdurft in die Stundenreihe des Tages so manches Schnäpschen einflocht, und vielleicht auch zu oft eine ungeheure schwarzlackierte Dose aus dem Brusttuch hervorzog und die ansehnliche Nase reichlich mit echtem Offenbacher fütterte. Der geneigte Leser hat bereits bemerkt, dass diese merkwürdige Person eben dieselbe Aline ist, die die Weihnachtsbescherung veranstaltet. Der Himmel weiß, wie sie zu dem berühmten Namen der Königin von Golkonda gekommen. –

Verlangten aber nun Väter, dass der reiche, angenehme Herr Peregrinus Tyß seiner Weiberscheu entsage und sich ohne weiteres vereheliche, so sprachen dagegen wieder alte Hagestolze, dass Herr Peregrinus ganz recht tue, nicht zu heiraten, da seine Gemütsart nicht dazu tauge.

Schlimm war es aber, dass viele bei dem Worte »Gemütsart«, ein sehr geheimnisvolles Gesicht machten und auf näheres Befragen nicht undeutlich zu verstehen gaben, dass Hr. Peregrinus Tyß leider zuweilen was weniges überschnappe, ein Fehler der ihm schon von früher Jugend her anklebe. – Die vielen Leute die den armen Peregrinus für übergeschnappt hielten, gehörten vorzüglich zu denjenigen, welche fest überzeugt sind, dass auf der großen Landstraße des Lebens, die man der Vernunft, der Klugheit gemäß einhalten müsse, die Nase der beste Führer und Wegweiser sei und die lieber Scheuklappen anlegen, als sich verlocken lassen, von manchem duftenden Gebüsch, von manchem blumichten Wiesenplätzlein, das nebenher liegt.

Wahr ist es freilich, dass Herr Peregrinus manches Seltsame in und an sich trug, in das sich die Leute nicht finden konnten.

Es ist schon gesagt worden, dass der Vater des Herrn Peregrinus Tyß ein sehr reicher angesehener Kaufmann war und wenn noch hinzugefügt wird, dass derselbe ein sehr schönes Haus auf dem freundlichen Rossmarkt besaß, und dass in diesem Hause und zwar in demselben Zimmer wo dem kleinen Peregrinus stets der Heilige Christ einbeschert wurde, auch diesmal der erwachsene Peregrinus die Weihnachtsgaben in Empfang nahm, so ist gar nicht daran zu zweifeln, dass der Ort, wo sich die wundersamen Abenteuer zutrugen, die in dieser Geschichte erzählt werden sollen, kein anderer ist, als die berühmte schöne Stadt Frankfurt am Main. –

Von den Eltern des Herrn Peregrinus ist eben nichts Besonderes zu sagen, als dass es rechtliche stille Leute waren, denen niemand etwas anders als Gutes nachsagen konnte. Die unbegrenzte Hochachtung welche Herr Tyß auf der Börse genoss, verdankte er dem Umstande, dass er stets richtig und sicher spekulierte, dass er eine große Summe nach der andern gewann, dabei aber nie vorlaut wurde, sondern bescheiden blieb, wie er gewesen und niemals mit seinem Reichtum prahlte, sondern ihn nur dadurch bewies, dass er weder um geringes noch um vieles knickerte und die Nachsicht selbst war gegen insolvente Schuldner, die ins Unglück geraten, sei es auch verdienterweise. –

Sehr lange Zeit war die Ehe des Herrn Tyß unfruchtbar geblieben, bis endlich nach beinahe zwanzig Jahren die Frau Tyß ihren

Eheherrn mit einem tüchtigen hübschen Knaben erfreute, welches eben unser Herr Peregrinus Tyß war.

Man kann denken wie grenzenlos die Freude der Eltern war, und noch jetzt sprechen alle Leute in Frankfurt von dem herrlichen Tauffeste, das der alte Tyß gegeben und an welchem der edelste urälteste Rheinwein kredenzt worden, als gelt es ein Krönungsmahl. Was aber dem alten Herrn Tyß noch mehr nachgerühmt wird, ist, dass er zu jenem Tauffeste ein paar Leute geladen, die in feindseliger Gesinnung ihm gar öfters wehe getan hatten, dann aber andere, denen *er* wehgetan zu haben glaubte, sodass

der Schmaus ein wirkliches Friedens- und Versöhnungsfest wurde.

Ach! – der gute Herr Tyß wusste, ahnte nicht, dass dasselbe Knäblein, dessen Geburt ihn so erfreute, ihm so bald Kummer und Not verursachen würde.

Schon in der frühsten Zeit zeigte der Knabe Peregrinus eine ganz besondere Gemütsart. Denn nachdem er einige Wochen hindurch Tag und Nacht ununterbrochen geschrien, ohne dass irgendein körperliches Übel zu entdecken, wurde er plötzlich still, und erstarrte zur regungslosen Unempfindlichkeit. Nicht des mindesten Eindrucks schien er fähig, nicht zum Lächeln, nicht zum Weinen verzog sich das kleine Antlitz, das einer leblosen Puppe anzugehören schien. Die Mutter behauptete, dass sie sich versehen an dem alten Buchhalter, der schon seit zwanzig Jahren stumm und starr mit demselben leblosen Gesicht im Comptoir vor dem Hauptbuch säße, und vergoss viele heiße Tränen über das kleine Automat.

Endlich geriet eine Frau Pate auf den glücklichen Gedanken, dem kleinen Peregrinus einen sehr bunten und im Grunde genommen, hässlichen Harlekin mitzubringen. Des Kindes Augen belebten sich auf wunderbare Art, der Mund verzog sich zum sanften Lächeln, es griff nach der Puppe, und drückte sie zärtlich an sich, als man sie ihm gab. Dann schaute der Knabe wieder das bunte Männlein an, mit solchen klugen beredten Blicken, dass es schien, als sei plötzlich Empfindung und Verstand in ihm erwacht, und zwar zu höherer Lebendigkeit, als es wohl bei Kindern des Alters gewöhnlich. »Der ist zu klug«, sprach die Frau Pate, »den werdet ihr nicht erhalten! – Betrachtet doch nur einmal seine Augen, der denkt schon viel mehr, als er soll!«

Dieser Ausspruch tröstete gar sehr den alten Herrn Tyß, der

sich schon einigermaßen darin gefunden, dass er nach vielen Jahren vergeblicher Hoffnung, einen Einfaltspinsel erzielt, doch bald kam er in neue Sorge.

Längst war nämlich die Zeit vorüber, in der die Kinder gewöhnlich zu sprechen beginnen, und noch hatte Peregrinus keinen Laut von sich gegeben. Man würde ihn für taubstumm gehalten haben, hätte er nicht manchmal den, der zu ihm sprach, mit solchem aufmerksamen Blick angeschaut, ja durch freudige, durch traurige Mienen seinen Anteil zu erkennen gegeben, dass gar nicht daran zu zweifeln, wie er nicht allein hörte, sondern auch alles verstand. – In nicht geringes Erstaunen geriet indessen die Mutter, als sie bestätigt fand was ihr die Wärterin gesagt. – Zur Nachtzeit, wenn der Knabe im Bette lag und sich unbehorcht glaubte, sprach er für sich einzelne Wörter, ja ganze Redensarten und zwar so wenig Kauderwelsch, dass man schon eine lange Übung voraussetzen konnte. Der Himmel hat den Frauen einen ganz besondern sichern Takt verliehen, die menschliche Natur, wie sie sich im Aufkeimen bald auf diese, bald auf jene Weise entwickelt, richtig aufzufassen, weshalb sie auch wenigstens für die ersten Jahre des Kindes in der Regel bei weitem die besten Erzieherinnen sind. Diesem Takt gemäß war auch Frau Tyß weit entfernt, dem Knaben ihre Beobachtung merken zu lassen und ihn zum Sprechen zwingen zu wollen, vielmehr wusste sie es auf andere geschickte Weise dahin zu bringen, dass er von selbst das schöne Talent des Sprechens nicht mehr verborgen hielt, sondern leuchten ließ vor der Welt und zu aller Verwunderung, zwar langsam aber deutlich sich vernehmen ließ. Doch zeigte er gegen das Sprechen stets einigen Widerwillen und hatte es am liebsten, wenn man ihn still für sich allein ließ. –

Auch dieser Sorge wegen des Mangels der Sprache, war daher Herr Tyß überhoben, doch nur, um später in noch viel größere zu geraten. Als nämlich das Kind Peregrinus zum Knaben herangewachsen, tüchtig lernen sollte, schien es, als ob ihm nur mit der größten Mühe etwas beizubringen. Wunderbar ging es mit dem Lesen und Schreiben wie mit dem Sprechen; erst wollte es durchaus nicht gelingen und dann konnt er es mit einem Mal ganz vortrefflich und über alle Erwartung. Später verließ indessen ein Hofmeister nach dem andern das Haus, nicht, weil der Knabe ihnen missbehagte, sondern weil sie sich in seine Natur nicht finden konnten. Peregrinus war still, sittig, fleißig und doch war an ein eigentliches systematisches Lernen, wie es die Hofmeister haben wollten, gar nicht zu denken, da er nur dafür Sinn hatte, nur dem sich mit ganzer Seele hingab, was gerade sein inneres Gemüt in Anspruch nahm, und alles übrige spurlos bei sich vorübergehen ließ. Das, was sein Gemüt ansprach, war nun aber alles Wunderbare, alles was seine Fantasie erregte, in dem er dann lebte und webte. – So hatte er z. B. einst einen Aufriss der Stadt Peking mit allen Straßen, Häusern u. s. w. der die ganze Wand seines Zimmers einnahm, zum Geschenk erhalten. Bei dem Anblick der märchenhaften Stadt, des wunderlichen Volks, das sich durch die Straßen zu drängen schien, fühlte Peregrinus sich wie durch einen Zauberschlag in eine andre Welt versetzt, in der er heimisch werden musste. Mit heißer Begierde fiel er über alles her, was er über China, über die Chinesen, über Peking habhaft werden konnte, mühte sich die chinesischen Laute, die er irgendwo aufgezeichnet fand, mit feiner singender Stimme der Beschreibung gemäß nachzusprechen, ja er suchte mittelst der Papierschere seinem Schlafröcklein, von dem schönsten Kalmank, möglichst einen chinesischen Zuschnitt zu geben, um der Sitte gemäß mit Entzücken in den Straßen von Peking umherwandeln zu können. Alles übrige konnte durchaus nicht seine Aufmerksamkeit reizen, zum großen Verdruss des Hofmeisters, der eben ihm die Geschichte des Bundes der Hansa beibringen wollte, wie es der alte Herr Tyß ausdrücklich gewünscht, der nun zu seinem Leidwesen erfahren musste, dass Peregrinus nicht aus Peking fortzubringen, weshalb er denn Peking selbst fortbringen ließ aus dem Zimmer des Knaben. –

Für ein schlimmes Omen hatte es der alte Herr Tyß schon gehalten, dass als kleines Kind, Peregrinus Rechenpfennige lieber hatte als Dukaten, dann aber gegen große Geldsäcke und Hauptbücher und Strazzen einen entschiedenen Abscheu bewies. Was aber am seltsamsten schien, war, dass er das Wort: Wechsel, nicht aussprechen hören konnte, ohne krampfhaft zu erbeben, indem er versicherte, es sei ihm dabei so, als kratze man mit der Spitze des Messers auf einer Glasscheibe hin und her. Zum Kaufmanne, das musste Herr Tyß einsehen, war daher Peregrinus von Haus aus verdorben, und so gern er es gesehen, dass der Sohn in seine Fußtapfen getreten, so stand er doch gern ab von diesem Wunsch, in der Voraussetzung, dass Peregrinus sich einem bestimmten Fach widmen werde. Herr Tyß hatte den Grundsatz, dass der reichste Mann ein Geschäft und durch dasselbe einen bestimmten Standpunkt im Leben haben müsse; geschäftslose Leute waren ihm ein Gräuel und eben zu dieser Geschäftslosigkeit neigte sich Peregrinus, bei allen Kenntnissen die er nach seiner eigenen Weise erwarb, und die chaotisch durcheinander lagen, gänzlich hin. Das war nun des alten Tyß größte und drückendste Sorge. – Peregrinus wollte von der wirklichen Welt nichts wissen, der Alte lebte nur in ihr und nicht anders konnt es geschehen, als dass sich daraus, je älter Peregrinus wurde, ein desto ärgerer Zwiespalt entspann zwischen Vater und Sohn, zu nicht geringem Leidwesen der Mutter, die dem Peregrinus, der sonst gutmütig, fromm, der beste Sohn, sein, ihr freilich unverständliches Treiben, in lauter Einbildungen und Träumen herzlich gönnte und nicht begreifen konnte, warum ihm der Vater durchaus ein bestimmtes Geschäft aufbürden wollte.

Auf den Rat bewährter Freunde schickte der alte Tyß den Sohn nach der Universität Jena, aber als er nach drei Jahren wiederkehrte, da rief der alte Herr voller Ärger und Grimm: »Hab ich's nicht gedacht! Hans der Träumer ging hin, Hans der Träumer kehrt zurück!« – Herr Tyß hatte insofern ganz recht, als Peregrinus in seinem ganzen Wesen sich ganz und gar nicht verändert hatte, sondern völlig derselbe geblieben. – Doch gab Herr Tyß die Hoffnung noch nicht auf, den ausgearteten Peregrinus zur Vernunft zu bringen, indem er meinte, dass, würde er erst mit Gewalt hineingestoßen in das Geschäft, er vielleicht doch am Ende Gefallen daran finden und anderes Sinnes werden könne. – Er schickte ihn mit Aufträgen nach Hamburg, die eben nicht sonderliche Handelskenntnisse erforderten, und empfahl ihn überdies einem dortigen Freunde, der ihm in allem treulich beistehen sollte.

Peregrinus kam nach Hamburg, gab nicht allein den Empfehlungsbrief sondern auch alle Papiere, die seine Aufträge betrafen dem Handelsfreunde seines Vaters in die Hände, und verschwand darauf, niemand wusste wohin.

Der Handelsfreund schrieb darauf an Herrn Tyß:

Ich habe Dero Geehrtes vom – durch Ihren Herrn Sohn richtig erhalten. Derselbe hat sich aber nicht weiter blicken lassen, sondern ist schnell von Hamburg abgereiset ohne Auftrag zu hinterlassen. – In Pfeffern geht hier wenig um, Baumwolle ist flau, in Kaffee nur nach Mittelsorte Frage, dagegen erhält sich der Melis angenehm und auch im Indigo zeigt sich fortwährend divers gute Meinung. Ich habe die Ehre etc.

Dieser Brief hätte Herrn Tyß und seine Ehegattin nicht wenig in Bestürzung gesetzt, wäre nicht mit derselben Post ein Brief von dem verlornen Sohne selbst angelangt, in dem er sich mit den wehmütigsten Ausdrücken entschuldigte, dass es ihm ganz unmöglich gewesen, die erhaltenen Aufträge nach dem Wunsche des Vaters auszurichten, und dass er sich unwiderstehlich hingezogen gefühlt habe, nach fernen Gegenden, aus denen er nach Jahresfrist glücklicher und froher in die Heimat zurückzukehren hoffe.

»Es ist gut«, sprach der alte Herr, »dass der Junge sich umsieht in der Welt, da werden sie ihn wohl herausrütteln aus seinen Träumereien.« Auf die von der Mutter geäußerte Besorgnis, dass es dem Sohn doch an Geld fehlen könne zur großen Reise, und dass daher sein Leichtsinn, nicht geschrieben zu haben, wohin er sich begebe, sehr zu tadeln, erwiderte aber der Alte lachend: »Fehlt es dem Jungen an Gelde, so wird er sich desto eher mit der wirklichen Welt befreunden, und hat er uns nicht geschrieben, wohin er reisen will, so weiß er doch, wo *uns* seine Briefe treffen.« –

Es ist unbekannt geblieben, wohin Peregrinus eigentlich seine Reise gerichtet; manche wollen behaupten, er sei in dem fernen Indien gewesen, andere meinen dagegen, er habe sich das nur eingebildet; so viel ist gewiss, dass er weit weg gewesen sein muss, denn nicht so, wie er den Eltern versprochen, nach Jahresfrist, sondern erst nach Verlauf voller dreier Jahre kehrte Peregrinus zurück nach Frankfurt und zwar zu Fuß, in ziemlich ärmlicher Gestalt.

Er fand das elterliche Haus fest verschlossen und niemand rührte sich darin, er mochte klingeln und klopfen so viel er wollte.

Da kam endlich der Nachbar von der Börse, den Peregrinus augenblicklich fragte, ob Herr Tyß vielleicht verreiset.

Der Nachbar prallte aber ganz erschrocken zurück und rief: »Herr Peregrinus Tyß! – sind Sie es? kommen Sie endlich? – wissen Sie denn nicht?« –

Genug, Peregrinus erfuhr, dass während seiner Abwesenheit beide Eltern hintereinander gestorben, dass die Gerichte den Nachlass in Beschlag genommen und ihn, dessen Aufenthalt gänzlich unbekannt gewesen, öffentlich aufgefordert nach Frankfurt zurückzukehren und die Erbschaft des Vaters in Empfang zu nehmen.

Sprachlos blieb Peregrinus vor dem Nachbar stehen, zum ersten Mal durchschnitt der Schmerz des Lebens seine Brust, zertrümmert sah er die schöne glänzende Welt, in der er sonst lustig gehauset.

Der Nachbar gewahrte wohl wie Peregrinus gänzlich unfähig, auch nur das Kleinste, was jetzt nötig, zu beginnen. Er nahm ihn daher in sein Haus und besorgte selbst in möglicher Schnelle alles, sodass noch denselben Abend Peregrinus sich in dem elterlichen Hause befand.

Ganz erschöpft, ganz vernichtet von einer Trostlosigkeit, die er noch nicht gekannt, sank er in den großen Lehnstuhl des Vaters, der noch an derselben Stelle stand, v/o er sonst gestanden; da sprach eine Stimme: »Es ist nur gut, dass Sie wieder da sind, lieber Herr Peregrinus. – Ach wären Sie nur früher gekommen!«

Peregrinus schaute auf und gewahrte dicht vor sich die Alte, die sein Vater vorzüglich deshalb, weil sie wegen ihrer furchtbaren Hässlichkeit, schwer einen Dienst finden konnte, in seiner frühen Kindheit als Wärterin angenommen, und die das Haus nicht wieder verlassen hatte.

Lange starrte Peregrinus das Weib an, endlich begann er, seltsam lächelnd: »Bist du es Aline? – Nicht wahr, die Eltern leben noch?« Damit stand er auf, ging durch alle Zimmer, betrachtete jeden Stuhl, jeden Tisch, jedes Bild u. s. w. Dann sprach er ruhig: »Ja, es ist noch alles so wie ich es verlassen, und so soll es auch bleiben!«

Von diesem Augenblick begann Peregrinus das seltsame Leben, wie es gleich anfangs angedeutet. Zurückgezogen von aller Gesellschaft, lebte er mit seiner alten Aufwärterin in dem großen geräumigen Hause, in tiefster Einsamkeit, erst ganz allein, bis er später ein paar Zimmer einem alten Mann, der des Vaters Freund gewesen, mietweise abtrat. Dieser Mann schien ebenso menschenscheu wie Peregrinus. Grund genug, warum sich beide, Peregrinus und der Alte sehr gut vertrugen, da sie sich niemals sahen.

Es gab nur vier Familienfeste, die Peregrinus sehr feierlich beging, und das waren die beiden Geburtstage des Vaters und der Mutter, der erste Osterfeiertag und sein eignes Tauffest. An diesen Tagen musste Aline einen Tisch für so viele Personen, als der Vater sonst eingeladen und dieselbe Schüsseln, die gewöhnlich aufgetragen worden, bereiten, so wie denselben Wein aufsetzen lassen, wie ihn der Vater gegeben. Es versteht sich, dass dasselbe Silber, dieselben Teller, dieselben Gläser, wie alles damals gebraucht worden und wie es sich noch unversehrt im Nachlasse befand, auch jetzt nach der so viele Jahre hindurch üblichen Weise gebraucht werden musste. Peregrinus hielt strenge darauf. War die Tafel fertig, so setzte sich Peregrinus ganz allein hinan, aß und trank nur wenig, horchte auf die Gespräche der Eltern, der eingebildeten Gäste und antwortete nur bescheiden auf diese, jene Frage, die jemand aus der Gesellschaft an ihn richtete. Hatte die Mutter den Stuhl gerückt, so stand er mit den übrigen auf und empfahl sich jedem auf die höflichste Weise. – Er ging dann in ein abgelegenes Zimmer und überließ seiner Aline die Verteilung der vielen nicht angerührten Schüsseln und des Weins an Hausarme, welches Gebot des Herrn die treue Seele gar gewissenhaft auszuführen pflegte. Die Feier der Geburtstage des Vaters und der Mutter, begann Peregrinus schon am frühen Morgen damit, dass er, wie es sonst zu seiner Knabenzeit geschehen, einen schönen Blumen-kranz in das Zimmer trug, wo die Eltern zu frühstücken pflegten und auswendig gelernte Verse hersagte. – An seinem eignen Tauf-feste konnte er sich natürlicherweise nicht an die Tafel setzen, da er nicht längst geboren, Aline musste daher alles allein besorgen, d. h. die Gäste zum Trinken nötigen, überhaupt wie man zu sagen pflegt, die Honneurs der Tafel machen; sonst geschah alles wie bei den übrigen Festen. – Außer denselben gab es aber noch für Pere-grinus einen besondern Freudentag oder vielmehr Freudenabend im Jahre, und das war die Weihnachtsbescherung, die mehr als jede andere Lust, sein junges Gemüt in süßem frommen Entzü-cken aufgeregt hatte.

Selbst kaufte er sorgsam bunte Weihnachtslichter, Spielsachen, Naschwerk, ganz in dem Sinn ein, wie es die Eltern ihm in seinen Knabenjahren beschert hatten, und dann ging die Bescherung vor sich, wie es der geneigte Leser bereits erfahren. –

»Sehr unlieb«, sprach Peregrinus, nachdem er noch einige Zeit gespielt, »sehr unlieb ist es mir doch, dass die Hirsch- und wilde Schweinsjagd abhanden gekommen. Wo sie nur geblieben sein mag! – Ach! – sieh da!« Er gewahrte in dem Augenblick eine noch ungeöffnete Schachtel, nach welcher er schnell griff, die vermisste Jagd darin vermutend; als er sie indessen öffnete, fand er sie leer, und fuhr zurück als durchbebe ihn ein jäher Schreck. – »Seltsam«, sprach er dann leise vor sich hin, »seltsam! was ist es mit dieser Schachtel? war es mir doch als spränge mir daraus etwas Bedroh-liches entgegen, das mit dem Blick zu erfassen, mein Auge zu stumpf war!«

Aline versicherte auf Befragen, dass sie die Schachtel unter den Spielsachen gefunden, indessen alle Mühe vergeblich angewandt hätte, sie zu öffnen; geglaubt habe sie daher, dass darin etwas

Besonderes enthalten und der Deckel nur der kunstverständigen Hand des Herrn weichen werde. »Seltsam«, wiederholte Peregrinus, »sehr seltsam! – Und auf diese Jagd hatte ich mich ganz besonders gefreut; ich hoffe nicht, dass das etwas Böses bedeuten dürfte! – Doch wer wird am Weihnachtsabende solchen Grillen nachhängen die doch eigentlich gar keinen Grund haben! – Ahne, bringe Sie den Korb!« – Aline brachte alsbald einen großen weißen Henkelkorb herbei, in den Peregrinus mit vieler Sorglichkeit die Spielsachen, das Zuckerwerk, die Lichter einpackte, dann den Korb unter den Arm, den großen Weihnachtsbaum aber auf die Schulter nahm und so seinen Weg antrat. –

Herr Peregrinus Tyß hatte die löbliche, gemütliche Gewohnheit, mit seiner ganzen Bescherung wie er sie sich selbst bereitet hatte, um sich ein paar Stunden hinüberzuträumen in die schöne vergnügliche Knabenzeit, hineinzufallen in irgendeine bedürftige Familie, von der ihm bekannt war, dass muntre Kinder vorhanden, wie der Heilige Christ selbst mit blanken, bunten Gaben. Wenn dann die Kinder in der hellsten, lebendigsten Freude, schlich er leise davon, und lief oft die halbe Nacht über durch die Straßen, weil er sich vor tiefer, die Brust beengender Rührung gar nicht zu lassen wusste, und sein eignes Haus ihm vorkam wie ein düstres Grabmal, in dem er selbst mit allen seinen Freuden begraben. Diesmal war die Bescherung den Kindern eines armen Buchbinders bestimmt, namens Lämmerhirt, der, ein geschickter fleißiger Mann, für Herrn Peregrinus seit einiger Zeit arbeitete, und dessen drei muntre Knaben von fünf bis neun Jahren, Herr Peregrinus kannte.

Der Buchbinder Lämmerhirt wohnte in dem höchsten Stock eines engen Hauses in der Kalbächer Gasse, und pfiff und tobte nun der Wintersturm, regnete und schneite es wild durcheinander, so kann man denken, dass Herr Peregrinus nicht ohne große Beschwerde zu seinem Ziel gelangte. Aus Lämmerhirts Fenstern blinkten ein paar ärmliche Lichterchen herab, mühsam erkletterte Peregrinus die steile Treppe. »Aufgemacht«, rief er, indem er an die Stubentüre pochte, »aufgemacht, aufgemacht, der Heilige Christ schickt frommen Kindern seine Gaben!« –

Der Buchbinder öffnete ganz erschrocken und erkannte den ganz eingeschneiten Peregrinus erst, nachdem er ihn lange genug betrachtet.

»Hochgeehrtester Herr Tyß«, rief Lämmerhirt voll Erstaunen, »hoch geehrtester Herr Tyß, wie komm ich um des Herrn willen am heiligen Christabend zu der besondern Ehre« – Herr Peregrinus ließ ihn aber gar nicht ausreden, sondern bemächtigte sich, laut rufend: »Kinder – Kinder! aufgepasst, der Heilige Christ schickt seine Gaben!« des großen Klapptisches, der in der Mitte des Stübchens befindlich, und begann sofort die wohlverdeckten Weihnachtsgaben aus dem Korbe zu holen. Den ganz nassen tropfenden Weihnachtsbaum hatte er freilich vor der Türe stehen lassen müssen. Der Buchbinder konnte noch immer nicht begreifen, was das werden sollte; die Frau sah es besser ein, denn sie lachte den Peregrinus an mit Tränen in den Augen, aber die Knaben standen von ferne und verschlangen schweigend mit den Augen jede Gabe, wie sie aus der Hülle hervorkam, und konnten sich oft eines lauten Ausrufs der Freude und der Verwunderung nicht erwehren! – Als Peregrinus nun endlich die Gaben nach dem Alter jedes Kindes geschickt getrennt und geordnet, alle Lichter angezündet hatte, als er rief: »Heran – heran ihr Kinder! – das sind die Gaben die der Heilige Christ euch geschickt!« da jauchzten sie, die den Gedanken, dass das alles ihnen gehören solle, noch gar nicht fest gefasst hatten, laut auf und sprangen und jubelten, während die Eltern Anstalten machten sich bei dem Wohltäter zu bedanken.

Den Dank der Eltern und auch der Kinder, das war es nun eben, was Herr Peregrinus jedes Mal zu vermeiden suchte, er wollte sich daher wie gewöhnlich ganz still davonmachen. Schon war er an der Türe, als diese plötzlich aufging und in dem hellen Schimmer der Weihnachtslichter ein junges glänzend gekleidetes Frauenzimmer vor ihm stand.

Es tut selten gut, wenn der Autor sich unterfängt, dem geneigten Leser genau zu beschreiben, wie diese oder jene sehr schöne Person die in seiner Geschichte vorkommt, ausgesehen, was Wuchs, Größe, Stellung, Farbe der Augen, der Haare betrifft, und scheint es dagegen viel besser, demselben ohne diesen Detailhandel die ganze Person in den Kauf zu geben. Genügen würde es auch hier vollkommen, zu versichern, dass das Frauenzimmer, welches dem zum Tode erschrockenen Peregrinus entgegentrat, über die Maßen hübsch, und anmutig war, käme es nicht durchaus darauf an, gewisser Eigentümlichkeiten zu erwähnen, die die kleine Person an sich trug.

Klein und zwar etwas kleiner, als gerade recht, war nämlich das Frauenzimmer in der Tat, dabei aber sehr fein und zierlich gebaut. Ihr Antlitz, sonst schön geformt und voller Ausdruck, erhielt aber dadurch etwas Fremdes und Seltsames, dass die Augäpfel stärker waren und die schwarzen feingezeichneten Augenbrauen höher standen, als gewöhnlich. Gekleidet oder vielmehr geputzt war das Dämchen, als käme es soeben vom Ball. Ein prächtiges Diadem blitzte in den schwarzen Haaren, reiche Kanten bedeckten nur halb den vollen Busen, das lila und gelb gegatterte Kleid von schwerer Seide, schmiegte sich um den schlanken Leib und fiel nur in Falten so weit herab, dass man die niedlichsten weißbeschuhten Füßchen erblicken konnte, so wie die Spitzenärmel kurz genug waren, und die weißen Glacehandschuhe aber nur so weit hinaufgingen, um den schönsten Teil des blendenden Arms sehen zu lassen. Ein reiches Halsband, brillantne Ohrgehenke vollendeten den Anzug.

Es konnte nicht fehlen, dass der Buchbinder ebenso bestürzt war, als Herr Peregrinus, dass die Kinder von ihren Spielsachen abließen, und die fremde Dame angafften mit offnem Munde; wie aber die Weiber am wenigsten über irgendetwas Seltsames, Ungewöhnliches zu erstaunen pflegen und sich überhaupt am geschwindesten fassen, so kam denn auch des Buchbinders Frau zuerst zu Worten, und fragte: was der schönen fremden Dame zu Diensten stehe?

Die Dame trat nun vollends in das Zimmer, und diesen Augenblick wollte der beängstete Peregrinus benutzen, um sich schnell davonzumachen, die Dame fasste ihn aber bei beiden Händen, indem sie mit einem süßen Stimmchen lispelte: »So ist das Glück mir doch günstig, so habe ich Sie doch ereilt! – O Peregrin, mein teurer Peregrin, was für ein schönes heilbringendes Wiedersehen!« –

Damit erhob sie die rechte Hand so, dass sie Peregrins Lippen berührte und er genötigt war, sie zu küssen, unerachtet ihm dabei die kalten Schweißtropfen auf der Stirne standen. – Die Dame ließ nun zwar seine Hände los und er hätte entfliehen können, aber gebannt fühlte er sich, nicht von der Stelle konnte er weichen, wie ein armes Tierlein, das der Blick der Klapperschlange festgezaubert. – »Lassen Sie«, sprach jetzt die Dame, »lassen Sie mich, bester Peregrin, an dem schönen Fest teilnehmen, das Sie mit edlem Sinn, mit zartem innigem Gemüt, frommen Kindern bereitet, lassen Sie mich auch etwas dazu beitragen.«

Aus einem zierlichen Körbchen, das ihr am Arme hing und das man jetzt erst bemerkte, zog sie nun allerlei artige Spielsachen hervor, ordnete sie mit anmutiger Geschäftigkeit auf dem Tische, führte die Knaben heran, wies jedem, was sie ihm zugedacht und wusste dabei mit den Kindern so schön zu tun, dass man nichts

Lieblicheres sehen konnte. Der Buchbinder glaubte, er läge im Traum, die Frau lächelte aber schälkisch, weil sie überzeugt war, dass es mit dem Herrn Peregrin und der fremden Dame, wohl eine besondere Bewandtnis haben müsse.

Während nun die Eltern sich wunderten und die Kinder sich freuten, nahm die fremde Dame Platz auf einem alten gebrechlichen Kanapee, und zog den Herrn Peregrinus Tyß, der in der Tat beinahe selbst nicht mehr wusste, ob er diese Person wirklich sei, neben sich nieder. »Mein teurer«, begann sie dann leise ihm ins Ohr lispelnd, »mein teurer lieber Freund, wie froh, wie selig fühle ich mich an deiner Seite.« – »Aber«, stotterte Peregrinus, »aber mein verehrtestes Fräulein« – doch plötzlich kamen, der Himmel weiß wie, die Lippen der fremden Dame den seinigen so nahe, dass, ehe er daran denken konnte, sie zu küssen, sie schon geküsst hatte, und dass er darüber die Sprache aufs neue und gänzlich verlor, ist zu denken.

»Mein süßer Freund«, sprach nun die fremde Dame weiter, indem sie dem Peregrinus so nahe auf den Leib rückte, dass nicht viel daran gefehlt, sie hätte sich auf seinen Schoß gesetzt, »mein süßer Freund! ich weiß was dich bekümmert, ich weiß was heute Abend dein frommes kindliches Gemüt schmerzlich berührt hat. Doch! – sei getrost! – Was du verloren, was du jemals wieder zu erlangen kaum hoffen durftest, das bring ich dir.«

Damit holte die fremde Dame aus demselben Körbchen, in dem sich die Spielsachen befunden hatten, eine hölzerne Schachtel hervor und gab sie dem Peregrin in die Hände. Es war die Hirsch- und wilde Schweinsjagd, die er auf dem Weihnachtstische vermisst. Schwer möcht es fallen, die seltsamen Gefühle zu beschreiben, die in Peregrins Innerm sich durchkreuzten.

Hatte die ganze Erscheinung der fremden Dame, aller Anmut und Lieblichkeit unerachtet, dennoch etwas Spukhaftes, das auch andern, die die Nähe eines Frauenzimmers nicht so gescheut, als Peregrin, recht durch alle Glieder fröstelnd empfunden haben würden, so musste ja dem armen, schon genug geängsteten Peregrin ein tiefes Grauen anwandeln, als er gewahrte, dass die Dame von all dem, was er in der tiefsten Einsamkeit begonnen, auf das genaueste unterrichtet war. Und mitten in diesem Grauen wollte sich, wenn er die Augen aufschlug und der siegende Blick der schönsten schwarzen Augen, unter den langen seidenen Wimpern hervorleuchtete, wenn er des holden Wesens süßen Atem, die elektrische Wärme ihres Körpers fühlte – doch wollte sich dann in wunderbaren Schauern das namenlose Weh eines unaussprechlichen Verlangens regen, das er noch nicht gekannt! Dann kam ihm zum ersten Mal seine ganze Lebensweise, das Spiel mit der Weihnachtsbescherung kindisch und abgeschmackt vor, und er fühlte sich beschämt, dass die Dame darum wusste und nun war es ihm wieder, als sei das Geschenk der Dame der lebendige Beweis, dass sie ihn verstanden, wie niemand sonst auf Erden und dass das innigste tiefste Zartgefühl sie gelenkt, als sie ihn auf diese Weise erfreuen wollen. Er beschloss die teure Gabe ewig aufzubewahren, nie aus den Händen zu lassen und drückte, fort-gerissen von einem Gefühl, das ihn ganz übermannt, die Schach-tel worin die Hirsch- und wilde Schweinsjagd befindlich, mit Heftigkeit an die Brust. – »O«, lispelte das Dämchen, »o des Ent-zückens! – dich erfreut meine Gabe! o mein herziger Peregrin, so haben mich meine Träume, meine Ahnungen nicht ge-täuscht!« –

Herr Peregrinus Tyß kam etwas zu sich selbst, so, dass er im Stande war, sehr deutlich und vernehmlich zu sprechen: »Aber mein bestes hochverehrtes Fräulein, wenn ich nur in aller Welt wüsste, wem ich die Ehre hätte –«

»Schalkischer Mann«, unterbrach ihn die Dame, indem sie ihm leise die Wange klopfte, »schalkischer Mann, du stellst dich gar, als ob du deine treue Aline nicht kenntest! – Doch es ist Zeit, dass wir hier den guten Leuten, freien Spielraum lassen. Begleiten Sie mich Herr Tyß!« –

Als Peregrinus den Namen Aline hörte, musste er natürlicher-weise an seine alte Aufwärterin denken, und es war ihm nun voll-ends, als drehe sich in seinem Kopfe eine Windmühle.

Der Buchbinder vermochte, als nun die fremde Dame von ihm, seiner Frau und den Kindern auf das freudigste, anmutigste, Abschied nahm, vor lauter Verwunderung und Ehrfurcht nur unverständliches Zeug zu stammeln, die Kinder taten, als seien sie mit der Fremden lange bekannt gewesen; die Frau sprach aber: »Ein solcher schmucker gütiger Herr, wie Sie, Herr Tyß, verdient wohl eine so schöne, herzensgute Braut zu haben, die ihm noch in der Nacht Werke der Wohltätigkeit vollbringen hilft. Nun ich gratuliere von ganzem Herzen!« – Die fremde Dame dankte gerührt, versicherte, dass ihr Hochzeitstag auch ihnen ein Festtag sein solle, verbot dann ernsthaft jede Begleitung, und nahm selbst eine kleine Kerze vom Weihnachtstisch, um sich die Treppe hi-nabzuleuchten.

Man kann denken, wie dem Herrn Tyß, in dessen Arm sich nun die fremde Dame hängte, bei allem dem zu Mute war! – »Begleiten Sie mich Herr Tyß««, dachte er bei sich, »das heißt, die Treppe hinab bis an den Wagen, der vor der Türe hält und wo der Diener oder vielleicht eine ganze Dienerschaft wartet, denn am Ende ist es irgendeine wahnsinnige Prinzessin, die hier – der Himmel erlöse mich nur bald aus dieser seltsamen Qual und erhalte mir mein bisschen Verstand!« –

Herr Tyß ahnte nicht, dass alles, was bis jetzt geschehen, nur das Vorspiel des wunderlichsten Abenteuers gewesen, und tat eben deshalb unbewusst, sehr wohl daran, den Himmel im Voraus um die Erhaltung seines Verstandes zu bitten.

Als das Paar die Treppe herabgekommen, wurde die Haustüre von unsichtbaren Händen auf- und, als Peregrinus mit der Dame hinausgetreten, ebenso wieder zugeschlossen. Peregrinus merkte gar nicht darauf, denn viel zu sehr erstaunte er, als sich vor dem Hause auch nicht die mindeste Spur eines Wagens oder eines wartenden Dieners fand.

»Um des Himmels willen«, rief Peregrinus, »wo ist Ihr Wagen, Gnädigste?« – »Wagen«, erwiderte die Dame, »Wagen? – was für ein Wagen? Glauben Sie, lieber Peregrinus, dass meine Ungeduld, meine Angst Sie zu finden, es mir erlaubt haben sollte, mich ganz ruhig hierher fahren zu lassen? Durch Sturm und Wetter bin ich getrieben von Sehnsucht und Hoffnung umhergelaufen, bis ich Sie fand. Dem Himmel Dank, dass mir dies gelungen. Führen Sie mich nur jetzt nach Hause, lieber Peregrinus, meine Wohnung ist nicht sehr weit entlegen.«

Herr Peregrinus entschlug sich mit aller Gewalt des Gedankens, wie es ja ganz unmöglich, dass die Dame, geputzt wie sie war, in weißseidnen Schuhen, auch nur wenige Schritte hatte gehen können, ohne den ganzen Anzug im Sturm, Regen und Schnee zu verderben, statt dass man jetzt auch keine Spur irgendeiner Zerrüttung der sorgsamsten Toilette wahrnahm; fand sich darin, die Dame noch weiter zu begleiten, und war nur froh, dass die Witterung sich geändert. Vorüber war das tolle Unwetter, kein Wölkchen am Himmel, der Vollmond schien freundlich herab, und nur die schneidend scharfe Luft ließ die Winternacht fühlen.

Kaum war Peregrinus aber einige Schritte gegangen, als die Dame leise zu wimmern begann, dann aber in laute Klagen ausbrach, dass sie vor Kälte erstarren müsse. Peregrinus, dem das Blut glühend heiß durch die Adern strömte, der deshalb nichts von der Kälte empfunden und nicht daran gedacht, dass die Dame so leicht gekleidet und nicht einmal einen Shawl oder ein Tuch umgeworfen hatte, sah plötzlich seine Tölpelei ein und wollte die Dame in seinen Mantel hüllen. Die Dame wehrte dies indessen ab, indem sie jammerte: »Nein, mein lieber Peregrin! das hilft mir nichts! – Meine Füße – ach meine Füße, umkommen muss ich vor fürchterlichem Schmerz.« –

Halb ohnmächtig wollte die Dame zusammensinken, indem sie mit ersterbender Stimme rief: »Trage mich, trage mich, mein holder Freund!« –

Da nahm ohne weiteres Peregrinus das federleichte Dämchen auf den Arm, wie ein Kind und wickelte sie sorglich ein in den weiten Mantel. Kaum war er aber eine kleine Strecke mit der süßen Last fortgeschritten, als ihn stärker und stärker der wilde Taumel brünstiger Lust erfasste. Er bedeckte Nacken, Busen des holden Wesens, das sich fest an seine Brust geschmiegt hatte, mit glühenden Küssen, indem er halb sinnlos fortrannte durch die Straßen. Endlich war es ihm, als erwache er mit einem Ruck aus dem Traum; er befand sich dicht vor einer Haustüre und aufschauend erkannte er sein Haus auf dem Rossmarkt. Nun erst fiel ihm ein, dass er die Dame ja gar nicht nach ihrer Wohnung gefragt, mit Gewalt nahm er sich zusammen, und fragte: »Fräulein! – himmlisches göttliches Wesen, wo wohnen Sie?« »Ei«, erwiderte die Dame, indem sie das Köpfchen emporstreckte, »ei lieber Peregrin, hier, hier in diesem Hause, ich bin ja deine Aline, ich wohne ja bei dir! Lass nur schnell das Haus öffnen.«

»Nein! nimmermehr«, schrie Peregrinus entsetzt, indem er die Dame hinabsinken ließ. »Wie«, rief diese, »wie Peregrin, du willst mich verstoßen, und kennst doch mein fürchterliches Verhängnis und weißt doch dass ich Kind des Unglücks kein Obdach habe, dass ich elendiglich hier umkommen muss, wenn du mich nicht aufnimmst bei dir wie sonst! – Doch du willst vielleicht, dass ich sterbe – so geschehe es denn! – Trage mich wenigstens an den Springbrunnen, damit man meine Leiche nicht vor deinem Hause finde – ha – jene steinernen Delfine haben vielleicht mehr Erbarmen als du. – Weh mir – weh mir – die Kälte.« – Die Dame sank ohnmächtig nieder, da fasste Herzensangst und Verzweiflung wie eine Eiszange Peregrins Brust und quetschte sie zusammen. Wild schrie er: »Mag es nun werden wie es will, ich kann nicht anders!« hob die Leblose auf, nahm sie in seine Arme und zog stark an der Glocke. Schnell rannte Peregrin bei dem Hausknecht vorüber, der die Türe geöffnet und rief schon auf der Treppe, statt dass er sonst erst oben ganz leise anzupochen pflegte: »Aline – Aline –

Licht, Licht!« und zwar so laut, dass der ganze weite Flur widerhallte.

»Wie? – was? – was ist das? – was soll das heißen?« So sprach
die alte Aline, indem sie die Augen weit aufriss, als Peregrinus die
ohnmächtige Dame aus dem Mantel loswickelte, und mit zärtlicher Sorgfalt auf den Sofa legte.

»Geschwind«, rief er dann, »geschwind Aline, Feuer in den
Kamin – die Wunderessenz her – Tee – Punsch! – Betten herbei!«

Ahne rührte sich aber nicht von der Stelle, sondern blieb, die
Dame anstarrend, bei ihrem: »Wie? was? was ist das? was soll das
heißen?«

Da sprach Peregrinus von einer Gräfin, vielleicht gar Prinzessin, die er bei dem Buchbinder Lämmerhirt angetroffen, die auf
der Straße ohnmächtig geworden, die er nach Hause tragen müssen, und schrie dann, als Aline noch immer unbeweglich blieb,
indem er mit dem Fuße stampfte: »Ins Teufels Namen, Feuer sag
ich, Tee – Wunderessenz!«

Da flimmerte es aber wie lauter Katzengold in den Augen
des alten Weibes, und es war als leuchte die Nase höher auf in
phosphorischem Glanz. Sie holte die große schwarze Dose hervor, schlug auf den Deckel, dass es schallte und nahm eine mächtige Prise. Dann stemmte sie beide Arme in die Seite und sprach
mit höhnischem Ton: »Ei seht doch, eine Gräfin, eine Prinzessin! die findet man beim armen Buchbinder in der Kalbächer
Gasse, die wird ohnmächtig auf der Straße! Ho ho, ich weiß
wohl, wo man solche geputzte Dämchen zur Nachtzeit herholt!
– Das sind mir schöne Streiche, das ist mir eine saubere Auf-
führung! – Eine lockere Dirne ins ehrliche Haus bringen und damit das Maß der Sünden noch voll werde, den Teufel anrufen in
der heiligen Christnacht. – Und da soll ich auf meine alten Tage
noch die Hand dazu bieten? Nein mein Herr Tyß, da suchen Sie
sich eine andere; mit mir ist es nichts, morgen verlass ich den
Dienst.«

Und damit ging die Alte hinaus, und schlug die Türe so heftig
hinter sich zu, dass alles klapperte und klirrte.

Peregrinus rang die Hände vor Angst – und Verzweiflung,
keine Spur des Lebens zeigte sich bei der Dame. Doch in dem
Augenblick, als Peregrinus in der entsetzlichen Not eine Flasche kölnisches Wasser gefunden, und die Schläfe der Dame
geschickt damit einreiben wollte, sprang sie ganz frisch und munter von dem Sofa auf und rief: »Endlich – endlich sind wir allein!

Endlich, o mein Peregrinus! darf ich es Ihnen sagen, warum ich Sie verfolgte bis in die Wohnung des Buchbinders Lämmerhirt, warum ich Sie nicht lassen konnte in der heutigen Nacht. – Peregrinus! geben Sie mir den Gefangenen heraus, den Sie verschlossen haben bei sich im Zimmer. Ich weiß, dass Sie dazu keineswegs verpflichtet sind, dass das nur von Ihrer Gutmütigkeit abhängt, aber ebenso kenne ich auch Ihr gutes treues Herz, darum o mein guter liebster Peregrin! geben Sie ihn heraus, den Gefangenen!«

»Was«, fragte Peregrinus im tiefsten Staunen, »was für einen Gefangenen? – wer sollte bei mir gefangen sein?«

»Ja«, sprach die Dame weiter, indem sie Peregrins Hand ergriff und zärtlich an ihre Brust drückte, »ja, ich muss es bekennen, nur ein großes edles Gemüt gibt Vorteile auf, die ein günstiges Geschick ihm zuführte, und wahr ist es, dass Sie auf manches verzichten, was zu erlangen Ihnen leicht geworden sein würde, wenn Sie den Gefangenen nicht herausgegeben hätten – aber! – bedenken Sie, Peregrin, dass Alinens ganzes Schicksal, ganzes Leben abhängt von dem Besitz dieses Gefangenen, dass –«

»Wollen Sie«, unterbrach Peregrinus die Dame, »wollen Sie nicht, englisches Fräulein! dass ich alles für einen Fiebertraum halten, dass ich vielleicht selbst auf der Stelle überschnappen soll, so sagen Sie mir nur, von wem Sie reden, von was für einem Gefangenen.« – »Wie«, erwiderte die Dame, »Peregrin ich verstehe Sie nicht, wollen Sie vielleicht gar leugnen, dass er wirklich in Ihre Gefangenschaft geriet? – War ich denn nicht dabei, als er, da Sie die Jagd kauften –«

»Wer«, schrie Peregrin ganz außer sich, »wer ist der *Er}* – Zum ersten Mal in meinem Leben sehe ich Sie mein Fräulein, wer sind Sie, wer ist der *Er}*«

Da fiel aber die Dame ganz aufgelöst in Schmerz dem Peregrin zu Füßen und rief, indem ihr die Tränen reichlich aus den Augen strömten: »Peregrin, sei menschlich, sei barmherzig, gib ihn mir wieder! – gib mir ihn wieder!« Und dazwischen schrie Herr Peregrinus: »Ich werde wahnsinnig – ich werde toll!« –

Plötzlich raffte sich die Dame auf. Sie erschien viel größer als vorher, ihre Augen sprühten Feuer, ihre Lippen bebten, sie rief mit wilder Gebärde: »Ha Barbar! – in dir wohnt kein menschliches Herz – du bist unerbittlich – du willst meinen Tod, mein Verderben – du gibst ihn mir nicht wieder! – Nein – nimmer – nimmer – ha ich Unglückselige – verloren – verloren.« – Und damit stürzte die Dame zum Zimmer hinaus, und Peregrin vernahm wie sie die Treppe hinablief, und ihr kreischender Jammer das ganze Haus erfüllte, bis unten eine Türe heftig zugeschlagen wurde.

Dann war alles totenstill wie im Grabe. –

ZWEITES ABENTEUER

Der Flohbändiger. Trauriges Schicksal der Prinzessin Gamaheh in Famagusta. Ungeschicklichkeit des Genius Thetel und merkwürdige mikroskopische Versuche und Belustigungen. Die schöne Holländerin und seltsames Abenteuer des jungen Herrn George Pepusch, eines gewesenen Jenensers.

Es befand sich zu der Zeit ein Mann in Frankfurt, der die seltsamste Kunst trieb. Man nannte ihn den Flohbändiger und das darum, weil es ihm, gewiss nicht ohne die größeste Mühe und Anstrengung gelungen, Kultur in diese kleinen Tierchen zu bringen und sie zu allerlei artigen Kunststücken abzurichten.

Zum größten Erstaunen sah man auf einer Tischplatte von dem schönsten weißen, glänzendpolierten Marmor Flöhe, welche kleine Kanonen, Pulverkarren, Rüstwagen zogen, andre sprangen daneben her mit Flinten im Arm, Patrontaschen auf dem Rücken, Säbeln an der Seite. Auf das Kommandowort des Künstlers, führten sie die schwierigsten Evolutionen aus, und alles schien lustiger und lebendiger, wie bei wirklichen großen Soldaten, weil das Marschieren in den zierlichsten Entrechats und Luftsprüngen, das Linksum und Rechtsum aber in anmutigen Pirouetten bestand. Die ganze Mannschaft hatte ein erstaunliches Aplomb und der Feldherr schien zugleich ein tüchtiger Ballettmeister. Noch beinahe hübscher und wunderbarer waren aber die kleinen goldnen Kutschen, die von vier, sechs, acht Flöhen gezogen wurden. Kutscher und Diener waren Goldkäferlein, der kleinsten kaum sichtbaren Art, was aber drin saß, war nicht recht zu erkennen.

Unwillkürlich wurde man an die Equipage der Fee Mab erinnert, die der wackre Merkutio in Shakespeares Romeo und Julie so schön beschreibt, dass man wohl merkt, wie oft sie ihm selbst über die Nase gefahren.

Erst, wenn man den ganzen Tisch mit einem guten Vergrößerungsglase überschaute, entwickelte sich aber die Kunst des Flohbändigers in vollem Maße. Denn nun erst zeigte sich die Pracht, die Zierlichkeit der Geschirre, die feine Arbeit der Waffen, der

Glanz, die Nettigkeit der Uniformen, und erregte die tiefste Bewunderung. Gar nicht zu begreifen schien es, welcher Instrumente sich der Flohbändiger bedient haben musste, um gewisse kleine Nebensachen, z. B. Sporn, Rockknöpfe u. s. w. sauber und proportionierlich anzufertigen, und jene Arbeit, die sonst für das Meisterstück des Schneiders galt und die in nichts Geringerem bestand, als einem Floh ein Paar völlig anschließende Reithosen zu liefern, wobei freilich das Anmessen das schwierigste, schien dagegen als etwas ganz Leichtes und Geringes.

Der Flohbändiger hatte unendlichen Zuspruch. Den ganzen Tag wurde der Saal nicht leer von Neugierigen, die den hohen Eintrittspreis nicht scheuten. Auch zur Abendzeit war der Besuch zahlreich, ja beinahe noch zahlreicher, da alsdann auch solche Personen kamen, denen an derlei possierlichen Künsteleien eben nicht viel gelegen, um ein Werk zu bewundern, das dem Flohbändiger ein ganz anderes Ansehen und die wahre Achtung der Naturforscher erwarb. Dies Werk war ein Nachtmikroskop, das wie das Sonnenmikroskop am Tage, einer magischen Laterne ähnlich, den Gegenstand hell erleuchtet mit einer Schärfe und Deutlichkeit auf die weiße Wand warf, die nichts zu wünschen übrig ließ. Dabei trieb der Flohbändiger auch noch Handel mit den schönsten Mikroskopen, die man nur finden konnte und die man gern sehr teuer bezahlte. –

Es begab sich, dass ein junger Mensch, George Pepusch geheißen – der geneigte Leser wird ihn bald näher kennen lernen – Verlangen trug, noch am späten Abend den Flohbändiger zu besuchen. Schon auf der Treppe vernahm er Gezänk, das immer heftiger und heftiger wurde und endlich überging in tolles Schreien und Toben. Sowie nun Pepusch eintreten wollte, sprang die Türe des Saals auf mit Ungestüm, und in wildem Gedränge stürzten die Menschen ihm entgegen, totenbleiches Entsetzen in den Gesichtern.

»Der verfluchte Hexenmeister! der Satanskerl! beim hohen Rat will ich ihn angeben! aus der Stadt soll er, der betrügerische Taschenspieler!« – So schrien die Leute durcheinander und suchten von Furcht und Angst gehetzt, so schnell als möglich aus dem Hause zu kommen.

Ein Blick in den Saal verriet dem jungen Pepusch sogleich die Ursache des fürchterlichen Entsetzens, das die Leute fortgetrieben. Alles lebte darin, ein ekelhaftes Gewirr der scheußlichsten Kreaturen erfüllte den ganzen Raum. Das Geschlecht der Pucerons, der Käfer, der Spinnen, der Schlammtiere bis zum Übermaß vergrößert, streckte seine Rüssel aus, schritt daher auf hohen haarichten Beinen, und die gräulichen Ameisenräuber fassten, zerquetschten mit ihren zackichten Zangen die Schnacken, die sich wehrten und um sich schlugen mit den langen Flügeln, und dazwischen wanden sich Essigschlangen, Kleisteraale, hundertarmichte Polypen durcheinander und aus allen Zwischenräumen kuckten Infusionstiere mit verzerrten menschlichen Gesichtern. Abscheulicheres hatte Pepusch nie geschaut. Er wollte eben ein tiefes Grauen verspüren, als ihm etwas Raues ins Gesicht flog und er sich eingehüllt sah in eine Wolke dicken Mehlstaubs. Darüber verging ihm aber das Grauen, denn er wusste sogleich, dass das raue Ding nichts anders sein konnte als die runde gepuderte Perücke des Flohbändigers, und das war es auch in der Tat.

Als Pepusch sich den Puder aus den Augen gewischt, war das tolle widrige Insektenvolk verschwunden. Der Flohbändiger saß ganz erschöpft im Lehnstuhl. »Leuwenhoek«, so rief ihm Pepusch entgegen, »Leuwenhoek, seht Ihr nun wohl, was bei Euerm Treiben herauskommt? – Da habt Ihr wieder zu Euern Vasallen Zuflucht nehmen müssen, um euch die Leute vom Leibe zu halten! – Ists nicht so?«

»Seid Ihr's«, sprach der Flohbändiger mit matter Stimme, »seid Ihr's guter Pepusch? – Ach! mit mir ist es aus, rein aus, ich bin ein verlorner Mann! Pepusch, ich fange an zu glauben, dass Ihr es wirklich gut mit mir gemeint habt und dass ich nicht gut getan auf Eure Warnungen nichts zu geben.« Als nun Pepusch ruhig fragte, was sich denn begeben, drehte sich der Flohbändiger mit seinem Lehnstuhl nach der Wand, hielt beide Hände vors Gesicht und rief weinerlich dem Pepusch zu, er möge nur eine Lupe zur Hand nehmen und die Marmortafel des Tisches anschauen. Schon mit unbewaffnetem Auge gewahrte Pepusch, dass die kleinen Kutschen, die Soldaten u. s. w. tot da standen und lagen, dass sich nichts mehr regte und bewegte. Die kunstfertigen Flöhe schienen auch eine ganz andre Gestalt angenommen zu haben. Mittelst der Lupe entdeckte nun aber Pepusch sehr bald, dass kein einziger Floh mehr vorhanden, sondern dass das, was er dafür gehalten, schwarze Pfefferkörner und Obstkerne waren, die in den Geschirren, in den Uniformen steckten.

»Ich weiß«, begann nun der Flohbändiger ganz wehmütig und zerknirscht, »ich weiß gar nicht, welcher böse Geist mich mit Blindheit schlug, dass ich die Desertion meiner Mannschaft nicht eher bemerkte, als bis alle Leute an den Tisch getreten waren und sich gerüstet hatten zum Schauen. – Ihr könnet denken Pepusch! wie die Leute, als sie sich getäuscht sahen, erst murrten und dann ausbrachen in lichterlohen Zorn. Sie beschuldigten mich des schnödesten Betruges, und wollten mir, da sie sich immer mehr erhitzten und keine Entschuldigung mehr hörten, zu Leibe, um selbst Rache zu nehmen. Was konnt ich, um einer Tracht Schläge zu entgehen, Besseres tun, als sogleich das große Mikroskop in Bewegung setzen und die Leute ganz einhüllen in Kreaturen, vor denen sie sich entsetzten, wie das dem Pöbel eigen.«

»Aber«, fragte Pepusch, »aber sagt mir nur Leuwenhoek, wie es geschehen konnte, dass euch Eure wohlexerzierte Mannschaft, die so viel Treue bewiesen, plötzlich auf und davon gehen konnte, ohne dass Ihr es sogleich gewahr wurdet?«

»O«, jammerte der Flohbändiger, »o Pepusch! er hat mich verlassen, er, durch den allein ich Herrscher war und er ist es, dessen bösem Verrat ich meine Blindheit, all mein Unglück zuschreibe!«

»Hab ich«, erwiderte Pepusch, »hab ich euch nicht schon längst gewarnt, Eure Sache nicht auf Künsteleien zu stellen, die Ihr, ich weiß es, ohne den Besitz des Meisters nicht vollbringen könnet und wie dieser Besitz aller Mühe unerachtet doch auf dem Spiele steht, habt Ihr eben jetzt erfahren.« – Pepusch gab nun ferner dem Flohbändiger zu erkennen, wie er ganz und gar nicht begreife, dass, müsse er jene Künsteleien aufgeben, dies sein Leben so verstören könne, da die Erfindung des Nachtmikroskops so wie überhaupt seine Geschicklichkeit im Verfertigen mikroskopischer Gläser ihn längstens festgestellt. Der Flohbändiger versicherte aber dagegen, dass ganz andre Dinge in jenen Künsteleien lägen, und dass er sie nicht aufgeben könne, ohne sich selbst, seine ganze Existenz aufzugeben.

»Wo ist aber Dörtje Elwerdink?« – So fragte Pepusch den Flohbändiger unterbrechend. »Wo sie ist«, kreischte der Flohbändiger, indem er die Hände rang, »wo Dörtje Elwerdink ist? – Fort ist sie, fort in alle Welt – verschwunden. – Schlagt mich nur gleich tot, Pepusch, denn ich sehe schon, wie euch immer mehr der Zorn kommt und die Wut. – Macht es kurz mit mir!«

»Da seht«, sprach Pepusch mit finsterm Blick, »da seht Ihr nun, was aus Eurer Torheit, aus Euerm albernen Treiben herauskommt. – Wer gab euch das Recht die arme Dörtje einzusperren wie eine Sklavin und dann wieder, um nur Leute anzulocken, sie im Prunk auszustellen, wie ein naturhistorisches Wunder? – Warum tatet Ihr Gewalt an ihrer Neigung und ließet es nicht zu, dass sie mir die Hand gab, da Ihr doch bemerken musstet, wie innig wir uns liebten? – Entflohen ist sie? – Nun gut, so ist sie wenigstens nicht mehr in Eurer Gewalt, und weiß ich auch in diesem Augenblick nicht, wo ich sie suchen soll, so bin ich doch überzeugt, dass ich sie finden werde. Da, Leuwenhoek, setzt die Perücke auf und ergebt euch in Euer Geschick; das ist das Beste und Geratenste, was Ihr jetzt tun könnet.«

Der Flohbändiger stutzte mit der linken Hand die Perücke auf das kahle Haupt, während er mit der rechten Pepusch beim Arm ergriff. »Pepusch«, sprach er, »Pepusch, Ihr seid mein wahrer Freund; denn Ihr seid der einzige Mensch in der ganzen Stadt Frankfurt, welcher weiß, dass ich begraben liege in der alten Kirche zu Delft, seit dem Jahre Eintausend siebenhundert und fünfundzwanzig und habt es doch noch niemanden verraten, selbst wenn Ihr auf mich zürntet wegen der Dörtje Elwerdink. – Will es mir auch zuweilen nicht recht in den Kopf, dass ich wirklich jener Anton van Leuwenhoek bin, den man in Delft begraben, so muss ich [es] denn doch, betrachte ich meine Arbeiten und bedenke ich mein Leben, wiederum glauben und es ist mir deshalb sehr angenehm, dass man davon überhaupt gar nicht spricht. – Ich sehe jetzt ein, liebster Pepusch, dass ich, was die Dörtje Elwerdink betrifft, nicht recht gehandelt habe, wiewohl auf ganz andere Weise als Ihr wohl meinen möget. Recht tat ich nämlich daran, dass ich Eure Bewerbungen für ein törichtes zweckloses Streben erklärte, unrecht aber, dass ich nicht ganz offenherzig gegen euch war, dass ich euch nicht sagte, was es mit der Dörtje Elwerdink eigentlich für eine Bewandtnis hat. Eingesehen hättet Ihr dann, wie löblich es war, euch Wünsche aus dem Sinn zu reden, deren Erfüllung nicht anders als verderblich sein konnte. – Pepusch! setzt euch zu mir und vernehmt eine wunderbare Historie!«

»Das kann ich wohl tun«, erwiderte Pepusch mit giftigem Blick, indem er Platz nahm auf einem gepolsterten Lehnstuhl, dem Flohbändiger gegenüber. »Da«, begann der Flohbändiger, »da Ihr, mein Heber Freund Pepusch, in der Geschichte wohl bewandert seid, so wisst Ihr ohne Zweifel, dass der König Sekakis viele Jahre hindurch mit der Blumenkönigin im vertraulichen Verhältnis lebte und dass die schöne anmutige Prinzessin Gamaheh, die Frucht dieser Liebe war. Weniger bekannt dürft es sein, und auch ich kann es euch nicht sagen, auf welche Weise Prinzessin Gamaheh nach Famagusta kam. Manche behaupten und nicht ohne Grund, dass die Prinzessin in Famagusta sich ver-

bergen sollte, vor dem widerlichen Egelprinzen, dem geschwor-
nen Feinde der Blumenkönigin.

Genug! – in Famagusta begab es sich, dass die Prinzessin einst
in der erfrischenden Kühle des Abends lustwandelte und in ein
dunkles anmutiges Zypressenwäldchen geriet. Verlockt von dem
lieblichen Säuseln des Abendwindes, dem Murmeln des Bachs,
dem melodischen Gezwitscher der Vögel, streckte die Prinzessin
sich hin in das weiche duftige Moos und fiel bald in tiefen Schlaf.
Gerade *der* Feind, dem sie hatte entgehen wollen, der hässliche
Egelprinz streckte aber sein Haupt empor aus dem Schlammwasser, erblickte die Prinzessin, und verliebte sich in die schöne
Schläferin dermaßen, dass er dem Verlangen sie zu küssen, nicht
widerstehen konnte. Leise kroch er heran, und küsste sie hinter
das linke Ohr. Nun wisst Ihr aber wohl Freund Pepusch, dass die
Dame, die der Egelprinz zu küssen sich unterfängt, verloren,
denn er ist der ärgste Blutsauger von der Welt. So geschah es denn
auch, dass der Egelprinz die arme Prinzessin so lange küsste, bis
alles Leben aus ihr geflohen war. Da fiel er ganz übersättigt und
trunken ins Moos und musste von seinen Dienern, die sich
schnell aus dem Schlamm hinanwälzten, nach Hause gebracht
werden. – Vergebens arbeitete sich die Wurzel Mandragora aus
der Erde hervor, legte sich auf die Wunde, die der heimtückische
Egelprinz der Prinzessin geküsst, vergebens erhoben sich auf das
Wehgeschrei der Wurzel alle Blumen und stimmten ein in die
trostlose Klage! Da geschah es, dass der Genius Thetel gerade des
Weges kam; auch er wurde tief gerührt von Gamahehs Schönheit
und ihrem unglücklichen Tode. Er nahm die Prinzessin in die
Arme, drückte sie an seine Brust, mühte sich, ihr Leben einzu-
hauchen mit seinem Atem, aber sie erwachte nicht aus dem
Todesschlaf. Da erblickte der Genius Thetel den abscheulichen
Egelprinzen den (so schwerfällig und trunken war er) die Diener
nicht hatten hinunterschaffen können in den Palast, entbrannte in
Zorn und warf eine ganze Faust voll Kristallsalz dem hässlichen
Feinde auf den Leib, sodass er sogleich allen purpurnen Ichor,
den er der Prinzessin Gamaheh ausgesogen, ausströmte und dann
seinen Geist aufgab unter vielen Zuckungen und Grimassen, auf
elendigliche Weise. Alle Blumen, die ringsum standen, tauchten
aber ihre Kleider in diesen Ichor und färbten sie zum ewigen
Andenken der ermordeten Prinzessin in ein solches herrliches
Rot, wie es kein Maler auf Erden herauszubringen vermag. – Ihr
wisst, Pepusch! dass die schönsten dunkelroten Nelken, Amaryl-
len und Cheiranthen eben aus jenem Zypressenwäldchen, wo der

Egelprinz die schöne Gamaheh totküsste, herstammen. Der Genius Thetel wollte forteilen, da er noch vor Einbruch der Nacht in Samarkand viel zu tun hatte, noch einen Blick warf er aber auf die Prinzessin, blieb festgezaubert stehen und betrachtete sie mit der innigsten Wehmut. Da kam ihm plötzlich ein Gedanke. Statt weiterzugehen, nahm er die Prinzessin in die Arme und schwang sich mit ihr hoch auf in die Lüfte. – Zu derselben Zeit beobachteten zwei weise Männer, von denen einer, nicht verschwiegen sei es, ich selbst war, auf der Galerie eines hohen Turmes, den Lauf der Gestirne. Diese gewahrten hoch über sich den Genius Thetel mit der Prinzessin Gamaheh und in demselben Augenblick fiel auch dem einen – doch! das gehört für jetzt nicht zur Sache! – Beide Magier hatten zwar den Genius Thetel erkannt, nicht aber die Prinzessin, und erschöpften sich in allerlei Vermutungen, was die Erscheinung wohl zu bedeuten, ohne irgendetwas Gewisses oder auch nur Wahrscheinliches ergrübeln zu können. Bald darauf wurde aber das unglückliche Schicksal der Prinzessin Gamaheh in Famagusta allgemein bekannt und nun wussten auch die Magier sich die Erscheinung des Genius Thetel mit dem Mädchen im Arm zu erklären.

Beide vermuteten, dass der Genius Thetel gewiss noch ein Mittel gefunden haben müsse, die Prinzessin ins Leben zurückzurufen, und beschlossen in Samarkand Nachfrage zu halten, wohin er ihrer Beobachtung nach, offenbar seinen Flug gerichtet hatte. In Samarkand war aber von der Prinzessin alles stille, niemand wusste ein Wort.

Viele Jahre waren vergangen, die beiden Magier hatten sich entzweit, wie es wohl unter gelehrten Männern desto öfter zu geschehen pflegt, je gelehrter sie sind, und nur noch die wichtigsten Entdeckungen teilten sie sich aus alter eiserner Gewohnheit einander mit. – Ihr habt nicht vergessen, Pepusch, dass ich selbst einer dieser Magier bin. – Also, nicht wenig erstaunte ich über eine Mitteilung meines Kollegen, die über die Prinzessin Gamaheh das Wunderbarste und zugleich Glückseligste enthielt, was man nur hätte ahnen können. Die Sache verhielt sich folgendergestalt: Mein Kollege hatte durch einen wissenschaftlichen Freund aus Samarkand die schönsten und seltensten Tulpen und so vollkommen frisch erhalten, als seien sie eben vom Stängel geschnitten. Es war ihm vorzüglich um die mikroskopische Untersuchung der innern Teile und zwar des Blumenstaubes zu tun. Er zergliederte deshalb eine schöne lila und gelb gefärbte Tulpe, und entdeckte mitten in dem Kelch ein kleines fremdartiges Körnlein, welches ihm auffiel in ganz besonderer Weise. Wie groß war aber seine Verwunderung, als er mittelst Anwendung des Suchglases, deutlich gewahrte, dass das kleine Körnlein nichts anders als die Prinzessin Gamaheh, die in den Blumenstaub des Tulpenkelchs gebettet, ruhig und süß zu schlummern schien.

Solch eine weite Strecke mich auch von meinem Kollegen trennen mochte, dennoch setzte ich mich augenblicklich auf und eilte zu ihm hin. Er hatte indessen alle Operationen beiseite gestellt, um mir das Vergnügen des ersten Anblicks zu gönnen, wohl auch aus Furcht ganz nach eignem Kopf handelnd, etwas zu verderben. Ich überzeugte mich bald von der vollkommnen Richtigkeit der Beobachtung meines Kollegen und war auch ebenso wie er des festen Glaubens, dass es möglich sein müsse, die Prinzessin dem Schlummer zu entreißen und ihr die vorige Gestalt wiederzugeben. Der uns inwohnende sublime Geist ließ uns bald die richtigen Mittel finden. – Da Ihr, Freund Pepusch, sehr wenig, eigentlich gar nichts von unserer Kunst verstehet, so würde es höchst überflüssig sein, euch die verschiedenen Operationen zu beschreiben, die wir nun vornahmen, um zu unserm Zweck zu gelangen. Es genügt, wenn ich euch sage, dass es uns mittelst des geschickten Gebrauchs verschiedener Gläser, die ich meistenteils selbst präparierte, glückte, nicht allein die Prinzessin unversehrt aus dem Blumenstaub hervorzuziehen, sondern auch ihr Wachstum in der Art zu befördern, dass sie bald zu ihrer natürlichen Größe gelangt war. – Nun fehlte freilich noch das Leben und ob ihr dieses zu verschaffen möglich, das hing von der letzten und schwürigsten Operation ab. – Wir reflektierten ihr Bild mittelst eines herrlichen Kuffischen Sonnenmikroskops, und lösten dieses Bild geschickt los von der weißen Wand, welches ohne allen Schaden vonstatten ging. Sowie das Bild frei schwebte, fuhr es wie ein Blitz in das Glas hinein, welches in tausend Stücken zersplitterte. Die Prinzessin stand frisch und lebendig vor uns. Wir jauchzten auf vor Freude, aber auch umso größer war unser Entsetzen, als wir bemerkten, dass der Umlauf des Blutes gerade da stockte, wo der Egelprinz sich angeküsst hatte. Schon wollte sie ohnmächtig hinsinken, als wir eben an der Stelle hinter dem linken Ohr einen kleinen schwarzen Punkt erscheinen und ebenso schnell wieder verschwinden sahen. Die Stockung des Bluts hörte sogleich auf, die Prinzessin erholte sich wieder, und unser Werk war gelungen.

Jeder von uns, ich und mein Herr Kollege, wusste recht gut,

welch unschätzbaren Wert der Besitz der Prinzessin für ihn haben musste, und jeder strebte darnach, indem er größeres Recht zu haben glaubte, als der andere. Mein Kollege führte an, dass die Tulpe, in deren Kelch er die Prinzessin gefunden, sein Eigentum gewesen, und dass er die erste Entdeckung gemacht, die er mir mitgeteilt, so, dass ich nur als Hülfeleistender zu betrachten, der das Werk selbst bei dem er geholfen, nicht als Lohn der Arbeit verlangen könne. Ich dagegen berief mich darauf, dass ich die letzte schwürigste Operation, wodurch die Prinzessin zum Leben gelangt, erfunden und bei der Ausführung mein Kollege nur geholfen, weshalb, habe er auch Eigentumsansprüche auf den Embryo im Blumenstaub gehabt, mir doch die lebendige Person gehöre. Wir zankten uns mehrere Stunden bis endlich, als wir uns die Kehlen heiser geschrien hatten, ein Vergleich zu Stande kam. Der Kollege überließ mir die Prinzessin, wogegen ich ihm ein sehr wichtiges geheimnisvolles Glas einhändigte. Eben dieses Glas ist aber die Ursache unserer jetzigen gänzlichen Verfeindung. Mein Kollege behauptet nämlich, ich habe das Glas betrügerischerweise unterschlagen; dies ist aber eine grobe unverschämte Lüge, und wenn ich auch wirklich weiß, dass ihm das Glas bei der Aushändigung abhanden gekommen ist, so kann ich doch auf Ehre und Gewissen beteuern, dass ich nicht schuld daran bin, auch durchaus nicht begreife, wie das hat geschehen können. Das Glas ist nämlich gar nicht so klein, da ein Pulverkorn nur höchstens achtmal größer sein mag. – Seht, Freund Pepusch, nun habe ich euch mein ganzes Vertrauen geschenkt, nun wisst Ihr, dass Dörtje Elwerdink keine andere ist, als eben die ins Leben zurückgerufene Prinzessin Gamaheh, nun seht Ihr ein, dass ein schlichter junger Mann wie Ihr wohl auf solch eine hohe mystische Verbindung keinen –«

»Halt«, unterbrach George Pepusch den Flohbändiger, indem er ihn etwas satanisch anlächelte, »halt, ein Vertrauen ist des andern wert, und so will ich euch meinerseits denn vertrauen, dass ich das alles, was Ihr mir da erzählt habt, schon viel früher und besser wusste als Ihr. Nicht genug kann ich mich über Eure Beschränktheit, über Eure alberne Anmaßung verwundern. – Vernehmt, was Ihr längst erkennen müsstet, wäre es, außer dem was die Glasschleiferei betrifft, mit Eurer Wissenschaft nicht so schlecht bestellt, vernehmt, dass ich selbst die Distel Zeherit bin, welche dort stand wo die Prinzessin Gamaheh ihr Haupt niedergelegt hatte, und von der Ihr gänzlich zu schweigen für gut gefunden habt.«

»Pepusch«, rief der Flohbändiger, »seid Ihr bei Sinnen? Die Distel Zeherit blüht im fernen Indien und zwar in dem schönen von hohen Bergen umschlossenen Tale, wo sich zuweilen die weisesten Magier der Erde zu versammeln pflegen. Der Archivarius Lindhorst kann euch darüber am besten belehren. Und Ihr, den ich hier im Polröckchen zum Schulmeister laufen gesehen, den ich als vor lauter Studieren und Hungern vermagerten, vergelbten Jenenser gekannt, Ihr wollt die Distel Zeherit sein? – Das macht einem andern weis, aber mich lasst damit in Ruhe.«

»Was Ihr«, sprach Pepusch lachend, »was Ihr doch für ein weiser Mann seid, Leuwenhoek. Nun! haltet von meiner Person was Ihr wollt, aber seid nicht albern genug zu leugnen, dass die Distel Zeherit in dem Augenblick, da sie Gamahehs süßer Atem traf, in glühender Liebe und Sehnsucht erblühte und dass, als sie die Schläfe der holden Prinzessin berührte, diese auch süß träumend in Liebe kam. Zu spät gewahrte die Distel den Egelprinzen, den sie sonst mit ihren Stacheln augenblicklich getötet hätte. Doch wär es ihr mit Hülfe der Wurzel Mandragora gelungen, die Prinzessin wieder in das Leben zurückzubringen, kam nicht der tölpische Genius Thetel dazwischen mit seinen ungeschickten Rettungsversuchen. – Wahr ist es, dass Thetel im Zorn in die Salzmeste griff, die er auf Reisen gewöhnlich am Gürtel zu tragen pflegt, wie Pantagruel seine Gewürzbarke, und eine tüchtige Hand voll Salz nach dem Egelprinzen warf, ganz falsch aber, dass er ihn dadurch getötet haben sollte. Alles Salz fiel in den Schlamm, nicht ein einziges Körnlein traf den Egelprinzen, den die Distel Zeherit mit ihren Stacheln tötete, so den Tod der Prinzessin rächte und sich dann selbst dem Tode weihte. Bloß der Genius Thetel, der sich in Dinge mischte, die ihn nichts angingen, ist daran schuld, dass die Prinzessin so lange im Blumenschlaf liegen musste; die Distel Zeherit erwachte viel früher. Denn beider Tod war nur die Betäubung des Blumenschlafs, aus der sie ins Leben zurückkehren durften, wiewohl in anderer Gestalt. Das Maß Eures gröblichen Irrtums würdet Ihr nämlich voll machen, wenn Ihr glauben solltet, dass die Prinzessin Gamaheh völlig so gestaltet war, als es jetzt Dörtje Elwerdink ist, und dass Ihr es waret, der ihr das Leben wiedergab. Es ging euch so, mein guter Leuwenhoek wie dem ungeschickten Diener in der wahrhaft merkwürdigen Geschichte von den drei Pomeranzen, der zwei Jungfrauen aus den Pomeranzen befreite, ohne sich vorher des Mittels versichert zu haben, sie am Leben zu erhalten und die dann vor seinen Augen elendiglich umkamen. – Nicht Ihr, nein jener, der euch entlaufen, dessen Verlust Ihr so hart fühlt und bejammert, der war es, der das Werk vollendete, welches Ihr ungeschickt genug begonnen.«

»Ha«, schrie der Flohbändiger ganz außer sich, »ha meine Ahnung! – Aber Ihr, Pepusch, Ihr, dem ich so viel Gutes erzeigt, Ihr seid mein ärgster, schlimmster Feind, das sehe ich nun wohl ein. Statt mir zu raten, statt mir beizustehen in meinem Unglück, tischt Ihr mir allerlei unziemliche Narrenspossen auf.« – »Die Narrenspossen auf Euern Kopf«, schrie Pepusch ganz erbost, »zu spät werdet Ihr Eure Torheit bereuen, einbildischer Scharlatan! – Ich gehe Dörtje Elwerdink aufzusuchen. – Doch damit Ihr nicht mehr ehrliche Leute vexiert –«

Pepusch fasste nach der Schraube, die das ganze mikroskopische Maschinenwerk in Bewegung setzte. »Bringt mich nur gleich ums Leben!« kreischte der Flohbändiger; doch in dem Augenblick krachte auch alles zusammen und ohnmächtig stürzte der Flohbändiger zu Boden. –

»Wie mag es«, sprach George Pepusch zu sich selbst, als er auf der Straße war, »wie mag es geschehen, dass einer, der über ein hübsches warmes Zimmer, über ein wohlaufgeklopftes Bette gebietet, sich zur Nachtzeit in dem ärgsten Sturm und Regen auf den Straßen herumtreibt? – Wenn er den Hausschlüssel vergessen, und wenn überdem Liebe, törichtes Verlangen ihn jagt.« So musste er sich selbst antworten. – Töricht kam ihm nämlich jetzt sein ganzes Beginnen vor. – Er erinnerte sich des Augenblicks, als er Dörtje Elwerdink zum ersten Mal gesehen. – Vor mehreren Jahren zeigte nämlich der Flohbändiger seine Kunststückchen in Berlin und hatte nicht geringen Zuspruch, solange die Sache neu blieb. Bald hatte man sich aber an den kultivierten und exerzierten Flöhen satt gesehen, man hielt nun nicht einmal die Schneider-, Riemer-, Sattler-, Waffenarbeit zum Gebrauch der kleinen Personen für so gar bewundrungswürdig, unerachtet man erst von Unbegreiflichkeit, zauberischem Wesen gesprochen, und der Flohbändiger schien ganz in Vergessenheit zu geraten. Bald hieß es aber, dass eine Nichte des Flohbändigers, die sonst noch gar nicht zum Vorschein gekommen, jetzt den Vorstellungen beiwohne. Diese Nichte sei aber solch ein schönes, anmutiges Mädchen und dabei so allerliebst geputzt, dass es gar nicht zu sagen. Die bewegliche Welt der jungen modernen Herren, welche als tüchtige Konzertmeister in der Sozietät Ton und Takt anzugeben pflegen, strömte hin, und weil in dieser Welt nur die Extreme gelten, so weckte des Flohbändigers Nichte ein niegesehenes

Wunder. – Bald war es Ton, den Flohbändiger zu besuchen, wer seine Nichte nicht gesehen, durfte nicht mitsprechen, und so war dem Manne geholfen. Kein Mensch konnte sich übrigens in den Vornamen »Dörtje« finden und da gerade zu der Zeit die herrliche Bethmann in der Rolle der Königin von Golkonda, alle hohe Liebenswürdigkeit, alle hinreißende Anmut, alle weibliche Zartheit entwickelte, die dem Geschlecht nur eigen und ein Ideal des unnennbaren Zaubers schien, mit dem ein weibliches Wesen alles zu entzücken vermag, so nannte man die Holländerin »Aline«.

Zu der Zeit kam George Pepusch nach Berlin, Leuwenhoeks schöne Nichte war das Gespräch des Tages, und so wurde auch an der Wirtstafel des Hotels, in dem Pepusch sich einlogiert, beinahe von nichts anderm gesprochen als von dem kleinen reizenden Wunder, das alle Männer, Jung und Alt, ja selbst die Weiber entzücke. Man drang in Pepusch, sich nur gleich auf die höchste Spitze alles jetzigen Treibens in Berlin zu stellen und die schöne Holländerin zu sehen. – Pepusch hatte ein reizbares melancholisches Temperament; in jedem Genuss spürte er zu sehr den bittern Beigeschmack, der freilich aus dem schwarzen stygischen Bächlein kommt, das durch unser ganzes Leben rinnt und das machte ihn finster, in sich gekehrt, ja oft ungerecht gegen alles, was ihn umgab. Man kann denken, dass auf diese Weise Pepusch wenig aufgelegt war, hübschen Mädchen nachzulaufen, er ging aber dennoch zu dem Flohbändiger, mehr um seine vorgefasste Meinung, dass auch hier, wie so oft im Leben, nur ein seltsamer Wahn spuke, bewährt zu sehen, als des gefährlichen Wunders halber. Er fand die Holländerin gar hübsch, anmutig, angenehm, indem er sie aber betrachtete, musste er selbstgefällig seine Sagazität belächeln, vermöge der er schon erraten, dass die Köpfe, welche die Kleine vollends verdreht hatte, schon von Haus aus ziemlich wackelicht gewesen sein mussten.

Die Schöne hatte den leichten ungezwungenen Ton, der von der feinsten sozialen Bildung zeugt, ganz in ihrer Gewalt; mit jener liebenswürdigen Koketterie, die dem, dem sie vertraulich die Fingerspitze hinreicht, zugleich den Mut benimmt, sie zu erfassen, wusste das kleine holde Ding, die sie von allen Seiten Bestürmenden ebenso anzuziehen, als in den Grenzen des zartesten Anstandes zu erhalten.

Niemand kümmerte sich um den fremden Pepusch, der Muße genug fand, die Schöne in ihrem ganzen Tun und Wesen zu beobachten. Indem er aber länger und länger ihr in das holde Gesichtchen kuckte, regte sich in dem tiefsten Hintergrunde des innern Sinnes eine dumpfe Erinnerung, als habe er die Holländerin irgendwo einmal gesehen, wiewohl in ganz andern Umgebungen und anders gekleidet, so wie es ihm war, als sei er auch damals ganz anders gestaltet gewesen. Vergebens quälte er sich ab, diese Erinnerungen zu irgendeiner Deutlichkeit zu bringen; wiewohl der Gedanke, dass er die Kleine wirklich schon gesehen, immer mehr an Festigkeit gewann. Das Blut stieg ihm ins Gesicht, als ihn endlich jemand leise anstieß und ihm ins Ohr lispelte: »Nicht wahr, Herr Philosoph, auch Sie hat der Blitzstrahl getroffen?« Es war sein Nachbar von der Wirtstafel her dem er geäußert hatte, dass er die Ekstase, in die alles versetzt sei, für einen seltsamen Wahnsinn halte, der ebenso schnell dahinschwinde als er entstehe. – Pepusch bemerkte, dass, während er die Kleine unverwandten Auges angestarrt, der Saal leer geworden, sodass eben die letzten Personen davonschritten. Erst jetzt schien die Holländerin ihn zu gewahren; sie grüßte ihn mit anmutiger Freundlichkeit. –

Pepusch wurde die Holländerin nicht los; er marterte sich ab in der schlaflosen Nacht, um nur auf die Spur jener Erinnerung zu kommen, indessen vergebens. Der Anblick der Schönen konnte allein ihn auf jene Spur bringen, so dachte er ganz richtig und unterließ nicht, gleich andern Tages und dann alle folgende Tage zum Flohbändiger zu wandern, und zwei – drei Stunden die hübsche Dörtje Elwerdink anzustarren. –

Kann der Mann den Gedanken an ein liebenswürdiges Frauenzimmer, das seine Aufmerksamkeit erregte auf diese, jene Weise, nicht loswerden, so ist das für ihn der erste Schritt zur Liebe, und so kam es denn auch, dass Pepusch in dem Augenblick, als er bloß jener dunklen Erinnerung nachzugrübeln glaubte, in die schöne Holländerin schon ganz verliebt war.

Wer wollte sich jetzt noch um die Flöhe kümmern, über die die Holländerin alles an sich ziehend den glänzendsten Sieg davongetragen hatte. Der Flohbändiger fühlte selbst, dass er mit seinen Flöhen eine etwas alberne Rolle spiele, er sperrte daher seine Mannschaft bis auf andere Zeiten ein, und gab mit vielem Geschick seinem Schauspiel eine andere Gestalt, der schönen Nichte aber die Hauptrolle.

Der Flohbändiger hatte nämlich den glücklichen Gedanken gefasst, Abendunterhaltungen anzuordnen, auf die man sich mit einer ziemlich hohen Summe abonnierte und in denen, nachdem er einige artige optische Kunststücke gezeigt, die fernere Unterhaltung der Gesellschaft seiner Nichte oblag. – In vollem Maß ließ die Schöne ihr soziales Talent glänzen, dann nützte sie aber die kleinste Stockung um durch Gesang, den sie selbst auf der Gitarre begleitete, der Gesellschaft einen neuen Schwung zu geben. Ihre Stimme war nicht stark, ihre Methode nicht grandios, oft wider die Regel, aber der süße Ton, die Klarheit, Nettigkeit ihres Gesanges entsprach ganz ihrem holden Wesen und vollends, wenn sie unter den schwarzen seidnen Wimpern den schmachtenden Blick wie feuchten Mondesstrahl hineinleuchten ließ unter die Zuhörer, da wurde jedem die Brust enge, und selbst der Tadel des eigensinnigsten Pedanten musste verstummen. –

Pepusch setzte in diesen Abendunterhaltungen sein Studium eifrig fort, das heißt, er starrte zwei Stunden lang die Holländerin an, und verließ dann mit den übrigen den Saal.

Einmal stand er der Holländerin näher als gewöhnlich und hörte deutlich, wie sie zu einem jungen Manne sprach: »Sagen Sie mir, wer ist dieses leblose Gespenst, das mich jeden Abend stundenlang anstarrt und dann lautlos verschwindet?«

Pepusch fühlte sich tief verletzt, tobte und lärmte auf seinem Zimmer, stellte sich so ungebärdig, dass kein Freund ihn in diesem tollen Wesen wiedererkannt haben würde. Er schwur hoch und teuer, die boshafte Holländerin niemals wiederzusehen, unterließ aber nicht, gleich am andern Abend sich zur gewöhnlichen Stunde bei Leuwenhoek einzufinden und wo möglich die schöne Dörtje mit noch erstarrterem Blick anzugaffen. Schon auf der Treppe war er freilich darüber sehr erschrocken, dass er eben die Treppe hinaufstieg und hatte in aller Schnelligkeit den weisen Vorsatz gefasst, sich wenigstens von dem verführerischen Wesen ganz entfernt zu halten. Diesen Vorsatz führte er auch wirklich aus, indem er sich in einen Winkel des Saals verkroch; der Versuch die Augen niederzuschlagen, missglückte aber durchaus, und wie gesagt, noch starrer als sonst schaute er der Holländerin in die Augen.

Selbst wusste er nicht wie es geschah, dass Dörtje Elwerdink plötzlich in seinem Winkel dicht neben ihm stand.

Mit einem Stimmlein, das süßlispelnde Melodie war, sprach die Holde: »Ich erinnere mich nicht mein Herr, Sie schon anderwärts gesehen zu haben als hier in Berlin, und doch finde ich in den Zügen Ihres Antlitzes, in Ihrem ganzen Wesen so viel Bekanntes. Ja es ist mir als wären wir vor gar langer Zeit einander ganz befreundet gewesen, jedoch in einem sehr fernen Lande und unter ganz andern seltsamen Umständen. Ich bitte Sie, mein Herr, reißen Sie mich aus der Ungewissheit, und täuscht mich nicht vielleicht eine Ähnlichkeit, so lassen Sie uns das freundschaftliche Verhältnis erneuern, das in dunkler Erinnerung ruht, wie ein schöner Traum.«

Dem Herrn George Pepusch wurde bei diesen anmutigen Worten der schönen Holländerin gar sonderbar zu Mute. Die Brust war enge, und indem ihm die Stirn brannte, fröstelte es ihm durch alle Glieder, als lag er im stärksten Fieber. Wollte das nun auch nichts anders bedeuten, als dass Herr Pepusch in die Holländerin bis über den Kopf verliebt war, so gab es doch noch eine andere Ursache des durchaus verwirrten Zustandes, der ihm alle Sprache, ja beinahe alle Besinnung raubte. Sowie nämlich Dörtje Elwerdink davon sprach, dass sie glaube, vor langer Zeit ihn schon gekannt zu haben, war es ihm, als würde in seinem Innern wie in einer Laterna magica plötzlich ein anderes Bild vorgeschoben und er erblickte ein weit entferntes Sonst, das lange zurückliege hinter der Zeit als er zum ersten Mal Muttermilch gekostet, und in dem er selbst doch ebenso gut als Dörtje Elwerdink sich rege und bewege. Genug! – der Gedanke, der sich eben durch vieles Denken erst recht klar und fest gestaltete, blitzte in diesem Augenblick auf und dieser Gedanke war nicht Geringeres als dass Dörtje Elwerdink die Prinzessin Gamaheh, Tochter des Königs Sekakis sei, die er schon in der grünen Zeit geliebt, da er noch die Distel Zeherit gewesen. Gut war es, dass er diesen Gedanken andern Leuten nicht sonderlich mitteilte; man hätte ihn sonst vielleicht für wahnsinnig gehalten und eingesperrt, wiewohl die fixe Idee eines Partiell-Wahnsinnigen oft nichts anders sein mag, als die Ironie eines Seins, welches dem jetzigen vorausging.

»Aber mein Himmel, Sie scheinen ja stumm, mein Herr!« So sprach die Kleine indem sie mit den niedlichsten Fingerchen Georgs Brust berührte. Doch aus den Spitzen dieser Finger fuhr ein elektrischer Strahl dem Georg bis ins Herz hinein, und er erwachte aus seiner Betäubung. In voller Ekstase ergriff er die Hand der Kleinen, bedeckte sie mit glühenden Küssen und rief: »Himmlisches, göttliches Wesen« – u. s. w. Der geneigte Leser wird wohl sich denken können, was Herr Georg Pepusch in diesem Augenblick noch alles gerufen. –

Es genügt zu sagen, dass die Kleine Georgs Liebesbeteurungen so aufnahm, wie er es nur wünschen konnte, und dass die verhängnisvolle Minute im Winkel des Leuwenhoekschen Saals ein Liebesverhältnis gebar, das den guten Herrn Georg Pepusch erst in den Himmel, dann aber der Abwechselung wegen in die Hölle versetzte. War nämlich Pepusch melancholischen Temperaments und dabei mürrisch und argwöhnisch, so konnt es nicht fehlen, dass Dörtjes Betragen ihm Anlass gab zu mancher Eifersüchtelei. Gerade diese Eifersüchtelei reizte aber Dörtjes etwas schalkischen Humor und es war ihre Lust, den armen Herrn Georg Pepusch auf die sinnreichste Weise zu quälen. Da nun aber jedes Ding nur bis zu einer gewissen Spitze getrieben werden kann, so kam es denn auch zuletzt bei Pepusch zum Ausbruch des lang verhaltenen Ingrimms. Er sprach nämlich einmal gerade von jener wunderbaren Zeit, da er als Distel Zeherit die schöne Holländerin, die damals die Tochter des Königs Sekakis gewesen, so innig geliebt und gedachte mit aller Begeisterung der innigsten Liebe, dass eben jenes Verhältnis, der Kampf mit dem Egelkönig ihm schon das unbestrittenste Recht auf Dörtjes Hand gegeben. Dörtje Elwerdink versicherte, wie sie sich jener Zeit, jenes Verhältnisses gar wohl erinnere, und die Ahnung davon zuerst wieder in ihre Seele gekommen, als Pepusch sie mit dem Distelblick angeschaut. Die Kleine wusste so anmutig von diesen wunderbaren Dingen zu reden, sie tat so begeistert von der Liebe zu der Distel Zeherit, die dazu bestimmt gewesen in Jena zu studieren und dann in Berlin die Prinzessin Gamaheh wieder zu finden, dass Herr Georg Pepusch im Eldorado alles Entzückens zu sein glaubte. – Das Liebespaar stand am Fenster und die Kleine litt es, dass der verliebte George den Arm um sie schlug. In dieser vertraulichen Stellung kosten sie miteinander, denn zum Gekose wurde das träumerische Reden von den Wundern in Famagusta. Da begab es sich, dass ein sehr hübscher Offizier von den Garde-Husaren, in funkelnagelneuer Uniform vorüberging und die Kleine, die er aus den Abendgesellschaften kannte, sehr freundlich grüßte. Dörtje hatte die Augen halb geschlossen und das Köpfchen abgewendet von der Straße; man hätte denken sollen, dass es ihr unmöglich sein müsste, den Offizier zu gewahren, aber mächtig ist der Zauber einer neuen glänzenden Uniform! Die Kleine, vielleicht schon erregt durch das bedeutungsvolle Klappern des Säbels auf dem Steinpflaster, öffnete die Äuglein hell und klar, wand sich aus Georgs Arm, riss das Fenster auf, warf dem Offizier ein Kusshändchen zu, und schaute ihm nach bis er um die Ecke verschwunden.

»Gamaheh«, schrie die Distel Zeherit ganz außer sich, »Gamaheh, was ist das? – spottest du meiner? Ist das die Treue die du deiner Distel angelobt?« – Die Kleine drehte sich auf dem Absatz herum, schlug ein helles Gelächter auf und rief: »Geht, geht, George! Bin ich die Tochter des würdigen alten Königs Sekakis, seid Ihr die Distel Zeherit, so ist jener allerliebste Offizier der Genius Thetel der mir eigentlich viel besser gefällt, wie die traurige stachlichte Distel.« – Damit sprang die Holländerin fort durch die Türe, Georg Pepusch geriet aber wie man denken kann, sofort in Wut und Verzweiflung und rannte wild die Treppe hinab, zum Hause hinaus, als hetzten ihn tausend Teufel. Das Geschick wollt es, dass Georg einem Freunde begegnete der in einer Postkalesche saß und fort wollte. »Halt, ich reise mit euch!« So rief die Distel Zeherit, flog schnell nach Hause, zog einen Überrock an, steckte Geld ein, gab den Stubenschlüssel der Wirtin, setzte sich in die Kalesche hinein und fuhr mit dem Freunde von dannen.

Unerachtet dieser feindseligen Trennung war aber die Liebe zur schönen Holländerin in Georgs Brust ganz und gar nicht erloschen, und ebenso wenig konnte er sich entschließen, die gerechten Ansprüche aufzugeben, die er als Distel Zeherit auf Gamahehs Hand und Herz zu haben glaubte. Er erneuerte daher diese Ansprüche als er nach etlichen Jahren wiederum im Haag mit Leuwenhoek zusammentraf und wie eifrig er sie auch in Frankfurt verfolgte, hat der geneigte Leser bereits erfahren. –

Ganz trostlos rannte Herr George Pepusch in der Nacht durch die Gassen, als der flackernde ungewöhnlich helle Schein eines Lichts, der durch die Spalte eines Fensterladens im untern Stock eines ansehnlichen Hauses auf die Straße fiel, seine Aufmerksamkeit erregte. Er glaubte, es müsse in der Stube brennen und schwang sich daher am Gitterwerk hinauf, um in die Stube zu schauen. Grenzenlos war aber sein Erstaunen, über das, was er erblickte.

Ein helles lustiges Feuer loderte in dem Kamin, der dem Fenster geradeüber gelegen; vor diesem Kamin saß oder lag vielmehr in einem breiten altväterischen Lehnstuhl die kleine Holländerin, geputzt wie ein Engel. Sie schien zu schlummern, während ein sehr alter ausgetrockneter Mann vor dem Feuer kniete und Brill auf der Nase in einen Topf kuckte, in dem wahrscheinlich irgendein Getränk kochte. Pepusch wollte sich noch höher hinaufschwingen, um besser die Gruppe ins Auge zu fassen, fühlte sich indessen bei den Beinen gepackt und mit Gewalt heruntergezogen. Eine barsche Stimme rief: »Seht mal den Spitzbuben, das wäre mir recht. – Fort Patron ins Hundeloch!« – Es war der

Nachtwächter, der Georgen bemerkt hatte, wie er an das Fenster hinanklimmte, und nichts anders vermuten konnte, als dass er einbrechen wolle ins Haus. Aller Protestationen unerachtet wurde Herr George Pepusch von dem Wächter, dem die herbeieilende Patrouille zu Hülfe geeilt war, fortgeschleppt, und auf diese Weise endete seine nächtliche Wanderung fröhlich in der Wachtstube. –

DRITTES ABENTEUER

Erscheinung eines kleinen Ungeheuers. Fernere Erläuterungen über die Schicksale der Prinzessin Gamaheh. Merkwürdiges Freundschaftsbündnis, welches Herr Peregrinus Tyß eingeht und Aufschluss, wer der alte Herr ist, der in seinem Hause zur Miete wohnt. Sehr wunderbare Wirkung eines ziemlich kleinen mikroskopischen Glases. Unvermutete Verhaftung des Helden der Geschichte.

Wer solche Dinge an einem Abende erfahren hat, wie Herr Peregrinus Tyß, ja, wer sich in solcher Stimmung befindet als er, kann ganz unmöglich gut schlafen. Unruhig wälzte Herr Peregrinus sich auf seinem Lager, und wenn er in das Delirieren geriet, das dem Schlaf vorherzugehen pflegt, so hatte er wieder das kleine holde Wesen in den Armen und fühlte heiße glühende Küsse auf seinen Lippen. – Dann fuhr er auf und glaubte noch wachend Alinens liebliche Stimme zu hören. In brünstiger Sehnsucht wünschte er, sie möge nicht entflohen sein und doch fürchtete er wieder, sie werde gleich hineintreten und ihn verstricken in ein unauflösliches Netz. Dieser Kampf widersprechender Gefühle beklemmte seine Brust und erfüllte sie zugleich mit süßer nie gekannter Angst.

»Schlaft nicht Peregrinus, schlaft nicht edler Mann, ich muss augenblicklich mit euch reden!« So lispelte es dicht vor Peregrinus und immerfort, »schlaft nicht! schlaft nicht!« bis er endlich die Augen aufschlug die er geschlossen, nur um die holde Aline deutlicher zu sehen.

In dem Schimmer der Nachtlampe gewahrte er ein kleines, kaum spannlanges Ungeheuer, das auf seiner weißen Bettdecke saß und vor dem er sich im ersten Augenblick entsetzte, dann griff er aber mutig mit der Hand darnach, um sich zu überzeugen, ob seine Fantasie ihn nicht täusche. Doch sogleich war das kleine Ungeheuer spurlos verschwunden.

Konnte die genaue Porträtierung der schönen Ahne, Dörtje Elwerdink oder Prinzessin Gamaheh – denn dass eine und dieselbe Person sich nur scheinbar in drei Personen zerspaltet, weiß der geneigte Leser schon längst – füglich unterbleiben, so ist dagegen es durchaus nötig, ganz genau das kleine Ungeheuer zu beschreiben, das auf der Bettdecke saß und dem Herrn Peregrinus einiges Entsetzen verursachte.

Wie schon erwähnt, war die Kreatur kaum eine Spanne lang; in dem Vogelkopf staken ein Paar runde glänzende Augen und aus dem Sperlingsschnabel starrte noch ein langes spitzes Ding, wie ein dünnes Rapier hervor, dicht über dem Schnabel streckten sich zwei Hörner aus der Stirne. Der Hals begann dicht unter dem Kopf auch vogelartig, wurde aber immer dicker, sodass er ohne Unterbrechung der Form zum unförmlichen Leibe wuchs, der beinahe die Gestalt einer Haselnuss hatte, und mit dunkelbraunen Schuppen bedeckt schien, wie der Armadillo. Das Wunderlichste und Seltsamste war aber wohl die Gestaltung der Arme und Beine. Die ersteren hatten zwei Gelenke und wurzelten in den beiden Backen der Kreatur dicht bei dem Schnabel. Gleich unter diesen Armen befand sich ein Paar Füße und denn weiterhin noch ein Paar, beide zweigelenkig, wie die Arme. Diese letzten Füße schienen aber diejenigen zu sein, auf deren Tüchtigkeit die Kreatur sich eigentlich verließ, denn außerdem dass diese Füße merklich länger und stärker waren als die andern, so trug die Kreatur auch an denselben sehr schöne goldne Stiefel mit diamantnen Sporen.

War nun, wie gesagt, das kleine Ungeheuer spurlos verschwunden, sowie Peregrinus danach fasste, so hätte er gewiss alles für Täuschung seiner aufgeregten Sinne gehalten, wäre nicht gleich unten in der Ecke des Bettes eine leise Stimme hörbar geworden, die sich also vernehmen ließ: »Mein Himmel Peregrinus Tyß, sollte ich mich in euch geirrt haben? Ihr handeltet gestern an mir so edel, und jetzt, da ich euch meine Dankbarkeit beweisen will, greift Ihr nach mir mit mörderischer Hand? – Doch vielleicht missfiel euch meine Gestalt, und ich tat Verkehrtes, mich euch mikroskopisch zu zeigen, damit Ihr mich nur gewiss bemerken solltet, welches nicht so leicht ist, als Ihr wohl denken möchtet. Ebenso wie vorher sitze ich jetzt auf Eurer weißen Bettdecke, und Ihr seht mich doch ganz und gar nicht. Nehmt's nicht übel, Peregrinus, aber Eure Sehnerven sind wahrlich ein wenig zu grob für meine schlanke Taille. Doch versprecht mir nur, dass ich bei euch sicher bin und dass Ihr nichts Feindseliges gegen mich unternehmen wollt, so werde ich euch näher kommen und manches erzählen, was zu erfahren euch eben nicht unrecht sein wird.«

»Sagt mir«, erwiderte Peregrinus Tyß der Stimme, »sagt mir nur erst wer Ihr seid, guter unbekannter Freund, das übrige wird sich denn wohl finden. Versichern kann ich euch indessen zum Voraus, dass irgend Feindseliges gar nicht in meiner Natur ist und dass ich fortfahren werde gegen euch edel zu handeln, wiewohl ich zurzeit gar nicht begreifen kann, auf welche Weise ich schon jetzt euch meinen Edelmut bewiesen haben sollte. Bewahrt aber doch nur immer Euer Inkognito, denn Euer Anblick ist eben nicht anmutig.«

»Ihr seid«, sprach die Stimme weiter, nachdem sie sich ein wenig ausgeräuspert, »Ihr seid, ich wiederhole es mit Vergnügen, ein edler Mann, Herr Peregrinus, aber nicht sonderlich tief eingedrungen in die Wissenschaft und überhaupt ein wenig unerfahren, sonst hättet Ihr mich erkannt auf den ersten Blick. – Ich könnte ein wenig prahlerisch reden, ich könnte sagen, dass ich einer der mächtigsten Könige sei und über viele, viele Millionen herrsche. Aus angeborner Bescheidenheit und weil auch am Ende der Ausdruck: König! nicht recht passlich, will ich es aber unterlassen. – In dem Volk, an dessen Spitze zu stehen ich die Ehre habe, herrscht nämlich eine republikanische Verfassung. Ein Senat, der höchstens aus fünfundvierzigtausend neunhundert und neunundneunzig Mitgliedern bestehen darf, der leichteren Übersicht beim Votieren halber, vertritt die Stelle des Regenten, wer aber an der Spitze dieses Senats steht, führt, weil er in allen Dingen des Lebens zur Meisterschaft gelangt sein muss, wirklich den Namen: Meister! – Ohne weitere Umschweife will ich es euch denn nun entdecken, dass ich, der ich hier mit euch spreche, ohne dass Ihr mich gewahrt, kein anderer bin, als der Meister Floh. – Dass Ihr mein Volk kennet, daran will ich nicht im mindesten zweifeln, denn gewiss habt Ihr, würdiger Herr! schon so manchen von meinem Volk mit Euerm eignen Blut erfrischt und gestärkt. Bekannt muss es darum euch wenigstens wohl sein, dass mein Volk von einem beinahe unzähmbaren Freiheitssinn beseelt ist und recht eigentlich aus lauter leichtsinnigen Springinsfelden besteht, die geneigt sind, sich jeder soliden Gestaltung zu entziehen durch fortwährendes Hüpfen. Was für ein Talent dazu gehört, von einem solchen Volk Meister zu sein, werdet Ihr einsehen, Herr Peregrinus, und schon deshalb die gehörige Ehrfurcht vor mir haben. Versichert mir das, Herr Peregrinus, ehe ich weiterrede.« –

Einige Augenblicke hindurch war es dem Herrn Peregrinus Tyß, als drehe sich in seinem Kopf ein großes Mühlrad von brausenden Wellen getrieben. Dann wurde er aber ruhiger und es wollte ihn bedünken, dass die Erscheinung der fremden Dame bei dem Buchbinder Lämmerhirt ebenso wunderbar, als das was sich jetzt begebe, und dies vielleicht eben nur die richtige Fortsetzung der seltsamsten Geschichte sei, in die er verflochten.

Herr Peregrinus erklärte dem Meister Floh, dass er ihn schon jetzt seiner seltenen Gaben halber ganz ungemein verehre, und dass er um so begieriger sei, mehr von ihm zu erfahren, als seine Stimme sehr wohlklinge und eine gewisse Zartheit in der Rede seinen feinen, zierlichen Körperbau verrate.

»Sehr«, fuhr Meister Floh fort, »sehr danke ich euch, bester Herr Tyß, für Eure gute Gesinnung und hoffe euch bald zu überzeugen, dass Ihr euch in mir nicht geirrt habt. – Damit Ihr erfahrt, bester Mann! welchen Dienst Ihr mir erwiesen habt, ist es indessen nötig, euch meine vollständige Biografie mitzuteilen. – Vernehmt also! – Mein Vater war der berühmte – doch! eben fällt mir ein, dass Lesern und Hörern die schöne Gabe der Geduld merklich ausgegangen ist, und dass ausführliche Lebensbeschreibungen, sonst am mehrsten geliebt, jetzt verabscheut werden. Ich will daher statt gründlich zu sein nur flüchtig und episodisch dasjenige berühren, was auf meinen Aufenthalt bei euch sich zunächst bezieht. Schon weil ich wirklich Meister Floh bin, müsst Ihr, teurer Herr Peregrinus in mir einen Mann von der umfangreichsten Erudition, von der tiefsten Erfahrung in allen Zweigen des Wissens erkennen. Doch! – nicht messen könnt Ihr den Grad meiner Wissenschaft nach Euerm Maßstabe, da euch die wunderbare Welt unbekannt ist in der ich mit meinem Volk lebe. In welches Erstaunen würdet Ihr geraten, wenn Euer Sinn erschlossen werden sollte für diese Welt, die euch das seltsamste unbegreiflichste Zauberreich dünken würde. Eben daher möget Ihr es auch gar nicht befremdlich finden, wenn alles, was aus jener Welt herstammt, euch vorkommen wird, wie ein verwirrtes Märchen, das ein müßiges Gehirn ausgebrütet. Lasst euch aber dadurch nicht irremachen, sondern traut meinen Worten. – Seht, mein Volk ist euch Menschen in manchen Dingen weit überlegen z. B. was Durchschauen der Geheimnisse der Natur, Stärke, Gewandtheit, geistige und körperliche Gewandtheit betrifft. Doch auch wir haben Leidenschaften und diese sind, so wie bei euch, gar oft die Quelle vieles Ungemachs, ja gänzlichen Verderbens. So war auch ich von meinem Volk geliebt, ja angebetet, mein Meistertum hätte mich auf die höchste Stufe des Glücks bringen können, verblendete mich nicht eine unglückliche Leidenschaft zu einer Person, die mich ganz und gar beherrschte ohne jemals meine Gattin werden zu können. Man wirft überhaupt unserm Geschlecht eine ganz besondere, die Schranken des Anstandes überschreitende Vorliebe für das schöne Geschlecht vor. Mag dieser Vorwurf auch gegründet sein, so weiß auf der andern Seite jeder – Doch! – ohne weitere Umschweife! – Ich sah des Königs Sekakis Tochter, die schöne Gamaheh und wurde augenblicklich so entsetzlich verliebt in sie, dass ich mein Volk, mich selbst vergaß und nur in der Wonne lebte, auf dem schönsten Halse, auf dem schönsten Busen umherzuhüpfen und die Holde mit süßen Küssen zu kitzeln. Oft haschte sie mit den Rosenfingern nach mir, ohne mich jemals fangen zu können. Dies dünkte mir anmutiges Kosen, liebliche Tändelei beglückter Liebe! – Wie töricht ist der Sinn eines Verliebten, ist dieser auch selbst der Meister Floh. – Es genügt zu sagen, dass die arme Gamaheh von dem hässlichen Egelprinzen überfallen wurde, der sie zu Tode küsste; mir war es aber gelungen die Geliebte zu retten, hätte sich nicht ein einfältiger Prahlhans und ein ungeschickter Tölpel ohne Beruf in die Sache gemischt und alles verdorben. Der Prahlhans war aber die Distel Zeherit und der Tölpel der Genius Thetel. – Als sich der Genius Thetel mit der entschlummerten Prinzessin in die Lüfte erhob, klammerte ich mich fest an die Brüßler Kanten, die sie gerade um den Hals trug und war so Gamahehs treuer Reisegefährte ohne von dem Genius bemerkt zu werden. Es geschah, dass wir über zwei Magier wegflogen, die auf einem hohen Turm gerade den Lauf der Gestirne beobachteten. Da richtete der eine dieser Magier sein Glas so scharf auf mich, dass ich schier von dem Schein des magischen Instruments geblendet wurde. Mich überfiel ein starker Schwindel, vergebens suchte ich mich festzuhalten, ich stürzte rettungslos hinab aus der entsetzlichen Höhe, fiel dem beobachtenden Magier gerade auf die Nase, nur meine Leichtigkeit, meine außerordentliche Gewandtheit erhielt mich am Leben.

Noch war ich zu betäubt um von des Magiers Nase herabzuhüpfen und mich ganz in Sicherheit zu setzen, als der Unhold, der verräterische Leuwenhoek (der war der Magier) mich geschickt mit den Fingern erhaschte und sogleich in ein Rußwurmsches Universal-Mikroskop setzte. Unerachtet es Nacht war und er daher die Lampe anzünden musste, war er doch ein viel zu geübter Beobachter und viel zu tief eingedrungen in die Wissenschaft, um nicht sogleich mich als den Meister Floh zu erkennen. Hoch erfreut, dass ein glücklicher Zufall ihm diesen vornehmen Gefangenen in die Hände gespielt, entschlossen, allen Vorteil daraus zu ziehen, der nur möglich, schlug er mich Ärmsten in Ketten und so begann eine qualvolle Gefangenschaft, aus der ich durch euch, Herr Peregrinus Tyß, erst gestern vormittags befreit wurde. – Mein Besitz gab dem fatalen Leuwenhoek volle Macht über meine Vasallen, die er bald scharenweise um sich her versammelte und mit barbarischer Härte eine so genannte Kultur einführte, die uns bald um alle Freiheit, um allen Genuss des Lebens brachte. Was die Schulstudien und überhaupt die Wissenschaften und Künste betrifft, so fand Leuwenhoek gar bald zu seinem Erstaunen und Ärger, dass wir beinahe gelehrter waren, als er selbst; die höhere Kultur die er uns aufzwang, bestand aber vorzüglich darin, dass wir durchaus was werden, wenigstens was vorstellen mussten. Eben dieses Was-werden, dieses Was-vorstellen, führte eine Menge Bedürfnisse herbei, die wir sonst gar nicht gekannt hatten und die wir nun im Schweiß unseres Angesichts erringen mussten. Zu Staatsmännern, Kriegsleuten, Professoren und was weiß ich alles, schuf uns der grausame Leuwenhoek um. Diese mussten einhertreten in der Tracht des verschiedenen Standes, mussten Waffen tragen u. s. w. So entstanden aber unter uns Schneider, Schuster, Frisörs, Sticker, Knopfmacher, Waffenschmiede, Gürtler, Schwertfeger, Stellmacher und eine Menge anderer Professionisten, die nur arbeiteten um einen unnötigen, verderblichen Luxus zu befördern. Am allerschlimmsten war es, dass Leuwenhoek nichts im Auge hatte, als seinen eignen Vorteil, dass er uns kultivierte Leute den Menschen zeigte und sich Geld dafür bezahlen ließ. Überdies aber kam unsere Kultur ganz auf seine Rechnung und er erhielt die Lobsprüche, die uns allein gebührten. Recht gut wusste Leuwenhoek, dass mit meinem Verlust auch seine Herrschaft über mein Volk ein Ende hatte, um so fester verschlang er daher den Zauber, der mich an ihn bannte und um so quälender war meine unglückliche Gefangenschaft. – Mit heißer Sehnsucht dachte ich an die holde Gamaheh und sann auf Mittel, Nachricht von ihrem Schicksal zu erhalten. – Was aber der schärfste Verstand nicht zu ersinnen vermochte, das führte die Gunst des Zufalls von selbst herbei. – Meines Magiers Freund und Bundesgenosse, der alte Swammerdamm hatte die

Prinzessin Gamaheh in dem Blumenstaube einer Tulpe entdeckt und diese Entdeckung dem Freunde mitgeteilt. Durch Mittel, die ich euch, guter Herr Peregrinus Tyß weiter zu entwickeln unterlasse, da Ihr nicht sonderlich viel davon verstehen würdet, gelang es dem Herrn, der Prinzessin natürliche Gestalt wiederherzustellen und sie ins Leben zurückzurufen. Am Ende waren aber doch beide hochweise Herren ebenso ungeschickte Tölpel als der Genius Thetel und die Distel Zeherit. Sie hatten nämlich im Eifer die Hauptsache vergessen und so kam es, dass die Prinzessin in demselben Augenblick, als sie zum Leben erwacht, wiederum tot niedersinken wollte. Ich allein wusste woran es lag, die Liebe zur schönen Gamaheh, die in meiner Brust emporgelodert stärker als jemals, gab mir Riesenkraft; ich zerriss meine Ketten, ich sprang mit einem mächtigen Satz der Holden auf die Schulter – nur ein einziger kleiner Stich genügte das stockende Blut in Wallung zu setzen. Sie lebte! – Nun muss ich euch aber sagen, Herr Peregrinus Tyß, dass dieser Stich wiederholt werden muss, wenn die Prinzessin in Schönheit und Jugend fortblühen soll; sie würde entgegengesetztenfalls in wenigen Monaten zusammenschrumpfen zum alten abgelebten Mütterlein. Deshalb bin ich ihr, das werdet Ihr einsehen, ganz unentbehrlich und nur aus der Furcht, mich zu verlieren, lässt sich der schwarze Undank erklären, mit dem Gamaheh meine Liebe lohnte. Sie lieferte mich nämlich ohne weiteres dem abscheulichen Quälgeist, dem Leuwenhoek aus, der mich in stärkere Fesseln schlug, als ich sie je getragen, jedoch zu seinem eignen Verderben. – Trotz aller Vorsicht des alten Leuwenhoek und der schönen Gamaheh gelang es mir endlich dennoch, in einer unbewachten Stunde aus meinem Kerker zu entspringen. Hinderten mich auch die schweren Reiterstiefel, die ich nicht Zeit hatte von den Füßen abzustreifen, sehr an der Flucht, so kam ich doch glücklich bis in die Bude des Spielsachenkrämers bei dem Ihr Waren einkauftet. Nicht lange dauerte es, so trat, zu meinem nicht geringen Schreck, auch Gamaheh in den Laden. Ich hielt mich für verloren, Ihr allein konntet mich retten, edler Herr Peregrinus; ich klagte euch leise meine Not und Ihr wart gütig genug, mir eine Schachtel zu öffnen, in die ich schnell hineinhüpfte und die Ihr dann ebenso schnell mit euch nahmet; Gamaheh suchte mich vergebens und erfuhr erst viel später, wie und wohin ich geflüchtet. Sowie ich in Freiheit war, hatte Leuwenhoek auch die Macht über mein Völklein verloren. Alle befreiten sich, entschlüpften und ließen dem Tyrannen zum Hohn Pfefferkörner, Obstkerne u. d. m. in den Kleidern stecken.

Nochmals meinen herzlichen Dank, guter edler Herr Peregrinus, für die große Wohltat, die Ihr mir erzeigt habt und die ich zu schätzen weiß wie keiner. Erlaubt, dass ich mich als ein freier Mann wenige Zeit bei euch aufhalte; ich kann euch in manchen recht wichtigen Angelegenheiten Eures Lebens so nützlich sein, als Ihr es kaum denken möget. Zwar könnte es für gefährlich zu achten sein, dass Ihr in heftiger Liebe entbrannt seid zu dem holden Wesen –«

»Was sagt Ihr«, unterbrach Peregrinus den kleinen Unsichtbaren, »was sagt Ihr Meister, *ich – ich* entbrannt in Liebe?«

»Es ist nicht anders«, fuhr Meister Floh fort, »denkt euch mein Entsetzen, meine Angst, als Ihr gestern eintratet mit der Prinzessin in den Armen, ganz erhitzt von wilder Leidenschaft; als sie alle Verführungskünste anwandte, die ihr leider nur zu sehr zu Gebote stehen, um euch zu meiner Auslieferung zu bewegen! – Doch! erst da erkannte ich Eure Großmut in ganzem Umfange, als Ihr standhaft bliebt, als Ihr geschickt so tatet, als wüsstet Ihr gar nichts von meinem Aufenthalt bei euch, als verständet Ihr gar nicht, was die Prinzessin eigentlich von euch verlange.«

»Das«, unterbrach Peregrinus den Meister Floh aufs neue, »das war ja aber auch in der Tat der Fall. Ihr rechnet mir, lieber Meister Floh, Dinge als Verdienst an, die ich gar nicht geahnt habe. Weder euch, noch das hübsche Frauenzimmer das mich aufsuchte bei dem Buchbinder Lämmerhirt und das Ihr seltsamerweise Prinzessin Gamaheh zu nennen beliebt, habe ich in der Bude gewahrt, wo ich Spielsachen einkaufte. Ganz unbekannt war es mir, dass unter den Schachteln die ich mitnahm und in welchen ich bleierne Soldaten und ebensolche Jagden vermutete, sich eine leere befand, in der Ihr saßet, und wie in aller Welt hätte ich es erraten können, dass *Ihr* der Gefangene wart, den das anmutige Kind so stürmisch verlangte. Seid nicht wunderlich, Meister Floh, und lasst euch Dinge träumen, von denen keine Ahnung in meiner Seele liegt.«

»Ihr wollt«, erwiderte Meister Floh, »meinen Danksagungen ausweichen auf geschickte Weise, guter Herr Peregrinus! und dies gibt mir zu großem Trost aufs neue den lebhaften Beweis Eurer uneigennützigen Denkungsart. – Wisst, edler Mann! dass Leuwenhoeks, Gamahehs Bemühungen, mich wieder zu erhaschen ganz vergeblich bleiben, solange Ihr mir Euern Schutz gewährt. Freiwillig müsst Ihr mich meinen Peinigern übergeben, alle andere Mittel sind fruchtlos. Herr Peregrinus Tyß! Ihr seid verliebt. –«

»O sprecht«, fiel Peregrinus dem Meister ins Wort, »o sprecht doch nur nicht so! – Nennt Liebe nicht eine augenblickliche törichte Aufwallung, die schon jetzt vorüber ist! –«

Herr Peregrinus fühlte, dass Glutröte ihm ins Antlitz stieg und ihn Lügen strafte. Er kroch unters Deckbette.

»Es ist«, fuhr Meister Floh fort, »es ist gar nicht zu verwundern, dass auch Ihr dem wunderbaren Liebreiz der Prinzessin Gamaheh nicht widerstehen konntet, zumal sie manche gefährliche Kunst anwandte euch zu fangen. Der Sturm ist noch nicht vorüber. Manches Zaubermittel, wie es auch wohl andern anmutigen Weibern, die nicht gerade die Prinzessin Gamaheh sind, zu Gebote steht, wird die kleine Boshafte noch aufbieten, um euch in ihr Liebesnetz zu verstricken. Sie wird sich Eurer so ganz zu bemächtigen suchen, dass Ihr nur für sie, für ihre Wünsche leben sollt, und dann – weh mir! – Es wird darauf ankommen, ob Euer Edelmut stark genug ist, Eure Leidenschaft zu besiegen, ob Ihr es vorziehen werdet, Gamahehs Wünschen nachzugeben und nicht allein Euern Schützling, sondern [auch] das arme Völklein, welches Ihr niedriger Knechtschaft entrissen, aufs neue ins Elend zu stürzen, oder der bösen falschen Verlockung eines verführerischen Wesens zu widerstehen und so mein und meines Volkes Glück zu begründen. – O dass Ihr mir das letztere versprechen wolltet – könntet! –«

»Meister«, antwortete Herr Peregrinus, indem er die Bettdecke vom Gesichte wegzog, »lieber Meister, Ihr habt Recht, nichts ist gefährlicher als die Verlockung der Weiber; sie sind alle falsch, boshaft, sie spielen mit uns wie die Katze mit der Maus und für unsere zärtlichsten Bemühungen ernten wir nichts ein als Spott und Hohn. Deshalb stand mir auch sonst der kalte Todesschweiß auf der Stirne, sowie sich nur ein weibliches Wesen nahte und ich glaube selbst, dass mit der schönen Ahne oder wie Ihr wollt, mit der Prinzessin Gamaheh es eine besondere Bewandtnis haben muss, unerachtet ich alles was Ihr mir erzählt habt, mit meinem schlichten gesunden Menschenverstande gar nicht begreifen kann und es mir vielmehr zu Mute ist, als läge ich in wirren Träumen oder läse in Tausendundeiner Nacht. – Doch, mag dem sein wie ihm wolle, Ihr habt euch einmal in meinen Schutz begeben, lieber Meister, und nichts soll mich vermögen, euch Euern Feinden auszuliefern, die verführerische Dirne will ich gar nicht wiedersehen. Ich verspreche das feierlich und würde euch die Hand darauf reichen, hättet Ihr eine dergleichen, die meine zu erfassen und meinen ehrlichen Druck zu erwidern.« – Damit streckte Herr Peregrinus seinen Arm weit aus über die Bettdecke.

»Nun«, sprach der kleine Unsichtbare, »nun bin ich ganz getröstet, ganz beruhigt. Habe ich auch keine Hand euch darzureichen, so erlaubt wenigstens, dass ich euch in den rechten Daumen steche, teils um euch meine innige Freude zu bezeugen, teils um unser Freundschaftsbündnis noch fester zu besiegeln.«

Herr Peregrinus fühlte auch in dem Augenblick an dem Daumen der rechten Hand einen Stich, der so empfindlich schmerzte, dass er nur von dem ersten Meister aller Flöhe herrühren konnte.

»Ihr stecht«, rief Peregrinus, »Ihr stecht ja wie ein kleiner Teufel.« »Nehmt das«, erwiderte Meister Floh, »für ein lebhaftes Zeichen meiner biedern guten Gesinnung. Doch billig ist es, dass ich als Pfand meiner Dankbarkeit euch eine Gabe zukommen lasse, die zu dem Außerordentlichsten gehört, was die Kunst jemals hervorgebracht hat. Es ist nichts anders als ein Mikroskop, welches ein sehr geschickter, kunstvoller Optiker aus meinem Volk verfertigte, als er noch in Leuwenhoeks Dienste war. Euch wird das Instrument etwas subtil vorkommen, denn in der Tat ist es wohl an einhundertzwanzigmal kleiner als ein Sandkorn, aber der Gebrauch lässt keine sonderliche Größe zu. Ich setze das Glas nämlich in die Pupille Eures linken Auges und dieses Auge wird dann mikroskopisch. – Die Wirkung soll euch überraschen, ich will daher für jetzt darüber schweigen und euch nur bitten, dass Ihr mir erlaubt, die Operation vorzunehmen, dann, wenn ich überzeugt bin, dass euch das mikroskopische Auge große Dienste leisten muss. Und nun schlaft wohl, Herr Peregrinus, euch ist noch einige Ruhe vonnöten.«

Peregrinus schlief nun wirklich ein und erwachte erst am hellen Morgen.

Er vernahm das wohl bekannte Kratzen des Besens der alten Aline, die das Nebenzimmer auskehrte. Ein kleines Kind, das sich irgendeiner Unart bewusst, kann sich nicht so vor der Rute der Mutter fürchten, als Herr Peregrinus sich fürchtete vor den Vorwürfen des alten Weibes. Leise trat die Alte endlich hinein mit dem Kaffee. Herr Peregrinus schielte durch die Bettgardinen, die er zugezogen, und war nicht wenig über den hellen Sonnenschein verwundert, der auf dem Gesicht der Alten ausgebreitet lag.

»Schlafen Sie noch, lieber Herr Tyß?« so fragte die Alte mit dem süßesten Ton, der in ihrer Kehle liegen mochte.

Peregrinus erwiderte ganz ermutigt ebenso liebreich: »Nein, liebe Aline; setze Sie nur das Frühstück auf den Tisch, ich steige gleich aus dem Bette.«

Als Peregrinus nun aber wirklich aufstand, war es ihm als wehe der süße Atem des lieblichen Geschöpfs, das in seinen Armen lag, durch das Zimmer; es wurde ihm so heimisch und dabei so ängstlich zu Mute; er hätte um alles in der Welt wissen mögen, was aus dem Geheimnis seiner Liebe geworden; denn wie dies Geheimnis selbst, war ja das allerliebste Wesen erschienen und verschwunden.

Während Herr Peregrinus vergeblich versuchte Kaffee zu trinken und Weißbrot zu genießen, da ihm jeder Bissen im Munde quoll, trat die Alte hinein und machte sich dies und das zu schaffen, während sie vor sich hinmurmelte: »Wundersam! – Unglaublich! – Was man nicht alles erlebt! – Wer hätte das gedacht!« –

Peregrinus, der es vor Herzklopfen nicht länger aushalten konnte, fragte: »Was ist denn wundersam, liebe Aline?«

»Allerlei, allerlei!«, erwiderte die Alte schalkisch lächelnd, indem sie in ihrem Geschäft, das Zimmer aufzuräumen, fortfuhr. – Die Brust wollte dem armen Peregrinus zerspringen und unwillkürlich rief er mit dem Tone der schmerzlichsten Sehnsucht: »Ach Aline!«

»Ja Herr Tyß, hier bin ich, was befehlen Sie? –« So sprach die Alte und stellte sich breit hin vor Peregrinus, als erwarte sie seine Befehle.

Peregrinus starrte in das kupfrige abscheulich verzerrte Gesicht der Alten, und alle Scheu brach sich an dem tiefen Unwillen, der ihn plötzlich erfüllte.

»Was ist«, so fragte er mit ziemlich barschem Tone, »was ist aus der fremden Dame geworden, die sich gestern Abend hier befand? – Hat Sie ihr die Haustüre aufgeschlossen, hat Sie, wie ich befohlen, für einen Wagen gesorgt? ist die Dame nach ihrer Wohnung gebracht worden?« – »Türe aufgeschlossen?« sprach die Alte mit einem fatalen Grinsen, welches aussehen sollte«wie schlaues Lächeln, »Wagen geholt? – Nach Hause gebracht? – War alles nicht vonnöten! Die schöne Dame, das allerliebste Ding, ist im Hause geblieben, befindet sich noch hier und wird das Haus auch wohl nicht vor der Hand verlassen.«

Peregrinus fuhr auf im freudigen Schreck; die Alte erzählte ihm nun, wie, als die Dame die Treppe auf eine Art herabgesprungen, dass ihr Hören und Sehen vergangen, unten der alte Herr Swammer in der Türe seines Zimmers gestanden mit einem mächtigen Armleuchter in der Hand. Der alte Herr habe unter vielen Verbeugungen, wie es sonst gar nicht seine Art sei, die Dame in sein Zimmer eingeladen, diese sei auch gleich ohne Anstand hineingeschlüpft und Herr Swammer habe dann die Türe fest verschlossen und verriegelt.

Viel zu sonderbar sei ihr doch des menschenscheuen Herrn Swammers Beginnen vorgekommen, um nicht ein wenig an der Türe zu lauschen und durch das Schlüsselloch zu kucken. Da habe dann Herr Swammer mitten im Zimmer gestanden und so beweglich und klüglich zu der Dame gesprochen, dass ihr, der Alten, die Tränen in die Augen gekommen, unerachtet sie kein einziges Wort verstehen können, da Herr Swammers Sprache ausländisch gewesen. Nichts anders habe sie glauben können, als dass der Herr Swammer sich gemüht, die Dame auf den Weg der Tugend und Gottesfurcht zurückzubringen, denn er sei immer mehr in Eifer geraten, bis die Dame auf die Knie gesunken und gar demütig seine Hand geküsst, auch dabei etwas geweint. Sehr freundlich habe aber nun Herr Swammer die Dame aufgehoben, sie auf die Stirne geküsst, wobei er sich sehr bücken müssen und sie dann zu einem Lehnstuhl geführt. Sehr geschäftig habe Herr Swammer ein Feuer im Kamin gemacht, ein Gewürz herbeigetragen und soviel sie wahrnehmen können einen Glühwein zu kochen begonnen. Unglücklicherweise habe sie, die Alte, jetzt etwas Tabak genommen und stark geniest. Da sei es ihr denn durch alle Glieder gefahren und sie wie vernichtet gewesen, als der Herr Swammer den Arm ausgestreckt nach der Türe und mit einer furchtbaren Stimme, die Mark und Bein durchdrungen, gerufen: »Hebe dich hinweg, horchender Satan!« – Sie wisse gar nicht, wie sie herauf und ins Bett gekommen. Am Morgen als sie die Augen aufgeschlossen, habe sie geglaubt ein Gespenst zu sehen. Denn Herrn Swammer habe sie erblickt vor ihrem Bette in einem schönen Zobelpelz mit goldnen Schnüren und Troddeln, Hut auf dem Kopfe, Stock in der Hand.

»Gute Frau Aline«, habe Herr Swammer zu ihr gesprochen, »ich muss in wichtigen Geschäften ausgehen und werde vielleicht erst nach mehreren Stunden wiederkehren. Sorgen Sie dafür, dass auf dem Flur des Hauses vor meinem Zimmer kein Geräusch entstehe oder gar jemand es wage in mein Gemach eindringen zu wollen. – Eine vornehme Dame und dass Sie es nur wissen, eine fremde, reiche, wunderbar schöne Prinzessin hat sich zu mir geflüchtet. Ich war in früherer Zeit, am Hofe ihres königlichen Vaters, ihr Informator, deshalb hat sie Zutrauen zu mir und ich werde und muss sie schützen wider alle böse Angriffe. Ich sage Ihnen das Frau Aline, damit Sie der Dame die Ehrfurcht beweisen, die ihrem Range gebührt. Sie wird, erlaubt es Herr Tyß, Ihre Bedienung in Anspruch nehmen und Sie sollen, gute Frau Ahne, dafür königlich belohnt werden, insofern Sie nämlich schweigen können und niemanden den Aufenthalt der Prinzessin verraten.«

Damit sei Herr Swammer dann schnell fortgegangen.

Herr Peregrinus Tyß fragte die Alte, ob es ihr denn nicht gar seltsam vorkomme, dass die Dame, die er, wie er nochmals beteuern könne, bei dem Buchbinder Lämmerhirt in der Kalbächer Straße getroffen, eine Prinzessin sein und zu dem alten Herrn Swammer geflüchtet sein solle. Die Alte meinte indessen, sie traue Herrn Swammers Worten mehr noch, als ihren eignen Augen und glaube daher, dass alles, was sich bei dem Buchbinder Lämmerhirt und hier im Zimmer zugetragen, entweder nur zauberisches Blendwerk gewesen oder dass die Angst, die Verwirrung auf der Flucht, die Prinzessin zu solchem abenteuerlichen Beginnen vermocht. Übrigens werde sie ja wohl bald alles von der Prinzessin selbst erfahren.

»Aber«, sprach Herr Peregrinus weiter, eigentlich nur um das Gespräch über die Dame fortzusetzen, »aber wo ist Ihr Verdacht, die böse Meinung geblieben, die Sie gestern von der fremden Dame hegte?«

»Ach«, erwiderte die Alte schmunzelnd, »ach das ist alles vorbei. Man darf ja nur die liebe Dame recht ansehen, um zu wissen, dass es eine vornehme Prinzessin ist und dabei so engelsschön, wie nur eine Prinzessin gefunden werden kann. Ich musste, als Herr Swammer fortgegangen war, ein wenig nachsehen, was die gute Dame macht und kuckte durch das Schlüsselloch. Da lag die Dame ausgestreckt auf dem Sofa und hatte das Engelsköpfchen auf die Hand gestützt, sodass die schwarzen Locken durch die lilienweißen Fingerchen quollen, welches ganz hübsch aussah. Und gekleidet war die Dame in lauter Silberzindel, der den niedlichen Busen, die rundlichen Ärmchen durchschimmern ließ. An den Füßchen trug sie goldne Pantoffeln. Einer war herabgefallen sodass man gewahrte wie sie keine Strümpfe angezogen; das bloße Füßchen kuckte unter dem Kleide hervor und sie spielte mit den Zehen, welches artig anzusehen war. – Doch gewiss liegt die Dame unten noch ebenso wie vorher auf dem Sofa und wenn es

Ihnen gefällig ist, lieber Herr Tyß, sich an das Schlüsselloch zu bemühen, so –«

»Was sprichst du«, unterbrach Peregrinus die Alte mit Heftigkeit, »was sprichst du! – soll ich mich hingeben dem verführerischen Anblick, der mich vielleicht hinreißen könnte zu allerlei Torheiten?«

»Mut Peregrinus, widerstehe der Verlockung!« so lispelte es dicht bei Peregrinus, der die Stimme des Meister Floh erkannte.

Die Alte lächelte geheimnisvoll und sprach, nachdem sie einige Augenblicke geschwiegen: »Ich will Ihnen nur alles sagen, lieber Herr Tyß, wie mir die ganze Sache vorkommt. – Mag nun die fremde Dame eine Prinzessin sein oder nicht, so viel bleibt gewiss, dass sie sehr vornehm ist und reich und dass Herr Swammer sich ihrer lebhaft annimmt, mithin lange mit ihr bekannt sein muss. Und warum ist die Dame Ihnen nachgelaufen, lieber Herr Tyß? Ich sage, weil sie sich sterblich verliebt hat in Sie, und die Liebe macht ja wohl einen ganz blind und toll, und verführt auch wohl Prinzessinnen zu den seltsamsten, unüberlegtesten Streichen. – Eine Zigeunerin hat Ihrer seligen Frau Mutter prophezeit, dass Sie einmal glücklich werden sollten durch eine Heirat, gerade wann Sie am wenigsten daran dächten. Das soll nun wahr werden! –«

Und damit begann die Alte aufs neue zu schildern, wie allerliebst die Dame aussähe.

Man kann denken, wie sich Peregrinus bestürmt fühlte. »Schweige«, brach er endlich los, »schweige Sie doch nur, Frau Aline, von solchen Dingen. Verliebt in mich sollte die Dame sein! – wie albern, wie abgeschmackt!«

»Hm«, sprach die Alte, »wäre das nicht der Fall, so würde die Dame nicht so gar jämmerlich geseufzt, so würde sie nicht so gar kläglich gerufen haben: ›Nein, mein lieber Peregrinus, mein süßer Freund, du wirst, du kannst nicht grausam gegen mich sein! – Ich werde dich wiedersehen und alles Glück des Himmels genießen!‹ – Und unsern alten Herrn Swammer, den hat die fremde Dame ganz umgekehrt. Habe ich sonst außer dem Kronentaler zu Weihnachten auch nur einen einzigen Kreuzer von ihm erhalten? Und diesen schönen blanken Karolin, den gab er mir heute Morgen mit solcher freundlicher Miene, wie er sie sonst gar nicht im Antlitz hat, als Douceur im Voraus für die Dienste die ich der Dame leisten werde. Da steckt was dahinter. Was gilt's, Herr Swammer spielt am Ende den Freiwerber bei Ihnen, Herr Tyß! «Wiederum sprach die Alte von der Liebenswürdigkeit und Anmut der

Dame mit begeisterten Worten, die in dem Munde eines abgelebten Weibes seltsam genug klangen, bis Peregrinus, ganz Feuer und Flamme, aufsprang und wie rasend ausrief: »Mag es gehen wie es will – hinab, hinab, ans Schlüsselloch!« – Vergebens warnte Meister Floh, der in das Halstuch des verliebten Peregrinus gesprungen war und sich dort in den Schlupfwinkel einer Falte versteckt hatte. Peregrinus vernahm nicht seine Stimme und Meister Floh erfuhr, was er längst hätte wissen sollen, nämlich dass mit dem störrigsten Menschen etwas anzufangen ist, nur nicht mit einem Verliebten.

Die Dame lag in der Tat noch ebenso auf dem Sofa, wie die Alte es beschrieben hatte, und Peregrinus fand, dass keine menschliche Sprache hinreiche, den himmlischen Zauber in Worten auszudrücken, der über der ganzen holden Gestalt ausgebreitet lag. Ihr Anzug, wirklich Silberzindel mit seltsamer bunter Stickerei, war ganz fantastisch und konnte sehr füglich für das Neglige der Prinzessin Gamaheh gelten, das sie in Famagusta vielleicht in dem Augenblick getragen, als der boshafte Egelprinz sie totküsste. Wenigstens war der Anzug so reizend und dabei so über alle Maßen seltsam, dass die Idee dazu weder in dem Kopfe des genialsten Theaterschneiders entsprossen noch in dem Geiste der sublimsten Putzhändlerin empfangen zu sein schien. »Ja sie ist es, es ist Prinzessin Gamaheh!« So murmelte Peregrinus, indem er bebte vor süßer Wonne und dürstendem Verlangen. Als nun aber die Holde aufseufzte: »Peregrinus, mein Peregrinus!« da erfasste den Herrn Peregrinus Tyß der volle Wahnsinn der Leidenschaft und nur eine unnennbare Angst, die ihm alle Kraft des Entschlusses raubte, hielt ihn zurück, nicht die Türe mit Gewalt einzustoßen und sich dem Engelsbilde zu Füßen zu werfen.

Der geneigte Leser weiß bereits, was es mit den zauberischen Reizen, mit der überirdischen Schönheit der kleinen Dörtje Elwerdink für eine Bewandtnis hat. Der Herausgeber kann versichern, dass, nachdem er ebenfalls durch das Schlüsselloch gekuckt und die Kleine in ihrem fantastischen Kleidchen von Silberzindel erblickt hatte, er weiter nichts sagen konnte, als dass Dörtje Elwerdink ein ganz liebenswürdiges, anmutiges Püppchen sei.

Da aber kein junger Mann sich zum ersten Mal in ein anderes Wesen verliebt hat, als in ein überirdisches, in einen Engel dem nichts gleichkommt auf Erden, so sei es dem Herrn Peregrinus auch erlaubt, Dörtje Elwerdink für ein dergleichen zauberisches überirdisches Wesen zu halten. –

»Nehmt euch zusammen, denkt an Euer Versprechen, werter Herr Peregrinus Tyß. – Niemals wolltet Ihr die verführerische Gamaheh wiedersehen, und nun! – Ich könnte euch das Mikroskop ins Auge werfen, aber Ihr müsst ja auch ohne dasselbe gewahren, dass die boshafte Kleine euch längst bemerkt hat, und dass alles was sie beginnt, trügerische Kunst ist, euch zu verlocken. Glaubt mir doch nur, ich meine es gut mit euch!« – So lispelte Meister Floh in der Falte des Halstuchs; solch bange Zweifel aber auch in Peregrinus' Innerm aufstiegen, doch konnte er sich nicht losreißen von dem bezaubernden Anblick der Kleinen, die den Vorteil, sich unbemerkt glauben zu dürfen, gut zu benutzen und mit verführerischen Stellungen wechselnd den armen Peregrinus ganz außer sich selbst zu setzen verstand.

Herr Peregrinus Tyß stünde vielleicht noch an der Türe des verhängnisvollen Gemachs, hätte es nicht stark geläutet und hätte die Alte ihm nicht zugerufen, dass der alte Herr Swammet zurückkehre. Peregrinus flog die Treppe hinauf, in sein Zimmer. – Hier überließ er sich ganz seinen Liebesgedanken, mit eben diesen Gedanken kamen aber jene Zweifel zurück, die Meister Flohs Mahnungen in ihm erregt hatten. Es hatte sich recht eigentlich ein Floh in sein Ohr gesetzt und er geriet in allerlei beunruhigende Betrachtungen.

»Muss ich«, dachte er, »muss ich nicht wirklich daran glauben, dass das holde Wesen, die Prinzessin Gamaheh, die Tochter eines mächtigen Königs ist? Bleibt dies aber der Fall, so muss ich es für Torheit, für Wahnsinn halten, nach dem Besitz einer so erhabenen Person zu streben. Dann aber hat sie auch ja selbst die Auslieferung eines Gefangenen verlangt, von dem ihr Leben abhinge und stimmt dies genau mit dem überein, was mir Meister Floh gesagt, so kann ich auch beinahe nicht daran zweifeln, dass alles was ich auf Liebe zu mir deuten dürfte, vielleicht nur ein Mittel ist, mich ihrem Willen ganz zu unterwerfen. Und doch! – sie verlassen – sie verlieren, das ist Hölle, das ist Tod!« –

Herr Peregrinus Tyß wurde in diesen schmerzlichen Betrachtungen durch ein leises bescheidenes Klopfen an der Türe gestört.

Wer hereintrat war niemand anders, als der Mietsmann des Herrn Peregrinus. – Der alte Herr Swammer, sonst ein zusammengeschrumpfter menschenscheuer mürrischer Mann, schien plötzlich um zwanzig Jahre jünger geworden zu sein. Die Stirne war glatt, das Auge belebt, der Mund freundlich; er trug statt der hässlichen schwarzen Peruque, natürliches weißes Haar und statt des dunkelgrauen Oberrocks einen schönen Zobelpelz, wie ihn Frau Aline beschrieben.

Mit einer heitern ja freudigen Miene, die ihm sonst ganz und gar nicht eigen, trat Herr Swammer dem Peregrinus entgegen. Er wünsche nicht, sprach Herr Swammer, seinen lieben Herrn Wirt in irgendeinem Geschäft zu stören; seine Pflicht als Mieter erfordere es aber, gleich am Morgen dem Hauswirt anzuzeigen, dass er in der Nacht genötigt worden, ein hülfloses Frauenzimmer bei sich aufzunehmen, das sich der Tyrannei eines bösen Oheims entziehen wolle und daher wohl einige Zeit in dem Hause zubringen werde, wozu es indessen der Erlaubnis des gütigen Wirts bedürfe, um die er hiemit ansuche.

Unwillkürlich fragte Peregrinus, wer denn das hülflose Frauenzimmer sei, ohne daran zu denken, dass dies in der Tat die zweckmäßigste Frage war, die er tun konnte um die Spur des seltsamen Geheimnisses zu verfolgen.

»Es ist«, erwiderte Herr Swammer, »es ist recht und billig, dass der Hauswirt wisse, wen er in seinem Hause beherbergt. Erfahren Sie also, verehrter Herr Tyß! dass das Mädchen das sich zu mir geflüchtet, niemand anders ist, als die hübsche Holländerin Dörtje Elwerdink, Nichte des berühmten Leuwenhoek, der, wie Sie wissen, hier die wunderbaren mikroskopischen Kunststücke zeigt. Leuwenhoek ist sonst mein Intimus, aber ich muss bekennen, dass er ein harter Mann ist und die arme Dörtje, die noch dazu mein Patchen, misshandelt auf arge Weise. Ein stürmischer Auftritt, der sich gestern Abend ereignete, zwang das Mädchen zur Flucht, und dass sie bei mir Trost und Hülfe suchte, scheint natürlich.«

»Dörtje Elwerdink«, sprach Peregrinus halb träumend, »Leuwenhoek! – vielleicht ein Abkömmling des Naturforschers Anton von Leuwenhoek, der die berühmten Mikroskope verfertigte?«

»Dass unser Leuwenhoek«, erwiderte Herr Swammer lächelnd, »ein Abkömmling jenes berühmten Mannes sei, kann man so eigentlich nicht sagen, da er der berühmte Mann selbst und es nur eine Fabel ist, dass er vor beinahe hundert Jahren in Delft begraben worden. Glauben Sie das, bester Herr Tyß, sonst könnten Sie wohl noch gar daran zweifeln, dass ich, unerachtet ich mich der Kürze halber und um nicht über Gegenstände meiner Wissenschaft jedem neugierigen Toren Rede stehen zu müssen, jetzt Swammer nenne, der berühmte Swammerdam bin. Alle Leute behaupten, ich sei im Jahr 1680 gestorben, aber Sie bemerken, würdiger Herr Tyß, dass ich lebendig und gesund vor Ihnen stehe, und dass *ich* wirklich *ich* bin, kann ich jedem, auch dem Einfältigsten aus meiner *Biblia naturae* demonstrieren. Sie glauben mir doch, werter Herr Tyß?«

»Mir ist«, sprach Peregrinus mit einem Ton, der von seiner innern Verwirrung zeugte, »mir ist seit ganz kurzer Zeit, so viel Wunderbares geschehen, dass ich, wäre nicht alles deutliche Sinneswahrnehmung, ewig daran zweifeln würde. Aber nun glaube ich an alles, sei es auch noch so toll und ungereimt! – Es kann sein, dass Sie der verstorbene Herr Johann Swammerdam sind, und daher als Revenant mehr wissen als andere gewöhnliche Menschen; was aber die Flucht der Dörtje Elwerdink oder der Prinzessin Gamaheh, oder wie die Dame sonst heißen mag, betrifft, so sind Sie im gewaltigen Irrtum. – Erfahren Sie, wie es damit herging.« –

Peregrinus erzählte nun ganz ruhig das Abenteuer das er mit der Dame bestanden, von ihrem Eintritt in Lämmerhirts Stube an, bis zu ihrer Aufnahme in Herrn Swammers Zimmer.

»Mir scheint«, sprach Herr Swammer-, als Peregrinus geendigt, »mir scheint, als wenn das alles was Sie mir zu erzählen beliebt haben, nichts sei als ein merkwürdiger jedoch ganz angenehmer Traum. Ich will das aber dahingestellt sein lassen und Sie um Ihre Freundschaft bitten, deren ich vielleicht gar sehr bedürfen werde. Vergessen Sie mein mürrisches Betragen und lassen Sie uns einander nähertreten. Ihr Väter war ein einsichtsvoller Mann und mein herzlichster Freund, aber was Wissenschaft, tiefen Verstand, reife Urteilskraft, geübten richtigen Lebensblick betrifft, so tut es der Sohn dem Vater zuvor. Sie glauben gar nicht wie ich Sie hoch schätze, mein bester würdigster Herr Tyß.« –

»Jetzt ist es Zeit«, lispelte Meister Floh, und in dem Augenblick fühlte Peregrinus in der Pupille des linken Auges einen geringen schnell vorübergehenden Schmerz. Er wusste, dass Meister Floh ihm das mikroskopische Glas ins Auge gesetzt, doch fürwahr, diese Wirkung des Glases hatte er nicht ahnen können. Hinter der Hornhaut von Herrn Swammers Augen gewahrte er seltsame Nerven und Äste, deren wunderlich verkreuzten Gang er bis tief ins Gehirn zu verfolgen und zu erkennen vermochte, dass es Swammers Gedanken waren. Die lauteten aber ungefähr: Hätte ich doch nicht geglaubt dass ich hier so wohlfeilen Kaufs davonkomme, dass ich nicht besser ausgefragt werden würde. War aber der Herr Papa ein beschränkter Mensch, auf den ich niemals etwas gab, so ist der Sohn noch verwirrteren Sinnes, dem ein großer Besitz kindischer Albernheit zugegeben. Erzählt mir der Einfaltspinsel die ganze Begebenheit mit der Prinzessin und setzt nicht voraus, dass sie mir schon selbst alles erzählt hat, da mein Beginnen mit ihr ein früheres vertrauliches Verhältnis notwendig voraussetzte. – Aber was hilft's, ich muss schön mit ihm tun, weil ich seiner Hülfe bedarf. Er ist unbefangen genug mir alles zu glauben, ja wohl in einfältiger Gutmütigkeit meinem Interesse manches Opfer zu bringen, wofür er keinen andern Dank ernten wird, als dass ich ihn, wenn alles gut abgelaufen und Gamaheh wieder mein ist, hinterm Rücken derb auslache. –

»War es«, sprach Herr Swammer, indem er dicht herantrat an Herrn Peregrinus, »war es mir doch, als säße ein Floh auf Ihrer Halsbinde, werter Herr Tyß!« – Die Gedanken lauteten: Alle Wetter, das war doch wirklich Meister Floh! – das wäre ja ein verfluchter Querstreich, wenn Gamaheh sich nicht geirrt hätte.

Schnell trat Peregrinus zurück, indem er versicherte, dass er den Flöhen gar nicht gram sei.

»So«, sprach Herr Swammer, sich tief verbeugend weiter, »so empfehle ich mich dann fürs erste ganz ergebenst, mein lieber wertester Herr Tyß.«

Die Gedanken lauteten: Ich wollte dass dich der schwarz gefiederte Satan verschlinge, du verdammter Kerl! –

Meister Floh nahm dem ganz in Erstaunen versunkenen Peregrinus das mikroskopische Glas aus der Pupille und sprach dann: »Ihr habt nun, lieber Herr Peregrinus, die wunderbare Wirkung des Instruments, das wohl in der ganzen Welt seinesgleichen nicht findet, erkannt, und werdet einsehen, welche Übermacht es euch über die Menschen gibt, wenn euch ihre innersten Gedanken offen vor Augen liegen. Trüget Ihr aber beständig dies Glas im Auge, so würde euch die stete Erkenntnis der Gedanken zuletzt zu Boden drücken, denn nur zu oft wiederholte sich die bittre Kränkung, die Ihr soeben erfahren habt. Stets werde ich, wenn Ihr Euer Haus verlasset, bei euch sein, entweder in der Halsbinde, im Jabot, oder sonst an einem schicklichen bequemen Orte sitzen. Wollt Ihr nun die Gedanken dessen wissen, der mit euch spricht, so dürft Ihr nur mit dem Daumen schnippen und augenblicklich habt Ihr das Glas im Auge.«

Herr Peregrinus Tyß, den unübersehbaren Nutzen dieser Gabe begreifend, wollte sich eben in die heißesten Danksagungen ergießen, als zwei Abgeordnete des hohen Rats eintraten und ihm ankündigten, dass er eines schweren Vergehens angeklagt sei, und dass diese Anklage vorläufige Haft und Beschlagnahme seiner Papiere zur Folge haben müsse.

Herr Peregrinus schwur hoch und teuer, dass er sich auch nicht des geringsten Verbrechens bewusst sei. Einer der Abgeordneten meinte aber lächelnd, dass vielleicht in wenigen Stunden seine völlige Unschuld aufgeklärt sein werde, bis dahin müsse er sich aber den Befehlen der Obrigkeit fügen.

Was blieb dem Herrn Peregrinus Tyß übrig, als in den Wagen zu steigen und sich nach dem Gefängnis transportieren zu lassen.

Man kann denken, mit welchen Empfindungen er an Herrn Swammers Zimmer vorüberging.

Meister Floh saß in der Halsbinde des Gefangenen.

VIERTES ABENTEUER

Unerwartetes Zusammentreffen zweier Freunde. Der Rat Knarrpanti und seine peinlichen Grundsätze. Liebesverzweiflung der Distel Zeherit. Optischer Zweikampf zweier Magier. Sonnambuler Zustand der Prinzessin Gamaheh. Die Gedanken des Traums. Wie Dörtje Elwerdink beinahe die Wahrheit spricht und die Distel Zeherit mit der Prinzessin Gamaheh von dannen rennt.

Sehr bald war der Fehlgriff des Wächters ausgemittelt, der den Herrn Pepusch als einen nächtlichen Dieb, welcher einzubrechen versucht, zur Haft gebracht hatte. Man wollte indessen einige Unrichtigkeiten in seinen Pässen bemerkt haben und dies war die Ursache, warum man ihn ersuchte, irgendeinen angesessenen Bürger in Frankfurt als Gewährsmann aufzustellen, bis dahin sich aber den Aufenthalt auf dem Bürgermeisteramt gefallen zu lassen.

Da saß nun Herr George Pepusch in einem ganz artigen Zimmer und sann hin und her, wen er wohl in Frankfurt als seinen Gewährsmann aufstellen könne. So lange war er abwesend gewesen, dass er befürchten musste, selbst von denen vergessen worden zu sein, die ihn vormals recht gut gekannt hatten, und an sonstigen Adressen fehlte es ihm gänzlich.

Ganz missmutig sah er zum Fenster heraus und begann laut sein Schicksal zu verwünschen. Da wurde dicht neben ihm ein anderes Fenster geöffnet und eine Stimme rief: »Wie? sehe ich recht? Bist du es, George?« – Herr Pepusch war nicht wenig erstaunt, als er den Freund erblickte, mit dem er während seines Aufenthalts in Madras den vertrautesten Umgang gepflogen.

»Wetter«, sprach Herr Pepusch, »Wetter wie man so vergesslich, ja so ganz vor den Kopf geschlagen sein kann! – Ich wusst es ja, dass du glücklich in den heimatlichen Stapel eingelaufen bist. Wunderdinge habe ich in Hamburg von deiner seltsamen Lebensweise gehört, und nun ich hier angekommen, denke ich nicht daran, dich aufzusuchen. Doch wer solche Dinge im Kopfe hat als ich – Nun es ist gut, dass der Zufall mir dich zugeführt. Du siehst, ich bin verhaftet, du kannst mich aber augenblicklich in Freiheit setzen, wenn du Gewähr leistest dass ich wirklich der George Pepusch bin, den du seit langen Jahren kennest und kein Spitzbube, kein Räuber!« »Ich bin«, rief Herr Peregrinus Tyß, »in der Tat jetzt ein herrlicher tadelsfreier Gewährsmann, da ich selbst verhaftet eines schweren Verbrechens halber, das ich nicht kenne, ja von dem ich auch nicht die leiseste Ahnung habe.« –

Doch, es möchte geraten sein das Gespräch der beiden Freunde, die sich auf eine Weise wieder fanden, wie sie es wohl nicht vermutet, zu unterbrechen und dem geneigten Leser zu sagen, was es mit der Verhaftung des Herrn Peregrinus Tyß für eine Bewandtnis hatte. Es ist schwer, ja wohl unmöglich darzutun, wie Gerüchte entstehen; sie gleichen dem Winde von dem man nicht weiß, woher er kommt und wohin er fährt. So hatte sich auch in der Stadt das Gerücht verbreitet, dass am Weihnachtsabende aus einer großen Gesellschaft, die bei einem reichen Bankier versammelt gewesen, eine sehr vornehme Dame auf unbegreifliche Weise entführt worden. Jeder sprach davon, nannte den Namen des Bankiers und klagte laut, dass die Polizei wenig wachsam sein müsse, wenn eine solche gewaltsame Tat ohne Scheu verübt werden dürfe. Der Rat konnte nicht umhin Nachforschungen an[zu]stellen; alle Gäste, die am Weihnachtsabende bei dem Bankier gewesen, wurden vernommen; jeder sagte: allerdings sei wie er gehört habe, eine vornehme Dame aus der Gesellschaft entführt worden und der Bankier bedauerte gar sehr, dass in seinem Hause solch ein Streich geschehen. Keiner wusste indessen den Namen der entführten Dame anzugeben und als der Bankier die Liste seiner Gäste einreichte, fand es sich, dass keine einzige von den Damen die zugegen gewesen, vermisst wurde. War dies nun auch der Fall mit sämtlichen einheimischen und fremden Frauen und Mädchen in der ganzen Stadt, von denen keiner am Weihnachtsabende Leids geschehen, so sah der Rat, wie es nicht anders geschehen konnte, das entstandene Gerücht für völlig grundlos und die ganze Sache für erledigt an.

Da erschien aber vor dem Rat ein seltsamer Mensch, sowohl seiner Kleidung als seinem ganzen Wesen nach, welcher sagte er sei Geheimer Hofrat und nenne sich Knarrpanti. Darauf zog er ein Papier mit einem großen Siegel aus der Tasche und überreichte es mit einer höflichen Verbeugung und einer Miene die deutlich aussprach, wie sehr der Rat durch die hohe Würde, die er, der Geheime Hofrat Knarrpanti bekleide und durch den wichtigen Auftrag, den er erhalten, überrascht sein, und welcher Respekt ihm nun erwiesen werden würde. Knarrpanti war ein sehr wichtiger Mann, ein so genanntes Faktotum an dem Hofe eines kleinen Fürsten auf dessen Namen sich der Herausgeber nicht besinnen kann und von dem nur zu sagen ist, dass es ihm beständig an Gelde fehlte und dass von allen Staatseinrichtungen, die er aus der Geschichte kannte, ihm keine besser gefiel, als die Geheime Staats-Inquisition wie sie ehemals in Venedig stattfand. Diesem Fürsten war wirklich vor einiger Zeit eine von seinen Prinzessinnen abhanden gekommen, man wusste nicht recht, wie? Als nun dem Knarrpanti, der sich gerade in Frankfurt befand um wo möglich einiges Geld für seinen Herrn aufzuborgen, das Gerücht von der entführten vornehmen Dame zu Ohren kam, schrieb er sogleich an den Fürsten, dass es seinen Bemühungen gelungen, der verlornen Prinzessin auf die Spur zu kommen. Darauf erhielt er sofort den Auftrag den Räuber zu verfolgen und alles anzuwenden die Prinzessin aufzufinden und sich ihrer zu bemächtigen, koste es was es wolle. Diesem Auftrage war ein höfliches Schreiben an den Rat beigelegt, worin derselbe ersucht wurde, dem Geheimen Hofrat Knarrpanti in seinen Nachforschungen möglichst beizustehen und auf seinen Antrag den Räuber zu verhaften und ihm den Prozess zu machen. Dies Schreiben war aber jenes Papier welches Knarrpanti dem Rat in der Audienz überreichte und von dem er sich solch große Wirkung versprach.

Der Rat erwiderte: das Gerücht von einer vornehmen Dame die entführt sein solle, sei als grundlos widerlegt, dagegen vollkommen ermittelt dass überhaupt niemand entführt worden, es könne daher von Ausmittlung eines Entführers nicht die Rede sein und werde der Herr Geheime Hofrat Knarrpanti, aller weiteren Nachforschungen entübrigt wohl keines Beistandes bedürfen.

Knarrpanti hörte dies alles mit einem selbstzufriedenen Lächeln an und versicherte dass es seiner ungemeinen Sagazität bereits gelungen den Täter zu erforschen. – Auf die Erinnerung, dass doch eine Tat begangen sein müsse, wenn es einen Täter geben solle, meinte Knarrpanti, dass, sei erst der Verbrecher ausgemittelt, sich das begangene Verbrechen von selbst finde. Nur ein oberflächlicher leichtsinniger Richter sei, wenn auch selbst die Hauptanklage wegen Verstocktheit des Angeklagten nicht festzustellen, nicht im Stande dies und das hineinzuinquirieren, welches dem Angeklagten doch irgendeinen kleinen Makel anhänge und die Haft rechtfertige. Er müsse schon jetzt dringend auf die schleunige Verhaftung des Entführers seiner Prinzessin antragen, und dieser Entführer sei niemand anders, als Herr Peregrinus Tyß, der ihm schon längst als höchst verdächtig bekannt und dessen Papiere er sofort in Beschlag zu nehmen bitte.

Der Rat erstaunte über die kecke Anklage eines stillen unbescholtenen Bürgers und wies Knarrpantis Antrag mit vielem Geräusch zurück.

Knarrpanti kam nicht im mindesten aus der Fassung, sondern versicherte mit einer gewissen widerlichen Anmaßung, die ihm überhaupt eigen, dass, verlange man von ihm zuvor den Nachweis seiner Anklage, er diesen sehr leicht führen könne. Durch zwei Zeugen wolle er nämlich dartun, dass Herr Peregrinus Tyß in der Weihnachtsnacht mit Gewalt ein schön geputztes Mädchen in sein Haus geschleppt habe.

Mehr, um die Absurdität dieser Behauptung völlig darzutun, als um auf die Sache wirklich einzugehen, beschloss der Rat die beiden vorgeschlagenen Zeugen vernehmen zu lassen. Beide, ein Nachbar des Herrn Peregrinus Tyß, der in jener verhängnisvollen Weihnachtsnacht zufällig eben in sein Haus treten wollen, so wie der Wächter hatten aber aus der Ferne den ganzen Auftritt, als Peregrinus die geheimnisvolle Schöne herbeitrug, beobachtet und bekundeten einstimmig, dass Herr Tyß allerdings eine geputzte Dame in sein Haus gebracht. Beide wollten denn auch bemerkt haben, dass die Dame sich sehr gesträubt und jämmerlich lamentiert. Auf die Frage, warum sie denn dem bedrängten Frauenzimmer nicht zu Hülfe geeilt, erwiderten sie, solches sei ihnen nicht eingefallen.

Die Aussage dieser Zeugen setzte den Rat in nicht geringe Verlegenheit, da Herr Peregrinus sich wirklich des Vergehens schuldig gemacht zu haben schien, dessen man ihn anklagte. Knarrpanti sprach wie ein Cicero und bewies, wie der Umstand, dass man jetzt keine Dame vermisse, gar nichts entscheide, da die Dame sich ja wieder aus Peregrinus' Hause gerettet haben und nun aus purer Scham den ganzen Vorfall verschweigen könne. Wer die Dame sei, so wie was Herr Tyß noch sonst in gefährlichen Liebesumtrieben begonnen, das würde sich gewiss aus des Verbrechers Papieren ergeben, und er nehme die Gerechtigkeitsliebe des Rats in Anspruch, nach der gewiss keine fluchwürdige Tat ungeahndet bleiben dürfe. Der Rat beschloss fürs erste, dem Gesuch des würdigen Geheimen Hofrats nachzugeben, und so geschah es, dass des armen Herrn Peregrinus Tyß schnelle Verhaftung, so wie die Beschlagnahme seiner Papiere erfolgte. –

Wir kehren zu den beiden Freunden, die nebeneinander die Köpfe aus den Fenstern ihrer Gefängnisse gesteckt haben zurück. –

Peregrinus hatte dem Freunde ausführlich erzählt, wie er bei seiner Rückkehr nach Frankfurt sich verwaist gefunden und seitdem in völliger Abgeschiedenheit nur in der Erinnerung an die früheren Tage mitten in der geräuschvollen Stadt ein einsames freudenloses Leben führe.

»O ja«, erwiderte Pepusch mürrisch, »ich habe davon gehört, mir sind die Narrenspossen erzählt worden, die du treibst um das Leben zu verbringen in kindischer Träumerei. Du willst ein Held der Gemütlichkeit, der Kindlichkeit sein und darum verhöhnst du die gerechten Ansprüche, die das Leben, die menschliche Gesellschaft an dich macht. Du gibst eingebildete Familienschmäuse und spendest die köstlichen Speisen, die teuern Weine, die du für Tote auftischen ließest, den Armen. Du bescherst dir selbst den Heilgen Christ ein und tust als seist du noch ein Kind, dann schenkst du aber die Gaben, welche von der Art sind, wie sie wohl verwöhnten Kindern in reicher Eltern Hause gespendet zu werden pflegen, armen Kindern. Aber du bedenkst nicht, dass es den Armen eine schlechte Wohltat ist, wenn du einmal ihren Gaumen kitzelst und sie nachher ihr Elend doppelt fühlen, wenn sie aus nagendem Hunger kaum genießbare Speise, die mancher leckere Schoßhund verwirft, kauen müssen – Ha wie mir diese Armenabfütterungen anekeln, wenn ich bedenke, dass das, was an einem Tage verspendet wird hinreichen würde, sie Monate hindurch zu ernähren auf mäßige Weise! – du überhäufst die Kinder armer Leute mit glänzenden Spielsachen und bedenkst nicht, dass ein hölzerner buntgemalter Säbel, ein Lumpenpüppchen, ein Kuckuck, ein geringes Naschwerk von Vater und Mutter einbeschert sie ebenso, ja vielleicht noch mehr erfreut. Aber sie fressen sich überdem an deinem verdammten Marzipan matt und krank und mit der Kenntnis glänzenderer Gaben, die ihnen in der Folge versagt bleiben, ist der Keim der Unzufriedenheit, des Missmuts in ihre Seele gepflanzt. Du bist reich, du bist lebenskräftig und doch entziehst du dich jeder Mitteilung und vereitelst so jedes freundliche Annähern dir wohl wollender Gemüter. Ich will es glauben, dass der Tod deiner Eltern dich erschüttert hat, aber wenn jeder, der einen empfindlichen Verlust erlitten hat, in sein Schneckenhaus kriechen sollte, so würde, beim Teufel die Welt einem Leichenhause gleichen und ich wollte nicht darin leben. Aber, Patron! weißt du wohl dass dich die störrigste Selbstsucht regiert die sich hinter einer albernen Menschenscheue versteckt? – Geh geh – Peregrinus, ich kann dich nicht mehr achten, nicht mehr dein Freund sein wenn du dein Leben nicht änderst, die fatale Wirtschaft in deinem Hause nicht aufgibst!«

Peregrinus schnippte mit dem Daumen und sogleich warf ihm Meister Floh das mikroskopische Glas ins Auge.

Die Gedanken des zürnenden Pepusch lauteten: Ist es nicht ein Jammer dass ein solcher gemütlicher verständiger Mensch auf solche bedrohliche Abwege geraten konnte, die ihn zuletzt zu völliger Abgespanntheit aller bessern Kräfte bringen können? Aber es ist gewiss, dass sein weiches zum Trübsinn geneigtes Gemüt den Stoß nicht ertragen konnte, den ihm der Tod der Eltern versetzte und dass er Trost in einem Treiben suchte, das an Wahnsinn grenzt. Er ist verloren wenn ich ihn nicht rette. Ich will ihm desto härter zusetzen, mit desto grelleren Farben ihm das Bild seiner Torheit aufstellen, je mehr ich ihn hoch schätze, sein wahrer Freund bin und bleibe.

Peregrinus erkannte an diesen Gedanken, dass er in dem mürrischen Pepusch seinen alten wahrhaften Freund unverändert wieder gefunden.

»George«, sprach Peregrinus nachdem ihm Meister Floh wieder das mikroskopische Glas aus der Pupille genommen, »George, ich mag mit dir gar nicht darüber rechten, was du über das Tadelnswerte meiner Lebensweise sagst, denn ich weiß, dass du es sehr gut mit mir meinst. Doch muss ich dir sagen, dass es meine Brust hoch erhebt, wenn ich den Armen einen Freudentag bereiten kann und ist dies, unerachtet ich dabei an niemanden weniger denke als an mich selbst, gehässige Selbstsucht, so fehle ich wenigstens unbewusst. Das sind die Blumen in meinem Leben, das mir sonst vorkommt, wie ein trauriges unwirtbares Feld voll Disteln.«

»Was«, fuhr George Pepusch heftig auf, »was sprichst du von Disteln? warum verachtest du Disteln und setzest sie den Blumen entgegen? – Bist du so wenig erfahren in der Naturkunde um nicht zu wissen, dass die wunderherrlichste Blume, die es nur geben mag, nichts anders ist als die Blüte einer Distel? Ich meine den *Cactus grandiflorus*. Und ist die Distel Zeherit nicht eben wieder der schönste *Cactus* unter der Sonne? – Peregrinus, ich habe es dir so lange verschwiegen, oder vielmehr verschweigen müssen, weil ich selbst die klare Erkenntnis davon nicht hatte, aber jetzt erfahre es, dass ich selbst die Distel Zeherit bin und meine Ansprüche auf die Hand der Tochter des würdigen Königs Sekakis, der holden, himmlischen Prinzessin Gamaheh durchaus nicht aufgeben will und werde. – Ich habe sie gefunden, aber in demselben Augenblick erfassten mich dämonische Wächter und Bürgerwachen und schleppten mich ins Gefängnis.«

»Wie«, rief Peregrinus halb erstarrt vor Erstaunen, »auch du, George bist verflochten in die seltsamste aller Geschichten?«

»Was für eine Geschichte?«, fragte Pepusch.

Peregrinus nahm gar keinen Anstand auch seinem Freunde wie Herrn Swammer alles zu erzählen, was sich bei dem Buchbinder Lämmerhirt und darauf in seinem Hause begeben. Er verschwieg auch nicht die Erscheinung des Meisters Floh, wiewohl, man mag es wohl denken, den Besitz des geheimnisvollen Glases.

Georgs Augen brannten, er biss sich in die Lippen, er schlug sich vor die Stirn, er rief als Peregrinus geendet in voller Wut: »Die Verruchte! die Treulose! die Verräterin!« – Um in der Selbstqual verzweifelnder Liebe jeden Tropfen aus dem Giftbecher, den ihm Peregrinus ohne es zu ahnen gereicht, gierig auszukosten, ließ er sich jeden kleinen Zug von Dörtjens Beginnen wiederholen. Dazwischen murmelte er: »In den Armen – an der Brust – glühende Küsse –« Dann sprang er vom Fenster zurück lief in der Stube umher und gebärdete sich, wie ein Rasender.

Vergebens rief Peregrinus ihm zu, er möge ihn doch nur weiter hören, er habe ihm noch viel Tröstliches zu sagen; Pepusch ließ nicht nach mit Toben.

Das Zimmer wurde aufgeschlossen und ein Abgeordneter des Rats kündigte dem Herrn Peregrinus Tyß an, dass gar kein gesetzlicher Grund zu seiner längeren Haft gefunden worden und er zurückkehren könne in seine Wohnung.

Den ersten Gebrauch den Peregrinus von seiner wiedererlangten Freiheit machte, war, dass er sich als Gewährsmann für den verhafteten George Pepusch gestellte, dem er bezeugte, dass er wirklich der Georg Pepusch sei, mit dem er in innigster Freundschaft verbunden zu Madras gelebt und der ihm als ein vermögender ganz unbescholtener Mann bekannt sei. Von der Distel Zeherit, der schönsten aller Fackeldisteln schwieg Peregrinus wohlweislich, da er einsah, dass unter den vorwaltenden Umständen dies dem Freunde hätte mehr schädlich als nützlich werden können. –

Meister Floh ergoss sich in sehr philosophischen lehrreichen Betrachtungen, die darauf hinausliefen, dass die Distel Zeherit trotz der rauen störrigen Außenseite, sehr human und verständig sei, jedoch sich stets ein wenig zu anmaßend zeige. Im Grunde genommen habe die Distel mit vollem Recht die Lebensweise des Herrn Peregrinus getadelt, sei auch dies in etwas zu harten Ausdrücken geschehen. Er seinerseits wolle wirklich dem Herrn Peregrinus raten sich von nun an in die Welt zu begeben.

»Glaubt mir«, so sprach Meister Floh, »glaubt mir Herr Peregrinus, es wird euch gar manchen Nutzen bringen, wenn Ihr Eure Einsamkeit verlasst. Fürs erste dürfet Ihr nicht mehr fürchten scheu und verlegen zu erscheinen, da Ihr, das geheimnisvolle Glas im Auge, die Gedanken der Menschen beherrscht, es daher ganz unmöglich ist, dass Ihr nicht überall den richtigen Takt behaupten solltet. Wie fest, wie ruhig könnet Ihr vor den höchsten Häuptern auftreten, da ihr Innerstes klar vor Euern Augen liegt. Bewegt Ihr euch frei in der Welt, so wird Euer Blut leichter fließen, jedes trübsinnige Brüten aufhören und was das beste ist, bunte Ideen und Gedanken werden aufgehen in Euerm Gehirn, das Bild der schönen Gamaheh wird von seinem Glanz verlieren und bald seid Ihr dann besser im Stande, mir Wort zu halten.«

Herr Peregrinus fühlte dass beide, George Pepusch und Meister Floh es sehr gut mit ihm meinten und er nahm sich vor ihren weisen Rat zu befolgen. Doch sowie er die süße Stimme der holden Geliebten vernahm, welche öfters sang und spielte so glaubte er nicht, wie es möglich sein werde, das Haus zu verlassen, das ihm zum Paradiese geworden.

Endlich gewann er es doch über sich, einen öffentlichen Spaziergang zu besuchen. Meister Floh hatte ihm das Glas ins Auge gesetzt und Platz genommen im Jabot, wo er sich sanft hin und her zu schaukeln wusste.

»Habe ich endlich das seltene Vergnügen meinen guten lieben Herrn Tyß wiederzusehen? Sie machen sich rar, bester Freund, und alles schmachtet doch nach Ihnen. Lassen Sie uns irgendwo eintreten, eine Flasche Wein leeren auf Ihr Wohl, mein Herzens-freund. – Wie ich mich freue Sie zu sehen!« So rief ihm ein junger Mann entgegen, den er kaum zwei-, dreimal gesehen. Die Gedan-ken lauteten: Kommt der alberne Misanthrop auch einmal zum Vorschein? – Aber ich muss ihm schmeicheln, weil ich nächstens Geld von ihm borgen will. Er wird doch nicht des Teufels sein und meine Einladung annehmen? Ich habe keinen Groschen Geld und kein Wirt borgt mir mehr.

Zwei sehr zierlich gekleidete junge Mädchen traten dem Pere-grinus geradezu in den Weg. Es waren Schwestern, weitläuftig mit ihm verwandt.

»Ei«, rief die eine lachend, »ei Vetterchen, trifft man Sie ein-mal? Es ist gar nicht hübsch von Ihnen, dass Sie sich so einsper-ren, dass Sie sich nicht sehen lassen. Sie glauben nicht, wie Mütterchen Ihnen gut ist, weil Sie solch ein verständiger Mensch sind. Versprechen Sie mir bald zu kommen – Da! – Küssen Sie mir die Hand« – Die Gedanken lauteten: Wie, was ist das? was ist mit dem Vetter vorgegangen? Ich wollte ihn recht in Furcht und Angst setzen. Sonst lief er vor mir, vor jedem Frauenzimmer und jetzt bleibt er stehen und guckt mir so ganz sonderbar ins Auge und küsst mir die Hand ohne alle Scheu? Sollte er in mich ver-hebt sein? Das fehlte noch! – Die Mutter sagt, er sei etwas damisch. Was tat's, ich nehm ihn; ein damischer Mann ist, wenn er reich ist, wie der Vetter, eben der beste. Die Schwester hatte mit niedergeschlagenen Augen und hochroten Wangen bloß gelis-pelt: »Ja besuchen Sie uns recht bald lieber Vetter!« – Die Gedan-ken lauteten: Der Vetter ist ein recht hübscher Mensch und ich begreife nicht, warum ihn die Mutter albern und abgeschmackt nennt und ihn nicht leiden mag. Wenn er in unser Haus kommt, verliebt er sich in mich, denn ich bin das schönste Mädchen in ganz Frankfurt. Ich nehme ihn, weil ich einen reichen Menschen heiraten will, damit ich bis eilf Uhr schlafen darf und teurere Shawls tragen kann als die Frau von Carsner. Ein vorüber-fahrender Arzt ließ als er den Peregrinus erblickte, den Wagen halten und schrie zum Schlage heraus: »Guten Morgen, bester Tyß! – Sie sehen aus wie das Leben! der Himmel erhalte Sie bei guter Gesundheit! Aber wenn Ihnen was zustoßen sollte, so den-ken Sie an mich, an den alten Freund Ihres seligen Herrn Vaters. – Solchen kräftigen Naturen helfe ich auf die Beine in weniger Zeit! Adieu!« Die Gedanken lauteten: Ich glaube, der Mensch ist aus purem Geiz beständig gesund? Aber er sieht mir so blass, so ver-stört aus, er scheint mir endlich was am Halse zu haben. Nun!

kommt er mir unter die Hände, so soll er nicht wieder so bald vom Lager aufstehen; er soll tüchtig büßen für seine hartnäckige Gesundheit.

»Sein Sie schönstens gegrüßt, Wohledler«, rief ihm gleich darauf ein alter Kaufmann entgegen, »sehen Sie, wie ich laufe und renne, wie ich mich plagen muss der Geschäfte halber. Wie weise ist es, dass Sie sich den Geschäften entzogen, unerachtet es bei Ihren Einsichten Ihnen gar nicht fehlen könnte den Reichtum Ihres braven Herrn Vaters zu verdoppeln.«

Die Gedanken lauteten: Wenn der Mensch nur Geschäfte machen wollte, der verwirrte Einfaltspinsel würde in kurzer Zeit seinen ganzen Reichtum verspekulieren und das wäre denn ein Gaudium. Der alte Herr Papa der seine Freude daran hatte andere ehrliche Leute, die sich durch ein klein Bankerottchen aufhelfen wollten, schonungslos zu ruinieren, würde sich im Grabe umdrehen. –

Noch viel mehr solche schneidende Widersprüche zwischen Worten und Gedanken liefen dem Peregrinus in den Weg. Stets richtete er seine Antworten mehr nach dem ein was die Leute gedacht, als nach dem was sie gesprochen und so konnt es nicht fehlen, dass, da Peregrinus in der Leute Gedanken eingedrungen, sie selbst gar nicht wussten was sie von dem Peregrinus denken sollten. Zuletzt fühlte sich H. Peregrinus ermüdet und betäubt. Er schnippte mit dem Daumen und sogleich verschwand das Glas aus der Pupille des linken Auges.

Als Peregrinus in sein Haus trat, wurde er durch ein seltsames Schauspiel überrascht. Ein Mann stand in der Mitte des Flurs und sah durch ein seltsam geformtes Glas unverwandten Blickes nach Herrn Swammers Stubentüre. Auf dieser Türe spielten aber sonnenhelle Kreise in Regenbogenfarben, fuhren zusammen in einen feurig glühenden Punkt der durch die Türe zu dringen schien. Sowie dies geschehen, vernahm man ein dumpfes Ächzen von Schmerzenslauten unterbrochen, das aus dem Zimmer zu kommen schien.

Zu seinem Entsetzen glaubte Herr Peregrinus Gamahehs Stimme zu erkennen.

»Was wollen Sie? was treiben Sie hier?« So fuhr Peregrinus auf den Mann los, der wirklich Teufelskünste zu treiben schien, indem stets rascher, stets feuriger die Regenbogenkreise spielten, stets glühender der Punkt hineinfuhr, stets schmerzlicher die Jammerlaute aus dem Zimmer ertönten.

»Ah«, sprach der Mann, indem er seine Gläser zusammenschob und schnell einsteckte, »ah sieh da der Herr Wirt! Verzeihen Sie bester Herr Tyß, dass ich hier ohne Ihre gütige Erlaubnis operiere. Aber ich war bei Ihnen um mir diese Erlaubnis zu erbitten. Da sagte mir aber die gute freundliche Aline, dass Sie ausgegangen wären, und die Sache hier unten litt keinen Aufschub.«

»Welche Sache?«, fragte Peregrinus ziemlich barsch, »welche Sache hier unten ists, die keinen Aufschub leidet?«

»Sollten Sie«, fuhr der Mann mit widrigem Lächeln fort, »sollten Sie, wertester Herr Tyß denn nicht wissen, dass mir meine ungeratene Nichte Dörtje Elwerdink entlaufen ist? Sie sind ja, wiewohl mit großem Unrecht als ihr Entführer verhaftet worden, weshalb ich denn auch, sollte es darauf ankommen mit vielem Vergnügen Ihre völlige Unschuld bezeugen werde. Nicht zu Ihnen, nein zu dem Herrn Swammerdamm, der sonst mein Freund war, sich aber jetzt in meinen Feind verkehrt hat, ist die treulose Dörtje geflüchtet. Sie sitzt hier im Zimmer, ich weiß es, und zwar allein da Herr Swammerdamm ausgegangen. Eindringen kann ich nicht, da die Türe fest verschlossen und verriegelt ist, ich aber viel zu gutmütig bin, um Gewalt anzuwenden. Deshalb nehme ich mir aber die Freiheit, die Kleine mit meinem optischen Marterinstrument etwas zu quälen, damit sie doch erkenne, dass ich, trotz ihres eingebildeten Prinzessintums, ihr Herr und Meister bin.«

»Der Teufel«, schrie Peregrinus im höchsten Grimm, »der Teufel sind Sie Herr! aber nicht Herr und Meister der holden himmlischen Gamaheh. Fort aus dem Hause, treiben Sie Ihre Satanskünste, wo Sie wollen, aber hier scheitern Sie damit, dafür werde ich sorgen!«–

»Ereifern«, sprach Leuwenhoek, »ereifern Sie sich doch nur nicht, bester Herr Tyß, ich bin ein unschuldiger Mann der nichts will als alles Gute. Sie wissen nicht, wessen Sie sich annehmen. Es ist ein kleiner Unhold, ein kleiner Basilisk, der dort im Zimmer sitzt in der Gestalt des holdesten Weibleins. Möchte sie, wenn ihr der Aufenthalt bei meiner Wenigkeit durchaus missfiel, doch geflohen sein, aber durfte die treulose Verräterin mir mein schönstes Kleinod, den besten Freund meiner Seele, ohne den ich nicht leben, nicht bestehen kann, rauben? – Durfte sie mir den Meister Floh entführen? – Sie werden, Verehrtester, nicht verstehen was ich meine aber –«

Hier konnte sich Meister Floh der von dem Jabot des Herrn Peregrinus hinaufgesprungen war und den sicherern und bequemeren Platz in der Halsbinde eingenommen hatte, nicht enthalten ein feines höhnisches Gelächter aufzuschlagen.

»Ha«, rief Leuwenhoek wie vom jähen Schreck getroffen, »ha! was war das! – sollte es möglich sein? – ja hier an diesem Orte! – erlauben Sie doch verehrtester Herr Peregrinus!«

Damit streckte Leuwenhoek den Arm aus, trat dicht heran an Herrn Peregrinus und wollte nach seiner Halsbinde greifen.

Peregrinus wich ihm aber geschickt aus, fasste ihn mit starker Faust und schleppte ihn nach der Haustüre um ihn ohne weiteres hinauszuwerfen. Eben als Peregrinus sich mit Leuwenhoek, der sich in ohnmächtigen Protestationen erschöpfte, dicht an der Türe befand, wurde diese von außen geöffnet und hinein stürmte George Pepusch, hinter ihm aber Herr Swammerdamm.

Sowie Leuwenhoek seinen Feind Swammerdamm erblickte, riss er sich los mit der höchsten Anstrengung seiner letzten Kräfte, sprang zurück und stemmte sich mit dem Rücken gegen die Türe des verhängnisvollen Zimmers wo die Schöne gefangen saß.

Swammerdamm zog dies gewahrend ein kleines Fernglas aus der Tasche, schob es lang aus und ging dem Feinde zu Leibe indem er laut rief: »Zieh Verdammter, wenn du Courage hast!«

Schnell hatte Leuwenhoek ein ähnliches Instrument in der Hand, schob es ebenfalls auseinander und schrie: »Nur heran, ich stehe dir, bald sollst du meine Macht fühlen!« – Beide setzten nun die Ferngläser ans Auge und fielen grimmig gegeneinander aus mit scharfen mörderischen [Streichen,] indem sie ihre Waffen durch Aus- und Einschieben bald verlängerten bald verkürzten. Da gab es Finten, Paraden, Volten, kurz alle nur möglichen Fechterkünste und immer mehr schienen sich die Gemüter zu erhitzen. Wurde einer getroffen, so schrie er laut auf, sprang in die Höhe, machte die wunderlichsten Kapriolen, die schönsten Entrechats, Pirouetten, wie der beste Solotänzer von der Pariser Bühne, bis der andere ihn mit dem verkürzten Fernglase fest fixierte. Geschah diesem nun gleiches so machte er es ebenso. So wechselten sie mit den ausgelassensten Sprüngen, mit den tollsten Gebärden, mit dem wütendsten Geschrei; der Schweiß troff ihnen von der Stirne herab, die blutroten Augen traten ihnen zum Kopfe heraus und da man nur ihr wechselseitiges Anblicken durch die Ferngläser, sonst aber keine Ursache ihres Veitstanzes gewahrte so musste man sie für Rasende halten, die dem Irrenhause entsprungen. – Die Sache war übrigens ganz artig anzusehen. –

Herrn Swammerdamm gelang es endlich, den bösen Leuwenhoek aus seiner Stellung an der Türe, die er mit hartnäckiger Tapferkeit behauptet, zu vertreiben und den Kampf in den Hintergrund des Flurs zu spielen.

George Pepusch nahm den Augenblick wahr, drückte die frei gewordene Türe, die weder verschlossen noch verriegelt war, auf und schlüpfte ins Zimmer hinein. Sogleich stürzte er aber auch wieder heraus, schrie: »Sie ist fort – fort!« und eilte mit Blitzesschnelle aus dem Hause von dannen. – Beide, Leuwenhoek und Swammerdamm hatten sich schwer getroffen, denn beide hüpften, tanzten auf ganz tolle Weise und machten dazu mit Heulen und Schreien eine Musik die dem Wehgeschrei der Verdammten in der Hölle zu gleichen schien.

Peregrinus wusste in der Tat nicht recht was er beginnen sollte die Wütenden auseinanderzubringen und so einen Auftritt zu endigen der ebenso lächerlich als entsetzlich war. Endlich gewahrten beide, dass die Türe des Zimmers weit offen stand, vergaßen Kampf und Schmerz, steckten die verderblichen Waffen ein und stürzten sich ins Zimmer.

Schwer fiel es nun erst dem Herrn Peregrinus Tyß aufs Herz, dass die Schönste aus dem Hause entflohen, er verwünschte den abscheulichen Leuwenhoek in die Hölle. Da ließ sich auf der Treppe Alinens Stimme vernehmen. Sie lachte laut und rief wiederum dazwischen: »Was man nicht alles erlebt! Wundersam – unglaublich – Wer hätte sich das träumen lassen!«

»Was ist«, fragte Peregrinus kleinlaut, »was ist denn schon wieder Unglaubliches vorgefallen?«

»O lieber Herr Tyß«, rief ihm die Alte entgegen, »kommen Sie doch nur schnell herauf, gehen Sie doch nur in Ihr Zimmer.«

Die Alte öffnete ihm schalkisch kichernd die Türe seines Gemachs. Als er hineintrat, da, o Wunder! o Wonne! hüpfte ihm die holde Dörtje Elwerdink entgegen, gekleidet in das verführerische Gewand von Silberzindel wie er sie bei dem Herrn Swammer erblickt. »Endlich, endlich sehe ich dich wieder, mein süßer Freund«, lispelte die Kleine, und wusste sich dem Peregrinus so anzuschmiegen dass er nicht umhin konnte, sie aller guten Vorsätze unerachtet, auf das zärtlichste zu umarmen. Die Sinne wollten ihm vergehen vor Entzücken und Liebeslust. –

Wohl oft hat es sich aber begeben dass jemand gerade im höchsten Rausch der überschwänglichsten Wonne, sich recht derb die Nase stieß und plötzlich geweckt durch den irdischen Schmerz aus dem seligen Jenseits hinabfiel in das ordinäre Diesseits. Geradeso ging es Herrn Peregrinus, Als er sich nämlich hinabbückte um Dörtjes süßen Mund zu küssen stieß er sich ganz entsetzlich die nicht unansehnliche Nase an dem Diadem von funkelnden Brillanten, das die Kleine in den schwarzen Locken trug. Der empfindliche Schmerz des Stoßes an den eckicht geschliffenen Steinen, brachte ihn hinlänglich zu sich selbst, um das Diadem zu gewahren. Das Diadem mahnte ihn aber an die Prinzessin Gamaheh und dabei musste ihm wieder alles einfallen, was ihm Meister Floh von dem verführerischen Wesen gesagt hatte. Er bedachte, dass einer Prinzessin, der Tochter eines mächtigen Königs, unmöglich an seiner Liebe etwas gelegen sein könne und dass ihr ganzes Liebe atmendes Betragen wohl als gleisnerischer Trug gelten dürfe, durch den die Verräterin sich den zauberischen Floh wiederverschaffen wolle. – Dies betrachtend glitt ein Eisstrom durch sein Innres, der die Liebesflammen, wenn auch nicht gänzlich auslöschte, so doch wenigstens dämpfte.

Peregrinus wand sich sanft aus den Armen der Kleinen, die ihn liebend umfasst hatte und sprach leise mit niedergeschlagenen Augen: »Ach du lieber Himmel! Sie sind ja doch die Tochter des mächtigen Königs Sekakis, die schöne, hohe, herrliche Prinzessin Gamaheh! – Verzeihung Prinzessin, wenn mich ein Gefühl, dem ich nicht – widerstehen konnte, hinriss zur Torheit, zum Wahnsinn. Aber Sie selbst Durchlauchtige –«

»Was«, unterbrach Dörtje Elwerdink den Peregrinus, »was sprichst du mein holder Freund? Ich eines mächtigen Königs Tochter? ich eine Prinzessin? Ich bin ja deine Ahne die dich lieben wird bis zum Wahnsinn wenn du – doch, wie ist mir denn? Aline, die Königin von Golkonda? die ist ja schon bei dir; ich habe mit ihr gesprochen. Eine gute liebe Frau, doch alt ist sie geworden und lange nicht mehr so hübsch als zurzeit ihrer Verheiratung mit einem französischen General! – Weh mir! ich bin wohl nicht die rechte, ich habe wohl nie in Golkonda geherrscht? – Weh mir!«

Die Kleine hatte die Augen geschlossen und begann zu wanken. Peregrinus brachte sie auf das Sofa.

»Gamaheh«, fuhr sie wie sonnambul sprechend fort, »Gamaheh sagst du? – Gamaheh, die Tochter des Königs Sekakis? Ja, ich erinnere mich, in Famagusta! – ich war eigentlich eine schöne Tulpe – doch nein, schon damals fühlte ich Sehnsucht und Liebe in der Brust – Still, still davon!«

Die Kleine schwieg, sie schien ganz einschlummern zu wollen. Peregrinus unternahm das gefährliche Wagestück sie in eine bequemere Stellung zu bringen. Doch sowie er die Holde sanft umschlang, stach ihn eine versteckte Nadel recht derb in den Finger. Seiner Gewohnheit nach schnippte er mit dem Daumen. Meister Floh hielt das aber für das verabredete Zeichen und setzte ihm augenblicklich das mikroskopische Glas in die Pupille.

So wie immer erblickte Peregrinus hinter der Hornhaut der Augen das seltsame Geflecht der Nerven und Adern, die bis in das tiefe Gehirn hinein gingen. Aber durch dies Geflecht schlangen sich hell blinkende Silberfaden, wohl hundertmal dünner als die Faden des dünnsten Spinngewebes und eben diese Faden, die endlos zu sein schienen, da sie sich hinausrankten aus dem Gehirn in ein selbst dem mikroskopischen Auge unentdeckbares Etwas, verwirrten, vielleicht Gedanken sublimerer Art, die andern von leichter zu erfassender Gattung. Peregrinus gewahrte bunt durcheinander Blumen die sich zu Menschen gestalteten, dann wieder Menschen die in die Erde zerflossen und dann als Steine, Metalle hervorblinkten. Und dazwischen bewegten sich allerlei seltsame Tiere, die sich unzählichemal verwandelten und wunderbare Sprachen redeten. Keine Erscheinung passte zu der andern und in der bangen Klage brustzerreißender Wehmut, die durch die Luft ertönte, schien sich die Dissonanz der Erscheinungen auszusprechen. Doch eben diese Dissonanz verherrlichte nur noch mehr die tiefe Grundharmonie die siegend hervorbrach, und alles was entzweit geschienen vereinigte zu ewiger namenloser Lust.

»Verwirrt«, zischelte Meister Floh, »verwirrt euch nicht, guter Herr Peregrinus, das sind Gedanken des Traums, die Ihr da schaut. Sollte auch vielleicht noch etwas mehr dahinter stecken, so ist es wohl jetzt nicht an der Zeit, das weiter zu untersuchen. Ruft nur die verführerische Kleine bei ihrem rechten Namen und fragt sie denn aus, wie Ihr nur Lust habt.«

Da die Kleine verschiedene Namen führte, so hätte es, wie man denken sollte, dem Peregrinus schwer fallen müssen, den rechten zu treffen. Peregrinus rief aber, ohne sich im mindesten zu besinnen: »Dörtje Elwerdink! holdes liebes Mädchen, wäre es kein Trug? wäre es möglich, dass du mich wirklich lieben könntest?« Sogleich erwachte die Kleine aus ihrem träumerischen Zu Stande, schlug die Äugelein auf und sprach mit leuchtendem Blick: »Welche Zweifel, mein Peregrinus? Kann ein Mädchen – wohl das beginnen was ich begann, wenn nicht die glühendste Liebe ihre Brust erfüllt? Peregrinus, ich liebe dich wie keinen andern, und willst du mein sein, so bin ich dein mit ganzer Seele und bleibe bei dir weil ich nicht von dir lassen kann und nicht etwa bloß um der Tyrannei des Onkels zu entfliehen.«

Die Silberfaden waren, verschwunden und die gehörig geordneten Gedanken lauteten: »Wie ist das zugegangen? Erst heuchelte ich ihm Liebe, bloß um den Meister Floh mir und dem Leuwenhoek wiederzugewinnen und jetzt bin ich ihm in der Tat gut geworden. Ich habe mich in meinen eignen Fallstricken gefangen. Ich denke kaum mehr an den Meister Floh; ich möchte ewig dem Mann angehören, der mir liebenswürdiger vorkommt als alle, die ich bis jetzt gesehen.«

Man kann sich vorstellen wie diese Gedanken alles selige Entzücken in Peregrinus' Brust entflammten. Er fiel vor der Holden nieder, bedeckte ihre Händchen mit tausend glühenden Küssen, nannte sie seine Wonne, seinen Himmel, sein ganzes Glück. –

»Nun«, lispelte die Kleine, indem sie ihn sanft an ihre Seite zog, »nun mein Teurer wirst du gewiss einen Wunsch nicht zurückweisen, von dessen Erfüllung die Ruhe, ja das ganze Dasein deiner Geliebten abhängt.« –

»Verlange«, erwiderte Peregrinus, indem er die Kleine zärtlich umschlang, »verlange alles, mein süßes Leben, alles was du willst, dein leisester Wunsch ist mir Gebot. Nichts in der Welt ist mir so teuer, dass ich es nicht dir, nicht deiner Liebe mit Freuden opfern sollte.«

»Weh mir«, zischelte Meister Floh. »Wer hätte das gedacht, dass die Treulose siegen sollte. – Ich bin verloren!«

»So höre denn«, fuhr die Kleine fort, nachdem sie die glühenden Küsse, die Peregrinus auf ihre Lippen gedrückt, feurig erwidert hatte, »so höre denn, ich weiß auf welche Art der –«

Die Türe sprang auf und hinein trat Herr George Pepusch.

»Zeherit!«, schrie wie in Verzweiflung die Kleine auf und sank leblos in den Sofa zurück.

Die Distel Zeherit flog aber auf die Prinzessin Gamaheh los, nahm sie in den Arm und rannte mit ihr blitzschnell von dannen.

Meister Floh war für diesmal gerettet. –

FÜNFTES ABENTEUER

Merkwürdiger Prozess und ferneres weises verständiges Benehmen des Herrn Geheimen Hofrats Knarrpanti. Gedanken junger dichterischer Enthusiasten und schriftstellerischer Damen. Pere-

grinus' Betrachtungen über sein Leben und Meister Flohs Gelehr-
samkeit und Verstand. Seltene Tugend und Standhaftigkeit des
Herrn Tyß. Unerwarteter Ausgang eines bedrohlichen tragischen
Auftritts.

Der geneigte Leser erinnert sich, dass die Papiere des Herrn Peregrinus Tyß in Beschlag genommen wurden, um einer Tat die nicht
geschehen, näher auf die Spur zu kommen. Beide, der Abgeordnete des Rats und der Geheime Hofrat Knarrpanti hatten jede
Schrift, jeden Brief, ja jedes Zettelchen das vorgefunden (Wasch-
und Küchenzettel nicht ausgenommen) auf das genaueste durch-
gelesen, waren aber nun rücksichts des Resultats ihrer Erfor-
schungen völlig verschiedener Meinung.

Der Abgeordnete versicherte nämlich, dass die Papiere auch
nicht ein Wort enthielten, welches Bezug auf ein Verbrechen
haben könne, wie es Peregrinus der Anklage nach begangen haben
solle. Des Herrn Geheimen Hofrats Knarrpanti späherisches Fal-
kenauge hatte dagegen gar vieles in den Schriften des Herrn Peregrinus Tyß entdeckt das ihn als einen höchst gefährlichen Menschen darstellte. Peregrinus hatte sonst in seinen früheren Jünglingsjahren ein Tagebuch gehalten; in diesem Tagebuch gab es nun
aber eine Menge verfänglicher Stellen, die rücksichts der Entführung junger Frauenzimmer nicht allein auf seine Gesinnungen ein
sehr nachteiliges Licht warfen sondern ganz klar nachwiesen, dass
er dies Verbrechen schon öfters begangen. –

So hieß es: »Es ist doch was Hohes, Herrliches um diese Entführung!« – Ferner: »Doch hab ich von allen die Schönste entführt!« – Ferner: »Entführt habe ich ihm diese Mariane, diese
Philine, diese Mignon!« – Ferner: »ich liebe diese Entführungen.«
Ferner: »Entführt sollte, musste Julia werden und es geschah
wirklich, da ich sie auf einem einsamen Spaziergange im Walde
von Vermummten überfallen und fortschleppen ließ.«

Außer diesen ganz entscheidenden Stellen im Tagebuch fand
sich auch noch der Brief eines Freundes vor, in dem es verfängli-
cherweise hieß: »so möcht ich dich bitten, entführe ihm Frideriken wo und wie du nur kannst.«

Alle die erwähnten Worte nebst hundert andern Phrasen,
waren nur die Wörter: Entführung, entführen, entführt, darin
enthalten, hatte der weise Knarrpanti nicht allein mit Rotstift dick
unterstrichen sondern noch auf einem besondern Blatte zusam-
mengestellt, welches sich sehr hübsch ausnahm und mit welcher
Arbeit er ganz besonders zufrieden schien.

»Sehen Sie wohl«, sprach Knarrpanti zu dem Abgeordneten des Rats, »sehen Sie wohl wertester Herr Kollege, habe ich es nicht gesagt? Der Peregrinus Tyß ist ein verruchter abscheuliger Mensch, ein wahrer Don Juan. Wer weiß, wo die unglücklichen Schlachtopfer seiner Lüste hingekommen sind, die Mariane, die Philine und wie sie alle heißen mögen. Es war die höchste Zeit dass dem Unwesen gesteuert wurde, sonst hätte der gefährliche Mensch durch seine entführerischen Umtriebe die gute Stadt Frankfurt in tausend Leid versetzen können. Was hat der Mensch schon nach seinen eignen Geständnissen für Verbrechen begangen! – Sehen Sie diese Stelle, bester Herr Kollege und urteilen Sie selbst wie der Peregrinus das Entsetzliche im Schilde führt.«

Die Stelle in dem Tagebuch, auf welche der weise Geheime Hofrat Knarrpanti den Abgeordneten des Rats aufmerksam machte lautete: »Heute war ich leider *mord*faul.« – Die Silbe *mord* war dreimal unterstrichen und Knarrpanti meinte ob jemand wohl verbrecherischere Gesinnungen an den Tag legen könne als wenn er bedaure heute keinen Mord verübt zu haben!

Der Abgeordnete wiederholte seine Meinung, dass in den Papieren des Herrn Peregrinus Tyß auch nicht die leiseste Spur eines Verbrechens merkbar geworden. Knarrpanti schüttelte ungläubig den Kopf und der Abgeordnete bat ihn doch noch einmal jene Stellen die er selbst als verdächtig ausgezogen anzuhören, wiewohl im bessern Zusammenhange.

Der geneigte Leser wird sich sehr bald von Knarrpantis sublimer Schlauheit ganz überzeugen. –

Der Abgeordnete schlug das verfängliche Tagebuch auf und las: »Heute sah ich im Theater Mozarts Entführung aus dem Serail zum zwanzigstenmal mit demselben Entzücken. *Es ist doch was Hohes, Herrliches um diese Entführung.*« Ferner: »Die Blumen sie konnten mir alle gefallen, *doch hab ich von allen die schönste entführt.*« Ferner: »*Entführt habe ich ihm diese Mariane, diese Philine, diese Mignon,* denn zu sehr vertiefte er sich in diese Gestaltungen, fantasierte von dem alten Harfner und zankte mit Jarno. Wilhelm Meister ist kein Buch für solche, die eben aus schwerer Nervenkrankheit erstehen.« Ferner: »Jüngers Entführung ist ein artiges Lustspiel. *Ich liebe diese Entführungen* weil sie der Intrigue ein besonderes Leben einhauchen.« Ferner: »*Der zu wenig überdachte Plan brachte mich gewaltig in die Enge. Entführt sollte, musste Julia werden und es geschah wirklich, da ich sie auf einem einsamen Spaziergange im Walde von Vermummten*

673

überfallen und fortschleppen ließ. Ich freute mich ungemein über diese neue Idee die ich breit genug ausführte. Überhaupt – war dies Trauerspiel ein gar drolliges Machwerk des begeisterten Knaben und es tut mir Leid dass ich es ins Feuer geworfen.« – Der Brief lautete: »So oft siehst du Frideriken in der Gesellschaft du Glücklicher! Wahrscheinlich lässt Moritz niemanden heran und nimmt ihre ganze Aufmerksamkeit in Beschlag. Wärst du nicht so blöde, so weiberscheu, so *macht ich dich bitten, entführe ihm Frideriken wo und wie du nur kannst.*«

Knarrpanti blieb dabei, dass selbst der Zusammenhang die Sache nicht bessere, da es eben arglistige Schlauheit der Verbrecher sei solche Äußerungen so zu verhüllen dass sie auf den ersten Blick für ganz indifferent, für ganz unschuldig gelten könnten. Als besonderen Beweis solcher Schlauheit machte der tiefsinnige Knarrpanti den Abgeordneten auf einen Vers aufmerksam der in Peregrinus' Papieren vorkam und worin von einer *end*losen *Führung* des Schicksals die Rede war. Nicht wenig tat sich Knarrpanti auf die Sagazität zugute mit der er sogleich herausgefunden, dass das Wort Entführung in jenem Verse getrennt worden um es der Aufmerksamkeit und dem Verdacht zu entziehen. –

Der Rat wollte immer noch nicht auf ein weiteres Verfahren wider den Angeklagten Peregrinus Tyß eingehen und die Rechtsverständigen bedienten sich eines Ausdrucks, der schon deshalb hier stehen darf weil er sich in dem Märchen vom Meister Floh wunderlich ausnimmt, das Wunderliche aber, darf das *Wunderbare* der eigentliche Schmuck des Märchens genannt werden, doch als ein angenehmer Schnörkel nicht zu verwerfen ist. Sie sagten (nämlich die Rechtsverständigen) es fehle gänzlich an einem *Corpus Delicti,* der weise Rat Knarrpanti blieb aber fest dabei stehen, dass ihn das *delictum* den Henker was kümmere wenn er nur ein *Corpus* in die Faust bekäme und das *Corpus* sei der gefährliche Entführer und Mörder, Herr Peregrinus Tyß. – Der Herausgeber bittet den geneigten nicht rechtsverständigen Leser, vorzüglich aber jede schöne Leserin sich diese Stelle von irgendeinem jungen Rechtsgelehrten erklären zu lassen. Besagter Rechtsgelehrter wird sich augenblicklich in die Brust werfen und beginnen: »In der Rechtssprache heißt« u. s. w.

Bloß den Vorfall in der Nacht von dem die Zeugen gesprochen hielt der Abgeordnete für einen Gegenstand worüber Herr Peregrinus Tyß wohl vernommen werden müsse.

Peregrinus geriet in nicht geringe Verlegenheit, als er von dem Abgeordneten über den Hergang der Sache befragt wurde. Er fühlte, dass die ganze Erzählung, weiche er in keinem Umstande von der Wahrheit ab, eben deshalb den Stempel der Lüge, wenigstens der höchsten Unwahrscheinlichkeit tragen müsse. Für ratsam fand er es daher ganz zu schweigen und sich damit zu schützen, dass sobald kein wirkliches bestimmtes Verbrechen feststehe dessen man ihn beschuldige, er nicht nötig zu haben glaube über einzelne Begebenheiten in seinem Leben, Rede zu stehen. Knarrpanti frohlockte über diese Erklärung des Angeklagten durch die er seinen ganzen Verdacht bestätigt fand.

Er äußerte dem Abgeordneten ziemlich unverhohlen, dass er das Ding nicht recht anzugreifen – wisse und der Abgeordnete war hell und verständig genug einzusehen, dass eine Vernehmung die Knarrpanti selbst besorgen wollte, dem Peregrinus keinen Nachteil bringen sondern vielmehr der Sache den Ausschlag zu seinem Vorteil geben konnte.

Der scharfsinnige Knarrpanti hatte über hundert Fragen in Bereitschaft mit denen er dem Peregrinus zu Leibe ging und die in der Tat oft nicht leicht waren zu beantworten. Vorzüglich waren sie dahin gerichtet zu erforschen was Peregrinus sowohl im allgemeinen sein ganzes Leben hindurch als auch bei diesem, jenem besondern Anlass, w. z. B. bei dem Aufschreiben der verdächtigen Worte in seinen Papieren, *gedacht* habe.

Das Denken, meinte Knarrpanti, sei an und vor sich selbst schon eine gefährliche Operation und würde bei gefährlichen Menschen eben desto gefährlicher. – Ferner gab es solche verfängliche Fragen wie z. B. wer der ältliche Mann im blauen Überrock und kurz verschnittenen Haaren gewesen sei, mit dem er [sich] am vierundzwanzigsten März des vergangenen Jahres mittags an der Wirtstafel über die beste Art den Rheinlachs zu bereiten, verständigt habe? Ferner: ob er nicht selbst einsehe, dass all die geheimnisvollen Stellen in seinen Papieren mit Recht den Verdacht erweckten, dass das was er niederzuschreiben unterlassen, noch viel Verdächtigeres, ja ein vollkommenes Zugeständnis der Tat hätte enthalten können?

Diese Art der Untersuchung, ja der Geheime Hofrat Knarrpanti selbst kam dem Peregrinus so seltsam vor, dass er begierig war die Gedanken des spitzfündigen Schlaukopfs zu erkennen.

Er schnippte mit dem Daumen und schnell setzte ihm der gehorsame Meister Floh das mikroskopische Glas in die Pupille.

Knarrpantis Gedanken lauteten ungefähr: Ich glaube selbst gar nicht dass der junge Mann unsre Prinzessin die schon vor mehreren Jahren mit einem landstreicherischen Komödianten durchgegangen ist, entführt hat, ja entführt haben kann. Aber ich durfte die Gelegenheit nicht versäumen zu meinem eignen Besten einen großen Rumor zu machen. Mein kleiner Herr fing an gleichgültig gegen mich zu werden und am Hofe nannte man mich einen langweiligen Träumer, ja man fand mich öfters albern und fade da doch keiner mir an Geist und Geschmack überlegen war, keiner von allen den kleinen Dienst, durch den man sich eben einschmeichelt bei dem Herrn, [so gut verstand] als ich. Half ich nicht selbst dem Kammerdiener des Fürsten beim Stiefelputzen? Da kam ja die Entführungsgeschichte wie eine Wohltat des Himmels. Mit der Nachricht, dass ich der entflohenen Prinzessin auf die Spur gekommen erhob ich mich plötzlich wieder zu dem Ansehen das ich beinahe ganz verloren. Man findet mich wieder verständig, weise, gewandt, und vorzüglich dem Herrn so treu ergeben, dass ich eine Stütze des Staats zu nennen auf der alles Wohl beruht.

Es wird, es kann aus der Sache gar nichts herauskommen, da die Wirklich geschehene Entführung dem Menschen nicht nachzuweisen ist, aber das tut gar nichts zur Sache. Eben deshalb will ich den jungen Mann recht arg quälen mit Kreuz- und Querfragen, soviel ich es nur vermag. Denn je mehr ich dies tue, je höher wird mein Interesse für die Sache, mein reger Eifer für das Wohl meines Herrn gepriesen. Ich muss es nur dahin bringen, dass ich den jungen Mann ungeduldig mache und einige schnippische Antworten erpresse. Die streiche ich den[n] an mit einem tüchtigen Rotstift, begleite sie auch wohl mit einigen Bemerkungen und ehe man sich's versieht, steht der Mann da in einem zweideutigen Licht, und aus dem Ganzen erhebt sich ein gehässiger Geist, der ihm Nachteil bringt und sogar solche unbefangene ruhige Leute, wie der Herr Abgeordnete da, wider ihn einnimmt. Gepriesen sei die Kunst der gleichgültigsten Sache einen Anstrich von gehässiger Bedeutsamkeit zu geben. Es ist eine Gabe die mir die Natur verlieh und vermöge der ich mir meine Feinde vom Halse schaffe und selbst im besten Wohlsein bleibe. Ich muss lachen, dass der Rat wunder glaubt wie viel mir an der wirklichen Ermittlung der Wahrheit gelegen ist, da ich doch nur mich selbst im Auge habe und die ganze Sache als ein Mittel betrachte, mich bei dem Herrn wichtig zu machen und so viel Beifall und Geld zu erobern als nur möglich. Kommt auch nichts heraus, so sagt doch keiner, dass meine Bemühungen unnütz gewesen sind, es heißt vielmehr, dass ich wohl Recht hatte und durch die getroffenen Maßregeln wenigstens verhinderte, dass der schelmische Peregrinus Tyß die bereits entführte Prinzessin, hinterher doch noch wirklich entführte. –

Da Peregrinus auf diese Art die Gedanken des sublimen Hofrats durchschaute, so war es natürlich, dass er sich in gehöriger Fassung erhielt und statt, wie Knarrpanti wollte, unruhig zu werden, durch gar geschickte Antworten Knarrpantis Scharfsinn zu Schanden machte. Der Abgeordnete des Rats schien seine Freude daran zu haben. Diesem erzählte aber Peregrinus nachdem Knarrpanti sein endloses Verhör hauptsächlich aus Mangel an Atem geschlossen, unaufgefordert mit wenigen Worten, dass die junge Dame die er in jener Christnacht auf ihr ausdrückliches Verlangen in sein Haus getragen, niemand anders sei, als die Nichte des optischen Künstlers Leuwenhoek, namens Dörtje Elwerdink und dass diese sich jetzt bei ihrem Paten dem Herrn Swammer aufhalte der bei ihm im Hause zur Miete wohne.

Man fand diese Angabe richtig und der merkwürdige Entführungs-Prozess war beendigt.

Knarrpanti drang zwar noch auf fernere Vernehmungen und las im Rat sein scharfsinniges Verhörsprotokoll vor, dies Meisterstück erregte aber ein allgemeines schallendes Gelächter. Man fand es denn auch sehr ratsam, dass der Herr Geheime Hofrat Knarrpanti Frankfurt verließe und als Resultat seiner Bemühungen, als Beweis seiner Sagazität, seines regen Diensteifers das bewundrungswürdige Aktenstück seinem Herrn selbst überbringe. Der seltsame Entführungs-Prozess wurde zum Stadtgespräch und der würdige Knarrpanti musste zu seinem nicht geringen Verdruss bemerken, dass die Leute sich mit allen Zeichen des Ekels und Abscheus die Nasen zuhielten wenn er vorüberging und ihre Plätze verließen, wenn er sich an die Wirtstafel setzen wollte. Bald machte er sich fort aus der Stadt. So musste aber Knarrpanti das Feld mit Schimpf und Schande räumen auf dem er Lorbeern zu sammeln gehofft hatte.

Das, was hier hintereinander fort erzählt worden hatte aber den Zeitraum von mehreren Tagen ausgefüllt, denn man mag nicht denken, dass Knarrpanti in geringer Zeit einen ziemlichen Folioband zusammenzuschreiben vermochte. Einem solchen Bande glich aber das merkwürdige Verhörsprotokoll. Knarrpantis tägliche Quälerei, sein albernes anmaßendes Betragen erregte in Peregrinus tiefen Unmut, der aber noch merklich durch die Ungewissheit vermehrt wurde in der er über das Schicksal der Schönsten schwebte.

Mit Blitzesschnelle hatte, wie es der geneigte Leser am Schlusse des vierten Abenteuers erfahren hat, Georg Pepusch die Kleine aus des verliebten Peregrinus Armen entführt und diesen zurückgelassen starr vor Erstaunen und Schreck.

Als Peregrinus, endlich zur Besinnung gekommen aufsprang und dem räuberischen Freunde nachsetzte, war alles öde und still im Hause. Auf wiederholtes starkes Rufen pantoffelte die alte Aline aus dem entferntesten Zimmer heran und versicherte von dem ganzen Vorfall auch nicht das mindeste bemerkt zu haben.

Peregrinus wollte über Dörtjes Verlust beinahe außer sich geraten. Meister Floh ließ sich aber vernehmen mit tröstenden Worten. »Ihr wisst«, sprach er mit einem Ton der dem Hoffnungslosesten Zutrauen einflößen musste, »Ihr wisst ja noch gar nicht, teurer Herr Peregrinus Tyß ob die schöne Dörtje Elwerdink Euer Haus wirklich verlassen hat. Soviel ich mich auf solche Dinge verstehe, ist sie gar nicht weit; mir ists als wittere ich ihre Nähe. Doch, wollt Ihr meinem freundschaftlichen Rat vertrauen und ihn befolgen so überlasst die schöne Dörtje ihrem Schicksal. Glaubt mir, die Kleine ist ein wetterwendisches Ding; mag es sein, dass sie, wie Ihr mir gesagt habt, euch jetzt wirklich gut geworden ist, wie lange wird es dauern und sie versetzt euch in solch Trübsal und Leid dass Ihr Gefahr lauft darüber den Verstand zu verlieren wie die Distel Zeherit. Noch einmal sage ich es euch, gebt Euer einsames Leben auf. Ihr werdet euch besser dabei befinden. Was für Mädchen habt Ihr denn schon kennen gelernt, dass Ihr die Dörtje für die schönste achtet; welchem Weibe habt Ihr euch denn schon genähert mit freundlichen Liebesworten, dass Ihr glaubt, nur Dörtje könne euch lieben. Geht geht, Peregrinus, die Erfahrung wird euch eines Bessern überzeugen. Ihr seid ein ganz hübscher stattlicher Mann und ich müsste nicht so verständig und scharfsichtig sein, als es der Meister Floh wirklich ist, wenn ich nicht voraussehen sollte, dass euch das Glück der Liebe noch lachen wird auf ganz andere Weise als Ihr es wohl jetzt vermutet.« –

Peregrinus hatte dadurch dass er an öffentliche Örter ging, bereits die Bahn gebrochen und es wurde ihm nun weniger schwer Gesellschaften zu besuchen, denen er sich sonst entzogen. Meister Floh tat ihm dabei mit dem mikroskopischen Glase vortreffliche Dienste und Peregrinus soll während der Zeit ein Tagebuch gehalten und die wunderlichsten ergötzlichsten Kontraste zwischen Worten und Gedanken wie sie ihm täglich aufstießen, aufgezeichnet haben. Vielleicht findet der Herausgeber des seltsamen Märchens Meister Floh geheißen künftig Gelegenheit, manches weiterer Mitteilung Würdige aus diesem Tagebuch ans Licht zu fördern; hier würde es nur die Geschichte aufhalten und darum dem geneigten Leser eben nicht willkommen sein. So viel kann gesagt werden, dass manche Redensarten mit den dazu gehörenden Gedanken stereotypisch wurden, wie z. B. »Ich erbitte mir Ihren gütigen Rat«, lautet in Gedanken: Er ist albern genug zu glauben, dass ich wirklich in einer Sache die längst beschlossen, seinen Rat verlange, und das kitzelt ihn! – »Ich vertraue Ihnen ganz!« – Ich weiß ja längst, dass du ein Spitzbube bist u. s. w. Endlich darf auch noch bemerkt werden, dass manche Leute doch den Peregrinus mit seinen mikroskopischen Beobachtungen in große Verlegenheit setzten. Das waren nämlich die jungen Männer, die über alles in den höchsten Enthusiasmus geraten und sich in einen brausenden Strom der prächtigsten Redensarten ergießen konnten. Unter diesen schienen am tiefsten und herrlichsten junge Dichter zu sprechen die von lauter Fantasie und Genialität strotzten und vorzüglich von Damen viel Anbetung erleiden mussten. Ihnen reihten sich schriftstellerische Frauen an, die alle Tiefen des Seins hienieden so wie alle echt philosophische das Innerste durchdringende Ansichten der Verhältnisse des sozialen Lebens, wie man zu sagen pflegt, recht am Schnürchen hatten und mit prächtigen Worten herzusagen wussten wie eine Festtagspredigt. – Kam es dem Peregrinus wunderbar vor, dass die Silberfaden aus Gamahehs Gehirn herausrankten in ein unentdeckbares Etwas, so erstaunte er nicht weniger darüber was er im Gehirn der erwähnten Leute wahrnahm. Er sah zwar das seltsame Geflecht von Adern und Nerven, bemerkte aber zugleich, dass diese, gerade wenn die Leute über Kunst und Wissenschaft, über die Tendenzen des höhern Lebens überhaupt ganz ausnehmend herrlich sprachen, gar nicht eindrangen in die Tiefe des Gehirns sondern wieder zurückwuchsen, sodass von deutlicher Erkennnung der Gedanken gar nicht die Rede sein konnte. Er teilte seine Bemerkung dem Meister Floh mit, der wie gewöhnlich in einer Falte des Halstuchs saß. Meister Floh meinte, dass das, was Peregrinus für Gedanken halte gar keine wären sondern nur Worte die sich vergeblich mühten Gedanken zu werden.

Erlustigte sich nun Herr Peregrinus Tyß in der Gesellschaft auf mannigfache Weise, so ließ auch sein treuer Begleiter, Meister Floh, viel von seinem Ernste nach und bewies sich als ein kleiner schalkischer Lüstling, als ein *aimable roué*. Keinen schönen Hals, keinen weißen Nacken eines Frauenzimmers konnte er nämlich sehen ohne bei der ersten besten Gelegenheit sich aus seinem Schlupfwinkel hervor und auf den einladenden Sitz zu schwingen wo er jeder Nachstellung gespitzter Finger geschickt zu entgehen wusste. Dies Manœuvre umfasste ein doppeltes Interesse. Einmal fand er selbst seine Lust daran, dann wollte er aber auch Peregrinus' Blicke auf Schönheiten ziehn die Dörtjes Bild verdunkeln sollten. Dies schien aber ganz vergebliche Mühe zu sein, denn keine einzige der Damen denen sich Peregrinus ohne alle Scheu mit voller Unbefangenheit näherte kam ihm so gar hübsch und anmutig vor, als seine kleine Prinzessin. Weshalb aber auch nun vollends seine Liebe zur Kleinen festhielt war, dass bei keiner er Worte und Gedanken so zu seinen Gunsten übereinstimmend fand als bei ihr. Er glaubte sie nimmermehr lassen zu können und erklärte dies unverhohlen. Meister Floh ängstigte sich nicht wenig.

Peregrinus bemerkte eines Tages, dass die alte Aline schalkisch vor sich hinlächelte, öfter als sonst Tabak schnupfte, sich räusperte, undeutliches Zeug murmelte, kurz in ihrem ganzen Wesen tat wie jemand der etwas auf dem Herzen hat und es gern los sein möchte. Dabei erwiderte sie auf alles: »Ja! – man kann das nicht wissen, man muss das abwarten!« – mochten nun diese Redensarten passen oder nicht. »Sage«, rief Peregrinus endlich voll Ungeduld, »sage Sie es nur lieber gleich heraus, Aline, was es wieder gibt ohne so um mich herumzuschleichen mit geheimnisvollen Mienen.«

»Ach«, rief die Alte indem sie die dürren Fäuste zusammenschlug, »ach das herzige allerliebste Zuckerpüppchen, das zarte liebe Ding!«

»Wen meint Sie denn«, unterbrach Peregrinus die Alte verdrießlich.

»Ei«, sprach diese schmunzelnd weiter, »ei wen sollt ich denn anders meinen als unsere hebe Prinzess hier unten bei Herrn Swammer, Ihre liebe Braut, Herr Tyß.«

»Weib«, fuhr Peregrinus auf, »unglückliches Weib, sie ist hier, hier im Hause und das sagst du mir erst jetzt?«

»Wo sollte«, erwiderte die Alte ohne im mindesten aus ihrer behaglichen Ruhe zu kommen, »wo sollte die Prinzess auch wohl anders sein als hier wo sie ihre Mutter gefunden hat.«

»Wie«, rief Peregrinus, »was sagt Sie, Aline?«

»Ja«, sprach die Alte indem sie den Kopf erhob, »ja Aline, das ist mein rechter Name und wer weiß was in kurzer Zeit, vor Ihrer Hochzeit noch alles an das Tageslicht kommen wird.«

Ohne sich an Peregrinus' Ungeduld, der sie bei allen Engeln und Teufeln beschwor doch nur zu reden, zu erzählen, auch nur im mindesten zu kehren nahm die Alte gemächlich Platz in einem Lehnstuhl, zog die Dose hervor, nahm eine große Prise und bewies dann dem Peregrinus sehr umständlich mit vielen Worten, dass es keinen größern schädlicheren Fehler gäbe als die Ungeduld.

»Ruhe«, so sprach sie, »Ruhe mein Söhnchen ist dir vor allen Dingen nötig, denn sonst läufst du Gefahr alles zu verlieren in dem Augenblick als du es gewonnen zu haben glaubst. Ehe du ein Wörtchen von mir hörst, musst du dich dort still hinsetzen wie ein artiges Kind und mich beileibe nicht in meiner Erzählung unterbrechen.«

Was blieb dem Peregrinus übrig, als der Alten zu gehorchen, die, sowie Peregrinus Platz genommen, Dinge vorbrachte, die wunderlich und seltsam genug anzuhören waren.

So wie die Alte erzählte, hatten die beiden Herren, nämlich Swammerdamm und Leuwenhoek, sich in dem Zimmer noch recht tüchtig herumgebalgt und dabei entsetzlich gelärmt und getobt. Dann war es zwar stille geworden, ein dumpfes Ächzen hatte indessen die Alte befürchten lassen, dass einer von beiden auf den Tod verwundet. Als nun aber die Alte neugierig durch das Schlüsselloch kuckte, gewahrte sie ganz etwas anderes, als sie geglaubt. Swammerdamm und Leuwenhoek hatten den Georg Pepusch erfasst und strichen und drückten ihn mit ihren Fäusten so, dass er immer dünner und dünner wurde, worüber er denn so ächzte, wie es die Alte vernommen. Zuletzt, als Pepusch so dünn geworden wie ein Distelstängel, versuchten sie ihn durch das Schlüsselloch zu drücken. Der arme Pepusch hing schon mit dem halben Leibe heraus auf den Flur, als die Alte entsetzt von dannen floh. Bald darauf vernahm die Alte ein lautes schallendes Gelächter und gewahrte, wie Pepusch in seiner natürlichen Gestalt, von den beiden Magiern ganz friedlich zum Hause hinausgeführt wurde. In der Türe des Zimmers stand die schöne Dörtje und winkte die Alte hinein. Sie wollte sich putzen und hatte dabei die Hülfe der Alten nötig.

Die Alte konnte gar nicht genug von der großen Menge Kleider reden, die die Kleine aus allerlei alten Schränken herbeigeholt und ihr gezeigt und von denen eins immer reicher und prächtiger gewesen als das andere. Dann versicherte die Alte auch, dass wohl nur eine indische Prinzessin solch Geschmeide besitzen könne, als die Kleine, die Augen täten ihr noch weh von dem blendenden Gefunkel.

Die Alte erzählte weiter, wie sie mit dem lieben Zuckerkinde, während des Ankleidens dies und jenes gesprochen, wie sie an den seligen Herrn Tyß, an das schöne Leben, das sonst im Hause geführt worden, gedacht und wie sie zuletzt auf ihre verstorbene Verwandten gekommen.

»Sie wissen«, so sprach die Alte, »Sie wissen, lieber Herr Tyß, dass mir nichts über meine selige Frau Muhme, die Kattundruckerfrau geht. Sie war in Mainz und ich glaube gar, auch in Indien gewesen und konnte französisch beten und singen. Habe ich dieser Frau Muhme den unchristlichen Namen Aline zu verdanken, so will ich ihr das gern im Grabe verzeihen, da ich, was die feine Lebensart, die Manierlichkeit, den Verstand die Worte hübsch zu setzen, allein von ihr profitiert habe. Als ich nun recht viel von der Frau Muhme erzählte, fragte die kleine Prinzessin nach meinen Eltern, Großeltern und immer so weiter und weiter in die Familie hinein. Ich schüttete mein Herz aus, ich sprach ganz ohne Rückhalt davon, dass meine Mutter beinahe ebenso schön gewesen sei, als ich, wiewohl ich sie, in Ansehung der Nase übertreffe die vom Vater abstamme und überhaupt nach der Form in der Familie gebräuchlich sei, schon seit Menschengedenken. Da kam ich denn auch auf die Kirchweihe zu reden, als ich den Deutschen tanzte mit dem Sergeanten Häberpiep und die himmelblauen Strümpfe angezogen hatte mit den roten Zwickeln. – Nun! lieber Gott, wir sind alle schwache, sündige Menschen. – Doch Herr Tyß, Sie sollten nun selbst gesehen haben, wie die kleine Prinzess, die erst gekickert und gelacht hatte, dass es eine Lust war, immer stiller und stiller wurde und mich anstarrte mit solchen seltsamen Blicken, dass mir in der Tat ganz graulich zu Mute wurde. – Und, denken Sie sich, Herr Tyß, plötzlich, ehe ich mir's versehen, liegt die kleine Prinzess vor mir auf den Knien und will mir durchaus die Hand küssen, und ruft: ›Ja, du bist es, nun erst erkenne ich dich, ja du bist es selbst!‹ – Und als ich nun ganz erstaunt frage, was das heißen soll –«

Die Alte stockte, und als Peregrinus in sie drang, doch nur weiterzureden, nahm sie ganz ernst und bedächtig eine große Prise und sprach: »Wirst es zeitig genug erfahren, mein Söhnchen, was sich nun weiter begab. Jedes Ding hat seine Zeit und seine Stunde!«

Peregrinus wollte eben noch schärfer in die Alte dringen, ihm mehr zu sagen, als diese in ein gellendes Gelächter ausbrach. Peregrinus mahnte sie mit finstrem Gesicht daran, dass sein Zimmer eben nicht der Ort sei, wo sie mit ihm Narrenspossen treiben dürfe. Doch die Alte schien, beide Fäuste in die Seiten stemmend, ersticken zu wollen. Die brennend rote Farbe des Antlitzes ging über in ein angenehmes Kirschbraun, und Peregrinus stand im Begriff der Alten ein volles Glas Wasser ins Gesicht zu gießen, als sie zu Atem kam und die Sprache wiedergewann. »Soll«, sprach sie, »soll man nicht lachen über das kleine närrische Ding. – Nein, solche Liebe gibt es gar nicht mehr auf Erden! – Denken Sie sich Herr Tyß –« die Alte lachte aufs neue, dem Peregrinus wollte die Geduld ausgehen. Endlich brachte er dann mit Mühe heraus, dass die kleine Prinzess in dem Wahn stehe, dass er, Herr Peregrinus Tyß, durchaus die Alte heiraten wolle, und dass sie, die Alte, ihr aufs feierlichste versprechen müssen, seine Hand auszuschlagen. –

Dem Peregrinus war es, als sei er in ein böses Hexenwesen verflochten und es wurde ihm so unheimlich zu Mute, dass ihm selbst die alte ehrliche Aline ein gespenstiges Wesen bedünken wollte, dem er nicht schnell genug entfliehen könne.

Die Alte ließ ihn nicht fort, weil sie ihm noch ganz geschwind etwas vertrauen müsse, was die kleine Prinzess angehe.

»Es ist«, sprach die Alte vertraulich, »es ist nun gewiss, dass Ihnen, lieber Herr Peregrinus, der schöne leuchtende Glücksstern aufgegangen, aber es bleibt nun Ihre Sache, sich den Stern günstig zu erhalten. Als ich der Kleinen beteuerte, dass Sie ganz erstaunlich in sie verliebt und weit entfernt wären, mich heiraten zu wollen, meinte sie, dass sie sich nicht eher davon überzeugen und Ihnen ihre schöne Hand reichen könne, bis Sie ihr einen Wunsch gewährt, den sie schon lange im tiefsten Herzen trage. Die Kleine behauptet, Sie hätten einen kleinen allerliebsten Negerknaben bei sich aufgenommen, der aus ihrem Dienste entlaufen; ich habe dem zwar widersprochen, sie behauptet aber der Bube sei so winzig klein, dass er in einer Nussschale wohnen könne. Diesen Knaben nun –«

»Daraus wird nichts«, fuhr Peregrinus, der längst wusste, wo die Alte hinauswollte, heftig auf und verließ stürmisch Zimmer und Haus.

Es ist eine alte hergebrachte Sitte, dass der Held der Geschichte, ist er von heftiger Gemütsbewegung ergriffen, hinausläuft in den Wald oder wenigstens in das einsam gelegene Gebüsch. Die Sitte ist darum gut, weil sie im Leben wirklich herrscht. Hiernach konnt es sich aber mit Herrn Peregrinus Tyß nicht anders begeben, als dass er von seinem Hause auf dem Rossmarkt aus so lange in einem Strich fortrannte, bis er die Stadt hinter sich und ein nahe gelegenes Gebüsch erreicht hatte. Da es ferner in einer romanhaften Historie keinem Gebüsch an rauschenden Blättern, seufzenden, lispelnden Abendlüften, murmelnden Quellen, geschwätzigen Bächen u. s. w. fehlen darf, so ist zu denken, dass Peregrinus das alles an seinem Zufluchtsorte fand. Auf einen bemoosten Stein, der zur Hälfte im spiegelhellen Bache lag, dessen Wellen kräuselnd um ihn her plätscherten, ließ sich Peregrinus nieder, mit dem festen Vorsatz, die seltsamen Abenteuer des Augenblicks überdenkend, den Ariadnen-Faden zu suchen und zu finden, der ihm den Rückweg aus dem Labyrinth der wunderlichsten Rätsel zeigen sollte.

Es mag wohl sein, dass das in abgemessenen Pausen wiederkehrende Geflüster der Büsche, das eintönige Rauschen der Gewässer, das gleichmäßige Klappern einer entfernten Mühle bald sich als Grundton gestaltet, nach dem sich die Gedanken zügeln und formen, so, dass sie nicht mehr ohne Rhythmus und Takt durcheinander brausen, sondern zu deutlicher Melodie werden. So kam denn auch Peregrinus, nachdem er einige Zeit sich an dem anmutigen Orte befunden, zu ruhiger Betrachtung.

»In der Tat«, sprach Peregrinus zu sich selbst, »ein fantastischer Märchenschreiber könnte nicht tollere, verwirrtere Begebenheiten ersinnen, als ich sie in dem geringen Zeitraum von wenigen Tagen wirklich erlebt habe. – Die Anmut, das Entzücken, die Liebe selbst kommt dem einsiedlerischen Misogyn entgegen und ein Blick, ein Wort reicht hin, Flammen in seiner Brust anzufachen, deren Marter er scheute, ohne sie zu kennen! Aber Ort, Zeit, die ganze Erscheinung des fremden verführerischen Wesens ist so geheimnisvoll, dass ein seltsamer Zauber sichtbarlich einzugreifen scheint und nicht lange dauert es, so zeigt ein kleines, winziges, sonst verachtetes Tier, Wissenschaft, Verstand, ja eine wunderbare magische Kraft. Und dieses Tier spricht von Dingen, die allen gewöhnlichen Begriffen unerfasslich sind, auf eine Weise, als sei das alles nur das tausendmal wiederholte Gestern und Heute des gemeinen Lebens hinter der Bratenschüssel und der Weinflasche.

Bin ich dem Schwungrad zu nahe gekommen, das finstre unbekannte Mächte treiben, und hat es mich erfasst in seinen Schwingungen? Sollte man nicht glauben, man müsse über derlei Dinge, wenn sie das Leben durchschneiden, den Verstand verlieren? – Und doch befinde ich mich ganz wohl dabei; ja es fällt mir gar nicht sonderlich mehr auf, dass ein Flohkönig sich in meinen Schutz begeben und dafür ein Geheimnis anvertraut hat, das mir das Geheimnis der innern Gedanken erschließt und so mich über allen Trug des Lebens erhebt. – Wohin – wird, kann aber das alles führen? Wie, wenn hinter dieser wunderlichen Maske eines Flohs ein böser Dämon stäke, der mich verlocken wollte ins Verderben, der darauf ausginge, mir alles Liebesglück, das in Dörtjes Besitz mir erblühen könnte, zu rauben auf schnöde Weise? – Wär es nicht besser sich des kleinen Ungetüms gleich zu entledigen?«

»Das war«, unterbrach Meister Floh das Selbstgespräch des Peregrinus, »das war ein sehr unfeiner Gedanke, Herr Peregrinus Tyß! Glaubt Ihr, dass das Geheimnis, welches ich euch anvertraute, ein geringes ist? Kann euch dies Geschenk nicht als das entscheidendste Kennzeichen meiner aufrichtigen Freundschaft gelten? Schämt euch, dass Ihr so misstrauisch seid! Ihr verwundert euch über den Verstand, über die Geisteskraft eines winzigen sonst verachteten Tierchens, und das zeugt, nehmt es mir nicht übel, wenigstens von der Beschränktheit Eurer wissenschaftlichen Bildung. Ich wollte, Ihr hättet, was die denkende, sich willkürlich bestimmende Seele der Tiere betrifft, den griechischen Philo oder wenigstens des Hieronymi Rorarii Abhandlung: *quod animalia bruta ratione utantur melius homine* oder dessen *oratio pro muribus* gelesen. Oder Ihr wüsstet was Lipsius und der große Leibniz über das geistige Vermögen der Tiere gedacht haben, oder euch wäre bekannt, was der gelehrte tiefsinnige Rabbi Maimonides über die Seele der Tiere gesagt hat. Schwerlich würdet Ihr dann mich meines Verstandes halber für einen bösen Dämon halten, oder gar die geistige Vernunftmasse nach der körperlichen Extension abmessen wollen. Ich glaube, am Ende habt Ihr euch zur scharfsinnigen Meinung des spanischen Arztes Gomez Pereira hingeneigt, der in den Tieren nichts weiter findet, als künstliche Maschinen ohne Denkkraft, ohne Willensfreiheit, die sich willkürlos, automatisch bewegen. Doch nein, für so abgeschmackt will ich euch nicht halten, guter Herr Peregrinus Tyß und fest daran glauben, dass Ihr längst durch meine geringe Person eines Bessern belehrt seid. – Ich weiß ferner nicht recht was Ihr Wunder nennt, schätzbarster Herr Peregrinus, oder auf welche Weise Ihr es vermöget, die Erscheinungen unseres Seins, die wir eigentlich wieder nur selbst sind, da sie uns und wir sie wechselseitig bedingen, in wunderbare und nicht wunderbare zu teilen. Verwundert Ihr euch über etwas deshalb, weil es euch noch nicht geschehen ist, oder weil Ihr den Zusammenhang von Ursache und Wirkung nicht einzusehen wähnt, so zeugt das nur von der natürlichen oder angekränkelten Stumpfheit Eures Blicks, der Eurem Erkenntnisvermögen schadet. Doch – nehmt es nicht übel, Herr Tyß – das Drolligste bei der Sache ist, dass Ihr euch selbst spalten wollt in zwei Teile, von denen einer die so genannten Wunder erkennt und willig glaubt, der andere dagegen, sich über diese Erkenntnis, über diesen Glauben gar höchlich verwundert. Ist es euch wohl jemals aufgefallen, dass Ihr an die Bilder des Traums glaubt?«

»Ich«, unterbrach Peregrinus den kleinen Redner, »ich bitt euch, bester Mann! wie möget Ihr doch vom Traume reden, der nur von irgendeiner Unordnung in unserm körperlichen oder geistigen Organismus herrührt.«

Meister Floh schlug bei diesen Worten des Herrn Peregrinus Tyß ein ebenso feines als höhnisches Gelächter auf.

»Armer«, sprach er hierauf zu dem etwas bestürzten Peregrinus, »armer Herr Tyß, so wenig erleuchtet ist Euer Verstand, dass Ihr nicht das Alberne solcher Meinungen einsehet? Seit der Zeit, dass das Chaos zum bildsamen Stoff zusammengeflossen – es mag etwas lange her sein – formt der Weltgeist alle Gestaltungen aus diesem vorhandenen Stoff und aus diesem geht auch der Traum mit seinen Gebilden hervor. Skizzen von dem was war oder vielleicht noch sein wird, sind diese Gebilde, die der Geist schnell hinwirft zu seiner Lust, wenn ihn der Tyrann, Körper genannt, seines Sklavendienstes entlassen. Doch es ist hier weder Ort noch Zeit, euch zu widerlegen und eines Bessern überzeugen zu wollen; es würde vielleicht auch von gar keinem Nutzen sein. Nur eine einzige Sache möcht ich euch noch entdecken.«

»Sprecht«, rief Peregrinus, »sprecht oder schweigt, lieber Meister, tut das was euch am geratensten dünkt; denn ich sehe genugsam ein, dass Ihr, seid Ihr auch noch so klein, doch unendlich mehr Verstand und tiefe Kenntnis habt. Ihr zwingt mich zum unbedingten Vertrauen, unerachtet ich Eure verblümten Redensarten nicht ganz verstehe.«

»So vernehmt«, nahm Meister Floh wieder das Wort, »so vernehmt denn, dass Ihr in die Geschichte der Prinzessin Gamaheh verflochten seid, auf ganz besondere Weise. Swammerdamm und Leuwenhoek, die Distel Zeherit und der Egelprinz, überdem aber noch der Genius Thetel, alle streben nach dem Besitz der schönen Prinzessin und ich selbst muss gestehen, dass leider meine alte Liebe erwacht und ich Tor genug sein konnte, meine Herrschaft mit der holden Treulosen zu teilen. Doch Ihr, Ihr, Herr Peregrinus, seid die Hauptperson, ohne Eure Einwilligung kann die

686

schöne Gamaheh niemanden angehören. Wollt Ihr den eigentlichen tiefern Zusammenhang der Sache, den ich selbst nicht weiß, erfahren, so müsst Ihr mit Leuwenhoek darüber sprechen, der alles herausgebracht hat und gewiss manches Wort fallen lassen wird, wenn Ihr euch die Mühe nehmen wollt und es versteht, ihn gehörig auszuforschen.«

Meister Floh wollte in seiner Rede fortfahren, als ein Mensch in voller Furie aus dem Gebüsch hervor und auf den Peregrinus losstürzte.

»Ha!«, schrie Georg Pepusch – das war der Mensch – mit wilden Gebärden; »ha, treuloser verräterischer Freund! – Treffe ich dich? – treffe ich dich in der verhängnisvollen Stunde? – Auf denn, durchbohre diese Brust, oder falle von meiner Hand!«

Damit riss Pepusch ein Paar Pistolen aus der Tasche, gab ein Pistol dem Peregrinus in die Hand, und stellte sich mit dem andern in Positur, indem er rief: »Schieße, feige Memme!«

Peregrinus stellte sich, versicherte aber, dass nichts ihn zu dem heillosen Wahnsinn bringen würde, sich mit seinem einzigen Freunde in einen Zweikampf einzulassen ohne die Ursache auch nur zu ahnen. Wenigstens würde er in keinem Fall den Freund zuerst mörderisch angreifen.

Da schlug aber Pepusch ein wildes Gelächter auf und in dem Augenblick schlug auch die Kugel aus dem Pistol, das Pepusch abgedrückt, durch den Hut des Peregrinus. Dieser starrte, ohne den Hut, der zur Erde gefallen, aufzuheben, den Freund an in tiefem Schweigen. Pepusch näherte sich dem Peregrinus bis auf wenige Schritte und murmelte dann dumpf: »Schieße!«

Da drückte Peregrinus das Pistol schnell ab in die Luft.

Laut aufheulend wie ein Rasender, stürzte George Pepusch nun an die Brust des Freundes und schrie mit herzzerschneidendem Ton: »Sie stirbt – sie stirbt aus Liebe zu dir, Unglücklicher! – Eile – rette sie – du kannst es! – rette sie für dich, und mich lass untergehen in wilder Verzweiflung!« –

Pepusch rannte so schnell von dannen, dass Peregrinus ihn sogleich aus dem Gesicht verloren hatte.

Schwer fiel es aber nun dem Peregrinus aufs Herz, dass des Freundes rasendes Beginnen durch irgendetwas Entsetzliches veranlasst sein müsse, das sich mit der holden Kleinen begeben. Schnell eilte er nach der Stadt zurück.

Als er in sein Haus trat, kam ihm die Alte entgegen und jammerte laut, dass die arme schöne Prinzess plötzlich auf das heftigste erkrankt sei und wohl sterben werde; der alte Herr Swammer sei eben selbst nach dem berühmtesten Arzt gegangen, den es in Frankfurt gebe.

Den Tod im Herzen, schlich Peregrinus in Herrn Swammers Zimmer, das ihm die Alte geöffnet. Da lag die Kleine, blass, erstarrt wie eine Leiche auf dem Sofa, und Peregrinus spürte erst dann ihren leisen Atem, als er niedergekniet sich über sie hinbeugte. Sowie Peregrinus die eiskalte Hand der Armen fasste, spielte ein schmerzliches Lächeln um ihre bleichen Lippen und sie lispelte: »Bist du es, mein süßer Freund? – Kommst du her, noch einmal die zu sehen, die dich so unaussprechlich liebt? – Ach! die eben deshalb stirbt, weil sie ohne dich nicht zu atmen vermag!«

Peregrinus, ganz aufgelöst im herbsten Weh, ergoss sich in Beteurungen seiner zärtlichsten Liebe und wiederholte, dass nichts in der Welt ihm so teuer sei, um es nicht der Holden zu opfern. Aus den Worten wurden Küsse, aber in diesen Küssen wurden wiederum wie Liebeshauch Worte vernehmbar.

»Du weißt«, so mochten diese Worte lauten, »du weißt, mein Peregrinus, wie sehr ich dich liebe. Ich kann dein sein, du mein, ich kann gesunden auf der Stelle, erblüht wirst du mich sehen in frischem jugendlichem Glanz wie eine Blume, die der Morgentau erquickt und die nun freudig das gesenkte Haupt emporhebt – aber – gib mir den Gefangenen heraus, mein teurer, geliebter Peregrinus, sonst siehst du mich vor deinen Augen vergehen in namenloser Todesqual! – Peregrinus – ich kann nicht mehr – es ist aus –«

Damit sank die Kleine, die sich halb aufgerichtet hatte, in die Kissen zurück, ihr Busen wallte wie im Todeskampf stürmisch auf und nieder, blauer wurden die Lippen, die Augen schienen zu brechen. – In wilder Angst griff Peregrinus nach der Halsbinde, doch von selbst sprang Meister Floh auf den weißen Hals der Kleinen, indem er mit dem Ton des tiefsten Schmerzes rief: »Ich bin verloren!«

Peregrinus streckte die Hand aus, den Meister zu fassen; plötzlich war es aber, als hielte eine unsichtbare Macht seinen Arm zurück und ganz andere Gedanken als die, welche ihn bis jetzt erfüllt, gingen ihm durch den Kopf.

»Wie«, dachte er, »weil du ein schwacher Mensch bist, der sich hingibt in toller Leidenschaft, der im Wahnsinn aufgeregter Begier das für Wahrheit nimmt, was doch nur lügnerischer Trug sein kann, darum willst du den treulos verraten, dem du deinen Schutz zugesagt? Darum willst du ein freies harmloses Völklein in Fesseln ewiger Sklaverei schmieden, darum den Freund, den du als den einzigen befunden, dessen Worte mit den Gedanken stimmen, rettungslos verderben? – Nein – nein, ermanne dich, Peregrinus! – lieber den Tod leiden als treulos sein!«

»Gib – den – Gefangenen – ich sterbe!« – So stammelte die Kleine mit verlöschender Stimme.

»Nein«, rief Peregrinus, indem er in heller Verzweiflung die Kleine in die Arme fasste, »nein – nimmermehr, aber lass mich mit dir sterben!«

In dem Augenblick ließ sich ein durchdringender harmonischer Laut hören, als würden kleine Silberglöckchen angeschlagen; Dörtje plötzlich frischen Rosenschimmer auf Lipp' und Wangen, sprang auf vom Sofa und hüpfte, in ein konvulsivisches Gelächter ausbrechend, im Zimmer umher. Sie schien vom Tarantelstich getroffen.

Entsetzt betrachtete Peregrinus das unheimliche Schauspiel und ein Gleiches tat der Arzt, der ganz versteinert in der Türe stehen blieb und dem Herrn Swammer, der ihm folgen wollte, den Eingang versperrte.

Sechstes Abenteuer

Seltsames Beginnen reisender Gaukler in einem Weinhause nebst hinlänglichen Prügeln. Tragische Geschichte eines Schneiderleins zu Sachsenhausen. Wie George Pepusch ehrsame Leute in Staunen setzt. Das Horoskop. Vergnüglicher Kampf bekannter Leute im Zimmer Leuvenhoeks.

Alle Vorübergehende blieben stehen, reckten die Hälse lang aus und kuckten durch die Fenster in die Weinstube hinein. Immer dichter wälzte sich der Haufe heran, immer ärger stieß und drängte sich alles durcheinander, immer toller wurde das Gewirre, das Gelächter, das Toben, das Jauchzen. Diesen Rumor verursachten zwei Fremde, die sich in der Weinstube eingefunden, und die, außerdem, dass ihre Gestalt, ihr Anzug, ihr ganzes Wesen etwas ganz Fremdartiges in sich trug, das widerwärtig war und lächerlich zu gleicher Zeit, solche wunderliche Künste trieben, wie man sie noch niemals gesehen hatte. Der eine, ein alter Mensch von abscheulichem schmutzigem Ansehen, war in einen langen sehr engen Überrock von fahlschwarzem glänzendem

Zeuge gekleidet. Er wusste sich bald lang und dünn zu machen, bald schrumpfte er zu einem kurzen dicken Kerl zusammen und es war seltsam, dass er sich dabei ringelte wie ein glatter Wurm. Der andere hochfrisiert, im bunten seidnen Rock, ebensolchen Unterkleidern, großen silbernen Schnallen, einem Petit Maitre aus der letzten Hälfte des vorigen Jahrhunderts gleichend, flog dagegen ein Mal über das andere hoch hinauf an die Stubendecke und ließ sich sanft wieder herab, indem er mit heiterer Stimme misstönende Lieder in gänzlich unbekannter Sprache trällerte.

Nach der Aussage des Wirts waren beide, einer kurz auf den andern als ganz vernünftige bescheidene Leute in die Stube hineingetreten und hatten Wein gefordert. Dann blickten sie sich schärfer und schärfer ins Antlitz und fingen an zu diskurieren. Unerachtet ihre Sprache allen Gästen unverständlich war, so zeigte doch Ton und Gebärde, dass sie in einem Zank begriffen, der immer heftiger wurde.

Plötzlich standen sie in ihre jetzige Gestalt verwandelt da und begannen das tolle Wesen zu treiben, das immer mehr Zuschauer herbeilockte.

»Der Mensch«, rief einer von den Zuschauern, »der Mensch, der so schön auf und nieder fliegt, das ist ja wohl der Uhrmacher Degen aus Wien, der die Flugmaschine erfunden hat und damit ein Mal übers andre aus der Luft hinabpurzelt auf die Nase?« – »Ach nein«, erwiderte ein anderer, »das ist nicht der Vogel Degen. Eher würd ich glauben, es wäre das Schneiderlein aus Sachsenhausen, wüsst ich nicht, dass das arme Ding verbrannt ist.« –

Ich weiß nicht, ob der geneigte Leser die merkwürdige Geschichte von dem Schneiderlein aus Sachsenhausen kennt? – Hier ist sie:

Geschichte des Schneiderleins aus Sachsenhausen

Es begab sich, dass ein zartes frommes Schneiderlein zu Sachsenhausen, an einem Sonntage gar schön geputzt mit seiner Frau Liebsten aus der Kirche kam. Die Luft war rau, das Schneiderlein hatte zu Nacht nichts genossen, als ein halbes weichgesottenes Ei und eine Pfeffergurke, morgens aber ein kleines Schälchen Kaffee. Wollte ihm daher flau und erbärmlich zu Mute werden, weil er überdem in der Kirche gar heftig gesungen, und ihm nach einem Magenschnäpschen gelüsten. War die Woche über fleißig gewesen und auch artig gegen die Frau Liebste, der er von den Stücken Zeug die beim Zuschneiden unter die Bank gefallen, einen propren Unterrock gefertigt. Frau Liebste bewilligte also freundlich, dass das Schneiderlein in die Apotheke treten und ein erwärmendes Schnäpschen genießen möge. Trat auch wirklich in die Apotheke und forderte dergleichen. Der ungeschickte Lehrbursche, der allein in der Apotheke zurückgeblieben, da der Rezeptarius, das Subjekt, kurz alle übrigen klügeren Leute fortgegangen, vergriff sich und holte eine verschlossene Flasche vom Repositorio herab, in der kein Magenelixier befindlich, wohl aber brennbare Luft, womit die Luftbälle gefüllt werden. Davon schenkte der Lehrbursche ein Gläschen voll; das setzte das Schneiderlein stracks an den Mund und schlürfte die Luft begierig hinunter, als ein angenehmes Labsal. Wurde ihm aber alsbald gar possierlich zu Mute, war ihm als hätte er ein Paar Flügel an den Achseln oder als spiele jemand mit ihm Fangball. Denn ellenhoch und immer höher musste er in der Apotheke aufsteigen und niedersinken. »Ei Jemine, Jemine«, rief er, »wie bin ich doch solch ein flinker Tänzer geworden!« – Aber dem Lehrburschen stand das Maul offen vor lauter Verwunderung. Geschah nun, dass jemand die Türe rasch aufriss, sodass das Fenster gegenüber aufsprang. Strömte alsbald ein starker Luftzug durch die Apotheke, erfasste das Schneiderlein und schnell wie der Wind war es fort durch das offne Fenster in alle Lüfte; niemand hat es wiedergesehen. Begab sich nach mehrerer Zeit, dass die Sachsenhäuser zur Abendzeit hoch in den Lüften eine Feuerkugel erblickten, die mit blendendem Glanz die ganze Gegend erleuchtete und dann verlöschend zur Erde hinabfiel. Wollten alle wissen, was zur Erde gefallen, liefen hin an den Ort, fanden aber nichts als ein kleines Klümpchen Asche; dabei aber den Dorn einer Schuhschnalle, ein Stückchen eiergelben Atlas mit bunten Blumen und ein schwarzes Ding, das beinahe anzusehen war, wie ein Stockknopf von schwarzem Horn. Haben alle darüber nachgedacht, wie solche Sachen in einer Feuerkugel aus dem Himmel fallen mögen. Da ist aber die Frau Liebste des entfahrnen Schneiderleins dazugekommen und als diese die gefundenen Sachen erblickt, hat sie die Hände gerungen, gar erbärmlich getan und geschrien: »Ach Jammer, das ist meines Liebsten Schnallendorn; ach Jammer, das ist meines Liebsten Sonntagsweste, ach Jammer, das ist meines Liebsten Stockknopf!« Hat aber ein großer Gelehrter erklärt, der Stockknopf sei kein Stockknopf, sondern ein Meteorstein oder ein missratener Weltkörper. Ist nun aber auf diese Weise den Sach-

senhäusern und aller Welt kund worden, dass das arme Schneiderlein, dem der Apothekerbursche brennbare Luft gegeben statt
Magenschnaps, in den hohen Lüften verbrannt und herun-
tergesunken ist zur Erde als Meteorstein oder missratner Weltkörper.

Ende der Geschichte von dem Schneiderlein aus
Sachsenhausen

Der Kellner wurde endlich ungeduldig, dass der wunderliche
Fremde nicht aufhörte sich groß und klein zu machen, ohne auf
ihn zu achten und hielt ihm die Flasche Burgunder, die er bestellt
hatte, dicht unter die Nase. Sogleich sog sich der Fremde an der
Flasche fest und ließ nicht nach, bis der letzte Tropfen einge-
schlürft war. Dann fiel er wie ohnmächtig in den Lehnsessel und
konnte sich nur ganz schwach regen.

Die Gäste hatten mit Erstaunen gesehen, wie er während des
Trinkens immer mehr aufgeschwollen und nun ganz dick und
unförmlich erschien. Des andern Flugwerk schien nun auch zu
stocken, er wollte sich keuchend und ganz außer Atem niederlassen; als er aber gewahrte, dass sein Gegner halb tot dalag, sprang er
schnell auf ihn zu und begann ihn mit geballter Faust derb abzu-
bleuen.

Da riss ihn aber der Hauswirt zurück und erklärte, dass er ihn
gleich zum Hause hinauswerfen werde, wenn er nicht Ruhe halte.
Wollten sie beide ihre Taschenspielerkünste zeigen, so möchten
sie das tun, jedoch ohne sich zu zanken und zu prügeln, wie
gemeines Volk. –

Den Flugbegabten schien es etwas zu verschnupfen, dass der
Wirt ihn für einen Taschenspieler hielt. Er versicherte, dass er
nichts weniger sei, als ein schnöder Gaukler, der lose Künste
treibe. Sonst habe er die Ballettmeisterstelle bei dem Theater eines
berühmten Königs bekleidet, jetzt privatisiere er als schöner Geist
und heiße wie es sein Metier erfordere, nämlich Legenie. Habe er
im gerechten Zorn über den fatalen Menschen dort etwas höher
gesprungen, als gebührlich, so sei das seine Sache und gehe niemanden etwas an.

Der Wirt meinte, dass das alles noch keine Prügelei rechtfertige;
der schöne Geist erwiderte indessen, dass der Wirt den boshaften
hinterlistigen Menschen nur nicht kenne, da er ihm sonst einen
zerbleuten Rücken recht herzlich gönnen würde. Der Mensch sei

nämlich ehemals französischer Douanier gewesen, nähre sich jetzt vom Aderlassen, Schröpfen und Barbieren und heiße Monsieur Egel. Ungeschickt, tölpisch, gefräßig, sei er jedem zur Last. Nicht genug dass der Taugenichts überall wo er mit ihm zusammentreffe, so wie es eben jetzt geschehen, ihm den Wein vor dem Maule wegsaufe, so führe er auch, der Verruchte, jetzt nichts Geringeres im Schilde als ihm die schöne Braut wegzukapern, die er aus Frankfurt heimzuführen gedenke.

Der Douanier hatte alles gehört, was der schöne Geist vorgebracht; er blitzte ihn an mit den kleinen, giftiges Feuer sprühenden Augen und sprach dann zum Wirt: »Glaubt doch, Herr Wirt! nichts von dem allem, was der Galgenschwengel, der unnütze Haselant dort hergeplappert.

Fürwahr ein schöner Ballettmeister, der mit seinen Elefantenfüßen den zarten Tänzerinnen die Beine zerquetscht und bei der Pirouette dem Maitre des Spektakels an der Kulisse einen Backzahn aus dem Kinnbacken, und den Opernkucker vom Auge wegschlägt! – Und seine Verse, die haben ebensolche plumpe Füße wie er selbst und taumeln hin und her wie Betrunkene und treten die Gedanken zu Brei. Und da denkt der einbildische Faselhans, weil er zuweilen schwerfällig durch die Lüfte flattert, wie ein verdrossener Gänserich, müsste die Schönste seine Braut sein.«

Der schöne Geist schrie: »Du tückischer Satanswurm, sollst den Schnabel des Gänserichts fühlen!« und wollte von neuem in voller Furie auf den Douanier los; der Wirt erfasste ihn aber von hinten mit starken Armen und warf ihn unter dem unaussprechlichsten Jubel des versammelten Haufens, zum Fenster hinaus.

Sowie nun der schöne Geist von hinnen war, hatte Monsieur Egel sogleich wieder die solide schlichte Gestalt angenommen, in der er hereingetreten war. Die Leute draußen hielten ihn für einen ganz andern, als den, der sich so auseinanderzuschrauben gewusst hatte und zerstreuten sich. Der Douanier dankte dem Wirt in den verbindlichsten Ausdrücken für die Hülfe, die er ihm gegen den schönen Geist geleistet, und erbot sich, um diese dankbare Gesinnung recht an den Tag zu legen, den Wirt, ohne irgendeine Gratifikation, auf eine solche leichte angenehme Weise zu rasieren, wie er es in seinem Leben noch nicht empfunden. Der Wirt fasste sich an den Bart und da es in dem Augenblick ihm vorkam, als wüchsen ihm die Haare lang und stachelicht heraus, so ließ er sich Monsieur Egels Vorschlag gefallen. Der Douanier begann auch das Geschäft mit geschickter leichter Hand zu besorgen, doch plötzlich schnitt er dem Wirt so derb in die Nase, dass die hellen Blutstropfen hervorquollen. Der Wirt, dies für tückische Bosheit haltend, sprang wütend auf, packte den Douanier und er flog ebenso schnell und behände zur Türe hinaus, als der schöne Geist durchs Fenster. Bald darauf entstand auf dem Hausflur ein unziemlicher Lärm, der Wirt nahm sich kaum Zeit, die wunde Nase sattsam mit Feuerschwamm zu mappieren und rannte hinaus, um nachzusehen, welch ein Satan den neuen Rumor errege.

Da erblickte er zu seiner nicht geringen Verwunderung einen jungen Menschen, der mit einer Faust den schönen Geist, mit der andern aber den Douanier bei der Brust gepackt hatte, und indem seine glühenden Augen wild rollten, wütend schrie: »Ha, satanische Brut, du sollst mir nicht in den Weg treten, du sollst mir meine Gamaheh nicht rauben!« Dazwischen kreischten der schöne Geist und der Douanier: »Ein wahnsinniger Mensch rettet – rettet uns Herr Wirt! – Er will uns ermorden – er misskennt uns!« – »Ei«, rief der Wirt, »ei lieber Herr Pepusch, was fangen Sie denn an? Sind Sie von diesen wunderlichen Leuten beleidigt worden? Irren Sie sich vielleicht in den Personen? Dies ist der Ballettmeister Herr Legenie und dieser der Douanier, Monsieur Egel.« »Ballettmeister Legenie? – Douanier Egel?« wiederholte Pepusch mit dumpfer Stimme. Er schien aus einem Traum erwachend, sich auf sich selbst besinnen zu müssen. Indessen waren auch zwei ehrsame Bürgersleute aus der Stube getreten, die den Herrn George Pepusch ebenfalls kannten und die ihm auch zuredeten, ruhig zu bleiben und die schnackischen fremden Leute gehen zu lassen.

Noch einmal wiederholte Pepusch: »Ballettmeister Legenie? – Douanier Egel?« und ließ die Arme kraftlos herabsinken. Mit Windesschnelle waren die Freigelassenen fort und manchem auf der Straße wollt es auffallen, dass der schöne Geist über das Dach des gegenüberstehenden Hauses hinwegflog, der Bartscherer sich aber in dem Schlammwasser verlor, das gerade vor der Türe zwischen den Steinen sich gesammelt hatte.

Die Bürgersleute nötigten den ganz verstörten Pepusch in die Stube zu treten und mit ihnen eine Flasche echten Niersteiner zu trinken. Pepusch ließ sich das gefallen und schien auch den edlen Wein mit Lust und Appetit hinunterzuschlürfen, wiewohl er ganz stumm und starr dasaß und auf alles Zureden kein Wörtchen erwiderte. Endlich erheiterten sich seine Züge und er sprach ganz leutselig: »Ihr tatet gut, ihr lieben Leute und freundlichen

Kumpane, dass ihr mich abhieltet, diese Elenden, die sich in meiner Gewalt befanden, auf der Stelle zu töten. Aber ihr wisst nicht, was für bedrohliche Geschöpfe sich hinter diesen wunderlichen Masken versteckt hatten.« –

Pepusch hielt inne und man kann denken, mit welcher gespannten Neugier die Bürgersleute aufhorchten, was nun Pepusch entdecken würde. Auch der Wirt hatte sich genähert und alle drei, die Bürgersleute und der Wirt steckten nun, indem sie sich mit übereinander geschlagenen Armen über den Tisch lehnten, die Köpfe dicht zusammen, und hielten den Atem an, dass ja kein Laut aus Pepuschens Munde verloren gehen möge.

»Seht«, sprach Herr George Pepusch weiter, ganz leise und feierlich, »seht ihr guten Männer, der, den ihr den Ballettmeister Legenie nennt, ist kein anderer, als der böse, ungeschickte Genius Thetel, der, den ihr für den Douanier Egel haltet ist aber der abscheuliche Blutsauger, der hässliche Egelprinz. Beide sind in die Prinzessin Gamaheh, die wie es euch bekannt sein wird, die schöne herrliche Tochter des mächtigen Königs Sekakis ist, verliebt und sind hier, um sie der Distel Zeherit abspenstig zu machen. Das ist nun die albernste Torheit, die nur in einem dummen Gehirn hausen kann, denn außer der Distel Zeherit, gibt es in der ganzen Welt nur noch ein einziges Wesen, dem die schöne Gamaheh angehören darf, und dieses Wesen wird vielleicht auch ganz vergeblich in den Kampf treten, mit der Distel Zeherit. Denn bald blühet die Distel um Mitternacht auf, in voller Pracht und Kraft und in dem Liebestod dämmert die Morgenröte des höhern Lebens. – Ich selbst bin aber die Distel Zeherit und eben daher könnet ihr mir's nicht verdenken, ihr guten Leute, wenn ich ergrimmt bin auf jene Verräter und mir überhaupt die ganze Geschichte gar sehr zu Herzen nehme.«

Die Leute rissen die Augen weit auf und glotzten den Pepusch sprachlos an mit offnem Munde. Sie waren, wie man zu sagen pflegt, aus den Wolken gefallen und der Kopf dröhnte ihnen, vom jähen Sturz.

Pepusch stürzte einen großen Römer Wein hinunter, und sprach dann, sich zum Wirt wendend: »Ja ja, Herr Wirt, bald werdet Ihr's erleben, bald blühe ich als *Cactus grandiflorus* und in der ganzen Gegend wird es unmenschlich nach der schönsten Vanille riechen; Ihr könnet mir das glauben.«

Der Wirt konnte nichts herausbringen, als ein dummes: »Ei das wäre der Tausend!« Die andern beiden Männer warfen sich aber bedenkliche Blicke zu, und einer sprach, indem er Georgs Hand fasste, mit zweideutigem Lächeln: »Sie scheinen etwas in Unruhe geraten zu sein, lieber Herr Pepusch, wie wär es wenn Sie ein Gläschen Wasser –«

»Keinen Tropfen«, unterbrach Pepusch den gut gemeinten Rat, »keinen Tropfen; hat man jemals Wasser in siedendes Öl gegossen, ohne die Wut der Flammen zu reizen? – In Unruhe sei ich, meint Ihr, geraten? In der Tat, das mag der Fall sein und der Teufel ruhig bleiben, wenn er sich, so wie ich es eben getan, mit dem Herzensfreunde herumgeschossen und dann sich selbst eine Kugel durchs Gehirn gejagt! – Hier! – in Eure Hände liefere ich die Mordwaffen, da nun alles vorbei ist.«

Pepusch riss ein Paar Pistolen aus der Tasche, der Wirt prallte zurück, die beiden Bürgersleute griffen darnach und brachen, sowie sie die Mordwaffe in Händen hatten, aus in ein unmäßiges Gelächter. – Die Pistolen waren von Holz, ein Kinderspielzeug vom Christmarkt her.

Pepusch schien gar nicht zu bemerken was um ihn her vorging; er saß da in tiefen Gedanken und rief dann ein Mal übers andre: »Wenn ich ihn nur finden könnte, wenn ich ihn nur finden könnte!« –

Der Wirt fasste Herz und fragte bescheiden: »Wen meinen Sie eigentlich, bester Herr Pepusch, wen können Sie nicht finden?«

»Kennt Ihr«, sprach Pepusch feierlich, indem er den Wirt scharf ins Auge fasste, »kennt Ihr einen, der dem Könige Sekakis zu vergleichen an Macht und wunderbarer Kraft, so nennt seinen Namen und ich küsse euch die Füße! – Doch wollt ich übrigens euch fragen, ob Ihr jemanden wisst, der den Herrn Peregrinus Tyß kennt, und mir sagen kann, wo ich ihn in diesem Augenblick treffen werde?«

»Da«, erwiderte freundlich schmunzelnd der Wirt, »da kann ich dienen, verehrtester Herr Pepusch und Ihnen berichten, dass der gute Herr Tyß sich erst vor einer Stunde hier befand und ein Schüppchen Würzburger zu sich nahm. Er war sehr in Gedanken, und rief plötzlich, als ich bloß erwähnte, was die Börsenhalle Neues gebracht: ›Ja süße Gamaheh! – ich habe dir entsagt! – Sei glücklich in meines Georgs Armen!‹ – Dann sprach eine feine kuriose Stimme: ›Lasst uns jetzt zum Leuwenhoek gehen und ins Horoskop kucken!‹ – Sogleich leerte Herr Tyß eiligst das Glas und machte sich samt der Stimme ohne Körper von dannen; wahrscheinlich sind beide, die Stimme und Herr Tyß, zum Leuwenhoek gegangen, der sich im Lamento befindet, weil ihm sämtliche abgerichtete Flöhe krepiert sind.«

Da sprang George in voller Furie auf, packte den Wirt bei der Kehle, und schrie: »Halunkischer Egelsbote, was sprichst du? – Entsagt? – ihr entsagt – Gamaheh – Peregrinus – Sekakis?«–

– Des Wirts Erzählung war ganz der Wahrheit gemäß; den Meister Floh hatte er vernommen, der den Herrn Peregrinus Tyß mit feiner Silberstimme aufforderte, zum Mikroskopisten Leuwenhoek zu gehen, der geneigte Leser weiß bereits, zu welchem Zweck. Peregrinus begab sich auch wirklich auf den Weg dahin.

Leuwenhoek empfing den Peregrinus mit süßlicher widerwärtiger Freundlichkeit und mit jenem demütigen Komplimentenwesen, in dem sich das lästige, erzwungene Anerkenntnis der Superiorität ausspricht. Da aber Peregrinus das mikroskopische Glas in der Pupille hatte, so half dem Herrn Anton von Leuwenhoek alle Freundlichkeit, alle Demut ganz und gar nichts, vielmehr erkannte Peregrinus alsbald den Missmut, ja den Hass, der des Mikroskopisten Seele erfüllte.

Während er versicherte, wie sehr ihn des Herrn Tyß Besuch ehre und erfreue, lauteten die Gedanken: »Ich wollte, dass dich der schwarz gefiederte Satan zehntausend Klafter tief in den Abgrund schleudere, aber ich muss freundlich und unterwürfig gegen dich tun, da die verfluchte Konstellation mich unter deine Herrschaft gestellt hat und mein ganzes Sein in gewisser Art von dir abhängig ist. – Doch werde ich dich vielleicht überlisten können, denn trotz deiner vornehmen Abkunft, bist du doch ein einfältiger Tropf. – du glaubst, dass die schöne Dörtje Elwerdink dich liebt und willst sie vielleicht gar heiraten? – Wende dich nur deshalb an mich, denn fällst du doch trotz der Macht, die dir inwohnt, ohne dass du es weißt, in meine Hand und ich werde alles anwenden, dich zu verderben und der Dörtje so wie des Meisters Floh habhaft zu werden.«

Natürlicherweise richtete Peregrinus sein Betragen nach diesen Gedanken ein und hütete sich wohl der schönen Dörtje Elwerdink auch nur mit einem Worte zu erwähnen, vielmehr gab er vor, gekommen zu sein, Herrn von Leuwenhoeks gesammelte naturhistorische Merkwürdigkeiten in Augenschein zu nehmen.

Während nun Leuwenhoek die großen Schränke öffnete, sagte Meister Floh dem Peregrinus ganz leise ins Ohr, dass auf dem Tische am Fenster, sein (des Peregrinus) Horoskop liege. Peregrinus näherte sich behutsam und blickte scharf hin. Da sah er nun zwar allerlei Linien, die sich mystisch durchkreuzten und andere wunderbare Zeichen; da es ihm indessen an astrologischer Kenntnis gänzlich mangelte, so konnte er so scharf hinblicken, als er nur wollte, alles blieb ihm doch undeutlich und verworren. Seltsam schien es ihm nur, dass er den roten glänzenden Punkt in der Mitte der Tafel, auf der das Horoskop entworfen, ganz deutlich für sein Selbst anerkennen musste. Je länger er den Punkt anschaute, desto mehr gewann er die Gestalt eines Herzens, desto brennender rötete er sich; doch funkelte er nur wie durch Gespinst, womit er umzogen.

Peregrinus merkte wohl, wie Leuwenhoek sich mühte, ihn von dem Horoskop abzuziehen und beschloss ganz vernünftig, seinen freundlichen Feind, ohne alle weitere Umschweife geradezu um die Bedeutung der geheimnisvollen Tafel zu befragen, da er nicht Gefahr laufe, belogen zu werden.

Leuwenhoek versicherte, hämisch lächelnd, dass ihm nichts größere Freude verursachen könne, als seinem hochverehrtesten Freunde die Zeichen auf der Tafel, die er selbst nach seiner geringen Kenntnis von solchen Sachen entworfen, zu erklären.

Die Gedanken lauteten: »Hoho! willst du da hinaus mein kluger Patron? Fürwahr, Meister Floh hat dir gar nicht übel geraten! Ich selbst soll die geheimnisvolle Tafel erklärend, dir vielleicht auf die Sprünge helfen, rücksichts der magischen Macht deiner werten Person? – Ich könnte dir was vorlügen, doch was könnte das nützen, da du, wenn ich dir auch die Wahrheit sage, doch kein Jota von allem verstehst, sondern dumm bleibst, wie vorher. Aus purer Bequemlichkeit und um mich nicht mit neuer Erfindung in Unkosten zu setzen, will ich daher von den Zeichen der Tafel so viel sagen, als mir gerade gut dünkt.«

Peregrinus wusste nun, dass er zwar nicht alles erfahren, jedoch wenigstens nicht belogen werden würde.

Leuwenhoek brachte die Tafel auf das einer Staffelei ähnliche Gestell, welches er aus einem Winkel in die Mitte des Zimmers hervorgerückt hatte. Beide, Leuwenhoek und Peregrinus setzten sich vor die Tafel hin und betrachteten sie stillschweigend.

»Ihr ahnet«, begann endlich Leuwenhoek mit einiger Feierlichkeit, »Ihr ahnet vielleicht nicht, Peregrinus Tyß, dass jene Züge, jene Zeichen auf der Tafel, die Ihr so aufmerksam betrachtet, Euer eignes Horoskop sind, das ich mit geheimnisvoller astrologischer Kunst, unter günstigem Einfluss der Gestirne, entworfen. – ›Wie kommt Ihr zu solcher Anmaßung, wie mögt Ihr eindringen in die Verschlingungen meines Lebens, wie mein Geschick enthüllen wollen?‹ So könntet Ihr mich fragen, Peregrinus und hättet vollkommenes Recht dazu, wenn ich euch nicht sogleich meinen innern Beruf dazu nachzuweisen im Stande wäre. Ich weiß nicht ob Ihr vielleicht den berühmten Rabbi, Isaac Ben Harravad gekannt, oder wenigstens von ihm gehört habt.* Unter andern tiefen Kenntnissen, besaß Rabbi Harravad die seltene Gabe, den Menschen es am Gesicht anzusehen, ob ihre Seele schon früher einen andern Körper bewohnt oder ob solche für gänzlich frisch und neu zu achten. Ich war noch sehr jung, als der alte Rabbi starb an einer Unverdaulichkeit, die er sich durch ein schmackhaftes Knoblauchgericht zugezogen. Die Juden liefen mit der Leiche so schnell von dannen, dass der Selige nicht Zeit hatte, alle seine Kenntnisse und Gaben, die die Krankheit auseinander gestreut, zusammenzuraffen und mitzunehmen. Lachende Erben teilten sich darin, ich aber hatte jene wunderbare Sehergabe in dem Augenblick weggefischt, als sie auf der Spitze des Schwerts schwebte, das der Todesengel auf die Brust des alten Rabbi setzte. So ist aber jene wunderbare Gabe auf mich übergegangen, und auch ich erschaue, wie Rabbi Isaac Ben Harravad aus dem Gesicht des Menschen, ob seine Seele schon einen andern Körper bewohnt hat oder nicht. Euer Antlitz, Peregrinus Tyß, erregte mir, als ich es zum ersten Male sah, die seltsamsten Bedenken und Zweifel. *Gewiss* wurde mir die lange Vorexistenz Eurer Seele und doch blieb jede, Euerm jetzigen Leben vorausgegangene Gestaltung völlig dunkel. Ich musste meine Zuflucht zu den Gestirnen nehmen, und Euer Horoskop stellen, um das Geheimnis zu lösen.«

»Und«, unterbrach Peregrinus den Flohbändiger, »und habt Ihr etwas herausgebracht, Herr Leuwenhoek?«

»Allerdings«, erwiderte Leuwenhoek, indem er noch einen feierlichem Ton annahm, »allerdings! Ich habe erkannt, dass das psychische Prinzip, welches jetzt den angenehmen Körper meines werten Freundes, des Herrn Peregrinus Tyß belebt, schon lange vorher existierte, wiewohl nur als Gedanke ohne Bewusstsein der Gestaltung. Schaut hin, Herr Peregrinus, betrachtet aufmerksam den roten Punkt in der Mitte der Tafel. Das seid Ihr nicht allein selbst, sondern der Punkt ist auch die Gestalt, deren sich Euer psychisches Prinzip einst nicht bewusst werden konnte. Als strahlender Karfunkel, lagt Ihr damals im tiefen Schacht der Erde, aber über euch hingestreckt, auf die grüne Fläche des Bodens, schlummerte die holde Gamaheh und nur in jener

---

* Der Rabbi Isaac Ben Harravad lebte zu Ende des zwölften Jahrhunderts. S. *Bartolocci, Biblioth. rabbinica. Tom. III. p. 888.*

Bewusstlosigkeit zerrann auch ihre Gestaltung. Seltsame Linien, fremde Konstellationen durchschneiden nun Euer Leben von dem Zeitpunkt an, als der Gedanke sich gestaltete und zum Herrn Peregrinus Tyß wurde. Ihr seid im Besitz eines Talismans, ohne es zu wissen. Dieser Talisman ist eben der rote Karfunkel; es kann sein, dass der König Sekakis ihn als Edelstein in der Krone trug oder dass er gewissermaßen selbst der Karfunkel war; genug – Ihr besitzt ihn jetzt, aber ein gewisses Ereignis muss hinzutreten, wenn seine schlummernde Kraft erweckt werden soll und mit diesem Erwachen der Kraft Eures Talismans entscheidet sich das Schicksal einer Unglücklichen, die bis jetzt zwischen Furcht und schwankender Hoffnung, ein mühseliges Scheinleben geführt hat. – Ach! nur ein Scheinleben konnte die süße Gamaheh durch die tiefste magische Kunst gewinnen, da der wirkende Talisman uns geraubt war! Ihr allein habt sie getötet, Ihr allein könnet ihr Leben einhauchen, wenn der Karfunkel aufgeglüht ist in Eurer Brust!«

»Und«, unterbrach Peregrinus den Flohbändiger aufs neue, »und jenes Ereignis, wodurch die Kraft des Talismans geweckt werden soll, wisst Ihr mir das zu deuten, Herr Leuwenhoek?«

Der Flohbändiger glotzte den Peregrinus an mit weit aufgerissenen Augen, und sah gerade so aus, wie einer, den plötzlich große Verlegenheit überrascht und der nicht weiß, was er sagen soll. Die Gedanken lauteten: »Wetter, wie ist es gekommen, dass ich viel mehr gesagt habe, als ich eigentlich sagen wollte? Hätte ich wenigstens nicht von dem Talisman das Maul halten sollen, den der glückselige Schlingel im Leibe trägt, und der ihm so viel Macht geben kann über uns, dass wir alle nach seiner Pfeife tanzen müssen? – Und nun soll ich ihm das Ereignis sagen, von dem das Erwachen der Kraft seines Talismans abhängt! – Darf ich ihm denn gestehen, dass ich es selbst nicht weiß, dass alle meine Kunst daran scheitert, den Knoten zu lösen, in den sich alle Linien verschlingen, ja, dass wenn ich dieses siderische Hauptzeichen des Horoskops betrachte, es mir ganz jämmerlich zu Mute wird, und mein ehrwürdiges Haupt mir selbst vorkommt, wie ein bunt bemalter Haubenstock, aus schnöder Pappe gefertigt? – Fern sei von mir solch ein Geständnis, das mich ja herabwürdigen und ihm Waffen gegen mich in die Hände geben würde. Ich will dem Pinsel, der sich so klug dünkt, etwas aufheften, das ihm durch alle Glieder fahren und ihm alle Lust benehmen soll, weiter in mich zu dringen.« –

»Allerliebster«, sprach nun der Flohbändiger, indem er ein sehr bedenkliches Gesicht zog, »allerliebster Herr Tyß, verlangt nicht, dass ich von diesem Ereignis sprechen soll. Ihr wisst, dass das Horoskop uns zwar über das Eintreten gewisser Umstände klar und vollständig belehrt, dass aber, so will es die Weisheit der ewigen Macht, der Ausgang bedrohlicher Gefahr stets dunkel bleibt und hierüber nur zweifelhafte Deutungen möglich und zulässig sind. Viel zu lieb hab ich euch als einen guten vortrefflichen Herzensmann, bester Herr Tyß, um euch vor der Zeit in Unruhe und Angst zu setzen; sonst würde ich euch wenigstens so viel sagen, dass das Ereignis, welches euch das Bewusstsein Eurer Macht geben dürfte, auch in demselben Augenblick die jetzige Gestaltung Eures Seins unter den entsetzlichsten Qualen der Hölle zerstören könnte. – Doch nein! – Auch *das* will ich euch verschweigen und nun kein Wort weiter von dem Horoskop. – Ängstigt euch nur ja nicht, bester Herr Tyß, unerachtet die Sache sehr schlimm steht und ich, nach aller meiner Wissenschaft, kaum einen guten Ausgang des Abenteuers herausdeuten kann. Vielleicht rettet euch doch eine ganz unvermutete Konstellation, die noch jetzt außer dem Bereich der Beobachtung liegt, aus der bösen Gefahr.« –

Peregrinus erstaunte über Leuwenhoeks tückische Falschheit, indessen kam ihm die ganze Lage der Sache, die Stellung, in der Leuwenhoek, ohne es zu wissen, zu ahnen, ihm gegenüberstand, so ungemein ergötzlich vor, dass er sich nicht enthalten konnte in ein schallendes Gelächter auszubrechen.

»Worüber«, fragte der Flohbändiger etwas betreten, »worüber lacht Ihr so sehr, mein wertester Herr Tyß?«

»Ihr tut«, erwiderte Peregrinus noch immer lachend, »Ihr tut sehr klug, Herr Leuwenhoek, dass Ihr mir das bedrohliche Ereignis aus purer Schonung verschweigt. Denn außerdem, dass Ihr viel zu sehr mein Freund seid, um mich in Angst und Schrecken zu setzen, so habt Ihr noch einen andern triftigen Grund dazu, der in nichts anderem besteht, als dass Ihr selbst nicht das mindeste von jenem Ereignisse wisst. Vergebens blieb ja all Euer Mühen, jenen verschlungenen Knoten zu lösen; mit Eurer ganzen Astrologie ist es ja nicht weit her; und wäre euch Meister Floh nicht ohnmächtig auf die Nase gefallen, so stünde es mit all Euren Künsten herzlich schlecht.«

Wut entflammte Leuwenhoeks Antlitz, er ballte die Fäuste, er knirschte mit den Zähnen, er zitterte und schwankte so sehr, dass er vom Stuhle gefallen, hätte ihn nicht Peregrinus beim Arm so fest gepackt, als George Pepusch den unglücklichen Weinwirt bei der Kehle. Diesem Wirt gelang es, sich durch einen geschickten

Seitensprung zu retten. Alsbald flog Pepusch zur Türe hinaus und trat in Leuwenhoeks Zimmer, gerade in dem Augenblick, als Peregrinus ihn auf dem Stuhle festhielt und er grimmig zwischen den Zähnen murmelte: »Verruchter Swammerdamm, hättest *du* mir das getan!«

Sowie Peregrinus seinen Freund Pepusch erblickte, ließ er den Flohbändiger los, trat dem Freunde entgegen und fragte ängstlich, ob denn die entsetzliche Stimmung vorüber, die ihn mit solcher verderblichen Gewalt ergriffen.

Pepusch schien beinahe bis zu Tränen erweicht, er versicherte, dass er zeit seines Lebens nicht so viel abgeschmackte Torheiten begangen, als eben heute, wozu er vorzüglich rechne, dass er, nachdem er sich im Walde eine Kugel durch den Kopf geschossen, in einem Weinhause, selbst wisse er nicht mehr, wo es gewesen, ob bei Protzler, im Schwan, im Weidenhof oder sonst irgendwo, zu gutmütigen Leuten von überschwänglichen Dingen gesprochen und den Wirt meuchelmörderischerweise erwürgen wollen, bloß weil er aus seinen abgebrochenen Reden zu entnehmen geglaubt, dass das Glückseligste geschehen, was ihm (dem Pepusch) nur widerfahren könne. Alle seine Unfälle würden nun bald die höchste Spitze erreichen, denn nur zu gewiss hätten die Leute seine Reden, sein ganzes Beginnen, für den stärksten Ausbruch des Wahnsinnes gehalten und er müsste fürchten, statt die Früchte des frohsten Ereignisses zu genießen, in das Irrenhaus gesperrt zu werden. – Pepusch deutete hierauf an, was der Weinwirt über Peregrinus' Betragen und Äußerungen fallen lassen, und fragte hocherrötend mit niedergeschlagenen Augen, ob ein solches Opfer, eine solche Entsagung zu Gunsten eines unglücklichen Freundes, wie er es ahnen wolle, in der jetzigen Zeit, in der der Heroismus von der Erde verschwunden, wohl noch möglich, wohl noch denkbar sein könne.

Peregrinus lebte im Innern ganz auf bei den Äußerungen seines Freundes; er versicherte feurig, dass er seinerseits weit entfernt sei, den bewährten Freund nur im mindesten zu kränken, dass er allen Ansprüchen auf Herz und Hand der schönen Dörtje Elwerdink feierlichst entsage und gern auf ein Paradies verzichte, das ihm freilich in glänzendem verführerischem Schimmer entgegengelacht.

»Und dich«, rief Pepusch, indem er an die Brust des Freundes stürzte, »und dich wollte ich ermorden, und weil ich nicht an dich glaubte, darum erschoss ich mich selbst! – O der Raserei, o des wüsten Treibens eines verstörten Gemüts!«

»Ich«, unterbrach Peregrinus den Freund, »ich bitte dich, George, komme zur Besinnung. Du sprichst von Totschießen und stehest frisch und gesund vor mir! – Wie reimt sich das zusammen.«

»Du hast Recht«, erwiderte Pepusch, »es scheint als ob ich nicht mit dir so vernünftig reden könnte, wie es wirklich geschieht, wenn ich mir in der Tat eine Kugel durchs Gehirn gejagt hätte. Die Leute behaupteten auch, meine Pistolen wären keine sonderlich ernste Mordwaffen, auch gar nicht von Eisen sondern von Holz, mithin nur Kinderspielzeug und so könnte vielleicht der Zweikampf, so wie der Selbstmord nichts gewesen sein, als eine vergnügliche Ironie. Hätten wir denn nicht unsere Rollen getauscht und ich begänne mit der Selbstmystifikation und hantierte mit dummen Kindereien in dem Augenblick, da du aus deiner kindischen Fabelwelt heraustrittst in das wirkliche rege Leben. – Doch dem sei wie ihm wolle, es ist nötig, dass ich deines Edelmuts und meines Glücks gewiss werde, dann zerstreuen sich wohl bald alle Nebel, die Meinen Blick trüben oder die mich vielleicht täuschen mit morganischen Truggebilden. Komm mein Peregrinus, begleite mich hin zu der holden Dörtje Elwerdink, aus deiner Hand empfange ich die süße Braut.«

Pepusch fasste den Freund unter den Arm und wollte mit ihm schnell davoneilen, doch der Gang, den sie zu tun gedachten, sollte ihnen erspart werden. Die Türe öffnete sich nämlich, und hinein trat Dörtje Elwerdink, schön und anmutig wie ein Engelskind, hinter ihr her aber der alte Herr Swammer. Leuwenhoek, der so lange stumm und starr dagestanden und nur, bald dem Pepusch, bald dem Peregrinus zornfunkelnde Blicke zugeworfen hatte, schien, als er den alten Swammerdamm erblickte, wie von einem elektrischen Schlage getroffen. Er streckte ihm die geballten Fäuste entgegen und schrie mit vor Wut gellender Stimme: »Ha! kommst du mich zu verhöhnen, alter betrügerischer Unhold? – Aber es soll dir nicht gelingen. Verteidige dich, deine letzte Stunde hat geschlagen.«

Swammerdamm prallte einige Schritte zurück und zog, da Leuwenhoek mit dem Fernglas bereits gegen ihn ausfiel, die gleiche Waffe zu seiner Verteidigung, Der Zweikampf, der im Hause des Herrn Peregrinus Tyß sich entzündet, schien aufs neue beginnen zu wollen.

George Pepusch warf sich zwischen die Kämpfenden und indem er einen mörderischen Blick Leuwenhoeks, der den Gegner zu Boden gestreckt haben würde, geschickt mit der linken Faust wegschlug, drückte er mit der rechten die Waffe, womit der

Swammerdamm sich eben blickfertig ausgelegt hatte, hinab, sodass sie den Leuwenhoek nicht verwunden konnte.

Pepusch erklärte dann laut, dass er irgendeinen Streit, irgendeinen gefährlichen Kampf zwischen Leuwenhoek und Swammerdamm nicht eher zulassen werde bis er die Ursache ihres Zwists von Grund aus erfahren. Peregrinus fand das Beginnen seines Freundes so vernünftig, dass er gar keinen Anstand nahm, ebenfalls zwischen die Kämpfer zu treten und sich ebenso zu erklären wie Pepusch.

Beide, Leuwenhoek und Swammerdamm, waren genötigt, den Fremden nachzugeben. Swammerdamm versicherte überdem, dass er durchaus nicht in feindlicher Absicht, sondern nur deshalb gekommen sei, um rücksichts der Dörtje Elwerdink mit Leuwenhoek in gütlichen Vergleich zu treten und so eine Fehde zu enden, die zwei füreinander geschaffene Prinzipe, deren gemeinschaftliches Forschen nur den tiefsten Born der Wissenschaft erschöpfen könne, feindlich entzweit und nur zu lange gedauert habe. Er blickte dabei den Herrn Peregrinus Tyß lächelnd an und meinte, Peregrinus werde, wie er zu hoffen sich unterstehe, da Dörtje doch eigentlich in seine Arme geflohen, den Vermittler machen.

Leuwenhoek versicherte dagegen, dass Dörtjes Besitz freilich der Zankapfel sei, indessen habe er soeben eine neue Tücke seines unwürdigen Kollegen entdeckt. Nicht allein, dass er den Besitz eines gewissen Mikroskops leugne, das er bei einer gewissen Gelegenheit als Abfindung erhalten, um seine unrechtmäßige Ansprüche auf Dörtjes Besitz zu erneuern, so habe er noch überdem jenes Mikroskop einem andern überlassen, um ihn, den Leuwenhoek, noch mehr zu quälen und zu ängstigen. Swammerdamm schwur dagegen hoch und teuer, dass er das Mikroskop niemals empfangen und große Ursache habe zu glauben, dass es von Leuwenhoek boshafterweise unterschlagen worden.

»Die Narren«, lispelte Meister Floh dem Peregrinus leise zu, »die Narren, sie sprechen von dem Mikroskop, das euch im Auge sitzt. Ihr wisst, dass ich bei dem Friedenstraktat, den Swammerdamm und Leuwenhoek über den Besitz der Prinzessin Gamaheh abschlossen, zugegen war. Als nun Swammerdamm das mikroskopische Glas, das er in der Tat von Leuwenhoek erhalten, in die Pupille des linken Auges werfen wollte, schnappte ich es weg, weil es nicht Leuwenhoeks sondern *mein* rechtmäßiges Eigentum war. Sagt nur geradeheraus, Herr Peregrinus, dass Ihr das Kleinod habt.«

Peregrinus nahm auch gar keinen Anstand, sogleich zu verkündigen, dass *er* das mikroskopische Glas besitze, welches Swammerdamm von Leuwenhoek erhalten sollen aber nicht erhalten; mithin sei jener Verein noch gar nicht ausgeführt worden und keiner, weder Leuwenhoek noch Swammerdamm habe zur Zeit das unbedingte Recht, die Dörtje Elwerdink für seine Pflegetochter anzusehen.

Nach vielem Hin- und Herreden, kamen die beiden Streitenden dahin überein, dass Herr Peregrinus Tyß, die Dörtje Elwerdink, welche ihn auf das zärtlichste liebe, zu seiner Frau Gemahlin erkiesen und dann nach sieben Monaten selbst entscheiden solle, wer von beiden Mikroskopisten als wünschenswerter Pflege- und Schwiegervater anzusehen.

So anmutig und allerliebst auch Dörtje Elwerdink in dem zierlichsten Anzuge, den Amoretten geschneidert zu haben schienen, aussehen, solche süße, schmachtende Liebesblicke sie auch dem Herrn Peregrinus Tyß zuwerfen mochte, doch gedachte Peregrinus seines Schützlings so wie seines Freundes und blieb dem gegebenen Worte getreu, und erklärte von neuem, dass er auf Dörtjes Hand verzichte.

Die Mikroskopisten waren nicht wenig betreten, als Peregrinus den George Pepusch für denjenigen erklärte, der die mehrsten und gerechtesten Ansprüche auf Dörtjes Hand habe und meinten, dass er wenigstens zurzeit gar keine Macht habe, ihren Willen zu bestimmen.

Dörtje Elwerdink wankte, indem ein Tränenstrom ihr aus den Augen stürzte, auf Peregrinus zu, der sie in seinen Armen auffing, als sie eben halb ohnmächtig zu Boden sinken wollte. »Undankbarer«, seufzte sie, »du brichst mir das Herz, indem du mich von dir stößest! – Doch du willst es! – nimm noch diesen Abschiedskuss und lass mich sterben.«

Peregrinus bückte sich hinab, als aber sein Mund den Mund der Kleinen berührte, biss sie ihn so heftig in die Lippen, dass das Blut hervorsprang. »Unart«, rief sie dabei ganz lustig, »so muss man dich züchtigen! – Komm zu Verstande, sei artig und nimm mich, mag auch der andere schreien wie er will.« – Die beiden Mikroskopisten waren indessen wieder, der Himmel weiß, worüber, in heftigen Zank geraten. George Pepusch warf sich aber ganz trostlos der schönen Dörtje zu Füßen, und rief mit einer Stimme, die jämmerlich genug klang, um aus der heiseren Kehle des unglücklichsten Liebhabers zu kommen: »Gamaheh! so ist denn die Flamme in deinem Innern ganz erloschen, so gedenkst du nicht mehr der herrlichen Vorzeit in Famagusta, nicht mehr der schönen Tage in Berlin, nicht mehr –«

»Du bist«, fiel die Kleine dem Unglücklichen lachend ins Wort, »du bist ein Hasenfuß, George, mit deiner Gamaheh, mit deiner Distel Zeherit und all dem andern tollen Zeuge, das dir einmal geträumt hat. Ich war dir gut, mein Freund und bin es noch und nehme dich, unerachtet mir der Große dort besser gefällt, wenn du mir heilig versprichst, ja feierlich schwörst, dass du alle deine Kräfte anwenden willst –«

Die Kleine lispelte dem Pepusch etwas ganz leise ins Ohr; Peregrinus glaubte aber zu vernehmen, dass von Meister Floh die Rede.

Immer heftiger war indessen der Zank zwischen den beiden Mikroskopisten geworden, sie hatten aufs neue zu den Waffen gegriffen und Peregrinus mühte sich eben, die erhitzten Gemüter zu besänftigen, als die Gesellschaft sich wiederum vermehrte.

Unter widerwärtigem Kreischen und hässlichem Geschrei wurde die Türe aufgestoßen und hinein stürzten der schöne Geist, Monsieur Legenie, und der Bartscherer Egel. Mit wilder entsetzlicher Gebärde sprangen sie los auf die Kleine und der Bartscherer hatte sie schon bei der Schulter gepackt, als Pepusch den hässlichen Feind mit unwiderstehlicher Gewalt wegdrängte, ihn gleichsam mit dem ganzen biegsamen Körper umwand und dermaßen zusammendrückte, dass er ganz lang und spitz in die Höhe schoss, indem er vor Schmerz laut brüllte.

Während dies dem Bartscherer geschah, hatten die beiden Mikroskopisten bei der Erscheinung der Feinde sich augenblicklich miteinander versöhnt, und den schönen Geist gemeinschaftlich bekämpft mit vielem Glück. Nichts half es nämlich dem schönen Geist, dass er sich, als er unten gehörig abgebleut worden, zur Stubendecke erhob. Denn beide, Leuwenhoek und Swammerdamm, hatten kurze dicke Knittel ergriffen und trieben den schönen Geist, sowie er herabschweben wollte, durch demjenigen Teil des Körpers, der es am besten vertragen kann, geschickt applizierte Schläge immer wieder in die Höhe. Es war ein zierliches Ballonspiel, bei dem freilich der schöne Geist notgedrungen, die ermüdendste und zugleich die undankbarste Rolle übernommen, nämlich die des Ballons.

Der Krieg mit den dämonischen Fremden, schien der Kleinen großes Entsetzen einzujagen; sie schmiegte sich fest an Peregrinus und flehte ihn an, sie fortzuschaffen aus diesem bedrohlichen

Getümmel. Peregrinus konnte das umso weniger ablehnen, als er überzeugt sein musste, dass es auf dem Kampfplatz seiner Hülfe nicht bedurfte; er brachte daher die Kleine in ihre Wohnung, das heißt, in die Zimmer seines Mietsmanns.

Es genügt zu sagen, dass die Kleine, als sie sich mit Herrn Peregrinus allein befand, aufs neue alle Künste der feinsten Koketterie anwandte, um ihn in ihr Netz zu verlocken. Mocht er es auch noch so fest im Sinn behalten, dass das alles Falschheit sei und nur dahin ziele, seinen Schützling in Sklaverei zu bringen, so ergriff ihn doch eine solche Verwirrung, dass er sogar nicht an das mikroskopische Glas dachte, welches ihm zum wirksamen Gegengift gedient haben würde.

Meister Floh geriet aufs neue in Gefahr, er wurde jedoch auch diesmal durch Herrn Swammer gerettet, der mit George Pepusch eintrat.

Herr Swammer schien ausnehmend vergnügt, Pepusch hatte dagegen Wut und Eifersucht im glühenden Blick. Peregrinus verließ das Zimmer.

Den tiefsten bittersten Unmut im wunden Herzen, durchstrich er düster und in sich gekehrt, die Straßen von Frankfurt, er ging zum Tore hinaus und weiter, bis er endlich zu dem anmutigen Plätzchen kam, wo das seltsame Abenteuer mit seinem Freunde Pepusch sich zugetragen.

Er bedachte aufs neue sein wunderbares Verhängnis, anmutiger, holder, im höheren Liebreiz als jemals ging ihm das Bild der Kleinen auf, sein Blut wallte stärker in den Adern, heftiger schlugen die Pulse, die Brust wollte ihm zerspringen vor brünstiger Sehnsucht. Nur zu schmerzlich fühlte er die Größe des Opfers, das er gebracht und mit dem er alles Glück des Lebens verloren zu haben glaubte.

Die Nacht war eingebrochen, als er zurückkehrte nach der Stadt. Ohne es zu gewahren, vielleicht aus unbewusster Scheu in sein Haus zurückzukehren, war er in mancherlei Nebenstraßen und zuletzt in die Kalbächer Gasse geraten. Ein Mensch, der ein Felleisen auf dem Rücken trug, fragte ihn, ob hier nicht der Buchbinder Lämmerhirt wohne. Peregrinus schaute auf und gewahrte dass er wirklich vor dem schmalen hohen Hause stand, in welchem der Buchbinder Lämmerhirt wohnte; er erblickte in luftiger Höhe die hellerleuchteten Fenster des fleißigen Mannes, der die Nacht hindurch arbeitete. Dem Menschen mit dem Felleisen wurde die Türe geöffnet und er ging ins Haus.

Schwer fiel es dem Peregrinus aufs Herz, dass er in der Verwir-

rung der letzten Zeit vergessen hatte, dem Buchbinder Lämmerhirt verschiedene Arbeiten zu bezahlen die er für ihn gefertigt
hatte; er beschloss gleich am folgenden Morgen hinzugehen und
seine Schuld zu tilgen.

SIEBENTES ABENTEUER

*Feindliche Nachstellungen der verbündeten Mikroskopisten nebst
ihrer fortwährenden Dummheit. Neue Prüfungen des Herrn
Peregrinus Tyß und neue Gefahren des Meisters Floh. Röschen
Lämmerhirt. Der entscheidende Traum und Schluss des Märchens.*

Fehlt es auch über den eigentlichen Ausgang des Kampfs in Leuwenhoeks Zimmer gänzlich an bestimmten Nachrichten, so steht
doch nichts anders zu vermuten, als dass die beiden Mikroskopisten mit Hülfe des jungen Herrn George Pepusch, einen vollständigen Sieg über die bösen feindlichen Gesellen erfochten haben
mussten. Unmöglich hätte sonst der alte Swammer bei seiner
Rückkehr so freundlich, so vergnügt sein können, als er es wirklich war. – Mit derselben frohen freudigen Miene, trat Swammer
oder vielmehr Herr Johannes Swammerdamm, am andern Morgen hinein zu Herrn Peregrinus, der noch im Bette lag und mit seinem Schützling, dem Meister Floh, in tiefem Gespräch begriffen
war.

Peregrinus unterließ nicht, sogleich, als er den Herrn Swammerdamm erblickte, sich das mikroskopische Glas in die Pupille
werfen zu lassen.

Nach vielen langen und ebenso langweiligen Entschuldigungen
seines zu frühzeitigen Besuchs, nahm endlich Swammerdamm
Platz dicht an Peregrinus' Bett. Durchaus wollte der Alte nicht
zugeben, dass Peregrinus aufstehe und den Schlafrock um-
werfe.

In den wunderlichsten Redensarten dankte der Alte dem Peregrinus für die großen Gefälligkeiten, die er ihm erwiesen und die
darin bestehen sollten, dass er ihn nicht allein als Mietsmann in
sein Haus aufgenommen, sondern auch erlaubt, dass der Hausstand durch ein junges bisweilen etwas zu lebhaftes und zu lautes
Frauenzimmer vermehrt worden. Ferner aber müsse er die größte
Gefälligkeit darin finden, dass Peregrinus nicht ohne selbst Opfer
zu bringen, seine (des Alten) Versöhnung mit dem alten Freunde
und Kunstkollegen Anton von Leuwenhoek bewirkt habe. So wie

Swammerdamm erzählte, hatten sich beider Herzen in dem Augenblick zueinander hingeneigt, als sie von dem schönen Geist und dem Bartscherer überfallen wurden und die schöne Dörtje Elwerdink retten mussten, vor den bösen Unholden. Die förmliche ernstliche Versöhnung der Entzweiten, war dann bald darauf erfolgt.

Leuwenhoek hatte den günstigen Einfluss, den Peregrinus auf beide gehabt, ebenso gut erkannt, als Swammerdamm und den ersten Gebrauch, den sie von dem wiederhergestellten Freundschaftsbunde machten, bestand darin, dass sie gemeinschaftlich das seltsam und wunderbar verschlungene Horoskop des Herrn Peregrinus Tyß betrachteten und soviel als möglich zu deuten suchten.

»Was«, so sprach Herr Johannes Swammerdamm, »was meinem Freunde Anton von Leuwenhoek allein nicht gelang, das brachten unsre gemeinschaftlichen Kräfte zu Stande und so war dieses Experiment das zweite, welches wir trotz aller Hindernisse, die sich uns entgegenstemmten, mit dem glänzendsten Erfolg unternahmen.«

»Der alberne kurzsichtige Tor«, lispelte Meister Floh, der dicht neben Peregrinus' Ohr auf dem Kopfkissen saß, »noch immer glaubt er, dass durch ihn Prinzessin Gamaheh belebt worden ist. Fürwahr ein schönes Leben ist das, zu dem die Ungeschicklichkeit der blöden Mikroskopisten die Ärmste gezwungen!« –

»Mein bester«, fuhr Swammerdamm fort, der den Meister Floh umso weniger vernommen, als er gerade stark zu niesen genötigt, »mein bester vortrefflichster Herr Peregrinus Tyß, Sie sind ein von dem Weltgeist ganz besonders Erkorner, ein Schoßkind der Natur; denn Sie besitzen den wunderbarsten, mächtigsten Talisman oder um richtiger und wissenschaftlicher zu sprechen, das herrlichste Tsilmenaja oder Tilsemoht, das jemals getränkt von dem Tau des Himmels, aus dem Schoß der Erde hervorgegangen. Es macht meiner Kunst Ehre, dass ich, und nicht Leuwenhoek es herausgebracht, dass dieses glückliche Tsilmenaja von dem Könige Nacrao abstammt, der lange vor der Sündflut in Ägypten herrschte. – Doch die Kraft des Talismans ruht zurzeit bis eine gewisse Konstellation eintritt, die ihren Mittelpunkt in Ihrer werten Person findet. Mit Ihnen selbst, bester Herr Tyß, muss und wird sich etwas ereignen, das Ihnen in demselben Augenblick, als die Kraft des Talismans erwacht ist, auch dieses Erwachen erkennen lässt. Mag Ihnen Leuwenhoek über diesen schwürigsten Punkt des Horoskops gesagt haben, was er will, alles ist erlogen, denn er wusste über jenen Punkt so lange nicht das mindeste, bis ich ihm die Augen geöffnet. – Vielleicht hat Ihnen, bester Herr Tyß, mein lieber Herzensfreund sogar bange machen wollen, vor irgendeiner bedrohlichen Katastrophe, denn ich weiß, er liebt es, Leuten unnützerweise Schrecken einzujagen; doch – trauen Sie Ihrem, Sie verehrenden Mietsmann, der, Hand aufs Herz, Ihnen schwört, dass Sie durchaus nichts zu befürchten haben. – Gern möchte ich aber denn doch wissen, ob Sie zurzeit den Besitz des Talismans gar nicht verspüren und was Sie über die ganze Sache überhaupt zu denken belieben?«

Swammerdamm sah bei den letzten Worten mit giftigem Lächeln dem Herrn Peregrinus so scharf ins Auge, als wolle er seine tiefsten Gedanken durchschauen; das konnte ihm aber freilich nicht so gelingen, als dem Peregrinus mit seinem mikroskopischen Glase. Mittelst dieses Glases erfuhr Peregrinus, dass nicht sowohl die gemeinschaftliche Bekämpfung des schönen Geistes und des Bartscherers, als eben jenes geheimnisvolle Horoskop, die Versöhnung der beiden Mikroskopisten herbeigeführt. Der Besitz des mächtigen Talismans, das war es nun, wornach beide strebten. Swammerdamm war, was den gewissen geheimnisvoll verschlungenen Knoten im Horoskop des Herrn Peregrinus betrifft, ebenso in verdrießlicher Dummheit verblieben, als Leuwenhoek, doch meinte er, dass in Peregrinus' Innerm durchaus die Spur liegen müsse, die zur Entdeckung jenes Geheimnisses führe. Diese Spur wollte er nun geschickt aus dem Unwissenden herauslocken und ihn dann mit Leuwenhoeks Hülfe, um den Besitz des unschätzbaren Kleinods bringen, noch ehe er dessen Wert erkannt. Swammerdamm war überzeugt, dass der Talisman des Herrn Peregrinus Tyß ganz dem Reiche des weisen Salomo gleich zu achten, da er, wie dieser, dem, der ihn besitze, die vollkommene Herrschaft über das Geisterreich verleihe.

Peregrinus vergalt Gleiches mit Gleichem; indem er den alten Herrn Swammerdamm, der ihn zu mystifizieren sich mühte, selbst mystifizierte. Geschickt wusste er in solchen verblümten Redensarten zu antworten, dass Swammerdamm befürchten musste, die Weihe habe bereits begonnen, und ihm werde sich bald das Geheimnis erschließen, das zu enthüllen keiner von beiden, weder er noch Leuwenhoek vermocht. –

Swammerdamm schlug die Augen nieder, räusperte sich, und stotterte unverständliche Worte heraus; der Mann befand sich wirklich in gar übler Lage, seine Gedanken schnurrten beständig durcheinander: Teufel – was ist denn das, ist das der Peregrinus, der zu mir spricht? – Bin ich der gelehrte weise Swammerdamm oder ein Esel! –

Ganz verzweifelt raffte er sich endlich zusammen und begann: »Doch von etwas anderm, verehrtester Herr Tyß, von etwas anderm und wie es mir vorkommen will, von etwas Schönem und Erfreulichem!« –

So wie Swammerdamm nun weitersprach, hatte er, sowohl als Leuwenhoek mit großer Freude die innige Zuneigung der schönen Dörtje Elwerdink zu dem Herrn Peregrinus Tyß entdeckt. War nun auch sonst jeder anderer Meinung gewesen, indem jeder geglaubt, Dörtje müsse bei *ihm* bleiben und an Liebe und Heirat sei gar nicht zu denken, so hatten sie sich doch jetzt eines Bessern überzeugt. In Peregrinus' Horoskop meinten sie nämlich zu lesen, dass er durchaus die schöne anmutige Dörtje Elwerdink zu seiner Gemahlin erkiesen müsse, um das für alle Konjunkturen seines ganzen Lebens Ersprießlichste zu tun. Beide zweifelten nicht einen Augenblick, dass Peregrinus nicht in gleicher glühenden Liebe zur holden Kleinen befangen sein solle und hielten daher die Angelegenheit für völlig abgeschlossen. Swammerdamm meinte noch, dass Herr Peregrinus Tyß überdem der einzige sei, der seine Nebenbuhler ohne alle Mühe aus dem Felde schlagen könne und dass selbst die bedrohlichsten Gegner w. z. B. der schöne Geist und der Bartscherer, gar nichts gegen ihn ausrichten würden.

Peregrinus erkannte aus Swammerdamms Gedanken, dass die Mikroskopisten wirklich in seinem Horoskop die unabänderliche Notwendigkeit seiner Vermählung mit der kleinen Dörtje Elwerdink gefunden zu haben glaubten. Nur dieser Notwendigkeit wollten sie nachgeben, und selbst aus Dörtjes scheinbarem Verlust den größten Gewinn ziehen, nämlich den Herrn Peregrinus Tyß selbst einfangen mitsamt seinem Talisman.

Man kann denken wie wenig Vertrauen Peregrinus zu der Weisheit und Wissenschaft der beiden Mikroskopisten haben musste, da beide den Hauptpunkt des Horoskops nicht zu enträtseln vermochten. Gar nichts gab er daher auf jene angebliche Konjunktur, die die Notwendigkeit seiner Vermählung mit der schönen Dörtje bedingen sollte, und es wurde ihm nicht im mindesten schwer, ganz bestimmt und fest zu erklären, dass er auf Dörtjes Hand verzichtet, um seinen besten innigsten Freund, den jungen George Pepusch, der ältere und bessere Ansprüche auf den Besitz des holden Wesens habe, nicht zu kränken und dass er unter keiner Bedingung der Welt, sein gegebenes Wort brechen werde.

Herr Swammerdamm schlug die graugrünen Katzenaugen, die er so lange zu Boden gesenkt, auf, glotzte den Peregrinus mächtig an und lächelte wie die Fuchs Schlauheit selbst.

Sei, meinte er dann, der Freundschaftsbund mit George Pepusch der einzige Skrupel, der den Peregrinus abhalte, seinen Gefühlen freien Raum zu gönnen, so sei derselbe in diesem Augenblick gehoben; denn eingesehen habe Pepusch, unerachtet er an einigem Wahnsinn leide, dass seiner Vermählung mit Dörtje Elwerdink die Konstellation der Gestirne entgegen sei und dass daraus nichts entstehen könne, als nur Unglück und Verderben; deshalb habe Pepusch allen Ansprüchen auf Dörtjes Hand entsagt und nur erklärt, dass er mit seinem Leben die Schönste die niemanden angehören könne, als seinem Herzensfreunde Tyß, verteidigen wolle, gegen den ungeschickten Tölpel von schönem Geist und gegen den blutgierigen Bartkratzer.

Den Peregrinus durchfuhren eiskalte Schauer, als er aus Swammerdamms Gedanken erkannte, dass alles wahr, was er gesprochen. Übermannt von den seltsamsten widersprechendsten Geafühlen, sank er zurück in die Kissen und schloss die Augen.

Herr Swammerdamm lud den Peregrinus dringendst ein, sich herabzubegeben und selbst aus Dörtjes, aus Georgs Munde die jetzige Lage der Dinge zu vernehmen. Dann empfahl sich derselbe auf ebenso weitläuftige und zeremoniöse Weise, wie er gekommen.

Meister Floh, der die ganze Zeit über ruhig auf dem Kopfkissen gesessen, sprang plötzlich hinauf bis zum Zipfel der Nachtmütze des Herrn Peregrinus. Da erhob er sich hoch auf den langen Hinterbeinen, rang die Hände, streckte sie flehend zum Himmel empor und rief, mit von bittern Tränen halberstickter Stimme: »Weh mir Ärmsten! Schon glaubte ich geborgen zu sein und erst jetzt kommt die gefährlichste Prüfung! – Was hilft aller Mut, alle Standhaftigkeit meines edlen Beschützers, wenn sich alles, alles gegen mich auflehnt! – Ich gebe mich! – es ist alles aus.«

»Was«, sprach Herr Peregrinus mit matter Stimme, »was lamentiert Ihr so auf meiner Nachtmütze, lieber Meister? Glaubt Ihr denn, dass Ihr allein zu klagen habt, dass ich mich selbst nicht auch in dem miserabelsten Zu Stande von der Welt befinde, da ich in meinem ganzen Wesen ganz zerrüttet und verstört bin und nicht weiß, was ich anfangen, ja wohin ich meine Gedanken wenden soll. Glaubt aber nicht, lieber Meister Floh, dass ich töricht genug sein werde, mich in die Nähe der Klippe zu wagen, an der ich mit all meinen schönen Vorsätzen und Entschlüssen scheitern kann. Ich werde mich hüten Swammerdamms Einladung zu folgen und die verführerische Dörtje Elwerdink wiederzusehen.«

»In der Tat«, erwiderte Meister Floh, nachdem er wieder den alten Platz auf dem Kopfkissen neben dem Ohr des Herrn Peregrinus Tyß eingenommen, »in der Tat, ich weiß nicht, ob ich, sosehr es mir verderblich scheint, euch doch nicht gerade raten sollte, sogleich zu Swammerdamm hinunterzugehen. Es ist mir, als wenn die Linien Eures Horoskops jetzt immer schneller und schneller zusammenliefen und ihr selbst im Begriff stündet in den roten Punkt zu treten. – Mag nun das dunkle Verhängnis beschlossen haben was es will, ich sehe ein, dass selbst ein Meister Floh solchem Beschluss nicht zu entgehen vermag und dass es ebenso albern als unnütz sein würde, von euch meine Rettung zu verlangen. – Geht hin, seht sie, nehmt ihre Hand, überliefert mich der Sklaverei und damit alles geschehe, wie es die Sterne wollen, ohne dass Fremdes sich einmische, so macht auch keinen Gebrauch von dem mikroskopischen Glase.«

»Scheint«, sprach Peregrinus, »scheint doch sonst, Meister Floh, Euer Herz stark, Euer Geist fest und doch seid Ihr jetzt so kleinmütig, so verzagt! Aber möget Ihr sonst auch so weise sein wie Ihr wollt, ja mag Clemens des Siebenten hochberühmter Nuntius Rorar, Euern Verstand weit über den unsrigen setzen, so habt Ihr doch keinen sonderlichen Begriff von dem festen Willen des Menschen und schlagt ihn wenigstens viel zu geringe an. Noch einmal! – ich breche nicht mein euch gegebenes Wort, und damit Ihr sehet, wie es mein fester Entschluss ist, die Kleine nicht wiederzusehen, werde ich jetzt aufstehen, und mich, wie ich es mir schon gestern vorgenommen, zum Buchbinder Lämmerhirt begeben.«

»O Peregrinus«, rief Meister Floh, »des Menschen Wille ist ein gebrechliches Ding, oft knickt ihn ein daherziehendes Lüftchen. Welch eine Kluft liegt zwischen dem was man will und dem das geschieht! – Manches Leben ist nur ein stetes Wollen und mancher weiß vor lauter Wollen am Ende selbst nicht was er will. – Ihr wollt Dörtje Elwerdink nicht wiedersehen, und wer steht euch dafür, dass es geschieht, in dem nächsten Augenblick, da Ihr diesen Entschluss ausgesprochen?«

Seltsam genug war es wohl, dass wirklich sich begab, was Meister Floh mit prophetischem Geiste vorausgesagt.

Peregrinus stand nämlich auf, kleidete sich an und wollte, seinem Vorsatz getreu, zum Buchbinder Lämmerhirt gehen; als er indessen bei Swammerdamms Zimmer vorbeikam, wurde die Türe weit geöffnet und Peregrinus wusste selbst gar nicht, wie es geschah, dass er plötzlich an Swammerdamms Arm mitten im Zimmer dicht vor Dörtje Elwerdink stand, die ganz fröhlich und unbefangen ihm hundert Küsse zuwarf und mit ihrem silbernen Glockenstimmlein freudig rief: »Guten Morgen, mein herzlieber Peregrinus!«

Wer sich aber noch in dem Zimmer befand, das war Herr George Pepusch, der zum offnen Fenster hinauskuckte und ein Liedchen pfiff. Jetzt warf er das Fenster heftig zu und drehte sich um. »Ach sieh da«, rief er, als gewahre er jetzt erst den Freund Peregrinus, »ach sieh da! – du besuchst deine Braut, das ist in der Ordnung und jeder dritte dabei nur lästig. Ich werde mich darum auch gleich fortpacken, doch zuvor lass es dir sagen, mein guter Freund Peregrinus, dass George Pepusch jede Gabe verschmäht, die der barmherzige Freund ihm gleich dem armen Sünder hinwirft, wie ein Almosen! – Verwünscht sei deine Aufopferung, ich will dir nichts zu verdanken haben. Nimm sie hin, die schöne Gamaheh, die dich so innig liebt, aber hüte dich, dass die Distel Zeherit nicht Wurzel fasst und die Mauern deines Hauses zersprengt.«

Georgs Ton und ganzes Betragen grenzte an renommistische Brutalität, und Peregrinus wurde von dem tiefsten Unmut erfüllt, als er gewahrte, wie sehr ihn Pepusch in seinem ganzen Beginnen missverstanden. »Nie«, sprach er, ohne jenen Unmut zu bergen, »nie ist es mir in den Sinn gekommen, dir in den Weg zu treten; der Wahnsinn eifersüchtiger Verliebtheit spricht aus dir, sonst würdest du bedenken wie schuldlos ich an allem bin, was du in deiner eignen Seele ausgebrütet. Verlange nicht, dass ich die Schlange töten soll, die du zu deiner Selbstqual nährst in deiner Brust! Und dass du es nur weißt, *dir* warf ich keine Gabe hin, *dir* brachte ich kein Opfer, als ich der Schönsten, vielleicht dem höchsten Glück meines Lebens entsagte. Andere höhere Pflichten, ein unwiderrufliches Wort zwangen mich dazu!« –

Pepusch ballte in wildem Zorn die Faust und erhob sie gegen den Freund. Da sprang aber die Kleine zwischen die Freunde und fasste die Hand des Peregrinus, indem sie lachend rief: »Lass doch nur die geckische Distel laufen, sie hat nichts als wirres Zeug im Kopfe und ist, wie es Distelart ist, starr und störrisch ohne zu wissen was sie eigentlich will; du bist mein und bleibst es auch, mein süßer herzlieber Peregrinus!« –

Damit zog die Kleine den Peregrinus auf das Kanapee und

setzte sich ohne weitere Umstände auf seinen Schoß. Pepusch rannte, nachdem er sich die Nägel sattsam zerkaut, wild zur Türe hinaus.

Die Kleine, wiederum in das fabelhafte verführerische Gewand von Silberzindel gekleidet, war ebenso anmutig, ebenso ganz Liebreiz als sonst; Peregrinus fühlte sich durchströmt von der elektrischen Wärme ihres Leibes und doch wehten ihn dazwischen eiskalte unheimliche Schauer an, wie Todeshauch. Zum ersten Mal glaubte er tief in den Augen der Kleinen etwas seltsam Lebloses, Starres zu gewahren und der Ton ihrer Stimme, ja selbst das Rauschen des wunderlichen Silberzindels, schien ein fremdartiges Wesen zu verraten, dem nimmermehr zu trauen. Es fiel ihm schwer aufs Herz, dass damals, als Dörtje gerade so gesprochen, wie sie gedacht, [sie] auch in Zindel gekleidet gewesen; warum er gerade den Zindel bedrohlich fand, wusste er selbst nicht, aber die Gedanken von Zindel und unheimlicher Wirtschaft verbanden sich von selbst miteinander, so wie ein Traum das Heterogenste vereint, und man alles für aberwitzig erklärt, dessen tiefern Zusammenhang man nicht einzusehen vermag.

Peregrinus, weit entfernt, das kleine süße Ding zu kränken mit etwa falschem Verdacht, unterdrückte mit Gewalt seine Gefühle und wartete nur auf einen günstigen Moment, sich loszuwickeln und der Schlange des Paradieses zu entfliehen.

»Aber«, sprach Dörtje endlich, »aber wie kommst du mir heute vor, mein süßer Freund, so frostig, so unempfindlich! Was liegt dir im Sinn, mein Leben.«

»Kopfschmerz«, erwiderte Peregrinus so gleichmütig als er es nur vermochte, »Kopfschmerz – Grillen – einfältige Gedanken – nichts anders ist es, das mich etwas verstört, mein holdes Kind. Lass mich ins Freie, und alles ist vorüber in wenigen Minuten; mich ruft ohnedies noch ein Geschäft.«

»Es ist«, rief die Kleine, indem sie rasch aufsprang, »es ist alles gelogen, aber du bist ein böser Affe, der erst gezähmt werden muss!« –

Peregrinus war froh, als er sich auf der Straße befand, doch ganz ausgelassen freudig gebärdete sich Meister Floh, der in Peregrinus' Halsbinde unaufhörlich kicherte und lachte und die Vorderhände zusammenschlug, dass es hell klatschte.

Dem Peregrinus war diese Fröhlichkeit seines kleinen Schützlings etwas lästig, da sie ihn in seinen Gedanken störte. Er bat den Meister Floh ruhig zu sein, denn schon hätten ihn ernsthafte Leute mit Blicken voll Vorwurfs betrachtet, glaubend, *er* sei es,

der so kickere und lache und närrische Streiche treibe auf öffentlicher Straße.

»O ich Tor«, rief aber Meister Floh, in den Ausbrüchen seiner
unmäßigen Freude beharrend, »o ich blödsinniger Tor, dass ich
da an dem Siege zweifeln konnte, wo gar kein Kampf mehr vonnöten. Ja, Peregrinus, es ist nicht anders, gesiegt hattet Ihr in
dem Augenblick, als selbst der Tod der Geliebten Euern Entschluss nicht zu erschüttern vermochte. Lasst mich jauchzen,
lasst mich jubeln, denn alles müsste mich trügen, wenn nicht
bald das helle Sonnenlicht aufgehen sollte, das alle Geheimnisse
aufklärt.«

Als Peregrinus an Lämmerhirts Türe pochte, rief eine sanfte
weibliche Stimme: »Herein!« Er öffnete die Türe, ein Mädchen,
die sich allein in der Stube befand, trat ihm entgegen und fragte
ihn freundlich, was ihm zu Diensten stehe?

– Mag es dem geneigten Leser genügen, wenn gesagt wird, dass
das Mädchen ungefähr achtzehn Jahre alt sein mochte, dass sie
mehr groß als klein und schlank im reinsten Ebenmaß der Glieder
gewachsen war, dass sie hellbraunes Haar und dunkelblaue Augen
und eine Haut hatte, die das zarte Flockengewebe schien von
Lilien und Rosen. Mehr als alles dies wollte aber gelten, dass des
Mädchens Antlitz jenes zarte Geheimnis jungfräulicher Reinheit,
hohen himmlischen Liebreizes aussprach, wie es mancher alte
deutsche Maler in seinen Gebilden erfasst. –

Sowie Peregrinus der holden Jungfrau ins Auge blickte, war es
ihm, als habe er in schwerlastenden Banden gelegen, die eine
wohltätige Macht gelöst und der Engel des Lichts stehe vor ihm,
an dessen Hand er eingehen werde in das Reich namenloser Lie-
beswonne und Sehnsucht. – Das Mädchen wiederholte, indem sie
vor Peregrinus' starrem Blick errötend, sittsam die Augen niederschlug, die Frage, was dem Herrn behebe? Mühsam stotterte
Peregrinus heraus: ob der Buchbinder Lämmerhirt hier wohne?
Als nun das Mädchen erwiderte, dass Lämmerhirt allerdings hier
wohne, dass er aber in Geschäften ausgegangen, da sprach Peregrinus wirr durcheinander von Einbänden die er bestellt, von
Büchern die Lämmerhirt ihm verschaffen sollen; zuletzt kam er
etwas ins Geleise und gedachte der Prachtausgabe des Ariost, die
Lämmerhirt in roten Maroquin binden sollen, mit reicher goldner
Verzierung. Da war es aber, als durchführe die holde Jungfrau ein
elektrischer Funke; sie schlug die Hände zusammen und rief, Tränen in den Augen: »Ach Gott! – Sie sind Herr Tyß!« – Sie machte
eine Bewegung, als wolle sie Peregrinus' Hand ergreifen, trat aber

schnell zurück und ein tiefer Seufzer schien die volle Brust zu entlasten. Dann überstrahlte ein anmutiges Lächeln der Jungfrau Antlitz wie liebliches Morgenrot und sie ergoss sich nun in Dank und Segenswünsche dafür, dass Peregrinus des Vaters, der Mutter Wohltäter sei, dass nicht dies allein – nein! – seine Milde, seine Freundlichkeit, die Art wie er noch zu vorigen Weihnachten die Kinder beschenkt und Freude und Fröhlichkeit verbreitet, ihnen den Frieden, die Heiterkeit des Himmels gebracht. Sie räumte schnell des Vaters Lehnstuhl ab, der mit Büchern, Skripturen, Heften, ungebundenen Drucken bepackt war, rückte ihn heran und lud mit anmutiger Gastlichkeit den Peregrinus ein, sich niederzulassen. Dann holte sie den sauber gebundenen Ariost hervor, fuhr mit einem leinenen Tuch leise über die Maroquinbände und überreichte das Meisterwerk der Buchbinderkunst dem Peregrinus mit leuchtenden Bücken, wohl wissend, dass Peregrinus der schönen Arbeit des Vaters seinen Beifall nicht versagen werde. –

Peregrinus nahm einige Goldstücke aus der Tasche, die Holde dies gewahrend, versicherte schnell, dass sie den Preis der Arbeit nicht wisse und daher keine Bezahlung annehmen könne, Herr Peregrinus möge es sich aber gefallen lassen, einige Augenblicke zu verweilen, da der Vater gleich zurückkommen müsse. Dem Peregrinus war es, als schmölze das nichtswürdige Metall in seiner Hand in einen Klumpen zusammen, er steckte die Goldstücke schneller wieder ein, als er sie hervorgeholt. Das Mädchen griff jetzt, als Peregrinus sich mechanisch in Lämmerhirts breiten Lehnsessel niedergelassen, nach ihrem Stuhl, aus instinktmäßiger Höflichkeit sprang Herr Peregrinus auf und wollte den Stuhl heranrücken, da geschah es aber, dass er statt der Stuhllehne des Mädchens Hand erfasste und er glaubte, als er das Kleinod leise zu drücken wagte, einen kaum merkbaren Gegendruck zu fühlen. –

»Kätzchen, Kätzchen, was machst du!« Mit diesen Worten wandte sich das Mädchen und hob ein Zwirnknäuel von dem Fußboden auf, das die Katze zwischen den Vorderpfoten hielt, ein mystisches Gewebe beginnend. Dann fasste sie mit kindlicher Unbefangenheit den Arm des in Himmelsentzücken versunkenen Peregrinus, führte ihn zum Lehnsessel und bat ihn nochmals, sich niederzulassen, indem sie selbst sich ihm gegenübersetzte und irgendeine weibliche Arbeit zur Hand nahm.

Peregrinus schwankte im Sturm auf einem wogenden Meer. »O Prinzessin!« Das Wort entschlüpfte ihm, selbst wusste er nicht, wie es geschah. Das Mädchen schaute ihn ganz erschrocken an, da war es ihm, als habe er gegen die Holde gefrevelt und er rief

717

mit dem weichsten, wehmütigsten Ton: »Meine liebste teuerste Mademoiselle!«

Das Mädchen errötete und sprach mit holder jungfräulicher Verschämtheit: »Die Eltern nennen mich Röschen, nennen Sie mich auch so, lieber Herr Tyß, denn ich gehöre ja auch zu den Kindern, denen Sie so viel Gutes erzeigt, und von denen Sie so hoch verehrt werden.«

»Röschen!«, rief Peregrinus ganz außer sich; er hätte der holden Jungfrau zu Füßen stürzen mögen, kaum hielt er sich zurück.

Röschen erzählte nun, indem sie ruhig fortarbeitete, wie seit der Zeit, als die Eltern durch den Krieg in die bitterste Dürftigkeit geraten, sie von einer Base in einem benachbarten kleinen Städtchen aufgenommen, wie diese Base vor wenigen Wochen gestorben und wie sie dann zu den Eltern zurückgekehrt.

Peregrinus hörte nur Röschens süße Stimme ohne viel von den Worten zu verstehen, und er überzeugte sich erst, dass er nicht selig träume, als Lämmerhirt ins Zimmer trat und ihn mit dem herzlichsten Willkommen begrüßte. Nicht lange dauerte es, so folgte auch die Frau mit den Kindern und wie denn in des Menschen unergründlichem Gemüt, Gedanken, Regungen, Gefühle, in seltsamen bunten Gewirr durcheinander laufen, so geschah es, dass Peregrinus selbst in der Ekstase, die ihn einen nie geahnten Himmel schauen ließ, plötzlich daran dachte, wie der murrköpfische Pepusch sein Beschenken der Lämmerhirtschen Kinder getadelt. Es war ihm sehr lieb, auf Befragen zu vernehmen, dass keins von den Kindern sich den Magen am Naschwerk verdorben und die freundlich feierliche Art ja der gewisse Stolz, womit sie nach dem hohen Glasschrank, der das glänzende Spielzeug enthielt, heraufblickten, zeigte, dass sie die letzte Bescherung für etwas Außerordentliches hielten, das wohl niemals wiederkehren dürfte. –

Die übel gelaunte Distel hatte also ganz unrecht.

»O Pepusch«, sprach Peregrinus zu sich selbst, »dein verstörtes zerrissenes Gemüt durchdringt kein reiner Lichtstrahl der wahrhaften Liebe!« – Damit meinte Peregrinus nun wieder wohl mehr, als ein beschertes Naschwerk und Spielzeug. – Lämmerhirt, ein sanfter, stiller, frommer Mann, sah mit sichtlicher Freude auf Röschen, die geschäftig aus- und eingegangen, Butter und Brot herbeigebracht und nun an einem kleinen Tischchen in der entfernten Ecke des Zimmers dem Geschwister stattliche Butterstollen bereitete. Die muntern Jungen drängten sich dicht an die liebe Schwester und wenn sie in verzeihlicher kindischer Begier das

Maul etwas weiter aufsperrten, als gerade nötig, so tat das der häuslichen Idylle doch keinen sonderlichen Eintrag.

Den Peregrinus entzückte des holden Mädchens Beginnen, ohne dass ihm dabei Werthers Lotte und ihre Butterbrote in den Sinn kamen.

Lämmerhirt näherte sich dem Peregrinus und begann halb leise von Röschen zu reden, «was sie für ein frommes gutes liebes Kind sei, der der Himmel auch die Gabe äußerer Schönheit verliehen, und wie er nur Freude an dem holden Kinde zu erleben hoffe. Was, setzte er hinzu, indem sein Gesicht sich in Wonne verklärte, was ihm aber so recht im innersten Herzen wohl tue, sei, dass Röschen sich auch zur edlen Buchbinderkunst hinneige und seit den wenigen Wochen, während sie sich bei ihm befinde, in feiner zierlicher Arbeit ungemein viel profitiert habe, so, dass sie bereits viel geschickter sei, als mancher Lümmel von Lehrbursche, der Jahre hindurch Maroquin und Gold vergeude und die Buchstaben schief und krumm stelle, dass sie aussähen wie betrunkene Bauern, die aus der Schenke torkeln.

Ganz zutraulich flüsterte der entzückte Vater dem Peregrinus ins Ohr: »Es muss heraus, Herr Tyß, es drückt mir sonst das Herz ab, ich kann mir nicht helfen. – Wissen Sie wohl, dass *mein Röschen* den Schnitt des Ariosto vergoldet hat?«

Sowie Peregrinus dies vernahm, griff er hastig nach den säubern Maroquinbänden, als müsse er sich des Heiligtums bemächtigen, ehe ein feindlicher Zufall es ihm raube. Lämmerhirt hielt das für ein Zeichen, dass Peregrinus fort wolle und bat ihn, es sich noch einige Augenblicke in der Familie gefallen zu lassen. Eben dies erinnerte aber den Peregrinus, dass er doch endlich sich losreißen müsse. Er zahlte schnell die Rechnung und Lämmerhirt reichte ihm wie gewöhnlich die Hand zum Abschiede, die Frau tat dasselbe und auch Röschen! – Die Jungen standen in der offnen Türe und damit der Liebestorheit ihr Recht geschehe, riss Peregrinus im Hinausschreiten dem Jüngsten das Restchen Butterstolle aus der Hand, an dem er eben kaute und rannte wie gehetzt die Treppe hinab.

»Nun nun«, sprach der Kleine ganz verdutzt, »was ist denn das? Hätt es mir Ja sagen können, der Herr Tyß, wenn er hungrig war, hätt ihm ja gern meine ganze Stolle gegeben!« –

Schritt vor Schritt ging Herr Peregrinus Tyß nach Hause, die schweren Quartanten mühsam unter dem Arm fortschleppend und mit verklärtem Blick einen Bissen des Butterstollenrestes nach dem andern auf die Lippe nehmend, als genösse er himmlisches Manna.

»Der ist nunmehro auch übergeschnappt!«, sagte ein vorübergehender Bürger. Es war dem Mann nicht zu verdenken, dass er dergleichen von Peregrinus dachte. –

Als Peregrinus Tyß ins Haus trat, kam ihm die alte Aline entgegen und winkte mit Gebärden, die Angst und Besorgnis ausdrückten, nach dem Zimmer des Herrn Swammerdamm. Die Türe stand offen und Peregrinus gewahrte Dörtje Elwerdink, die erstarrt auf einem Lehnstuhl saß und deren zusammengeschrumpftes Gesicht einer Leiche zu gehören schien, die bereits im Grabe gelegen. Ebenso erstarrt, ebenso leichenähnlich saßen vor ihr auf Lehnstühlen, Pepusch, Swammerdamm und Leuwenhoek. »Ist das«, sprach die Alte, »ist das eine tolle gespenstische Wirtschaft hier unten! So sitzen die drei unseligen Menschen schon den ganzen lieben Tag über, und essen nichts und trinken nichts und reden nichts und holen kaum Atem!« –

Dem Peregrinus wollte zwar, ob des in der Tat etwas schauerlichen Anblicks halber, einiges Entsetzen anwandeln, indessen wurde, indem er die Treppe hinaufstieg, das gespenstische Bild von dem wogenden Meer der Himmelsträume verschlungen, in dem der entzückte Peregrinus schwamm, seit dem Augenblick, als er Röschen gesehen. – Wünsche, Träume, selige Hoffnungen strömen gern über in das befreundete Gemüt; aber gab es für den armen Peregrinus jetzt ein anderes, als das ehrliche des guten Meisters Floh? – Dem wollte er nun sein ganzes Herz ausschütten, dem wollte er von Röschen alles erzählen, was sich eigentlich gar nicht so recht erzählen ließ. Doch er mochte so viel rufen, so viel locken, als er wollte, kein Meister Floh ließ sich sehen, er war auf und davon. In der Falte der Halsbinde, wo sonst Meister Floh bei Ausgängen sich beherbergt, fand Peregrinus bei sorgfältigerem Nachsuchen ein kleines Schächtelchen, worauf die Worte standen:

»Hierin befindet sich das mikroskopische Gedankenglas. Seht Ihr mit dem linken Auge scharf in die Schachtel hinein, so sitzt euch das Glas augenblicklich in der Pupille; wollt Ihr es wieder heraus haben, so dürft Ihr nur das Auge in die Schachtel hineinhaltend, die Pupille sanft drücken und das Glas fällt auf den Boden der Schachtel. – Ich arbeite in Euern Geschäften, und wage viel dabei, doch für meinen lieben Schutzherrn tue ich alles, als

Euer dienstwilligster
Meister Floh.«

– Hier gab es nun für einen tüchtigen handfesten Romanschreiber, der mit starker, kielbewaffneter Hand alles menschliche Tun und Treiben zusammenarbeitet nach Herzenslust, die erwünschteste Gelegenheit, den heillosen Unterschied zwischen Verliebtsein und Lieben, nachdem solcher theoretisch genugsam abgehandelt, praktisch darzutun durch Peregrinus' Beispiel. Viel ließe sich da sagen vom sinnlichen Triebe, von dem Fluch der Erbsünde und von dem himmlischen Prometheusfunken, der in der Liebe die wahrhafte Geistergemeinschaft des diversen Geschlechts entzündet, die den eigentlichen notwendigen Dualismus der Natur bildet. Sollte nun auch besagter Prometheusfunken nebenher die Fackel des Ehegottes anstecken, wie ein tüchtiges hellbrennendes Wirtschaftslicht, bei dem es sich gut lesen, schreiben, stricken, nähen lässt, sollte auch eine fröhliche Nachkommenschaft sich ebenso gut die Mäulchen gelegentlich mit Kirschmus beschmieren, als jede andere, so ist das hienieden nun einmal nicht anders. Überdem nimmt sich eine solche himmlische Liebe als erhabene Poesie sehr gut aus, und als das Beste darf in der Tat gerühmt werden, dass diese Liebe kein leeres Hirngespinst, sondern dass wirklich etwas daran ist, wie viele Leute bezeugen können, denen es mit dieser Liebe bald gut, bald schlimm ergangen. –

Der geneigte Leser hat es aber längst erraten, dass Herr Peregrinus Tyß in die kleine Dörtje sich bloß beträchtlich verliebt hatte, dass aber erst in dem Augenblick, da er Lämmerhirts Röschen, das holde liebe Engelsbild erblickte, die wahre himmlische Liebe hell aufloderte in seiner Brust.

Wenigen Dank würde aber gegenwärtiger Referent des tollsten, wunderlichsten aller Märchen einernten, wenn er, sich steif und fest an den Paradeschritt der daherstolzierenden Romanisten haltend, nicht unterlassen könnte, hier, die jedem regelrechten Roman höchst nötige Langeweile sattsam zu erregen. Nämlich dadurch, dass er bei jedem Stadium, das das Liebespaar, nach gewöhnlicher Weise, zu überstehen hat, sich gemächliche Ruh und Rast gönnte. Nein! lass uns geliebter Leser, wie wackre, rüstige Reiter auf mutigen Rennern daherbrausend, und alles was links und rechts liegt nicht achtend, dem Ziel entgegeneilen. – Wir sind da! – Seufzer, Liebesklagen, Schmerz, Entzücken, Seligkeit, alles einigt sich in dem Brennpunkt des Augenblicks, da das holde Röschen, das reizende Inkarnat holder Jungfräulichkeit auf den Wangen, dem überglücklichen Peregrinus Tyß gesteht, dass sie ihn liebe, ja, dass sie es gar nicht sagen könne, wie so sehr, wie so über alle Maßen sie ihn liebe, wie sie nur in ihm lebe, wie er allein ihr einziger Gedanke, ihr einziges Glück sei.

Der finstere arglistige Dämon pflegt in die hellsten Sonnenblicke des Lebens hineinzugreifen mit seinen schwarzen Krallen; ja! durch den finstern Schatten seines Unheil bringenden Wesens jenen Sonnenschein zu verdunkeln ganz und gar. So geschah es, dass in Peregrinus böse Zweifel aufstiegen, ja, dass ein gar böser Argwohn sich regte in seiner Brust.

»Wie?« schien eine Stimme ihm zuzuflüstern, »wie? auch jene Dörtje Elwerdink gestand dir ihre Liebe und doch war es schnöder Eigennutz, von dem beseelt, sie dich verlocken wollte, die Treue zu brechen und Verräter zu werden an dem besten Freunde, an dem armen Meister Floh?

Ich bin reich, man sagt, dass ein gewisses, gutmütiges Betragen, eine gewisse Offenheit, von manchem Einfalt genannt, mir die zweideutige Gunst der Menschen und auch wohl gar der Weiber verschaffen könne; und diese, die dir nun ihre Liebe gesteht –«

Schnell griff er nach dem verhängnisvollen Geschenk des Meister Floh, er brachte das Schächtelchen hervor und war im Begriff, es zu öffnen, um sich das mikroskopische Glas in die Pupille des rechten Auges zu setzen, und so Röschens Gedanken zu durchschauen.

Er blickte auf, und das reine Himmelsazur der schönsten Augen leuchtete in seine Seele hinein. Röschen, seine innere Bewegung wohl bemerkend, sah ihn ganz verwundert und beinahe besorglich an.

Da war es ihm, als durchzucke ihn ein jäher Blitz, und das vernichtende Gefühl der Verderbtheit seines Sinnes zermalmte sein ganzes Wesen.

»Wie?«, sprach er zu sich selbst, »in das himmelreine Heiligtum dieses Engels willst du eindringen, in sündhaftem Frevel? Gedanken willst du erspähen, die nichts gemein haben können mit dem verworfenen Treiben gemeiner im Irdischen befangener Seelen? Verhöhnen willst du den Geist der Liebe selbst, ihn mit den verruchten Künsten bedrohlicher unheimlicher Mächte versuchend?«

Er hatte mit Hast das Schächtelchen in seine Tasche verborgen, es war ihm, als habe er eine Sünde begangen, die er nie, nie werde abbüßen können.

Ganz aufgelöst in Wehmut und Schmerz, stürzte er dem erschrockenen Röschen zu Füßen, rief: er sei ein Frevler, ein sündiger Mensch, der der Liebe eines engelreinen Wesens, wie Röschen, nicht wert sei, badete sich in Tränen.

Röschen, die nicht begreifen konnte, welcher finstere Geist über Peregrinus gekommen, sank zu ihm nieder, umfasste ihn, indem sie weinend lispelte: »Um Gott, mein geliebter Peregrinus, was ist dir! was ist dir geschehen? welcher schlimme Feind stellt sich zwischen uns; o komm, o komm, setze dich ruhig zu mir nieder!«

Peregrinus ließ sich schweigend, keiner willkürlichen Bewegung fähig, von Röschen sanft in die Höhe ziehen.

Es war gut, dass das alte etwas zerbrechliche Kanapee wie gewöhnlich, mit broschierten Büchern, fertigen Einbänden und einem nicht geringen Vorrat von allerlei Buchbinderutensilien bepackt war; sodass Röschen manches wegräumen musste, um Platz für sich und den zerknirschten Herrn Peregrinus Tyß zu gewinnen. Er bekam dadurch Zeit, sich zu erholen und sein großer Schmerz, seine herzzerreißende Wehmut löste sich auf in das mildere Gefühl verübter, jedoch wohl zu sühnender Unbill.

War er zuvor, was seine Gesichtszüge betrifft, dem trostlosen Sünder zu vergleichen, über den das Verdammungsurteil unwiderruflich ausgesprochen, so sah er jetzt nur noch ein wenig einfältig aus. Solches Aussehen ist aber bei derlei Umständen jedes Mal ein gutes Prognostikon.

Als nun beide, Röschen und Herr Peregrinus Tyß, zusammen, auf besagtem gebrechlichem Kanapee des ehrsamen Buchbindermeisters Lämmerhirt saßen, begann Röschen mit niedergeschlagenen Augen und halb verschämtem Lächeln: »Ich mag wohl erraten, mein Geliebter, was dein Gemüt so plötzlich bestürmt. Gestehen will ich es dir, man hat mir allerlei Wunderliches von den seltsamen Bewohnern deines Hauses erzählt. Die Nachbarinnen – nun du weißt, wie Nachbarinnen sind, die schwatzen und schwatzen gar gern, und wissen oft nicht selbst einmal was; – ja diese bösen Nachbarinnen haben mir erzählt, in deinem Hause sei ein gar wunderbares Frauenzimmer, die manche gar für eine Prinzessin hielten, und die du selbst, in der Christnacht, in dein Haus getragen. Der alte Herr Swammer habe sie freilich als seine entflohene Nichte bei sich aufgenommen, aber die Person stelle dir nach mit seltsamen Verlockungen. Doch das ist beileibe noch nicht das Schlimmste, denke dir mein geliebter Peregrinus, die alte Muhme geradeüber – du kennst sie wohl, die alte Frau mit der spitzen Nase, die so freundlich hinübergrüßt, wenn sie dich sieht, und von der du einmal sagtest, als du sie sonntags in ihrem bunten stoffenen Ehrenkleide nach der Kirche ziehen sahst – ich muss noch lachen, wenn ich daran denke – es wolle dich gemahnen, als wandle ein Feuerlilienstrauch über die Straße, diese misstrauische Muhme hat mir allerlei Böses in den Kopf setzen wollen.

So freundlich sie dich auch grüßt, so hat sie mich doch stets vor dir gewarnt und nichts Geringeres behauptet, als dass in deinem Hause Satanskünste getrieben würden, und dass die kleine Dörtje gar nichts anders sei, als ein kleines verkapptes Teufelchen, welches, um dich zu verlocken, in Menschengestalt umherwandle, und zwar in gar anmutiger und verführerischer.

Peregrinus! mein holder, geliebter Peregrinus, sieh mir ins Auge, du wirst keine Spur des leisesten Argwohns finden, ich habe dein reines Gemüt erkannt, niemals hat dein Wort, dein Blick, nur einen verfinsternden Hauch auf den hellen klaren Spiegel meiner Seele geworfen.

Ich vertraue dir, ich vertraue dem Gedanken der Seligkeit, die über uns kommen wird, wann ein festes Band uns verknüpft und die mir süße Träume voll Liebe und Sehnsucht verkündet! Peregrinus! mögen auch finstre Geister über dich beschlossen haben, was sie wollen, ihre Macht scheitert gebrochen an deinem frommen Wesen, das fest und stark ist in Liebe und unwandelbarer Treue.

Was soll, was kann eine Liebe verstören wie die unsrige; verbanne jeden Zweifel, unsre Liebe ist der Talisman, vor dem die nächtigen Gestalten fliehen.« –

Dem Peregrinus kam Röschen in diesem Augenblick vor, wie ein höheres Wesen, jedes ihrer Worte wie Trost des Himmels. Ein unbeschreiblich Gefühl der reinsten Wonne durchströmte sein Innres, wie milder süßer Frühlingshauch. Er war nicht mehr der Sünder, der vermessne Frevler, für den er sich gehalten, er glaubte mit Entzücken zu erkennen, dass er wert sei der Liebe, der holdesten, engelreinsten Jungfrau.

Der Buchbindermeister Lämmerhirt, kehrte mit seiner Familie von einem Spaziergang zurück.

Dem Peregrinus, so wie dem süßen Röschen, strömte das Herz über, und Herr Peregrinus verließ beim Einbruch der Nacht die enge Wohnung des himmelhoch erfreuten Buchbinders und seiner guten Alten, die vor lauter Wonne und Freude ein wenig mehr schluchzten als gerade nötig, als glücklicher, seliger Bräutigam.

Alle glaubwürdige und sehr authentische Notizen, aus denen diese wundersame Geschichte entnommen, stimmen darin überein, und der hundertjährige Kalender bestätiget es, dass gerade in der Nacht, da Herr Peregrinus Tyß, als glücklicher Bräutigam nach Hause kam, der Vollmond sehr hell und freundlich schien, sodass der ganze Rossmarkt sich in seinem Silberglanz gar anmutig geputzt hatte. Natürlich scheint es, dass Herr Peregrinus Tyß, statt die Ruhe zu suchen, sich ins offene Fenster legte, um, wie es Liebenden ziemlich ist und wohl ansteht, in den Mond kuckend, noch ein wenig den Gedanken an seine holde Geliebte nachzuhängen.

Mag es nun aber auch bei dem geneigten Leser, vorzüglich aber bei den geneigten Leserinnen, dem Herrn Peregrinus Tyß zum offenbaren Nachteil gereichen, der Wahrheit muss ihr Recht geschehen, und es darf nicht verschwiegen bleiben, dass Herr Peregrinus, trotz seiner Seligkeit, zweimal so übermäßig und so laut gähnte, dass ein etwas angetrunkener Markthelfer, der gerade über die Straße taumelte, ihm laut zurief: »Na! Er da oben mit der weißen Nachtmütze, fress Er mich nur nicht auf!« Dies war nun die genügende Ursache, warum Herr Peregrinus Tyß ganz unwillig das Fenster zuwarf, sodass die Scheiben klirrten. Man will sogar behaupten, dass er während dieses Akts laut genug gerufen: »Grober Schlingel!!« Doch kann dies durchaus nicht verbürgt werden, da solches mit seiner sanften Gemütsart und Seelenstimmung ganz unverträglich scheint. Genug! Herr Peregrinus Tyß warf das Fenster zu und begab sich zur Ruhe. Das Bedürfnis des Schlafes schien indessen durch jenes unmäßige Gähnen beseitigt zu sein. Gedanken und Gedanken durchkreuzten sein Gehirn und vorzüglich lebhaft trat ihm die überstandene Gefahr vor Augen, da eine finstere Macht ihn zu einem verruchten Gebrauch des mikroskopischen Glases verlocken wollen, doch nun erst ging es ihm auch deutlich auf, dass Meister Flohs verhängnisvolles Geschenk, habe er es selbst auch gut damit gemeint, doch in jedem Betracht ein Geschenk sei, das der Hölle angehöre.

»Wie?«, sprach er zu sich selbst, »ein Mensch der die geheimsten Gedanken seiner Brüder erforscht, bringt über den diese verhängnisvolle Gabe nicht jenes entsetzliche Verhängnis, welches den ewigen Juden traf, der durch das bunteste Gewühl der Welt, ohne Freude, ohne Hoffnung, ohne Schmerz, in dumpfer Gleichgültigkeit, die das Caput mortuum der Verzweiflung ist, wie durch eine unwirtbare trostlose Einöde wandelte?

Immer aufs neue hoffend, immer aufs neue vertrauend und immer wieder bitter getäuscht, wie kann es anders möglich sein, als dass Misstrauen, böser Argwohn, Hass, Rachsucht in der Seele sich festnisten und jede Spur des wahrhaft menschlichen Prinzips, das sich ausspricht in mildem Vertrauen, in frommer Gutmütigkeit, wegzehren muss? Nein! dein freundliches Gesicht, deine glatten Worte sollen mich nicht täuschen, du, in dessen tiefem Innern vielleicht unverdienter Hass gegen mich verborgen; ich will dich für meinen Freund halten, ich will dir Gutes erzeigen, wie ich nur kann, ich will dir meine Seele erschließen, weil es mir wohl tut, und das bittre Gefühl des Augenblicks, wenn du mich enttäuschest, ist gering zu achten gegen die Freuden eines schönen vergangenen Traumes. Und selbst die wahrhaften Freunde, die es wirklich gut meinen – wie wandelbar ist des Menschen Gemüt! – Kann nicht selbst ein böses Zusammentreffen widerwärtiger Umstände, eine Missstimmung von der Unbill des launischen Zufalls erzeugt, in der Seele dieser Freunde einen vorübergehenden feindseligen Gedanken hervorbringen?

Und diesen Gedanken – erfasst das unglückselige Glas, finsteres Misstrauen erfüllt das Gemüt, und im ungerechtesten Zorn, in wahnsinniger Betörtheit, stoß ich auch den wahren Freund von der Brust und immer tiefer und tiefer bis in die Wurzel des Lebens frisst das tötende Gift des bösen Grolls, der mich mit allem Sein hienieden entzweit, mich mir selbst entfremdet.

Nein! Frevel, ruchloser Frevel ist es, sich wie jener gefallene Engel des Lichts, der die Sünde über die Welt brachte, gleichstellen zu wollen der ewigen Macht, die das Innere des Menschen durchschaut, weil sie es beherrscht.

Fort, fort, mit der unseligen Gabe!«

Herr Peregrinus Tyß hatte das kleine Schächtelchen, worin das mikroskopische Glas befindlich, ergriffen, und war im Begriff, es mit aller Gewalt gegen die Stubendecke zu schleudern.

Plötzlich saß Meister Floh in seiner mikroskopischen Gestalt, gar hübsch und anmutig anzuschauen, mit gleißendem Schuppenpanzer und den schönsten polierten goldenen Stiefeln, dicht vor dem Herrn Peregrinus Tyß auf der Bettdecke. »Halt!«, rief er, »halt Verehrtester! beginnt kein unnützes Zeug! Eher würdet Ihr ein Sonnenstäubchen vernichten, als dieses kleine unvertilgbare Glas auch nur einen Fuß breit fortschaffen, solange ich in der Nähe bin. Übrigens hatte ich mich, ohne dass Ihr es merktet, schon beim ehrlichen Buchbindermeister Lämmerhirt, wie gewöhnlich, in die Falte Eurer Halsbinde versteckt, und war daher Zeuge alles dessen, was sich begeben. Ebenso habe ich Euer jetziges erbauliches Selbstgespräch mit angehört und manche Lehre daraus gezogen.

Zuvörderst habt Ihr jetzt erst Euer, von der wahrhaften Liebe rein beseeltes Gemüt, in der glänzendsten Glorie, wie einen mächtigen Strahl aus Euerm Innern hervorblitzen lassen, sodass, wie ich glaube, der höchste entscheidende Moment sich naht.

Dann habe ich auch eingesehen, dass, in Rücksicht des mikroskopischen Glases, ich in großem Irrtum befangen war. Glaubt es mir, verehrtester, geprüftester Freund, ohnerachtet ich nicht das Vergnügen habe, ein Mensch zu sein wie Ihr, sondern nur ein Floh, wiewohl kein simpler, sondern ein graduierter, meiner glorreichen Meisterschaft halber, so verstehe ich mich dennoch sehr gut auf das menschliche Gemüt und auf das Tun und Treiben der Menschen, unter denen ich ja beständig hausiere. Manchesmal kommt mir dies Treiben sehr possierlich, beinahe albern vor; nehmt das nicht übel, Verehrtester, ich sage das nur als Meister Floh. Ihr habt Recht mein Freund, es wäre ein garstiges Ding, und könnte unmöglich zu Gutem führen, wenn ein Mensch dem andern so mir nichts dir nichts durch das Gehirn schaute; dem unbefangenen heitern Floh ist indessen diese Gabe des mikroskopischen Glases durchaus nicht im mindesten bedrohlich.

Ihr wisst es, verehrtester, und bald, will es das Geschick, glückseligster Herr Peregrinus, meine Nation ist leichten, ja leichtfertigen, mutigen Sinnes und man könnte sagen, sie bestehe aus lauter jugendlich kecken Springinsfelden. Dabei kann ich meinesteils mich aber einer gar besondern Lebensklugheit berühmen, die euch weisen Menschenkindern gemeinhin abzugehen pflegt. Das heißt, ich habe nie etwas getan im unschicklichen Moment. Stechen ist nun einmal das Hauptbedingnis meines Seins; aber stets habe ich zu rechter Zeit und an rechter Stelle gestochen. Lasst euch das zu Herzen gehen, ehrlicher treuer Freund!

Ich empfange nun das euch zugedachte Geschenk, welches weder das Präparat von Menschen, Swammerdamm genannt, noch der sich selbst in kleinlicher Missgunst verzehrende Leuwenhoek, besitzen konnte, aus Euren Händen zurück, und werde es getreu bewahren. Jetzt mein verehrtester Herr Tyß überlasst euch dem Schlummer. Bald werdet Ihr in ein träumerisches Delirium verfallen, in welchem der große Moment sich kundtut. Zu rechter Zeit bin ich wieder bei euch.«

Meister Floh verschwand, und der Glanz den er verbreitet, verlöschte in der tiefen finstren Nacht des Zimmers, dessen Vorhänge fest zugezogen.

Es geschah, wie Meister Floh gesagt hatte.

Herr Peregrinus Tyß wähnte bald, er liege an dem Ufer eines rauschenden Waldbachs und vernehme das Säuseln des Windes, das Flüstern der Gebüsche, das Sumsen von tausend Insekten, die ihn umschwirrten. Dann war es, als würden seltsame Stimmen vernehmbar, und deutlicher und immer deutlicher, sodass Peregrinus zuletzt Worte zu verstehen glaubte.

Doch nur ein verwirrtes sinnebetörendes Geschwätz drang in sein Ohr.

Endlich begann eine dumpfe feierliche Stimme, die jedoch immer heller und heller erklang, folgende Worte:

»Unglücklicher König Sekakis, der du das Verständnis der Natur verschmähtest, der du, verblendet von dem bösen Zauber des arglistigen Dämons, den falschen Teraphim erschautest, statt des wahrhaften Geistes.

An jenem verhängnisvollen Orte, auf Famagusta, in tiefem Schacht der Erde verborgen, lag der Talisman, doch da du dich selbst vernichtet, gab es kein Prinzip, seine erstarrte Kraft zu entzünden. Vergebens opfertest du deine Tochter, die schöne Gamaheh, vergebens war die Liebesverzweiflung der Distel Zeherit; doch auch ohnmächtig und wirkungslos blieb der Blutdurst des Egelprinzen. Gezwungen wurde selbst der tölpische Genius Thetel, die süße Beute fahren zu lassen, denn so mächtig war noch, o König Sekakis, dein halberloschener Gedanke, dass du die Verlorne wiedergeben konntest dem Urelement, dem sie entsprossen.

Wahnsinnige Detailhändler der Natur, dass euch die Arme in die Hände fallen musste, da ihr sie, in dem Blumenstaub jener verhängnisvollen Harlemer Tulpe entdecktet! Dass ihr sie quälen musstet mit euren abscheulichen Versuchen, in kindischem Übermut wähnend, ihr vermöchtet durch eure schnöden Künste das zu bewirken, was nur durch die Kraft jenes schlummernden Talismans geschehen kann!

Und auch dir Meister Floh, mocht es nicht vergönnt sein, das Geheimnis zu durchschauen, da deinem klaren Blick doch nicht die Kraft innewohnte, einzudringen in die Tiefe der Erde und den erstarrten Karfunkel zu erspähen.

Die Gestirne zogen daher, durchkreuzten sich auf ihrer Bahn in wunderbaren Schwingungen und furchtbare Konstellationen erzeugten das Staunenswerte, das dem blöden Auge des Menschen Unerforschliche. Doch kein siderischer Konflikt weckte den Karfunkel; denn nicht geboren wurde das menschliche Gemüt, das den Karfunkel hegen und pflegen müsste, damit er in der Erkenntnis des Höchsten in der menschlichen Natur erwache zu freudigem Leben – doch endlich! –

Das Wunder ist erfüllt, der Augenblick ist gekommen.« –

Ein heller flackernder Schein fuhr bei Peregrinus' Augen vorüber. Er erwachte halb aus der Betäubung und – gewahrte zu seinem nicht geringen Erstaunen den Meister Floh, der in seiner mikroskopischen Gestalt, jedoch in den schönsten faltenreichen Talar gehüllt, eine hochauflodernde Fackel in den Vorderpfötchen haltend, emsig und geschäftig in dem Zimmer auf und nieder hüpfte und dabei feine gellende Töne ausstieß.

Herr Peregrinus wollte sich ganz aus dem Schlafe ermuntern, doch plötzlich zuckten tausend feurige Blitze durch das Gemach, das bald von einem einzigen glühenden Feuerballe erfüllt schien.

Da durchzog aber ein milder aromatischer Duft das wilde Feuer, das bald wegloderte und zum sanften Mondesschimmer wurde.

Peregrinus fand sich wieder auf einem prächtigen Throne stehend, in den reichen Gewändern eines indischen Königs, das funkelnde Diadem auf dem Haupte, die bedeutungsvolle Lotosblume statt des Szepters in der Hand. Der Thron stand in einem unabsehbaren Saal errichtet, dessen tausend Säulen schlanke, himmelhohe Zedern waren.

Dazwischen erhoben aus dunklem Gesträuch die schönsten Rosen, so wie wundervolle süßduftende Blumen jeder Art, ihre Häupter empor, wie in dürstender Sehnsucht nach dem reinen Azur, das durch die verschlungenen Zweige der Zedern glänzend, wie mit liebenden Augen hinabblickte.

Peregrinus erkannte sich selbst, er fühlte, dass der zum Leben entzündete Karfunkel glühe in seiner eigenen Brust.

Im fernsten Hintergrunde bemühete sich der Genius Thetel in die Lüfte zu steigen, doch erreichte er nicht die halbe Höhe der Zedernstämme, sondern plumpte schmachvoll zur Erde nieder.

Hier kroch aber der garstige Egelprinz in widerwärtigen Krümmungen hin und her, und suchte sich auf ekelhafte Weise bald dick aufzublasen, bald sich lang zu ziehen, und dabei stöhnte er: »Gamaheh – doch mein!«

In der Mitte des Saals saßen auf kolossalen Mikroskopen, Leuwenhoek und Swammerdamm und schnitten gar klägliche, jämmerliche Gesichter, indem sie sich vorwurfsvoll wechselsweise zuriefen: »Seht Ihr, das war der Punkt im Horoskop, dessen Bedeutung Ihr nicht herausbringen konntet. Auf ewig ist uns der Talisman verloren!«

Dicht an den Stufen des Thrones schienen aber Dörtje Elwerdink und George Pepusch nicht sowohl zu schlummern, als in tiefe Ohnmacht versunken.

Peregrinus oder – wir können ihn jetzt allenfalls so nennen – König Sekakis, schlug den Königsmantel, dessen Falten seine Brust bedeckten, zurück, und aus seinem Innern schoss der Karfunkel, wie Himmelsfeuer, blendende Strahlen durch den weiten Saal.

Mit einem dumpfen Geächze zerstäubte der Genius Thetel, indem er sich eben aufs neue in die Höhe schwingen wollte, in unzählige farblose Flocken, die, wie vom Sturme gejagt, sich im Gebüsche verloren.

Mit dem entsetzlichen Tone des herzzerschneidendsten Jammers krümmte sich der Egelprinz zusammen, verschwand in der Erde und man vernahm ein unwilliges Brausen, als nehme sie den hässlichen unwillkommenen Flüchtling nur ungern auf in ihren Schoß. Leuwenhoek und Swammerdamm waren von den Mikroskopen herab in sich selbst zusammengesunken und man vernahm aus ihrem angstvollen Stöhnen und Ächzen, aus ihren bangen Todesseufzern, dass eine harte Qual sie erfasst.

Aber Dörtje Elwerdink und George Pepusch oder wie sie hier besser zu benennen, die Prinzessin Gamaheh und die Distel Zeherit, waren aus ihrer Ohnmacht erwacht und hingekniet vor dem Könige, zu dem sie in sehnsüchtigen Seufzern zu flehen schienen. Doch senkten sie den Blick zur Erde, als vermöchten sie nicht den Glanz des strahlenden Karfunkels zu ertragen.

Sehr feierlich sprach nun Peregrinus:

»Aus schnödem Ton und den Federflocken, die ein einfältiger, schwerfälliger Strauß verloren, hatte dich der böse Dämon zusammengeknetet, dich, der du die Menschen täuschen solltest als Genius Thetel, deshalb vernichtete dich der Strahl der Liebe, dich leeres, wirres Phantom, und du musstest zerstäuben in das gehaltlose Nichts.

Und auch du, blutdürstiges Ungetüm der Nacht, verhasster Egelprinz, musstest vor dem Strahl des glühenden Karfunkels entfliehen in den Schoß der Erde.

Aber ihr arme Betörten, unglücklicher Swammerdamm, beklagenswerter Leuwenhoek, euer ganzes Leben war ein unaufhörlicher ununterbrochener Irrtum. Ihr trachtet die Natur zu erforschen, ohne die Bedeutung ihres innersten Wesens zu ahnen.

Ihr wagtet es, einzudringen in ihre Werkstatt und ihre geheimnisvolle Arbeit belauschen zu wollen, wähnend, dass es euch gelingen werde, ungestraft die furchtbaren Geheimnisse jener Untiefen, die dem menschlichen Auge unerforschlich, zu erschauen. Euer Herz blieb tot und starr, niemals hat die wahrhafte Liebe euer Wesen entzündet, niemals haben die Blumen, die bunten leichtgeflügelten Insekten, zu euch gesprochen mit süßen Worten. Ihr glaubtet die hohen heiligen Wunder der Natur in frommer Bewunderung und Andacht anzuschauen, aber indem ihr in freveligem Beginnen die Bedingnisse jener Wunder bis in den innersten Keim zu erforschen euch abmühtet, vernichtetet ihr selbst jene Andacht, und die Erkenntnis, nach der ihr strebtet, war nur ein Phantom, von dem ihr getäuscht wurdet, wie neugierige, vorwitzige Kinder.

Toren! euch gibt der Strahl des Karfunkels keinen Trost, keine Hoffnung mehr.«

»Ha, ha! noch ist wohl Trost, noch ist wohl Hoffnung, die Alte begibt sich zu den Alten, das ist 'ne Liebe, das ist 'ne Treue, das ist 'ne Zärtlichkeit. Und die Alte ist nun wirklich eine Königin und führt ihr Swammerdämmchen, ihr Leuwenhoekchen in ihr Reich und da sind sie schöne Prinzen und zupfen Silberfaden und Goldfaden und Seidenflickchen aus, und verrichten andere gescheute und sehr nützliche Dinge.«

So sprach die alte Aline, die plötzlich in wunderlichen Kleidern angetan, welche beinahe dem Anzuge der Königin von Golkonda in der Oper glichen, zwischen beiden Mikroskopisten stand. Diese waren aber auf solche Weise zusammengeschrumpft, dass sie kaum noch eine Spanne hoch zu sein schienen. Die Königin von Golkonda nahm die Kleinen, welche merklich ächzten und stöhnten, an ihre Brust, und liebkoste und hätschelte sie wie kleine Bübchen, indem sie ihnen mit tändelnden Worten freundlich zusprach. Darauf legte die Königin von Golkonda ihre niedlichen Püppchen in zwei kleine sehr zierlich, aus dem schönsten Elfenbein geschnitzte Wiegen, und wiegte sie, indem sie dabei sang:

»Schlaf mein Kindchen schlaf
Im Garten gehn zwei Schaf
Ein schwarzes und ein weißes« u. s. w.

Während dies geschah, knieten die Prinzessin Gamaheh und die Distel Zeherit noch immer auf den Stufen des Throns.

Da sprach Peregrinus: »Nein! Verstoben ist der Irrtum, der dein Leben verstörte, du geliebtes Paar. Kommt an meine Brust, Geliebte! Der Strahl des Karfunkels wird euer Herz durchdringen, und ihr werdet die Seligkeit des Himmels genießen.« Mit einem Laut freudiger Hoffnung erhoben sich beide, die Prinzessin Gamaheh und die Distel Zeherit, und Peregrinus drückte sie fest an sein flammendes Herz.

Sowie er sie ließ, fielen sie sich in hohem Entzücken in die Arme; – verschwunden war die Leichenblässe von ihrem Antlitz und frisches jugendliches Leben blühte auf ihren Wangen, leuchtete aus ihren Augen.

Meister Floh, der so lange wie ein zierlicher Trabant an der Seite des Thrones gestanden, nahm plötzlich seine natürliche Gestalt an, und sprang, indem er laut gellend rief: »Alte Liebe rostet nicht!« mit einem tüchtigen Satz hinein in Dörtjens Nacken.

Doch o Wunder, in demselben Augenblick lag auch Röschen in hoher unbeschreiblicher Anmut holder Jungfräulichkeit prangend, überstrahlt von dem Glanz der reinsten Liebe, wie ein Cherub des Himmels, an Peregrinus' Busen.

Da rauschten die Zweige der Zedern, und höher und freudiger erhoben die Blumen ihre Häupter und gleißende Paradiesvögel schwangen sich durch den Saal, und süße Melodien strömten aus den dunklen Büschen, und wie aus weiter Ferne hallte jauchzender Jubel, und ein tausendstimmiger Hymnus der überschwänglichsten Lust erfüllte die Lüfte, und in der heiligen Weihe der Liebe regten sich die höchsten Wonnen des Lebens und sprühten und loderten empor, reines Ätherfeuer des Himmels! –

Herr Peregrinus Tyß hatte in der Nähe der Stadt ein gar schönes Landhaus gekauft, und hier sollte an *einem* Tage seine, so wie die Hochzeit seines Freundes George Pepusch mit der kleinen Dörtje Elwerdink, gefeiert werden.

Der geneigte Leser erlässt es mir wohl, den Hochzeitschmaus zu beschreiben, so wie genau zu sagen, wie sich übrigens alles an dem festlichen Tage begeben.

Gerne überlasse ich es auch den schönen Leserinnen, den Anzug der beiden Bräute so zu ordnen, wie das Bild davon ihrer Fantasie gerade vorschwebt. Zu bemerken ist nur, dass Peregrinus und sein holdes Röschen die heitre kindliche Unbefangenheit selbst, George und Dörtje dagegen tief in sich gekehrt waren und

Blick in Blick gesenkt, nur sich zu schauen, zu fühlen, zu denken schienen.

Es war Mitternacht, als plötzlich der balsamische Geruch der großblumigen Fackeldistel den ganzen weiten Garten, das ganze Landhaus durchdrang.

Peregrinus erwachte aus dem Schlaf, er glaubte tief klagende Melodieen einer hoffnungslosen Sehnsucht zu vernehmen und ein seltsames ahnendes Gefühl bemeisterte sich seiner.

Es war ihm, als reiße sich ein Freund gewaltsam von seinem Busen.

Am andern Morgen wurde das zweite Brautpaar, nämlich George Pepusch und Dörtje Elwerdink vermisst, und man erstaunte nicht wenig, als man wahrnahm, dass sie das Brautgemach gar nicht betreten.

Der Gärtner kam in diesem Augenblick ganz außer sich herbei und rief: er wisse gar nicht, was er davon denken solle, aber ein seltsames Wunder sei im Garten aufgegangen.

Die ganze Nacht habe er vom blühenden *Cactus grandiflorus* geträumt und nun erst die Ursache davon erfahren. Man solle nur kommen und schauen.

Peregrinus und Röschen gingen herab in den Garten. In der Mitte eines schönen Bosketts war eine hohe Fackeldistel emporgeschossen, die ihre, im Morgenstrahl verwelkte Blüte hinabsenkte, und um diese Blüte schlang sich liebend eine lila- und gelb gestreifte Tulpe, die auch den Pflanzentod gestorben. –

»O meine Ahnung«, rief Peregrinus, indem ihm die Stimme vor tiefer Wehmut bebte, »o meine Ahnung, sie hat mich nicht getäuscht! Der Strahl des Karfunkels, der mich zum höchsten Leben entzündete, gab dir den Tod, du durch seltsame Verschlingungen eines geheimnisvollen Zwiespalts dunkler Mächte verbundenes Paar.

Das Mysterium ist erschlossen, der höchste Augenblick alles erfüllten Sehnens war auch der Augenblick deines Todes.«

Auch Röschen schien die Bedeutung des Wunders zu ahnen, sie bückte sich zu der armen gestorbenen Tulpe herab, und vergoss häufige Tränen.

»Ihr habt ganz recht«, sprach Meister Floh, (der plötzlich in seiner anmutigen mikroskopischen Gestalt auf der Fackeldistel saß) »ja, Ihr habt ganz recht, wertester Herr Peregrinus; es verhält sich alles so, wie Ihr da eben gesprochen habt, und ich verlor nun meine Geliebte auf immer.«

Röschen hatte sich beinahe über das kleine Ungetüm entsetzt, da Meister Floh sie aber mit solchen klugen freundlichen Augen anblickte, und Herr Peregrinus so vertraulich mit ihm tat, so fasste sie ein Herz, schaute ihm dreist ins kleine niedliche Antlitz, und gewann umso mehr Zutrauen zu der kleinen sonderbaren Kreatur, als Peregrinus ihr zuflüsterte: »Das ist mein guter lieber Meister Floh.«

»Mein bester Peregrinus«, sprach nun Meister Floh sehr zärtlich: »meine holde liebe Frau, ich muss euch jetzt verlassen und zurückkehren zu meinem Volk, doch werde ich euch treu und freundlich gewogen bleiben immerdar und ihr sollt meine Gegenwart auf euch ergötzliche Weise verspüren. Lebt wohl, lebt beide herzlich wohl! Alles Glück mit euch!«

Meister Floh hatte während dieser Zeit seine natürliche Gestalt angenommen und war spurlos verschwunden. –

Wirklich soll sich auch Meister Floh in der Familie des Herrn Peregrinus Tyß stets als ein guter Hausgeist bewiesen haben, und vorzüglich tätig gewesen sein, als nach Jahresfrist ein kleiner Peregrinus das holde Paar erfreute. Da hat Meister Floh am Bette der holden Frau gesessen und der Wärterin in die Nase gestochen, wenn sie eingeschlafen, ist in die missratene Krankensuppe hinein- und wieder herausgesprungen u. s. w.

Gar hübsch war es aber von dem Meister Floh, dass er der Tyßischen Nachkommenschaft am Christtage es nie an den zierlichsten, von den geschicktesten Künstlern seines Volks ausgearbeiteten Spielsächelchen fehlen ließ, so aber den Herrn Peregrinus Tyß auf gar angenehme Weise an jene verhängnisvolle Weihnachtsbescherung erinnerte, die gleichsam das Nest der wunderbarsten, tollsten Ereignisse zu nennen.

Hier brachen plötzlich alle weitere Notizen ab, und die wundersame Geschichte von dem Meister Floh nimmt ein fröhliches und erwünschtes

Ende